周蓓 主編

『民國專題史』叢書

(美)海斯 著 曹紹濂 譯

河南人民出版社

近代歐洲政治社會史（上卷）

敘述自十六世紀起至1924年止，歐洲四百餘年來政治與社會的變遷，有條不紊，一氣呵成

圖書在版編目(CIP)數據

近代歐洲政治社會史 ：全2卷 / (美)海斯著 ；曹紹濂譯．—鄭州 ：河南人民出版社，2016．4
(民國專題史叢書 / 周蓓主編)
ISBN 978－7－215－10060－2

Ⅰ．①近… Ⅱ．①海… ②曹… Ⅲ．①政治制度史－歐洲－近代 Ⅳ．①D750．9

中國版本圖書館 CIP 數據核字(2016)第 079588 號

河南人民出版社出版發行
(地址:鄭州市經五路66號 郵政編碼:450002 電話:65788063)
新華書店經銷 河南新華印刷集團有限公司印刷
開本 710毫米×1000毫米 1/16 印張 132
字數 1900千字
2016年4月第1版 2016年6月第2次印刷

定價 ：560．00圓(上、下卷)

出版前言

中國現代學術體系是在晚清西學東漸的大潮中逐步形成的。至民國初建，中央政治權威進一步分散和削弱，加之新文化運動帶給國人思想上的空前解放，新學的啓蒙，新知識分子的産生，民國學術如草長鶯飛，進入一個自由而蓬勃的時代。中國傳統學科乃中國學術之根基與菁華所在，民國學人采用『取今復古，别立新宗』之方法，引入西方的學術觀念，積極改造，使史學、文學等學科向現代學術方向轉型。此外，大力推介西方社會科學的新學科和自然科學，在學習、借鑒乃至移植西方現代學術話語和研究範式的過程中，逐漸建立中國現代學科，使中國的學科門類迅速擴展。一時間，新舊更迭，中西交流，百花齊放，萬壑争流，開創了中國現代學術的源頭。

伴隨知識轉型和研究範式轉换而來的，還有學術著作撰寫方式的創新。中國古代的著作向來以單篇流傳，經後人整理匯編後，方以成册成集的面目出現并持續傳播。直到十九世紀末，東西方的歷史編撰體裁不外乎多卷本的編年體、紀傳體和紀事本末體等，章節體的出現標志着近代西方學術規範的産生和新史學的興起。章節體具有依時間順序，按章節編排；因事立題，分篇綜論；既分門别類，又綜合通貫的特點。以章、節搭建起論述之框架，結構分明，邏輯清晰，較傳統的撰寫體裁容量大、系統性强。它的傳入，使中國現代學術體系從内容到形式被納入了全球化的軌道。民國時期專題史的研究、譯介、編纂、出版恰恰是在這樣的背景下欣欣而發，是學術的實驗場，也是歷史的記録儀。編選『民國專題史』叢書的初衷正是爲了從一個側面展示中國學術從傳統向現代過渡的歷史進程。

專題史是對一個學科歷史的總結，是學科入門的必備和學科研究的基礎，也是對一個時代艱深新鋭問題的解答，是學術研究的高點。民國專題史著作中，既包含通論某一學科全部或一時代（區域、國别）的變化過程的，又囊括對一時代或一問題作特殊研究的，還有少部分是對某一專題的史料進行收集的。原創與翻譯并重，翻譯的底本大多選擇該學科的代表著作或歐美大學普及教本，兼顧權威性和流行性，其中日本學者的論著占據了相當比重。日本與中國同屬東亞儒家文化圈，他們在接納西方學術思想和研究模式時，已作了某種消化與調適，從思維轉換的角度看，更便于中國借鑒和利用，他們的著作因而被時人廣泛引進。

與當代學術研究日趨專業化、專門化、專家化的『窄化』道路迥乎不同的是，中國傳統學術崇尚『學問主通不主專，貴通人不尚專家』的通識型治學門徑，處于過渡轉型期的民國學術在不同程度上保留了這種特徵。民國學術大師諸學科貫通一脉、上千年縱横捭闔之功力自不待冗言，外交家著倫理政治史、文學家著哲學史、化學家著戰争史等亦不乏其人，民國專題史研究呈現出開放、融通、跨界撰述的特點。與此同時必須看到，自晚清以來，中國的命運就在外侮屢犯、内亂頻仍的窘境中跌宕彷徨，民族存亡仿若命懸一綫。這股以創建學科、總結經驗、解决問題爲指歸的專題史出版風潮背後，包裹着民國學人企望以西學爲工具拯民族于衰微的探索精神，及以學術救亡的愛國之心。梁任公曾言：『史學者，學問之最博大而最切要者也，國民之明鏡也，愛國心之源泉也。』這種位卑未敢忘憂國的歷史使命感和國民意識是今人無法漠視和遺忘的。

『民國專題史』叢書收録的範圍包括現代各個學科，不僅限于人文社會科學，學科分類以《民國總書目》的分科爲標準，計有哲學、宗教、社會、政治、法律、軍事、經濟、文化、教育、語言文字、中國文學、外國文學、中國歷史、西方史、自然科學、醫學、工業、交通共19個學科門類。本叢書分輯整理出版，内不分科，單本發行，方便讀者按需索驥。既可作爲大專院校圖書館、學術研究機構館藏之必備資源，也可滿足個人研讀或興趣之收藏。

與目前市場已有的一些專題史叢書相比，『民國專題史』叢書具有規模大、學科全、選本精、原版影印的特點。本叢書選目首重作者的首創、權威和著作影響力，尤其注重選本的稀見性。所謂稀見，即建國後没有再版，且多數圖書館没有收藏，或即便有收藏，也是歸于非公開的珍本之列予以保存，普通讀者難以借閲。部分圖書雖有電子版，但作爲學術研究的經典原著讀本，紙質版本更利于記憶和研究之用。本叢書精揀版本最早、品相最佳的原版圖書作爲底本，因而還具有很高的版本收藏價值。

『民國專題史』的著作是民國學者對于那個時代諸問題之探究，往往有獨到之處，無論其資料、觀點短長得失如何，要之在中國現代學術史的構建與發展進程中，自有其開宗立論之地位。

原序

著者深感今日急需一教科書，使大學中之近代歐洲史一課程，獲有鞏固之基礎，本書之作，即本此旨。

本書之篇幅尤長，實著者有意使然。蓋本書不僅敍述全部有記載之人類歷史中最紛雜而感興趣之時代，且充分授予關於所述各種論題之知識，俾大學生得以自審其程度，已視中學生爲更進一層。通常趨勢，每低視大學生之心能，授以簡陋之知識，致其程度感想乃似一童年。著者固知多數大學歷史教師，亦嘗指定標準鉅著，供其參考，以補充初步教科書之內容。惟所指定者，其本身縱優良，恆不免留有缺憾，非簡陋之初學課本所能彌補。且學生爲其一己教育效益之故，亦深感教科書與參考書之不相連貫。本書之計劃，在敍事適如其量，減少課外參考書之需要。同時開列精善書目，隨文附入，俾善教者隨時隨地得以他書替代，或徑將某節完全略去。此等考量，庶幾著者立意寫此長篇，有以邀世人之贊許也。

今之近代史教科書序，殆無不明告著者之意向，注重於新近發生之事故，或至少有直接影響於現在之過去事蹟。察閱後文，當知在本書情況之下，作者此種意向與其成就，並無差池。本書歷述近代歐洲文明之事蹟，始於十六世紀，以次及十七十八十九諸世紀，時代愈近則愈詳。最後一世紀之所佔，爲此四百年所佔總篇幅之半。關於促成前次大規模歐戰之種種內幕，本書尤加注意，務以清明冷靜之敍述出之。蓋吾人舊有之歷史知識，已因之而呈一新局面，且使事之已成過去者，宛然爲舊制之一部分矣。

至於著者何以不取十三世紀或法國大革命，而有取於十六世紀，爲近代歐洲史之開端，請讀者特別參考導言。蓋著者以爲自十六世紀商業革命以後，中產階級始有顯著堅定之進化，至其影響近代歐洲各國之進步，開創全世界之近世生活與思想，實視一切其他階級共同之所爲而過之也。夫中產階級之興，近代史之重大中心題目也，亦即本書之重大中心題目也。

不久以前，著名史家之持論，謂視國家爲人類社會的本能之最高表現，及一切人類利害之所關，實歷史之唯一適當著眼也，故歷史者不過「過去之政治」已耳。多數教科書受其影響，遂變爲國王及憲法，叛亂及戰爭諸項目之紀要。晚近之著名史家與著名經濟學家，同於國家之活動外，注意並努力於過去人類之如何勞作，如何遊歷，如何從事其他日常事務，而加以勤苦之研討。

在此類學者影響之下，遂有特種社會史之書册紛紛出現。 近年以來，則有少數編著教科書者，欲將二種趨勢，匯而合之，於一書之中並著政治方面與社會方面之事蹟。 然作者有時囿於故常，先舉老套之政治史，然後殿以一二章社會瑣屑之記載，而與其書本身之關連，鮮能使學者明瞭焉。此則不可掩之事實也。

本書之所致力者，在治政治史與社會史於一爐。 夫政治活動所以形成人類社會的本能最完滿之表現，而其感觸人類也亦最普遍，懷此見解之重要，著者已深知之矣，而如帝制之與議會民治之與民族主義，固未嘗忽之也。 且夫政治活動，大都決於經濟與社會兩方面之需要與希望，著者對於此項意見，亦欣然承受之。 以故著者不惟在相當間隔插入如關於商業革命，十八世紀之社會，工業革命，一八七〇至一九一四年之社會要素等章，且在記載之各部，亦提及主要政治事蹟之經濟情形焉。

本書雖云宂長，許者必見其有所遺漏。 凡編一歷史教科書，其恆有之問題，厥維選材（即選擇人類思想，言說，行爲等全部總結中之翹然特著者）。 此原爲各人之判斷，而各人之判斷輒相歧異。 本書於十七世紀至二十世紀之哲學與文藝之進展，未能一如十六世紀之美術與文化，爲之作更充分之敍述，將不免受人譏評。而著者唯一之答辨，亦可云牽強之答辨，竊謂一書之成，必有其適當之篇幅與分量，且在著者方面，急切欲就社會事蹟與政治事蹟爲綜合之敍述，於其他作家及較有能力之作家，努力將一切事蹟並現象通常屬於文化史之範圍者，加以綜合之功，亦復無所妨礙。就此點及其他各點而言，著者自信於選材之麻煩問題，所有特具之解決方法，行見一如別方法之獲得一般同意矣。

至於極重要之眞確一端，在此特形廣漠而擁擠之境界中，凡茲陷阱，且使勤愼考索之士爲之失足者，著者不能希望避免之也。著者爲期陳述之眞確起見，自不得不仰仗許多間接之材料，此已於下方表其謝忱者，又仰仗許多同儕有益之批評。著者有時亦能取自一己對於直接材料之專門硏究，此如關於新教革命，法國大革命，及一八四八年以來大不列顛，法蘭西，德意志諸國之發展諸章，其特著者也。其間輾轉抄襲之說，著者且敢與之立異焉。

歷史上之時期，其燦爛而耐人尋味，未有過於本書所述一時期者也。尤以今茲戰爭爲特甚，其範圍廣而含義大，既引起全部文明世界之注意，並令一切有識人士，於其胸次掀起求知大戰過去原因之慾望焉。著者探索此次大戰之根本原因，既不在於某一強國之野心，亦不在某種絕無外緣之暴行，而在四百年之歷史之中。　蓋其嘗試以爲是書，不獨普通之大學生，即以世界爲大學而致身公務之壯年善思學生，亦將有以牖迪之也。

海斯　一九一六年五月於紐約亞福教

誌謝

著者草創本書之時，恆覥顏取資於多數史家之直接或間接材料，特此表示謝忱。在導言之末，關於研究玆所述及之時期全部或大部分之重要著作，列有目錄，本書從此取材尤多。至於各章後所引之專門書目，其於本章，亦鮮有不供給某種材料或意見者。

哥倫比亞(Columbia)大學及他處之同事，於本書所陳之意見以及校閱手稿，矯正錯訛，辛勤賜助，著者不勝銘感。此外承施開勒(R. L. Schuyler)教授校閱關於英國史等章，旭維耳(James T. Shotwell)教授校閱商業革命一章，穆柴(D. S. Muzzey)教授校閱法國大革命，拿破崙，梅特涅等章，謝潑亥(William R. Shepherd)教授校閱關於「民族帝國主義」等章，施坦福(Leland Stanford Junior)大學克累比耳(Edward B. Krehbiel)教授校閱最近之國際關係一章，著者尤深致謝意。至於三一學院(Trinity College)(在康內克的省Connecticut)漢符理(E. F. Humphrey)教授對於原稿之大部分，亦曾賜以有益之批評。而哥倫比亞大學比爾德(Charles A. Beard)教授，斯密學院(Smith College)法易(Sidney B. Fay)教授，及耶魯(Yale)大學杜菲(Edward L. Durfee)先生，均曾將全稿閱讀一通，並提出幾種有價值之更正。哥倫比亞歷史教員伊文思博士(Dr. Austin P. Evans)，弗克思先生(Mr. D. R. Fox)，蒙先生(Mr. Darker T. Moon)三人，賜助尤多。蒙先生且費兩夏之大部分時間，為本書數章草擬附註，並佐著者從事於校對之長期慘淡工作。

新版序言

本書原版承各學者歡迎，在過去八年中，並承各大學相率採用，無任欣感！　著者與發行者受此鼓勵，乃有此新版之印行。　新版對於原書，略有更正。　其論一八七一至一九一四年之國際關係一章，已依照與世界大戰外交背景有關之最新可靠材料，爲之全部更正。　此外並新增第六編，題曰「風潮與緊張」，都凡五章，由世界大戰，和會，中歐與俄國之革命至今日歐洲文明之紛擾狀況止。　此最後五章大都屬於新創，惟關於世界大戰一章，多取材於著者與蒙教授合編近代史(Modern History)中同目之章。　又此五章之全部，著者並就所著較詳盡之大戰全史(History of the Great War)採取其詞句云。

海斯　一九二四年一月於紐約亞福敦

目次

导言

第三編　『自由平等博愛』

近代歐洲政治社會史

導言

夫近時之歷史，僅爲悠久之人類歷史中之一小部分而已。據晚近科學家循謹之推測，謂人類之棲息大地已逾五萬年註一，此於事理似極可能者，果使其言而確，則本書所討論之區區五百年，殆不及人類往史百分之一也。距今數千年前，即有帝國，王國，及市府國家，足見其於吾人所謂文明或文化之智力活動，如宗教，學術，文學，政治組織，商業之類，已有顯著之進步。至若根本組織如家族，國家，社會之屬，其發生尤早，而遠在有史以前，終且其起源亦無從追溯矣。

近代史之爲期雖短，然極關重要。當此短期之內，人類之生活與活動，均起莫大之變遷，而爲

註一　愛丁堡大學基克（James Geikie）教授在其所著歐洲人類之古蹟（Antiquity of Man in Europe，一九一四年）書中謂地面之有人類，約在五十餘萬年以前。

前此任何千年紀錄中之變遷所不及。夫現在固不免有一部分爲數千年前先民之行動與思想所左右，然而過去五百年之歷史事跡，其影響乃尤爲顯著焉。請有以明吾說之不謬。

設吾人自問一九〇〇年與一四〇〇年重要之異點何在，易詞言之，即何者爲近代特出之偉績，則至少可指出以下六點：

（一）探險與寰球知識　自荒遠之世以來，吾人祖先之所謂文明世界，僅地中海之附近陸地，至多亦不過波斯，印度，中國等之模糊疆域而已。美洲之發現，第一次全球之航行，距今不過四百年。迄乎晚近，因有汽船，電信，鐵路等之應用，合天涯爲比鄰，使世界之面積因之而縮小，世界之知識因之而明確，世界之文化亦因之而更趨一致矣。

（二）個人工作效率與生活程度之增高　數十年來，個人之物質幸福，較之往昔已大有增進，至少其宣傳之力已遠軼前代。此無他故焉，一切人民日常生活之變遷所致也。須知十五世紀之人，其生事與古代羅馬，希臘，埃及無所異，而吾人今日關於居住，工作，遊歷等顯著之風尙，則無一不以十六世紀之商業革命與十九世紀之工業革命爲其直接之淵源也。

（三）政治組織之嚴密與個人自由之保障　民族主義與民治主義，其觀念至近代而始著。

謂人民有同一之語言，公共之文化，卽應於同一法律與習慣之下，組成獨立之國家，此觀念爲十五世紀以前所未有者也。英，法，西班牙諸國，迄於十六世紀之初，始有民族國境，民族意識，及民族文學等之出現，而民族國家於以形成。在意大利與德意志，民族觀念之取以前世界帝國，或市府國家，封建制度等觀念而代之，其爲時乃更晚。民族國家在在皆證明其爲一強有力之政治組織，遠非他種國家所能及，其權限之日益增加，或因封建制之消亡，或因教會之犧牲。夫其繼續增加於十九二十兩世紀產業的民治主義之下，猶之在十七十八兩世紀仁慈專制主義之下也。然在政府一方，既擴大其活動之範圍，而在被治者一方，亦創出許多保障個人自由之原則以應之。清教徒之革命，法國之大革命，美國之革命，以及十九世紀所有被壓迫民衆之躍起，非在近時無從解釋之也。過去四百年之全部政治史，實際上無非近代國家地位增高與個人地位增高兩種衝突結果之調和史也。

（四）信仰與宗教必須統一之觀念變而爲信仰自由或竟無信仰　一種共同之國教，凡國民全體必須崇奉之，且須出經費以維持之者，此較早各時代之特色也。自十六世紀有所謂新教運動，十七八兩世紀有自然神教與懷疑主義之興起，十九二十兩世紀有科學的唯理主義之出現，於是流行一種觀念，謂宗教者本一私人之事而非公共之事，與夫信仰統於一尊，不如在善行上爲友誼之競爭也。

（五）學問之廣布　十五世紀末葉印刷術之發明也，人類求知之方漸以變更而使著述公之於平民。學問雖因推廣而不能深造，然因十七八兩世紀之於實驗科學與今日之於應用科學，各運其心機，亦有以補償之矣。

（六）進步之精神與保守主義之衰替　由上所述，可知就智慧方面言，近代人類較之以前人類，其自信力益強，更喜發現新事物，而享受種種新發現之利益。對於日常接觸之現象，愈能明白，日因此更喜批評。並能相信現在之人類社會較過去之人類社會爲進步，將來之人類社會又必較現在之人類社會爲進步。是之謂現代精神。此種精神乃五百年來歷史中多種原因之所生，例如地理範圍之擴大，物質幸福之增進，政治制度之改革，人類同情心之推廣，教育觀念之革新是也。現代精神既因過去數百年之事實而產生，又復雄飛突展，日進不已，一方面既受過去之賜，一方面復使將來轉受其賜，因而決定將來各世紀個人與社會進步之方式。此種理想，實可以『歷史之繼續性』(the continuity of history) 一語表明之。蓋謂歷史上之事實，川流不息，使過去人類活動之所遺傳至於今，又以今之所遺傳之於將來也。

吾人研究歷史之眞正意義，可由『歷史之繼續性』一觀念求得之。吾人苟能明瞭現在，則對於未來之種種問題與困難，必易於應付，此人人所共知也。然欲對於現在澈底明白，則不僅對於現在重要之情形與趨勢須能洞悉，更須進而研究此等情形與趨勢，其在過去如何演進。由上所述，此六種重要之特色，實過去四五百年之所逐漸演進者。吾人如研究此時期之歷史，可使現在之情形以及未來之需要，瞭如指掌。吾人研究近代史之眞正理由，即在於是。

吾人爲便利起見，可下近代史之定義爲敍述現在各種重要特色之起源與演進之歷史。劃分近代史與普通劃分古代史或中世史不同，其開始之時期難以確定。就某種意義言，歷史本有繼續性，爲之劃分時期，根本上本屬錯誤。例如今之人類，受紀元前四世紀希臘人之美術作品與哲學思想之賜甚多，而受其政治學說之賜則甚少。誠如是，則前者似可包括於近代史之範圍，而後者則否。但現在之問題，究不若最初所想像之困難。實際上前述六種特色之演進，均發生於五百年之內。地理上之發現，人所公認之歐洲國家制度之確定，新教之勃興，人類智力活動之促進，凡此種種變遷，其眞正之開始，均在十六世紀。故十六世紀實爲近代歐洲之歷史基礎。

十六世紀因此應爲本書第一編之總題。吾人觀察一五〇〇年左右之歐洲地圖以後，便當依次敍述此世紀中對於吾人影響最深之四種要素：（一）社會的與經濟的要素，即商業革命是也。（二）政治的要素，即十六世紀歐洲之政治狀況是也。（三）宗教的與教會的要素，即新教革命是也。（四）智力的要素，即十六世紀之文化是也。

課外讀本

關於史學之研究者：

1. C. V. Langlois and Charles Seignobos——*Introduction to the Study of History*, trans. by G. G. Berry (1912).
2. J. M. Vincent——*Historical Research: an Outline of Theory and Practice* (1911).
3. H. B. George——*Historical Evidence* (1909).
4. F. M. Fling——*Outline of Historical Method* (1899).

5. J. H. Robinson——*The New History* (1912).

6 J. T. Shotwell——*History* in IIth edition of *Encyclopædia Britannica.*

7. T. B. Macaulay——essay on *History.*

8. Thomas Carlyle——*Heroes and Hero Worship.*

9. Karl Lamprecht——*What is History?* trans. by E. A. Andrews (1905).

10. Henry Johnson——*The Teaching of History* (1915).

11 Eduard Fueter——*Geschichte der neueren Historiographie* (1911).

12 Ernst Bernheim——*Lehrbuch der historischen Methode und der Geschichtsphilosophie,* 6th ed. (1914).

13 G. P. Gooch——*History and Historians in the Nineteenth Century* (1913).

關於近代史之教本與小冊：

1. J. H. Robinson and C. A. Beard——*The Development of Modern Europe,* 2 Vols. (1907).

2. J. H. Robinson and C. A. Beard——*Readings in Modern European History*, 2 Vols. (1908–1909).

3. Ferdinand Schevill——*A Political History of Modern Europe from the Reformation to the Present Day* (1907).

4. T. H. Dyer——*A History of Modern Europe from the Fall of Constantinople.*

5. Victor Duruy——*History of Modern Times from the Fall of Constantinople to the French Revolution.* trans. by E. A. Grosvenor (1894).

6. Arthur Hassall (editor)——*Periods of European History*, 8 Vols. (1893–1901).

7. A. H. Johnson (editor)——*Six Ages of European History*, 6 Vols. (1910).

8. G. P. and G. H. Putnam——*Tabular Views of Universal History* (1914).

9. Carl Ploetz——*Manual of Universal History*, trans. and enlarged by W. H. Tillinghast, new edition (1915).

10. *Haydn's Dictionary of Dates*, 25th ed. (1911).

11. C. E. Little——*Cyclopædia of Classified Dates* (1900).

12 *Cambridge Modern History*, Vol. XIII (1911).

13. W. R. Shepherd——*Historical Atlas* (1911).

14. Ramsay Muir——*Hammond's New Historcial Atlas for Students*, 2d ed. (1915).

15 *Cambridge Modern History*, Vol. XIV (1912).

16. Putzger——*Historischer Schulatlas.*

17. Élisée Reclus——*The Universal Geography*, trans. and ed. by E G. Ravenstein, 19 Vols.

18. *Nouveau Dictionnaire de Géographie Universelle*, by Vivien de Saint-Martin and Louis Rousselet, 10 Vols.

19. H. B. George——*The Relations of Geography and History* (1910).

20. Ellen C. Semple——*The Influence of Geographic Environment* (1911)

關於近代史次要之標準書籍：

1. *The Cambridge Modern History*, 12 Vols. and 2 supplementary Vols. (1902–1912), planned by Lord Acton, edited by A. W. Ward, G. W. Prothero, and Stanley Leathes.
2. *Histoire générale du IV*^{e} *siècle à nos jours*, edited by Ernest Lavisse and Alfred Rambaud, 12 Vols. (1894–1901).
3. *Histoire universelle du travail*, 12 Vols. edited by Georges Renard.
4. *The Encyclopædia Britannica*, 11th ed. (1010—1911).
5. *History of All Nations*, 24 Vols. (1902).
6. H. F. Helmolt (editor).——*Weltgeschichte*, trans. into English, 8 Vols. (1902–1907).
7. Wilhelm Oncken (editor)——*Allgemeine Geschichte in Einzeldarstellungen*, 50 Vols. (1879–1893).

8. *Geschichte der europäischen Staaten*, edited successively by A. H. L. Heeren, F. A. Ukert, Wilhelm von Giesebrecht, and Karl Lamprecht.

9. G. von Below and F. Meinecke (editors)——*Handbuch der mittelalterlichen und neueren Geschichte.*

10. Paul Hinneberg (editor)——*Die Kultur der Gegenwart, ihre Entwicklung und ihre Ziele.*

11. Erich Brandenburg (editor)——*Bibliothek der Geschichtswissenschaft.*

12. J. von Pflugk-Harttung——*Weltgeschichte: die Entwicklung der Menschheit in Staat und Gesellschaft, in Kultur und Geistesleben*, 6 Vols. illust. (1908–1911).

13. Theodor Lindner——*Weltgeschichte seit der Volkerwanderung*, 8 Vols. (1908–1914).

14. Karl Lamprecht——*Deutsche Geschichte*, 12 Vols. in 16 (1891–1909).

15. Ernest Lavesse (editor)——*Histoire de France depuis les origines jusqu' à la Révolution*, 9 double Vols. (1900–1911).

人名辭典：

一、普通者：

1. *Encyclopædia Britannica*, 11th ed., 29 Vols (1910–1911).

2. *New International Encyclopædia*, 2d ed , 24 Vols. (1914–1916).

3. *Catholic Encyclopædia*, 15 Vols. (1907–1912).

二、英國者：

1. Leslie Stephen and Sidney Lee (editors),——*Dictionary of National Biography*, 72 Vols. (1885–1913).

三、法國者：

1. Hoefer (editor)——*Nouvelle biographie générale*, 46 Vols. (1855–1866).

2. *Dictionnaire de biographie française*, edited by Louis Didier, Albert Is-

nard, and Gabriel Ledos.

四、德國者：

1. Liliencron and Wegele (editors)——*Allgemeine deutsche Biographie*, 54 Vols. (1875 sqq.).

五、奧匈者：

1. Wurzbach (editor)——*Biographisches Lexikon des Kaiserthums Oesterreich*, 60 Vols. (1856–1891).

六、法文者：

1. L. G. Michaud——*Biographie universelle ancienne et moderne*, 45 Vols. (1880).

書目：

一、普通者：

1. C. V. Langlois——*Manuel de bibliographie historique*, 2 Vols. (1901–1904).

2. C. M. Andrews, J M. Gambrill, and Lida Tall——*A Bibliography of History for Schools and Libraries* (1910).

3. C. K. Adams——*A Manual of Historical Literature*, 3d ed. (1889).

二、關於英國者：

1. W. P. Courtney——*A Register of National Bibliography*, 3 Vols. (1905–1912).

2. S. R. Gardiner and J. B Mullinger——*Introduction to the Study of English History* 4th ed. (1903).

3. H. L. Cannon——*Reading References for English History* (1910).

4. *Bibliography of Modern English History.*

三、關於德國者：

1. Dahlmann-Waitz——*Quellenkunde der deutschen Geschichte*, 8th ed. (1912).

2. *Jahresberichte der Geschichtswissenschaft.*

四、關於法國者：

1. Gabriel Monod——*Bibliographie de l'histoire de France* (1888), new ed. projected (1910) in 4 Vols.
2 *Manuels de bibliographie historique* (1907–1916): Part II, 1494–1610, by Henri Hauser Part III, 1610–1715, by Émile Bourgeois and Louis André.
3. *Repertoire méthodique de l'histoire moderne et contemporaine de la France*, edited by Brière and Caron.

五、關於美國者：

1. Edward Channing, A B Hart, and F. J. Turner——*Guide to the Study of American History* (1912).

六、重要之雜誌：

1. *History Teacher's Magazine.*
2 *The American Historical Review.*
3. *The English Historical Review.*

4. *Die historische Zeitschrift.*

5. *Revue d' histoire moderne et contemporaine.*

6. *La revue historique.*

7. *La revue des questions historiques.*

8. *Poole's Index* (1802–1906).

9. *Readers' Guide* (1900–sqq.).

七、最著名之新書目錄:

1. *The American Catalogue* (1876–sqq.).

2. *The English Catalogue* (1835 sqq.).

3. C. G. Kayser *Bücher-Lexikon* (1750 sqq.).

4. Wilhelm Heinsius——*Bücher-Lexikon* (1700–1892).

5. Otto Lorenz——*Catalogue genéral de la librarie française* (1840 sqq.).

6. *Index to General Literature* (1893 sqq.).

第一編　近代歐洲之歷史基礎

第一章　十六世紀初歐洲諸國之形勢

第一節　新民族王國

一五〇〇年時之「民族王國」

吾人於敍述過去四百年間歐洲發達史事之前，不可不知歐洲在此時期之初，有何主要國家，及各國之特殊政治制度。

吾人一覽一五〇〇年時之歐洲地圖，即可見許多罕見之區域與地名，而以中歐與東歐爲尤甚。惟在極西部之大西洋沿岸，其地理界限大略與今日相似。其間之英，法，西，葡，均已構成國家之形式，各爲眞正之民族國家，各有一君主，並各有其特殊之語言。此四國實爲十六世紀之民族國家，而最引起吾人之注意者也。

英格蘭

英格蘭王國

一五〇〇年之英格蘭王國，其幅員不能超過今日地圖上之所謂『英格蘭』。雖其西之威爾士親王領地已於二百年前入其版圖，而大不列顛島北部之山中部族與平原居民，仍保全蘇格蘭王國之獨立。至於愛爾蘭方面，都柏林區（Pale of Dublin）雖於十二世紀爲英王所征服，然愛爾蘭之君長常起叛亂，致英人在此島之地位極不穩固。而在英吉利海峽彼岸之歐洲大陸，自威廉勝王（William the Conqueror）時代（一〇六六——一〇八七）以來，法境即有許多肥沃之省區恆爲英法二國君主爭端之所在。迨一四五三年百年戰役（Hundred years' War）結束以後，英格蘭王國僅保留其中之加來斯（Calais）城焉。

當英格蘭王國之國境已漸確定之時，其特殊之國制亦漸樹立，而英吉利語亦漸以衍成。此蓋由以前之盎格魯撒克遜語（Anglo-Saxon）與諾爾曼法蘭西語（Norman-French）混合而成者也。英法百年戰役之結果使英國之民族意識與愛國心爲之增長，且使英王能用全力以羣固其在不列顛羣島之勢力。英法和約成立之後，閱時數載，英格蘭又陷於殘酷而紛亂之內戰中，

亨利七世時代英格蘭王權之增長

此卽所謂薔薇戰爭（Wars of Roses），因爭奪王位而發生者也。直至一四八五年亨利七世(Henry VII)卽位，是爲條達(Tudor)朝之第一任君主，英國歷史從此開一新紀元。

亨利七世（一四八五——一五〇九）力求建立所謂『強固之君主政治』。依英國之傳習，國王之權力向爲貴族院與平民院組成之國會所限制。又因當時貴族院之勢力遠在平民院之上，故政治上最高權力實際上乃操於國王與貴族院中各議員（皆爲領有大地產之貴族及教會中之統治者）之手。薔薇戰爭對於國王產生二種有利之結果：（一）此次戰爭爲兩派貴族間之衝突，故多數貴族均因之而消滅，國王遂得奪囘其地產，因而減少貴族階級之勢力。（二）此次戰爭歷時既久，騷擾復甚，故中產階級或『平民』均渴望和平，且深知欲維持秩序與安寧，非壓制貴族輩固君主政治不爲功。亨利遂因之確立一種專制政治或獨裁制。此種政治在十六世紀中，歷經條達朝繼任之四君，均能維持不墜，迨十七世紀民衆革命後始衰。

亨利七世以猛烈之手段壓制叛亂，並設特別法院以審判普通法院所不能處決之案件，尤其在審判關於貴族之案件。此卽後日所稱爲『星室法院』(Court of Star Chamber)者也。亨利七世又善於理財。對於王家土地恆注意精耕，並徵收封建貢賦，罰金，勒捐[註一]，入口稅，出口稅，及以前國會所通過之款項藉以增加政府之收入。又注意節用及和平之外交政策，以減少政府之經費。既不須倚賴國會通過經費，國會權力自因之而衰落矣。當其在位期中，國會開會實僅五次。而當其在位最後之十二年中，則僅開會一次。且國會所有之行動，亦莫不受國王意志之支配焉。

亨利七世時代英格蘭之對外關係

亨利七世力求避免外戰，而用他法以增進本國在國際上之利益。彼屢與他國締結商約，俾本國之商人可在他國從事貿易。其商約中之最著者有大通商（Intercursus Magnus）商約，乃一四九六年與不爾艮底（Burgundy）公爵所締結，容許英國之貨物輸入尼德蘭（Netherlands）者也。彼復獎勵本國之商業公司從事於國外貿易，並遣約翰加波(John Cabot)探訪新大陸。彼又利用含有政治作用之聯姻，以增高本族之權威。嘗爲其嗣王亞爾撒（Arthur）娶加察林（Catherine）爲妃，加察林者西班牙王腓迪南（Ferdinand）之長女而伊沙白拉(Isabella）之所出也。亞爾撒婚後數月卽死，但加察林仍留居於英格蘭，再嫁於亨利之次子，卽

註一　『勒捐』係假餽送之名向人民歛取金錢之總稱。亨利七世有著名之某大臣嘗爲之徵集鉅額之『勒捐』。如有某人生活節儉，則以爲其人必有儲蓄力能『餽送』國王。反之，如其人生活奢侈，則顯係殷富，亦能『餽送』

後日之亨利八世也。亨利之女瑪格勒(Margaret)則嫁於蘇格蘭王詹姆士四世(James IV)，此實爲後日英格蘭與蘇格蘭聯合之初步。

英格蘭在一五〇〇年時，實爲眞正之民族王國。國王之權力蒸蒸日上，而國會遂變爲純然虛設與敷衍之機關矣。

法國

法蘭西王國

法蘭西王國就領土與政治而言，在一五〇〇年時大致均已鞏固。惟此種進步，爲時既久，費力亦鉅。蓋遠在九八七年以前，當加白(Hugh Capet)即位之時，法國之領域殆不過巴黎附近之地而已。由統一許多褊小之封建領域以成龐大之集權國家，吾人稱之爲法蘭西者，歷時凡五百載之久。百年戰役結果，使法國西部之許多公國伯國終於脫離英國之統治。正值十六世紀以前，詭譎圓滑之路易十一(Louis XI 一四六一——一四八三)已確定法國之領域：東則佔領強大之不爾艮底公國。西與東南則奪取其本族盎熱文(Angevin)支派領土之最大部分，盎如(Anjou)及羅恩(Rhone)河東部之普洛凡斯(Provence)亦屬之。法國南方之國境，達於比里牛斯山（Pyrenees）。最後路易之子查理八世（Charles VIII，一四八三——一四九八）又因娶白里他尼（Brittany）之女嗣爲后，故又合併其西部之公國於法國。

法國王權之繼續增長

當此之時集權之政制已漸確立。逐漸歸併於法國之各地，其固有之地方制度與習俗，一時涸未易同化，但全國自法蘭達（Flanders）至西班牙，自羅恩河至大西洋，其時已公認國王爲法律，正義，秩序之淵源矣。法國在國王指揮之下，已有統一之幣制，並有常備軍。國王乘封建制度有分裂之勢，肆力摧殘，且常得平民或中產階級之援助。國王成功之明證，即其在政治上比較脫去種種之限制是也。法國之全級會議（Estates-General）當一三○二年，即容許平民參加，其外表與英格蘭之國會頗相似（例如全級會議包括教士，貴族，平民之代表。）但全級會議於徵收賦稅，認可經費，審判官吏等，皆無最後之決定權。又法國人民向無參政之傳習，人身自由亦無明文之保障，凡此皆與英格蘭相異者也。

一五○○年左右法王之對外關係

約當一五○○年間，法國內部之疆域與政治已臻鞏固，遂轉而注意於對外政策。查理八世藉口於繼承拿布勒斯（Naples）王位之權利，於一四九四年開始其對外戰爭與推廣勢力之事業，此實爲以後數世紀法國歷史之關鍵。查理八世對於意大利之經營，未竟其志。但其嗣子路易十二（一四九八——一五一五）繼續要求拿布勒斯，並要求米蘭（Milan）公國。然路易當一五〇四年卒不得不以拿布勒斯讓歸亞拉岡（Aragon）王腓迪南，由其家族世襲統治達二世紀之久。其於米蘭仍不時發生衝突，互有勝負，終至併入佛蘭西士一世（Francis I 一五一五——一五四七）與帝查理五世一般之衝突中。

法國當一五〇〇年頃已為眞正之民族王國，開始有民族文學，而以忠君為中心之民族愛國心，亦已發達，法國之自覺心亦漸以長成。法國又日趨於專制政治，與英格蘭相若。惟其所取之途徑，無自由憲法可言，為與英格蘭相異耳。

西班牙與葡萄牙

西班牙與葡萄牙王國之發展

西班牙與葡萄牙二王國，位於比里牛斯山之南。此二國在長期之統一運動中，亦如英法二國然，封建割據之勢甚盛，須設法抵制之。基督教與回教並行國內，亦須設法解決之。回教徒本由非洲侵入，當八世紀中半島全部之政治權力，幾盡歸其掌握。惟後此北部與西部之山地中，有少數褊小之基督教國出現。試列舉之，則有巴塞羅納（Barcelona）者，位於東北部，而濱地中海。

有亞拉崗者，佔領比里牛斯山中南部之地，南抵易伯羅（Ebro）河。有拿法爾（Navarre）者，位於比里牛斯山之西部，北抵今日之法國，南抵今日之西班牙。有加斯提爾（Castile）者位於拿法爾之西，環繞布爾戈斯（Burgos）城。有里恩（Leon）者位於半島之西北隅。有葡萄牙者，位於里恩南部而瀕大西洋岸。此等基督教國逐漸破壞回教之勢力，而擴張其南部之國境，且有相與聯合之形勢。十二世紀，巴塞羅納與亞拉崗王國聯合。一百年後，加斯提爾又終與里恩聯合。因此當十三世紀之末葉，半島上乃有三個重要之國家出現，卽東部之亞拉崗，中部之加斯提爾，及西部之葡萄牙是也。此外復有比較不甚重要之二國，卽位於極北部而奉基督教之拿法爾，與位於極南部而奉回教之格拉拿達（Granada）是也。

當一二六三年，葡萄牙在半島之疆土已完全確定，而近代西班牙之統一，直至亞拉崗之君主腓迪南（一四七九——一五一六）與加斯提爾之女王伊沙白拉（一四七四——一五〇四）結婚後，始告成功。回教徒之最後根據地格拉拿達，卒於一四九二年被併。位於比里牛斯山南麓之古拿法爾王國一部分，亦於一五一二年爲腓迪南所併。自是半島遂爲近代西班牙與葡萄牙二國所分領。

一五〇〇年時之葡萄牙已爲眞正之民族王國

葡萄牙在二國間建國較早，而領域亦較小。但因賢君繼起，勵精圖治，亨利王子(Prince Henry the Navigator)又獎勵航海，使國外探險迭告成功。故當一五〇〇年，葡萄牙在國際上已成著名之國家。葡萄牙有一種源於拉丁語之特殊語言，且已孕育一種頗爲可觀之文學。其政治與當時之精神相符，趨向於專制政治。其先國會(Cortes)甚重要，然自一五二一年以後，已不復定期集會矣。葡萄牙之王室與加斯提爾王室之關係甚密，故二國之人民，有希望他日半島全部聯合而受同一君主之統治者。

一五〇〇年時之西班牙王國

一五〇〇年間之西班牙王國，自某幾種立場而言，其統一之程度不及英，法，葡三國。加斯提爾與亞拉岡合併後，雖經二百餘載，仍不過爲君合國。二國仍各保留其習俗與國會，並各有其獨立之行政。雖加斯提爾語已漸變爲文雅之『西班牙語』，亞拉岡語已漸失勢，而二國語言之不同如故也。惟此時各地雖仍重視其本地之傳習與制度，而西班牙之民族精神，則於腓迪南與伊沙白拉在位時代大受其鼓勵。西班牙領土之統一，實完成於此時。西班牙人之注意於向外發展與殖民事業，亦彼二人領導之所致。當格拉拿達滅亡之年，卽西班牙國內回教勢力歇絕之年，亦卽哥侖布(Christopler Columbus)第一次航海之年，此次航海實爲西班牙擴張國界於海外之先聲。西班牙在歐洲大陸多因腓迪南之雄才大略，對於國際事務，不久卽佔優勢。亞拉崗王族要求拿布勒斯與西西里(Sicily)二王國已久，且自由參與意大利之政治已歷二百載之久。迨一五〇四年，腓迪南在拿布勒斯西西里，薩的尼亞(Sardinia)等處之權利，均取得法國明確之承認。自是西班牙亦起而爭地中海之霸權，變爲威尼斯(Venice)之勁敵矣。

腓迪南與伊沙白拉時代西班牙王權之增長

腓迪南與伊沙白拉於其各自統治之王國中，因與代議政體之交涉甚少，故其政治趨向於統一與專制。彼等均力求見好於中產階級，剝奪貴族之政治勢力，並欲使教會爲其所利用。二國之國會雖間或定期集會，但其職務幾已於無形中移轉於國王之委員會與國家之官吏。前此賜予城市之特權，現亦逐漸取消。西班牙古代之軍人團體，曾以攻擊回教徒而立大功者也，今則國王爲其領袖，自易掌握財政及一種強固之軍力。西班牙又有一種中世紀的宗教法庭(Inquisition)，專以審判異教徒者也。國王則經教皇之允諾而取得此種法庭之管轄權。因而對於不奉基督正教之國民，卽處之以嚴刑，如是者歷多數之年代。此不僅出於宗教偏見，亦因希求政治統一之故也。

就人口與國內之富源而論，西班牙實不若法國之重要。然以腓迪南與伊沙白拉二人之偉

一五〇〇年時之「帝國」觀念與「民族王國」觀念之不同

業，殖民地大宗財富之輸入，以及外交與軍事上久著之聲威，致十六世紀時西班牙王國地位之增高，與其實際之重要遠不相稱。

第二節　古神聖羅馬帝國

當一五〇〇年頃，西歐之民族王國如英，法，西，葡等，實爲政治上新奇之產物。　蓋統治習俗語言相同之人種於一堅固集權國家之下，此觀念雖已逐漸發達，但遠在此時以前，尚未實現也。

惟在中歐尚遺留一種完全不同之國家，稱之爲帝國。　帝國之理想起源甚早，蓋謂一種國家應包容種族語言不必相同之一切人民，而隸屬於共同統治者之下，如古代羅馬帝國之理想是也。古代文明世界之全部，實際上均嘗聯合而受羅馬帝國皇帝之統治。　故埃及或亞美尼亞(Armenia)之居民，與不列顛或西班牙之國民，莫不盡忠於羅馬皇帝。　羅馬帝國在東歐繼續維持，迄一四五三年終爲土耳其人所征服而止。　惟因內力微弱與外患侵逼之故，距此時一千年以前，即已無力統治西歐矣。　然卽在西歐『帝國』一觀念之勢力猶盛。　故約當八〇〇年時，今之法蘭西，德意志，意大利，尼德蘭，比利時等地，一時均曾爲沙立曼帝(Charlemagne)所統一而構成其所謂

『羅馬帝國』焉。約二百年後，德意志境內有一著名之君主俄多大帝（Otto the Great）更創立『神聖羅馬帝國』（Holy Roman Empire）而己爲其皇帝。此帝國始於九六二年，至一八〇六年而亡。

神聖羅馬帝國理論上之根據甚強實際上權力甚弱

就理論上言，神聖羅馬帝國對於中歐西歐崇奉基督教之一切君主與人民，均得要求最高之統治權。且自一四五三年東部帝國之滅亡以後，神聖羅馬帝國對於古代羅馬之傳習，更得堅持爲其唯一之世俗繼承者。但神聖羅馬帝國理論上要求之根據雖甚強，實際上並未爲人所重視。西歐之封建貴族，從未承認之。民族國家如英，法，西，葡等國之君主，雖間取其恩賜爵號以爲娛，亦從未承受其實際之統治。在中歐方面，則神聖羅馬帝國既須抵制封建割據之趨勢與強頑妒忌之市府之興起，又須應付對峙之羅馬教會。蓋羅馬教會就其世俗之事務言，至少亦如神聖羅馬帝國，顯爲羅馬傳統之繼承者也。自十一世紀以至十三世紀，衝突甚烈，其結果對於相關之各方面均甚重要。此等結果至一五〇〇年乃大顯著。

一五〇〇年時之神聖羅馬帝國實際限

第一，神聖羅馬帝國實際上僅限於德語人種。教皇與意大利之市府均未受其統治，即尼德蘭（荷蘭與比利時）與瑞士諸州，亦僅名義上相與隸屬而已。至於東部之斯拉夫人種（俄羅

於德意志諸邦

斯人，波蘭人等）或北部之斯坎的納維亞人種（Scandinavians），則受帝國之影響甚少。故當一五〇〇年頃，帝國（Empire）與德意志(Germany)二者已成可以彼此互用之名詞焉。

神聖羅馬帝國內部之弱點

第二此時中歐之全部與西歐迥殊。對於建設強固與集權之民族國家，並無顯著之願望，故割據主義盛行。在意大利與尼德蘭市府國家即爲政治之單位。神聖羅馬帝國之內部，實爲市府國家與封建遺物構成之混合體。有大公國，如奧大利是。有侯國，如白蘭登堡（Brandenburg)是。有公國，如撒克遜尼（Saxony），巴華利亞（Bavaria)，瓦爾敦堡(Württemberg)是。有伯國，如巴拉遏拿忒（Palatinate）是。此外尚有多數之自由市府，男國，采邑等，其小者且不及美國之一郡。就全數言，共有三百餘邦，合稱爲德意志諸邦(The Germanies)，而以帝國之名義維繫之。帝國一觀念不僅因縮小而限於一種民族，且因其不能制服封建勢力之故，遂令眞正之民族帝國不能長成。

神聖羅馬帝國之政治

神聖羅馬帝國在名義上維繫德意志諸邦，顧其性質究如何乎？帝國亦具中央政府之形式，有帝國議會(Diet)以制定法律，有皇帝以執行法律。皇帝不必出自世襲，而由帝國內部佔重要地位之『選侯』(electors)七人選舉之。七選侯者，即緬仔（Mainz或Mayence），哥洛尼

(Cologne)，脫里耳(Trier 或 Trèves)三大主教，波希米亞(Bohemia)王，撒克遜尼公，白蘭登堡侯及萊因河上之宮伯是也。各選侯恆利用其地位向被選之皇帝索取種種之特權，此實足以破壞德意志之統一而增進各邦君主之私利者也。帝國議會由七選侯各小邦君主（包括教會之高級官吏如主教方丈等）及自由市府之代表等組織而成，分爲三院各自集會。皇帝非得帝國議會之許可，不能執行帝國之任何命令。而帝國議會內部之各代表或各院之間，又復互相猜忌，故恆不能有所作爲。且各邦關於多種之事務，保留自行處理之權，此在西歐諸國，皆屬於中央政府權限之內者也。帝國議會無財庫或軍隊，因之皇帝亦然，惟遇必要時，各邦可從議會之所請，分擔其所需而已。然則帝國議會正與外交代表會議相類，而非立法團體也。

由是可知在此等情勢之下，所謂皇帝無掌握大權之可能。但因其時正有斯拉夫人與土耳其人之迭擾帝國東境，又有他種之危險，故其當選之某邦君主，必其本身強而有力，足以抵制外寇或脫去危險者。以此之故，黑普斯堡(Habsburg)伯爵洛多夫(Rudolph)遂於一二七三年被選爲皇帝，其家族擅此稱號，不惟延至一五〇〇年，且降及一八〇六年與帝國之最後滅亡同其運命，其間鮮或間斷焉。此黑普斯堡族中有數帝頗具勢力，但須知其權力非出於帝國，而出於其世

黑普斯堡族雖非帝國強硬之皇帝而爲本邦強硬之君主

襲之邦國也。

黑普斯堡族原爲瑞士一小區之領主，以漸開拓，至一二七三年，其族創業者洛多夫當選爲神聖羅馬皇帝，越三年可寶貴之奧大利大公國並其首都維也納爲其所征服。其後此族又因婚姻之故，與匈牙利，意大利，波希米亞以及帝國其他諸邦之王室均有關係。一四七七年，有皇帝馬克西米連一世(Maximilian I 一四九三——一五一九)與不爾艮底之瑪利(Mary)結婚之舉，瑪利者勇敢之查理(Charles the Bold)之女，而尼德蘭殷富省區之繼承者也。一四九六年，復有其子腓立(Philip)與若亞那(Joanna)結婚之舉，若亞那則腓迪南之女，伊沙白拉之所出，而加斯提爾與亞拉崗王位之繼承者也。黑普斯堡族之幸運，亦云盛矣。

神聖羅馬帝國企圖「改革」之無效

在德意志諸邦中，民族生活之表現，非缺乏也。大部分之民衆，均操共同之語言。帝國議會又具有民族統一之形式。多數愛國人士亦莫不大聲疾呼，主張建設更有力而集權之政府。一四九五年頃帝國議會集會於瓦姆斯(Worms)城，與馬克西米連帝討論改革之計劃。經牽延之爭論後，卒公認私戰爲封建時代之遺毒，亟應廢除，永久之和平亟應宣布，且應建設帝國法庭，以處決帝國內部各邦間之一切爭端。此等改革之努力，亦與先後各次同，鮮有效果。故當十六世紀時，德意志諸邦雖同處於『神聖羅馬帝國』誇大之稱號下，間或折之以正義，實際上仍瀰漫分裂割據之現象也。

第三節　市府國家

恰當耶穌紀元以前，希臘人與羅馬人關於政治組織，同懷一種普徧之觀念，以今日大多數之人士觀之，必覺其奇異。蓋彼等以爲每一城市及其附近之鄉村，均應自成一種獨立之國家，各有其特殊之立法機關，統治機關，軍隊，幣制，以及外交關係。帝國觀念，與彼等實不能相容。至於今日所盛行之民族國家一觀念，尤非彼等所能想及矣。

因中世紀商業之興盛，致其時之意大利，德意志，尼德蘭各地，均有重要之商業城市發達，將於下章詳之。此等城市恆思利用種種之方法求得充分之自治權。故當一五〇〇年頃，其地位頗與古代之市府國家相類。在德意志境內，各市府雖仍保留其地方自治權，但大抵係隸屬於神聖羅馬帝國。且因其他各邦之政治勢力甚大，故其地位不甚顯著。然在意大利與尼德蘭各邦，則市府之地位甚爲重要。吾人苟不明白各市府之狀況，則對於十六世紀此二國之政治情形，將無

一五〇〇年時之「市府國家」

一五〇〇年時之意大利既非民族王國亦不屬於神聖羅馬帝國

從了解也。

一五〇〇年頃之意大利，尚未得其髣髴於民族的政治統一也。其時雖多愛國志士註一渴望統一，且在著名文豪如但丁(Dante)與佩脫拉克(Petrarch)等領導之下，意大利已產生一種共同之語言，爲表示意見之重要媒介。但半島之民衆未嘗如西歐人之建設民族王國，亦非依舊忠順於神聖羅馬帝國也。此種情勢，實由往年之幾種重要事實有以使然也。其一，中世紀時，德意志諸帝咸欲統治意大利，顧其結果，不惟此種計劃全歸泡影，意大利且因之產生相爲對敵之二大政黨。一卽其伯林等親德黨(Ghibellines)，主張與德意志諸邦仍敦睦誼，相與聯絡者也。一卽歸爾甫等獨立黨(Guelphs)，反對前議者也。其二，彼兼掌絕大宗教權與政治權之教皇恆慮意大利之政治統一一旦告成，則其宗教上之勢力，必遭損害。夫使強有力之世俗君主而有圖

註一　瑪基維里(Machiavelli)卽爲此等愛國志士之一。參閱下文第五章第五節。瑪氏在其所著君道論(The Prince)書中嘗言：『我國幾無一綫之生機矣。知誰醫治其傷制止倫巴德(Lombardy)之劫掠，遏絕拿布勒斯，突斯加尼(Tuscany)之橫征苛斂，平復其因忽視而變爲腫毒之創痍乎？今尚有待也。吾人想見我國馨香頂祝，願上帝遣人拯救，俾得脫離此種種野蠻之殘虐與壓制。吾人想見苟有揭竿而起者，彼將如何欣然應之也。』

一五〇〇年時之南意大利——雙西西里王國

結之意大利爲其後援，則自主之教皇終必降於從屬地位，其在外國所有之聲威，亦必因之減低。此教皇對於意大利之政治競爭，所以踴躍參加而恆設法防制任何一邦勢力之澎漲也。其三，意大利諸市府之在商業上佔優勢，比較甚早，因之引起各市府間商業之競爭，而各以其獨立與財富相誇耀。且正當各市府隆盛之時，欲使聯合，極感困難也。最後，除教皇之政策不計外，意大利人民之富裕與各地之妒爭，已使意大利成爲外力干涉與征服之天然戰利器，而此半島遂變爲西班牙人，法蘭西人與德意志人角逐之場矣。

當吾人觀察北意大利之主要市府國家以前，最好就意大利其他之二政治單位約略言之。半島南部三分之一之地，包有古代拿布勒斯王國，而以拿布勒斯城爲中心，且與西西里大島合稱爲雙西西里(Two Sicilies)王國。此王國當十一世紀時初爲斯坎的納維亞之冒險家所創立，後服屬於教皇之宗主權下，繼復爲德意志皇帝所統治，一二六六年又卒爲法國所統治。一二八二年西西里島之革命，即通常所稱之西西里晚禱會(Sicilian Vespers)者，使此島與大陸脫離關係，島歸亞拉崗王室，而大陸則仍騷然在法國之手，至一四四二年爲止。是年雙西西里於亞拉崗王室之治下復行聯合，致法國與西班牙之間，迭起鬬爭。直至一五〇四年，法王始明白放棄其

一五〇〇年時之中意大利——教皇國

對於拿布勒斯之權利，而讓與亞拉崗王腓迪南。就社會與政治狀況言，拿布勒斯在意大利，爲最落伍之邦。

數世紀以來，羅馬城之四周已漸有教皇國（Papal States）卽公文上所謂聖彼得教堂世襲產（Patrimony of St Peter）者出焉。蓋當蠻族侵入之時，羅馬皇帝不復能行使權力羅馬城之主教遂爲最重要之人物，早已行使城中之政治權矣。當第八世紀時，羅馬主教對於羅馬城及其附近各地之統治權，更得沙立曼帝之明白承認及授予，故該羅馬主教遂爲教皇。其後教皇又逐漸拓其疆土於中意利大，自第伯河（Tiber）迄亞得里亞海（Adriatic），以保障其宗教與教會特權者甚久。然至一五〇〇年，諸教皇有自命爲意大利君主之傾向，冀公然利用教皇國爲其參與半島政治競爭之工具。負聲名之亞力山大六世（Alexander VI 一四九二——一五〇三），其政策之營營於心者，卽在欲使其子波爾基亞（Cesare Borgia）爲意大利之君主。而茹留斯二世（Julius II 一五〇三——一五一三）之蜚聲於政略與勇武，亦逾於宗教熱忱焉。

一五〇〇年時北意大利之市府國家

在教皇國之西北部，有多數之市府國家，當十六世紀之初，尤足代表意大利之政治特色。此等市府之物質文明與精神文明，雖或遠駕當時歐洲任何國家之上，但其內部彼此之間，猜嫉甚深，內戰頻仍，靡有寧歲。而作戰之軍士，則為專業之傭兵與稱為頭目（Condottieri）之海盜。當一五〇〇年，意大利市府中之最著者為米蘭，威尼斯，熱拿亞（Genoa）與佛羅倫斯（Florence）。

意大利之市府國家——米蘭由專制君主統治

此等市府中，米蘭在理論上雖仍為神聖羅馬帝國之一公國，但實際上久已為多數之專制君主所角逐。彼等均出自威斯康湯（Visconti）與斯佛爾撒（Sforza）二望族，一方面提倡美術，一方面好施詭計。威斯康湯族自十三世紀即統治米蘭，至十五世紀中葉而止，蓋當時斯佛爾撒族中有一頭目之首領嘗起而確立其本族之優勢也。然至一四九九年，法王路易十二以威斯康湯族之嗣續要索其國而據有米蘭。迨一五一二年，教皇，威尼斯，西班牙，英格蘭組織神聖聯盟（Holy League）驅逐路易十二，而米蘭又暫時復歸斯佛爾撒族統治。

威尼斯為意大利商業的貴族政治的市府之模範

米蘭代表意大利專制政治之市府，而威尼斯則代表商業與寡頭政治之市府，在半島中最為強盛之邦。此市府位於羣島與礁湖之上，而臨亞得里亞海之海角，因大受十字軍之利，以樹立海上霸權，在地中海東部之貿易最稱繁盛。意大利東北部富饒之陸地，亦在其勢力之下。一五〇〇年，威尼斯號稱有船三千艘，水手三十萬人，並有既多且精之軍隊，與著名之玻璃，絲織品，金銀等工業，及特別強固之政府。威尼斯名義上行共和政治，實為一種寡頭政治，政治權力由數種機關連合行使之。（一）有一由商界巨子操縱之行政大會（Grand Council）。（二）有一集權之十人委員會。（三）有一出自選舉之共和總裁，亦稱公爵。（四）一四五四年後，更設審訊官三人，嗣後遂爲全市府之眞正主人翁。審訊官可判決死刑，處理公款，制定法規，並維持一種常規之偵探制度。關於案件之審訊，判決，執行，均祕密行之。匿名控告均投入聖馬可教堂之獅（lion of St. Mark，）口。罪人被殺後，則投諸太息橋（Bridge of Sighs）下之河中。威尼斯因行此種制度，故能境內晏然，與意大利之其他市府內亂迭起者迥殊。直至一七九八年此市府最後破滅之時，迄未聞有政治革命發生。就對外關係言，威尼斯之勢力亦甚大，歐洲諸邦派遣常任使節於他邦之習，實創始於威尼斯。當一五〇〇年，威尼斯一若富強特甚。顧其後日衰落與屈服之種子，已播於此時。蓋當土耳其人侵逼之時，威尼斯雖仍領有希臘之摩列亞（Morea），與夫克里脫（Crete），塞浦路斯（Cyprus）及伊屋尼亞（Ionian）海，愛琴（Aegean）海中多數之島嶼，但在東歐方面，其地位已感受危險。美洲與通印度的新航路發現之結果，實預定其商業霸權基礎之動搖。且威尼斯對於其意大利之勁敵所採之政策，毫無忌憚，致失其西方之友邦。各方面對於威尼斯之惡感既深，故當一五〇八年，神聖羅馬皇帝，教皇，法國，西班牙，遂締結可畏之剛伯勒同盟（League of Cambrai）向威尼斯奪取多種之特權焉。

熱拿亞

熱拿亞在商業上之重要僅次於威尼斯，但其政治情形，則與威尼斯絕異。蓋其政治迭起變化，時盛時衰，迨一四九九年法國之路易十二侵入，終於被併而隸屬於法國。自是而後，熱拿亞歸法國統治者若干載。及一五二八年乃有一多能之國民名安得列鐸利亞（Andrea Doria）者崛起，使熱拿亞脫離外人之統治，而恢復一切共和制度。

佛羅倫斯爲意大利開化的民主的市府之模範

著名之佛羅倫斯市府，實可謂此等民主市府中最佳之模範，由一政治首領統治之。此市府以其自由制度與美術著名於世，十五世紀之前半期，即爲從事於商業與銀行業之殷富家族米底奇（Medici）所主宰。此族保存共和政體之形式，且在綽號『莊嚴』（The Magnificent）之洛倫佐（Lorenzo dé Medici，一四四九——一四九二）領導之下，至使佛羅倫斯成爲意大利文化之中心。洛倫佐死後未久，即有熱心而嚴正之僧侶名薩芬拿羅拉（Savonarola）者倡導民主革命，一四九四年引法國之查理八世侵入，並以實力助驅米底奇族。但薩芬拿羅拉旋中佛羅倫斯仇家之計，加以查理八世嘗忤教皇，教皇遷怒及之，遂供其犧牲，於一四九八年處死。此後民主政治仍繼續圖存，迄一五一二年米底奇族歸國時爲止。其後佛羅倫斯變爲突斯加尼大公國。

一五〇〇年時無足輕重之薩瓦公國

吾人於紀述一五〇〇年時意大利之諸邦以先，又不可忽略不甚著稱之薩瓦（Savoy）公國。此邦閉塞於阿爾卑斯山西北部之險隘中，其後幾經挫折，卒在十九世紀成爲統一之意大利國之國王者，卽其公爵也。

尼德蘭之市府國家

市府國家不惟在意大利之政治組織中爲最重要之形式，卽在尼德蘭亦然。尼德蘭又稱爲低原國（Low Countries）位於北海沿岸之低原，由十七省合成，卽今之荷蘭，比利時及法國之北部諸地是也。其居民之最大部分，爲法蘭達人（Flemings）與荷蘭人，所操語言與德語相近。惟南部之瓦倫人（Walloons）則操法語。此等區域最初純係封建領土，恆爲多數好戰之貴族所宰制。至十二，十三，十四諸世紀中，漸有重要之城鎮出現，日臻富庶，故能從封建地主手中奪取種種之特權。由是有多數自治市府興起，成爲封建貴族半獨立之屬土，實皆自治之共和國也。以前城市政府之寡頭制度，大都倏忽之間，已變爲較近民治之制度。儋特（Ghent），不魯哲斯（Bruges）安都沃爾普（Antwerp），不魯捨勒（Brussels），列日（Liège），烏德勒支（Utrecht），德佛特（Delft），鹿特丹（Rotterdam），以及其他多數之市府，此時均以工業與繁華著名。

尼德蘭市府國家與

不爾艮底公爵在法國之東部，久已保有其公國，而爲法王之臣屬。自一三八四年至十五世

不爾艮底公爵之關係

紀中，更藉婚姻，金錢，詭計或武力，將尼德蘭之十七省一一歸其統治。在不爾艮底公爵方面，其拓地之意義，實暗示欲樹立一種強有力之君權，此爲貴族與教士之所贊助，而爲市府之所反對者也。當一四六五年，有一種共同之國會（即所謂 States General）成立於不魯捨勒，包含十七省之代表。八年之後，復成立一種行政大會，操司法與財政之最高權。勇敢之查理原擬於法國與德意志諸邦之間建一龐大之中央王國，因其深仇法王路易十一設狡計以阻撓之，故於一四七七年賫志以歿。吾人前已見及，當查理卒時，路易又奪取不爾艮底公國，而擴張法國之東境。但公爵在尼德蘭之世襲領域，則歸之其女瑪利。迨一四七七年瑪利嫁於奧大利之馬克西米連，黑普斯堡族遂於此時開始取得尼德蘭之長期統治權。

尼德蘭各市府在此等政治變遷中，仍能維持以前所有之多種特權，而日臻隆盛，成爲歐洲最富饒之邦。公爵宮廷之華麗，在當時歐洲之君主中，殆無與倫匹。其尤令吾人永念不忘者，即爲著名之金羊毛勳章制（Order of the Golden Fleece），乃十五世紀時不爾艮底公爵所創者。此制係因英國之羊毛而得名，蓋英國之羊毛即法蘭達人製布者所用之原料，且爲其國家隆盛之基礎也。

第四節　一五〇〇年時歐洲北部與東部之形勢

歐洲北部與東部在十六世紀不如後日之重要

將於十六世紀爲歷史上主要動力之諸國，如英，法，西，葡，等民族王國，德意志之神聖羅馬帝國，意大利與尼德蘭等市府國家，今吾人已加以說明矣。然在歐洲北部與東部，早有其他國家存在，其影響於近代之歷史並不爲少，如斯坎的納維亞諸王國，莫斯科維(Muscovy)帝國，波蘭與匈牙利封建王國，以及土耳其帝國，亦宜指出之也。

歐洲西北部——斯坎的納維亞諸國

彼久已蹂躪英格蘭，法蘭西，及南意大利之沿海區域，並殖民於愛斯蘭(Iceland)與格林蘭(Greenland)之北方人(Northmen)，其最初之本土，當一五〇〇年，乃在丹麥，挪威，瑞典三王國，其領域亦大致與此三國今日之領域相符。就人種與社會之種種特性而言，此三國頗多共同之點，且在政治上亦曾因一三九七年之加瑪爾聯合(Union of Calmar)同受丹麥王之統治。此種聯合原非瑞典人之所願，故經五十餘年之革命與騷動後，卒有格斯他夫華薩(Gustavus Vasa，一五二三—一五六〇)確定瑞典之獨立。惟挪威仍歸丹麥王統治，迄一八一四年時爲止。

歐洲中部與東部之

在斯坎的納維亞半島及中歐之德語人種以東，有許多種別繁雜之人羣散處其間，如一巨扇

斯拉夫人

然。彼等頗多共同之特性，其語言亦多相近，稱爲斯拉夫語（Slavic）。當一五〇〇年，此等斯拉夫人種包括（一）俄羅斯人（二）波蘭人與立陶宛人（Lithuanians）（三）捷克人（Czechs）即波希米亞之土著隸屬於神聖羅馬帝國以內者，（四）歐洲東南部之各民族，如塞爾維亞人（Serbs）與保加利亞人（Bulgars）是也。

一五〇〇年時之俄羅斯

俄羅斯人在一五〇〇年時，不似今日有龐大領土之專制國家也，其時分爲數邦，以莫斯科維大公國爲中堅，而建都於莫斯科（Moscow）。莫斯科維統治之家族出自斯坎的納維亞人，但此等邦國之文明與基督教則由希臘之傳教者自君士坦丁堡（Constantinople）輸入之。自十三世紀中葉以至十五世紀中葉之二世紀間，俄羅斯人均朝貢於蒙古註一大汗，蓋蒙古大汗已創立一種亞洲式之專制政治於黑海北岸也。俄羅斯國勢之隆盛，實肇基於大伊桓三世（Ivan III.

註一 蒙古人係中亞細亞之一種民族，其著名之首領成吉思汗（一一六二——一二二七）嘗建一帝國，版圖由中國海以至俄國之得熱伯爾河（Dnieper）沿岸。將土耳其人從其亞洲之本土逐出，因而促其侵入歐洲者，即此等蒙古人也。成吉思汗死後，蒙古帝國分裂爲數汗國（Khanates），此等汗國歷時久而寖以消滅。當十六世紀中，黑海以北之蒙古人，同爲土耳其人及俄羅斯人所屈服。

the Great，一四六二——一五〇五）註一。彼嘗使俄羅斯人脫去蒙古人之統治，統一多數之邦國，征服諾維哥洛（Novgorod）與闢斯可維（Pskov）等重要之城市，擴其勢力於北冰洋與烏拉山。顧此時之俄羅斯尚未可以稱爲近代式之國家也，蓋其政治與社會生活，仍仿效亞洲而非歐洲，其基督教亦因自君士坦丁堡傳入之故，與西歐之基督教逈殊。直至十八世紀，俄羅斯始成爲顯著之歐洲式國家焉。

一五〇〇年時之波蘭

在莫斯科維帝國之西南與神聖羅馬帝國之東部，則有波蘭王國焉，立陶宛人與波蘭人均受其統治。波蘭雖領土甚廣，賢君輩出，然國勢則弱。蓋波蘭因缺乏天然疆界，國防極感困難。又因國內所含之二大人種，迭起內訌，國外復與鄰近之德意志人發生戰爭，故深遭其荼毒。波蘭之國會實爲大貴族所操縱，故行政難生效力。其貴族擁有財產，操縱政治，國王漸成傀儡。當西歐各國正擺脫妨害集權民族國家自由發展之種種限制時，波蘭之社會與政治，似乎猶在封建制度中也。

註一　伊桓四世（一五三三——一五八四）亦稱爲『可怖者』（The Terrible），伊桓三世之繼承者也，於一五四七年僭加『沙』（Tsar）之尊號焉。

一五〇〇年時之匈牙利

與波蘭略相近似，未脫封建時代之舊觀者，有匈牙利王國。匈牙利之建國，始於第十世紀。蓋是時有亞洲之部族註一侵入歐洲，遂建匈牙利國於巴爾幹半島之斯拉夫人與北部斯拉夫人（波蘭人與俄羅斯人）之間。其初因匈牙利諸王如聖斯特芬(St. Stephen 九九七——一〇三八）等之努力，原可擴爲大國。但因十三世紀中其王類皆庸懦無能，西歐之封建制度傳入國內，復時起衝突，遂有一種強盛專橫之貴族階級乘之而起，終致國王徒擁虛名。惟亨亞底(Matthias Hunyadi 一四五八——一四九〇）在位時，政治修明，爲其例外而已。匈牙利之王付出自選舉，故國王須與貴族奮鬬以圖存；而其四鄰敵人之衆多而強大，不得不謀應付，亦未有能過之者也。北方則與德意志人種奧大利之黑普斯堡族及神聖羅馬帝國之軍隊有長期之戰爭。東方則與近代羅馬尼亞(Rumania)之土著維拉克人(Vlachs)時起衝突。南方則爲連續之戰爭，先與希臘人及斯拉夫人戰（塞爾維亞人與保加利亞人）後與土耳其人戰，爲尤劇烈焉。

一五〇〇年時之土耳其人

當一五〇〇年，前此以君士坦丁堡爲其首都，以希臘人爲其重要人民之東羅馬帝國，及中世紀保加利亞人與塞爾維亞人之諸王國，皆由土耳其帝國取而代之。土耳其人爲亞洲奉回教之

註一 匈牙利人(Hungarians)或馬加人(Magyare)乃同一人種之異稱。

部落，其稱俄多曼土耳其人（Ottoman Turks）者，乃以其首領名俄多曼（Othman，一三二六年卒）者嘗領導土耳其人立國於博斯破魯斯峽（Bosphorus）彼岸與君士坦丁堡相對之小亞細亞，因而沿用其名也。不久土耳其人更由此向敍里亞（Syria）及希臘與巴爾幹半島拓地，惟褊小之門的內哥羅（Montenegro）山國，未受其統治。及至一四五三年，君士坦丁堡亦為所奪取。土耳其人對於以武力征服之土地，均劃為多數之大地產，以封將領，或歸回教寺院及學校所有，或改為公地與牧場。被征服之基督教徒必須進貢，且降至奴隸之地位。土耳其人橫行於歐洲者，歷時凡二世紀之久。

課外讀本

關於一五〇〇年左右之民族王國者：

一、普通者：

1. A. F. Pollard——*Factors in European History* (1907), Ch. I on "Nationa-

lity" and Ch. III on "The New Monarchy".

2 *Cambridge Modern History*, Vol. I, Ch. XIV, XII, XI.

3. *Histoire générale*, Vol. IV, Ch. VIII, IV, V.

4. *History of All Nations*, Vol. X, Ch. XII-XVI.

5. A. H. Johnson——*Europe in the Sixteenth Century* (1897), Ch I, II.

6. Mary A. Hollings——*Renaissance and Reformation* (1910), Ch. I-V.

二、關於英格蘭者：

1. A. L Cross——*History of England and Greater Britain* (1914), Ch. XVIII.

2 J. F. Bright——*History of England*, Vol. II.

3. James Gairdner——*Henry VII* (1889).

4 Gladys Temperley——*Henry VII* (1914)

5 H. A. L Fisher——*Political History of England 1485-1547* (1906), Ch I-IV.

6. A. D. Innes——*History of England and the British Empire* (1914), Vol. II, Ch. I, II.

7. William Cunningham——*The Growth of English Industry and Commerce in Modern Times*, 5th. ed., 3 Vols. (1910-1912), Vol. I, Book V.

8. William (Bishop) Stubbs——*Lectures on Mediæval and Modern History*, Ch. XV, XVI.

9. F. W. Maitland——*The Constitutional History of England* (1908), Period II.

三、關於蘇格蘭者：

1. P. H. Brown——*History of Scotland*, 3 Vols (1899-1909)

2 Andrew Lang——*A History of Scotland*, 2d ed., 4 Vols. (1901-1907), Vol. I.

四、關於法國者：

1. A. J. Grant——*The French Monarchy*, 1483-1789, 2 Vols (1900), Vol I, Ch I, II.

2. G. B. Adams——*The Growth of the French Nation* (1896), Ch. VIII-X.

3. G. W Kitchin——*A History of France*, 4th ed, 3 Vols. (1894–1899).

4 Lavisse (editor)——*Histoire de France* Vol. V, Part I (1903).

五、關於西班牙與葡萄牙者：

1 E P Cheyney——*European Background of American History* (1904), pp. 60–103.

2. U R Burke——*A History of Spain from the Earliest Times to the Death of Ferdinand the Catholic*, 2d ed., 2 Vols. (1900), edited by M A. S. Hume.

3. W. H. Prescott——*History of the Reign of Ferdinand and Isabella*, 3 Vols. (1836).

4. Mrs Julia Cartwright——*Isabella the Catholic* (1914).

5 H M Stephens——*Portugal* (1891).

6. F W Schirrmacher——*Geschichte von Spanien*, 7 Vols (1902).

關於神聖羅馬帝國者：

1 *Cambridge Modern History*, Vol. I (1902), Ch IX.

2 James (Viscount) Bryce——*The Holy Boman Empire*, new ed. revised (1911).

3. William Coxe——*History of the House of Austria*, Bohn edition, 4 Vols. (1893–1894).

4. Sidney Whitman——*Austria* (1899).

5. Sidney Whitman——*The Realm of the Habsburgs* (1893).

6. Kurt Kaser——*Deutsche Geschichte zur Zeit Maximilians I, 1486–1519* (1912).

7. Franz Krones——*Handbuch der Geschichte Oesterreichs von der altesten Zeit*, 5 Vols. (1876–1879).

8 Leopold von Ranke——*History of the Latin and Teutonic Nations, 1494–1514.*

關於意大利與市府國家者：

1. *Cambridge Modern History*, Vol I. (1902), Ch. IV-VIII.
2. *Histoire générale*, Vol. IV, Ch. I-II.
3. Mrs. H. M. Vernon——*Italy from 1494 to 1790* (1909).
4. J. A. Symonds——*Age of the Despots* (1883).
5. Pompeo Molmenti——*Venice, its Individual Growth from the Earliest Beginnings to the Fall of the Republic*, trans, by H. F. Brown, 6 Vols. (1906-1908).
6. Edward Armstrong——*Lorenzo de' Medici* (1897).
7. Col. G. F. Young——*The Medici*, 2 Vols. (1909).
8. Ferdinand Gregorovius——*History of the City of Rome in the Middle Ages*, trans. from 4th German ed. by Annie Hamilton, 8 Vols. in 13.
9. *Cambridge Modern History*, Vol. I (1902), Ch. XIII.

10. P. J. Blok——*History of the People of the Netherlands*, trans. by O. A Bierstadt, 5 Vols. (1898–1912).

11. *Belgian Democracy: its Early History*, trans. by J. V. Saunders (1915) from Henri Pirenne (1910).

關於一五〇〇年時之北歐與東歐者：

一、普通者：

1. *Cambridge Modern History*, Vol. I (1902) Ch. X, III.

2. *Histoire général* Vol. IV Ch. XVIII–XXI.

3. R. N. Bain——*Slavonic Europe: a Political History of Poland and Russia from 1447 to 1796* (1908), Ch. I–IV.

4. T. Schiemann——*Russland, Polen, und Livland bis ins 17 ten Jahrhundert*, 2 Vols. (1886–1887).

二、關於挪威者：

1. H. H. Boyesen——*The History of Norway* (1886).

三、關於莫斯科維者：

1. V. O. Kliuchevsky——*A History of Russia*. trans. by C. J. Hogarth, 3 Vols.

2. Alfred Rambaud——*Histoire de la Russie depuis les origines jusqu' à nos jours*,——6th ed. completed to 1913 by Émile Haumant (1914).

3. W. R. A. Morfill——*Russia*.

4. W. R. A. Morfill——*Poland*.

5. Jeremiah Curtin——*The Mongols a History* (1908).

四、關於匈牙利人者：

1. C. M. Knatchbull-Hugessen——*The Political Evolution of the Hungarian Nation*, 2 Vols. (1908), especially Vol. I, Ch. I–III.

2. A Vambéry——*The Story of Hungary* (1886).

3. Count Julius Andrássy——*The Development of Hungarian Constitutional Liberty*, trans. by. C. Arthur and Ilona Ginever (1908).

五、關於土耳其人與巴爾幹諸族者：

1. Stanley Lane-Poole——*Turkey* (1889).
2. A. H. Lybyer——*The Government of the Ottoman Empire in the Time of Suleiman the Magnificent* (1913).
3. Prince and Princess Lazarovich-Hrebelianovich —— *The Servian People, their Past Glory and their Destiny*, 2 Vols. (1910), particularly Vol. II, Ch XI, XII.
4. Joseph von Hammer——*Geschichte des osmanischen Reiches*, 2d ed., 4 Vols. (1834–1835).
5. Nicolae Jorga——*Geschichte des osmanischen Reiches nach den Quellen dargestellt*, 5 Vols. (1908–1913), especially Vol. II, 1451–1538.

6. H. A. Gibbons——*The Foundation of the Ottoman Empire* (1916).

第二章　商業革命

五百年前，歐洲人在「世界」地圖上尋不出美洲，澳洲，及太平洋。航海老手甚或地學專家，全不知大西洋以外尚有紅色人種所居之二大陸在。對於非洲，彼等僅知其北岸，關於亞洲，則有無數荒誕之神話流行。彼未經探訪渺茫無際之大西洋，自十五世紀多數愚昧之歐洲人觀之，固一惡怪妖魔出沒之區也。就一般歐洲人士言，其所知之全部世界，仍限於前章所述之諸國，以及地中海對岸之回教鄰邦而已。

迨十五世紀末葉，始有勇敢之船長從事於海上之長途航行，探發新地。直至今日，歐洲人士莫不忙於探險與略取，實際使全球歐化。促進此種運動之主因，宗教與商業固同其重要，然一自此種運動發端，商業之路綫，方法，貨品等，卽隨而發生大變，遂使此種運動得有商業革命(Commercial Revolution)之通稱。至十六世紀末葉，此種運動推行之廣，已足以表示其所生之果，將成歷史上最要之事績。

受商業革命之影響最鉅者，實爲人類之日常生活。故吾人若欲估計其眞正性質與其重要關係，首須轉而稽考一五〇〇年左右歐洲人之實際生活狀況及其謀生方法。次乃回溯異地探險與殖民事跡，然後可以進而重述國內城鄉之狀況。

第一節　十六世紀之農業狀況

十六世紀之農業與今日農業之異點

農業本常爲社會最終的基礎，但在十六世紀時，其重要尤甚於今日。當時計算財富，非於今人以所藏之股票公債票之數量爲標準，乃以其所有土地之廣袤而言。當時歐洲各國大多數人民之職業爲農。城市狹小，爲數亦少，『羣衆』多在鄉村，非如今日之聚居城市。

十六世紀農業之各種異狀，可使二十世紀之人見而稱奇。彼將見鄉村中之怪組織，土地所有權之奇論，以及極不經見之耕種方法。且每一農村，直皆自給，其生產物僅供村民之用，農產外銷，甚爲稀少。由此可見一五〇〇年時之農村社會，爲數雖多，要皆老死不相往來，實頑固愚昧之壁壘也。

鄉村中之二階級—貴族與農民

全歐農村，頗有共同之特點。無論在德意志，匈牙利，法蘭西，或英格蘭，農村人民顯然分爲兩種社會階級，卽貴族與農戶也。此二大階級懸殊之度，或因地而異，至於幾種普徧的差別，則到處通行。

凡以土地之收入爲生而不必自食其力者謂之貴族註一。彼等據有封建式之土地保有權，卽對其地產內之居民有令其供養之權。同時，彼等對於上級或更富之貴族或國王亦負有幾種義務。例如戰時之從征註二，特定時期之朝覲，以及各種不定賦稅之繳納。貴族每人之地產，或則僅有農場一塊內包小村，稱爲『領地』(manor)或則包括許多領地。若地主爲勢力最大之貴族或主教，則其領地或至包括全郡。

貴族得勢之原因

貴族人各有第(manor house)，富者更據城堡，以兀臨村農之陋室茅舍。廄有肥馬，車飾族徽。有臧獲廝養，有啓車門之隨從，有防竊鹿之囿人，更有家將以平定擾攘，助禦強鄰，隨之出征。彼生時可在教堂中佔最佳之座位，死則長眠於他人所不能葬之教堂以內。

最初，當封建社會幼稚之時，貴族頗能行使其眞正之職務，作農民之保護者，抵禦外敵，防制盜

註一　當十六世紀之初，羅馬教會中之多數高級教士（大主教，主教，方丈，）皆爲貴族之一部分。彼等亦領有廣大之地產，與世俗貴族甚相類。

註二　此種義務惟世俗貴族有之，教會之貴族則否。

寇。蓋彼時羣盜如毛，徧地皆然也。此時戰爭爲貴族之專業。國王與農民恆予貴族以優裕之收入，俾彼等得以置備貴重之軍器，如戰馬甲冑刀劍，戈矛之類。

然至十六世紀之初，封建制度之極盛時代已成過去。貴族之後，雖因世襲權，仍享有其祖先所獲得之經濟上的收入及社會上的威望，然對於國王國家及一般民衆，已不復履行往昔之職務。至少在民族王國中，已有國王負抵禦外侮維持治安之責。貴族既解除往昔之職務，別無所事，惟遊獵互鬭，或從事於政治陰謀而已。彼等漸羣集於朝，以度其娛樂奢靡之生活，此在法國尤然。此時之貴族雖倘幸存，顧已無正當用途，惟仍保持其往昔之特權耳。

農民

與據有土地之少數貴族階級顯然對峙者，厥惟在民衆中佔大多數之農民。農民須竭其血汗，始獲一飽，常以身世微賤，被視爲社會上下劣愚魯者流。眞正之農場工作，實爲「奴工」奴工貴閥之間，實判若鴻溝焉。

農奴與領地制度

當中世紀之初期，全歐洲大多數之農民皆爲「農奴」(serfs)。在西歐，因種種關係，農奴制度勢漸消滅，其詳因隨後再述。但在歐洲東部與中部，當十六世紀之初，農業上之勞工，最大多數仍爲農奴。卽在法國，其數亦夥。彼等仍墨守舊俗，居住工作於貴族領地之中。此等習俗，可總稱之爲「領地制度」(Manorial system)。

農奴在農村所處之地位，實非吾人所易明白。彼既與美國南部諸邦在內戰前所蓄之奴隸不同，又不似今日農業社會所常見之僱農或佃農。農奴異於奴隸者，因其至少可以一部分時間自由工作，地主不能鬻賣其身，亦不能剝奪其爲一己利益而耕種土地之權也。其異於僱農者，因其無工資可得也。其異於佃農者，因其依附土地，永須工作，非逃亡或贖得完全自由，不能脫農奴之籍，爲自由之人也。

農奴對於地主之義務

農奴對於地主負有種種不同之義務，其最要者可總述如下：（一）農奴須爲地主耕種私田，每星期約二三日，不取工資，其出產概歸地主。收穫期內，尙有規定之額外日期，名爲「贈與日」(boon-days)，此時農奴須捨其自己之工作以爲地主收穫。緊急之時，更須爲地主由林中運木至第，或修築道路。（二）農奴須對地主完納定期捐項，通常皆爲物品。某種節日，輒須獻肥碩之家禽十餘或穀物一斛，以充地主之庖廚。（三）爐竈，酒榨，穀磨，橋梁等恆爲貴族所獨有，農奴每次應用，須納一部分之芻包，酒穀，或與小費，以作租金而美其名曰「小敬」(banality)。（四）若農奴死後無嗣，則其田地屋宇等卽當歸還地主。如有嗣，則地主有徵收「租地繼承稅」(heriot)

及『續租捐』(relief)之權。前者係將死者之佳畜收爲己有，後者係强令指定之繼承人另納定數費用，與一種遺產稅相等。

自由佃農

當十六世紀之初，領地制度已日就衰微，其在西歐，尤爲顯著，已如前述。多數農民前曾爲農奴者，現皆變爲自由佃農，租戶，或傭農。今之所謂田租（即地主租出其田地與佃農而向佃農盡力索取之金錢報酬）固爲當時之所不知。然此時已漸有一種農民階級，常稱爲自由佃農(free tenants)以別於農奴。彼等完納定捐，與農奴同。但除農忙秋收之時以外，無須每星期犧牲二三日爲地主耕種田地，且不經地主之同意，可自由遷徙，自由嫁女，或自由賣牛。彼等蓋已視此種例捐爲正式地租，不以之爲保護費矣。

傭農

當比較繁榮之農民變爲自由佃農之時，多數貧苦之農民覺農奴謀生不易，自願放棄其耕種領地之權，竭其時力爲貴族耕種私田，以取固定之工資。因此有多數之傭農出現。彼等除陋室小圃而外，不求寸地。

分益農

除傭農與自由佃農外，又有第三種農民出現於貴族地主不願自營墾殖之處。在此種場合，地主恆劃分其地，分授特定之農予以牲畜農具，從而收回定量之收穫物。此在法國常達總收成之半。農民之業此者，法國稱爲『分益農』(métayers)，英格蘭稱爲『田地什物租戶』(stock-and-land lessees)。此種制度與今日習見之田莊公營制大致無異。

農奴制度之日衰

當十六世紀時，法國與英格蘭之農奴大多數已改爲僱農，佃農，或分益農。往昔農奴之種種義務，在農奴固覺太苛，對地主亦絕無利益。地主需人時，僱人作工，較之役使，實易爲功，且較便宜。蓋農奴作工，不能因其怠惰而黜之，且彼爲地主作工，亦自遠不如其爲己之熱心也。因此之故，多數地主均願農奴納金錢或穀物以代常規之徭役。在英格蘭，更有多數地主以圈地爲牧羊場之利大註一，而自願釋放其農奴。結果英格蘭之農奴制，在十六世紀前，卽歸消滅。在法國，則當十四世紀時，農奴之大部分卽已贖得自由。惟在少數區域，迄大革命時，農奴制度尙仍其舊。其他各國，農業狀況較爲落後，而農奴制之存在亦較久。普魯士與奧大利，至十九世紀始廢除農奴，而俄國農奴之大批解放，實自一八六一年始。東歐各地，則至今尙有農奴制之遺跡焉。

農奴制衰於後猶存之奴隸義務

農奴雖獲解放，其以前之地位並未完全改良。自由農民若能以金錢爲代價，誠可不必每週復爲地主作工，且至少在理論上可自由婚嫁，自由遷徙。然有時地主仍可強其工作，彼仍須修路，

註一 舊有之領地上無籬笆，『圈圍場地』意卽以籬笆圍之。

仍須爲爐竈，穀磨，酒榨繳納苛捐。再者，農民田中之穀物，可任貴族鴿塒之鴿所啄食，可爲貴族遊獵隊所踐踏。農民自身，不敢田獵，雖入圃之鹿，亦不得射擊之。若干習俗盛行於各地，其初意確爲貴族與農民間一種親善之情，今雖詼諧依舊，而農民已漸覺其難堪矣。據云在少數地方，新婚夫婦須跳越教堂墳地之牆垣。又有時夜晚，農民須挺擊堡外濠溝，俾貴眷安息，不爲悽涼之蛙聲所擾，皆此例也。

農業「三田制」之遺跡

領地制中尙有一重要遺制，當農奴制衰替之後，歷久存在，是爲經營農場之法。在中世紀領地中，有一種普徧而持久之傳習，以確定農業方法，至今未變，卽所謂農業『三田制』(Three-field system) 也。領地田土，自數百英畝至五千英畝不等，非如今之農場，劃爲不一致之形狀與面積也。其中有祇可爲牧場之荒地，與夫地界上之森林，視爲『公地』者，農民與地主均可自由在此採薪，或驅豕食橡，或放牛齕草於其間。至於可以耕種之地，則劃爲穀田若干區。通常爲三區，每區均以蓄草不芟之阡陌隔爲平行之長塊。長常爲四十桿(亦稱爲『一畦長』)廣一桿至四桿不等。農民每人可於一區中獨佔一塊或數塊，共計約三十英畝註一。地主自身亦可在大田中獨

註一 在若干地方，此等地塊每年恆重行分配，如此則大部分之領地在理論上均爲『公地』，農人對於任何一塊土地，無私有之主權也。

佔數塊焉。

農業三田制之弊

此種所謂農業三田制，流弊滋多。蓋田畝四散，往來費時頗多。且農人種田，恆守成規，不圖改良，所植物品，彼此常同。第一分區恆種小麥或裸麥，第二分區恆種豆或大麥，第三分區則不種。彼等不知用人工肥料或輪種之法以保存地力，雖每年留田三分之一，使之荒閑，藉蘇地力，然每畝所出，仍鮮有及今日四分之一者。農具亦甚粗陋。用鐮刀以代刈禾之機，犂以木製，間包鐵頭，打穀則用連枷。穀物收穫之後，則縱牲畜以食殘莖，不分畛域，以田係公產也。一切牲畜既同在一處牧放，自難養成良畜。種漸退化，無論牛羊，莫不短小羸弱，其長成之牛，殆僅等於今日之肥犢而已。又其時無馬鈴薯蘿蔔等物，亦鮮有種苜蓿或其他草類以爲冬季之芻秣者。故豢養多數之牲畜，勢難經冬，大部分均於秋季宰殺鹽醃，以供冬季難得鮮肉時之需。

領地中之農民生活

農藝之術既陋，地主之索復苛註一，貧人所獲，鮮克自存。以十六世紀農民之窮苦與今日農人之安適相較，其困厄蓋難以言喻。茅舍幽暗，寒氣侵入，其凜冽又殆非吾人所能想像。農民冬

註一　農民除對於世俗地主納捐外，對教會尙有規定負擔，稱爲『什一稅』(tithe)，其數量約爲每年收穫物十分之一。

食之醃肉蔬菜之缺乏，常積之汚穢，衛生法之愚昧不明，皆足以致疾傳疫。若更遇歉收，則疾疫而外，又益以饑饉矣。

但吾人同時須知十九世紀之大城市中賃房而居之人，其擁擠之苦，更甚於中古之農奴。蓋農奴居於鄉村，空氣終尚新鮮，與工人服役於工廠者迥殊。農奴若遇豐年，則穀物肉食，均甚富饒，甚或有酒漿可飲。彼對於貴族繡帷遮掩之臥室，珠寶點綴之衣服，五味調和之食品，鮮有妬心，蓋原視此等事物為另一世界也。

惟有一處，貴族農民實以同等之地位相聚，此即鄉村之教堂也。每當星期日與節期，彼等咸以基督教徒之資格來此行彌撒禮(mass)。其後每逢假日，間有在草地上競技與跳舞之事，貴族家屬殆亦惠然提倡，使一般農民忘其工作之勞。鄉村之神父註一雖為領地中智識最高之人，而其出身常微，故彼既為貴族精神之指導者，更為貧民之良友與恩主。有時主教親臨，為小兒行堅信禮(confirmation)，輒使鄉村得一娛樂與公共飲宴之機會。

註一　鄉村神父與高級教士常相懸殊。高級教士自身有廣大之地產，而鄉區神父之收入，則僅有區民之什一稅，為數甚微，故常耕種其分得之田以勉維生計。修道院雖或殷富，而僧侶則率皆貧苦，常亦躬耕。

於他時期，鮮或攪擾鄉村生活之寧寂，對於外界，亦鮮聞知。惟間有饒舌小販偶經其地，人朝赴戰之鄉紳騎馬而過耳。若其村不缺乏鐵匠與鞾工，即無須與他鄉往來。道路不良，天雨難行。旅行大都騎馬，貨物貿遷，亦以馬運。村民惟少數老兵或神父旅行較多，彼等直爲全鄉之地誌游記。蓋農民中之能讀書習字者，殆無其人也。

鄉村之孤立與保守

鄉村既能自給，復與外界隔絕，故恆珍視舊說，篤守古風，亙數百年而不變。村民本性，不信新奇，存古捨新，甘心保守，發現美洲，並非此輩。至若商業革命之發生，則端賴城市之冒險精神及其漸興之工商各業。是以吾人現須轉述商業工業及城市之發達。

第二節　商業革命發軔時之城市狀況

商業與城市

須知歐洲之城市，除意大利繁富之市府國家與少數之其他城市，其歷史起源於古羅馬時代者以外，其餘大都出現於中世紀之後半期。其始此等城市之得存在，僅資農民購買魚、鹽、鐵、犂等物而已。迨至商業發達，尤以十三十四十五諸世紀爲特著，則見商人出外者衆，耗錢之途倍蓰於前。而小農村亦認知城市之地，不僅有奢侈品可買，即如用具衣履，出諸城市巧匠之手者以視出諸笨拙村人之手者，更爲便利。且城市又爲剩餘農產物之交易場，農人咸可來此以酒易毛，以麥易麻焉。迨城市規模日大，市民之優裕者，多爲外國奢侈品之主顧，於是國外貿易遂以發達。故城市與商業工業二者實互爲因果，商業可鼓勵工業，工業可促進商業，而二者又促進城市之發展。

當十六世紀時，城市已脫去其幼稚時代，在政治上經濟上並享有充分之自由矣。

城市之自由

最初多數之城市，均屬貴族廣大之領地，其居民對於地主負有種種奴隸式之義務，與眞正之鄉村農奴相同。但歷時既久，城市日益發達，市民遂開始反抗封建地主，要求自由。彼等不願納種種農奴式之捐項，而願每年輸定額之款以代替各種義務。彼等又要求自理市場之權，並欲將法律案件在自己之法庭審判，而不就訊於貴族所主持之封建法庭。關於全城之一切賦稅，則要求總共繳納，而市民每人所應出之稅額，則由其自行攤派，自行徵收。此等特權，最後均克達到目的。且各城均有其特許狀，列舉本城所享之特權，爲本城所擁戴之貴族或國王所正式承認者。

城市特許狀

在英格蘭，此等特許狀大概均屬商業行會所得，而由行會以大宗款項進於貴族。在法國，則市民恆組織多數社團，稱爲『公社』(communes)，且嘗起而革命，抵抗封建地主，卒告成功。在德意志，各城則嘗聯盟以互相保護，並取得種種公共之特權。至於其他各城，前此嘗爲主教方丈，或貴族所建者，自始卽取得特許狀矣。

商業行會

當時各城因須防制盜賊奸宄，及狡詐之工匠，並抵抗封建貴族之壓制，遂特產生一種最流行之組織，謂之商業行會(merchant gild)或商民公會(merchants' company)。迨一五〇〇年間，商業行會到處已呈衰落之象，但許多較古而較光榮之傳習，仍保存罔替。當商業行會最盛時代，凡商人，屠夫，及從事於製麪包製燭臺等業者，莫不羅致其中。實際上凡在本城從事貿易者，均隸屬於商業行會。當時行會所行使之職務，範圍甚廣。

商業行會早時之職務——社會的職務

商業行會因襲更古集團所得之社會職務與宗教職務，大都爲對於宗聖(Patron Saint)之敬奉，對於會員疾病災難時之援助及其殯葬時之參加，以及各種觥籌交錯可以增進行業生氣之歡會。

保護的職務

商業行會之爲一種具有保護性質之組織，常特爲有效。行會既有會員全體之力量爲後盾，故當貴族對本城要求地主之權利時，能斷然抵制之，並堅持逃奴之城居滿一年零一日者，不能再被索回爲領地之農奴工作，而應許其爲自由人。當市民出外游歷時，行會亦加以保護。蓋其時諸城對於外人輒生疑忌，故當行會商人赴他城時，橫遭攻擊刼掠，或囚禁者，數見不鮮。因此行會對於會員在外被禁時，必須贖回，在可能範圍內，對於無故加害者且須處罰，庶幾此後行會會員之自由始見尊重。欲使行會之業務更加發達，常須與鄰近諸城成立特種之協定，俾行會會員之權利，生命，財產等藉獲保障。又行會中任何會員之債務，行會全體為之負責。

限制的職務

商業行會最重要之職務，向為關於本城市場之規制。彼外商欲利用本城之市場以獲利而不分擔維持費者，則加以種種煩苛之限制。凡貨物為市民所願購者，不許輸出本城，貨物之欲輸入者，則須納入市稅(octroi)註一。又當時深信商業行會在道德上應厲行公平正直之營業方法，行會於是恆派員監督市場，以防制各種不正當之行為，如『預先購買』『壟斷』註二，及『賤買貴賣』等事。衡量亦由官吏規定，狡黠之果蔬商販，不得用偽底升斛。行詐皆科罰重金，如屢犯不悛，得逐出行會之外。

此等商業行會因有社會的保護的限制的種種職務，故最初當十一世紀中，其地位頗重要。在英格蘭，行會之發達最速。當十二世紀末葉，英城總數凡百有二，而有商業行會者達八十二城

註一　巴黎仍徵入市稅。

註二　關於『商業有所限制之聯合』，其觀念之錯，殆由憎惡壟斷之念而起。

註一。在歐洲大陸，則多數城市均成立種種絕不相同之組織，尤以德意志諸城爲甚。其有商業行會者，類爲同業商人獨有自私之團體。

商業行會之衰替

當十三四世紀時，因工商業擴張之結果，舊式商業行會之條例，不能因時改變，遂變爲壓制與束縛之工具，或則徒成具文。在商業行會變爲壓制的寡頭式團體之處，如德意志及歐洲大陸其他各處之行會，因比較民主式之『同業行會』(craft gilds)崛起而失勢。在英格蘭，則工商業已漸歸同業行會工匠行會(journeymen's gilds)，與商會等團體分別掌管，以代替舊式商業行會之監督。商業行會既喪失其主要之職務，故當十六世紀時，或無形消滅，或雖存在，而其勢力僅及於一種商業，或則仍爲一種名譽組織，有時舉行宴會，或則實際上與市會變爲相同之團體，此在英格蘭爲尤甚，二者最初固絕不相侔也。

工業同業行會

商業行會原係隨商業之發展與城市之興起而產生，此外復有他種行會與之並行，乃因工業之發達而產生者，此種行會遠至一五〇〇年以後尚甚重要，即同業行會 註二 是也。同業行會之

註一 有少數重要地方如倫敦，哥徹斯特(Colchester)，諾爾威威(Norwich)，均無商業行會。

註二 同業行會又稱爲交誼會(company)或同業組合(mistery)，法文爲 mé'tier，德文爲 zunft。

得勢，在十三四世紀。有時表示羣衆革命以反抗腐敗與寡頭式之商業行會，如在德意志境者是。有時則與商業行會合作，其會員卽隸屬於商業行會，如英格蘭大多數之行會是。同業行會有宗教職務及社會職務，與商業行會相同。且亦如商業行會之嚴守正直交易。所不同者，卽同業行會僅由一種職業之人組成，且於貨物之出賣與貨物之製造，監督甚嚴。此種行會衆多，製麪包者，釀酒者，五金匠，馬鞍匠，鞋匠，織工，裁縫，皮匠，甚至任專門學校與大學教師之文藝家，均莫不組織行會焉。

今日『學徒制』之名詞，實出自中世紀同業行會之一種慣例，此種慣例當行會消滅後，仍繼續存在。學徒制之用意，在確使新進某種職業者受相當之訓練。學徒幼時卽由匠師選定，訂立合同，規定須住匠師家工作數年，不取工資。在學徒期中，對於所學之職業必須精通，期滿乃升爲『工匠，』受工資而作工。最後始能加入行會，升爲匠師，可自設店鋪，自授學徒，自僱工匠，而以所製之貨物直接售與消費者。

上述關於會員之限制，尙非監督工藝之唯一方法也。行會更有種種規則，詳記所用原料之性質，並常限制製造之法。行會又可禁止夜工，對於出售之貨，恆規定『公平之價格，』此等規定

同業行會之局部的衰替

均由監察人督其實行。行會因有此等規條，不惟可永久保持『善良之舊法』且可對顧客保證貨眞價實。

當十六世紀之初，同業行會雖未如商業行會之衰替，然其內部正發生種種流弊，致使其活動力因而減少。行會漸有獨佔之趨勢，其權勢亦變爲世襲之性質。行會對於入會金日漸增高，對於入會資格限制漸嚴。各種相關之職業如紡紗，織布，研布，染布等行會間競爭之結果，恆使幾種行會降至從屬地位。關於製造方法之限制，原在維持技術之標準，但久後反爲技術進步重大之障礙。關於工作方法與數量之限制，自彼進取之匠師觀之，亦足以阻礙其發展。舊日是非之心，今已敗於貪婪之念，以至各地之惡劣出品，亦爲行會所容許。

多數同業行會在十五六世紀時，均呈分裂之趨勢，與今日勞資之分略相彷彿。一方面則原有之行會漸爲殷富之匠師所霸佔操縱。彼等皆着華麗之制服，故稱爲『制服人』(liverymen)。或則漸有一種商人階級興起，組織『商業公司』，對於特種工業品從事大批之貿易。於是殷富之布商專賣布匹，而自己並不織布。他一方面則工匠與學徒之升爲匠師，漸感困難，恆有終身爲工錢而勞動者。彼等欲改良其境遇，遂組織新團體，在英格蘭稱爲工匠會社 (journeymen's company)。 此等新組織實爲不公平之象徵，除此以外，無關重要。 同業行會既有種種之缺點，一時雖仍維持其勢力，但因在其勢力範圍以外，已有種種之新職業發生，故行會不得不漸趨衰替。當其與資本家競爭時，逐漸屈服。 蓋彼輩不願受其規條之束縛，而欲從新發展一種『家庭工業制度』(domestic system)也。 再加以國王之干涉，同業行會之權威遂愈形減少矣。

當一五〇〇年頃，歐洲諸城就其政治或所享之自由程度而言，均甚特殊。 或則實爲小共和國，僅虛戴一外方君主，或則對於城主僅納歲幣，或則仍由國王或封建貴族派吏治理，或則爲寡頭式之商業會社所管轄。 至若十六世紀城市之普遍現象與生活，則尚可得一比較一致之觀念。

吾人須知當時城市之範圍，比較甚小，因民衆之大多數仍居鄉村也。 一城而有居民五千者，已視爲大城矣。甚至當時最大之城區如努勒堡(Nuremberg)，斯德拉斯堡(Strassburg)，倫敦，巴黎，不魯晳斯等，自吾人今日之眼光觀之，則爲小城。 當時通常城市之近郊，均有農場園地，蓋市民仍從事於小規模之耕種，以爲工業之副業也。 城市之本部，恆繞以鞏固之垣，欲進城內，非經城門不可。 城門恆有軍士扼守，稽查行人，並強徵通過稅。 城垣內部，有各種式樣之屋宇，其中心則有莊嚴之教堂，市廳，或行會會所等。 城中各處，均有富商華麗之住宅，其建築卽今日所稱之峨特

(Gothic)式，有尖形窗與三角牆焉。卽爲節省城內之地基起見，其第二層樓輒突臨街衢。

街市之狀況殊陋。雖間有一二廣闊之通衢，但其餘均爲小巷，紆曲黑暗，汚穢不堪。街之狹隘乃致不能行車。甚或泥淖垃圾，令人跋涉爲艱。豕被推排而嗥，雞雛穿足下而馳。間有死犬狼籍道上者。當時無側道，惟主要通衢，始用石砌。街中汚穢雜物，須遇大雨，始能衝入街中或兩旁之明溝中。當時城內不惟無公共溝渠，且無公用之水，各家多於宅後園中掘井，以供己用。顧市上亦有挑水叫賣者。因預防火災之故，各市府輒獎勵人民以石建屋，並備桶儲水於屋前。每區各有專員，常備鈎繩等物，以爲火起時毁屋之用。入夜則全城闃寂，門戶盡閉，暮鐘獨鳴。街暗無燈，惟間有熱心公益或家有喜慶之市民懸燈窗前。當時並無有效之警察制，恆用少數市民任『更夫』以維持秩序。而此『守夜更夫』則常以善睡或喧囂著稱，並不足以保護人之生命與錢財也。在此等情況之下，市民之欲免寇盜之攻擊者，夜間必嚴扃早睡，不敢外出。十六世紀之城市，縱奇特如畫，然實一不舒適，不衞生之居地也。

第三節　商業革命以前之商業狀況

農業爲人類社會最終極之基礎，城市生活則恆爲文化之表徵。城市生活之榮枯，常視乎商業之盛衰。故中世紀末期歐洲與東方商業之復興，實表示城市之發達，並爲文化進步之先聲。

東方商業之復興

歐亞通商曾爲古代希臘羅馬世界之特色，因第五世紀蠻族之侵入與其後回教徒與基督教徒之衝突而幾至斷絕，在此數世紀中舊日之商路僅有少數猶太人與敍里亞人(Syrians)往來其間而已。至第十世紀南意大利有多數之城市如布林的錫(Brindisi)，巴利(Bari)，達蘭多(Taranto)，亞瑪爾菲(Amalfi)等，始航行於地中海東部。威尼斯起而效之，其後熱拿亞與比薩(Pisa)亦繼踵而起。

東西交通之恢復，在第一次十字軍以前卽已開始，但十字軍(一〇九五——一二七〇)之役，更促其進步。威尼斯，熱拿亞，比薩，因其地位之便利，受十字軍之請，從事轉運供給軍需。彼狡黠之意大利人亦深知此種勞役，必獲重酬。往來於聖地之意大利船舶，果漸得厚利。意大利多數之城市同受其利，而以威尼斯爲獨多。威尼斯當十字軍期中，除在君士坦丁堡享有種種特權之外，更取得愛琴海沿岸之多數區域及海中島嶼，而其海上霸權之基礎因以確立。

十字軍不惟使意大利商人能將東方之貨物輸至西方，且爲此等貨物增加需要。彼參加十字軍者（朝聖地者與冒險者）自聖地歸來，輒驚述東方之繁華與殷富。當其留居小亞細亞或巴勒士登(Palestine)時，對於東方之絲製品香料等物往往已有嗜好，及其歸也或更將奪自戰敗異教徒之奇異珍寶攜歸，以起家居者豔羨之心。其時歐洲財富驟增，小康之人多欲示闊，遂爲意商輸入之貨增加銷塲。

東方之商品

吾人現須敍述此等商品究爲何物，及其需要何以如此之切。首爲香料，其爲重要遠過今日。蓋當時之食品大都簡單乏味，不似今日之有各種菜蔬糖醬。肉食縱使新鮮，不免筋韌氣腥，惟香料始能增其美味，舍之則十六世紀之貪圖口腹者眞苦矣。酒與肉食同參香料，且有單食胡椒以爲美味者。雖當時之胡椒惟富人能買，然威尼斯商人每年所售之數量達四十二萬磅。胡椒原產於錫蘭(Ceylon)，蘇門答臘(Sumatra)，或印度西部，冒險途運至埃及。威尼斯商人則轉從埃及及蘇丹手中購來。肉桂亦產於以上各地。薑則產於阿拉伯，印度及中國。荳蔻，丁香，茴香之屬，則僅產於僻遠的馬來羣島(Malay Arihipelago)中之香料羣島(Spice Islands)。

寶石亦爲當時所需，用以裝飾個人，並點綴神座及僧侶之法服。在中世紀時人多以爲寶石有種種神祕之特性，因是而其價倍增註一。當時所有金鋼石，紅寶石，珍珠以及其他各種寶石幾悉來自波斯，印度與錫蘭。

他種東方出品亦因各有用途，為世所需。 樟腦與華澄果則來自蘇門答臘與婆羅洲（Barneo），麝香來自中國，蔗糖來自阿拉伯與波斯，藍靛，檀香，沉香來自印度，明礬來自小亞細亞。東方不僅為香料，珠玉，貴重物品及藥材之寶藏，且多精美之製造品，在西方殆無其倫匹。 如玻璃，磁器，絲織品，花緞，氈毯，繡帷，金屬物品等皆是。 亞洲對於此等製造品之向稱優美，在今日習見物品之名稱上尚有其遺跡，如大馬士革（Damask）洋紗，中國磁器，日本漆具，波斯氈毯，喀什米爾（Cashmere）披肩是也。

歐洲用以交換東方之種種物品者，惟有粗糙之毛織物，砒，銻，水銀，錫，銅，鉛，珊瑚等物，因是平衡

註一　此種觀念多見於中世紀之文學中。 舊本題名為蒙特維里爵士（Sir John Maundeville）之旅行記中有下述一段：『君等如願聞金鋼石之功用，吾請為君等述之，當與一切科學哲學所自出之海外人士所言者相同。 凡佩金剛石者，金剛石必賦以勇敢剛毅之德性，保其肢體之完全。 在法庭與戰爭時，若其理由正當，可使之制勝敵方。金剛石又可使其多才多智，避爭鬪，遣暴行，免憂悶迷惑以及惡魔之誘幻。……患瘋癲者金剛石可醫治之，受妖魔之祟擾者金剛石可驅逐之。』

差額，常在歐方，遂致金銀外溢，貨幣空虛。此時苟非於美洲發現貴重金屬，使有源源之新供給，其結果如何殆將難言。然吾人此論未免對於史事加以預測矣。

東方之通商要路

就地理而言，歐亞二洲間之交通極感困難。因二洲之間，有大塊荒涼不毛之地，由烏拉山兩側之荒原起，經土耳其斯坦（Turkestan）之草原與阿拉伯沙漠以至非洲之撒哈拉（Sahala）大沙漠，幾無法可以通過。但此種沙漠之阻隔間有幾處罅隙，爲自古以來之通商要路。當十五世紀，主要之商路共有中南北三線，聯絡二洲，若斷若續。

（一）中路係利用底格里斯（Tigris）河流域。凡中國，香料羣島，印度等處所產之貨物，均用土人小船輾轉運送，沿海岸以達波斯灣口之阿爾木仔（Ormuz）重鎮，由此而至底格里斯河口，更溯河以至巴格達（Bagdad）。此後則由隊商或運至地中海東北隅之亞勒波（Aleppo）與安提阿（Antioch），或踰沙漠而運至大馬士革（Damscus）及敍里亞沿岸各埠，有時則更由隊商繞道而南，運至埃及之開羅（Cairo）與亞力山大里亞（Alexandria）城。無論在安提阿，雅法（Jaffa），或亞力山大里亞，隊商均可遇見威尼斯之商船載其貨物往歐洲。

（二）南路則經紅海。阿拉伯人之船舶恆由印度與遠東運貨渡印度洋而抵紅海，轉由隊商自紅海運至開羅與亞力山大里亞城。船舶若乘貿易風而行，則由印度航抵埃及，需時不滿三月。若欲縮短時間，則恆由阿爾木仔城起貨，由隊商運送，踰阿拉伯沙漠抵麥加（Mecca），以至紅海。但由隊商輸送，有時較船運尤遲，且危險常大。

（三）所謂『北路』者，實為由印度與中國之『後門』以通黑海之多數路徑。由印度與中國運貨之隊商，咸聚於撒瑪爾坎（Samarkand）與布哈拉（Bokhara），二者均天山西麓之名城也。自布哈拉而西，路遂分歧。或往裏海之北，經俄國而抵諾維哥洛與波羅的海。或經窩瓦（Volga）河口之阿斯達拉干（Astrakhan）城而止於亞速夫海（Sea of Azov）各埠。其他或繞裏海沿岸，經他布里仔（Tabriz）與亞美尼亞而抵黑海海岸之脫勒必宗（Trebizond）。

由黑海與東部地中海運送貨物之事業，大都為意大利諸市人民所操縱 註一，而威尼斯，熱拿亞，比薩，佛羅倫斯諸城之勢尤盛，馬賽（Marseilles）與巴塞羅納不過稍分餘潤耳。意大利有多數商路，經阿爾卑斯山通往歐洲各地。努勒堡，奧革斯堡（Augsburg），烏爾穆（Ulm），勒根斯堡

註一　由遠東至黑海及東部地中海各埠之路，大概操於阿拉伯人。但有少數比較進取之意大利人，亦恆由其在開羅及脫勒必宗等埠之歐洲居留地進建居留地於小亞細亞，波斯，及俄國內地之城市。

(Regensburg)，君士坦斯(Constance)等處之德意志商人，咸赴威尼斯市場購買東方商品，運至德意志諸邦，英格蘭以及斯坎的納維亞諸國。各種香料自在遠方之摩鹿加羣島(Moluccas)裝運以後，幾經歲月，終得陳列出售於歐洲各市場。鄉民趨其間者數以千計。勢家豪僕可於此得調味之物，藏供一年之用。而販夫行商，亦可滿載絲製品與裝飾品，以娛僻壤閭人之目矣。

歐洲商業上之困難

在歐洲內部，商業亦能排除種種絕大之困難，以日漸擴張其範圍。道路不良，貨物率以馬運，不能用車。橋梁既少，且多破壞待修，商人載絲涉水，恆須冒損毀之危險。旅行不惟困苦甚多，需費亦大。彼封建地主對於經過其道路橋梁或河流者，輒重徵通過稅。在萊因河上緬仔與哥洛尼之間，設通過稅區者凡十三處。貴族對於修築短而良好之大路，恆多方阻撓，蓋恐喪失其舊路上通行稅之徵收權也。自南脫(Nantes)至俄連(Orleans)泝羅亞爾河(Loire)而上，距離原短，乃因商業通行稅繁重之故，貨物運至價輒倍增。除通過稅外，對於地方市場之特權，又須納稅。而城市復徵入口稅。限制『客商』之規程，衡量幣制之不同，令商人往他城或他村貿易時，深感不便。

然而最可畏及最不利於商業者，則截路行刧之盜賊也。彼貧困之武士，每不加躊躇，轉而為盜。小心之商人恆攜武器結隊而行，然猶難免遭『道中君子』之衝擊，仍不十分安全也。在海上則海盜之險尤大。商人之艦隊雖恆有戰船護送，然仍時受海盜之攻擊。鬭敗被掠，則鬻諸回教徒。海盜艦隊之黑旗，常飛揚於波羅的海與地中海之上。非專業之海盜雖比較不甚可畏，然亦甚多。因商船多載銅砲爲自衛，實則遇有機會，即攻擊外船，奪貨之舉較買貨之事或更常見也。

威尼斯

上述關於商業交通之種種危險與困難，其主因在缺乏強力以懲治海陸諸盜，維持道路，及制止收過路稅者之橫徵暴斂。各城皆欲保護其本城之商業。強大之市府國家如威尼斯，則能派遣戰船，防制地中海之海盜，且與勁敵熱拿亞城從事戰爭，與近東各地之君主締結條約，而樹立海上霸權。至於比較弱小之城市則無此力量。但獨力所不能舉辦之事，輒因互相聯合，而達其一部分之目的，如德意志諸城，即其例也。

漢薩同盟

漢薩同盟(Hanseatic League)係由哥羅尼，布倫斯威克(Brunswick)，漢堡(Hamburg)，盧卑格(Lubeck)，但澤(Dantzig)，哥尼斯堡(Konigsberg)及德意志其他諸城組織而成者，嘗與波羅的海之海盜戰爭，維持其通商要路，幷與各邦君主或自治市協商，以取得種種之特權。此同盟在波羅的海設有商業根據地，如諾維哥洛，斯德哥爾摩(Stockholm)，哥尼斯堡等是。隸屬於同盟之商人，恆由以上諸地運琥珀，蜜蠟，魚類，皮貨，木料，柏油等物，售於不魯哲斯，倫敦，威尼斯等處，同時則採買麥，酒，鹽，金屬，布疋等物而歸，售諸斯坎的納維亞及俄羅斯諸國之人。德意志人在威尼斯之商站，恆由北方運入金屬，皮革及毛織物，而轉運東方之香料，綢綵與其他之商品，以及威尼斯所製之玻璃器，精細紡織品，武器，紙張等物以至北方。波羅的海與威尼斯之通商要路，橫貫尼德蘭境。

尼德蘭之城市——不魯哲斯

於是不魯哲斯在十四世紀時，成爲西歐之商業總會，舉凡英格蘭與西班牙之羊毛，法蘭達(Flanders)人所製之毛織物，法國之紅葡萄酒，伊伯利安(Lberian)半島之白葡萄酒與黑葡萄酒，瑞典之柏油，挪威之烏柏油，法國與德意志之穀，英國之錫，莫不萃匯於此。至於東方之奢侈品，威尼斯之製造品，以及南德意志之奇巧雕刻品，則更不待言矣。

第四節　探險時代

西班牙人與葡萄牙人對於新商路之希望

當十五世紀歐洲商業空前繁盛時，西班牙與葡萄牙二國之人並鮮參與。蓋就歐洲大陸之一般貿易而言，此二國人所處地位不及德意志人與尼德蘭人之適宜，而威尼斯人及其他之意大

地理知識

利人又復從而阻隔其與亞洲直接之貿易也。但西葡二國之人士現對東方之香料與貨物，其需要之急切，與中歐之人士正復相若。因意大利人高擡價格，大蒙不利，遂起嫉妬之心。且彼等因數百年來屢與伊伯利安半島及北非洲之回教徒奮鬬，對於基督教信仰彌篤，今遂受其驅遣，而願赴遼遠之異教地從事於傳教事業。彼等久已希望得一通亞洲之新商路，可不爲彼自私自利之勁敵意大利人所阻，今又加以傳教精神，其慾乃益熾。由此觀之，十五世紀中，西葡二國人士之急於求一通「印度」之新商路，固無足怪也。

此等歐洲西南部之人士力求新商路以通生絲與香料之出產地，並非盲目而求，如吾人有時所設想者。蓋中世紀前半期雖幾無輿地之學，而此種知識，後乃漸富。佛蘭西斯坎（Franciscan）派之僧侶嘗穿中亞細亞，而早於一二四五年行抵蒙古皇帝之廷。同時復有商旅如馬可波羅（Marco Polo）嘗仕於元太祖之朝，後並描述元室之疆土，盛稱「日本國」（Cipangu）之殷富。此種游歷，既足啓發歐人對於亞洲之知識，而對於後日之探險家尤能與以絕大之激勵。

世俗之見，以爲熱帶水沸，有鬼怪棲息其間，以伺探險家之西航，且以地球爲一扁平之圓盤。但此等觀念，未嘗流行於地理知識稍富者之間。尤其自十五世紀多勒米（Ptolemy）之著作復與以來，學者均以地爲球形，甚且計算其圓周僅有二三千哩之差錯。時人屢謂印度羣島爲大西洋西境，西航可達，與東行同。但同時又以爲自歐洲東北部或繞非洲而南，可求得比較直捷之路線焉。

航海術

十五世紀之地理知識既已進步，而航海術亦隨之發達。羅盤在十三世紀首爲意大利之航海者所用，至十四世紀，並安置方向圖於其上。當時已有觀象儀，故緯度亦可藉以決定。蓋觀象儀乃用以測量地平線上極星之高度者也。航海者既有地圖與種種正確之指導物，故雖不見陸地，仍能辨其方向。然彼十五世紀之航海者駕脆弱之船隻，直下未經探索之非洲海岸，或橫渡向無圖形之大西洋，其具有膽識，蓋無疑矣。

葡萄牙之探險家

促進商業革命之地理發現，恆被視爲『近代史』之開端，其間聲名之顯赫，無有過於葡萄牙之亨利王子（一三九四——一四六〇）者。彼藉相繼二葡王之助，首先從事於有計劃之企圖，遂使地理家之學說成爲證實之事跡。其圖此之動機甚多：一則出於撲滅異教徒之熱忱，一則同於佛蘭西斯坎派僧侶游歷亞洲內地之熱心布教精神，一則希望與傳說上『約翰長老』（Prester John）之東方基督教帝國恢復交通，一則出於探險之嗜好，一則欲使葡萄牙參與東方之貿易。

亨利王子嘗設海軍訓練所於薩格勒斯(Sagros)與鄰近之拉古斯(Lagos)，並羅致當時意大利之航海專家及地理名家於此。彼歷年派遣之探險隊先後發現馬德伊拉(Madeira)及阿索勒斯羣島(Azores Islands)，移民實之，更進而潛入世所未知之非洲海岸。一四四五年，乃亨利王子開始此種事業後之二十五年，德尼爹亞士(Denis Diaz)曾航抵佛德角(Cape Verde)。彼以爲轉角東航之點必當不遠，但更歷四十載之長期，始有巴索洛米爹亞士(Bartholomew Diaz)於一四八八年行抵非洲海岸之極南點。彼初名其地曰風濤角(Cape of Storms)，葡王約翰二世(John II)則更抱樂觀，易名爲好望角(Cape of Good Hope)。此後循爹亞士之航線而來者，有法斯哥達加瑪(Vasco de Gama)於一四九七年航繞此角，沿岸東向繼續前進，抵馬林底(Malindi)，於此得一領港者導之由印度洋以東往印度。一四九八年五月，法斯哥達加瑪於加里卡忒(Calicut)登陸，在彼處建一大理石之柱，以爲其發現至印度新航路之紀念。

土耳其人之佔據舊商路

當葡萄牙人發現此印度新航路時，地中海與陸地之通商舊道對於意大利人極關重要者，正爲土耳其人所佔據(註一)。據吾人所知，此等土耳其人原爲一種好戰鬪而信回教之遊牧民族。彼等『除因信回教而蔑視基督教徒外，更因重戰鬪而鄙棄僅事業商者。』意大利商人深知欲與此種人發生有利之商業關係，勢蓋難能，故當其進逼之時，大起恐慌。 蓋此時土耳其軍正橫行於小亞細亞，塔雷夕(Thrace)，馬其頓(Macedonia)，希臘及愛琴海諸島也。 東羅馬帝國之中心君士坦丁堡雖曾迭次抗拒回教徒，然至一四五三年，東羅馬帝君士坦丁十一世 (Constantine XI) 卒爲蘇丹謨罕默德二世(Mohammed II)所敗，於是新月旗遂代希臘教之十字架樹於聖蘇維亞(Saint Sophia)教堂之上矣。 八年後，自他布里仔出發之商路終點脫勒必宗，亦爲所佔。 威尼斯雖欲防衞其在黑海與愛琴海之領土，而卒無效。 迨一五〇〇年，其在地中海東方之屬地，已喪失殆盡。 土耳其人現既完全操縱北部商路，對於戰敗的威尼斯人之商業，更進而加以種種煩重之負擔。 佛羅倫斯人及其他意大利人受困較輕，故仍往來於黑海。 但此時一方因土耳其人之橫徵暴斂，一方因土耳其人與亞洲民族之蒙古人時起戰爭，全部商業大受損失。

註一 最近李比爾(A. H. Lybyer)教授持論，與一般流行之意見相反，謂土耳其人之佔據中世紀之商路，並非葡萄牙人及西班牙人探險而引起商業革命之原因。 彼曾指明在一五〇〇年以前，香料之價格在西歐各處，並未普徧增高。 且顯在此時以前，土耳其人對於近東貿易，並未眞正增加其困難。 吾人欲證明此種意見時，應回憶遠在一五〇〇年以前，葡萄牙人已開始其創造新時代之探險事業，而且哥侖布已從『西印度』歸來。

中路與南路各以敍里亞與埃及爲其終點者，呈繁盛之勢，歷若干時。威尼斯人因在亞力山大里亞城獲利甚厚，足償其在黑海所受之損失。然未幾而士斗其人於一五一六年征服大馬士革，一五一七年征服開羅，又推行其煩苛之限制與賦稅於此諸地。東方之奢侈品，經隊商與船舶數千哩之轉運，向已奇貴，今復加以旅行之危險與士耳其人之重徵，實預示意人以其東方貿易之大部分的喪失。葡萄牙人則恰於此時發現通東方獨立之航路，減低亞洲商品之價格，並漸奪威尼斯人海上與商業上之霸權。故威尼斯之不幸，實葡萄牙之絕好機會也。

意大利人之損失

哥命布

當是時，西班牙已加入競爭之場而大爲失望。在法斯哥達加瑪航海之前十年，有意大利航海家哥命布者曾赴西班牙之王廷，陳述其欲西航以抵印度之計劃。哥氏曩曾見用於葡王，葡王拒用其計，彼幾經挫折，卒得西班牙君主腓迪南與伊沙白拉之資助。蓋此時彼二人正從回教徒奪取格拉拿達（一四九二年一月），興高采烈也。哥氏於一四九二年八月自拔洛斯(Palos)出發，挈從者百人，小船三隻，其最大者不過重百噸而已。經歷令人疲乏之航行後，卒於「桑薩爾瓦多耳」(San Salvador)登陸（一四九二年十月十二日），此即巴哈瑪羣島(Bahama Islands)之一也。此次冒險橫渡彼無迹可循之大西洋，具見哥氏之偉大。哥氏非欲證明當時知識分子

亞美利加洲

所公認之地為球形之說也，亦非欲尋覓新大陸也，彼苟認明其所發現之大陸並非亞洲，而為新世界，其為失望或將甚苦。彼之初意，不過在別求一航路以得東方之香料與財貨而已。彼攜西王致契丹（Cathay，指中國）大汗之介紹書以行，但其所求卒歸失敗。彼雖於一四九三，一四九八，一五〇二諸年中迭次重來，且陸續探險於加勒比（Caribbean）海，委內瑞拉（Venezuela）海岸，及中美洲，而卒未能求得『日本國』島與『大汗』（Great Khan）國。所見者僅『空虛迷離之鄉，如加斯提爾士人悽涼之墓地耳。』直至死時，彼尚不自知其眞正成功之宏偉也。

設哥侖布死於海中，亞美利加洲是否歷久不能發現，實一問題也。約翰加波者，意大利人而為英王亨利七世所用，於一四九七年行抵坎拿大海岸，或在布勒登角島（Cape Breton Island）附近。一五〇〇年，又有加白拉（Cabral）者率領葡萄牙遠征隊將往印度，為赤道流所衝，致失原路，偶至巴西（Brazil），遂為葡王佔領其地。然亞美利加洲之得名，並不以哥侖布約翰加波，或加白拉，乃以另一意大利人之名，彼卽佛羅倫斯人亞美利哥維斯巴西（Amerigo Vespucci）也。此人自航行巴西（一四九九——一五〇〇）歸後，著文行世，敘述其所謂『新世界』者，世人遂以此新世界實彼所發現，乃因其名而稱之曰亞美利加（America）。

以此歐人對於美洲之實在情形歷久始明。彼等仍堅稱新發現之陸地爲「印度」(Indies)。甚至在巴爾波亞(Balboa)發現(一五一三年)巴拿馬地峽(Isthmus of Panama)以外別有大洋之後，尙有謂航抵大汗之國境不過數日之程者。直至一五一九年麥哲倫(Magellan)自西班牙出發經過今日之麥哲倫海峽而渡太平洋以後，此種空想始歸消滅。麥氏爲腓律賓羣島之土民所殺，惟有一隨行之船於一五二二年歸抵塞維爾(Seville)城，其驚人之航海故事，乃因之而傳。

第一次環球之航行

當環球航行成功以後，猶有多數之探險家力求通過或環繞南北美洲之航路，此卽維拉撒諾(Verrazano 一五二四年)，加爾提爾(Cartier 一五三四年)，佛羅比捨(Frobisher 一五七六——一五七八)，大維斯(Davis 一五八五——一五八七)，及一六〇九年亨利哈德孫(Henry Hudson)等人之企圖也。

第五節　殖民帝國之創立

葡萄牙

當一四九九年法斯哥達加瑪歸里斯本(Lisbon)時，運回之貨價值六十倍於其遠征所耗之費，葡人於是深知印度之財富實彼等所有矣。加白拉（一五〇〇年）與亞爾巴魁克（Albuquerque，一五〇三年）均循其舊路而往，以後每年均有葡萄牙之艦隊繞好望角，以控制臥亞（Goa在印度）阿爾木仔低猷（Diu在印度），錫蘭，麻剌甲（Malacca），及香料羣島，並由此等地方及蘇門答臘，爪哇（Java）塞勒比斯（Celebes），南京，滿載香料而歸。一五一七年土耳其人征服埃及後，大部貿易遂改走好望角。蓋隊商運貨除運費外，尚須對土耳其人納稅，不如海運之便宜也。里斯本於是一躍而為東方貨物之市場。

葡人之勝，為時甚暫。其領土所以能佔世界之半（因葡人藉口發現之功，要求非洲全部，亞洲南部及巴西）者，乃葡王政策賢明之所致。其本國並無出產運至亞洲，其與印度貿易之特權，又無力以維持之。腓立二世之合併西葡二國（一五八〇年），益促其禍。里斯本港因腓立與法，英，荷諸國交戰之故而對外閉關，葡萄牙殖民帝國之大部分，不久遂為荷蘭人所征服。

西班牙

西班牙因哥侖布第一次航海之故，要求與葡萄牙平分世界。教皇亞力山大六世欲調和二國，因於一四九三年五月四日發布著名之諭旨（bull）將世界未開化之區由西葡二國平分，而以「教皇之界線」為鴻溝。其線在阿索勒斯羣島以西一百海里處，橫抵兩極。一年後，復移此線至佛德角羣島(Cape Verde Islands)西約三百六十海里處。葡萄牙領有東半部之近代巴西，非洲及東半球所有一切異教之地其餘則概歸西班牙。

西班牙之冒險家在新大陸既未得香料又未得絲製品獲金甚少，一時頗爲失望。哥侖布遂受人譏誚而有『蚊蟲海帥』(Admiral of the mosquitos)之號。但彼等雖遭此失敗，對於尋求財富仍努力進行。在此後半世紀中所謂Hispaniola(『西班牙島』)之海地(Haiti)實爲彼等佔領波爾多黎角(Puerto Rico)，古巴(Cuba 一五〇八年)以及其他諸島之出發點。里恩朋斯(Ponce de Leon)者年老之冒險家也，嘗因求不老泉(fountain of youth)而於一五一三年探險至佛羅里達(Florida)沿岸，後此之探險隊更進至密士失必(Mississippi)踰得撒(Texas)平原甚至抵加利福尼亞(California)焉。

墨西哥(Mexico)古代之亞仔特克(Aztec)註一聯邦之統治者門德撒瑪(Montezuma)，在一五一九年爲哥爾特仔(Hernando Cortez)率少數軍隊所推翻。西班牙人至此始獲金銀寶

註一　墨西哥之亞仔特克印第安人(Aztec Indians)亦如中美及祕魯之其他部族，當歐洲人達到以前，其文明程度在多方面均已甚高。

藏，而尤以比撒羅（Pizarro）在祕魯所得爲多（一五三一年）。彼少數冒險家能奪人國家運無量數財富而歸，皆此時事也。

西班牙王國在十六世紀中，藉美洲財富之力，以眩歐洲人士之目，其情吾人可於次章見之。西王腓立二世見其旗幟幾飄揚於歐洲之一半及美洲之全部（除巴西外），猶以爲未足，更於一五八〇年征服葡萄牙，而得其在東方與巴西之領域。於是美洲之金鑛，亞洲之香料，以及歐洲最繁盛之市場（安都沃爾普），遂莫不對西王腓立二世納貢矣。

西班牙對此龐大之帝國，因處理不善，故稍歷歲月，竟自斃其日產金卵之鵝。印第安人夷爲奴隸，受鞭撻之驅，往祕魯與墨西哥銀鑛中工作，以致迅失其固有之文化，而其死亡之數，尤足驚人。

然此尚不足以使西班牙大衰也，尤爲危者，乃西班牙之官吏眼光不遠，自私自利，強施苛細之章，以阻殖民地中健全農工階級之興起。且所得之銀，大部分適用以增貴人之驕，飽德意志投機者之囊，達於國庫者實少。與殖民地通商，征稅既重，遂使美洲商業大部分落於英荷私商之手。關於非洲商路之獨佔權，苟有賢明之政府指揮之，當極有利益。但腓立二世忙於他務，並此而亦失之。

西班牙王國在其遍地領土中獲利旣如此其微而又不知奬勵其國內之繁榮。當十六世紀時，商業與製造業經猶太人與摩爾人（Moors）之手已大形發達。毛織工業幾可養其全國人口三分之一，絲業亦已重要。據記載所述桑達馬利亞（Santa Maria）附近之鹽田每次運出之額恆有達五十船之多者。

西班牙之隆盛歷時不久，卽有國勢衰微人口減少之現象。其主因在於賦稅。蓋當十六世紀中，賦稅特別增加，財產稅聞已增至百分之三十，致農民多因之破產。『貨物稅』亦大增加，以至多數商人歇業工場倒閉而不願納稅。迨後猶太人（一四九二年）與摩爾人（一六〇九年）被逐，此已經衰敗之工商業幾全歸消滅，因彼等皆各操西班牙之銀行業與製造業也。西班牙之黃金現均流入英荷二國私運商人之手，彼輩乃以製造品供給伊伯利安半島。至於西班牙之財政，則已爲德意志之銀行家所操縱矣。

西班牙最不幸之事，莫過於尼德蘭之叛變，蓋此乃帝國全部中最富饒之省區也。當時歐洲極富之城在尼德蘭境者頗多。如不魯哲斯，卽曾爲大城，當一五六六年時，仍能購買價近二百萬金元之羊毛，以供其織機之用。若就商業與金融之中心而言，則法蘭達之安都沃爾普城更居首位。相傳一五六六年時，每月有船三百艘，及同數之貨車載運貴重貨物，來與此城之無數商號交易。安都沃爾普城遂爲歐洲金錢流通之中心。例如法國之國王藉此城銀行家之手，卽可向土耳其之總督借款。然安都沃爾普尙不過尼德蘭多數最大城市之一而已。

當十六世紀之前半期，西班牙王查理五世卽發現尼德蘭爲其收入最富之來源，並善於力求維持其隆盛。但至十六世紀後半期，腓立二世所任命之總督，對於新教徒則厲行壓制，對於工商業則重稅摧殘。土地或貨物之出售，每次有課稅至百分之五與百分之十者，因此而喪失人心，其詳情將見於本書第三章。一五六六年，尼德蘭乃起而革命。幾經劇戰，北部之荷蘭人所有各省，卒脫離西班牙而獨立。

西班牙不惟喪失此褊小之荷蘭諸省而已，法蘭達亦日就衰落。其田多荒，其織工則移居於英格蘭，其商業則轉歸亞姆斯特丹(Amsterdam)。安都沃爾普自在一五七六年遭『西班牙的暴行』(Spanish Fury)以後，永未復其商業上之優勢。不特此也，葡萄牙之舊領土，大半在戰爭期中爲荷蘭水師所奪取。英國之海上勢力，最初不過對西班牙之運金艦隊施以海盜式之攻擊，今竟確立基礎矣。英法二國之人士，並要求佔有北美之最良部分。西班牙之世界帝國此時僅保留中美，南美（除巴西外），墨西哥，加利福尼亞，佛羅里達，西印度羣島之大部分，及東方之腓律賓羣島與婆羅洲之一部分而已。

荷蘭之海權

荷蘭地濱海洋，國土褊小，資源有限，故不得不向海上發展。最初從事漁業，以鯡易金，數以噸計。迨十六世紀時，荷人轉運之業頗盛，常運布疋，柏油，木料，及穀物等於西班牙與法國。且除由葡領東印度運貨而外，並由歐洲西南部運酒及其他之出產，以轉售於波羅的海諸國。

荷蘭商人所販之東方貨物，大都原在里斯本港購自葡萄牙商人者。此時有兩種情形，同予荷蘭人以絕好之機會，其一為一五八〇年西葡二國之合併，其一則尼德蘭脫離西班牙之革命是也。當一五九四年，里斯本港禁止荷商。次年，荷人遂有第一次航抵印度之舉。彼等對於葡萄牙之殖民地，久懷妒心，現乃着手經營，使香料羣島之貿易歸於己手。當一六〇二年，荷蘭船之達於印度者，凡六十五艘。在一六〇二至一六一五之十三年內，荷人擄掠西葡船舶，達五百四十五艘。復奪其在非洲與印度之沿岸諸港，而自樹勢力於香料羣島。荷人除奪取舊葡萄牙帝國之大部分（非洲與印度沿岸諸埠，麻剌甲，海洋洲（Oceanica），巴西註一）外，更因一六〇九年亨利哈得孫之發現新地，及一六二一年之殖民，而在北美取得一立足地。其在哈德孫（Hudson）河沿岸之殖民者稱其新領土爲新尼德蘭(New Netherland)，而稱曼哈坦(Manhattan)島上之城爲新亞姆斯特丹(New Amsterdam)。但一六六四年英格蘭王查理二世佔領此地時，則更名之曰紐約。

由是荷人遂繼葡人之殖民帝國而起。漢薩同盟之商人，當十六世紀中因在安都沃爾普之利益受侵而大蒙損失，現因荷人之勢力日盛，其在波羅的海之商業勢力亦盡爲所奪。當十七世紀中，歐亞間及歐洲西南部與波羅的海間之轉運事業，幾爲荷人所獨佔。荷人之隆盛，實引起全歐之嫉忌焉。

英法二國探險之開始

英法二國之人士得以完全加入殖民競爭者，實經過十六世紀全期之準備。在此期中，英人之活動限於探險事業與海上之刼掠，惟基爾伯特(Gilbert)與拉里(Raleigh)之不幸企圖殖民於紐芬蘭(Newfoundland)與北加羅里拿(North Carolina)爲例外耳。一四九七至一四

註一 巴西自一六二四年起，大抵係受荷蘭人之統治，迄一六五四年止。是年因葡萄牙殖民者之興起，巴西完全爲葡萄牙所恢復。荷蘭由一六六二年之條約，承認巴西爲葡萄牙所有。自是而後，荷人在南美洲惟餘幾亞內(Guiana)之一部分(蘇立南 Surinam)而已。

九八年英臣意大利人約翰加波之航海，實爲後日英國要求北美洲之根據。因欲求一西北通路之故，使佛羅比捨（一五七六——一五七八），大維斯（一五八五——一五八七），哈得孫（一六一〇——一六一一）及巴芬（Baffin 一六一六年）等探險於北美洲之極北，且用其名以名諸海灣島嶼海峽而紀其功。英格蘭之取得北坎拿大，實賴此輩。同時，又因欲求一東北通路之故，而引起威羅貝（Willoughby）及張塞洛（Chancellor 一五五三年）之航繞拉白蘭（Lapland），詹孔孫（Jenkinson 一五五七——一五五八）之探險於俄國北部冰凍之亞爾干日爾（Archangel）港。伊利沙白（Elizabeth）時代之英格蘭，既無銀鑛，又無香料羣島，但因英人有私掠船（Privateers）往來於海上，故對於此等物品，並不感受缺乏。霍孔斯（Hawkins）者，販賣奴隸之巨擘也，德拉克（Drake）者，第二次環航全球者也，合此二人與大維斯及加桓底西（Cavendish），不過爲勇敢艦長中之四人耳，而彼等曳歸之西班牙載金巨艦，數乃至夥。至於香料，則英人有東印度公司，於一六〇〇年受特許，不久即在東方樹立一大帝國，以與葡萄牙人，荷蘭人及法人競爭。此段歷史，容於下章述之。

至於法國，其活動力稍遜。佛蘭西士一世與西王查理一世之競爭，其範圍甚至延及新世界。

維拉撒諾（一五二四年）嘗沿岸航行，由加羅里拿以達拉布剌達（Labrador）。加爾提爾（一五三四——一五三五）嘗上溯聖羅稜索河（Saint Lawrence）而抵蒙特利爾（Montreal），以求一西北之通路，且藉示法國並不尊重西班牙享有全美之要求。但自一五三五年後以至此世紀之末葉，法國之活動均無永久性。其創建殖民地於印度及聖羅稜索河與密士失必河流域，乃十七世紀之歷史也。

殖民之動機

自十六世紀以來，歐洲之向外發展，實爲歷史上最驚人現象之一。歐洲諸國不僅以新地之發現爲足，更以卓絕之毅力奮起而瓜分新發現之陸地，征服其土人，使之崇信基督教而進於開化之域，並新遺無數之移民者建立新英格蘭，新法蘭西，新西班牙，新尼德蘭等殖民地於海外。在阿根庭（Argentina），智利（Chili），祕魯，委內瑞拉，哥侖比亞（Colombia），中美洲，以及腓律賓羣島等處，操西班牙語之人數，實遠過於今日西班牙本國之人數也。

宗教

殖民運動之所以激起，並非僅因貪求金銀與欣羡榮譽也。西葡二國之從事於探險者，除因商人切望寶貴之金屬及重價之香料，與冒險家之最喜敢冒白人所從未經歷之危險外，更有爲高尙之傳教思想所激勵者。在新世界之征服中，教士教堂之重要，實與軍士城堡相等。其殖民地之名稱，多係用以紀念聖佛蘭西士（Saint Francis 即 San Francisco），聖奧葛斯丁（Saint Augustine 即 St. Augustine），聖薩華爾（Holy Saviour 即 San Salvador），聖克洛斯（Holy Cross 即 Santa Cruz），聖法斯（Holy Faith 即 Santa Fé）者。彼勇敢之教士，恆深入美洲內地。所至輒熱心布教，施行洗禮。但不幸而亦有西班牙之冒險家，其來美洲之目的乃在採鑛獲利者。更有多數非西班牙種之外國人，在西班牙殖民地中擁有鑛產，均以獲利爲先，而不以傳教爲重，對於執役鑛中之土人，恆極端壓制。土人因不堪虐待與強制工作之故，多歸死亡。惟久後賴西班牙主教巴多洛美（Bartolomé de las Casas）之力，漸革此弊，印第安人並可與爲數較少之西班牙人自由通婚，不若美國之印第安人種族垂滅孑遺僅存也。其結果使拉丁亞美利加之民族，多有印第安血統註一，用西班牙語或葡萄牙語註二，而信奉羅馬教。

宗教熱忱既嘗鼓勵西班牙之傳教探險家，後復有法國之耶穌會神父（Jesuit Fathers）表現同樣之熱忱，深入北美，以傳基督教於印第安人。但在十七世紀中新教徒之移殖於新世界，其

註一　南美之南部除外。

註二　在巴西。

宗教動機，則與此迥殊。彼等來此之目的，並非傳教，乃因避免宗教上之虐待，或因政治上之失意，或因在國內無法謀生也。彼等之來此殖民，與其謂在傳佈基督教於印第安人，毋寧謂在驅逐印第安人，並使之終歸消滅焉。

漢薩同盟之衰替

關於十七八世紀殖民競爭驚心動魄之事跡，當於他章敍述，現姑略去大西洋沿岸向外發展之諸國，轉而考察老大商業國家（德意志意大利各市府國家）之困苦狀況。就德意志言，漢薩同盟在波羅的海之商業勢力，既爲英荷二國進取之商人所奪，諸城不寧，時起革命，漸有瓦解之勢。一六〇一年時，英人嘗有以人齒喻同盟者云：『同盟之齒多已脫落，其餘雖存，已亦動搖。』實際上一切市府不久均即退出，惟餘盧卑格，不來梅（Bremen），漢堡而已。

威尼斯之衰替

威尼斯及意大利之其他市府，其衰替雖屬較緩，而其可驚，則正相同。葡萄牙人之第一次由印度載貨歸來，使胡椒與各種香料之價格驟落，即已宣告威尼斯商人之厄運。土耳其人對於意大利商人之在地中海東方者，復繼續爲患。其海上勢力日益猛進，及一五七一年，威尼斯乃至不得不求西班牙之援助。除土耳其人之恐怖外，尚有巴爾巴利（Barbary）之海盜爲患，恆由非洲北岸侵過意大利各港。威尼斯之商業，卒因之破產。其美術與文學，則賴其垂盡餘財，尚能再歷百年（十七世紀），燦然可觀，然此種榮華，終至沈淪於政海陰謀狂瀾之中，與意大利之其餘市府同其命運。

第六節　商業革命之影響

吾人前所殫精追溯之一切殖民運動，皆可視爲商業革命最要最大之結果。人或以商業革命，僅爲新商路之發現，然探險與殖民二者殊難分開，故吾人概用『商業革命』一詞以包括之。所謂商業革命者，意卽指彼向外發展之運動，歐洲商業實藉以脫去地中海狹隘之範圍，而擴張及於全世界也。吾人今當進而討論此種運動所生之次要的影響。

此等影響中最重要者之一，厥爲新產生之一種政治經濟主義，是卽所謂重商主義（mercantilism），乃商業優勢由意大利與德意志之市府國家轉移於民族國家之結果也。

商業上之民族主義

城市商業時代，實隨意大利與德意志商業市府之衰落而永成過去。現在變爲海上主人翁之大西洋沿岸的民族，久已發展一種民族意識，集權政府已告完成，此種民族精神乃更浸入於商業中。葡萄牙與西班牙之創立殖民帝國，實爲其王室進取精神之結果。荷蘭之求得商路，亦爲其力求民族獨立之偶然結果。在十八世紀中變爲商業勁敵之英法二國，亦同爲最強之民族王國也。

重商主義

新起之國家，其基礎不在其武士之勇武，而在其財源之廣大。蓋欲備軍械，付軍餉，非財莫辦。欲造戰艦，非錢不能。卽賄賂外交人員，亦需財富也。此種財富既須藉課稅方法取之於民，則使人民富庶，力能納稅，實爲要圖，故國之財富，乃立法者所必考慮之基本問題。歐洲各國君主之圖發展並保持其人民之財富，每以爲一國苟能輸出貴重之製造品於其殖民地，而自殖民地購入賤價之原料，則本國因製造品所收入之金錢必可抵償因原料所付出之金錢而有餘。此種『順調的貿易平衡』(favorable balance of trade)，可使金銀流入本國。此種經濟理論及以此論爲根據之制度，均謂之重商主義。政府欲樹立此種貿易平衡，則對於外國製造品之輸入，可加之以禁制，或課之以重稅。對於原料品之輸出，可加以禁止，對於製造品之輸出，可予以津貼。且可用種種詳密之規定，以扶持國內之工業而抑制殖民地之競爭。因此克林威爾(Cromwell)及以後之英國君主，爲本國人民保持商業上之利益計，嘗規定其幾種貨物非由英國船舶裝運不可。

特許公司

欲發展有利之殖民地貿易，其最通行之法，(尤其當十六世紀末葉及十七世紀)爲組織特許公司(Chartered Company)。英格蘭(在一六〇〇年)，荷蘭(在一六〇二年)，法國(在一六六四年)，瑞典，丹麥，蘇格蘭，普魯士諸國，俱各有其特許之『東印度公司』。英人在美洲大西洋沿岸之地，則由倫敦公司與普里毛斯(Plymouth)公司所分有(一六〇六年)。英國對俄國，土耳其，摩洛哥(Morocco)，幾亞內，伯爾慕達(Bermuda)，加那列羣島(Canaries)，哈得孫灣(Hudson Bay)各地貿易之公司，均迭次改組，狂肆活動。其在法國則商業公司所獲之利，亦復不少。

此等公司對於特定殖民地之居民，有壟斷貿易之利，有行使統治之權，復有防護其居民之權利與義務。有時公司須納金錢於王庫，但遇公司之經營困難時，亦得受王庫之津貼。荷屬西印度公司(一六二一年)由本國政府授以建礮臺，養軍隊，及海陸作戰之特權，並津貼以金幣一百萬佛洛林(florins)，船舶十六艘，快艇四隻，復豁免其船舶之一切通過稅與牌照費。英屬東印度公司創業於一六〇〇年，印度爲其征服而統治者歷二百餘載，迨一八五八年，始歸本國政府接管。

金融方法

大商業公司在營業方法上實開一新紀元。當中世紀時，所有營業大都由個人或合夥經營，夥伴大抵皆爲同一家族之人。迨商業範圍擴張以後，欲與他國貿易，須建礮臺，備艦隊以自衛，俾

『敕設公司』

不受野人海盜或他國之攻擊。然少數人之資本有限，不能舉辦此等事務，故不得不組織大公司，招致多數之投資者共同分擔其費用與危險。此類公司雖亦有僅爲歐洲貿易而設者但其最重要之發展，乃爲遠處之貿易。其最初之形式爲『敕設公司』(regulated company)。所有會員對於建築堡壘等項費用之一般資金，概須捐助，並須制定各種條例以管理一切。凡會員不與條例相牴觸時，均可自由營業，亦無利益平分之事。敕設公司乃商業公司最初之形式，恆爲國王所獎勵者。國王對於此種公司得賜予特許狀，許以在特定區域內之專賣權，凡個人所不能發展之商業，且可委其經營。此種公司不似各個獨立之商人，殊無逃稅之事。

股分公司

約歷一二十年之後，有多數之敕設公司見其會員恆多營各人之私利，損及公司之利益。於是有人以爲苟合積公共資金而委託最有才具之會員指揮一切事務，以謀全體之利益，則就全體而言，利必更大，險必較少。會員每人所得之股利，當與其在公司資金中所出之股分成比例。公司之全部，永久存在，而各個人之公司股分，則可以買賣。此種觀念實促成十七世紀初葉以後『股分』公司(Joint-stock Company)之發達。英國東印度公司在一六〇〇年最初組織之時，爲敕設公司，在此後五十年中，常部分改組，卒成一股分公司之形式。其他大多數之特許殖民公司，皆取法焉。今日商業上之公司(corporation)制度，實萌芽於此時之股分公司。十七世紀中此種營業組織之形式，尚在幼稚時代，並未應用於工業。亦無因公司董事貪汙而演出之流弊。

銀行業

股分公司既發達，銀行業之活動亦隨之而增。當中世紀前半期，取息之貸款，恆爲羅馬教會所禁止，舉凡商業中不勞而獲之利，咸認爲敗德之事。惟猶太人則無所顧忌，雖國王有時拒絕償債，而彼等終視放款爲最有利之事。然當意大利境內營業發達之際，基督教徒對於取息之事，亦不反對。當時之意大利人(倫巴德人 Lombard)及較後之法國人與德意志人，其從事於放款與兌換銀錢之業者，均著名於世。彼時之貨幣，凡封建貴族與國王均可鑄造，故出一定之區域，即難通行。且僞造貨幣與重量減輕之危險，均較今日爲更大。彼『兌換銀錢者』買賣各國之貨幣，當十六世紀初期，在安都沃爾普之生意極盛。厥後亞姆斯特丹，倫敦，漢堡，佛蘭克福爾(Frankfort)等處奪安都沃爾普之業，且使金融機關愈益發展註一，放款者均變爲銀行家。彼輩對於存

註一　新世界之金鑛及商業範圍之推廣，均足擴大金融機關活動之規模，吾人試比較三大銀行家之財產即可知之：一三〇〇年祕魯茲(Peruzzi)之財產爲八十萬金元，一四四〇年米底奇(Medici)之財產爲七百五十萬金元，一五四六年福晳爾(Fuggers)之財產爲四千萬金元。

款固行付息，而對於放款則取息較高。商業公司之股分，均由交易所買賣之。遠在一五四二年時，對於乘股票價格漲跌而投機之事，世人已有怨言矣。

中世紀之商業行會歷時不久，即已失勢，有大規模之股分公司繼之而起，猶太人之放款者亦由殷富之銀行家與銀行取而代之。當時之銀行，已多用吾人今日之兌換票據，如匯票之類是也。此種營業上之革命，實隨國外貿易之變遷，即所謂商業革命者而起，彼一面固以商業革命爲因，而一面則又轉以促進商業革命者也。

新商品

國外貿易不惟由歐洲南部與東部移至西部，由市府國家移於民族國家，由陸路移至水路，且使大西洋中往來之船舶規模因而更大，勢力因之更強，數目因以更多，其航行安全可託，以與一二世紀前脆弱之船舶相較，殊屬可驚。此時所運之貨物，亦復大有變遷。蓋海運較廉，不獨可載量小而價貴之奢侈品，如香料，絲製品之類，即運穀物，肉食，亦能獲利也。製造物實爲重要之商品。此外商業上又加新貨，如茶與咖啡是也。美洲之物品運至歐洲者，有馬鈴薯，玉蜀黍，煙草，可可，蔗糖（前此甚少），糖蜜，米，甜酒，魚，鯨魚油，鯨魚骨，染料木，木料，皮貨等，由歐洲運至美洲者，則有製造品，奢侈品與奴隸。

奴隸

邃古以來，奴隸卽爲一種商品。相傳十五世紀末葉，威尼斯有奴隸三千。而葡萄牙人在一五〇〇年以前卽已取非洲人爲奴。但因新大陸需要賤價之勞力以開鑛，及種植甘蔗煙草之故，益促進奴隸貿易之發達。雖有豆米尼叩派（Dominican）僧侶兼主教巴多羅美之力倡仁義，加以反對，而西班牙人固早已取美洲土人爲奴。但土人數不足用（此或因印第安人多歸消滅，未受奴畜，如在英國殖民地者卽是）在十六世紀時，乃有由非洲輸入黑奴之急需。非洲之黑奴貿易始於英國之艦長霍孔斯，而英荷二國人士同加提倡。凡業此者，獲利皆厚。歷時甚久，文明諸國始覺其違反人道，更經長期，奴制始廢。

工業與農業方面之影響

商業之擴張，實與農工業以最強之刺激。在舊有之行會制度以外，又有新工業興起，如絲棉等製造業是也。原有之工業，尤其如英國之羊毛業，現乃益見重要，恆爲更新式而有勢力之商人所操縱。彼等均係對於一種特定之貨物如布疋，從事於大批之買賣。資本家恆僱代理人購買羊毛，交工人分別紡織之，按一定之工作分量給資，然後將製成之物品出售。此種工業稱爲『家庭工業制度，』因其工作之地卽在家庭也。又稱爲『資本工業制度，』因原料及製成之物品，均非製造工人之所有，而屬於『資本家』或富商也。彼主張重商主義之政治家，對於此等變遷之情勢如何應付，吾人可於次章見之。

至影響之及於農業者，雖較不直接，然亦非不切要也。土地則更須注意耕種，以便產出多量之穀物，足以供給人口繁庶之城市，並運至國外各埠。各國現且有使產業專門化之趨勢（如法國專產酒，英格蘭專產羊毛，）因此某種出產愈趨重要。新物產輸入所生之結果，其顯著無有更甚於在愛爾蘭者。彼處之馬鈴薯原移自美洲，今則一變而爲愛爾蘭人食物中之主要品，通行之俗語中有『愛爾蘭馬鈴薯』之稱，足證其全化外產以爲己有矣。

商業革命之一般的意義

以上所述，均係研究商業革命（廣義言之，同時包括通商路線之變遷及商業範圍之擴張）之特殊影響，如威尼斯與漢薩同盟之衰微，殖民帝國之創立，商業公司之興起，銀行業之推廣，新商品之輸入，農工業之進步皆是。其變遷在每一方面固皆顯著而重要也。

然商業革命尚有更普遍之意義。

一、全世界之歐化

（一）引起歐洲征服世界之事業者，實由於商業革命。在五洲中最小一洲之內，彼褊小而好爭鬬之封建國家，均成今日之強國，分割非亞美三洲，並創立悠久強大之帝國，過乎亞力山大之版圖。歐洲之殖民者將其語言輸入南美，並使北美成爲第二歐洲，承繼共同之文化。歐洲之探險家傳教師商人等更深入一切陸地，使歐洲之習慣服裝制度隨以廣播。彼等至今固猶進行其歐化全世界之事業也。

二、財富知識及物質幸福之增進

(二)商業範圍之擴張，意卽財富知識與物質安適之增進。各洲寶藏，悉萃於歐洲。關於新世界之地理及其人種物產特性等知識之進步，實足將中世紀種種之愚昧觀念一掃而空之。且各地之貨物，雲集於歐洲，以供歐人之享用。有美洲之木以築其室，波斯之氈以鋪其地，印度之烏木以製桌，愛爾蘭之麻布以覆案，祕魯之銀以製器，中國之茶及古巴之糖以饜其口腹。

三、中產階級之興起

(三)此種新有之物質幸福，知識財富，不僅爲貴族與教士所享受而已也，在新起之中產階級(bourgeoisie)中尤易看出。居於歐洲諸城之銀行家商人店主等類，皆聰明能幹，擁有巨貲，生活擬於王公。此等中產階級或市民，其知識財富及政治勢力日增無已，實可預定其他日必能促成工業與政治之革命，樹立其個人勢力，以管領工廠，而更用其全體之力以操縱議會焉。

課外讀本

普通者:

1. A. F. Pollard ——*Factors in Modern History* (1907), Ch. II, VI, X.
2. E. P Cheyney ——*An Introduction to the Industrial and Social History of England* (1901), Ch. II–VI.
3. F W Tickner ——*A Social and Industrial History of England* (1915), Ch I–VII, X–XII, XVI, XVII, XIX–XXI, XXIV–XXVII.
4. W. J. Ashley ——*The Economic Organization of England* (1914), Ch. I–V.
5. G. T. Warner ——*Landmarks in English Industrial History*, 11th ed. (1912), Ch. VII–XIII.
6. H. D. Traill and J. S. Mann(editors) ——*Social England* (1909), Vols. II, III.
7. H. de B. Gibbins ——*Industry in England*, 6th ed. (1910).
8. William Cuningham ——*The Growth of English Industry and Commerce*

in Modern Times, 5th ed., 3 Vols. (1910–1912).

9. H. D. Bax ——*German Society at the Close of* the Middle Ages (1894).

10. Maxime Kovalevsky ——*Die ökonomische Entwicklung Europas bis zum Beginn der Kapitalistischen Wirtschaftsform*, trans. into German from Russian, 7 Vols. (1901-1914), especially Vols. III, IV, VI.

11, Êmile Levasseur ——*Histoire des classes ouvrières et de l'industrie en France avant 1789*, Vol. II (1901), Book V.

12. Georges d' Avenel ——*Histoire économique de la Propriété, des salaires, etc., 1200–1800*, 6 Vols. (1894–1912).

關於十六世紀之農業者：

1. R. E. Prothero ——*English Farming Past and Present* (1912), Ch. IV.
2. E. C. K. Gonner ——*Common Land and Inclosere* (1912).
3. R. H. Tawney ——*The Agrarian Problem in the Sixteenth Century* (1912).

4. E. F. Gay——*Essays on English Agrarian History in the Sixteenth Century* (1913).

5. H. T. Stephenson——*The Elizabethan People* (1910).

6. W. Hasbach——*A History of the English Agricultural Labourer*, trans. by Ruth Kenyon (1908).

7. Charles Seignobos——*Feudal Régeme* trans. by Dow.

8. James Mavor——*An Economic History of Russia*, 2 Vols. (1914), Vol. I, Book I, Ch. III.

9. Eva M. Tappan——*When Knights were Bold* (1911).

10. Augustus Jessopp——*The Coming of the Friars* (1913), Ch. II.

11. W. J. Ashley——*Surveys, Historical and Economic.*

關於一五〇〇年左右之城市與商業者：

1. Clive Day——*History of Commerce* (1907).

2. W. C. Webster ——*A General History of Commerce* (1903).

3. E. P. Cheyney ——*European Background of American History* (1904)

4. W. S. Lindsay ——*History of Merchant Shipping and Ancient Commerce*, 4 Vols. (1874-1876).

5. W. J. Ashley ——*English Economic History and Theory*

6. Mrs. J. R. Green ——*Town Life in England in the Fifteeth Century*, 2 Vols. (1894).

7. Charles Gross.——*The Gild Merchant*, 2 Vols. (1890).

8. Lujo Brentano ——*On the History and Development of Gilds* (1870).

9. George Unwin ——*The Gilds and Companies of London*(1908).

10. E. Lipson ——*An Introduction to the Economic History of England*, Vol. I (1915), Ch. V-IX.

11. Henri Pirenne ——*Belgian Democracy its Early History*, trans. by

J. V. Saunders (1915).

12 Helen Zimmern ——*The Hansa Towns* (1889).

13 Karl von Hegel ——*St dte und Gilden der gremanischen Volker im Mittelalter*, 2 Vols. (1891).

14 Martin St. Léin ——*Histoire des corporations des métiers* (1897).

15. Wilhelm Heyd ——*Geschichte des Levantehandels im Mittelalter*, 2 Vols. (1879), with a French trans. (1885-1886).

16. Aloys Schulte ——*Geschichte des mittelalterlichen Handels und Verkehrs zwischen Westdeutschland und Italien*, 2 Vols. (1900).

關於探險與殖民者：

1. *Cambridge Modern History*, Vol. I (1902), Ch. I, II.

2. A. G. Keller ——*Colonization: a Study of the Founding of New Societies* (1908).

3. H C. Morris ——*Histroy of Colonization*, 2 Vols. (1908).

4. M B Synge ——*A Book of Discovery; the History of the World's Exploration, from the Earliest Times to the Finding of the South Pole* (1912).

5. *Histoire générale*, Vols. IV, Ch. XXII, XXIII, and Vol. V, Ch. XXII.

6. S. Ruge ——*Geschichte des Zeitalters der Entdeckungen* (1881).

7. Paul Leroy-Beaulieu ——*La colonisation chez les peuples modernes*, 6th ed., 2 Vols. (1908).

8. Charles de Lannoy and Hermann van der Linden ——*Histoire de l'expansion coloniale des peuples européens*.

9. Alfred Zimmermann ——*Die europäischen Kolonien*, 5 Vols. (1896–1903).

10. C. R. Beazley ——*The Dawn of Modern Geography*, 3 Vols. (1897–1906).

11. J. S. Bassett ——*A Short History of the United States* (1914), Ch. I, II.

12. Edward Channing ——*A History of the United States*, Vol. I (1905).

13. Livingston Farrand ——*Basis of American History* (1904).

14. E. J. Payne ——*History of the New World called America*, 2 Vols. (1892-1899).

15. John Fiske ——*Colonization of New World*, Vol. XXI of *History of All Nations*, Ch. I-VI.

16. R. G. Watson ——*Spanish and Portuguese South America*, 2 Vols. (1884).

17. Bernard Moses ——The Establishment of Spanish Rule in America (1898).

18. Bernard Mosses ——*The Spanish Dependencies in South America*, 2 Vols. (1914).

19. Mountstuart Elphinstone ——*History of India: the Hindu and Mohametan Periods*, 9th ed. (1905).

20. Sir W. W. Hunter ——*A Brief History of the Indian Peoples*,

rev. ed. (1903).

21. Sir W. W. Hunter ——*A History of British India*, 2 Vols. (1899–1900), especially Vol. I

22. Pringle Kennedy ——*A History of the Great Moghuls*, 2 Vols. (1905–1911).

23. Sir Harry Johnston ——*History of the Colonization of Africa by Alien Races* (1899).

24. Robert Brown ——*The Story of Africa*, 4 Vols. (1894–1895).

25. G. M. Theai ——*South Afria* (1894).

26. J. S. Keltie ——*The Partition of Africa* (1895).

27 Sir Harry Johnston ——*The Negro in the New World* (1910).

28 J. K Ingram ——*A History of Slavery and Serfdom* (1895).

29. W. E. Burghardt Du Bois ——*The Negro* (1915).

關於各國之探險與殖民者：

「關於葡萄牙者：

1. C. R. Beazley ——*Prince Henry the Navigator* (1897).
2. J. P. Oliveira Martins ——*The Golden Age of Prince Henry the Navigator*, trans. with notes and additions by J. J. Abraham and W. E. Reynolds (1914).
3. K. G. Jayne ——*Vasco da Gama and his Successors, 1460-1580* (1910).
4. H. M. Stephens. *Portugal* (1891).
5. F. C. Danvers ——*The Portuguese in India*, 2 Vols. (1894).
6. H. M. Stephens ——*Albuquerque and the Portuguese Settlements in India* (1892).
7. Angel Marvaud ——*Le Portugal et ses colonies* (1912).
8. G. M Theal ——*Hsitory and Ethnograghy of Africa South of the Zambesi*, Vol. I, *The Portuguese in South Africa from 1505 to 1700* (1907).

二、關於西班牙者：

1. John Fiske——*Discovery of America*, 2 Vols. (1892).
2. Wilhelm Roscher——*The Spanish Colonial System*, trans. by E. G. Bourne (1904).
3. E. G. Bourne——*Spain in America, 1450–1580* (1904).
4. W. R. Shepherd——*Latin America* (1914).
5. Sir Arthur Helps——*The Spanish Conquest in America*, new ed., 4 Vols. (1900–1904).
6. J. B. Thacher——Christopher Columbus, 3 Vols. (1903–1904).
7. Washington Irving——*Life and Voyages of Christopher Columbus*, Originally Published in 1828–1831.
8. Filson Young——*Christopher Columbus and the New World of his Discovery*, 2 Vols. (1906).

9. Henry Harrisse —— *Christople Colomb, son origine, sa vie, ses voyages*, 2 Vols. (1884).

10. Henri Vignaud —— *Histoire critique de la grand entreprise de Christophe Colomb*, 2 Vols. (1911).

11. F. H. H. Guillemard —— *The Life of Ferdinand Magellan* (1890).

12. F. A. MacNutt —— *Fernando Cortes and the Conquest of Mexico, 1485–1547* (1909).

13. F. A. MacNutt —— both *Letters of Cortes*, 2 Vols. (1908), and *Bartholomew de las Casas* (1909).

14. Sir Clements Markham —— *The Incas of Peru* (1910).

15. *Cambridge Modern History*, Vol. IV (1906), Ch. XXV, by H. E. Egerton.

三、關於英格蘭者：

1. H. E. Egerton —— *A Short History of British Colonial Policy*, 2d ed.

(1909).

2. W. H. Woodward ——*A Short History of the Expansion of the British Empire, 1500–1911*, 3d ed. (1912).

3. C. R. Beazley ——*John and Sebastion Cabot: the Discovery of North America* (1898).

4. J. A. Williamson ——*Maritime Enterprise, 1485–1558* (1913).

5. E. J. Payne (editor) ——*Voyages of the Elizabethan Seamen to America.* 3 Vols. (1893–1900).

6. L. G. Tyler ——*England in America, 1580–1652* (1904).

7. George Edmundson ——*Anglo-Dutch Rivalry 1600–1653* (1911).

四、關於法蘭西者：

1. R. G. Thwaites ——*France in America, 1497–1763* (1905).

關於商業革命之經濟的影響者：

1. William Cunningham ——*An Essay on Western Civilization in its Economic Aspects*, Vol. II, *Mediaeval and Modern Times* (1910), PP. 162–224.

2. *Cambridge Modern History*, Ch. XV of Vol. I (1902), by William Cunningham.

3. E. P. Cheyney ——*Social Changes in England in the Sixteeth Century* (1912).

4. George Unwin ——*Industrial Organization in the Sixteeth and Seventeenth Centries* (1904).

5. G. Cawston and A. H. Keane ——*Early Chartered Companies* (1896).

6. W. R. Scott ——*The Constitution and Finance of English, Scottish, and Irish Joint-Stock Companies to 1720* Vol. I (1912).

7. C. T. Carr (editor) ——*Select Charters of Trading Companies* (1913).

8. Beckles Willson——*The Great Company* (1899).

9. Henry Weber——*La Compagnie française des Indes, 1604–1675* (1904).

10. *Recueil des voyages de La Compagnie des Indes orientales des* ***Hollandois***, 10 Vols. (1730).

第二章　十六世紀歐洲之政治狀況

第一節　帝查理五世

當吾人回憶紛亂之十六世紀時，有二人焉，勢力之盛，令人驚異，其時多數政治上之事變殆悉與之有關，此即帝查理五世註一及其子腓立二世也。前者據有彼百年中上半期政治舞臺之中心，後者則據有下半期政治舞臺之中心。

查理五世
遼闊之領域

查理五世於一五〇〇年生於尼德蘭之審特，族系顯貴。其父為黑普斯堡族之腓立，馬克西米連帝之子而不爾艮底女公爵瑪利之所出也。其母為若亞那公主，乃亞拉岡兼拿布勒斯王腓迪南之女，加斯提爾兼西印度女主伊沙白拉所生，且為其繼承之人。查理父死母狂，以一六齡孤兒受其祖父馬克西米連及外祖腓迪南之撫育。一五一六年腓迪南卒，西班牙全部悉歸查理繼承。越三年，馬克西米連薨，彼復得黑普斯堡族世襲之領域。一年方十九之少年因此遂統治廣

註一　卽西班牙王查理一世。

士衆民，自來之基督教君主無其比也。維也納（Vienna），亞姆斯特丹安都沃爾普，不魯捨勒米蘭，拿布勒斯，馬德里（Madrid），加的斯（Cadiz）甚至墨西哥城，咸爲臣屬。僅其稱號，已可寫滿數紙。

馬克西米連不僅欲使此等土地概歸黑普斯堡族統治，且思以其孫繼彼爲神聖羅馬帝國之元首。惟此志頗不易實現，蓋法王佛蘭西士一世（一五一五——一五四七）恐其本國爲德意志西班牙意大利組成之連合國家所包圍，方力謀保持其所倡之『均勢主義』（Balance of power）以防制任何一國政治勢力之過大而損及他國也。查理以利用民族與家族的感情，及大宗賄賂之故，卒營得選侯投票之多數，以制其法國之勁敵註一，而獲其所覬之帝號。彼即位加冕於愛斯拉沙伯（Aix-la-Chapelle）時，方二十一歲也。

查理五世之特性

任何君主所遭之困難，未有大於查理在位時之所遇者，帝王生活亦未有較查理更爲勤奮者。彼實歷史上一極嚴重期間之中心人物也。其天賦之性，與其在尼德蘭刻苦所受之學，使彼能懍乎自審其分位，而毅然履行其職責。彼治理廣土，及應付外敵，均勤奮刻苦，熟思深慮。其多數

註一　英王亨利八世亦爲候選人。

查理所遇之困難

計劃之所以未底於成者，非因統治者之才有不逮，實乃被治者利害關係複雜之故。　彼因必作之事過多，遂致一無所成。

吾人今可對於查理五世一生之主要問題加以思考，藉以明瞭十六世紀大部分之政治史。第一，當彼統治邦國時，恆遇種種巨大之困難。　彼所視爲桑梓之尼德蘭，僅具中央行政及共同代議制度之雛形，因是而十有七省各自爲政。　至於不爾艮底伯國，則另有獨立之政治組織。　原屬於加斯提爾王室者，有近被征服之格拉拿達王國，及美洲之新殖民地與散在北非之各區。　原屬於亞拉崗王室者，有亞拉崗，瓦稜薩（Valencia），加達洛尼亞（Catalonia），拿法爾註一四邦。　此外復有拿布勒斯，西西里，薩的尼亞諸王國，各有其特殊之習俗與政府。　在此種西班牙意大利集團內，至少有八個獨立之議會，在行政上益增糾紛。　至在黑普斯堡族統治下之其他諸集團邦國中，如奧大利，斯逷利亞（Styria），加尼阿拉（Carniola），加林仔亞（Carinthia），逷洛爾（Tyrol）等，其情形亦復相同。　但查理不久卽卸其直轄此等土地之責於其弟腓迪南（一五二一年）。腓迪南自身又因婚姻與被選之故，併波希米亞註二與匈牙利二王國（一五二六年）於黑普斯

註一　卽比里牛斯山以南之地。

堡族之領域。此外則神聖羅馬帝國亦有種種問題，徒費統治者之財，時，精神，所獲甚微，幾類幻影。查理對於此等地域，須處理財政司法以及宗教上之一切事務，須調和種種之利害衝突，復須求得多數不同民族之歡心。當其在位時，叛亂迭起，更不得不壓制之。在德意志方面，彼自一五二一年之第一次帝國會議始，卽與方興之新教主義作正面之衝突，蓋彼以新教主義實褻瀆其祭壇而攻擊其帝位也。

法王佛蘭西士一世及其與帝查理五世

查理五世內政上絕大之困難，恆因外交上之轇轕而更難應付。第一，彼在位時期之大部分，耗於對法作戰。其與法王之世仇，固由來已久，繼續莫解，茲復因佛蘭西士一世之爭奪帝位而增加個人之怨恨。第二，與法國之危險相同者，厥爲土耳其人之進逼多瑙河（Danube）與回教徒之在地中海伸張勢力。以一舊教之君，宜或可恃教皇之助以對付新教之德意志，並或可結英國之援，以對法國。然教皇恆不滿意於皇帝對意大利之政策，故在他處不願與以多大之助力，而英王亦以內政之故，漸仇查理。吾人於查理之外交略加說明，對此情勢，當能洞悉矣。

佛蘭西士一世長於查理六歲，一五一五年卽位爲法王。其爲人絕無責任心，浮躁輕率，好大

註二　包括波希米亞王室之摩拉維亞（Moravia）與細勒西亞（Silesia）二地。

作戰之原因

喜功。今姑捨二人性情之背馳而不論，卽就當時一般的政治情形言（法國漸爲黑普斯堡族之領土所包圍）亦不得不大起衝突。且足以早啓戰釁之口實，亦頗多也。（一）路易十二雖曾於一五〇四年放棄拿布勒斯之王位，而佛蘭西士一世則復求之。（二）佛蘭西士一世立意收回其先人於一五一二年所失之米蘭，於其卽位之第一年進攻其地，戰於馬里格拿諾（Marignano）而勝，遂佔領米蘭之城，後查理五世則堅持此地爲神聖羅馬帝國之采邑，誓恢復之。（三）佛蘭西士一世藉口於親屬之關係，求得拿法爾之小王國，顧其大部分之地已新爲西班牙所強併註一。（四）佛蘭西士一世欲擴張其勢力於尼德蘭境內之使用法語的肥富諸省，而查理五世則不惟決意防制其更進之侵略，且欲恢復不爾艮底公國，蓋此地原爲法國之路易十一奪自其祖母者也。（五）此二人之破裂，更因一五一九年之爭奪帝位而促成之。戰事爆發於一五二一年，除略有間斷外，直至二人俱死，猶未已也。

查理五世與佛蘭西士一世之意大利戰爭

其主要之角鬬場在意大利。當戰爭之初期，帝國之軍隊因教皇軍之援助，不久卽將法國之戍軍逐出米蘭，而將其地授諸斯佛爾撒族，附於帝國。教皇則併珀爾瑪（Parma）與丕亞散撒

註一　在一五一二年，見前。

（Piacenza）於教皇國以爲酬。帝國之軍隊更乘勝進逼，踰阿爾卑斯山，圍攻馬賽。佛蘭西士一世前爲國內之糾紛所羈註一，今則卒能解圍逐敵至於米蘭。彼不乘勝急攻帝國之主力軍，乃分其一軍以圖拿布勒斯，一軍以圍巴維亞（Pavia）城。此種失計，遂使帝黨得以從容整旅，進援巴維亞與守軍相合。一五二五年二月二十四日，查理之軍大勝於此，時正其二十五歲之誕辰也。是日法軍死者達八千人，佛蘭西士一世陷於危陣，迫而請降。其寄母之書有曰：『名譽性命而外，世無一物爲兒所有矣。』此時查理五世似乎無往不利。佛蘭西士一世囚於西班牙，不久被釋。其條件乃放棄對於不爾艮底、尼德蘭及意大利之一切要求，且娶帝妹爲后也。

佛蘭西士一世雖曾以聖經及其武士榮譽爲誓，承認履行此等條件，但在其本人之眞意以及當時之公見，均謂被迫之誓可不遵守。故彼歸國之後，卽行宣佈條約之無效。其時意大利境內之教皇、威尼斯、佛羅倫斯，甚至查理五世所培植之斯佛爾撒，皆因查理在半島之地位驟形鞏固而大恐，佛蘭西士一世遂與彼等締結同盟。但至衝突復起之時，同盟之內部意見紛歧，力量亦小，與

註一 此等糾紛關係包本（Bourbon）族重要產業之處分問題。法將（Constable）包本公爵自覺受王之侵，奔投皇帝。

一五二七年之大掠羅馬

意大利市府各次之同盟正復相若，故帝國之軍隊旋即佔領意大利之大部分。一五二七年，乃有著名的大掠羅馬之舉。此在查理固不能負其全責，然彼亦未嘗不私喜教皇之以助法而受此巨創也。其時查理在意大利之軍隊，大部分爲西班牙人與德意志人，旣缺餉糈，又乏紀律，乃起兵變，進攻羅馬，旋陷全城。此役被害人民，數達四千，劫掠之期，爲時九月，直至疾疫大起，暴卒多亡，乃僅告敉平。寺院受偪，祭壇被掠，墳墓受汚，教皇宮中之圖書館被劫，美術品亦如偶像紀念物同受搗毀。米底奇族之教皇立俄十世（Leo x）之姪克里曼七世（Clement VII 一五二三——一五三四）避難於聖盎哲羅（St. Angelo）之堡中，今亦不得不向皇帝求和矣。

一五二九年之岡必勒和約

全歐洲之羅馬教諸國，對於羅馬之受掠，莫不憤慨。英王亨利八世此時尙忠於教皇，乃大張聲勢，援助佛蘭西士。但查理五世之對付佛蘭西士雖少成功，而佛蘭西士因軍略之錯誤與同盟之分裂，亦卒難在意大利保持一鞏固之根據地。岡必勒（Cambrai 一五二九年）和約規定佛蘭西士應放棄拿布勒斯，米蘭與尼德蘭，至關於不爾艮底之割讓，則不復堅持。佛蘭西士並與皇帝之妹成婚。

黑普斯堡族在意大

八年之戰，確使查理五世與黑普斯堡族成爲意大利之主人翁。拿布勒斯歸查理五世直接統治，斯佛爾撒族因得米蘭而稱臣。米底奇教皇因其家族得帝力復歸佛羅倫斯，而現亦爲其同盟。一五二九年彼第一次巡閱其意大利之領土，而在波羅格拿（Bologna，一五三〇年）自教皇手中接受古代倫巴德意大利之鐵冕，及羅馬皇帝之寶冠，此實神聖羅馬皇帝受教皇加冕之最後一次也。

岡必勒和約僅一休戰條約耳，查理五世與佛蘭西士一世間之戰爭仍熾。佛蘭西士一世與蘇格蘭，瑞典，丹麥，土耳其，甚至帝國內部叛離之新教君主締結多數之奇異同盟，以與查理爲難。在一五三六與一五三八年之間，以及一五四二與一五四四年之間，時有戰爭。當佛蘭西士一世逝世與查理五世退位之後，佛蘭西士一世之子亨利二世（一五四七——一五五九）復繼續媾怨，於一五五二年新起衝突，至一五五九年始締結加多岡白勒西（Cateau-Cambrésis）和約。依照此約，黑普斯堡族仍保持其在意大利之地位。法國則因佔領米仔（Metz），都爾（Toul）凡爾登（Verdun）等重要主教區之故，蠶食帝國而向萊因（Rhine）河擴其東北之境註一。

利之優勢

註一 法國在一五五八年自英人手中奪取加來斯，英遂全失其在歐洲大陸之領土，此亦此次戰爭中之事也。時英女王瑪利爲西班牙王腓立二世之后。

查理五世與佛蘭西士一世戰爭之結果

就間接方面言之，此等因查理五世與佛蘭西士一世二人爭衡而發生之長期戰爭，除使黑普斯堡族稱霸於意大利，法國擴地於萊因河方面外，尙有其他之結果。此戰實維持「均勢」以防制法國之併入陳腐帝國之中，且使土耳其在東歐之勢力易以興起。法國之與土耳其聯盟，實使法人在地中海東方之貿易經營居於領袖地位。新教主義亦因此戰而得以在德意志比較的自由發展。

土耳其之爲害

查理五世之不幸，更有較其對法戰爭爲甚者，即土耳其人之進逼是也。大蘇勒曼二世(Suleiman II, the magnificent 一五二〇——一五六六）者，土耳其民族中最偉大之皇帝，與查理五世同時之人也，土耳其人在其領導之下，國勢擴張甚速。黑海幾成爲土耳其之一湖。阿富拉底斯河(Euphrates)流域之全部及巴格達早已在土皇勢力之下，今則更植其勢於波斯灣以控制與東方通商之一切古道。非洲北岸自埃及以至亞爾吉利亞(Algeria)，莫不承認其主權。其在地中海之海權，對於歐洲之政局已成一不可忽視之動力，蓋其威脅不獨加諸海中諸島，且及於基督教大國意大利與西班牙也。威尼斯人之在摩列亞及愛琴海諸島者，盡被驅逐。地中海內僅存塞浦路斯，克里脫，及馬耳他(Malta)，可爲基督教國之外藩耳。

大蘇勒曼二世

蘇勒曼經營多年以擴其勢力於歐洲，有時與法王聯合，有時由自己發動，幾均成功。一五二一年，彼藉口於卽位時匈牙利之未慶賀對匈王宣戰，圍伯爾格來得(Belgrade)而陷之。一五二六年，遇匈軍於摩哈克斯(Mohács)之野，匈軍以衆寡不敵，國王被殺騎士精華喪失殆盡。獨立統一之匈牙利國家實隨摩哈克斯之戰而滅亡。黑普斯堡族之腓迪南查理五世之弟也，求得匈國，顧蘇勒曼實已佔領其三分之一矣。土耳其之軍隊更犯奧大利，而於一五二九年圍轟維也納，維也納死力抵抗，閱三星期始得解圍。此後十二年中，匈牙利之大部分並其京城布達佩斯(Budapest)遂爲土耳其之一省，各地之基督教堂多變爲回教之禮拜寺。一五四七年，查理五世與腓迪南迫而承認土耳其人在匈牙利之佔領，腓迪南且允與土皇以歲幣三萬留克(ducat)。蘇勒曼不特阻其敵邦恢復失地之企圖，且終彼之身，對於黑普斯堡族世襲領土之全安加以不斷之威脅。

查理五世與神聖羅馬帝國

當斯時也，查理五世對於其渙散襲地之治理，既遇大難，對於法人及回教徒，既須時與戰爭，而其帝國政治上之種種特殊問題，亦足以增其負擔。彼苟能竭才盡能於神聖羅馬帝國之內政，則一固結之德意志國家或可因以創成。吾人應回憶，一五一九年查理五世被選爲帝之時，神聖羅

由帝國變成民族式的德意志君主國之可能性

馬帝國幾祇限於德語人種，其時英，法，西諸民族國家之統一已進展甚遠，實足示德意志以政治進化之途徑。 近代之德意志民族國家，何以不能如中古之帝國，包有二十世紀之德意志帝國而外，更囊括奧大利，荷蘭，比利時，擴其國境自波羅的海以至亞德里亞海，自英吉利海峽以至斐斯圖拉河（Vistula），亙近代以獨霸歐陸乎？ 此自有其重要之困難在。 但法西之統一，亦曾遇大難，所不同者特程度之差耳。 彼二國者，各有強君以制服封建領袖及野心貴族，剝奪城市之多種自由，破壞代議機關之特權，維持國內之秩序與安寧。 彼二國之君恆各得人民中重要分子之擁護，可致其全力以謀民族目的之實現。

十六世紀之德意志人，並非全無民族愛國之情也。 彼等自覺其共同之言語已爲文學發表之工具，自覺有共同之傳習及共同之民族性，在多數場合，均承認其政治制度之陳腐，切望改革。實際上德意志人之困難，並不在缺乏改革政治之思想，而多在各種團體關於改革之方法與目標之主張衝突。 德意志人之蔑視神聖羅馬帝國，與法國人之厭惡古代封建社會正同。 但德意志人對於建一強有力之民族王國，則不能如法人之一致贊成。 德意志境內有多數之君主，自由市府及武士，彼等雖均有幾分民族精神，但彼此互訌，且恆與其名義上之統治者爲敵。

查理五世欲鞏固君權而不以民族爲基礎

惟帝國之皇帝爲貫澈集中君權之誠實主張者。但其愛國之念，殆不及帝國內部之任何他人。查理五世欲爲一單純國家之強君，而始終不放棄其世界霸權之奢望。在位之初，卽宣言「羅馬帝國無與比倫，舉世均嘗受其統治，卽基督亦嘗對之表示尊敬與服從。今則不幸成爲泡影，然彼希望藉上帝所賜之強國及同盟的援助，以復興其古代之光榮。」查理五世不惟在德意志方求其個人權力之增進，卽在尼德蘭，西班牙，意大利等處，亦莫不然。純以德意志人爲基礎而創立一民族王國之理想，與查理五世之帝國大慾顯相衝突，查理五世固不能且實不願僅爲一德意志之王（民族首領）也。

德意志各邦君主間之民族主義

在此等情形之下，德意志之強盛王侯，遂能責彼不愛國之君主，以激發德人之民族情感，引爲己用，以抗帝權而促神聖羅馬帝國內部分裂之趨勢。當一五一九年，各選侯選查理五世爲皇帝時，曾要求以德意志語或拉丁語爲神聖羅馬帝國之正式語言，帝國之官吏惟德意志人得充任之，各邦君應不服任何外國之政治管轄，外國軍隊非得帝國議會之同意，不得參與帝國之戰爭，查理五世應承認各王侯之主權，且就彼等中選組一攝政會議（Reichs-regiment），以參與帝國之政治。

攝政會議（一五二一至一五三一年）

攝政會議統一德意志之失敗

依一五二一年瓦姆斯帝國議會之協定，而有攝政會議之設立。　議員二十三人中，大多數爲德意志各王侯所任命，以代表彼等之利益。　此種議會苟在財政上稍能獨立，或可視爲德語人種在政治上漸趨統一之起點。　關於此事之提議，本甚有希望。　爲維持新帝國之行政計，此種提議，非如昔日之向各邦徵收隨意捐款，乃另創一關稅同盟(Zollverein)，取外貨入口稅以爲國課。然其時德意志之市民怒而抗議，漢薩同盟中諸城之商人堅謂新議之財政負擔全歸彼等，將毀其營業。　彼等抗議之力竟足使諸王侯之計劃無效，因此政府仍不得不藉特捐以資維持。　此種方法，恆使皇帝與攝政會議乞怜於極端爲我甚少愛國之各邦君。

德意志武士間之民族主義

德意志武士階級（卽山上與路上之君子）之愛國思想，實較各邦之君主或市民爲深切。彼輩恆心烈而囊空，憑高堡以下視城中之俗商，輒不能自掩其蔑視之概。　見其鄰近之世俗及教會首領，則嫉其財勢之過己而憤其兼併之成風。　彼輩尤好與王侯爭，有時出以合法之手續，通常多用武力暴動及私鬬中之一切野蠻伎倆。　武士中亦有曾受良好之教育者，有富有文人學士之才能者，惟鮮能與公共之秩序相容。　然彼等固均以其德意志之民族性自豪。　一五一九年，在熱烈之愛國志士如胡吞(Ulrich von Hutten)與西肯根(Franz von Sickingen)等領導之下，

武士贊助路得教之與起與查理五世之反對

對於帝國選擧之咸選德意志之黑普斯堡族中查理五世，而不選非德意志之候選人如法王佛蘭西士一世，英王亨利八世等出力甚多者，卽此等武士也。查理五世在一短時期中與各王侯及市民奮鬬實重賴武士之助。一時似乎武士可與皇帝合作，以抑制各王侯之勢力而奠定一集權的德意志民族王國之基。

乃當此嚴重之時，新教適起於德意志，遂致武士首領與皇帝發生裂痕。自武士如胡吞與西肯根等觀之，一五二〇年馬丁路德（Martin Luther）與教皇之最後破裂，似乎可使德意志與意大利分離，而特創一德意志式之基督教，因以建立一眞正民族式之國家。故武士階級均贊頌路德，歡迎其教之迅速廣布於全德意志。反之，查理五世仍爲一羅馬教徒。其固守祖先之宗教，不僅由於個人之教育與信仰，彼蓋深知其政治權威之維繫，端賴於舊教會萬有主權之存在，且其對外之多數計劃，亦須教皇之助也。種種原因，凡足使德意志之多數領袖以承受路德教爲減少帝權之手段者，亦足以使查理五世反對此教。在產生攝政會議之瓦姆斯帝國議會中（一五二一年）查理五世乃勸莅會之德意志人宣告路德之罪，而置諸法律保護之外。此擧遂使武士與皇帝日疏。

一五二二至一五二三年之武士戰爭

西肯根者，萊因區之武士，其階級中之最能者也。一五二二年，彼乘皇帝之去德，而促起武士戰爭(Knight's War)，指揮其駁雜之武士軍，猛攻脫里耳羅馬教主教之肥富土地。此時德意志之世俗或教會首領，悉忘其宗教上之成見，視武士為公敵，急起防衛脫里耳之主教，而驅逐西肯根。一五二三年四月，西肯根戰死於彼自有之愛伯恩堡(Ebernburg)壘寨之前。胡登奔瑞士，不久亦慘死。武士之主張失敗，而王侯市民遂獲勝利註一。

十六世紀德意志民族主義之失敗

十六世紀中努力建設德意志民族國家之結果，如斯而已。

攝政會議雖因無維持國內和平之力而失信仰，且在最後數年中絕無權力，然延至一五三一年，始歸消滅。各王侯既獲自由，多從新教，查理五世雖抵制新教運動，而卒無效。自瓦姆斯會議後，彼嘗召集數次會議，嚴加禁制，終無結果。彼又屢興軍旅以討伐新教之維護者，亦僅徒勞，如攻擊什馬卡底克同盟(Schmalkaldic League)即其一例，此事以後當詳述之。查理五世久離德境，憂勞叢集，此實間接的促進路得教之廣布。至若彼崇奉羅馬教之法王佛蘭西士之間助德境內之新教徒，姑無論矣。當查理五世在位之最後一年（一五五五年），奧革斯堡和約已規定在

註一　武士戰爭之後，即有農民革命繼起，與其謂之為政治運動，毋寧謂為社會運動。農民革命詳後。

德意志各邦君方面路得教與羅馬教立於同等之地位。新教在德意志各邦君之間，與其謂為民族生活統一之主因，毋寧謂之為分裂之要素，對於德意志民族主義最後之破壞實新教之起為之也。

查理五世與英格蘭

查理五世與英格蘭之關係最有趣味，但不若前述與德意志人，士耳其人，及法國人關係之重要耳。亨利八世（一五〇九——一五四七）乃一性情急躁剛愎自用之人，其后為亞拉岡公主加察林，查理五世之姨母也。二人初本同盟，後查理因亨利八世之請教皇許其離婚，遂與英王絕交，而勸教皇拒其所請。後亨利使英格蘭之羅馬教會與羅馬教廷(Roman See)分離，乃益增查理五世之憤恨。當亨利在位之末年，二國間之關係雖較改善，但眞正交誼之恢復，實查理五世之表妹瑪利（一五五三——一五五八）繼承英國王位以後之事。查理五世遂為其子腓立娶瑪利女王為妃焉。

查理五世之禪位

查理五世終因倦勤退位，分其領土，令其弟腓迪南與其子腓立分治之。一五五五年十月二十五日彼於不魯捨勒之金羊毛廳(Hall of the Golden Fleece)正式讓交尼德蘭之主權，且向各代表致詞云：「諸君乎，衰老如朕，深愛諸君，如因此垂涕，幸毋以為怪。」此愛至少在尼德蘭境內，係雙方同具。一五五六年，彼並辭西班牙與意大利之王位註一，而以其暮年預修來世，一五五八年逝世。就查理五世之相貌而言，其下顎凸起，面瘦而白，額廣，目明，閃爍如電，實具有端正莊嚴之儀表。第論其性格，則殊迂緩，間且寡斷，重以固執。然富於責任心，用意正直，賦性勇敢，態度甚爲冷靜。其所受之教育雖不高，顧善讀書，對於音樂繪畫，且眞能賞鑑。

第二節　腓立二世與西班牙之優勢

黑普斯堡族領域之劃分

自一五五六年查理五世退位後約一百五十年中，黑普斯堡族共分二支，爲西班牙之黑普斯堡族與奧大利之黑普斯堡族，乃腓立二世與腓迪南之裔也。依查理五世之分劃，其弟腓迪南統治黑普斯堡族在東部之諸地，爲奧大利與其屬地波希米亞，匈牙利，未爲士耳其人所佔之部分，及神聖羅馬帝國之尊號。其餘之地概歸其子腓立二世，卽西班牙，尼德蘭，佛蘭西宮德（Franche Comté，卽不爾艮底東部），雙西西里，米蘭，及美洲殖民地也。

關於腓迪南及其直系繼承者之歷史，吾人無須贅述。因其除在帝國內部維持宗教之和平

註一　彼將一切帝權悉讓其弟，惟在名義上仍保留神聖羅馬帝國之帝位，迄一五五八年止。

及本族之政治優勢，並從士耳其人恢復匈牙利而外實無要事也。但在西歐，則腓立二世因種種之原因，爲當世之重要人物，吾人今須一考其生平焉。

腓立二世之特性與政策

自來歷史上的人物所受批評之矛盾，未有如腓立二世者。新教作家，謂彼爲鄙夫，爲暴君，爲頑梗不化之人。而愛國之西班牙人則譽之爲大王(Philip the Great)，爲宗教與正義之保護者。此等意見之矛盾，實因對於腓立政策與手段固有之價値觀點不同之所致。但此等政策與手段究爲如何，則事實具在，無容置疑。第一，腓立二世以西班牙爲其本國及其主要之領土(此與其父迥殊，因彼生於西班牙，而且幾乎終身居於西班牙)，立志欲使成爲世上最大之國。第二，腓立二世篤信羅馬教，惡新教之瀆慢神明，分裂教會，乃力圖羅馬教之到處勝利。無論何時，西班牙與教會之利益苟有衝突，彼必爲後者而犧牲前者。彼之理想堅定如此，實使彼自信其政策之盡善盡美，失敗固不足以動其念也。彼自以其所行所爲，皆於神有光，至若成敗，則繫乎上帝之靈，與己無關。此種信心，彼旣據之以行事，且更以傳諸西班牙之嗣君。腓立之爲人，不獨有主張，有理想，且亦治事多能，意志堅定。彼若認爲目的正當，或亦不惜訴諸戰爭，然終好運用權謀與外交手腕，而不崇尙武力。彼實慣於用筆，不願持劍，其勤於案牘，殆非胥吏之所能及。恆自日朝以至於深夜，核閱公文，勞於王事。謹愼深沈，出於天性，莊以臨民，有王者之度。至其平日私居，則恂恂規矩，對家人奴僕，尤和靄可親。忠之美德，腓立有焉。

腓立二世之品性，亦不免有可訾議之處。彼恢濫用宗教法庭，以撲滅其國內之異教徒，遂使近人視爲一頑固褊狹之人。但吾人須知彼所處之時，非寬容異教之期，彼時新教徒之以虐待異教爲其慣技，實亦不亞於羅馬教徒也。彼又好行權謀詭計，甚至用暗殺以謀達其政治上之目的。但此亦順乎當時之習慣。彼時法學家皆服膺名史家兼政治哲學家瑪基維里之說，以爲基督教道德之所指導者，乃私行而非公務。「君主」之行爲，可以超越法律以謀公益。卽彼著名之新教首領如哥利尼(Coligny)與威廉默侯(William the Silent)等，亦嘗參與暗殺陰謀。然腓立二世苟舍殘害虐殺，而用其他之手段，則未始不較爲易達其目的。此則學者之持論縱寬，仍不禁有斯感耳。

腓立二世所遭遇之問題

腓立二世之在位時代，大約包括十六世紀之後半期（一五五六——一五九八）。其欲使西班牙成爲世界最大之強國及使基督教復歸於統一之企圖，均歸失敗。主因甚簡，卽其所關顧之問題與計劃多而複雜也。彼對於多數之事務兼籌並顧，遂致深受其累。若能竭其全力以從事一事於一時，或可有較大之成功。顧環境乃使彼不得不分散其注意力。彼一方面須監督其原有遼闊領域中複雜之行政，一方面又須合併葡萄牙王國及其帝國。一方面既須貫澈一種有力之商業與殖民政策，一方面又須壓制尼德蘭堅決之革命。一方面既須爲英法之羅馬教出力，一方面又須捍衛基督教國家以禦常勝之回教徒。庶務叢脞，實耗其力。但彼每次外交上之舉動，對於相關國家之歷史均發生重要之影響，因此吾人當依次略述其各次之活動。

腓立二世時代西班牙之政治

腓立二世所繼承之多數國家，均各有其特殊之政治制度與習俗，具如前述。彼深信國家之必須統一，至小亦須使西班牙統一。國家統一，意在使全國一致而全國之一致，又意在王權之增長。故彼力求發展其外曾祖父母腓迪南與伊沙白拉之事業。專制與一統，實爲其內政上之口號。

彼在政治上關於立法之事，並不諮詢國會。雖嘗召集國會以表決新稅，但特制定一種法規，視舊稅爲已得國會之許，永久有效，爲國王之普通收人。彼待貴族如裝飾品，不與以用途，恆使彼輩致仕，而另用法學家及中產階級中之馴服者爲吏。一切事務，概須以公文請命於王，其遲鈍乃自然之勢也。

腓立二世

就財政與經濟上言，此時期對於西班牙實大不幸。國外經營之重負，竟爲西班牙之大累，而

時代西班牙之經濟

對於加斯提爾爲尤甚。亞拉崗國土瘠貧，而又不願犧牲其權利，故負擔甚少。由尼德蘭所得之收入，初原甚大，後因革命而斷絕。意大利諸邦之所出，僅夠開銷。其由美洲銀鑛所得之收入雖大，但多入私囊，未進國庫。在西班牙本部，則大部分之土地爲宗教團體與貴族所有，皆不納稅，惟偶被勒捐而已。出賣品的百分之十稅(alcabala)，既漸使本國之工業不振，而殷富勤勞之猶太人及摩爾人之受害被逐，益減王國之富源。西班牙在本世紀之末葉，實瀕於破產之境。

腓立二世時代西班牙之宗教

至於宗教方面，則腓立二世志在使全國一致皈依羅馬教。彼之意見與當時之多數人相同，以爲人民信仰之分歧，可以危及國家。由其政治上之動機與宗教上之熱忱，腓立實一羅馬教徒。因此彼贊助教皇，並對彼以改革教會爲事之脫蘭德會議(Council of Trent)之進行，注意甚切。彼匪特力圖羅馬教在其領土內與法國中之勝利，且欲使之在波蘭，英格蘭甚至斯坎的納維亞諸國亦得優勝。至在西班牙，則增加宗教法庭之實力，用以爲君主專制之工具。

西班牙與葡萄牙之暫時合併

在領土方面，腓立二世欲使葡萄牙與加斯提爾及亞拉崗合併，以完成半島之政治統一。彼與葡之王室本有密切關係，乃於一五八〇年正式要求此國。其時巴拉崗撒(Braganza)公爵繼承該國之要求本比腓立爲理足，但卒爲彼之重金所賂而棄權，於是葡萄牙遂爲西班牙之軍隊所征服。腓立欲籠絡葡人，乃完全承認其憲法上之權利，並特別扶植其弱小之貴族或鄉紳。西葡二國及其遼闊之殖民地雖如此聯合，同受一人之統治歷時至六十載之久，然此種聯合始終非葡人之所願。故一六四〇年機會一至，葡人卽在巴拉崗撒族領導之下恢復獨立。

西班牙反抗腓立二世之叛變

腓立二世在國內所遇之大難，厥爲富庶尼德蘭之叛變，吾人當卽論之。然此外西王尙有其他之叛變急須應付。腓立因欲消滅西班牙南部之摩爾遺民（Moriscos）之異教殊俗而激起武裝反抗。自一五六八年至一五七〇年，此種摩爾遺民作殊死戰以謀復格拉拿達之獨立。斯亂之平手段甚酷。摩爾人之子遺皆被迫徙居於西班牙貧瘠之區，及一六〇九年終乃逐諸國外。一五九一年，亞拉崗之叛爲加斯提爾之軍隊所平。亞拉崗憲法上之權利旣被減少，其國遂愈降至從屬地位。

尼德蘭之叛變原因

尼德蘭叛變之原因，可分四層：（一）財政方面。初，查理五世所課尼德蘭之賦稅，已甚繁重，至腓立二世，更增加之，恆用其賦稅以充西班牙領內其他各邦之經費。腓立二世爲西班牙之商業計，對於荷蘭商業加以種種限制，遂使尼德蘭向來經濟上之隆盛，大受妨礙。（二）政治方面。腓立二世謀集中尼德蘭之權力，故對於市府及貴族自來所享之多種特權，概剝奪之。一五五九年以後，彼並未親臨尼德蘭，委其政於攝行官吏，此等皆西班牙人而非其本地領袖。尼德蘭故家豪族之子孫，憤其厚利尊位為人所奪，其視新貴如暴發戶，亦自然之情也。（二）宗教方面。其時加爾文派（Calvinistic）新教之傳入北部諸省，速而且遍，然腓立令仍強其臣民崇奉羅馬教。彼增設主教區發布宗教統一令，且利用宗教法庭以厲行其政策。（四）個人方面。荷蘭人與法蘭達人（Flemish）之所以愛戴查理五世，實因其生長於彼等之中，且查理亦視彼等之邦家為其桑梓。腓立二世則生長於西班牙，所操之語言異於尼德蘭語，自尼德蘭之居民觀之，彼固一外國人也。

瑪格勒與「乞丐」

尼德蘭之初叛，主因在反對宗教法庭及西班牙防軍之入城。此時尼德蘭之攝政腓立之異母妹瑪格勒（Margaret of Parma）謀稍退讓以袪公忿，乃撤退西班牙之軍隊而罷免不孚人望之官吏。但強族市民仍於一五六六年初自行結合，遞請願書於瑪格勒。書中於聲明其忠誠外，自謂懼羣衆之變叛，請其派遣特使往說腓立以取消宗教法庭及解除種種痛苦之必要。瑪格勒初頗為此輩所困。既而左右有壯其聲威者，大呼云：『殿下亦畏此等「乞丐」（ces gueux）耶！』自後凡反對腓立政策之尼德蘭領袖，遂均戲以『乞丐』自稱，而用通常行乞之囊與碗為

亞爾瓦公爵之在尼德蘭一五六七至一五七三年

其標幟。此種時裝流行甚速以『乞丐』之標記作首飾者到處可見而以在各大城中者爲尤多。依照『乞丐』等之請願卒有遣使往西向腓立二世陳訴疾苦之舉。

腓立二世初原允許廢去尼德蘭之宗教法庭，旣而悔之。因狂熱之新教徒較可敬之『乞丐』更爲激烈，已於此時急起武裝攻入羅馬教教堂破壞祭壇，搗毀偶像褻瀆僧院其報復之殘酷，一如其仇敵所施壓迫之暴虐也。一五六六年八月，此種毀像瀆神之暴動，在安都沃爾普而達於極點，市中莊嚴之大教堂被毀竟至不可收拾。腓立二世以此等行動爲叛逆，乃遣名將亞爾瓦 (Alva) 公爵率大軍入尼德蘭（一五六七年），令其威服民衆。亞爾瓦甚能承其意旨，其入手舉動卽設一『鎭亂會議』(Council of Troubles)。此實一專制法庭，用之以審判叛逆案件者，因其施刑之酷，人多稱之爲『流血會議』(Council of Blood)。在亞爾瓦駐尼德蘭六載之內，被殺之人，並愛格蒙 (Egmont) 及荷龍 (Horn) 二伯爵，爲數殆達八千。財產被奪者至三萬人。被迫出亡者達十萬人。此外對於商品之出賣，均課以從價稅十分之一。因貨物課稅至數次之多，故其所納之稅有至少亦佔價値十分之七者，如布疋是也。賦稅煩苛，法紀廢弛，全國紛擾，遂使法蘭達人之工商業均歸破產。因此尼德蘭南部之市民，雖大部分信奉羅馬教，亦卒與北部之貴族及新教徒聯合，以反抗西班牙之苛政，此實勢所必然。時蓋已全國武裝矣。

鄂蘭吉君威廉默侯（註一）

尼德蘭之大貴族中有一人爲拿撒之威廉（William of Nassau），鄂蘭吉（Orange）之君，德意志人也。當亞爾瓦來伐時，彼正統治荷蘭與支蘭（Zeeland）二省因已欲承受新教，故小心退隱於德意志，而任其地產之爲西班牙總督所沒收。現因革命運動稍有成功，遂回國領導。多年苦戰，足見彼不獨長於將才，且善於外交，熱心愛國，卒以此受荷蘭人全體之欽佩愛戴。

『海上丐盜』

威廉之軍隊最初自易爲亞爾瓦所敗。但至一五六九年而情勢大變，是年威廉始用海盜與私掠船以捕拿西班牙之船貨。此等號稱『海上丐盜』（Sea beggars）者皆獷黠亡命之徒，不提法紀，其對羅馬教徒與西班牙人之仇恨，殆無止境。彼等實最初樹立荷蘭海上勢力之基礎，同時又繼續與亞爾瓦以重擾，且屢侵尼德蘭之內河以煽動陸地上革命之餘燼。威廉亦集新軍以敵亞爾瓦而漸勝。

註一　威廉（一五三三——一五八四）現通稱爲『默侯，』似無當時史徵足證此名之與彼相合，但一爲後日史家所用，此種誤稱遂竟與彼固結不離。

一五七六年之「西班牙的暴行」與儋特協約

亞爾瓦之殘酷策略並不能使尼德蘭復就腓立二世之統治。一五七三年，較有權術之勒格散斯（Reguesens）代亞爾瓦為尼德蘭之攝政官竭其能力以繼續作戰，但其成功尚不如亞爾瓦。一五七六年，勒格散斯死後不久，駐尼德蘭之西班牙軍因糧餉匱乏而譁變，有數城大受其害，而以安都沃爾普為尤甚。此次事變通常稱為「西班牙的暴行」。十七省之代表乃即刻成立協定，謂為儋特協約（Pacification of Ghent，一五七六年）。依此協約各省同抗西班牙人，以互謀安全，須至西班牙王廢除宗教法庭，並恢復各省舊有之自由時始止。

腓立二世此時頗欲一試妥協政策。但新任總督不久即知此時欲與新教徒謀和，為時已晚，此總督即新近大勝土耳其人於海上，以勇著稱之約翰（Don John of Austria）也。威廉對於西班牙之建議，小心謹慎。一五七八年，約翰卒無大功而死。

珀爾瑪公爵法爾拿斯

但腓立二世在尼德蘭亦非完全失敗。自一五七八年至一五九二年，彼幸得一堅毅多謀之珀爾瑪公爵法爾拿斯（Alexander Farnese）為尼德蘭之總督。法爾拿斯巧於兼用戰爭與外交，卒能離間南北諸省。蓋北部屬荷蘭人種，奉加爾文教，多營商業。南部則為法蘭達人與瓦倫人，奉羅馬教，多營工業。南十省對於北部預有之恐怖較其對於與西班牙繼續聯合之畏懼，固有

亞拉斯條約與烏德勒支同盟（一五七九）尼德蘭之永久分裂

過之無不及也。因此，南部各省之代表於一五七九年締結防禦同盟於亞拉斯（Arras），以保護羅馬教，並顯然謀與腓立二世言和。同年，北部諸省亦共結烏德勒支同盟（Union of Utrecht），「彼此團結如一省」，共「以血肉財貨」力抗西班牙之暴政，而自保其權利與自由，在同盟內部且完全容許禮拜與信仰之自由。由是膺特協約遂失效力，尼德蘭竟分為二部，彼此各行其志各發展其自己之歷史。南部仍在黑普斯堡族之掌握中者凡二百餘年，初名「西領尼德蘭」（Spanish Netherlands），繼稱「奧領尼德蘭」（Austrian Netherlands），大致即今日吾人所稱之比利時也。至於北部之「聯省」（United Provinces）或稱「荷蘭」，則自由獨立，在世界各國中自有其地位焉。荷盛於比，歷時頗長。互鬩之禍，比重於荷。荷人且藉禁封捨爾得河（Scheldt）與控制附近諸海之力予安都沃爾普之工商優勢以致命之打擊，而使尼德蘭全部之主要商業移至其亞姆斯特丹城。

荷蘭人成功之原因

戰爭繼續，尚歷多年；有時法爾拿斯與西班牙人似乎可以武力征服北部，與其以外交手腕保持南部之成功相若。但有種種原因卒使荷蘭人有最後之成功。第一，荷蘭地形不利於普通作戰。運河密佈，適成天然之防線，而掘堤又易陷外軍於險。第二，荷人素喜航海，恆多備私掠船以劫奪西班牙之貿易。此種生意不久漸成要業，且亦合法。故在下一世紀，亞姆斯特丹遂爲世界最大城市之一，而荷蘭在商業與殖民國家中亦居優位。第三，防軍僱用外國傭兵使本國人有暇從事於和平事業，故戰爭雖繼續進行，而荷蘭各省之財富與繁榮仍日見增加。第四，威廉用謹愼游擊政策避免劇戰，不以荷蘭爲孤注之擲。第五，荷人受德意志，英法諸國新教徒之援助甚多。最後，腓立二世大計甚多，須同時兼籌並顧，不能專注一事，使其有圓滿之結果。其與英國伊利沙白女王之戰，及對法國政事之干涉，實大足以亂其對付尼德蘭之計劃，而益增糾紛。

一五八一年荷蘭之正式宣布獨立

一五八一年，腓立二世下令宣告威廉爲叛逆，置之法律保護之外，有生擒或殺之者，予以重賞。威廉則發表其著名之『辯辭』(Apology)以自解。但其實際之答覆，實爲誓絕法案(Act of Abjuration)。此時北部各省代表集於海牙，從威廉之言，依此法案正式宣布與西班牙王斷絕關係，毀腓立二世之御璽，並宣告剝奪其在各省之威權。吾人應稱一五八一年之法案爲荷蘭之獨立宣言，實此戰具體結果之一預徵也。

荷蘭獨立之承認

威廉雖爲西班牙之刺客所殺（一五八四年），而新教徒所據之安都沃爾普亦於一五八五年喪失，然以法爾拿斯之才智，終不能更進一步以圖不利於聯省。顧腓立二世堅持到底，決不承認其獨立，及一六〇九年，西王腓立三世始許海牙國會(States-General)以十二年之休戰。當三十年戰爭(Thirty years war 一六一八——一六四八)期中，荷人與西人復起糾紛。直至一六四八年委斯法里亞(Westphalia)和會時，荷蘭共和國之自由，始正式爲西班牙所承認。

與西班牙長期奮鬬之七省，以相互之協定，組一聯邦，各邦均保留其特殊之地方政府與行政，而皆隸屬於一共同之國會與執政(Stadtholder)之下，執政之職，後乃爲鄂蘭吉族所世襲。當十七世紀之大部分時期中，國會執政之間，常有憲法上之衝突。國會得般富市民之助，在政治上贊成充分之民治主義。執政爲心性驕貴之豪族所擁護，則力求在鄂蘭吉族領導之下發展君主政制。

英法二國自然反對腓立二世之政策

英法二民族王國之同樣顯著的發展，不惟使腓立二世在尼德蘭之努力受挫，且足以破其他種計劃。二國對於西班牙之過度發展，或可以破壞均勢，自然均妬而且懼。二國各以其地勢之故，均與腓立二世勢難兩立。英格蘭因位於島嶼，希望破壞西班牙海上貿易之獨佔權。法國此時仍爲黑普斯堡族在西班牙，意大利，尼德蘭等處之領土所包圍，乃固守其傳統之政策，以與西王所有之仇敵聯合。此時教皇之權力在英格蘭既受排斥，在法國亦大成問題。腓立二世因宗教熱忱，遂變爲英法二國內羅馬教會之保護者。無論就政治經濟或宗教上之目的言，西王似乎有使英法受其直接支配之必要。在英法方面則其愛國人士憤本國內政之受人干涉，與之抗爭而獲勝。故腓立最後之失敗實足表示敵方人民民族情感之勃興。近代英法二國之稱雄，蓋自其與腓立二世奮鬭之時起。

腓立二世與瑪利條達

腓立二世即位之初，其對外關係似極順利。彼娶瑪利條達（Mary Tudor）女王（一五五三——一五五八）爲后以聯英之事，具如上述。女王嘗使英格蘭教會與羅馬教庭（Holy See）之關係暫時恢復其對外政策與腓立二世一致。彼爲其夫致喪英國在大陸最後之領地加來斯城於法（一五五八年）。腓立二世於一五五九年與法締結有利之加多岡白勒西條約，吾人前會論及此事。但在此後三十年中，情勢全變，英法二國竟俱脫去西班牙之干涉。

腓立二世與伊利沙白

一五五八年，瑪利條達不幸死而無嗣，其妹伊利沙白女王繼位。伊利沙白者，亨利八世之女，而安拿波倫（Anne Boleyn）之所出也。英格蘭與西班牙王室之關係，遂因此大變。伊利沙白（一五五八——一六〇三）具驕傲勇果之性，有出衆之智慧與愛國之深情。彼雖慣行詭詐，致法王目爲基督教國中最大之誑徒，然能激發左右之信仰與民衆之敬重，故通常多稱之爲『伯斯賢女王」(Good Queen Bess)。 如斯女子，乃腓立二世所必須對付者，彼嘗試用種種手段求達目的，而悉歸失敗。

腓立二世初曾提婚媾之議。 但以伊利沙白之謹慎，自不肯委其身或英格蘭於如此之夫主。迨後女王宣布崇奉新教，且表示對於腓立之任何事業無援助之意，西王乃陰謀覆其王位。 彼恆資助違犯國法之羅馬教士，待耶穌會士(Jesuits)尤重，更煽動叛亂，甚至陰圖暗殺伊利沙白。其時陰謀黨之中心人物為不幸之蘇格蘭女王瑪利士挑亞特(Mary Stuart)（一五四二——一五八七），彼乃可繼伊利沙白為王，且崇奉羅馬教者也。

瑪利士挑亞特

瑪利之世系出自蘇格蘭之士挑亞特(Stuart)王族及英格蘭王亨利七世，與法國強盛之介斯族(Guise)為親戚。 彼幼受教養於法國之王宮，並嫁於法王佛蘭西士二世為后。 其夫早喪，遂於一五六一年回蘇格蘭，時年僅十八耳。 此時蘇格蘭之貴族互相爭訌，致政府深受其困。且其議會在前一年已正式採定加爾文教。 瑪利以圓滑柔和之手段博得貴族之敬重，與民衆之欽仰。 後因婚姻上之糾紛與錯誤，始失民心，卒被放逐。 蓋彼初嫁其卑鄙無行之表兄亨利達賴(Henry Darnley)，旋與暗殺達賴放僻邪侈之波士威爾(Bothwell)伯爵成就一辱身敗行之醜姻緣也。瑪利乃禪位於其年僅冲齡之嗣子詹姆士六世（James VI）。彼幼受新教之薰陶，即後爲英格蘭王之詹姆士一世也。瑪利投奔伊利沙白（一五六八年），期獲庇護於英格蘭，實則自投羅網耳。

瑪利士挑亞特爲伊利沙白所囚凡二十載。在此期中，彼實爲反對蘇格蘭與英格蘭現存政府之陰謀的對象，每次陰謀均受西王之指使與資助。歷時既久，在多數英人之心目中，一若伊利沙白之利益眞與新教主義及民族之獨立興盛有密切關係，以爲瑪利苟成功則羅馬教必勝利，西班牙在政治上必佔優勢，而英格蘭之商業必歸於衰替。此種局勢，實足以決定瑪利之命運。於是此蘇格蘭之舊女王遂於一五八七年爲伊利沙白下令所殺，實則致此之政治形勢殊非瑪利之所能操縱也。

無敵艦隊

腓立二世歷試各計，今均歸失敗，所未用者惟純粹之武力耳。彼之出此，仍欲爲瑪利士挑亞特復仇，並使英格蘭在政治宗教商業上與西班牙之政策一致。無敵艦隊（Invincible Armada）之準備及其失敗等故事，幾乎盡人皆知，無須贅述。此艦隊之震驚一世，實爲基督教國從來之所僅見，計有船一百三十艘，水手八千人，兵士一萬九千人，皆西班牙之精銳也。一五八八年，自達格斯（Tagus）河口出發，在尼德蘭復有法爾拿斯以二萬三千精兵參加。但腓立二世對於敵方有一重要之點，未免忽視。彼蓋以英格蘭爲一分裂之國，而不知此次對英首爲民族的攻擊，非僅宗教之爭，故羅馬教徒與新教徒競起勤王。腓立之所敵者，實爲統一之國，而非分裂之邦。英國艦隊由較小之船組成，調度甚易，遂大敗西班牙之笨重巨艦，餘舟復遭狂風，先後觸礁於蘇格蘭北岸，幾全被毀。原有遠征隊之得生還西班牙者，實不足三分之一。

腓立二世對英之雄圖既敗，顧仍時用小術以與伊利沙白爲難。彼謀煽動愛爾蘭之羅馬教徒以抗女王而無效，竭其軍力財力以準備第二次甚至第三次之艦隊而大失所望。在其死前二年，英國艦隊竟至攻掠其巨港加的斯。對英之戰，徒毀西班牙之海軍與商業耳。無敵艦隊之敗，即英國商權之初張也。

當時英格蘭之經濟利益

關於十六世紀後半期英西二國之衝突，以前史家謂其根本原因，及其主要之利害關係，在宗教方面，乃新教與羅馬教爭鬭史中之一節。此種意見，或具相當眞理，但新近史家則以爲衝突之主要動機及其重要之結果，俱在經濟方面。蓋自伊利沙白即位以來，英國之水手與海盜如霍孔斯與德拉克輩，即侵犯西班牙之商業，船舶之由新世界運金銀貨物赴加的斯港者，多被截往英港。

女王本人常亦分贓，因有意獎勵此種行爲。腓立二世含忍坐視其貨船之被奪，殖民地之受侵，及叛民之得公開援助者垂三十年。後深知其在尼德蘭或美洲之勢力永難安全，始有派遣無敵艦隊之舉。其敗實足解放荷蘭而表示西班牙在海上與新世界獨佔權之傾覆。

法國之政事

當吾人考究腓立二世干涉法國內政之動機與結果以先，不可不略述法國自佛蘭西士一世（一五一五——一五四七）及其子亨利二世（一五四七——一五五九）以來所發生之事，致王權在國內大增，且不惟使法國之獨立不受查理五世帝國之包圍，並因對意大利所用之強硬政策與其國境向萊因河之擴張而令法國之聲威大振。亨利二世娶佛羅倫斯著名之米底奇族中一女名加察林（Catherine de' Medici）者爲后，雖身大貌寢，顧有野心且足智多謀。其夫死後，彼在其子佛蘭西士二世（一五五九——一五六〇），查理九世（一五六〇——一五七四），亨利三世（一五七四——一五八九）三孱王御宇期中，迭施詭譎，公干法政。彼深知新教徒（Huguenots），大貴族，及西王腓立二世皆足以繼續危及彼身及其嗣子之地位。

法國王權之危險——新教

法國之新教在十六世紀之前半期已漸得勢。後據估計，國民之脫離羅馬教會者，爲數已達三十分之一至二十分之一之多。且新教徒勢力之大，遠過其數，蓋彼等大都出於富裕聰慧之中

法國王權之危險——貴族

包本族

產階級，以前法王恆委以要職。因此新教徒實代表一種有勢力之社會階級，且為一反對王權過大之集團。彼等不惟為其本身謀宗教上之寬容，且要求全級會議之定期集會及國民代表對於財政之監督權。在國王方面，則以為政治上之固結，與王權之安定，端賴國內宗教統一之維持，因遂拒斥新教徒之要求。佛蘭西士一世與亨利二世之壓迫新教徒，均極殘酷。自一五六二至一五九三年，所謂宗教戰爭者，實層出迭見，擾及全國。

當十六世紀之後半期，法國之政治更因貴族權力之復興而益形紛亂。所謂宗教戰爭，實兼含政治與宗教之意義，乃此派或彼派之貴族各圖挾制弱主之所致也。互爭特甚者，為包本(Bourbons)與介斯二族。無論何族全勝，均將為禍於加察林之嗣子。包本族為一法王之直系苗裔，故恆自誇為嫡系王族。彼等確出於十三世紀之國王聖路易(Saint Louis)，故於現任諸王僅為疏遠之兄弟。但因現任諸王之先後早夭無嗣，包本族人遂可據法國嚴格之男系繼承法，而為王族之繼承人。其領袖曰安多尼(Anthony)者，嘗娶拿法爾女王為妻，因得為拿法爾之王。然其國土之大部分(比里牛斯山以南之地)已於一五一二年合併於西班牙矣。安多尼之弟路易為宮德(Condé)親王，以忠勇多才著稱於世。二人皆新教徒也。

介斯族

介斯族出於佛蘭西士一世之臣洛萊因（Lorraine）公爵。此族原爲外人，蓋洛萊因當時固隸屬於神聖羅馬帝國也。但其首領於法國頗著愛國之勳績，嘗防護米仔以抗帝查理五世，又嘗奪取加來斯於英人之手，故法國國民多親愛之。介斯公爵篤信羅馬教。其弟稱洛萊因紅衣主教（Cardinal of Lorraine），爲十二個主教區之首領，能獲大宗收入，爲法國教會中最著名之人。當亨利二世（一五四七——一五五九）在位期中，此族勢力尤盛。彼等對外作戰，甚稱驍勇。又慫恿國王迫害新教徒，廣營地產，且嫁其親戚蘇格蘭女王瑪利於法之儲君。但瑪利之夫佛蘭西斯二世（一五五九——一五六〇）在位不久，以後介斯族之所遇，不僅爲其勁敵包本族與彼同黨新教徒之實際的抗爭，且有加察林之猜忌與陰謀焉。

法國之宗教戰爭

加察林既懼介斯族之大志，又患新教分權之趨勢，故當介斯族與包本族間熱烈黨徒各以羅馬教與新教之信仰迭起長期內亂之時，太后始則助此黨，繼又助彼黨。前後血戰不下八次，每次結果對新教徒均略有讓步，而弱主之位仍幸得保持。聖巴托洛米祭日（Saint Bartholomew's Day，一五七二年）之屠殺，實加察林騎牆政策釀成之慘劇。海軍上將哥利尼（Admiral de Coligny）者，正直而多才之新教首領也，太后因恐其權勢之震主，乃以介斯族之助，勸意志薄弱之查理九世允其大殺新教徒，於一五七二年八月二十四日晨二時鳴巴黎教堂之鐘爲號，實行屠殺，任首都歷時一日在各省竟至數星期之久。哥利尼被殺，乃至婦孺亦無幸免。總計死者，至少三千人，甚或達一萬人。

「政治家」

聖巴托洛米祭日之屠殺，並未撲滅法國之新教，或使新教首領之主張稍形退讓，轉使法國羅馬教黨內部意見之分裂，益以顯著。一方則介斯族之殘酷黨徒尚抱怨於此次屠殺之不甚大。而他方之溫和之羅馬教徒集團，通常稱爲『政治家』(Politiques)者，雖仍依附羅馬教會，且遇必要時，仍執干戈以助國王，然對於宗教之事，則極力反對用暴行或迫害之手段。此溫和派尤富於愛國心，因目擊法國君權之微弱，故對於宗教戰爭及介斯族之頑固政策，加以詆斥。彼等以爲聖巴托洛米祭日之屠殺，不惟罪過，且成大錯。

『政治家』之出現，並未能即現和平，反使以前之雙方衝突變爲三方面之鬬爭。

腓立二世與三亨利之戰

此後擾攘多年，加察林之諸子顯將絕嗣，王位依法應歸於包本族安多尼之子亨利，蓋已大明，亨利者，拿法爾之王，一新教徒也。此種結局當然爲介斯族所不願，且爲西王腓立二世所深惡。故一五八五年，介斯公爵亨利與西王締結同盟，約西王以兵力助介斯族奪取王位。果如此，則法國之政治將爲西班牙所操縱。而腓立亦可得一大助以削平尼德蘭幷征服英格蘭矣註一。此約之直接結果卽三亨利之戰。一爲亨利三世，加察林之子而法國之王也。一爲包本族之亨利，拿法爾王而法國王位之繼承人也。一爲介斯公爵亨利，有西王腓立二世爲之外援。介斯族之亨利代表羅馬教之極端派。拿法爾之亨利爲新教派。法王亨利則爲羅馬教之温和派，乃希望和平而頗願賜予相當之宗教寬容者。後二派均擁護法國獨立，以抵抗西班牙之侵略。

法王未幾卽爲介斯之勢力所包圍。但羅馬教極端派之抵制拿法爾王亨利，卒少成功。蓋此時拿法爾王亨利在國內既得羅馬教温和派之助，在國外復獲英女王伊利沙白之援，而腓立二世之事事失意，要皆有利於彼也。西王在任何時間，均不能傾全力於對法之戰。一五八八年，亨利三世竟命人將介斯族之亨利刺死。至於法王之能否作民族首領驅外敵而弭內亂，亦卒無試行之機會，蓋彼亦於一五八九年被刺而死也。臨終時，遺命以拿法爾王繼其位。

拿法爾之亨利

拿法爾之亨利爲法國包本族之第一任國王，稱爲亨利四世（一五八九——一六一〇）註二。

註一　此時介斯公爵亨利之表妹蘇格蘭女王瑪利方爲伊利沙白女王囚之於英格蘭，事已見前。

註二　拿法爾之亨利亦如介斯族之亨利及國王亨利，皆被刺而死，此殊一奇事也。

亨利四世卽位後之四年中，仍須繼續內戰。迨一五九三年，彼棄新教而承受羅馬教，此實足以消除國內對彼反抗之主要原因，叛變遂從速平定。惟與西班牙王之爭，則延至華爾文(Vervins)和約始止。此約結於腓立逝世之年，實卽重申加多開白勒西和約也。

西班牙之衰微與法國之興起

腓立二世卒未能征服或割裂法國，亦未能使法國對尼德蘭或英格蘭之政策與彼一致。彼雖費盡力量，而法國之王位仍歸其仇敵所有。其人雖爲新教派，然於異教徒則予以相當之寬容。腓立二世在政治與宗教政策上之失敗，於法國不但有消極之結果而已也，法人之獨立性，愛國心，團結力，實因西班牙王之干涉失敗而益固焉。此後一世紀中，爲歐洲政治之中心者乃法國而非西班牙矣。

腓立二世與土耳其人

本章大部分所述，均腓立二世失敗之事跡，今特於章末補敍一於彼有光之偉業。對於土耳其人之進展，首加以有效之防止者，實腓立二世也。

土耳其人自蘇勒曼死後（一五六六年），繼續鞏固其在匈牙利之地位，且在地中海組織刼掠之遠征隊以蹂躪西西里，南意大利以及巴里亞利克羣島（Balearic Islands）。一五七〇年，其艦隊並奪取威尼斯人之塞浦路斯。基督教國在地中海之外藩，惟馬耳他與克里脫而已。勢危如此，始有同盟之組織以謀救意大利。發起鼓吹此同盟者爲教皇丕亞士五世(Pius V)，熱拿亞與威尼斯備具大部分之艦隊，腓立二世則供給其餘必需之船舶，並以其異母弟約翰爲總司令。此次遠征隊共有船二百零八艘，遇土耳其之艦隊二百七十三艘於希臘海岸附近之里龐多(Lepanto)灣而大敗之，時一五七一年十月七日也。土耳其之戰艦幾全遭擊沉或被逐擱淺。其軍士死者計達八千。當捷報至羅馬時，教皇丕亞士輒誦『人降自天厥名約翰』之名句焉。

里龐多之戰

里龐多之戰，在政治上最關重要。此役對回教徒之海軍勢力予以打擊使其一蹶不振，不能在地中海再取攻勢。實際上此乃最後一次之十字軍，腓立二世實以教會與教皇之保護者自任。西班牙或意大利之貴族，殆無不參與此役，卽世界各處，亦均有義勇軍出而助戰。西班牙之名詩人塞爾凡脫(Cervantes)卽在里龐多折其一臂。自玆以後，西歐遂得較免於土耳其人之危害矣。

十六七世紀黑普斯堡族世系表

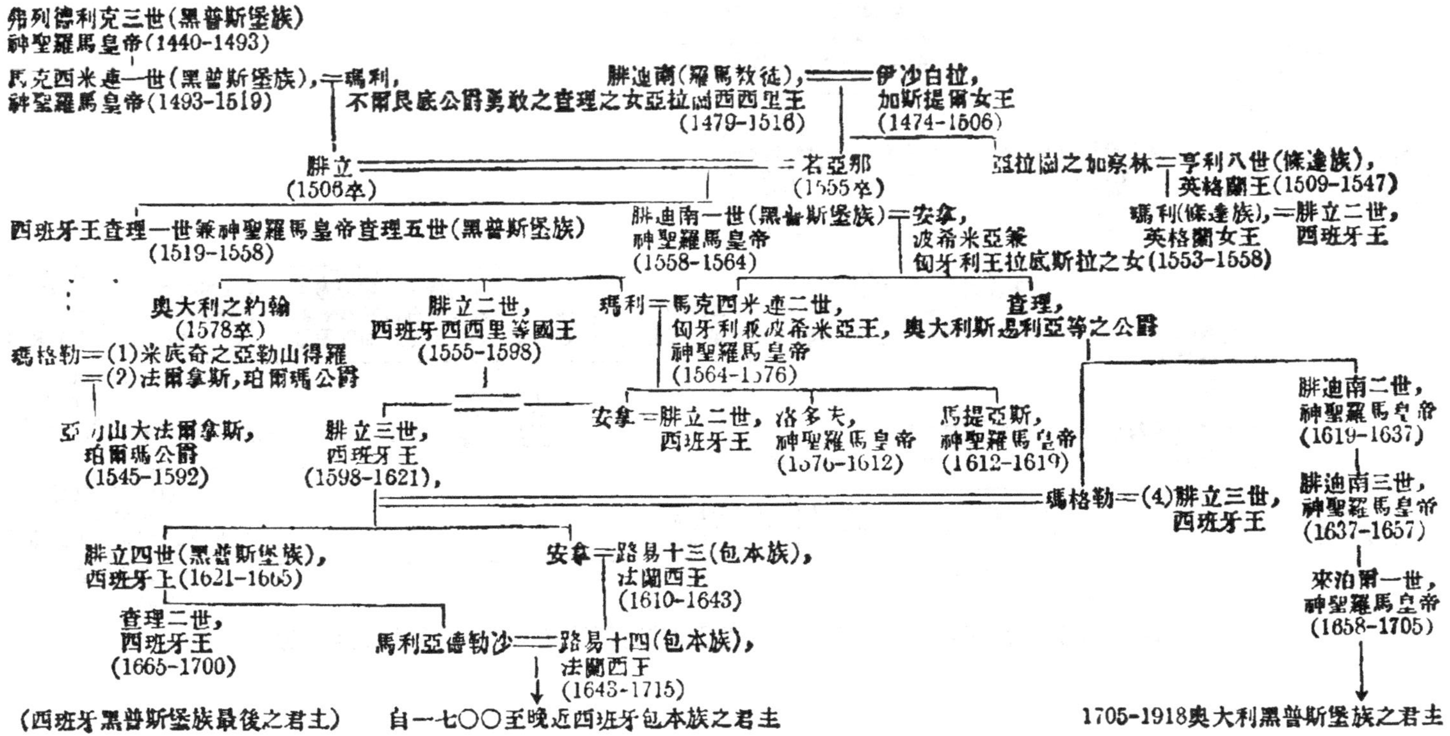

華洛亞族，包本族，介斯族，西班牙王腓立二世，蘇格蘭女王瑪利等世系表

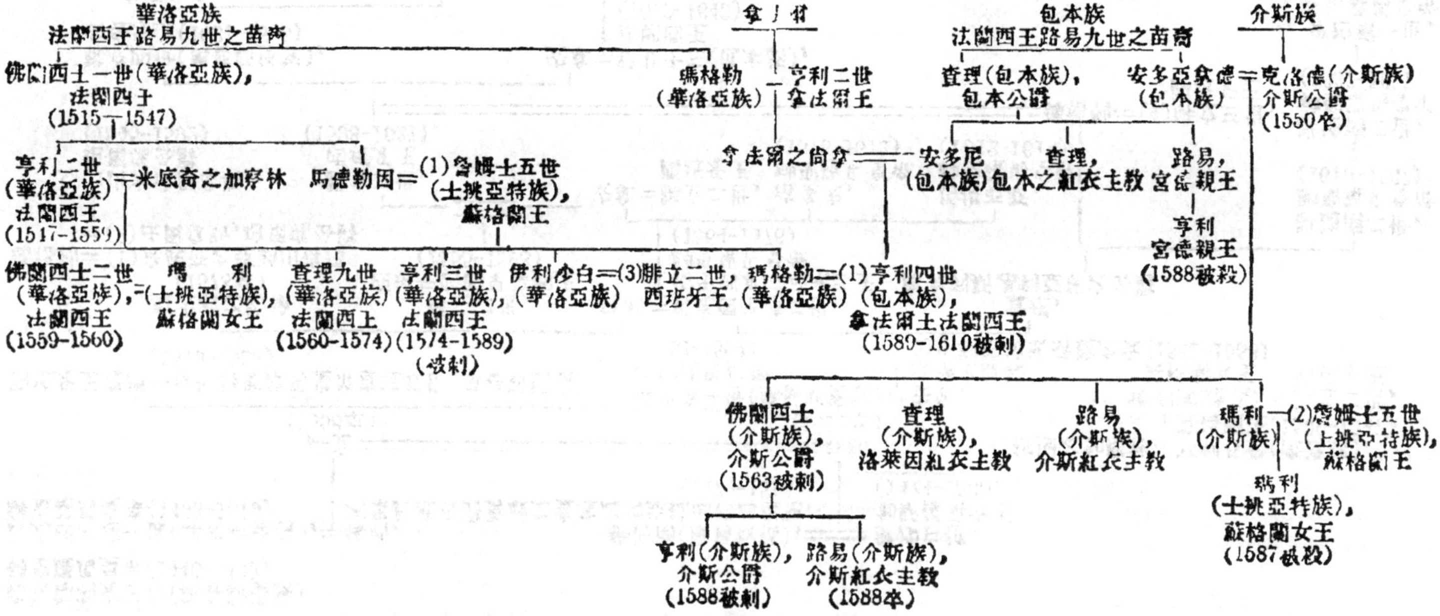

英格蘭條達族君主世系表(1485—1603)

- 亨利七世 1485——1509
  - 亞爾撒(1502卒)
  - 亨利八世(1509—1547)
    - 瑪利＝腓立二世，西班牙王(1553–1558)
    - 伊利沙白(1558—1603)
    - 愛德華六世(1547–1553)
  - 瑪格勒＝詹姆士四世，蘇格蘭王
    - 詹姆士五世，蘇格蘭王
      - 瑪利 蘇格蘭女王
        - 蘇格蘭王詹姆士六世，英格蘭王詹姆士一世，(1603–1625)
  - 瑪利＝(1)路易十二，法蘭西王(1515卒)
    ＝(2)查理布蘭東，蘇弗克公爵

課外讀本

普通者及關於黑普斯堡族領土之特種參考書：

1. A. H. Johnson——*Europe in the Sixteenth Century, 1494–1598* (1897), Ch. III–IX.

2. Mary A. Hollings——*Renaissance and Reformation, 1453–1660* (1910), Ch. VI, IX, X.

3. E. M. Mulme——*Renaissance and Reformation*, 2d ed. (1915), Ch. X, XIV, XXIV–XXVIII.

4. T. H. Dyer——*A History of Modern Europe*, 3d ed., rev. by Arthur Hassall (1901), Ch. IX, XI–XXVII.

5. *Cambridge Modern History*, Vol. II (1904), Ch II, III, VII, VIII, and

Vol. III (1905), Ch. XV, V.

6. *History of All Nations*, Vol. XI and Vol. XII, Ch. I–III, by Martin Philippson.

7. *Histoire générale*, Vol. IV, Ch. III, IX, Vol V, Ch II–V, XV.

8. Baumgarten——*Geschichte Karls* V, 3 Vols. (1885–1892).

9. Konrad Habler——*Geschichte Spaniens unter den Habsburgen*, Vol. I (1907).

10. Charles Bratli——*Philippe II, Roi d' Espagne Étude sur sa vie et son caractère*, new ed. (1912).

11. M. A. S. Hume——*Spain, its Greatness and Decay*, *1479–1788* (1898), Ch. I–VI.

12. Paul Herre——*Papsttum and Papstwahl im Zeitalter Philipps II* (1907).

13. Machiavelli——*Prince*.

14. E. F. Henderson——*A Short History of Germany*, 2 Vols.

15. Sidney Whitman——*Austria* (1899).

16. Gustav Wolf——*Deutsche Geschichte im Zeitalter der Gegenreformation* (1899).

17. Franz Krones——*Handbuch der Geschichte Oesterreichs von der altesten Zeit*, Vol. III (1877), Book XIII.

關於十六世紀之法國者：

1. A. J. Grant——*The French Monarchy, 1483–1789* (1900), Vol. I, Ch. III–V.

2. G. W. Kitchin——*A History of France*, 4th ed. (1894–1899), Vol. II, Book II, Ch. IV–V, and Book III.

3. *Cambridge Modern History*, Vol. III (1905), Ch. I.

4. Ernest Lavisse (editor)——*Histoire de France*, Vol. V (1903), Books

III, IV, VII, VIII, and Vol. VI (1904), Books I–III.

5. Edward Armstrong——*The French Wars of Religion* (1892).

6. J. W. Thompson——*The Wars of Religion in France: the Huguenots, Catherine de Medici and Philip II of Spain, 1559–1576* (1909).

7. A. W. Whitehead——*Gaspard de Coligny, Admiral of France* (1904).

8. C. C. Jackson——*The Last of the Valois*, 2 Vols. (1888).

9. C. C. Jackson——*The First of the Bourbons*, 2 Vols. (1890).

10. Lucien Romier——*Les origines politiques des Guerres de Religion*, Vol. I, *Henri II et l' Italie, 1547–1555* (1913).

11. Louis Batiffol——*The Century of the Renaissance in France* Eng. trans. by Elsie F. Buckley (1916).

關於十六世紀之英格蘭者：

1. A. L. Cross——*History of England and Greater Britain* (1914), Ch.

XIX–XXVI.

2. E. P. Cheyney——*A Short History of England* (1904), Ch. XII, XIII.

3. *Cambridge Modern History*, Vol. III (1905), Ch. VIII–XI.

4. J. F. Bright——*History of England* 5 Vols. (1884–1904), Vol. II, *Personal Monarchy, 1485–1688* (in part).

5. A. D. Innes——*History of England and the British Empire*, 4 Vols. (1914), Vol. II, Ch. III–VIII.

6. J. R. Seeley——*Growth of British Policy*, 2 Vols. (1895).

7. J. S. Brewer——*The Reign of Henry VIII from his Accession to the Death of Wolsey*, 2 Vols. (1884).

8. H. A. L. Fisher——*Political History of England, 1485–1547* (1906), Ch. VI–XVIII.

9. A. F. Pollard——*History of England from the Accession of Edward VI to the Death of Elizabeth* (1910).

10. J. A. Froude ——*History of England from the Fall of Wolsey to the Defeat of the Spanish Armada*, 12 Vols. (1870–1872).

11. E. P. Cheyney——*A History of England from the Defeat of the Armada to the Death of Elizabeth*, Vol. I (1914).

12. Andrew Lang——*A History of Scotland*, 2d ed. (1901–1907), Vo's I and II.

13. P. H. Brown——*History of Scotland* (1899–1900), Vols. I and II.

14. A. F. Pollard——*Henry VIII* (1905).

15. E. L. Taunton——*Thomas Wolsey, Legate and Reformer* (1902).

16. Mandell Creighton——*Cardinal Wolsey* (1888).

17. J. M. Stone——*Mary the First, Queen of England* (1901).

18. Mandell Creighton——*Queen Elizabeth* (1909).

19. E. S. Beesly——*Queen Elizabeth* (1892).

20. Andrew Lang——*The Mystery of Mary Stuart* (1901).

21. P. H. Brown——*Scotland in the Time of Queen Mary* (1904).

22. R. S. Rait——*Mary Queen of Scots*, 2d ed. (1899).

23. Walter Walsh——*The Jesuits in Great Britain* (1903).

24. Martin Hume——*Two English Queens and Philip* (1908).

25. David Hannay——*A Short History of the English Navy* (1898).

26. J. S. Corbett——*Drake and the Tudor Navy*, 2 Vols. (1898).

27. J. S. Corbett——*The Successors of Drake* (1900).

28. J. A. Froude——*English Seamen in the Sixteenth Century* (1895).

關於十六世紀時之尼德蘭者：

1. George Edmundson——*Cambridge Modern History*, Vol. III (1905), Ch.

VI, VII, and Vol. II (1904), Ch XIX.

2. P. J. Blok——*History of the People of the Netherlands*, trans. in large part by O. A. Bierstadt.

3. J. L. Motley——*Rise of the Dutch Re_ublic* 3 Vols.

關於十六世紀時之土耳其人者：

1. *Cambridge Modern History*, Vol. III (1905), Ch. IV.

2. A. H. Lybyer——*The Government of the Ottoman Empire in the Time of Suleiman the Magnificent* (1913).

3. Stanley Lane-Poole——*Turkey* (1889).

4. Nicolae Jorga——*Geschichte des osmanischen Reiches.*

5. Leopold von Ranke——*Die Osmanen und die spanische Monarchie im sechzehnten und siebzehnten Jahrhundert.*

6. Joseph von Hammer——*Geschichte des osmanischen Reiches*, 2d ed., 4

Vols. (1834-1835), Vol. II.

第四章　新教革命與羅馬教之改革

第一節　十六世紀初之羅馬教會

一五〇〇年與一九〇〇年宗教團體之異點

四百年前，中歐與西歐之一切人士，實皆自稱爲『基督教徒』，同隸屬於一種宗教團體，卽所謂『羅馬教會』(Catholic church)是也。一五〇〇年時之羅馬教會，與今日任何宗教團體有下述之異點：（一）一切小兒生而隸屬於教會，亦與今日之小兒生而隸屬於國家相若，凡教會之教義與習慣，至少在外表上人人有遵守之義務，易詞言之，卽人人有加入羅馬教會之義務。(二)教會之經費不似今日出於自由捐助，而出於強制賦課，凡正式宗教之一切費用，人人均須負擔之。(三)國家對於人民有強制其服從教會之義務，凡有攻擊羅馬教會之權威者，國家得處罰之，此不惟在西班牙或意大利如是，卽在英格蘭與德意志，亦莫不然。

新教之勃興

迨一五二〇至一五七〇之五十年內，尤其在德意志，斯坎的納維亞，蘇格蘭，英格蘭等處，其原屬於羅馬教會之大部分基督教徒及尼德蘭與法國一小部分之基督教徒，均脫離古代之教會而變成所謂新教徒（Protestants）。當一五〇〇年以前，無所謂新教徒也。自十六世紀以還西歐與中歐最佔優勢之基督教已分裂爲二派（羅馬教徒 Catholic 與新教徒）。吾人對於此種分裂之起源與意義，當明白其梗概。蓋以基督教與基督教會對於歐洲文明之演進，既久已表演重要之活動，而分教以來，教會與宗教問題仍須受一般的注意也。

羅馬教

當一五〇〇年，『羅馬教』(Catholic Christianity) 一語，其意義何在，吾人得而明白領會之焉。此語包括某幾種宗教教訓之信仰，人人咸以此等教訓乃基督紀元之初拿撒勒（Nazareth）城之耶穌用以教人者也。此外又包括某幾種道德上之教訓，亦創自耶穌。又包括一種確定之組織（即教會），人人以爲此乃耶穌之所創，用以教授並實行其宗教與道德學說，迄於世界之末日者也。人類賴有教會，始能深悉如何營謀今世之生活，並如何準備其靈魂，使能獲得來世永久之幸福。

羅馬教會

故羅馬教會爲一種重要之人類團體，恆被信爲神之所創立，神之所裁定，其使命較任何他種團體爲偉大高尙。教會與國家原各有其權限。但歷若干世紀，教會乃主張其重大與必需，且過於國家。教會會員即已受洗禮之全體基督信徒（實則包括西歐與中歐之人）。教會職員自行構成一種合法之統治團體。

教會元首

此種團體之元首即羅馬主教，稱為教皇（Pope, Sovereign Pontiff）。教皇自始即任教會中居領袖地位，而為聖彼得（St. Peter）之繼承人，彼得者使徒之長也。教皇恆自稱為受命於神之主教長。此說在第三世紀甚或以前，即為西歐之一般人士所承認。羅馬主教係由稱為紅衣主教（Cardinals）之教士集團選舉，任期終身。紅衣主教最初均係對羅馬城之各區教會負直接管理之責者，其後恆由教皇自各國選出之，因其皆教會中特出之人物也。教皇選任紅衣主教，而紅衣主教又推舉教皇。紅衣主教一部分住於羅馬，與一羣書記，譯員，律師及專門職員等組成教皇教廷（Curia），以處理教會之一般事務。

教會之地方行政

為處理各地教會之事務起見，羅馬教世界在教皇之下，劃分為數種區域。（一）有教長管區（Patriarchate），隸屬於教長（Patriarch）之治下。教長每人各有一管區（See）註一，凡古代之基督教中心如羅馬，耶路撒冷（Jerusalem），亞力山大里亞，安提阿，君士坦丁堡，莫不有之。

註一 『see』之名稱源於拉丁字 sedes，乃表示彼等之職位者。又『大教堂』（cathedral）一字，亦源於拉丁字 cathedra，即主教在其本教堂中之座位也。

(二)主教管區之下又分爲若干省，恆以最重要之城市如米蘭，佛羅倫斯，哥洛尼，烏布薩拉(Upsala)，里昂(Lyons)塞維爾，里斯本坎特布里(Canterbury)，約克(York)等處爲中心，每省之長稱爲大主教(metropolitan 或 archbishop)。(三)一省之下復分爲若干監督管區(diocese)此爲地方行政最重要之單位，通常爲一城市及其周圍附近之鄉村而直接受一主教(bishop)之監督者。(四)在每一監督管區之中復有更小之劃分，尤其爲神父管區(parish)，恆包括一村落或一城市之小部分，每一神父管區均有一教堂及其神父(priest)。因此羅馬教會之官吏實由教皇與紅衣主教總其綱，其次爲教長大主教主教，又其次爲教區神父及其助祭者(deacons)等。教會中此等分級執政之人因其處理世俗(saeculo)事務，故稱之爲『俗僧』(secular clergy)。

『俗僧』

『正僧』

此外有所謂『正僧』(regular clergy)，以之補助俗僧之事務。正僧純爲僧侶(monk)註一，即其生活須依特殊之規則(regula)脫去世俗，誓守貞潔貧窮服從之三德，且力求取法基督之生活者也。正僧亦分階級，有方丈(abbot)會長(prior)僧正(provincial)或門派長

註一　『僧』(monk)字自然僅加於男子，女子遵守同樣之規則者，通常皆稱爲尼(nun)。

(general) 之殊，彼等恆不服從世俗權力，惟受教皇權力之統轄而已。 正僧爲教會中重要之宣教師，慈善機關與教育機關多在其掌握中。 厥後僧侶中發生各種派別，玆爲列舉如下：（一）有一部分之僧侶恆居於一定之住所，耕種土地，抄寫書籍，掌管本地之學校。 此種僧侶之最多數均遵守一種規則或會章，乃在五二五年左右爲著名之彼拿底克（St. Benedict）所制定者，因之此種僧侶稱之爲彼拿底克派（Benedictines）。（二）有一部分之僧侶組成十字軍，恆自執武器守護有關基督生前事跡之聖地，此種僧侶爲聖殿武士（Knights Templars），聖約翰及馬耳他之醫院武士（Knights Hospitalers），以及他日在斯拉夫人中擔任傳教事業之條頓武士（Teutonic Knights）等。（三）有一部分之僧侶恆稱爲行乞僧派（begging friars 或 mendicants），因其遊行各地傳教，無固定住所，且自己之生活，亦恃募化以維持也。 此等僧侶曾在十三世紀中大得其勢，其中包括佛蘭西斯坎派（Franciscan），爲亞斯西之聖佛蘭西斯（Saint Francis of Assisi）可愛始祖之所創，注重謙卑恤貧者也。 又包括豆米尼叩派（Dominican）或傳道僧派（order of the preachers），乃聖豆米尼叩（Saint Dominic）之所創，且遵守其教訓，專以熱心傳教爲事者也。 行乞僧派亦若彼拿底克之僧院，在教育史中均甚著名，且中世紀之多數著名學者亦皆由僧侶出身也。又正僧之加入俗僧團體，因而變爲神父主教甚或教皇者，亦復數見不鮮焉。

人人咸信羅馬教會爲基於神意而設之行政部，由教士(主教神父助祭者等)組織而成者也。教會之立法權則同樣委諸教皇與全體會議。惟二者均不能廢棄上帝之法律，如四福音書中之所紀載者，亦不能創出一種學說與往昔奉基督教之各學者之傳說相牴觸。全體會議爲羅馬教世界之教長集會，對於其教令之相對權力，以及教皇之決斷與命令等註一，均有愼重之討論。自第四世紀至第九世紀，東歐所舉行之全體宗教會議，均嘗頒布重要之法令，以解釋基督教之教義，並制定教會之條例，由教皇與其他主教及皇帝批准施行。自十二世紀至十四世紀，西歐在羅馬主教直接監督之下，亦嘗舉行數次會議，其所制定之法令均與羅馬主教之意旨相符。但當十五世紀初葉，羅馬教會一部分之主教與學者提倡一種運動，主張宗教會議高於教皇，且爲教會最高立法權之合法淵源，因此之故，君士坦斯會議(一四一四——一四一八)與巴塞耳(Basel)兩會議(一四三一及以後數年)，即非試行民主政治，亦已將代議政治引入教會中矣。惟歷任教

註一 教皇之公文有種種不同之名稱，如命令(decretal)，諭旨(bull)，通諭(encyclical)等是。

公會運動

皇皆反對此種公會運動 (Conciliar Movement)，並設法使其在華勒拉佛羅倫斯 (Ferrara Florence) 會議（一四三八——一四四二）大受排斥。當一五一二年，教皇之見解已大獲勝利，羅馬教徒大都又承認教會政治為君主式之政治。羅馬教會之法規，稱為教規 (canon)。在已有之數種教會法規中，其應用最廣者，卽僧侶格拉先 (Gratian) 於十二世紀編成者也。

教皇及其權力

吾人現當綜述羅馬主教，卽教皇之權利與特權。(一)教皇為最高之立法者。可自行頒布命令，任何人不得廢棄之。任何會議非徵其同意，不得制定教規。教皇得赦免任何法令之處分，惟神法則否。(二)教皇為基督教國最高之裁判者。其教庭實為最後之上訴法庭，要求外國法庭判決之案件，仍可來此上訴。教皇亦恆自任仲裁，例如西葡二國關於新發現領域疆界之爭，卽由其仲裁者也。(三)教皇為最高之行政長官。有監督全體教會一般事務之權。大主教非向其領受勳章（袈裟），不得行使職權。主教之選舉非經其認可，不得依法就職。教皇有調動主教管區之權，得處斷一切有爭執之選舉，男女正僧由其直接統轄。並得派大使（稱為 Legates）駐各國王廷為代表，監視其訓令之遵行。(四)教皇堅持幾種政治上之權利，以別於直屬於宗教之特權。神聖羅馬皇帝由其加冕。對於皇帝或國王，得廢除之，並得免除臣民盡忠於其君主之義務。任何國家之法律，教皇苟認爲損害教會之利益時，得宣布其無效，並禁止其人民之服從。教皇對於羅馬城及附近之教皇國，爲政治上之統治者，其所行使之權力與世俗之統治者同。

（四）教皇得有財政權。爲支付其鉅額政費起見，對於舉行於羅馬之幾種教儀，則征收費用，對於偏羅馬教世界之監督管區，則課以賦稅，而對於奉基督教之一切家主，亦取一種小額之稅焉（即所謂彼得錢 Peter's Pence）。

教會之目的

以上所述，乃羅馬教會之組織，自教會會員，官吏，俗僧，正僧，上至教皇，即羅馬主教而止。但此種大規模之組織，何以存在？何以能得一般人士之愛敬與服從乎？教會之目的依其教義而言，在遵守耶穌之教訓以超度靈魂。惟有教會乃可解釋耶穌之教訓，行使超度之方法，在教會以外，未有能獲超度者也註一。因此教會最高之職務，即在爲來世超度靈魂。

神學

靈魂之超度，實涉及神學與教會之儀節，此吾人所當進而加以說明者也。神學即關於上帝

註一　然羅馬教神學家已承認在有形之教會以外者，亦得獲超度。教皇丕士十世之問答書中有云：『教會以外之人毫無錯過，信仰虔誠者，苟其偶受洗禮，或至少希望受洗禮，並能誠心求道，體行上帝之意旨時，雖未加入教會團體，亦屬教會中人，因此亦得以超度』。

之學問也，其目的在解釋如何創造人類，何故創造人類，人類與上帝理想上之關係應如何，其實際上之關係果如何，人類來世之命運又如何等問題。羅馬教會最著名之神學家如亞揆拏斯（St. Thomas Aquinas，一二七四年卒）曾注意研究基督之教訓，聖經以及往昔關於基督教之著作，教皇與宗教會議所頒布之法令等，由此求出基督教神學（羅馬教會之教義與信條）精當之說明。

儀節

羅馬教神學之中堅，即為儀節，因儀節乃超度靈魂之手段，且為其唯一之手段也。教會及其執政人員之存在，其目的即為儀節也。人人咸以儀節為基督自己之所創，故恆解釋之為『基督創之以為賜予恩典之表面標幟者也』。通常所受之儀節凡七種，即洗禮（baptism），堅信禮（confirmation），聖餐禮（holy eucharist），懺悔禮（penance），終油禮（extreme unction），授職禮（holy orders），婚禮（matrimony）是也。賴有此等儀節，因而信徒於教會發生終身之關係。洗禮者即以水滌去小兒生前原有之罪過及以前實在干犯之罪過，使之變為基督教徒與上帝之兒，因以上升天國者也。洗禮通常由神父行之，但遇必要時，凡理性未失之人亦可行之。堅信禮通常由主教就年幼者行之，即以手傅油於其身，因而賜以聖靈，使其變為健全之基督教徒與耶穌之士卒者也。懺悔禮爲重要儀節之一種，意在赦免受洗禮後所犯之罪過。受懺悔禮時，懺悔者須（一）試驗其良心，（二）痛悔其罪過，（三）立志不復觸犯上帝，（四）向神父供出其極惡大罪，（五）自神父受赦免，（六）承受一定之悔罪苦行（penance）如巡遊教堂，讀禱告或施捨等，神父均可命其行之。聖餐禮乃關於上帝之晚餐（Lord's Supper）之儀節，即神父或主教供奉之麵包與果酒因神父或主教之言而起變質（transubstantiation），成爲基督本人之肉體與血液，由信徒領受之也。一切繁縟之禮節與彌撒儀式，均因此種儀節而演進，祭服，花燭，香火等物，亦係供此種儀節之用，宏壯之禮拜堂亦爲此種儀節而建也。終油禮乃係教徒將死之際，由神父以手傅油於其身，以爲可使靈魂強健，有時並可使其肉體強健也。授職禮乃主教方面之特別按手禮，凡神父，主教以及教會之其他職員，均藉此種儀節而受職，且藉此承受權力與神恩，以行使其宗教上之職務焉。婚禮恆視爲人力所不能變更之儀節，男女間之結婚，必經過此種儀節，始爲合法之婚姻。

以上七種儀節中之洗禮與懺悔禮二種，係爲赦免罪過之用者。授職禮與婚禮，僅由某種人受之。洗禮，堅信禮，授職禮三者，基督教徒每人止受一次。堅信禮與授職禮，須由主教行之。其他一切儀節，除洗禮婚禮外，至少須由神父行之。因此神父遂爲教會中舉行儀節萬不可少之人物。凡赦免懺悔者之罪過，舉行使麵包果酒變質之日課，供聖餐之犧牲（Sacrifice of the Mass）於上帝等，皆神父之職也。

對於教會之異議

吾人須知羅馬教會之神學或其組織，如一五〇〇年時所已有者，自基督紀元以來，並非始終相同。羅馬教徒中之智識分子，雖力主基督間接爲一切信仰與慣例之淵源，然仍承認各種制度之外部可以變動，以求適應新情況。復次吾人須知一五〇〇年間之羅馬教會，其在中歐西歐地位之尊崇，既不容易取得，亦非容易維持。蓋在基督教全部歷史之進程中，關於教義之新解釋，已屢有異議發生（且多有積極否認教會之教義出於神意或無謬誤者），於教會之世俗權利，亦復意見紛歧，遂使教士與世俗統治者之間，不免多所衝突。因此彼君主之競相承認教皇之最高宗教權力，並焚殺異教徒之否認羅馬教會之教義者，每卽爲彼因教皇攬政權而與之爭鬭，并厲行殘酷之法律以圖抵制者，又迭見不鮮之事也。

教會與國家衝突之根原

當西歐強有力之民族王國興起，此種衝突遂日益劇烈。一方面國王在決意增高國家之地位，不惟使貴族平民受其統治，卽教士亦然，舉凡世俗之一切事務，須絕對由民族國家治理之。他方面則教士堅決維護其特殊權力，蓋此種權力彼等在各國久已行使，且以爲當然屬於彼等者也。

關於世俗與宗教權力之衝突有四種主要之根源。(一)關於主教，方丈，及教會其他高等職員之任命權。因此等人員在一國中恆爲最重要之國民，佔領廣大之地產，實行參與政治，故國王恆要求選任彼等之權利。反之，則教皇亦力爭此種權利，且恆將某某重要主教職之任命權留歸己有。(二)關於教士之土地及其他財產之課税權。教士力主其有當然免税權利，且謂自第四世紀基督教初被公認以來，教士從未納税。國王則謂教士之財富與政府之需費已並行增加，教士既爲國家之國民，對於國家之維持應有公平之負擔。(三)關於教會法庭者。教會自數世紀以來，已自有其法庭以審判教士中之犯罪者，且有多種案件今由國家法庭受理者，當時均歸教會法庭受理之，如檢驗遺囑，婚姻關係，褻瀆神聖等事是也。教皇更力主各地教會法庭所判決之案件，可向羅馬教庭上訴。而在國王方面則決意以國王之裁判代替封建法庭與教會法庭之裁判。國王因此減少地方教會法庭之特權，幷禁止向羅馬教庭上訴。(四)關於教皇以教會元首資格干涉各國內政之限度問題。教皇則要求以之爲自身權利與權力之唯一裁判者。而有數國之君主，則禁止教皇之公文在其國內發表，或對於教皇之使節，非經國王之同意，不予接受。

國王對於教會之限制

民族王國之君主對於主教之任命，至少漸取得一部分之權力。在英法二國，教皇之權力日因其他方法，已大受限制。其在英格蘭教會法庭之權力現已大殺（一一六四年）。非經國王之允許，不得授財產於教會（一二七九年）。教皇對於其在英格蘭所任命之教會職員，其缺未出，不能預記候補者之名（一三五一年）。法律案件已不能向羅馬教庭上訴（一三九二年）註一。其在法國自十四世紀之初，教士即已納稅。教皇因斥責此種舉動，卒受屈辱，被迫由羅馬遷至亞維農（Avignon）。自後歷任教皇在此受法王之約束，歷時近七十載（一三〇九——一三七七）之久。一四三八年，法王查理七世在其布捨重要諭旨（Pragmatic Sanction of Bourges）中，且正式宣布『法國教會（Gallican Church）之自由』，全體宗教大會高於教皇，教皇不得干涉主教之選舉，教皇在法國之監督管區中不得征稅。教皇對此諭旨，大加駁斥。但在此諭旨頒布後之七十五年中，法國教會與教皇之間，已成緊張之關係矣。

政治上爭執與宗教上爭執之不同

宗教與政治二種權力之衝突，在一切基督教國中，實為一共同之現象。但在西歐諸王國，因民族力量與愛國思想之發達，對於限制教皇特權一事，較任何他國之成效為大。英法二國關於

註一　此等反對教皇之法令，均未嚴厲執行。

政治上之事件，其衝突有時雖極劇烈，然二國君主對於教會之宗教權力，或教皇之宗教特權，並不十分懷疑。就宗教上言，當一五〇〇年，羅馬教會在中歐與西歐全部，似乎仍有絕對的權力。

對於羅馬教之宗教上的反對者

雖然，即就羅馬教會之宗教權力言，亦屢有問題發生，且屢招反對。最初凡西亞，北非，東歐各處，均爲統一之基督教所支配。迨一五〇〇年，西歐之所謂羅馬教者，對此一切遼闊之地域，喪失殆盡，其原因則爲（一）基督教內部之大分裂與（二）回教之興起。

東方與西方宗教之分裂

東歐之喪失，係因第五世紀至十一世紀中關於基督教習慣之裂痕日著。東方教會，其禱文用希臘語，西方教會之禱文則用拉丁語。東方教會比較受國家之支配，西方教會則比較獨立。關於教義，亦微有差異。東方之基督教徒以教皇之特權均係僭奪而不合法，西方之教徒則責東方教長之背棄教皇，而破壞基督教之統一。西方之羅馬教會與東方之正統教會（Orthodox Church）曾謀聯合，但試行數次，終少成功。當一五〇〇年，希臘，巴爾幹半島及俄國之基督教徒，均自以爲不屬於羅馬教會，因此教皇恆目之爲分離派（Schismatics）。

回教

人數較東方之分離派更多，而對於羅馬教之危險性更大者，則爲回教徒（Mohammedans）。回教之創立者謨罕默德（Mohammed）當第七世紀初期居於阿拉伯，嘗自命爲受唯一眞神之默示而爲先知。其經典曰可蘭（Koran），乃由謨罕默德平日之言論編纂而成，關於回教之教規與誡命，均可於經典中見之。回教之傳布極其迅速，在謨罕默德死後之一百年中西亞，北非，莫不被其征服而在西班牙亦獲得臨時根據地。自是而後，更事發展，東則蹂波斯與土耳其斯坦而侵入印度，南則侵入非洲之中部。在十四十五兩世紀中，凡君士坦丁堡，巴爾幹，希臘，以及匈牙利之一部分，均被其佔領，而且在德意志與地中海方面威嚇基督教國。

西方的異端

甚至在西歐方面羅馬教會亦不得不抵制『異教徒』（heretics）之反抗，此等人乃指雖受洗禮爲基督教徒，而仍不承認羅馬教之一切教義者也。屬於此等異教徒者，有亞里烏斯（Arius）派之基督教徒（Arian Christians），彼等在往昔卽因反對基督有神性之說而受排斥，最後費盡極大之努力始被說服，仍信從羅馬教義。厥後當十二十三兩世紀，在法國之南部復有反對教皇黨（Albigenses）之異教徒與起攻擊教會之儀節與組織，卒賴武力始克厭服。當十四世紀，英格蘭有約翰威克里夫（John Wycliffe），波希米亞有約翰虎斯（John Hus），均主張基督教徒與上帝之間無需教士爲中間人，教會之儀節無論如何適宜，并非超度所決不可少者。威克里夫在英之信徒，均稱爲改正教徒（Lollards）因英王篤信正統說，對於彼等或焚或殺，故不久卽歸消滅。但約翰虎斯之信徒（Hussites）之與教皇對抗，則歷時甚久，其異說之痕跡，當一五〇〇年猶可見及也。

懷疑派

除此等異教徒與猶太人註一外，尚有所謂懷疑派（skeptics）者。彼等乃表面信從羅馬教義，而心內則對於基督教之基礎已爲懷疑，甚且加以輕蔑者也。彼等實無宗教信仰，但彼等所受之虐待，似較異教徒爲少。十五世紀意大利最多數之人文主義者（Humanists），皆多少公認爲懷疑派者也。關於此派，以後當略述之。

第二節　新教革命

新教革命爲一種宗教兼政治的運動

吾人由以上所述，已見一五〇〇年以前，國王與教皇因爭政權之故，已發生多次之衝突。且關於羅馬教會之權威與教義，在多數人心中亦大生疑問。顧此兩種事實（政治的與宗教的），在十六世紀以前，並未聯合爲對於教會之總攻擊。厥後有德意志，斯坎的納維亞，蘇格蘭，英格蘭，甚

註一　關於中世紀與近代猶太人之詳細情形，見辛歐（Isidore Singer）出版之猶太百科全書（Jewish Encyclopaedia）十二卷（一九〇一——一九〇六）

平尼德蘭及法國之基督教徒，均起而革命，反對教皇政治，大告成功，幷另創教會，而受本國君主之保護。此等教會通常均稱爲新教教會，因之此種運動亦稱爲新教革命（Protestant Revolt）。

此種運動之開始及其眞正完成，乃在一五二〇至一五七〇年之間。

新教革命之政治的原因

此種運動實與一千年來宗教及教會之發展倏然破裂。吾人欲說明其意義，須知同時含有政治，經濟，宗教上之各種原因。就政治上言，宗教上之統治者與政治上統治者久已發生劇烈之衝突，此次運動不過使其衝突益趨於緊張耳。當十六世紀以前之若干世紀中，羅馬教會不似今日教會之僅爲宗教團體，其政治權力亦甚大，與他種之政治組織易起衝突，此並非言之過甚也。吾人前已見及羅馬教會在中歐西歐各國，自有其完善之組織，其中職員如教皇，主教，神父，僧侶等，均不受世俗政府之統治。教會並多有價值之地產，照例不納賦稅，實際且超出世俗政府治權之外。教會自有其獨立與強制之收入，且自有其法庭，以審判其職員及與一般人有關之某幾種案件。自第五世紀至十二世紀，世俗政府皆軟弱無能，此時教會恆自覺其爲基督教國主要之統一勢力，爲古代羅馬帝國世界主權之眞正繼承者，故教會之政治權力在當時實絕不可少，且無人反對之。

但世俗統治者已漸推翻封建制度。俗人之政治野心既已增加，而地方之自尊心亦以增高，而成爲愛國主義。當一二〇〇年，民族王國之觀念開始發達，其大概情形在第一章中已略述及。吾人曾述及十六世紀初，英法西葡諸國均成強盛之國家，有組織完善之世俗政府，而受強有力之國王之統治，有愛國之人民，并有比較進步之特殊語言及文學。此外尙有一事，對於民族國家主權之完成決不可少者，卽令教會完全受國王之統治是也，彼專制君主莫不欲使教會之財富與勢力歸其利用，彼等對於教會之土地，教會之賦稅，及教會之法庭，蓋已久欲據而有之。意大利尼德蘭及德意志諸邦，迄今雖未進爲強固統一之王國，然其多數之愛國首領，莫不抱此目的，力圖實現，且深知其主要之障礙，卽在奉教皇爲元首之大基督教會。從政治上觀察，新教革命實因民族情感之勃興而促成。蓋民族情感與往昔教會之世界觀念，實絕不相容也。此種革命實卽爲民族主義與羅馬教之對抗運動。

新教革命之經濟的原因

就經濟上言，新教革命之原因有二。第一，羅馬教會既甚殷富，故多數人士莫不垂涎於其財產，而以各國之統治階級爲尤甚。第二因教會濫用其經費，致加重一般民衆之負擔，且產生大不名譽之事。容吾人對於此二點略加說明。

當十六世紀初，多數有財有勢之主教及方丈，與世俗之大貴族並無不同。彼等擁有廣大之領土（在德意志佔全國三分之一，在法國佔五分之一），並有多數扈從爲之服侍。彼等大多數皆爲貴族子弟，蓋貴族多令其子弟爲主教，藉以維持其優越之位置也。甚至僧侶有時亦出自高貴之家，其生活亦幾與世俗同，彼等恆居富厚之寺院，一若從未宣誓以守貧窮爲主義者。因此羅馬教會之大地產與大宗收入，遂引起世俗統治者之貪心而卒爲其所攘奪。蓋世俗統治者一遇機會，即欲乘之籍沒教會之財富而據爲己有。厥後對於教會財產之籍沒，美其名曰『還俗』（secu arization）。

在他方面，復有多數平民如農民工人等，對於教會征稅之煩苛，咸懷憤恨，且多有感覺其所納之金錢並未獲得代價者。當時不平之聲已甚普偏，而以在德意志爲尤甚，僉謂羅馬教庭剝削人民。凡教會中之主教方丈，或神父，均得享受一種教士祿（benefice），即對於所管土地之收入得享受一部分也。當其取得此種俸祿之時，須對教皇納一種特別賦課，稱爲『歲貢』（annate），等於一年之收入，此固由其所管土地內之農民負擔之也。教皇對於享有此種俸祿之教士之任命權利，亦有自行保留而授與意大利人者。彼意大利人雖享受此種俸祿，但仍居於本國，惟領受歲收而已。因此各地之人民恆須維持外國教長之奢侈生活，有時且因維持常住之教士，致納二重稅。一大主教因從教皇受服務之徽章（pallia），故對於教皇亦納大宗之款項。此外因赦免，或因法庭審判須出鉅費，故各國亦有大宗之金錢流入意大利。其負擔之大半最後均歸宿於人民。

至少在德意志諸邦人人心中咸以教皇與教庭乃在剝削正直之德意志基督教徒以肥彼極不道德之意大利人也。

自十五世紀至十六世紀之前半期，在教會支配下之財政確多任意浪費。一四三八年所草之德意志改革計劃嘗宣言『農民者一切人民依其勞力以生存者也。農民所受什一稅，貢賦，罰金，革逐通過稅等壓制實一可恥之事上干天怒者也』。此外復有『一五〇八年之默示小册，其封面描寫教會推翻，以農民執行教務，而使神父在外引犁，僧侶爲之驅馬』。總之在德意志諸邦各階級如君主，市民，武士，農民等，均因經濟上特別之痛苦而攻擊教會且在各處均有一致聯合反抗教皇權利之趨勢焉。

在此種運動中，政治原因尤其經濟原因之見重要，並不可因而忽略其宗教上之因素。革命之成功固由於國王貴族平民等爲自身經濟上與政治上之利益，變而爲眞正宗教改革者有力之同盟，然教會主權之破壞，不惟因有社會上之痛苦，亦因教義上意見之衝突也。

羅馬教會之惡習

十六世紀中凡有思想之人士，幾皆承認羅馬教會有種種之惡習。當十六世紀之初，羅馬教庭卽已穢德彰聞。有數任教皇均邪惡無道。鬻官賣職，任用私人之事，蓋已司空見慣矣。全歐洲教會中之優缺，多歸意大利人所有。而彼等又皆尸位素餐，嘗有在外國身兼數主教區之主教，而仍居於羅馬城者。立俄十世者，新教革命開始時之教皇，而米底奇族中洛倫佐之子也，年七歲卽已預定爲牧師，十三歲而奉命爲紅衣主教，轉瞬之間獲得許多高官厚祿焉。彼因博施與浪費之故，用不正當之方法以斂錢。嘗增設許多新職而靦顏鬻之，更藉贖罪券大節，及常規之賦稅，以增加其收入，並典當宮中用具食器，首飾甚至使徒之聖像。有少數銀行及多數債主，均因其死而破產焉。

教士之惡行及攻擊

羅馬所習見之穢俗不德，可於教會下級人員之生活中見之。當十五世紀時，有著名之紅衣主教向教皇陳述教士之不軌，而以在德意志爲尤甚。彼謂『此等不軌之行爲，已激起一般民衆對於教會全體之仇視。彼俗人依仿約翰虎斯派教徒之所爲而攻擊教士，如今日之所發生者，雖不止當然，一甚可慮之事也』。彼預言德意志之教士苟不急謀改良，則波希米亞異教壓服之後，必更有異教突然而起，而危險乃愈大。彼復謂『彼等將謂教士不可以理喻，於其不軌之行爲，無意矯正之。夫彼等無所希望於吾人之改良，則必起而攻擊吾人矣。現在人人心中正渴望有所改良，一若悲慘事件卽將發生者。彼等所以藉口攻擊吾人之惡根日益昭著，彼等不久必將虐待或侵害教士，視爲上帝及人類之公敵與罪大惡極之人，而以此種犧牲爲上帝之所同意。現在對於教士尙保留之尊敬心，亦必消滅。凡此一切不軌行爲之責任，槪應由羅馬教庭負之。羅馬教庭實爲此一切罪惡之根源，因其未加以必要之補救也』。自多數有思想之人士觀之，關於教會元首及其會員道德上之改良，似已刻不容緩矣。

胡呑與伊拉斯穆

對於同時攻擊教士之邪惡生活及其愚昧妄信，當時之大學者與人文主義者頗多起而響應之者。胡呑（一四八八——一五二三）者，愛國之武士而漂泊之學者也，嘗繪風行於世之『微人信札』（Letters of obscure Men），此乃嘲笑僧侶之無學，及教皇教庭在德意志之任意聚斂剝削者也。厥後復有伊拉斯穆（Erasmus，一四六六——一五三六）者，嘗著『愚之讚美』（Praise of Folly），譏刺神學家與僧侶，不遺餘力，對於一般愚民之以宗教僅包括朝謁聖地，籲告聖徒，及崇拜遺物等事，亦如以斥責。伊拉斯穆頗有抑制僧院，推翻教士權勢，掃除種種惡習之槪。

新教革命之宗教的原因

彼欲令基督教恢復其往昔精神上之勢力。彼大抵爲達此目的計，乃於一五一六年，將新約之希臘原文與新譯之拉丁譯文同時刊行於世，並加以註釋，其於析理過細之神學家，抨擊不遺餘力。

由此可知自十五世紀至十六世紀之初期，凡學者，統治者，及一般民衆，對於教會莫不要求『改革』。此非爲變更舊有之規則，乃謂回復舊有之規則，並强制施行之也。經過長久之時期，並非爲取消教皇之權威問題，亦非更換教會之組織，或變更信條問題，而僅係對於教士之生活加以改革，對於意大利人藉以向他國斂錢之法，加以抑制之問題也。

但至十六世紀則有多數之宗教領袖如馬丁路得，克蘭麥（Cranmer），史温黎（Zwingli），加爾文（Calvin），諾克思（Knox）等，較之伊拉斯穆及多數之人文主義者更爲急進。彼等不惟將『改革』二字應用於道德上之改革，且欲與羅馬教會之統治及教義公然破裂。此等改革家所擁護之新神學大都脫胎於異教徒如約翰威克里夫及約翰虎斯之學說，且視爲直接根據聖經而不根據教會。新教革命之宗教的原因，因之可總括如下：第一，因羅馬教會之內部有種種之惡習。第二，因著名人物攻擊羅馬教教士之惡行與俗慾。第三，因宗教首領中有主張採行新教義與新操修者。此等教義與操修均認爲根據聖經，但與中世紀教會之教義及操修，則不相符合。

新教革命之時期與地域

因有上述政治經濟宗教上之各種原因，故當一五二〇至一五七〇年之間，凡北德意志，斯坎的納維亞，荷領尼德蘭，瑞士之大部分，蘇格蘭，英格蘭及法國與匈牙利之一部分，其民衆咸自動與宗教上兼政治上之大團體，卽千餘年來歷史上之所謂羅馬教會者分離。新教徒恆稱爲『Protestant』。此種名詞最初僅用於神聖羅馬帝國以內馬丁路得之信徒，乃抗議者之意，因彼等當一五二九年之斯庇耶爾會議（Diet of Speyer）欲制止宗教上之變更時，嘗起而抗議也。但後日之各史家及一般人士概用此種名詞以表示彼否認教皇之最高權力而與東歐之正統教會又無關係之一切基督教徒。

此種新基督教在十六世紀中共有三種主要之形式，卽路得教（Lutheranism），加爾文教（Calvinism），及英格蘭教（Anglicanism）是也。吾人對於此三者之起源及其發展，不可不加以簡略之說明。

第三節　路得教

馬丁路得

路得教之名稱出自其創始者馬丁路得。路得於一四八三年生於德意志之愛斯勒本（Eisleben)，家甚貧寒，先世業農。彼自幼卽勇敢固執，好與人論是非。但有才具善機變，愛眞理，幼嘗肄業於奧福特（Erfurt）大學，遂得與人文主義運動相接近。一五〇五年，又嘗加入行乞僧派中之奧革斯丁（Augustinian）派，居於僧院。一五〇八年，與少數僧侶奉派同赴威敦堡（Wi-tten'erg）襄助撒克遜尼選侯所新創之大學。數年之後，復受聘爲該大學之神學教授。

『因信仰獲赦』之說

路得在威敦堡甚孚衆望。當其講學傳道之時，嘗從聖保羅（St. Paul）與聖奧革斯丁之著作中演進一種關於教義之重要信仰，與羅馬教會之信仰大相逕庭。此卽關於永遠超度之方法也。如以前所述教會恆主張此種唯一之方法惟教會有之，凡基督教徒欲獲超度者，須履行幾種『善行』（good works）。路得則以爲自上帝觀之，人類不能履行任何善行，只能因信仰上帝之允許而獲超度。易詞言之，卽路得倡『因信仰獲赦』（justification by faith）之說，反對一般公認之信條『因信仰與善行獲赦』之說也。

達澤耳之『鬻賣贖罪券』

路得最初固無意革命，以攻擊教會之權威。一五一一年，其遊羅馬，亦爲一種朝謁之性質，幷未帶有批評之目的也。但一五一七年有一重要之事件發生，使其曉然明白彼之主張與教會之主張實迥不相侔。蓋是年有教皇之代辦名達澤耳（Tetzel）者，正在緬仔大主教區中鬻賣贖罪券（indulgence），所謂贖罪券者依羅馬教神學之解釋，即人死至煉罪所（purgatory）時，其生前之罪過可藉此券而免除，此券惟教會有頒給之權。贖罪券之頒給，端視請求者之悔悟與認罪，而在當時恆須出費。路得以此爲基督教教義中之汚點，且爲欺騙貧民之手段，因而大加反對，著九十五條論文（Theses）以抗議，公布於威敦堡之教堂門外（一五一七年十月三十一日）。

九十五條論文

論文原係拉丁文所著，在供知識階級之閱讀。但不久譯爲德意志語，其風行於德意志之各階級間，有如野火之燎原。路得『藉信仰而獲超度』之說，其所含之原則，實與贖罪券所依據之『善行』說根本相反。彼嘗謂『凡基督教徒之眞有悔過心者，即已從上帝獲得赦免，此與贖罪券完全無關，且無需乎贖罪券，基督實要求人人有此眞正之悔過心』。路得之態度，在全德意志之諸邦中，曾引起熱烈之討論，且愈討論則愈感興趣，而激動人心。（教皇初原禁止僧侶辯論此種問題，後則召路得至羅馬，而對九十五條論文負責。但撒克遜尼選侯起而干涉，勸告教皇對於此事不能施行壓制。

一五一九年勒不士革之爭論

在路得宗教理想之發展中，其次之重要步驟，則爲關於教皇至尊問題之辯論。此次辯論於一五一九年舉行於勒不士革（Leipzig），一方爲路得，一方爲著名之羅馬教辯護人約翰愛克（

Johann Eck）。愛克欲以巧言強令路得承認其某幾種意見，尤其爲人類與上帝有直接關係而不需教會爲媒介之意見，係與一世紀前約翰虎斯之說相同，此乃曾爲教皇及君士坦斯之宗教大會所排斥者也。路得則確認宗教大會與教皇并可有謬誤。蓋彼已不復承認羅馬教會有神聖之威權矣。

路得與羅馬教會之分裂

路得現在所採之唯一方法，在與傳統之教會分裂，此舉卒於一五二〇年完成。彼嘗發行三種小册，以攻擊教會之地位。第一爲致德意志貴族書（An Address to the Nobility of German Nation）。彼在書中說明基督教會之神父原非神聖不可侵犯者，教士之特權亦亟應剝奪。彼復鼓勵德意志之各邦君主脫去國外之支配，且引起其注意於教會之財富與權力，蓋彼等當然可據之爲己有者也。第二爲上帝教會中之巴比侖囚虜論（On the Babylonian Captivity of the church of God）。彼在此書中攻擊教皇之權位及教會之全部儀節。第三爲基督教徒之自由論（On the Freedom of a Christian Man）。此書實包括路得新神學之精華，即超度並非一種藉儀節與正直行爲以達到目的之艱苦行爲，不過爲一種境況，『當人類對於自己之努力絕望，轉而信托上帝之保證時，即可自覺其處於此種境況中』。路得復謂因人類完全由自己依賴上帝之恩典，故教會制度，實成贅瘤。

當路得正如此攻擊教會之時，教皇則革逐之。次年（一五二一年），因神聖羅馬帝國之議會集會於瓦姆斯，教皇復諷令此會宣布擯路得於法律保護之外。但路得絕不介意，焚燬教皇之諭旨。彼因得撒克遜尼選侯之庇護，故得免於皇帝禁諭之壓制。彼不久復將聖經從新譯爲德意志語，其譯本風行於世，迄今仍奉爲德意志文學史上之紀念品焉註一。

路得教之廣布

此後數年中，路得之教義在德意志之北部與中部乃大得勢。路得反對教皇與皇帝之所以成功，其新神學之所以大受歡迎，揆厥原因，並不難於推索。此種運動實爲民衆與民族的運動，既能得彼心思虔誠而希望基督教義之化繁爲簡，及一種易於明了之超度方法者之贊助，又能得彼心有俗慾而希望奪取教會之土地與收入者之贊助。最重要者，此種運動尤在能得愛國人士之贊助。蓋彼等對於外國之專制與惡習，深懷不滿，且求出其來源皆在羅馬教廷也。又當時之皇帝查理五世雖忠於羅馬教，然一方面因困於外戰，一方面又爲領內複雜之行政問題所累，故無暇

註一 德意志語之聖經第一次出版於一四六六年。當一五二二年路得發表其德意志語之新約以前，德意志語之聖經至少已出十八版（包括荷蘭語 Low German 之譯本四版）。

撲滅德意志境内之異端。最後，則路得之特性亦適於爲羣衆之領導。彼復繼續發出小册，信札，及煽動人心之論著，流行全國，復善於團結黨徒，使取一致之行動。其遇事又果敢而有膽識。無論君主，市民，工人，農民，莫不互相聯合，擁護其新教。

路得與德意志之農民

但農民之擁護新教，其方式實過於邏輯與兇猛，既與路得相左，而與統治者之希望亦相違。德意志之農民因獲種種之痛苦，仇視舊制度，而以武士與市民之痛苦較之，則徒飄渺懸擬者耳。至少自一世紀以來，農民之命運，因幾種原因，日益惡劣。彼等所納之賦稅及其他種種之負擔，日益增加，而皇帝保護彼等之能力，反日益減少。彼等備受各階級之剝削，而以高級教士爲尤甚。因此，當十五世紀之後半期，農民因受社會與經濟狀況之影響，迭起叛亂。在德意志之西南部，此等革命幾成常規，稱爲鞋會（Bundschuhe），卽以一鞋繫之竿端，作革命之標幟。當路得鼓動各邦之君主攻擊教會，奪取其土地，掃除財政上之積弊時，一般農民自亦張耳聽信，並欣然從事於實行也。

路得之新神學，原非一般農民所易了解者，而農民則自以爲已得其要領。此時因宗教上之刺激，產生多數空想家[註一]，一般農民受其鼓舞，復起而對於封建式之壓制，作武裝之反抗。當時農民之要求原甚和緩大都爲今日各處所認爲當然之事而應允許者。吾人由其所宣布之十二條款（Twelve Articles）中可以推知其中所述及者，不外農奴制之廢除自由漁獵權，有工資之服役殘酷刑罰之廢除等而已。當農民之攻擊羅馬教會也，路得均表同情。但至一五二四年之革命爆發後，旋卽蔓延於德意志之中部與南部，不惟反抗羅馬教會之教士，且又反抗世俗之貴族（貴族中之大多數現均變爲路得之信徒），路得遂預料貴族與農民之分裂實爲其新宗教之絕大的危險。彼卒竭力袒護貴族，蓋以其對於貴族多所希望也。彼嘗自謂因革命之太過而震驚，故於自己之革命力主寬容而於農民則嚴加斥責無論今生來世，永受痛苦註二。於是彼憤然請求各邦之君主壓制革命。『凡力之所能者，均應責罰鎭壓或破壞之手段亦不擇秘密或公開！』

農民之革命

一五二五年，農民革命卒依極殘酷之手段平定。農民之因革命而死者，數約五萬人。其一般的結果，卽爲有地產之貴族其勢力較前更盛。惟農民之狀況，在少數地方，尤其在渴洛爾與巴顚（Baden），亦略有改善。至在他處，則情形逈殊。且此後二百餘年中，德意志農民命運之蹇，爲歐洲各國之農民所未有。另一結果，則爲在南部與中部德意志之農民中，路得之勢力大衰。彼等深悔爲路得所騙，故旋卽與之脫離。在他方面，則原奉羅馬教之多數君主，其以前之態度本猶

一五二六與一五二九年之斯庇耶爾會議

豫未定，現旣目擊農民之革命，咸引爲殷鑒，故決意與舊教會連合。農民革命對於路得教之進展，實爲一種顯著之障礙。

一五二六年，神聖羅馬帝國之議會集會於斯庇耶爾。在會議中，德意志各邦之君主分爲路

註一　此等激烈之宗教領袖中有多數主張基督教徒人人有解釋聖經之權，較之路得且更爲一貫而澈底。因彼輩均否認嬰兒洗禮爲有效，而主洗禮只應對於成年人行之，故恆稱爲『成丁時再行洗禮之主張者』(Anabaptists)。此派中有多數人力排官誓與死刑，幷有主張世俗共產主義，有時甚至主張共妻者。斯多克(Nicholas Storch，一五二五年卒）者，織工也，蒙澤爾(Thomas Münzer，一五二五年卒）者，路得派之傳道師也，均在農民之間廣佈其說。路得對之，痛斥不遺餘力焉。

註二　路得雖極力反對『成丁時再行洗禮之主張者』，而以農民革命之責任歸之於此派，且此派雖多因之而被殺，然幷未滅絕。有荷夫曼(Melchior Hofmann)者，遊歷最遠之皮商也，此派之學說大半因其活動，得以廣播於北部德意志及尼德蘭。自一五三三至一五三五年，此等學說在西部德意志之蒙斯特(Münster)重要城市，勢力極盛；幷有多次之流血及個人之暴動隨之發生。加爾斯達德(Carlstadt，一四八〇——一五四一）後雖與路得爲敵，初則路得之同志也，卒以極溫和之態度說明此派之意見。此派後又稍受加爾文派神學之影響。

得教與羅馬教兩派。但會議對於新宗教之法律地位，仍未予以解決，僅發表含糊之宣言：『各邦之君主應各爲其自己之行爲對上帝與皇帝負責』。一五二九年又在同地舉行第二次會議。在此次會中皇帝主張抑制異教徒之法令亟應執行，以前教會之收入不應歸新教徒享有。路得派之君主因草一抗議書(Protest)宣言遵守一五二六年之法律。『抗議者』(protestant)之名稱，卽由此抗議書產出焉。

『抗議者』(Protestant)一詞之由來

次年路得之良友梅蘭克東(Melancthon)曾將德意志改教者之信仰說明書呈之奧革斯堡會議。此在後日稱爲奧革斯堡信條(Confession of Augsburg)，迄今仍爲路得教會特有之信條。但皇帝仍未信服改革教義之眞理與價値，並表示其以武力撲滅異端之意向焉。

一五三〇年之奧革斯堡信條

在此惡劣之環境中，路得派之君主遂組織聯盟於什馬克德(Schmalkald)，以使共同防衞(一五三一年)。自一五四六至一五五五年之間，各處時有內亂發生。新教徒有法干之援助，蓋彼因政治上之理由欲使皇帝屈服也。宗教衝突之結果有奧革斯堡和約(一五五五年)。此和約包含下列各條款：(一)各邦君主對於人民之信教有強制之自由註一。(二)一切會教

一五五五年之奧革斯堡宗教和約

註一 Cuius regio eius religio

之財產在一五五二年以前屬於新教徒者，仍歸其所有。（三）除路得教外，不許有其他新教之存在。（四）信教各國中奉路得教之臣民，不得被強制棄絕其信仰。（五）因『宗教保留條款』之規定，凡教會中任何統治者改信新教時，應放棄其管區。

德意志諸邦之路得教

由上所述，當一五二〇與一五五五年之間，馬丁路得註一既宣傳其新神學異於羅馬教，並在德意志之北半部獲得一般的接受。一五三〇年路得教之信條即已確定，一五五五年並正式受容許。但其容許限於君主所有。此後多歷年所，路得派之君主亦在其領內表示最不寬容，與羅馬教徒相同。

斯坎的納維亞之路得教

路得教在斯坎的納維亞諸國之所以勝利，大抵由於政治與經濟上之原因。當路得與羅馬教會破裂之時，克利士先二世（Christian II，一五一三——一五二三）正當選爲丹麥與挪威之國王，近且以武力征服瑞典。彼雖主張羅馬教之儀式與教義，明白承認教皇在宗教上之最高地位，而在政治上，則與教會不無種種之困難。顧克利士先二世與其大部分之人民亦起糾紛，而以與瑞典人爲尤甚。蓋瑞典人恆覺其不屬於同一民族，且希望政治之獨立，故彼卒因革命而失

註一　彼卒於一五四六年，享壽六十二歲。

位。不久之後，瑞典亦與丹麥挪威正式分離。瑞典人選著名之格斯他夫華薩（一五二三——一五六〇）爲王，而丹麥與挪威之王位則歸克利士先二世之叔稱弗列德利克一世（Frederick I，一五二三——一五三三）。

丹麥王弗列德利克切望王權之增長。自彼觀之，爲達其目的計，則路得所主張之馴順之教會組織，遠勝於古代頑固之教會。但彼深知羅馬教會在其人民中已根深蒂固，欲事更張，非一朝一夕所能成功，且須小心慎重方克有濟。因此彼由德意志羅致路得派之宣教師於其王廷，而使其王廷變爲傳布新教之中心。彼藉此等新派宣教師之力，卒能於一五二七年使兩種宗教在法律上立於同等之地位。當彼於一五三三年逝世之時，羅馬教徒決然防制其子克利士先三世之繼位。蓋此人不惟在宗教上公認爲路得派，卽在政治上亦以主張專制主義著名者也。

丹麥民衆抵抗國王專制主義之失敗，與一五三六年克利士先三世之勝利，實決定羅馬教在丹麥與挪威之厄運。羅馬教主教之政治與宗教上之威權，旋卽宣告剝奪，所有財產亦應轉屬於國王，『以供全國之利用』。後與路得討論結果，新教遂確立，一五三七年並宣布爲國教。顧丹麥羅馬教之消滅，仍不無困難。蓋多數之農民因教會中之高級人員對於綏史同情敵視，而當時斯坎的納維亞最著名之學者兼人文主義者黑哲生（Helgesen），對於新制度，亦力加排斥。但因國王之勢力日盛，卒能制勝。國王因沒收教會財產之結果，其收入大增。故當十六世紀之後半期及十七世紀之前二十五年中，丹麥實爲斯坎的納維亞之主要國家。久後其民族愛國主義並與路得教相結合矣。

瑞典

至在瑞典，新教之成功亦由於國王之力，與丹麥，挪威，正復相若。格斯他夫華薩之得爲瑞典王，係因主張民族主義之政黨之努力所致。但此時尙有一敵黨，以阿普撒拉（Upsala）之大主教爲其領袖，此人乃贊成與丹麥繼續聯合者也。格斯他夫欲使贊成聯合者失其領袖，遂請教皇罷免叛逆之大主教，而另委同情於民族主義者。迨教皇毅然拒絕，格斯他夫遂與羅馬教廷破裂。彼對於革命，卒能平定，後更輸入新教。但新教之輸入，爲時甚暫，而以在農民中爲尤然。其所以有最後之成功，大抵係因既得一強有力之人物出而主持，又得馴順之國會輔助之所致也。

格斯他夫初仍維持羅馬教之儀式與教義，惟壓制僧院，奪取教會三分之二之什一稅，廣布瑞典語所譯之新約而已。迨一五二七年，教會之一切財產均歸國王所有，羅馬教之主教且有二人被殺。當此之際，路得派之宣教師多被獎勵移居於瑞典。一五三一年，阿普撒拉之第一任新教大主教亦已選出。自是而後，雖在十六世紀之後半期羅馬教尚有幾次之反動發生，而路得教之進展則綦速。至一五九三年，奧革斯堡信條已被採用爲瑞典教會之信條。至一六〇四年，羅馬教徒之職位與財產概被剝奪，其人且被逐去國矣。

第四節　加爾文教

出現於十六世紀之新教，其第三種普徧之形式，爲近代長老會（Presbyterian Church），公理會（Congregational Church），改正教會（Reformed Church）之直接的先導，有時對於聖公會會員（Episcopalians）浸禮會會員（Baptists）甚至路得派之神學，且均有不小之影響。此種宗教概稱爲加爾文教。關於此教之興起及其廣布，吾人於其二大使徒加爾文（Calvin）與諾克思之生平尚略加敍述，當可得其梗概。但此外尚有一更早之改革家名史溫黎者，尤須先述及。蓋此人在瑞士諸州中實爲加爾文之事業導其先路，篳路藍縷，厥功甚偉也。

史溫黎

十六世紀之瑞士包括十三州，概屬於神聖羅馬帝國之宗主權下。但實際上皆爲獨立之共和國，併依多種保護條約而聯成一體。史溫黎（Huldreich Zwingli）於一五一六年至什威仔

(Schwyz)州之愛因斯德(Einsiedeln)城，爲羅馬教之神父。彼之年齡略少於路得，其家境頗爲富裕，嘗受優良之大學教育於維也納與巴塞耳現居聖職約已十年。其酷嗜人文主義、有時且過於陳腐之神學。但無或疑其爲異教徒者，因其恆受教皇之年金，人所共知也。

史温黎之反對羅馬教會，最初大抵由於政治上之原因。彼恆反對瑞士軍隊傭於外國君主之風習，對於教會之參與此種營業，亦加痛斥。既而復攻擊教會之一切惡習。但及一五一八年任蘇黎西(Zürich)大教堂之講道者以後，始明白否認教皇之最高地位，並進而宣言聖經爲信仰與道德之唯一指南。彼於齋戒，崇敬聖徒，及教士獨身等習，亦加反對。其徒黨並有開始實行其說者：於是教會之屋宇被褻瀆，偶像被拆毀，窗戶被破壞，遺物亦被焚燬，而史温黎本人且曾娶妻焉。

史温黎在瑞士之革命

當一五二三年教皇要求蘇黎西辭退史温黎之時，此州對羅馬教會遂正式宣布獨立。厥後不久，革命風潮即蔓延於瑞士之全境，惟瑞士中部之山中五州，因古代之宗教仍根深蒂固，未受革命之波及。史温黎之信徒與路得之信徒曾力謀聯合，以抵制共同之仇敵。顧路得教與史温黎之意見有種種之差異，似乎無法可以使之調和。史温黎之意見略可於一五二三年蘇黎西所公布之六十七條論文中看出之。彼之力主聖經之最高權威，較之路得教更爲堅決，其脫去羅馬教會之傳習較之路得亦更爲澈底。彼之目的不僅在改革神學，並欲改革政治與教會條例。彼實懷抱一種理想國家之觀念，在此種國家之中，應以民治主義支配政治上宗教上之一切活動。史溫黎與路得之根本異點，卽在其信任『民衆』。史溫黎神學之特色，或卽在其以聖餐(Lord's supper) 並非神祕之事，僅爲一種表記與紀念之觀念。

一五三一年，史溫黎嘗鼓勵奉新教之瑞士人以武力強令山中五州改信此教，結果遂發生內亂。但是年奉羅馬教之山中居民大勝，史溫黎至以身殉。既而成立休戰條約。此約之規定實預示德意志宗教解決之方式，卽每州對於其宗教得自由決定是也。瑞士迄今仍爲半羅馬教半新教之國家。

加爾文

史溫黎之忽然戰死，致瑞士之新教遂失其首領。但此不過暫時之現象，因一五三六年有更著名之加爾文移居於瑞士之日內瓦(Geneva)也。加爾文自此時以至一五六四年逝世，實爲改教運動之中堅人物。此種運動由史溫黎在瑞士山中開其端緒，以後迅速發展，其所蔓延之國家與所影響之人民，更多於路得教。加爾文教出世，而羅馬教遂遇其不解之仇敵矣。

加爾文(John Calvin)爲法國人，次於馬丁路得而爲十六世紀中最著名之新教首領，一五○九年生於比加底（Picardy）省之諾亞因(Noyon)家世爲中產階級自幼即有志於宗教事業。彼因受羅馬教會之年金，能就學於巴黎，於時，酷嗜神學與文學。但及十九歲，又從父命，放棄作神父之志而改學律師，故加爾文幼時又研究法律數年。

在法國時之加爾文

相傳加爾文之忽然「改宗」，係在一五二九年。此時之法國雖未發生有組織之革命以攻擊羅馬教會，但已有批評宗教之人物出現，與其他各國正同。此時之法國已有多數人士，對於凡欲依教育或依更純潔之道德或依更完善之傳道方法以改良教會者，均深表同情。此時改信路得教者，已有數人，而各派之傳道者亦正出現於各地。現在之主要問題，已爲改革是否當求之於傳統之教會內部，抑或用革命方法以反對之。加爾文深信其改宗係在奉行神命，棄絕羅馬教，而傳布更純潔之生活。彼嘗謂其心懷「特別馴良，故彼之視一切其他之學問，若與其愛眞正虔誠之熱心相較，則雖不完全放棄，實已漠不關心。彼自己雖爲初學道者，然多數人咸來領受純潔之教義。彼遂開始求隱身之所及趨避羣衆之方法。」

「基督教制度」

會此時法王佛蘭西士一世宣稱決意撲滅其臣民中之異教分子，而加爾文之求隱身之所，遂刻不容緩。彼倉卒出國，奔瑞士之巴塞耳城。彼在此城得直接與史溫黎所宣傳之宗教相接近，且在此將新教徒之地位作一完備之說明，以與羅馬教徒對照。此即稱爲基督教制度(The Institutes of the Christian Religion)。是書發表於一五三六年，獻之國王佛蘭西士一世，意在使之感動而贊助新教。

是書雖未達其直接之目的，但不久即大博聲譽。書中之所述者，皆爲加爾文之意見，一部分係承襲史溫黎者，一部分又係承襲路得及其他之改革家者。是書條理簡明，其對於新教神學之貢獻與中世紀之作者對於羅馬教神學之貢獻正復相若。凡後日發展之加爾文教，其萌芽皆伏於是書中矣。

加爾文與路得

基督教制度經過某一時期，一若可爲反抗羅馬之一切基督教徒之共同宗教準則與指南者。但加爾文之思想及天性，與路得過殊。路得性情急躁而易受刺激，惟富於情感。加爾文則嚴肅而冷靜，墨守邏輯。路得對於教會中原有之制度與習俗，凡未爲聖經所禁止者，仍願其保存。加爾文則力主教會中現有之制度與習俗，凡未爲聖經所明白認可者，均應掃除。基督教制度一書對於新教之影響固大，但未能使加爾文與路得之信徒彼此聯合。關於加爾文之書尤足驚奇

在日內瓦時之加爾文

者，卽當其著是書時，僅二十六歲也。

一五三六年，加爾文赴日內瓦。適此時日內瓦亦發生政治與宗教革命，其市民一方面脫去薩瓦公爵封建式之宗主權，一方面又推倒羅馬教會，蓋以公爵係擁護羅馬教會者也。加爾文因援助此次革命，被推爲此城之牧師與傳教師之長。彼終身居此地位至一五六四年止，惟中途因被驅逐有一短時期之間斷而已。此種地位之所以重要，不惟在指揮本城之事務，且在構成新教一重要之分支。

加爾文統治下之日內瓦，其政治實爲一種奇特之神權政治，彼自身卽爲其宗教上之領袖與政治上之『黨魁』(Boss)。此改革信仰家寖成爲駐於人世之上帝代表，其於日常生活且宣傳一種堅忍之淸教。『舉凡節期，娛樂之聚會，戲園，結社等，一概廢除，日常生活均守樸素之規則，單調無趣。某詩人嘗因其詩而革職。加爾文欲視姦淫與異端爲同罪，而處以死刑。彼嘗焚殺塞爾維他斯(Michael Servetus，西班牙著名之改教者)因其所持三位一體(Trinity)之意見與之相左也』。

日內瓦因存加爾文神權專制主義之下，遂著名於全歐，莫不視爲新教傳播之中心。加爾文旣以極端樸素與殘酷行動爲表率，故有時彼稱爲新教教皇。然彼每日不惟講道，著述關於神學之論文，發表法文所譯之聖經，並創立重要之新教學校（包括日內瓦大學），遠方之士，每有負笈而來者。此外復與其在歐洲各處之信徒及願意改教者通信。卽就其信札而言，已達三十卷之多焉。

加爾文教之廣布

吾人由此等活動觀之，可知加爾文教之廣布，實非偶然。凡法國人，荷蘭人，德意志人，蘇格蘭人，英格蘭人，莫不相率赴日內瓦，聽加爾文之佈道，或肄業於其所創之學校。當彼等回國之時，遂成新教革命之火種，將有燎原之勢。

加爾文教在其所流行之各國中，名稱各異。在歐洲大陸，則其教稱爲改正教（Reformed Faith）。在法國則其信徒稱爲胥格諾（Huguenots）。在蘇格蘭，則變爲長老教（Presbyterianism）。在英格蘭，則變爲淸教（Puritanism）。但其根本之特性，則無往而不同。

瑞士之加爾文教

前已述及瑞士除山中五州外，均因史溫黎之宣傳而改宗新教。加爾文實爲史溫黎之眞正神學繼承者，而大多數之瑞士人，尤其爲蘇利西，伯爾尼（Bern），日內瓦各州之人，莫不欣然承受加爾文教。

法國之加爾文教——囂格諾

加爾文教在法國亦有其信徒路得之教義與著作，在法國則成功甚小。法國多數改革家均以爲更大利益之最後獲得，當在羅馬教會以內而不在其外。法國教士中之惡習，亦較北歐之教士爲少因其所有之財富與權力亦小也。法國君主對於教士之權力，亦覺無急於干涉之必要，因一五一六年法國曾與教皇成立一特殊協定，許法王以任命主教及處分教士祿之權也。因此種種之原因大多數之法國人士仍忠於羅馬教而抵制任何一派之新教焉。

新教在法國之所以能有進展，實由於加爾文而非由於路得。前已述及，加爾文原屬法國人，其教義與邏輯在本國人中得一有勢力之小集團之贊助。凡大部分之下級貴族，少數之商人與實業家，多數之官吏，莫不公然崇奉其教。而大多數之大法律家與學者，亦莫不公開或祕密崇奉此教。法國人之奉加爾文教者，約佔人口全數三十分之一至二十分之一。此種運動實則限於中產階級間，且幾乎自始卽含有宗教與政治雙方面之意義。此種運動在小貴族中，則代表一種貴族精神之復興，而在中產階級中，則代表一種抵制王權增長之反動。法國金融界之人物，大部分均傾向於法國之加爾文教。其教徒稱爲囂格諾，在法庭與國會中之勢力特大，實爲君主專制主義之一大障礙。

南脫敕令

加爾文教徒後竟捲入殘酷之內亂與宗教戰爭中。　在法國，此等戰爭包含十六世紀之大部分，吾人於以前敍述其政治方面之情形時，已言及矣。　戰爭結果，因國王亨利四世發布著名之南脫敕令（Edict of Nantes 一五九八年）而告解決。　敕令包含下述之條款：（一）法國全境之加爾文教徒得私自禮拜，並有信仰之自由。　（二）新教公共禮拜限於列舉之二百城市及三千餘城堡中始得舉行之。　（三）對於新教學校許給以經費，而加爾文教書籍之出版，亦爲法律所許可。（四）加爾文教徒咸享有完全之政權，得充任一切之官職。　（五）加爾文教徒在二百城市中享有政治上之統治權，期限八年，其駐防軍則由國王維持之。　（六）加爾文教徒享有幾種司法上之特權，並有舉行宗教及政治集會之權利。　法國實行宗教寬容，歷時近百載之久，此在歐洲諸國中殆屬罕見，而受其利者，則加爾文教徒也。

尼德蘭之加爾文教

尼德蘭因密邇德意志諸邦，故於路得之反抗羅馬教會，不能不受其影響。　且屬荷蘭人之北部諸省，對於路得教及各種急烈派之教義，均已深受其薰染，因其不時由德意志諸邦輸入也。　帝查理五世嘗欲藉宗教法庭之殘酷手段以撲滅異端，但其成效不過在變更其名稱與性質而已。路得教在尼德蘭固歸於消滅，但有加爾文教代之而起（註一），因其或由日內瓦經亞爾撒斯（Alsace）順萊因河而傳入，或因諸國間密切之商業關係而由大不列顛傳入也。尼德蘭之南部後雖復宗羅馬教，而北部則因與奉羅馬教之西班牙王從事於長期之政治與經濟衝突，故最後使加爾文教得定爲荷蘭愛國者之國教。加爾文教在荷蘭號稱荷蘭改正教（Dutch Reformed Religion）。

南德意志之加爾文教

前已言及，南德意志之排斥貴族式之路得教，至少一部分由於路得對於農民之言論殘酷所致。但南德意志因民主式之加爾文教復傳入瓦爾敦堡巴顛及萊因諸省之故，并未完全受羅馬教之支配，而改革之教義在中產階級間，並多有人信從之。顧加爾文教在德意志之發展，因一五五五年奧革斯堡之宗教決定而大受阻礙，蓋以此次之決定僅正式寬容羅馬教與路得教也。迨十七世紀中驚人之三十年戰爭結束後，德意志之加爾文教徒始經正式承認焉。

蘇格蘭

蘇格蘭亦如十六世紀初期之歐洲各國，反抗羅馬教會中道德上與財政上之種種流弊。但

註一　德意志境內之『成丁時須再行洗禮之主張者』多亡命於尼德蘭。彼輩自覺史溫黎與加爾文之教義較之路得教義更爲澈底，因之亦更與彼輩相合。吾人藉此種事實，又足以明白當路得教在南部德意志之各地因農民革命而失勢後，加爾文教在此等地方何以大受歡迎。

宗教革命之發端，則由於政治上之原因。蘇格蘭王國各大貴族之間，久已時起爭訌。又加以詹姆士五世早逝（一五四二年），其女瑪利士挑亞特冲齡嗣位，故貴族又得以肆行反動，而抵制王權。就大體上言，羅馬教之教士贊助王室，而宗教改革者則鼓動貴族擁護新教，以便對於政教合一施以有效之打擊。其時有紅衣主教名貝東（Beaton）者，蘇格蘭羅馬教會之首領也，因保護宗教與女王攝政之威權，故嘗判定多數之死刑，而少數新教貴族則刺殺之，懸其屍於聖安得路斯（St. Andrews）之城堡上（一五四六年）。以上所述，乃諾克思露頭角時蘇格蘭之大概情形也。

諾克思

諾克思（約一五一五——一五七二）爲一農家子。其時革命思潮正由歐洲大陸與英格蘭傳入蘇格蘭，彼對之雖表同情，然已任羅馬教神父之職。迨一五四六年乃公然否認教會之權威，並進而宣傳『福音』（The Gospel）及一種嚴正之道德。嘗謂『人僅去枝，彼當除根』。但羅馬教法庭卒將其屏諸蘇格蘭之外。彼嘗羈囚於法國，後僑居於英格蘭數年，宣傳極端之淸教，在愛德華六世（Edward VI，一五四七——一五五三）治下充某禮拜堂之教師，其影響則使新教在英格蘭教會中留一永久之特性。後因奉羅馬教之瑪利條達爲英王，諾克思遂奔日內瓦，得與加爾文相識，且自覺加爾文之教義與之一致。

蘇格蘭之加爾文教

諾克思僑居於歐洲大陸約五年之後，卒回蘇格蘭，變爲『新教貴族同盟』(Lords of the Congregation) 之創立人與指導者，蓋此乃由崇奉新教之貴族領袖爲傳布宗教與取得政權而組織者也。 一五六〇年，彼仿日內瓦之加爾文教會，草擬長老教會之信條與規例。 同年，彼又因『新教貴族同盟』之援助及英格蘭伊利沙白女王軍力之援助，在蘇格蘭實行政治兼宗教的革命，卒告成功。 攝政太后被囚，馴順之國會亦取消教皇之最高權，並通過法案，對於凡參預羅馬教之禮拜者，概處以死刑。 諾克思此時暢行其志，無往不利。

瑪利士挑亞特當留居於蘇格蘭之短期中（一五六一——一五六七），原欲抑制革命潮流，而卒無效。 彼妒嫉之貴族現已無須抵制王權之增長矣。 嚴酷之諾克思於公開佈道之時，嘗攻擊女王，肆力詆譭之。 蘇格蘭未來之宗教，實因女王之推倒及其後日長期被囚於英格蘭而最後決定。 全國除北部高原之少數要害區域尚奉羅馬教外，餘皆崇奉加爾文教矣。

英格蘭之加爾文教

加爾文教在英格蘭亦不無勢力。 此教係當亨利八世在位之晚年傳入，後日產生多數之小派別，其與英格蘭教會(Anglican church)爲難，幾與羅馬教之對於英格蘭教會相同。 此教在愛德華六世治下（一五四七——一五五三），對於英格蘭教會本身之神學大有影響。 但伊利沙白（一五五八——一六〇三）之温和政策，卒使英格蘭教徒（Anglicans）與加爾文教徒之間發生判然之鴻溝。自是而後，加爾文教仍存在於英格蘭，分爲長老教，獨立教（Independency）註一，淸教等派，大都爲從事於商業之中產階級所崇奉。加爾文教恆受英格蘭教徒之輕蔑，甚至受其迫害，而以士挑亞特朝之君主壓制爲尤甚。此教當十七世紀在克林威爾領導之下，嘗完全勝利，惟爲時甚暫而已。最後因一六八九年之決定，此教在英格蘭遂獲得法律上之寬容。此教復由英格蘭傳入新英格蘭（New England），今日美國人之殖民祖先當時多係信奉此教者也。

第五節　英格蘭教

英格蘭教（Anglicanism）一名詞，通常表示十六世紀中英格蘭國立教會之新教，而在今日，則爲英格蘭國教（Church of England）與美國聖公會（Episcopal Church）所代表。至於監理會（Methodist Church），則係後由英格蘭教中分出者。

註一　屬於『獨立教派』（Independents）者有浸禮會會員。此派對於加爾文教之關係不如其對於路德派成丁時須再行洗禮之主張者關係之密切。

英格蘭之與教皇分離，不似當時歐洲大陸之出於革命，係出於一種比較漸進猶豫之步驟，因此新英格蘭教亦較路得教或加爾文教為保守。

一五〇〇年時英國之羅馬教

當十六世紀之初，「羅馬教」(Catholic) 一語之意義，在英蘭格與在西歐或中歐各國，完全相同，即信仰七種儀節，聖餐之犧牲，崇敬聖徒等，承認教皇之最高地位，並贊成中世紀教會之修道事業，及其他種種之制度與習慣也。 當以前若干世紀中，公文上恆提及英格蘭之羅馬教會為Ecclesia Anglicana，恰與教皇在其信札中恆提及「Gallican Church」「Spanish Church」「Neapolitan Church」「Hungarian Church」相同。 但此等名稱幷未含有任何一國之教會與共同之羅馬教會分離之意也。

英格蘭教會

且自有 Ecclesia Anglicana 以來，歷時近一千年，英人均承認羅馬城之主教為羅馬教統一之中心。 但在十六世紀中，大多數之英人對於 Ecclesia Anglicana 之觀念漸變。 自彼等觀之，Ecclesia Anglicana 雖仍為英格蘭教會，但自後實純以民族為基礎，與教皇並無關係，與東方之正統教會以及路得派或加爾文派亦無關係，此外幷排斥以前幾種流行之教義，而代之以顯屬於新教之信仰與習慣。 英格蘭教會之此種新觀念（因十六世紀之革命而產生）即吾人所指之英格蘭教而為新教之一種。 此教之形成實在一五二〇年與一五七〇年多事之秋也。

反對英格蘭羅馬教會之宗教的原因

吾人欲了解此種宗教與教會革命在英格蘭之成功，則須認淸一五二五年時對於英格蘭之羅馬教會不信任之各種因素。第一，路得教時正侵入英格蘭。當一五二一年，坎布里奇（Cambridge)即有一種小集團發生，對於新出現之德意志神學甚爲注意。此種集團之支派，更由坎布里奇推廣至鄂斯福（Oxford），倫敦以及其他之學術中心。最初信仰其說者大都爲下級教士及各大城市中之商人，其後歷時數載，人數并不甚多。

第二，吾人前已述及當時之歐洲全土，咸以教士之道德與行爲亟應改良，英格蘭亦同，此種意見不惟在比較無足輕重之路得教派中有之，即大多數要人自命爲羅馬教會中之正統派者，亦莫不然。而受高深教育之人文主義者對於宣傳改革尤娓娓動人。伊拉斯穆之著作，在英格蘭到處風行。約翰哥勒（John Colet，一四六七？——一五一九）者，倫敦之聖保羅禮拜堂著名之牧師也，尤銳意改革，對於附耳認罪（auricular confession）及教士獨身之風習，均加以痛斥。模爾（Sir Thomas More，一四七八——一五三五）者，當時最大思想家之一也，嘗以僧侶爲惰夫，而以教會牧師全體之知識均須急謀增進。但彼二人均無意與羅馬教會分裂也。自

反對英格蘭羅馬教會之政治的原因

彼二人及同意之多數人士觀之，改良之道，莫如於傳統之教會內部以求達到目的。

不信任教會之第三種原因，則爲在政治上對於教皇之不滿。前已述及，英王及國會對於教皇在英格蘭之世俗的政治的權力，曾屢圖限制。顧每次所加之限制，均係由於政治上之原因。且當時所加之限制，與其謂代表國民之意志，毋寧謂代表君主之意志。在英格蘭，教皇政治權力所受最顯著之限制，實則皆係在百年戰役之初期所規定者。蓋是時教皇處於法國勢力之下，此等限制間接可爲抵制法王之政治的武器也。當百年戰役結束以前，各種法規之執行即已寬弛，而在一五二五年以前之百餘年中，甚至在政治上反對教皇之情感，亦歸消沉矣。

顧在此時，英國之政治上已漸起變化，將來終須與羅馬教廷發生衝突。在一方面，英格蘭已有一種民族主義與愛國主義之意識日形發達，此與以前羅馬教大同主義之理想絕不相容。在他方面，則當十五世紀中，國王之權力已大行增長，此至一四八五年條達族爲王後而益顯著。亨利七世（一四八五——一五〇九）既使貴族與國會爲王權所屈服，又博得中產階級之熱心贊助。迨其子亨利八世（一五〇九——一五四七）即位時，對於國王專制主義之發展，所餘之唯一大障礙，即羅馬教會之獨立而已。

亨利八世最初忠於羅馬教會

但亨利八世之對於教會採强硬之手段，乃若干年以後之事。當此期中，彼仍爲熱心之羅馬教徒，嘗密查路得派之異說，急圖撲滅之。甚至在一五二一年，彼對於新神學嘗親自著文非難之，並獻其所著之七種儀節答辯(The Defence of the seven Sacraments)及一信札於教皇。彼因篤信正教之故，遂由教皇接受正教干城(fidei Defensor)之榮號。彼擁此榮號，至於臨死之日，自後大不列顛之君主，皆繼續保留之。彼對於教皇之政治權利，亦似乎未嘗懷疑。其在歐洲政治之競爭中，與教皇立俄十世嘗有數次之合作。瓦爾斯(Thomas Wolsey)爲其大臣兼顧問者歷時甚久，此人乃英格蘭最著名之神父，而羅馬教會中之紅衣主教也。

亨利八世婚姻上之困難

在此等情勢之下，苟非因亨利八世有婚姻上特別之糾紛，則英格蘭之教會一時實不易與羅馬教會分裂也。初，亨利八世嘗娶亞拉岡公主加察林爲后，已十有八載，生兒女凡六人(惟一女瑪利尚存)。一日，亨利忽語其后，謂彼二人歷年以來，均在度罪大惡極之生活，彼二人之婚姻實不合法。但其后殊難同意，二人之間，遂起訴訟。

此事自亨利八世觀之，原甚簡單。彼久已厭棄加察林而要求離婚，且以加察林再難生育，而彼則望男嗣甚切。相傳彼近復爲一宮女安拿波倫(Anne Boleyn)之色所惑。亨利之目的既明顯，其手段亦採定。蓋依彼之意見，加察林乃其兄之寡婦，依教會法律，原不能爲彼之后。彼前此之成婚，既得教皇茹留斯二世（Julius II）之特許，今烏可不要求現任教皇克里曼七世取消之乎？誠如是，則其與加察林之婚姻可宣布爲無效，而彼將仍爲三十六歲之未婚夫，可自由娶某國之公主，或竟娶安拿波倫爲后。

教皇地位之困難

教皇克里曼七世以亨利既擁護正教，自當欣然贊助之。但有兩種困難存焉。現任教皇變更前任教皇之決定，實爲最危險之先例。其尤困難者，帝查理五世爲王后加察林之內姪，曾極力援助之，並威脅教皇使勿取消其婚姻關係。此時教皇進退維谷，除採中立態度與遲延手段外，別無良法。

其時亨利與安拿波倫確已發生愛情，頗怒教皇之遲延。彼以前對於羅馬教廷之忠誠日漸減少，反恨教皇權力之專制，並回憶往昔英國君主限制教皇權力之事。彼苟能立出少數之法令以抵制教會，或可強迫教皇予以贊助也。

亨利八世之眞正攻擊羅馬教會，始於一五三一年。蓋英國原有律例規定，非經國王之同意，不得接受教皇之使節，惟現已不復執行，是年因英國教士違此律例，卒被迫納五十萬金元之罰鍰。

同年，又強令教士承認其爲教會之元首『一如基督法律之所承認者』。此時之國會亦允其停止教皇歲入之給付，不必依教皇之命而可任命主教。克蘭麥者亨利之私人而坎特布里新任之大主教也，因奉亨利之命不待教皇之判決，遽宣布亨利與加察林之婚姻爲無效，而與安拿波倫之結婚爲合法。教皇克里曼七世於是決意助加察林，且以奸淫之罪名下令革逐亨利八世。

英格蘭與羅馬教會之分離——獨尊議案（Act of Supremacy）

英格蘭與羅馬之正式破裂，發生於一五三四年。國會嘗通過多種之法案。其一則宣言國王爲『世上英格蘭教會之唯一元首』，其他法案則在與教皇斷絕一切之關係，且對於凡否認國士在教會中之最高地位者，概處以叛逆之罪。

英格蘭教會之更張，現遂開始進行。自若干世紀以來，其教徒均以教皇爲其宗教元首，自後則以國王爲宗教元首。就以前羅馬教之觀點言，此種行動可謂爲一種分教之事，不必爲異端也。然亨利八世不惟受下層階級中大多數人之反對，即高級教士僧侶及知識界之要人亦莫不然。

其時曾發生羣衆暴動（即所謂尊榮巡禮 Pilgrimage of Grace）一次，卒用殘酷之手段平定之。當時著名之人物如模爾及洛徹斯特（Rochester）齒德俱尊之主教約翰腓西（John Fisher），均因主張教皇之最尊而見殺。條達朝之專制主義乃大獲勝利。

「六條」

路得教徒及其他之異教徒見英格蘭既與羅馬破裂，自然疑其必將改宗新教。但英王心中則並未圖再進也。路得仍立於受攻擊之地位。且一五三九年之六條(Six Articles)，對於羅馬教之教義，習慣等主要之點，均重加以說明，而對於意見不同者，則處以嚴刑。亨利雖令英格蘭與教皇分離，而對於羅馬教之各種主義爲其以前所承認者，仍維持之。其折衷政策實藉流血而強制執行。在一方面，凡羅馬教徒否認國王之最尊者，均遭屠戮，在他方面，則新教徒否認變質之說者，亦被焚殺。當其在位期中，因犯政治宗教罪而死者，數以千計。其宗教法庭就殘酷與流血而言，差堪與西班牙之宗教法庭相比擬焉。

僧院之壓制

以前基督教制度中有一最重要之制度，亦當亨利八世在位時代於英格蘭被推倒，此即修道(Momasticism)制度也。其時英格蘭之僧院，自不無種種之流弊及不名譽之事，引起羣衆之攻擊此種制度。同時又有多數之僧侶仍忠於教皇，反對國王之要求宗教上之統治權。但僧院受壓制之主因，顯由於經濟方面。蓋亨利因費用浩繁，需款孔急，故將被籍沒之財產一部分據爲己用，餘則分配以賄俗人中之上層階級。彼承受教會財產之貴族，自因而允許英格蘭反教皇之新宗教決定也。

英格蘭教會之新教化——愛德華六世

英格蘭教會在亨利八世之治下與教皇分離，在愛德華六世（一五四七——一五五三）之治下遂變為新教。愛德華六世以沖齡即位，其輔弼對於各種之改革宣傳，均予以容許，無論加爾文派或路得派，同享傳教之自由。英格蘭教會中之宗教條款，顯受新教之影響。羅馬教會之拉丁文祈禱書在克蘭麥贊助之下譯為英文。一五五二年公共祈禱書(Book of Common Prayer)之出版，已明白表示聖餐(Eucharist)不復視為贖罪之祭 (Propitiatory sacrifice)，並用『聖餐』(Holy Communion)與『上帝之晚餐』(Lord's supper)等名稱，以代替『彌撒』(mass)，而『祭壇』(Altar)一詞，則以『祭桌』(Table)代之。以前羅馬教之禮拜所，亦有所變更，俾適合於新制度，祭壇與偶像均被撤去，以前之祈禱書亦廢棄，而彩色玻璃窗亦破毀。有數處之農民嘗起而暴動，此實表示國民之全體並未完全贊成宗教改革之政策也。但改革者卒告成功，新教主義於以大盛。

瑪利條達時代羅馬教之暫時復興

新英格蘭教之進展，當瑪利條達在位時代（一五五三——一五五八）受一暫時之打擊。瑪利條達者，亞拉崗公主加察林之女，而篤信羅馬教者也。彼對於以前主教之不願宣誓承認國王之最高權者，仍令其復職，而對於曾經宣誓者，則加以處罰。彼勸國會取消其父若兄在位時代之宗教立法，而恢復英格蘭與教皇之關係。教皇亦派遣使節名勒基拿波耳(Cardinal Roginald Pole)者赴英格蘭，並在國會之大會中施行赦罪，俾英格蘭王國因分立教派，崇奉異端所犯之罪過，一概洗滌。此外瑪利女王更嫁於其表兄弟西班牙王腓立二世爲后，以增加其恢復英格蘭羅馬教會之政策的助力，蓋腓立二世乃歐洲大陸擁護羅馬教之要人也。

雖然，吾人由種種之事實觀之，甚至當瑪利在位時代，新教外雖受打擊，實則繼續進展。倡導新說之人士日益加多，到處巡行，熱心佈教。英西二國之聯合，在外既陷英國之命運於不幸，在內亦引起愛國人士之不滿。女王因取暴殘手段以撲滅異端，卒獲『好殺』(bloody)之惡名，後更有對於受害者之意見表同情之反動發生。當其在位期中，主張改革之人以身殉者，近三百人之多，其中被焚者甚衆，大主教克蘭麥亦與焉。然女王之事業，卒成泡影。腓立與彼無嗣，因此王位遂歸伊利沙白所得，即安拿波倫之女，一崇奉新教之多因環境而非由信仰者也。

英格蘭教之形成——伊利沙白時代

英格蘭教會之有確定之教義與習慣，而與今日『英格蘭教』之名詞相符者，實爲伊利沙白時代(一五五八——一六〇二)之事。英國教會依國會之決定，復與教皇分離，受國王之支配，而伊利沙白則擁『最高統治者』(supreme governor)之稱號。國立教會之禮拜儀式，係依據略加改正之克蘭麥公共祈禱書之譯本。統一之教義則因國會所制定之三十九條（Thirty-nine Articles）而確定。三十九條因其係以聖經爲唯一之信仰準則，力主僅因信仰以獲赦，屏棄聖餐之犧牲，此外並因其關於教義之解釋方法，實使英格蘭教會顯帶新教之色彩。瑪利時代所任命之主教，除一人外，餘均因拒斥此等變更而被革職下獄，由伊利沙白自行任命新主教，而『主教制之使徒宗法』（Succession of Bishops）亦藉此維持。就外表而言，英格蘭教會在十六世紀中其形式始終相同，就內部而言，則已發生大革命，由羅馬教會一變而爲新教教會。

欲令一切之英人遵守伊利沙白之宗教決定，則有殘酷之法律以強制之。凡不奉英格蘭教者，不許有公共禮拜之自由。凡『附教皇者』（Papists）或『行彌撒禮』者（此二者常被解釋爲同一之事，）概視爲大逆不道，得處以死刑。此外並設立特別宗教法庭（Court of High Commission）受國王之支配，以檢查異端，厲行宗教之統一。此法庭在伊利沙白時代之功用，實爲一種新教法庭（Protestant Inquisition）焉。

不從國教之英人

英人之大多數雖漸信從英格蘭國教，但仍多有不願信從者。在一方面，有羅馬教徒仍主張教皇最尊之說，因之此派恆遭譏笑，被稱爲『附教皇者』。在他方面則有加爾文教之各派，如長老會教徒，獨立教派，朋友教徒（quakers）等，概稱爲『不從國教者』（Dissenters 或 Non-conformists）。久之，羅馬教徒之人數漸趨於減少，此大抵由於前章所述之種種政治理由，致英格蘭之新教幾與英人之愛國主義一致也。但雖有嚴刑峻法，英格蘭仍有一崇奉羅馬教之著名集團存在。反之，加爾文教徒稍有增加之趨勢。故在十七世紀中，彼等與英格蘭教卒能促成一次大規模之政治與宗教衝突。

第六節 羅馬教之改革

吾人對於反抗羅馬教會之新教革命，已敍述其起源，並已見及在一五二〇至一五七〇年之間，有三種主要之新教（路得教，加爾文教，英格蘭教）出現，各自佈於北歐諸國。但對於其他文明各國，當此嚴重之半世紀中，如何仍忠於羅馬教會，與中世紀同，則尚未言及。教皇政治與羅馬教之教義所以仍能維持於南歐，亦由於宗教與政治之情勢也。

羅馬教徒之陳訴教會之弊端

吾人須知對於教會之惡習作虔誠之批評者，不獨後日改宗新教之諸國有之，即在意大利，奧大利，法國，西班牙，亦多誠懇之羅馬教徒，目擊十六世紀初教會中之種種失德與不脫俗慾，而大鳴不平。彼等咸要求教會條例須有綜括之改革，教士須回復樸素使徒之生活。顧此時北歐之批評者咸欲藉革命手段以實現其改革（即與羅馬教往昔之傳習完全脫離關係），彼等則相信任何適當之變更莫如於羅馬教會內部藉改革以達到目的（即不必破壞羅馬教會之統一或否認其教義之效力）。即在北歐，當時亦有著名之學者希望於羅馬教之內部謀心靈上之改革，不必遽起革命以攻擊之。伊拉斯穆者，當時之大學者也，對於路得之攻擊教皇之權威，終未表同情。模爾者英國著名之人文主義者也，亦因相信教皇之權力出於神授之說而喪其生。

因此當北歐之宗教精神發揮於各派之新教上時，南歐之宗教精神，則對於羅馬教之組織形成一種改革運動。就宗教方面而言，此種改革運動之所以成功，實由於羅馬教廷情形之改良，宗教大會之努力，及新僧派之活動所致。茲當分別述之。

從事改革之教皇

前已述及十五世紀中教皇政治之腐敗情形，並已述及米底奇族之教皇立俄十世（一五一三——一五二一）僅知注意意大利與本族之利益，而忽視德意志方面路得改教運動之重要。立俄之姪即後日變爲克里曼七世（一五二三——一五三四）者，其對於治下之羅馬教與路得教徒，史溫黎教徒及英格蘭教徒等之衝突，其態度只可謂爲意大利之君主，而不能謂爲羅馬教精神上與宗教上之元首。但在保羅三世（一五三四——一五四九）時代，始採行一種新政策，凡任教會之高等官職者，僅以其道德與學識爲標準，而不以門閥或金錢爲標準。當十六世紀之後半期，歷任正直而開明之教皇，均繼續採此政策。故當一六〇〇年，上自教皇紅衣主教，下至教長，甚至教區神父與僧侶間，均漸着手於一種非常之改革。

脫蘭德會議

各教皇之改革熱忱，因脫蘭德會議（一五四五——一五六三）而受其鼓勵，且更有力量。當新教革命之前一世紀中，亦屢有欲藉羅馬教會全體會議之力量以完成『元首與會員間之改革』者。但在路得以前，此種理想卒無由實現。

迨新教與中世紀教會之裂痕日益擴大，於是前此所認爲應行者，現已刻不容緩矣。自彼虔誠之羅馬教徒觀之，則亟應調和不同之意見，而恢復教會之統一。關於羅馬教之教義，苟有一種明白之解說，則現在所出現之各種新神學之錯誤，自不難於揭破。關於教會之條例與道德，苟能加以改良，則彼主張革新者自必失其攻擊教會最有效之武器矣。

當此混亂之秋，欲召集全體會議，實非易事。蓋羅馬教徒與新教徒，彼此互不信任。關於大會與教皇相對之權力及特權，迄未確定。民族之競爭亦正劇烈，而以在意大利人與德意志人之

脫蘭德大會關於教義之法規

間爲尤甚。擁護羅馬教之兩個主要王室（德意志與西班牙之黑普斯堡族及法蘭西之王室）又復兵連禍結未有已時。

因有此等之困難，致脫蘭德大會之召集久被遷延，而大會之事業，亦屢被阻礙。雖然，脫蘭德大會註一對於教會卒能完成一種重大之改革羅馬教之所以能繼續維持者，厥功匪小。教皇嘗邀請新教徒蒞會，新教徒不從。但參與此會之羅馬教主教人數既多，名望復重，故此會實易與前此十八次之全體會議同列註二。至於此會之成績，則有二層，卽關於教義方面與改良方面是也。

就教義而言，脫蘭德大會之出席神父，對於新教徒未有表示退讓者。彼等對於羅馬教神學中最關重要之諸點，均明白承認。蓋此乃十三世紀時亞揆拿斯之所創，當新教未出現時，曾爲中歐與西歐各處所共同承認者也。彼等宣言教會之傳習與聖經，同爲基督教之基礎，聖經之解釋權，只屬於教會。新教中之所謂因信仰而獲恩典與赦免之說，大受駁斥，七種儀節亦宣告不能廢

註一　會址擇定脫蘭德，大抵係因地理關係。蓋此地介於德語人種與意語人種之邊境上。

註二　會議之法令係於會議告終時（一五六三年）由紅衣主教之代表四人，紅衣主教二人，教長三人，大主教二十五人，主教一百六十七人，方丈七人，門派長七人，及代表缺席教長十一人之代表十九人所簽定。

除。聖餐(彌撒禮)之神祕與犧牲之性質，重加申明。關於聖徒籲告式(Invocation of Saints)，容像與遺物之崇敬，煉罪所贖罪劵等之信仰，亦有明白之解釋。但會中亦採定預防之政策，對於某幾種教義之恆易發生流弊者，務求其流弊之免除。羅馬教庭之宗教權威，仍被承認在羅馬教中高於一切，教皇被承認有解釋教規之最高權，且絕對爲主教之領袖。

脫關德大會關於改良之法規

大會之第二種成績，即在產生一卷懲戒之法規。對於教會官職之鬻賣，大加斥責。主教及其他之教長，概須住於所管之區內，放棄世俗業務，而壹意於宗教事務。僧侶學校現亦設立，俾神父得受相當之教育與訓練。公文上與禱告時仍決定用拉丁語，而日常講經則用土語。贖罪劵不得用以斂錢，授儀節時亦不得索費。

犯禁書目與宗教法庭

此次會議所播之種子，在以後數教皇之任期中大收效果。中央制度完全改組。羅馬方面並編定一種明確之教義問答書，對於一切俗人均授以教義與宗教上之義務。教會之祈禱書亦加修正，並新發行一種拉丁文聖經曰民衆經典(Vulgate)者爲標準版本。此外復發行犯禁書目(Index)，列舉有危險性與關於異端之書名，凡善良之羅馬教徒，概不得閱讀之。因此種種之方法，教會之紀律既實行確立，道德亦趨於純潔，教士亦不許擁大宗之財富營世俗之生活。關於信仰與行爲，均有極嚴格之法律以規範之，苟有違犯之者，得由往昔之宗教法庭加以處罰。　此種法庭現遂大肆活動，而以在意大利與西班牙爲尤甚。

對於羅馬教之復興（卽不惟使南歐之全部仍隸屬於羅馬教會，且使新教在北歐不能完全制勝），有一特別重要之原動力，是卽幾種新僧派之成立，以謀民衆生活之純潔，並維護羅馬教會之地位也。　就此等僧派在十六世紀之功勞及後日之歷史而言，其最著者實推耶穌會社(Society of Jesus)，其會員恆稱爲耶穌會士(Jesuits)。　耶穌會社乃一五三四年伊格拿底斯洛雅拉(Ignatius Loyola　一四九一——一五五六)之所創，六年之後，其組織並爲教皇所正式承認。

伊格拿底斯洛雅拉

伊格拿底斯初爲軍人，嘗以西班牙愛國志士參與帝查理五世之軍隊，攻擊法人。　後因受傷，住於醫院中，偶讀基督傳記及聖徒列傳，嘗自謂其人生觀實因此而大變。　彼現已願由一世俗君主之兵士，一變而爲基督與教會之武士。　自後不復爲西班牙與自身之光榮而戰爭，將爲上帝更偉大之光榮而奮鬬。　當路得公然倡首攻擊羅馬教會之年，彼則開始從事於其著名之事業，而成爲擁護羅馬教之要人。

伊格拿底斯嘗試其新生活，並屢圖竭其棉薄，效勞於教會。數年之後，卒感學識缺乏之決意再事求學，時年已三十三矣。當其在巴黎大學研究拉丁文，哲學，神學之時，常與多數學粹德高之人相往還，若輩皆早卽加入耶穌會社者也。此派原欲向回教徒中傳教，不久忽轉而謀達其他更偉大之目的。

耶穌會士

耶穌會社之組織，實帶有其創立者之軍隊化之性質。除通常之貧窮，貞潔，及服從三種宣誓外，尙有第四種宣誓，卽特別忠於教皇是也。此會之會員須受長期嚴格之訓練，而聽居於羅馬之門派長之指導。此會對於權威與服從，尤爲注重。厥後伊格拿底斯又以現在羅馬教會之所應付者，已非和平環境，而爲戰爭環境，因之領導其會員勿以祈禱與和平之事業自足，亦勿以博施與一地之善行爲已足，更須能自行適應新情勢，並須設種種之方法，以求恢復羅馬教會之原狀。

因此耶穌會士自其會社創立之年起，卽在十六世紀之宗教衝突中挺身而出。第一，彼等力圖開導並教育青年。就教學而言，彼等在歐洲多歷年所，無與倫匹。學者兼科學家如佛蘭西斯培根（Francis Bacon）尙稱道耶穌會士之教訓，謂『見諸實行之教訓，未有更善者矣。』復次，彼等因學識之淵博，生活之純潔，使羅馬教之教士復能大受敬重。以傳教而言，彼等因其教訓之明瞭簡易，亦能大受重視。

但耶穌會士所收之最大效果，究在於傳教方面。波蘭幾已改宗路得教後卒復信羅馬教者，大抵即彼等之力也。彼等又使羅馬教仍能維持於巴華利亞與尼德蘭之南部，且在波希米亞與匈牙利確立一羅馬教黨。彼等對於羅馬教之得以維持於愛爾蘭，厥功亦偉。當伊利沙白及士挑亞特族在位時代，彼等因扶助英格蘭之羅馬教徒，其生命幾無時不在危險中。此時羅馬教會雖因北歐多數人之背教，致其會員減少，然因耶穌會士之傳教於印度中國及北美之休侖（Huron）與伊洛哥伊斯（Irogois）部落中，與夫巴西巴拉圭（Paraguay）之土民中，亦足以償其所失矣。彼等對於有效之手段及權力之淵源，足使人信仰宗教而服從教皇之權威者，咸知注意利用之。無論政治農業文學科學，莫不同受其利。耶穌會士實爲歐洲君主之懺悔師，亞美二洲信仰上之使徒焉。

羅馬教改革之政治的與經濟的原因

前已述及新教之迅速廣布，不僅由於狹義之宗教原因，且由於經濟與政治之原因。其有同然者，即羅馬教會對於一五〇〇年時所支配之國家，至少有一半所以仍能維持其最高地位者，亦不僅由於恰已述及之宗教發展，而同時亦有政治與經濟上之原因存焉。顧尚有可疑者，即在南歐，財政上之流弊，其流行之期間與程度是否與在北歐者相同也。此外尚有可疑者，即南歐諸國之政治狀況，是否有助於此種情形之說明也。

意大利

意大利乃教皇之住所及教庭所在地也，故教皇對意大利重要之家族，待遇亦特優。彼恆以意大利之保護爲名義，向外國任意苛求。且利用半島之政治不統一，以分裂其各地之仇敵，藉此使其主張得以制勝。十六世紀之教皇，出自佛羅倫斯有勢力之米底奇族（佛羅倫斯仍舊忠順）者凡二人。因帝查理五世之誠心援助，致拿布勒斯之正教得以維持。因腓立二世之援助，致雙西西里王國之異端卒被撲滅。

法國

在法國，則因一五一六年國王之與教皇締結宗教條約，安然取得國內之主教任命權，及教士祿之支配權（此等權力在德意志各邦及英格蘭之君主，概因革命而取得）。復次，因法國之新教其政治上之活動，偏於限制王權，一方面，遂致國王不得不仰仗羅馬教之援助。法國之專制主義實已變爲羅馬教之主義，羅馬教對於法人之愛國主義，其關係之密切，與英格蘭教之命運對於英人愛國主義之關係，正復相若也。

西班牙與葡萄牙

在西班牙與葡萄牙，其君主均由教皇取得種種之特權，與法國同。彼等對於本國之羅馬教會有支配之權力，且深知此種權力之大有助於其專制趨勢之發展。又西葡二國之人士，同因數百年來與回教徒時有戰爭，故羅馬教遂與之生密切之關係，而爲其民族生活中完整之部分。此二國迄今猶篤信羅馬教。

奧大利

至於奧大利，其情形亦略相類似。奧大利一方面因畏土耳其人之侵逼，一方面因黑普斯堡族在政治上時有危急，故其依賴教皇之處特多。教皇苟因袒護黑斯普堡族而喪失英格蘭，則至少已保留奧大利。

波蘭與愛爾蘭

愛爾蘭與波蘭二國（歐洲羅馬教會兩極端之屏藩），皆深知其宗教最足以保存其民族性，而防制強鄰之侵略或同化。

第七節　十六世紀宗教革命結論

以上所述之宗教與教會之大變遷，當一五七〇年已告成功。此後七十五年中，則戰爭迭起，每次戰爭均顯然含有宗教之性質。此等戰爭恆稱爲宗教戰爭(Religious Wars)，此等戰爭與西班牙王腓立二世之事業及後日德意志諸邦悲慘之內戰均有關係）。在每次戰爭中，政治與經濟之因素，亦甚重要。顧此等戰爭對於相關各宗教之實力與範圍，均無重大之影響，蓋新教革命之成功與羅馬教改革之完成，皆在一五七〇年以前也。

革命之區域

當一五〇〇年，羅馬教會包括中歐與西歐。至一六〇〇年，以前之教民不復承認其權威或實行其信仰者，幾有一半（北歐之教民）之多。當十六世紀末葉，羅馬教會勢力所及之區域，惟意大利諸邦，西班牙，葡萄牙，法國之最大部分，尼德蘭之南部，瑞士之山中諸州，南德意志諸邦，與大利，波蘭，愛爾蘭，波希米亞與匈牙利之大部分教徒，及其他諸國渙散而不足重要之教徒而已。

中歐與西歐之反對羅馬教會者，統稱爲新教徒，但分裂爲三種大集團。路得教現爲北德意志諸邦，斯坎的納維亞之丹麥，挪威，瑞典諸國之宗教。加爾文教復分爲種種之名稱，而爲瑞士諸州之大多數，尼德蘭之北部，蘇格蘭，以及德意志，匈牙利，法國，英格蘭諸國中重要教徒所公認之信仰。英格蘭教則爲英格蘭之國教。

羅馬教徒與新教徒共同認威之教義

新教徒對於羅馬教之神學，仍保留其一大部分，故西方之各派基督教，仍多共同之點。彼等仍相信三位一體（trinity），相信耶穌基督有神性，相信猶太人之聖經與新約之不可侵犯，相信人類之墮落及藉十字架之犧牲而可贖罪，幷相信來世之賞罰。基督之道德在羅馬教徒與新教徒，仍莫不奉以爲訓焉。

新教徒獨有之教義

反之，新教徒亦有幾種共同之教義，而與羅馬教義有別者。此等教義實爲新教顯著之標幟。（一）否認羅馬教皇之權利，因此並拒斥教皇政治與法樞。（二）拒斥彼認爲由中世紀演進之幾種教義（例如錬罪所，贖罪劵，聖徒籲告式，崇敬遺物），對於儀節並大加改正。（三）力主個人解釋聖經之權，並承認個人之可自獲超度而不需要教會。因此自新教徒觀之，權力存於個人解釋聖經權之中，而自羅馬教徒觀之，則存於教會。

新教徒之分支

新教之權力觀念實使其教徒關於多種之事件，彼此之意見不能一致，此乃勢所必然者。蓋彼有利害關係之個人幾各有其解釋聖經之方法。是故僅就美國而言，最近年鑑中之所載，新教徒共計約有一百六十四宗派，亦不足怪矣。然此等宗派，驟觀之甚複雜，實則不然，因一切宗派幾乎皆由十六世紀出現之新教中三種主要形式直接變出也。路得教，加爾文教，及英格蘭教彼此之間究如何不同，可綜合說明之。

（一）加爾文教徒主張赦罪由於上帝之預選（卽上帝預定誰當超度，誰不超度）。路得教徒則否認此說，而主張惟有耶穌之信徒始得獲超度。英格蘭教徒之三十九條雖亦可解釋爲與加爾文派之宗旨相符，然於路得派因信仰獲救之說，似亦承受。

（二）加爾文教徒僅承認洗禮與聖餐禮兩種儀節。路得教徒及英格蘭教徒則除此兩種儀節外，尚保留堅信禮。而英格蘭教徒更保留按手禮。關於英格蘭教之說法，常有所謂『兩種主要儀節』之語此實易引起英格蘭教徒中所謂『高派教會』(High church)黨之誤會，因而主張羅馬教七種儀節之說也。

（三）羅馬教原主張變質之說，卽以行聖餐禮時，麵包與果酒均因神父之言而變爲基督之肉體與血液也。新教各派對於此說，均有他說以代之。路得教徒主張其所謂並質論 (Consubstantiation)。彼等借用路得之比喻，謂基督之與麵包果酒相連而存於其中，亦與火之存於熱鐵中相若。反之，加爾文教徒關於聖餐之意見，不視爲基督有效驗之犧牲，而僅視爲最後晚餐(Last Supper) 之一種祭典。自彼等觀之，麵包與果酒不過爲肉體與血液之標幟而已。至於英格蘭教徒，其宗旨甚爲含糊。因其正式之信仰告白兼言聖餐係與耶穌之肉體血液相交通，而同食聖餐者僅從精神上領受之。今日屬於『低派教會』(Low church) 之英格蘭教徒均傾向於加爾文派之解釋，而屬於『高派教會』之英格蘭教徒，則傾向於羅馬教之解釋。

（四）關於教會政治之意見顯然不同。依羅馬教會制度，則受命於神之主教，神父，助祭者等，均處於教皇之最高宗教權力下。一切新教徒對於此種制度則大加修正。英格蘭教徒雖仍保留主教，牧師及助祭者等階級，並力主其教會政治係直接繼承中世紀英格蘭之教會者，因此其組織係與東歐之正統教會立於同樣之基礎，然對於教皇政治則加以拒斥。路得教徒雖拒斥主教統治出於神意之性質，但爲便於教務之執行起見，故仍保留主教。加爾文教徒則完全廢除主教，只保留一種牧師稱爲長老（presbyters）。此等加爾文派之教會，因其係由多數長老所組成之會議統治，故稱爲長老會。而其他加爾文派之教會，在每種獨立之會衆中，其牧師均受羣衆之支配者，則稱爲獨立派，或稱爲分離派（Separatists），或稱爲公理會註一。

（五）關於公共禮拜之儀式，新教教會亦各不相同。英格蘭教在形式上雖由拉丁語改用英語，然仍保留羅馬教中多種之禮節，並保留其幾種儀式，而在某幾處甚至用香燭之屬。至於加爾文教徒，其禮拜儀式極爲簡單，不外誦聖經，唱讚美詩，作臨時祈禱等而已。且講經爲教堂中通常之事務。而教堂亦無不必要之裝飾。路得教徒則採調和之態度，而介於英格蘭教之嚴守禮節

註一　此較後一種之教會政治又爲準加爾文派之浸禮會會員所主張。

新教革命之意義

與加爾文教之主張樸素之間。彼等未創一致之禮拜儀式，但兼用各種形式與儀節。

關於十六世紀中宗教與教會大變動之眞正意義，在過去已有不少之評論，各因其觀點或偏見之不同而有差異。然有幾種結果現已明白表現，無論屬於何派宗教之學者，莫不承認之。此等結果可說明如下。

第一，中世紀之羅馬教會卒歸分裂，而在教皇支配下之中世紀的世界神權政治之理想，亦大起動搖。

第二，基督教大都民族化。新教主義實爲民族主義在宗教方面之現象，自然反對羅馬教之大同性質，受各民族之贊助，且到處均帶有民族色彩。德意志諸邦，斯坎的納維亞諸國，蘇格蘭，英格蘭，均各有其國立宗教，而羅馬教會之所以尚能保留一部分國家，亦出於民族的理由，因此大致亦立於民族基礎上。

第三，自教義上言，此全部運動實有使羅馬教會愈趨於狹隘之勢。當時爲急於應付新教徒計，故關於信仰有明白之解釋產生。羅馬教會從此已處於自衞之地位，而在其教徒中，較之以前更不許有意見之紛歧矣。

第四，改教運動對於個人道德與神學研究，同有促進之功。此時不惟多數人心中均無意於研究他事，而壹意於宗教上之爭論，即羅馬教或新教之忠實信徒，亦大受其鼓勵，彼此咸欲證明其所奉宗教之道德標準高於其他之宗教。此實使十六十七兩世紀對於宗教，較之十五世紀更爲熱心，而誠懇，且更爲固執也。

最後，新教革命直接引起政治上社會上之重要變遷。世俗君主之勢力，因此大盛。英格蘭條達朝之君主，斯坎的納維亞之國王，德意志各邦之君主，均因籍沒教會之土地，取得支配教士之權力，故其個人之財富大增，其專制趨勢亦再無獨立之教會作梗。甚至羅馬教諸國之君主，亦能向教皇強索種種之特權，結果遂致教會受國王之束縛。

此時貴族之財富亦大行膨脹，而以在新教諸國中爲尤甚，蓋彼等或直奪教會之財產，或助國王籍沒教會之財產而分受其利也。但貴族之財富雖有增加，各國君主莫不嚴防其取得政治上之新勢力焉。

彼專制君主之欲防制貴族恢復其政治勢力，能得忠實的中產階級之援助。此階級乃不久將在歐洲之各主要國家中取得重要之地位者也。吾人可斷定中產階級之所以進展，新教革命實爲其原因之一也。

就農民而言（仍佔歐洲人口之大半），則宗教與教會中之變遷，於彼輩似乎特別不幸。彼輩雖因教會之貢賦與課稅減少而受其利，然因國王專制政治之發達，與夫爲富不仁的世俗業主之苛求，所受之損失反大。彼輩不過變更其壓制者之名稱耳，其境遇且較以前爲更劣。至少就德意志諸邦及斯坎的納維亞諸國而言，農民之命運在新教勃興不久之後，較之其不久以前尤爲不幸，實毫無疑義也。

課外讀本

普通者：

1. Frederic Seebohm——*The Era of the Protestant Revolution*, new ed (1904).
2. J.H Robinson——*Reformation*, in "Encyclopædia Britannica," 11th ed.(1911).
3. A. H. Johnson——*Europe in the Sixteenth Century* (1897), Ch. III-V and

pp. 272 ff.

4. E. M. Hulme——*Renaissance and Reformation*, 2d ed. (1915), Ch. X-XVIII, XXI-XXIII.
5. Victor Duruy——*History of Modern Times*, trans. and rev. by E. A. Grosvenor (1894), Ch. XIII, XIV.
6. *Cambridge Modern History*, Vol. II (1904).
7. *Historie générale*, Vol. IV, Ch. X-XVII, and Vol. V, Ch. I.
8. T. M. Lindsay——*A History of the Reformation*, 2 Vols. (1906–1910).
9. Wilhelm Moeller——*History of the Christian Church*, trans. and condensed by J. H. Freese, 3 Vols. (1893–1900).
10. Philip-Schaff——*History of the Christian Church*, Vols. VI and VII.
11. A. H. Newman——*A Manual of Church History*, Vol. II (1903), Period V.
12. G. P. Fisher——*History of the Christian Church* (1887), Period VIII,

Ch. I-XII.

13. John Alzog——*Manual of Universal Church History*, trans. from 9th German edition (1903), Vol. II and Vol. III, Epoch I.

14. Alfred Baudrillart——*The Catholic Church, the Renaissance and Protestantism*, Eng. trans. by Mrs. Philip Gibbs (1908).

15. *Catholic Encyclopædia*, 15 Vols. (1907–1912).

16. *Realencyklopädie für protestantische Theologie und Kirche*, 3d ed., 24 Vols (1896–1913).

17. *Encyclopedia of Religion and Ethics*, ed. by James Hastings.

18. Ludwig Pastor——*The History of the Popes from the Close of the Middle Ages.*

19. *History of the Papacy from the Great Schism to the Sack of Rome* by Mandell Creighton, new ed. in 6 Vols. (1899–1901).

20. *History of the Popes* by Leopold von Ranke, 3 Vols. in the Bohn Library(1885).

21. Heinrich Denziger——*Enchiridion Symbolorum, Definitionum, et Declarationum de rebus fidei et morum*, 11th ed. (1911).

22. Philip Schaff——*The Creeds of Christendom*, 3 Vols. (1878).

23. B. J. Kidd (editor)——*Documents Illustrative of the Continental Reformation* (1911).

關於十六世紀初期之羅馬教會者：

1. *Cambridge Modern History*, Vol. I (1902).

2. Willian Roscoe——*Life and Pontificate of Leo X*, 4 Vols.

3. André Mater——*L'église catholique sa constitution, son administration* (1906).

4. E. L. Cutts——*Parish Priests and their People in the Middle Ages in England* (1898).

5. G. A. Prévost——*L'église et les campagnes au moyen âge* (1892).

6. Pierre Imbart de la Tour——*Les origine de la Réforme*, Vol. I, *La France*

moderne (1905), and Vol. II, *L'église catholique, la crise et la renaissance* (1909).

7. Louis Duchesne——*The Churches Separated from Rome*, trans. by A. H Mathew (1908).

關於回教者：

1. Sir William Muir——*Life of Mohammed*, new and rev. ed. by T. H. Weir (1912).
2. Ameer Ali——*Life and Teachings of Mohammed* (1891).
3. Ameer Ali——*Islam* (1914).
4. D S. Margoliouth——*Mohammed and the Rise of Islam* (1905).
5. D. S. Margoliouth——*The Early Development of Mohammedanism* (1914).
6. Arthur Gilman——*Story of the Saracens* (1902).
7. Edward Gibbon——*Decline and Fall of the Roman Empire.*

8. *The Koran*, translated into English by E. H Palmer 2 Vols. (1880).

9. Stanley Lane-Poole——*Speeches and Table Talk of the Prophet Mohammed.*

關於路得與路得教者：

1. Julius Köstlin——*Life of Luther*, trans. and abridged from the German(1900).

2. T. M. Lindsay——*Luther and the German Reformation* (1900).

3. A. C. McGiffert——*Martin Luther, the Man and his Work* (1911).

4. Preserved Smith——*The Life and Letters of Martin Luther* (1911).

5. Charles Beard——*Martin Luther and the Reformation in Germany until the Close of the Diet of Worms* (1889).

6. F. H. S. Denifle——*Luther und Luthertum in der ersten Entwickelung*, 3 Vols. (1904–1909), trans. into French by J. Pasquier (1911–1912).

7. Hartmann Grisar——*Luther*, 3 Vols. (1911–1913), trans. from German into English by E. M. Lamond, 4 Vols. (1913–1915).

8. *First Principles of the Reformation*, ed. by Henry Wace and C. A. Buchheim (1885).

9. *Luther's Correspondence and Other Contemporary Letters* is now (1916) in course of translation and publication by Preserved Smith.

10 J. W. Richard——*Philip Melanchthon* (1898).

11. E. F. Henderson——*A Short History of Germany* (1920), Vol. I, Ch. X–XVI.

12. Johannes Janssen——*History of the German People*, trans. into English by M. A. Mitchell and A. M. Christie, 16 Vols. (1896–1910).

13. Gottlob Egelhaaf——*Deutsche Geschichte im sechzehnten Jahrhundert bis zum Augsburger Religionsfrieden*, 2 Vols. (1889–1892).

14. Karl Lamprecht——*Deutsche Geschichte*, Vol. V, Part I (1896).

15. Leopold von Ranke——*History of the Reformation in Germany*, Eng. trans, 3 Vols.

16 Friedrich von Bezold——*Geschichte der deutschen Reformation*, 2 Vols. (1886–1890).

17. J. J. I. von Dollinger——*Die Reformation, ihre innere Entwicklung und ihre Wirkungen*, 3 Vols. (1853–1854).

18. A E. Berger——*Die Kulturaufgaben, der Reformation*, 2d ed. (1908).

19. J. S. Schapiro——*Social Reform and the Reformation* (1909)

20. H. C. Vedder——*The Reformation in Germany* (1914).

21. R. N. Bain——*Scandinavia, a Political History of Denmark, Norway and Sweden from 1513 to 1900* (1905).

22. John Wordsworth (Bishop) of Salisbury)——*The National Church of Sweden* (1911).

關於史溫黎加爾文及加爾文教者:

1. S. M. Jackson——*The Selected Works of Zwingli.*

2. Rudolf Stähelin——*Huldreich Zwingli: sein Leben und Wirken*, 2 Vols (1895–1897).

3. H. Y. Reyburn——*John Calvin: his Life, Letters, and Work* (1914).

4. Williston Walker——*John Calvin, the Organizer of Reformed Protestantism* (1906).

5. Émile Doumergue——*Jean Calvin: les hommes et les choses de son temps*, 4 Vols. (1899–1910).

6 L. Penning——*Life and Times of Calvin*, trans. from Dutch by B. S. Berrington (1912).

7. William Barry——*Calvin*.

8. Calvin——*Institutes of the Christian Religion*.

9. H. M. Baird——*Theodore Beza* (1899).

10. W. D. McCracken——*The Rise of the Swiss Republic*, 2d ed. (1901).

11. F. W. Kampschulte——*Johann Calvin seine Kirche und sein Staat in Genf*, 2 Vols. (1869–1899).

12. H. M. Baird——*History of the Rise of the Huguenots of France*, 2 Vols. (1879).

13. H. M. Baird——*The Huguenots and Henry of Navarre*, 2 Vols. (1886).

14. Haag,——*France protestante* 2d ed., 10 Vols. (1877–1895).

15. E. Lavisse (editor)——*Histoire de France*, Vol. V, Livre IX, by Henry Lemonnier (1904).

16. P. H. Brown——*John Knox, a Biography*, 2 Vols. (1895).

17. Andrew Lang——*John Knox and the Reformation* (1905).

18. John Herkless and R. K. Hannay——*The Archbishops of St. Andrews*, 4 Vols. (1907–1913).

19. D. H. Fleming——*The Reformation in Scotland: its Causes, Characteristics, and Consequences* (1910).

20. John Macpherson——*History of the Church in Scotland* (1901), Ch. III-V.

關於英格蘭之新教革命者：

1. Frederic Seebohm——*The Oxford Reformers*, 3d ed. (1887).
2. F. A. (Cardinal) Gasquet——*The Eve of the Reformation in England* (1899).
3. F. A. (Cardinal) Gasquet——*England under the Old Religion* (1912).
4. H. O. Wakeman——*An Introduction to the History of the Church of England*, 8th ed. (1914), Ch. X-XIV.
5. J. R. Green——*Short History of the English People*, new illust. ed. by C. H. Firth (1913), Ch. VI, VII.
6. W. R. W. Stephens and William Hunt (editors)——*A History of the Church of England*, Vols. IV (1902) and V (1904) by James Gairdner and W. H. Frere respectively.
7. James Gairdner——*Lollardy and the Reformation in England*, 4 Vols.

(1908–1913).

8. John Lingard——*History of England to 1688*, Vols. IV-VI.

9. R. W. Dixon——*History of the Church of England from the Abolition of the Roman Jurisdiction* 6 Vols. (1878–1902).

10. H. W. Clark——*History of English Nonconformity*, Vol. I (1911), Book I.

11. Henry Gee and W. J. Hardy——*Documents Illustrative of English Church History* (1896).

12. C. B. Lumsden——*The Dawn of Modern England, being a History of the Reformation in England, 1509–1525* (1910).

13. Martin Hume——*The Wives of Henry VIII* (1905).

14. F. A (Cardinal) Gasquet——*Henry VIII and the English Monasteries*, 3d ed., 2 Vols (1888), popular ed. in 1 Vol. (1902).

15 R. B. Merriman——*Life and Letters of Thomas Cromwell*, 2 Vols. (1902).

16. Dom Bede Camm——*Lives of the English Martyrs* (1904).

17. A. F. Pollard——*Life of Cranmer* (1904).

18. A. F Pollard——*England under Protector Somerset* (1900).

19. Frances Rose-Troup——*The Western Rebellion of 1549* (1913).

20. M. J Stone——*Mary I, Queen of England* (1901).

21. John Foxe(1516–1587)——*Acts and Monuments of the Church.*

22. R. G. Usher——*The Reconstruction of the English Church*, 2 Vols. (1910).

23. H. N. Birt——*The Elizabethan Religions Settlement* (1907).

24 G. E. Philips——*The Extinction of the Ancient Hierarchy, an Account of the Death in Prison of the Eleven Bishops Honored at Rome amongst the Martyrs of the Elizabethan Persecution* (1905)

25. A. O. Meyer——*England und die katholische Kirche unter Elisabeth und den Stuarts*, Vol. I (1911), Eng. trans. by J. R. McKee (1915).

26. Martin Hume——*Treason and Plot* (1901).

27. E. L. Taunton——*The History of the Jesuits in England, 1580–1773* (1901).

28. Richard Simpson——*Life of Campion* (1867).

29. Champlin Burrage——*The Early English Dissenters in the Light of Recent Research*, 1550–1641, 2 Vols. (1912).

關於羅馬教會內部之改革者：

1. William Barry——*The Papacy and Modern Times* (1911).

2. A. W. Ward——*The Counter Reformation* (1889).

3. *Cambridge Modern History*, Vol. III (1905), Ch. XIII by Ugo (Count) Balzani on "Rome under Sixtus V."

4. G. V. Jourdan——*The Movement towards Catholic Reform in the Early Sixteenth Century, 1496–1536* (1914).

5. K. W. Maurenbrecher——*Geschichte der katholischen Reformation*, Vol. I

(1880).

6. J. A. Symonds——*Renaissance in Italy*, Vols. VI and VII, *The Catholic Reaction*.

7. *The Canons and Decrees of the Council of Trent* translated by J. Waterworth, new ed. (1896).

8. *Catechism of the Council of Trent*, translated by J. Donovan (1829).

9. Nicholas Hilling——*Procedure at the Roman Curia*, 2d ed. (1909).

10. *Autobiography of St. Ignatius Loyola* trans. and ed. by J. F. X. O'Conor (1900).

11 *Spiritual Exercises*, trans from Spanish into English, has been published by Joseph Rickaby (1915).

12. Stewart Rose (Lady Buchan)——*St. Ignatius Loyola and the Early Jesuits*, ed. by W. H. Eyre (1891).

13. Francis Thompson——*Life of Saint Ignatius* (1910).

14 T. A. Hughes——*Loyola and the Educational System of the Jesuits* (1892).

15. G. H. Putnam——*The Censorship of the Church of Rome and its Influence upon the Production and Distribution of Literature*, 2 Vols. (1907).

16. H. C. Lea——*A History of the Inquisition of Spain*, 4 Vols. (1907).

17. H. C. Lea——*The Inquisition in the Spanish Dependencies* (1908).

18. Elphège Vacandard——*The Inquisition: a Critical and Historical Study of the Coercive Power of the Church* trans. by B. L. Conway (1908).

19. Adolph Harnack——*History of Dogma*, Eng. trans, Vol. VII (1900).

20. Charles Beard——*The Reformation of the Sixteenth Century in its Relation to Modern Thought and Knowledge* (1883).

21 J. Balmes——*European Civilization: Protestantism and Catholicity Compared in their Effects on the Civilization of Europe* (1850).

第五章　十六世紀之文化

『文化』

『文化』（culture）一詞，通常指學術與禮貌藝術等而言。 文化之發展（即新知識之獲得與美術品之創造），通常爲比較少數之科學家及美術家之事業。 今設在任和特定之時期，或任何特定之人民中，有比較大多數之知識領袖，構成一種重要之知識階級，對於未來之文明，有永久之貢獻，則可稱之爲文明時代或文明民族。

希臘文化

一切民族與一切時代，均應各有一種文化。 但在有記載之人類歷史中，某數民族及某數時代，對於文化演進之影響特別顯著。 紀元前四五世紀之希臘人，對於宇宙本性之推測，對於永久問題（人類之來源，人類之目的，人類之歸宿）之假定解答，種種研究態度，莫不聚積而傳授於吾人，而爲近代哲學與形而上學之基礎。 今日之幾何學以及今日天文學與醫學之基本原理，亦多得自希臘人。 今日之各種文學，如戲劇，敍事詩，抒情詩，對話，演說術，歷史等，又多以希臘人爲模範。 且在希臘建築均勻之神廟中，平衡之圓柱與精緻之小壁中，以及大理石雕刻之人像中，永遠顯示吾人以古代藝術表現之典模。

古代復有羅馬人，其建築術甚爲進步，而表現於其宏大之凱旋門及高聳圓頂之公共建築物中。羅馬人更將希臘文學最美之體裁應用於其固有之比較壯而不密之拉丁語中。此外更始創一種法典與法制，致羅馬人爲秩序之教導者與近代法學之鼻祖。

羅馬文化

正當西歐之基督教徒對於古代之文化多不注意之時，而回教徒則保留希臘之哲學，數學，天文學及醫學等。彼等之代數學，阿拉伯數字，及羅盤係由東亞細亞輸入。而其巴格達，大馬士革，哥爾多法(Cordova)諸大城，皆以精細之幃幔與氈毯形式新奇之刀與金屬裝飾品，華麗之住宅與尖塔等著名。此實阿拉伯或回教美術之特色也。

回教文化

當十二十三兩世紀（中世紀之極點）中，智慧上與美術上均表現一種驚人之活動。此種活動，因在羅馬教會直接卵翼之下，卒引起一種特別之基督教文化，沛然而生。希臘哲學，尤其關於亞里士多德(Aristotle)哲學之復興，與一種活潑之宗教信仰相結合，遂產生所謂經院哲學(Scholastic philosophy)與神學。大規模之高等學府（大學）現亦創立。此等機關中所研究者，不限於哲學，並研究法律與醫學，而近代之實驗科學亦稍出現。彼久爲各學者所沿用之拉丁語，現亦有各地之土語發生，與之並行（如德意志語，英吉利語，法蘭西語，意大利語，西班牙語，葡萄

中世紀之文化

十六世紀文化之新要素

牙語等），而促進通俗文學之復興。此外更有宏壯之禮拜堂及其尖頂拱門，飛壁，崇高之尖塔，華麗之窗花，珍奇之木雕刻物，華美之花邊抄本，奇巧之承霤口，聖徒及殉道者之偶像，精美之彩色畫等，莫不足以表現中世紀偉大之基督教或峨特式（Gothic）之美術焉。

十六世紀之知識階級，實爲此一切文明時代之繼承者。其在知識上與美術上，莫不承襲於希臘人，羅馬人，回教徒及中世紀之基督教徒。但十六世紀除承襲原有之文化外，其自身對於文化亦有貢獻，吾人藉此不惟足以明白當時之社會，政治，宗教等活動，並足以明白今日之種種活動與理想。十六世紀文化中之基本的新要素爲：（一）印刷術之發明，使知識廣布。（二）文學批評藉人文主義而發達。（三）繪畫與建築術之黃金時代。（四）民族文學發達。（五）近代自然科學開始。

第一節　印刷術之發明

今日之特色，在於印本書籍，定期刊物，及新聞紙等之多量流行。此種印刷術之在今日雖非新奇，然其發生之歷史並不甚久。自最初有歷史記載以至不滿五百年以前，歐洲註一所有之書

籍均抄寫而成 註二。當時之抄書者雖抄寫迅速，然所有藏書館，均惟殷富之機關或私人始能設立。印刷術之發明，致知識上發生大革命者，乃近世紀初期之事也。

印刷係一種極複雜之手續，故人類之進步至歷若干世紀，而印刷術之發明始克完成，實無足怪。在已完成之手續中，其最重要之因素，爲活字版與紙張之發明，印刷時卽以活字版印於紙上。吾人由此等因素之長期演進之中，可舉出幾種之事實。

希臘人與羅馬人抄書，概用蘆紙，此乃尼羅河流域所產之蘆葦纖維質也。此種蘆紙既貴且重，殊不適於印刷之用。在中世紀，抄寫之文件通常皆用羊皮紙，是卽加以修理之動物皮，尤以羊皮爲多。羊皮紙雖能耐久，然亦如蘆紙價昂而質重，不適於印刷之用也。

紙張之演進

近代歐洲紙張之先導大約卽紀元前第二世紀時中國人用絲所製成者。當八世紀中葉，麥加與大馬士革之回教徒，似乎已用棉代絲。且此種所謂大馬士革紙，後並輸入希臘，南意大利及

註一 關於古代中國，日本，高麗之印刷術，見大英百科全書（Encyclopedia Britannica）第十一版第十七卷第五一〇面『Typography』一條。

註二 今日之『手抄本』（manuscript）一詞，源於拉丁字 manuscriptum（『手寫』之意）。

活字版之演進

西班牙，而西班牙復用土產之大麻亞麻以代棉。 其所產之麻紙，當十三世紀時，在加斯提爾用之甚廣，並由加斯提爾踰比里牛斯山而輸入法國，更逐漸傳播於中歐與西歐各處。 但羊皮紙因比較堅固耐久，故歷時甚久，仍較絲棉或麻紙爲重要，且在公文上久仍禁用他種紙料。 迨十五世紀後半期，與蘆紙或羊皮紙有別之近代紙註一始見通用。 蓋是時印刷已漸開始，需要廉價之紙料以便爲活字版印刷也。

活字版之原理，係出自古代之反文刻字，甚或出自木版碑文之舊習。 當用時塗以墨水而印於紙上時，卽能印出明顯之字跡。 中世紀之君主，常以木塊或金屬塊雕刻其圖章，以備印於其諭旨上。 且在十二世紀時，卽有以雕刻版印圖形或手抄之册頁者。

既知木版印刷術，自然漸進而知將金屬製成高度厚薄相同之小塊，每塊鑄以單獨之字母，然後隨意配合而印刷之。 活字版優於木版之處，在只須配置各個字母，卽可印出種種不同之文件。

由利用木版進而至於利用活字版（卽近代印刷術之眞正發明），其間之實在歷史，不甚明白，衆說紛紛。 現在比較可信者，約一四五〇年時，荷蘭之哈勒姆（Haarlem）城有一不著名之

註一 『paper』一字源於古代之『蘆紙』（papyrus）。

人名老倫斯哥斯特(Lourens Coster)者，曾發明活字版，德意志之緬仔城有約翰格登堡(Johan Gutenberg)者，曾將哥斯特之活字版應用於實際，此外並有多數同時之人加以改良。一四五四年所印之教皇贖罪劵及聖經譯本，皆此新藝術之最早產品也。

此種技術逐漸演進，卒致完全成功，推行迅速，由緬仔城廣播於德意志，意大利諸邦，法國及英格蘭，實即徧行於歐洲之一切基督教國家。其法既受各學者之歡迎，復蒙教皇之稱譽。一四六六年時，羅馬即設有印刷館。書籍之印行，在各大城中旋即成爲一種高尚而有利之營業。十六世紀初葉，學者馬拏秀斯(Aldus Manutius)亦在威尼斯經營著名之亞爾丁(Aldine)印刷館，其所印希臘文拉丁文等名著之刊本，仍被奉爲印刷品中之精美者。

字模

最初之印刷者其活版上所用之字體，均係仿照書手正寫時所用之字母。因通常之筆法各不相同，故活字版上之字體亦甚紛歧。例如有筆法笨重之峨特式字體(Gothic)，盛行於德意志各邦。有筆法秀雅之羅馬式字體，盛行於歐洲南部與英格蘭。而威尼斯之亞爾丁印刷館則發明斜體活字(italic)，可使每版所排置之字數更多。

印刷術發

此種新技術之繼續演進，爲十六世紀之特色，且至少表現三種明顯之結果：(一)書籍數量之大增。蓋以前最善抄書者，勤苦不輟，一年之內，或可出書二册。今在十六世紀，一部印刷機若專印伊拉斯穆氏之書一種，則一年之內約可出書二萬四千册。

（二）間接增加書籍之需要。因書籍印刷之費用減低，至少可使一切中產階級之人士，亦能如君主貴族，設立私家藏書館。故印刷術實爲傳布知識普及教育之最上利器。

（三）印刷之正確程度較手抄爲更高。在印刷術發明以前，欲使兩種抄本互相從同，幾不可能。現因常事校對，且各部刊物均由一版印出，故以前常見之僞造或錯訛等弊，自可免除也。

第二節　人文主義

上述印刷之發明，爲表示十六世紀思想之新工具，而此等思想則咸以通常之所謂『人文主義』(Humanism)爲中心。欲正確明白人文主義之意義（即了解十六世紀知識階級主要之知識與趣）則對於約當此時二百年前人文主義之第一大學者佩脫拉克(Francesco Petrarca，即所知之 Petrarch)當首先略加敍述。

『人文主義鼻祖』佩脫拉克

佩脫拉克爲十四世紀之名人（一三〇四——一三七四），因感傷主義者或一般文人學士多追念之故今日大多數之人士莫不知其名。蓋彼等一則矜憐其愛情與情操，一則羨慕其意大利語短詩之優美與體裁也。然自歷史學者觀之，則佩氏尤爲重要。因在佩氏當時已有一種知識運動開其端緒，至十五世紀漸放光明，至十六世紀遂燦爛一時，佩氏縱非此種運動之原動力，亦當爲其反影也。

就某幾點而言，佩脫拉克實爲十四世紀之代表產兒。彼與當時之偉大的中世基督教文化，接觸甚密，嘗在法國之亞維農任教皇之職。其對於宗教上之意見多虔誠而『守舊』，以憎惡異教徒爲尤著。意大利文在不朽之但丁倡導下，已甚文雅可觀，而彼則常好以拉丁文著書，對於新出現之意大利文特鄙棄之註一。彼對於自然科學或自然現象均不好研究，即對於任何新奇之事物，不發生同情。

佩脫拉克雖甚特向於保守主義，然對於以前中世紀之文化，增加一種重要之成分，此即其對於異教之希臘文學與拉丁文學之欣賞，幾乎至於崇拜也。彼所以好研究古文，並非因古文對

註一　佩脫拉克之譽名所以流傳至今，確非因其拉丁文著作，而係因其自所鄙棄之意大利語的短詩，誠可謂滑稽之至也。

於其神學或基督教之道德有所補助，僅因古文本身自有其興趣存在。彼隨時隨地宣傳古文之復興，不惟平日對於其同志以身作則，從事規勸，卽在其平生所作之拉丁文書信及其所作之詩歌中，亦莫不然。

佩脫拉克之人文主義的特性

佩脫拉克之此種定見及其幾種系論，繼此意大利詩人之後構成人文主義之精神，而且對於以後數代歐洲之思想界發生深刻之影響。此等系論可列舉如下：

（一）自異教時代以來，無人感覺純粹人生之樂趣（卽『生存之樂』），至佩脫拉克則獨不然。彼以爲此與禁慾生活之基礎雖不相容，然與基督教並不衝突。彼雖仍屬羅馬教徒，而對於僧侶，則加以攻擊。

（二）佩脫拉克之自信力特強。此種自信力實含有倨傲之意，蓋彼在其著作中屢好提及余字也。彼不主張依賴上帝，惟恃一己之能力與權力。

（三）佩脫拉克之意見，以爲其自己與古人同類者之間，具有一種活潑之關係。自彼觀之，希臘羅馬之文化，并非過去之陳迹，其詩人及思想家已復活，與彼儼若比鄰。佩氏之愛慕過去，幾乎已由愛慕而達於熱狂矣。

（四）佩脫拉克對於當時之人士，影響實大。彼並非一地一國之人物。世人恆奉之爲「歐洲之學者」。當時之君主，對於佩氏競相賚賜。威尼斯之元老院吏許佩氏以遊覽全市之自由，巴黎大學與羅馬市府均贈之以桂冠。

「人文主義」與「人文學」之意義

佩脫拉克之同志及門徒，均大爲古代作者如維爾基（Virgil），霍拉斯（Horace），西塞羅（Cicero）等所充滿之活潑新奇之人生觀所引動。各學者稱此種新發現之妙趣曰人文（humanitas），而自稱曰「人文主義派」（humanists）。彼等所研究者爲人文學（litteroe humaniore），包含希臘拉丁語及文學有時且包括宗教以外之歷史。關於此等學問之研究事業，則稱爲人文主義（humanism）。

佩脫拉克本人精於拉丁文，而對於希臘文則極不注重。然約在本世紀末葉，有多數希臘大學者由君士坦丁堡與希臘渡亞得里亞海而赴意大利，並有克里梭洛拉斯（Chrysoloras）其人創一希臘文學校於佛羅倫斯註一。自是而後，關於拉丁文與希臘文之研究，進步極速。各僧院亦悉搜羅古代之抄本。收藏古典書籍之圖書館亦設立。古代之許多名著久已遺失者，現均被發

註一 此在一四五三年土耳其人佔取君士坦丁堡以前。

現，而貴之如至寶焉（註一）。

人文主義與基督教

最初，人文主義爲彼熱烈之神父所反對，蓋彼輩恐異教文學之復興，對於基督教或當發生不健全之影響也。但人文主義派日後漸受寬容，甚至受鼓勵。及至最後，教皇中亦有數人擁護人文主義，十六世紀初之茹留斯二世及立俄十世其最著者也。立俄十世之父爲著名之洛倫佐，曾資助人文主義派，並設立大藏書館於佛羅倫斯，以收藏古代之希臘文與拉丁文作品。立俄十世對於新學問不僅提倡，同時且以身作則。彼酷嗜音樂與戲曲，美術與詩歌，並對於古代之名著與當代人文學者之創作，莊諧同賞。總之，彼對於一切方式之生活，皆遍好之。

人文主義之廣佈

當十五世紀及十六世紀前半期，人文主義之熱潮在意大利已達頂點，逐漸傳播於他國，最後遂成爲歐洲十六世紀時代之思想精神。約當十五世紀中葉，英格蘭與法國，已教授希臘文。一四九四至一五四七年之間，法王查理八世，路易十二及佛蘭西士一世等所派赴意大利之遠征隊，又使法國人與人文主義相接觸。迨德意志各重要大學勃興後，人文主義者亦聯袂而赴神聖羅

註一　達西他斯（Tacitus），西塞羅，昆逿連（Quntilian），柏羅他斯（Plautus），拉克勒秀斯（Lucretius）等久已遺失之作品，重行發現，即此時期中之事。

馬帝國。　十六世紀基督教歐洲卽完全受人文主義之支配，已如上述矣。

十六世紀人文主義派之要人伊拉斯穆

伊拉斯穆爲當時學者之巨擘，亦卽十六世紀人文主義派最重要之人物，知識界之公斷人也。伊拉斯穆（一四六六——一五三六）生於尼德蘭之鹿特丹，但在德意志，法國，英格蘭，意大利及瑞士等處經歷長期之勤苦生活。　嘗在教會任使徒聖品級(holy ordars)，得神學博士學位。但其所以得享盛名者，究因好學不厭與著作宏富之故。　伊拉斯穆之成爲國際偉大之人物（歐洲之學者，（甚至凌駕佩脫拉克之上。一時名人碩士咸與之有書信往來。　當時之人物如威尼斯著名之出版家馬拿秀斯，英格蘭著名之政治家兼學者模爾，教皇立俄十世，法國之佛蘭西士一世，英格蘭之亨利八世等，莫不與之友善。　彼一時且在巴黎主持新創之法蘭西學院（College of France)焉。

關於伊拉斯穆之著作一部分（新約之希臘文譯本及愚之讚美一書），前已提及。　彼在諷刺之對話格言錄(Adages)與語錄(Colloquies)中，常表現其特別之智慧與聰明。　彼好以諷刺與詼諧之態度，鄙視多數教士之愚昧與妄信，而對於僧侶尤甚。　彼對於任何人莫不加以譏笑，卽對於自身亦然。　嘗謂『文人實似法蘭逵之花氈，惟遠觀時著其效耳』。

人文主義與新教

伊拉斯穆最初本與路得友善，後因反對宗教革命甚力，故卒攻擊路得及全部新教運動。彼始終未曾與激烈派之改革家合作，最後惟從事於研究其所愛讀之作品，而僅爲酷嗜拉丁文者而已。

伊拉斯穆所以反對新教運動，其主要原因蓋恐路得在羅馬教歐洲所鼓動之神學風潮，致不存偏見之學者精神（人文主義之精華）必將因之破壞。故歐洲人文主義派之要人，如英格蘭之模爾，丹麥之黑哲生，及伊拉斯穆本人，均仍爲羅馬教徒。當十六世紀，意大利多數之人文主義者對於全部之宗教懷疑之時，意大利幷未變爲新教國，仍隸屬於羅馬教會焉。

人文主義之衰替

自十六世紀以來，漸有多數之人物興起，彼輩在前一代必當從事於拉丁文或希臘文之研究者，現則壹意於神學之討論，或道德之解釋。姑不論加爾文教徒與路得教徒間，或長老會教徒與公理會教徒間之爭論，卽羅馬教徒與新教徒間宗教上之爭論，已致當時人士之精力多集中於此，而人文主義派亦大受其滋擾矣。實際上，吾人可謂自十六世紀後半期起，人文主義已漸不復爲一種智慧上獨立之興趣。但人文主義幷未消滅，因其與他種興趣混合，故自是以來，仍與他種興趣同時保留。

人文主義由十四世紀佩脫拉克播其種，而由十六世紀伊拉斯穆收其果，至今在歐美之高等教育中仍永存弗替。歷史的『人文學』（拉丁文希臘文與歷史）在今日之專門學校及中學校中莫不列爲課程。此皆十六世紀在智慧上主要興趣之貢獻也。

第三節　十六世紀之美術

人文主義與美術之復興

希臘羅馬文化與趣復興所生之影響，曾支配十四至十六世紀之歐洲思想。其影響所及，不限於文學與愛好文學者之外部生活（搜尋僧院以求遺書精心研究古代之學問有意模仿古代之行爲），卽在美術上亦有驚人而多方面之發展。

中世紀之美術，實不脫基督教之窠臼。蓋此時之美術，均係從羅馬教會之教義與信仰中產出，且與基督之生活不能分離。如峨特式華美之教堂及其高聳之屋頂與尖塔，奇怪之木石等雕刻品理想之英雄畫像，及關於人類墮落與贖罪等故事之繪圖，華麗之彩色玻璃，教堂中之風琴樂譜等，凡此皆足以表示中世紀基督教崇高之思想。但人文主義則使人類回想前此曾有一種不涉空想而較簡樸與謹嚴之美術存在。凡讀希臘文與拉丁文之作品者，對於異教文化之各方面，皆特別重視。

因此，在十五十六兩世紀，歐洲之美術已經過一種變遷。當中世紀特有之文化仍多保存之時，因古代美術之復興，致文明愈以豐富。無論畫家，雕刻家及建築家，現均不專以基督教式之名家作品爲模範，且多摹仿異教的希臘羅馬之模樣。此兩種形式之發展，漸趨接近，其結果卒互相混合（即將古代之美術模樣適用於基督教之習慣上），而美術上遂別開生面。

自十五六世紀美術特別發達以來，人類愛美之心繼續不斷，以至今日。如謂十六世紀爲近代式美術生活之基礎，與其爲近代新教主義或世界帝國之基礎同，實非過甚其辭也。商業上宗教上之革命，與美術上之新時代實同時開始，致建築，雕塑，繪畫，契刻，音樂等之一切美術，無一不受其影響焉。

建築學

建築方面原來用崇高之峨特式者，現則用古代希臘神廟之直行樸素之外形，或用羅馬圓屋頂之文雅柔美之曲綫形。原來用尖形之拱者，現則用圓形。古代希臘之建築式如鐸利安式(Doric)，伊屋尼亞式(Ionic)，古林多式(Corinthian)等，久已遺忘，現復用以裝飾簡樸均齊之建築物。新式之建築術，在教會屋宇或其他之建築物上，莫不應用之。其尤著者，或即十六世紀建於羅馬之聖彼得大禮拜堂。此乃當時美術大家之所規劃者，如拉腓爾（Raphael）及米克蘭哲羅（Michelangelo）皆是也。

意大利之建築

希臘羅馬建築術之復興，亦如人文主義，起源於意大利。此種建築術在意大利半島之諸城，因殷富之君主與貴族提倡，大見採用。但此種建築術亦若人文主義，廣布於他國，且對於他國發生深刻之影響。吾人前已見及，當十六世紀中，意大利諸邦日尋干戈，以致恆受外國之干涉。但意大利在政治上雖被征服，而在美術上則反見勝利。意大利諸城雖爲外力所屈服，而其建築家則征服歐洲，使基督教諸國一時均受其美術之支配。

法國之建築

在法國，此種建築術之復興，殆爲查理八世，路易十二及佛蘭西士一世等之戰爭所促進。蓋法國人士因此等戰爭之故，得以參觀意大利之建築物，結果則羅致意大利之多數美術家以至法國，而希臘羅馬式之建築物，在法國不久卽甚風行。多數之公共建築物中，均採用長而平行之綫形，著名之盧維爾（Louvre）宮殿卽其顯例。此宮始建於佛蘭西士一世在位之最後一年（一五四六年），今日仍爲世界最大美術中心之一焉。

其他各國

當十六世紀後半期，新式之建築術亦輸入西班牙，大受腓立二世之獎勵。約在同時，尼德蘭

之建築

與德意志諸邦亦有新式之建築物出現。　在英格蘭，十六世紀時尙無新式之建築物，迨一六一九年，始有一著名之建築家伊尼哥準茲(Inigo Jones)，一五七三——一六五二)曾規劃並建築一古雅之宴會廳於白宮(Whitehall)。　迨十七世紀後半期，因克里士多弗勒恩爵士(Sir Christopher Wren)一六三二——一七二三)建一莊嚴之聖保羅大禮拜堂於倫敦，而新式之建築物始盛行於英格蘭。

雕塑

雕塑恆與建築相連，故建築術一有變遷，雕塑術必隨之而變，自無足怪。　意大利在十四世紀時，關於雕塑即有新運動發生。　此乃因受古代紀念物之影響所致，蓋古代之紀念物在意大利半島所存尙多，而人文主義派又對之深加注意也。　十五世紀時，即有從事於古物之搜集者。　佛羅倫斯之米底奇族對於此事尤爲注意，不惟熱心搜羅古代之美術作品，並獎勵研究其模樣。　此時之雕刻，無論就其模樣或題材而言，均愈好沿襲希臘羅馬之舊。　十五六世紀意大利之雕像術，與紀元前第五或第四世紀雅典人之雕像術實相類似。

倡導新雕塑術最重要之人物爲基白遏(Lorenzo Ghiberti，一三七八——一四五五)。其在佛羅倫斯之洗禮所所建之門，深爲米克蘭哲羅所讚賞，至謂其「足以豎之天堂入口」。　較基白逷年齡稍幼者有多拿德羅(Donatello 一三八三——一四六六),其作品中有一威尼斯之聖馬可教堂(St. Mark)寫實像。羅比亞之盧加(Luca della Robbia 一四〇〇——一四八二)則用燒石雕刻別樹一幟以形式單純與外貌簡樸著稱。關於墓碑之雕刻在十五世紀已開其端緒,其規模之宏壯至十六世紀基阿華尼格列佐威斯康湯(Giovanni Galeazzo Visonti)宏大之墳墓而達於極點。此人卽米蘭之威斯康湯(Visconti)王族之開創者也。米克蘭哲羅本人不惟以繪畫與建築著名且以雕塑著名,嘗在佛羅倫斯製大維(David)之首像,其莊嚴殆無與倫匹。古代雕塑之模樣在十六世紀既甚流行,而雕塑之題材亦漸多取材於異教文學中。古代羅馬著名之人物及希臘之神話,皆爲此時雕塑家所用之題材焉。

新雕塑術之傳布於意大利以外,較之新建築術甚至更爲迅速。亨利七世嘗聘意大利之雕刻家至英格蘭。路易十二亦嘗奬助路拿多(Leonardo da Vinci)而佛蘭西士一世且聘之至法國。西班牙王腓迪南與伊沙白拉之王陵卽係摹仿古代之模樣者。德意志新式之雕塑,在路得以前卽已著名。至在歐洲各處實際上當十六世紀皆已有之矣。

繪畫

繪畫又與雕刻相連。十六世紀以前,雖亦有用木板繪圖者,但大多數之繪畫,均直接繪於教堂或居室之壁上，稱爲壁畫。然至十六世紀，以布木板或他種材料繪單獨之圖形者已甚通行。繪畫之所以進步並非如雕刻與建築進步之多由摹仿古代之模樣，因繪畫爲美術品中之最易消滅者，故古代希臘與羅馬繪畫之標本多已遺失矣。但彼美術家之對於建築與雕刻有興趣者，對於繪畫亦莫不然。且繪畫因受古代傳統之束縛較少，故在十六世紀中，更達於盡善盡美之境，任何他種相關連之美術均莫能逮焉。

近代之繪畫實產生於意大利。意大利有四大名家，即略拿多，米克蘭哲羅，拉腓爾，遏先(Titian)是也。前二人不惟以繪畫著，即對於建築與雕塑亦甚著名，後二人則僅爲畫家而已。

略拿多

略拿多(一四五二——一五一九)出生並肄業於佛羅倫斯，先後受米蘭之斯佛爾撒族，佛羅倫斯之米底奇族，及法國諸王之獎助。其著名之畫——聖餐(Holy supper)與聖母(Madonna Lisa)常稱基峨康達(La Gioconda)——對於配合之術及光暗顏色之學，造詣均甚深。彼實爲科學之畫家，嘗細心研究佈景法，並力求應用於實際。彼又爲雕塑名家，常雕陽文馬形，極其生動。又嘗爲工程師，開一運河於北意大利，並築許多堡壘於米蘭附近。同時彼復爲音樂家與格物學家。此多材多藝之人且好作奇巧之機器。路易十二某日遊米蘭，偶見一人造獅，咆哮而前，繼則箕坐而現其胸部之法國紋印，此卽略拿多之作品也。略拿多對於當時影響之大，爲其他任何美術家所不及。彼著作宏富，門徒亦衆。晚年居法國受佛蘭西士一世之年金。其在法國提倡繪畫，亦如在意大利。

米克蘭哲羅

米克蘭哲羅（一四七五——一五六四）與略拿多同係佛羅倫斯人，或且爲美術家中之最奇特者，因其無事不勝於人也。通常所謂『博而且精』者，惟彼庶足以當之。彼對於繪畫，雕塑均稱第一流名家，又爲大建築學家，工程師及詩人，而於剖解學及生理學亦研究甚精。彼恆居佛羅倫斯與羅馬二處，一方服務於米底奇族，一方在愛好美術之教皇下供職。彼天資穎慧，爲人嚴肅，品性正直，忠愛其本城與人民，並富於獨立性。本書限於篇幅，不能詳述其事業。至其作品，有在羅馬爲茹留斯二世所建之墓碑，及其在佛羅倫斯爲大維所製之巨像，皆其雕塑品之代表也。有聖彼得大禮拜堂，亦其不朽之紀念物也。有羅馬西斯丁禮拜堂(Sistine Chapel)中之壁畫，描寫聖經中之故事，由創世紀以至洪水篇，此實爲畫中之最奇妙者。有關於最後審判(Last Judgment)之大壁畫，此或卽世界最著名之單幅圖畫也。

拉腓爾

拉腓爾（一四八三——一五二〇）較米克蘭哲羅年幼，享壽亦僅及其半。然對於繪畫，則其配合之適宜與畫線之優美，均超過之。　就優美而言，『神妙』之拉腓爾在當時實無倫匹。　拉腓爾嘗仕羅馬，受茹留斯二世及立俄十世之獎助。　並爲教皇粉飾其教皇廳之宮殿，費時至數載之久。　彼雖曾建築聖彼得禮拜堂，並好研究雕刻與考古學，但今人則推之爲近代最大之畫家。其生活極其安富尊榮，與王侯相埒。

遏先

遏先（約一四七七——一五七六）爲威尼斯畫派之代表，以喜用鮮明色彩見稱。　彼嘗爲威尼斯政府之畫師，又受皇帝查理五世及西班牙王腓立二世之獎功，故名利雙收。　彼不似略拿多或米克蘭哲羅之多材多藝，其所擅長者爲油畫。　就配合，光線，顏色三者而言，則其作品實非他人所能及。　其所繪腓立二世之肖像，曾被送至英格蘭，對於西王向馬利條達求婚之成功，厥功匪小。　關於脫蘭德宗教大會之名畫，則係此老藝術家約於一五五五年參觀此大會以後之所繪者也。

繪畫係以意大利爲中心，由意大利而傳至歐洲全土。　意大利之畫家嘗由路易十二與佛蘭西士一世聘至法國，獎助本國畫家摹仿之。　腓立二世在其領內對於繪畫亦極力獎勵。

達賴爾

在德意志，繪畫之進步，實由於達賴爾（Albrecht Dürer 一四七一——一五二八）之力。

此人生於努勒堡，嘗因意大利之作品而受鼓勵，且受皇帝馬克西米連之獎助。達賴爾之一生，極其榮幸。彼與當時之名家，莫不友善，且嘗訪伊拉斯穆而爲之畫像。但其所以著名，究爲雕刻而非繪畫。其最著之雕刻品如武士與死(Knight and Death)及書齋中之聖耶洛姆(St. Jerome in his Study)，爲新美術之標準，永非後人所能望其項背也。雕刻實爲最有用的美術之一，其最初大見應用，係與印刷術之發明同時。因書籍足以促進人類思想之發達，低廉與傳佈，故銅板或木板之雕刻亦足以促進圖畫之發達，低廉與傳佈。蓋圖畫乃能描寫思想而對於不能讀書之人更可用以代替書籍也。

繪畫之如此進步，直影響及於十六世紀與十七世紀之大半。但其地點則由意大利而移至西班牙之各地。且腓立二世以後之西班牙王，對於雕刻家莫不獎助，如比領尼德蘭之拉般斯(Rubens 一五七七——一六四〇)與桓提克(Van Dyck 一五九九——一六四一)，或西班牙本國之維拉斯揆(Velasquez 一五九〇——一六六〇)與穆里洛(Murillo 一六一七——一六八二)等，皆嘗受其獎助者也。

拉般斯與桓提克

拉般斯之作品，縱未能表現前期意大利作品之優美，但善於描寫純粹空想之圖形。彼關於此等圖形，所繪極夥，其中尙多有保留於今日巴黎之盧維爾畫圖陳列館中者，此乃受法國王后米底奇之馬利耶 (Marie de' Medici) 與國王路易十三之託而繪成者也。桓提克對於畫像之藝術，可謂登峯造極，其所繪英王兒女及查理一世之肖像，馳名於世。

維拉斯揆

前世紀之美術評判家，多以爲維拉斯揆前此太被輕視，謂其藝術天才應與意大利第一流名家並列。其所有之作品，誠然莊嚴有力，最能動人，尤以宮娥 (Maids of Honor) 一畫爲最著名。此畫所繪者乃一西班牙嬌小之公主坐朝聽政，侍女矮人及猛犬環繞四周，而立於畫架之側者，則畫者本人也。維拉斯揆最後之事業，在監製紀念西班牙公主與法王路易十四結婚典禮之裝飾品。

穆里洛

穆里洛爲以上各大畫家中之最幼者，平生爲羅馬教會繪畫最多。其所繪之題材，自然與宗教均有關係也。

勒布蘭德

與以上各畫家不同而別樹一幟者，則有荷蘭人勒布蘭德 (Rembrandt，一六〇六——一六六九)，乃嘗在來丁 (Leyden) 與亞姆斯特丹二城度困苦之生涯者也。須知荷蘭人當從事於獨立商業及殖民事業之時，已篤信新教。彼等對於與古代異教有關，或與羅馬教中世紀聖徒故事有關之事，均不復認爲美術上適宜之題材。勒布蘭德爲新派之表率，故常描寫人類實際之生活，及與人類有關之事物，如當時地方官之肖像，羣衆娛樂之圖形，舊約中莊嚴之故事皆是。彼所繪解剖課 (Lesson in Anatomy) 及夜更 (Night Watch) 二畫，均配以暗淡之背景，乃其寫實之傑作也。

音樂

繪畫亦如建築與雕刻，在十六世紀之意大利，其進步已登峯造極，不久並爲歐洲之基督教國所共有。音樂爲美術中之歷史最悠久而普遍者，近代之音樂亦多形成於十六世紀。凡中世紀粗劣之樂器，至此多所改良。中世紀之三弦琴 (rebeck) 註一，聲調既高，又復粗大，前此多以爲鄉村跳舞之用，現則增加第四弦，其形式亦略有改良，遂變爲聲調最佳之四弦提琴 (violin)，乃近代最重要而珍貴之樂器也。此時復知於古箏上裝置樂鍵盤，可使其音階增至四倍，且每一音符之弦絲可使餘音延長至二倍或四倍。此種樂器，卽今日大洋琴之前身也。

巴勒士特里拿

巴勒士特里拿 (Palestrina, 一五二四——一五九四) 精於作曲，嘗爲教皇之樂師及歌班之長。彼實應奉爲近代宗教音樂之始祖，羅馬教會沿用其所創之音調者歷四百年之久。二十世紀，有某教皇謂其音樂仍無與倫匹者，並令各處採用之。巴勒士特里拿對於十七世紀意大利

註一　三弦琴蓋係從回教徒處傳來。

之音樂，與夫十八世紀德意志之古樂，多有直接之影響焉。

第四節　十六世紀之民族文學

拉丁語與土語

拉丁語爲中世紀學術上通用之語言，如教會，大學，文雅社會，莫不用之。教師講學，學者著書，皆用拉丁語。但在中世紀時，西歐各民族已演進各種之白話，與古典學者所用之文言迥殊。此等所謂土語，不常見諸文字。且歷時甚久，仍僅爲下層階級表情達意之用。因之不惟彼此之間不同，卽在同一土語之內，亦恆因地域而發生差異。因此等土語不常見諸文字，故恆不固定。迨印刷術發明以後，始能由各民族之語言產生民族文學。

恰當印刷術發明之時，人文主義派（歐洲第一流學者）均藉提倡研究異教之古典文學，而致力於鞏固拉丁文之地位。維爾基，西塞羅，愷撒（Caesar），達西他斯等之著作以及拍羅他斯與脫蘭斯（Terence）之喜劇，均復爲智識階級所誦讀，摹仿其內容與體裁。佩脫拉克之信札，恆摹仿拉丁古文之體裁。伊拉斯穆亦用拉丁文以著書。希臘文之復興，亦係因人文主義派之倡導所致，此更增加文明人之學問與文學。但希臘文較之拉丁文，甚至更不易爲大多數之人士所了解或重視焉。

降及十六世紀，則有美術之進步，民族之競爭，遠地之發現，神學上之爭論，社會與宗教上之騷擾。一般民衆，尤其爲從事於商業之中產階級，莫不要求智識，結果遂致民族文學紛紛出現。現與拉丁文並行者，有意大利語，法蘭西語，西班牙語，葡萄牙語，德意志語，英吉利語等之眞正文學作品出現。自是以後，拉丁文僅限於羅馬教會之禱文以及專門學術之論文用之而已。各種民族文學之作品既經印刷，而各民族之語言遂因之改變甚微。故自十六世紀以來，見諸文字之土語，其變遷比較甚少。概言之，近代最著名之各種語言，均確定於十六世紀。

若欲對於十六世紀用土語著書之一切重要作者，皆加以評論，原屬於專門之比較文學史範圍。但對於各國特出之作家略加敍述，亦可想見此時民族文學之重要。

意大利文學

於此，吾人對於意大利須先視爲例外。蓋意大利之詩歌與散文在十六世紀前百餘年已因但丁，佩脫拉克，波加西阿（Boccaccio）等之提倡而永垂不朽也。近代意大利文學之發達，實先於其他各國，與各種美術正同。就政治上言，意大利幾爲歐洲最後統一之國家，但首先發展一種偉大之民族文學焉。

顧意大利之文學，亦係因十六世紀有勢力之作者數人而推廣與平民化。其中之最著者，有佛羅倫斯之外交家瑪基維里（一四六九——一五二七），其所著君道論（Prince）一書，實爲近代政治學之創始。瑪氏且倡導危險之學說，謂君主欲行仁慈專制主義，可不擇手段以達其目的。又有亞里阿斯多（Ariosto，一四七四——一五三三）其所作奧蘭度之狂怒（Orlando Furioso）一詩，實同時表現一種希奇而精美之風味，及一種絕大之想像力。又有達梭（Tasso，一五四四——一五九九）者，不幸而狂，嘗著耶路撒冷之被救（Jerusalem Delivered），其中作一長篇之敘事詩，將維爾基之體裁應用於十字軍之題材。彼幷於所著亞門達（Aminta）中作一快樂之牧情戲劇，其中美妙之抒情詩，在樂劇中仍久歌之。

法國文學

法國之文學亦如其美術，係爲佛蘭西士一世所提倡。彼嘗設印刷館，創法蘭西學院，對於本國之作家賜以年金。其時法國最著之作家有拉伯勒（Rabelais，約一四九〇——一五五三），滑稽多智，所著之加甘泰（Gargantua），包括多數果敢之幻想故事，而以一種平凡之滑稽筆調出之。其中之語句，頗多古奧——加爾文所著基督教制度之法文譯本，或爲十六世紀法文中較優良之代表作品。但法國之民族文學，現雖開始，而其最盛時代，實在十七世紀，即至法國國家學會

(French Academy) 之創立及路易十四時代是也。

西班牙文學

西班牙之文學以畫家維拉斯揆與穆里洛在世之時代爲極盛。塞爾桓特 (Cervantes，一五四七——一六一六) 因其所著之吉訶德先生 (Don Quixote，於一六〇四年刊行) 致聲名大噪，列於古今最大作家之林。羅白 (Lope de Vega，一五六二——一六三五) 爲最著名之詩人，西班牙之戲園實由其始創，且相傳其所作之戲劇達一千八百篇之多。加德倫 (Calderon，一六〇〇——一六八一) 之戲劇，雖無足道，然其寓意詩實無與並美者。此等作品因印刷術發明，出版便宜之故，致西班牙文學不久卽趨於平民化。

葡萄牙文學

新土語文學與民族生活中重要因素，其關係之密切，尤可於葡萄牙見之。葡萄牙詩聖加模恩 (Camoens，一五二四——一五八〇) 所作之盧西亞慈 (Lusiads) 史詩，卽詠法斯哥達加馬之探險事業者也。

德意志文學

在德意志諸邦，最初因人文主義之勢力特盛，故土語文學不能發達。但新敎改革家馬丁路得因欲喚醒一般民衆，故其著書不用拉丁語而用德意志語。路得之聖經譯文，對於近代德意志語之興起，實爲最重要之紀念品。

文化之兩重發展—科學與美術

英吉利語與文學所受十六世紀之影響，似無庸贅述。十四世紀中綽塞爾(Chaucer)之通俗著作，就歷史上言，固甚重要，但因其用字古奧，故今人已不易閱讀。顧英格蘭自一五五一年模爾描述理想世界之烏託邦(Utopia)英譯本出世註一，以至一六六七年密爾登(Milton)之偉大敘事詩失樂園(Paradise Lost)刊布，文學上之名著繼續出版。有克蘭麥之公共祈禱書。有國王詹姆士之譯本聖經(Version of the Bible)。有斯賓塞(Edmund Spenser)優美之仙后(Faërie Queene)註二。並有至聖莎士比亞(Shakespeare)，彭若生(Ben Jonson)，馬洛偉(Marlowe)，佛蘭西斯培根，虎克(Richard Hooker)，霍布士(Thomas Hobbes)，德羅爾(Jeremy Taylor)，以及騷人密爾登本人之作品。

第五節　近代自然科學之開始

人類之文明或文化，恆依理智與情感兩方面之進步而產生。美術爲後者之表現，科學則前

註一　其原書本用拉丁文，一五一六年出版。

註二　其佈局與結構，均仿自亞里阿斯多之奧爾度之狂怒一詩，又表示受有達梭之影響。

自者之表現也。是以世界史上之每一大時代，均依美術之提高與知識之進步而分界，十六世紀亦不能有例外。因十六世紀不惟對於建築雕刻繪畫音樂文學（無論羅馬希臘或土語文學）等，有驚人之進步，且爲近代自然科學及實驗科學思潮極明顯之起點也。

今日人皆以科學爲人類進步之正規方法與適當目標，今日學校中大部分之課程，亦皆爲科學之研究。但此種精神，實爲近代精神，且係因受十六世紀與十七世紀前半期種種重要事蹟之激勵而產生者也。

十六世紀科學之特色

十六世紀因有五種原因，故其科學色彩特別濃厚。第一，人文主義派關於古代抄本之校對及古代歷史之研究，嘗提倡一種批評精神。且彼輩關於異教著作之發現與研究，不惟使十六世紀之智識階級對於希臘人羅馬人在哲學美術文學上之成就藉以明白，即對於其在天文學物理學數學醫學上之成就，亦莫不然。第二，印刷術之發明，其自身即爲科學上之一種成就，且因其應用之推廣，遂致科學家亦能如美術家使其理想與推論法傳播迅速。第三，因通印度之新航路與新世界之發現，不惟使歐洲商業發生革命，即地理智識亦大有進步，並有科學的地圖出現。第四，因少數學者致力研究之結果，致吾人第一次得以略窺宇宙之眞正性質，此實爲近代天文學之科學的基礎。最後，當十七世紀初期，有二大思想家佛蘭西斯培根與笛卡兒（Descartes）指出推理之新方法，此卽近代之科學方法也。

關於十六世紀海上之發現及此時智慧上興趣擴大之直接結果，本書前已述及。關於人文主義之興起及印刷術之發明本章亦已略加說明。至於天文學及科學方法之變遷而爲近世紀初期之特色者，則尙未敍述，不可不略言之。

天文學

當一五〇〇年，歐洲之一般人士對於日月星辰之象，雖略有所知，但較古代希臘人之所知者無甚進步，且其主要之用處，不過在預測將來而已。此種實際方面之天文學原出自古代一種錯誤之觀念今日稱之爲星學。當十六世紀以前，人人咸以爲天上之星辰，對於人性與人事，均能操縱註一。且以爲當人誕生之時，若藉占卜而觀察星辰之象如何，則其人後日之事業，卽可預知。種種愚昧之觀念及迷信，均因星學而產生。此種習慣，迄今尙未消滅。查理五世與佛蘭西士一世作戰之時，彼此均聘著名之星學家於軍中，米底奇之加察林亦恆研究算命之術不倦。

註一　疾病歸咎於星辰之力，此種醫藥與星學之關係，存於木星第四座（Jupiter ♃）之圖像中，今藥單之端仍有標此星者。

「多勒米宇宙論」

在中世紀最著名之學者關於天文之智識，均承襲希臘人之舊說，此種知識乃係紀元二世紀時住於埃及之著名數學家兼學者多勒米之所搜集而整理者也。多勒米謂地球爲宇宙之中心，月，水星，金星，日及其他之行星恆星則繞之旋轉。彼並以爲全部星球之旋轉極速，每二十四小時繞行一次。此種所謂多勒米宇宙論（Ptolemaic system），與聖經所載及一般人士之成見甚相符合。蓋二者亦以爲地球不動，而日月星辰則每日起落。故歷數百年之久，基督教徒多承認多勒米之意見幾爲神之所默示焉。

「哥白尼宇宙論」

但至十六世紀，關於太陽系則有一種相反之學說產生。至十七世紀中，則多勒米之學說幾完全被其推翻。此種新宇宙論，因從其創始者之名，故稱爲哥白尼宇宙論（Copernican system）。此說大得一般人士之承認，幾致星學有爲之消滅之勢，而使天文學建築於一種合理之基礎上。哥白尼（原名 Koppernigk 拉丁文作 Copernicus，一四七三——一五四三）爲波蘭人，嘗供職於羅馬教會，同時又好研究天文學。彼僑居意大利凡十年（一四九六——一五〇五），研究教會法與醫學。彼且因從人文主義派大師求學，藉悉古代希臘天文家之學說，故對於多勒米之宇宙論發生懷疑，並欲另求眞理以代之。嗣後彼殫精研究，多歷年所，但至其逝世之年（一五四三年）,始將研究之結果,公布於世。其所著之天體旋轉論(On the Revolutions of the Celestial Bodies)一書嘗獻之於教皇保羅三世,另創一種學說,謂地球並非宇宙之中心,而爲繞太陽旋轉的行星之一。因此地球之地位,在哥白尼之所謂宇宙中,似遠不如在多勒米之所謂宇宙中之重要矣。

克普勒

哥白尼之論說,至十七世紀初葉,得二大天文學家之擁護並藉之發揚光大,此二人者即德意志之克普勒(Kepler 一五七一——一六三〇)與意大利之加利略(Galileo 一五六四——一六四二)也。克普勒在格拉仔(Gratz)教授天文學多年,後移居巴拉叩(Prague)。其在此地因得許多儀器註一,故能從事於種種有趣之實驗。彼關於『天體之運行』,雖懷許多空虛玄妙之學理,且不恥爲皇帝及投機軍人瓦蘭斯太因(Wallenstein)註二占卜命運,然彼關於近代之天文學卒創立幾種之基本定律,例如關於行星軌道之形狀與大小之定律是。說明行星繞太陽旋轉之軌道爲橢圓形而非精密之圓形者,即克普勒也。

註一 係得自伯拉希(Tycho Brahe),蓋哥白尼在一六〇〇至一六〇一年嘗爲其助理。

註二 參看下文第六章。

加利略

加利略嘗將哥白尼之學說廣布於世註一。彼自一五九二至一六一〇年，均講學於巴士亞（Padua）大學因其講學時聽者之衆，故特設一能容二千人之講演廳。一六〇九年彼製成一望遠鏡，其效力雖僅等於今日之雙筒千里鏡，然藉此亦可測知太陽係繞軸而旋轉，木星更有旋轉之衞星隨之，哥白尼宇宙論中之道理，遂因此而確立。但加利略不幸因急欲使教皇相信其說，故與羅馬教庭發生糾紛，致其學說不得發表。彼爲忠實教徒，卒爲教令所屈服。設彼長生百年，必將樂觀其成，幾乎一切智識階級（包括教皇）皆進而承認其結論。故近代之天文學實爲哥白尼所創始，克普勒所闡揚，而爲加利略所傳播焉。

近代的科學方法——歸納法

關於天文學及他種科學眞確知識之獲得，根本上係由於觀察自然界之事實或現象，然後由觀察所得而推出合理之結論。但此種貌似簡單之規則，在十六世紀以前之任何時代，均未繼續切實應用。中世紀及古代學者所用之科學方法，大都同爲亞里士多德之演繹法註二。所謂演繹法者，係假定用作前提之某種普徧原則爲出發點，然後用推理方法，由此推出具體之斷案。

註一　傳布哥白尼之學說者尙有伯拉諾（Giordano Bruno，約一五四八——一六〇〇）。

註二　中世紀有科學家與哲學家數人爲例外，此包括十三世紀時佛蘭西斯坎派僧侶羅哲爾培根（Roger Bacon）。

種方法之優點，在足以增進推理之能力，並指示人類以求出正確結論之方法。但其缺點，在不能發明普偏之新原則。神學與經院哲學，均曾因此種方法而闡明。至於自然實驗科學，則在佛蘭西斯培根發明歸納法以補助亞里士多德之演繹法以前，其進步實比較甚少。

佛蘭西斯培根

亞里士多德一面為激烈人文主義派所擯棄，彼輩對於中世紀極力摹仿亞里士多德之學者，恆加以嘲笑。一面又為新教改革家所擯棄，彼輩對於由亞士里多德之演繹法而創出之羅馬教神學，嘗大加攻擊。但指出古代方法之一切缺點，而創出一種實用之方法以補救之者，則為佛蘭西斯培根，即世所稱之培根爵士（Lord Bacon，一五六一——一六二六）也。培根為法律名家，詹姆士一世時代曾任英國之大法官（lord chancellor）。彼且為天生之科學家及著名之論說家，著有數種最重要之哲學作品，如知識之進步（Advancement of learing，一六〇四年），及新方法論（Novun Organum，一六二〇年），即其最著者也。彼在此等著作中，將古代與中世紀思想界之種種缺點，因當時知識之擴充而發現者，均大略指出，並詳述先觀察事實然後以觀察所得作前提而推出普偏原則之必要。

笛卡兒

法國天才笛卡兒（一五九六——一六六〇）對於科學方法注重事實之觀察，甚至在培根之上。彼篤信羅馬教，同時又倡唯理主義。其足跡遍歐洲，嘗在尼德蘭，巴華利亞，匈牙利諸國從軍，居於荷蘭而死於瑞典。其心靈亦如其肉體，殆無時或息，有時喜攻數學，有時喜攻哲學，有時又專攻物理學，或從事於證明人類之生存。彼始終相信科學不能依賴書本上之智識，而當依賴事實上之觀察。嘗有訪彼者，彼指籠中之兔告之云：『吾書在此』，蓋彼將取而解剖之也。其所著方法論（Discourse on method，一六三七年）及哲學原理（Principles of Philosophy，一六四四年）二書，實與培根之著作共同促進一種新科學時代。關於此時代以後之情形，在以下各章即當述及也。

課外讀本

關於文藝復興者：

普通者：

1. *Cambridge Modern History*, Vol. I (1902), Ch. XVI, XVII

2. *Histoire générale*, Vol. IV, Ch. VII, VIII, Vol. V, Ch. X, XI.
3. E. M. Hulme——*Renaissance and Reformation*, 2d ed. (1915), Ch. V-VII, XIX, XXIX, XXX.
4. Jakob Burckhardt——*The Civilization of the Period of the Renaissance in Italy*, trans. by S. G. C. Middlemore, 2 Vols.
5. J. A. Symonds——*Renaissance in Italy*, 5 Parts in 7 Vols. (1897–1898).
6. Ludwig Geiger——*Renaissance und Humanismus in Italien und Deutschland* (1882).
7. F. X. Kraus——*Geschichte der christlichen Kunst*, 2 Vols. in 4 (1896–1908).

關於人文主義者：

1. J. E. Sandys——*A History of Classical Scholarship*, Vol. II (1908).
2. H. C. Hollway-Calthrop——*Petrarch: his Life and Times* (1907).
3. J. H. Robinson and H. W. Rolfe——*Petrarch, the First Modern Scholar*

and Man of Letters, 2d ed. (1914).

4. Pierre de Nolhac——*Petrarque et L'humanisme*, 2d ed. 2 Vols. in I (1907).
5. Louise Loomis——*Mediaeval Hellenism* (1906).
6. Ephraim Emerton——*Desiderius Erasmus* (1899).
7. *Letters of Erasmus* published by P. S. Allen.
8. F. M. Nichols——*The Epistles of Erasmus*, 2 Vols. (1901–1906).
9. Erasmus——*Praise of Folly*, in English translation.
10. D. F Strauss——*Ulrich von Hutten, his Life and Times*, trans. by Mrs. G. Sturge (1874).
11. *The Letters of Obscure Men*, published with English translation, by F. G. Stokes in 1909.
12. Sir Thomas More——*The Utopia*.
13. Georg Voigt——*Die Wiederbelebung des Classischen Alterthums*, 3d ed., 2

Vols. (1893).

關於印刷術之發明者：

1. T. L. De Vinne —*Invention of Printing*, 2d ed. (1878).

2. T. L. De Vinne——*Notable Printers of Italy during the Fifteenth Century* (1910).

3. G. H. Putnam——*Books and their Makers during the Middle Ages*, 2 Vols. (1896-1897).

4. Johannes Janssen——*History of the German People*, Vol. I, Book I, Ch. I.

關於民族文學者：

1. *Cambridge History of English Literature*, ed. by A. W. Ward and A. R. Waller, 12 Vols. (1907–1916)

2. G. Lanson——*Manuel bibliographique de la litterature française moderne*, 1500–1900, 4 Vols. (1909–1913).

3. Pasquale Villari——*The Life and Times of Machiavelli*, 2 Vols in I (1898)

4. A. A Tilley——*The Literature of the French Renaissance*, 2 Vols. (1904).

5. George Saintsbury——*A History of Elizabethan Literature* (1887).

6. Sir Sidney Lee——*Life of Shakespeare*, new rev. ed. (1915).

關於十六世紀之美術者：

一、關於建築者：

1, A. D. F. Hamlin——*A Textbook of the History of Architecture*, 5th ed.(1902).

2. *A History of Architecture*, Vols. I, II by Russell Sturgis (1903), III, IV by A. L. Frothingham (1915).

3. Banister Fletcher ——*A History of Architecture*, 5th ed. (1905).

4. James Fergusson ——*History of Architecture in All Countries*, 3d rev. ed., 5 Vols (1891–1899).

二、關於雕刻者：

1. Allan Marquand and A. L. Frothingham——*A Text-book of the History of the Sculpture* (1896).

2 Wilhelm von Lübke——*History of Sculpture*, Eng. trans., 2 Vols. (1872).

三、關於繪畫者：

1. J. C. Van Dyke——*A Text-book of the History of Painting*, new rev. ed. (1915).

2. Alfred von Woltmann and Karl Woermann——*History of Painting*, Eng. trans., 2 Vols. (1894).

四、關於音樂者：

1. W S. Pratt——*The History of Music* (1907).

五、普通者：

1. *Lives of Seventy of the Most Eminent Painters, Sculptors, and Architects* by Giorgio Vasari (1512–1574), trans. by Mrs. Foster

2. Osvald Sirén——*Leonardo du Vinci: the Artist and the Man* (1915).

3. Romain Rolland——*Michelangelo* (1915)

關於十六世紀之科學與哲學者：

1. *Cambridge Modern History*, Vol. V (1908), Ch. XXIII, Vol. IV (1906), Ch. XXVII.

2. H. S. and E. H. Williams——*A History of Science*, 10 Vols. (1904-1910).

3. Arthur Berry——*Short History of Astronomy* (1899).

4. Karl von Gebler——*Galileo Galilei and the Roman Curia*, Eng. trans. by Mrs. George Sturge (1879).

5. B. L. Conway——*The Condemnation of Galileo* (1913).

6, Galileo——*Dialogues Concerning Two New Sciences*, Eng. trans by Crew and Salvio (1914).

7. *The Philosophical Works of Francis Bacon*, ed. by J. M. Robertson (1905).

8. Harald Höffding——*A History of Modern Philosophy*, Vol. I (1900).

9. W. A. Dunning——*A History of Political Theories from Luther to Montesquieu*. (1905).

10. Paul Janet——*Histoire de la Science Politique dans ses rapports avec La morale*, 3d ed., Vol. II (1887).

第二編　王朝衝突與殖民競爭

在十七世紀及十八世紀之大部分，一般人士之注意力，多集中於王朝衝突與殖民競爭。在歐洲各民族國家中，以法國爲最重要。就政治上言，法國人已發展一種專制神權君主政治，此實爲歐洲一切君主政治之模範，惟英格蘭爲例外耳。就國際關係言，則法國當權之王朝（包本朝）經過長期之爭鬭，卒能制服西班牙與奧大利之君主（黑普斯堡朝）。十六世紀時西班牙在新成立之歐洲國家系統中所有之優勢，至此則爲法國之優勢所推翻。就智慧上言，則意大利之領導地位，亦由法國取而代之，終致法國無論在習俗，道德及藝術上，均爲歐洲之模範。惟在商業及海外拓殖方面，法國終未能佔優勢。但佔優勢者，非日就衰替之葡萄牙或西班牙，乃係奮發有爲之英吉利民族也。法國在歐洲大陸方面擴張王室權力之競爭中，雖獲勝利，而在亞洲與美洲殖民地之爭奪中，則已遭受失敗。

在此十七八世紀中，又有三種特著之事件，一爲意大利與德意志之舊式政治與社會制度之繼續衰微，一爲土耳其勢力與聲威之逐漸失墜，一爲波蘭古國之滅亡。代之而起成爲世界強國者，則有北方之普魯士與俄羅斯二國。其王室和漢佐倫族（Hohenzollerns）與羅馬諾夫族（Romanovs），在此期之末，即與黑普斯堡族及包本族互爭雄長矣。

就社會而言，則貴族與僧侶之勢力日趨衰落。蓋此時商界巨子人數漸多，能力漸大，地位亦漸重要。彼等皆爲富裕之人，即自視爲與商業革命所產生之新財富同休戚之一切人物，如律師，醫生，教授，商人等，是即所謂中產階級。彼等對於當時之種種限制制度，漸不滿意。革命之種子實潛伏於中產階級中，彼等終有爲自身之利益而推翻君主政治，貴族，教會，及全部社會組織之一日。此實即舊制（old régime）宣布告終，十九世紀宣布開始也。

第六章　法國專制政治之發生及包本族與黑普斯堡族之爭衡

（一五八九——一六六一年）

第一節　法國專制政治之發生——亨利四世黎塞留馬撒林

法國歷年以來，變亂相尋，至一五九八年，始第一次回復和平。蓋是年頒布南脫敕令，對於新教徒許以有條件之宗教寬容，故國內秩序不復有重大之危險。同年，且與西班牙王締結華爾文條約，俾精疲力竭之長期外戰告一結束。亨利四世遂得以自由從事於內政之改革。

十六世紀末法國之慘狀

十六世紀末葉，法國之慘狀，實不可以言喻。長期之內亂與外戰產生種種不可避免之結果，致政府幾瀕於破產。鄉村則田野荒蕪，城市則夷爲廢墟，道路失修，橋梁傾圮。退伍兵士多投身綠林，劫掠農村，搶奪行旅。商業停滯，城市工匠失業。又當戰爭期中，多數之大貴族均乘機奪取種種之權利，幷養成一種違抗王命之風習。法王在十五世紀所獲得之權力，今似有喪失之虞焉。

十七世紀中，法國之王權所以不減少而反增加者，實因當此危急之際，法國國王能得其人之所致。

亨利四世

亨利四世（一五八九——一六一〇）之爲人，強硬靈敏。語其相貌，則前額高聳，目光閃爍，笑容可掬，鬚髯齊整，令人一見而生敬愛之心。語其性情，則柔和淳樸，而於人民之福利，常致關心之詞，故人民恆稱之爲『亨利賢王』(Good King Henry)焉。亨利之親幸，深知其自私貪婪，然而明敏果斷，易舉百事。尤重要者，亨利具有軍人之特性，對於臣民之不忠與抗命，絕不容忍。

栗勒

當亨利四世在位期中，有大臣栗勒 (Sully) 公爵（一五六〇——一六四一）熱心輔佐。此人爲新教徒，雖貪婪一如國王，而且性情暴躁，然富有才略，忠誠剛直。彼嘗任財政監督之職，因巡查全國，對於財政徹底改革。禁止各省長官擅自徵斂，革除徵稅之種種積弊。在一六〇〇至一六一〇之十年間，法國之財政因其辦理得宜，與嚴密之故，每年費用節省，平均約達一百萬里弗爾 (livres)。國王於其儉約之政策，亦熱心贊助，減少美術家之獎金，嬖倖之賞賜，且僅保留一小部分之軍隊，足以鎮壓叛亂之貴族，及維持全國之秩序與安寧而已。彼爲促進幷維持寰宇之和平起見，且嘗主張組織世界聯盟 (World Confederation)，此卽其所謂『大計劃』(Grand Design) 是也。但因歐洲各國之君主互相猜忌，各懷野心，故此種聯盟卒無結果。蓋此時欲勸各國解除軍備，維持普遍之和平，實覺太早也。

國內之和平既已確立，財政上緊急難測之事，亦有所準備，亨利四世及其大臣於是致力於增加國家富藉以增進人民之繁榮與樂利。栗勒以爲國家之眞正財富，實在農業，因此必須予以獎勵遇必要時甚至可犧牲工商業而促進農業。亨利四世任栗勒發展農業利益，己則獎勵新興之商業階級。

農業之進步

栗勒爲發展農業計，故力求國內關卡之廢除，以謀穀物之自由流通，獎勵畜牧，保護森林，疏濬水道，重修道路橋梁，幷擬定開鑿運河之大計劃。

至於亨利四世，則促進中產階級財富之增加。彼乃輸入蠶桑於國內，極力獎勵養蠶，故今日遂成爲法國最重要之產業。巴黎，里昂，馬賽之在工業上佔重要地位，實始於亨利四世在位時代。

商業之發展

亨利四世對於商業，亦加以獎勵。法國商船由王家津貼而建造。海軍亦開始創立。既而法國漸從事於海上貿易，最初與荷人競爭，繼復與英人競爭。法國在印度各處設立商業根據地，幷遣尙伯蘭(Champlain)赴新世界。法國在美洲之霸權，實因此樹立其基礎。法國得亨利四世與栗勒二人之互助勵進，實法國之幸運也。

馬利耶之攝政

一六一〇年，亨利四世不幸爲狂人所刺，遂令其事業之效果一時有歸於消滅之危險。蓋亨利死後，大權爲其后馬利耶所握。后好大喜功而才具不足，去栗勒而自爲其年僅九齡之嗣子路易十三之攝政。馬利耶大爲羣小所包圍，一方面既招新教徒之仇恨，一方面又爲貴族之怨府（無論信羅馬教與新教之貴族莫不皆然）。蓋新教徒恐其厲行羅馬教，貴族則不願放棄其特權與勢力也。

全級會議之停頓

亨利四世時國庫之儲蓄，不久卽一掃而空，法國之財政復發生危機。當此緊急之際，遂復召集全級會議（一六一四年）。法國之全級會議自路易十一卽位以來（一四六一年）因歷任君主皆傾向專制政治不欲使其權力受此會議之限制，故力圖廢除之，惟遇紛亂發生或經濟緊急之時，始召集之。當一六一四年，全級會議苟爲有力之團體則其地位或可與十七世紀英格蘭之國會相若，而能在法國樹立一種立憲政治。但全級會議之組織及人物，均不足以完成此壯舉。會議中之三階級（僧侶貴族平民），均分別集會。僧侶與貴族既不納稅，復不與第三階級合作。平民則多爲新教徒，既爲朝廷所厭惡，爲第一第二階級所輕視，而又失去佔法國國民大多數的農民之同情心。在此等情勢之下，故一六一四年之會議壽命僅三星期，其結果亦復可笑。攝政王后卒封閉會議廳，遣散議員（王后且謂正需會議廳爲跳舞場）。至嚴重之一七八九年（經過一百七十五年之後），全級會議始再行集會。

自一六一四年全級會議失敗後，法國之情形每況愈下。貴族與新教徒之間旣相軋轢，而二者又均與朝中嬖倖相抗。前後發生叛亂，達五次之多。馬利耶卒不得不放棄政權。但路易十三雖已成年，顯無政治才能。惟好音樂遊獵，對於國事，漠不關心。迨一六二四年黎塞留（Cardinal Richelieu）輔政後，情形始有進步。此後政治上之實權，不在路易十三而操諸其大臣之手矣。

黎塞留

黎塞留（一五八五——一六四二）生於波亞都（Poitou）之望族，年二十一卽任呂松（Luçon）小主教區之主教，善詞令，有才略，一六一四年嘗充全級會議之僧侶代表，大爲馬利耶所賞識，聘入朝中，得列席御前會議，幷任爲羅馬教會之紅衣主教。黎塞留自一六二四年起，至一六四二年逝世時止，實爲法國最重要之人物。

黎塞留之爲人，忠誠無間，意志專切。彼復長於權術，對於宮廷之陰謀，恆依違取巧，有時又極嚴厲殘酷。故彼卒能使國王言聽計從，且進而撲滅國王之仇敵

黎塞留之政策

黎塞留之政策極爲簡單：（一）使王權在法國至高無上。（二）使法國在歐洲能佔優勢。欲實現第一種政策，必須掃除王權之限制，而使專制主義制勝。欲實現第二種政策，必須維持一種強硬之外交，而使與法國抗衡之黑普斯堡族屈服。黎塞留之兩種政策，均係沿襲法國前世紀之通例，尤其是亨利四世之通例，惟其範圍更廣，成功最大而已。容吾人暫時擱置歐洲之一般事跡，而先敍說黎塞留在法國之成就如何。

代議政治之消滅

黎塞留首即蔑視全級會議。彼深知全級會議之無用，故決意不復諮詢之。其時有一種流行之觀念，以爲全級會議乃係陳腐之中世紀制度，完全不適合於近代，且以爲政務之所以能指揮得宜，純繫乎國王所用之人才，而不繫乎國內主要社會階級所派之代表。因此御前會議實爲一國最高之立法與行政機關。

地方議會在法國新取得之省區中亦有繼續存在者，如白里他尼，普洛凡斯，不爾艮底，蘭格多克（Languedoc）是。但除分派稅額外別無勢力，其特權概爲黎塞留所破壞，其議決案亦多爲所否決。

王軍

國王之特權不僅擴及於課稅與立法方面之事，（包括任意徵稅與支出而不須報告帳目），且得利用鉅額之常備軍以維持并行使其特權。此種軍隊只由國王給餉，且僅服從國王之命令。黎塞留對於國王勢力與權威之增加，均有助力。路易十三之軍隊所以爲歐洲最良之軍隊者，實黎塞留助其編制並供給軍需之力也。

此時之法國有新教徒與貴族二黨，大引起黎塞留之忿怒。蓋此二黨對於彼所欲樹立之專制政治，均與以威脅也。此二黨卒皆爲黎塞留所破壞，所屈服。

黎塞留雖爲羅馬教會之紅衣主教，然其爲人與其謂爲僧侶，毋寧謂爲政客與政治家。彼雖處於宗教熱狂盛行之時代，然決非拘泥宗教之人。吾人不久當可見及彼對於德意志之新教徒與以軍事上之援助，實含有政治上之目的，而其攻擊法國之新教徒也，亦含有政治上之目的。

法國新教徒政治特權之取消

如以前所述，法國之新教不惟爲一種宗教，且爲一種有力之政治團體。自亨利四世頒布南脫敕令以來，新教徒自有其議會，行政官吏，裁判官，甚至有鞏固之城鎮。凡此均足以妨礙主權，損害統一，而彼主張王權之人，又莫不視統一爲專制主義之基礎也。黎塞留之目的，並不在剝奪新教徒宗教上之自由，但認定關於政治上之事務，新教徒須服從國王。因此當一六二五年新教徒革命之時，彼決意制服之。此時雖有英格蘭援助新教徒，而新教徒卒完全就範。黎塞留之圍困洛舍耶（La Rochelle）歷時至十五月之久，由此亦可想見其態度之堅決矣。當全國均已歸服之時，遂頒布亞勒敕令（Edict of Alais　一六二九年），許新教徒以信仰與崇拜之自由，但破壞其城堡，禁止其自由集會。新教徒仍得任受一切官職，其代表亦仍保有其司法上之位置。『正直之新教徒，仍保留其誓死維護之一切，而好亂之新教徒，則剝奪其妨害政府之工具』。

貴族之壓制

黎塞留之壓制貴族，雖受強烈之反抗，然卒告成功。先是法國自來之慣例，恆命貴族為各省之長官。各省之長官後漸驕橫，儼若君主，不復為中央之命官，既可調遣軍隊，又可令境內之戍軍服從其命令，屢抗王命。而且國內到處皆有貴族之堡壘（châteaux），並有城垣與衞士防守之，故國王之命令難於迅速執行。最後復有在朝之貴族，一方面因嫉黎塞留之得勢，一方面因受不滿意之馬利耶或國王兄弟等陰謀之鼓動，故對於黎塞留之一切措施，常從而牽制之。但黎塞留決意打破此等惡劣之環境。

黎塞留對於朝中貴族，大肆威脅。彼恆利用偵探與詭計以破發種種之陰謀，捕其首領而戮之。每次逆謀發現，對於叛逆者不問貴賤，概處慘刑。黎塞留遇事堅決，決不為情面所動，威武所屈也。

私築城堡之破毀

黎塞留不僅壓制在朝之貴族而已。早當一六二六年時，卽嚴令一切城堡非爲防禦外侮之用者，概須立卽拆毀。此令之執行，頗得農民與市民之贊助，蓋彼等皆久苦於鄰近好戰貴族之徵索刦掠者也。近代法國之各處尚多堡壘之遺址，吾人藉此可以回想黎塞留當年之活動焉。

行政集權制

此外黎塞留尚有一種不朽之成績，卽法國行政之集中是也。該大臣對於各省長官驕恣跋扈之態度，久已厭惡。彼對於其職務雖不完全解除，但加以束縛，而奪去其權力之大部分，授諸國王新任之監督（Intendant）。監督概由國王從有知識而忠順之中產階級中選出之。監督每人管轄一區，對於其境內王家賦稅之估定與徵收，地方警察或民軍之編制，命令之執行，法院之事務，皆有監督之權。此等監督因享有課稅，警察，司法等大權，故後日稱爲法國之『三十僭主』(Thirty Tyrants)，蓋以其人數約近三十名也。惟彼等僅由國王之扶助，始得居此地位。彼等所屬之中產階級，其經濟上之利益亦係藉王權而增進。因此彼等對於國王之忠順，亦甚可恃。各地之監督恆對巴黎之中央政府提出報告，并接受中央政府之命令。彼等散居全國，皆爲黎塞留之耳目。由中產階級出身之監督，其權力既日益增加，而由貴族出身之各省長官，其權力遂隨之日形減少。迨十八世紀，各省長官之俸給雖仍豐厚，然大都變爲一種名義上之職位矣。自黎

監督

塞留時代以來，法國歷任國王之政策莫不在使貴族安富尊榮，藉以避免其詭譎與干涉焉。

黎塞留之重要

簡言之，法國轉危爲安乃此莊嚴的大人物之功績。當英格蘭正因革命與流血而樹立議會政治之時，法國所以能確立其專制政治者，黎塞留之力居多。且也吾人將見黎塞留之外交政策能使法國之榮威震爍全歐。

就黎塞留之外貌而言則孱弱多病，但一經加披主教之紅衣，則莊嚴可畏。彼之面貌蒼白消瘦，實表現其果斷剛毅之特性。其爲人專横刻薄冷淡無情，始終自信其品性堅貞忠君愛國。

黎塞留卒於一六四二年。次年，路易十三亦卒，嗣子路易十四即位，時僅五齡耳。

幼時之路易十四

路易十四以沖齡即位，此時黎塞留之強硬政策，爲又一著名之大臣兼紅衣主教馬撒林（Cardinal Mazarin）所沿用，故法國及其王權，仍得以維持。

馬撒林

馬撒林（一六〇二——一六六一）爲意大利人，生於拿布勒斯附近，受宗教教育於羅馬與西班牙。嘗因奉行幾次愼重之外交使命，在巴黎充教皇之使節，與黎塞留交好，因得見用於法王，且於一六三九年改入法籍。

馬撒林雖屬外籍，又不善操法語，但官運亨通，飛黃騰達。彼被任爲紅衣主教，且被公認爲黎塞留之門人及摹倣者。馬撒林自一六四二年黎塞留逝世之時起，至一六六一年自己逝世之時止，實操法國之統治權。

馬撒林爲反抗黑普斯堡族，曾繼續黎塞留所已開始之大戰爭，并使法國獲得勝利之結果。

貴族之叛亂

至就內政而言，其所遭遇之困難更大。馬撒林對於黎塞留之強硬政策，既欲蕭規曹隨，故法國之貴族，不免憤慨。且其時一般人心中以馬撒林出生於外國，又甚貪婪，假公濟私，并好行詭譎，對之多懷不滿，故貴族之勢力，因得民衆之同情而益增加。

佛倫德黨

此種醞釀之結果，卒有佛倫德黨(Fronde)註一之起事，是乃法國大革命以前欲脫去專制政治之最後企圖也。此次起事，一方面爲一般羣衆之盲目反抗，一方面爲有權勢之貴族之自私的反動行爲。起事之口實，則爲馬撒林之干涉巴黎高等法院。

高等法院

高等法院原係司法機關註二，所以審判重要之案件，并受理下級法院之上訴案件者也。巴黎之高等法院，尤爲重要。歷時既久，更取得登錄國王敕令之權利（卽正式收納國王之敕令而登錄於現行法規中，以便全國週知）。巴黎高等法院既有登錄國王敕令之權利，故可藉口於國

註一　此黨之名稱大約出自一種市街遊戲之名稱，巴黎兒童好事此種遊戲，而恒爲警察所禁止。

註二　十七世紀時共有十三處。

王某種新敕令之不當，或與以前更重要之法規相牴觸，進而拒絕登記。此等權利苟能成立，則國王之意志將大受巴黎高等法院之改變。路易十三與路易十四不欲巴黎高等法院享有此等權利，故恆『親蒞法院』，於其寶座席上宣布其對於新敕令之意見，而使其敕令得以頒布。當幼王路易十四受馬撒林之指揮，親蒞法院，向博學之法律家與莊重年老之裁判官，以其銳利之童音宣布敕令之時，實屬最滑稽之事也。

巴黎高等法院一方面因似乎取得民衆之同情，一方面又顯因英格蘭同時發生政治革命，故最後亦與馬撒林反抗，宣言不受國王之統治。政府之任何賦課，非得法院之自由明白認可，則爲非法。監督之職宣布廢除，且反對任意拘禁。巴黎民衆對於法院之此等要求，莫不起而贊助之。於是巴黎市中大設軍備。此時王軍尚在德意志諸邦作戰，馬撒林不得不暫時承認新制度。但在六個月之內，馬撒林準備充足之軍力，卒能鎮壓巴黎而收回成命焉。

佛倫德黨之壓制

此後之種種變亂，均係由著名之貴族主持，但皆滑稽可笑而不足爲患。宮德（Condé）者，三十年戰爭中之健將也，其時嘗武裝攻擊所謂紅衣主教派（Cardinalists），卽馬撒林黨。但法國之民衆未能與以多大之助力，故不久卽被逐出國，投西班牙軍。佛倫德黨起事之結果爲：（一）

貴族較以前更失人望。(二)高等法院不得干涉政治上或財政上之事件。(三)巴黎市解除軍備，且失其選舉本市行政官吏之權利。(四)因此黨減少國王權力之企圖失敗，故此時國王之權力且較黎塞留時代爲更大。亨利四世，黎塞留，馬撒林實爲路易十四之專制主義闢一途徑。

法國專制主義之勝利

第二節　包本族與黑普斯堡族之爭衡——三十年戰爭

十七世紀中，歐洲各國除英格蘭外，其君主之權力，莫不繼續增進。各國之國王一方面既忙於鞏固其在國內之地位，一方面又忙於向外發展，求領土與財富之增加。因之此時所有之國際戰爭，其眞正性質，均在推廣王室之勢力。然各國之王室究用何法以擴張其領土乎？蓋此時之西歐各國，其民族生活已發達，故能使一國之民衆共同尊重其民族性，而國王因此即能依賴民衆之助力。但十七世紀中歐洲大陸方面之戰爭，其主要原因，並非出於民族的或愛國的動機，而究在爲某一王室勢力之增高。各國邊境之人民，常如牛馬田地，可爲法國，西班牙，瑞典諸國之國王彼此任意交換。

十七世紀戰爭之王朝的特徵

此種觀念，尤因十六世紀中黑普斯堡族勢力之增加而益顯著。吾人前已言及黑普斯堡族

一六〇〇年時黑普

圻卷侯之領域

繼續擴張其領域，直至最後包括：(一)在西班牙治下者，有西班牙，雙西西里，米蘭，佛蘭西宮德，比領尼德蘭，葡萄牙，及廣大之殖民帝國。(二)在奧大利治下者，有奧大利及其屬地，匈牙利，波希米亞，及神聖羅馬帝國之尊號。但腓立二世無論如何努力，法國終在黑普斯堡族勢力之外，致其領土不能連接。

包本族之野心

法國諸王(包本族)在國內之地位既日鞏固，更思對外，不惟欲抵制外國之攻擊，并欲侵略鄰國以擴張其領土。黎塞留深知其兩種政策之不可分離，即使包本族之勢力雄長於歐洲，僅為使國王之權力雄長於法國之推論而已。

三十年戰爭

故十七世紀之主要戰爭，實以黑普斯堡族與包本族長期劇烈之衝突為中心。所謂三十年戰爭(一六一八——一六四八)者，實可視為此種衝突之第一期。茲請對於此種衝突雙方之利害關係，加以考究。

當黎塞留為路易十三之首相時(一六二四年)，已知黑普斯堡族當時正在嚴重困難之中，決意乘機增加包本族之權威。蓋此時奧大利之黑普斯堡族在德意志諸邦中正須應付內亂與宗教戰爭，而西班牙之黑普斯堡族不得不予以援助也。

此次戰爭，對於黑普斯堡族及其仇敵雙方均極關重要。其產生也實同時由於宗教，經濟，及政治上之各種原因。

三十年戰爭——宗教的原因

奧格斯堡和約（一五五五年）原希望解決德意志諸邦之宗教問題，但實際上有二種最重要之事件，此和約并未能確定之。第一，和約之條款雖有禁止以後教會財產還俗之規定（『宗教保留條款』）但并未實行，且在人性人慾依然存在之時，決不能見諸實行。凡屬羅馬教之僧侶改宗新教者，自然力圖取其教會之土地以去。第二，此和約只承認羅馬教徒及路得教徒。當此之際，加爾文教徒之人數激增，而以在德意志之南部與中部及波希米亞為尤甚，於是亦要求平等之權利。崇奉新教之君主，因欲向皇帝索取種種之特權，遂結成聯盟。其中包括有熱心年少而奉加爾文教之巴拉湯拿忒君主弗列德利克，即通常所稱之萊因河上之巴拉湯拿忒選侯（Elector Palatine of the Rhine）是也。在羅馬教徒方面，其好戰之精神，亦復與之相若。彼等不惟決意防制以後教會財產之還俗，且因十六世紀後半期德意志諸邦羅馬教改革運動之進展，勇氣更大。現則急欲依自己之利益而改變以前之宗教決定，并欲於可能範圍內，向新教徒奪回已失之土地。羅馬教徒在政治上與軍事上之後援，為奉羅馬教之黑普斯堡族皇帝，及巴華利亞公爵兼羅馬教君主聯盟(Catholic League of Princes)盟長馬克西米連。就宗教上言，黑普斯堡族之仇敵實德意志之新教徒也。

三十年戰爭—政治的原因

但神聖羅馬帝國之政治狀況，亦爲三十年戰爭之重要原因。當新教革命期中，德意志各邦君主之領土與財富均大行增加。彼等咸希望完全之主權，對於中世紀帝國之束縛，久欲解除而取得其在歐洲獨立專制君主中相當之地位。在皇帝方面則決意鞏固其地位而維持統一強盛之德意志使受其統治。就政治上言黑普斯堡族之仇敵實德意志各邦之君主也。歐洲各國之君主，亦恆與德意志各邦之君主聯合。蓋各國亦利於使德意志分裂，或使黑普斯堡族之勢力衰弱也。故若遇內戰發生，則丹麥，瑞典，法國皆有變爲黑普斯堡族仇敵之可能性。

三十年戰爭分四期

此次戰爭，顯分爲四期：(一)波希米亞革命時期。(二)丹麥干涉時期。(三)瑞典干涉時期。(四)法國干涉或國際戰爭時期。

德意志各邦戰爭之爆發，實以波希米亞之革命抵抗黑普斯堡族爲信號。先是胸襟狹隘，酷嗜美術，意識錯亂之洛多夫二世(一五七六——一六一二)卒後，其兄弟馬提亞斯(Matthias)，一六一二——一六一九)繼位，無嗣，欲以其從弟腓迪南二世(一六一九——一六三七)爲繼

一、波希米亞之革命

承人。腓迪南二世爲人，雖無失德，而且果斷有爲，但以醉心於專制主義及忠於羅馬教會著名。黑普斯堡族之領土中對於腓迪南二世之繼承，雖無反對之者，而波希米亞獨否。蓋在波希米亞，其貴族多爲加爾文教徒，故對於腓迪南二世將來之繼位，大起恐慌，懼其將來剝奪彼等之特權，縱不禁止其新教之崇拜，然終必加以妨礙。而且彼等之宗教自由，已漸受侵害矣。

一六一八年某日，嘗有一羣波希米亞之貴族衝入皇帝代表之住所，捕代表投之窗外約六十呎深之壕溝中。於皇帝代表『擲出窗外』之後，更宣言廢黜波希米亞黑普斯堡族之君主，另選奉加爾文教之巴拉遏拿忒選侯弗列德利克爲王。弗列德利克即位於巴拉叩，並準備防禦其新領土。腓迪南二世遂由其領內之他處募集大軍，同時並得巴華利亞王馬克西米連，羅馬教同盟，突斯加尼，及西班牙黑普斯堡族之援助，而任有才略之老將遏利（Count Tilley 一五五九——一六三二）爲聯軍統帥。弗列德利克原希望其岳父英格蘭王詹姆士一世及北德意志奉路得教之君主援助，但均大失所望。蓋詹姆士一世在國內既因與國會不和，在國外又因其外交政策誤與西班牙聯盟，故結果所謂援助者，僅限於官冕之勸告與延宕之詞耳。而路得派之君主，大多數爲圓滑之撒克遜尼選侯約翰喬治（John George）所領導，只希望藉中立之手段向皇帝索取種種之特權。

遏利不久即征服波希米亞，驅逐弗列德利克而恢復黑普斯堡族之權勢。革命之貴族喪失其生命財產者甚多。新教在波希米亞復被禁止。不寧惟是。皇黨既得勝利，更譏笑弗列德利克，呼之爲『冬王』(Winter King)，放逐於萊因河方面原有之富饒領域以外，顛沛流離，既無土地，又無金錢。被征服之巴拉遏拿忒則授諸巴華利亞王馬克西米連，彼且得代弗列德利克爲神聖羅馬帝國之選侯以酬其勳焉。

三十年戰爭第一期之結果，爲黑普斯堡族與羅馬教均見勝利。在一六一八與一六二〇年之間，波希米亞之革命已告平定，而萊因河上之選侯領地，遂由加爾文教徒轉入羅馬教徒之手。

但北部各邦之新教君主，現則大行驚恐。設彼等對於弗列德利克在波希米亞輕舉妄動之失敗，視若無覩，則巴華利亞之勢力必擴張，而羅馬教與新教在德意志久已維持之均勢局面，亦必破壞，故不能不十分驚愕。且當弗列德利克之殘卒絕無紀律，行同流寇，在德意志諸邦劫掠焚燬，無所不至之時，皇帝亦拒絕賜新教徒以任何特權。

二、丹麥之干涉

當此緊急之際，新教君主對於順從皇帝或從事革命，正躊躇未決，而丹麥王克利士先四世忽起而干涉，遂激起第二期之戰爭。克利士先四世（一五八八——一六四八）性情激烈，好大喜功。因其兼和耳斯太因（Holstein）之公爵，故爲神聖羅馬帝國之一分子，反對黑普斯堡族之專擅。因其爲丹麥兼挪威之國王，故急欲擴張其勢力於北海各埠。而且因其爲路得教徒，故亟欲擁護其德意志同宗教者之權利，並欲援助彼等保留前由羅馬教會所奪之肥沃土地。同時，克利士先四英格蘭助以金錢，與夫奉加爾文教與路得教之多數德意志君主助以軍力，遂於一六二五年侵入德意志。

瓦蘭斯太因

此時湯利孤軍乏援，欲抵制丹麥之侵入，恐非易事。但幸有非常之冒險家瓦蘭斯太因崛起，與之共同擁護帝黨之主張。此人近因籍沒波希米亞革命黨之地產而致巨富，現因復欲乘機取利，故得帝腓迪南二世之許可，自募一種獨立軍隊，恢復帝國之秩序，驅逐丹麥人。瓦蘭斯太因因允許軍士以充足之軍餉與隨意之刦掠，故指顧之間，即能募軍約五萬人。實則皆烏合之衆也！無論意大利人，瑞士人，西班牙人，德意志人，波蘭人，英格蘭人，蘇格蘭人（新教徒與羅馬教徒同受歡迎）凡性好冒險，或希望求利者，莫不相率集於瓦蘭斯太因之麾下，爲之效勞。此等烏合之衆，因瓦蘭斯太因之軍事天才，竟能編制成軍，旋即爲應戰之利器。但因其軍隊所到之處，肆意刦掠，故恆爲衆矢之的焉。

第二期之戰爭發生於北德意志。盧特(Lutter)之戰，克利士先四世大爲遏利與瓦蘭斯太因之聯軍所敗，而奉路得教之諸國遂任羅馬教同盟宰制。白蘭登堡公然擁護帝黨之主張，並援助腓迪南之諸將驅逐丹麥王於德意志境外。第因缺乏海軍以控制波羅的海與北海，故雖獲勝利，卒無法直搗丹麥本國。此時克利士先既已絕望，而瑞典之行動亦愈可疑，故結果卒締結盧卑格和約(一六二九年)。依此和約，丹麥王仍領有茹德蘭(Jutland)，休列斯維格(Schleswig)和耳斯太因，惟喪失其在德意志之主教轄境，此乃克利士先之族人從羅馬教會奪去者也。

償還敕令

羅馬教同盟既大告成功，更勸皇帝腓迪南二世於同年(一六二九年)簽定償還敕令(Edict of Restitution)，對於凡違犯一五五五年奧革斯堡和約而還俗之財產，仍歸還於教會。此令由帝國委員執行之。委員皆爲羅馬教徒，其執行此令莫不認眞，故在此令頒布後之三年內，德意志諸邦之羅馬教會又恢復主教轄境凡五處，恢復漢薩同盟都府凡三十處，恢復僧院約一百處。至於各區之教堂，則更不可勝計矣。

若夫因在宗教上與經濟上受侵害而反抗黑普斯堡族者，大都限於加爾文教徒。但現奉路得教之君主，亦大起驚恐。償還敕令對於一切之新教徒，既同樣施行，此不惟足引起加爾文教徒之嚴重抗議，卽路得教徒，亦莫不然。瑞典，奉路得教之重要國家也，適獲得干涉之良好機會。蓋此時不惟德意志奉新教之多數君主，有意歡迎外國之援助，以攻擊羅馬教徒，而皇帝亦無抵制外人侵入之力量，因彼自一六三〇年卽已容許羅馬教同盟之力請，罷免好事劫掠而懷野心之瓦蘭斯太因也。

三、瑞典之干涉——格斯他夫亞多華斯

此時之瑞典王為格斯他夫亞多華斯（Gustavus Adolphus，一六一一——一六三二），卽曾確立本國之獨立自主與路得教之格斯他夫華薩孫也。格斯他夫亞多華斯為當時最引人注目的人物之一。其時彼正在壯年，身長貌美，眼碧，曾受高深教育，通曉七種語言，性嗜音樂詩歌。彼且驍勇善戰，性情激烈，端正靈敏。彼實為理想家而兼實行家之稀有人物。嘗夢想使奉新教之瑞典執北歐諸國之牛耳，並力圖達此目的。彼決意使其領域完全包圍波羅的海，而使其成為瑞典之一湖，故首與莫斯科維發生衝突，此卽今日之俄羅斯也。芬蘭（Finland）與愛沙尼亞（Esthonia）均被佔領，一六一七年，俄羅斯卒承認退出波羅的海沿岸以外。其次復與波蘭發生劇烈之衝突（一六二一——一六二九），故瑞典獲得里凡尼亞（Livonia）省及斐斯圖拉河口之地。格斯他夫既而復虎視北德意志方面波羅的海沿岸之地，此正當償還敕令使當地人民對彼深切同情之時也。

又在此時，黎塞留亦平定法國新教徒及貴族之一切叛亂，並設法使德意志諸邦之戰爭延長，以便使其勁敵黑普斯堡族之勢力衰替，且促其屈服。彼因與格斯他夫亞多華斯結盟，助以餉械，當時惟要求其對於被征服之諸地，允許羅馬教徒以崇拜之自由而已。

法國之援助

一六三〇年，格斯他夫亞多華斯於破麥拉尼亞（Pomerania）登陸，進而佔據北部諸要塞，並與有勢力而奉新教之白蘭登堡及撒克遜尼選侯協議同盟。當格斯他夫逗留於波仔塘（Potsdam）與白蘭登堡選侯商議未決之時，遏利與帝黨圍攻路得教派之馬德堡（Magdeburg）城已久，卒於此時攻陷（一六三一年五月）。馬德堡既陷，無論戍軍及武裝或非武裝之國民，皆遭屠殺，凡街道，住宅，及教堂，到處有流血之慘。死亡之人數至少達二萬人。屠殺之後，復繼以劫掠焚燬，全城蹂躪殆遍。路得教徒見馬德堡之禍，莫不異常憤慨。格斯他夫亞多華斯現既有白蘭登堡與撒克遜尼選侯及北德意志之其他多數新教君主與之聯合，遂進攻撒克遜尼，一六三一年九月，在撒克遜尼境內大敗遏利之小軍於勒不士革附近之不勒坦腓德（Breitenfeld），以雪馬德堡之仇。

既而格斯他夫轉向西南進軍，直趨萊因河流域，欲與奉加爾文教之君主締結同盟。惟因其強有力之同盟黎塞留急起抗議，故哥洛尼，脫里耳，緬仔等富饒之大主教區，卒未落於瑞典之手。格斯他夫後復向東進軍，侵入巴華利亞。此時湯利之軍力雖已恢復，卒不能抵禦里次（Lech）之戰，竟以身殉（一六三二年四月）。瑞典王既勝，現復準備進攻奧大利黑普斯堡族之世襲領土。皇帝欲謀最後之抵制，故起用瓦蘭斯太因，委以指揮其自由軍之全權。約在此時，皇帝更與其親屬締結同盟，即好大喜功之西班牙王腓立四世也。

格斯他夫亞多華斯與瓦蘭斯太因二人間之劇烈爭鬬，至同年秋末盧站（Lützen）之戰而達於悲慘之結局。瓦蘭斯太因既失敗，格斯他夫亦陣亡。瑞典人雖繼續作戰，然其人數已少，且不復有領袖如格斯他夫其人者出而指揮。至於瓦蘭斯太因之忠誠，亦難繼續可恃。此時流言紛紛，僉謂其與新教徒商議媾和，而謀一己之私利。皇帝惑之，故瓦蘭斯太因卒為狂妄之帝黨刺於營中（一六三四年二月）。此時瓦蘭斯太因及格斯他夫亞多華斯既死，帝國全部之財力，又已枯竭。且在奉新教之多數君主方面以及奉羅馬教之皇帝方面，同樣發生民族情感，希望使德意志諸邦排除外國之軍隊與勢力。凡此種種之趨勢，似均足以使第三期，或瑞典干涉時期之戰爭有結束之可能。此次雖或不如第一二期戰爭之結局對於皇帝方面同樣有利，但無論如何，彼此均有一種合理之互讓精神。事實上，一六三五年五月，皇帝與願意停戰之各邦君主，卒簽訂條約於巴拉叩。依此條約，以後帝國所有之軍隊，概直接受皇帝之指揮（惟在奉路得教之撒克遜尼選侯特別指揮下之軍隊則否）。帝國內部之一切君主同盟，概行解散。被奪之領土，彼此歸還。關於教會土地所有權之根本問題，亦獲解決，卽教會所有之土地，在一六二七年實在佔有者，無論係在一五五五年奧格斯堡宗教和約締結以前或以後所得，概得繼續佔領至四十年，或至彼此有和解之協定時爲止。

巴拉叩和約之所以破壞，其主因並非德意志新教君主不願承受和約之條款，實因法國黎塞留之政策所致。此時黎塞留益信法國之強盛，實繫乎黑普斯堡族之失敗。彼非俟德意志皇帝受重大之打擊，及全德意志備受蹂躪，必不願各邦君主與皇帝媾和。此時彼不復暗中援助瑞典人及德意志之新教徒，竟敢公開與皇帝相見於疆場矣。

四、法國之干涉

黎塞留對德意志諸

三十年戰爭之最後期或法國干涉時期，由一六三五年起，至一六四八年止，歷時幾與以前三期合計之時間相等。黎塞留參戰之目的，一方面固在使奧大利之黑普斯堡族屈服，並於可能範

邦之政策

圍內，從神聖羅馬帝國奪取萊因方面重要之亞爾撒斯省，一方面又在對西班牙之黑普斯堡族在歐洲大陸之優勢，加以有效之打擊。 蓋自一六三二年以來，西班牙之黑普斯堡族對於德意志之黑普斯堡族恆踴躍援助也。 惟須知西班牙王仍佔領法國邊境北部之比領尼德蘭，東部之佛蘭西宮德，而北意大利常引起爭端之米蘭，亦爲西班牙之屬地。 法國幾爲西班牙之領域所包圍。故黎塞留之與西班牙作戰，亦如與德意志皇帝作戰，同爲勢所必然。 狡黠之黎塞留一方面能恃瑞典人及德意志之多數新教徒，以困奧大利之黑普斯堡族，使忙於應付，一方面又能恃荷蘭人之援助，以制西班牙人。 蓋西班牙迄今尚未正式承認荷領尼德蘭之獨立也。 因此時英格蘭內部情形之紛亂，無暇對外，故法國之仇敵亦難希望英國之援助。

宮德與杜勒拿

最初，法國之軍隊大抵因準備未充足，將領不勝任，軍士乏訓練，故屢戰屢北。 西班牙軍一時大有直搗巴黎之勢。 但黎塞留以百折不回之精神，忠君愛國之熱忱，再事積極備戰。 彼募集新軍，加以訓練，開赴尼德蘭，亞爾撒斯，佛蘭西宮德，北意大利，廬西倫（Roussillon）等處作戰。 彼並煽動葡萄牙人起而革命，恢復獨立（一六四〇年）。 一六四二年馬撒林繼黎塞留輔政後，仍沿襲其外交政策。 此時法國之軍隊得年少著名之將領出任指揮，其中有驍勇善戰之宮德親王

（Prince of Condè 一六二一——一六八六），有當時最偉大之軍人及兵法專家杜勒拿（Turenne 一六一一——一六七五）。宮德親王在羅克洛亞（Rocroi）之勝利（一六四三年），實為以後一百年中法國在軍事上佔優勝之起點。

最後，杜勒拿與西班牙軍及巴華利亞王馬克西米連所統帝國同盟聯軍之勁旅作戰，因指揮得宜，卒能獲勝，而德意志諸邦之三十年戰爭，遂告結束。一六四八年所簽定之各種條約，即構成委斯法里亞和約。

委斯法里亞和約（一六四八）

委斯法里亞和約關於政治條款之規定為：（一）德意志各邦不徵皇帝之同意，得自由宣戰媾和，即各邦君主均享有自主權。（二）亞爾撒斯除斯德拉斯堡自由市外，歸法國所有，並承認法國領有米仔，都仔，凡爾登等主教區。（三）破麥拉尼亞境內控制阿得（Oder）河口之領土，及圍繞不來梅城而控制易伯（Elbe）河口與威悉（Weser）河口已還俗之不來梅主教區，概歸瑞典所有。（四）法國與瑞典在神聖羅馬帝國之議會享有表決權，因此對於德意志之政事有監督之權利。（五）白蘭登堡獲得東部破麥拉尼亞及數主教區，馬德堡亦屬之。（六）巴拉退拿忒為巴華利亞王馬克西米連與被廢之弗列德利克之嗣子所分領，二者皆擁選侯之稱號。（七）正式承認瑞士脫離帝國與荷蘭脫離西班牙而獨立。

關於宗教上之糾紛，則解決如下：（一）凡路得教徒所享有之一切特權，加爾文教徒亦得享有之。（二）凡教會之一切財產無論屬羅馬教徒或新教徒，而在一六二四年一月一日即已佔領者，仍歸其所有。（三）帝國法院之裁判官，羅馬教徒與新教徒之名額應相等。因在一六四八年以後，德意志之宗教少有變遷，故此種宗教決定實即永久之決定也。

三十年戰爭對於德意志之惡果

委斯法里亞和約最顯著的結果之一，為促成德意志諸邦政治分裂之趨勢，神聖羅馬帝國僅具一種形式而已。皇帝之權力久已式微，現更等於泡影，直至數百年後，普魯士之和漢佐倫族代奧大利之黑普斯堡族而起，帝國之狀況絕無變遷。當此之時，德意志既已衰弱，故法國遂能於萊因河方面擴張其北部國境。

德意志經濟上所受之損失，較政治上所受之損失為大。蓋德意志因三十年戰爭之結果，幾成荒土。『所喪失之人數，約佔人口總數三分之二，而殘存之居民，其困苦狀況，實達於極點。帝國境內之村落，被破毀者已達六分之五。據記載所述，巴拉遏拿忒在兩年之內，遭劫凡二十八次。撒克遜尼境內，恆有豺狼成羣而遊，因在北部，有三分之一的土地已荒蕪未耕也。至於商業，亦操於法國人或荷蘭人之手。教育幾完全停頓。其人民道德上之退化，吾人可於其習俗之鄙陋及迷信之盛行覘之，例如焚燒女巫之惡習，卽常有之事也』。

法國包本族與西班牙黑普斯堡族之繼續作戰

委斯法里亞和約只結束德意志諸邦之三十年戰爭，並未消弭法國與西班牙間之劇烈衝突。馬撒林決意爲法國更事拓地。其時法國之宮德雖降於西班牙，尚有杜勒拿在西班牙之將領中，殆無與倫匹。馬撒林又因割但克爾克（Dunkirk）之要塞與英人，故能得克林威爾精兵之援助。及一六五九年，法國與西班牙之間始締結和約，此卽著名之比里牛斯條約也。此條約規定：

一六五九年之比里牛斯和約

（一）法國之南境新得盧西倫省，北境新得亞爾多亞（Artois）省。（二）承認法國爲洛萊因公國之保護者。（三）宮德獲赦免，並恢復其在法國之官職。（四）西班牙之黑普斯堡族國王腓立四世之長女馬利亞德勒沙（Maria Theresa）嫁於年少之法國包本族國王路易十四，西班牙贈法國以大宗嫁奩，而法國放棄其對於西班牙領土之要求。

比里牛斯條約實爲馬撒林最後之重要成功。當彼於一六六一年逝世以前，對於其承襲黎塞留之各種政策已目覩其勝利，卽國王之權力在國內已確立，奧大利與西班牙之黑普斯堡族已挫衂，法國之包本族國王在歐洲全土已受人敬畏是也。

國際法之發展

黑普斯堡族與包本族衝突之結果，又致各國承受幾種固定之國際法原則，及國際交涉上幾種固定之慣例。在古代，因有龐大之羅馬帝國存在，故與吾人今日所知之國際關係之發展，不能相容。在中世紀前半期封建社會之中，亦絕少外交之機會。在古代與中世紀，誠亦有所謂大使，國際談判，及條約等，顧此時之大使，均不過爲臨時之使臣，在交涉某種特定之事件，固無所謂常設外交代表，亦無所謂專門辦理外交之人物也。專門辦理外交人物之發達，最初係受十五世紀時

國際法在意大利之發展

意大利之影響。前已述及，北部與中部意大利均有多數之市府國家林立，彼此均爭政治上與經濟上之優勢，彼此均藉同盟與對峙之同盟以維持『均勢，』彼此對於半島之政治競爭，均以外交手腕與戰爭並用。此時之意大利已有今日之護照制度，對於武裝軍士與普通人民，已分別待遇，更有所謂國際禮節。實際上，各邦已懷有一種共同之觀念，感覺各邦彼此均有利於遵守法律與秩序。關於此事，尤以威尼斯爲重要。蓋威尼斯已逐漸演進一種常設外交官制，有時並令其外交代表關於外交事務，對本國提出詳細之報告。威尼斯人因其在地中海之商業佔優勢，故對於海上法規之發達，多所貢獻。最初發達者爲平時法規，後則戰時法規亦甚發達。

國際法在十六世紀

十六世紀中，關於治國方略及國際關係之種種理想，爲瑪基維里之所主張者，均由意大利而

傳播於西歐各國。凡西班牙，葡萄牙，法國，英格蘭之君主，莫不派常設使節於外國。國際交涉之種種慣例，亦漸發達。外交已變爲著名政治家一種公認之職業。

的歐洲之發展

關於國際法之發展，有兩種組織足以障礙之。其一爲羅馬教會，因其爲一種國際組織，並要求在世界宗教上居最高無上之地位也。其一爲神聖羅馬帝國，因其要求在政治上居最高地位，並力主其與各邦根本不能平等也。但十六世紀之新教革命，對於羅馬教會之要求與勢力，已予以重大之打擊。又包本族與黑普斯堡族之長期衝突，至三十年戰爭而達於頂點，結果亦致神聖羅馬帝國之地位爲之降低，無論在理論上或實際上，其與英、法、西班牙等民族王國或荷蘭共和國之地位，並無不同。

三十年戰爭與國際法

自委斯法里亞和約成立，歐洲始有眞正之國際組織出現。雖則在事實上，承認各國有大小強弱之分，而在理論上，則各國皆爲獨立自主之國家，處於平等之地位。自是而後，並有外交家及外交代表大會以制定歐洲之公法。委斯法里亞和會實爲之指出新途徑焉。

國際關係之另一方面，至十七世紀前半期始見重要。因三十年戰爭及其殘酷之行爲，致令人顯見意大利戰爭行爲之合乎人道，與德意志諸邦戰爭行爲之野蠻，實相懸殊。戰爭行爲既如

格老秀斯

是其殘酷，故學者莫不以爲急須制定種種之規則，俾戰時之非戰鬬員有所保護，病者傷者獲得相當之待遇，對於十七世紀歐洲盛行之無法刦掠及其他種種之恐怖行爲，加以禁制。　故此後遂有關於國際法之論著出現矣。

最初一部有勢力之著作，當推格老秀斯(Hugo Grotius)之戰時法與平時法(On the Law of War and Peace)，其對於各國君主及外交家之影響實深且久。　格老秀斯（一五八三——一六四五）註一爲荷蘭博學之人文主義者，嘗參與政治活動，攻擊尼德蘭之執政，並力爭宗教寬容，以攻擊本國最得勢之加爾文教徒。　彼卒因此二事獲罪，判定終身監禁。　彼於一六一九年下獄，後則設法逃脫，奔巴黎，遂在巴黎從事於其不朽之著作，於一六二五年刊行於世。　平時法與戰時法一書，實爲一部最詳盡而精彩之教科書，乃係關於國際法基本原則有系統之著述中之最先出而完善者。

註一　格老秀斯在其本國恒稱爲格洛特(Hug Van Groat)。　晚年充瑞典大使，駐於法國之王廷。

課外讀本

關於亨利四世，黎塞留，馬撒林者：

一、簡略者：

1. H. O. Wakeman——*The Ascendancy of France 1598-1715* (1894), Ch. I-VII.
2. Mary A. Hollings——*Renaissance and Reformation, 1453-1660* (1910), Ch. XI, XII.
3. J. H. Sacret——*Bourbon and Vasa, 1610-1715* (1914), Ch I-VII.
4. A. J. Grant——*The French Monarchy 1483-1789*, Vol. I (1900), Ch. VI-IX.
5. G. W. Kitchin——*A History of France*, 3d and 4th editions (1894-1899), Vol. II, Book IV, Ch. I III, Vol. III, Book IV, Ch. IV-VIII.
6. H. T. Dyer——*A History of Modern Europe from the Fall of Constantinople*, 3d ed. rev. by Arthur Hassall (1901), Ch. XXIX-XXXV.

7. Victor Duruy——*History of Modern Times*, trans. and rev. by E. A. Grosvenor (1894), Ch. XVII, XVIII, XX.

8. *Cambridge Modern History*, Vol. II, Ch. XX (by Stanley Leathes, on Henry IV), Vol. IV, Ch IV (on Richelieu), XXI (on Mazarin).

9. *Histoire générale*, Vol. V, Ch. VI-VIII, Vol, VI, Ch. I.

二、詳悉者:

1. *Histoire de France*, ed. by Ernest Lavisse, Vol. VI, Part I (1904), Livre IV (on Henry IV), Vol. VI, Part II (1905), Livres I-III (on Henry IV and Richelieu, by J. H. Mariéjol), Vol. VII, Part I (1906), Livre I (on Mazarin, by E. Lavisse).

2. P. F. Willert——*Henry of Navarre* (1897).

3. C. C. Jackson——*The First of the Bourbons*, 2 Vols. (1890).

4. J. B. Perkins——*Richelieu and the Growth of French Power* (1900).

5. J. B. Perkins——*France under Mazarin*, 2 Vols. (1886).

6. Georges (Vicomte) d'Avenel,——*Richelieu et la monarchie absolue*, 4 Vols. (1884-1890).

7. Gabriel Hanotaux——*Origines de l'institution des intendants de provinces* (1884).

8. P. A. Chéruel——*Histoire de France pendant la minorité de Louis XIV*, 4 Vols. (1879-1880).

9. P. A. Chéruel——*Histoire de France sous le ministère de Mazarin, 1651-1661* 3 Vols. (1882).

10. Louis Batiffol——*The Century of the Renaissance in France*, Eng. trans. by Elsie F. Buckley (1916).

關於三十年戰爭者：

1. E. F. Henderson——*A Short History of Germany*, Vol. I (1902), Ch. XVII, XVIII.

2. S. R. Gardiner——*The Thirty Years' War* (1897).

3. *History of All Nations*, Vol. XII, Ch. IV-VIII by Martin Philippson.

4, *Cambridge Modern History*, Vol. IV (1906), Ch. I, III, V-VII, XIII, XIV, XX, XXII.

5. *Histoire gênérale*, Vol. V, Ch. XII.

6. Anton Gindely——*The Thirty Years' Wa* , trans from the German by Andrew Ten Brook, 2 Vols. (1884).

7. Gustav Droysen——*Das Zeitalter des dreissigjährigen Krieges* (1888).

8. Georg Winter——*Geschichte des dreissigjährigen Krieges* (1893).

9. Emile Charvériat——*Histoire de la guerre de trente ans*, 2 Vols. (1878).

10. Moritz Ritter——*Deutsche Geschichte im Zeitalter der Gegenreformation und des dreissigjahrigen Krieges, 1555–1648*, 3 Vols. (1889–1908).

11. Franz Krones——*Handbuch der Geschichte Oesterreichs von der ältesten Zeit*, Vol.

III (1877), Books XIV-XV.

12. Henri Pirenne——*Histoire de Belgique*, Vol. IV, (1567-1648). (1911).

13. Ernest Denis——*Fin de l'independance bohême*, Vol. II (1890).

14. Ernest Denis——*La Bohême depuis la Montagne-Blanche*, Vol. I (1903).

15. R. N. Bain——*Scandinavia, a Political History of Denmark, Norway, and Sweden, from 1513 to 1900* (1905).

16. C. R. L. Fletcher——*Gustavus Adolphus*.

17 Leopold von Ranke——*Geschichte Wallensteins* 3d ed (1872).

18. Anton Gindely——*Waldstein, 1625-1630*, 2 Vols. (1886).

19. Emile Bourgeois——*Manuel historique de politique étrangère*, 4th ed., Vol. I (1906), Ch. I, II, VI.

20. D. J. Hill——*History of Diplomacy in the International Development of Europe*, Vol. II (1906), Ch. VII.

21. Jean Dumont — *Corps universel diplomatique du droit des gens*, 8 Vols. (1726-1731).

第七章　法國專制政治之發生及包木族與黑普斯堡族之爭衡

（一六六一——一七四三年）

第一節　路易十四時代

路易十四為專制繼承者勢之繼承者

當一六六一年馬撒林卒時，幼王路易十四遂宣言親攬政權，以處理法國之內政與外交。自王親政後經長久之期間，在實際上或名義上，均為法國之統治者。其政治亦與拿破崙相若，在法國歷史上實開一新紀元焉。

路易十四受亨利四世，衆勒，黎塞留，馬撒林等以前治績之賜，繼承一團結較固之國家，其人民莫不愛國而忠君。新教徒革命與貴族之叛亂在法國已成往事。全級會議，為往昔之代議機關，然因久不召集，無復有人記憶。地方行政已由中產階級出身之忠實官吏處理之，即所謂監督是也。此外凡徵稅，戰爭，公共事業之改良，及警察司法諸大權，莫不集中於國王之手。就對外而言，法國之勁敵黑普斯堡族已被屈服，國境已擴張，而國威亦已增高。總之，一切情形莫不有利於路易十四施行空前之專制政治焉。

專制主義

路易十四之專制主義，其學理的根據，已由波蘇耶（Bossuet）之名著，得一正確的闡明。波蘇耶（一六二七——一七〇四）爲當時博學而正直之主教，彼謂註一，政府爲神意之所創設，所以使人類滿足羣居生活之本能者也。君主政體在上帝鑒臨之下，實爲一切政體中之最普通而悠久者，故最合於自然。君主政體又爲一切政體中之最健全而富於效能者，故爲最良之政制。

神權君主政治

君主政治頗與族長之家族統制相類，且亦應如家族制之爲世襲。波蘇耶嘗謂此種世襲君主有四特性：（一）君主卽位時，須由教會之神父爲行傅油禮，此足證明其神聖不可侵犯者也。故苟有攻擊君主之本身或陰謀反對之者，卽爲誹教與瀆神。（二）在事實上君主直如人民之父，故其職務爲謀人民之福利，並監督其行動。（三）君主之權力爲絕對而獨裁者，關於權力之行使，惟有對上帝負責（世俗之人無違抗君命之權利，人民抵制暴君之方法，惟有懇求上帝變更君主之意

註一　擁護神權君主政治之論據係採自波蘇耶之名著 La Politique tirée des propres paroles de L'Ecriture Sainte 一書。

志）。（四）君主所秉賦之理性，較常人爲高（君主爲上帝在人間之主宰，故僅視君主爲凡人者實屬錯誤）。君主爲公人且爲國家之化身。『因一切之全美德性咸備於上帝，故在一國之中，個人之一切權力亦咸集於君主一人』。

以上所述，卽所謂神權君主政治或專制政治之學說也。須知此種學說之基礎，遠在十六七世紀中卽已確立，其後實際上更爲法國人全體及與法國比鄰之歐陸諸邦大多數人民所承受。如後文所述，卽彼英格蘭之士挑亞特朝諸王亦曾爲之張目，且得一時之成功。蓋此實爲十七世紀中一種流行之政治思想與民治主義爲今日流行之政治思想同，而路易十四其最重要之化身也。

路易十四

路易十四之爲人，溫和而有威嚴，其語言行動均甚文雅，頗有君人之度，彼似爲天生之君主焉。路易十四勵精圖治，且能謹愼刻苦。凡百政務，每日莫不詳加審查，躬自督理。彼執行其所謂『人君之業務』甚有條理。嘗遺書誡其孫云：『爲人君者須作事，且須以作事爲目的』。

路易十四深得左右輔弼之力。彼不惟有波蘇耶爲之歌功頌德，並有各盡厥職之賢臣甚多。例如哥爾比（Colbert）財政家與改革家也；盧華（Louvois）精於軍隊之編制者也；法般（Vauban）精於築城造壘者也；宮德與杜勒拿，以驍勇善戰聞者也。此外尙有當時多數知名之文人學士，日夕侍從路易十四而受其奬勵與資助，並使其聲名播於遐邇。 路易十四至被稱爲『大王』(Grand Monarch)而其在位時代亦以此而稱爲路易十四時代。

凡爾賽與路易十四之王宮

凡爾賽（Versailles）距巴黎約十二哩，舊爲荒廢之區，路易十四擇其地建築宏壯之宮殿，飾以華麗之裝飾，並造花園林泉以點綴之，故其地遂成爲歐洲娛樂之中心。 法國之貴族多集於此。彼等雖毫無政權，但得豁免種種之賦稅，且被視爲繁華世界中最重要之部分。 舉凡國王之日常起居遊宴等事，莫不有貴族隨侍左右。 貴族純爲王宮之裝飾品。 法國之宮廷既在凡爾賽，故其地亦即爲時尚之所由出與人文會萃之所焉。

『路易十四時代』

當此之時，法國之風俗，服裝，語言，美術，文學，科學，在歐洲文明社會，莫不摹仿之。 如哥爾尼耶(Corneille，一六〇六——一六八四)，法國戲劇之始祖也，莫利耶爾(Moliere，一六二二——一六七三)，法國最大之戲劇家也；拉西拿(Racine，一六三九——一六九九)，善於作形式謹嚴而文雅之劇本者也；塞維業夫人(Madame de Sévigné，一六二六——一六九六)，擅長傳記之女著作家也；芬德拿(La Fontaine，一六二一——一六九五)，幻想的詩人與滑稽小說家也。此外尚有甚多之文人學士，莫不匯萃於凡爾賽宮而受國王之恩賜。 此時之法蘭西語已變爲時髦之語言，爲外交上所通用，且自彼時以至今日，尙能保持其地位。

當路易十四之宮廷爲法國（幾乎爲歐洲）生活之中心時，構成第三階級之專業階級與商人階級亦比較得享太平與繁榮，且在國王治下據有行政上之一切重要職位。因司法上之職位亦均爲中產階級所佔據，故此時之政治通常有『縉紳政治』(rule of the robe)之稱。

『縉紳政治』

哥爾比

哥爾比（一六一九——一六八三）爲路易十四最偉大的賢臣之一。彼因爲商人子，故對於商人階級之利益特別注意。彼因馬撒林之擢拔而投身政界，馬撒林卒後，相繼任公共工程督辦，財政總監督，航務大臣，農商大臣，殖民大臣等職。總之，迄彼於一六八三年逝世時爲止，法國政府中除陸軍部外，無一部不曾受其指揮。彼雖恆順從王意，不似黎塞留與馬撒林之獨斷獨行，但能得國王之信任者，多歷年所。彼且因鞠躬盡瘁，故能成就許多事業，以增進法國之物質繁榮。彼之政策及事業，與粟勒相似之處頗多。

財政改革之計劃

哥爾比首須傾全力以應付者，厥維財政改革。當黎塞留輔政時，而尤以當馬撒林時代爲甚，粟勒艱苦之儲蓄均爲之浪費以盡。嬖倖所受之賞賜既耗鉅款，而日益增多之貴族階級又不納稅。不良之徵稅制度即所謂『包稅制』註一者業已產生，而財政上之負擔幾純由貧困之農民任之。哥爾比於是毅然從事於改革，委任誠實可靠之稅吏，對於征稅之積弊，亦多所改革。彼因對於享受特權之貴族不能課以直接土地稅（taille），故除已有之免稅例而外，毅然防制再開新例。彼並因課間接稅或關稅，使一般人民多少有所負擔，實際上遂使農民所納之直接稅減輕。彼因欲減輕鄉村人民之負擔，故力求振興農業，禁止強奪農具以抵債，並獎勵飼養馬牛等畜。彼又復改良道路及國內其他之種種交通工具。蘭格多克運河實因彼之提倡而開鑿，此河即溝通地中海與格羅拿（Garonne）河，並由此與大西洋相聯絡者也。彼對於農產物運行各省之通過稅，亦力求其平均。

哥爾比與法國之重商主義

哥爾比尤熱心於增進其所視為商人階級之利益，對於製造業與商業，獎勵不遺餘力，並舉辦新工業，保護發明家。對於外國之工人，則多方羅致之；對於本國之工人，則禁止其出國。對於外國之輸入品，則課之以重稅，以保護『幼稚之產業』而增進法國製造業者與商人之利益。對於本國船舶之經營商業者，更與以大宗津貼，而對於外國船舶之停泊於法國之港灣者，則強其納繁重

註一　『包稅制』即係將賦稅之征收委託於私人或公司，任其向納稅人盡力搾取金錢，其所征收之數除應歸政府者外，有餘概歸自己所有。

之船鈔。其與保護關稅及海外貿易之津貼並用者，復有其他種種重商主義之政策。例如防制貴重金屬之輸出，獎勵商業公司與專賣，對於一切商品之製造，性質，數量及銷售，政府均加以詳密之監督等是。哥爾比之重商主義政策施行之結果，雖有種種之利益，然因商業階級財富之過度增加，致損及國內人數更多之其他階級。且因人民對於集權之君主政治無參與之權利，致此中央政府終顯示缺乏智力與忠誠，而不適於各項事業之監督。故哥爾比之政策可謂得不償失。

欲圖工商業之振興，則不可不創設海軍以資保護。哥爾比深感此事之需要，故立即舉辦重建船塢與士倫（Toulon）軍械局，並新建大規模之船廠於羅捨福（Rochefort），加來斯布勒士的（Brest），哈維爾（Havre）等處。彼更興強大之王家海軍，俾可與英格蘭，西班牙，荷蘭諸國之海軍爭衡。海軍之士卒則徵募沿海諸省之水手充任之，且恆強令囚犯在戰船服役，視同新工業上之奴隸。

哥爾比之『世界政策』

既採重商主義之政策，又不可不取得殖民地，俾母國可壟斷其商業。因此哥爾比遂變為奮發有為之殖民大臣，收買西印度羣島之馬的尼撲（Martinique）與格德盧白（Guadeloupe），獎勵殖民於三多明角（San Domingo），坎拿大及路易聖拿（Louisiana）等處，並建重要之根據地於

盧華與路易十四時代法國之軍國主義

印度，塞拿格耳（Senegal），馬達加斯加（Madagascar）等處。法國在哥爾比之領導下實變爲重要之殖民國家，而與以前歐洲方面之勁敵爭衡焉。

哥爾比雖爲財政家與經濟學家，但對於路易十四時代之文治亦大有貢獻。初，黎塞留原創設法國國家學院，至彼則更加以整頓，並新創科學院（Academy of Stience），是即今日所稱之法國國家學院（Institute of France）也。此外又建大規模之天文臺於巴黎，對於多數著作家均給以年金，並網羅外國之美術家科學家至法國。法國多數之建築物及凱旋門均係在其提倡之下而建築者也。

至於軍事方面，路易十四亦有一幹練勤苦之輔佐。盧華（一六四一——一六九一）者，世界最偉大之陸軍大臣之一也，嘗創當時最大最良之常備軍。彼對於軍士，厲行嚴格之紀律，最初規定軍士須着特別制服，並始創軍隊進行須步武一致之習慣。軍營中之生活，因在其監督之下，極合於衛生。且在其指揮之下，軍職升遷之標準，亦不復以社會地位爲主，而以功績爲主。盧華更有歷史上最偉大之軍事工程師法般（一六三三——一七〇七）爲之輔助，法國北境與東境宏大之堡壘，皆其所築者也。又有宮德與杜勒拿，均爲第一流將才，盧華之改革與政策，實藉彼輩而立見成效。

以上所述，爲路易十四深得左右賢臣之輔弼。顧路易十四當政時代之外觀的燦爛，實與其內情不符。哥爾比試辦之事業過多，故結果其計劃迭遭失敗。貴族階級則益逸惰奢侈，盤樂無厭。中產階級則益自私自利，惟知謀本階級之利益。而佔國民大多數之農民雖受政府之扶助，然其境況則愈趨惡劣，日呻吟於重稅負擔之下。路易十四自己對於其宮娥，朝廷，嬖倖，亦不惜浪費。其過度之虛榮心非浪費之遊宴與華觀不能滿足。其好大喜功之心遠勝於修明內政之志。故後日哥爾比自覺盧華對於國王之勢力日盛，而自己之勢力日衰。當其卒時，已深痛其節用之計劃，徒費苦心，其所節省之財源正因外戰而傾蕩殆盡矣。路易十四在位時代之眞正繁榮實因其各次戰爭以喪失，而法國未來之厄運，亦濫觴於此。

當敍述路易十四之各次外戰以前，對於其在位時代之又一汚點，亦不可不提及。蓋在法國重新迫害新敎徒者，實路易十四也。彼一方面動於專制之念，欲使法國完全統一，而另一方面則動於宗教上懺悔之熱誠，欲補救其私人以前之失德。彼一時嘗縱容軍士迫害新教徒，最後復於一六八五年正式取消南脫敕令。按法國之領導歐洲諸國在原則上與實際上實行宗教寬容者

路易十四時代之隆盛名實不符

一六八五年南脫敕令之取消

幾及百年，自後則趨於反動。對於新教徒雖仍許以信仰之自由，但不許有禮拜之自由，且剝奪其在國內之公民權。此種專制與錯誤行動之直接結果，則爲大部分勤勉而重要之國民相率去國，而大增進英格蘭荷蘭及普魯士諸國之政治與經濟力，蓋此數國者皆奉新教而又爲法國之勁敵也。

第二節　法國國境之擴張

路易十四非軍人也，生平從未身着戎裝或統率軍隊。顧彼雖乏軍事天才，而好窮兵黷武，且善於外交。彼實爲當時最大外交家之一，並多忠實之軍隊及有才之將領樂爲之用，以實行法國之傳統的外交政策。

法國之傳統的外交政策

此種外交政策前爲佛蘭西士一世，亨利二世，亨利四世，黎塞留，馬撒林等所採用，其目的在屈服奧大利與西班牙之強盛的黑普斯堡族。法國雖因委斯法里亞及比里牛斯等條約，侵害黑普斯堡族而增進自己之利益，但仍有許多事業待路易十四完成之。當一六六一年路易十四親政之時，西班牙之黑普斯堡族不惟仍然統治法國南境之伊伯利安半島，且統治其北境之比領尼德蘭，蘭東境之佛蘭西宮德，及北意大利之米蘭。而奧大利之黑普斯堡族名義上亦仍統治法國東北境富饒之萊因諸省。故法國此時幾仍為黑普斯堡族之領域所包圍。

『天然國境』之說

路易十四欲為其以後各次之侵略行為求得根據，遂倡『天然國境』(Natural boundaries)之說。依其主張，則各國均應以天然之疆界如山脈，湖澤，河流等為國境。法國之天然國境實為古代高盧人(Gaul)所有之國境，卽比里牛斯山，阿爾卑斯山，萊因河，及大洋是也。任何外國之君主或國家，如在此種境界以內要求行使其權力，卽為侵略者，而應被驅逐。

路易十四之戰爭

路易十四之窮兵黷武，多歷年所，前後凡經三次大戰，以求擴張國境至萊因河，略有成功。此三次大戰中之繼承戰爭(War of Devolution)，荷蘭戰爭(Dutch War)，奧革斯堡同盟戰爭(War of the League of Augusburg)，當於現在敍述。此外尚有第四次大戰，乃起於包本族之欲取得西班牙王位，因其所牽涉之方面甚多，當於以後另行述之。

『繼承戰爭』

繼承戰爭之起因在路易十四欲取得西領或比領尼德蘭。蓋依比里牛斯和約之規定，路易曾娶西班牙王腓立四世之長女馬利亞德勒為后。嗣腓立四世因再娶而生一子，孱弱愚癡，於一六六五年卽位，是為查理二世，路易十四遂乘機為其后要求西班牙領土之一部分。其要求之理由係根據通行於尼德蘭之私產繼承習慣，卽初娶所生之兒女如繼承遺產，則續娶所生之兒女卽無要求之權。路易十四堅持此種繼承習慣，不惟須適用於私產，且須適用於國家之主權，故主張其后應爲比領尼德蘭之君主。其實此種要求之根據純出於杜撰。但路易十四則藉此爲侵略其幼弱妻弟之充分理由。

當戰爭開始之前，路易十四曾利用其外交手腕以防制他國之援助西班牙。彼首先求得荷蘭，瑞典，及在三十年戰爭期中與法國同盟之德意志新教諸邦之友誼的中立。嗣更以將在神聖羅馬帝國中煽動內亂，威嚇奧大利之黑普斯堡族，使不得援助西班牙。最後，彼對於英格蘭亦無所顧忌；因其時之英國正與荷蘭從事於劇烈之商業戰爭，無暇他顧也註一。

『均勢主義』

繼承戰爭自一六六七年起，延至一六六八年。路易十四之軍隊因訓練甚精，指揮得宜，故未經何等之困難，卽佔據西領尼德蘭之邊境各要塞。此時之國際形勢設無意外之變遷發生，則其

註一　在英荷第二次商業戰爭（一六六五——一六六七）之前夕，英人曾從荷人奪得新亞姆斯特丹（一六六四年）而重名之爲紐約。荷蘭著名之海將盧易特爾（De Ruyter）焚燬英國之艦隊，并侵入泰姆士(Thames)河（一六六七年六月），亦爲此次衝突期中之事。

全部領土均將爲法國所佔據無疑矣。詎料英格蘭與荷蘭之商業戰爭速告結束，二國且棄嫌修好，與瑞典共結三國同盟(Triple Alliance)以阻止戰爭，防制法國之進展。同盟國宣言依『均勢主義』，歐洲之其他各國均應聯合以防制任何一國勢力之過大。此種『均勢主義』之口實，實針對路易十四『天然國境』之主張而發也。

一六六八年之愛斯拉沙伯條約

三國同盟之威嚇使路易十四不得不商訂愛斯拉沙伯條約。依此條約，西班牙割讓其法蘭達領土之重要部分與法國沙勒羅亞(Charleroi)都拿(Tournai)，里耶(Lille)諸城均在其中，但仍保留比領尼德蘭之大部分。路易十四之慾望既由是引發，一時殊難於滿足也。

法荷二國之爭衡

路易十四以荷蘭人之從中阻撓，故大爲怨憤。彼深知荷蘭必不願有強盛之法國與之爲鄰，故法國欲佔據比領尼德蘭，必恆招荷人之反對。路易十四之所以起第二次戰爭以攻荷蘭者，其動機並非僅因好大喜功及政治上之考慮。蓋法國現亦如英格蘭，已變爲荷蘭之商業與殖民之勁敵。自路易十四或哥爾比觀之，苟能破壞荷人之商業獨佔權，則法國之中產階級必大受其利。路易十四之第二次外征，一方面固爲政治上之衝突，但在他方亦實爲一種商業戰爭也。

路易十四最初則力謀破壞三國同盟，而陷荷蘭於孤立。彼利用英格蘭之政治情勢，而與英王查理二世祕密協訂多維爾(Dover)條約（一六七〇年），法國助英王以大宗年金，使其在財政上不依賴國會，英王則自行宣布為羅馬教徒，並退出三國同盟。法國又以大宗年金賄賂瑞典政府，故荷蘭大有孤立無助，須與其勁敵獨力作戰之勢。

荷蘭之內訌

至於此時荷蘭國內之情勢，亦並不能為有效之抵禦。蓋自荷蘭之獨立取得正式承認以來（一六四八年），已久苦於內訌。一方面有鄂蘭吉族之首領擁執政(Stadholder)之稱號，得有鄉區貴族，加爾文派教士及農民階級之擁護，希望統一全國而建立世襲之君主政治。反之，則有富庶之城區人民，宗教上之自由主義者，及一般市民，奉著名之議會議長約翰德威特(John Dewitt 一六二五——一六七二)為首領，企圖保留共和政治及各省之權利。此黨執政歷二十餘載，但及鄂蘭吉族之幼王威廉三世達於成年之時，遂有袒護君主政治之反動發生。

荷蘭戰爭

在此等情勢之下，路易十四遂於一六七二年對荷蘭宣戰。法軍藉口於洛萊因公爵與荷蘭人同謀，旋即佔據其地，並由此直下萊因河，經哥洛尼而侵入荷蘭，有直搗亞姆斯特丹城之勢。荷蘭之人民此時惶恐無措，妄以失敗歸咎於約翰德威特而刺殺之。幼王威廉三世現握最高指揮權，遂下令使人民決隄，淹沒北荷蘭之大部分。荷人當獨立戰爭時，固嘗用此策以驅逐西班牙人，現復用此策以阻止法軍之乘勝進攻焉。

路易十四之拒絕荷人所提之有利的媾和條件，致引起歐洲一般的驚恐。帝來泊爾（Leopold)及白蘭登堡大選侯，均與荷蘭結攻守同盟，後復有西班牙及德意志數邦之加入。由此釀成之大戰，結果法國卒能制勝。杜勒拿因一次之大勝，致迫白蘭登堡大選侯求和。皇帝亦卒敗北，戰爭區域遂擴張至西頜尼德蘭及佛蘭西宮德。

一六七八年之尼哲明威占條約

但最後當英國國會強迫查理二世加入對法大同盟之時，路易十四遂認爲媾和之時機已至。依事實所證明，因此次大戰而受重創者，並非荷蘭而爲西班牙。依尼哲明威占（Nijmwegen）條約，荷蘭一無所失，西班牙則喪失法國所久已垂涎之佛蘭西宮德省及比頜尼德蘭數要塞。法國並繼續佔領洛萊因公國。

荷蘭戰爭對於法國之影響

路易十四對於荷人之倨傲無禮，縱未能加以報復，然至少已擴張法國之國境，使漸與萊因河接近。己亦成爲歐洲最偉大而可畏之君主。然其爲此所付之代價亦屬不貲。邊境諸省均因戰爭而荒廢，國庫爲之空虛，且因商議借款與增加賦稅之迫切，致哥爾比亦大失所望。良將杜勒拿後卒死於此次戰爭，而宮德亦因病退休。

『復合法院』與法國之合併新地

顧路易十四漠視其所受之損害，而仍誇大其戰爭上與外交上之成功。彼亦若其他好大喜功之君主，以爲國內經濟上之損害或社會上之不滿，均不難因對外之光榮而使之遺忘或被其所掩，若使節之華奢甲冑之輝耀與血戰之壯烈等，均所以構成此種光榮者也。路易十四旣指出殺人流血之路，最初並覺此路之足以滿足其慾望，結果對於其家族及其人民兩俱不幸。

荷蘭戰爭甫告結束，路易十四復用詭譎之政策及外交手腕，更求擴大法國之領土。初，委斯法里亞及尼哲明威占條約所規定割與法國之土地，原係包括『被割土地之屬地』。故路易十四現以爲彼新近取得之土地中，有在以前中世紀或近世紀初期之封建時代，對於其他城市或領土曾享有封建式之宗主權，而尚未合併於法國者。此種古代的封建關係，實際上在十七世紀末葉雖多已喪失其效力，而路易十四仍決意利用之，以便於可能範圍內增加其領土。彼於是設立特別法院，稱爲『復合法院』(Chambers of Reunion)，由服從己意之法官組成之，以決定何地因古代之封建習慣而應合併於法國。因法院慘澹經營詳密調查之故，致神聖羅馬帝國境內之重要城鎮應合併於法國者不下二十處，盧森堡(Luxemburg)與斯德拉斯堡亦屬之。當時對於路易十四之立卽實行此等判決，似未有能制止者。其軍隊可隨時應戰。英王復受其資助而爲其同盟。四皇帝則大爲土耳其人之侵逼所困，無暇他顧。斯德拉斯堡之武裝抵制，不久即被屈服（一六八一年），而偉大的軍事工程師法般遂使此城成爲萊因河上法國之要塞。西班牙王亦嘗力防盧森堡，俾不受法國之攻擊，然卒遭慘敗（一六八四年）。

奧革斯堡同盟戰爭或巴拉遏拿忒戰爭

帝來泊爾見法國之勢力日進不已，大恐，因於一六八六年與西班牙，瑞典，及德意志數邦之君主，結成奧革斯堡同盟，以維持神聖羅馬帝國領土之完整。不久奧革斯堡同盟即須起而抵制路易十四之再事侵略。一六八八年，路易十四派大軍侵萊因河上之巴拉遏拿忒，以實行其對於該地之非法要求。由此產生之戰爭，爲路易十四之第三次大戰，亦稱奧革斯堡同盟戰爭，或稱巴拉遏拿忒戰爭。在美洲，則英法殖民者之間同時亦有公開之衝突，此即通常所稱『威廉王戰爭』(King William's War) 者是也。

路易十四當以前二次大戰之時，雖不能得英人之援助，然其中立，則甚可恃。英王旣恃路易十四財政上之援助以維持其專制政治，而國內最佔勢力之商業階級此時因受荷蘭商人之排斥，仍較受法國商人之排斥爲尤甚，故對於大陸方面王室之衝突，雅不欲妄事加入。至於路易十四之理想，則以爲英人同樣之政策，必能始終一致。蓋英王詹姆士二世（一六八五——一六八八）

荷蘭執政兼英格蘭王威廉斯三世

英法間新百年戰爭之開始

與彼友誼頗深也。顧在英格蘭之國內與戰爭上之主動者，並非馴順之詹姆士二世其人，而為不妥協之威廉三世。威廉三世註一為荷蘭執政之時，在大陸方面與路易十四久已積不相能。彼屢表現兼具軍事家與陰謀家之長。現因已與詹姆士二世之長女瑪利結婚，力圖要好於英格蘭代表新教議會，及商人階級之各黨。蓋此均反對詹姆士之傾向羅馬教與專制主義的政策者也。

吾人當立即述及，一六八八年英格蘭之革命，放逐詹姆士二世去國，實為英格蘭立憲政治確立之重要步驟。此次革命對於路易十四之外交政策其影響亦極重要。因此次革命結果，使詹姆士之女婿荷蘭執政威廉三世入主英國，其人即路易十四之勁敵也。

英格蘭在其新王領導之下，立即加入奧革斯堡同盟，而對法宣戰。英格蘭與荷蘭商業上之競爭，大部分已歸和解。且此二國之殖民地現既連合於同一統治者之下，其必與法國之殖民地發生衝突者，亦自然之勢也。以前包本族僅因在歐洲大陸方面謀增本朝之利益而遇有困難，自今以後，則與英格蘭更發生大規模之殖民與商業競爭。此實為英法二國因爭印度與美洲霸權而起的百年戰爭之開始。

註一 威廉三世（一六五〇——一七〇二）在一六七二年為荷蘭執政，在一六八九年為不列顛王。

路易十四似從未感覺爭奪殖民地之重要。其野心乃重在擴張法國之國境至於萊因河流域。故吾人無論討論奧革斯堡同盟戰爭或以後之西班牙王位繼承戰爭，在本章當注重與歐洲及王室有關之事實而將同時之殖民地競爭留待以後『英法二國之世界衝突』一章述之。

奧革斯堡同盟戰爭為路易十四之第三次大戰自一六八九年起至一六九七年止。此時法國軍中雖失去杜勒拿與宮德，然因法軍組織之完善卒能抵制聯軍使其不能侵入法國甚至在邊疆獲勝數次。但在海戰方面，路易十四之成功甚少。法國派赴愛爾蘭援助詹姆士二世之遠征軍亦遭慘敗。參戰各國經過多年劇戰之後，莫不大受損失，路易十四亦卒求和。

一六九七年之里斯威克條約

依照結束奧革斯堡同盟戰爭之里斯威克(Ryswick)條約，則路易十四：(一)凡由『復合法院』決定合併於法國之一切土地，除斯德拉斯堡外，幾乎盡行放棄。(二)許荷蘭人駐兵於西領尼德蘭之各要塞，以防法國之侵犯。(三)允與荷蘭人締結有利之商約。(四)歸還洛萊因於其公爵。(五)放棄其對於巴拉邊拿忒之要求。(六)承認威廉三世為英格蘭王，並允不贊助推翻其王位之計劃。此次路易十四雖未喪失領土(實際上彼對於亞爾撒斯全省之所有權已獲得完全之承認)，然其名望與虛榮則大受損失矣。

第三節　西班牙王位繼承戰爭

路易十四之所以急於求和，而放棄其對於洛萊因及巴拉遏拿忒之要求者，其主要原因之一，即為無名之西班牙王查理二世之身體衰弱甚速，彼則欲利用外交與陰謀以取得其廣大領土中之重要部分也。

西班牙之領域

西班牙仍為大國，其國王所統治者不惟有在西班牙半島之古代的加斯提爾，亞拉岡，拿法爾諸王國，並有比領尼德蘭之大部分，意大利之雙西西里王國，米蘭公國及突斯加尼之統治權。此外復有在美洲及腓律賓羣島廣大之殖民地。當各國君主厲行專制，將其領土視同私產之時，領土之轉移實多視王位之繼承而定焉。

西班牙王位繼承問題

適值西班牙之黑普斯堡族此時男系已絕，查理二世自身既無兒女，又無兄弟。至於其姊妹，則長者為路易十四之后，而幼者則嫁於帝來泊爾，即奧大利之黑普斯堡族之繼承者也。路易十四曾因比里牛斯和約（一六五九年）而放棄其對於西班牙王位之要求，惟西班牙須與以大宗匳資。但西班牙因國庫空虛，卒未能履行此條件，因此路易十四可要求永襲查理二世之全部領域，並冀於最優良之領地中以包本族代替黑普斯堡族。顧皇帝則動於家族的自尊心，而主張其后之繼承權，並主張其自身爲西班牙王最近之男系親屬以抵制法國之要求。來泊爾之要求苟被承認，則黑普斯堡族必復有一單獨之統治者出現而統一帝國，其領域亦當與帝查理五世以前所統治之帝國相同。反之，路易十四之野心苟能實現，則必有一新出而可畏之包本族帝國成立。但無論在何種情形之下，歐洲之『均勢』必因此而破壞也。

商業與殖民之糾紛

與歐洲之政治問題常有密切之關係者，厥維商業與殖民之嚴重問題。依十七八世紀所流行之重商主義，無論何國，凡有殖民地者，均應保留對殖民地貿易之特權爲本國之國民所獨有。荷法國與西班牙彼此繼續分離，且雙方之勢力不過於膨脹，則其商業上之勁敵，最著者如英格蘭與荷蘭，或可希望在法國與西班牙之殖民地不時獲得特種商業權利。但法國與西班牙之殖民地苟聯合而處於共同統治者之下，則必確立一種極大之獨佔權，只求增進包本族屬下人民經濟之繁榮，而英人或荷人商業之發展，必大受其阻礙矣。

分割西班牙世襲領土之企圖

威廉三世既爲荷蘭執政，又爲英格蘭王，自希望維持奧大利之黑普斯堡族與法蘭西之包本族間之均勢。而此雙方亦莫不重視此種事實，且深知無論何方，均難安然佔據西班牙領域之全部。

其實路易十四與威廉三世曾數次訂立『分割條約』，其目的在維持均勢，以防制法國或奥大利勢力之特盛。但在各次之條約中，均不無破綻，後來之問題日增困難，自里斯威克和約之締結後，路易十四遂傾全力於分割垂死之西班牙王之領域。路易十四外交上最成功之處，在交好於西班牙而博得其歡心。蓋當路易十四在其以前推廣勢力之各次戰爭中，嘗屢次攻擊並侵略西班牙，故西班牙朝野上下，對於路易十四絕無好感。但彼因手腕高妙，故在里斯威克條約締結後三年之內，卒能取得查理二世之尊敬及西班牙人民之感戴。

西班牙王查理二世之遺命法國包本族嗣位

查理二世爲西班牙之黑普斯堡族最後之君主。當其臨終之一月以前（一七〇〇年），即力疾立一遺囑，命路易十四之孫安茹之腓立 (Philip of Anjou) 繼承其全部領域，惟附一堅決之條件，即無論如何，西班牙之領域不得分割。當此訊傳至凡爾賽宮，路易十四頗躊躇不決。彼深知如接受之則至少必與奥大利發生戰爭，甚或與英格蘭衝突。彼此時或未忘其人民因以前各次戰爭所受之困苦也。

路易十四之接受遺命

路易之躊躇，不過一時之事耳。其畏懼之心卒不敵其好大喜功之念，而法蘭西之幸福亦不能勝其王室之光榮。彼遂於凡爾賽之鏡殿宣布其孫爲腓立五世，是爲西班牙之包本族之第一任國王。當腓立赴馬德里時，其現已年邁之祖父對之接吻送別，西班牙使臣欣然宣言云：『此後比里牛斯山不復存在矣』。

路易十四逆料戰爭之不能避免，遂違犯里斯威克條約，奪取荷蘭戍軍所駐之『邊防』要塞，並承認詹姆士二世之子爲英格蘭王。既而急與巴華利亞及薩瓦締結同盟，並召集法國與西班牙之聯軍。

與包本族對抗之大同盟

當此之際，威廉三世與帝來伯爾已結成大同盟（Grand Alliance）。最初有英格蘭，荷蘭奧大利，及德意志之白蘭登堡普魯士（Brandenburg-Prussia），漢諾瓦（Hanover）與巴拉湯拿忒各選侯之加入，嗣則葡萄牙以與英格蘭締結有利之商約爲餌註一，亦被誘加入，而薩瓦公爵亦因奧大利之承認其領域爲王國，故離棄法國而援助奧大利。同盟諸國遂提出要求，主張西班牙之王位應歸皇帝之孫查理大公爵（Archduke Charles），西班牙之商業獨佔權應予破壞，而法國國王之權力亦應加削減。

西班牙王位繼承戰爭

西班牙王位繼承戰爭爲路易十四之第四次大戰，亦即最後一次之大戰，自一七〇二年起至

註一　即梅撒恩條約（Methuen Treaty，一七〇三年）。

一七一三年止。威廉三世雖死於戰爭之始，然彼深知安拿女王（Queen Anne，一七〇二——一七一四）繼位之後，必能繼承其遺志。關於海上及殖民地方面劇烈之衝突，通常均稱為安拿女王戰爭（Queen Anne's War）者，當於他處敍述。至在歐洲方面之戰爭，其規模之大，為前此所未有，凡尼德蘭，南德意志諸邦，意大利，西班牙各處，莫不為戰爭區域。

包本族方面連戰數年，屢受敗挫。此時同盟軍方面有馬波羅夫（Marlborough）公爵（一六五〇——一七二二）為英國之名將，其為人謹慎鎮定。又有薩瓦之幼熱拿親王（Prince Eugene，一六六三——一七三六）亦以驍勇善戰聞。布蘭黑姆（Blenheim）之大戰（一七〇四年），既將法軍逐出於神聖羅馬帝國之領域外，而直布羅陀（Gibraltar）之攻陷（一七〇四年），遂使英格蘭在西班牙獲得立足點，並在地中海得一海軍根據地。幼熱拿親王更逐法軍出意大利（一七〇六年）。馬波羅夫且因在拉米列斯（Ramillies，一七〇六年），奧德拿特（Oudenarde，一七〇八年）及馬爾普拉揆（Malplaquet，一七〇九年）之各次勝利，遂肅清尼德蘭全境。無論陸戰海戰，法國均迭次敗北，同盟軍最後遂進攻法國本土，且有直薄巴黎，迫訂有利和約之勢。

此時路易十四大表現其能力與熱忱，立刻求助於法國人民之愛國心，其自己亦鞠躬盡瘁，為國人倡。結果並未失望，不久即有新軍雲集趨赴前線。無論貧富，莫不捐財抒難，力圖抵制敵軍之進逼。

路易十四之所以未再受過甚之屈辱者，一方面因法國與西班牙民氣之激昂，一方面亦因同盟內部意見之紛歧。因英格蘭內閣之更迭，致馬波羅夫公爵失意退職，英格蘭對於戰爭之進行，遂不甚熱心。而查理大公爵亦於同時入承帝國及奧大利之帝位（一七一一年），此殊為一般人意料所未及。今同盟國方面苟再令其為西班牙王，則必危及歐洲之均勢，此與承認法國包本族之腓立為西班牙王正復相若。

烏德勒支和約，一七一三至一七一四年

上述之情勢，遂促成烏德勒支和約之締結，其主要之規定如下：

（一）承認路易十四之孫腓立五世為西班牙與西印度羣島之國王，但法國與西班牙之王位不得合併。

（二）奧大利之黑普斯堡族取得拿布勒斯，薩的尼亞註一，米蘭，及比領尼德蘭等地以為賠償。

註一　奧大利依倫敦條約（一七二〇年）以薩的尼亞交換西西里。

比領尼德蘭自腓立二世時代以來，均稱西領尼德蘭，自後歷一世紀，均稱奧領尼德蘭。

(三)英格蘭之所得最多，由法國取得紐紛蘭亞加提亞 (Acadia)，卽諾法斯哥遏亞 Nova Scotia)及哈得孫灣，由西班牙取得直布羅陀及米諾加 (Minorca)。英國之貨物輸入加的斯港者享有特惠關稅，英國對於奴隸貿易有專賣權，並取得每年派商船一艘運貨至西班牙殖民地貿易之權利。法國亦承認不援助士挑亞特族恢復英格蘭之王位。

(四)荷蘭人恢復『邊防』要塞，奧大利並允接濟其駐軍之費用，承認荷蘭人在捨爾得河流域之商業獨佔權。

(五)白蘭登堡選侯被承認爲普魯士王，此實爲造成和漢佐倫族之幸運之重要步驟。

(六)薩瓦公國亦被承認爲王國，並承受西西里島註一，今日意大利之君主，卽薩瓦王族之苗裔也。

烏德勒支協定之重要

烏德勒支和約實使西班牙之黑普斯堡族與法蘭西之包本族間長期之衝突告一結束 自

註一 國王之稱號直至一七二〇年始爲皇帝所承認，蓋是年薩瓦以西西里換得薩的尼亞。自是而後，薩瓦王國恒稱爲薩的尼亞王國。

後歷時近一世紀之久，法蘭西與西班牙均採同樣之外交政策，以增進包本族之共同利益。包本族之君主迄至晚近，尚統治西班牙，惟中途略有間斷而已。

但黑普斯堡族在奧大利，神聖羅馬帝國，意大利，比領尼德蘭等處之勢力尙甚重要。十八世紀之大部分期中，包本族之政策即在反對此種優勢。

烏德勒支和約又表示英國海上勢力之勃興，及法國對於殖民競爭之日漸失勢。此時普魯士與薩瓦二邦在歐洲大陸亦漸露頭角。後日之新德意志帝國及統一之意大利王國，均各由此二邦發展而成者也。

路易十四之晚年

西班牙王位繼承戰爭雖未使法國喪失其歐洲方面之征服地，然對於法國之結果，仍極悲慘。大戰之後，繼之以饑饉疾疫。而賦稅之繁重，貨幣之減質，財政之破產等，在在均構成社會上經濟上之長期擾亂。路易十四於烏德勒支條約締結後之兩年內逝世。此時其在國內之威望已大減少，故當其遺骸送赴聖德尼（St. Denis）之王陵時，『曾遇酒店羣衆喧嘩咒罵，彼等舉杯狂飮，慶祝國王之逝世，以爲路易生時，人民備受飢餓之補償。此種舉動雖覺粗野，但確爲當時民意之表現焉』。

路易十五幼年時代法國之失政

路易十四卒後，法國仍處於困境中。法國王位之繼承者爲路易十五，乃路易十四之曾孫，五歲之幼童也。路易十五直至十八世紀中葉，始行親政。當此期中，初由王叔俄連(Orleans)公爵攝政，歷時約八載之久，後則由總揆佛斐利(Cardinal Fleury)攝政，歷時至二十載之久。

俄連性好娛樂，放蕩淫佚，對於幼主之教育與修養，均不知注意。其外交政策，軟弱無能，優柔寡斷。彼嘗欲改革路易十四時代政治與經濟制度之積弊，試行數次，卒歸失敗。當彼欲整頓紊亂之財政時，曾爲蘇格蘭人名約翰洛(John Law，一六七一——一七二九)者所欺。

約翰洛

約翰洛之理想，以爲法國可創一大規模之公司以經營殖民地之商業註一，公司之股份可向全國各地發賣，由此所得之款，可用以償清公債。俄連採此計劃，故法國一時投機之風盛行。但末後股票毫無價值，此種欺騙事業遂卽暴露，恐慌亦隨之而起，其結果徒令國民之痛苦增加。

佛裴利與波蘭選舉戰爭

俄連尙知兵凶戰危，不輕於從事外戰註二，但其繼任人佛斐利則不然。佛斐利因波蘭王選

註一　約翰洛之公司對於路易聖拿之發達甚爲重要。

註二　法國在其攝政期中，甚爲和平，惟有一短時期（一七一九——一七二〇）除外。蓋是時俄連曾與英政府聯合防制西班牙王腓立五世之推翻烏德勒支條約也。

舉之事，致與奧大利及俄羅斯發生戰爭（一七三三——一七三八）。同盟國方面贊助撒克遜尼選侯，法國則贊助路易十五之岳父波蘭人勒仔冲斯奇（Stanislaus Leszczinski）。戰爭結果，法國失敗，路易十五只能爲其岳父取得洛萊因公國。此次家族的野心之結果亦徒增法國人民經濟上之困苦而已。

顧當波蘭選舉戰爭期中，包本族之西班牙王聞其勁敵在他處作戰，遂從奧大利奪取雙西西里王國，而任命其同族以爲王。故當十八世紀，包本族所統治之領域實包括法蘭西，西班牙及南意大利焉。

西班牙王位繼承表

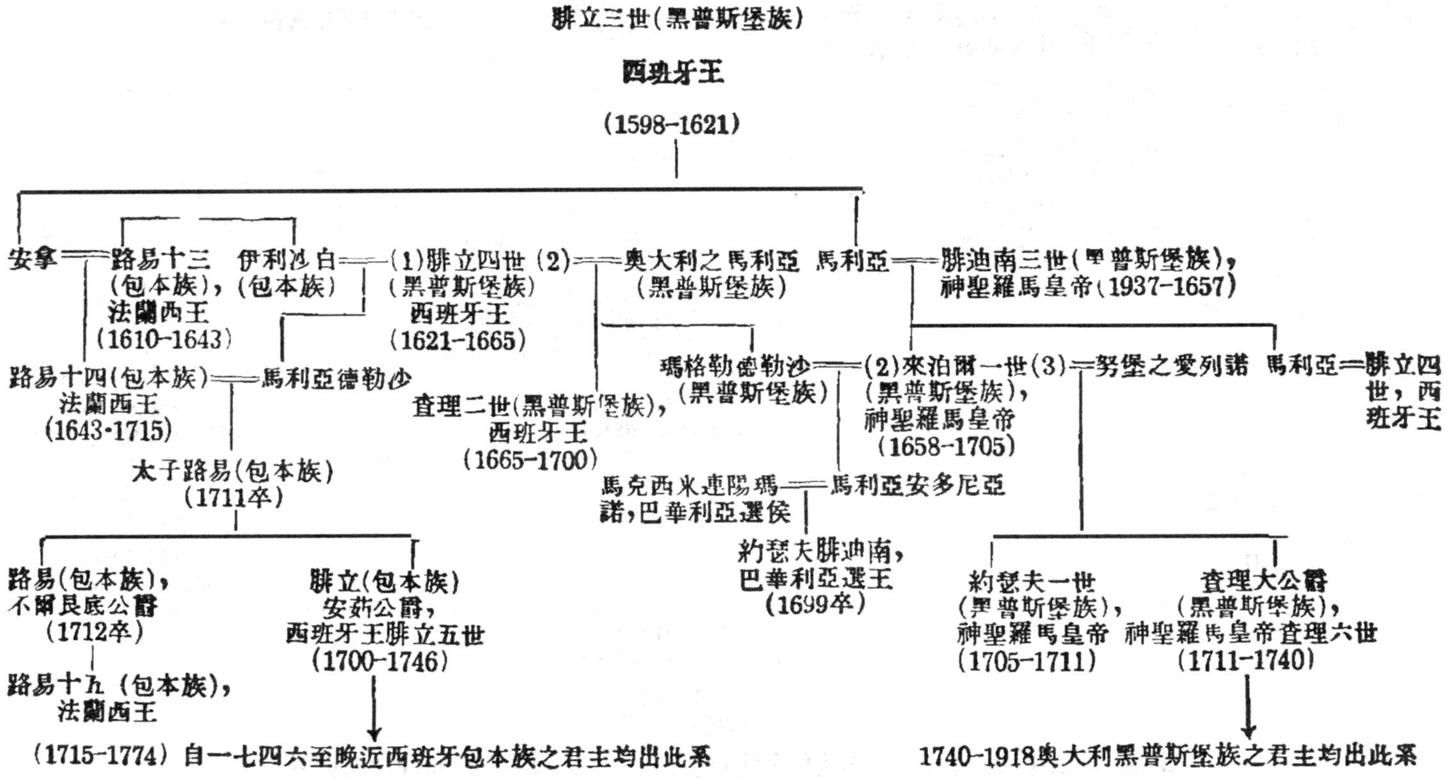

腓立三世(黑普斯堡族)
西班牙王
(1598-1621)
安拿
路易十三(包本族),法蘭西王(1610-1643)
伊利沙白(包本族)
(1)腓立四世(2)(黑普斯堡族)西班牙王(1621-1665)
奧大利之馬利亞(黑普斯堡族)
馬利亞
腓迪南三世(黑普斯堡族),神聖羅馬皇帝(1937-1657)
路易十四(包本族)法蘭西王(1643-1715)
馬利亞德勒沙
查理二世(黑普斯堡族),西班牙王(1665-1700)
瑪格勒德勒沙(黑普斯堡族)
(2)來泊爾一世(3)(黑普斯堡族),神聖羅馬皇帝(1658-1705)
努堡之愛列諾
馬利亞
腓立四世,西班牙王
太子路易(包本族)(1711卒)
馬克西米連陽瑪諾,巴華利亞選侯
馬利亞安多尼亞
約瑟夫腓迪南,巴華利亞選王(1699卒)
路易(包本族),不爾艮底公爵(1712卒)
腓立(包本族)安茹公爵,西班牙王腓立五世(1700-1746)
約瑟夫一世(黑普斯堡族),神聖羅馬皇帝(1705-1711)
查理大公爵(黑普斯堡族),神聖羅馬皇帝查理六世(1711-1740)
路易十五(包本族),法蘭西王
(1715-1774)自一七四六至晚近西班牙包本族之君主均出此系
1740-1918奧大利黑普斯堡族之君主均出此系

包本族世系表(1589-1915)法蘭西，西班牙，拿布勒斯諸國之王系

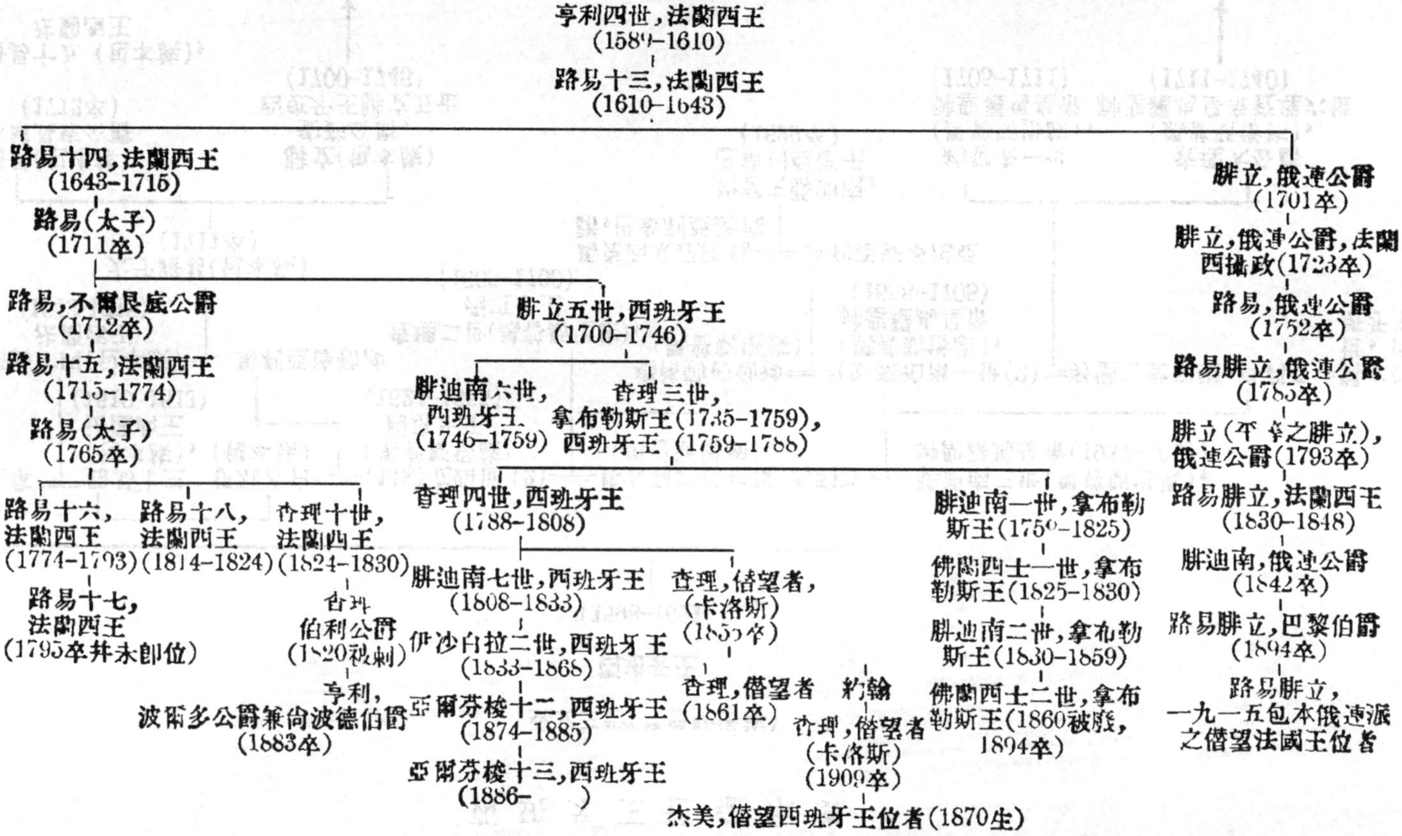

課外讀本

普通者：

一、簡略者：

1. J. H. Robinson and C. A. Beard——*The Development of Modern Europe*, Vol. I (1907), Ch. I-III.

2. H. O. Wakeman——*The Ascendancy of France*, 1598–1715 (1894), Ch. IX-XI, XIV, XV.

3. A. H. Johnson——*The Age of the Enlightened Despot, 1660–1789* (1910), Ch. I-III, VI.

4. J H. Sacret——*Bourbon and Vasa, 1610–1715* (1914), Ch. VIII-XII.

5. Arthur Hassall,——*Louis XIV and the Zenith of the French Monarchy* (1897).

6. H. T. Dyer——*A History of Modern Europe from the Fall of Constantinople*,

3d ed. rev. by Arthur Hassall (1901), Ch. XXXVII, XXXIX-XL, XLII-XLIV.

7. A. J. Grant——*The French Monarchy 1483-1789*, Vol. II (1900), Ch. X-XVI.

8. G. W. Kitchin——*A History of France*, Vol. III (1899), Books V and VI, Ch. I, II.

9. Victor Duruy——*History of Modern Times*, trans. and rev. by E. A. Grosvenor (1894), Ch. XXI-XXIII.

二、詳悉者

1. *Cambridge Modern History*, Vol. V (1908), Ch. I-III, VII-IX, XIII, XIV, Vol. VI (1909), Ch. IV-VI.

2. *Histoire générale*, Vol. VI, Ch. III-V, VII-IX XII-XVI, XX, Vol. VII, Ch. I-III.

3. *Histoire de France*, ed. by Ernest Lavisse, Vols. VII and VIII (1906-1909).

4 *History of All Nations*, Vol. XIII *The Age of Louis XIV* by Martin Philippson.

關於法國之內政者：

1. Cécile Hugon——*Social France in the Seventeeth Century* (1911).

2. A. J. Sargent——*Economic Policy of Colbert* (1899)

3. S. L. Mims——*Colbert's West India Policy* (1912).

4. Émile Levasseur——*Histoire des classes ouvrieres et de l'industrie en France avant 1789*, Vol. II (1901), Book VI.

5. Pierre Clément (editor)——*Lettres, Instructions et Mémoires de Colbert*, 7 Vols. in 9 (1861-1837.)

6. H. M. Baird——*The Huguenols and the Revocation of the Edict of Nantes*, 2 Vols. (1895).

7. F. A. Isambert (editor)——*Recueil général das anciennes lois*, Vol. XVIII-XX.

8. G. B. Depping (editor)——*Correspondance administrative sous le regne de Louis XIV*, 4 Vols. (1850-1855).

9. Arthur de Boislisle (editor)——*Correspondance des contrôleurs gènèraux*, 2 Vols.

10. Voltaire——*Age of Louis the Fourteenth.*

11. Louis Petit de Julleville (editor),——*Histoire de la langue et de la littérature française*, Vol. V (1898).

12. J. B. Perkins,——*France under the Regency* (1892).

13. Arthur Hassall——*The Balance of Power, 1715-1789* (1896), Ch. I-IV.

關於路易十四之外戰者：

1. P. J. Blok——*Histroy of the People of the Netherlands*, Part IV, *Frederick Henry, John De Witt, William III*, abridged Eng. trans. by O. A. Bierstadt (1907).

2. Ruth Putnam——*Alsace and Lorraine from Caesar to Kaiser, 58 B. C.-1871 A. D.* (1914).

3. Franz Krones——*Handbuch der Geschichte Oesterreichs*, Vol. III, Book XVI, Vol. IV, Book XVII (1878).

4. M. A. S. Hume——*Spain, its Greatness and Decay, 1479-1788* (1898), Ch. IX-XIII.

5. Osmund Airy——*The English Restoration and Louis XIV* (1895).

6. Sir J. R. Seeley——*The Growth of British Policy*, 2 Vols. (1805), especially Vol. II, Parts IV and V.

7. Earl Stanhope——*History of England Comprising the Reign of Queen Anne until the Peace of Utrecht* (1570).

8. G. J. (Viscount Wolseley——*Life of John Churchill Duke of Marlborough, to the Accession of Queen Anne*, 4th ed., 2 Vols. (1894).

9. J. S. Corbett——*England in the Mediterranean, 1603-1713*, Vol. II (1904).

10. J. W. Gerard——*The Peace of Utrecht* (1885).

11. D. T. Hill——*History of Diplomacy in the International Development of Europe*, Vol. III (1914), Ch. I-IV.

12. Émile Bourgeois——*Manuel historique de politique étrangère*, 4th ed., Vol. I (1906), Ch. III, IV, VII, IX, XIV.

13. Arsène Legrelle——*La diplomatie française et la succession d'Espagne, 1659–1725*, 4 Vols. (1888–1892).

14. *Recueil des instructions données aux ambassadeurs et ministres de France depuis les traités de Westphalie jusqu'à la révolution française.*

關於路易十四時代之事略者：

1. Marquise de Sévigné——*Lettres.*

2. Duc de Saint-Simon——*Mémoires.*

3. Marquis de Dangeau——*Journal*, 19 Vols. (1854–1882).

4. *Life and Letters of Charlotte Elizabeth* (1889).

5. Comtesse de Puliga——*Madame de Sévigné, her Correspondents and Contemporaries*, 2 Vols. (1873).

6. J. F. Michaud and J. J. F. Poujoulat——*Nouvelle collection des mémoires relatifs à l'histoire de France depuis le 13ᵉ Siécle jusqu'à la fin du 18ᵉ Siècle* 34 Vols. (1854)

7. Louis Lafaist and L. F. Danjou——*Archives curieuses de l'histoire de France*, 27 Vols. (1834——1840).

第八章　英格蘭議會政治之勝利

第一節　英格蘭衝突的政治趨勢——專制政治與議會政治之對抗

在前二章所述王室衝突之一切戰爭中，已言及法國勢力之膨脹至路易十四時代而登峯造極。

吾人現更轉而敍述在十六七世紀之國際衝突中不甚重要之一國。當一六八九至一七六三年中，英格蘭雖與法國從事於大規模之殖民地競爭，但在一五六〇至一六八九年中，英格蘭對於包本族與黑普斯堡族在歐洲大陸之爭衡，大都採傍觀態度，從未積極參加，僅對於西班牙王腓立二世與荷蘭人加以攻擊而已。蓋前者之勢力足以威脅英格蘭之經濟與政治之獨立，而後者則爲英格蘭之商業勁敵也。當歐洲大陸諸國正從事於王室之衝突時，英格蘭則因內政上兩種不相容之原則而發生衝突，是卽立憲的議會政治與專制王權之衝突。近代立憲政治之許多理論與實際，皆爲英格蘭議會政治之勝利之所賜也。

條達朝之專制主義，

法國之國勢至路易十四而始大盛，英格蘭專制主義之極盛時代，則遠在此時以前。當十六

一四八五至一六〇三年

世紀中正當法國君主須同時應付不絕之外戰與長期之內亂時，英格蘭條達朝之君主則日漸脫去議會之束縛而採自由行動，並能獲得國民之一致的擁護。 自一四八五年亨利七世即位，以至一六〇三年其孫女伊利沙白女王逝世之期中，神權君主政治之理論，雖未實現，然而專制主義似已逐漸確立矣。

條達朝專制主義之如何確立與維持，一部分可就亨利七世之爲人及使其得爲英王之當時情勢加以解釋，同時又可以十六世紀英格蘭歷史之演進說明之。 因亨利七世嘗抑制貴族，故亨利八世與伊利沙白均使教會隸屬於國王之下。 且條達朝之君主在工商業上亦有最高之權力。一五〇三年之法律嘗規定，凡同業行會欲制定新章程，概須取得政府官吏之同意。 當愛德華六世即位之年，因藉口於宗教改革之故，遂沒收行會之一部分財產，而行會之勢大殺。 伊利沙白在位時代，亦嘗制定種種之法規，以確定學徒制，勞工就僱之條件，工資之應由保安官定出及遊民之必須作工等。 在商業上，國王亦常行使其權力。 例如亨利七世嘗與不爾艮底公爵商訂大通商（Intercursus Magnus）條約，俾英國之貨物得以運入尼德蘭，或特許『商業殖民會社社員』（Merchant Adventures）從事於英國毛織物之貿易，或遣約翰加波尋通亞洲之大西洋航路。

伊利沙白亦嘗鼓勵探險家，私掠船，私運船，奴隸商等侵害西班牙而擴張本國之海上勢力。凡此莫不表示英國君主之權力不惟及於司法，財政及宗教等方面並及於工商方面也。

條達朝君主之所以能有此種權力，多因能得勢力日盛之中產階級的歡心所致。彼輩嘗壓制暴動，擊退西班牙之阿馬大（Armada）艦隊，促進國內之繁榮，有時且欲迎合臣民之幻想。彼輩又爲民族愛國主義之化身，故英國之國民亦莫不頌揚之。

顧此種專制傳習雖有百餘年之歷史，然在十七世紀中，英格蘭之王黨與議會黨之間，仍不免有長期之劇烈衝突。國王被殺者一人，被逐者一人，專制神權君主政治之理論與實際終於大受排斥，此正路易十四統治法國，而歐洲大陸各小邦之君主熱心摹仿其言行之時也。當時惟英格蘭有一議會日漸得勢焉。

士挑亞特朝之繼統——詹姆士一世，一六〇三至一六二五年

伊利沙白爲條達朝最後之君主，迨其卒後，遂由其堂兄弟詹姆士繼統（一六〇三年），是爲士挑亞特朝之第一任君主，衝突之眞正開始，即在此時。詹姆士甫一歲，即因其不幸之母后瑪利士挑亞特被廢，而被擁爲紊亂不堪之蘇格蘭之國王（一五六七年），稱詹姆士六世。彼自幼因受師傅之策勵，貴族之挾持，並受長老會牧師之督責，故知用鐵腕政策以統治蘇格蘭。彼且以

此獲得淵博之學問，尤精於神學，故法國之亨利四世至稱之為『基督教國最賢之愚夫』（The wisest fool in Christendom）。詹姆士年三十七時，入承英格蘭之王位，是為詹姆士一世。馬可來（Macaulay）嘗評其為人云：『彼實由兩種人合成——即就其能著書，辯論，演說而言，實為多才而淵博之學者；就其行動而言，則為神經昏亂之癡人。』

士挑亞特朝之專制神權君主政治說

詹姆士不如以前條達朝之君主僅以作實際上之專制君主為足，並力主神權君主政治說。詹姆士之創此說，實遠在波蘇耶之著神權君主政治論以教導路易十四之幼子以先，其時間相距約八十年。彼嘗以君主實奉上帝之命，以統治萬民。因耶和華（Jehovah）之先知嘗立掃羅（Saul）為王，彼得與保羅嘗勸基督信徒服從其主，基督自己亦嘗謂『皇帝所有者仍歸之皇帝。』為人父者既可教正其子女，則為人君者亦應教正其臣民。頭腦既可指揮手足，則人君亦須統治政治團體中之各分子。故人君之權力實為抑制紛亂與革命之最自然而有效之工具。詹姆士一世嘗以著名之拉丁成語『a deo rex, a rege lex』概括其政治理想，即『國王受命於上帝，法律產生於國王』之意也。

士挑亞特朝之學說

前已述及英格蘭過去政治之演進，與法國有一重要之異點。當十六世紀，兩國同趨於專制

與中世紀之英國傳習相矛盾

主義，其在法國，以憲法限制王權之中世紀的傳習，遠較在英格蘭者爲微弱。其結果當十七世紀中，法國人承受專制主義而尊崇之，英國人則對於其中世紀立憲政治之傳習與實際，更與以新力量及新生命焉。

英格蘭王權之限制——大憲章

英格蘭限制王權之傳習，係以古代之大憲章（Magna Carta）及舊有之『國會』制度爲中心。大憲章產生於一二一五年，約在詹姆士王之以前四世紀。蓋是年叛變之貴族嘗提出一長表，其中包含種種之特許，迫國王約翰簽字承認之，此即所謂大憲章也註一。大憲章之要點有三：（一）就事實上言，大憲章雖注重封建貴族與教士之權利，而未注重平民之權利，然每令英人回憶英格蘭之『民衆』嘗起革命以抗專制國王而防護其『權利』。（二）因大憲章最重要之條款，曾規定國王非得大會（Great Council）之同意，不得向貴族徵特別賦稅，自動課稅之觀念實因此而確立其基礎。（三）例如『國王對於任何人不得鬻賣否認或稽延權利與正義』等條款，雖從未切實執行，然正義不得被鬻賣否認或稽延之觀念，則因此而確立矣。

國會

國會爲一種教士貴族平民之代表會議，而享有征稅權及立法權者。國會之發端，乃在詹姆

註一 大憲章在一二一五年以後又頒布多次。

士一世以前之若干世紀。甚至在諾爾曼人（Norman）之征服（一〇六六年）以前，英格蘭卽有一種主教與貴族組成之諮詢機關。在諾爾曼人之征服以後，又有一種與此類似之會議，由國王之封建諸侯首領（教會的與非教會的）組成之稱爲大會（Great Council）。此會之抵制不正當賦稅之權利，曾爲大憲章所承認。自是而後，此會之權力日益伸張。而『鄂斯福條款』（Provisions of Oxford，一二五八年）更規定增加『十二名忠正之人』以代表『平民』，並『與國王商定賦稅，平民對於代表之決定，應認爲有效。』

貴族院與平民院

平民院（House of Commons）之起源，遠在十三世紀。當一二五四年，爲國王所召集赴國會者，不惟有主教，方丈，伯爵，男爵等，每郡並有武士二名。後在一二六五年，有一反對國王之貴族首領名蒙德福（Simon de Montfort）者，嘗召集非常國會。此次議會中有二十一城市所派之市民各二人，與其他代表共同列席而決定保障其自由之方法。此爲市民參加議會之始。此等武士與市民，後日卽構成平民院之分子。在此後三十年中，有同樣之團體迭次集會。一二九五年，愛德華一世且嘗召集一『模範國會』（Model Parliament），由大主教，主教，方丈，牧師代表，伯爵，男爵，武士（每郡二名），及享特權之城市代表（每市二名）等組成之，總計人數達四百名以止。自一二九五年以還，歷時若干載，教士，貴族，平民註一有時分別集會，一若法國之三級會議然。但無論如何，當十四世紀初下級教士卽已脫離會議。高級教士及貴族則連合成為一團體，卽貴族院(House of "Lords Spiritual and Temporal")，武士則與市民連合構成平民院。自後國會遂分為兩院，由貴族院與平民院組成之。

國會之權力——課稅權

國會之主要職任，在備國王之諮詢。國王要求新補助金或加徵直接稅時，亦由其審查而認可。國會又逐漸獲得拒絕經費之權利，並受法律上之承認。後因對於中產階級之課稅迅速超過教士貴族之稅額，故在十五世紀，財政法案通常均由平民院提出，經貴族院贊成，然後送呈國王批准。

立法權

至少就理論上言，立法權向為國王之特權，但國會不久卽利用其操縱財政之權力以取得立法權。一二二五年，因國會以拒絕納稅相脅迫，致亨利三世不得不批准大憲章。後更以此強制國王承認以『請願』(Petitions)立法之手續。當十五世紀中，『請願』立法之方式漸被廢棄而以『議案』(Bill)代替之。此卽任何一院提出之成文的議案，經平民貴族兩院及國王一致之

註一　卽郡區之武士及城市之市民。

同意，即為完全之法律。即今日英國法律之正式成立，仍須『經由國王陛下之核准，經由並取得現任國會中教會與世俗貴族代表及平民代表等之勸告與同意』焉。

國會對於行政之勢力

國會且曾要求審查帳目，罷免官吏，並得請求國王廢棄違反民意之政策，或監督行政事務。惟此種權利，並未能始終維持也。

條達朝治下之國會

由以上所述，可知國會權力之重心在監督財政。彼條達朝之君主所以敢於施行專制政治者，實因其百餘年來在財政方面已脫離國會之支配所致。蓋彼等已因節用，注意稅收，非正規之方法，籍沒教會財產，及改變幣制等手段，而能獲得獨立之收入也。但國會仍然集會，惟期限不定耳。當伊利沙白在位期中，國會開會之時間每年平均不過三四星期。國會雖仍處理事務，然關於重要之事件，殊少有違背國王之意旨者。

詹姆士一世與國會

當條達朝之末葉，一方面有古代立憲議會政治之傳習，一方面復有強固切實之王權。國會與國王之衝突，因條達朝君主之圓滑卒能避免者，至侈談王權之詹姆士一世於一六〇三年即位時，遂眞正開始。詹姆士一世為一浪費之君主，故急需國會之補助金。但其矜誇之學說，卒難與國會之權力相調和，其必然之結果，則為國會與國王之間因爭政權而發生衝突。當國會拒絕通過經費之時，國王則用徵課關稅，賜與專賣權，濫賣貴族爵位，實行勸捐等手段以斂錢。國會對於國王之此等舉動急起抗議。同時並反對其外交與宗教政策，及其操縱司法行政。但國會之抗議，徒增國王之忿怒。國王對於國會中反對最烈之議員大加責罵，或則禁錮，或則遣送回籍。一六二一年，平民院嘗將一反對國王干涉議員討論國事之自由權利的『大抗議書』(Great Protestation)載入議事錄中，國王大怒，即將抗議書由議事錄中撕去，並立即解散執拗之國會。惟衝突仍繼續進行，詹姆士之最後國會且敢於彈劾其財政大臣焉。

政治衝突因宗教之爭而益加糾紛

上述之政治衝突，更因同時發生之宗教衝突而益加劇烈。詹姆士因教育關係而篤信英格蘭教，自欲繼續維持關於宗教之調和辦法。蓋條達朝之君主嘗使英格蘭教會脫去羅馬教會之統治，同時仍保留羅馬教會之多種形式及主教之組織，俾君主得藉以實行操縱。但及伊利沙白在位時代，中產階級之大部分（尤其為市民）及多數下級教士，均已受加爾文教之影響。

英格蘭之加爾文教徒

『清教徒』

此種運動之特點為：（一）對於『天主教』(Popery)之一切儀式，雖極微末者，亦加以仇視。（二）此時對於舊約之真義與新約之教訓，已有並重之趨勢。彼輩除對於態度語言服裝等崇尚樸素及嚴守齋期外，並多回復往昔以色列人(Israelites)征服迦南(Canaan)時所採之殘酷行為。

彼輩以前對於五月朔節之繞飾柱跳舞，或聖誕節之懸掛冬青等習，恆視爲極惡大罪者，後對於新英格蘭之異教的印第安人之征服卒不惜採行殘酷之手段。彼輩既不知所謂放恣，亦不知所謂慈悲。伊利沙白最畏此流人物，故欲用英格蘭教會之主教行政權以束縛之。蓋此等所謂清教徒（puritans）此時仍多隸屬於英格蘭教會，並欲從教會內部圖謀改革也。但束縛之結果，徒令更急進之分子完全詆斥主教及大主教之組織，而主張另組長老會。其中並有更激烈而欲與英格蘭教會分離，成爲獨立之宗教集團者，故以此而被稱爲獨立教派或分離教派焉。

詹姆士一世之敵視清教徒

此等宗教上之激烈分子總稱爲『清教徒，』對於伊利沙白之厲行英格蘭正教，繼續反抗。迨詹姆士即位，彼輩遂乘機請願要求改革教會之組織與儀式。但此次請願，毫無結果。在一六〇四年舉行於漢白吞宮（Hampton Court）之宗教辯論會中，詹姆士且嘗斷然宣言，主教亦如國王，乃係奉上帝之命以統治羣衆者，彼對於欲廢除主教之清教徒，當令其信從國教，否則『逐之出國。』自是而後，彼力主英國國教之統一，而對於多數教士之不承認一六〇四年之條例者，概行革職。

清教徒之懷恨於詹姆士一世

詹姆士一世恆自謂仰承上帝之意志以施行統治，而清教徒中崇尚道德之人，因聞宮庭方面有『狂飲』(drunken orgics)之習及不端行爲，致宮庭成爲魔窟，故對於其專制政治，尤懷敵視。其更甚者，則爲詹姆士一世有傾向『天主教』之嫌疑。蓋清教徒卽對於與羅馬教關係極輕微之事件，亦莫不仇恨。詹姆士一世之母既爲羅馬教徒，其后復有庇護神父之嫌疑，而其本人對於羅馬教徒又屢表示予以更大之寬容，並維持英格蘭教之儀式而反對清教徒之改革。因此清教徒對於如此之國王，自難表示熱烈之歡迎。彼輩既知羅馬教陰謀黨有謀炸國會之事，又知詹姆士之外交政策在決意與羅馬教君主表示親善，故其恐慌與仇恨，遂日益增加。

詹姆士外交政策之要點在與蘇格蘭合併，維持和平，並與西班牙同盟，此三者無一不足以引起反抗。蓋英格蘭人之仇視蘇格蘭人已歷若干世紀之久，且知與之合併，亦無顯明之利益，故欲破壞英格蘭與蘇格蘭二王國合併之計劃。詹姆士對於三十年戰爭之傍觀政策，亦引起激烈之批評，莫不責其祖護羅馬教徒而離棄其女壻巴拉遏拿忒新教選侯。雖然，爭辯最劇之點，尤爲對付西班牙之政策。國會雖屢抗議，詹姆士仍欲貫徹其計劃，與西班牙媾和，並爲其子查理與西班牙之公主締姻。查理且親赴西班牙，向腓立三世之女求婚焉。

清教，商業利益，議會

國王之所最敵視者，爲奉清教之中產階級。清教徒之勢力，實以包含商人，航海者與鄉紳等

主義三者之互相結合

之中產階級爲基礎。當伊利沙白時代，因對西班牙戰爭而大受利益者，卽此階級。蓋此時西班牙之商船被捕拿而運入普里毛斯港者，實數見不鮮。彼等欲使英國代替西班牙而樹立殖民與商業帝國之夢想，卒爲詹姆士所打破。此種奉淸教之中產階級，莫不視天主教徒與西班牙人爲謀刺者與仇敵。詹姆士之對西班牙政策，及其非法之課稅方法，均使淸教徒受經濟上之損失。淸教徒見詹姆士以如此邪惡之人而居英王之位，並如此奢靡無度，浪費彼等之金錢，莫不異常悲憤。彼輩宗教上之自由，甚至亦受妨礙，故此時人咸思亂。

全國之淸教徒咸希望在平民院中佔多數之議席，以便解除其痛苦。此時之議會衝突，已不僅在維護抽象之民治思想，且在維護階級利益。議會的傳習，實爲抵制專制君主之武器，宗教的顧忌，亦使攻擊王黨主教時獲得神意的根據。旣知人類係同受上帝之選擇，則彼攻擊以土地門閥爲基礎之貴族政治者，益增其自信力。欲維護淸教徒之階級利益，莫如藉憲法以限制王權。故當彼輩與詹姆士之子查理一世（一六二五——一六四九）發生衝突之時，間亦表示民治主義之勢力焉。

查理一世，一六二五

查理一世最初似乎衆望。彼完全爲英格蘭人，與其父不同。詹姆士之特性與體格，兩俱欠

——一六四九年

查理一世之熱心於專制主義

缺，彼則體格康強，態度莊嚴，生活純潔，無一不勝過其父。當詹姆士逝世之二年以前，查理嘗在西班牙為其未婚妻所棄，後歸英格蘭，以助國會要求對西班牙宣戰，備受歡迎。彼尚有一事甚得大多數英人之歡心者，即當其與法王路易十三之妹亨利耶達馬利亞（Henrietta Maria）訂婚之時，嘗向國會鄭重聲明，對於英格蘭之羅馬教徒决不予以特權。實則對於法國政府又暗中保證，彼對於其后不惟許以宗教之自由，且對於英格蘭之羅馬教徒許以一般的權利。吾人由查理此種口是心非之行為，即可預知其將來與議會之關係必難調和，並可略知其人品與政策為何如矣。查理雖篤信宗教，存心善良，但其醉心於神權君主政治之說，正不後於其父。至關於確立專制主義之方法，則彼自信惟對上帝及自己之良心負責，非對國會負責。此種事實及其畏難苟安之素性，大足以解釋各史家對於查理所公認之缺點。——即對忠於己者吝嗇而負義，其性情外似和順，實則頑固，而且虛偽不誠。

當查理行將即位之際，國會為准備對西班牙宣戰，曾通過經費。但戰費用罄，而彼尚無宣戰之意，且要求國會更通過經費。國會遂表示漸不信任。初國會之通過議案，許國王以徵收關稅之權，係可適用於其全部任期，茲則限制其效力為一年。因平民院拒絕經費，及攻擊查理之嬖倖巴孔哈姆（Buckingham）公爵之態度均愈趨強硬，於是查理憤而解散其第一屆國會。

國王與國會之繼續衝突

其時增加行政上之困難者，不惟因對於國會之專橫，且因英國攻擊加的斯之艦隊既遭慘敗，援助法國新教徒之企圖復受屈辱。當是時，第二屆國會甚至較前次更爲強硬，亦因堅執彈劾巴孔哈姆而被解散。查理屢試用強制借債，代替課稅以斂錢，但卒未能解除財政上之困難，故一六二八年又召集第三屆國會。

一六二八年之權利請願書

查理因國會通過經費，故批准兩院所草之權利請願書（Petition of Right，一六二八年）。依此請願書，查理承認非經國會之同意，不得課稅，私人住宅不許駐兵，平時不得創立軍法，不得下令任意拘禁。

國會對於此等特許，猶以爲未足，復要求罷免巴孔哈姆。後因其人被刺，此事始寢。平民院復欲制止國王之擅徵關稅，蓋此類稅收實佔王庫總收入四分之一也。此外更欲防制在宗教上採行天主教式的改革，但議員卒因此而被遣散回籍。

查理一世之『獨裁』政治，一六二九至一六四〇年

查理對於國會議員現在已十分厭惡，故決意廢除國會而自由施政。彼歷時十一載之久（一六二九——一六四〇）不顧財政上宗教上之種種困難，卒能實行一種『獨裁』政治，而與議會政治不同。

查理既無由得國會之同意，不得課直接稅，故當其個人專政期中，不得不採用各種之方法以充實其府庫。彼恢復古代之種種封建法，有違犯之者，則課之以罰金。向倫敦郊外之屋主所課之罰金，其總數亦達十萬鎊之多，蓋詹姆士一世嘗宣言禁止倫敦市區之擴大，而彼等違犯此禁令也。法院之所以徵收鉅額之罰款，其目的亦僅在謀收入而已。政府更以酒，鹽，肥皂及其他物品之專賣權，授予各公司，而收受鉅款，公司出賣物品時，亦索取高價，致一般民衆大不滿意。

『船稅』

查理之一切斂錢方法，其最足令人不滿者，厥爲徵收『船稅』(ship-money)。彼以爲沿海之城鎮，原有備置船舶以捍衞國家之義務，各城鎮現既不復備置船舶，則應捐助金錢，以爲維持海軍之用，一六三四年，因令各城鎮概須納一定之『船稅』於王庫。次年，此種賦稅復推行於內地之各城鎮及郡區註一。欲試驗船稅之是否合法，乃有約翰漢登(John Hampden)者，認此爲非法之徵收，拒納其應出之二十先令之『船稅』，而將此事訴之於法庭。大多數之法官其地位均依國王之喜怒而定，故恆受國王之支配，卒判決船稅之合法。法官甚至主張當危急之秋，國王之特權原無限制。但此時全國大譁，且咸以漢登爲英雄。

註一　第一次之船稅令得款十萬鎊（據康寧罕 Cunningham 所統計）。

查理一世對於英格蘭教會之熱心——大主教羅德

除反對橫徵暴斂外，同時復有劇烈之宗教爭執。蓋查理既以宗教事務委諸坎特布里之大主教威廉羅德（William Laud）管理，對於其他教士之明白傾向羅馬教者，亦表示袒護之意。抑制羅馬教徒之法律則廢弛不行，而對於清教徒之限制則日益增加。此時查理及其主教似乎有意激起清教徒之憤慨。

清教徒之反抗

蓋此時凡羅馬教會中之習慣所用之法衣，甚至教義等，莫不相繼再用於英格蘭教會中。專制國王詹姆士則被宣言爲嘗受神意之默示。容許安息日舉行草地跳舞或射擊等『有罪』之舉註一的國王宣言，則強令清教之牧師於教堂中宣讀之。英格蘭極端新教徒之命運既若此其困苦，故大多數人相率去國，而移殖於美洲註二。

蘇格蘭盟約與武裝抗干之開始

查理之蘇格蘭政策，實屬失之過激。彼既有大主教羅德與之熱心合作，遂不知愼重，欲在蘇格蘭力行主教轄制（episcopacy），並輸入一種非加爾文教之公共禮拜制度。於是蘇格蘭之長老會教徒大憤，簽定大盟約（Covenant），誓死保護其宗教（一六三八年），廢去國王所任命之

註一　淸教徒及其嚴守安息日之意見，不惟減少工人之假日，且妨礙其餘休息日之無害的娛樂，此種事實雖不重要，然甚有趣。據康寧罕所言，在此時期中工人因爲生活之無趣，致飲酒之事特別增多。

註二　在一六二〇至一六四〇之廿年中，英人之航赴殖民地者約有二萬人，但彼等大多數係因經濟困苦而出國者。

主教，並起而革命。查理最初壓制革命失敗，乃召集國會以籌軍費。但此次國會（即所謂短期國會 Short parliament）經過三星期無補之爭論，卒被解散。其時蘇格蘭之革命軍已進逼英格蘭之北部，王軍不能抵制。查理既絕望，乃召集新國會（一六四〇年）。此次國會因任期較久（一六四〇——一六六〇），故通常稱爲長期國會（Long parliament）。於是神權君主政治在英格蘭與蘇格蘭同歸失敗矣。

一六四〇年長期國會之召集

第二節　清教徒革命

長期國會深知查理非得國會之財政援助，既不能作戰，又不能收買蘇格蘭人，遂表示強硬之態度。國會之首領爲約翰丕姆（John Pym），乃一鄉紳，嘗以攻擊專制主義之言論著名者也。彼公然主張最高之權力屬於平民院，對於上院或國王愚妄之行動，皆可置之不理。至於約翰漢登及英格蘭未來之獨裁者克林威爾等之意見，其激烈亦復相若。

長期國會之改革

當詹姆士一世在位時，平民院嘗主張其有彈劾大臣之權利，現更利用此種權利而捕大主教羅德與斯德拉福（Strafford）伯爵温德瓦斯（Thomas Wentworth）二人，禁錮於倫敦城堡（Tower）

中，蓋後者自一六二九年以來卽爲國王之最重要而忠順之大臣也註一。各種之特別法院如高等宗教法院（Court of High Commission），星室法院（Court of Star Chamber）及其他之法院等，以前用以判決宗教上及政治上之重要犯罪案件者，現均廢去。除徵得國會之同意外，凡非法之徵收如徵課船稅之類，以後概不得採行。此種行動，似乎猶不足以使國王屈服於國會權力之下，於是更廢除國王解散國會之特權，並通過『三年法』（Triennial Act），規定國會至少須三年集會一次。

國會特權之受侵犯——查理之擬捕五議員

大叛亂，一六四二至一六四六年

政治上一切爭點之決定，均已不利於國王，但國王之態度，現則稍趨於強硬。彼現已能籌款，蘇格蘭之革命軍亦已敗退。而平民院內部亦有分裂之勢，一方面因關於教會之改革問題意見不一，一方面又因關於『大抗議書』（Grand Remonstrance）（係一種文件縷述國民之痛苦而辯護國會之行爲者）之公布發生爭論。會此時愛爾蘭又發生革命，查理欲率師親征。此時之情勢既有利於查理，查理遂乘機親蒞平民院，欲捕議員首領五人，卒未成功，徒增加議員敵愾之心。

註一 斯德拉福伯爵被控爲有叛逆罪，依國會所制定之『剝奪公權案』（Bill of attainder）於一六四一年處死。羅德亦於一六四五年處死。

議員遂不經國王之批准，擅行通過法案，並下令召集軍隊。　平民院之違反國王意志召集軍隊，實爲一種革命行爲，故查理亦誓師於諾丁南（Nottingham），徵其忠順之臣民，共起而壓制大叛亂（Great Rebellion 一六四二——一六四六）。

內亂中之政黨——「騎士黨」與『圓顱黨』

此時擁護國王者，有大多數之貴族，高級教士，羅馬教徒，「鄉紳」及對於清教徒嚴肅之道德規條不滿意之一切人士。　反對國王者，有少數貴族所領導之中產階級（多爲小地主，商人，製造業者，店主，而以在倫敦及英格蘭南部與東部其他繁盛之城市中者爲尤多）。　此等『敬畏上帝』之商人，因蓄髮甚短，故有『圓顱黨』（Roundheads）之綽號。　而擁護國王之上層階級，不以蓄長髮爲有罪者，皆稱爲『騎士黨』（Cavaliers）。

國會與長老會教徒

在長期國會中，長老會教徒最佔優勢（係介於改良派之聖公會會員與激烈派之獨立教派之間的一種清教徒），於是與蘇格蘭之長老會教徒成立『莊嚴盟約』（Solemn League and Covenant 一六四三年），在英格蘭，愛爾蘭及蘇格蘭同時確立宗教的統一，而以長老會爲基礎。　當查理在馬斯呑模爾（Marston Moor）之戰敗後（一六四四年），長老會教徒遂廢除主教之職，撤去教堂中之祭壇及聖餐臺前之欄杆，並破毀十字架上之像，偶像，及彩色玻璃窗等物。　長老會之敎義現變爲國敎，其仇視他敎之程度，較之英格蘭敎實有過之而無不及。國會中之長老會派多數黨既克達其目的，國王苟能承認其宗敎之決定有永久性，則亦願意復辟矣。

軍隊與獨立敎派—克林威爾

但獨立敎派之軍隊則頗難駕馭。蓋獨立敎派之克林威爾已組織騎兵隊，由『誠樸之基督敎徒』編成之。彼等有妄用神名者，則罰以十二便士；臨陣時則『唱讚美詩』，殺敵時則採一種虔誠而有效之方式。克林威爾之『鐵騎隊』(Ironsides)大收成效，故國會軍之大部分概依其計劃以改編。此種軍隊稱爲『新模範』(New Model)軍，與獨立敎派表同情。即願意從事於戰爭，不惟對於英格蘭敎徒之壓制欲推翻之，即對於長老會敎徒之壓制，亦莫不然也。

克林威爾軍隊之戰敗國王操縱國會

『新模範』軍在華爾法克思(Fairfax)及克林威爾指揮之下，大敗查理，並於一六四六年迫其投降。先是長老會派所操縱之國會商議復辟，幾歷二載之久，最後且有與王黨媾和之意，幸軍隊起而干涉，致其謀不成。蓋軍隊對於查理之欲引愛爾蘭人及外國『天主教徒』以攻本國人之計劃，尚未忘懷也。此時普徠德(Colonel Pride)佈置其軍隊於平民院之門外，逮捕長老會派之議員一百四十三人，而留獨立派之議員(約六十餘人)單獨討論國事(一六四八年)。

『殘存國會』

此種『殘存國會』(Rump Parliament)遂能自由行使其權力，設立『高等法院』(High Court

of Justice)，查理一世卽於一六四九年一月三十日由此法院判決死刑。殘存國會後且決定英格蘭行共和政治(commonwealth)，既不需國王亦不需貴族院。

共和政治，一六四九至一六六〇年

行政權自來爲國王之所行使者現則委諸國務會議(Council of State)。會員共四十一人內有三十人爲平民院之議員。殘存國會亦未如一般人所期望而召集新選舉，仍繼續其任期，充『人民代表』，實則僅代表人民中一小部分之意見而已。英格蘭此時實爲一種寡頭政治，其唯一之後援則爲克林威爾之有力軍隊。

新產生之共和政治此時又感受威脅。與蘇格蘭及荷蘭之戰爭既甚迫切，而兵變與騷動之發生，實表示查理之處死更激起王黨之敵愾心。羅馬敎王黨已在愛爾蘭倡亂，除都柏林(Dublin)外全境幾盡在其掌握中。在此等情勢之下，共和國幾有消滅之勢，惟藉三種勢力始克維持：(一)其財政來源充足，關稅及酒與食物等之國產稅概由其徵收，王黨地產之被籍沒者亦由其拍賣。(二)其敵方無精練之軍隊。(三)其自己之軍力特別強盛。

克林威爾與秩序之恢復

克林威爾與愛爾蘭激戰數次，迭獲勝利，對於戰敗之王黨大肆屠殺。死者數千人，餘則運至巴爾巴多斯(Barbados)沒爲奴隸。一六五〇年遂歸倫敦，宣言曰『余敢言此種行爲乃上帝加

一六五一年之航運條例

於此等野蠻惡人（愛爾蘭人）之一種公平之判決，蓋彼等亦嘗好殺無辜者也。余又敢言此種行爲必可防制將來再有流血之事』。克林威爾既而復任國會黨之總司令，出征蘇格蘭人，蓋此時蘇格蘭人已宣言擁護查理一世之子查理二世也。蘇格蘭之軍隊全部覆沒，查理王子則微服出奔法國。

當此之際，殘存國會之議員在名義上仍爲英格蘭之統治者。彼等恆在拍賣王黨之土地與支配財政時乘機圖利。因其施政之失宜，與不顧公共之幸福，遂大干克林威爾之怒。但殘存國會此時卒因其抵制荷蘭人之立法而大博衆譽，故得苟延殘喘。蓋此時之荷蘭人在海上與殖民事業上，均爲英格蘭之勁敵也。一六五一年，殘存國會曾通過第一次之航運條例（Navigation Act），禁止他國之船舶由亞洲，非洲及美洲各處運輸貨物於英國，惟英本國或殖民地之船舶始得裝運之。歐洲所產之貨物，亦只能由英船或生產國之船舶輸入之。航運條例之用意，在藉此排除荷蘭人之船舶，使不得從事於英格蘭與其他各地間之貿易。次年，英格蘭與荷蘭之間遂發生商業與海軍戰爭（一六五二——一六五四）。其結果雖未分勝負，然英格蘭之海軍威勢實大有增加。此時之殘存國會既重受信任，遂欲永久維持其偏狹之寡頭政治。但克林威爾已不能復忍，一六五三年卒解散之宣言曰『爾輩之終期已至上帝已不需爾輩矣！』由克林威爾遂變爲軍事上與宗教上之獨裁者。

克林威爾

克林威爾（一五九九——一六五八）實爲十七世紀中英格蘭最有趣之人物。彼係鄉紳出身。其最初在政治上稍露頭角，係在一六二八年之國會中，蓋是時彼嘗爲淸敎徒之傳敎自由起而辯護也。當一六四〇年長期國會集會之時，克林威爾遂大露頭角，時年已四十一矣。其服裝質樸不華，『容顏則豐滿而微紅，音聲則尖銳而不諧』；但其演說則雄辯有力，故能『娓娓動聽』。克林威爾自內戰起後遂一躍而爲無敵之軍事領袖，士卒之偶像。彼除上帝之外，實一無所畏。

彼對於日常談話，好用聖經中之成語，並常深信其所行所爲皆在履行上帝之命令，凡此均起於一種強烈之宗敎熱忱者也。彼原屬於獨立敎派。此派以爲各地之基督敎會衆均應享有自由，惟『敎長統治制』（Prelacy 即主敎制之敎會政治）與『天主敎』（Popery 即羅馬敎）則不能寬容之。就克林威爾之私人生活言，則好『正當之娛樂，』音樂及美術相傳更嚴肅之淸敎徒嘗因彼之『飲酒過多』與酷嗜雕刻而驚厭之云。就公共生活而言，則彼又極猛烈時好率性而行。彼實爲具有特殊才略之政治家。其目的在爲英格蘭謀政治之完善與經濟之繁榮，並爲新

克林威爾時代過激之試驗

教異派(Protestant Dissenters)謀宗教之自由。

殘存國會既被解散（一六五三年），克林威爾及其國務會議遂完全脫去傳習，而選舉一百四十人組織一種立法機關。此種機關通稱爲『巴勒般國會』(Barebone's Parliament)，蓋以議員中有一皮商名巴勒般（Praisegod Barebone）也。此中議員均爲善良之獨立派教徒（『忠實可靠，敬畏上帝，痛恨貪汚』）彼等因獨立派教士之吹噓，遂以爲上帝實命彼等以正義而爲政。彼等之改革熱忱則表現於減少政府之經費，平均賦稅，編纂單行之法典等事。但彼等主張民事的婚式及廢除什一稅等激烈之提議，卒引起教士之驚訝，而大地主方面亦發出『沒收』之呼聲！當『巴勒般國會』尚有許多事業未能完成之先，其中比較保守之議員卒表決『仍將其所受之權力交還於主帥（克林威爾）』。

護國政治，一六五三至一六五九年

此種試驗既失敗，於是軍中之擁護克林威爾者草一憲法(Instrument of Government)。此乃爲近代第一次之成文憲法。依此憲法而建設之『護國政治』(Protectorate)，實卽完全爲一種立憲君主政治，惟無君主之名稱而已。克林威爾自爲『護國者』(Lord protector)，任期終身，由一國務會議輔其執行政務。國會至少每三年集會一次，其職權在制定法律，徵收賦稅。

護國者對於立法有延緩之權，而無否決之權。清教定爲國教。

護國政治時代之國會

護國政治時代之第一屆國會所以重要，有三種原因：（一）此國會僅有一院。（二）此國會爲大不列顛與愛爾蘭之國會，而不僅爲英格蘭之國會。（三）國會中之議員係根據一種改正的代議制選出之，即代表權利已由多數小區轉而授與比較重要之城鎮也。

王黨雖未享有選舉權，而獨立教派在總選舉時仍未能操縱多數。蓋彼等在全國之人口中雖爲有勢力之分子，然仍佔極少數也。新國會中長老會派之議員尤爲強硬不屈，與克林威爾時起齟齬，故克林威爾終於猝然黜退之（一六五五年）。

克林威爾之實行獨裁，一六五五至一六五八年

自是而後，克林威爾乃爲一軍事獨裁者，將英格蘭置於其部將統治之下，並與國會時起衝突。彼欲斂錢，遂強制以前嘗爲國王服軍役之軍人納其租金總數百分之十，歸爲己有。彼雖允將其職位定爲世襲，仍拒絕承受國王之稱號。但士挑亞特朝之君主從未有行使如此專制之權力者。詹姆士之『國王受命於上帝，法律產生於國王』之說，與克林威爾之『我之權位苟順乎上帝而應乎人民，則惟上帝與人民能取消之，否則我不願放棄』之語，亦實無何等重大之區別也。

通常易引人發生疑問者，即克林威爾僅代表極少數之獨立教派，如何能維持其爲不列顛羣

島之專制統治者？ 此則有三種情勢，足以維持其勢力：（一）克林威爾所統之軍隊，紀律森嚴，足以令人生敬，行為殘酷，足以令人生畏，而彼又深得軍士之愛戴。（二）克林威爾厲行法律，維持秩序，致工商發達，促進國內之繁榮。（三）其對外之行動，既可以滿足英人之愛國心，又足以促進英人之經濟利益。 彼與荷蘭人，法國人，均嘗締結有利之商約。 勤勉之猶太人亦被許移入英格蘭。巴爾巴利海盜亦被肅清。 並因對西班牙戰爭而奪取其但克爾克。 海軍現亦強盛，嘗擊沉西班牙之艦隊，從西班牙奪取雅麥加（Jamaica），且捕拿西班牙運銀之船舶而歸。

顧克林威爾地位之弱點亦甚顯著。 騎士黨對於宗教熱狂者之統治，公然敵視。 溫和之英格蘭教徒，所以容忍克林威爾之專制主義，只因其能促進繁榮耳。 長老會教徒亦急欲停止對於清教一切支派之寬容。 而激進分子與共和分子，則更欲試行種種之新改革。

克林威爾死後之紊亂

克林威爾之逝世（一六五八年），遂致軍隊無首領，國家無政府。 克林威爾之子利加德克林威爾（Richard Cromwell 一六二六——一七一二）一時雖欲繼承父位，但對於軍隊與國會均不能指揮，不久遂行退位。 軍中將領初恢復長期國會中之殘存國會，繼復解散之，既而又恢復之，並迫其召還一六四八年被逐之長老會派之議員。 最後更強迫此次改組之長期國會從新召集一種出於自由選舉之『自由國會』(Convention Parliament) 當此時也，軍人蒙克 (Monck) 已進行磋商查理二世之復辟矣。

第三節　復辟——查理二世在位時代

一般人士對於復國政治之不平

一般人士之所以復欲擁戴士挑亞特朝之君主者，並非全無社會，宗教與夫政治上之原因在。關於前此激動大革命之種種不平與理想，此時已無人記憶，而後起之人則正吹求護國政治之缺點。淳樸之鄉人仍渴慕以前五月朔節之飾柱，跳舞與草地競技等。其所以忍受彼假作虔誠破毀教堂窗戶之軍士的壓制而不反抗者，積威使然耳。受痛最深者，尤莫如當反叛期中地產爲清教徒所收買或強奪之一般佃戶與工人。多數市民亦因其不能參與當時之寡頭政治，故視清教徒之政治爲壓制與苛暴之政治，而與查理一世之政治正同。

對於清教之反感

宗教上之情勢尤有利於查理二世。克林威爾軍隊之種種不法行爲之結果，致人莫不視獨立教派爲可畏之狂妄者。甚至長老會教徒亦惟求獨立教之推翻，不惜對國王讓步。且多數曾傾向於清教者，現亦毅然忠於英格蘭教會。正統派英格蘭教自創立以來，固與君主政治不能分離者，現亦希望國王與主教之『神權』同時勝利。反對克林威爾之統治尤爲劇烈者，莫如愛爾蘭之羅馬教徒。蓋護國者克林威爾對於新教徒雖嘗贊成予以寬容，但其軍隊則嘗迫害愛爾蘭之神父，其官吏亦嘗販運信奉羅馬教之無數幼年男女至西印度羣島，以爲奴隸。此等行爲，皆愛爾蘭人一時所不能忘懷者也。

王黨之反動

在當時宗教與社會的情勢之下，王黨已發生潛勢力，致英格蘭士挑亞特朝之復辟因之更易。其時青年既未經受以前士挑亞特朝專制主義之壓制，而對於目前之紊亂狀況，無憲法以抵抗武力專制，又深懷不滿，故對於查理王子之允行立憲政治，實易於相信。且查理一世嘗因施行專制政治而殺其身，殷鑒不遠，故此時似未有相信查理王子將仍蹈乃父之覆轍者。

查理二世，一六六〇至一六八五年

試行淸教徒之共和主義之結果，徒令大多數之民衆愈相信『政府實由而且應由國王貴族平民三者共同治理』。民衆只要求國王之保證不行專制主義，而在查理二世，當王位僅可由口頭允諾而取得時，自亦樂於爲之。彼宜誓遵守大憲章及『權利請願書』，尊重國會，不干涉國會之宗教政策，並不課非法之賦稅。彼既受此等允諾之束縛，一六六〇年，遂受歡迎回英格蘭，次年卽位。王政既恢復，而主教及王黨之貴族，其職位與土地亦概行歸還。此時之一切事物，似均回復舊觀。查理二世建元之時期，不自其眞正卽位之日起算，而自其父王被殺之日起算。查理二世之第一屆國會卽宣布自一六四二年以還所通過之一切法案與命令，苟非經其明白承認者，概歸無效。

士挑亞特朝復辟後之憲政史，又復爲一部財政與宗教衝突史。查理二世及其弟兼繼承者約克公爵詹姆士親王所抱之政治思想，與其父若祖如出一轍。彼等與法國之路易十四爲表兄弟，並生長於路易十四之宮庭，故其受法國專制政治習慣之薰陶，反較受英格蘭議會政治習慣之薰陶爲深。彼等不似其父王之爲人正直，忠於英格蘭教會，而皆因受外國環境之影響，致好邪僻之生活，並傾心於羅馬教會。羅馬教主義與專制主義在此二人心中實合而爲一。故此時在國會中有代表之英人，不惟目覩以前士挑亞特朝神權君主政治說之復興，更見羅馬教有定爲英格蘭國教之可能。查理二世至臨死之際，尙未公開承認其改宗羅馬教，但詹姆士在一六七二年卽已爲熱心之羅馬教徒矣。

查理二世在位凡二十五載，其所以能充分敷衍，保其天年，終其身爲英格蘭王者，並非其德之足以服人，實因其手段狡滑之所致。查理平日不露眞情，故他人莫能測其底蘊。彼恆耽於逸樂，故關於自己之過失，恆能歸咎於臣下。彼又自私自利，故遇事恆願退讓，而不願『再受流離之苦』。總之，純粹之自利心實爲其對內對外政策之基礎。顧彼內雖自私自利，外仍表示明敏詼諧，溫柔有禮。

國會與國王財政上爭執之復起

當查理二世卽位之初，鄕紳卽乘機以達到廢除殘餘封建權利之目的。自後國王遂不能藉此向其要求特種之勞役，對於女嗣之嫁人或未成年人之承繼地產，亦不能徵稅。此種行動雖似無足輕重，實則關係極大。因其表示土地屬於貴族以報答其軍役之封建理論，在英格蘭業已廢除，同時又使個人可以自由擁有土地之新原則日見尊重。（此種原則後在美國及近代各國均完全被承認，非獨在英格蘭爲然）。當士挑亞特朝復辟之初，因封建特權之消滅而受益最大者，厥爲地主階級。但國會亦通過每歲十萬鎊之皇室經費以報答查理二世。此款出自酒稅，而由各階級共同負擔之。此外國王之收入，在對於每噸（tun）之酒課以四鎊十先令之關稅，對於其他之輸入品課以從價稅百分之五並有鑪稅（hearthmoney）及郵政之收益等，共計約近一百二十萬鎊。此宗款項，卽用以充宮廷及政府之經常費用。但自查理觀之，則嫌不足。蓋彼不惟浪費無度，並欲收買國會議員，維持常備軍，藉此以增加其勢力也。一般鄕紳因在一六四〇年左右曾傾家以助王室者現正處於艱難之中，故莫不以宮廷爲過於浪費。除此種感情外，彼等又恐查理或將傭外軍以壓制國人，因此國會愈不欲增加其經費。在一六六五至一六六七年中，國會更要求一種重要之新特權，即國會所通過之經費須用於指定之用途，而經費之支出須報告帳目是也。

但查理則決意斂錢，不擇手段。倫敦金融界人之貸款於政府，已達一百二十五萬金鎊以上。一六七二年，查理忽宣告將認此爲永久之貸款，不能償還。二年前，彼嘗與路易十四密訂多維爾條約（一六七〇年）。依此條約，路易十四允每年助款二十萬鎊，遇叛亂時，並助以軍隊，而查理則公然加入羅馬教會，並援助路易對西班牙與荷蘭之戰爭焉。

宗教上之繼續糾紛

此時英格蘭大多數之鄉紳對於宗教上之任何變更，莫不極端敵視。查理之欲恢復羅馬教於英格蘭，對於此點未免忽視。當復辟最初之十年中，以清教爲最可畏。統一法（Act of Uniformity，一六六二年）曾規定一切之教士概須同意於英格蘭教之祈禱書，教士因此而失職者約達二千人，而以長老會之教徒爲尤多。此等異派教士苟非離棄『莊嚴盟約』，並宣誓忠於國王，則不得回至其原有教堂五哩以內之地（五哩法 Five mile Act，一六六五年）。凡異派教徒

反對新教異派之立法

之屢次出席於其宗教集會者，得被放逐於西印度羣島降爲奴隸（異教集會法 Conventicle Act，一六六四年）而一六六一年之社團法（Corporation Act），又禁止異派充任城中之職位。

查理二世之傾向羅馬教

淸教之危險既除，羅馬教則漸乘機而起。當一六七二年，未來之繼位者詹姆士親王已信羅馬教。同年，查理二世亦頒布『信教自由令』（Declaration of Indulgence），俾壓制羅馬教徒有時並壓制異派之法律概行中止其效力。此令頒布之結果，致英格蘭人莫不惶恐，蓋以爲奉羅馬教之法國君主必將促成英格蘭教會之傾覆也。

拒絕案

國會對於查理之外交政策既有不信任之意，對於其傾向羅馬教既起恐慌，現則更認信教自由令爲侵犯國會之權力。在以前，國王有時固得『中止』法律之效力，但國會之勢力此時已甚強大，故力主其法案之拘束力，強制查理取消前令。此時羅馬教之危險，日益增加。彼縉紳先生平時固富於理解力者也，現對於『天主教陰謀』（Popish Plot 一六七八年）之傳說，亦深信不疑。一六七九年，遂提出拒絕案（Exclusion Bill），因詹姆士親王既改宗羅馬教，故拒絕其爲英王。

『民黨』

當此次力爭國會權力之騷動中註一，遂有二大政黨之形成。贊成拒絕案者爲嫉妬王權之大貴族所領導，而商人及店主則附和之，蓋彼等皆希望國會保護其經濟利益也。因此黨之附和者多為異教派，其厭惡英格蘭教僅次於其痛恨『天主教』，故此黨全體有一『民黨』(Whig)之綽號，此乃以前用於蘇格蘭叛亂之長老會教徒者也。

『王黨』

與民黨反對者為『王黨』(Tories)註二，此即鄉紳鄉村教士，及其他傾向保守之一切人物。彼等皆亟欲使教會與國家不受清教徒及天主教徒之支配，但最重要者尤在防制內亂之復起。王黨之意見，以為欲抵制好起爭端之貴族及驕傲不遜之商人，其最良善而有效之方法，莫如世襲之君主政治。彼等謂與其因妨礙君主之依法繼承而召內亂，無寧服從羅馬教之君主。關於拒絕案之爭執，王黨獲最後之勝利。蓋此案雖為平民院所通過(一六八〇年)，卒為貴族院所反對也。

王黨暫時之成功

當查理在位之最後數年中，民黨之主張大失信用。此時流言紛紛，僉謂民黨黨員陰謀刺王，

註一　當拒絕案發生爭論之期中，議會黨取得一種重要之特權，即一六七九年之出庭狀法(Habeas Corpus Act)是也。此法之目的在防制任意的拘禁。

註二　Tory 之名詞係用於愛爾蘭『天主教的』法外之人。

且有謂民黨貴族之率武裝侍從進國會，在圖以武力擁立查理不合法之嗣子蒙毛斯(Monmouth)公爵者。此等流言及類似之非難，實使民黨大受其害。由此並可明白王黨之何以能實行反動，而使查理敢於施行獨裁，自一六八一年起至彼一六八五年逝世時止，均無國會。當查理二世卒時，蒙毛斯公爵遂起革命。但此次革命及蘇格蘭同時之叛亂，均不難於平定，而詹姆士二世遂得安然即位。

第四節 光榮革命與英國議會政治之最後確立

詹姆士二世（一六八五—一六八八）專制主義與羅馬教主義聯合之失敗

詹姆士二世（一六八五——一六八八）在位僅三年，卒激起各方面之反抗。就王黨言，則固為最有利於國王之特權，而國王所可恃之政黨也，但因國王欲設常備軍，而以羅馬教徒統率之，致彼等大恐。蓋以此種軍隊或恐如克林威爾之『新模範軍』，對於彼等之自由必將不利也。至於民黨，亦因詹姆士之宗教政策及專制政治之激動，遂由怨懟至於挺而走險。詹姆士亦如其兄，要求對於國會所制定以壓制羅馬教徒與異教派之法律有『中止』之權利，因亦於一六八七年頒布信教自由令，俾羅馬教徒及異教徒之違犯此等法律者得免除刑罰。更有進者，彼令羅馬

『光榮革命』（一六八八）——詹姆士二世之被廢

教徒充任文武官職。一六八八年彼又不顧反對，頒布第二次之信教自由令，並令在一切英格蘭教堂中宣讀之。當主教七人抗議之時，彼竟加以誹謗之罪名。但因詹姆士已失去各階級之愛戴，此七主教無陪審員願定其罪，卒被釋放。王黨之所以離棄，係因英格蘭教會受威嚇，並因畏常備軍之所致。而詹姆士之任意漠視國會之立法權，袒護羅馬教徒，實激起民黨之憤慨。

詹姆士二世有二女（瑪利與安拿），皆信新教。彼民黨與王黨之所以繼續忍受其專制政治而不反抗者，蓋希望王死之後，必有一女繼位也。但及一六八八年六月十日，情勢忽變，因是日詹姆士二世之繼后忽舉一男，而此后固信羅馬教者也。最多數之新教徒咸以此子非眞爲詹姆士之子。政客則預言此子將來所受之教育，必不脫其父王之『天主教』及專制主義學說之窠臼，因此英格蘭他日必繼續爲天主教之專制君主所統治。甚至彼公認相信國王神權而否認國會有變更君位繼承之權利者，現處於此種情形之下，亦莫不垂頭喪氣。彼等且多有願與民黨連合而奉一新教徒爲王者。除新生之王子外，其次應繼承王位者爲詹姆士之長女瑪利，乃鄂蘭吉王威廉之后，而英格蘭教徒也。威廉應民黨與王黨領袖之邀請，遂率師赴英格蘭，直趨倫敦，如入無人之境（一六八八年）。詹姆士甚至爲軍士所棄，乃出奔法國註一。

一六八九年威廉與瑪利之即位

此次未經流血之革命，卒告成功，王位由非常國會正式授諸威廉與瑪利。非常國會又宣言詹姆士二世既謀推翻憲法，並已逃亡去國，故王位現已虛懸。當國會授王位於威廉及瑪利之時，並知注意保護其權力及新教，故頒布一權利宣言（Declaration of Rights，一六八九年二月十三日），此宣言後於一六八九年十二月十六日定為權利法（Bill of Rights）。其中規定英王自後須隸屬於英格蘭教會，藉此排斥奉羅馬教之詹姆士二世嗣子。又規定國王不得『中止』法律或『免除』臣民服從法律之義務。非徵國會之同意，不得征稅或設常備軍。國王不得干涉自由選舉及國會議員之自由言論與行動。人民有向國王請願之權利。應設公平之陪審制。國會應不時集會。

憲法的解決——權利法（一六八九）與國會之勝利

權利法在英國歷史上較之權利請願書（一六二八年）尤為重要。因國會之勢力現已甚大，不惟能規定其權利，並能維持之。而此法亦因慣例之輔助，更易於見諸實行。

兵變案

蓋在此法制定之同年（一六八九年），國會即始行租稅與軍費每年通過之制，每年如不召集國會通過兵變案（Mutiny Act），則軍士將無餉可領，而遇兵變發生，軍事法院亦不能加以處罰也。

註一 贊助詹姆士之革命在愛爾蘭及蘇格蘭均歸平定。在愛爾蘭著名之波依會（Boyne）戰爭（一六九〇年七月一日），實為最後之決戰。

利於地主階級之法案

新教異派之獲得寬容與羅馬教徒之仍受迫害

此次民黨與王黨均參與革命，且皆獲得報酬。王黨尤爲滿意者，一爲軍事法律，一爲津貼之規定，對於農民每輸出穀物半斛（bushel）者概予以「津貼」註一。民黨對於詹姆士二世之廢黜，乃功勳更大者，現亦達其國會操最高政權，異教派享宗教寬容之素願。一六八九年之異教寬容法（Toleration Act）雖未能盡如異教派之願，但已賜彼等以公共禮拜之合法權利，而其仇敵羅馬教徒則仍受抑制。

英格蘭之商業利益

英格蘭與蘇格蘭之連合——大不列顛王國一七〇七年

當威廉（一六八九——一七〇二）與瑪利在位時代及安拿（一七〇二——一七一四）在位時代，其外交政策大都即爲民黨之政策。商人與運輸業者，民黨之中堅也，咸因奧革斯堡同盟戰爭及西班牙王位繼承戰爭而大遂其願。蓋英格蘭在此等戰爭中，實同時攻擊法國與路易十四個人，前者乃其商業與殖民勁敵，後者則係贊助奉羅馬教之士挑亞特朝餘孽覬覦英格蘭之王位者也註二。梅撒恩（Methuen）條約（一七〇三年），亦屬有利。依照此約，英商可在葡萄牙銷售製造品，暢行無阻，而英格蘭對於葡萄牙之酒則減輕關稅以報答之。於是英格蘭之上流

註一　即當麥之價值每中斛不滿六先令時。

註二　路易十四嘗公開贊助「老僭望者」詹姆士（三世）之要求。

社會以葡萄牙之『黑葡萄酒』(port)代替法國之『布管地酒』(Burgundy)矣。一七〇七年之聯合法(Act of Union)亦未嘗無利因該法既使英格蘭與蘇格蘭確立共同之通商章程，關稅，及國產稅，又使韋斯敏斯德(Westminster)國會同時爲英格蘭及蘇格蘭之代表與最高機關也。此二國在英格蘭士挑亞特朝之第一任君主之治下僅開始成爲君合國(一六〇三年)；而在該朝最後一人之治下，遂能成爲國家全體之聯合，稱爲大不列顛王國(Kingdom of Great Britain，一七〇七年)。

漢諾瓦侯之即位(一七一四)

王權之繼續衰替

安拿既卒(一七一四年)，王位遂歸其表兄弟喬治一世(George I，一七一四——一七二七)註一，即漢諾瓦之梭維亞(Sophia)之子也。新王甚至不能操英語，對於議會政治繁雜之傳習更不明白。關於政務之執行，既非所能，亦非所願，故遂甘於徒擁虛位而將政務交歸羣臣處理。羣臣不惟須得國王之歡心，並須保持在國會中佔優勢之政黨的好意。

內閣之起源

此種慣例以及從此演進之多種習慣在今日聯合王國(United Kingdom)之政治上已成最重要之部分，且爲近代多數國家所摹倣，故吾人對於其最初之歷史不可不明白。初英國在古代

註一 係依王位繼承法(Act of Settlement，一七〇一年)。

原有一種由貴族與教長組成之大會議（Great Council），備國王之諮詢，並輔助國王執行政務。此種會議甚至在條達朝之開始以前，其實權之大部分已轉歸約二十人組成之『樞密院』（Privy Council）掌管。同時樞密院亦因人數過多，辦事遲鈍，故又由其中最有力之人物組成『小會』（Cabal），以辦理事務。此種小會稱為內閣（cabinet）或內閣會議，因其恆與國王在一『小閣』（cabinet）之中商議政事也。當復辟之士挑亞特朝時代，此制乃極不受人歡迎者。

威廉三世最注意於籌款募兵，以防禦其祖國荷蘭，俾不受路易十四之攻擊，對於英格蘭之事務，反不甚注意，故大部分之政事均任羣臣自由處理之。當民黨在平民院中繼續佔多數之議席時，威廉常看出其一切大臣如皆屬民黨，則其政府自能運用如意。反之，當王黨在平民院中佔優勢，則民黨之大臣必恆為平民院中新產生之多數所不滿，故非用王黨之人物代其執政不可。安拿女王雖因熱心於英格蘭教，與王黨接近，然終不能不用民黨之人物為大臣。惟當其在位之末年（一七一〇年），始敢黜退民黨之大臣焉。

喬治一世（一七一四——一七二七）在位時代，恆不出席於內閣會議（須知喬治不能操英語）。此種習慣足使內閣更能脫去君主之勢力，例如安拿卽為利用其特權以否決議案之最

民黨之最盛時代一七一四至一七六一年

後一人自一七一四至一七六一年，實爲民黨權勢之最盛時代。喬治一世與喬治二世自皆贊助民黨，蓋彼等以爲王黨希望士挑亞特朝之第二次復辟也。當一七一五年『大僭望者』(Old pretender) 妄欲自立爲英王稱詹姆士三世之時，王黨之人物多有參預者。又當一七四五年，詹姆士二世之孫小僭望者『查理愛親王』(Young Pretender, Prince Charlie) 在蘇格蘭起事之時，亦復有極端王黨之加入。在此等情勢之下，故各階級莫不起而擁護彼贊成新教君主政治之民黨。民黨之大地主皆操縱鄉區，城市之貴族因民黨之注意國家信用與保護商業，故亦贊同其政策。

瓦波耳及其政策

民黨之勢力既盛，且無間斷，故其領袖瓦波耳 (Sir Robert Walpole) 註一 繼續掌政至二十一載之久（一七二一——一七四二），歷喬治一世（一七一四——一七二七）與喬治二世（一七二七——一七六〇）兩君，而其優勢仍能保持罔替。其時人皆公認其爲『總理』(Prime minister)（其地位之重要與權勢均足以當之），惟未擁此稱號耳。其他之大臣名義上雖由君主任命，實則大權操於其手。且彼在名義上雖亦爲君主所任命，實則僅依平民院中民黨多數之擁護而已。

註一　一七四二年受封爲阿爾福 (Orford) 伯爵。

瓦波耳之勢力係建築於政策與政治之運用上。其政策有兩重，即維持和平與繁榮是也。吾人在他處當可看出，彼曾使英格蘭不捲入歐洲大陸勞民傷財之戰爭中。至其維持繁榮之政策，係根據重商主義之理想，在注意財政之管理方法，及廢除原料品之輸入稅，製造品之輸出稅。顧當時之英國雖繁榮，而瓦波耳之政策仍引起嚴重之批評。且其政策之維持，端賴『政略』。彼恆因利用同黨之擁護，賜國會議員以職位與年金，公開之賄賂，候選員之運動等手段，乃能達其目的而維持在平民院中之多數。

查撤德姆
伯爵關德

瓦波耳之繼任人亨利柏爾罕（Henry Pelham）與紐加斯德爾（New-castle）公爵，亦代表民黨貴族與富豪之寡頭政治，與彼相若，而其手段之邪惡則尤過之。民黨中另有一派，為查撤姆（Chatham）伯爵大關德（William Pitt the elder）所領導。彼因排斥政治上之『非法奪取』，故博得全國之歡心。關德力主最初與西班牙戰（一七三九——一七四八），然後與法國戰（一七五六——一七六三）。此並得愛國鄉紳及商人之響應，蓋商人欲推翻法國之商業勢力，並欲脫去西班牙對於美洲商業所加之束縛也。關德暢行其志，至喬治三世時代為止。因喬治三世決意破壞民黨之勢力，故任命王黨之人物如布德（Lord Bute）與諾爾士（Lord North）輩為大臣。喬治三世嘗欲恢復其曾祖所喪失之權力，不欲徒擁虛位，結果卒歸失敗。此後漢諾瓦朝之君主，殆亦可如喬治二世之所宣言『大臣即本國之國王』矣。

十七世紀與十八世紀初期英國憲政演進之意義

凡此均爲英格蘭立憲政治演進中之顯著事實。當十八世紀之後半期，其他各國之君主尚未脫神權政治之窠臼時，而在英格蘭則國會與大臣乃爲眞正之統治者，且至少在理論上均係根據民意以統治。英格蘭之所以能演進此種政體，一部分固係由於其島國之地位，憲政之傳習，及士挑亞特朝君主之愚行之所致，但最重要者，尙係由於工商業之大進步，使其商人階級有財有勢，力能要求並維持其參政權利。

大不列顛行議會政治而非民主政治

多數著名之學者在羨慕英國之政治時，莫不將要求議會優勢與要求民主政治之爭鬥混爲一談，天下錯誤之事未有甚於此者。一六八九年之『光榮革命』(Glorious Revolution)，實爲上層階級所主持之一種政變(coup d'état)。其所保持之自由，亦僅爲貴族，鄉紳與商人之自由，並非一般民衆之政治的自由也。

未改革之國會

平民院實爲非民主的性質，蓋即享有名義上之投票權利者，每十人中亦不過一人耳。據統計，自一七六〇至一八三二年，議員之議席，幾有一半係私人之所授與者。而大城市之代表，則恆由少數富商選出之。事實上政府純爲上層階級所操縱，且僅爲其中之一部分人所操縱。從事於製造業之多數城市，在最近數十年中，雖已佔有最重要之地位，但全未派遣代表。各地般富之製造業者咸以國家爲大地主與富商之自私自利的政治所敗壞，乃大鳴不平。

十七八兩世紀之國會，在異常熱心而且如願增加英格蘭地主之富力，打破不列顛商業之障礙時，對於教會中之仇視異教與法院中之不公平，未免熟視無覩，或不能掃除之。對於大多數之人民，亦未能加以保護，俾不受地主與僱主之剝削。

英國之政府雖意在保護自私自利之階級利益，然仍向民治方面發展。代議政治之理想如國會與內閣之所表現者，此時固甚狹隘，但不需激烈之革命，終能繼續推廣，以至及於人民之全體。此雖歷時緩慢，然爲不能避免之趨勢也。

士挑亞特族世系表

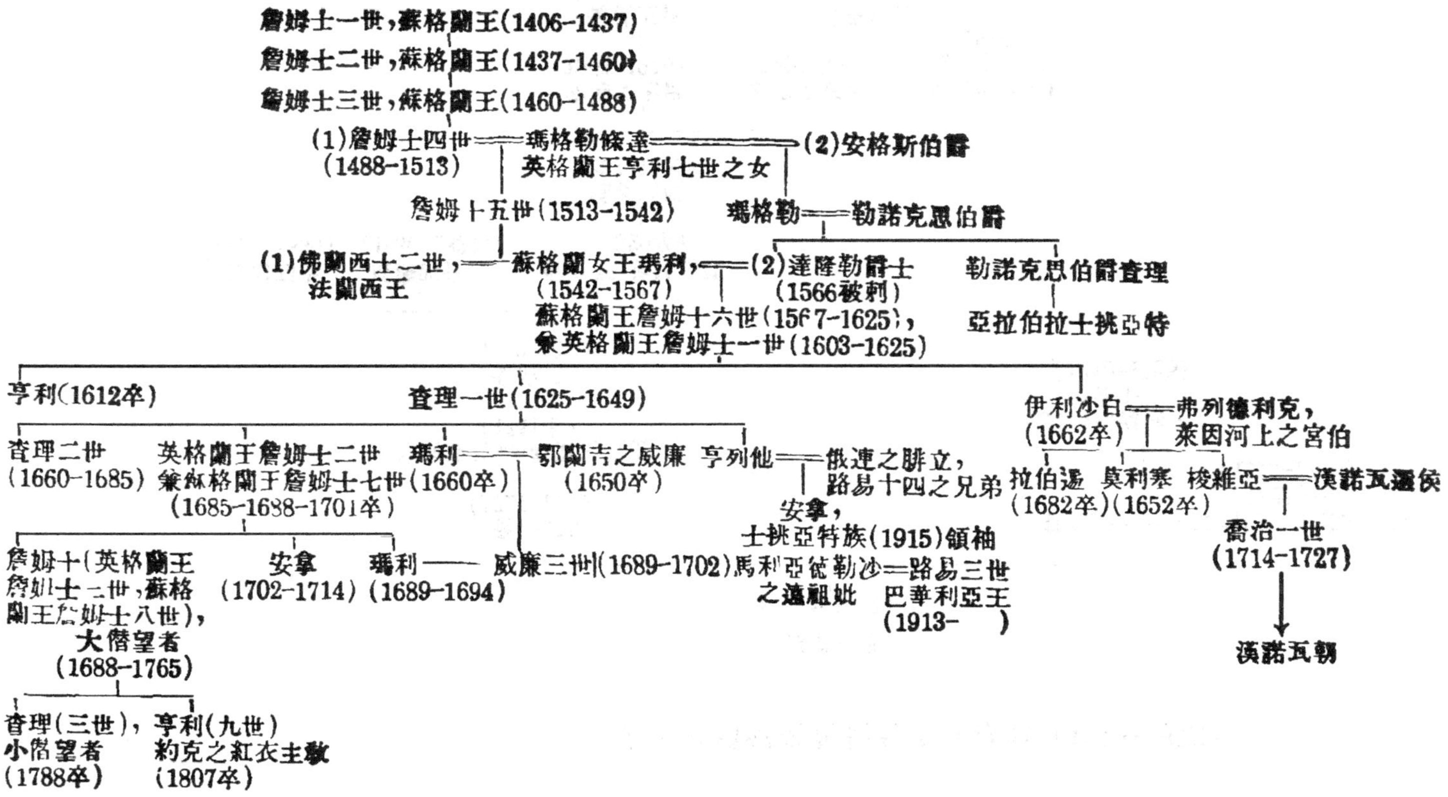
詹姆士一世，蘇格蘭王(1406-1437)
詹姆士二世，蘇格蘭王(1437-1460)
詹姆士三世，蘇格蘭王(1460-1488)
(1)詹姆士四世(1488-1513)
瑪格勒條達
英格蘭王亨利七世之女
(2)安格斯伯爵
詹姆士五世(1513-1542)
瑪格勒
勒諾克思伯爵
(1)佛蘭西士二世，法蘭西王
蘇格蘭女王瑪利，(1542-1567)
(2)達隆勒爵士(1566被刺)
勒諾克思伯爵查理
亞拉伯拉士挑亞特
蘇格蘭王詹姆士六世(1567-1625)，
兼英格蘭王詹姆士一世(1603-1625)
亨利(1612卒)
查理一世(1625-1649)
伊利沙白(1662卒)
弗列德利克，
萊因河上之宮伯
查理二世(1660-1685)
英格蘭王詹姆士二世
兼蘇格蘭王詹姆士七世
(1685-1688-1701卒)
瑪利(1660卒)
鄂蘭吉之威廉(1650卒)
亨列他
俄連之腓立，
路易十四之兄弟
拉伯遢(1682卒)
莫利寨(1652卒)
梭維亞
漢諾瓦選侯
安拿，
士挑亞特族(1915)領袖
喬治一世(1714-1727)
詹姆士(英格蘭王詹姆士三世，蘇格蘭王詹姆士八世)，
大僭望者(1688-1765)
安拿(1702-1714)
瑪利(1689-1694)
威廉三世(1689-1702)
馬利亞徳勒沙
之遠祖妣
路易三世
巴華利亞王
(1913-)
漢諾瓦朝
查理(三世)，
小僭望者
(1788卒)
亨利(九世)
約克之紅衣主教
(1807卒)

大不列顛漢諾瓦朝君主世系表（1714-1915）

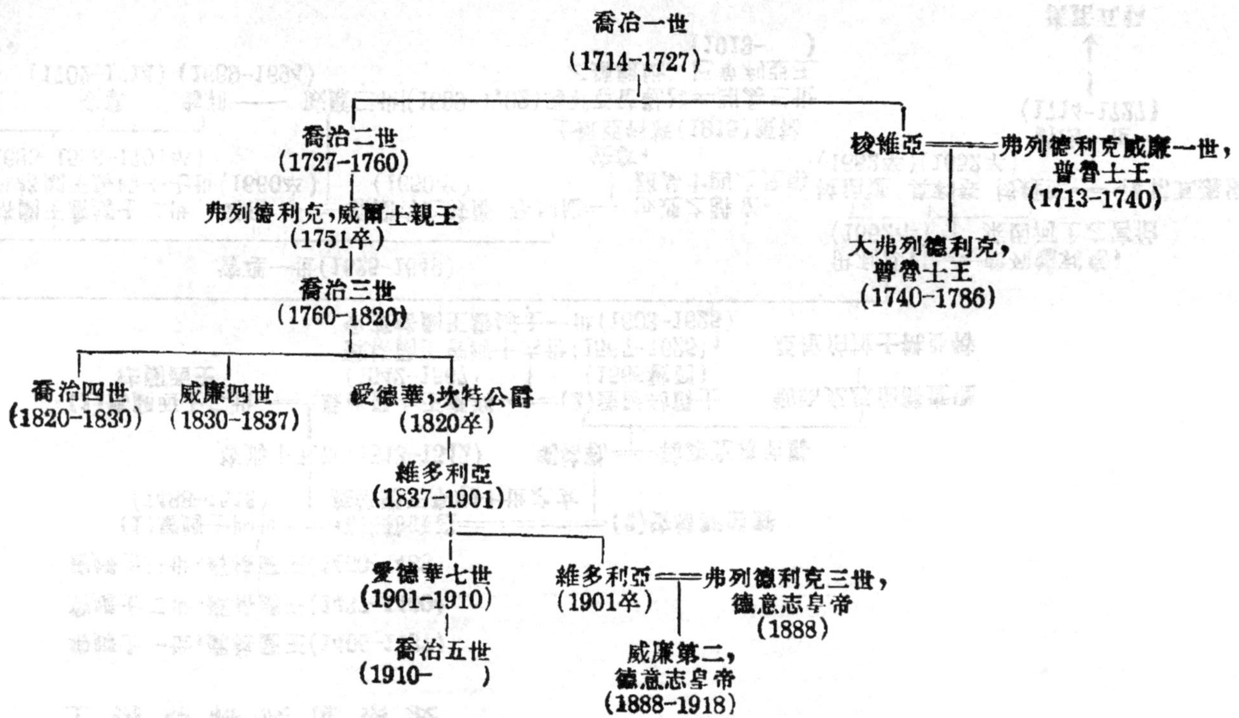

課外讀本

普通者：

一、簡略者：

1. A. L. Cross,——*History of England and Greater Britain* (1914), Ch. XXVII-XLI.

2. T. F. Tout,——*An Advanced History of Great Britain* (1906), Book VI, Book VII, Ch. I, II.

3. Benjamin Terry,——*A History of England* (1901), Part III, Bcok III and Book IV, Ch. I-III.

4. E. P. Cheyney,——*A Short History of England* (1904), Ch. XIV-XVI.

5. E. P. Cheyney, ——*An Introduction to the Industrial and Social History of England* (1901).

二、詳悉者

1. J. F. Bright,——*History of England*, 5 Vols. (1884–1904), especially Vol. II, *Personal Monarchy, 1485–1688*, and Vol. III, *Constitutional Monarchy, 1689–1837*.

2. *Cambridge Modern History*, Vol. IV (1906), Ch. VIII-XI, XV-XIX, Vol. V(1908), Ch. V, IX-XI, XV.

3. H. D. Traill and J. S. Mann (editors)——*Social England*, illus. ed., 6 Vols. in 12 (1909), Vol. IV.

4. A. D. Innes,——*History of England and the British Empire*, 4 Vols. (1914), Vol. II. Ch. X-XVI.

5. G. M. Trevelyan,——*England under the Stuarts, 1603–1714* (1904).

6. Leopold von Ranke,——*History of England, Principally in the Seventeenth Century*, Eng. trans., 6 Vols. (1875).

7 Edward Dowden,——*Puritan and Anglican* (1901).

8 John Lingard,——*History of England to 1688*. Vol. VII X.

9. H. W. Clark,——*History of English Non-conformity*, Vol. I (1911), Book II, Ch. I-III, and Vol. II (1913), Book III, Ch. I, II.

10. W. R. W. Stephens and William Hunt (editors),——*History of the Church of England*.

三、關於此時期之蘇格蘭者：

1. P. H. Brown,——*History of Scotland*, 3 vols. (1899–1909), Vols. II, III.

2. Andrew Lang,——*A History of Scotland from the Roman Occupation*, 2d ed. 4 Vols. (1901–1907), Vols. III, IV.

四、關於愛爾蘭者：

1. Richard Bagwell,——*Ireland under the Tudors*, 3 Vols. (1885–1890).

2. Richard Bagwell,——*Ireland under the Stuarts and during the Interregnum*, 2

Vols. (1909).

五、關於史料之來源者：

1. G. W. Prothero,——*Select Statutes and other Constitutional Documents Illustrative of the Reigns of Elizabeth and James I*, 4th ed. (1913).

2. S. R. Gardiner,——*The Constitutional Documents of the Puritan Revolution, 1628–1660*, 2d ed. (1899).

3. C. G. Robertson,——*Select Statutes, Cases, and Documents, 1660–1832* (1904).

4. E. P. Cheyney,——*Readings in English History Drawn from the Original Sources* (1908).

5. Frederick York Powell,——*English History by Contemporary Writers*, 8 Vols. (1887).

6. C. A. Beard,——*An Introduction to the English Historians* (1906).

關於十七世紀之英國憲法者：

1. F. W. Maitland,——*The Constitutional History of England* (1908).

2. D. J. Medley,——*A Student's Manual of English Constitutional History*, 5th ed. (1913).

3. T. P. Taswell-Langmead,——*English Constitutional History*, 7th ed. rev. by P. A. Ashworth (1911), Ch. XIII-XVI.

4. He ry Hallam,——*Constitutional History of England from the Accession of Henry VII to the Death of George II*, New ed., 3 Vols. (1897).

5. A. B. White,——*The Making of the English Constitution, 449-1485* (1908), Part III.

6. J. N. Figgis,——*The Divine Right of Kings*, 2d ed. (1914).

7. G. P. Gooch,——*English Democratic Ideas in the Seventeenth Century* (1898).

關於詹姆士一世與查理一世者：

1. S. R. Gardiner,——*The First Two Stuarts and the Puritan Revolution*, 7th ed. (1887)

2. S. R. Gardiner,——*History of England from the Accession of James I to the Out-*

break of the Civil War, 10 Vols. (1883–1884).

3. S. R. Gardiner,——*History of the Great Civil War, 1642–1649*, 4 Vols. (1893).

4. S. R. Gardiner——*Constitutional Documents of the Puritan Revolution* (1899).

5. F. C. Montague,——*Political History of England, 1603–1660* (1907).

6. *Cambridge Modern History*, Vol. III, Ch. XVI, XVII.

7. Clarendon——*History of the Great Rebellion.*

8. R. G. Usher,——*The Rise and Fall of the High Commission* (1913).

9. H. D. Traill,——*Strafford* (1889).

10. W. H. Hutton,——*Laud* (1895).

11. E. C. Wade,——*John Pym* (1912).

12 C. R. Markham,——*Life of Lord Fairfax* (1870).

關於克林威爾時代者：

1. S. R. Gardiner,——*The History of the Commonwealth and Protectorate*, 4 Vols.

(1903).

2. C. H. Firth,——*Cromwell* (1900).

3. S. R. Gardiner,——*Cromwell* (1899).

4. S. R. Gardiner,——*Cromwell's Place in History* (1897).

5. John (Viscount) Morley,——*Oliver Cromwell* (1899).

6. A. F. Pollard,——*Factors in Modern History* (1907), Ch. IX-X.

7. Thomas Carlyle,——*Cromwell's Letters and Speeches*, ed. by S. C. Lomas, 3 Vols. (1904).

8. John Evelyn——*Diary*.

9. H. B. Wheatley——*Diary*.

10. C. H. Firth,——*Cromwell's Army*, 2d ed. (1912).

11. Edward Jenks,——*The Constitutional Experiments of the Protectorate* (1890)

12. Sir J. R. Seeley,——*Growth of British Policy*, Vol. II (1895), Part III.

13. G. L. Beer,——*Cromwell's Policy in its Economic Aspects* (1902).

14. Sir W. L. Clowes,——*The Royal Navy. a History,* Vol. II (1898).

15. G. B. Tatham,——*The Puritans in Power, a Study of the English Church from 1640 to 1660* (1913).

16. W. A. Shaw,——*History of the English Church, 1640–1660* 2 Vols, (1900)

17. Robert Dunlop,——*Ireland under the Commonwealth,* 2 Vols. (1913).

18. C. H. Firth,——*The Last Year of the Protectorate,* 2 Vols. (1909).

關於復辟者：

1. Richard Lodge,——*The Political History of England 1660–1702.*

2. J. N. Figgis,—— *English History Illustrated from Original Sources, 1660–1715* (1902).

3. Osmund Airy,——*Charles II* (1901).

4. Samuel Pepys.——*Diary.*

5. Gilbert (Bishop) Burnet,——*History of My Own Times*, edited by Osmund Airy, 2 Vols. (1897-1900).

6. H. B. Wheatley,——*Samuel Pepys and the World he Lived In* (1880).

7. W. E. Sydney.——*Social Life in England, 1660-1669* (1892.)

8 J. H. Overton,——*Life in the English Church, 1660-1714* (1885).

9. John Pollock,——*The Popish Plot* (1903).

10. G. B. Hertz,——*English Public Opinion after the Restoration* (1902).

11. C. B. R. Kent,——*The Early History of the Tories* (1908).

關於詹姆士二世與『光榮革命』者：

1. Arthur Hassall,——*The Restoration and the Revolution* (1912).

2. T. B. (Lord) Macaulay,——*History of England, 1685-1702*, new ed. by C. H. Firth, 6 vols.(1913-1914).

3. Sir James Mackintosh,——*Review of the Causes of the Revolution of 1688* (1834).

4. *Adventures of James II* (1904).

5. H. B. Irving,——*Life of Lord Jeffreys* (1898).

6. Alice Shield and Andrew Lang,——*The King over the Water* (1907).

7. Alice Shield and Andrew Lang,——*Henry Stuart, Cardinal of York, and his Times* (1908).

8. Sir J. R. Seeley,——*Growth of British Policy*, Vol. II (1895), Part V.

關於十八世紀前半期之大不列顛者：

一、普通史：

1. *Cambridge Modern History*, Vol. VI (1909), Ch. I-III.

2. I. S. Leadam,——*Political History of England, 1702-1760* (1909).

3. W. E. H. Lecky,——*A History of England in the Eighteenth Century*, new ed., 7 Vols. (1892-1899).

4. W. E. H. Lecky,——*A History of Ireland in the Eighteenth Century*, 5 Vols.

(1893).

5. C. G. Robertson,——*England under the Hanoverians* (1911), Ch. I, II, IV.

6. Earl Stanhope (Lord Mahon),——*History of England from the Peace of Utrecht to the Peace of Versailles, 1713-1783*, 5th ed., 7 Vols. (1858).

二、關於英格蘭與蘇格蘭之聯合者：

1. P. H. Brown.——*The Legislative Union of England and Scotland*(1914).

2. W. L. Matthieson.——*Scotland and the Union, 1695-1747* (1905).

3. Daniel Defoe,——*History of the Unoin between England and Scotland* (1709).

三、關於內閣制之興起者：

1. Mary T. Blauvelt,——*The Development of Cabinet Government in England* (1902)

2 Edward Jenks,——*Parliamentary England: the Evolution of the Cabinet System* (1903).

3. John (Visoount) Morley,——*Sir Robert Walpole* (1889).

第九章 英法二國之世界衝突

第一節 十七世紀英法二國之殖民地

十六世紀中，當西班牙與葡萄牙正於海外創立極大之殖民帝國時，英法二國之君主或為宗教紛爭所累，或因集注全力於歐洲政治，故除派遣少數私掠船及探險家外，別無進展。但至十七世紀，士挑亞特朝所統治之英格蘭，及包本族所統治之法國，均知殖民地為其不得意或富冒險性之臣民寄身之所，為其商人利益之淵藪，為發揮宗教熱忱之區域，或更足以滿足其民族自尊心。是時商業與殖民之進展，到處均極迅速，而在英法二國之民族生活中尤日見重要。吾人前已述及，當十七世紀前半期，荷蘭人曾侵略葡萄牙。迨十七世紀後半期，彼等在各次商業戰爭中又轉為英人所攻擊。當一六八八年，荷蘭，葡萄牙，西班牙等殖民帝國之隆盛時期已成陳迹，英法二國則開始感覺其在北美，印度，及公海上樹植勢力之可能，遂致瀕於世界衝突。此種衝突時斷時續，歷時百有餘載，卒使英國獨為『海上主人翁』。

一六八八年時英法二國地位之比較

北美方面

當吾人敍述衝突之本身以前，不可不觀察一六八八年時英法二國之地位。首應觀察其在新世界及舊世界之要求與既得領土，次當觀察其比較的財力與政策。

吾人猶憶因約翰加波航海（一四九七年）之結果，英格蘭遂有要求北美大陸之權利。但條達朝之君主（一四八五——一六〇三）幷不能佔領如此遼闊之領土，亦無法摒除外人之侵入。因此英格蘭在北美實有之殖民地，其爲士挑亞特朝所取得者註一，僅限於紐紛蘭，哈得孫灣區內之少數皮貨儲藏所，及自緬印（Maine）．至南加羅里拿沿海狹長之區域而已。法國則不惟遣維拉撒諾探險於北美海岸（一五二四年），遣加爾提爾上溯聖羅稜索河（一五三四——一五三六），且藉口於發現探險之功，尤藉口於拉沙耳（La Salle，一六八二年）之功，至要求大陸內地之全部焉。

在北美之一切殖民地中，其人口最庶者，卽後日合衆國所在之各地。當一六八八年，此等殖民地已有十處。最早之殖民地勿爾吉尼阿(Virginia)，乃受英王詹姆士一世特許之倫敦公司於

註一 近代英人對於士挑亞特朝之君主在國內之力求確立專制政治，無論如何詆斥，但彼輩對於英格蘭在外樹立商業與殖民之偉大基礎，厥功實偉，英人終不能不頌揚之。

一六〇七年所設立者也。普里毛斯則於一六二〇年爲英國被迫去國之「新教徒」(Pilgrims)所設立（此屬分離教派或獨立教派乃因本國厲行宗教統一強其與英格蘭教會一致而被迫離出英格蘭者），尋卽與鄰近淸教徒之麻撒朱色得士(Massachusetts)殖民地合併。近於此等初設之新英格蘭殖民地者又有羅得島(Rhode Island)康內克的(Connecticut)，紐罕什爾(New Hampshire）等殖民地。緬印在當時爲麻撒朱色得士之一部分。新英格蘭爲淸教徒之避難所，而馬里蘭(Maryland)則爲被迫害的羅馬教徒之避難所，此地乃於一六三二年賜予巴爾湯模爾爵士(Lord Baltimore)者。勿爾吉尼阿南部之大區域卽所謂加羅里拿者乃於一六六三年賜與八貴族者也。但此地之開發遲滯，故在一七二九年僅以五萬鎊售與國王。當一六六四年荷人之新尼德蘭註一殖民地被奪與一六八一年威廉般(William Penn)及其朋友教徒（quakers）殖民於賓夕爾法尼亞（Pennsylvania）註二後，北部與南部殖民地始得連接。

英國之北美殖民地所以發達原因甚多，異教迫害之結果已致淸教徒移殖於新英格蘭，羅

註一　重名爲紐約。此又包括紐哲爾西(New Jersey)。

註二　瑞典在德拉瓦爾(Delaware)之殖民地暫時與賓夕爾法尼亞合併。

馬教徒移殖於馬里蘭，而淸教徒革命之成功，又使騎士黨移殖於勿爾吉尼阿。此外僅因求財富與謀生計而來者，尙不可勝計。美洲似乎爲一拯救厄運之地。在南部，地主之田產上有黑奴耕種煙草，不取工資註一。新英格蘭之地質雖比較磽确，然殖民者則知從事捕漁，伐木及經商，獲利均大。由此可知殖民地財富與人口之增加，實無足怪。迨一六八八年，新世界所有之英人幾達三十萬焉。

法國殖民者之人數較此雖少註二，而散布之區域則更廣。彼等更由其亞加提亞（一六〇四年）與魁伯克（Quebec，一六〇八年）之最初根據地，進展至聖羅稜索河。耶穌會士及其他之羅馬教傳教者實爲自蒙特利亞西至蘇必利爾（Superior）湖，南至倭海阿（Ohio）河殖民之先導。當一六八二年拉沙耳（Sieur de la Salle）探險於密士失必河以後，遂宣佈佔領此河流域之全部，而名其地曰路易聖拿，以表示尊敬法國之路易十四。至少自名義上言，此部領土實爲英人所要求。因十七世紀中英王所發出最多數之殖民特許狀，其中均言『由海至海』之土地（即由

註一　米與棉後變爲南部農業上之重要出產。

註二　當一六八八年，居留於新世界之法國人約僅二萬人，及一七五〇年，其人數約已增至六萬人。

大西洋至太平洋）也。新法蘭西（New France）之中心，仍在聖羅稜索河。但不顧英人之要求，法國之堡壘正開始表示其皮貨商之足跡直入於『路易聖拿』。且英國之殖民者苟踰押巴拉暨俺（Appalachian）山西進，則與法國人必起衝突，實顯然之勢也。

西印度羣島方面

英法二國之人在西印度羣島亦爲比鄰。馬的尼揆與格德盧白（Guadeloupe）均承認法國之主權，而雅麥加，巴爾巴多斯（Barbados）及巴哈瑪斯（Bahamas）則皆爲英人所有註一。西印度羣島中之此等領土所以重要，不僅因其產糖最富，且爲與墨西哥及南美洲貿易最便利之棧埠也。

非洲方面

在非洲方面，法人在馬達加斯加，哥利耶（Gorée）及塞拿格耳河口，均有其殖民地。英人之殖民地則在岡比亞河（Gambia）及黃金海岸（Gold Coast）。顧此時非洲之殖民地均不過爲金

註一　下述之西印度羣島亦爲英人所有：拿維斯（Nevis），蒙德塞拉（Montserrat），安提加（Antigua），宏都拉斯（Honduras），聖盧西亞（St. Lucia），勿爾吉羣島（Virgin Islands）及土耳其與喀哥斯羣島（Turks and Caicos Islands）。聖克仔（St. Kitts）則爲英法二國所共分。而海地之西部曾爲法國之海賊足跡所至者，係在一六九七年合併於法國。西印度羣島以外之伯爾慕達（Bermudas），則業已屬英。

沙註一，象牙，蜜蠟或奴隸等貿易之根據地耳，爭奪非洲之眞正的衝突，至十九二十世紀始行發生。

更重要者爲亞洲之印度。蓋印度之情形，與美洲或非洲絕異，與其謂利於歐人之征服或殖民，毋寧謂利於歐人之經營商業。因印度之生產力與面積（其面積等於歐洲全土之半），當時可被課稅維持二萬萬之人口，故歐人之所希望者在求機會以購印度之出產，如棉花，藍靛，香料，染料，藥材，生絲，寶石，及特種製造品等是。

十七世紀時，印度曾爲回教皇帝所統治，稱莫臥兒（Moguls）註二。彼等係於前世紀中侵入而征服半島，幷建一輝煌之朝廷於恆河支流之特里（Delhi）城中。但大多數之人民仍維持其古代之『印度』教及其『社會階級』（castes），並保留其特有之語言習俗。在如印度之國家，因自然環境氣候產業及語言等故，分裂爲多數之區域，故回教征服者『大莫臥兒』及其總督（nawabs 註三）只能樹立一種寬弛的主權。多數『土酋』（rajas）仍享有充分之獨立權。而印

註一　英格蘭之金幣恆稱爲『guineas』，此係因其所用之金多來自非洲幾內亞（Gunea）海岸之故。

註二　彼等之有此種稱呼，係因其被誤認爲屬於蒙古人種。

註三　『Nabobs』一字更爲通用。

度人之對於其皇帝又皆少有愛戴與忠順之意。大莫臥兒因有此種弱點，故歐洲商人在十七世紀中恆求其扶植與保護者，至十八世紀，遂得自立，轉而爲其主人翁矣。

須知自法斯哥達加瑪之航海以後，葡萄牙人曾經壟斷印度及東方之貿易，迄十六世紀末葉受荷蘭人之攻擊爲止。當此之際，英人正第一次航行於東方註一，並乘本國之與腓立二世作戰而攻擊腓立之葡萄牙領域。英人最初之商埠，設於馬蘇里拍坦（Masulipatam，一六一一年）及蘇拉特（Surat，一六一二年）。在一六一二年及一六一五年，葡萄牙之艦隊均歸失敗。一六二二年，葡人且被逐於波斯之重要城市阿爾木仔以外。一六八八年，英人在印度已取得三要地。（一）恆河口三角洲上之加爾各答（Calcutta）在一六八六年已爲所佔，但英人究竟能否違反莫臥兒帝之意志而佔據之，此時尚屬疑問。（二）在更南之麻打拉斯（Madras），佛蘭西斯德伊爵士（Sir Francis Day）嘗建聖喬治要寨（Fort St. George，一六四〇年）。（三）在西海岸蘇拉特商埠之價值已不及孟買（Bombay）。孟買者，即嫁於國王查理二世之葡萄牙公主加察林（Catherine of Braganza）之嫁奩也（一六六二年）。

註一 英人之第一次實際航至東印度，係在一五九一與一五九四年之間，約當葡萄牙人之第一次航行以後一世紀。

法國經營東方貿易最早之公司，僅後於英屬東印度公司四年而組成註一。 但法國在印度（在蘇拉特）最早之製造廠，至一六六八年始行設立。 且法國迄十七世紀末葉，在印度與英人及荷人尙無嚴重之競爭。 顧法人在尙達拿加爾（Chandarnagar）之根據地（一六七二年）與加爾各答甚相接近，其在朋的喜利（Pondicherry）之繁盛根據地（一六七四年）與麻打拉斯相距亦在百英哩以內，此均預示英法二國將來在印度之關係必難調和也。

英法二國財源之比較

以上對於一六八八年時英法二國殖民地之大概情形，已略加觀察。 吾人由此已可知法國之加入殖民競爭，爲時雖較後，然已顯能變爲英人之勁敵。 但二國之爭衡，不以殖民之先後或要求之正當與否而決定，實以其戰鬬力而決定。 最可異者，法國較之英格蘭國土更大，人民更多，財力更富，在當時實可獨力控制全歐，然而在世界霸權之競爭中，其實力反在英格蘭之下也。

第一，英格蘭之海上勢力較之法國更形膨脹。 黎塞留（一六二四——一六四二）雖深知法國創設海軍之急需，並獎勵造船業，然法國終爲歐洲之政治所累，無力顧及。 且因路易十四之

註一 法國公司之特許狀係一六〇四與一六一五年所賜。 印度公司（Compagnie des Indes）組織於一六四二年，而在一六六四年改組。

注意於陸戰，已將海軍置之度外矣。英格蘭則以四圍環海，故注意於海外發展。自擊敗西班牙之大艦隊以還，英人目最喜以海軍軍人之事業自豪。當英格蘭與荷蘭從事商業戰爭之時，其最偉大之海軍上將布拉克(Robert Blake)屢獲大勝焉。

又英國嘗發布兩次航運條例(一六五一年與一六六〇年)，以排斥外船從事於大不列顛與殖民地間之貿易。此雖足以促成貿易額之減少，然英人之航業必因此而大盛。英國之造船匠恆受津貼之獎勵，其所造之船舶，較之他國船舶更爲強大。英國之海盜運奴船商船等無論在『西屬美洲』(Spanish Main)擄掠西班牙之大帆船，或在遠東攻擊葡萄牙之艦隊，莫不令人畏懼或嫉妒。英國之工商業實因條達朝之保護與獎勵而發達，其結果遂產生一種強盛之中產階級，經國會而取得特權。

反之，法國之商業則有種種絕大之障礙。既有地方通過稅，又有國內關稅，此均足以阻礙其商業。而中世紀之行會制度在法國亦仍有勢力，恆以種種背理之限制，阻礙工業之進步。長期之內戰與宗教戰爭，既使工人不能安居樂業，復使商人之生命財產時有危險，故在一六〇〇年前法國之商業幾完全停頓。當亨利四世時代，法國雖漸隆盛，然王權伸張之結果，致法國之新教商人不能如英格蘭之淸教徒取得同等之政治權力。因此法國之商人階級不能制止路易十四之勞師遠征，禍國殃民（法國之商人階級不能如英格蘭之商人可自行通過特權與津貼，亦不能對於商業勁敵宣戰）。主張『重商主義』之大臣哥爾比（一六六二——一六八三）固亦竭力獎勵新工業，如絲業是，並曾制定法規以改良舊有之工業，對於足與本國產業競爭之輸入品，且課關稅以示限制。然法國之產業終未能如英格蘭產業之興盛。或且謂哥爾比之種種限制反阻礙自由進取之精神，弊害甚大。雖然，對於產業更有害者，究爲路易十四之窮兵黷武與橫征暴斂註一。法國之民力財力雖兩俱耗盡，然卒能受此損失而無恙者，亦一奇事也。在當時，英人較之法人有更可恃之海軍與更繁榮之商業，故能控制海上，並易於負擔戰費。

英法二國殖民政策之比較

就一般的殖民政策言，法國似勝於英國。路易十四嘗取『新法蘭西』之全部爲王室直轄區。法國之殖民地彼此均相聯絡，英國之殖民地則分裂而不統一。當哥爾比輔政之時，法國在

註一　路易十四因欲斂錢以維持其宮廷外交及戰爭，不惟增加賦稅，而且減低鑄幣之成色。就經濟上言，尤不幸者爲南脫敕令之取消（一六八五年）。其結果則約有五萬最勤儉之法國國民出國，赴英格蘭，荷蘭，白蘭登堡（普魯士）而促進各國之工業。

美洲殖民地之人數二十年內已增加至三倍之多。且法人無論在印度與美洲，均能得其土著之友誼與信託，英人則與土著時有衝突，至少與大多數之紅種人爲然。

顧英人亦有一大優點，卽殖民者之衆多也。法國因受戰爭之影響，不能有過剩之人口移入美洲。且新教徒在母國受迫害者亦不許移殖於新法蘭西，蓋恐其一至美洲，則耶穌會士在印第安人中之傳教事業，或將因之受阻礙也〔註一〕。英格蘭之淸教徒，朋友教徒，羅馬教徒等被迫去國者，則皆移殖於其殖民地而不赴他國。英國殖民者未受母國之直接保護，頗知自衛以抵制印第安人，且更能援助母國以攻擊其共同之仇敵法國人焉。

總而言之，情勢實有利於英國。法國君主旣在歐洲方面繼續耗費其富源，自難希望與擁有優勢之海軍，繁盛之商業，及衆庶之殖民地之夙仇競爭也。

註一　通常多謂殖民者之希少及殖民地產業之不振，與係由於黎塞留與哥爾比對於殖民地採保育主義所致，實則並不盡然。英格蘭對於殖民地產業之足與母國競爭者，亦嘗欲防制其振興。

第二節　衝突之初步，一六八九——一七四八年

奧革斯堡同盟戰爭

當士挑亞特朝之君主正望路易十四之援助，俾在英格蘭樹立專制政治，並恢復羅馬教之時，殖民與商業競爭，殊難使英法二國以兵戎相見。 吾人對於一六八九年之革命已討論其政治方面之意義。 其於外交方面亦甚重要。 因此次革命之結果，致法國之勁敵威廉三世入主英國，而其主要目的，即在保護其祖傳之領土（荷蘭尼德蘭）以抵制路易十四之侵略。 路易十四之援助詹姆士二世要求王位，亦爲戰爭之第二種原因。 奧革斯堡同盟原爲皇帝，西班牙與瑞典國王，巴華利亞，撒克遜尼及巴拉退拿忒選侯等所組成者。 吾人對於一六八九年之國際關係如何引起英格蘭荷蘭之與此同盟聯絡，前已述及，並已述及一六八九至一六九七年中同盟戰爭在歐洲如何進行。 吾人應牢記，國王威廉在波依拿（一六九〇年）之戰，最後擊敗詹姆士二世及法國與愛爾蘭之聯軍，即此次戰爭期中之事也。 又法國海軍在俾赤岬(Beachy Head)附近雖擊退荷蘭與英國之聯合艦隊（一六九〇年），然在拉荷格(La Hogue)附近之三日劇戰中，卒爲英人所大敗（一六九二年），亦此次戰爭期中之事也。

威廉王戰爭，一六八九至一六九七年

與奧革斯堡同盟戰爭同時並起者，又有美洲之『威廉王戰爭』。 關於此次戰爭，有二事應加注意。 第一，即法國在亞加提亞（即諾法斯哥遏亞）之王港(Port Royal)堡壘的失陷（一六九〇年）及魁伯克之被攻擊，均曾有新英格蘭之殖民者助戰。第二，即須注意印第安人在戰時之活動。遠在一六七〇年，新英格蘭即有著名之傳教師名羅哲爾威廉（Roger Wil'iams）者曾宣稱『彼法國與羅馬教之耶穌會士實爲世界之放火者，現正來此與土人聯合，乘吾人不備，又欲大放其火』。令威廉王戰爭之爆發，正爲放火之信號，其可畏懼更有甚於彼之所想像者。與法國總督佛倫德拿克伯爵（Count Frontenac）聯合之印第安人，其在多維爾（在紐罕什爾），什拿克達底（Schenectady，在紐約）及格羅登（Groton，在麻撒朱色得士）之焚燬，使『新英吉利人』（Yankees）對於佛倫德拿克之仇恨永不能忘焉。

一六九七年之里斯威克條約

此次爭鬭因不帶色彩之里斯威克條約（一六九七年）而暫時中止，顧並非根本解決。依照此約，路易十四承認威廉爲英王之權利，而一切殖民地均回復原狀，即王港亦同。

西班牙王位繼承戰爭

此後閱時僅五載，歐洲復捲入長期之西班牙王位繼承戰爭中（一七〇二——一七一三），威廉王與黑普斯堡族皇帝及歐洲之其他君主均結成大同盟（Grand Alliance），以防制路易之孫腓立繼承西班牙之王位。蓋以法國苟與西班牙聯合，同受包本族之統治，則其軍力必將威壓全歐，而其聯合之殖民地，必包圍甚或吞併英國之殖民地，其聯合之海軍亦或可驅除英人在海上

安拿女王戰爭，一七〇二至一七一二年

之勢力也。更有甚者，當詹姆士二世卒時（一七〇一年），路易十四公然承認其被逐於外之羅馬教嗣子爲英王稱『詹姆士三世』。英人對此，莫不憤慨焉。

當馬波羅夫公爵與幼熱拿親王在歐洲大獲勝利之時，美洲之英國殖民者亦起『安拿女王戰爭』以攻法人。於是法人復派印第安人破毀新英格蘭之村落，英人亦復攻王港及魁伯克以報復之。王港經二次攻擊之後，卒於一七一〇年陷落，亞加提亞遂亦失守。次年，有戰船九艘運兵船六十艘之艦隊載英軍一萬二千人攻魁伯克，同時又有軍隊二千三百人取道尙伯蘭湖向蒙特利亞而進。但此兩種遠征隊均未克達到目的。

在公海上與夫美洲歐洲，英人同時獲得新榮譽。英之海軍有時因荷人有力之援助，於擊敗地中海之法國艦隊，驅逐法國私掠船於海外，攻陷直布羅陀，捕拿西班牙運輸財貨之艦隊於喀大吉吶（Cartagena）附近，及進攻法領西印度羣島等戰役，均表演重要之活動，此皆安拿女王戰爭期中之事也。

一七一三年之烏德勒支條約

結束此次衝突者爲烏德勒支條約。茲將其中之主要規定對於殖民地之形勢有影響者列舉如下：（一）承認法國之包本族仍統治西班牙。此約雖有但書規定法國與西班牙之王位不得合併，然當包本族繼續統治兩國時，則西班牙與法國之殖民地幾可視爲極大之包本帝國。（二）英國確定其對於亞加提亞註一之所有權。該地重名爲諾法斯哥湯亞（Nova Scotia）。法國更放棄其對於哈得孫灣，紐紛蘭及西印度羣島中聖克仔島之要求。（三）英國由西班牙取得米諾加島及直布羅陀之石築堡壘（地中海商業之屏藩）。（四）對於英國更有直接之價值者，爲西班牙所予之商業特權，稱亞先多（Asiento）（一七一三年）條約。

一七一三年之亞先多條約

在亞先多條約以前，英人不得與美洲之西班牙領土從事貿易，法人且有販賣奴隸於西班牙殖民地之專利權。但亞先多條約則許英國以供給黑奴於西屬美洲之獨佔權利，以三十年爲限，每年四千八百名。英人在西班牙王之領內雖仍不得銷售其他之貨物，但每年得派五百噸裝載量之船一艘赴巴拿馬地峽之波多伯羅（Porto Belo）一次，從事一般的貿易。

一七一三至一七一九年之和平

自烏德勒支和約成立後，歷時幾三十載，蠢然思動之殖民的妬忌心終未爆發而爲公開之戰爭。顧當此期中，英人之野心已愈顯著，欲與西班牙法國在美洲之要求及法國在印度之要求發生衝突矣。

法國在美洲之侵略

法國雖因烏德勒支條約而受損，但仍佔領聖羅稜索河及屏蔽河口之布勒登角島，其漁人在

註一 後復起爭執，卽『亞加提亞』是否如英人之所要求包括布勒登角島（Cape Breton Island）。

紐紛蘭沿岸仍享有特殊權利，其在西印度羣島所享之貿易自由，較英人之所享者更大，其闢地者正佔領遼闊之密士失必河流域。法國因預備第二次之衝突，更表示驚人之活動力。建路易斯堡要塞（Fort Louisburg）於布勒登角島以控制聖羅稜索灣之進口。築長列之要塞以表示並保證法國之要求。要塞之線係自尙伯蘭湖上之克藍角（Crown Point）起由尼亞格拉（Fort Niagara），提特洛亞（Fort Detroit），梭特桑得馬利耶（Sault Sainte Marie）等要塞向西延長，而抵温尼伯格（Winnipeg）湖，甚至更欲延長之。此外更築其他要塞以控制瓦巴西（Wabash）及伊利諾亞斯（Illinois）二河，並循密士失必河而下，以抵海灣註一。又設殖民地於莫比利（Mobile 一七〇二年）與紐俄連（New Orleans，一七一八年），並使英國航海者得知密士失必河爲法國之私產。凡此種種之舉措，均足使英屬各殖民地之長官發生驚恐。

法國在印度之侵略——杜伯勒克思

在印度方面，法人進取之心亦未免過度，難與英人爲鄰。杜伯勒克思（Dupleix）爲法國有雄才大略之印度總督，於一七四一年就任。法人在其指揮之下，日益繁榮，其勢力且漸伸張於衰微之大莫臥兒帝國以內。杜伯勒克思野心勃勃，開始干涉土酋之內政，表示倨傲之態度，著華麗

註一　當一七五〇年，法國在蒙特利亞與紐俄連之間有要塞達六十處以上。

之服裝，擁土王之稱號。彼更欲以『印度兵』(Sepoys)充實其歐人組成之駐防軍，且增其首都朋的喜利之防守，似有備戰之勢。

西班牙與英國之商業糾紛

烏德勒支條約締結後之三十年中，除英法二國之殖民者與商人在美洲及印度有危險之競爭外，又因一七一三年之亞先多條約締結之結果，致英國與西班牙之間亦繼續發生爭執。西班牙人對於英國之私運商人大鳴不平，並謂英人濫用其特權，常將規定之一船停泊於波多伯羅港，而於黑夜再由他船取貨裝入其中。反之，英國商人則深恨其被排斥於西班牙之一般市場以外，且恆在本國敍述其對於西班牙官吏不平之事。其最著者，爲英國船主名哲孔斯（Robert Jenkins）者之故事。此人嘗細述殘忍之西班牙人如何攻擊其貨船而奪之，在爭鬭中並曾割其一耳。相傳彼並備一小盒，內裝一耳，以證明此事。因此種種之事故，遂致英格蘭之一般人心大爲憤慨。總理瓦波耳平日雖酷嗜和平，今在此種情勢之下，亦不能制止國人之對西班牙宣戰矣。

一七三九年之『哲孔斯耳戰爭』

商業與殖民戰爭復起於一七三九年，而爲一種奇異之爭鬭，通常稱爲哲孔斯耳戰爭（War of Jenkin's Ear）。此次戰爭，初僅包括西班牙與英國。英國之艦隊嘗奪取波多伯羅，惟未能奪取喀大吉吶。在北美方面，戰爭則由阿格勒索拍（James Oglethorpe）主持，但無成功。此人

奧大利皇位繼承戰爭

喬治王戰爭，一七四四至一七四八年

近（一七三三年）於加羅里拿之南創立英屬『喬治亞』(Georgia) 註一 殖民地，而該地乃在西班牙之佛羅里達殖民地所要求之領內也。

哲孔斯耳戰爭不過爲英法二國間第二次大衝突之初步而已。 在後章中，吾人將述明奧大利皇位繼承戰爭(War of Austrian Succession)何故於一七四〇年在歐洲大陸爆發（此次戰爭歷時八載，英國在戰爭中助奧大利之馬利亞德勒沙以抵抗法國普魯士及其他諸國）。 且歐洲方面之衝突，亦自然與美洲方面之『喬治王戰爭』(King Georges War 一七四四——一七四八）及印度方面同時發生之衝突相關連也。

喬治王戰爭中唯一引人注意之事，爲紐罕什爾之參將威廉拍伯勒爾(William Pepperell)之率領英國殖民軍奪取路易斯堡（一七四五年）。 但其所奪之堡壘，後由一七四八年之愛斯拉沙伯條約歸還於法國，致大失所望。 在印度方面之戰爭，亦未分勝負。 一七四六年，嘗有一法國艦隊奪取英國在麻打拉斯之根據地。 英國之其他根據地，亦受攻擊。 加拿遏克(Carnatic)之印度總督以杜伯勒克思侵犯印度之和平與中立，欲討之，然亦爲所敗。

註一 此種名稱係紀念當時在位之英王喬治二世（一七二七——一七六〇）。

迨一七四八年，因有一英國艦隊來援圍攻杜伯勒克思於朋的喜利，而情勢大變。恰在此時，英法二國已締結愛斯拉沙伯條約（一七四八年）。依照此約，一切征服地概行歸還，麻打拉斯與路易斯堡亦然。至就西班牙方面而言，則英國在一七五〇年放棄亞先多條約中之種種特權，而受十萬鎊以爲報酬焉。

一七四八年之愛斯拉沙伯條約

第三節 英國之勝利——七年戰爭，一七五六——一七六三年

迄於此時，英國雖因烏德勒支和約（一七一三年）取得哈得孫灣，紐紛蘭，諸法斯哥遏亞等地，然而戰爭之勝負，尙未決定。英國在海上固佔優勢，但有二大問題尙未能解決，卽法國對於密士失必河流域之要求應否被承認，而將英人排除於其在美洲海岸之根據地以外？又彼機巧外交家杜伯勒克思是否能使印度成爲法屬殖民帝國？除此等主要之爭執外，關於諸法斯哥遏亞之疆界，亦稍有爭執。須知此地卽一七一三年割與英國者。此等問題非有一國完全失敗，不能解決。

一七五〇年尙未解決之問題

此種失敗卒由法國在一七五四與一七六三年中忍受之。法國之損失實有四層：（一）當七年戰爭（Seven Years War）期中（一七五六——一七六三），英國以軍費助弗列德利克大王

七年戰爭歸域之遼闊

七年戰爭在美洲方面之狀況——『法蘭西人與印第安人戰爭』一七五四至一七六三年

(Frederick the Great)，致法國在歐洲之軍隊大爲所敗於德意志境內。（二）同時，法國之海上勢力幾爲英人所消滅。蓋英國之戰艦及私掠船嘗奪取法屬西印度羣島之最大部分，幾將法國在海上之商業排除淨盡。（三）在印度方面因克來武(Clive)之詭譎與杜伯勒克思相若，而勇武過之，故杜伯勒克思之計劃均爲所破敗。（四）在美洲方面因『法蘭西人與印第安人戰爭』(French and Indian War，一七五四——一七六三）結果致創設新法蘭西於大西洋彼岸之夢想爲之煙消雲散。吾人現當首述新世界之戰爭。

法蘭西人與印第安人戰爭之直接原因爲爭奪倭海阿河流域之地。英人爲殖民於此河流域計，嘗組織一倭海阿公司(Ohio Company，一七四九年)。但迄法國開始在西部賓夕爾法尼亞建多數之要塞——普勒斯格島要塞(Fort Pres qu' Is'e，在愛里 Erie)，波夫要塞(Fort le Boeuf，在滑鐵福 Waterford)，維南哥要塞(Fort Venango，在佛蘭克林 Franklin)——以前，彼等尙未感覺積極活動之迫切。摩農格黑拉(Monongahela)與亞勒弗尼(Allegheny)河之匯合處，乃最重要之地帶，此時尙無所屬，故倭海阿公司於一七五四年初卽遣少數軍隊據之，而築要塞以資防守。但法國人並不易受欺。彼等奪取新建之要塞，擄其少數之戍兵，並將要塞擴大，重名之曰杜揆斯拿要塞（Fort Duquesne）以紀念坎拿大總督。厥後不久，卽有勿爾吉尼阿之少年名喬治華盛頓（George Washington）者，率四百人來此援助英軍。但爲時已遲，未幾亦於一七五四年七月四日戰敗。

至一七五五年，復有新希望出現。蓋是時有英將布拉多克（Braddock）率正式軍隊來援，並抱定大計劃，欲從三處攻擊法人，卽克藍角（在尙伯蘭湖上），尼亞格拉要塞，及杜揆斯拿要塞是也。彼自率英國之正式軍隊及殖民地之民軍，合攻杜揆斯拿。但因不知愼重，只顧前進，遂卽爲伏兵所圍。法國人及美洲土人咸從樹後與巖石後亂擊英兵，英兵大敗。此時苟非殖民地有少數生手民軍及時來援，從樹後直接射擊，或有全軍覆沒之虞。攻尼亞格拉之遠征隊亦未達到目的，惟未如此戰之大不幸耳。英人之奪取克藍角亦歸失敗，乃於喬治（George）湖上建愛德華（Edward）及威廉亨利（William Henry）等要塞，此正法人建著名之底孔德羅格（Ticonderoga）要塞之時也。註一

註一　一七五五年對於英人既不幸，對於法國在諾法斯哥遏亞之殖民者亦極殘酷，彼等有七千人爲英船所載運至北美各處，如同牲畜，英人惟恐其不忠實。

英人之運命在一七五六與一七五七年中，似有每況愈下之勢。在歐洲方面，其最重要之同盟普魯士之弗列德利克大王既失利，在地中海，英國之艦隊亦遭慘敗。米諾加島既喪於法，而英人攻法國之路易斯堡者又復敗挫。美洲方面之法國人在一七五六年，更新得一將校蒙德加姆(Marquis de Montcalm，一七一二——一七五九)，繼續勝利。彼既知歐洲之戰術，又知適應新環境，故為新世界法國人與印第安人軍中之才將。英人在安剔釐阿(Ontario)湖上之俄斯威哥(Oswego)要塞及其在喬治湖上之威廉亨利要塞，先後失守，其所籌劃之一切戰爭，亦莫不失利。

但至一七五七年，英人方面已注入一種新精神於戰爭中，此大抵因大闢德入閣之故也。闢德決意喚醒英人全體，為國作戰。殖民地之民軍現為軍事熱忱所激動，與英國之正式軍隊聯合，共成一軍，約五萬人，對於法人在美洲之四個重要根據地(路易斯堡，底孔德羅格，尼亞格拉，杜撲斯拿)，同時下攻擊令。關於路易斯堡之攻擊，因得一有力之英國艦隊援助，大告成功(一七五八年)。杜撲斯拿亦失陷，而重名為闢德要塞(Fort Pitt 註一 一七五八年)。攻底孔德羅格

註一 近代闢德斯普(Pittsburgh)城之名卽由此而出。

之遠征隊曾一度敗退（一七五八年），但卒於一七五九年七月二十六日攻陷之。而尼亞格拉則已於先一日爲英人所克取矣。

瓦爾夫

英人不僅以奪取法人邊境之要塞爲足，更欲攻取其內部之要塞。其時英人既派一軍向哈得孫河流域進發以攻蒙特利亞，英將瓦爾夫（Wolfe）則另率七千人及一有力之艦隊溯聖羅稜索河而上以攻魁伯克。瓦爾夫之父嘗爲將軍，好立戰功，彼亦饒有父風。彼年僅十四，即任海軍少尉，丁年已在軍中大露頭角。一七五八年英軍攻路易斯堡時，彼曾身任指揮。現年三十三，遂受攻魁伯克之任。魁伯克者，天然之要塞，而爲法國之勇將蒙德加姆所防守者也。欲陷此地，似非易易，故費時數星期，毫無結果。而且疾疫流行，瓦爾夫大困。但彼失望之餘，最後乃籌得一涉險之計。魁伯克附近有一險峻之高原，稱亞伯拉罕高原（Plains of Abraham），俯瞰城中，瓦爾夫乘夜深率軍士三千六百人渡河，披荆棘攀石崖而登，卒達於原上。

一七五九年英人在魁伯克之勝利

瓦爾夫之達此高原，係在一七五九年九月十三日黎明之時。蒙德加姆聞訊，急謀抵禦。瓦爾夫之軍隊一時似有屈服之虞。但其軍中短銃齊發，奮勇攻擊，致法軍戰線大亂。瓦爾夫前已二次受傷，當得勝之際，其胸部又中一彈。彼以戰爭勝利故，雖死猶榮，非若受傷沈重之蒙德加姆戚然死於戰敗的慘痛中也。

數日後，魁伯克卽下。法人在美洲殖民霸權之告終，實濫觴於此。一七五九年十月，有法國大艦隊準備攻英格蘭之舉，卒爲海軍上將霍克（Hawke）所破於魁伯倫灣（Quberon Bay），而法人之一切希望已絕。一七六〇年，蒙特利亞失陷，新法蘭西遂完全爲英人所征服。在印度，法國勢力之最後痕跡，亦於此時同歸消滅矣。

一七六二年西班牙干涉之無效

法國路易十五勢窮力蹙之時，卒求得其本族西班牙王之援助以抗英。但西班牙並非有力之同盟，故當一七六二年，英國之艦隊不惟奪取法國在西印度羣島之領地，且奪取古巴及腓律賓羣島焉。

七年戰爭在印度方面之狀況

當法國喪失新法蘭西之時，其對於奪取更富庶之印度帝國之戰爭，亦同歸失敗。關於莫臥兒帝國，前已述及。當十八世紀之前半期中，帝國已迅歸瓦解，提坎（Deccan）孟加拉（Bengal）阿德（Oudh）各地之總督，均變爲半獨立之君主。當時旣以陰謀密約爲取得權力之通常手段，法國總督杜伯勒克思遂妄想自爲印度之政治首領。

杜伯勒克思之繼續活動

如前所述，爲謀達此種目的，彼乃襲用堂皇浮誇之東方稱號，與本地鄰近之大多數達官要人相聯絡，於朋的喜利嚴施守備，且開始招募並編制印度兵。一七五〇年，彼卒能推倒加拿遏克註一之總督，而扶植一易於操縱之僭主。但老練詭譎之杜伯勒克思的希望，卒為一二十七歲之少年克來武(Robert Clive)所挫敗。

克來武

克來武年十八，即受英屬東印度公司之僱，為駐麻打拉斯之書記。彼居恆鬱鬱不得志，有時瀏覽雜書以消遣，有時則垂頭喪氣，欲自殺者已非一次。當奧大利皇位繼承戰役期中，克來武嘗投筆從戎。軍中之冒險生活反大為所喜，且不久即大顯其才具。當一七四八年和約締結之後，彼遂歸來，復任文職。但一七五一年，更抱一勇敢之計劃，欲攻加拿遏克之首都亞爾哥特，並推倒杜伯勒克思所扶植之總督。彼僅能募集歐洲人約二百名及印度兵三百名。此種軍力雖甚微弱，然因克來武之勇敢果斷，卒能攻陷並維持亞爾哥特之衞城，抵制大軍之攻擊。克來武因土人及英國援軍之助，更擊敗僭主。當一七五四年，法人卒不得不承認其在加拿遏克之失敗，而對於其失敗之被保護者，不再予以援助。杜伯勒克思亦失信仰，奉命歸法國。英人則獨受總督之厚遇，蓋總督以其地位乃得自克來武也。

法人在加拿遏克之失敗

克得武之第二步事業，在經略孟加拉。一七五六年，孟加拉有年少之總督名蘇拉哲(Suraj-

註一 係印度之一省，包括麻打拉斯與剛的喜利，其首都設於亞爾哥特 (Arcot)。

nd-Dowlah）者，嘗奪取英人在加爾各答之要塞，並俘獲英人一百四十六名，終夜禁錮於閉氣之獄（即加爾各答之『黑獄』"Black Hole" of Calcutta）中，次晨生存者惟二十三人而已。克來武急離去麻打拉斯，懲罰蘇拉哲，並迫其放棄加爾各答。因此時英法二國已公開宣戰，克來武遂遽然奪取附近之法人根據地倘達拿加爾。此後克來武則積極援助米雅非爾（Mir Jafir），蓋此人乃覬覦蘇拉哲之總督位置者也。法人自然贊助蘇拉哲而反對克來武。

普拉塞伊之戰

一七五七年，克來武佈陣於距穆西達巴德（Murshidabad）城南數英哩的普拉塞伊（Plassey）地方之檬果樹林中，以攻蘇拉哲。此時彼僅有歐洲兵一千一百人，印度兵二千一百人，大礮九尊。蘇拉哲則有土人軍隊六萬八千人，並有法國礮兵，又有大礮五十三尊，固逆料其必易制勝也。其結局則克來武反出人意外，大獲勝利。英方之候補者即時變爲孟加拉總督，並進款一百五十餘萬鎊於英屬東印度公司，以表示感激。克來武亦因之變爲富翁。

英人在孟加拉之成功

自後英人遂在孟加拉佔優勢。一七五八年，馬蘇里拍坦（Masulipatam）之失陷，法人在麻打拉斯與朋的喜利間的溫德瓦西（Wandewash）地方之失敗，及一七六一年朋的喜利之失守，卒使英人變爲其所垂涎之印度東海岸全部之主人翁。

一七六三

魁伯克（一七五九年）及朋的喜利（一七六一年）之失陷，實際上已決定殖民競爭之勝

年之巴黎條約

負。但戰爭仍繼續進行，至一七六三年法國，西班牙及英國締結巴黎和約爲止。關於美洲方面之領土，法國僅保留其在紐紛蘭海岸無足輕重之二島註一，及西印度羣島中之少數島嶼註二，與南美洲幾亞內境內之一根據地。英國則由法國取得聖羅稜索河流域之全部，密士失必河以東之一切領土，以及西印度羣島中之格勒拿達（Grenada）島，由西班牙取得佛羅里達。西班牙除放棄人口稀少之佛羅里達領土外，未受損失，因古巴與腓律賓羣島均仍歸還，法國且與以西部路易聖拿，卽密士失必河流域西半部之地也。法人仍得回至其印度之舊根據地，但不得在孟加拉維持軍隊或建築要塞。易詞言之，卽法人回至印度只能經商，不能創立帝國也註三。

七年戰爭對於英法二國之重要

容吾人綜述此次戰爭之主要結果。第一，英國領有後日構成北美合衆國的疆域之一半，並取得坎拿大，在印度亦獲得優勢（此等殖民帝國較之羅馬帝國或亞力山大帝國面積更廣，財力更富，分子亦更複雜）。自是而後，英國實爲最佔優勢之殖民國家，而稱爲「日不沒」之國。此

註一　聖不耶爾（St. Pierre）與米扠倫（Miquelon）。

註二　包括格德盧白與馬的尼撲。

註三　當戰爭期中，法人在非洲之根據地均被奪取。現則哥利耶（Gorée）歸還，而塞拿格耳河之河口仍爲英人所有。

蓋謂英國語言之廣布，遠非他種語言所能比擬。 當十五世紀時，操英語之人數殆不達五百萬，至於今日，則已達一萬六千萬矣。

第二，較此更重要者，厥維英國所獲得之海權。 因英國之海上優勢實始於上述之各次戰爭期中，而尤始於最後一次之戰爭中。 自是以還，英國之商業因得世界最強盛之海軍作保護與宣傳，已駸駸日盛。 故現在往來海上之船舶，懸英國之國旗者已達半數。 英國之勢力與國威，均來自其海外之領土與海上之船舶。 英國之商人因獲得財富，對於自己與本國，均發生社會上與政治上之重要結果。 英國之製造業者亦大受鼓舞，致釀成十八世紀後半期與十九世紀前半期之產業革命（Industrial Revolution）焉。

第三，英國之勝利至少為其勁敵暫時之傾覆。 法國之放棄殖民野心，雖非其所願，然其眞正再加入創立世界帝國之競爭，幾為巴黎條約之締結一世紀以後之事。 法國亦未嘗不欲施行報復，蓋一七七八年法國之與英國叛逆之美洲殖民地同盟，卽報復之表示也。 但法國之海上勢力已受致命之打擊，甚難恢復其原狀註一。 其商業亦多受損失，而不能挽回。 十八世紀末葉，法國財政之所以破產，以致危及包本族宮廷與凡爾賽政府，及十九世紀初期，英國海上勢力之所以破壞拿破崙帝國者，大部分皆因此七年戰爭之所致也。

在印度與美洲方面，法國之勢力均已喪失。法國在印度之商業，當勢力雄厚之英屬東印度公司興起，而迅歸衰退，以至無足輕重。『法屬印度』(Erench India)今所包括者爲朋的喜利，喀利喀爾(Karikal)，雅拿恩(Yanaon)，馬嚇(Mahé)，及倘達拿加爾(總計其面積凡一百九十六方英哩。) 而英屬印度帝國，其面積達一百八十萬方英哩。至於美洲方面，法國之領域現僅保留紐紛蘭海岸附近之二小島，西印度羣島中之二小島，及熱帶內幾亞內無關重要之區域。但其以前隆盛與希望之歷史的痕跡，尚同樣存於坎拿大與路易聖拿。居於坎拿大之法人，在語言上及宗教上，與英人仍少有關係。甚且今日之七百萬坎拿大人中，屬法人者達二百萬，均決意保存其古代之民族性，亦與其決意服屬於英國相若。在美國，法人之成分比較不大顯著。但在紐俄連，則側道仍稱爲『ban quettes』，隄岸仍稱爲『levees』，而聖路易(St. Louis)，特摩安(Des Moines)，提特洛(Detroit)，及倘伯蘭湖(Lake Champlain)等名稱，亦莫不足以使已失

註一　法國人在一七六三與一七七八年之間，復竭力重興海軍。而且吾人不久研究隨美國革命而起之一般的戰爭時，當可看出法國曾圖推翻七年戰爭之主要結果，但卒未成功。

帝國之觀念永存弗替焉。

課外讀本

普通者：

一、教科書及簡略之論文：

1. J. S. Bassett——*A Short History of the United States* (1914), Ch. III–VII.
2. A. L. Cross——*History of England and Great Britain* (1914), Ch. XXXVI–XLII.
3. J. H. Robinson and C. A. Beard——*The Development of Modern Europe*, Vol. I (1907), Ch. VI, VII.
4. A. D. Innes——*History of England and the Bri ish Empire*, Vol III (1914), Ch. I–VI.

5. W. H. Woodward——*A Short History of the Expansion of the British Empire, 1500–1911*, 3d ed. (1912), Ch. I–V.

6. A. T. Story——*The Building of the British Empire* (1898), Part I, 1558–1688.

7. H. C. Morris——*The History of Colonization* (1900), Vol. I, Part III, Ch. X–XII, Vol. II, Ch. XVI–XVIII.

二、比較詳悉及專門研究者：

1. John Fiske——*New France and New England* (1902).

2. John Fiske——*Colonization of the New World*, Ch. VII–X.

3. John Fiske——*Independence of the New World*, Ch. I–III.

4. *Cambridge Modern History*, Vol. V (1908), Ch. XXII, Vol. VI (1909), Ch. XV, Vol. VII (1903), Ch. I–IV.

5. Pelham Edgar—— *The Struggle for a Continent* (1902).

6. E. B. Greene——*Provincial America, 1690-1740* (1905).

7. Emile Levasseur——*Histoire du commerce de la France*, Vol. I (1911).

8. Sir J. R. Seeley——*Expansion of England* (1895).

9. A. W. Tilby——*The English People Overseas*.

10. A. T. Mahan——*The Influence of Sea Power upon History, 1660-1783*, 24th ed. (1914).

11. Sir W. L. Clowes (editor)——*The Royal Navy: a History*, 7 Vols. (1897-1903), Ch. XX-XXVIII.

12. J. S. Corbett——*England in the Seven Years' War*, 2 Vols. (1907).

13. J. W. Fortescue——*History of the British Army*, Vol. I and II (1899).

關於美洲英國殖民者之特種參考書：

1. C. M. Andrews——*The Colonial Period* (1912).

2. C. L. Becker——*Beginning of the American People* (1915).

3. L. G. Tyler——*England in America 1580–1652* (1904).

4. John Fiske——*Old Virginia and her Neighbors* (1900).

5. John Fiske——*Beginnings of New England* (1898).

6. John Fiske——*Dutch and Quaker Colonies in America* (1903).

7. H. L. Osgood——*The American Colonies in the Seventeenth Century*, 3 Vols. (1904–1907).

8. J. A. Doyle——*English Colonies in America*, 5 Vols. (1882–1907).

9. Edward Channing——*A History of the United States*, Vol. II, *A Century of Colonial History, 1660–1760* (1908).

關於美洲法國殖民者之特種參考書：

1. R. G. Thwaites——*France in America, 1497–1763* (1905).

2. Parkman——*Pioneers of France in the New World* (1865), *The Jesuits in North America* (1867), *La Salle and the Discovery of the Great West* (1869), *The Old*

Régime in Canada (1874), *Count Frontenac and New France under Louis XIV* (1877), *A Half Century of Conflict* 2 Vols. (1892), *Montcalm and Wolfe*, 2 Vols. (1884), *The Conspiracy of Pontiac, and the Indian War after the Conquest of Canada*, 2 Vols. (1851).

3. C. W. Colby——*Canadian Types of the Old Régime, 1608-1698* (1908).
4. G. M. Wrong——*The Fall of Canada: a chapter in the History of the Seven Years War* (1914).
5. Thomas Hughes, S. J.——*History of the Society of Jesus in North America*, Vols. I, II (1907-1908).
6. T. J. Campbell, S. J.——*Pioneer Priests of North America, 1642-1710*, 3 Vols. (1911-1914).
7. William Kingsford——*History of Canada*, 10 Vols. (1887-1897).
8. F. X. Garneau——*Histoire du Canada*, 5th ed.

關於十七八世紀之印度者：

1. *History of India* by the Cambridge University **Press.**

2. A. C. Lyall——*The Rise and Expansion of British Dominion in India*, 5th ed. (1910).

3. A. D. Innes——*A Short History of the British in India* (1902).

4. G. B. Malleson——*History of the French in India, 1674–1761*, 2d ed.

5. G. B. Malleson——*Dupleix* (1895).

6. G. B. Malleson——*Clive* (1895).

7. Robert Orme (1728–1801)——*History of the Military Transactions of the British Nation in Indostan from 1745* [to 1761], 2 Vols.

8. Beckles Willson——*Ledger and Sword*, 2 Vols. (1903).

9. Sir H. M. Elliot——*History of India as told by its own Historians. the Muhammadan Period*, 8 Vols. (1867–1877).

10. J. G. Duff——*History of the Mahrattas*, new ed., 3 Vols. (1913).

關於查撒姆伯爵威廉闢德者：

1. Lord Rosebery——*Lord Chatham, His Early Life and Connections* (1910).

2. D. A. Winstanley——*Lord Chatham and the Whig Opposition* (1912).

第十章　不列顛帝國內部之革命

第一節　十八世紀不列顛之殖民制度

關於創立世界帝國之競爭，吾人已見英國之勝利，此後欲維持此帝國而免於分崩離析，則未見其克奏膚功。當殖民地益覺其經濟利益與英本國之殖民及商業政策絕不相容之時，乃進而從事於自信與勇敢之獨立運動。關於此事之詳細敍述，委諸美國歷史，固無不當，但美洲獨立戰爭在英國之帝國主義史中既爲一種重要之事實，故卽在歐洲史中，亦應佔重要之地位也。

重商主義與英國殖民地

以前所述之重商主義政策，自十八世紀多數之政治家觀之，咸以英格蘭之富強實受其賜，然而禍根卽種於此。主張重商主義之政治家既渴望樹立本國之勢力，因而增加本國之財富，其邏輯的結果，則對於殖民地必抱三種主要之觀念：（一）凡母國不能自行生產之貨物，應由殖民地供給之。（二）殖民地應不與母國之產業競爭，或增加其商業勁敵之富力，而使之受損失。（三）殖民地應分擔母國之政費及海陸軍費。十八世紀英國政府對於美洲殖民地所採定與施行之實際政策，無一不爲以上三種觀念之反映焉。

殖民地產業之規定獎金

（一）凡殖民地之特種貨物在英國國會認爲需要者，則利用各種方法以獎勵其產生，或則豁免其關稅，或則禁止同種貨物之由外國輸入，甚或對於殖民地之生產者直接予以『獎金』，以資鼓勵。 例如對於加羅里拿之藍靛，雅麥加之咖啡，勿爾吉尼阿之煙草，莫不予以獎勵，俾英國不必由西班牙購買此等之必需品。 同樣對於黑油，柏油，麻，櫟實，方解石等物之由美洲輸入，亦予以獎金，俾不致由瑞典輸入。

殖民地產業之限制

（二）重商主義者之主要目的，在由政府制定種種之條例，俾殖民地之商業或工業不致發展，而損及英本國製造業者或運輸業者之繁榮，因國會原恃彼等負擔賦稅也。 殖民地之產業因此種原因而受阻礙者，有二三種最堪注意之實例。 美洲之製帽者因新世界之毛皮豐富，原可製出廉價之帽，然不許輸出國外，蓋恐倫敦之帽商因此蒙不利也。 織布業因一六九九年之法規禁止一殖民地之羊毛絨運至其他殖民地，亦受阻礙。 爲保護英本國之鋼鐵業起見，更禁止殖民地之製造熟鐵或鐵製品（一七五〇年）。 其對於製造業之所以嚴加限制，主要之目的並非恐殖民地之貨物來與英本國之市場競爭，而在使英本國之貨物得以銷暢於殖民地之市場。 此等限制頗引起怨恨，但因其施行不嚴，故殖民地尚未大受壓制耳。

殖民地商業之限制

更煩苛者爲商業上之限制。當一六五一年，因荷蘭商人由東方運香料，由西方運糖，而售之於倫敦，獲利甚厚，英國國會遂卽通過第一次著名之航運條例。就此條例之一般目的而言，實已達到（卽破壞荷人之運輸業，獎勵英國之造船業）。十八世紀中，英國對於殖民地亦採一種類似之政策，以爲新英格蘭之商人售魚與木料於法領西印度羣島，而購買糖，糖膠及糖酒等物，實有利於法人而無利於英人，於是對於法人之糖製品，課之以重稅。又以爲一國精於造船之人多，對於一國之海上勢力必極關重要，於是將航運條例註一更行推廣，而包括下列之規定：（一）一切輸入輸出貿易，概須由英格蘭，愛爾蘭或殖民地所造之船舶經營之，船長船員亦須爲英人，法國或荷蘭之商船，倘來麻撒朱色得士灣出售大批之香料或生絲，波斯頓（Boston）商人在法律上不得購買之。（二）某幾種『列舉』之商品如糖，煙草，棉花，藍靛等物，後並包括米與皮貨等，只能輸至英格蘭。勿爾吉尼阿之種煙者欲出賣其煙草於法國時，須由英船運至倫敦，在倫敦納稅後，方可運至哈維爾。（三）一切貨物由歐洲輸入美洲殖民地者，須繞道英格蘭，並在英格蘭納稅。

註一　自一六五一年之條例通過後，一六六〇年，一六六三年，一六七二年，一六九六年均通過重要之航運條例。

絲製品既須在倫敦納稅，又須繞迂曲之航路而抵勿爾吉尼阿，其費用自必昂貴，但彼等以爲殖民地驕傲之婦女當仍願付貴價，並喜其裝飾品之由英國船舶與水手裝運也。

殖民地對於工商業限制最初容忍之原因

此等限制政策雖爲母國所施行，在殖民地似乎萬難容忍，但其最初所以容忍，久無反抗者，亦有幾種原因存焉。

施行之和緩

第一，此等限制多歷年所，均未嚴厲施行。當一七二一至一七四二年瓦波耳掌政之長期中，彼對於法律之違犯，熟視無覩，並容許殖民地在其『有益之疎忽』(salutary neglect)政策下盡力發展。後當殖民戰爭期中，縱欲厲行航運條例，不惟無益，亦且不能。偷運之事已甚通行，即彼正直之商人對於買賣違法輸入之貨物，亦不欲隱諱矣。

對於法人之畏懼

復次，殖民地因欲得母國之援助以抵制法人，故對於經濟上之多種壓制，亦樂於容忍。當佛倫德拿克及其繼任者繼續遣印第安人向東南二方進逼，焚燬新英格蘭之村落時，殖民者莫不思母國出兵征服印第安人，並擊敗法國人焉。

十三州殖民地之微弱與分裂

實則即使美洲殖民地對於英本國欲採武裝抵抗，在法國人與印第安人戰爭未告結束之時，亦難於見諸實行。迄十八世紀之後半期，英國之殖民地仍微弱而不統一。殖民地既無海軍，復少要塞以防衛其海岸線，且除無經驗而不足恃之民軍外，更無正式之陸軍。甚至當一七五〇年，殖民地之居民不過一百三十萬人，而英本國之人口則達一千萬以上。即就其財富與財源而言，亦絕不足以與母國相抗也。

各殖民地間之缺乏統一，係因產業上，社會上，及宗教上有種種根本差異之故。蓋南部諸省如喬治亞，北加羅里拿，南加羅里拿，勿爾吉尼阿等處，均營農業，其出產爲米，藍靛，煙草等物。紐約與賓夕爾法尼亞等處，則產穀物與木料。在新英格蘭，雖小農甚多，然方興未艾者實爲商業與製造業。社會上之差異，亦同樣顯著。北部之殖民者爲屬於中產階級之商人及小農，而有傾向民治之市政府，教育亦甚發達。在南部，則多屬舊日之英國世家，役使奴隸，儼同封建地主，其視禮貌之重要，不亞於道德。就宗教而言，則大西洋沿岸各處，亦極複雜。新英格蘭多加爾文教徒與清教徒，勿爾吉尼阿多聖公會會員（屬英格蘭教），馬里蘭則一部分爲羅馬教徒。此外在賓夕爾法尼亞尚有朋友教徒，在紐哲爾西尚有長老會教徒及浸禮會會員，在加羅里拿尚有路得教徒。

各殖民地之間在宗教，習俗，及產業上既根本不同，故自始即難於融洽或合作。欲使各殖民地取一致之行動，實屬勢所難能，而欲使之共同作戰，更非易事。因任何殖民地所發行之紙幣一至他殖民地，價格卽落，故金融上之合作，不能實現。因當時各殖民地遇印第安人寇掠時，固可臨時召集農民，組織民軍以資防禦，但彼等恆希望歸去從事農務，且不願服從素不相識之首領，故軍事上之合作，極爲困難。

一七六三年以後十三州殖民地情勢之變遷

但法蘭西人與印第安人戰爭結束之後，情勢大變。（一）殖民地現已不復因畏法國人而須依仗母國之援助。（二）當戰爭期中，殖民地不惟人口增加（一七六三年時統計約二百萬居民），財力更富且自信力亦更強。北部各殖民地之軍隊，在一七四五年曾奪取路易斯堡，對於在最後一次之法國戰爭中坎拿大之克取，亦曾參加。勿爾吉尼阿之民軍曾目擊布拉多克所率之英軍在森林中作戰之無用。此等經驗均足以使各地之來福槍兵驕矜自信。此外一七五四年之阿爾巴尼大會（Albany Congress）亦甚重要。蓋在此次大會，七州殖民地之代表曾相聚一堂，討論佛蘭克林（Benjamin Franklin）聯合十三州殖民地之計劃。其計劃雖未見採納，然已足令人思及聯合之利益，並爲後日之聯盟樹立其基礎矣。

一七六〇年喬治三世卽位後英國對於

此時不惟殖民地之人民更思獨立，而英本國政府亦更行壓制。當喬治一世與喬治二世在位期中，實權操於大臣之手。但及一七六〇年，喬治三世卽位，以一年僅二十二歲，既無經驗，又乏教育之人，竟雄心勃勃，欲使大臣悉受其指揮。史家常責其好存偏見，剛愎自用，冥頑不靈，非過當也。顧喬治三世亦不乏朋黨。蓋彼自一六八八年之革命以還，實爲第一任眞正之英王將於國事勵精圖治，靡遺餘力。凡敬重其正直之私德，仰慕其謙厚之態度者，莫不愛戴之。『王之朋黨』在布德註一鼓舞之下，成爲一致黨，對於歷年以來操縱腐敗國會與專橫內閣之民黨大貴族，顯有推翻其勢力之意。

殖民地態度之更厲

喬治三世自始卽以賄賂收買議員，企圖操縱國會。但此種不正當之方法，尚不能使其在國會中維持多數黨，彼遂欲分裂對方民黨之勢力。此種方法，困難較少。蓋闢德者民黨最傑出之人物，熱烈善辯之大臣，『殖民地之與黨』，而爲各城市之所崇拜者，現已失去操縱內閣之權力。英格蘭又復感受繁重之戰費，其公債額已達一百四十兆鎊之多，此在當時實爲一宗極大之數額也。

喬治三世殖民政策之執行者克蘭維爾，一七六三——一七六五年

喬治三世因此擇克蘭維爾爲總理（一七六三——一七六五）。此人乃民黨貴族中一部分人之首領，此一部分人因一方面見公債之增加而恐慌，一方面又嫉闢德之權勢，遂願贊助國王

註一 布德伯爵（一七一三——一七九二）當實在內閣首領闢德與名譽內閣總理紐加斯德爾（Newcastle）公爵辭職後，於一七六二年任內閣總理。布德之後由克蘭維爾（George Grenville，一七一二——一七七〇）繼任。

一七六四年之糖稅案

之殖民政策。彼等以爲英國所以經受費用浩繁之戰爭，原在保護大西洋沿岸之殖民地，使不受法國之侵略。殖民地既甚微弱，復不統一，對於密士失必河及聖羅稜索河流域不能防守，且不能維持治安。欲防制法國人西班牙人，或印第安人之再事侵略，至少須有常備軍一萬人，每年需軍費三十萬鎊。夫戰爭既在給與殖民地以利益，軍隊既在增加殖民地之安全，則殖民地至少應負擔一部分之費用，此豈非最合於情理者乎？殖民地之應承認帝國防禦之一部分財政負擔，此觀念原爲此民黨之少數政治家所主張者，現遂爲喬治三世所服膺，並爲其利用，以爲殖民政策之基礎。至於彼王黨，固熱心擁護君主政治者也，對於此種政策，自莫不贊助之。

新任之大臣克蘭維爾於是提議，殖民地每年應納款約十五萬鎊（大致估估計之總數一半）。爲徵收此款起見，彼在英本國國會中曾主張兩件特別財政案。第一，爲一七六四年之糖稅案(Sugar Act)。克蘭維爾以爲對於外國糖製品之輸入民地，苟課之以重稅，必大引起私運之事，逃稅因之必多，而政府所得之收入必少。例如在以前某年中，麻撒朱色得士之商人嘗由法屬西印度羣島私運糖漿註一一萬五千桶進口。現依新案，實際只課稅一半，但嚴行征收。爲切實征

註一　許多糖漿均用於新英格蘭以製造糖酒。

收糖稅起見，於是恢復並厲行以前之航運條例。對於英國之海軍軍官，則命其嚴防私運，而對於地方官吏，亦予以發布『求助令狀』(Writs of Assistance)之權，俾海關稅吏得進私人住宅搜查私運之貨物。糖稅案一行，約可達英國內閣所要求之總數三分之一焉。

一七六五年之印花稅案

此外十五萬鎊的三分之二，則擬用一七六五年之印花稅案(Stamp Act)以籌措之。凡提貨單，公文，契據，遺囑，押契，債券，新聞紙，小冊等物，只能用已納稅而蓋有印章之紙張。紙牌納印花稅一先令，骰子則納稅十先令，大學畢業證書則納稅至二鎊。受印花稅之負擔最重者，恰爲人民中最危險之階級，即發行新聞紙者，發行小冊者，律師，銀行家，商人等。新聞界因之抗議，律師亦紛起反對，謂印花稅案違反憲法，國會在殖民地無征稅之權利。『無代表而課稅爲苛政』之口號，即波斯頓之律師詹姆士阿谒斯(James Otis)之所創者也。

殖民地之反抗

殖民地遂即主張殖民者爲英國眞正之人民，無代表而課稅，顯然侵犯『英人向來之權利』。殖民者現已相信彼等唯一之眞正代表係彼等自行投票選出之人，即地方議會之議員是也。每一殖民地均有其代表議會，且此等議會亦如英本國之國會，因取得通過賦稅之權而佔最重要之地位。殖民者因此主張賦稅只能由其自己之議會通過之。英本國政府之答復亦甚恰當，謂國會雖係由人民中甚少數之分子選出，實被認爲代表英國人民之全體。

多數殖民者雖學識不如律師，不知辯論之奧窔，但樂於相信，不納稅於英本國政府，即所以爭自由與自治。此時反對印花稅之勢焰，遂如野火燎原，卒於一七六五年十月發生紐約大會，包括九州殖民地之代表。所謂『印花稅案大會』（Stamp Act Congress）嘗發布一權利宣言（陪審權利註一與自願課稅權利，）並正式反對印花稅案。

一七六五年之印花稅案大會

此時國會苟非聞及民衆之憤慨，暴徒之搗亂，印花稅吏之芻像被焚燬等訊，則對於大會之宣言，或可置之不理。又殖民地更簽定『非輸入公約』（Non-importation Agreements），以抵制英本國之貨物，此對於促進英格蘭方面之變更態度，主張妥協，效力實大。其時克蘭維爾恰已辭職，新內閣在寬大之民黨黨員羅孔翰（Rockingham）侯爵註二領導之下，遂乘機於一七六六年三月取消印花稅案。當特種賦稅廢除之時，卻發布一說明法令（Declaratory Act），聲明在一切場合，國會在憲法上有約束殖民地之權利。

一七六六年印花稅案之取銷

註一　陪審權利曾因英國官吏之懲罰私運商而受侵犯。

註二　羅孔翰於一七六六年七月退職。

一七六七年之湯尙德法

及一七六七年，有一著名而魯莽之財政大臣湯尙德（Charles Townshend）者復起而主張該種權利。彼不徵同僚之同意遽提出議案多件於國會通過之此卽所謂湯尙德法（Townshend Acts）也。彼之目的，在由殖民地征課一種常年收入不惟用以維持殖民地之防守，並爲維持殖民地之總督，裁判官，及其他官吏之用。爲達此等目的計，對於玻璃，鉛，鐵，顏料，紙張，茶葉等物之輸入，概課之以輸入稅由英國派員常駐美洲各埠征收之。美洲有違法者在法庭受審時，且不得用陪審官。

『波斯頓慘劇』

湯尙德之議案旋卽引起激烈之抗議。殖民地之商人復履行其非輸入公約，並擴充之。在一年之內，由英本國輸入之物品已減少至七十萬鎊以上。海關稅吏亦不能且亦不敢嚴行課稅。相傳在三年之內，關稅之總收入僅有一萬六千鎊之多。英本國於是派軍鎭壓波斯頓。波斯頓人大憤，對於英國之紅衣兵肆意怒罵，呼爲龍蝦背（lobsterbacks）。一七七〇年，終激起流血慘劇，是卽所謂『波斯頓慘劇』（Boston Massacre）也。

一七七〇年諾爾士任總理

當此嚴重之際，英王喬治三世任諾爾士爲總理。此人明敏而多才智，和藹而好詼諧，且盡忠於國王。其最初之政策卽在取消湯尙德之各種稅案（一七七〇年），惟保留每鎊三便士之茶稅，俾殖民地勿以爲國會已放棄其對於彼等課稅之權利。諾爾士甚至與東印度公司成立協定，藉此使茶之賣價低廉，故從荷蘭人私運茶葉者將無利可獲。

一七七三年『波斯頓茶黨』

但殖民者現已堅決否認國會課稅之原則註一。彼等以爲茶稅雖無關重要，但一經承認，則國會必以爲殖民地已承認其對於彼等課稅之權利，不久必將課以更重之他稅，因此拒絕買茶。一七七三年十二月之寒夜，多數波斯頓市民曾乘夜喬裝印第安人登英國之茶船，取茶三百四十二箱投之水中焉。

一七七四年之五件『難忍案』

英本國國會急通過著名之五件『難忍案』(Intolerable Acts 一七七四年）以懲波斯頓之『茶黨』(Tea-Party)。波斯頓港遂被封鎖，麻撒朱色得士亦失其自治權利。英王之命官犯重大之罪者，則交英格蘭或其他殖民地審判。王軍則分駐於殖民地之民家。魁伯克省之南境擴張至俄亥阿，以隔絕麻撒朱色得士，康納克的，勿爾吉尼阿所要求之廣大領土。此最後之一案因承認並設立羅馬教會於操法語之魁伯克，於是操英語殖民地之新教徒大起恐慌。

一七七四年之第一次大陸會議

其他殖民地之煽亂者恐受到同樣之處分，因羣起而援助麻撒朱色得士。各殖民地之代表

註一　雖則殖民地對於糖漿與外國酒實際上仍照常納入口稅。

註一遂於一七七四年開第一次大陸會議(Continental Congress)於費拉德腓亞(Philadelphia)，『籌商並決定愼重而適宜之政策對各殖民地建議恢復並確立其在社會上及宗教上應有之權利與自由並恢復英本國與各殖民地間之連合及親善』。此會議即上一請願書於英王，並勸殖民地之人民忠於『美洲聯盟』(American Association)，共排英貨之入口。

第二節　美國獨立戰爭，一七七五——一七八三年

十三州殖民地之革命

英王與殖民地彼此均不讓步，查撒姆伯爵關德嘗提出種種之和解方法，卒無結果，殖民地遂急趨於眞正革命之一途。一七七五年五月，第二次大陸會議集會於費拉德腓亞但一七七五年四月十九日勒星炭(Lexington 在麻撒朱色得士)先已發生流血，而新英格蘭實爲革命之醞釀地。此次會議遂承認既成之事實，宣布戰爭，任華盛頓爲總司令，派代表赴法國及其他各國，並上最後之請願書於英王。

一七七六年之獨立宣言

顧現在調解之時機已晚，事變之進行甚速。及一七七六年七月四日，各殖民地遂自行宣布

註一　喬治亞除外。

爲『自由獨立之邦』註一。獨立宣言(Declaration of Independence)中有兩點最堪注意，即其哲理與影響是也。 其哲理均爲當時多數激烈思想家之所主張者，即『一切人類均曾由上帝予以幾種不能分割之權利』。 屬於此等權利者，有生命，自由及自行課稅之獨有權利，任何人民且有推倒專制君主之權利。 吾人將見此同樣哲理之應用於法國大革命，且更爲顯著焉。

在美洲此宣言爲『王黨』(Tories)所痛斥，視爲叛逆，但爲『愛國者』(patriots)所歡迎，視爲一種原動力與制激物。 紐約市之民衆特斥毀英王喬治之鉛像，鑄爲砲彈，以快其意。 美洲之英人現已聲稱爲交戰國之國民，不復自承爲叛民，並基於此種聲稱以求他國之承認與援助。

但此種戰爭歷時三載有餘，尚僅爲叛亂之殖民地與母國間之爭鬪。 英本國苟能自始明白此次革命之嚴重性質，則殖民者或可於短期之內被制服，因殖民地之富人多反對戰爭也。 即使『合衆國人民』均能一致奮鬪，而其財力，人口，或海軍勢力，亦均非英國之敵。 顧英國初竟一任革命勢焰之澎漲，不知力圖壓制，及一七七六年，始派軍隊約三萬人以取紐約。 此種軍隊多爲德

註一 各殖民地因大會之建議，均各建設獨立政府，此等邦政府概依『聯盟與永久聯合條款』(Articles of Confederation and Perpetual Union) 而正式聯合。 該條款草於一七七七年之大會，於一七八一年經各邦批准者。

意志傭兵通常稱爲「漢斯人」(Hessians)。自是而後，英人乃取攻勢。就英軍之人數，紀律，軍裝等而言大概均勝於殖民地者，此外尙得有力之艦隊助戰，故能佔領紐約，費拉德腓亞，查勒士敦(Charlestown)註一等殖民地之要埠，並迭獲勝利。但須征服之地域面積遼闊，革命軍復強硬且出沒無常。殖民者又有老成諳練之勿爾吉尼阿地主華盛頓爲首領，此人卽前述參與法蘭西人與印第安人戰爭者。最初人多以華盛頓不能勝任，但彼不久卽大顯其才略。彼極愼重，在大軍之前則退避不戰，恆使自己避免危險，有時則乘敵軍之不備而擊之，例如在普林斯頓(Princeton)或脫蘭登(Trenton)之戰是也。

英軍之困難及最初之順利

在此次戰爭中，有一關係大局之事實，卽英將布爾哥拿(Burgoyne)進攻紐約之北部無功後，卒於一七七七年十月十七日與其部衆約六千人同在沙拉多加(Saratoga)投降是。其時佛蘭克林(費拉德腓亞熱心公益之政論家)正在巴黎，欲勸法國與合衆國聯合。以佛蘭克林之哲學科學知識，及其可愛之人格，『平民之簡樸態度』，明敏之常識，固足以使其大受法國王廷之歡迎。但法國雖仍痛心於一七六三年之屈辱條約，並不爲所勸動。迨沙拉多加之勝利後，始覺

一七七七年英軍在沙拉多加之失利

註一　在一七八三年改名爲 (Charleston)。

助戰之時機已至，因與合衆國締結同盟，一七七八年並對英國宣戰。

法國（一七七八）西班牙（一七七九）荷蘭（一七八〇）之參戰

戰爭之規模現遂擴大。在各殖民地之爭鬬，就其活動之程度與直接之重要而言，已無足輕重。此時法國之攻擊英國，復有西班牙與之連合（一七七九年）。荷蘭因恨英國之排除其商人，使不得與美洲貿易，故亦與包本族連合（一七八〇年），攻擊其共同之仇敵。

英國之孤立

其他各國以英國之勢力驟盛，並施行專橫之海上政策，早已咸起驚恐。自戰爭爆發以來，英國之船長與海軍將官竟要求得搜查並捕拿與美洲貿易或裝運戰時禁制品之中立國船舶。俄女皇加察林二世遂提出嚴重之抗議，反對英國之此種危險行爲，一七八〇年並與瑞典丹麥成立『北方武裝中立』（Armed Neutrality of the North），遇必要時則以武力維持其抗議。普魯士，葡萄牙，雙西西里，及神聖羅馬帝國，隨後均宣布加入武裝中立，於是全歐洲一致與英爲敵矣。

歐洲方面之戰爭

關於實際之活動，惟有三國最露頭角，卽法國，西班牙，荷蘭是也。此三國中之荷蘭，除在北海外，出力亦甚少，最可畏者實爲法國與西班牙。不列顛帝國在各方面均受此二國之攻擊。一七七九年，甚至其本國一時亦曾受威嚇。蓋在是年，法西二國嘗遣六十六艘之連合艦隊，載六萬人以攻之。但其計終未得逞。法西二國強盛之軍隊嘗攻英國在地中海之領土，奪取米諾加，然卒為直布羅陀之英國戍兵所逐。

美洲方面之戰爭

在北美大陸方面，叛亂之殖民者因法國艦隊與法國軍士之援助，大獲勝利。華盛頓與拉法耶特（Lafayette）所統之美法聯軍，及格拉塞（De Grasse）所統之法國艦隊，突圍英將哥隆瓦利斯（Lord Cornwallis）於勿爾吉尼阿之約克敦（Yorktown）地方，並迫彼及其部衆七千餘人於一七八一年十月十九日投降。哥隆瓦利斯既降，美洲方面爭鬭之勝負，可謂已經決定，因英國其餘之軍力須在歐洲，西印度羣島，及亞洲各方面應戰也。

西印度羣島方面之戰爭

英國在戰爭上繼續失利，及加勒比海海戰之勝利，始略有轉機。在西印度羣島之戰爭，經過三冬未分勝負。但一七八二年，法將格拉塞以船三十三艘布陣於『聖』(Saints)羣島之附近，英國則有船三十六艘，由驍勇之羅德拿伊（Rodney）統率，與之相遇，遂於一七八二年四月十二日發生『聖羣島之戰』(Battle of Saints)。當激戰之際，狂風忽作，致法國之船舶截為二段。英將急乘勢駛入破口中，攻破法國之艦隊，並乘勢奪法船六艘。

一七八二年聖羣島之戰

印度方面之戰爭

當英國在西印度羣島之勢力因聖羣島之戰得以維持時，東方之情勢則比較失利。最初英人原獲勝利，奪取法國在印度之要塞（一七七八年），並戰敗法國之同盟賣索爾（Mysore）土王黑得阿里（Hyder Ali，一七八一年）。但及一七八二年，因法國海軍上將許佛蘭(De Suffren)之出現，而情勢大變。彼嘗大敗優勝之英國艦隊，遂致法國得以暫時控制孟加拉灣。

英國之失敗而未顛覆

此時英國在美洲則毫無成功，在印度則喪失榮譽，在米諾加則受驅逐，在愛爾蘭則失去統治能力註一，對於戰爭亦精疲力乏，故頗有求和之勢。但英國亦未完全屈服，蓋以英吉利海峽仍然安全，對於荷蘭人仍能制勝，對於加勒比海之戰亦獲勝利，在印度之勢力尚甚鞏固，而直布羅陀亦未動搖也。後英國與合衆國則締結巴黎條約，與法國，西班牙則締結凡爾賽條約（一七八三年）。

一七八三年之巴黎條約與凡爾賽條約

此二約之主旨只為戰敗而非屈辱。容吾人依次研究此等條約之規定對於合衆國，法國及西班牙之影響如何。

美利堅合衆國

依巴黎條約（一七八三年九月三日），以前十三州殖民地被承認為享有主權而獨立之美利堅合衆國（United States of America），北以坎拿大及各大湖為界，東以大西洋為界，西以密士失必河為界，南以佛羅里達為界，幷有紐紛蘭海岸之捕魚權，及密士失必河之航行權。當巴黎

註一　愛爾蘭之新教徒已實行武裝，幷組織義勇軍。英本國苟不許其『自治』，則以革命為威嚇。英本國卒退讓，一七八二年許愛爾蘭議會以立法的自治權，事見後。

條約簽定時，合衆國仍由聯盟（Confederation）條款維繫之，團結力并不堅固。但歷數載之政治紛擾以後，終於一七八七年新制定一種更有力量之聯邦憲法，而於一七八九年選華盛頓為共和國第一任大總統。此次建立之共和國，實為孟德斯鳩（Montesquieu）及其他之法國哲學家政治學說最早出現之化身。按彼輩雖痛詆封建貴族與君主專制，但并不信任無知之民衆，而以為操政治權者應以有財產與地位之知識階級為主也。

對於法國之結果

法國在聖羣島之戰苟不失敗，則在凡爾賽條約中或可取得有利之條款（註一）。但現僅恢復西印度羣島中之多巴哥（Tobago）及非洲之塞拿格耳，此乃一七六三年所喪失者也。法國因為供給海陸軍軍需之故，遂致財力枯竭。法國財政之所以破產，致不久即促成專制政治之推翻者，大半實由於此。且法國之『激烈派』既目覩美洲人之革命以抗英王，故自己現亦更欲從事於革命矣。

對於西班牙之結果

西班牙較之法國則稍勝一籌。依凡爾賽條約，西班牙取得米諾加島及佛羅里達之領土。

註一　一七八六年之英法附加條約曾恢復二國間正式之商業關係，并公認英國對於懸中立旗幟之商人無拿捕權利，惟運戰時禁制品，如槍械，火藥，軍用糧餉等物則否。

一七八四年英國與荷蘭間之決定

調和的新殖民政策

在當時,後者實包括後變爲美國之亞拉巴馬(Alabama)與密士失必二州之南部地也註一。 荷蘭爲比較不重要之參戰國,故非凡爾賽條約之當事者。 但因次年(一七八四年)與英國單獨結一和約,荷蘭不惟喪失其在東印度之一部分土地註二,更被迫許英國商人得自由貿易於馬來羣島(Malay Archipelago)焉。

第三節 不列顛帝國之改革

英國不惟因美洲獨立戰爭喪失其迄今最重要註三,最悠久,最鞏固之領土十三州殖民地,以及塞拿格耳,佛羅里達,多巴哥,米諾加等地,即關於人力財力,船舶等所費亦莫不甚大。 雖然,較之戰爭失敗之結果更可悲者,實爲對於此事之回憶。 當初苟採調和與讓步之政策,則此事亦未嘗

註一 路易聖拿領土在一七六三年爲西班牙所佔領,一八〇〇年復割與法國,一八〇三年由法國轉賣與美國。 十八年後(一八二一年),佛羅里達之全部正式轉歸美國事見後。

註二 包括印度之馬拉巴(Malabar)與可洛曼得爾(Coromandel)沿岸之根據地。

註三 十三州殖民地在當時實不如富饒之西印度羣島之有利,非不甚合於重商主義派殖民政策之理想。

不可完全避免也，但東隅雖失，桑榆未晚，故此後英國政府之待遇所餘殖民地也，常能不忘前車之鑒焉。

一七七四年之魁伯克法

當操英語之美洲殖民地將起革命之際，英政府卽採賢明之寬容政策以對付坎拿大之法國居民。一七七四年因通過魁伯克法（Quebec Act），許其得自由奉羅馬教，幷得繼續沿用法國之民法。此外在一七九一年，更許以設立代表議會之特權。在印度，亦感覺此種新政策之影響。

一七八四年之設印度督察局

一七八四年，英本國國會曾通過督察局（Board of Control）之設立，以監督東印度公司，使不得濫用其政治權限。

一七八二年愛爾蘭之設獨立議會

愛爾蘭在實際上原等於殖民地，甚至亦於一七八二年享有地方法律之自行制定權。此實爲一種自治權利，迄一八〇一年一月一日止，繼續享有。

重商主義之衰替與漸被放棄

英國之商業政策亦經一度之變遷。因航運條例既引起美洲殖民地之憤怒，現已不能應用於自由之合衆國。復次，重商主義之理論，此次既已產生如此不幸之結果，故自後遂漸失其論據。而令人不禁感覺有趣者，卽亞丹斯密（Adam Smith）之原富（Wealth of Nations）一書出版於一七七六年，卽美洲宣布獨立之同年也。此書在闡明自由貿易之新經濟學說（法語稱爲放任主義 laissez-faire），重商主義終必因之而推翻。英國之重商主義的商業限制誠未立卽放棄，然已受一致命之打擊。惟英國之商業并不因之而受影響。美國之南部各邦此後均開始種植棉花註一，以供給英國之紡織業者，而美國國民曩曾抵制英國之製造品者，現則願意購買之矣。至少就此點而言，殖民地之喪失，殆非完全爲損失也。

十八世紀末葉不列顛帝國之範圍

英國之熱心愛國者，固希望英國之國旗飄颺於世界一半之土地，而對於同種之英人從事於政治的分離，深爲憤慨者也。但彼輩仍不無相當之安慰與補償。就新世界而言，則有坎拿大，伯爾慕達，巴哈瑪，雅麥加及西印度羣島中之諸小島，宏都拉斯一部分，此仍可以構成大帝國。就舊世界而言，則直布羅陀，岡比亞，及黃金海岸等處之要塞，仍有英國之國旗飄揚於其上。至於印度，亦地大物博，對於英人之野心或貪心，幾可使其獲得無限之滿足。

不列顛帝國在印度之擴張

英國現遂聚精會神於擴大并鞏固其在東方之帝國，其結果亦大有希望。須知英國在印度之優勢，已因英俊勇敢之克來武而確立。彼嘗戰敗法人，扶植傀儡總督於孟加拉，并掃除行政上之積弊。

哈斯丁斯

繼承克來武之事業者，爲同樣著名之哈斯丁斯（Warren Hastings，一七三二——一八

註一　當戰爭期中，棉花由巴哈瑪傳入喬治亞與加羅里拿，不久即變爲重要之物產，一七九四年，運至大不列顛者達一百六十萬磅之多。

一八），其爲印度總督之時期（一七七四——一七八五）包括美國革命時期之全部。哈斯丁斯年十七卽受東印度公司之僱在印度服務二十餘年，對於土民之特性既已洞悉，面變棕色，水土氣候亦能適應。當一七七四年彼擢任印度之行政長官時，遂始創一種政策，并殫精竭慮，以求貫澈（此政策包括將英國之行政中樞移於加爾各答，并澈底改革警察，軍事，財政等制度）。好事責難之英國國會，對於彼與土酋之戰爭陰謀，及其種種之財政處置，莫不乘間攻擊。著名之伯爾克（Edmund Burke）尤怨恨之，摺摭其過，欲定以『極惡大罪』。但哈斯丁斯對於印度之不列顚帝國基礎之鞏固，厥功甚偉，故伯爾克之傾陷，卒不發生力量。

哥隆瓦利斯

一七八五年，哈斯丁斯去職，哥隆瓦利斯繼之，此人卽曾在約克敦投降於華盛頓者。彼在美洲雖失敗，而在印度則恰相反，其所創立之賦稅制度，實證明其爲賢明之行政家。彼并因戰敗叛亂之賣索爾土王，致其軍事上之聲譽亦大爲增高。

以後之行政長官，對於克來武，哈斯丁斯，哥隆瓦利斯等始創之事業，亦能繼承罔替。及一八五八年，英王卒接管此東印度公司所轄北至喜馬拉雅山，西至印度河，東至雅魯藏布江之帝國焉。

海峽殖民地

在美國獨立後之數年中，英國之勢力尙表現二次大發展。一爲佔領『海峽殖民地』（Straits Settlements)，因而遂得控制馬來（Malay）半島，及香料貨船所由經過之麻剌甲海峽(Straits of Malacca)。但更有價值而爲歐洲英人未來之新家庭，幷可使合衆國之喪失因而獲得一部分之補償者，卽爲廣大之澳大利亞洲。

澳大利亞洲

此洲在一七七〇年苦克(Captain Cook)航行至波達尼灣(Botany Bay)以前，幾爲世所不知。英國最初僅視澳大利亞洲爲流放罪犯之地，在雅克孫(Port Jackson)之第一批英國殖民者（一七八八年），皆被放逐之罪犯也。自牧羊業傳入及金鑛發現後，始有多數之殖民者相率來此。自是以還，開發甚速，今日此洲已爲面積近三百萬方英里，英語人種約四百八十萬之國家，較之一七八三年時英國所不願放棄之十三州殖民地，人口更多，而面積則大三倍矣。

課外讀本

關於不列顚之殖民政策者：

1. J. S. Bassett——*A Short History of the United States* (1914), Ch. VIII, IX.

2. G. L. Beer——*The Origin of the British Colonial System, 1578-1660* (1908).

3. G. L. Beer——*The Old Colonial System, 1660-1754*, Part I, *The Establishment of the System*, 2 Vols. (1912).

4. G. L. Beer——*British Colonial Policy, 1754-1765* (1907).

5. G. L. Beer——*The Commercial Policy of England toward the American Colonies* (1893).

6. H. E. Egerton——*A Short History of British Colonial Policy* (1897).

7. C. M. Andrews——*Colonial Self-Government* (1904).

8. O. M. Dickerson——*American Colonial Government, 1696-1765* (1912).

9. G. E. Howard——*Preliminaries of the Revolution, 1763-1775* (1905).

10. Reginald Lucas——*Lord North, second Earl of Guilford*, 2 Vols. (1913).

關於美國革命者：

1. Sir G. O. Trevelyan——*The American Revolution*, 4 Vols. (1899-1912).

2. Sir G. O. Trevelyan——*George the Third and Charles Fox: the Concluding Part of the American Revolution*, 2 Vols. (1912–1914).

3. Edward Channing——*A History of the United States*, Vol. III (1912).

4. C. H. Van Tyne——*The American Revolution* (1905).

5. John Fiske——*American Revolution*, 2 Vols. (1891).

6. S. G. Fisher——*The Struggle for American Independence*, 2 Vols. (1908).

7. *Cambridge Modern History*, Vol. VII (1903), Ch. V–VII, written in great part by J. A. Doyle.

8. J. B. Perkins——*France in the American Revolution* (1911).

9. Arthur Hassall——*The Balance of Power, 1715–1789* (1896), Ch. XII.

10. J. W. Fortescue——*History of the British Army*, Vol III (1902).

關於不列顛帝國之改革者：

1. M. R. P. Dorman——*History of the British Empire in the Nineteenth Century*, Vol.

I, 1793–1805 (1902), Vol. II, 1806–1900 (1904).

2. W. O' C. Morris——*Ireland, 1494–1905*, 2d ed. (1909).

3. Sir C. P. Lucas——*A History of Canada, 1763–1812* (1909).

4. Sir Alfred Lyall——*Warren Hastings*, originally published in 1889, reprinted (1908).

5. G. W. Hastings——*Vindication of Warren Hastings* (1909).

6. Sir John Strachey——*Hastings and the Rohilla War* (1892).

7. Greville Tregarthen——*Australian Commonwealth*, 3d ed. (1901).

8. Edward Jenks——*A History of the Australasian Colonies* (1896).

9. Edward Heawood——*A History of Geographical Discovery in the Seventeenth and Eighteenth Centuries* (1912).

10. Arthur Kitson——*Captain James Cook* (1907).

第十一章　十八世紀之德意志諸邦

第一節　神聖羅馬帝國之衰勢

德意志諸邦之落後

吾人前已略述十六世紀中德意志諸邦之政治狀況。就外表而言，此等狀況在十八世紀中，仍無變遷。神聖羅馬帝國仍舊存在在名義上爲各邦共同之連鎖，其上仍然有一黑普斯堡族之皇帝。選侯亦仍舊存在，略有勢力並有甚大之榮譽，其人數已由七人增至九人註一。仍有一帝國議會（Diet），由各邦君主及自由市之代表組成，定期集會於拉遏斯本（Ratisbon）註二。但帝國已顯然日呈衰象。馬丁路德所喚起之民族熱潮，已因宗教上之爭論，軋轢及不光榮之三十年戰爭，而消失殆盡。德意志人已成爲黑普斯堡族與包本族對弈之棋子，在國際棋盤之上可由其

註一　巴華利亞於一六二三年變爲選侯轄境，漢諸瓦於一七〇八年變爲選侯轄境，一七七八年因巴華利亞與巴拉遏拿忒聯合，於是復減爲八個選侯。

註二　拉遏斯本或勒根斯堡在巴華利亞所領之巴拉遏拿忒，帝國議會自一六六三年以後定期集會於此。

任意推動。瑞士已脫出帝國之羈絆，法國與瑞典已割去帝國其他重要之領土。

三十年戰爭之惡果

此時似已不復有強固之基礎足以維持一眞正之政治組織，蓋德意志諸邦之社會狀況，實已慘不可言。當三十年戰爭期中，德意志所損失之人數至少幾達於一半，所損失之動產則達於三分之二以上。當十七世紀之中期即約當路易十四即位法國隆盛之時，德意志之城鎮與村落，皆爲灰燼，廣大之區域盡成荒土。教堂與學校之倒閉者，動以百計。關於宗教與心靈方面之活動，到處均呈消沈不振之狀。工商業已完全破產，故當一六三五年，漢薩同盟實際已歸消滅，因以前殷富之自由商業城市，現已不能負擔必需之費用也。經濟之發展，殖民地之經營，以及因之而起的小康之中產階級之出現，惟有讓西班牙，葡萄牙，荷蘭，法國，英格蘭等國活動，前日德意志自負之市民階級，已不復與之爭衡矣。有勢力之中產階級既歸於消滅，農民階級之貧窮困苦，亦同時並至。德意志地方生長之人民，固曾希望藉十六世紀之宗教革命及農民暴動，以改良其境遇也，然卒大失所望。當十八世紀，德意志之農民狀況，較之西歐中歐之任何他國，均更困苦焉。

德意志諸邦之君主

各邦之君主惟知利用國民之委弱以圖己利。彼等在十六世紀中，已因籍沒教會之財產而致富，並已擺脫皇帝或帝國議會方面之干涉，現復利用中產階級之無勢及農民之困苦狀況，以謀增加其個人之政治權力。彼等或廢除地方議會，或大削其特權，逐漸樹立一種暴政。當三十年戰爭之後，德意志各邦之嗣君，莫不競尚遊歷，尤好寄寓法國之王廷。彼等在法國深受路易十四政治理想之影響，故在短期之內，德意志各邦之宮廷，幾莫不以凡爾賽宮為模範。彼等不知自量，亦維持軍隊，王宮及許多家臣。此雖已使其人民大感負擔，然與法國之眞正繁華相較，直不可同日而語。故彼等恆為歐洲人所譏笑。此等金玉其外之君主階級，大都粗鄙自私，缺乏道德。惟彼等對於民衆，既已使其窮困不堪，對於教會，復已強奪其財產，故二者均已無力足以抵抗其專制政治及其自私自利之行為焉。

第二節　黑普斯堡族之領地

查理六世及其世襲之領地

當十八世紀初，神聖羅馬帝國最廣大而重要之領域，為奧大利，黑普斯堡族之直轄諸邦。查理六世（一七一一——一七四〇）當西班牙王位繼承戰爭期中（一七〇二——一七一三），以查理大公爵之資格與路易十四爭鬬，覬覦西班牙之全部領域，雖歸失敗，但仍統治遼闊而渙散之領土。環繞其首都維也納者，皆其世襲之領域也。（一）有下奧大利，在多瑙河上，此即奧大利本部。（二）有內奧大利，此包括斯遏利亞（Styria），加林遏亞（Carinthia），加尼阿拉（Carniola）。（三）有外奧大利，此包括因斯布拉克（Innsbruck）附近之山地，通常稱爲遏洛爾。（四）有上奧大利，此包括黑林（Black Forest）附近萊因河上游之布勒斯哥（Breisgau）。此等中心領土之大部分，均爲操德意志語之人所居，除此而外，尙有以前逐漸取得之捷克人或斯拉夫人之波希米亞王國，及其屬於德意志人種之細勒西亞屬地，與屬於斯拉夫人種之摩拉維亞屬地，馬加人種之匈牙利王國一部分，及其屬於斯拉夫人種之克洛遏亞（Crotia）與斯拉法尼亞（Slavonia）屬地，與夫屬於羅馬尼亞人種之脫蘭斯法尼亞（Transylvania）屬地。查理六世亦如其以前黑普斯堡族之多數君主，兼任神聖羅馬帝國之皇帝，因此被視爲德意志各邦君主之元首。但波希米亞與匈牙利，無論就語言上或情感上言，均少德意志之成分。匈牙利甚至非神聖羅馬帝國之一部分。

查理六世之新領土

查理六世本人對於黑普斯堡族之領域所新增者，皆爲非德意志人種之土地。彼藉烏德勒支條約，取得操法蘭達語與法蘭西語之比領尼德蘭，及操意大利語之米蘭公國與雙西西里王國。因與土耳其人各次戰爭之結果，擴張匈牙利之國境，南至於波斯尼亞（Bosnia），與塞爾維亞

(Serbia)，且合併羅馬尼亞人所居之脫蘭斯法尼亞國爲匈牙利之屬土註一。以上所述黑普斯堡族新得之國土自然不屬於神聖羅馬帝國之版圖也。

黑普斯堡族領內人種之複雜

在黑普斯堡族治下之各色人種間，其團結力極其寬弛。其語言已多至十數種，而利害關係更不一致。彼等未能如法國構成鞏固之集權的民族國家。查理六世之統治其領土，亦有多種不同之稱號，如奧大利大公爵，波希米亞王，匈牙利王，米蘭公爵，尼德蘭王是。以上五大集團中之行政，彼此均係獨立，其藉以團結之連鎖，僅在共戴黑普斯堡族之君主而已。

黑普斯堡族在德意志諸邦之野心受限制

欲採行一種適合於此一切土地與人民之政策，殆非人力之所能，黑普斯堡族之君主，自不能當此重任。彼等在十七世紀中，對於德意志嘗欲厲行一種強硬之政策，以統一其帝國，並鞏固其在帝國之地位，但已大遭失敗。三十年戰爭之惡果，德意志其他君主之猜忌與野心，外國勢力之干涉，最顯著者尤爲瑞典與法國勢力之干涉，凡此種種，均足以明白指示黑普斯堡族在德意志諸邦之勢力實已登峯造極，此後將漸趨於衰微矣。

奧大利之黑普斯堡族在德意志諸邦中既不能發展，遂轉而向外，以求滿足其野心。顧其困

註一　係由土耳其依卡羅威仔(Karlowitz)條約而割讓(一六九九年)。

難，亦幾與在德意志諸邦中者相若。蓋欲向東南在巴爾幹半島方面拓地，則與土耳其人時起衝突。欲在意大利拓地則掀動西班牙，法國，及薩的尼亞之武裝抵抗。欲發展比領尼德蘭之商業，則引起英格蘭，荷蘭，及法國有勢力之商業階級之敵視。此等向外發展之計劃，既耗費其時間與精力，對於神聖羅馬帝國之內政，自不能專心致志。因此不惟德意志諸邦爲黑普斯堡族衰弱之根源，黑普斯堡族亦爲德意志諸邦衰弱之根源也。

黑普斯堡族威勢之維持

黑普斯堡族之發展，雖有種種之障礙，然仍能維持其強盛。彼等之領土，多有天然之財源與富力。彼等可徵集帶有大同性質之大軍。彼等與歐洲之王室，多有婚姻關係。彼等居於羅馬教會之保護地位。此外更有當時君主之專制學說及習慣。凡此均足以使奧大利之黑普斯堡族之弱點隱於驕傲之稱號與誇大之聲勢中。

黑普斯堡族之繼承問題

當十八世紀中，黑普斯堡族有一最不幸之事變發生。前已述及西班牙之黑普斯堡族之男系斷絕，會促成絕大之國際的王位繼承戰爭，其結果則西班牙之世襲領域分裂，大部分歸其仇敵包本族所得。查理六世在奧大利之世襲領域，現亦不免遭遇同樣之危險。彼既無嗣子，又無兄弟，惟有一女馬利亞德勒沙。查理六世鑒於西班牙之黑普斯堡族的覆轍，故欲在其未卒以前，爲其領土求一解決之方。當彼在位時代，早卽頒布所謂政務詔典（Pragmatic Sanction），宣言黑普斯堡族之領域不可分割；且打破向來之習慣宣言如無男嗣，則可以女嗣繼承之。此後其全部之外交政策，均重在使馬利亞德勒沙繼承其一切領土之權利，求得歐洲之一般的承認。其治下之各邦，均相繼誓守此種詔典。外國如普魯士，俄羅斯，英國，荷蘭，帝國，波蘭，法國，西班牙，薩的尼亞等，因查理六世許以種種之權利，亦相繼鄭重承認，以名譽爲擔保維持此種詔典。當一七四〇年查理六世卒時，遺留於其女者除紊亂之國家，空虛之國庫，腐敗之軍隊外，惟許多紙上之保證而已。尖刻之普魯士王嘗譏之，謂此種遺產尚不如二十萬戰士之更爲有用。依事實所證明，此說可謂恰當也。

查理六世之『政務詔典』

第三節 普魯士之勃興——和漢佐倫族

十八世紀中，最有勢力之德意志王族中僅次於黑普斯堡族者，厥維和漢佐倫族。當第十世紀時，在今日瑞士之北部佐倫（Zollern）山上，卽已有一城堡，爲一系之伯爵所統治。彼等因利用封建式之爭鬬，並由於神聖羅馬皇帝之扶植，逐漸擴張其領土與勢力。最後至十二世紀，此和漢

和漢佐倫族

佐倫族中有一代表人物因婚姻關係，變爲重要之努蘭堡(Nuremberg)城之世襲城主。

和漢佐倫族雖甚順利但至此尚不過爲帝國中數百小君主之一份子，並未大露頭角。迨一四一五年，黑普斯堡族之皇帝授以白蘭登堡選侯轄境，始漸得勢。

白蘭登堡

白蘭登堡爲德意志北部之一區，以柏林城爲中心而位於阿得河沿岸。此地因遠處邊陲，故爲德意志語言文化之北部及東部的屏藩，且因與鄰近之斯拉夫人種時有戰爭，故關於軍事上之經驗甚足，威望亦隆。此地又因既爲選侯轄境，故對於神聖羅馬帝國之內政，其勢力亦甚大。

當十六世紀中，和漢佐倫族之白蘭登堡選侯因承受路得教之故，遂能如北德意志之其他多數君主，奪取羅馬教會中重要之財產，並擺脫外來之勢力，蓋其以前政治上與社會上權勢之萎弱不振，卽因外國勢力之所致也。此後白蘭登堡遂爲德意志新教國之首領，恰與奧大利之爲羅馬教國之首領相若。

和漢佐倫族與三十年戰爭

三十年戰爭之時期(一六一八——一六四八)在黑普斯堡族爲不幸，在和漢佐倫族爲幸運。當衝突將起之際，此族因婚姻關係，已獲得二重要之地域，卽萊因河下游之克里維斯(Cleves)公國註一與波蘭北部波羅的海海岸之東普魯士公國註二也。自是而後，和漢佐倫族之首領遂同時為白蘭登堡選侯，克里維斯公爵及普魯士公爵。就最後一種資格而言，則彼實為波蘭王之諸侯，就前兩種資格而言，則為神聖羅馬帝國之諸侯。當三十年戰爭期中，和漢佐倫族對於帝國權力之減少厥功甚偉，故當戰爭結束之時，遂取得黑伯斯他德（Halberstadt），門登（Minden）馬德堡（註三）等富饒之主教轄境，及破麥拉尼亞公國之東半部焉。

大選侯

和漢佐倫族在國際上之聲名實樹立於弗列德利克威廉（Frederick William），即通常所稱之大選侯（Great Elector 一六四〇——一六八八）也。當其即位之時，其渙散之領域因經

註一　白蘭登堡與克里維斯之聯合雖始於一六一四年，而和漢佐倫族在一六六六年以前並未統治克里維斯。克里維斯之馬克（Mark）與拉恒斯堡（Ravensberg）等屬地，亦隨之合併於白蘭登堡。

註二　當時之普魯士，幾純為斯拉夫國家。自十三世紀以至十六世紀，均係由條頓武士創立而統治之，此即德意志羅馬教徒中一種好戰之僧派，對於斯拉夫人之改宗基督教嘗與有力者也。當十六世紀中條頓武士之大領袖（Grand master）奉路得教，並將普魯士變為其本家之世襲公國。經多次戰爭，西普魯士合併於波蘭，東普魯士則變為波蘭王國之領地。一六一八年和漢佐倫族之白蘭登堡選侯所繼承者只為東普魯士。

註三　繼承馬德堡之權利，係於一六四八年轉歸和漢佐倫族所有，此族在一六八〇年以前並未正式領有此地。

三十年戰爭之影響悽慘之狀已達於極點。彼決意恢復以前之繁榮，統一其渙散之領地，並使其邦國在一般的歐洲政治上佔一地位。當委斯法里亞和會時，彼曾不由於軍力而藉外交手腕以取得新領土。當瑞典與波蘭發生戰爭時，彼又自處於一種舉足輕重之地位時而助一方，時而又離棄之，更助他方，終藉其狡猾詭譎之陰謀使波蘭王放棄其對於東普魯士之宗主權，而使之在此享有完全之主權。當路易十四之荷蘭戰爭期中（一六七二——一六七八），彼曾大敗與法同盟之瑞典人。在和約之規定上，彼雖未得保留其所征服之土地，然而其軍隊之聲名，則已確立。且關於此後波羅的海之霸權，白蘭登堡普魯士遂爲瑞典之勁敵矣。

就政治方面言，此大選侯亦若當時之路易十四篤信專制主義。當其卽位之初，其領土之三部分（白蘭登堡，克里維斯，與東普魯士）均爲分立之小邦，各有其議會，各有其軍隊，並各有其獨立之行政部。經一次劇烈之憲法爭訌後，彼遂剝奪各個議會之重要職權，將財政權集於一身，宣布地方之軍隊爲全國之軍隊，將三個獨立之行政部合併，而隸屬於其在柏林之御前會議。因此三國合而爲一，完全成爲一聯合王國。

大選侯夙夜匪懈，勵精圖治，奬勵農工，疏濬水道，開鑿弗列德利克威廉運河，以聯絡阿得河與一七〇一年白蘭登堡普魯士變爲『王國』

易伯河。法國因南脫敕令之取消，致有多數之新敎徒外徙，大選侯則盡力羅致之，故相率來白蘭登堡者約有二萬人，概居於柏林附近。法國之許多名稱及才華亦因之傳入此國。當大選侯卽位之初，其首都之人口僅八千人，迨其卒時，已達二萬餘人矣。

白蘭登堡普魯士至此已成爲重要之君主國，但其統治者仍未稱『王』。迨一七〇一年，帝來泊爾因在西班牙王位繼承戰爭中欲得其援助，故授之以王號。及一七一三年，歐洲之其他強國亦依烏德勒支條約承認此稱號。此新王國之名稱，係冠以普魯士之名而非冠以白蘭登堡，蓋以前者爲完全獨立之邦，而後者則神聖羅馬帝國之一分子也。自是而後，和漢佐倫族之全部領域統稱爲『普魯士王國』註一。

在十八世紀中，普魯士之國勢驟盛，既與奧大利共掌德意志諸邦之霸權，復在歐洲取得第一流國家之地位。其所以如此強盛，大抵爲弗列德利克威廉一世（Frederick William I 一七一三

註一　和漢佐倫族之君主初擁『King in Prussia』之稱號，因西普魯士仍爲波蘭王國之一省也。但在弗列德利克威廉一世（一七一三——一七四〇）之治下，『King of Prussia』之稱號較前一種稱號漸爲通行。西普魯士係於一七七二年取得（事見後）。

——一七四〇）之努力所致。

弗列德利克威廉一世，一七一三至一七四〇年

弗列德利克威廉一世眞爲乃祖之肖孫。彼雖不好運用外交手腕，然其富於實際上之判斷力，正與大選侯同。其對於王權所抱之理想爲一種家長式之專制主義。其對外之野心則在將國內有限之財源用於最有利之途，而使普魯士爲外國所敬畏。彼恆以爲在其駁雜而渙散之領土中，惟有施行專制政治爲最適宜。彼深知不可不急於維持有效之軍隊，同時又知不可不特別注意於節用，蓋如此，然後能以較小之國家維持較大之軍隊也。在弗列德利克威廉一世之治下，金錢，軍力，神權君主政治，三者實爲和漢佐倫族統治普魯士所不可缺少之支柱焉。

弗列德利克威廉一世以特別節用之方法，力圖擴充其常備軍，由三萬八千人增至八萬人。此種數額直可與第一等國家如法國，奧大利之常備軍相埒，就其效力而言，或更超過他國。普魯士軍隊紀律之森嚴，在當時歐洲之軍隊中，無其倫匹。軍中之將弁等職，亦以才能爲標準，不似歐洲他國之可以金錢購買，故彼等恆有專門知識，以指揮其軍隊，且能忠於其職。

就行政而言，則國王在實行各部權力之集中，以一『總執行部』(General Directory) 辦理財政事務。此機關後漸演進，成爲一種繁複之文官制度，卽所謂著名之官僚政治是也。此種政

治雖未免官氣太重，然其行事效力與熱心職務，至今猶爲人所稱道。國王又厲行當時重商主義之種種限制，欲藉以獎勵工商業。彼雖以當時之文化趨於柔弱，屢表示輕蔑，但對於其人民，仍採行強迫之初等教育。

一七四〇年弗列德利克大王之即位

弗列德利克威廉對於普魯士固建立不少之偉業，但其個人亦有種種之僻性，足爲歐洲人十笑談之資者。彼實不脫族長之本性，故不論對於何人何事，莫不加以注意，視其王國如一課堂，己則如一熱心之教師。對於橫逆之臣民，每嚴加鞭策。如疑某人多財，每令其建華美之宮室，以增首都之繁華。如遇游民逍遙市井，每重杖不貸，或竟置之軍中。彼特好身長之士卒，至創著名之波仔塘巨人衞隊（Potsdam Guard of Giants）。此種特別之衞隊，其中之士卒至少須身長六尺者。彼嘗不惜重資由各國羅致長人，編入其中。此儉樸國王之奢侈品，惟此衞隊而已。

弗列德利克威廉在有一時期，甚慊於太子弗列德利克之不肖，恆慮其一生之經營與節用，均將成爲泡影。蓋彼性情嚴厲，對於太子之嗜好文學，音樂，美術，大不以爲然。彼常怒其柔弱，嚴加責斥。當太子欲逃時，彼則拘捕之，迫其從事於卑下之文武職務，受刻苦之訓練，以示懲戒。歐洲之其他王子皇孫，恐未有經歷此種之磨練者。但後日於一七四〇年繼父爲普魯士王，稱弗列德利克二世，並在歷史上以弗列德利克大王著稱者，即此謨遭乃父唾棄之太子也。

一七四〇年，弗列德利克大王繼承和漢佐倫族之領土同時，馬利亞德勒沙亦繼承黑普斯堡族之領土，而神聖羅馬帝國內部二主要德意志國家（奧大利與普魯士）間之長期爭鬭，亦即爆發於是年焉。

第四節　德意志諸小邦之形勢

奧大利與普魯士以外之其他德意志諸邦

此外構成帝國者，尙有三百餘邦，其中類皆領土褊小地位卑微，故對於政治爭鬭，鮮有表現重大之影響者。但有少數左袒某方之邦，亦應提及之。此不惟因其在十八世紀中能於競爭者雙方之間維持一種均勢，且因其對於近代之進步，亦頗爲顯著之要素。屬於此等邦國者有巴華利亞，撒克遜尼漢諾瓦。

巴華利亞

巴華利亞位於奧大利西部之多瑙河上游，而在後日德意志帝國之東南極端。此邦爲威德斯巴赫族（Wittelsbach）所統治者，歷時至若干世紀之久，其最著名之王馬克西米連一世（一五九七——一六五一），嘗爲羅馬敎同盟之盟長。當三十年戰爭期中，曾援助黑普斯堡族，並因委斯法里亞和約而取得巴拉遏拿忒之一部分註一，及其『選侯』之稱號。當十七世紀之後半期，其繼承者亦嘗力圖補救戰時所受之損傷，奬勵農工業，建築或恢復多數之教堂及僧院。但在十八世紀之前半期，巴華利亞選侯則放棄其改良內政之政策，而對於國際政治抱遠大之野心。其與奧大利雖因宗教之相同，發生連帶關係，但彼等感覺既與此強國爲鄰，黑普斯堡族自爲其天然之仇敵。因此當西班牙王位繼承戰爭中，巴華利亞加入法國方面以攻奧大利。當一七四〇年馬利亞德勒沙卽位之時，巴華利亞選侯因已娶黑普斯堡族之公主爲后，而查理六世之政務詔典竟剝奪其入承大統之權，乃立卽與普魯士王弗列德利克及法國同盟，以期分割奧大利之領土。

撒克遜尼

十八世紀中之撒克遜尼，僅爲古撒克遜（Saxon）公國之一小部分。此公國曩昔之領土，包括德意志西北之全部，後爲沙立曼帝所征服，其人民之一部分遂移殖於英格蘭。自十三世紀以還，撒克遜尼僅保有易伯河上游之一區，而介於黑普斯堡族之波希米亞與和漢佐倫族之白蘭登堡之間。顧此邦雖面積褊小，人口甚稀，然因幾種之原因，卒能佔據重要之地位。撒克遜尼在地理上爲德意志諸邦之中心，在軍事上當普奧二邦角鬬之要衝，其統治之王室（威丁族 Wettins）

註一　巴拉遏拿忒之另一部分在威德斯巴赫族另一支派之下，於一七七九年復與巴華利亞連合。

又爲帝國之選侯。此族有一最著名之選侯註一，嘗因保護馬丁路德，而變爲路得教之領袖，而馬丁路得之迻譯聖經，已確定撒克遜語爲德意志文雅之語言。撒克遜尼在有一時期，似乎可駕於白蘭登堡普魯士之上，而成爲德意志諸邦中最有勢力之邦國。但其後事勢之推移，結果適得其反。蓋當十七世紀中，多數柔弱之選侯屢與奧大利聯合，以攻和漢佐倫族，因此北德意志新教諸邦之領袖地位，事實上遂讓與白蘭登堡註二。後在此世紀之末葉，撒克遜尼選侯因改奉羅馬教，遂與其人民背道而馳。且因其欲自立爲波蘭王之故，致繼續與奧大利同盟，窮兵黷武，橫征暴斂，而國家深受其累。撒克遜尼與波蘭之勉強的連合，經十八世紀之大部分，繼續維持，對於雙方均發生特別之惡果焉。

撒克遜尼與波蘭成爲君合國

漢諾瓦及其與英國之君合國

在德意志之西北部，原爲撒克遜人古代之領土者，其中之一部分當十八世紀中，屬於漢諾瓦

註一　卽弗列德利克賢侯（Frederick the Wise 一四八六——一五二五）。

註二　撒克遜尼萎弱之另一原因，係由於威丁族中各分子共分遺產之習，後日撒克威馬（Saxe-Weimar），撒克哥堡峨達(Saxe-Coburg-Gotha)，撒克米尼根(Saxe-Meiningen)，及撒克亞爾登堡(Saxe-Altenburg)等極小之邦國，卽由是產生。

所有。此邦位於易伯河與威悉河(Weser)之間，其版圖自白蘭登堡起，直達於北海。漢諾瓦當西班牙王位繼承戰爭期中被承認爲選侯轄地註一。但此邦之所以眞正重要，實因其第一任選侯以母族之關係，於一七一四年變爲英王喬治一世，卽英國漢諾瓦朝之開創者也。英國與漢諾瓦共戴一君者歷百餘年，在國際關係上亦不無重要之意義。喬治一世與喬治二世二人，均好居漢諾瓦而不好居英格蘭，其主要之努力，亦在保護其在德意志之土地，俾不受黑普斯堡族或和漢佐倫族之侵略。

吾人對於十八世紀中德意志諸邦之紛擾狀況，及神聖羅馬帝國之何以非其重要之連鎖，現已言之甚詳。奧大利本爲德意志諸邦歷來之領袖，現則轉而注意於其在德意志以外之匈牙利，意大利及尼德蘭等處之領土。普魯士爲北部崛起之王國，但在其所包括之人口中，斯拉夫人亦屬甚多。撒克遜尼則與波蘭聯合。漢諾瓦則與英國連合。巴華利亞則向與法國爲同盟。除此種情勢外，尙有法國或瑞典對於帝國多數小邦政治之操縱，德意志各邦君主之自私自利與互

註一　一六九二年，神聖羅馬帝國皇帝已授選侯之稱號於奧華斯都(Ernest Augustus)，一七〇八年，列強承認喬治一世爲選侯。

相猜忌，及普奧二邦之暗鬬，而其總結卽爲政治上之混亂，流血與壓制。

第五節　和漢佐倫族與黑普斯堡族之爭衡

弗列德利克大王與馬利亞德勒沙

十八世紀中葉，歐洲之外交關係與戰爭，均以普奧二邦之爭鬬（和漢佐倫族與黑普斯堡族之爭鬬）爲中心，一方面有幼王弗列德利克二世（一七四〇——一七八六），他方面則有幼女王馬利亞德勒沙（一七四〇——一七八〇）。此二人均富有才略，忠國愛民，能任君主之重責。馬利亞德勒沙貌美驕傲，而富於情感，弗列德利克則橫蠻尖刻，而富於理性。前者篤信羅馬教，後者則與福祿特爾（Voltaire）友善，而相信懷疑主義。

反抗馬利亞德勒沙之同盟

弗列德利克之所繼承者，有組織嚴密之王國，八萬能戰之軍隊。彼嘗譏笑馬利亞德勒沙之所繼承者惟腐敗之軍隊，紊亂之財政，及複雜領土中互相衝突之利害關係而已。其對於普魯士之承認尊重奧大利之領域，亦嘗譏笑之。當皇帝查理六世逝世，馬利亞德勒沙在維也納宣布卽位之時，弗列德利克二世卽與巴華利亞及法國約定分割其領土，擬立巴華利亞選侯爲神聖羅馬皇帝，稱查理七世，普魯士則佔據細勒西亞，法國則占據與領尼德蘭。

弗列德利克對於細勒西亞之計劃

細勒西亞於是變爲弗列德利克與馬利亞德勒沙爭奪之目的物。此地包括阿得河上游肥沃之流域，而介於西部之波希米亞境內的捷克人與東部之波蘭人之間。此地之人口，大部分爲德意志人，與普魯士王國全部之人口相等。若與和漢佐倫族之領土合併，則其領土中之德意志人必佔極大多數。反之，如奧大利喪失此地，則其對於德意志之事務，將減少其直接之勢力，且攻擊柏林與普魯士之中心時，亦將失去便利之地位。

一七四〇年奧大利皇位繼承戰爭之爆發

弗列德利克藉口於其本族往昔對於細勒西亞之權利，進軍攻之，佔據其首都布勒斯洛（Breslau）。同時，在西方，巴華利亞與法國之聯軍，亦預備進攻奧大利與波希米亞。馬利亞德勒沙處於四面楚歌之中，遂奔匈牙利以求援。匈牙利人，奧大利人及波希米亞人等立即起而維護黑普斯堡族之皇位，訓練新軍，馳赴前敵。奧大利皇位繼承戰爭（一七四〇——一七四八），遂立即完全發動矣。

英國與西班牙之參戰

此時英國與西班牙之商業戰爭，已於一七三九年爆發註一，不久即與此大陸方面之戰爭混合。英國因欲在比領尼德蘭保持寬大之商業特權，故反對此區與法國合併，而願其繼續歸與大

註一　通常稱爲哲孔斯耳戰爭，事見前。

利所有。蓋以前者爲英國之勁敵，而後者與英相去甚遠，不足畏懼，且其商業勢力亦甚微弱也。又英國曾完全承認查理六世之政務詔典，現見自己之利益與奧國一致，遂決意以金錢助馬利亞德勒沙，並派軍隊赴大陸方面，防禦尼德蘭以抵制法國之攻擊，保護漢諾瓦以抵制普魯士之攻擊。

在另一方面，西班牙之王室則與其本族法國之包本族表同情，同時並希望由奧大利恢復其因烏德勒支條約（一七一三年）而喪失之一切意大利領域。

因此奧大利皇位繼承戰爭中之主要當事者，一方爲普魯士，法國，西班牙，巴華利亞，他方則爲奧大利與英國。最初與前一方連合者，有撒克遜尼選侯，蓋彼欲利用普魯士攻擊奧大利，以謀自己治下撒克遜尼與波蘭之利益也。此外復有薩的尼亞國王，蓋彼在意大利，常於黑普斯堡族與包本族之爭執中加入其一方以成均勢也。與英奧連合者有荷蘭，因其恐受法國之侵略而希望自衛也。

戰爭之進行

此次戰爭歷時雖久，參戰之國雖多，顧不甚劇烈。撒克遜尼對於奧大利之友誼，較之其對於普魯士之友誼自當更深，故易爲賄賂所動，離棄其同盟而與馬利亞德勒沙媾和。西班牙只願在意大利方面作戰。薩的尼亞則見包本族將在意大利半島大獲利益而驚心，亦轉而加入奧大利

弗列德利克之成功

方面。荷蘭人則只防禦其自己之領土。

馬利亞德勒沙雖費盡搏虎之力，卒不能將弗列德利克逐出細勒西亞以外。其將領屢為弗列德利克所敗。且彼因須傾全力以抵制西方之仇敵，故不得不三次承認弗列德利克之佔領此地。及一七四五年，二人在德勒斯登（Dresden）締結第三次條約，而細勒西亞註一之由奧大利讓與普魯士，始能確定。弗列德利克既達其目的，遂離棄其同盟而退出戰爭。

當此之際，奧大利軍之在他處作戰者，幸未遭敗挫。法軍與巴華利亞軍在波希米亞稍獲勝利之後，卒被迫退至多瑙河上游。當巴華利亞選侯在佛蘭克福爾加冕為神聖羅馬皇帝之時，其首府慕尼克（Munich）即為馬利亞德勒沙之軍隊所佔據。巴華利亞之全境，不久亦盡入奧軍之掌握，而法軍遂退至萊因河彼岸。奧大利與薩的尼亞之聯軍，在意大利方面攻擊法國與西班牙包本族之軍隊，亦逐漸獲勝。

當戰爭之最後一年中，法軍則力圖保護亞爾撒斯與洛萊因，以抵制奧軍之侵入。且在有才略之薩克斯（Marshal Saxe）指揮之下，卒征服奧領尼德蘭之大部分，侵入荷蘭。至在海上及殖

註一　惟有一甚小之區域除外，此區自後恒稱為『奧領細勒西亞』（Austrian Silesia）。

民地方面，則英法之衝突稱爲『喬治王戰爭』，前已分別述及矣。

愛斯拉沙伯條約（一七四八）

普奧間未分勝負之爭鬬

奧大利皇位繼承戰爭，因一七四八年在愛斯拉沙伯所簽訂之各種條約而告結束。此等條約均保證細勒西亞歸普魯士王弗列德利克二世所有，其餘各地，則仍回復戰前之原狀。威德斯巴赫族回復其在巴華利亞與巴拉逷拿忒之地位，而馬利亞德勒沙之夫佛蘭西士 (Francis of Lorraine)則繼查理七世而爲神聖羅馬皇帝。法國對於其一切之費用與犧牲，則絕無代價。此次奧大利皇位繼承戰爭，不過爲普奧二邦爭德意志霸權之初步，同時亦不過爲英法二國爭殖民與商業霸權之長期衝突中一次未分勝負之鬬爭而已。

反抗弗列德利克大王之同盟

在此次戰爭中最失敗者爲奧大利。果斷之馬利亞德勒沙遂卽刻從事於恢復國威與失地之困難事業，其第一步，卽在改革內政，設強有力之中央政務會議於維也納，以總攬各地之行政，獎勵農業，力求賦稅之平均與增加，擴充軍備。次則與各國君主之欲分割弗列德利克之國土者，結成大同盟。彼深知撒克遜尼之可恃，又未費力卽與俄女皇伊利沙白(Tsarina Elizabeth)結成同盟，蓋此人曾被普魯士王譏刺，懷恨在心也。彼又與英荷二國成立友誼之協定。此外所需者，惟法國而已。其聯法之政策，亦卒因其代表可尼慈 (Count Kaunitz) 之力而成功。可尼慈

『外交革命』

一七五六至一七六三年之七年戰爭

者，當時最大之外交家也，彼嘗允法國佔領弗列德利克在萊因河方面之諸省，以爲要求法國退出普魯士同盟而加入與奧大利同盟之報酬。顧路易十五最初並未承認與奧大利爲同盟，蓋以其與法國歷來反對黑普斯保族之政策相違也。可尼慈乃疏通其有野心之寵妃朋巴都爾(Madame de Pompadour)。此人亦如俄女皇伊利沙白，痛恨普魯士王之刻薄譏刺者，故法國卒從其所請，而加入反抗普魯士之同盟。

但此時之英國，已與弗列德利克成立一種特別協定，其目的在保證漢諾瓦領士之完整及德意志諸邦之一般的和平。故當一七五四年，英法二國之殖民戰爭復起之時，英國之與普魯士結成同盟，實爲自然之勢。於是當勝負未決之奧大利皇位繼承戰爭期中，係由普魯士與法國攻擊奧大利與英國，而在後來繼起的能決勝負之七年戰爭期中，則係由奧大利與法國攻擊普魯士與英國。此種傳統的同盟之顛倒，通常均稱爲『外交革命』(Diplomatic Revolution)焉。

七年戰爭在歐洲方面，始於一七五六年，終於一七六三年，就其參戰之人數及將略之優勝而言，均應與西班牙王位繼承戰爭同列爲近代世界上最大之戰爭。此次戰爭之海上及殖民地方面之戰況，前已述及，即包括美洲方面之法蘭西人與印第安人戰爭（一七五四——一七六三）

一七五七年弗列德利克在洛斯巴赫之勝利

及印度方面克來武之勝利，且最後確立英國在海上，遠東及新世界之優勢者也。 至於此次戰爭在歐洲大陸方面之狀況，則當於此處述之。

弗列德利克不待正式宣戰，即佔據撒克遜尼，索取大宗之賠款，編練大批之新軍，並率其訓練最精之軍隊踰嶺而侵波希米亞。 但爲奧大利之勁旅所迫，卒不得不解巴拉叩之圍，而退回本國。從此敵方之聯軍，遂自各方面連合夾攻。 俄羅斯人則侵入東普魯士，瑞典人則由破麥拉尼亞侵入白蘭登堡之北部，奧大利人則侵入細勒西亞，法國人則從西部進攻。 弗列德利克之所以能表現其雄才大略，而列爲歷史上最大軍事領袖之一，並應享有『大王』(the Great)之稱號者，即由於此次之戰爭。 其軍隊較敵方之任何一國均少，卒能以迅雷不及掩耳之手段，直趨德意志中部，大敗法軍於洛斯巴赫（Rossbach 一七五七年）。 法軍之統帥嘗上書於路易十五云：『我方全師敗績，軍官之被殺被擄或失蹤者不知其數』。 弗列德利克既脫去西方之危險，即回至細勒西亞，在盧森（Leuthen）大敗奧大利人，擄其軍士三分之一，餘皆奔潰。

弗列德利克雖迭獲勝利，但其軍士亦喪亡殆盡，雖有英國關德之資助銀餉，然欲得人從軍，已甚困難。 彼因由敵國募集新軍，對於逃走之軍士，加以恩赦，甚至取戰時俘擄以從軍。 至此，彼已不能相信其軍士能取攻勢，故在以後之五年中，對於細勒西亞方面之戰爭，均取守勢。而俄羅斯人則佔據其東普魯士，並深入白蘭登堡，一七五九年更攻陷柏林。

法國之失敗

法軍自洛斯巴赫之戰敗後，轉攻漢諾瓦，但遇普魯士軍意外之抵抗。蓋此時普魯士之新軍因闢德之資助而募集，由普將布倫斯威克(Brunswick)親王統率之，法軍又大爲所敗，並漸被逐於德意志之境外。此時之法軍既屢戰屢北，而在美洲與印度方面之法軍，亦皆失利。於是法王不得不求助於其堂兄弟西班牙王，結果則包本族所統治之法國，西班牙，雙西西里諸國，咸結成防禦同盟（一七六一年），而西班牙遂亦參戰（一七六二年）。

『家族團結』

俄國之退出戰爭

弗列德利克大王之所以能眞正脫除危險者，究係由於俄女皇伊利沙白之逝世（一七六二年）及彼得三世(Peter III)之卽位。蓋彼得三世爲所謂危險之狂人，而極仰慕普魯士王之軍威者，彼貿然將其助馬利亞德勒沙之俄軍轉助弗列德利克，並將其先人所征服之土地仍歸還於普魯士註一。西班牙之參戰太遲，無補於實際，並不能恢復法國之損失。實際上包本族之諸國，殆已精疲力乏矣。奧大利軍雖力圖向弗列德利克奪回細勒西亞，最後亦終於絕望。

註一　彼得三世在同年被廢，其后加察林二世繼位，對於雙方均拒絕予以積極之軍事援助。

黑波他斯堡條約（一七六三）

歐洲方面之七年戰爭由黑波他斯堡（Hubertusbug）條約（一七六三年）而告結束。馬利亞德勒沙雖不願放棄其對於細勒西亞之要求，最後亦無法挽救。普魯士已因使與大利屈服而變爲第一等國家。

黑普斯堡族之屈服與和漢佐倫族之勝利

和漢佐倫族自後被承認與黑普斯堡族立於同等之地位。而一方爲英國，一方爲法國與西班牙之戰爭，亦約於同時由巴黎條約而告結束，法國割讓其殖民地之大部分與英人。自是而後，英國實際上遂爲海上無敵之主人翁，及世界主要之殖民國家矣。

弗列德利克大王與波蘭之分割

弗列德利克大王晚年壹意於鞏固其國土，並擴充其勢力範圍，但其達到目的，係藉外交手腕而非戰爭。彼以爲欲防制與大利之恢復細勒西亞，最好莫如與俄國締結同盟。一七七二年，其與俄女皇加察林連合第一次分割波蘭，即此同盟之結果也。此次之分割，加察林得此國之都納（Duna）河及得熱普爾河以東之七地。西普魯士除但澤及佐隆（Thorn）二城外，概爲弗列德利克所得。由是普魯士遂得與白蘭登堡相連接。馬利亞德勒沙一方面因細勒西亞之損失，一方面又恐波蘭分割之結果，致其北方之勁敵勢力太盛，思所以再造均勢，遂加入波蘭之分割，得加利西亞（Galicia），重要之克拉科（Cracow）城亦屬之。馬利亞德勒沙對於此事，屢表示不滿，但如尖刻之弗列德利克所言「彼雖痛哭而仍取之」。

普魯士對於波蘭分割所得之利益實較奧大利者爲更大。蓋普魯士所得之土地，係位於波羅的海之沿岸，因之可使東普魯士，白蘭登堡，細勒西亞構成一地理的與政治的單位。反之，奧大利所得之土地，因在其天然國境以外，其國力反因之而微弱。且由此新加入一種好亂之波蘭人種，致黑普斯堡族領內之人種及其利害之衝突愈益複雜。

數年之後，當巴華利亞選侯轄境之繼承發生問題，奧大利要求此邦之大部分時（一七七七——一七七九），弗列德利克再起而干涉之，有時用詭譎手腕，有時用武力恐嚇，以防制黑普斯堡族勢力之膨脹。其最後之重要設施，則在聯合各邦之君主組織同盟，以保護德意志各小邦，防制奧大利之侵略。

弗列德利克大王由於勵精圖治，才雄厚意志堅強，不顧道德，卒能完成大選侯與弗列德利克威廉一世之政策，而增高普魯士之地位，與奧大利同掌德意志之霸權，並得在歐洲之國際上佔重要之地位。但弗列德利克之壽命苟能延長二十年，必當親見神聖羅馬帝國之消滅，德意志諸邦之凋零，普奧二邦之同歸於衰微，甚或明白因流血與詭譎而樹立之個人專制主義，殊難與彼受理想主義與夫自身權力意識所鼓舞之民族相敵也。

和漢佐倫族世系表(1415–1915):白蘭登堡選侯,普魯士王,德意志皇帝

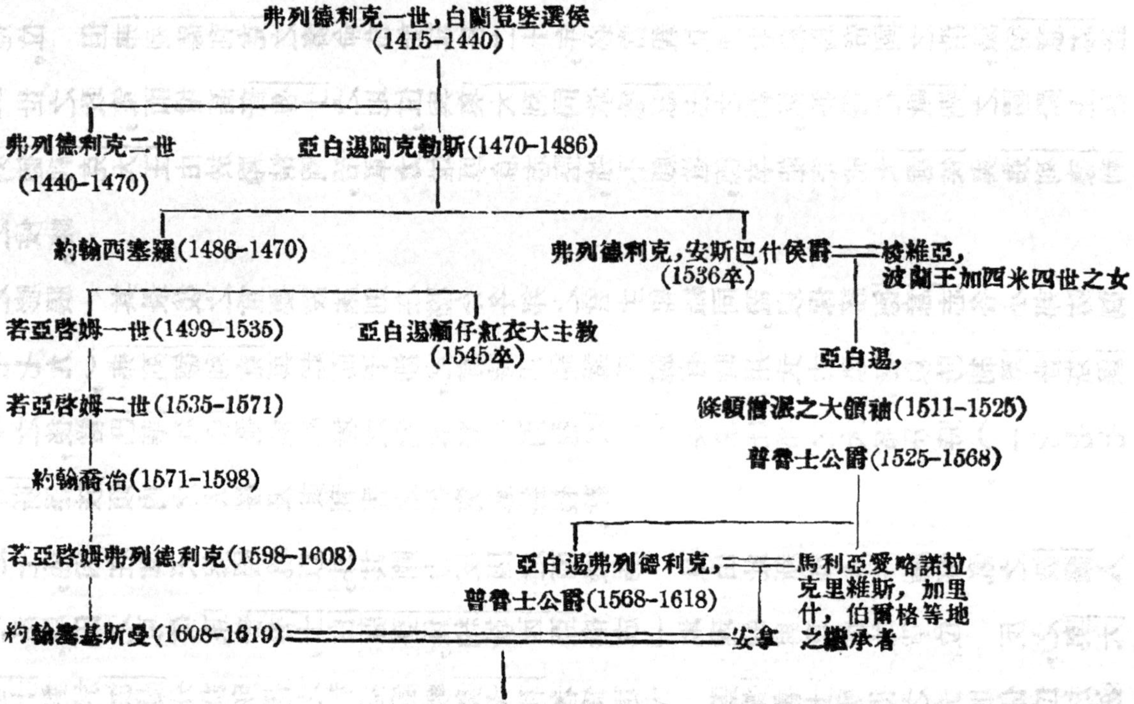

喬治威廉(1619-1640)
大選侯弗列德利克威廉(1640-1688)
弗列德利克三世(1688-1713)
(弗列德利克一世,普魯士王,1701-1713)
弗列德利克威廉一世(1713-1740)═══梭維亞
大不列顛王喬治一世之女

愛略諾拉═══格斯他夫亞多爾斯,
瑞典王

大弗列德利克二世
(1740-1786)

奥革斯都威廉
弗列德利克威廉二世(1786-1797)
弗列德利克威廉三世(1797-1840)

弗列德利克威廉四世
(1840-1861)

威廉第一,
普魯士王(1861-1888)
德意志皇帝(1871-1888)
弗列德利克三世(1888═══大不列顛女王維多利亞

查羅特═══尼古拉一世,
俄羅斯皇帝

威廉第二(1888-1918)
亨利,海軍上將
梭維亞═══君士坦丁一世,希臘王

課外讀本

普通者：

一、簡略者：

1. J. H. Robinson and C. A. Beard ——*The Development of Modern Europe*, Vol. I (1907), Ch. IV, V.
2. E. F. Henderson,——*A Short History of Germany*, Vol. II (1902), Ch. I-IV.
3. A. H. Johnson,——*The Age of the Enlightened Despot, 1660–1789* (1910), Ch. VII, VIII.
4. Ferdinand Schevill,——*The Making of Madern Germany* (1916), Ch. I, II.
5. Arthur Hassall,——*The Balance of Power, 1715–1789* (1896), Ch. VI–IX.
6. C. T. Atkinson,——*A History of Germany, 1715–1815* (1908).
7. H. T. Dyer,—— *A History of Modern Europe from the Fall of Constantinople*, 3d

ed. rev. by Arthur Hassall, 6 Vols. (1910), Ch. XLV-XLVIII.

二、詳悉者：

1. *Cambridge Modern History*, Vol. V (1908) Ch. XII, XX XXI, and Vol. VI (1909), Ch. VII-IX, XX.

2. *Histoire générale*, Vol. V. Ch. XIX, Vol. VI, Ch. XVI, and Vol. VII, Ch. IV、V.

3. Emile Bourgeois,——*Manuel historique de politique étrangère*, 4th ed., Vol. I (1906) Ch. VI, XII.

4. Bernhard Erdmannsdörffer,——*Deutsche Geschichte*, 1648-1740, 2 Vols. (1892 1893).

關於十八世紀黑普斯堡族之領土者：

一、英文者

1. Sidney Whitman,——*Austria* (1899).

2. Sidney Whitman,——*The Realm of the Habsburgs* (1893).

3. Louis Leger,——*A History of Austro Hungary from the Earliest Time to the Year 1889*, trans. by Mrs. B. Hill from a Popular French work (1889).

4. William Coxe,——*House of Austria*, 4 Vols. (1893–1895).

5. C. M. Knatchbull-Hugessen,——*The Political Evolution of the Hungarian Nation* Vol. I (1908), Ch. IV-VII.

6. Armin Vámbéry,——*The Story of Hungary* (1894).

二、德文者：

1. Franz Krones,——*Handbuch der Geschichte Oesterreichs*, 5 Vols. (1876–1879) Vol. IV, Book XVIII.

2. Alfred von Arneth,——*Geschichte Maria Theresias*, 10 Vols. (1863–1879).

3. A. Wolf and Hans von Zwiedineck-Südenhorst,——*Österreich unter Maria Theresia* (1884).

關於普魯士之勃興者：

1. *History of All Nations*, Vol. XV, *The Age of Frederick the Great*, Eng. trans. by Martin Philippson.

2. Herbert Tuttle,——*History of Prussia to the Accession of Frederick the Great* (1884).

3. Herbert Tuttle,——*History of Prussia under Frederick the Great*, 3 Vols.

4. Reinhold Koser,——*Geschichte der brandenburgisch-Preussischen Politik*, Vol. I (1914).

5. J. G. Droysen,——*Geschichte der Preussischen Politik*, 14 Vols. (1868–1876).

6. Ernst Berner,——*Geschichte des Preussischen Staates* (1891).

7. Hans von Zwiedineck-Südenhorst,——*Deutsche Geschichte im Zeitraum der Grün-duny des Preussischen Königtums*, 2 Vols. (1890–1894).

8. Albert Waddington,——*Histoire de Prusse* Vol. I (1911).

9. F. C. Forster,——*Friedrich Wilhelm I Konig von Preussen*, 3 Vols. (1834-

1835).

10. F. W. Longman,——*Frederick the Great and the Seven Years' War*, 2d ed. (1886).

11. W. F. Reddaway,——*Frederick the Great and the Rise of Prussia* (1904).

12. Thomas Carlyle,——*Frederick the Great.*

13. Reinhold Koser,——*Geschichte Friedrichs des Grossen*, 5th ed., 4 Vols. (1912–1914).

14. *Politische Korrespondenz Friedrichs des Grossen*, ed. by Reinhold Koser and Others.

關於弗列德利克大王之戰爭者：

1. G. M. Priest,——*Germany since 1740* (1915), Ch. I-III.

2. D. J. Hill,——*History of Diplomacy in the International Development of Europe* Vol. III (1914), Ch. VI–VIII.

3. Richard Waddington,——*La guerre de sept ans: histoire diplomatique et militaire*,

5 Vols. (1899-1914).

4. A. D. Schaefer,——*Geschichte des siebenjährigen Kriegs*, 2 Vols. in 3 (1867-1874).

5. Wilhelm Oncken,——*Das Zeitalter Friedrichs des Grossen*, 2 Vols. (1881-1882).

6. A. W. Ward,——*Great Britain and Hanover, Some Aspects of their Personal Union* (1899).

第十二章　俄羅斯之勃興與土耳其瑞典波蘭之衰替

第一節　十七世紀俄羅斯之狀況

彼落後之東方式的莫斯科維帝國，如何變爲龐大之俄羅斯帝國，現且跨有全世界陸地六分之一，並包含地面人口十二分之一，實爲近代史中最驚人的現象之一。俄羅斯與西方基督教國之商業及文化開始有親密之接觸者實爲十八世紀中之事而其開始變爲歐洲國際上之強國，亦此時之事也。

俄羅斯之向外發展

自俄皇伊桓大帝(Ivan the Great)至彼得大帝(Peter the Great)之二百年間，有數種事迹實爲後日此歐洲東北部強盛帝國之勃興闢一途徑，其最重要者，厥維俄羅斯人種與領域之發展。當十六七兩世紀中，莫斯科附近之農民恆向南部與東部遷徙，殖居於頓河(Don)，窩瓦河，厄爾齊斯河(Irtysh)等肥沃之平原註一。吾人一閱俄羅斯之地圖，即可看出其河流之密布及

註一　俄皇之軍隊則爲殖民者之後援，一五五二年佔領喀山城(Kazan)，一五五四年佔領裏海附近之阿斯達拉干城。

其地勢之平坦；便於人種之向外發展。向南緩流之得熱普爾河，頓河，窩瓦河，同出一源，向外分流，並經卡馬(Kama)而與流入極北部之白海的士味拿河(Dwina)河源相與聯絡，成爲通商移民之大道，其助成全國統一之力，蓋較任何政治制度爲猶大焉。各水道間之搬運路線，平坦便利，可行小船。此等搬運路線，後經人工略事整治，逐漸成爲暢通航路之運河。即在今日，此種運河對於經商往來，猶較諸鐵道爲重要。

哥薩克人

當移民者循河流向外發展而蔓延於遼闊之平原時，不得不自爲戒備，以防好亂土民之攻擊，故恆互相團結，成爲半軍隊式之團體。此種向外發展之先鋒隊，構成一種特殊階級，即所謂哥薩克人(Cossacks)是也。此種人亦與其他時期中其他地域之殖邊人民相似，例如合衆國開發西部邊境之人是。其生活未脫草昧狀況，一方面營農稼與畜牧，同時又兼漁獵生活。在南部之大河流域，哥薩克人所結成之許多半獨立的軍隊式團體，其在窩瓦河與頓河流域者，則受莫斯科維皇帝之統治，其在得熱普爾河流域者，則受波蘭王之統治。

向亞洲方面之發展

俄羅斯人之向外遷徙，並不限於歐洲。歐亞二洲之間，原無分明之界線，一閱地圖，即可看出之。卑伏之烏拉山，僅爲向北之屏障。至於南方，則俄羅斯平原繼續延長，迄於裏海，而終與西伯利亞草原相接。哥薩克人，農民，及冒險家之踰此等平原而遷徙者，絡繹不絕，俄羅斯本國之習慣傳說亦隨之廣布。移民者更不斷向東蔓延，一五八七年建托波兒斯克（Tobolsk），一六〇四年建托穆斯克（Tomsk），一六三二年建雅庫次克（Yakutsk）於勒拿（Lena）河上，一六五二年建伊兒庫次克（Irkutsk）於貝加爾（Baikal）湖上，一六三八年達於鄂霍次克（Okhotsk）海，十七世紀末葉且佔領岡察德加（Kamchatka）半島而虎視縹渺無際之太平洋。因此當西班牙人正推廣其語言與法律於南美，英人正確立其制度之優勢於北美之時，俄羅斯人亦佔領北部亞細亞，且表示帝國向東發展之路程，至少將隨之而俱進焉。

伊桓大帝在教會禮拜中被稱為『全俄羅斯之統治者與皇帝，新君士坦丁城莫斯科之新君士坦丁帝（Tsar Constantine）註一』。其繼承者亦莫不自命為全俄羅斯之統治者與皇帝。彼等藉軍事力量，對於俄羅斯人所到之處，均能維持其統治權。而移殖於遠處者因種族自尊心

註一 東羅馬帝國（Gracco-Roman Empire）最後之皇帝（Caesar）君士坦丁十一因一四五三年君士坦丁堡為土耳其人所攻破殉難而死。俄國之基督教與文化係受自東羅馬帝國治下之希臘人者，現俄國之君主竟恢復（caesar）（俄文為 tsar 或 czar）之稱號，實為一極可注意之事件。

與宗教熱忱，亦莫不尊敬其莫斯科之皇族。俄皇之權力，實隨國土而同時發展焉。

俄羅斯之東方的特性

顧此已經擴大之俄羅斯，仍未脫東方之特性，其基督教與其謂出源於西歐，毋寧謂出源於東方。其社會上之習慣，亦帶有亞洲之性質者多，而帶有歐洲之性質者少。其貴族甚至及其皇帝，自西方基督教國觀之，實與野蠻人無殊。當十七世紀中一般人士對於俄羅斯之態度與十九世紀中一般人士對於中國之態度正同。

俄羅斯之所以比較落後，其理由實不難探索。第一，俄羅斯之宗教，係直接繼承氣息奄奄之東羅馬帝國者，故與西歐之羅馬教或新教，均不相同。第二，因俄羅斯與征服彼等之亞洲蒙古人或韃靼人相接觸，歷時既久，又甚密切，故俄羅斯人種深受東方風俗習慣之浸染。第三，俄羅斯之自然環境，利於發展農業，而不利於發展工業及國外貿易，同時又使其移民與發展便於東向而不便於西進。最後，當鄰近之西方諸國如瑞典，波蘭，土耳其等繼續強盛，並保有波羅的海與黑海之全部海岸時，俄國絕不能得一海口，足以與西歐從事於貿易，因此亦不能享受基督教國之共同文化。

俄羅斯之能希望變爲歐洲之強國，實在模仿西方，從事維新，及抵抗西方鄰國大告成功以後，

而其眞正從事於此種雙重政策又在羅馬諾夫朝卽位之後也，

『騷動時期』

伊桓大帝之直系，至十六世紀末葉而絕祚，此後則成爲俄羅斯歷史上之所謂『騷動時期』。關於皇位繼承之競爭，引起不絕之內訌，因之釀成無政府狀態，召致外國之干涉。波蘭人嘗橫行於其境內，甚至佔領莫斯科之內城。瑞典人亦嘗乘俄羅斯之騷動時期，向波羅的海之東岸大事拓地，並奪取商業上之重要中心諾維哥洛。在南方，則有土耳其人與哥薩克人從事戰爭，並征服克里米（Crimea）之多數小邦。

一六一三年羅馬諾夫之卽位

在此等令人氣餒之情勢下，一六一三年終有一大規模之國民會議集會於莫斯科，以選舉皇帝，羅馬諾夫（Michael Romanov）因其家族嘗與古代之皇室有婚姻關係，遂得當選。最近俄羅斯革命前之專制皇帝，竟爲一六一三年民選之羅馬諾夫之直系苗裔，亦一頗爲有趣之事也。羅馬諾夫頗能副選舉者之厚望。彼既得各階級之承認，遂恢復全國之秩序與安寧，並能抵制外國之侵略。彼嘗建鞏固之城鎮數處於國境之南部，以防韃靼人（Tatars）與土耳其人之攻擊，又從瑞典人方面收復諾維哥洛。當其嗣子在位期中，波蘭人入寇，卒被擊退，得熱普爾河遂爲波蘭與俄羅斯之國界註一。

第二節　彼得大帝

羅馬諾夫之孫，卽著名之彼得大帝，此人實可稱爲近代俄羅斯之開創者。　彼得幼時，在名義上與諸兄共理政事，但諸兄相繼死後，均無嗣，一六九六年，彼得遂獨攬大政。　彼得自始卽深慕西歐之美術，科學，王權，以及海陸軍之編制。　彼除有極強之嗜好外，復有堅決之意志，決意滿足其各種之嗜好，且對於其所學習或發現者，力求應用。

彼得之卽位及初年之遊歷

彼得幼好研究各種之機械與發明，尤喜研究造船，造船與航海，實爲其最愛之遊戲。　年二十一時，彼曾用其親造之船舶試航於冰凍之白海岸亞爾干日爾城附近。　當其一六九六年獨爲俄羅斯皇帝之時，年已二十四，遂組織艦隊，敗土耳其人於黑海，並奪取重要之亞速夫港。　但除此以外，在此次土耳其戰爭中，並無其他之成績。　彼遂開始明白，欲實現其計畫，非藉助於西方不可。一六九七年，因派專使由莫斯科出發，欲聯絡列強共抗土耳其，己則喬裝水手，稱彼得密克洛夫(Peter Mikhailov)，以便乘機得悉造船術與其他之機械科學。

註一　係爲安得路蘇弗（Andrussovo 一六六七年）條約所規定。　依照此約，波蘭割基弗（Kiev），斯摩稜斯科(Smolensk)，及東部烏克蘭（Ukraine）於俄。

此次俄國使節之主要目的，顯然失敗。蓋其時之西歐，正當西班牙王位繼承戰爭將起之際，各國之君主似均注意於王室之政治紛爭，無暇他顧，故俄國欲攻土耳其，無處可以求援。但就彼得個人而言，則已得悉多種有利之事物。其在荷蘭，不惟研究解剖術及雕刻術，並研究造船術。在英格蘭，則考察工商情形。對於普魯士之軍備，更細心考察。彼於所至之地，莫不羅致其工匠，水手，工程師，及其他之工人，送至俄國，以敎導其人民。

禁衛軍之平定

當彼得正由維也納赴威尼斯之時，中途忽聞其禁衛軍（streltsi）乘彼出國一年半之久，在莫斯科起叛變。彼倉忙歸國，對叛亂之軍士大行報復，被縊死或車裂者達二千人，斬首者凡五千人。彼得且用種種之方法，手刃禁衛軍，以警廷臣，如是者歷若干日之久。

軍事之改革

彼得對於叛亂之禁衛軍旣嚴重懲治，旋卽廢除此種軍隊之編制，蓋已顯然決意脫去本國過去之傳習，並強制俄國人民之全體與之取一致之行動矣。

彼得最初所注意者，卽在倣普魯士之軍制以改編其軍隊，組織新軍以代替禁衛軍，槪委順從己意之外人以統率並訓練之。此種軍隊對於彼得大帝內政外交之成功，實非小補也。

西方習俗之輸入

其次則注意於人民之服裝與習尙，俾由東方式變爲西方式。彼迭次頒布改革令，雷厲風行。

彼嘗召集國中之權貴，親翦其長鬚，而對於以後蓄長鬚者，則課之以重稅。又輸入法國或德意志之服裝，以代替其本國向用之服裝，有不從命者，亦科以鉅額之罰金。人民必須吸用煙草。東方婦女幽居深閨之習，亦遭禁止。每逢宮廷之大宴，男女得自由雜坐。顧此等革新，大都限於表面，貴族與教士之一部分，固深受其影響，然對於一般之民衆，影響殊少。但彼得既開其端緒，其結果在將來實甚重大也。

專制政治之進步

當彼得大帝在位之期中，最堪注意之事件，卽在廢除皇權之重要限制，並確立俄國之所謂「專制政治」(autocracy)。彼得本人固有雄才大略，堪爲一神權君主者。彼外觀路易十四之集權，內察本國之需要，深信專制政治之適宜於俄國。

正統教會隸屬於國家

吾人前已言及，彼得大帝曾以忠順守紀之常備軍，代替獨立好亂之禁衞軍，是實爲趨於專制政治最重要之步驟，此外則在使教會隸屬於國家。彼得深知正統教會(Holy Orthodox church)對於俄國人民影響之大，其政策若受教會之反對，卽難於實現，故切望教會之贊助專制政治，而不與之爲敵。其所採之步驟，卽爲增高教會在國人心目中之地位，同時又使教會爲政府所利用。彼於教會之教義，則表示熱烈之信仰，但對於莫斯科教長 註一 操縱教會之特權，則剝奪之，而

宗教大會　將教會之一切權力另委諸一種團體，卽所謂宗教大會（Holy Synod）者是。其會員爲主教，其會長則爲一俗人皆由皇帝選任之。教會中所有之官職自後須經此會之批准，始得任命。至於講經，刊行書籍等事，亦須預經此會之批准。俄皇由此對於俄國教會所獲之權力，恰與二百年前亨利八世對於英格蘭教會所獲之權力相同。此政策之結果，與彼得之所希望者適能相合：自彼得以後，俄國之正統教會竟成爲專制政治之左右手。俄皇則稱譽教會爲秩序與神聖之淵源，教士則推崇並贊揚專制政治爲禮拜堂中之約匱。

俄皇之世俗權力　改造俄國之政治，俾趨於專制，爲彼得大帝之又一種成績，其效果亦甚悠久。國家之元首，卽爲擁有無限權力之皇帝。俄國在古代原有一種會議（Duma），由貴族組成之，嘗行使空泛之立法權，現則無形廢棄，而以一種具有諮詢性質之政務會議（Council of state）代替之，其會員通常爲貴族，由俄皇選任之。一切地方自治之痕跡，亦概行掃除，自後全國皆由俄皇個人之代表治理之。爲厲行其專制意志起見，彼得又組織一種警察制度，以民軍爲基礎，其長官概受中央之統

註一　直至十六世紀，莫斯科之大主教在理論上仍隸屬於君士坦丁堡教長之權力下，及哥都諾夫（Boris Godunov）得全體希臘正統教會之承認而獨立以後，遂改稱莫斯科教長。

轄。彼得之此等改革，亦曾引起許多反抗，與其他之一切改革正同，有時甚至不得不依使外人，以圖實現。但至可能之時期，則仍換用本國人，因彼得政策之要點，即在俄人治俄，而不須外人之干涉或輔助也。

彼得大帝之社會改革計劃

彼得亦如當時西歐之君主，對於國內之經濟狀況，特加注意。此時俄國之農民，仍構成全國人口之大多數，故彼力圖農業之振興，農民境遇之改良，惟其方法不免愚笨耳。彼得並剝奪貴族前此多種之特權，欲使政治權力之授予及社會地位之高下，概以才能而不以門閥為標準。彼深知俄國不幸缺乏一種數多而繁榮之中產階級，故恆注意獎勵工業，以創造此種階級。但因戰禍頻仍，以致其經濟上與社會上之多種計畫，卒無成功。

彼得大帝之野心外交政策

內政改革，不過為彼得雄圖之一半耳。俄國不惟由彼得而廢除禁衛軍，剝奪教會之獨立，摹倣西歐之風俗與習慣，確立專制政治，且由彼得而確立並實行向外發展之計畫。彼得嘗一方面注意西伯利亞之探險與殖民，並欲在裏海之周圍及波斯帝國拓地；另一方面（就吾人現在研究之對象而言此方面更為重要）又決意增進俄國與歐洲之文化及商業關係，欲藉取得黑海與波羅的海方面之出口，而向西方闢一通路，是即彼得之所謂通西方之『窗戶也』。

惟此時彼在波羅的海，則爲瑞典所封鎖，在黑海方面，則爲土耳其之勢力所包圍因此彼得大帝欲從事於戰爭，卽在攻擊瑞典與土耳其。自彼觀之，欲保存俄國之西歐文明，則對於此二國必須戰敗其一國或二國俱敗之。依後日之事實所示，其攻擊土耳其人之成功甚少，至於攻擊瑞典人，則情形較佳。

吾人欲明白十八世紀最初二十五年中俄國與瑞典重大衝突之性質，現不可不觀察瑞典同時之發展焉。

第三節　瑞典與查理十二之事業

十七世紀之瑞典爲強大之國家

吾人應回憶當彼得大帝以前之一世紀中，著名之格斯他夫亞多華斯嘗欲使波羅的海變爲瑞典之一湖。瑞典本國位於波羅的海之西岸。除本國及其屬國芬蘭（Finland）外，彼更因征服之結果，增加喀勒里亞（Karelia），英格里亞（Ingria），愛沙尼亞，里凡尼亞註一等東部之諸省。

註一　里凡尼亞在一六二一至一六二九年之波蘭戰爭期中，卽爲格斯他夫亞多華斯所佔領，但至一六六〇年，波蘭始正式放棄之。愛沙尼亞在一五六一年卽爲瑞典人所征服，但至一六一七年，俄國始放棄其對於此省之權利。

並因干涉三十年戰爭，取得西部破麥拉尼亞及易伯，阿得，威悉諸河之河口。其對於德意志之事務，勢力亦甚大。當格斯他夫亞多華斯卒後，多歷年所，瑞典實被公認為歐洲大陸新教之首領。其在波羅的海之商業，亦日益隆盛。瑞典之利牙（Riga）港，實為俄國與波蘭之輸出品最便利之出口。而北德意志諸邦之輸出品，則恆藉瑞典之船舶，由斯德丁（Stettin）或斯德散特(Stralsund)運出之。

丹麥，波蘭，白蘭登堡諸國，屢圖破壞瑞典在波羅的海之商業獨佔權，並奪去其征服之土地，但歷時甚久，卒無結果。瑞典之軍隊繼續勝利，至一六六〇年，各國乃以條約承認其領土。當時之瑞典，不惟在軍備方面為最強之國家，即就領土而言，亦為歐洲最大國家之一，其面積較今日之瑞典約大二倍。其陸地之面積，較近代之德意志帝國多七千方哩。一切之島嶼及波羅的海沿岸之大部分，均屬於其版圖。其首都斯德哥爾摩（Stockholm）位於帝國之中心第二大城利牙位於波羅的海之彼岸。無論就政治，宗教，商業等而言，瑞典均為各國所敬畏。

瑞典地位之弱點

顧十七世紀之瑞典，外雖強大，而其真正之實力則不能逮。其商業勢力，既引起一切鄰國之妒嫉。其在波羅的海彼岸之屬國，亦難於保持，因此等屬國中之芬蘭人，俄羅斯人，波蘭人，德意志人，丹麥人等，與瑞典僅有勉強之關係，而對於其統治者之仇敵，卻每具有自然之同情。因此瑞典不得不爲武裝之軍國無時不在戒備之中。瑞典對於應付此種可畏之命運，實絕不適宜。其領土遼闊，人口稀少，農民又皆貧困不堪。只因法國與之同盟，故對於德意志諸邦，始有強固之後援。但自路易十四失勢，普魯士，俄羅斯二國勃興以後，瑞典終不得不喪失其北方之霸權矣。

十七世紀中瑞典之君主，對於其本國之厄運，負咎亦大，蓋彼輩大都窮兵黷武，對於內政，毫不注意也。黷武之結果，不惟犧牲國內建設所急需之人口，耗費大宗之金錢，即商業亦因之而受損失。國內之四境，悉成荒地，鄰國之仇恨，亦永難冰釋。彼等又復浪費怠荒，致釀成內政上之紊亂。賦稅既甚繁苛，分派復不公平。貴族之政治特權，亦多所恢復。此時需要正急之王權，反形減少。而彼貴族之自私與貪婪，更促成國家之傾覆（註一）焉。

反抗查理十二之同盟

及當一六九七年，年僅十五之查理十二即瑞典王位之時，其強鄰咸以爲瓜分瑞典之時機已至。先是俄皇彼得於遊歷後翌年回國之時，嘗與撒克遜尼選侯兼波蘭王奧革斯都二世（Augus-

註一　在有爲之查理十一（一六六〇——一六九七）之治下，嘗發生一次反動，但其效果卒因其嗣子查理十二而完全消滅。

tus II）商議後者所擬分割瑞典帝國之計劃。依此計劃，波蘭恢復里凡尼亞，且合併愛沙尼亞。俄國則取得英格里亞與喀勒里亞，因此在波羅的海方面得一港口。白蘭登堡則佔領西部破麥拉尼亞。丹麥則佔領和耳斯太因及易伯河與威悉河之河口。查理十二則僅保留其在斯坎的納維亞半島之本國及芬蘭大公國。最後結果除白蘭登堡外，撒克遜尼，丹麥及俄國竟於一六九九年簽定一毒惡之盟約。同盟諸國均希望迅速成功蓋此時之西歐與南歐，均因爭奪西班牙之領土，將瀕於極大之衝突，對於彼等之分割瑞典，自無暇制止也。

查理十二之武功

但同盟諸國，未免驕敵自矜。查理十二雖年幼然敏慧沈潛，果斷雄武，饒有祖風。其平日作戰，常喜以寡敵衆。因其性情狂躁，故人多稱爲『北方之狂人』（madman of the North）焉。一六九九年之同盟結果，促成北方大戰（Great Northern War）。此次戰爭綿延至一七二一年止，瑞典不得不因此漸降爲第三等國家。瑞典之破壞，卽在查理十二此次最驚人之武功中完成，其所受之創痛，較之同時期中之西班牙爲尤大。

查理十二乘同盟諸國尚未聯合之際，急渡海峽，攻入丹麥。丹麥王大恐，卽與締約（一七〇〇年），予以大宗之賠款，并約定維持未來之和平。

查理復由丹麥急渡波羅的海抵愛沙尼亞，欲征入寇之俄羅斯人。俄人與之相遇於拿法（Narva），全軍覆沒。既而查理南旋，肅清里凡尼亞與立陶宛（Lithuania）之波蘭人撒克遜人，及俄羅斯人。

查理旋又攻入波蘭之中心，佔據瓦薩（Warsaw）與克拉科，強制波蘭之國會廢奧革斯都而承認其所選任之勒仔沖斯奇爲王（一七〇四年）。

以上諸事，皆爲查理十二在十七與二十二歲間所成就之勳績。彼既獲大勝，必起驕心，實自然之勢也。彼自幼旣殘忍好戰，此時必暴戾益甚，亦自然之勢也。觀其對於俄國，波蘭，撒克遜尼等國境內之征服地所分發之訓令，無不爲『殘殺，焚燬，破壞』等詞，其最喜之格言卽『寧濫殺無辜，勿寬赦有罪』也。

然則彼得大帝與奧革斯都無一自甘屈服，實不足怪。當查理征服波蘭之時，彼得則收合餘燼，重整部曲，佔領喀勒里亞與英格里亞。及查理轉攻俄人，奧革斯都則又逐出勒仔沖斯奇，恢復波蘭之王位。俄國此時只求在芬蘭灣得一港口，卽願與瑞典同盟以攻波蘭。但查理仍倔強不屈，不知乘時略事退讓，以結束戰爭。

布多窪之戰（一七〇九）—查理十二之失敗

查理十二對於一切求和，均充耳不聞，仍奮擊俄國。彼旣不能取莫斯科，遂轉而向南，欲與叛亂之哥薩克人聯絡，適遇彼得大帝之軍於布多窪（Poltava一七〇九年）。布多窪爲俄國最後戰勝瑞典之地，瑞典之軍隊全部覆沒，國王僅率少數之殘軍，踰俄國之南境而奔土耳其。旣而查理鼓動土耳其人攻擊俄皇，但彼並未能因此獲利。蓋彼得已退還亞速夫港而與土耳其政府言和，土耳其政府亦以查理之要求戰爭，嘵嘵不已，漸感煩厭。查理僑居於土耳其五年之後，忽率侍從一人出奔斯德拉散特，此乃彼當時在瑞典與芬蘭以外唯一尙存之土地也。

查理十二之強硬及其逝世

但戰爭仍繼續進行，同盟之國數日增，而要求亦更甚。丹麥王復與彼得大帝及奧革斯都聯合。英國、漢諾瓦、普魯士諸國，莫不垂涎於瑞典之商業或領土，現均加入同盟。查理十二雖處於四面楚歌之中，仍能矻然獨立，寧爲玉碎，毋爲瓦全，其百折不撓之態度，始終不渝。後查理卒因征挪威而死（一七一八年），時年僅三十六耳。

瑞典之衰微

查理在世時，媾和決無希望，及其卒後，則和平立卽實現。蓋此時之瑞典，已瀕於衰竭，故於媾和，自如大旱之望雲霓。依二次斯德哥爾摩條約（一七一九年與一七二〇年），瑞典對於一切德意志領地，除西部波麥拉尼亞之一小區包括斯德拉散特城而外，其餘概行放棄。丹麥則取得和耳斯太因，並取得賠款。漢諾瓦則取得易伯河與威悉河之河口。普魯士則取得阿得河口及重要之斯德丁城。奥革斯都雖未取得領土，然已恢復波蘭之王位。英國，丹麥，普魯士諸國，均變爲瑞典商業之主要繼承者。

尼斯他德條約（一七二一）——俄國在波羅的海之勢力

尼斯他德（Nystad）條約（一七二一年）實爲俄國之轉機。蓋俄國依此條約，由瑞典所取得之完全主權，不惟以在喀勒里亞，英格里亞者爲限，並及於波羅的海方面之愛沙尼亞，與里凡尼亞等重要之省區，及芬蘭南部狹長之地域，維波爾格（Viborg）之鞏固堡壘亦屬之。彼得之野心，原在使俄國得一『通西方之窗戶』，現已實現。彼得於是在內法（Neva）之荒澤上慘澹經營建一大城，以爲商業之中心及俄國與西方世界之連鎖。彼名此新城爲聖彼得堡（St. Petersburg）註二，而由莫斯科遷都於此。

彼得格勒（Petrograd）

俄國於是推倒瑞典在波羅的海之霸權，一躍而列於歐洲強國之林矣。

彼得大帝之另一野心，在欲使俄國於黑海方面得一海港，但未能實現。彼一時雖曾奪取亞

註一 自建立以來，通常用條頓字形，名爲『聖彼得堡』（St. Petersburg），直至一九一四年國際大戰起，始代以斯拉夫字形，名爲『彼得格勒』（Petrograd）。

速夫，吾人已知其因欲防制土耳其人之與查理十二聯合，卒不得不放棄之。

彼得大帝之特性

但及一七二五年彼得逝世之時，俄羅斯帝國已變為一鞏固之國家，組織嚴密，治理完善，至少在表面上已西方化，並預備在歐洲之國際政治上大露頭角。關於完成此等事業之彼得，批評者之意見甚不一致，或則謂其凶殘好殺註一，或則謂其縱慾無度，或則以其為偉大之民族英雄。凡此一切之批評均頗允當。但最重要者，彼實為具有非常毅力與意志之特出人物，凡足以增進本國之福利者，彼恆不辭勞瘁以赴之焉。

第四節 大加察林——土耳其之失敗與波蘭之分割

當十八世紀中，俄國繼彼得大帝而起之君主，其品性殆鮮有能令人崇敬者。彼等多為婦女，道德既甚放肆，行動亦復鄙陋。但此時之俄國，對於瑞典已不足畏，因瑞典已精疲力乏，日呈衰象也。對於波蘭，土耳其二國，因其皆有內政上之困難，故亦不必畏其侵略。至於內政方針，則彼得

註一 彼得嘗因其子兼繼承者亞勒克修斯大公爵 (Grand Duke Alexius) 對於其改革之計劃不表同情，竟處以死刑，其處罰他人亦多殘忍可惡。

已指出一正確之途徑，繼起者亦無走入迷途之虞。

加察林二世之特性

俄羅斯帝國之女主中最著者爲加察林二世，即通常稱爲大加察林（Catherine the Great，一七六二——一七九六）者。就家世而言彼實非俄人而爲崇奉新教之德意志公主。彼之嫁爲俄國皇儲之妃，蓋王室間縱橫捭闔之結果也註一。加察林至俄不久，即要好於其人民，學習俄語，表面上並遵奉正統教（Orthodox church），對於其德意志之親屬，則表示疎遠，而對於俄人則表示親密，於是遂博得智能敏捷與熱心愛國之美名。當一七六二年，其半癡之夫主即位稱彼得三世之時，俄人心目中竟不知有其夫主，而視彼爲眞正之統治者。同年彼卒謀去其夫主，而在名實上均變爲俄國之統治者。加察林爲俄國之女皇，歷時三十四載，始終淫亂無行，絕無忌憚，但能以剛毅不屈之手腕統治俄國，並完成彼得大帝之事業。

加察林二世之行政

加察林在地方行政方面，創立「州」「縣」制，各置一長官與副官，概由中央政府任命之。在教會方面，則除彼得之所變更者外，更籍沒教會之財產，使教士不得不依其資助而專制政治因

註一　其婚姻係出於弗列德利克大王之意，其目的在欲減少奧國在彼得格勒之勢力。

以鞏固。

加察林二世之提倡學術

加察林本人對於十八世紀之文學與科學之進步，均感興趣，且決意使俄國在西歐人士之心目中成爲文明國家。彼常與福祿特爾及當時之多數哲學家與學者書信往還。彼曾贈年金於百科全書之主編者提特洛（Diderot）。並延聘學者至其宮廷，儼然一高等教育之友人焉。

加察林二世之外交政策

當十八世紀中，爲俄國向西發展之障礙者，凡有三國。其中之瑞典，已因北方大戰及尼斯他德條約而爲彼得大帝所屈服，至於波蘭與土耳其，則仍須待大加察林之應付。容吾人觀察不久將有何種之事件出現，足使加察林對於此種事業較易着手者。

十八世紀之波蘭

當十八世紀之前半期，波蘭在地理上固爲大國，但因種種環境，終致其國勢衰弱，而易於動搖。第一，此國無天然之國境足資防守。其西爲平原或邱陵，僅依劃定之人爲的界線，以與普奧二國爲界。其南與土耳其帝國以得尼斯特爾（Dniester）河爲界線，亦甚不固定。東部之得熱普爾河與北部之都納河二肥沃之流城，則與俄國共有。波蘭既無山脈，又無要塞區域足以防禦德意志人土耳其人或俄羅斯人之侵入。

波蘭之領土既遼闊而不易防守，其人種又甚複雜。波蘭人大都集中於西部之瓦薩與克拉科諸城，構成全國人口之大多數。此外尚有與斯拉夫人同種之立陶宛人，處於波蘭之中東部，有極多數之哥薩克人與『小俄羅斯人』(Little Russians)註一居於極東部，有德意志人與瑞典人移殖於北部與西部之邊境。波蘭人與立陶宛人之間，歷年以來，時起爭訌，而德意志人則常對於一切之斯拉夫人表示輕蔑。

波蘭境內不但因人種與語言之不同，時起軋轢，宗教亦不統一。波蘭人與最多數之立陶宛人，均篤信羅馬教。其餘之立陶宛人(尤其為大貴族)以及俄羅斯人與哥薩克人，均奉希臘正統教。而殖民於西部之瑞典人與德意志人，則奉路德新教。正統教徒與新教徒，在當時人目中，均為所謂異教徒(dissenters)。當時之歐洲各國，迫害異教之事盛行，而波蘭之異教徒，則均向羅馬教多數派要求異教寬容與禮拜自由。當其要求無效時，每致求援於外國。路德派則求助於普魯士，正統派則求助於俄國。

波蘭社會狀況之困苦

波蘭之社會狀況，尤甚惡劣。當十八世紀時，其城市已降至無關輕重之地位，故波蘭遂無一多數而殷富之中產階級。至於其他階級，則大貴族領有土地，生活奢靡，只顧私利，操縱政治，而大

註一　即 Ruthenians。

波蘭政治制度之弱點

多數之國民，則直等於農奴，其困苦狀況，在歐洲之他處，殆不能與之比擬。一方面既有貪婪而高傲之貴族，一方面又有被壓迫而愚昧之農民，而爲政治獨立之最好保障之社會聯立關係，遂因之而失去矣。

波蘭社會上之困苦，苟有開明進步之政府，或可稍予補救。但其政府之無能而有害，實爲世界所絕無而僅有者。自十六世紀以來，波蘭卽成爲選舉的君主政治，其結果當歷任君主之在位時代，恆因選舉繼承者，致引起外國之陰謀與內部之爭訌。而操選舉權之貴族，不惟藉此收受大宗之賄賂，並能由被選者索取種種之特權。因此，國王寖至徒擁虛位。後日最多數之國王，且均爲外人，只知藉其微弱之權力以增進本國之利益而不謀波蘭之福利。十八世紀前半期之波蘭王，皆爲德意志之撒克遜尼選侯。其所以取得此種地位，一方面係因奧，普，俄諸國出於利害關係之友誼所致，一方面則由於以鉅資收買波蘭之貴族也。彼等既得此位置，莫不利用波蘭之財源以發揮其德意志政策。

波蘭之憲法中，尚有一悖理之事，卽著名之『自由否決權』(liberum veto)是也。此乃大貴族相互間之一種約定。依此種紳士協定，無論何種法律，苟有一人以爲有損其利益起而反對時，國會卽不能通過之。當十七世紀中，自由否決權之原則更推廣其用，至於承認波蘭一萬貴族中之任何一人，對於其不贊成之法律均有拒絕服從之合法權利。（此實等於無政府主義。）但無政府主義在理論上無論如何優良，對於抵抗周圍諸國貪婪刻薄之專制君主，終非可恃之武器也。

十七世紀中土耳其勢力之日衰

土耳其帝國之困苦狀況，雖不若波蘭之甚，但其勢力與威望亦已顯然趨於衰落。吾人前已言及，土耳其人在十五六世紀中曾蹂躪巴爾幹半島，攻陷君士坦丁堡，推倒歷史悠久之東羅馬帝國（Graeco-Roman Empire），并在蘇勒曼統率之下，拓地於非洲北岸，在歐洲方面則渡多瑙河而攻入匈牙利之中心。土耳其人之海上勢力雖在里龎多之戰受重大之打擊（一五七一年），然其在陸地之繼續進展，則當十七世紀中，竟引起基督教國之最大恐慌。歷二十五年之戰爭，彼等卒從威尼斯奪得克里脫。黑海北部之韃靼人與俄羅斯人亦相繼歸其統治。羅馬尼亞與脫蘭斯法尼亞之國王，亦對之稱臣。匈牙利被其吞併，波蘭王一時亦對之納貢。一六八三年，彼等又圍攻維也納。此時苟非因波蘭王約翰蘇伯斯基（John Sobieski）援助被圍之奧大利人，則此城必已攻陷。至此，回教徒橫行於歐洲之勢力，已達其極巔矣。

自此以後，土耳其之國境遂逐漸減小。威尼斯，波蘭，教皇，奧大利，均結成同盟，與土耳其人從事於長期之劇戰。其結果則有十七世紀告終時之卡羅威仔條約，將匈牙利之大部分交歸奧大利之黑普斯堡族，脫蘭斯法尼亞亦屬之，將波蘭之南境擴充至得尼斯特爾河，並將在達爾馬提亞(Dalmatia)及希臘海岸重要之商業中心地讓與威尼斯人。此後土皇與黑普斯堡族復起二次之戰爭，結果致匈牙利之全部均脫去土耳其人之統治。

土耳其勢力之所以衰落，其原因并不在其鄰國果有充足之實力。因此時之鄰國除奧俄二國外，均甚衰微，且不能或不願爲公共利益而取一致之行動。其真正原因，究在土耳其勢力本身之不健全。促成土耳其後日之厄運者，實爲內部之困難，而非外來之困難也。

土耳其征服地之性質

須知土耳其人在其歐洲之領土中，從未佔當地人口之多數。彼等只係少數之征服者，富於宗教狂熱或軍事熱忱，而爲上帝實令其宣傳回教之理想所感動，奮勇作戰，或乘仇敵之內訌以謀拓地傳教。在被征服之區域中，原有奉基督教之居民，均被降至奴隸地位，而土耳其之征服者，則變爲大地主與統治階級。土耳其人欲推行並維持此種不自然之制度，則必須使其最完善之軍制能永久維持，並須使其政府不至流於軟弱腐化。但土耳其人對於此二事，最後均歸失敗。

土耳其政治之腐敗

十八世紀之土皇，均遠不如蘇勒曼之才。彼等莫不養尊處優，厭惡戰爭，耽於女色，怠忽政事，實際上之權力漸歸國務院（Divan）掌握。其中人員之進退恆出於宮廷之陰謀，有時且至發生流血慘劇。官場賄賂之事，舉國皆然。上自國務院，下至卑微之村落，其中之職位，概以金錢鬻賣。服官之主要目的在射利，其次要目的，則在藉此壓制人民。

土耳其國運所繫之軍隊，自亦反映其腐敗之政治狀況。當彼得大帝正在俄國組織強盛之軍隊，弗列德利克大王正完成普魯士軍隊之編制時，土耳其之軍隊，則日趨於退化。此時西歐之戰術與軍器，已大有進步，土耳其則墨守成法，不能與之俱進。軍隊之紀律，亦因賄賂之盛行，完全破壞，其親衛兵（janissary）殆已不復為土皇及政府全部之奴僕，而為其主人翁矣。

此時認清土耳其與波蘭之眞正弱點，利用鄰國之困難情形以謀增進本國之利益，乃俄女皇大加察林之絕好時機也。

加察林之干涉波蘭

當加察林即俄國帝位，並因其袖手旁觀，致任弗列德利克大王在七年戰爭中制勝之時，適值撒克遜尼選侯兼波蘭王奧克斯都三世逝世，彼於是獲得干涉波蘭內政之機會。撒克遜系之諸王，頗受奧大利勢力之支配，故加察林對之不甚滿意，遂藉弗列德利克之助，勸波蘭之貴族選其寵臣斯丹尼斯老（Stanislaus Poniatowski）為王。斯丹尼斯老於一七六四年即位，是為獨立之波蘭國最後之國王。

斯丹尼斯老既卽位，俄國在波蘭之優勢遂完全確立。俄國因與普奧二國約定，維持波蘭之紊亂憲法。當波蘭之愛國志士欲改革其政府，廢除自由否決權，並振興其國勢時，此三國卽以武力或賄賂從而阻撓之。波蘭境內人種之仇視與宗教之紛爭，實予強鄰以干涉之口實，而以普俄二國爲尤甚焉。

波蘭之羅馬教徒，因惡外人之無端干涉，曾起叛亂。然卒爲加察林所平定。此次事變之結果，因俄軍逐逃敗之亂黨踰南部之國境，致侵犯土耳其之領土，又促成土耳其帝國與俄國間之戰爭。

加察林與土耳其人之戰爭，一七六八至一七七四年

此次土耳其戰爭（Turkish War）始於一七六八年，終於一七七四年。土耳其政府對於俄國之外交政策大起恐怖。蓋深信俄國對於波蘭之陰謀結果，必致波蘭爲俄國所併，東方之均勢必因之而破壞，且慮波蘭既亡，土將隨之。土耳其人又爲法國政府所煽動，因法國政府亦切望維持均勢，并防護波蘭之自由者。但其本國之財政已發生困難，不能從事於大戰以攻普俄二國。

此次俄土戰爭，完全證實土耳其之勢力已呈衰象。土耳其之軍隊，器械不良，指揮乖方，故屢

庫開克卡拿基條約（一七七四）俄國在黑海之勢力

戰屢北。彼得大帝以前不得不放棄之亞速夫港現復爲俄人所佔據。俄軍並蹂躪摩爾達維亞（Moldavia）與瓦拉西亞（Wallachia），圍攻布加勒斯多（Bucharest），大有渡多瑙河而南之勢。加察林且在土皇治下之希臘人中煽動革命以困之。

一七七四年交戰國之雙方間，最後締結庫開克卡拿基（Kuchuk Kainarji）條約。此約爲俄國向南發展之最重要關鍵。依此約之規定：（一）土耳其正式割亞速夫港及其附近之領土與俄國，並放棄其對於黑海以北一切土地之主權。（二）土耳其恢復瓦拉西亞，摩爾達維亞及希臘，但對於此等地方之政治應加以改良。（三）俄國之商船在土耳其之領水以內，取得自由航行之權利。（四）俄國對於君士坦丁堡城內之一部分教堂，獲得保護權。

在庫開克卡拿基條約締結後數年之內，加察林遂確立俄國之統治權於黑海以北之韃靼諸國，因土耳其對於此等地方之主權，現已放棄也。一七九二年之補充條約，並確定得尼斯特爾河爲俄土二國之界線。

大加察林之對土政策，產生三種重要之結果。第一，俄國在歐洲之南部取得天然國境，並變爲黑海方面之主要強國。其商船可由黑海自由通過博斯破魯斯（Bosphorus）及達達尼爾峽（Dardanelles）而入地中海，與西歐之諸國貿易，俄國遂又得一『通西方之窗戶』。第二，俄國自後被視為土耳其帝國內部被壓迫民族之天然的同盟與扶助者。最後，因特別條款予俄國以對於君士坦丁堡一部分教堂之保護權，實使俄國後日得藉口要求保護土耳其全國之基督教徒，並因此得繼續干涉土耳其之內政。自庫開克卡拿基條約以後，土耳其之命運日促，而俄國則虎視眈眈，欲大事分割其領土焉。

加寥林與波蘭之分割

當土耳其戰爭之進行中，大加察林仍未忘其波蘭政策。普魯士王弗列德利克自希望其稍能放棄波蘭，以便使之對於領土之分配，可自由操縱，而己與普魯士均能完全滿足。但詭譎之加察林並不完全注意於他事，以致疎忽俄國在波蘭之利益。因此一七七二年，彼與弗列德利克及奧大利之馬利亞德勒沙連合，從事於第一次波蘭之分割。俄國取得波蘭在都納河與德熱普爾河以東之一切土地，普魯士取得西普魯士，惟但澤城除外，奧大利取得加利西亞與克拉科城。總計波蘭約喪失其領土四分之一。

一七七二年之第一次分割

波蘭之人民經一七七二年之分割後，開始覺悟，並深知對於政治，非加以徹底之改革不可。但鄰國之君主對於其改革運動，仍從而阻撓之。此後波蘭在外國勢力之下努力奮鬭，歷時凡二

一七九三年之第二次分割

一七九五年之第三次分割

十一載之久。當此期間，弗列德利克與馬利亞德勒沙雖相繼逝世，但繼任者仍願與加察林合作。一七九三年，俄國遂與普魯士完成第二次波蘭之分割。一七九五年，因波蘭人最後力謀建一新政府，俄普二國遂容許奧大利參與最後一次之波蘭分割。勇敢之科修斯可(Kosciuszko)嘗作困獸之鬪，欲抵制各方面之侵略。其軍隊雖甚勇敢，但人數甚少，遠非外國聯軍之敵，卒大失所望。『科修斯可既失敗，自由乃告終』。波蘭王斯丹尼斯老退位，出奔彼得格勒，波蘭遂不復為獨立國矣。

依一七七三年及一七九五年之分割，奧大利取得斐斯圖拉河上游之地，普魯士取得其下游之地，瓦薩城亦屬之，其餘之大部分概歸俄國所有，小俄羅斯(Little Russia; Ruthenia)及立陶宛之最大部分，因此均為女皇所得。俄國自後遂直接與普奧二國為鄰，而在地理上變為歐洲國際社會中一最重要之分子。

大加察林卒於一七九六年，去第三次之波蘭分割僅一年耳。吾人苟可謂使俄國成為歐化之國家者為彼得，則謂使俄國成為強大之國家者為加察林，亦無不可。十八世紀真為俄國在歐洲突飛猛進之時期。其在波羅的海方面已取得領土，建立新都。在黑海方面，亦取得重要之海港。

其國境已向西擴張，至於大陸之中心。俄國之勃興，同時卽爲其鄰國之損失。瑞典已喪失其東部之諸省，幷失去其控制波羅的海之勢力。土耳其已放棄其沿海之壟斷權與黑海之商業。至於波蘭，已不見於地圖矣。

俄羅斯君主羅馬諾夫族世系表(1613-1915)

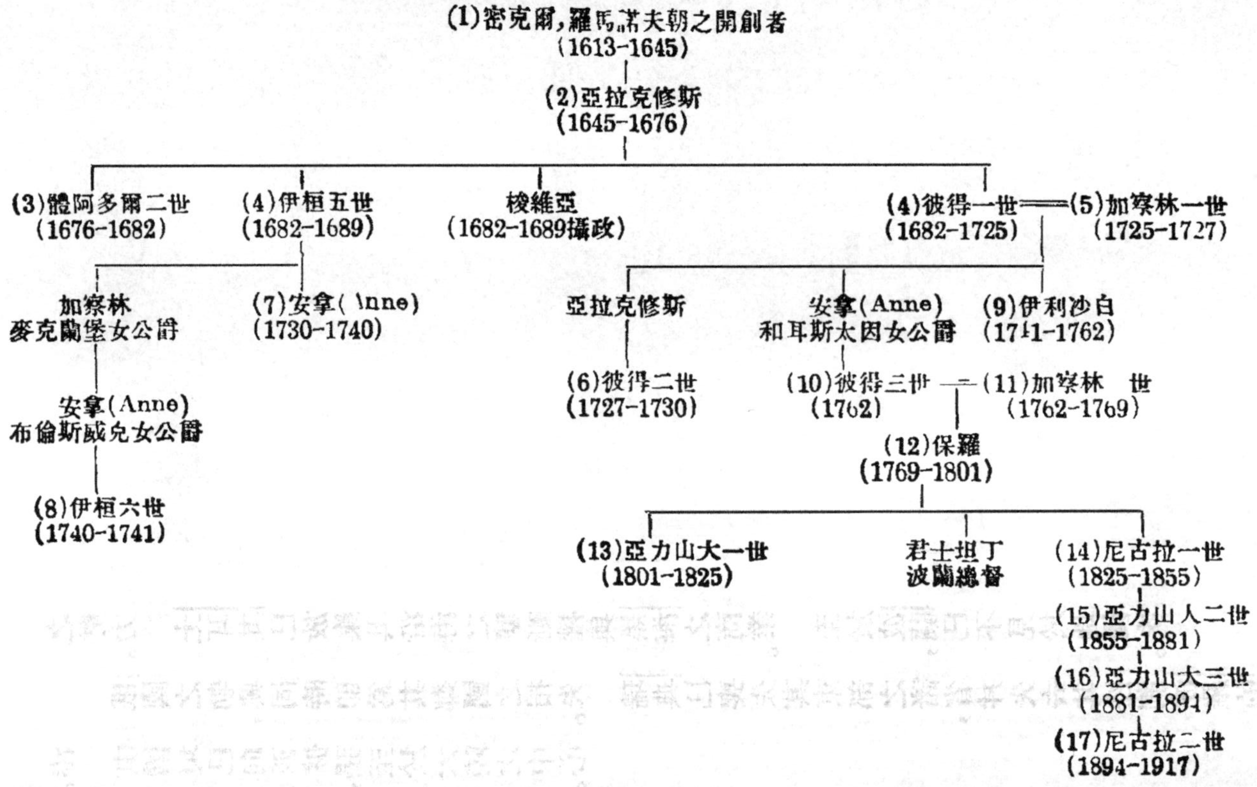

課外讀本

關於俄羅斯之勃興者：

1. J. H. Robinson and C. A. Beard——*The Development of Modern Europe* Vol. I (1907), Ch. IV.

2. H. O. Wakeman——*The Ascendancy of France, 1598–1715* (1894), Ch. VIII, XII, XIII.

3. Arthur Hassall——*The Balance of Power, 1715–1789* (1896), Ch. V, XI.

4. A. H. Johnson——*The Age of the Enlightened Despot, 1660–1789* (1910) Ch. IV, V.

5. H. T. Dyer——*A History of Modern Europe from the Fall of Constantinople*, 3d ed. rev. by Arthur Hassall, 6 Vols. (1901), Ch. XXXVI, XXXVIII, XLI, XLIX, L.

6. *Cambridge Modern History*, Vol. V (1908),Ch. XVI XIX,and Vol.VI(1909),Ch.X,XIX.

7. *Histoire général*, Vol. V, Ch. XVI-XVIII, XX, Vol. VI, Ch. XVII-XIX, XXI, XXII, Vol. VII, Ch. VIII, IX.

8. V. O. Kliuchevsky——*A History of Russia*, Eng. trans. by C. J. Hogarth, 3 Vols. (1911-1913).

9. Alfred Rambaud——*Histoire de la Russie depuis Les origines jusqu' à nos jours*, 6th ed. (1914), Ch. XIV-XXXII.

10. James Mavor——*Economic History of Russia* , Vol. I (1914), Book I, Ch. IV-VII.

11. R. N. Bain——*The First Romanovs, 1613-1725* (1905).

12. R. N. Bain——*Pupils of Peter the Great: a History of the Russian Court and Empire from 1697 to 1740* (1897).

13. Eugene Schuyler——*Peter the Great*, 2 Vols. (1884).

14. Kazimierz Waliszewski——*Peter the Great*, trans. from the French by Lady Mary Loyd (1900).

15. Kazimierz Waliszewski——*L'héritage de Pierre le Grand: règne des femmes, gouvernement des favoris, 1725-1741* (1900).

16 Kazimierz Waliszewski——*La dernière des Romanov, Elisabeth Ier* (1902).

17. Alexander Brückner——*Peter der Grosse* (1879).

18. Alexander Brücker——*Katharina die Zweite* (1883).

19. E. A. B. Hodgetts——*The Life of Catherine the Great of Russia* (1914).

20. Alfred Rambaud——*The Expansion of Russia*, 2d ed. (1904).

21. F. A. Golder——*Russian Expansion on the Pacific, 1641-1850.*

22. Hans Übersberger——*Russlands Orientpolitik in den Letzten zwei Jahrhunderten*, Vol. I, down to 1792 (1913).

關於瑞典土耳其波蘭之衰替者：

1. R. N. Bain——*Scandinavia, a Political History of Denmark, Norway, and Sweden 1513-1900* (1905).

2. R. N. Bain——*Charles XII* (1899).

3. Stanley Lane-Poole——*Turkey* (1889).

4. E. A. Freeman——*The Ottoman Power in Europe, its Nature, its Growth, and its Decline* (1877).

5. Nicolae Jorga——*Geschichte des osmanischen Reiches*, 5 Vols. (1908-1913), Particulary Vols. III, IV.

6. Joseph von Hammer——*Geschichte des osmanischen Reiches*, 10 Vols. (1827-1835).

7. W. A. Phillips——*Poland* (1915), Ch. I-VI.

8. R. N. Bain——*Slavonic Europe a Political History of Poland and Russia from 1447 to 1796* (1908), Ch. V-XIX.

9. *Cambridge Modern History*, Vol VIII (1904), Ch. XVII.

10. W. R. A. Morfill——*Poland* (1893).

11. R. H. Lord——*The Second Partition of Poland: a Study in Diplomatic History* (1915).

12. R. N. Bain——*The Last King of Poland and his Contemporaries* (1909).

13. U. L. Lehtonen——*Die polnischen Provinzen Russlands unter Katharina II in den Jahren 1772-1782* (1907).

14. Émile Bourgeois——*Manuel historique de politiqne etrangere*, 4th ed., Vol. I (1909), Ch. VIII, X, XIII.

第三編 『自由，平等，博愛』

以上所述十七八兩世紀之歷史實充滿陰謀，詭計，王室之衝突，殖民地之爭奪等事跡。吾人嘗述及二紅衣主教增高法國君主之勢力矣。吾人嘗述及圍範遼闊之戰爭，英國因此而取得又喪失其廣大之殖民地矣。吾人又嘗述及弗列德利克之軍隊在德意志諸邦東征西討，橫行無敵矣。顧此時除戰爭與外交活動等現象而外，尙有一種現象較之俄羅斯之勃興與新法蘭西之征服，其關係尤爲重要者，即中產階級(bourgeois,e)之勃興是也。

彼中產階級爲進取無厭之雄心所驅使，不以僅在商業上稱雄爲足，幷有法律專家爲國王之顧問，有專門學者研究學術，有經濟學家輔助國王，掌理財政。彼等且以自強不息之精神，依自己之目的進而改造國家與社會。在英格蘭，彼等之勢力特大，卒能廢黜國王，操縱國會。惟在歐洲大陸，其勢力與地位，則未如是其重要。

蓋十八世紀，仍爲君主勢力最盛時代，而關於國王之權力與儀容，路易十四實爲其典型。彼等均爲所謂『仁慈專制君主』(benevolent despots)，卽肯意勤政愛民之君主也。但至中產階級既已自覺自信，幷起而攻擊法國路易十六之王位時，則此等君主之計劃已不合宜，其改革亦難生效。開始倡導『自由，平等，博愛』之革命口號者，卽爲中產階級。貴族與國王之所以發生恐慌者，卽因此種口號獲得一般羣衆響應之故。此時之舊制(old régime)，尙作困獸之鬬以圖存。革命發動之處爲法國，後則波及全歐。歐洲大陸之全部，均因革命戰爭而震動，前此世界上所有之戰爭，未有若此之慘酷猛厲者也。

但中產階級之勝利，幷不確定。蓋法國大革命，不過爲由門閥得來與由營業出身兩種對抗的貴族間長期戰爭中之一次爭鬬而已。在此種戰爭中，彼農民與工人有時爲『自由，平等，博愛』之夢想而犧牲性命，有時則攻擊其封建貴族，有時則反對其虛僞的解放者中產階級。蓋一般愚昧之羣衆，已漸知所謂『自由，平等，博愛，』大都係爲彼中產階級設想者也。

舊制之存在與衰替，中產階級之興起，一般民衆之失望，凡此皆爲歷史上顯明之界石，而爲研究歷史者所不可不注意者。以下各章，當先對於十八世紀中歐洲之狀況略加觀察，然後對於法國大革命之經過，拿破崙之事業，及梅特涅(Metternich)主宰下『法律與秩序』之恢復，依次敍述。

第十三章 十八世紀之歐洲社會

第一節 十八世紀之農業狀況

一般的停滯狀況

由十六世紀至一七五〇年，歷時雖二世紀，但一般羣衆之共同生活，殊少變遷。關於耕種，甚至紡織交易等方法，與數世紀以前正復相同。此時關於種種之大變遷，足使一般民衆之生活與工作發生革命者，殊未有人夢想及之。總之，在十六世紀與十八世紀之間，其共同之點之多，只須讀者已知第二章所述之領地制與行會制，則對於十八世紀之情形，即所謂『舊制』者，亦必曉然洞悉矣。

此時仍有無數之小農村與宅第點綴於山中或平原各處，附近有穀田圍繞之，邊境復有森林或荒地包圍之。村中之居民，仍各耕其在公田中所有之分區，因襲世代相傳之陳法，勞力大而報酬少。土地三分之一，每年仍令其休息，耕而不種。此時犂田仍用粗陋之木犂，欲犂一畝之地，幾費終日之功。牛羊亦因冬季缺乏食料，故於秋季殺之。對於肥料，即粗知利用，亦未能得法。多數農民對於所播之種子，如能得三倍之收穫，卽已滿足。其所飼之肥牛，如有重四百磅以上者，則更詡然自誇，而近代之農民，其牛卽令勝此三四倍，亦恐未以為足也。

「農紳」與「農業」

間亦有進取而繁榮之地主，採用新式與進步之方法，甚至著書討論『農業』。荷蘭人尤知注意耕種其田地，英國農民且嘗從其學習耕作之祕訣。彼等恆種苜蓿及『人工草料』（例如裸麥）以供牛羊等畜之食，種蘿蔔以為冬季之畜料，犂土壤亦較深，施肥料亦較勤，且知遵照一定之計劃而用輪種法，俾土壤一方面不失其地肥，一方面又不致每三年休息一次，荒蕪而不耕種。

「輪種法」

古代方法之遺賜

此等新法，『農紳』(gentleman farmers) 固優為之，至於尋常之農民，則古代之『敞地』(open-field) 制度，仍為其進步之大障礙。農民不能種植新物產，因與習慣不容也。農民飼牛，亦恆與鄰家一致，不能採用科學方法。彼等祇能終歲勤勞不輟，祈禱上天，使其牛勿受傳染病，且勿使鄰地之野草蔓延於其田中，因各個農民之田地間彼此均無藩籬也。

農奴制之遺跡

古代領地制度之殘迹，非僅此等粗陋之方法已也。在歐洲之最多數國家，除英法（註一）二國外，實際上農奴制度仍舊盛行。甚至英法二國，農民在名義上雖取得自由，而實際狀況，與他國之

註一 甚至在法國，農奴制亦仍有存在者。

農民之困苦狀況

農奴相去亦復不遠。在俄國人與法國人之間，甚至在同一國內或同一村落之農民間，其地位與境況，尙有千差萬別，例如英國或法國之農民，或不如漢薩人之可被驅爲他國服軍役，亦不能如俄國貴族之佃農可被強迫娶其所不願娶之婦女，但就一般而言，則歐洲之一切農民，其所受痛苦之原因實多相同。彼等對於立法，雖無參加意見之權，然若違犯法律，卻將被課以鉅額之罰金或被處以極刑。當國家徵收或分派賦稅之時，並不徵求其意見，然最重之負擔，卻加諸其肩上。

農民之恆感煩苛者，卽使用主人之穀磨，橋梁，爐竈，酒榨等物時，須納重費。每因莫須有之罪狀，橫被捕至法庭。有時又須荒廢農務，從事於戰爭。有時又須從事於修路工作，不取工資。飢餓農奴之所感痛苦者，卽雖目覩肥鹿入其藩籬以內，仍須念及地主好獵，決不能容其粗野耕夫殺之以爲食也。

但有較以上之各種苛待更爲重要者，仍爲對於地主，教會，國王等所納賦稅之負擔。在歐洲各國，一般農民對於此「舊制」中之三種砥柱，概須直接或間接納稅以維持之。此種賦稅之形式，英格蘭旣與匈牙利逈殊，而瑞典與西班牙，亦極不一致。顧形式上雖各有差異，而其制度之實質，則大概皆同。吾人只須略述法國之農民對於國王，教會及地主所有之經濟負擔，則於此種三層剝削，即可知其梗概矣。

農民對於地主之義務

農奴對於地主除納一定之穀物與家禽外，每星期尙須服三日之勞役。彼自由農則恆納一定之金錢，以代替被認爲與土地相連之勞役。此稱爲『免役稅』(quit-rent)。農民卒時，須納二倍之租金。如農田出售，則其地價五分之一，須歸地主所有。自由農有時亦有佔領其田地而不納免役租者，但對於中世紀以來所遺留之多種義務，仍須履行，例如對於『軍事保護』(military protection)，每年須納款項，其實農民並不需要，而且未嘗享受軍事保護也。

農民對於教會之義務

農民之第二種義務，係對於教會之義務，即所謂什一稅(tithe)，每年恆達於農田中出產總額十二分之一或十五分之一焉。

農民對於國王與國家之義務

一切賦稅中之最煩苛者，爲國王所徵之賦稅，而土地稅(taille)又爲其中之最重要者。土地稅之多少原無定額，但恆假定與農民之田土住宅等價値成比例。實際上因稅吏恆盡力橫徵暴斂，故彼狡猾之農民，輒故意任其屋宇之破壞，表示窮困不堪，俾佔稅吏對於其財產或可不至於估價太高。

此外之直接稅，則有人頭稅，即每人必須同樣繳納之一定稅額也。又有所得稅，常達於各人

收入的二十分之一　最後尚有間接稅，例如鹽稅（gobelle）是也。在某數省區中，每人每年須向政府之鹽田買鹽七磅，其價格則高於實價之十倍。修築道路，亦爲農民之義務，且修路義務，每年恆多至數星期。

農民之賦稅負擔

農民既有此一切之負擔（對於地主之貢賦，對於教會之什一稅，對於國王之賦稅），其收入可留爲己用者極少。此等負擔之多少，極難求得正確之數目，故據某著名學者之所估計，謂法國農民所納之貢賦，什一稅，賦稅等，佔其出產物五分之四以上，此雖難令人置信，但其負擔之繁重，則固無可疑者。在法國與英格蘭之少數肥沃區域，農民雖負擔種種之賦稅，尚能維持優裕之生活，但在他處，則其困苦狀況，實難以言喻矣。農民卽遇豐年，亦僅能維持其家庭，否則卽有不能足食之憂。其食品僅有極惡劣之麪包，且不能獲飽，肉食已爲奢侈品，美味則爲富人所獨享。法國之農民飢不得食時，嘗有採食樹根草皮者，而遇荒歉之年，則飢餓而死者，數以千計。農民最好之住宅，亦不過小屋一間，土壁茅蓋，不蔽風雨，既甚簡陋，又無窗洞，室之四偶，黑暗多塵，恆爲病菌蕃殖之所。燃料亦甚昂貴，故當嚴寒之冬夜，恆有多數之農民，飢寒交迫，瑟縮於草墊之上者。

在歐洲各處，誠亦有繁榮之村落，或小康之農民，幸免於此等困苦之狀況。但就一般而言，則比較貧困之農民與農奴，其困苦之狀況，實有不容過言者。總之，凡歐洲之戰爭，戲院，王宮及宮廷中之種種游宴，其大部分之費用，皆出自此種農民焉。

第二節　十八世紀之工商業狀況

城市之發達

吾人現當由鄉村轉而觀察城市之狀況，蓋吾人所最注意之中產階級，卽處於城市中也。十六七世紀中工商業繼續發展之結果，城市生活亦隨之有顯著之進步。許多小村落均已發達，迨一七八七年，居民達一萬人以上之城市，已有七十八處之多。歐洲最大之城市倫敦，其人口當一六八五年時約五十萬，至一八〇〇年，已增至百萬以上。巴黎之大，至少等於倫敦之半。亞姆斯特丹亦爲大城市。德意志有數城如漢堡，不來梅，佛蘭克福爾等，均爲重要之商業中心。

中世紀城市中之種種特點，現亦漸歸於消滅。城市之範圍，已擴充至以前城垣之外。其新擴充之部分，莫不街道廣闊，且有娛樂場所，足資流連。舊日之堡壘，現在既不需要其防衛，遂變爲遊覽之所。街道亦較前爲清潔，並多有由石礫鋪成者。夜間亦設有街燈，故行人往來，可減少危險云。

工業

行會之限制

維持城市生活者，即爲其工商業。十八世紀之工業，不僅限於製麪包，織布，補鞋，及製造本城之用器等業，並生產大批之貨物售之遠處，例如布疋，時鐘，鞋靴，細珠，碗碟，帽，鈕釦之類是。此等物品之製造，仍多受以前同業行會之限制，因行會制度在英格蘭雖已廢棄，而在歐洲大陸，仍繼續維持也。在法國，因職業之分類極其複雜，故補鞋匠與製鞋匠之行會間，製錶匠與製鐘匠之行會間，其衝突層出迭見。在德意志，情形更劣，行會現已變爲貴族式與世襲之團體，恆利用其權力以防制一切之競爭，使其學徒與工匠不能多得工資，或竟全無工資，維持甚高之利潤，並防止技藝上之任何進步，蓋以其或有損於行會也。『彼製帽者苟以生絲與羊毛混合而製出更良美之帽，則必招同業者之攻擊。彼發明鉛版者，則必招鉛匠之反對。彼對於印花布有所發明者，其他染匠亦必強其仍用古法』。

政府對於工業之限制——重商主義

除行會之限制外，尚有政府之限制。須知十七世紀之多數政治家，莫不勸其國王制定法規，以促進工業之隆盛。而法國哥爾比之政策，實爲重商主義（以爲財富可由限制并獎勵製造業而增加）政策之典型。彼因欲使法國染布匠之技術著名，嘗發布訓令至三百餘件之多，以圖改良染布業。當英國之不法商人出售其不良之織品時，法國之織布業者對於紗之品質，布之寬度，織工之精美，莫不由政府加以指導。相傳當一七八七年，關於法國製造業之法規，多至四折大之書本八卷。其他各國之政府至少亦皆同樣相信此種政策之賢明焉。

重商主義者不僅以對於既有之產業制定種種之法規爲足，並亟欲創辦種種之新產業。政府對於彼進取之企業家從事於創辦新製造業者，恆予以種種之特權，賜以貴族之爵號，免除賦稅，給以大宗獎金及其他種種之利益。

此等重商主義者如哥爾比輩之努力，每遭多數經濟學家之批評。各種限制常產生許多不便之處，而使多數之製造業者蒙受損失。對於新產業予以種種之特權，亦每流於扶植不健全不適宜之產業而損及比較合於自然而有價值之產業。哥爾比所重視之產業，對於法國究有多少價值，實難於估計。法國之產業苟任其自然發展，其結果當如何，亦不能逆料。但吾人終不能徒因此稱政策之缺點甚顯著，利益難估計，遂完全非議之也。

對於商業之限制

商業亦與工業同受種種之限制，同爲古代之種種習慣所阻礙。道路不修，故商人往來，多感不便。商人過武士之堡壘、橋梁、城門等處，概須繳納通過稅。同一國內之各省間，商品之通過，亦須繳納關稅，故貨物之運費極高。酒一桶由阿爾列拿（Orléanais）運至諾爾曼底（Normandy）（法國之西北二省）時，其價格當增至二十倍之高。

吾人由上述十八世紀之商業與殖民戰爭觀之，尤其由英法二國之商業與殖民戰爭觀之，可知重商主義之思想在對外貿易上更佔重要之地位。各國莫不用繁重之保護關稅，以防止外國之競爭。英格蘭藉航運條例以獎勵航業。各國皆用特許公司以吸取歐洲與印度之商業利益。東印度公司，哈得孫灣公司，荷屬東印度公司，法屬東印度公司等，即現仍壟斷歐洲以外諸國之商業之著名特許公司也。

商業之特別發達

關稅與特許公司之弊害固多，但商業卒能突出一切之束縛而勃興。由新世界運獸皮，木料，煙草，棉花，穀米，蔗糖，糖酒，糖漿，咖啡，染料，金銀等物於歐洲，以交換黑奴，製造品，及東方之貨物。故縹渺之大西洋面商船之往來恆絡繹不絕。遠東之香料，珍寶，茶葉，織物等，恆由東印度之大商船運至西方。英國與荷蘭之商業艦隊在波羅的海之商業亦甚重要。多數國家之國旗，均隨其商人飄颺於歐洲之沿海各地。英國當十八世紀之初，其對外貿易額達六千萬金元。法國則至少等於其三分之二。當此世紀中，貿易總額約增四倍以上。

工商業之此種發展，其影響之重要，殊非吾人所能想及。多數殖民帝國曾因之而創立，多次戰爭會因之而釀成，無數農民曾因其引誘而棄其田疇，建立人口衆庶之城市。但尤重要者，即中產階級因之而得強大之勢力也。

中產階級之勃興

商人，銀行家，批發商，殷富之行會領袖，甚至不甚殷富之店主，均構成一種特殊之『中產階級』，而介於享特權之教士與貴族及被壓迫之農民與工匠或手工勞動者之間。此種中產階級因皆居住城市（bourgs），故法語稱爲 bourgeoisie。此種中產階級在英格蘭之勢力最盛，因英格蘭爲歐洲最重要之商業國也。在法國，其勢力則比較微弱。而在商業不重要之國家，其勢力更弱，如在德意志與大利，俄羅斯等處是也。

中產階級在實業界既有絕大之勢力，在其他方面亦然。律師幾純由商人中產出，裁判官，地方官吏，典獄官，政府之祕書，監督，舉凡政界之一切機關，無不充滿中產階級出身之人物。中產階級中較優秀之先進人物，莫不以其財富，勢力，文化等自矜。彼等常研究最新之科學哲學書籍，有時又批評過去之宗教思想，熱心討論憲法上與經濟上之問題。

中產階級之雄心

中產階級既有財富與知識，其雄心自亦隨之而起。彼等遂要求與其在事業上政治上之地位相稱之權力及特權。彼豪華之貴族，其要求社會尊敬之唯一理由，僅在有無用之城堡與陳腐之特權，令此種貴族竟立於有財富與智識之階級以上，此似乎令人難堪者也。出身低微之人，對於崇高之地位，豪富之虛職，軍中與王廷尊榮之位置，何以獨受排斥？豈彼擁誇大之稱號者，即事事均優勝於人乎？

復次，中產階級在政治上亦希望獲取更爲直接之參政權利。在英格蘭，殷富之商人子弟固恆升爲貴族，國會亦比較能代表商業上之利益。但在法國，其封建貴族比較驕傲而壟斷，政府與中產階級之意見，亦恆相左。彼實業界善良之人物，對於國王之奢靡無度，莫不痛詆之。彼等以爲法國只須使中產階級參加國會以監督財政，並使關稅職業條例及外交關係等均與營業上之利益相合，則一切自善矣。

第三節　特權階級

吾人欲分析十八世紀之社會與經濟狀況時，對於下層階級（即農民與日工）及中產階級（即法國之『第三階級』，英國之『平民』）已言之甚詳，凡此均爲無特權而卑微之階級。社會上最高之地位，概歸所謂特權階級之教士與貴族所有。彼等構成所謂第一階級與第二階級，吾人現在所言者，卽此等階級也。

『特權階級』之人數少

特權階級在國民中佔最少數。法國二千五百萬之居民中，約計貴族不達十五萬人，教士不達十三萬人，因此國民每百人中僅有一人屬於特權階級。

『特權』之種數多

此種人數甚少之上層階級，因地位，財產，特權等故，與普通羣衆迥殊。貴族子孫恆自視原來卽較他人爲優秀，甚至恥與下層階級通婚，其稱呼恆用尊敬之名詞如『主上』(my lord)『尊前』(your grace)等。普通人民亦莫不尊之爲優秀者。其衣服較一般之人民特別華麗，胸部恆佩各種名譽會員之徽章，車上恆飾以祖先之紋章。因其出身高貴，故能出入宮廷，並能在教會或軍隊中佔居高位。

較之外表之尊榮更爲重要者，則爲貴族與教士實有之財產。所有貴族之長子，概得繼承一城堡或宅第，及多少之領土，得由此徵收租金或封建貢賦。主教方丈，大主教等職，由於選舉或任命，而不由於世襲，且不能娶妻，故其職位無子女可繼承。但在教會財產未被新教徒沒收之諸國，則『教會統治者』在生之時，恆擁大宗財產。斯德拉斯堡之主教每年之收入近五十萬佛郎。城堡，大禮拜堂，宮殿，華美之法服，貴重之圖畫，金製之食器，由領地所徵之租金，由人民所徵之什一稅，凡此種種，均爲教士之財產。法國之教士與貴族，各佔全國土地五分之一。全歐土地三分之一，收入二分之一，資本三分之二，均爲基督教會所有。

賦稅之豁免

貴族既領有廣大之土地，獨佔教會與軍隊中之高職，更因國王之餽送金錢，領受年金，專賣權之賜與，領重薪之虛職等故，而財富更增（此在法國尤甚）。『有某年少官員之薪金達三千六百金元之多，而其唯一之職務，則每年僅簽名二次而已』。

此二種上層階級雖擁有大宗之財富，但不納賦稅以減輕國家財政之負擔註一。法國之教會要求豁免賦稅，而歲輸數十萬金元之禮物於國王。但此等禮物未達其收入百分之一。貴族亦以納直接稅爲有傷體面，且敢於用欺詐行爲以逃避間接稅，故重要之負擔，概由下層階級任之，而以農民所任者爲尤多。

特權階級未履行其眞正之職務

以上之種種利益特權，賦稅之豁免等，當歐洲中世紀時，原可視爲對於貴族與教士一種相當之報酬。蓋當時盜寇盛行，農民須受貴族之保護，方能免於劫掠。至於教士，亦能維持教育，獎勵農業，提倡美術，資助貧病及行旅，並履行宗教上之職務。但遠在十八世紀以前，封建貴族之保護

註一　豁免賦稅權，又恆爲中產階級中現任政府之官吏者所享有。

高等貴族

職務，即已歸政府行使，世襲之貴族已成爲無用，徒爲贅瘤與裝飾品而已。彼等於是羣居城中或王宮，優游養尊，無所事事。其行爲之邪僻，幾成時尚，其儀容舉止，則皆完美無疵。

此時之貴族既聚居城中或王宮，其地產則皆僱代理人以管理之。代理人類皆苛刻備至，其唯一之使命即在向農民搾取金錢，徵收穀磨橋梁爐竈等使用費，盡力爲其主人主張種種之權利，以便增加其收入。

鄉紳

比較貧困之貴族，即所謂「鄉紳」(country gentleman)者，則無力享受此種奢靡之生活，只得留處家園，與鄉村之農民時相往還。農民之兒童受洗禮時，則爲其教父。有時亦邀請貧而樂之農民至其庭院跳舞。但此種貴族之生活實多沉悶無趣，其地租亦不易收得，彼等惟有遊獵，飲酒，閒談，以消磨其畢生之光陰而已。

教士

在高級教士與低級教士之間，其境況亦大相逕庭，此在英格蘭與羅馬教諸國，莫不皆然。放蕩之貴族子弟，多有被任爲主教或方丈者。彼等均視其職位爲致富之手段，從未履行其宗教職務。洛安之紅衣主教(Cardinal de Rohan)每年之收入達二百五十萬里弗爾之多，其顯赫奢侈，直使法國之宮廷爲之減色。但多數卑賤忠實之鄉村教士，其每年不定之收入尚不達一百五十金元，至多亦只能使收支相抵，更無餘蓄以爲慈善事業之用也。

第四節　十八世紀之宗教與教會狀況

羅馬教會

在中世紀盛極一時之羅馬教會，現已不復爲歐洲唯一之教會，但仍最足令人注意。第四章所述十六世紀之新教革命，雖已在北歐諸國創立許多獨立之宗派，然羅馬教仍爲意大利，西班牙，葡萄牙，法國，奧大利，奧領尼德蘭，巴華利亞，波蘭，及瑞士數州之國教，愛爾蘭，波希米亞，匈牙利，亞洲，美洲等處，其大部分之人民，亦仍崇奉此教。

正統派羅馬教徒仍保持其對於教義與儀節之信仰，並由其教會之正僧與俗僧以求精神上之指導，矯正，及安慰。教皇，紅衣主教，大主教，主教，神父及助祭者等主持『世俗』教務之人，對於『今世』之神聖事業，仍能繼續努力。至於願意棄絕今世之快樂，度其更神聖之生活，作僧尼或行乞僧者，亦不乏其人，是爲『正僧』。

羅馬教會與國家之關係

羅馬教會與國家之關係，其變遷較之教會內部組織之變遷尤大。多數之新教君主，現只承認教皇爲意大利之一統治者註一及彼等所厭棄的宗派之元首。羅馬教徒或被迫害，或則擧凡政治上社會上之權利，概被剝奪，如在大不列顛是。在另一方面，教皇對於彼否認其宗教上之使命及籍沒教會之財產者自亦絕無好感。

卽在羅馬教諸國，教皇之權力亦已減少。關於主教，方丈，及教會其他高級官吏之任命權，經教皇與國王之長期爭執後，國王已獲最後之勝利。教皇已承認對於國王所任命之教會官吏，只須爲『虔誠適當』之人物，卽當予以認可，而對於新任之教長，則每收受一種『首年之俸』(annate）以爲補償。此外教皇少有敢徵收其他之賦稅者。但善良之羅馬教徒，每自願繼續繳納其『彼得錢』(Peter's Pence）。主教對於教皇，有時亦自動納稅。在其他各方面，教會之權力亦已減少。以前屬於宗教法庭權限內之案件，其大部分現均歸國王直轄之法庭受理註二。上訴羅馬教庭之權利，亦受限制。低級教士亦不必由宗教法庭審判之。最後，則教皇之敕令非經國王之核准，亦不得在其國內頒布。教皇之特權既如此減少，其關係自然重大，但對於一般農民與工人，亦不發生若何影響。彼等之行彌撒也如故，對神父懺悔也如故，卽其領受各種之儀節也亦

註一　須知教皇同時爲意大利中部教皇國之世俗君主。

註二　但關於褻瀆神聖，侮辱宗教，及異端等事，仍歸宗教法庭受理。

教會殘餘之特權

莫不如故。

在羅馬教諸國，教士除對於人類之精神上有最大之影響外，在其他之社會生活中，亦爲重要之因素。教育多由彼等主持。此外並創辦醫院，救濟貧民。婚姻非經舉行正宗之儀式，不能有效。就法律上言，未在基督教會舉行婚禮而結婚者，其所生之兒女不能繼承財產。未經懺悔而死之異教徒，無葬於羅馬教墳地之特權。

吾人對於教士之豁免賦稅，教會之財富，以及其教長之崇高地位（此種地位甚與殷富之世俗貴族之地位相近，而不似虔誠之「上帝之僕」的地位），均已述及，但吾人尙須提及教會壓制異端之勢力。

就理論上言，羅馬教在其盛行之諸國，仍有強制之性質。信仰一致，仍被視爲政治統一之重要條件。國王當宣誓登極之時，仍允誠心撲滅異端。在西班牙，當十八世紀之前半期，異教徒爲宗教法庭判決火刑者，數以百計。迨十八世紀末葉，仇視異教之程度，始漸減輕。在法國，則路易十四嘗於一六八五年取銷南脫勅令。十八世紀法國之法律，且規定凡參與新教禮拜者，罰充搖櫓犯(galley-slaves)，凡異教徒不知悔改者，應停止其醫藥之救濟，凡著書非議宗教者，應處以極刑。顧此等法律並未嚴格施行，法國當十八世紀之後半期，對於異教之迫害，已甚和緩。但異教寬容並非即爲異教平等，法國之數十萬新教徒，仍不能完全享有社會上與政治上之權利也。

羅馬教會之弱點

當十八世紀，羅馬教會勢力之減少，蓋由於以下之四種情勢：（一）因有反對最力之新教各派存在。（二）因國王權力與民族意識之發達，致教皇之權力與國際主義失勢。（三）因教長每有優游怠惰，不脫俗慾者。（四）因內部時有軋轢發生。前三種情勢，由以上所述，當可明白，但關於第四種情勢，則須略加說明。

詹生主義

此等軋轢之最初發生，係與法蘭達之主教名詹生（Cornelius Janssen，一五八五——一六三八）註一者之主義有關。此人之黨徒稱詹生派（Jansenists），在巴黎附近之王港有其寺院。詹生主義（Jansenism）曾獲得多數熱心之信徒，及有才能之代表人物。彼等因關於教育事業與內部改革，致與耶穌會士發生衝突。耶穌會士責詹生派爲崇信異端，謂詹生之所謂改宗出於上帝之意志（Conversion-by-the-will-of-God）之說，最後分析之，實即加爾文之所謂定數（predestination）也。此種爭辯，歷若干年而不息。巴斯卡爾（Blaise Pascal，一六二三——

註一　詹生之名字通常多用拉丁譯文 Jansenius。

一六六二）者，著名之數學家兼物理實驗家也，嘗爲詹生派辯護。　但耶穌會士卒能勸說路易十四破毀其王港之小根據地。　四年之後，教皇發布一著名之諭旨『Unigenitus』（一七一三年），肯定詹生派之學說爲異端。　但此派仍未消滅，其勢力在荷蘭尤盛。　且教皇之諭旨，亦引起多數正統派羅馬教徒之不滿，蓋彼等以教皇諭旨之責斥詹生派之學說，未免太抹殺一切而嚴厲也。

腓白洛尼亞主義

第二種軋轢即在懷疑教皇之權威，此以德意志一神學家註一爲中心人物，其拉丁筆名爲腓白洛尼亞（Febronius）。　腓白洛尼亞主義（Febronianism）在欲復興十五世紀之公會運動（Conciliar movement），與主張『法國教會之自由』（Liberties of the Gallican church）之運動，即所謂『Gallicanism』者，甚相類似。　此等『自由』曾明定於一六八二年法國之宣言中，包含兩種主要之要求：（一）教皇無廢黜或干涉世俗君主之權利。（二）關於宗教事務，主教大會（Oecumenical council）之權力實在教皇之上。　此種趨於民族主義與代議制度的教會政治之雙重運動，大爲耶穌會士所駁斥，蓋耶穌會士乃贊成教皇高於一切之說者也。　彼反對耶穌

註一　洪德海姆（Johann Nikolaus von Hontheim）爲脫里耳之助理主教，其著名之著作係於一七六三年發表。

會士者，對於耶穌會士仰望『阿爾卑斯山以外』之羅馬教庭爲最後之權力，特稱之爲 Ultra-montanism 卽山外主義（beyond-the-mountain-ism）之意也。幾乎在歐洲之任何羅馬教國家，山外主義與腓白洛尼亞主義之競爭，均引起爭執。關於教皇至尊之性質，迄十九世紀，仍爲爭論之焦點焉。

耶穌會士之受壓制

當十八世紀末葉，山外主義因耶穌會士被壓制而暫時大受打擊（一七七三年）。耶穌會士之以講學傳道辯論佈教等著名者，歷時凡二百餘載之久。但及十八世紀，此派因熱心於俗務，其權力與財富每致濫用。其干預政治，每招致主張改革之大臣的仇恨。且其宣教師對於教義亦有漸不汁意者。其結果遂有此派被壓制之事，最初發生於葡萄牙（一七五九年）既而發生於其他各國，後至一七七三年，竟由教皇發布敕令，概加以壓制矣註一。

英格蘭教會

吾人其次當觀察英格蘭教會。英格蘭教會之脫離教皇而完全獨立，始於英格蘭王亨利八世，其教義之主旨則確定於伊利沙白時代之三十九條中。英格蘭教會爲英格蘭愛爾蘭威爾士

註一　在俄國，耶穌會士未大受壓制，故仍能保留其組織。後在一八一四年八月七日，耶穌會社之全體又由教皇之諭旨恢復，今在多數國家仍有勢力。

之國立教會，且有多數信徒者散布於蘇格蘭及英屬各殖民地。在不列顛羣島，除蘇格蘭外，且享有種種之特權與大宗之財富，並得向英格蘭教徒與非英格蘭教徒同樣徵收什一稅，恰與羅馬教會之在法國相同。英格蘭教會完全爲國立教會，脫去教皇之統治，或其他外來之勢力，而富有愛國之精神。其組織保留一種教師政治，與羅馬教會相類。而其主教之尸位素餐，及鄉村牧師之異常貧困，亦與法國之教會如出一轍。

就其與他教之關係而言，英格蘭教會亦並非寬宏大度。在英格蘭，新教（加爾文派）異派雖於一六八九年獲得禮拜之自由（異教寬容法 Toleration Act），但非經國會之特許，仍不得居社會上，軍隊中政治上等官職。洗禮，生死之登記，婚式等，由英格蘭教之教士舉行之，始爲合法。非英格蘭教徒不得進鄂斯福大學，並不得在坎布里奇大學取得學位。

情形最劣者，尤爲羅馬教徒。彼等在英格蘭幾毫無社會上政治上或宗教上之權利。依一七〇〇年之法律（註一），羅馬教徒必須誓絕彌撒會式，否則籍沒其財產。牧師有舉行彌撒會式者，得被永遠監禁。在愛爾蘭，則『愛爾蘭教會』（church of Ireland）（英格蘭教會）之會員雖佔

註一　一七七八年復行取消，但羅馬教徒當否認教皇之世俗權力，及其廢黜國王之權利。

極少數註一，而本地之羅馬教徒則佔全人口五分之四以上。但羅馬教徒不惟行使自己之宗教儀式嚴受禁止，不惟政治上之權利被剝奪，不惟經濟上恆受新教徒之壓迫，實際上更被強制繳納什一稅，以維持英格蘭教之主教與牧師。此等主教與牧師恆居於英格蘭，因其教區治下之人皆爲羅馬教徒也。

英格蘭之新教支派—浸禮會會員

不屬於英格蘭教會之異派，包含多種不同之主義。吾人前已述及加爾文派之長老會教徒及分離教派，此外尚有幾種新派出現。浸禮派教會（Baptist church）乃十七世紀由分離派分出之支派也。此派除相信加爾文派之神學及公理會之教會組織外，更相信成年人之洗禮，浸禮，及宗教自由等。

惟一神派

更有一部分之人士否認基督之神性，因此不惟與向來之羅馬教主義不相符合，卽與尋常之新教主義亦大相逕庭。此派在十八世紀因與英格蘭教會分離及科學家普列斯德勒（Joseph Priestley）宣傳之故，遂稍得勢，漸用唯一神派（Unitarians）之名。此派在英格蘭取得完全之宗教自由乃一八四四年以後之事耳。

註一　甚至當十九世紀時，在其約近六百萬之人口中，僅有英格蘭教徒約五十萬人。

朋友教徒

與自來教會之形式差異尤著者，有織工之子名喬治弗克思（George Fox）者所領導之教派。信從此派者，均組成朋友會（Society of friends），因其主張眞正之宗教，須有深刻之情感及精神上之感動，故人恆譏之，稱爲感動派（Quakers）。朋友教徒雖受虐待註一，然在國內與殖民地，其勢力均日興盛，並在殖民地創立賓夕爾法尼亞州（一六八一年）。因彼等皆拒絕宣誓，其對於第二人稱皆用古式之『thee』與『thou』，其服裝皆質樸而黑暗，其宗教集會恆守靜坐之習，及受精神感動者始行發言，故實爲一種新奇之團體。彼等以爲專門之牧師及洗禮聖餐等儀式，均有害於自然的宗教。且謂戰爭常流於與基督教不相容之殘酷自利貪婪等行爲，因此彼等當不參與戰爭。其於黑奴制，亦反對最力。

監理會教徒

監理會教徒（methodist）運動，則至十八世紀始發生。當一七四〇年，鄂斯福大學有一虔誠之學生集團，因其戒除各種輕浮之娛樂，及其對於熱心虔誠仁愛等，均爲有條不紊之修養，遂獲得『監理派』（Methodists）之綽號。其首領威斯勒（John Wesley，一七〇三——一七九一）精力特強，每晨四時即與，無須臾之休息，生活儉樸，每年所費僅二十八鎊，恆參觀囹圄，勸導其信徒

註一　在一六八五年，英國之朋友教徒被禁錮者達一千四百六十人。

嚴守虔誠。監理會諸首領均爲熱心純正之英格蘭教徒。但彼等因急欲『廣布神聖之主義於全世界』，故其傳道不限於教堂以內，卽在露天場所，亦常舉行之。威斯勒及其他之大演說家恆對一般鑛工罪人及無知識之織工等說教，且恆使聽者至於泫然下淚。相傳威斯勒平生講經至達四萬次以上云。

監理會之傳教者日漸與英格蘭教會分離，而自成一新派，廢棄英格蘭教之多種儀節。但其傳教之影響甚著。正統派英格蘭教之多數教士日亦四處游行，向下層階級傳教。此種『福音運動』(Evangelical movement)，甚關重要，蓋以其表示已漸有一種新工人階級之長成，而不受教會之利益與國家之保護也。以後吾人敍述產業革命時，對於此階級當更詳細言之。

歐洲大陸之路得教會

當十八世紀路得教爲丹麥(包括挪威)，瑞典，及德意志數邦(最著者如普魯士，撒克遜尼，布倫斯威克諸邦)之國教。路德教會仍多保留以前羅馬教會之儀式及主教統治制，但教會之土地，則已還俗，而此派之牧師均依教徒之自由捐助與國家之津貼以維持生活。在普魯士註一，

註一　後在一八一七年，普魯士之路得派與加爾文派在國王壓制之下，遂聯合一致，而組成『福音教會』(Evangelical church)。依國王之意，此並非兩種新教之混合，不過爲一種外表的聯合而已。

改正教會

丹麥，瑞典諸國，教會咸承認國王爲其元首（Summus episcopus）。

史溫黎派與加爾文派教會恆稱爲『改正教會』或『長老會』，其脫去羅馬教之神學及儀式，較之路得教爲徹底。此派主張聖餐僅爲一種紀念儀式，並廢除祭壇蠟燭十字架像與固定之禱文，而由牧師或長老所組成之宗教會議以統治教徒。當十八世紀，長老派仍爲蘇格蘭及荷領尼德蘭之國教。在法國，則有新教徒（huguenots），在瑞士，則有操法語之加爾文派及操德語之史溫黎派，在南德意志，則有多數之會衆，均仍代表加爾文派與史溫黎派之改正教會焉 註一。

懷疑主義之興起

十八世紀尙有一最堪注意之事，卽有大多數對於基督教懷疑之人物出現是也。在基督教會悠久之歷史中，雖常有主張改革者攻擊特種之教義或惡習，但除十五世紀意大利之人文主義派外，前此從未有如此衆多而有勢力之人物，對於基督教之基礎敢加以攻擊者。當十七世紀之最後二十五年中，英國有多數哲學家因熱心於科學定律之發現，遂欲將較新之科學方法應用於宗教上。彼輩咸謂聖經不可相信，教義及教會之儀式雖無實際上之害，但亦毫無用處，且謂眞正

自然神教

之宗教原極自然，人人同具，而與神祕之默示無關。彼輩謂上帝既創造宇宙，並爲宇宙制定法律，

註一 關於俄國之正統教會見前。十七世紀，有教長名尼孔（Nikon）者曾提出幾種儀式上之改革。

決不能應一般愚民之祈禱而推翻其法律。人類之奉事上帝，幷不須理會神祕之事，亦不必傾心於「迷信」而應遵照自然法。至於自然法究竟如何，彼等則多任各人之常識以決定之。結果，此等新出現之教義卽所謂自然神教（Deism）者，其積極方面雖空泛不定，其消極方面（僅否認正統派基督教），則在人人心中有極大之勢力。

自然神教在某幾方面均甚重要，而對於法國尤甚（此乃由英格蘭傳入者）。（一）使最有理解力與勢力之階級的大部分失去其對於教會之尊敬心，法國大革命時關於宗教之實驗，實肇基於此。（二）哲學家因受其激勵，故能演爲重要之哲學體系，表示驚人之才智與信心，以創出種種之定律，用以說明人生之目的，意義，由來及歸宿。（三）因其對於特種宗教之效力均發生懷疑，故要求對於一切之宗教，均予以寬容。（四）最後其影響所及，則對於宗教漠不關心者日益加多。彼過於怠惰或愚昧而不能了解自然宗教之哲學基礎的民衆，亦恆利用主張自然神教者之論據，以爲其自己之漠視神教求得解說。且自許多人士觀之，不信宗教與理性，直係一而二，二而一者也。吾人現已考究自然神教對於十八世紀宗教狀況關係之重要，下節當可看出其爲當時科學的與知慧的精神之一部分焉。

第五節　十八世紀科學與智慧上之進步

美術

吾人前曾述及十六世紀之科學與美術同臻發達。但在十八世紀，則偉大人物幾皆熱心於科學，而美術家僅知競盜虛聲，注意博得淺見輕浮之王公大臣之羨慕，不能製出有價值之作品。此時所出之戲曲固多，但皆呆倣古代之模樣。雕象，繪畫，詩歌等，亦均出於模倣而無生氣。彼輩亦有一優點。例如法國之畫家，其繪畫雖無筆力與創作之才，然而至少能描寫貴族婦女行樂時之情景，雅緻動人。十八世紀美術之可以略補其呆笨之失者，惟此一點雅緻而已。雅緻不惟在繪畫雕刻上為然，在香具，花編，桌椅等物上，尤時表現之。彼紈絝之廷臣，其儀容舉止之尙雅緻，與雕刻家之好雅緻，正復相同。吾人不能不感覺路易十五之御椅並非供坐而設，不過供人羨慕而已。蓋以其足皆飾以雕刻，纖弱無力，其背亦飾以雕刻，鍍之以金，坐之殊不舒暢，故不合於實用也。御椅與紈絝之貴人同樣雅緻，亦同樣無用也。

新科學

十八世紀科學家之成就，則較為實在。彼等皆私淑以前哲學家佛蘭西斯培根（一五六一——一六二六）與笛卡兒（一五九六——一六五〇）二人，對於萬事萬物，莫不表示懷疑，藉實驗以求出新知識，並自由發揮其思想。彼等以爲吾人不可盲然信仰上帝，必須先能證明上帝之存在。吾人苟欲明白身體之構造，不可相信希波克拉德斯（Hippocrates）及任何希臘學者之成說，必須親自從事解剖實地觀察。自己觀察與思考，實爲新科學方法上並行之原則。

在十七八世紀中新科學頗多有力之闡明者，其中之最負盛名者殆即牛頓（Sir Isaac Newton 一六四二——一七二七）。牛頓英人，出身寒微，幼即聰穎絕倫，當其肄業於坎布里奇大學時，深爲教授所器重，精於數學，年甫二十三，卽任大學講座。

牛頓對於笛卡兒之仰慕特深，且如笛卡兒不惟注意於形式之數學，更從事於實驗。幼時卽喜作風車，風箏，水時計等物，及長遂將其天才應用於更重要之發明。彼亦如當時其他之科學家，好在實驗室中實驗化學，並曾用透鏡，三稜鏡，反射鏡等連合而作種種之試驗，最後遂能發明望遠鏡，用以觀測星辰。

牛頓

牛頓最大之成就，在天文學方面。加利略，哥白尼及其他之研究天象者，原肯定地球爲環繞太陽而旋轉之多數星球之一，而太陽又僅爲無數太陽之一（因每一星球均爲一太陽）。牛頓現則進而追究此等龐大之球體各處於一定之位置，遵循一定之軌道以旋轉，而無有形之支柱，究有何物以資維繫？ 相傳牛頓嘗見蘋果墜地，遂悟出此理。 彼因推論蘋果墜地，必爲一種無形之勢力所致，維繫日月星辰者，亦必卽爲此種同樣之無形勢力。 地球之被吸引向太陽，亦與蘋果之墜地相同。 但地球又被吸引向其他之星辰（每一星辰均爲一太陽，惟因相處甚遠，故自吾人觀之，其體甚小），其結果則地球旣不墜於太陽之上，亦不墜於任何星球之上，惟循一定之軌道，環繞太陽而旋轉。

牛頓對於宇宙間各個星球互相吸引之原則，特命之爲萬有引力定律（Law of universal gravitation）。 牛頓之定律註一係由一簡單之數學公式註二表明之，物理學及天文學均因此公式演進而爲數學的科學。 近代天文學家之所以能預知日蝕，或討論彗星之進行方向，物理學家之所以能測量地球之輕重，均直接間接端賴牛頓發現之賜焉。

實驗科學與應用科學

除牛頓外，尚有其他著名之科學家及發明家。 與牛頓同時者，有德意志之哲學家來布尼仔（Gottfried Wilhelm von Leibnitz，一六四六——一七一六），嘗創微分學註三 在近代之機械工學上功用極大。 同時關於電氣之效能，亦有人開始實驗。 佛蘭克林（一七〇六——一七九〇）關於電學嘗作種種之研究，發現空中閃電只係電氣之現象，幷發明避電針，凡此均人所盡知，無待贅述者。關於意大利二著名之物理學家格爾法尼（Luigi Galvani 一七三七——一七九八）與弗打（Count Alessandro Volta 一七四五——一八二七）之事業，則知之者較少。但彼等對於物理學之進步貢獻均甚大，凡近代之電學家談及『弗打電池』（Voltaic cell），錫匠談及『鍍鋅銑版』（galvanized iron）時，莫不憶及此二人。同時，關於輕氣球之構造，亦有最重要之進步，而空中之征服遂於此開其端緒。 復次當十八世紀中，關於近代之化學亦由普列斯德勒（一七三三——一八〇四），拉佛西耶爾（Antoine Laurent Lavoisier 一七四三——一七九四），加凡底錫（Henry Cavendish 一七三一——一八一〇）諸人而樹立其基礎。 養氣既已發現，水之要素亦能分析。 近代化學上之專門術語，亦皆成立。 近代之醫術與外科醫學，亦已肇基於約翰漢特（John Hunter 一七二八——一七九三）及瑞士教授哈勒（Albrecht von Haller 一七〇八——一七七七）二人，前者為蘇格蘭著名之外科醫家兼解剖家，而後者則

註一　此實僅為一種聰明之假設，但因其屢驗不爽，故吾人恒稱之為『定律』。

註二　『引力之大小與物體之乘積成正比，與其距離之平方成反比』。

註三　牛頓亦嘗創微分學。

『近代生理學之始祖』也。 十八世紀之醫士發現血液循環之結果，遂致關於疾病之醫治，可發明更合理而有效之方法。 恰當十八世紀末葉，英國之醫士哲拿爾(Edward Jenner 一七四九——一八二三)嘗證明天花惡疾能由種痘法防止。 此時又因科學的探險家如英人苦克(一七二八——一七七九)及法人布岡維耶路易(Louis de Bougainville 一七二九——一八一一)等航行不識涯涘之南太平洋，致地理知識亦大爲擴張。 更因此等探險家帶回熱帶新奇之動植物標本，所以動物學與植物學亦因而新增許多研究之資料。 此二種學問藉法人布芬喬治(Georges de Buffon，一七〇七——一七八八)與瑞典人林尼亞司(Carolus Linnaeus，一七〇七——一七七八)之努力研究，恰於此時成爲重要之科學。

新科學之大受歡迎

十八世紀自然科學之所以進步極速，其原因之一，即科學家之大受歡迎與奬勵，實爲空前所未有。 各國之國王，對於科學家莫不予以大宗之年金。 英國之執政要人，均授科學家以優越之位置，而各小邦君主，對於科學家亦恆有厚餽。 歐洲之各國政府，幾莫不設立大規模之天文台及望遠鏡。 各處之專門學者，亦咸結成『會社』。 一六六二年創於倫敦之『王家學會』(Royal Society)，專從事於數學天文學物理學上種種最新發明之報告。 法國國家學會(Académie

Française）之會員，均受路易十四之年金，並奉牛頓爲其名譽會員。

以前對於科學從未有如此之興趣，對於科學之研究亦從未有如此之機會。印刷術現已大有進步。各處之學術團體與天文台關於各方面知識上之新進步，恆發出報告。百科全書亦常有發行，而將關於一切新科學之最新知識均網羅其中。此時之書籍自常人觀之，雖過於昂貴，但中產階級及多數貴族，並不難於購買之。此時社會上最盛行之習尚，即在欲成爲『博學之士』，科學家哲學家涉獵化學之書籍，甚或備一小實驗室或望遠鏡，而以其學識誇耀於人。

此時一若黃金時代轉瞬即當出現者然。人類之心靈，如數百年之大夢初覺，進而征服世界，闡明人生之精義，發現宇宙之祕訣。多數之思想家既深信欲使世界脫去惡習愚昧迷信等之束縛，只須略加思考，故遂轉而攻擊宗教與道德問題，批評國家社會與教會，指示走入新發現的與人世的極樂世界之途徑。

進步與改革精神

此種趨勢（此種熱忱）通常稱爲『唯理主義』(rationalism)，因其倡導之人物欲使萬事萬物皆合於理性也。其最重要之代表人物可於一六七五與一七二五年間之英國見之。彼等嘗著多種之書籍以討論奧妙之哲學問題。此等問題對於吾人無大關係，但其中有一部分之理想，實際上亦甚重要，其最著者，觀於洛克（John Locke 一六三二——一七〇四）之著作可知，洛克嘗主張：（一）一切之政府係由於或應由於被治者之同意而存在（即由於其所謂『社會』契約而成立）。（二）教育應更行普及。（三）『自然法』與『自然宗教』，應不許爲迷信及宗教上之繁文縟禮所蒙蔽。（四）除不信有上帝者外，一切人士均應享有宗教寬容。

此等英國哲學家之理想，對於法國之影響，較之對於英格蘭者更大。當時之貴族，多欣然仰慕之，中產階級亦多熱心信從之。而福祿特爾，提特洛，盧梭（Rousseau）諸人則其有力之宣傳者也。

福祿特爾

十八世紀知識界最負盛名之人物，當推亞盧耶（François Marie Arouet），即自稱爲福祿特爾（François M. A. de Voltaire 一六九四——一七七八）者。福祿特爾幼時即長於詩歌，並致力於斯道。其好利之父頗不喜其所爲，願令其研究法律，但福祿特爾不顧，好在時髦社會中表現其吟詠天才。彼對於當時法國執政諸公之弱點及攝政之愚劣，常託詩以諷刺之，而引以爲樂焉。

福祿特爾因好爲譏刺，故屢受危險，嘗因受人誣陷而被攝政禁錮於巴士的獄（Bastille）者一載。數年之後又因觸犯某貴族嘗受其從僕毆擊，復被禁錮於此獄。既而被逐，僑居英格蘭凡三載。

福祿特爾有時則爲巴黎所崇拜，爲哲學家所讚頌，爲宮廷所愛護，有時又因觸犯權貴，至於流離異國。其平生以居洛萊因之西勒（Cirey）之時爲最多，恆以其寵婦書籍，未完成之戲劇等自隨，並設實驗室（因福祿特爾亦如其他之哲學家，恆喜研究科學）。彼在此處時時預備，苟遇國王逮捕，即行離去國境，其生活極不安定。彼嘗僑居德意志境內，爲普王弗列德利克大王之食客。但因對於普王不遜，致招其怒，遂離去柏林。彼又嘗訪俄國之大加察林。有時又寄住日內瓦，但與當地之長官不能融洽。

福祿特爾之與既存之勢力不相容，適足增加其聲譽。其僑居英格蘭之三年（一七二六——一七二九）中，亦獲益無窮，蓋因此遂得直接受英國唯理主義之薰染也。彼對於宗教上之「迷信」，固久已蔑視，但至此始更由英國之思想家承受一種精密之哲學。彼對於英國同志之理想贊羨特深，嘗著論英吉利人書（Letters on the English）。是書之價值，即在表示自然神教的哲學及關於教會與社會的批評之勝利也。

此後福祿特爾所闡明之意見，皆爲英國之唯理主義者所早已倡道者。（一）彼除羡慕實驗科學外，（二）更用推論以求出『自然法』，而假定此種自然法爲人性，宗教，社會，國家，及宇宙全體之基礎。（三）彼實爲主張自然神教之代表人物，恆以爲上帝旣造天空無數之星辰，並爲宇宙頒布永久之定律，則對於特定個人之靈魂，必難分別關顧之。自彼觀之，一切之教士，均爲欺騙者，各種之儀節，均爲無謂之虛文。但彼對於宗教，並未完全廢除之。彼嘗自謂信仰『自然宗教』，惟從未完全說明之。其所偏重者，實於在破壞方面，而不在建設方面，在譏笑羅馬教會之神父，教義，習慣等，而不在使人類改信更完美之宗教。（四）彼在批評政府與社會時，亦偏重於指摘當時之狀況，而未提出代替之制度，或提出實際上之改革。其最切實際之處，卽在其羡慕英國之制度，但亦未說明英格蘭之『自由』如何可以推行於法國。

福祿特爾並非具有特別創造力之思想家，僅因平生所作之悲劇，喜劇，歷史，論說，書札等極夥，遂致馳名當時，被稱爲多才多藝之作者。惟其『百卷』(hundred volumes)之著作，今日罕有讀之者矣。此等作品固靈敏多趣，文雅可愛，然未免浮而不實，徒爲皮毛之見。彼恆以爲他人終身研究而不能解決之問題，己則一見卽了然於心。其所研究者範圍最廣，故對於某種學問，雖有獨到之處。其學問並不精密，惟以天才勝人而已。

當福祿特爾八十四歲遊歷巴黎之時，其情狀若何容吾人回憶之：其態度活潑，面帶皺紋，身長眼利，對於其羨慕者之奉承，時表示傲然自得之概。當其與人談論之時，則眼中表示愉快之狀。上流婦人莫不稱之爲最愉快之老狂人，蓋彼確已狂且老矣。其畢生之事業，即在譏笑怒罵，但其爲歐洲知識界之領袖，固毫無疑義者。其善作譏刺文章之天才，及其攻擊當時惡習之膽識，實令人可恨可畏同時復令人羨慕。其抨擊舊制，亦有聲有色焉。

提特洛與百科全書

當時從事於不滿現狀之宣傳者，非僅福祿特爾一人而已也。聲名不及福祿特爾，而聰穎多才與之相埒者則有提特洛（一七一三——一七八四）。提特洛之偉大事業在刊行百科全書(Encyclopedia)。許久以來，歐洲之人士即抱一種理想，欲將人類之全部知識，咸搜集而編成一書。故提特洛與當時著名之數學家天文學家科學家哲學家共同從事於此業，成書凡十七卷註一，將當時學術上最新之發現搜羅無遺。當一七六五年百科全書出世之時，銷行之數達四千份以上。此書不僅爲學術上之紀念品，亦爲唯理主義之宣言書，蓋此書之投稿人皆係宣傳唯理

註一　有插圖的附錄未算。

主義與自然神教者也註一。彼等對於當時宗教上，社會上，科學上盛行之觀念，肆力批評，其結果致信從新理想者因之大增。

福祿特爾與百科全書派（卽百科全書編著者之總稱）之使命，在廣布知識，破除成見，尤在破除宗教上之成見。至關於實際上之特種改革則由孟德斯鳩，盧梭，伯加利亞（Beccaria）及亞丹斯密等提出之。

孟德斯鳩

孟德斯鳩（一六八九——一七五五）爲法國之法律家兼貴族，好研究自然科學，私淑牛頓，而爲十八世紀最先從事於實際政治之著作者。彼在所著波斯人通信（Persian Letters）中，尤其在法意（The Spirit of the Laws，一七四八年）一書中嘗謂政治組織爲最複雜之事，欲其行之奏效，須能適合於國情。就理論上言，彼贊成共和制，美國之憲法採納其學說甚多。就實際上言，則彼特慕英國之政治。當時英國之政治，吾人雖將見其流弊甚多，但彼仍主張法國之政治組織應以英國爲模範。孟德斯鳩平生之格言，卽中庸二字而已。

盧梭

更激烈之改革家則爲盧梭（一七一二——一七七八）。盧梭生平之品性，無足稱道者。

註一 甚至有更爲激烈而實際否認上帝之存在者。

彼嘗爲侍從，奴僕，教師，書記，樂人，花編匠等，但一無所成。彼又嘗浪遊都林（Turin），巴黎，維也納，倫敦等處。彼之放蕩無行，人所咸知。其對於愛情，毫不鍾一，兒女則送之育嬰堂，不自教養。彼終身窮困且欺詐不誠，不安於分，其晚年甚至流於瘋狂。

盧梭對於個人之生活雖不知講求，而對於他人之生活，則影響極大。彼雖行爲卑鄙，然其本身並非無優美恢宏之動力。在盧梭之時，人人僅知研究自然，彼則知愛自然。每當良辰美景，彼輒爲之神往。當時之哲學家均偏重理智方面，對於感情方面已不復注意，盧梭則提醒十八世紀之人士，以樂享自然界之現象與解決代數學上之問題同樣有用。盧梭蓋具有詩人之心情者也。

盧梭以爲正確之感情與正確之思想，實同其重要。關於此點，彼與唯理主義者恆起爭辯，蓋若輩主張惟有常識乃爲重要也。盧梭固爲一信仰自然神教者（彼僅模糊的相信『轉動宇宙主宰萬物者，必有一神力存在，不論其爲何神』），但彼並不滿意於許多冷酷哲學家之以上帝僅注意於監視無數星辰服從其永久之定律，對於凡人之一切瑣事，再不能予以扶助。彼嘗笑各哲學家之方法太易。又嘗提醒吾人脫離福祿特爾輩之影響。蓋若輩名則爲說明自然界，實則播種不健全之學說於人人心中，且其懷疑主義較之神父之教訓武斷更甚。盧梭並非純正之基督教徒，亦非沈着的合理之自然神教家，彼僅以爲『愛上帝過於愛一切，愛鄰人如愛自己，斯卽法律之要義』。

盧梭嘗責多數哲學家之不能做到此事。　彼又深知貧民之痛若，並知知識階級恆對之從旁冷笑，漠不關心，科學與學術徒使人類益趨於自私自利耳。　自彼觀之愚昧之農民較之倨傲之腐儒，實更謙遜而有德。　盧梭在其所著美術與科學論（Discourse on Arts and Science，一七四九年）中，嘗痛斥學術爲人類自私與墮落之標識，因學術恆爲富人所利用，以滿足其自尊心及幼稚之好奇心，貧人實未因之而獲救濟也。

總之，盧梭以爲與其使少數最狡猾殘酷而貪婪者奴隸其餘之人，不如使一切人類均變爲野蠻。　彼之愛慕自然，蔑視十八世紀社會之浮華與虛僞，大受當時人士之歡迎。　彼最羡慕一種理想時代註一。　此時人人均屬自由平等，無人要求佔據公有之土地，一般民衆不死於戰爭，不受賦稅之壓制，亦不受哲學家之欺騙。

盧梭在其研究人類不平等原因（What is the Origin of Inequality among Men，一七

註一　盧梭在此地所夢想之時代，或者從不存在。

五三年）之文中嘗力求說明虛榮貪婪自私等思想在此等『天眞爛漫之野蠻人』心中如何發生，強者如何劃出一定之土地據爲己有而強制弱者承認私產權。盧梭謂此實人類不平等之眞正起源，亦卽強者壓制弱者之眞正起源。自有此種私產法律『專以擁護少數野心家之利益而後，一切人類遂致降至勞苦奴隸窮困之境』。

盧梭更著民約論（Social Contract，一七六一年）一書，將此種觀念應用於政治上。『民約』之說，並非新創，不過因盧梭之倡導而益彰耳。盧梭謂當人類最初有歷史之際，政治團體之一切分子均藉一種契約而自願團結一致。凡政治，法律，社會習慣，均爲此種契約之結果。一切政府行使權力之時，最後分析之，均係根據此種民約，卽基於人民之意志也。因此法律應提交人民票決，共和爲最良之政體，因其最易感受人民之意志也。當盧梭死後之十四年，法國人士建立共和政府之時人人心中對於此種『人民主權』（popular sovereignty）或人民統治之理想，莫不同具焉。

盧梭之『返於自然』（back to nature）之呼聲，亦應用於教育方面。彼嘗謂兒童不必促其讀書而應使其順乎自然之傾向以發展，兒童不必學習拉丁文與希臘文，而應學習實際有用之事物。「須使兒童學習人生所必須學習之事物，而勿使之學習其所終須遺忘之事物」。

盧梭之著作，其影響所及之範圍，頗難確定。正統派羅馬教徒及侈談哲學之自然神教家，固莫不痛詆之。但其信徒甚多，無論中產階級與貴族中，均不乏其人。「返於自然」之論調，實爲當時之狂潮，宮廷之貴婦，亦要求『自然的』生活，至有以漁魚爲樂者。盧梭之民約論，及其反對財富爲少數人獨佔之說，人民應自行統治之理想，在以後法國大革命創立共和之期中，竟成爲革命之原動力，久後更傳播於歐洲全土。

伯加利亞

改革精神，不惟有人應用以攻擊教士，貴族，君主政治，及不良之法律與教育制度，亦有人用以攻擊司法制度。此時最野蠻之『刑罰』，仍未廢除。竊取二先令者，可處絞刑（英格蘭如此），而犯罪較重者，則先破碎其骨，然後車裂其背，以博觀衆之歡笑。有意大利侯爵名伯加利亞（一七三八——一七九四）者，乃著犯罪與刑罰（Crimes and Punishments）一書（一七六四年），謂此等刑罰不惟殘酷野蠻，且反不如比較和緩之判決，而能立卽確實執行者之足以預防犯罪。伯加利亞之理想，終成爲近代法律之基礎，惟少數之案件仍未廢除死刑而已。

經濟學—重農學派

在經濟學方面，亦有哲學家研究既有之制度，而追問其「是否合理」。前已屢次述及，許久以來，各國之政府大都一致採行重商主義之政策。但在十八世紀，則有屬於中產階級而為路易十五之御醫名圭斯拿（Francois Quesnay）者向其同志揭破重商主義之謬誤，此人於是變為少數哲學家而自稱為『經濟學家』（economists）者之中堅。彼輩謂一國之財富出自農鑛製造業者與商人並不能產生新物品，不過交易或轉運物品而已。因之對於此二種人不應課稅，不應加以阻礙，惟應採放任主義（laissez-faire），賦稅則由農民負擔之。法國放任主義最重要之信徒，應推杜哥（Turgot 一七二七——一七八一）。當其在路易十六時代任財政大臣之時，嘗擬廢除對於商業之種種賦稅及限制，但其努力僅有一部分之成功。

亞丹斯密

當此之際，有一蘇格蘭人嘗遊法國，並認識圭斯拿者，將此等新理想傳入英國。此人即亞丹斯密，『經濟學之始祖』也。亞丹斯密與此種哲學之精神，及其『自然權利』，『自然宗教』，『自然法律』等，甚相投合。彼為格拉斯哥（Glasgow）大學之『倫理學』教授，偶然發明一種經濟學上之定則，即國家所藉以致富之『定律』。此與圭斯拿所指出者相同。亞氏之名著原富（The Wealth of Nations）一書出版於一七七六年，即美國獨立之同年也。此書實為產業獨立之宣言書，主張對於一切之人士，一切雇用勞工之廠主，一切商品之出賣者，均應任其各求自己營業上之利益，不受阻礙，因爲如此，則彼等卽可於無形中增進大衆之利益。 政府應廢除一切之專賣權註一，一切商業上之限制，一切之關稅，及一切產業上之負擔。 一國眞正之財富只能用此法以增進之。

結論

亞丹斯密之意見如此驚人，其推理如此高妙，故其學說之勢力駸駸日上，及十九世紀前半期，幾風行於各國。 實際上，產業限制廢除之結果，實足令彼自私自利之雇主得以自由發展其貪心與殘暴，中產階級得以自由致富，而下層階級則反較以前更爲貧困。 彼之所謂『富』者，實卽中產階級之富而已。 雖然，當此之際，重商主義則已被推倒矣。

吾人對於十八世紀歐洲之社會，宗教，與心靈等狀況之觀察，現已告一結束。 前所述者，有貧困之農民耕其田疇，有繁榮之商人要求權力，有輕薄之貴族奢靡浮華，有不脫俗慾之主教尸位素餐，有低級之牧師忠實盡職，有沈着之朋友教徒拒絕作戰，有專誠之天文學家研究天象，有尖刻之自然神教家嘲笑牧師，並有中產階級之哲學家鼓吹革命。 但以上所述，尙未完結，最後尙有各國之君主大臣，當另闢一章述之。 此章當爲對於各國君主詳加敍述之最後機會也。

註一　亞丹斯密贊成合股公司專賣權及運輸之限制，此稍與其學說相矛盾。

課外讀本

關於十八世紀時歐洲一般之社會狀況者：

一、簡略者：

1. J. H. Robinson and C. A. Beard——*The Development of Modern Europe*, Vol I (1907), Ch. VIII, IX.

2. H E. Bourne——*The Revolutionary Period in Europe, 1763–1815* (1914), Ch I, III

3. Clive Day——*History of Commerce* (1907).

二、詳悉者：

1 *Cambridge Modern History*, Vol. VI.

2. *Histoire genérale*, Vol VII, Ch.XIII-XVII.

3. Maxime Kovalevsky ——*Die oekonomische Entwicklung Europas bis zum Beginn der kapitalistischen Wirtschaftsform*, trans. into German from Russian by Leo Motzkin, 7 Vols. (1901–1914).

關於大革命前夕之法國社會者：

1. Shailer Mathews ——*The French Revolution* (reprint, 1912), Ch I–V.
2. E. J. Lowell ——*The Eve of the French Revolution* (1892).
3. Alexis de Tocqueville ——*The State of Society in France before the Revolution of 1789*, Eng. trans. by Henry Reeve, 3d ed. (1888).
4. H. A. Taine ——*The Ancient Régime*, Eng. trans. by John Durand, new rev ed. (1896).
5 Albert Sorel ——*L' Europe et la Révolution française*, Vol. I (1885).
6 Arthur Young ——*Travels in France, 1787, 1788, and 1789*
7 *Histoire de France* Vol. IX, Part I (1910), *Règne de Louis XVI, 1774–*

1789, by H. Carré, P Sagnac, and E. Lavisse, especially livres III, IV.

8. Emile Levasseur ——*Histoire des classes ouvrières et de l' industrie en France avant 1789*, Vol II (1901), livre VII.

9. Maxime Kovalevsky ——*La France économique et sociale à la veille de la Révolution*, 2 Vols. (1909-1911)

10 Georges d'Avenel — *Histoire economique de la propriété, des salaires, etc*, *1200-1800*, 6 Vols. (1894-1912).

11. Albert Babeau —*Les voyageurs en France* (1885).

12. Albert Babeau——*La ville* (1884).

13. Albert Babeau——*La vie rurale* (1885)

14. Albert Babeau——*Les artisans et les domestiques* (1886).

15. Albert Babeau——*Les bourgeois* (1886)

16 Albert Babeau——*La vie militaire*, 2 Vols. (1890).

17 Albert Babeau——*Le village* (1891).

18. Albert Babeau——*La province*, 2 Vols. (1894).

19 Nicolas Karéiev ——*Les paysans et la question paysanne en France dans le dernier quart du XVIIIe siècle*, Fr trans (1899)

20. Edmé Champion ——*La France d'apèrs les cahiers de 1789* (1897).

關於十八世紀時之英國社會者：

一、簡略者：

1 A. L. Cross ——*History of England and Greater Britain* (1914), Ch XLIV.

2. G. T. Warner ——*Landmarks in English Industrial History*, 11th ed. (1912), Ch XIV

3. H. de B. Gibbins——*Industry in England*, 6th ed. (1910), Ch. XVII-XX.

4. G. H. Porrio, *The Industrial History of Modern England* (1914), Ch. I.

二、詳參考：

1. H. D. Traill and J. S Mann (editors) ——*Social England*, illus. ed., 6 Vols in 12 (1909), Ch. XVI-XVIII

2. W. G. Sydney ——*England and the English in the Eighteenth Century*, 2 Vols. (1891).

3. E. S. Roscoe ——*The English Scene in the Eighteenth Century* (1912).

4. Sir H. T. Wood——*Industrial England in the Middle of the Eighteen Century* (1910)

5. Sidney and Beatrice Webb ——*English Local Gevernment from the Revolution to the Municipal Corporations Act, 1688–1835*, *The Manor and the Borough*, 2 parts (1908), and *The Story of the King's Highway* (1913).

6. W. E. H. Lecky ——*A History of England in the Eighteenth Century*, London ed, 7 Vols. (1907).

三、專門研究與論文：

1. A. Andréadès ——*History of the Bank of England*, Eng. trans. by Christabel Meredith (1909).
2. Sir Walter Besant ——*London in the Eighteenth Century* (1903).
3. J. L. and B. Hammond ——*The Village Labourer, 1760–1832* (1911).
4. J. E. Thorold Rogers ——*History of Agriculture and Prices in England*, 7 Vols. (1866–1902).
5. R. E. Prothero ——*English Farming Past and Present* (1912).
6. E. C. K. Gonner ——*Common Land and Inclosure* (1912).
7. A. H. Johnson ——*The Disappearance of the Small Landowner* (1909).
8. Wilhelm Hasbach ——*A History of the English Agricultural Labourer*,

new ed. trans. into English by Ruth Kenyon (1908).

9. R. M Garnier ——*History of the English Landed Interest, its Customs, Laws and Agriculture*, 2 Vols (1892–1893).

10. R. M. Garnier——*Annals of the British Peasantry* (1895).

11. Arthur Young ——*A Six Weeks' Tour through the Southern Counties* (1768).

12. Arthur Young——*A Six Months' Tour through the North of England*, 4 Vols (1791).

13. Arthur Young——*The Farmer's Tour through the East of England*, 4 Vols. (1791)

關於其他各國社會狀況之專門究研者：

一、關於蘇格蘭者：

1 H G. Graham ——*Social Life in Scotland in the Eighteenth Century*, 2 Vols (1900).

二、關於匈牙利者：

1. Henry Marczali ——*Hungary in the Eighteenth Century* (1910).

三、關於俄羅斯者：

1. James Mavor ——*An Economic History of Rusia*, Vol. I (1914), Book II, Ch. I-IV.

四、關於西班牙者：

1. Georges Desdevises du Dezert ——*L'Espagne de l'ancien régime*, 3 Vols (1897–1904)

五、關於德意志諸邦者：

1. Karl Biedermann ——*Deutschland im achtzehnten Jahrhundert*, 2 Vols. in 3 (1867–1880).

關於十八世紀之宗教事務者：

一、關於羅馬教會者：

1. William Barry ——*The Papacy and Modern Times* (1911), Ch V.

2. *Cambridge Modern History*, Vol. V (1908), Ch. IV, on Gallicanism and Jansenism, by Viscount St. Cyres.

3. *Histoire générale*, Vol. VI, Ch. VI, and Vol. VII, Ch. XVII, both by Émile Chénon.

4. Joseph de Maistre *Du pape*, 24th ed. (1876) and *De l'église gallicanel.*

5. C A. Sainte-Beuve,——*Port-Royal*, 2d. ed., 5 Vols. (1860).

6. R. B. C. Graham ——*A Vanished Arcadia: being some account of the Jesuits in Paraguay,1607 to 1767* (1901).

7. Paul de Crousaz-Crétet——*L'église et l'état ou les deux puissances au XVIII*e *siècle, 1713–1789* (1893).

8 Léon Mention — *Documents relatifs aux rapports du clergé avec la royauté de 1682 à 1789*, 2 Vols. (1893–1903).

二、關於英格蘭之新教者：

1. H. O. Wakeman ——*An Introduction to the History of the Church of England*, 5th ed. (1898), Ch XVIII, XIX.

2. J. H. Overton and Frederic Relton —*A History of the Church of England, 1714–1800* (1906).

3. John Stoughton ——*Religion under Queen Anne and the Georges, 1702–1800*, 2 Vols. (1878).

4. H. W Clark ——*History of English Nonconformity*, 2 Vols (1911–1913)

5. W. C Braithwaite ——*The Beginnings of Quakerism* (1912).

6. F. J, Snell,——*Wesley and Methodism* (1900).

7. T E. Thorpe ——*Joseph Priestley* (1906).

關於十八世紀之自然神教科學及哲學者：

1. *Cambridge Modern History*, Vol. V, Ch. XXIII, and Vol. VIII, Ch. I.

2. *Histoire générale*, Vol. VI, Ch X, and Vol VII, Ch XV.

3. Sir Oliver Lodge ——*Pioneers of Science* (1893)

4. Sir Leslie Stephen ——*History of English Thought in the Eighteenth Century*, 3d ed., 2 Vols. (1902)

5. Sir Leslie Stephen ——*English Literature and Society in the Eighteenth Century* (1909).

6. Edmund Gosse ——*A History of Eighteenth Century Literature, 1660–1780* (1911).

7. J. M. Robertson ——*A Short History of Free Thought*, 3d rev. ed., 2 Vols. (1915).

8. C. S. Devas ——*The Key to the World's Progress* (1906).

9. John (Viscount) Morley ——*Rousseau*, 2 Vols. (1873).

10. John (Viscount) Morley——*Diderot and the Encyclopaedists*, 2 Vols. (1891).

11. John (Viscount) Morley ——*Voltaire* (1903).

12. John (Viscount) Morley——*Critical Miscellanies*, 4 Vols. (1892–1908).

13. Albert Sorel——*Montesquieu* Eng. trans. by Gustave Masson (1887).

14. J. C. Collins——*Bolingbroke, a Historical Study, and Voltaire in England* (1886).

15. Montesquieu——*Spirit of the Laws.*

16. Voltaire——*Letters on the English.*

17. Voltaire——*Philosophical Dictionary.*

18. Rousseau——*Social Contract.*

19. Rousseau——*Émile.*

20. Henry Higgs——*The Physiocrats* (1897).

21. Charles Gide and Charles Rist——*A History of Economic Doctrines from the Time of the Physiocrats*, Eng. trans. (1915), Book I, Ch. I, II.

22. L. L. Price——*A Short History of Political Economy in England from*

Adam Smith to Arnold Toynbee, 7th ed. (1911).

23. R. B. (Viscount) Haldane ——*Life of Adam Smith* (1887).

24. John Rae ——*Life of Adam Smith* (1895).

25. Georges Weulersse ——*Le mouvement physiocratique en France de 1756 à 1770,* 2 Vols. (1910).

26. Adam Smith——*Wealth of Nations* (1910).

第十四章　十八世紀之歐洲政治

鳥瞰

由前章所述，吾人已知十八世紀之社會組織實建築於罪惡，貧窮，痛苦之上，并知中產階級之鳴不平而要求改革。彼哲學家固可要求改革，然而允許改革，則非國王不可。蓋政府之一切權力均操於國王之手，國王實為專制君主也。

此種情形，在歐洲之重要各國，莫不皆然。惟大不列顛之人民，以享有參政權著於世，故歐洲大陸之福祿特爾與孟德斯鳩等信徒，莫不視大不列顛之政治為模範。容吾人先將此模範國家不列顛王國之特殊組織加以觀察，然後注意歐洲各國之政府對於改革之要求，如何應付。

第一節　不列顛王國

英格蘭

當十八世紀時，所謂不列顛王國，究何所指？最重要者，為英格蘭（包括威爾士），其次包括蘇格蘭。

蘇格蘭

自一六〇三年以還，蘇格蘭與英格蘭已受同一國王之統治。及一七〇七年之聯合法(Act of Union)成立，此二王國又聯合而構成『大不列顛』王國，擁戴共同之國王，設立共同

大不列顛

之國會。

當時不列顛王國之本部卽爲英格蘭（包括威爾士）與蘇格蘭。但英王尚統有多數附屬之土地，卽王家殖民地註一與愛爾蘭是也。本國政府對於此等之屬地，至少在理論上得任命總

註一 一八〇〇年時，王家殖民地有紐紛蘭（一五八三年）巴爾巴多斯（一六〇五年），伯爾慕達（一六〇九年），岡比亞（約一六一八年），聖克里斯多弗（St Christopher，一六二三年），拿維斯（一六二八年），蒙得塞拉（一六三二年），安提加（一六三二年），宏都拉斯（一六三八年），聖盧西亞（一六三八年），黃金海岸（約一六五〇年），聖海列納（St Helena，一六五一年），雅麦加（一六五五年）巴哈瑪斯（一六六六年），勿爾吉拏島（一六六六年），直布羅陀（一七〇四年），哈得孫灣領土（一七一三年），諾法斯哥憩亞（一七一三年），紐布倫斯威克（New Brunswick，一七一三年），魁伯克安剔蘆阿愛德華王子島（Prince Edward Island，一七六三年），豆米尼加（Dominica，一七六三年），聖芬生武（St. Vincent，一七六三年），格勒拿達（一七六三年），多巴哥（一七六三年），華爾克蘭（Falkland，一七六五年），丕德克隆（Pitcairn，一七八〇年），海峽殖民地（一七八六及以後數年），寨拉略拿（Sierra Leone，一七八七年），新南威爾士（New South Wales，一七八八年），錫蘭（一七九五年），脫里尼達（Trinidad，一七九七年），及在東印度公司統治下之麻打拉斯（一六三九年），孟買（一六六一年），及孟加拉（一六三三——一七六五）。

愛爾蘭

督，制定法律，徵收賦稅。　顧此等屬地并非本國完整之部分，只為本國之附屬物而已。

關於英王治下之愛爾蘭政治狀況，亦應略加說明。　英王自十二世紀時，即已征服愛爾蘭島，其後幾經流血與努力，卒能長久繼續佔領之。　當十七世紀時，克林威爾曾平定一次劇烈之革命，并獎勵奉新教之英格蘭與蘇格蘭移民者移殖於其東北二部，由愛爾蘭之土著奪取其土地，蓋彼等皆羅馬教徒也。　自中世紀以還，愛爾蘭即設有議會。　但自十五世紀末葉始，欲其議決之有效，須經英本國樞密院之批准。　且自十七世紀中葉始，羅馬教徒不得充任議員。　但一七八二年，當英本國須應付美國獨立戰爭之時，愛爾蘭之新教徒對於大多數之法律，獲得自行制定之權利。十年以後，對於羅馬教徒之限制亦取消。　自一七八二至一八〇一年，愛爾蘭繼續保留此種半獨立之狀況。　但因人數較少之新教徒操縱愛爾蘭之國會，致招奉羅馬教之愛爾蘭人及英本國政府之厭惡。　故當一八〇〇年，遂繼愛爾蘭革命之後，而有聯合法之通過。　依照該法，大不列顛與愛爾蘭於一八〇一年變為聯合王國（United Kingdom）。　自是而後，在聯合王國之國會（通常多誤稱為不列顛國會）中，愛爾蘭有貴族院之議員二十八人，平民院之議員一百人。

然則不列顛之國會除當愛爾蘭半獨立之短期中（一七八二——一八〇一）而外，不惟統治大不列顛，且統治愛爾蘭與直轄殖民地。不列顛王國究如何統治，吾人現當加以說明。

英王及其名義上之權力

就理論上言，英王仍爲其王國之統治者，舉凡一切法律之制定，條約之批准，政府官吏之任命，概以國王之名義行之。英王亦如他國之君主，有「樞密院顧問」以備諮詢，有羣臣（如財政大臣，國務員，大法官等）以監督中央各部之行政事務。但此大都爲形式上之事，實際上大不列顛國王已喪失其大部分之權力，僅保留其尊嚴，而成爲所謂「虛君」矣。

不列顛憲法

自一二一五年大憲章之批准以還，英國之人民即漸從國王取得種種明文之允諾，國王因此漸放棄種種之權力。此等限制國王權力之事，其最大之進步係成功於十七世紀各次事變之期中，在英格蘭議會政治之勝利一章，吾人業已述及矣。除正式之文件外，尚有多種之慣例與習慣，逐漸演進，與正式文件幾有同樣之拘束力，不可侵犯。此等對於國王權力之成文的與習慣的限制，總稱爲「不列顛憲法」。

國王實在權力之限制

此種憲法以四種重要之方法限制國王之權力。（一）剝奪國王徵收賦稅之權利。關於王室之費用，僅由國會通過一種所謂皇室經費（civil list），例如威廉三世每年之經費爲七十萬鎊。（二）國王對於規定其責任之法律，無制定之權利，對於違反其意志之法律，亦無中止之權利。

國王否決國會議案之特權，在理論上雖仍舊存在，但自安拿女王以後，從未有行使之者。（三）國王喪失其管轄法庭之權力。 甚或裁判官有不利於國王之判決，國王亦不能罷免之。 一六七九年之出廷狀法(Habeas Corpus Act)且規定對於被捕下獄者，應告訴其被捕之原因，并予以公平合法之審判。 （四）國王非徵國會之同意，不得維持常備軍。 有此等束縛之後，大不列顛遂成爲『限制的』而非『無限的』君主政治矣。

國會

國王所放棄之權力，現概由國會行使之。 十七世紀憲法上衝突之結果，不惟使國會之議員享有言論之自由，并使國會享有徵收賦稅，制定法律，罷免或保留裁判官等全權。 尤重要者，凡戰時平時政府之政策，概須由國會決定之。 國會在一著名之時機（一六八九年），甚且擅自剝奪君主之『神權』，擁立新君，並決定大不列顛以後不得有奉羅馬教之國王。

法國之哲學家見英國國會所掌握之權力如此其大，自不能不過於讚揚『英人之自由』。雖然，彼等苟能細心考察，或當駭然明白所謂英國國會代表大不列顛之民衆者，不過徒有其名而已。

國會之非民主的性質

吾人已知英國之國會係由兩院組成，任何一院非徵他院之同意，不能制定法律。 其貴族院顯爲貴族性質而非民主性質，其議員皆爲『教會之貴族』與『世俗之貴族』。前者乃英格蘭教會中殷富而有勢力之主教後者乃古代封建貴族高傲之苗裔，或新受國王加封而更高傲之富豪嗣子也註一。此等議員之大半皆爲地主且大都自私自利，厭棄民主政治與法國宮廷之人物幾爲一邱之貉。

但法國之哲學家必以爲人民之代表，均在平民院貴族院之作用，只在使政府穩定也。容吾人觀察其究竟。

至少有一事吾人可以斷言者，即當十八世紀中，大不列顛之多數人民，對於『代表』之選擇，均無參預之權利是也。就鄉區言每郡二人之『郡議員』(knights of the shire)固認爲由選舉產生者，但非有地產年值租金四十先令者，無投票權。因金錢之購買力在當時遠較今日爲大，故四十先令實爲甚鉅之數額。至於有投票權者亦恆不敢自由投票，而將其選舉票售與殷富之貴族，故多數之『郡議員』實際上均爲殷富而有爵號之地主所指派。

註一　就狹義言之貴族(peer)係指有爵號之貴族而在貴族院有世襲之議席者。喬治三世嘗製造多數之貴族，當其卒時，總計逾三百人以上。

「市區」之情形，較此更劣。所有之市區，既不必皆有代表，而享有代表二人之市區，亦無法律以規定選舉之方法，但由本市各依其習慣以行之。在甲市，或由貴族式之市會選出代表，在乙市，或由行會操縱選舉，在丙市，則或由少數所謂『自由人』（『人人自莫不自由』——『自由人』係一種專門名詞以表示市會之會員者）享有投票權，而通常均賣出其選舉票，每票約可得金五鎊。大抵市區之代表，均爲少數富裕之政客所指派，而一班學徒與工匠，則恬然工作如故。據估計結果，操縱平民院之多數者，實不達一千五百人焉。

在多數之區域，恆由某貴族或少數市民指派其候選人，甚至並形式上之選舉亦不舉行。在其他有數種勢力對立之區域，則恆有選舉競爭，而最後均由賄賂以決勝負。在有競爭之選舉時，投票之期限，有延長至四十日者。當此期中，選舉票之價格可增至二十五鎊以上。買選舉票者並無危險，蓋當時行公開投票制，故各人所投之候選人，皆可由選舉册上看出也。競選人因費數千鎊而當選者，實爲常見之事。

『荒廢市區』

總之，即不但一般農民與工匠均無投票權，選舉法亦已發生流弊。但猶不止此。關於全國各區代表之分配，既無意義，復不合理。舊薩蘭(Old Sarum)以前爲繁榮之村落，故有派代表之權利，迨其消滅之後，僅餘一荒涼之邱陵，但仍有二代表出席於國會，此爲英人之所不解者也。濱海之但威戚(Dunwich)市亦不須派代表赴國會，因其海岸久已沉沒，而此城之遺址，亦因海波之侵蝕，漸歸消滅也。哥隆瓦爾(Cornwall)之波塞納伊（Bosseney）僅爲茅舍三座之小村，但仍有派代表二人赴國會之權利。

國會之受賄與腐敗

此等衰敗之城鎮與『荒廢市區』(rotten boroughs)繼續享有派選代表之權利，而富庶之城市如伯明罕(Birmingham)曼徹斯特(Manchester)里仔（Leeds）設佛爾德(Sheffield)等處，則反無一代表。當古代之城市既已衰微之時，此等城市則隨工業之發達而日趨於繁盛。但國會之代表，自查理二世時代至十九世紀之前三十年中，絕無變遷。因此十八世紀之國會，既不代表社會中之各階級，亦不代表大多數之民衆。政治純爲上流社會所操縱，下院之議員，不過爲上院貴族之傀儡而已。有羅德爾（Sir James Lowther)者，在下院中有私人凡九名，通常均稱爲『羅德爾之九腳』(Lowther's Ninepins)。當時有某著名之政治家嘗描寫此種私人之地位云：『彼乃受某貴族之指派而得爲議員者，苟不服從其所受之訓令，則將視爲不誠實之人焉』。

在此等情勢之下，吾人不難明白國會之議席實可用金錢買賣，一若劇場之箱房股份交易所之座位。又彼善於處世之平民院議員，既因金錢之力取得代表人民之特權，必將希望接受賄賂以償其所失。其或稍具良心，有時不願接受金錢上之賄賂者，則必向政府營求薪多事少之位置，此實無足怪者。

內閣

此等舞弊之術，嘗爲民黨狡猾之政客所行使多歷年所（一七一四——一七六一），大告成功。前已述及，喬治一世與喬治二世均將政治實權委諸民黨之著名首領瓦波耳，瓦波耳復將重要之位置授諸民黨同志。前又述及當此同時期中，內閣制之觀念亦更確立。因瓦波耳將政府之高等位置概授諸其同志，故後日之政治家亦恆用同黨以居要職。此種辦法，雖尚未成不磨之例，但執政政黨之多數首領，通常均開「內閣」會議，預先決定提出於國會之議案。內閣所贊成之議案，苟爲平民院之議員所反對，則該黨首領當照例辭職，其所任命之羣僚亦當隨之引退。易詞言之，即內閣須取一致之行動，且須全體辭職也。

政府之事務既皆爲內閣所辦理，而內閣又係依平民院多數之擁護，則國王職權之微小，不待言矣。

喬治三世時代之英國政治

喬治一世與喬治二世對於內閣政治，均未存厭惡之心，故內閣政治得以暢行無阻。但至喬治三世（一七六〇——一八二〇），則欲親攬國柄。彼嘗欲指揮內閣會議。彼每收買民黨之黨員以爲其利用。彼又屢因自己不滿意於內閣之政策，即令其羣臣辭職。

喬治三世除所收買之黨羽外，尚多熱心正直之擁護者。英國之鄉紳及奉英格蘭教而對國會中民黨政客之權力又不信任之教士，均切望有一勤政愛民之君主親握政權。此等人構成王黨之中堅，有時並自稱爲『王友』(king's friends)。喬治三世既得彼輩之擁護，本人又復處置有方，遂能使順從己意之大臣諾爾士繼續在職者凡十二年（一七七〇——一七八二）。但前已言及，諾爾士因美國獨立戰爭而退職，此後一二年中，英國之政治，紊亂不堪。當一七八二至一七八三年中，舊民黨與王黨均起分化，而黨爭之中，更加入一種新因素，即改革精神是也。

改革之急迫與要求

一七八三年，實爲大不列顛需要改革最迫切之秋。此時窮苦無告，僅賴國家之救濟者，幾徧全國。貧民被關閉於貧民工廠，其兒女亦被載赴工場以作工。水手每被脅而服役於海軍。農民實際附屬於土地，與農奴同。刑律亦繁苛，有二百種以上之犯罪案件，如竊錢一先令伐蘋果樹一株者，均得處以死刑。異教仇視亦特甚（朋友教徒則每被監禁，羅馬教徒則不得居官作議員）。至於愛爾蘭，則正爲彼操縱議會之自私頑固的少數分子所破壞。

顧英國之『改革者』對於此種種之事實，并不甚注意。彼少數博愛之人物，固痛詆黑奴貿易，但此種惡習，與英國本部實風馬牛不相及。此時改革運動之主要目的，僅在攻擊國會之腐敗。弱小鄉紳并贊助之，蓋彼等對於民黨『夾帶選舉區』之主人，特別痛恨也。中產階級中地位較低之新人物亦贊助此種運動。至於小店主與商人，尤其為新工業城市如伯明罕殷富之製造業者，亦感覺國會并不代表其利益，遂發出要求澄清政治與改良代議制之呼聲。

威爾克思

改革精神之廣布，一日千里。當十八世紀之第六十幾年中，有新聞記者名威爾克思（John Wilkes）者，鼓吹改革最力。此人雖品行不端，但其言論，甚能動人聽聞。彼嘗批評喬治三世之政策，嘗當選為議員。當其為平民院所驅逐時，彼復力主人民自有選彼之權利，不必顧慮平民院之意向。其同志受其鼓動，均大呼『威爾克思與自由』，而選之為倫敦市長，俾得暢行其志。

是時已有四種之新聞紙發行，益能促進改革運動。此等新聞紙均競載國會之辯論，同時亦藉此宣傳對於現狀之不滿。但此等新聞紙之活動，並非毫無阻礙。蓋按英國舊日之法律，對於詆譭國王者，須受監禁或放逐，而每張新聞紙又須納兩個半便士之印花稅（一七八九年）也。

弗克思

在此種新勢力之下，民黨之黨員多變為贊成改革之人物，喬治三世前嘗藉賄賂以駕馭彼，等現則彼等欲藉贊成改革而恢復其自己及國會之權力。此種民黨中最著名之人物，當推弗克思（Charles James Fox 一七四九——一八〇六）。其人因父教以賭博，遂酷好之，嘗因好事鬥牌賽馬，以致傾家蕩產。夜間則縱淫無度，晨間則晏眠不起。又倫敦莫不知其時與放蕩之王嗣相親暱。故弗克思雖善雄辯，有才略，然因其平日之不修邊幅，卒難成爲改革家。其同志固深知其襟懷豁達，對於一切被壓迫者深表同情，而且深知其欲完成國會改革，宗教寬容，及奴隸貿易之廢除等，均出於誠意，但與之不相親密者終不免以人廢言，信仰者鮮，甚且因其缺乏政治上之圓滑手腕而加以反對焉。

改革綱領

弗克思雖受一切之障礙，其改革運動終不無相當之成績。此時嘗因改革俱樂部之倡導，召集羣衆大會，而主持之者，則弗克思也。此次大會所擬定之自由改革綱領，實爲以後數代中英國政治上激烈分子之口號。改革綱領中凡有六項要求：（一）一切成年男人之投票權。（二）各區之代表應與其人口成比例。（三）對於國會議員應給薪金，俾貧民亦得爲議員。（四）國會議員應廢除財產資格。（五）採用祕密投票制。（六）國會應每年改選一次。

大闢德

此種改革在弗克思雖難有成功之希望，而在年少之政治家小闢德（Willam Pitt the

Younger)，一七五九——一八〇六），則似乎不然。小關德者，著名之查撒姆伯爵之次子也，年甫七歲，即謂『當效吾父在平民院發表政見』。彼自幼時以至青年時代無時不懷抱此種雄心，恆研究學問，練習演說學習辯論之術。彼年二十一時，爲一瘦長多病之青年，但聲音宏亮，雄心勃勃，自信力甚強。彼因爲羅德爾之『九腳』之一，而得充任平民院之議員，但不久即大受平民院之尊崇。彼實爲當時最年幼而有希望之政治家，自始即屬於民黨。

『新王黨』

小關德因種種情形之湊合，卒能組織一重要之新政黨，即『新王黨』(New Tories) 是也。蓋關德因謹慎正直，熱心贊成國會之改革，故凡無派代表權之中產階級及反對『黨魁政治』(bossism) 之人物，咸起而擁護之。他方面關德因係奉喬治三世之命而爲總理，且因不顧平民院暫時敵對之多數黨，卒能維持其地位，故凡屬王黨中擁護國王反對國會之鄉紳與教士亦莫不尊崇之。最後，關德又因私人道德之完備（除飲酒無度而外），并因擁護善良之國王以反對邪惡之政客與好賭博之弗克思，故變爲一切好『體面』者之偶像。

關德在一七八四年之國會選舉中大獲勝利，同年，被任爲總理，深得兩院中王黨多數之贊助，國王之眷顧，及民衆之熱心擁護。彼嘗赴宴會於倫敦之雜貨商公所 (Grocers' Hall)，斯脫蘭

(Strand)之店商莫不張燈結綵表示尊敬，而市面之羣衆，亦皆隨儕歡呼焉。

此時改革運動，似乎可以實現，奴隸貿易既已減少，出版亦享有較大之自由。至關於取消「荒廢」市區之代表，及賜代表於新城市之議案，亦已提出矣。

大不列顛改革之停頓

此時苟非法國大革命突起，致關德發生驚慌，惟恐英格蘭亦將起同樣之革命，則其改革運動必將繼續進行，殆無疑義也。法國大革命既起，英國之政府與上層階級，遂立即放棄其改革運動，轉而厲行壓制一切帶有革命性質之活動焉。

結論

吾人對於十八世紀英國政治之研究，現可得兩種重要之結論。第一，法國之哲學家雖羨慕英國之君主政治，視爲政治自由之模範，實際上英國之政府仍不免腐敗與壓制。第二，改革精神在大不列顛一時雖如在法國之大肆活動，大有希望，但因法國發生大革命，英國恐受其波及，致此種精神卒歸消沉。

第二節　開明專制君主

在英國方面，進步與改革精神係由於民衆之鼓吹而表現於國會。至在歐洲大陸方面，其情形自有不同。歐洲大陸之政府，非由國會操縱，而操於『奉天承命』之君主。因此，在法國，普魯士，奧大利，西班牙，俄羅斯諸國，其通常發生之問題，不過爲『今上是否殘酷，浪費，保守，抑或今上是否能幹而寬宏』之問題而已。

歐洲大陸之仁慈專制主義時代

當十八世紀中，歐洲大陸各國大都有賢明善良之君主在位。如奧大利，普魯士，西班牙，葡萄牙，突斯加尼薩的尼亞，巴華利亞，瑞典諸國之君主，莫不具有雄才大略，且皆重在謀本國之福利，而不注意個人之享樂。

此等君主皆爲仁慈專制君主(benevolent despots)。彼等爲無限制之統治者，不主張減少國王之權力，而相信政府由強有力之一人統治，實勝於民主式之多數統治。顧彼等一面主張專制主義，一面又主張仁慈。彼等之目的既在力謀國家之光榮，同時又不忘人民之幸福與繁榮。此等仁慈專制君主實爲十八世紀專制君主政治與唯理主義發展之共同結果。因此之故，對於此種欲根據理性而爲政之專制君主，通常皆用『開明』(enlightened)專制君主之名詞以表示之。所謂『開明』，蓋卽具有哲學頭腦之意也。

普魯士王弗列德利

開明專制君主中成功最大者，厥惟普魯士王弗列德利克二世(大王)。在以上德意志諸

克大王，一七四〇至一七八六年

邦一章中吾人嘗述及其與全歐洲奮鬥，爲普魯士取得聲威與權力。（吾人現當觀其如何欲將科學方法應用於其本國之政治上。）

弗列德利克二世之與十八世紀學術上之主要思潮特別接近，殆出於天性。彼幼時好讀法國之戲劇，曾違反父意而攻拉丁文，其心中充滿主張自然神教的哲學家之理想，大有成爲夢想者而非統治者之勢。其父弗列德利克威廉一世不以其所好爲然，令其注意財政及行政瑣事。但弗列德利克亦關心行政瑣事，故其於一七四〇年即位時，不惟開明而已，且更孜孜爲治焉。

弗列德利克大王對於己之義務具有明白之概念，甚至用法文著書討論政治學理。彼嘗謂『君主對於其所統治之國家，亦如頭腦對於其所隸屬之個人。君主之義務，即在其所視所思所行，均以國民之全體爲念，爲國民全體力謀一切之利益』。『君主幷非絕對之主人翁，不過爲國家之第一個公僕而已』。弗列德利克實不愧爲普魯士之第一個公僕，晨間五時即與處理政務至十一時止，下午則召集委員會議，或檢閱軍隊。

弗列德利克力圖使普魯士成爲歐洲最完善之國家，對於法官恆注意監督，使其不得下錯誤之判決，或收納賄賂。復委法學專家編纂法律，務使條律簡明，俾人民不致有誤投法網之事。古代原有拷問嫌疑罪犯迫其自供之習，至是亦廢除之。

其注意教育，亦與司法同，嘗設初等學校，力謀大多數之人民至少均能讀書寫字。 至關於宗教方面，亦許個人以充分之自由。 因彼信自然神教，故亦如一般自然神教者之主張宗教寬容。

彼尤注意於增進人民物質上之繁榮，視爲較之司法，教育，宗教寬容等事更爲重要。 彼欲使其在位時代成爲農商業之最盛時期，故恆獎勵工業，培植絲業，更由他國羅致勤儉之農民移殖於普魯士境內。 彼幷開鑿運河，疏濬河道，使澤沼變成絕好之牧場。 國內之土地苟有因戰爭而荒蕪者，當和平恢復之後，卽令農民復事耕種，給以種子，許其利用戰馬以曳犂。 彼恆勸導地主開闢菓園，以改良其地產，獎勵農民種植蘿蔔，以爲牛羊之食料。 此外復力謀減輕農民經濟上之負擔，因爲（如弗列德利克自己所宣言）農民苟能終日耕種其田疇，「則應不受稅吏之徵斂而至失望」也。

國內之賦稅雖未因而減輕，但人人皆知國王之節用。 弗列德利克對於宮廷之臣僕，概不浪費，對於政費之收支，嚴行審查。 其臣下亦莫不注意節用，蓋恐國王加以體罰，或唾辱於市朝也。

弗列德利克祇因厲行儉約與細心籌畫，乃能使普魯士維持二十萬人之軍隊，從事拓地之政

俄國大加察林，一七六二至一七九六年

策，藉此取得細勒西亞及波蘭領土三分之一。弗列德利克惟有對於軍隊，毫不吝惜金錢。但彼深知軍事方面所費之金錢，終必獲得代價。普魯士之軍隊勤於操練，紀律嚴明，其軍械既悉採新式，其將官亦皆為專材，故十八世紀之歐洲對於其軍隊，莫不發生嫉妬與恐怖。

當吾人細述弗列德利克欲根據理性與常識而為政時，對於其酷嗜哲學一事，幾至遺漏，現不可不述之。蓋仁慈專制主義，僅為其事業之一方面也。彼既忙於政務，復好吹笛。對於各種報告與呈稟，恆喜作滑稽之批答。又恆與同志共坐討論詩歌，科學，戲曲等。彼雖不喜德意志新進之年少詩人勒新(Lessing)與哥德(Goethe)之作品，謂其既不文雅，且不神妙。但彼聘請法國之文人學士來柏林，並振興柏林科學學會(Berlin Academy of Science)。福祿特爾亦嘗作客於弗列德利克之廷，弗列德利克所作之法文詩，恆請其修改焉。

當弗列德利克倡『君主不過為國家之第一個公僕』之說時，而加察林二世亦正為俄國之開明專制君主。加察林一方面既作出顯赫之事業，同時又時與法國各哲學家書信往還，嘗厚餽福祿特爾，且聘提特洛教其嗣子。彼欲冒充寬宏大度之君主，故對於頒賜成文憲法或釋放農奴等事，亦好討論之。復設立學校與學會，法蘭西語亦變為俄國文明社會之語言。

加察林之本心，並不希望眞正之改革，或垂矜於農民之困苦也。彼對於誠心主張改革之人，恆厲行壓制。其宮廷之內，穢德彰聞，對於夫婦大倫，彼亦唾棄如遺。彼更因種種之藉口，對於其所允諾之憲法，從未制定。而農奴之境況，實際上亦愈趨惡劣。彼在致莫斯科總督之訓令中，謂「卿勿以俄國人不希望教育爲言。朕之創立學校，並非爲吾人而創立，實爲歐洲而創立，蓋吾人在歐洲之公意中，必須保持吾人之地位。俄國之農民苟願求知識，則卿與朕之地位且將不保矣」。此明白表示加察林之願作開明專制君主，實係口是心非也。及法國大革命爆發之時，加察林竟鼓吹壓制改革，其本來面目，於是顯露云。

西班牙王查理三世，一七五九至一七八八年

雖然，此外亦有誠懇之仁慈專制君主在，如查理三世是也。查理及其羣臣對於西班牙曾完成多種之改革註一。耶穌會士旣受壓制，宗教法廷之過分熱忱，復大被限制，馬德里之市面，亦設巡警，德意志之農民，多被獎勵而移殖於西班牙。此外並築道路，開運河，培植製造業，獎勵科學，增加艦隊幾至二倍之多。查理三世在位近三十載，當其卒時，西班牙之歲收，已增至二倍，其人口已由七兆增至十一兆矣。

註一 查理三世曩曾爲拿布勒斯國王（一七三五——一七五九），且在該王國始創多種之改革。

葡萄牙王約瑟夫一世，一七五〇至一七七七年

葡萄牙王約瑟夫一世(Joseph I)有著名之朋巴爾(Pombal)爲之輔佐，朋巴爾者，哲學家之代表兼積極之政治家也。葡萄牙之工業教育商業等在彼主持之下，其發達亦堪與西班牙並駕齊驅。瑞典之革斯他夫三世(Gustavus III 一七七一——一七九二)亦保護工業，扶助工人。在意大利則薩的尼亞王亦釋放其農奴。在突斯加尼來泊爾公爵(Duke Leopold)亦完成數種需要之改革，來泊爾公爵者，黑普斯堡族皇帝約瑟夫二世之弟也。

神聖羅馬帝國皇帝奧大利之約瑟夫二世

奧大利大公爵兼神聖羅馬帝國皇帝約瑟夫二世嘗將開明專制主義之學理應用至極點，故彼實爲一切仁慈專制君主中之最熱心者，同時又爲其最失敗者。在當時凡抱哲學理想之國王，其所有之目的與弱點，概可從其一人之事業上見之。

約瑟夫二世由馬利亞德勒沙繼承之遺胙

當吾人觀察約瑟夫之事業以先，不可不明白其母馬利亞德勒沙(一七四〇——一七八〇)以前對於黑普斯堡族之領域曾建立何種之事業。吾人已知其防衞世襲之領土，以抵制弗列德利克大王之侵略，又知其雖喪細勒西亞，但因分割波蘭之結果，卒得加利西亞與摩爾達維亞以償其所失。至其對內之政策，則當於此處述之。

奧國之軍隊，原係依各省議會之表決而設置，彼則將各省所設置之軍隊聯合，編爲國軍。德

約瑟夫二世之政策與計劃，一七八〇至一七九〇年

意志語變爲軍官之正式語言，行政上亦開始以德意志語代替拉丁語。爲樹立強有力之政府計，教士之特權既被減少，教皇抑制耶穌會士之諭旨，亦嚴厲執行。此外復改革大學，並創立完備之初等教育與中等教育制度。迄一八六九年止，奧國始終沿用此種制度，惟略有變更而已。

馬利亞德勒沙之改革計劃，大都爲其嗣子所因襲採行，但有二重要之點，則與其嗣子不同，且與尋常之開明專制君主亦異。第一，彼注重實際政治而不注重空洞之哲學。彼並不欲從事於全部之改革，或盲從完美之學說，只採合於實用而温和之政策，以匡救積弊。彼知謹小愼微，不觸犯臣民之成見與傳習。第二，彼爲熱心之羅馬教徒，其愛護臣民，並非動於學理，而係動於宗教義務。

弗列德利克大王不知有所謂良心，加察林不知有所謂道德，而馬利亞德勒沙則處無信仰之時代，仍爲熱心之基督教徒，處競尙放蕩淫亂之時代，仍爲純潔之婦人焉。

馬利亞德勒沙之長子約瑟夫二世註一自幼卽受羅馬教之薰陶，其受盧梭著作之影響雖深，然卒未與教會脫離。但其所採之主義，既不顧及宗教，亦不顧及利害得失，嘗謂「吾帝國之立法者卽哲學。奧大利將依哲學上合理之主義以改革之」。

註一 彼爲神聖羅馬皇帝（一七六五——一七九〇）兼黑普斯堡族領土之唯一統治者（一七八〇——一七九〇）。

約瑟夫二世決意廢止一切不正義之事，解除被壓制者之痛苦，救民於水火之中而登之衽席之上，凡此皆難能可貴之計劃也。其雄心卽在使奧大利成爲強固統一，隆盛之國家，使己爲其人民之恩主，保護製造業者，並釋放農奴。彼蓋欲依盧梭之所期望者（惟溺於盧梭人民主權之基本觀念除外）以改革奧大利焉。

不幸，約瑟夫二世雖具有改革之宏願，然其本人絕不適於完成有益之改革。彼之理想係出於法國之哲學家而非根據實際之生活。彼對於其學理相信太深，故恆排除羣議，一意孤行。彼又無涵養，故急求成功，不知忍耐。彼旣不顧人民之成見與傳習，亦不考慮政治上之利害得失，而遽然從事於改革。

奧大利爲羅馬教根深蒂固之國家，其君主亦皆擁護此教，而約瑟夫二世毫不以之介意，力言教皇之諭旨非得己之許可，不得在其領內頒布。彼又嘗自委主教，籍沒教會之土地。教堂中之側祭壇與各種標識亦概被廢去（其理由係因側祭壇爲迷信之標識，並非因其無用，因基督教徒仍有在側祭壇之前祈禱上帝者）。此外對於以前通行之儀式，亦多下令變更，僧院多被取消，教士之教育概須在皇帝所管之學校中受之。其更甚者，對於異教徒與猶太人，不惟予以寬容，並賜以與正統派羅馬教徒同等之權利。

此等改革計劃固甚合宜，其中且有一二計劃或不致發生阻礙，而可順利進行。但因約瑟夫行之過激，徒引起教士之驚恐與憤慨。誠心愛護其宗教之人民，亦皆羣起反對之。

約瑟夫在政治上之政策，其所懷抱與施行者，亦不甚高明。總計其政策有三。（一）希望擴張其領土，東至黑海，南至亞得里亞海，並願以遠隔之尼德蘭交換附近之巴華利亞。（二）希望廢除一切之地方議會及各地獨立之他種痕跡，而使其所有之領土概由順從己意之官吏統治之。（三）希望提高下層階級之地位而抑制驕傲之貴族，俾人民一律平等而共同戴其爲仁慈與萬能之統治者。

其第一種政策，徒使其捲入不幸之戰爭漩渦中。彼對於巴華利亞之計劃，均爲弗列德利克大王所破壞，蓋弗列德利克固以德意志諸小邦之保護者自居者也。至在巴爾幹半島方面，其軍隊亦屢經苦戰，卒無所獲。

其行政上之政策亦與其擴張領土之野心同罹不幸。馬利亞得勒沙對於其龐雜領域中之行政，固嘗略加統一，但其政策高明，對於匈牙利，倫巴德，尼德蘭等處，仍許其保留某幾種傳習與自治之形式，且用種種之手腕以取得其匈牙利臣民之忠誠與信任。約瑟夫則不然。彼將聖斯特芬之王冠（匈牙利人全體之所珍重者）遷至維也納，廢除匈牙利國會之種種特權。彼並頒布新政府組織法，將其領土分爲十三省，各置一軍人統治之，省復分爲若干州，州復分爲若干縣。各地不復享有特權，一切概歸維也納處理之。軍隊之組織，自後亦取法於普魯士，農民有強制從軍之義務。德意志語定爲黑普斯堡族全部領土中之正式語言。但此徒成具文，實際上完全失敗。奧領尼德蘭因不願放棄其地方之自治權利，遂起革命，遏洛爾亦然，匈牙利亦發出憤慨之抗議。地方之自由與傳習，實不能以皇帝之一紙命令廢除之也。

約瑟夫二世之失敗

最後，約瑟夫之改造社會，亦無成效。彼嘗下令解放一切之農奴爲自由人，不經主人之同意，得自由婚嫁，出售土地，每星期並不必爲主人服四日之勞役，可納一定之租金以代之。貴族與農民須負擔同等之賦稅，對於其土地同納稅百分之十三。彼甚至欲進而扶助農民，嘗謂『朕決不向兩百善良之農民奪取其財產，以滿足一不勞而獲之地主之分外要求』。彼並擬將初等教育定爲免費教育，任何人均得受之。又擬獎勵工業，俾其全體人民均得享受繁榮與快樂。顧農民最惡強制兵役，且誤會其改革之意義。貴族則不願放棄種種之封建權利。中產階級則因其獎勵工業之失計，亦表示忿怒。教士則攻擊其宗教政策。故彼在位僅十年，而謗怨叢生，愛戴者絕無一人。彼在國外既遭失敗，在國內亦招致人民之革命。

當約瑟夫病危之際（一七九〇年），朋友親屬少與接近而安慰之者，實無足怪。彼或當自嘆：『朕備嘗困苦，其結果只有少數人喜，多數人怨』。彼嘗遺命取消其大部分之『改革』，並自擬墓誌云『蓄意最善而一無所成者之墓』註一。

仁慈專制主義之弱點

彼仁慈專制君主之受挫折而失意者，非徒約瑟夫二世而已也。『開明專制主義』最大之弱點，卽在不能取得一般民衆之同情與擁護。彼專制君主者如約瑟夫二世之流，每欲對人民厲行改革而不問其改革計劃之是否為一般民衆所希望，故結果其計劃鮮能永久維持，而人民亦絕無感激之者。

所有之國王苟皆如弗列德利克大王具有特別之能力與天才，則開明專制主義，或能通行至今。所感困難者，卽彼蓄意善良之君主如約瑟夫二世之流，類皆不顧實際情形，而多數君主，甚至並蓄意亦不善良。在普魯士則弗列德利克大王之繼承者弗列德利克威廉二世，既無才能，又乏

註一　此墓誌並不甚確，奧大利之農奴至少仍保留一部分之自由，此卽彼之所賜者也。

德性，因彼之無用，致弗列德利克之事業盡付東流。在其他各國，情形亦復相同。英明君主之後，大都繼之以孱弱之君主，浪費無度，致節用所蓄因之枯竭，政治腐敗，致改革事業因之傾覆。專制君主政治苟無善良之意志相輔而行，則必暴虐不堪，實自然之勢也。

第三節　法蘭西王國

專制主義之缺點，在他國未有如在法國之顯而易見者。法國之政治，當十八世紀中，每況愈下，終至非和平之改革所能濟事，而須出之以暴力之革命。

法國人民之境遇稍優於鄰國

就法國人民之實際狀況而言，則大都較之德意志人或意大利人之境遇為優。法國有多數繁榮而有智識之中產階級，僅次於英格蘭。其農民之地位，亦略在歐洲大陸其他各國之農奴以上。法國人民惟因物質上之境況較鄰國之人民稍優，故對於政府愈不滿意。法國之下層階級，並非完全受虐待，至成純粹之奴隸，而無上進之希望，反之法國卻有多數強健之農民與勤儉之工人，希望境遇之改良，並痛恨社會上之不平與政治上之積弊。中產階級對於專制政治，更不滿意。因此階級之人數甚多，有智識，有財富，且有勢力，能看出政治上之種種謬誤，希望取得參政權。因之法國人民對於其君主之失政，其感覺之親切，及其深惡痛絕，實較他國人民爲尤甚焉。

容吾人略述十八世紀時法國種種顯著之流弊，然後可知彼耽於逸樂之專制君主路易十五(一七一五——一七七四)罪孽之深重。

行政制度

法國之行政制度，既紊亂無序，又專制難堪。就理論上言，其行政制度原甚簡單，蓋政府卽爲國王。

國王

路易十五嘗謂：『最高權力存於朕躬……立法權惟朕操之……朕之人民與朕爲一體，國民之權利與國民之利益，必須與朕之權利利益相連，而操之者惟朕一人』。

但在實際上，國王並不能單獨制定法律，維持秩序，徵收賦稅，而當其終日遊獵賭博時尤然。國王惟知浪費國帑，窮兵黷武，並偶爾干涉臣下之政務，而實際上之一切行政，則必須委諸組織紊亂之多數官吏處理之。

御前會議

行政組織中之最高機關爲御前會議(Royal Council)，由大臣六人，顧問官約三十人組成之。顧問官在輔佐各大臣監督全國之政務，如發布命令，商決對外政策，徵收賦稅，辦理地方官吏之報告等事是也。

地方行政

御前會議在各地皆有其代表。有執行吏(bailiffs)及王府長吏(seneschals)，此等人之實權多已消滅，惟其職位仍然保存。又有各省總督，此等人不理政事，徒領重薪。地方之行政權，概歸所謂監督及其副監督掌管。監督凡三十四人（即所謂『法國之三十僭主』），均由國王之大臣派遣，在其所轄區內實同小專制君主焉。

監督

監督之權限甚大。其所轄區內之每村落與納稅者每人應納之稅額，概歸其決定。彼並有代表分駐於所轄區內之各小區，各小區之警察，秩序之維持，軍隊之補充等事，概由此種代表監督之。當災患之時，彼則救濟貧民。凡設立教堂修葺市廳等事，概須經其准許。當御前會議決定修築道路之時，彼則率其屬員指揮工作之進行，並徵發農民以服役。監督既有此等之權力，故其被稱爲 mon seigneur（『我主』之意），實無足怪也。

巴黎高等法院

僅有御前會議，監督，副監督等之政治組織，尚較簡單，但因此外尚有多種之政治團體，均各要求種種習慣相沿之權力，遂形複雜。此種團體之最重要者，厥維巴黎高等法院（Parlement）。此原爲一種司法機關，所以登記國王之命令者。但對於國王之命令，苟不滿意，每拒絕登記，必致國王正式召集法院，親自命其登記而後已。

省議會

在少數省區，復有省『議會』（Estates）註一。此等機關爲中世紀之遺跡，並不制定法律，惟對於省內各區賦稅之分派，有參加意見之權，對於道路之修築與賦稅之徵收，亦有監督之權。

至於各市之政府，亦甚奇特。 有一由古代之行會（現僅包括少數最富之市民）選舉之市會(Town Council)，掌管本市之財產，委派徵稅吏，注意市政廳之修葺，對本市輸入品之徵稅，並得行使監督之責。 吾人由此可看出市會與監督其權力之不易劃清，並易於發生糾紛（而且各市之市會，其性質與權力亦復彼此迥殊）。 此外復因各市之市長不由市會選舉而由國王任命，故市政情形亦更形複雜。

在鄉區中監督制度與地方自治之遺制，亦有同樣之衝突。 鄉村之全體民衆，恆以教堂鳴鐘

註一 此等省區稱爲國防區（pays d'état），包括白里他尼，閬格多克，普洛凡斯，盧西倫，多腓拿（Dauphiné），不爾艮底，佛蘭西宮德，亞爾撒斯，洛萊因，亞爾多亞，法蘭達，科西加（Corsica）等。 此等國防區之地方議會決非居民全體之代表機關。 其餘省區絕無地方自治之痕跡存在者，則稱選舉區（pays d'élection），包括法蘭西島（Île de France），阿爾列拿，尙巴尼與蒲利耶（Champagne and Brie），緬印，盎如，波伊都，格也納與格斯哥尼（Guyenne and Gascony），李穆松（Limousin），奧維尼（Auvergne），里約納（Lyonnais），布爾朋拿（Bourbonnais），都勒拿（Touraine），諾爾曼底，比加底等。

爲號集會於草地。彼等之集會於此，與城市之集會相若，可選出土地稅之徵收人，又可呈請監督修葺教士住宅或橋樑。

行政上之紊亂

讀者至此，或當明瞭紊亂實爲法國行政制度中最重要之特色。一般民衆對於御前會議，高等法院，省議會，總督，執行吏，監督，副監督，市長，市會，鄉村集會等彼此混淆之職權，自不能明白。此種制度（或者可謂之無制度），自易產生流弊與紛亂，對於自由絕無保障。最尋常之事務，均爲專橫而苛求之官吏所限制。一切事務之結果，概視此等官吏之正邪勤惰而定。所有之下級官吏，對其長官雖均有詳細之報告，但一般羣衆對於政治事務，茫無所知，對於政府措施悖理之原因，亦只得妄事猜測。監督對於某村落苟增加賦稅，其愚昧之居民，惟將此事歸咎於官吏之貪污或偏私。苟遇災禍荐臻，或橋樑傾頹，鄉村之民亦每歸咎於政府之過失。蓋以政府愈神祕而愈有權力，則對於一切之厄運，亦更易自招非難也。

法律之紊亂

十八世紀法國之紊亂，非僅限於行政方面而已，國內之衡量標準，幣制，通過稅，內地關稅等，亦極複雜而不統一。其尤著者，則爲法律與法院。

同一案件，有在某區爲合法，而在未出五英哩以外之區，卽爲不合法者。法國各地所適用之法律，幾達四百種之多。在若干區域，古代之羅馬法依舊保留。而在他處，則源於古代日耳曼諸部落之法律，仍可適用。許多法律甚至爲不成文法，而成文法之用拉丁文者，又恆較用法文者爲多。其結果惟少數有學問之人能知法律，而一般民衆，則茫然無措。且其法律又多殘酷無道，犯人有被割手耳及舌者，有被炮烙者，有以鎔熱之鉛傾於其肉上者。此外復有車裂之刑，受之者宛轉呻吟而死，其痛苦之烈，縊刑且不能與之比擬焉。

法院之紊亂

法院之紊亂，幾與法律同。有皇家法院(Royal Court)，有封建法院，有教會法院，有財政法院，有軍事法院等，苟非有智識之人犯罪，則不知應受何種法院之審判。極重要之案件可向高等法院上訴。高等法院凡十三處，而以巴黎高等法院居最高地位。

不公平之盛行

法院雖如此繁多，而不公平之事，仍到處盛行。被誣諂者，恆受酷刑，而至於屈打成招。審判時不許公衆參與，故對於判決案之究依何種根據以成立，無人明白，而法官對於其判決案亦並不說明理由。民事案件恆有繼續上訴，歷數年不決，迄兩造財窮力盡而止者。律師亦維重在向其事主索鉅額之報酬，並不眞爲事主爭正義。

『長衣貴族』

法律之紊亂，法權之衝突，因皇家法院法官性質之奇特而更甚。此等法官多屬於殷富之中產階級，其位置係以金錢向國王買得者。彼用鉅額之代價買取高等法院之法官位置者，不惟限於終身，且可世襲。相傳法國佔有此種司法位置之中產階級，計達五萬家之多。彼等構成一種下級貴族，豁免某幾種賦稅，且好以其尊榮自豪。當其出而坐堂之時，恆披假髮，着天鵝絨與絲製長服，侍僮跟隨，捧其後衣，故此等中產階級之法官恆稱爲「長衣貴族」(nobility of the robe)焉。

此種「長衣貴族」對於其買取位置之代價，及其長衣之費用，自必多方以求償還。彼買此位置者，固不僅爲名，亦實爲利。蓋訴訟人所付之訟費與罰金，均歸法官所有，而彼狡猾之法官對於任何案件，未有不索費者。間接之利益，甚至更大。例如某甲勝訟，自必喜悅，而對於判決本案之法官，必有厚餽。至少法官亦必示意，令其如此。法官受賄，實爲明顯之事實。正義公理之常可用金錢買賣，與法官之位置同。

軍隊之積弊

腐敗與流弊，不僅限於行政與司法方面，即在軍中，亦莫不然。法國軍隊中有外國之傭兵，有強制徵發之農民，又有城市之亡命貧民。軍士每年解甲逃竄者，數以千計。此種軍隊如指揮適宜，亦或可以參戰，詎知並適宜之指揮亦不可得。其軍中之將官，自亦衆多（平均軍士每一百五十七八中有一將官），顧其所有之將官，類皆放恣無行，衣冠楚楚，惟領乾薪，從不與軍士晤面。其副官亦皆品行不端，毫不注意於其訓練指揮之本職。軍中領袖之資格，不以才能而以門閥爲標準。彼貴族從未親臨戰場者，亦任軍官。佛盧沙克（Frousae）公爵甫七齡，卽任參將。

財政上之紊亂

繁雜之行政，陳腐之法律，腐敗之官吏，紊亂之軍隊，莫不足以表示法國君主政治之弱點。但財政上之紊亂，更足以危及君主政治之存在，蓋以政府無錢，如魚失水，別無救濟之法也。法國因路易十四勞民傷財之外戰，費用浩繁之軍隊，奢侈之宮殿，浪費之王廷等故，遂致繼任君主，債台高築，國庫空虛，人民亦日呻吟於橫征暴斂之下。故在十八世紀之法國，謹愼與節用，實爲當務之急焉。

但行政長官對於經費之收支，向無一定之帳目，舉凡發條收據之類，亦不知注意保存。關於國庫之資產負債情形，亦無人能調查明白，甚至國王亦不自知每年負債之多少，惟知有一日卽揮霍一日而已。

國王之收入

直接稅

國王所需經費之浩繁，已使賦稅之負擔甚重，而估稅與徵稅之方法不良，益使負擔增加。國王之收入，主要者出自三種來源，卽國王之領地，直接稅，間接稅是也。國王對於其領地，一方爲君主資格，同時又爲地主資格，由此所得之收入，爲數甚大，然已日漸減少。 直接稅爲國庫之主要來源，因在人民負擔能力之內，可隨時增加以應付需要也。 直接稅有三種，卽土地稅（taille），人頭稅（capitation），二十取一稅（vingtieme）是。

所得稅

二十取一稅係一種所得稅，卽對於法官之薪金，貴族之地租，工匠之工資，農民之出產，均課稅百分之五註一。 教士完全免除此種賦稅，比較有勢之貴族及中產階級，亦恆設法估低其收入之價格，因此比較貧乏之各階級，其所受之負擔反極繁重。

人頭稅

人頭稅係每人必須繳納之稅，其稅額不同，凡有二十二等，例如女僕則每年納稅三里弗爾又十二銅元（sou）註二。

土地稅

租稅之最重要而爲人民所惡者，厥爲土地稅，實際上卽單獨對於農民所課之稅也。 土地稅之總額，由御前會議決定之，分配於各監督之間，而監督又各在其所轄之區內分配於各村落之間，徵稅人則由村會選舉，賦以收稅之權，令向村民按其納稅之能力以徵稅。 此種方法之結果，使村民咸故意表示貧窮之狀，以圖減輕其賦稅，全村落亦恆表示荒涼之狀，以圖減少本村落賦稅之分

註一　在理論上爲百分之五，當路易十六在位時代，實際上爲百分之十一。

註二　一里弗爾約値一佛郎（二十分），一銅元等於一分。

配額。有勢力之政客，亦恆有設法爲其本地減輕負擔者。

間接稅

間接稅雖不如此其繁苛，然亦令人厭惡。凡火酒，金屬器，紙牌，紙張，小粉之屬，概須納稅。尤令人厭惡者，卽爲鹽稅。凡年滿七歲以上者，均被假定每年須向政府之鹽田買鹽七磅，其價格約高於實價之十倍 註一。惟政府機關有賣鹽之合法權利，苟有私運者，則科以鉅額之罰金或充搖櫓犯。

「包稅制」

此等間接稅，通常皆係『招人包攬』，卽某投機公司納大宗款項於政府而政府與以自由徵稅之權利。此等投機者稱爲『農總』(farmers-general)，法國可稱爲彼等之農場 註二，金錢則可稱爲農場之出產）。彼等獲利甚厚，除付與政府者外，尙多贏餘以作賄賂或贈禮，獻諸大人先生，或則捲歸私囊，國庫所受之損失，因此甚大。

賦稅之負擔

賦稅原不能隨時徵斂，以應急需，且不能用此中飽之徵收方法。法國之農民，無時不呻吟於封建貢賦什一稅，國王賦稅等壓制之下。中產階級對於所得稅，間接稅，通過稅，內地關稅，以及國

註一 鹽稅在若干省區中，自較其他之省區爲更重而難忍受。

註二 按字源而言，法語表示農場之字(ferme)並不必與農業有關，迹只表示爲取得某種特權（例如徵稅權）所付金錢之一定的總數(firma)。

王將專賣特權授諸親信之事，亦莫不深致憤慨。彼貴族教士既不納稅，此等未享特權之階級，究能忍受賦稅之負擔至幾何時，雖無敢言者，但其不滿意之表示，則已彰彰甚明，終不能坐視不理矣。路易十四（一六四三——一七一五）晚年已深知此種危險。當其彌留之時，其曾孫兼繼承者僅五齡（卽未來之路易十五），彼嘗召之至側而誡之曰：『汝不久卽爲大國之君主，不可忘汝對於上帝之義務。須知汝之富貴實得自上帝。汝當與鄰國維持親睦，不可若朕之窮兵黷武，亦不可若朕之浪費無度。汝之一舉一動皆須詢謀老成，卽位之始，卽當解除民衆之疾苦，以竟朕所未能之事業』。

路易十五，一七一五至一七七四年

此雖爲良好之教訓，但路易十五尙屬沖齡，不過爲羣臣掌中之木偶而已。吾人前已言及，當一七一五至一七二三年俄連公爵之攝政期內，法國曾與西班牙從事於戰爭，且因投機之事，致陷財政於紊亂。吾人並言及法國在一七二六至一七四三年佛婁利輔政之期中，又捲入波蘭選舉戰爭（一七三三——一七三八）中，並開始從事於奧大利皇位繼承戰爭（一七四〇——一七四八）。

當一七四三年年已九十之佛婁利病故，路易十五遂宣布親政。顧彼並無弗列德利克大王之才，彼在會議席上『既少有發言，復不費思考』。 彼對於行政事務，絕少興趣，故大部分之政務，仍歸羣臣處理。

路易十五平生唯一不能饜足之事，卽娛樂是也。 彼耽於女色，鮮與大臣接近，其大部分時間，均在與女子淫樂，其餘時間，則惟從事於遊獵或賭博。 彼雖已娶后，然復漁色無厭，初既爲葭多盧 (Chateauroux) 公爵夫人所惑，繼復寵朋巴都 (Madame do Pompadour)，後又寵巴里 (Madame de Barry)。 彼對於所寵之婦人，每賜以地產與爵號，令其聚居凡爾賽宮，並任其干政。 彼蓋願爲女色而傾其國焉。

路易十五之品性，復反映於其宮廷中人。 彼等亦莫不疎棄其婦，終夜賭博，蔑視道德，浪費無度。 宮中婦女之妖艷，貴族之揮霍，皆爲前人所不及。

凡爾賽宮固樂矣，顧凡爾賽宮並非卽爲法國。 法國已因戰爭與賦稅而淪於萬劫不復之境。 路易十四嘗謂『當與鄰國維持親睦，』但自其逝世以來，已發生四次大戰。 由於最不幸之七年戰爭（一七五六——一七六三），法國之商業勢力完全破壞，其殖民地亦多喪失 註一。 債務

註一 至於一七六六年洛萊因之正式合併，一七六八年科西加之正式合併，則爲路易十五差堪自慰者。

累增，賦稅愈重。路易十五之窮兵黷武，用財無度，及行政失當，所賜於法國者，卽一破產之國家也。

路易十五時代對於法國君主政治之怨聲日盛

此時法國不平之呼聲日益高張，反抗之議論日益激昂，路易十五卒無法制止之。批評政府之學者雖被捕下獄，激烈之著作雖被沒收或焚燬，然謗讟終不能息。政府對於反抗者，恆以『加封之函』(lettres de cachet) 捕之，不經審判卽下之巴士的獄。此種加封之函爲預先印成之拘人手詔，中空被拘者之名，由國王隨時塡入其中。國王有時亦將此等手詔賜與或賣與親信之人，故彼等每可藉此尋仇報怨。顧拘捕雖急，而對於政府之反對，日益加甚。抗稅運動，以巴黎高等法院爲中心。此法院恆拒絕登記國王之命令，雖路易十五表示不能容忍，而法院之與國王爲敵則如故。因此種爭鬥之劇烈，法國高等法院十三處概被封禁（一七七一年）而代之以新設立之皇家法院。

反對勢力不過暫被抑制而已。卽路易十五亦深知來日大難，已在醞釀之中。此後駕過不滿意之巴黎羣衆中，彼亦常有戒心。農民雖對之致敬，終不能掩其怨懟。國庫空虛，君主政治已起動搖。但路易十五仍未感覺自身之責任，亦不知亟謀補救。彼曾揚言曰：『終朕之世，尙可無憂，朕之繼承者宜好自爲之』。

路易十五之繼承者爲其孫路易十六（一七七四——一七九二），即位時年二十，乃庸懦無能之人也。彼雖品性高尙存心善良但缺乏聰明與意志力，過於拙劣畏縮，不能以莊嚴之態度主持嚴守禮儀之王廷。且愚笨怠惰，不能指揮羣臣，日惟耽於遊樂，而將政事交歸羣臣處理。

路易十六（一七七四至一七九二年）

杜哥

最初之希望原甚大，因此時任財政大臣者爲杜哥（一七七四——一七七六），乃福祿特爾之同志，而嘗投稿於百科全書者也。改革之空氣一時甚爲濃厚。工商業上之束縛行將解除，放任主義行將大盛，財政行將改革，賦稅行將減輕，教士貴族行將不復豁免賦稅，對於食品之課稅行將一律取消，農民對於修築道路，亦將免除強制服役。但杜哥之改革，徒引起反對。蓋貴族與教士均不願納稅，宮廷之人咸恨其年金之減少，包稅之人既有所忌憚，工業上之壟斷者亦起恐慌，農民又誤會其意向，於是騷動紛起。當一七七六年杜哥辭職之時，法國人士莫不快意焉。

納克

杜哥爲理論家，而其繼任人納克則爲事業家。納克（Jacques Necker）爲瑞士銀行家，在巴黎以料事如見著名，其夫人與巴黎中流社會之要人交好。納克在職凡五載（一七七六——一七八一），恆將其營業方法應用於財政上。彼嘗向銀行界之同業者借款四萬萬佛郎，並改革賦稅之徵收方法，減少經費，注意帳目之審查。一七八一年，彼發表『財政報告』（Account Renedered of the Financial Condition)，銀行界大喜，國庫中之內幕亦卒暴露於衆註一，而納克遂大受頌揚。

馬利耶安多拿德

當納克之巴黎同志歡欣鼓舞之際，其宮廷之仇敵則運動排斥之。反對納克之改革與節用最有力者，爲王后馬利耶安多拿德（Marie Antoinette）。王后爲奧大利之公主，卽馬利亞德勒沙之女，在法國民衆之眼中實爲一可恨之外人（民衆稱之爲『彼奧大利人』），而爲黑普斯堡族與包本族有害的同盟之活標識。蓋此種同盟卽朋巴都所促成，而招致七年戰爭之挫敗與屈辱者也。當財政大臣對於財政支絀苦心焦慮之時，不識艱難之王后乃揮霍如故。此只知娛樂之王后對於政治原不甚注意，但因其同黨對於納克之節用不滿，故伊遂要求黜退之。

愷悌仁慈蓄意善良之路易十六，因不忍王后及其同黨（法國之貴族）失其娛樂，卒從王后之所請。顧彼等之娛樂所費實大，而新任之財政大臣加洛拿（Calonne）則一意逢迎，不惜重利爲彼等籌集新借款焉。

註一　此報告（在法國稱爲 Compte Rendu）實際並不正確，蓋納克因欲維持其財政之信用，故對於實在情形，多所隱諱。

自法國方面言之，路易十六在位時代最愚之政策，未有過於干涉美國獨立之戰爭（一七七八——一七八三）者。美國固獲得自由，英國固遭受屈辱，法國人固已證明其勇敢與義俠相等，但及拉法耶特援助美國人爭自由而歸時，法國已凋敝不堪矣。國庫已瀕於破產之境。自一七八三年戰爭之結束以至一七八九年法國大革命之爆發，其間雖曾試行種種之財政計劃，然卒無成效。

課稅問題

法國政府對於所謂特權階級（教士與貴族），苟能課稅，或有挽救之希望。歷任之財政大臣，亦嘗以此事商諸國王。但此與『舊制』之精神絕不相容。彼教士與貴族苟不享有特權，而與其餘之人同受強制納稅，尙有何利益可言者？夫欲令一切階級同樣納稅之計劃，其本身卽爲一種革命，殊不知彼飄搖無定之神權君主政治，惟求改革，非求革命也。

一七八七年之名貴會議

但及一七八六年，須付利息之債務，已達六萬萬金元之多。而政府尙繼續借款，每年至少達二千五百萬金元之多。財政官吏商議新借款時，困難已極，此時實不得不求一解決之方。最後之救濟方法，卽爲國王召集（一七八七年）一種名貴會議（Assembly of Notables），由主要之貴族，主教及行政長官等（一百四十五人組成之）妄欲令其贊成特權階級與非特權階級之同樣納稅。顧此等名貴，咸不願自受犧牲，惟主張廢除修築道路時之強制勞役，表決各省設立議會，且要求黜退財政大臣加洛拿。至於課稅問題則主張應提交全級會議（Estates General）討論之。凡此一切，對於財政之收入，並無具體之補益也。

全級會議之召集

繼加洛拿而起之新財政大臣洛美尼耶（Archbishop Lomenie de Brienne），遂遣散名貴會議，發表種種之應許，故希望一時復興且成立新借款。但巴黎及各地之高等法院當路易十六即位之初卽已恢復，此時巴黎高等法院已洞悉其詭謀，故對於再行借款或課稅之命令，抗不登記。此時高等法院更因取得民衆之同情，進而草一權利宣言，力言依照憲法，惟有國民之代表（古代之全級會議）始能通過政府之經費。此舉對於政府，卽等於革命，於是各地之高等法院復被封禁。高等法院之被封閉，曾激起民衆之憤慨，在巴黎及其他諸城，均有民衆集會表示反對。兵士亦不欲逮捕法官。此實爲眞正之革命。路易十六大恐，遂不得不容納民衆之要求而召集全級會議矣。

此時之街談巷議，雖紛言全級會議，而且此會議在將來雖從事於種種偉大之事業，然而此會議爲何物，究鮮有明白之者。法國大多數之人民，均聞其本國往昔嘗有一種由教士，貴族，平民組成之代表團體，略似英國之國會。顧此種會議之停頓，歷時幾有兩世紀之久，惟有學者與法學專家始能明白其性質。但此時人人咸以除此全級會議之外，別無他法可救國家於危亡。故一七八八年八月，路易十六於諮詢專門學者之後，遂下令召集全級會議之選舉，於明年五月集會。

法國專制主義之失敗

全級會議之召集，卽法國神權君主政治之宣告死刑。蓋此卽表示專制主義已失敗，國王現已別無辦法，法國已非不澈底之改革或節用可以了事，革命已迫在眉睫矣。

課外讀本

關於一七六〇至一八〇〇年之不列顛王國者：

一、普通者：

1. A. L. Cross——*History of England and Greater Britain* (1914), Ch XLV.

2. *Cambridge Modern History*, Vol. VI (1909), Ch. XIII.

3. A. D. Innes——*History of England and the British Empire*, Vol. III

(1914), Ch. VII-IX, XI.

4. C. G. Robertson——*England under the Hanoverians* (1911).

5. J. F. Bright——*History of England*, Vol. III, *Constitutional Monarchy, 1689–1837*.

6. William Hunt——*Political History of England, 1760–1801* (1905).

7. W. E. H. Lecky——*A History of England in the Eighteenth Century*, London ed., 7 Vols. (1907),

8. W. E. H. Lecky——*A History of Ireland in the Eighteenth Century* 5 Vols. (1893).

二、專門研究者：

1 E. and A. G. Porritt——*The Unreformed House of Commons*, 2 Vols. (1909).

2. J. R. Fisher——*The End of the Irish Parliament* (1911).

3. W. L. Mathieson——*The Awakening of Scotland, 1747–1797* (1910).

4. *Correspondence of George III with Lord North, 1768–1783*, ed. by W. B. Donne, 2 Vols.(1867).

5. Horace Walpole——*Letters*, ed. by Mrs. P. Toynbee, 16 Vols. (1903–1905).

6. G. S. Veitch——*The Genesis of Parliamentary Reform* (1913)

7. W. P. Hall——*British Radicalism, 1791–1797* (1912).

8. J. H. Rose——*William Pitt and National Revival* (1911).

9. Lord Rosebery——*William Pitt* (1891).

10. W. D. Green——*William Pitt* (1901).

11. Sir G. O. Trevelyan——*The Early Life of Charles Fox* (1880)

關於仁慈專制君主者：

一、簡略者普通者：

1. H. E. Bourne——*The Revolutionary Period in Europe, 1763–1815* (1914), Ch. II, IV, V.

2. J. H. Robinson and C. A. Beard——*The Development of Modern Europe* Vols. I (1907), Ch. X, XI.

3. H. M. Stephens——*Revolutionary Europe, 1789–1815* (1893), Ch. I.

4. *Cambridge Modern History*, Vol. VI (1909), Ch. XII, XVIII-XX, XXII, XVI.

5. E. F. Henderson——*A Short History of Germany*, Vol. II (1902), Ch. V.

二、關於西班牙王查理三世之事業者：

1. Joseph Addison——*Charles III of Spain* (1900).

2. M. A. S. Hume——*Spain, its Greatness and Decay, 1479–1788* (1898), Ch. XIV, XV.

3. François Rousseau——*Règne de Charles III d'Espagne 1759–1788*, 2 Vols. (1907).

4. Gustav Diercks——*Geschichte Spaniens von der fruhesten Zeiten bis auf die*

Gegenwart, 2 Vols. (1895–1896).

三、關於瑞典王格斯他夫三世者：

1. R N. Bain——*Scandinavia, a Political History of Denmark, Norway, and Sweden, from 1513 to 1900* (1905).

四、關於十八世紀之荷領尼德蘭者：

1. H. W. Van Loon——*The Fall of the Dutch Republic* (1913).

五、關於約瑟夫二世者：

1. A. H. Johnson——*The Age of the Enlightened Despot, 1660–1789* (1910), Ch X.

2. *Cambridge Modern History*, Vol. VIII (1904), Ch. XI.

3. William Coxe (1747–1828)——*History of the House of Austria*, Vol III.

4. Franz Krones——*Handbuch der Geschichte Oesterreichs*, Vol. IV (1878), Books XIX, XX.

5. Karl Ritter——*Kaiser Joseph II und seine Kirchlichen Reformen.*

6. G. Holzknecht——*Ursprung und Herkunft der reformideen Kaiser Josefs II auf kirchlichem Gebiete* (1914).

關於一七四三至一七八九年之法蘭西王國者：

一、簡略者普通者：

1. Shailer Mathews——*The French Revolution* (reprint 1912) Ch. VI-VIII.

2. A. J. Grant——*The French Monarchy, 1483-1789*, Vol. II (1900), Ch. XIX-XXI.

3. G. W. Kitchin——*A History of France*, Vol. III (4th ed., 1899), Book VI, Ch. III-VII.

4. *Cambridge Modern History*, Vol. VIII (1904), Ch. II-IV.

5. E. J. Lowell——*The Eve of the French Revolution* (1892).

6. Sophia H. MacLehose——*The Last Days of the French Monarchy* (1901).

二、詳悉者：

1. J. B. Perkins——*France under Louis XV*, 2 Vols. (1897).
2. Ernest Lavisse (editor)——*Historie de France*, Vol. VIII, Part II, *Règne de Louis XV, 1715–1774* (1909), and Vol. IX, Part I, *Règne de Louis XVI, 1774–1789* (1910).
3. Felix Rocquain——*Revolutionary Spirit Preceding the French Revolution*, Condensed Eng. trans. by J. D. Hunting (1891).
4. Léon Say——*Turgot*, translated from the French by M. B. Anderson (1888).
5. W. W. Stephens——*Life and Writings of Turgot* (1895).
6. Alphonse Jobez——*La France sous Louis XV*, 6 Vols. (1864–1873).
7. Alphonse Jobez——*La France sous Louis XVI*, 3 Vols (1877–1893).
8. Charles Gomel——*Les causes financières de la révolution française: les derniers controleurs généraux*, 2 Vols (1892–1893).

9. René Stourm——*Les finances de L'ancien régime et de La révolution*, 2 Vols. (1885).

10. Aimé Chérest——*La chute de L'ancien régime, 1787–1789*, 3 Vols. (1884–1886).

11. F. C. von Mercy-Argenteau——*Correspondance secrète avec L'impératrice Marie-Thérèse avec Les Lettres de Marie-Thérèse et de Marie-Antoinette*, 3 Vols. (1875).

12. *Correspondance secrète avec L'empereur Joseph II et Le prince de Kauntiz*, 2 Vols. (1889–1891).

第十五章　法國大革命

第一節　導言

十八世紀社會之變動

十八世紀前半期盛行之政府及其他之政治制度，起源均甚早，只因欲適應不同之地域，及情勢之變遷而略有變更。西歐所特有之社會階級，亦仍存在。此等階級（廷臣，貴族，教士，中產階級，工匠農民）彼此間之關係，亦係古代之所確定，人人均生而進其所應屬之階級，此即俗語所謂『人生之地位，乃由於神意所定』也。階級之差別旣由於神意所定，有對於此種基本性質懷疑者，縱非不敬，亦屬愚昧無識也。

社會苟永無變動，此等觀念固合於實際。但社會時有變動與進步，故此等觀念，不久必致動搖。前述工商業之進步，隨而增加中產階級之人數，財富與勢力，且使社會自然發生極大之變動。商人，律師，醫生，大學教授，文學家等，對於貴族教士，咸開始妒嫉。但彼等又轉爲貧苦之市民及被壓迫之農民所妒嫉。學術旣已進步，於是各階級中有思想之人物，對於舊日政治與社會制度之是否最適合於新發生之情勢與關係，莫不開始懷疑。夫『舊制』原係應古代之需要而產生，果能滿足今日之新要求乎？

十八世紀之哲學家對於此種問題，決然予以否定之回答。十八世紀之科學家可謂極盛而宇宙係循一定不易之自然律以運行人類亦應永久利用其推理能力之觀念，實因彼等之力而增高。此後不久，哲學家卽將此等科學家之觀念應用於社會之情形。彼等對於萬事萬物，莫不先問其是否合理。孟德斯鳩則力言神權君主政治之不合理。福祿特爾之嘲笑教會與教士，亦因其不合理也。盧梭則謂階級之不平，在理論上絕無根據。伯加利亞亦謂任意干涉人身之自由，與自然或理性之所命者絕不相符。

哲學之影響

哲學並不直接促成改革，不過表示人羣益信改革之應當而已。哲學實反映人羣心中一種深刻之信仰，卽舊日之政治制度與社會階級在過去雖屬有用，現應根本變更，使適合於新情勢是也。無論何國，多少均受激烈哲學之影響，而最初受其影響者，厥惟法國。

革命

法國當一七八九與一七九九年之間，事變迭生，其結果致民主政治之學說推翻神權君主政治之學說，階級差別之學說失勢，社會平等之學說遂代之而起。概言之，此等事實卽構成吾人之所謂法國大革命。且因此等事實對於十九二十世紀之政治思想與社會活動，均有深刻之影響，故特稱爲革命。

法國大革命

吾人苟能參看以前關於法國歷史之所述各點，則對於革命之何以叛始於法國，當不難推想而知。法國神權君主政治之理論與實際，均已登峯造極，殆非任何他國所能及。各階級間之鴻溝，亦特別顯著。其國民因教育與知識程度較高，故對於政治與社會狀況，亦多攻擊之。路易十四之樹立專制主義，因而在國外獲得光榮與聲威者，徒使法國之人民感受極重之負擔耳。而彼自私自利淫亂無道之路易十五，則視國家如私產，用爲利藪，故不惟不能減輕民衆之負擔，且使「舊制」中種種固有之弱點，更形暴露。路易十六雖意志虔誠，存心善良，卒未能使當時之情勢與古代之制度相調和。歷任各大臣均知純粹的「改革」非徒無益而且有害，此時非有一次之「革命」，俾數百年來政治上所有之積弊一掃而空之，罔克有濟。

法國革命與英國革命之異點

惟法國大革命與前一世紀之英國革命，又不可相提並論。英國革命固曾殺一國王，逐一國王，並明白限制國王之權力，「確立議會政治」，但未能建設眞正之代議政治，對於民主政治之學說，更未承認，投票權仍爲一種特權，僅爲某種人所私有，並非一種天然權利，而可由全民自由行使之。且英國革命最重要者爲政治上之變動，其次則爲宗教與教會之變動，社會上幷未因之發生絕大之變遷。十六世紀英格蘭之社會階級實際上遺留至十八世紀，且除商人外，各階級彼此間之關係仍舊。

吾人試觀察一七八九至一七九九之十年中法國大革命之經過，則對於法國大革命較之英國革命更爲澈底而範圍廣大，當瞭如指掌。本章之末另有一簡單之結論以解釋革命之意義，吾人現且引述種種重要之事實。

法國大革命之兩個時期

法國大革命之歷史可分爲兩期。第一期自一七八九年起至一七九一年止。此期係用比較和緩之方法，將專制神權君主政治變爲立憲君主政治，同時又確定個人之權利，而社會制度亦發生一種深刻之變遷。第二期自一七九二年起，至一七九九年止。此期係將立憲君主政治變爲共和政治，民主政治受第一次之眞正試驗，同時又發生外戰與內亂。此兩期中之歷史，均不易說明，因其所有重要之活動，均由五種利害不同之分子同時演出也。

宮廷之人與特權階級之活動

第一，就彼在『舊制』下之政治與社會組織中享有利益者而言，其對於『舊制』之破壞，必甚反對。此等擁護『舊制』者，一方面有宮廷之人，而以王后馬利耶安多拿德及王之兄弟普洛凡斯伯爵與亞爾多亞伯爵等爲首領。一方面又有大多數之高級教士與貴族，概言之，卽所謂特權階級也。彼輩非經一次爭鬭之後，決不願放棄其特權。且因彼輩向以此等特權爲出自神意，故尤堅決維持之。顧以情勢之迫切，始不得不默認全級會議之召集。彼輩所贊成者，僅爲最溫和之改革。其對於革命或革命思想，旣甚痛恨，又復畏懼。但革命卒因彼輩受犧牲而成功焉。

中產階級之活動

第二，就中產階級而言，『舊制』苟不推翻，則彼等必大蒙損失，改革苟能成功，則彼等必大受其利。後在一七八九與一七九九年間法國之一切立法團體中，中產階級均佔多數，其所決定之法案，大都反映本階級之利益，一方面威嚇宮廷之人，一方面又不完全滿足下層階級之希望。革命之眞正成功，實卽中產階級的會議之成功也。

都市無產階級之活動

第三，就各都市之工匠與窮困之民衆而言，均因連年災禍薦臻，無從覓食，而以巴黎爲尤甚。彼等對於各次之會議，咸抱絕大之希望，而憤宮廷之人之阻撓革命。彼等最初以流血防護各次會議，俾不受宮廷之約束，隨後則使各次會議咸受其操縱。革命苟無彼等之合作，必難躋於成功也。

農民之活動

第四，就愚昧困苦之農民而言，自來均無感覺與理解力，忍氣吞聲，甘受壓制。及至現在，亦將發表言論與意見，并表現非常之力量。彼等多起而反抗好行壓制之貴族，焚燬其宮城，甚至有流血之事發生，因此遂引起中產階級及上層階級之注意，而間接使革命深印一種社會的色彩。

外國勢力之活動

最後，對於外國君主之活動，亦不可忽視，因彼等對於革命之歷史亦極有關係也。各國君主以爲對於法國人之破壞神權君主政治之基礎，推倒『舊制』下之全部社會組織，苟袖手傍觀，不加懲治，則普魯士人，奧大利人，俄羅斯人，必皆踵起效尤。故彼等爲路易十六計，更爲自己計，不能不彼此攜手，急派聯軍以攻法國之革命黨。當此緊急之際，革命卒底成功。蓋是時國內除少數之特權階級外，各階級莫不爲擁護法國之主義而聯合，此種主義幷偶然變爲人類之主義。凡中產階級，市民，農民等，咸爭赴前敵。此時革命之法國，實已全國皆兵矣。革命在法國不惟藉此不致失敗，歐洲全土最後且受其波及焉。

第二節 法國專制政治之告終，一七八九年

革命將起時之法國狀況

法國之專制神權君主政治，完成於路易十四，而路易十五坐享其成。當革命發軔之際，此種政治尚未衰替，社會階級亦仍因襲未變，第十三章已述及矣。但『舊制』此時並非完全無恙。鄉區則橫徵暴歛，負擔綦重。城市則工資既低，食物又感缺乏。中產階級則妒嫉上層階級，重視

當時之批評的哲學，且特慕英國之政治與社會狀況。法國之公債數額極大，故國家收入之大部分，須用以支付公債之利息。甚至路易十六宮廷之人，亦覺其年金，恩賜，虛職等之稍形減少。當特權階級開始感覺時艱緊急之際，實卽財政窘迫之秋也。

財政之困難

總之，法國革命之重要的一般的原因，吾人由前兩章推之，可歸納為由於路易十六政府財政之困難。國王及其羣臣，對於凡與『舊制』之存在不相衝突之一切方法，莫不曾經試用以救時艱，所未用者，惟召集全級會議之一法耳。現亦不得不嘗試之。其意以為全國三種主要階級之代表，對於王廷或能提出種種之建議，俾財政得以改良，同時又使神權君主政治及基於神意之社會階級，不致受其損害。

全級會議之召集

路易十六既懷此種簡單之改革理想，遂於一七八八年下令召集全級會議，明年五月集會於凡爾賽宮。全級會議自非一種革命之團體。法國之歷任君主雖不召集此種會議，已歷一百七十五載，但在理論上仍為古代政府中之合法機關。一三〇二年，此種會議嘗為國王正直之腓立(Philip the Fair)所召集。自後亦不時舉行，迄一六一四年止。會議之組織為三種分離之團體，各因選舉而代表全國之教士，貴族，平民（第三階級）三種階級。每一階級有一表決權，三階級中苟有二階級贊成某案，即可通過之。通常教士與貴族均互相連合，故得制勝平民。全級會議之權力恆爲勸告之性質而非立法之性質，國王對於會議之法案，常有不理或違犯之舉。全級會議勿論就組織與權力而言，均與英格蘭之國會逈殊，其對於王權至尊無上之性質，亦從未眞正懷疑也。

全級會議之選舉

全級會議之選舉，亦係依古代之慣例，於一七八八年冬至一七八九年在全國各地舉行。國王且依成例令各地選民對於其所熟悉之本地情形，得提出報告，苟有不良之習俗，亦得陳述，並得以己意貢獻適當之補救方法。

陳情表

當選舉告竣之時，其所表現者，則爲法國大多數之人民均希望更大之改革，而出乎路易十六之所預期者以外。全國各地所遞陳訴疾苦之表章，莫不令人驚訝。此等表章，即爲所謂陳情表(Cahiers)。其詞句上確未帶有革命之彩色，一致表示擁護君主政治，忠於國王。一千陳情表中，無一提及劇烈之變動者。但就其精神而言，則語語入人心竅。所有之表中，莫不反映當時哲學家所鼓吹之理想，即理性要求政治上與社會上之根本的全部的改革是也。第三階級之陳情表，尤力言向與『舊制』有關之種種社會的不平與積弊。此時第三階級當選之代表果欲實行其選民之訓示，則非經過澈底之調查，解除種種之疾苦以後，對於政府必不通過新稅，蓋已顯然無疑矣。

總之，第三階級當選之代表，對於陳情表必將予以審愼與注意，實爲可能之事。彼等皆爲知識分子，律師或法官凡佔三分之二，學者亦多，所視爲下層階級者，殆不過十人而已。彼等多羨慕英國之政治制度，蓋以英國之王權已大減少也。彼等所有之階級利益，與法國君主政治所採行之政策，復不相容。彼等又皆聰敏，故於王廷之命令，不能爲盲目或輕率之服從。

當初有全級會議之時，第三階級在社會上或政治上均不甚重要。正直之腓立嘗宣言此會議會員之職務在『聽從，容納，贊成，並執行國王對於會議所下之命令』。但在十四與十八世紀之間，中產階級在社會上相對之重要，已顯形增加。此階級之人數更多，財富更增，知識更進步，而處理事務亦更有經驗，故歷時既久，中產階級所享代表國民多數之權利應多於貴族或教士，已日益顯著。路易十六似稍承認此種之權利，故規定第三階級所選代表之人數應與第一第二階級之代表總數相等。平民旣見國王有此允許，自以爲其政治勢力在一七八九年之全級會議中，可佔優勝也。

一七八八年冬至一七八九年選出之第三階級之代表中，幸而有富於才略之領袖米拉波(Mirabeau)與塞葉(Sieyès)二人。此二人以職位或門閥而言，均屬於上層階級，但自願允任非特權階級之代表。第三階級既有此二領袖，則其將來是否甘居第一第二兩階級之下，實大成問題矣。

米拉波

米拉波（一七四九——一七九一）為率直而善良之侯爵子，家庭教育不良，恆放蕩不羈，故其父屢向國王請加封之函捕之下獄以免罹禍。彼雖屢被監禁，開釋之後，放蕩如故。後當法國大革命既起，遂獲良機以發揮其對於立憲政治之信仰，且將大展其非常之活動力。彼自全級會議之召集至一七九一年之逝世，實為法國最露頭角的人物之一。彼身材昂偉，但半為疾病與困圍生活所傷。其眉睫蓬鬆，頭腦碩大，故易令人注意。彼不惟具有特別之演說天才，即其知覺亦極敏捷，每遇一問題，當機立斷，迥非常人所能及也。

塞葉

塞葉（一七四八——一八三六）之勢力遜於米拉波，而圓滑則過之。彼嘗為神父，但並不熱心於基督教及其宗教職務，而特注意於當時之懷疑與批評之哲學，及政治與外交上實際之權術。當全級會議集會之際，彼嘗發行小冊，為第三階級貢獻其政策與政綱。且嘗提出種種之問

全級會議之集會（一七八九年五月）

答，如『第三階級何所有？ 一切皆屬第三階級所有』！『第三階級迄今在政治上何所有？』 一無所有！ 第三階級何所希望？ 有所希望』！

當一七八九年五月全級會議之集會於凡爾賽宮也，第三階級之地位，仍未正式確定。 國王接見代表時，曾舉行隆重之儀式，發表態度不明之言論。 顧國王及宮廷之人，咸願全級會議之職務，應純以財政方面者爲限，其組織亦應遵守古代之習慣，此在不久後，即形顯著。 因此三種階級應爲三種團體，分別表決。 第三階級之代表數目雖爲二倍，但僅有一表決權，而特權階級仍有二表決權。

關於全級會議的組織之憲法問題

大多數之貴族及教士，對於此種意見深表同情，而以高級教士爲尤甚。 至於平民，則發生爭論，謂全級會議應爲整個之團體，代表每人應各有一投票權，依人數計算投票，以表示法國眞正代議制度之確立，且主張會議應立時着手於政府全部之改革。 彼度量寬宏之少數貴族爲拉法耶特所領導，咸同意於平民代表之主張。 大部分之教士，尤其爲副神父，亦表同意。 至於國民之意見，則自然擁護此種主張者也。 一七八八年適値收穫不豐，冬季又甚嚴寒，農民之困苦，達於極點，各城均感乏糧之苦，而以巴黎爲尤甚。 此時民衆困苦之增加，實如風暴前之烏雲，對平民代表之要求予以有力之援助。

第三階級之裁判國王

關於憲法問題之爭論歷時凡一月之久，對於政治與社會，均有極重要之結果。國王因不欲觸怒於任何一方，故猶豫不定。但因特權階級之態度強硬及宮廷要人之躊躇不決，終至引起糾紛。一七八九年六月十七日，第三階級正式自行宣布為國民會議(National Assembly)。三日之後，第三階級之代表咸赴彼等在凡爾賽宮預先指定之會廳開會。但廳內閉門不納，門外守以軍士，並張貼啓示，謂該廳正在修葺。國王對於此種爭執，後顯欲親自干涉，於是平民代表遂激成眞正之革命。彼等為米拉波與塞葉所領導，集於附近供跑馬或賽網球用之大廳，於羣情激昂之中，以『國民會議』議員之資格舉手宣誓，聲稱非俟為法國制定憲法以後，決不解散。

一七八九年六月二十日之『網球場誓約』

『網球場誓約』乃法國革命之開始。古代封建式之全級會議不經國王之裁可，實際上並違反國王之明令，遂由國民代表一紙簡單之宣言，一變而為國民會議，以建設立憲政治於法國為己任。『網球場誓約』實宣布專制神權君主政治之告終與基於民意之立憲君主政治之開始焉。

國王在此等情勢之下，究如何應付乎？彼雖可用武力以鎭壓革命之平民代表，但此並不能解決其財政問題，而法國之國民亦將不復袖手傍觀，或更引起亡國之內亂。國王所能採行之唯一手段，僅在虛作聲勢。彼於是不理『網球場誓約』，且表示威嚴之態度，令各階級分別集會，投

全級會議之變爲國民會議

宮廷方面擬用武力壓制國民會議

票權以階級爲單位。顧平民之代表並不能以威屈，現並有大部分教士及少數貴族與之連合，彼等遂公然蔑視國王之權威。其革命之傾向，可由米拉波之言論中見之：『吾輩代表民意，集會於此，非有刀鋸在前，決不離去此地』。優柔寡斷而着意善良之路易十六旋即默認之。當其集會於網球場之一星期後，路易十六卒收回成命，而令各階級共同集會，投票權以個人爲單位。

革命之第一階段完成於一七八九年七月一日，貴族及教士咸與平民共同集會，全級會議遂變爲國民會議（National Constituent Assembly）。但此時仍有二重要之問題，尚未解決。第一，國民會議應如何防制宮廷方面之陰謀與武力壓制？第二，國民會議對於改革應採何種方針？

關於第一問題之解決，卒由宮廷方面自行促成。七月一日，卽有王軍自國境東部駐防地漸向巴黎與凡爾賽方面調動之舉，此實明示國王欲以武力壓制國民會議。國民會議遂以正大之態度，要求國王退軍。國王毅然拒絕，並黜退甚孚衆望之財政大臣納克註一。此時使國民會議脫去危險者，實巴黎之民衆也。

註一　納克於一七八八年復任財政大臣。

巴黎民衆之倡亂擁護國民會議

巴黎之民衆因爲眞正之需要所迫，自覺其與國民會議之宗旨相同。彼等爲著名之新聞記者德斯穆林（Camille Desmoulins）（一七六〇——一七九四）之演說所鼓動，遂揭竿而起。

一七八九年七月十四日巴士的獄之破壞

巴黎因此紛擾不寧者幾三日之久，商店被刼，官吏被逐，一切營業均歸停頓。及至第三日（一七八九年七月十四日），暴徒復相率赴巴黎之東隅，卽國王之堡壘巴士的獄所在地也。巴士的獄自路易十六卽位以來，雖不復羈押政治犯，但民衆仍目爲包本族專制主義之標幟，終足以危害巴黎之自由。起事之民衆遂欲攻陷之，並奪取其器械與軍用品以爲防護國民會議之用。巴士的獄之駐防兵士不多，惶恐殊甚，措手不及，長官亦遲疑莫決。數小時內暴徒卒佔據此獄，駐防兵中之瑞士傭兵亦有被屠殺者。

巴黎政府之革命——市政府

巴士的獄之失陷，爲革命進程中第一次重要之暴動，此實明白表現民衆已擁護國民會議而不忠於國王矣。國民會議之法令有民衆之力量爲後盾，實際上巴黎且因之脫去國王之統治。因當此騷動期中，最露頭角之市民已自行組織政府，編制軍隊也。此種新組織之地方政府，卽所謂「市政府」(Commune)者，係由巴黎各區當選之代表組成，卽曾選出本市之代表以參加全級會議者也。此種市政府之本身，對於前此之市政府，實卽爲一種革命，因其係以民選之官吏代替國王任命之官吏及陳腐之行會代表也。維持市政府之權力者亦爲民軍稱護國軍(National Guard)，皆係擁護革命之人，其數額未幾卽達四萬八千人。

國王暫時的默認

路易十六對於巴士的獄失陷之意義已甚明白，遂卽撤退王軍，復用納克，承認巴黎之新政府，而允傾向自由之拉法耶特爲護國軍軍統。彼嘗親蒞巴黎，對於其所不能抑制之事變，莫不大加揄揚。彼幷佩紅白藍三色之帽章（係將首都之紅藍二色與包本族之白色相結合），此卽新製之法國三色國旗也。七月十四日，卽巴士的獄失陷之日，法國人至今猶以爲國民獨立之紀念日焉。

王族復謀壓制國民會議

自是而後，宜若改革一時可以順利進行，更無阻礙發生者然。國民會議之自由現既確立，巴黎復進於比較安定之狀況。國王對於此次事變，亦顯受教訓。顧改革者之勝利，未免太易。路易十六雖可宣誓幷佩新奇之帽章，然其爲人，庸懦無能，且仍濫用其美德（蓄意善良，溺愛其后，忠於其友）。王后對於國民會議之改革政策，反對最力，對於王權之減少，尤其憤慨。王后宮廷之親信嬖倖，自來享受年金，耽於逸樂，今見其突被減少，大不滿意。宮廷之人及王后，以國王易與，日夕慫慂。彼庸懦無能之國王，處此等情勢之下，果如何應付乎？此時彼實已大爲左右之勢力所包圍矣。

結果遂有用武力壓制國民會議之代表及巴黎民衆之陰謀復起。此次計劃，在調回駐防於法蘭達之王軍。一七八九年十月一日夜間，禁衛軍之軍官會設宴於凡爾賽宮以歡迎新到之軍士，狂飲無度，幷唱歌助興。此次宴會之訊，忽傳佈於巴黎全市。當是時，巴黎之受飢餓困苦較平時爲尤甚。市民方飢不得食，而凡爾賽宮反盛張筵宴。此時人人咸以凡爾賽忽到之新軍，不惟在欲制服國民會議，且將使巴黎之飢餓，永無救濟之一日。於是巴黎市民益形憤慨。

一七八九年十月巴黎婦女之赴凡爾賽宮示威

十月五日，忽演出一幕希奇之活劇。巴黎貧困之婦人及女裝之男子，因恐懼飢餓忿怒等故，蠢然思動，遂揭竿而起，結隊遊行，由巴黎赴凡爾賽凡十二哩，沿途高呼「麵包」之口號。彼等之意，在向國王要求麵包。拉法耶特及其所統之護國軍，對於此次巴黎之騷動，已不能或不願加以壓制，遂亦遠隨婦女之後，開赴凡爾賽。

當拉法耶特行抵王宮之時，婦女正包圍王宮，喧囂咒罵，無所不至，並要求麵包或流血。此時幸而有由法蘭達調入之軍隊力加制止，始未侵入宮內。但此等官軍亦難繼續彈壓，拉法耶特此時急挺身而出，令兵士退歸營房，而自任保護王族財產與生命之責，對於婦女予以食宿。顧彼雖

王廷與國民會議之被迫由凡爾賽至巴黎

嚴加預防，是夜仍騷亂不已。市面繼續有暴動。翌日黎明之前，忽有亂黨一羣破入王宮，四處搜索，求王后之寢室所在。恰當此時，王后已奔至他處，惟衞隊數人被殺於混戰之中。

及至十月六日清晨，拉法耶特當衆演說，承認予以救濟。當此嚴重之際，王族（國王，王子，王女，王后）亦在其側，立於洋台之上，均佩紅白藍三色之帽章。此時暴民皆寂然無聲，拉法耶特則口親王后之手，於是歡聲大作。甚至王后此時顯亦加入革命矣。巴黎市民甚覺快意，乃預備返巴黎。

十月六日，巴黎婦女由凡爾賽返巴黎之現象，較之前一日由巴黎來凡爾賽之現象，更希奇而重要。此次之隊伍中固亦有婦女，有護國軍，有騎白馬之拉法耶特，有多數之貧民，但此外尚有一大木車雜於羣衆之間，國王及其王后兒女等，均坐於其中，蓋巴黎市民現在力主王廷不應再設於凡爾賽，致陰謀反對法國人民之權利也。歸時仍高呼『吾輩有麵包師及麵包師之婦，並有小廚司——現在吾輩當有麵包矣』。路易十六宮廷之人遂從此永離壯麗森嚴之凡爾賽宮，而降居巴黎市中卑下之宅舍矣註一。

註一　即在杜伊勒利（Tuileries）宮。

巴黎市民既一再援救國民會議，使不受國王之威嚇，國民會議亦深致感激，故隨國王遷至巴黎。一七八九年十月之後，爲革命之中樞與原動力者，並非反動之凡爾賽宮，實激烈之巴黎市民也。

『巴士的獄之失陷』與『巴黎婦女之赴凡爾賽宮』二次事變，實使國民會議脫去王廷武力與陰謀之壓制。當此之際，對於上述之第二問題，即『國民會議對於改革應採何種方針？』則由一般民衆予以解決。

法國專制之瓦解

自全級會議之集會以來，全國之政務均處於停滯之狀況。一般民衆咸希望大行改革，拒納常規之賦稅及入口稅。國王因畏國民會議及民衆動亂，故亦不敢遽用武力強制征稅。地方官吏亦不知究應服從國民會議，抑忠於國王。國民會議一時忙於制憲問題，故對於地方政府亦無暇注意。國王則恆優柔畏縮。故當一七八九年夏季凡『舊制』下所有之制度，在法國均相繼消滅。蓋一般民衆既無意維護之，又無適當之權力使之實行也。巴黎之騷動，及巴士的獄之失陷，實爲七月中其他各處騷動之信號。各處之城鎮，亦皆以新選舉之官吏代替以前國王或行會之代表，且自行組織護國軍。

農民之報復貴族

同時，全國各地均有人民之直接行動。在大多數之省區，受壓制之農民咸成羣結黨，攻擊并焚燬貴族之宅第，更努力消滅含有封建性質或奴隸性質之契據。僧院亦率被搶劫。少數不幸之地主且被虐殺，大多數則被逐居城中，或逃亡出國。當此全國混亂之秋，舊日之地方政治制度，悉被推倒，監督與總督均棄位而逃。舊有之法庭無論爲封建式或國王所設者，莫不停止活動。法國之專制政治在一七八九年夏，實已告終，十月中央政府之由凡爾賽遷至巴黎，不過承認既成之事實而已。

革命同時具有政治與社會兩方面之意義

無論國民會議迄今所採之改革政策如何，自後各代表之所應付者，已爲事實而非理論。除純粹關於政府與行政上之變遷外，現更有澈底之社會改造與之並行，蓋革命實同時具有政治與社會兩方面之意義也。

第三節　舊制之告終——國民會議，一七八九——一七九一年

國民會議之事業，一七八九至一七九一年

法國因由全級會議變爲國民會議，實際上即已變爲立憲君主政治國家之最高權力操於民選代表之手。自一七八九年十月至一七九一年九月，國民會議均繼續在巴黎集會，力圖脫出紛亂之狀況，恢復秩序，且圖脫去氣息奄奄之舊法蘭西，而造成光榮燦爛之新法蘭西。此種事業雖

極艱鉅，但其成功則更大於是。國民會議之行動，在此期中雖大受巴黎民衆之影響，但仍能維持和平與安寧。此時所成之事業，實爲全部革命期中之最重要而垂諸久遠者。

吾人此時對於受恐嚇之王族，起驚慌之貴族與教士，堅決之農民，憤慨之市民，皆可不加注意，而且不必嚴守年代的順序，容吾人注意國民會議，且觀察其在一七八九至一七九一年之嚴重時期中所有之主要活動。

一、封建制與農奴制之正式破壞

國民會議最重要之事業，爲封建制與農奴制之正式破壞——此爲趨於社會平等之大步驟。

吾人前述七月間國民會議仍在凡爾賽之時，各地之命官已停止職務，農民忽起暴動，破毀多數貴族之宅第。全國各省暴動與混亂之報，紛至沓來，致國民會議之議員莫不驚惶失措。一七八九年八月四日，特別調查委員會提出甚長之報告，對於民衆倡亂之情形，有詳細之陳述。故此時人人深信非即刻施行改革不可矣。

「八月節」

當國民會議正討論或可平靖叛亂之宣言時，某貴族（拉法耶特之親屬）嘗起而發言，謂農民如攻擊上層階級之財產與特權，係因此等財產與特權太不公平之故，錯誤實在於此。補救之策，不在壓制農民，而在抑制不平。不久遂有人動議，主張國民會議應宣布一切階級之同樣納稅，封建式與奴隸式貢賦之廢止，卒獲通過。既而復有歷史上空前之事變發生，貴族與教士咸相競放棄其在『舊制』下所享之權利，廢棄狩獵法，封禁軍事法院，取消農奴制，什一稅及教會中各種之特權，亦概行犧牲，鬻賣官職之習亦悉杜絕。總之，一切特權無論屬於階級，城市或省區所有者，均一掃而空之。此八月十四夜間之事也。一星期內各種單行之處置，均合爲一種『封建制廢除令』。此令並於十一月得國王之裁可。多數主張改革之大臣經若干年之努力而不能完成之事業，今於國民會議至少在理論上僅數日而完成之。古代法國之社會，實於所謂『八月節』(August Days)而推翻焉。

後人多謂此等大規模之社會變遷，出於特權階級之熱心，慷慨，與自願犧牲。彼等之熱心，固無疑義。但貴族與教士是否多由於慷慨，抑由於恐怖，尚待研索。彼等最初實爲農民所恐嚇，故其『慷慨』或即恐怖使然也。又如某人受犧牲，必因其有所犧牲也。貴族之所放棄者，充量不過法律上之權利，因法令現所賜予農民之一切權利，農民在以前幾皆強制佔有也。總之，國民會議之法令，不過在正式一致承認既成之事實而已。

復次，彼貴族亦或以爲對於農民最初之要求，苟能慷慨默認，則農民必不致再事要求也。無論如何，彼等在國民會議莫不熱心更改旣成之事實，求得金錢上或其他之賠償註一，且防制國民會議之再從事於社會立法。在國民會議以外貴族鮮有願意犧牲其特權與財產者。彼等多起而抗議，且欲激起內亂。及其計劃失敗，則逃出法境而與敵國聯合。

吾人現且不必研究『八月節』之責任問題。就事實上言，則『封建制廢除令』實代表全部法國革命最重要之成功。自是而後彼因此令而享受利益者，斯爲革命之良友，而因此令受損失者，遂爲革命之勁敵。

二、卽人權宣言

國民會議之第二大事業，爲對於個人權利與自由之保障。法國古代之社會與政府旣歸消滅，但新社會與政府之基礎究應如何乎？英國嘗有大憲章與權利法。美國嘗有獨立宣言。今法國亦有『人權宣言』(Declaration of the Rights of Man and of the Citizen)。此宣言係反映盧梭之哲學精神並稍參人英美之規定，實變爲法國大革命之政綱，對於十九二十世紀之政治思想均有絕大之影響。其中之警句如謂『人類生而並且永久享有自由平等之權利，』人類

註一　一七八九年八月五日至十一日國民會議許多法令之一般的效果，在對於許多封建貢賦予以某種金錢的賠償。一切封建貢賦與權利之合法廢除而未給賠償者，只係一七九三年七月之事，卽約在『八月節』後之四年也。

之權利爲「自由，財產，安寧，壓制之抵抗」，「法律爲總意之表示，凡國民本身或其代表均有參與立法之權利，法律對於一切國民須平等待遇」，「對於無罪之國民，非依合法之手續，不得加以控告，逮捕，或拘禁」。凡宗教寬容言論自由出版自由，均有申明。人民得監督財政，政府之一切官吏，概須對人民負責。最後因有產階級在國民會議之代表極多，故其勢力亦在宣言之末段表現：「私產爲一種不可侵犯之神聖權利。任何人之財產不得被剝奪，惟因公共之需要，經合法之決定者爲例外。即在此種場合，亦須預給領主以公平之賠償」。

三、地方行政之改革

國民會議其次之重要事業，在建設一種新式而統一之行政制度於法國。舊式紊亂之「省」，「州」，「督督區」，「國防區」，「選舉區」，「最高法院區」，「法官轄區」等制度，一掃而空。全國從新劃爲八十三省，俾各省之面積與人口不致大相懸殊。各省概以山川等地理形勢命名。每省復劃分爲縣，區，市（此種區劃在法國今日仍舊）。地方政府之長官，不復由國王委任，而由人民選舉。各地之選舉會議且享有充分之權力。全國之法庭，亦有新規定，法官亦如行政官吏，概由人民票選。又法國各地之法律，種類極多，彼此各不一致，現幷擬定計劃，使之歸於簡一。惟此種事業至拿破崙時代始告成功。

四、財政的規定

此外國民會議尚着手於一種重要之事業，即財政之規定是也。 吾人應回憶國王前此所以召集全級會議者，卽因財政紊亂之故。 當國民會議集會之初，紊亂且日益加甚。 欲強制課直接稅，已不可能，而間接稅又爲其法令所破壞。 銀行界對於政府，亦不願再放新債。 因此國民會議乃採勇敢之政策，挽救法國於破產。

五、教會財產之還俗

羅馬教會原爲「舊制」砥柱之一，國民會議既欲籌款，遂施以重大之打擊。 吾人由前已知教會至少佔有法國土地五分之一，故國民會議現決意奪取此等富饒之教會土地，用爲發行紙幣(assignats)之擔保品。

紙幣

教會之土地既悉被沒收，國家則承認對於教士予以一定之薪金，以作一部分之賠償。 於是財政之壓迫遂得解除。 教會實力之重要來源既被剝奪，教士亦受新制度之統轄。 通常凡紙幣之發行屢增不已，則在一定之時期，自必超過擔保品，致國家又發生新困難，但目前最大之危機可因之渡過，今在法國，亦莫不然。

六、反對羅馬教會之其他立法

國民會議對於教會之政策與行動，或卽爲革命事業中之成效最小而結果最不幸者。 顧國民會議所以採激烈之處置，亦爲勢所必然。 蓋教會與以前專制時代法國之命運，狼狽相依，教士自成一種特權階級。 而國民會議之首領及多數議員，又皆充滿當時之懷疑主義，自然神教，與反基督教等哲學思想。 故一七八九年十一月，教會之財產宣布被沒收。 一七九〇年二月，僧院及其他之宗教機關，概被封禁。　四月，更宣布絕對之宗教寬容。　一七九〇年八月，又頒布『教士法』(Civil Constitution of the clergy)。　依照此法，主教與牧師之人數減少，變爲一種世俗之團體，由人民選舉，由國家給薪，且脫離羅馬教皇之統治。　十二月，國民會議更草一法令，規定一切教士概須宣誓忠於『教士法』，並迫國王簽字。

羅馬教徒之反對革命

羅馬教皇對於奪取教會財產及驅逐僧侶之舉，前已抗議，現更痛斥『教士法』，並禁羅馬教徒宣誓忠於此法，於是爭執復起。　彼宣誓者，教皇必將其革除，而拒絕宣誓者國家又必剝奪其薪金，且有囚禁之虞。　大多數之下級教士，其自身貧困，並深知農民之痛苦者，迄於此時，均同情於革命。　但此時以後，其信仰及其良心，遂與其對於國家之忠誠發生衝突，結果卒不敢違反其良心。彼等對於農民之勢力原來甚大，現卒煽動農民反對革命之進行，或則出國（註一），與亡命者連合。蓋此時法國之不滿意於革命者，多相率逃赴外國，日夕乘機以推翻國民會議之事業也。　羅馬教會於是與世襲貴族同爲法國革命之勁敵矣。

七、一七九一年之憲法

國民會議在此種種之澈底改革與變遷中，並繼續從事於憲法之制定，將政府各機關及其各

註一　不願宣誓之教士，稱爲『拒誓』教士，逃出國外之教士連同逃亡之貴族，概稱爲『亡命者』(émigrés)。

個之職權，明白規定於新產生之立憲君主政治中。此次憲法完成於一七九一年，由國王批准（國王別無他法），立卽施行。是爲歐洲各國第一次之重要成文憲法，美國憲法亦不過稍在其先而已註一。

一七九一年之憲法，亦如美國之憲法，規定『分權制』（Separation of Powers），卽政府之制定法律執行法律解釋法律三種職權，應使其界線分明各歸立法行政司法三部行使之。且最後分析之每種職權，均應出自民意。此種理想原創於孟德斯鳩，對於十八世紀法國與美國之制憲事業，均有深刻之影響。

立法權之規定

立法權委諸一院，稱爲『立法會議』（Legislative Assembly），其議員由一種複雜之間接選舉制選出之註二。彼中產階級之制憲諸人，對於下層階級極不信任，故不惟不採直接選舉制，且限制投票者之資格，卽投票權惟納稅之國民始得享有，幷規定居官權利以有財產者爲限。

憲法上國王權力之微弱

行政權在名義上仍操於世襲之國王。法國大多數之改革者以爲此係摹仿英國之政治，但

註一　今日美國之憲法係於一七八七年起草，一七八九年施行，卽法國全級會議集會之同年也。

註二　此卽謂由人民舉出選舉人由選舉人舉出議會之議員。

就實際上言，國王且不若徒擁虛位之傀儡。彼等固然許國王對於立法部某案之執行，享有所謂「中止的否決權」(suspensive veto)，但國王對於地方政府，海陸軍，教士等之統治權，概被剝奪，甚至其大臣亦不得列席於議會。當一七八九至一七九一之兩年中，法國王權之衰落，實屬驚人也。

國民會議事業之總結

吾人對於國民會議之事業，現可下一簡略之結論。如就其全部觀察之，則其破壞之工作實大，此外未有立法會議在同樣之短期內，曾完成如此繁多之破壞事業者。舉凡古代之政體，領土區劃，財政制度，司法與法律之規定，教會組織，最重要者尤為古代之農奴制與封建制，咸一掃而空之。惟此一切之破壞事業，並非出於一時之狂念，由來已久，破壞之朕兆已表現於陳情表中大多數不平之鳴。其所以成功，不僅由於國民會議之各次法令而激烈之民意表示，亦與有力焉。

第四節　立憲君主政治之實行——立法會議（一七九一——一七九二年）與外戰之爆發

法國立憲君主政治壽命之短促，一七

當一七九一年，法國之民衆莫不頌首相慶，歡迎立憲君主政治之正式開始，且多以為法國和平與隆盛之新時代將從此出現。但一般人士對於新制成功之奢望，旋即沮喪。新政府所遇之

一七九一至一七九二年

困難愈多，全國民衆之感情與行動亦愈趨激烈。一年之內，立憲君主政治即被推倒，共和政治遂代之而起。共和政治之樹立爲革命之第二次大變遷。顧共和政治何以有樹立之可能，甚或不可避免，吾人試觀察一七九二年法國之政治狀況，當可明白。蓋立憲君主政治之試行及共和政治之改建，同在是年也。

反對立憲君主政治之原動力

法蘭西人對於國民會議之事業，非皆欣然同意也。在意見紛歧之民衆中，或則以其行動爲太過，或則以其行動爲不及，前者可稱爲『反動黨』(reationaries)，後者可稱爲『過激黨』(radicals)。

反動黨、亡命者

反動黨包含以前特權貴族與拒誓教士之大多數。貴族當暴動最初發生之時（大約即當巴士的獄失陷及各省農民倡亂之時），即多離去法國。教士當國民會議反教士案發表，致彼等欲再聽命於良心而不可能之時，亦多相率出國。此等反動之亡命者聚集大軍於國境之北部與東部一帶，尤集於萊因河上之哥伯蘭仔(Coblenz)，奉國王之兄弟亞爾多亞伯爵爲首領。彼等且繼續利用新聞傳單陰謀等以攻擊新制，其希望恢復特權與財產最切，並欲概行回復一七八九年以前之原狀焉。

二、宮廷之人

反動黨在法國之內部，亦非無應援。此時人人咸以王族雖被監視於巴黎，實與國外反動黨之行動表同情。設國民會議最有才略之首領米拉波尚在，必能勸說國王接受革命時之種種改革，且勿激起亡命者之叛亂行爲。國王苟不願居巴黎，米拉波亦必勸其避居法國之西部或南部，而與忠順之國民相處。但米拉波不幸因操勞過度，於一七九一年四月早逝。此後僅兩閱月，王族遂有預備逃亡之舉。

王族之逃至華勒拿

路易十六及其后欲避免巴黎民衆之監視，乃由巴黎微服出奔，直赴國境之東部，顯欲與亡命者連合。但在邊境附近之華勒拿(Varennes)發覺，被邀返巴黎。巴黎自後遂爲王族之囹圄。路易後雖宣誓遵守憲法，但因此次不幸逃走之故，已大失人望。其后亦被猜忌，以爲與亡命者及外國政府暗通消息，故愈遭敵視。王之長兄普洛凡斯伯爵亦於一七九一年六月亡命，幸脫虎口，遂至哥伯蘭仔與亞爾多亞伯爵連合。

三、保守與信羅馬教之農民

設反動黨僅限於亡命者與王族，則其將來之爲患，亦未必甚大也。但彼等在法國之內部，更能獲得大部分民衆之贊助。此等民衆在國民會議中亦有少數人參與意見，且提出種種過度之議案，以阻撓國民會議之事業。各大城之上層階級與富人階級，均組織保守黨之俱樂部。法國之西部各地，尤其在白里他尼，波亞都(拉凡德 La Vendée)，盎如等處，農民對於革命亦大起反抗。蓋彼等皆篤信羅馬教，故易受拒誓教士之影響。且因其階級之情感恆與市民不和，故易信革命既爲中產階級所促成，自必特別注意於中產階級之利益。拉凡德在一七九一與一七九二年中時有騷動發生，最後遂發生公開之叛亂以反抗過激黨。

過激黨

彼過激黨之反對一七九一年之政治的處決，較之反動黨之反對實更危險。彼等即法國國民之以革命之行動尚爲未足者。過激運動之眞正意義，實即城中貧苦工人與中產階級之利害衝突。

一、中產階級之領袖

前屢述及中產階級有智力，有金錢，并曾受教育，在國民會議中佔極多數者，即彼等之代表也。城中工人則地位卑微，窮困不堪，愚昧無識，但佔城中人口之大多數，而以在巴黎爲尤多。彼等既自覺其愁苦之境況無由自拔，遂挺而走險以圖改善。

二、無產階級

此等所謂「無產階級」(proletarians)在國民會議中雖無直接代表其利益之人物，然渴望從國民會議之事業中獲得最大之利益。中產階級有時且與無產階級合作。蓋前者在會議中完成種種之改革，而後者則以武裝暴動，保障會議之自由。凡巴士的獄之攻陷，市政府之設立，及政府之由凡爾賽遷至巴黎，均曾有此兩階級之人物參與。當彼等須共同應付宮廷之人與特權階級方面嚴重之危險時，實不難攜手合作也。

中產階級與無產階級之利害衝突

雖然，當革命既已開始，國王之權力既已減少，貴族與教士之特權既多廢除，不久而中產階級與無產階級之裂痕遂日形顯著。國民會議重要之改革案，均因中產階級之力量而成立，故其受此等改革案之利益，亦遠較任何他階級爲多。彼等之工商業因以前國王的與封建的束縛廢除之故，日益振興。其財富既已增加，故彼失去法律保護之亡命者之地產，及被籍沒之教會土地，盡爲所收買。無論地方政府或中央政府之各部，亦莫不被其操縱。農民所受之利益固多，然究不如中產階級所受利益之足以令人注目。在法國之各階級中，獲利最少者，似應推都會之無產階級。彼等雖由紙上空文保證幾種理論上之『權利與自由』，但實際上之福利，究無所得。彼等並未獲得財產，其謀生之法，亦未較前更易。其在一七九一年，亦與一七八九年時相若，幷未實現其改善境遇之希望。因中產階級之制憲者曾規定惟納稅者始有投票權，惟有財產者始有居官權也。無產階級既因此排除一切直接參政之權利，遂不能不發生感想，當革命之初期，彼等實不過以暴易暴，推倒貴族與教士之結果，適提高中產階級之地位，而彼等自己之受壓制也如故。此時無產階級之政策，在對於憲法加以激烈之變更，幷完成激烈之社會立法，俾合於自己之利益。彼等爲達此目的計，其他方法苟失敗，當不惜繼之以暴行焉。

中產階級亦非盡行重視一七九一年之處決也。其大多數固曾如此，但少數有思想有名望之中產階級則與無產階級聯合。蓋中產階級中亦恆有少數之人物爲實現其個人之野心起見，在口頭上特表示愛護「民衆」，對於民衆之困苦表示惻隱之心，并表示種種之允諾。此外亦有眞誠而博愛之中產階級，嘗信仰盧梭極端之民主政治學說，且因下層階級之困苦狀況而深受感動者。無產階級因在此等人物之領導下，故漸趨激烈，終至欲用武力以建設民主政治於法國。

巴黎爲過激主義之中心

王族現仍居於巴黎，立法會議亦正集會於此，故過激運動卽以巴黎爲中心。當一七九一與一七九二年中，運動之進展最爲迅速，其目的在威嚇王族而操縱立法會議。運動之工具不外新聞，傳單，演說等項，在喚起民衆之理性與感情。更有革命「俱樂部」(clubs)之組織爲其後盾，故其效力亦因此更大。

俱樂部

此等俱樂部爲政治與社會運動最有趣之中心，其起源當溯至「聚餐會」(eating clubs)，此乃因各代表欲共同會食，特組織於凡爾賽宮者也。但俱樂部之理想後更發達，故當一七九一年，凡巴黎所有之酒店，幾莫不變爲政客與愛國者集會之所。俱樂部雖確有嚴守憲法者，甚至有少數公開傾向反動者，但大多數及最有勢力者，均傾向過激，是卽哥德利耶黨(Cordelier)與甲

哥德利耶黨與甲可兵黨

可兵黨(Jacobin)之俱樂部也。前者係一種『人權保障同志會』(Society of the friends of the rights of man and of the citizen)創立之始卽主張激烈，且有巴黎重要之革命人物加入。後者創始時爲一種『憲法保障同志會』(Society of the friends of the constitution)，其最初之會員有米拉波，塞葉，拉法耶特諸人，但後在羅伯斯庇爾(Robespierre)之領導下變爲一種激烈之組織，正與哥德利耶黨相同。最有趣者，此兩種激烈俱樂部之命名，均出自二僧院之舊稱，因其恆各在此二僧院被沒收之舊址中集會也。

過激宣傳

過激運動幷自巴黎蔓延於各地，凡傳單，新聞紙等物，莫不流行甚廣。甲可兵黨俱樂部在法國之其他各城，均設有支部，互通消息。過激黨人到處爲同樣之熱忱所鼓舞，幷有完善之組織爲後援。

過激黨之領袖

關於過激黨重要之領袖，現可舉三人以代表之，卽馬拉(Marat)丹敦(Danton)羅伯斯庇爾是也。此三人就其門閥與所受教育而言，均屬於中產階級，但就其信仰而言，則爲無產階級之代表。彼等在後日之革命舞臺上，均表演重要之活動。

馬拉

馬拉(約一七四二——一七九三)苟非對於政治具有興趣而因革命著名，或當在歷史上以科學家與文人見稱。彼嘗研究醫學，因對於醫術特精，且對於物理學有貢獻，故蘇格蘭之聖安得路斯（St. Andrews）大學曾授以名譽學位，并嘗應亞爾多亞伯爵之聘。迨全級會議集會之時，彼遂轉而注意於政治問題。當時法國盛行之理想均在應採與英國相類之憲法，馬拉則屢發行傳單以闢之。彼嘗僑居英國數年，深知英國之政治為一種寡頭政治，外雖利用自由之形式，自命為代表全國，實則利用其權力以增進本階級之利益。彼力主真正之改革須使全民同受其利，且惟有藉直接之民衆行動始克達其目的。此卽民友報（Ami du Peuple 一七八九至一七九二年所刊行之新聞紙）所宣傳之思想也。彼好用激烈之言論以攻擊廷臣，教士，貴族，甚至攻擊中產階級之會議。彼既不屬於何黨，又無詳細之計劃，惟知犧牲一切以完成其單獨之使命，雖飽受窮困或迫害，卒不稍挫。彼嘗因避難匿於地洞與溝渠中，致染皮膚病，然仍鼓動巴黎之民衆，採直接行動，矢志不渝。當一七九二年，馬拉實為有權勢者最畏最恨之眼中釘，但亦為首都羣衆最愛最敬之福星焉（註一）。

註一　馬拉係於一七九三年七月十三日為一少婦哥爾德（Charlotte Corday）所刺，此人乃極傾心於吉倫德黨者。

丹敦

丹敦（一七五九——一七九四）之激烈不下於馬拉，而其政治才具則過之，嘗被稱為「中產階級之米拉波」(A sort of middle-class Mirabeau)。彼為農家子，研究法律，嘗捐得御前會議辯護士之職。當革命爆發前，彼不惟以年少之法律家聞世，且以好自由喜讀書，及家庭生活之快樂著名。其軀幹魁梧，聲音宏大，善辯論與演說，一如米拉波。但有不同之處，即丹敦當衆演說危言聳聽之際，自己恆平心靜氣，泰然自若也。彼又如米拉波注意本階級之福利，反不及注意下層階級者。彼屬於貴族階級之米拉波對於中產階級之關係，恰與屬於中產階級之丹敦對於巴黎無產階級之關係相若。丹敦當革命之初，即受米拉波之援引，得露頭角。旋遂獨樹一幟，為贊成眞正民主政治最有力之人物。一七九〇年，彼與馬拉及德斯穆林(Camille Desmoulins)連合，設立哥德利耶俱樂部，在一七九一與一七九二年間，指揮此俱樂部之一切活動，攻擊王族及君主政治。彼又為巴黎市政府最有勢力之委員。法國輿論之所以集中於贊助共和主義，殆即丹敦之領導所致。丹敦性雖粗暴勇敢，並不貪婪殘忍也。

羅伯斯庇爾

羅伯斯庇爾(Maximilien Robespierre，一七五八——一七九四)既不如丹敦之實事求是，較之馬拉，亦更與無產階級疏遠。但彼具有幾種特性，卒能成為民主政治與共和主義最卓越之代表人物。羅伯斯庇爾之先世屬於出自愛爾蘭之中產階級。彼嘗與德斯穆林同在巴黎大學習法律且嘗在其本城亞拉斯應用所學，稍著成效。初充刑事法官，但因不欲定死刑，尋卽辭職。其在說明之間，嘗以著作者演說家及紈袴子弟見聞。一七八九年，當選爲第三階級之代表，遂與此階級中之過激分子（卽米拉波所識爲『三十急躁分子』）聯絡。彼對於盧梭之著作研究特深，並篤信其說，故卒以身殉之。彼嘗相信盧梭之學說終必成功，且當再造法國與一切人類，故願以百折不回之精神着手於此種事業。彼因在國民會議之同志甚少，且因米拉波之故，對於新憲法之制定不能操縱，故漸轉而求助於巴黎之民衆。彼原屬甲可兵黨俱樂部之會員。此俱樂部因一七九一年比較保守之會員退出，遂爲彼所領導。自是而後，甲可兵黨俱樂部對於樹立社會的民治主義，實爲最有力之機關（雖至一七九二年八月始主張共和主義），而羅伯斯庇爾則爲其先知。就今日政治首領（demagogue）一詞之意義而言，羅伯斯庇爾實非其人。蓋彼係一文雅之人，忠信篤實。彼雖爲熱心無產階級之『權利』而出力，但從不見好於民衆。當其卒日，尙著舊社會所服之短袴絲襪，並蓄傅粉之髮焉。

吾人現當明白立憲君主政治之何以動搖。立憲君主政治既無偉大之首領使之鞏固，又無指揮之人使之脫去危險。一方面既爲反動勢力所不滿，他方面又受過激主義之反對。故立憲君主政治對於彼沈勇果决之人物如羅伯斯庇爾，丹敦，馬拉輩之攻擊，實無法抵制也。

一七九一年立法會議所遇之困難

當一七九一年十月一日新政府成立之時，立法會議亦舉行第一次之集會，種種之困難隨即發生。先是國民會議解散之時，曾自行通過命令，禁其議員當選爲新會議之議員（註一）。故立法會議之會員大都爲後起之人物，對於國會中之議事手續，毫無經驗。彼等之意見，亦甚紛歧，故彼此之間，常爭論不決。復次，立法會議旋又與國王衝突，蓋國王此時妄欲利用憲法所規定之中止的否決權以限制立法會議之活動也。除此等問題外，尚有一般的騷動。拉凡德之農民則發生叛亂。逃亡之貴族與拒誓之教士則在國境之東部大肆威嚇。而巴黎及其他各大城市之無產階級，亦大起騷擾。

外國對於法國革命之敵視

立憲君主政治之困難，更因國外情勢之窘迫而益甚。須知此時歐洲之重要各國，仍固守「舊制」下之各種社會制度，除英國外，且仍固守神權君主政治。法國以外之國家，迄今尚不知有所謂「公意」，在下層階級中亦自無贊成革命之任何意見表示也。此時惟有英國已行立憲

註一　由羅伯斯庇爾提議。

神聖羅馬皇帝爲反對法國革命之代表

君主政治。當法國革命之初，英國政治家見法國力圖摹仿其政制，莫不引以爲榮，故其對於法國之革命亦表同情。但及革命進行不已，其目的顯在謀社會之平等且寖變爲羣衆運動，而在謀下層階級之利益，於是英國之輿論亦起而攻擊之。一七九〇年末伯爾克嘗發表其法國革命感言(Reflections on the Revolution in France)，痛詆新潮流而讚揚保守主義。伯爾克之著作雖旋卽引起少數有力思想家之辯駁，並有著名之拍因 (Thomas Paine) 辯駁，但歷時甚久，仍足以爲英國對於社會平等思想與『羣衆暴動』懷畏之表現。此書並大受歐洲大陸各國君主之贊許，爭相翻譯，以爲維持其地位之武器。俄女皇加察林且親加褒賞。波蘭之傀儡國王亦厚予賚賜。自是而後，歐洲各國之君主，貴族，教士，同以法國之革命適足危及其政治上與社會上之特權。法國革命之消息苟傳至下層階級，則必蔓延於歐洲各國，其危害亦正與法國同。彼『仁慈專制君主』原蓄意爲民衆謀福利，現亦深恐民衆起而革命，莫不惴惴慄懼矣。

歐洲各國之君主中，更有數人因特種之原因，對於法國革命之進展，深懷疑懼。彼西班牙之包本族與雙西西里之包本族均因家族關係，與法國現任之王朝聯合。蓋後者權力之減少，必致前者在國內之地位與對外之政策同受打擊也。法國之王后馬利耶安多拿德又屬於奧大利之

一七九一年八月之丕爾尼仔宣言

黑普斯堡族，其家族之利益亦稍陷於危境。耽於幻想而不切實際之奧皇約瑟夫二世已於一七九〇年逝世，由馬利耶安多拿德之另一兄弟繼位，是爲來泊爾二世。來泊爾即位之後，既將約瑟夫在位時代內政外交上之種種困難概行解除，於是轉而注意於法國之事務。馬利耶安多拿德曾屢請其援助路易十六，以抵制革命黨。彼亦深知奧領尼德蘭前日之革命，費盡困難，始克平定，現已受法國革命學說之傳染，其境內之居民，且多願合併於法國。彼既爲神聖羅馬帝國之元首，必須使德意志諸邦不致有革命運動，且須保護邊境諸省，以防法國之侵略。凡此一切之原因，均足以使來泊爾帝爲歐洲『舊制』最重要之維持者，且亦爲法國王室之保護者。

來泊爾現並與普魯士結爲同盟。蓋普魯士自一七八六年弗列德利克大王卒後，由弗列德利克威廉二世（一七八六——一七九七）繼位。此人才智較遜，耽於情慾，般樂無饜，又富於宗教熱忱。彼對於弗列德利克威廉一世與弗列德利克大王所創完善之軍制，不復注意。彼不惟對於嬖倖妃嬪揮霍無度，又好美術，所費亦不貲。嘗因厲行新教，致國民感受疲困。至於外交，彼則違反其先人眼光遠大之政策而與奧大利同盟，致普魯士在德意志諸邦中降至次等之地位。

一七九一年八月，弗列德利克威廉二世終與帝來泊爾連合發表丕爾尼仔（Pillnitz）宣言，表示二人視法國秩序與君政之恢復，爲『歐洲一切君主共同利益』之目的。此種宣言，實不過虛張聲勢以示恐嚇耳，因德意志同盟之軍隊迄今尚未預備作戰也。但此種宣言既正式表示外國專制君主干涉法國內政之意向，其結果適足以激起革命而同時愛國之法國人士的惡感焉。

立憲君主政治下之法國之政治情勢利於外戰

此時法國重要之政黨，多願與奧普二國之君主宣戰。馬利耶安多德拿及宮廷之人，漸以爲其反動主張，必將因戰爭而受激勵。蓋同盟國之聯軍苟獲勝，法國之專制主義必將藉武力而恢復，法軍苟獲勝，則王族之威望必將復興，使其能用憲法手段以恢復其權力。彼中產階級之政黨卽所謂立憲黨者，係爲拉法耶特所領導，誠心擁護一七九一年之處決，亦預備宣戰。蓋軍事上之勝利，既可團結法國之人心，鞏固憲法，拉法耶特亦希望增加個人之光榮，而作萬能之軍事首領。最後，則大多數之過激黨人亦主張宣戰。蓋自彼等觀之，一若戰爭之結果，必將促成自由君主政治之完全傾覆，而產生共和政治於法國，並可使民主政治之原則，大行於歐洲全土者。今何故不激起歐洲各國之人民共抗其君主乎？果爾，則法國之主義必成爲全歐洲之主義，法蘭西亦必爲新主義之宣傳者也。

立法會議中之政黨

此時對內對外一切重大之問題，最後均付諸立法會議解決，而立法會議之政見又甚紛歧。

七百議員之中，僅有四百人不受特殊之指揮，對於一切之問題，各依其自由意志表決之，餘則分爲兩大黨，即弗伊蘭黨(Feuillants)與甲可兵黨是也。弗依蘭黨爲立憲黨人，除一致擁護一七九一年之處決外，並欲鞏固國王之權力(彼等實爲會議中之保守分子)。甲可兵黨則爲激烈黨人，其共同之名稱係源於巴黎著名之俱樂部，其大多數分子均暗懷共和政治之意見，欲使路易十六在憲法上之權力更形減少。顧此黨因關於王權減少之問題，意見不一，又分爲兩支派。多數派因其中最有名望之人物均來自吉倫德(Gironde)省，統稱爲吉倫德黨(Girondists)。此派以爲當進行第二步革命之先，應使現存之政府明白證明其無用。彼等主張外戰，以此爲使現存君主政治喪失信仰最有效之手段。甲可兵黨之少數派大都來自巴黎。此派不欲利用外戰之結果，但主張藉民衆之直接行動，以澈底改革君政制度。此派後稱爲山岳黨(Montain)註一，因其黨員後在國民公會中皆居高處之議席也。馬拉，丹敦，羅伯斯庇爾諸人之一般的政見，彼等實可代表之。

吉倫德黨

立法會議之各黨中，組織最完善者，當推吉倫德黨。此黨之黨員多來自各省，年青而富有熱

註一　此種名稱在一七九三年以前並未通用。

忱，其理想多承襲古代希臘羅馬之共和國者，雖略有不切實際之處，然皆最爲高尚。彼等皆有智識，善詞令且熱心愛國。黨中有布里梭（Brissot 一七五四——一七九三）爲組織此黨之首領，乃巴黎之律師也。有維爾尼阿（Vergniaud 一七五三——一七九三）爲文雅雄辯之演說家。有拱多塞（Condorcet 一七四三——一七九四）爲著名之學者與哲學家。有杜穆利耶（Dumouriez 一七三九——一八二三）爲第一流之軍事家。此黨且以著名之羅蘭夫人（Madame Roland 一七五四——一七九三）之宅第爲其政治討論之中心。

就內政而言立法會議幾無所成就，此時最重要者厥維外戰問題。弗依蘭黨與吉倫德黨對於外戰皆表同意惟馬拉羅伯斯庇爾起而反對之。彼二人蓋恐採此政策之結果，必將產生軍事獨裁者。馬拉嘗在民友報發表其恐懼之議論：『贊成自由之人所以懊喪者，卽吾人之畏成功更甚於畏失敗……其危險在恐我國之軍人將因戰勝而得勢且恐……其將乘勝直趨首都，實行專制政治。』但此種勸告，卒無徵效。

一七九二年四月對奧宣戰

吉倫德黨乘羣情激昂之時，遂得操縱政府。對來泊爾帝並提出要求：奧國之軍隊應由國境撤退，並須驅逐法國之亡命者出其領土以外。迨來泊爾帝不理，吉倫德黨之大臣乃勸路易十六於一七九二年四月二十日宣戰，拉法耶特掌軍事全權，法國遂須從事於備戰。來泊爾雖恰於此時逝世，但其子佛蘭西士二世嗣位，仍繼遺志。佛蘭西士與普魯士王弗列德利克威廉二世旋卽調軍八萬人於哥伯蘭仔，欲以進攻法國。此種大規模之衝突，預定擾動全歐，歷時至二十三載之久，而一七九二年之戰爭實開其初幕。是乃革命勢力與反動勢力衝突之濫觴也。

此時之法國人士，莫不充滿熱忱，深知此次戰爭之意義，卽在擁護自由平等，與民族主義，人人各戴自由之紅冠，無槍彈者則荷長矛，趨赴前敵。由馬賽而來之軍隊，在巴黎皆歌讚美自由之新曲，此乃里斯爾盧杰（Rouget de Lisle）所作於斯德拉斯堡，專以供法國軍士之歌唱者也。馬賽歌（Marseillaise）後遂變爲法國之國歌。但此時之法國人所恃以無恐者，惟有奮鬬之熱忱而已。至其軍隊，則組織不良，訓練不精，餉糈缺乏，軍械窳劣，要塞未修，拉法耶特亦野心過大而才具不逮。

法國最初之挫敗

因此當戰端初開，法軍卽迭受挫衂。旋擬侵入奧領尼德蘭，亦遭慘敗。國境東部之聯軍，在布倫斯威克公爵指揮之下，勢如破竹，頗有直搗巴黎之勢。此時法國首都之人心，愈形激昂。國人以遭挫敗之故，因疑王族暗將軍事計劃通告於敵方。六月二十日，遂有大規模之示威運動發生。巴黎市面之婦女工匠運煤夫等咸擁入王宮，威嚇國王與王后。此次雖未發生暴動，但巴黎無產級階之憤慨已甚顯著。路易與馬利耶安多拿德並不因此而戒懼。彼二人雖屢申明其未嘗通敵，實則與侵逼之聯軍暗通消息。國王則向外國之君主求助以壓制其人民，王后則將法國之作戰計劃暗示於聯軍之將領而立憲君主政治亦在緊急之戰爭中失敗矣。

王族之兩可態度

第五節　法蘭西第一共和之樹立——國民公會，一七九二——一七九五年

一七九二年七月二十五日布倫斯威克公爵之宣言

一七九二年七月二十五日，愚頑之聯軍總司令布倫斯威克公爵（一七三五——一八〇六）嘗對於法國之民衆發表宣言表示其目的在『結束法國之內亂，制止對於國王與教會之攻擊，恢復法律上之權力及國王之安全與自由，且爲國王回復原有之地位，俾得行使合法之權力。』彼更宣言對於法國軍士之被擄者『當視同仇敵，且以背叛國王破壞公安治罪。』並謂王族中苟有任何人稍受侵害，與普聯軍當『予以深刻之報復，對於巴黎全城施行軍政之治，並完全破毀之，對於擅加侵害之叛徒，亦予以相當之懲治。』法國君主政治之命運實因此次愚妄無禮之宣言而決定。此次宣言且證實法國王族與外軍聯合之目的，不惟在防制革命之進展，並欲推翻既成

法國人之回答——一七九二年八月九日

至十日之叛亂

之事實。此時法國人之愛國熱忱，勃然奮發，無論其以前同情於革命與否，今見外人之大肆恐嚇，欲干涉其內政，莫不怒髮衝冠。法國人對於布倫斯威克公爵之回答，即爲一七九二年八月九日至十日之叛亂。

王位之中止與立憲君主政治之推倒

巴黎之無產階級在此兩日中，咸起革命，攻擊自由君主政治，推翻中產階級之市政府，而代之以激烈之革命市政府。丹敦即爲其中之領袖。民衆更侵入王宮，屠殺瑞士禁衛軍。國王及其王族均向議會逃生。八月十日受驚嚇之殘餘議員遂表決王位之中止，且令用普徧成年男人選舉制立即選出國民公會（National Convention），爲法國制定新憲法。

法國之紛亂狀況

法國自八月十日王位之中止，至九月二十一日國民公會之集會，實陷於無政府狀態中。王族均被監禁於丹拍爾（Temple）獄中。政府之官吏，概成痲木不仁之狀。拉法耶特對於巴黎之叛亂，嘗起而抗議，且投降於聯軍。

聯軍仍向法境進攻，舉國震駭。此時最高權力操於革命之市政府，丹敦則隱爲其獨裁者。其政策甚簡單，即過激黨人欲謀安全之道，在對於內外仇敵，大肆恐嚇。丹敦嘗謂『我之制敵方法，在威嚇王黨。吾人當努力爲之』！聯軍圍攻凡爾登城之訊，於九月二日在巴黎發表，此實爲對於首都王黨大肆屠殺之信號。凡屬王黨之人物，概從獄中提出由自行組織之司法團體審判，交兇手殺之，如是者歷時凡五日之久。無論貴賤男女老幼莫不一體待遇。凡男女兒童貴族官吏牧師主教等苟有對王黨表同情之嫌疑者，亦概被屠殺。此次屠殺中所死之人數，統計甚不一致，少則二千人，多至一萬人焉。

法爾米之戰——革命軍第一次之勝利與法闌西第一共和之宣布

當此之際，丹敦更以新生命與新精神注入法國之軍中。杜穆利耶代拉法耶特而握軍事全權。九月二十日，聯軍在法爾米（Valmy）遂受第一次之挫敗。

當革命軍獲勝，布倫斯威克敗退之報達於巴黎之時，即國民公會集會之日。公會在羣情激昂之中，遂一致議決『廢除法國之王位。』既而議決自一七九二年九月二十二日起算為共和國之第一年。對於亡命者，則通過永久放逐令，且立即議決令國王就審於公會之前。

國民公會，一七九二至一七九五年

國民公會繼續集會，歷時凡三載（一七九二——一七九五），其所完成之事業構成革命之第二次大變遷。事業之主要者有二：（一）在外戰上連獲大勝，因此使一七八九至一七九一年革命第一期中所完成之種種顯著的社會改革得以永久維持。（二）建立共和政體，以民主政治之原則為基礎。

國民公會所遇之問題

當國民公會集會之始，即多頭緒紛繁之問題急待解決，自來之立法團體，殆未遇有如此之困難者。其時公會之急務爲：（一）決定被廢被囚之國王應如何處置。（二）組織國防並逐退外軍。（三）壓制國內之叛亂。（四）爲法國建設強有力之政府。（五）完成並鞏固革命初期之社會改革。（六）制定新憲法，樹立永久之共和制度。公會對於此等問題，咸盡力應付，卒能大告成功，以後當依次述之。惟有應注意者，即公會對於此等問題多係同時考慮也。

國民公會之人物

當吾人敍述國民公會之事業以先，應略述其中之人物。其選舉在理論上言，幾爲普選制，但實際上因一般人士漠不關心，或因爲威屈之故，致眞正投票者約僅選民總數十分之一，結果則過激黨人之獲選者爲數甚多。彼等對於共和政治之基本原則，雖皆同意，而關於細節則意見紛歧。

吉倫德黨

國民公會之右黨有吉倫德黨近二百人，布里梭，維爾尼阿，拱多塞，拍因諸人屬之，其所代表者，大抵皆爲殷富之中產階級。蓋是階級之人皆係思想激烈而行爲不逮，渴望民主共和政治，同時又不信任巴黎之市民與無產階級者也。

山岳黨

國民公會之左黨有山岳黨近一百人，現獨稱爲甲可兵黨。此黨皆盧梭之信徒，其思想言論行動皆極激烈，丹敦，羅伯斯庇爾，加諾(Carnot)，聖茹斯德(St. Just)等皆此黨之人物也。

平原黨

介於此二黨之間者，有平原黨(Plain)。此爲公會中之眞正多數黨，其自己無政策或信仰，其表決恆視於己便利與否而定，圓滑而中立之塞葉，卽屬於此黨也。平原黨最初殆與吉倫德黨合作，後以巴黎民衆之勢焰甚熾，不許任何人反對山岳黨之行動，故此黨漸表示左傾。

一七九二年路易十六之受審與被殺

國民公會所待解決之第一重要問題，卽爲處置國王。路易十六暗通敵國之嫌疑，既甚確實註一，同時又發現一鐵櫃，內藏賄賂國民會議議員之帳目。彼之命運遂因此二事而決定，卒於一七九二年十二月就審於國民公會之前，以三百八十七票對三百三十四票之多數判決死刑。王之從兄弟俄連公爵屬於過激黨，恆自稱爲平等之腓立公民（Citizen Philippe Égalité），此時亦隨多數表決。一七九三年一月二十一日，路易十六遂就刑於革命場（Place de la Révolution，現稱爲和睦場 Place de la Concorde）中，路易十五傾頹遺像之側。臨刑時泰然自若，顏色不變，此實爲其在位時代最可嘉尙者也。

軍事之勝利

當此之際，與普聯軍之侵逼已被擊退。杜穆利耶於法爾米之戰後，更逐敵軍退萊因河彼岸，

註一　路易十六遇弒後，其致各國君主求助之信扎均被發現，其摘錄之式樣見魯濱孫（Robinson）與比爾德（Beard）之近代歐洲史選讀（Readings in Modern European History）第一册二八七至二八八面。

進攻奧領尼德蘭。此地一部分之人士，且仰法軍爲救星。杜穆利耶乘戰勝之餘，長趨不魯捨勒，不崇朝而全國盡在其掌握中。此時一若法軍縱欲解放全歐之人民，使脫去舊制之束縛，亦殊非難事矣。

法國爲革命之保護者

國民公會見其軍隊橫行鄰國，勢如破竹，大受鼓勵，因提議傳播自由與改革於歐洲全土。一七九二年十二月，並發表下述之重要法令：『法國之國民鄭重宣言，對於任何國民，苟有拒絕或放棄自由平等，而欲維持並招還其君主及特權階級，或與之謀妥協者，當視同仇敵。反之，凡本共和國之軍隊將來所至之國，苟非其人民之主權與獨立已經確定，並已採納平等之原則，而建立自由民主之政府者，決不與之締結任何條約，亦不停止戰爭。』

外國之恐怖

法國革命黨人之對歐洲各國之君主挑釁，激起民主政治與舊制之衝突，實爲一種危險之行動。

鄰國之人民雖多同情於革命之目的與成功，而在較遠之國家如俄，奧，普，甚至西班牙與英國，其君主及其特權階級仍然深賴其人民之愛國心與忠誠。自一七九三年一月路易十六處死之事變發生，來日大難，因此益劇。在國內則有王黨之反動，促成拉凡德之騷亂。當時最有才略之將領杜穆利耶卒逃赴奧軍。彼受恐嚇而懷報復之君主，亦於此時組成可畏之同盟，力謀推翻法

一七九三年之對法「第一次同盟」

蘭西之共和政治。除現已參戰之奧普二國外，加入者更有英，荷，西薩的尼亞諸國。

革命黨人之軍事計劃

此時法國復取守勢。聯軍復佔領比利時及萊因河諸省，且扼直趨巴黎之要路。一七九三年春季，情勢之危急與上年夏季正復相若。但依事實所證明，共和政府實遠勝於以前之自由君主政治。革命之法蘭西人現在莫不高唱馬賽歌，揚「自由平等博愛」之國旗，爭赴前敵。彼屬於中產階級之國民，當革命初期所得社會上與金錢上之利益，將因外軍之勝利而發生危險，故現在咸用金錢與才智以謀國防之鞏固。彼工匠與農民，嘗因革命而稍有所獲，并望革命之成功而再有所獲，故亦不惜犧牲性命以求之。此時法國趨赴前敵之新軍，同爲一種偉大理想之勇氣與熱忱所鼓動焉。

加諾

顧法國之所以能脫去危險者，非僅因此熱忱而已。此時尚因巴黎有一勝任之中央政府，對於此種熱忱能予以完善之組織也。國民公會中有加諾（一七五三——一八二三）者，第一流之軍事家與行政家也。其人有高尚正直之品性，勇敢忠義，且能實事求是。現正從事於共和軍隊之組織，精誠無間。并擬定作戰之計劃，提出報告於國民公會，徵募民軍，嚴加訓練，遣赴邊境。彼因得財政部長林德（Robert Lindet，一七四九——一八二五）之襄助，故軍械，餉糈，服裝，咸能供給無缺。彼恆親行檢閱軍隊，用演說及訓詞以激起軍士之精神與決心。眞正全國皆兵，在近代史中，此實爲第一次也。

新將領

加諾之事業，尚藉『監軍』(deputies on mission)之力以補其不逮。此乃國民公會中之激烈分子受特派而監視法國各軍之指揮與行動者。凡將領有任何嫌疑，或作戰失敗者，監軍皆得捕之，送至斷頭機以正法，中央政府因有監軍，並得隨時探聽軍事消息。此時年少著名而擁護共和之新將領，班班輩出。其最著者，有意志堅定之摩洛(Moreau 一七六三——一八一三)，有百折不回之比捨格律(Pichegru，一七六一——一八〇四)，有英邁驍勇之許爾丹(Jourdan，一七六二——一八三三)。

法國之勝利

一七九五年第一次同盟之破壞

法國今遂如此與絕大之同盟相遇，此雖以路易十四當之，亦不能不有戒心也。是時國內之外敵，完全肅淸，作戰區域已移至尼德蘭，萊因河沿岸，薩瓦及比里牛斯山以外。法軍既如此勝利，故加諾『防禦之組織者』之稱號自應擴大而爲『勝利之組織者』。吾人對於一七九四與一七九五年各次驚人之戰爭，自不能在此詳加評論。吾人惟須提出者，即當國民公會終於一七九五年閉會之時，而第一次同盟實已解散。彼西班牙王查理四世，其包本族之從兄弟曾由法蘭西共和國處以死刑者，現仍不得不忍辱而與之同盟。普魯士依巴塞爾條約（一七九五年），使法國得以自由伸其勢力於萊因河左岸，己則轉而侵略波蘭以求補償。荷蘭之鄂蘭吉執政威廉五世被廢，其國改爲巴達維亞（Batavian）共和國，與法國爲同盟。法軍完全佔據奧領尼德蘭以及直達萊因河之一切領土。路易十四畢生之野心，今在新法蘭西僅於兩年之內完全實現。此時尚繼續與共和國爲敵者，惟有英國，奧大利及薩的尼亞而已。

內亂之平定

更足驚人者，當共和國外戰勝利之際，內部之嚴重革命亦於同時平定。先是國內之反動黨嘗利用拉凡德之農民反對加諸之分派軍士，激起叛亂，欲以恢復君主政治及羅馬教會。重要而遼隔之城市因各省與中產階級對於巴黎無產階級之過激主義不滿，故亦多起暴動，如里昂，馬賽，波爾多（Bordeaux）等處皆是。當一七九五年，法國全體除亡命者與祕密之陰謀黨外，均稍稍承認共和矣。卒平定一切之叛亂。國民公會中之人物，乃用其對外之手段以對內，甚至更加嚴厲，法國對內對外之所以有非常之成功，其眞正之原因，一方面係由於國民公會之創立強有力之中央政府，一方面復由於此政府之採行恐怖政策。

公安委員會之統治

一七九三年春，國民公會曾將法國之行政全權委諸一種特別委員會，由公會之議員九人

（後爲十二人）組成之，稱爲公安委員會(Committee of Public Safety)。此種小團體中包括甲可兵黨之領袖如加諾，羅伯斯庇爾，聖茹斯德諸人。其行動甚祕密，指揮各部之長官，委派地方之官吏，並把持全國之行政。其所處理之職務，極其繁多。此外委員會又須指揮對外關係，監督軍隊，求得法國民衆積極之援助。其從事於各種活動，既甚勤勉，實效亦大。

『恐怖』爲政治上之策略

恐怖一詞，通常用以表示公安委員會之對內政策。自一七九三年夏季起至一七九四年夏季止之『恐怖時代』(reign of terror)，卽爲公安委員會之主要事業時代。此時代因爲特別駭人聽聞與行爲殘酷，故史家多以之爲法國大革命之中心時代，且以『自由，平等，博愛』與流血有連帶之關係。但就事實而言，則恐怖時代僅爲大革命期中所顯然不可避免者，吾人固未可厚責法國人民之兇殘好殺也。使奧，普，西班牙甚或英國之首都而處於此同樣之環境，其必演出同樣之慘劇，亦意中事耳。吾人須知種種重要之主義與遠大之改革，均將因內外之仇敵而陷於危境。依共和黨領袖之意見，此時之法國，實須和衷共濟，分裂之國家，決不能制勝聯合之歐洲。法國現欲戮力同心以對付世界，其唯一之方法，在對於彼反對新制者予以非常之恐嚇。欲肆恐嚇，則流血之事乃必然之結果也。

公安委員會施行恐怖政策時之主要輔助機關，爲保安委員會 (Committee of General Security) 與革命法院 (Revolutionary Tribunal)。前者掌握警察權，以維持全國之秩序，後者在審訊並判決不忠於共和之嫌疑犯，而兩者皆對公安委員會負責。國民公會更通過嫌疑犯法規(Law of Suspects)，宣言對於凡出自貴族者，在革命前服官者，與亡命者有關係者，以及未得政府之公民權證書者，概得任意拘捕之。

法國既有此等專制機關，復利用斷頭機註一。據估計，當恐怖時代，巴黎所殺之人數，約達二千五百人，馬利耶安多拿德，平等之腓立，羅蘭夫人，皆死於此時者也。

恐怖並蔓延於各省。地方法院亦到處設立，以調查並判決嫌疑犯。里昂城因敢於反抗革命政府，致其一部分被破毀，其市民被殺者數以百計。南脫因前曾響應拉凡德之叛亂，故有屬於甲可兵黨殘酷之代表名加利耶 (Carrier) 者，嘗將亂黨載之破船，上泛之羅亞爾河而溺之。各

註一　斷頭機在法國仍用之，係包含二直柱，二柱之間有一重刀，可以起落，罪人則縛之木板上，然後推至二柱之間，刀落則頭即斷。此機係某仁慈之人名格洛底拿 (Dr. Guillotine) 者所發明，彼蓋欲於執行死刑之時，用此機斬首，以代替用斧斬首，死者必易絕氣也。

省所死之人，其總數無由調查，大約當達一萬人焉。

因革命法院而死者雖多，然與十九世紀之任何大戰所死之人數相較，自然無關重要。關於恐怖時代最驚人之事，卽彼贊成恐怖政策者雖如此限於危境，卒未有失策之事也。

革命黨人之分裂

此外有一恐怖之現象，較之王黨與反動黨之被屠殺更不幸者，卽爲激烈黨各派間之軋轢，彼此均圖己利而互相傾陷。先是吉倫德黨對於國王之處死，曾力加阻撓，且嘗求助於各省，以抵抗巴黎市民之暴動。同時又有杜穆利耶之降敵。故巴黎之無產階級咸以爲吉倫德黨與反動黨連合。於是巴黎之工人在馬拉指揮之下，於一七九三年五月三十一日起而革命。兩日之後，並迫國民公會驅逐吉倫德黨之議員二十九人，而於一七九三年十月，捕其首領，送之斷頭機，布里梭與維爾尼阿亦與焉，其次則彼巴黎市政府之領袖，嘗走極端而封禁巴黎市之基督教堂，並宣布無神主義者，亦於一七九四年三月爲丹敦與羅伯斯庇爾之黨徒所害。及至四月，丹敦亦因厭惡恐怖，主張和緩，卒與其同志德斯穆林被送至斷頭機。諸人既被殺，羅伯斯庇爾遂獨握全權，妄欲將盧梭之學說見諸實行。但爲時不久，亦於一七九四年七月與聖茹斯德同爲國民公會所捕，殺於斷頭機。此卽表示反動之開始。

恐怖之告終一七九四年七月之反動

恐怖時代實隨羅伯斯庇爾之被殺而告終，但恐怖之目的則已達到。革命得以保存於法國，而法國得以保存於歐洲。恐怖之告終，恆稱爲十一月的反動（thermidorian reaction），其結果使國民公會得以自由從事於制定永久之共和憲法。彼反動黨人與極端過激黨人隨後均屢欲干涉制憲，但均易被制止。巴黎之民衆最後亦嘗起叛亂威嚇國民公會，卒由一年少無名之礮兵少校拿破倫開礮平定之（一七九五年十月）。

國民公會之改革，一七九二至一七九五年

國民公會雖在內憂外患之中，甚至在恐怖之中，仍能從容完成革命初期之社會改革。因中產階級之立法會議曾破壞由「舊制」下之特權而產生之不平等，故民衆之國民公會亦設法廢除由財富而產生之不平等。革命在新領袖之指揮下，一時實顯帶社會主義之色彩。亡命者之財產，概收歸國有。穀物最高之價格，亦由法律規定之。大地產亦被劃分，每塊之面積約二畝或三畝，拍賣與貧乏之國民，地價用每年攤還法償還之。廢除一切之地租，對於地主，不給賠償。馬拉嘗謂「彼富豪剝取人民之脂膏久矣，今亦應受一蹶不振之報復焉。」

國民公會之改革，亦頗有悖於情理者。因民衆之情感傾向平等，故對於一切之人，均稱以「公民」（Citizen）而不稱以「先生」（Monsieur）。馬利耶安多拿德之葬費，公家帳簿上僅有『付公民加白之寡婦棺材費五佛郎』之記載而已。華麗之服裝，亦隨貴族之稱號而消滅。絲襪與短袴前爲特權階級與上流社會所著者，現概以長袴代之，此在以前僅爲下層之工人階級所著者也。爲消滅自來基督教之觀念起見，於是重新將每年分爲十二月，每月分爲三星期，每星期凡有十日(décades)，第十日(décadi)爲休息日。而每年之末尙餘五日或六日，則稱爲閏日(sans-culottides)，是爲國慶紀念日。每月之名稱，亦有所變更。革命之曆日，係從一七九二年九月二十二日共和之創立起算。

但有多種之改革久感需要且有永久之價值者。例如對於衡量，則創立一種便利而統一之制度，以十進爲基礎。此卽所謂米突(metric)制，除英語人種外，凡一切開化之民族，幾莫不採用之。又如對於全國之教育亦創立一種完善之制度。此乃哲學家拱多塞註一之所創者。是制雖因其他之影響，一時未克施行，然近代法國義務教育之制，實以此爲基礎。此外更實行教會與國家之分離，而於一七九四年九月完成之。次年，復確立崇拜之自由，恢復崇拜基督教之教會，惟教士須受國家法律之約束而已。最後，並擬爲全國制一簡單概括之法典。此法典雖至拿破侖

註一 拱多塞侯爵（一七四三——一七九四）。

時代始告成功，但國民公會實已開其端緒。而近代法國財產繼承之基本原則，亦由國民公會規定於法典中。（卽任何人不得將其所有之財產概授之直系之嗣子一人，須使一切兒女平等繼承之）。此外並廢除拘禁索債之習，取消黑奴制，保證男女之同等的財產權。最後，其新共和憲法亦充滿民主政治之理想。

國民公會最後爲中產階級所操縱

羅伯斯庇爾被推倒之後（十一月的反動），國民公會遂不復從事利於無產階級之改革，而日漸爲溫和殷富之中產階級所操縱，取消裁判嫌疑犯之法律，修正穀物法，封禁革命法院，而革命場(Place de la Révolution)之名稱亦仍改爲和睦場(Place de la Concorde)。一七九五年，路易十六唯一之嗣子死於獄中，此對於王黨之希望實爲最大之打擊。當一七九五年，法國之政體似已確定爲共和。但此僅爲溫和之政體，而非極端過激之政體，以中產階級爲基礎，而非以無產階級爲基礎也。

第六節　督政部（一七九五——一七九九）與共和政治變爲軍人獨裁政治

共和三年之憲法。

法蘭西第一共和憲法係由國民公會之集會最後一年中制定，而在中產階級之勢力下通過。

法蘭西第一共和憲法

此次憲法因在一七九五年施行，故恆稱爲共和三年之憲法(Constitution of the Year III)。立法權操諸出自間接選擧之兩院。一爲下院，議員五百人，得提出法案。一爲上院(Council of Ancients)，議員二百五十八人，得審查並議定法案。因中產階級不信任下層階級，故選擧權遂限於在本區至少住滿一年而且納稅之國民所有。

督政部

行政權操於五人組成之『督政部』(Directory)。督政官(Directors)由立法部選擧，每年改選一人。督政部之職權在監督法律之執行。國務員亦由其任命，並對之負責。

督政部期間之短促，一七九五至一七九九年

國民會議會爲自由君主政治制定憲法，故國民公會亦爲共和政治制定憲法。但就其實力與壽命而言，則共和與君主立憲相差不過一間耳。路易十六在一七九一年之憲法下以立憲君主之資格統治法國未滿一年，而督政部依共和三年之憲法統治法國，亦未滿四年(一七九五——一七九九)也。

督政部之弱點

督政部之所以失敗，有兩種主要之原因：第一因國內之困難特多。第二因軍事勢力之膨脹，及戰勝之梟雄崛起。此二種原因均應略加敍述，前者實證明此時需要他種之政府以應付時勢，後者實暗示將來此種新政府之性質焉。

法國之民衆經劇烈之革命騷動，既歷六載之久，此時欲使其聯合一致，非得一有雄才大略之人物，加以猛烈眞誠之努力不爲功。顧督政官均爲凡庸無能之輩註一，賄賂公行，自失信仰，只圖個人之利益，不顧國家之福利。

政治的與社會的紛爭

督政部時代實爲詭計與陰謀盛行之時代。此時之議會中已有多數之王黨當選。督政官只因利用非法之勢力與暴行以抑制王黨，始得維持憲法於不墜。巴黎之激烈黨人，此時亦有熱心之領袖名巴白夫（Babeuf 一七六〇——一七九七）者宣言革命偏重中產階級之利益，無產階級雖曾受重大之犧牲，具偉烈之勛績，然其貧苦仍與以前無異。拯救無產階級之唯一方法，在強行財富均等，解除貧困。此等激烈黨人之騷動，實爲近代社會主義之先聲，然卒被壓止。巴白夫亦卒於一七九七年伏誅。

財政之困難

當激烈黨人與反動黨人合謀反對督政部之時，財政之紊亂又復達於極點。關於賦稅之徵收與財政之支出，貪汚之事肆行無忌。督政官對於內部行政既浪費無度，而此時之軍隊共計一百萬人，又需款孔急。此時之巴黎仍在窮困之中，須仰全國之救濟。國民會議發行紙幣之初意，

註一　加諾爲人正直誠實，且爲督政部唯一的第一流人才，終於一七九七年被迫退去督政部。

僅在救濟眉急後則繼續發行，及一七九七年，紙幣面價之總數，約達四萬五千兆里弗爾，而其實價，則日益跌落。故當一七九六年三月，紙幣面價三百里弗爾僅値現金一里弗爾。當一七九七年，已宣布一部分之破產，公債三分之二已中止付息，紙幣且不復用作通行之貨幣。共和國現在所遇之財政危機，與一七八九年時專制君主政治之所遇者，毫無差異。

外戰之繼續勝利

顧督政部此時尚有一線之光明，即外戰是也。當督政就職之時，法國仍與奧大利，薩的尼亞，英國從事戰爭。法國作戰之計劃，在派一軍渡萊因河，經南部德意志，並由此侵入意大利領內。另派一軍踰阿爾卑斯山，經北部意大利，並由此進攻維也納。萊因河方面之軍隊，由比捨格律，許爾丹，摩洛諸宿將統率。意大利方面之軍隊，則委諸年少而無經驗之拿破崙指揮之。

拿破崙之崛起

迄於此時，拿破崙 (Napoleon Bonaparte) 在政治上或軍事上尙未大露頭角。彼自羅伯斯庇爾被推倒之後，雖力辯其與極端過激黨人毫無關係，然其對於革命極表同情，已盡人皆知。一七九三年，拿破崙曾因自土倫逐退英人，聲譽稍著。一七九五年，復因反對巴黎激烈黨人之倡亂，以保護國民公會，故人皆深信其愛護法律與秩序。最後，又因於一七九六年與一寡婦約琴芬波哈拿 (Josephine Beauharnais) 結婚，遂獲良好之機緣以發展其政治野心與軍事天才。蓋

拿破侖之第一次意大利戰役，一七九六至一七九七年

一七九七年之岡波法米阿條約

英國之獨與法蘭西共和國繼續爲敵

以約瑟芬波哈拿之前夫乃係一革命將領，己亦爲某督政官之親友也。

當一七九六年，法國年老而有經驗之諸將欲進攻德意志諸邦，屢遭挫敗，而年僅二十七歲之少將反完全肅淸意大利境內之奧大利軍。彼以迅雷不及掩耳之手段，易於傳感之熱忱，非常之戰略，絕大之勇氣，卒踰阿爾卑斯山制服薩的尼亞軍。一年之內，與奧大利軍激戰凡五次，並佔領北意大利所有之要塞。薩的尼亞卒不得不割薩瓦及尼斯(Nice)與法蘭西共和國。且當拿破崙軍進逼維也納之時，奧大利亦不得不俯首貼耳與之言和。依岡波法米阿(Compo Formio)條約(一七九七年)，法國取得奧領尼德蘭與伊屋尼亞羣島。奧國則取古代之威尼斯共和國以爲一部分之賠償，但承認不干涉意大利其他部分之政事。此約並規定召集公會於拉斯他德(Rastatt)，以改正神聖羅馬帝國之地圖。因德意志各邦君主之土地在萊因河左岸者已爲法國所佔據，此會之目的即在與以賠償也。

一七九六至一七九七年之戰役在歷史上稱爲第一次意大利戰役，此乃長期狂戰遠征之開始，且使拿破崙列爲近代第一流之軍人者。其直接之結果，因強制奧大利與薩的尼亞依西班牙，普魯士，荷蘭諸國之前例，遂解散第一次同盟，且締結大有利於法蘭西共和國之和約。此時繼續

與督政部爲敵者，惟有英國而已。

拿破崙聲名之日噪

第一次意大利戰役之又一結果，爲拿破崙個人聲譽之忽隆。法國之人士，莫不好以拿破崙爲談話資料，且莫不譽揚之。政府對之雖懷畏懼，但仍曲意奉承之。政治上無論何派，亦莫不向之求助。此時民衆對於現存政府之信仰日益減少，而對於拿破崙之實力與才能之信仰，則隨之日形增加矣。

一七九八年拿破崙征埃及以制英

一七九八年，拿破崙嘗提議，法國須派遠征隊赴埃及，以斷絕英國與印度之交通。督政官本不欲拿破崙留居於巴黎，故卒從之。此後在一七九八年所發生之埃及戰役，兩軍相持，未分勝負。彼恆對軍士作慷慨激昂之演說，以勵士氣，求金字塔以證明法國人之勇敢，復對回教徒演說，嘉尙其宗教之優美而合乎眞理，且力陳彼等與法國自由貿易之種種利益，更獎勵研究埃及之古物註一。顧在此次戰役，拿破崙雖屢次報捷，邀功實則不足爲憑。彼既被挫於敍利亞，復爲英國之著名海軍大將拿爾遜(Lord Nelson)大敗於尼羅(Nile)河口之附近，遂致法國之援軍被阻

註一 著名之羅塞達石(Rosetta Stone)即係此次埃及遠征隊中某軍官所發現者，象形文字藉此石之助，遂得以解讀。

而不能至。

拿破崙旋即閃避英國之軍艦，僥倖歸國。法國之人士，咸相信其遠征隊必已大獲勝利。但在同時督政部之事業日非，亦甚顯著。蓋自拿破崙去國之後，法國之情形，每況愈下，既有種種之新陰謀出現，而財政上與社會上之紛亂，又復日甚。最後更有大規模之外戰復起。

拿破崙外征時督政部之困難

自崗波法米阿條約以後，督政官所力圖實現之政策，在使法國之四鄰皆變成共和國，而隸屬於法。除荷蘭在此約締結之前，已變爲巴達維亞共和國外，現更利用種種之口實，使米蘭公國或倫巴德變爲西沙爾賓（Cisalpine）共和國，使行寡頭政治之熱拿亞變爲里格利安（Ligurian）共和國，使教皇國變爲羅馬共和國，使雙西西里王國變爲巴撒諾比亞(Parthenopean)共和國，使瑞士同盟變爲黑爾維遏(Helvetic)共和國。

第二次同盟與歐洲方面戰爭之復興

歐洲各國之君主，既見此等共和國之政府概以法國爲模範，且咸與之同盟，莫不大恐。於是復起聯合，求去共同之危險。英俄與三國遂組織第二次同盟。此次同盟並因英國之闢德以鉅款資助，故能與大軍以作戰。

法軍之挫敗

一七九九年，第二次同盟連戰皆捷，法軍被逐出意大利以外，其所屬之共和國，亦多被推倒。

當此之時，拿破崙第一次意大利戰役之成績，似已歸於烏有。但此種情勢，或早爲拿破崙所料及，且欲藉爲逞其野心之良機焉。

拿破崙由埃及歸國—『得時之人物』

拿破崙前赴埃及之時，法國顯爲隆盛勝利，而有光榮之國家。今於一七九九年十月九日歸至弗勒茹(Fréjus)之時，則見法國已爲破產失敗，而受屈辱之國家矣。當拿破崙由弗勒茹歸巴黎，沿途歡迎，自無足怪。蓋法國大多數之人士，已深信其爲得時之人物也。

一七九九年共和第二月十八日之政變督政部之推倒

拿破崙歸自埃及之一月內，因有民意之擁護，遂從事於推翻督政部。時寨葉爲督政官之一，拿破崙與之密謀，以其親信之軍隊包圍議會。共和第二月十八日至十九日（即一七九九年十一月九日至十日），卒以軍力迫其推翻政府，而任己掌握軍事全權。此次政變(Coup d' état)之後，旋即頒布憲法。依此憲法，拿破崙遂任爲法蘭西共和國第一執政官(Consul)。

武斷政治之出現與革命之終告

法國大革命實因共和第二月十八日之政變而告結束。自全級會議之集會於凡爾賽宮以來，歷時凡十年半，而議會政治與人民政治，卒在軍力之下被推翻。馬拉與羅伯斯庇爾謂武斷政治將推翻民主政治之預言，今已成爲事實矣。

第七節　法國大革命之意義（一七八九——一七九九）

十年來之各次議會，憲法，騷動，戰爭等，均爲法國大革命期中令人注目之事實。吾人對於其眞正之意義，現已略具概念。今之遊巴黎者，習見公共機關及教堂等處大書自由平等博愛（Liberté Égalité Fraternité）等字樣。此等字樣實爲革命黨所高唱之口號，蓋以其代表當時革命之眞正意義也。

關於此等字樣之意義，自多甚相背馳之意見。自王黨與嚴正之羅馬教徒觀之，自享特權之貴族與教士觀之，自受驚恐之多數農民觀之，自一切反動黨觀之，莫不以其爲可憎，不敬，汚穢，殘酷，不忠不義之別名。自開明博愛之中產階級觀之，自城市貧困之工人觀之，自多數空想家與慈善家觀之，自一切極端過激黨人觀之，則以其現在僅有一線之曙光，將來自有大放光明之一日。在主張反動與過激之兩極端之間，則有大多數之中產階級與農民，斯卽國民之大多數，其對於此三字之意見如何，吾人當說明之。

「自由」

「自由」表示幾種之政治理想。統治權自後不能依神權任意行使，但須由被治者之最高意志依照憲法以行使之。各個國民之一切行動，不復受制於國王，咸享有個人之自由，無論國家或社會，均不能剝奪之。例如信仰自由，禮拜自由，言論自由出版自由皆是。法國大革命對於保持私產之自由，宣布其爲人類生而享有之權利。

『平等』

『平等』係包括革命時之社會活動。此係表示特權之取消，農奴制度之廢除，封建制度之破壞。此宣布一切人類在法律前之平等，並希望使人人對於生存與幸福之求得，彼此享有同等之機會，惟其成功甚少而已。

『博愛』

『博愛』係彼欲求世界更完善，快樂而公平者之友愛的標幟。在法國，則博愛表現於愛國心與民族情感之爆發。傭兵不復受專制君主之命令，爲推廣王室之勢力而戰爭。自是而後，武裝國民係預備在『博愛』之光榮旗幟之下爲防護國民全體之利益而戰爭。

政治自由，社會平等，愛護民族之精神，此三者迄今猶爲彼讚揚法國大革命者之永久口碑也。

普通者：

1. J. H. Robinson and C. A. Beard——*The Development of Modern Europe*, Vol. I (1907), Ch. XII, XIII.

2. J. A. R. Marriott——*The Remarking of Modern Europe, 1789–1878* (1910), Ch. I-VI.

3 H. E. Bourne——*The Revolutionary Period in Europe, 1763–1815* (1914), Ch. VI-XVI.

4. H. M. Stephens——*Revolutionary Europe, 1789–1815* (1893), Ch. II-VI.

5. J. H. Rose——*Revolutionary and Napoleonic Era, 1789–1815* (1895), Ch. II-VI.

6. C. A. Fyffe——*A History of Modern Europe, 1792–1878* (1896), Ch. I-IV.

7. H T Dyer——*A History of Modern Europe from The Fall of Constantinople*, 3d ed rev. by Arthur Hassall (1901), Ch LII–LXI.

8. Charles Seignobos——*History of Contemporary Civilization*, Eng. trans. by J. A. James (1909), pp. 92–149.

9. H. A. L. Fisher——*The Republican Tradition in Europe* (1911), Ch. I-VII.

10. Émile Bourgeois——*Manuel historique de Politique étrangère*, 4th ed., Vol. II (1903), Ch. I-V, VII.

11. Shailer Mathews——*The French Revolution* (reprint 1912).

12. Hilaire Belloc——*The French Revolution* (1911).

13. R. M. Johnston——*The French Revolution* (1909).

14. Louis Madelin——*La Révolution* (1911).

15. Alphonse Aulard——*Histore Politique de la révolution Française, 1789–1804*, 3d ed. (1905), Eng. trans. by Bernard Miall, 4 Vols. (1910).

16. H. M. Stephens——*A History of the French Revolution*, 2 Vols. (1886–1891).

17. H. A. Taine——*The French Revolution*, Eng. trans. by John Durand,

3 Vols. (1878–1885).

18. Jean Jaruès (editor)——*Histoire socialiste, 1789–1900*, 12 Vols. (1901–1909)

19. P. A. (Prince)Kropotkin——*The Great French Revolution, 1789–1793*, Eng trans. by N. F. Dryhurst (1909).

20. Thomas Carlyle——*The French Revolution.*

21. Albert Sorel——*L'Europe et la révolution française*, 8 Vols. (1885–1904).

22. Gustave Le Bon——*La révolution française et la psychologie des révolutions* (1912), trans. by Bernard Miall under the title of *The Psychology of Revolution* (1913).

23. Ernest Lavisse and Alfred Rambaud (editor)——*Histoire générale*, Vol. VIII.

24. *Cambridge Modern History*, Vol. VIII (1904).

25. Heinrich von Sybel——*Geschichte der Revolutionzeit von 1789*, 3d ed., 5 Vols. (1865–1879).

26. Wilhelm Oncken——*Das Zeitalter der Revolution*, 2 Vols. (1884–1886).

27. Adalbert Wahl——*Geschichte des europäischen Staatensystems im Zeitalter der französischen Revolution und der Freiheits-Kriege, 1789–1815* (1912).

28. Émile Levasseur——*Histoire des classes ouvrières et de L'industrie en France de 1789 à 1870*, Vol. I (1903), Livre I, *La Revolution.*

29. Philippe Sagnac——*La législation civile de la rêvolution Française, 1789–1804* (1898).

30. E. F. Henderson——*Symbol and Satire in the French Rèvolution* (1912).

關於史料之來源者：

1. F. M. Anderson——*Constitutions and Other Select Documents Illustrative of the History of France, 1789–1901*, 2d rev. ed. (1909).

2. L. G. Wickham Legg——*Select Documents Illustrative of the Franch Revolution, the Constituent Assembly*, 2 Vols. (1905).

3. Léon Duquit and Henry Monnier —*Les constitutions et les principales lois Politiques de la France depuis 1789* (1898).

4. H. M. Stephens——*The Principal Speeches of the Statesmen and Orators of the French Revolution, 1789–1795*, 2 Vols. (1892).

5. Léon Cahen and Raymond Guyot ——*L' Oeuvre législative de la révolution* (1913).

6. Alphonse Aulard——*Les grands orateurs de la révolution-Vergniaud Danton, Robespierre* (1914).

7. Merrick Whitcomb——*Typical Cahiers of 1789.*

8. *Collection de documents inédits sur L' histoire économique de la révolution française.*

9. Armand Brette——*Recueil des documents relatifs à la Convocation des états généraux de 1789*, 3 Vols. (1894–1904).

10. P. J. B. Buchez and P. C. Roux-Lavergne——*Histoire Parlementaire de la révolution française, 1789–1815*, 40 Vols. (1834–1838).

11. *Archives Parlementaires de 1787 à 1860*, 1st series 1787–1799, 82 Vols.

12. *Réimpression de l'ancien Moniteur*, 32 Vols.

13. Alphonse Aulard——*La société des jacobins*, 6 Vols. (1889–1897).

14. *History of My Time* by the Duc d'Audiffret-Pasquier (1767–1862), Eng. trans. by C. E. Roche, 3 Vols. (1893–1894), especially Part I.

15. Aulard (editor)——*La révolution française.*

16. Gouverneur Morris——*Diary and Letters*, 2 Vols. (1888).

17. F. M. and H. D. Fling——*Source Problems on the French Revolution* (1913).

關於法國大革命時羅馬教會之專著：

1. W. M. Sloane——*The French Revolution and Religious Reform* (1901).

2. Antonin Debidour——*Histoire des rapports de l'église et de l'état en France*

de 1789 à 1870 (1898).

3. Pierre de la Gorce——*Histoire religieuse de la révolution française*, Vol. I, 1789–1791 (1909), Vol. II, 1791–1793 (1912).

4. Paul Pisani——*L'église de Paris et la révolution*, 4 Vols. (1908–1911).

5. J. F. E. Robinet——*Le mouvement religieux à Paris pendant la révolution, 1789–1801*, 2 Vols. (1896–1898).

6. The Abbé Bridier (editor)——*A Papal Envoy during the Reign of Terror, being the Memoirs of Mar. de Salamon the Internuncio at Paris during the Revolution, 1790–1801*, Eng. trans. by Frances Jackson (1911).

7. Ludovic Sciout——*Histoire de la constitution civile du clergé, 1790–1801*, 4 Vols. (1872–1881).

8. Alphonse Aulard——*La révolution et les congrégations: exposé historique et documents* (1903).

9. Edme Champion——*La séparation de l'église et de l'état en 1794* (1903).

關於法國大革命時英國輿論之專者：

1. Edward Dowden——*The French Revolution and English Literature* (1897)

2. H. N. Brailsford——*Shelley, Godwin and their Circle* (1913).

3. W. F. Hall——*British Radicalism, 1791–1797* (1912).

4. Edmund Burke——*Reflections on the Revolution in France.*

5. John (Viscount) Morley——*Edmund Burke* (1879).

6. John MacCunn——*The Political Philosophy of Burke* (1913).

7. *The Life and Writings of Thomas Paine,* edited by D. E. Wheeler, 10 Vols. (1909).

8. Paine——*The Rights of Man.*

關於專門問題之次要著作：

1、關於一七九二至一七九五年之戰爭者：

1 Arthur Chuquet——*Les guerres de la révolution*, 11 Vols. (1886-1896).

2. A. T. Mahan——*The Influence of Sea Power upon the French Revolution and Empire, 1793-1812*, Vol. I, 10th ed. (1898).

3. Mrs. Maxwell-Scott——*Life of the Marquise de la Rochejaquelein*(1912).

4. Ida A. Taylor——*The Tragedy of an Army: La Vendée in 1793* (1913)

二關於恐怖時代者：

1. H. A. Wallon——*La Terreur*, 2 Vols. (1881).

2. H. A. Wallon——*Les représentants du peuple en mission*, 5 Vols. (1889-1890).

3. H. A. Wallon——*Le tribunal révolutionnaire*, 2 Vols.(1900).

4. Louis Mortimer-Ternaux——*Pistoire de la Terreur, 1792-1794* 8 Vols.(1862).

5. Edmond Bire—— *La Légende des girondins* (1881).

6. Charles de Ricault Hericault——*La révolution de thermidor*, 2d ed. (1878)

三關於一七九五至一七九九年之督政部者：

1. Ludovic Sciout——*Le Directoire*, 2 Vols. (1895–1896).

傳記：

1. F. M. Fling,——*The Youth of Mirabeau*, published in 1908.
2. Alfred Stern——*Das Leben Mirabeaus*, 2 Vols. (1889).
3. Hilaire Belloc——*Danton* (1899).
4. Hilaire Belloc——*Robespierre* (1901).
5. Hilaire Belloc——Marie Antoinette (1909).
6. Louis Madelin——*Danton* (1914).
7. J. F. E. Robinet——*Danton* (1889).
8. J F. E. Robinet——*Condorcet* (1893).
9. Ernest Hamel——*Histoire de Robespierre et du coup d'état du 9 thermidor*, 3 Vols (1865–1867)
10. Jules Claretie——*Camille Desmoulins, Lucille Desmoulins: étude sur les*

dantonistes (1875).

11. J. H Clapham —*The Abbé Sieyès: an Essay in the Politics of the French Revolution* (1912).

12. E. D. Bradby——*The Life of Barnave,* 2 Vols. (1915).

13. François Chevremont——*Jean-Paul Marat* 2 Vols. (1880).

14. Charles Vatel---*Vergniaud,* 2 Vols. (1873).

15. Charles Vatel——*Chrrlotte de Corday et les girondins: Pièces classées et annotées,* 3 Vols. (1864–1872).

16. Arthur Chuquet——*Dumouriez* (1914).

17. Pouget de Saint-André——*Le général Dumouriez, 1739–1823,* (1914).

18. C. A. Dauban——*Étude sur Madame Roland et sou temps* 1864).

19. Bernard Mallet——*Mallet du Pan and the French Revolution* (1902).

20. E. B. Bax——*Babeuf: the last Episode of the French Revolution* (1911).

第十六章　拿破崙時代

自一七九九至一八一四年，歐洲之歷史實卽法國之歷史，而法國之歷史又實卽拿破崙之傳記。拿破崙對於此時代之事實，其影響旣如此重要，故可用其名字以表示此時代。拿破崙時代爲近代最關重要的時期之一。此時代之所以重要，除因其對於戰術上發生革命外，尙在兩方面發生非常之結果：（一）將種種革命之學理應用於法國實際政治之需要，且創立今日法國許多永久之制度。（二）將法國大革命時之種種革命學說廣播於全歐洲，故自是而後，革命運動實成爲普遍之運動，而非一地域之局部運動矣。

當此時代之前五年中（一七九九——一八〇四），法國在形式上仍爲共和國。第一執政官拿破崙之團結其國家，確定革命成功之性質，皆爲此數年中之事。此後由一八〇四至一八一四年，法國變成帝國，藉軍力以創立並維持之。此時拿破崙（自稱法蘭西皇帝拿破崙第一）藉戰爭，征服，合併，同盟等方法，將法國之種種理想廣播於歐洲全土。當吾人觀察執政政府或帝國之重要活動以先，對於此種主要活動人物之特性，不可不明白之。

第一節　執政府時代之法蘭西共和政治，一七九九——一八〇四年

當拿破崙施行一七九九年之政變而在法國獨握全權也時僅三十初度。其身材不甚魁偉，兩眼灰白其爲人則沉毅果決舉動粗魯。其幼時之生活，亦頗有趣。彼於一七六九年八月十五日，生於科西加島之亞加西阿（Ajaccio），適當法國從熱拿亞收買此島之後，而在法國完全制服科西加人之叛亂以先。彼屬於意大利著名之大族，初名 Napoleone di Buonaparte，嘗與哥西加之其他望族子弟同以公費選派留學於法國因此得在白利耶拿（Brienne）與巴黎受軍事教育。彼自幼不惟好攻軍事學，卽對於數學與歷史亦莫不悉心探索。其爲人雖深沉冷淡，常好靜默，然實具有偉大之野心與精明之判斷。

拿破崙在青年時代，卽思以領袖自任，爲哥西加力謀獨立。但及法國大革命旣已爆發，遂予以發揮熱忱與野心之更大的機會。彼嘗爲工兵及礮兵，與甲可兵黨人共患難，至少在外表上同情於革命。嗣因克復土倫（一七九三年）與維護國民公會（一七九五年）之故，漸居要位。但其獲得盛名而爲法蘭西共和國最重要之將領，實自其第一次之意大利戰役始。而其變更名

字爲法文形式之波拿巴德(Bonaparte)，亦適在此時也。

拿破崙之特性

前已述及拿破崙欲在盛名之下，乘機一躍而爲法國之主人翁。此雖大部分由於當時法國之政治情勢，予以絕好之機會，然亦未始非因其本人之特性有以致之也。第一，拿破崙之自信力甚強。其爲人野心勃勃，自私自利，目空一切，無時不以如何可使自己馳名於全球爲念。又稍崇信定數與迷信，恆以爲當有一種無形之權力，引其達於崇高之尊榮地步。彼對於同儕會自誇爲『天之驕子』(Man of destiny)。第二，拿破崙具有滿足其野心之手段，因其自己變爲軍士之偶像也。『彼就寢時，恆默記軍隊之名稱，甚至默記其中某某個人之名稱。此種習慣，於彼欲認識軍士，鼓勵軍心之時，效用最大。彼對軍中之將弁談話，常表現和藹之態度，以博其歡心』。第三，拿破崙具有特別之觀察力與判斷力。其感覺敏銳，深知一七九九年法國之人士，莫不厭惡庸弱無能之政府與繼續不斷之政爭，且渴望得一實行家出而主持，俾國家得以稍復元氣，而此則非彼莫屬也。第四，拿破崙實爲絕無忌憚之政客。彼恆爲目的而不擇手段，不好空洞之學理或原則，不畏上帝或人言，且不厭流血，日惟力求實現其蓬勃而自私之野心，莫之能抑。最後，拿破崙復好詩歌與美術，夢想帝國與勝利，又好幻想宮廷與文明社會，誠心羨慕學術。其對於軍士演說，恆

執政政府——共和八年之憲法

大言不慚，口如懸河，使聽者莫不興起。彼既具有活潑之本能，故從事於一切之公衆活動，無往不宜。且其詐僞矯飾之手腕，亦非人所能及也。

以上所述，乃彼施行共和第二月十八日（一七九九年十一月）之政變者之特性也。至於其新活動，則首在公布新憲法，此乃彼與塞葉所共同擬定，用以代替共和三年之憲法者也。此憲法外具民治之形式，實則爲軍人專政。憲法上規定三『執政官』(Consuls)，第一執政官歸其自任，得任命元老院(Senate)。元老院得由總選舉選出之名單上任命人員以組成議政院(Tribunate)及立法院(Legislative Body)。第一執政官除指揮行政與外交政策，並掌管軍政外，又得經由參政院(Council of State)提出一切法案。議政院之職權在討論法案而不能表決之，立法院之職權在表決法案而不能討論之，元老院之職權與最高法院之性質相類，在決定一切之憲法問題。此時法國雖有一種成文憲法，並承認人民選舉之原則，但最後分析之，國家之一切權力實皆集於第一執政官拿破崙之一身。

此次憲法旋卽交付國民表決(plébiscite)以求其批准。其時法國之各階級對於督政部旣甚厭惡，對於提出此憲法之拿破崙又極信仰，故此次憲法卒得最大多數之贊同，自後遂在法國歷史上稱爲共和八年之憲法(Constitution of the Year VIII)。

法國之外患

法國之國民所以默認拿破崙之專擅行動，其原因之一，則爲此時法國之外患孔急。蓋前述第二次同盟之軍隊已於一七九九年違背崗波法米阿條約而佔據意大利及萊因河流域，此時且有長趨入法之勢。拿破崙立卽明白，彼現時所應付之情勢，實與一七九六年法國之所遇者相同。

第二次同盟之解散

第二次同盟爲英，奧，俄諸國。拿破崙利用諂媚與外交手腕，不惟立使俄國退出同盟，且聳恿俄皇保羅(Paul)聯合普魯士，瑞典，丹麥諸國，復組織北方武裝中立(Armed Neutrality of the North)以制英。當此之際，拿破崙復準備第二次之意大利戰役以攻奧，統率法軍，倏由阿爾卑斯山而下，直趨波河(Po)流域。一八〇〇年六月，大敗敵軍於馬楞哥(Marengo)。當意大利境內之法軍獲勝數月之後，而摩洛所率之軍隊，在南德意志之荷漢林丹(Hohenlinden)亦獲大勝，奧大利於是窮蹙求和。結果簽訂律拿維耶(Lunéville)條約(一八〇一年)，將崗波法米阿和約之規定重加申明，並增加其效力。

英法二國之休戰一八〇二年之亞眠條約

英法二國自一七九三年以來，已立於戰爭狀態，此時亦欲恢復和平。蓋法國在歐洲方面雖獲勝利，然拿爾遜所統率之英國艦隊(一七五八——一八〇五)已獲得並保持海上之優勢。

拿爾遜前既因尼羅河口之戰（一七九八年八月一日）斷絕埃及境內法國遠征隊之接濟，後並迫其投降（一八〇一年），現復因哥平哈釁（Copenhagen）之劇戰（一八〇一年四月二日）破壞北方武裝中立。顧英人在海上雖獲勝利，而在歐洲大陸方面法國仍不易被征服。在此等情勢之下，遂有一八〇二年三月亞眠（Amiens）條約之締結。依此條約，英國允歸還戰時所征服之一切殖民地，惟錫蘭與脫里尼達除外，並默認律拿維耶條約中關於歐洲大陸方面之規定。此項條約不過爲英法二國長期爭鬭中之暫時休戰而已。

執政政府時代法國之改革

執政政府實表示已爲法國確立有利之和平。第一執政官拿破崙既征服一切之外敵，使領土擴張至萊因河，與西班牙及巴達維亞，黑爾維遏里格利安，西沙爾賓諸共和國爲同盟，遂得使其組織的與行政的非常才能自由專注於法國之內政。執政政府時代（一七九九——一八〇四）實爲拿破崙之最盛時代，亦爲其對於法國制度之進展有最大貢獻之時代也。

革命之遺賜

拿破崙始終自認爲「革命之子」（Son of the revolution），蓋卽爲自由平等博愛等新說之繼承者。其在法國之地位實因革命而取得，故主張保存革命之結果於法國。惟其實際上所保存者，僅爲平等與博愛而非自由。彼嘗宣言「法國之人民所需要者，乃平等而非自由也。」

因此拿破崙對於社會制度力主特權，農奴制，封建制等之廢除，對於法國人民之全體，力求保證平等的正義，平等的權利，平等的上進機會。但其對於政治制度，則施行專制，與路易十四之政治實爲一邱之貉，惟未如後者之明目張膽而已。

行政集權制

共和八年之憲法（一七九九年）曾將中央政府所有之立法行政等職權，概歸拿破崙掌握之。後復因種種之活動，致法院亦受其支配。當一八〇〇年，全國之地方政府亦在其統治之下。以前國民會議所授於各省及各小區選舉團體之最大權力，現則歸省長（prefects）及縣長(subprefects)掌握之。此等省長及縣長概由第一執政官任命，而對之負責。地方之選舉會議亦繼續存在，惟每年開會之時間僅二星期，其職務亦限於賦稅之估定而已。選舉會議雖可備省長或縣長之諮詢，但對於行政權無重大之限制。所有小市政府之市長，自後概由省長選任之。居民達十萬人以上之城市，其警察概直接受中央政府之指揮。而居民達五千人以上之城市，其市長亦由拿破崙選任之。

此種極端集權之行政制度施行結果，致人民對於政治，少有直接參與之機會。但亦有顯著之優點，即可使中央政府法律與命令之施行，極其迅速而劃一，且能有條不紊也。就其精神而言，此實爲繼續黎塞留所創之監督制。法國在十九世紀中由共和而帝政，由帝政而王政，由王政而共和，由共和而帝政，由帝政又變爲共和，歷經變遷，而拿破崙之省長與縣長制度，仍流傳至今。至少在地方政府制度方面，法國人民之富於保守性，吾人由此蓋可推知之矣。

拿破崙之集權趨勢

拿破崙對於其一切之內政改革，亦與其對於行政制度相若，表示同樣之集權傾向。其結果雖能貫澈而有效力，然理想之自由，則因之而受侵害。彼對於財政，宗教，司法，教育之各種改革，甚至對於公共工程，均表示戰勝軍人之手腕，而非眞正革命家之手腕，其所有之改革，均在將革命之遺賜適用於一人獨裁之目的與政策。

財政之整頓

吾人應知財政之紊亂，爲君主專制與督政部所以被推倒之直接原因。拿破崙首即注意於防止以後財政之紊亂。彼因對於征稅，特別注意，故能增加國庫之收入。又因特別節用，嚴懲貪汚，對於軍需概強制被征服之人民供給之，更能減少政費之支出。其於整理財政最大之成就，則爲創立法蘭西銀行（一八〇〇年）。此銀行已變爲世界最鞏固的金融機關之一焉。

法蘭西銀行

宗教決定——一八〇一年之宗教條約

此外尚有一由革命時代所遺下之重要問題，卽國家與羅馬教會之爭執是也。法國大多數純良之羅馬教徒，曾因革命黨人壓制敎士之殘酷政策，致與政府發生隔閡，拿破崙在政治上現決意求得其援助。教皇丕亞士七世與法蘭西共和國經過長久之談判，卒締結一八〇一年之宗教條約（Concordat）。依此條約，教皇承認教會財產之沒收與僧院之封禁，而第一執政官則承認教士之薪金由國家給付。主教由第一執政官指派，而由教皇授職，神父則由主教任命之。法國之羅馬教會由此益變成政府之一部分，較之路易十四時代更進一步矣。此種決定既如此有利，故迄一九〇五年止，教會與國家之關係，實繼續依一八〇一年之宗教條約為根據。

司法之改革

彼開明之自由主義者，咸切望將舊制下種種法制中之紊亂與矛盾概行掃除之，且使國內之法律悉變為簡略統一之法典，俾一切識字者均能明白何者合法，何者違法。一七九一年之憲法，曾欲着手於此事，國民公會亦曾開始試行。但因革命要人之注意於他事，以及着手於此事之法律專家謹慎延緩之故，致一時未易完成。迨拿破崙着手於此事之時，始眞有進步。當時拿破崙

拿破崙法典

嘗廣延著名之法律顧問註一，命其着手進行，遂編定一部民法法典（一八〇四年），此後繼續編定民事訴訟法法典，刑事訴訟法法典，刑法法典，商法法典。此等法典，均極重要，其形式之簡潔與精緻，不惟使其在法國受讚美，即在歐洲大陸之多數國家亦然。且此等法典對於大革命時期所

註一　此等法學專家之首領為崗巴塞勒（Cambacérès），（一七五三——一八二四），即第二執政官。

完成之最重要的社會改革，亦仍舊保存，例如社會的平等，宗教之寬容，繼承權之平等，農奴之釋放，土地之自由，合法之拘捕，陪審制等皆是也。總之，此等法典對於殘酷之刑律，雖仍多保留，婦女之地位，雖仍低於男子，然歷時甚久，不惟不失為世界最便利之法典，且不失為世界最開明之法典。拿破崙之被稱為茄斯底年(Justinian)第二，非不宜也。

新教育制度

拿破崙又為類似之動機與同樣之熱忱所鼓舞，而促進重要之教育改革。現在之公共教育制度，實以數年前宗教條約所樹立之基礎為根據。(一)初等學校由市政府維持之，而受省長或縣長之監督。(二)中等學校專門教以法語，拉丁語及初步之科學智識，無論為公立或私立者，概須受政府之管轄。(三)高等學校設於一切重要之城市，教以高深之學術，教師由國家委派。(四)專門學校如技術學校，政治學校，軍事學校等，概須受國家之管轄。(五)法蘭西大學在維持新教育制度之統一，其主要職員概由第一執政官任命之。凡欲創辦新學校或公開教學者，概須得大學之特許。(六)為培植公立學校之教師人才起見，故設一師範學校於巴黎。凡此一切之學校，其施教之基礎，即在合乎羅馬教會之主義，忠於國家之元首，服從大學之法規。拿破崙對於此事雖努力不息，然新制度因缺乏經費以維持，及缺乏有經驗之俗人為教師，遂致窒礙難行。故當拿破崙時代告終之際，法國兒童總數之半以上，仍肄業於私立學校，而此種學校大抵皆爲羅馬教會之所主持者也。

公共工程

拿破崙對於公共工程與各種改良，亦特別熱心。彼因強制戰時俘擄以作工，故能以甚小之經費，大行改良國內之交通與通商要道，並增進國民中大多數之經濟幸福。近代法國所有最良之通衢，大抵皆拿破崙之所賜也。當一八一一年，其所完成之軍路，爲數已達二百二十九道之多。最重要者，係由巴黎以通法國之邊境，爲數亦達三十道之多。並有二路橫貫阿爾卑斯山，俾巴黎得與都林，米蘭，羅馬，拿布勒斯等處相通。多數堅固之橋梁，既已建築，縱橫密佈之運河與水道，現亦鑿成。澤地既已排洩，隄防復加鞏固。至於沿海沙邱之堆積，亦曾加預防。主要之軍港與商港，均行擴大，且築壘以資防守，而對於掐爾堡(Cherbourg)與士倫二港，尤大加改良。

除此等有利之建設外，對於生活方面亦注意粉飾。國家之宮殿，現均重行修葺，並行擴大。故聖克盧(St. Cloud)，芬德拿伯羅(Fontainebleau)，蘭波伊(Rambouillet)等宮，在拿破崙時代，其宏大莊嚴，實與凡爾賽宮相匹。巴黎市亦頓增華麗，廣闊之街道，四通八達。盧維爾宮亦告落成，並飾以珍貴之美術作品，此皆拿破崙自意大利，西班牙，尼德蘭等處視爲戰利品而奪來者也。巴黎之所以成爲歐洲娛樂之都市者，實始於執政政府時代。在拿破崙時代，其人口幾增一倍焉。

殖民事業及其失敗

拿破崙又思恢復法蘭西之殖民帝國。一八〇〇年，彼曾勸西班牙政府將密士失必河西部之路易聖拿退還於法國。尋又遣勒克婁克(General Leclerc)率師二萬五千人赴海地島，以維持法國對於此島之權利。但拿破崙之殖民事業，卒歸失敗。勒克婁克在海地因力圖恢服黑奴制，致引起黑人之堅決抵抗，而奉具有特別軍事天才之黑人杜山(Toussaint L' Ouverture)爲領袖。勒克婁克苦戰之後，卒願讓步。法軍初則欺騙杜山解除武裝，旋復捕之送本國，一八〇三年卒死獄中。黑人見此種詭詐之行爲，怒不可遏，復起戰爭，勢焰之熾，較前更甚。此時復有英國艦隊來援，法軍大爲所困，故一八〇三年十一月，終不得不放棄此島。當此之際，拿破崙因欲與英作戰，故一八〇三年四月，亦將路易聖拿之全部售與美國。

執政政府之成功

除殖民事業外，第一執政官之政府與事業，均大告成功。拿破崙因其政治之淸廉與官吏之得人，大受民衆之信任。蓋其時老練圓滑之外交家如脫里蘭(Talleyrand)，熱心職務之警察長如福捨(Fouché)，莫不爲之效勞。彼因對於第二次同盟戰爭，既能於最短之期間獲勝利之結局，隨後又採和平政策，凡此均足以增加其聲望。又因對於內政，謀澈底之改革，亦能引起各階級之擁護，如商人中產階級，農民，篤實之羅馬教徒，莫不皆然。

反對拿破崙者之日漸減少

足爲拿破崙獨握全權之障礙者，惟有二黨，而此二黨之人數，又皆日漸減少，已失其重要。其一爲甲可兵黨之殘餘分子，仍欲繼續從事於革命。其一爲王黨，希望推翻一切之革命事業。此兩黨在執政政府期中只能從事於祕密之活動。暗刺第一執政官之陰謀發覺以後，適足增加其聲望。蓋一八〇四年初，拿破崙曾破獲一王黨之陰謀案，立即嚴罰以示懲。比捨格律因與此案有關，亦被拘捕，尋即自縊於獄中。摩洛者，次於拿破崙而爲法國之名將也，雖爲篤實之甲可兵黨員，亦被株連，卒因放逐美洲，始免於難。拿破崙猶以爲未足，更對於王黨大肆威嚇，捕包本族年幼之親王安勳(Enghien)公爵於德意志境，毫未求得其反動之證據，遽即處以死刑。

執政政府變爲帝制

一八〇二年，拿破崙經國民表決，贊成其爲終身執政官。此後惟有使其地位變爲世襲，並變更其名號耳。此種變更，卒於一八〇四年由馴順之元老院提出，旋即由最大多數之民衆表決批准之。一八〇四年十二月二日，拿破崙於古代之諾德勒達姆(Notre Dame)禮拜堂舉行莊嚴之即位儀式。羅馬教皇丕亞士七世亦遠道跋涉而來，參與盛典。拿破崙遂在教皇之前自行加冕，並稱法蘭西皇帝拿破崙第一焉。

第二節　法蘭西帝國及其領土之擴張

法蘭西帝國仍為第一共和國之續

帝國之創立，並未將法國之歷史截然另分段落。當此時期，人民主權之原則，仍被承認革命時之社會改革亦仍舊保全，『自由平等博愛』等字樣在公共屋宇中仍可見及，三色旗幟亦仍為法國之國旗。

共和制度之變更

顧在外表上亦微有變遷。『公民』(citoyen)之稱謂復代以『先生』(monsieur)之名號，共和日曆亦逐漸變更。拿破崙之親屬悉變為『顯貴』，接受新制之革命將領悉陞為『帝國之將軍』。貴族之舊稱號亦行恢復，而且創立新名號焉。

法國之屬邦變為君主國

法國外表之變遷，並反映於其四鄰之屬邦。此時拿破崙咸將各邦改為君主國家，而以其家屬統治之。巴達維亞共和國則變為荷蘭王國，以其兄弟路易(Louis)統治之。漢諾瓦，普魯士，及德意志西北部之其他諸地各割出土地，建立委斯法里亞王國，而以其兄弟捨洛麥(Jerome)統治之。雙西西里之包本族之王位，則歸其兄弟約瑟夫(Joseph)所有。西沙爾賓共和國則變為意大利王國，戴拿破崙爲王，而以其繼子波哈拿(Eugène Beauharnais)爲其總督。辟得蒙(Piedmont)與熱拿亞，均併入法蘭西帝國以內。

出版之檢查與祕密警察之活動

如前所述，執政政府時代最堪注意之事件，卽爲和平政策。內政上旣完成澈底之改革，故法國現已團結一致。大多數之國民，已莫不熱心擁戴皇帝。凡對於帝國有反動之批評者，均因組織完善之祕密警察與嚴厲之出版檢查制而受壓抑。拿破崙之支配全國旣如此其嚴密，故脫拉法格(Trafalgar)海戰最後失敗之噩耗，迄帝國之推倒以後止，法國所有之新聞紙，無敢登載之者。

拿破崙最後之專制政治

拿破崙專制帝政之嚴厲，與包本族之君主專制，實爲一邱之貉。最後，拿破崙更修正路易十四時代著名之主教波蘇耶所撰之問答書，通令全國爲兒童之讀物。玆摘錄數節，以示拿破崙之野心。

「問：基督教徒對於其君主之義務安在？ 吾人對於皇上拿破崙第一之義務更當如何？

「答：基督教徒對於其君主之義務，尤其吾人對於皇上拿破崙第一之義務，爲愛戴，尊敬，服從，忠信，從戎，並納稅以維護帝國及其帝位。 吾人並應爲其安全及全國宗教上與政治上之隆盛而上求天祐。」

「問：吾人對於皇上何以負有此一切之義務？

「答：第一，因上帝既創造多數之帝國並遵己意而分配之，故對於皇上授以文武全才，使之爲吾人之元首，並使之爲其自己權力之代理人及其在人間之偶像。因此吾人之尊敬並侍奉皇上，即爲尊敬並侍奉上帝本身。第二，因吾主耶穌基督自身嘗藉其教訓與實踐以昭示吾人對於君主應盡之義務。甚至基督生前，亦嘗服從羅馬皇帝奧革斯都（Caesar Augustus）之命令，納規定之賦稅。而且當其命吾人履行對於上帝應盡之義務時，又命吾人履行對於皇上應盡之義務。

「問：苟有放棄其對於皇上應盡之義務者，吾人以爲究因如何處置？

「答：依使徒保羅之意見，則彼輩實爲反抗上帝所創之制度，應使己身永受罪罰」。

拿破崙之軍事野心

帝拿破崙既削平內亂，並獲得國民之擁戴，故現在遂能滿足其增進國外勢力與光榮之慾望。其在法國，既握全權，更欲稱雄於歐洲。其對於文治，既甚貪慕而有成功，現在對於武功，則更貪慕而更有成功。因此帝國之表示戰爭，實與執政政府之表示和平無異。吾人苟推想設使拿破崙果能自制其野心，而繼續用其全部天才於文治上，則其對於法國之成績當如何，此實爲無益之念。蓋拿破崙絕不足以語此，其平生之目的，卽在實現個人之野心，且無時不爲此目的所驅使也。

帝國之軍隊

當帝國存在之十年中（一八〇四——一八一四）無歲不有戰爭。此種頭緒紛繁之戰爭，欲於本章詳述之，不惟不能，而且不便。茲所欲說明者，惟以長期戰爭中幾種顯著之事實而與歐洲之歷史有重要關係者爲限。因拿破崙各次戰爭之結果，均達到一種目的，而此種目的僅爲拿破崙所附帶念及者，是卽將革命之遺賜傳播於歐洲也。

英法戰爭之復起

英法間之戰爭，因亞眠之休戰而中斷，迨帝國既已創立，而戰爭復起。戰爭之開端，名義上在英國反對法國革命之太過，尤在反對路易十六之處死。大多數之英人，仍以拿破崙乃係代表革命者，彼等之反對拿破崙，卽在反對革命。但自英法兩國之政治家與有勢力之階級觀之，則此種衝突，久已另具一種更深切之意義，而變爲一種經濟的與商業的戰爭。英人不惟對於法國之援助美國革命不能忘懷，而對於十八世紀中法國所喪失之殖民地與商業地位，亦決意防止其恢復。英人之所努力奮鬪者，在維持其海上勢力及與之相關連之工商壟斷權。現因拿破崙擴張法國之勢力於尼德蘭與荷蘭，萊因河沿岸，意大利全部，甚至與西班牙議訂同盟，於是英國在此等地域中所有重要之商業特權，遂有喪失之虞，且更因拿破崙野心勃勃之殖民計劃而大起恐慌。因此一八〇三年五月，英國遂宣布戰爭。戰爭之直接口實，郎爲拿破崙對於意大利，瑞士，荷蘭諸國之干涉，不願停止。

拿破崙亦甚願戰爭之復起。蓋彼深知非將英國之勢力完全破壞，則其在大陸上之一切計劃，終有危險，而其殖民與商業之計劃，亦終於無希望。英國之屈服與法國中產階級之繁榮實有密切之關係。故最後分析之，拿破崙在政治上之主要助力，實來自中產階級。當一八〇三至一八〇四年中，拿破崙均在準備攻入英格蘭。彼嘗費無數之金錢，調集運送船，戰艦，大軍以及充分之軍用品等於英吉利海峽之沿岸一帶。西班牙亦被誘資助其軍實。

英國既見法國之備戰，亦調遣優良之艦隊布防於英吉利海峽，侵略法國之商業，並捕拿西班牙政府由美國運來之貨船。關德爲英人仇法最力之代表人物，此時已復職。彼不願使英軍冒險以攻拿破崙精銳之兵卒，而願以鉅款收買大陸諸國共抗拿破崙。關德實爲第三次同盟之中堅。

對法之第三次同盟

此次同盟成於一八〇五年，包括英，奧，俄，瑞典諸國，其目的在推倒拿破崙。

奧大利之痛心於律拿維耶條約之規定，與其痛心於崗波法米阿條約者正復相若。佛蘭西士二世對於法國之在意大利佔優勢，現亦有所覺悟。且彼現在除擁「神聖羅馬皇帝」之虛位外，更擁「奧大利世襲皇帝」之稱號，故彼於拿破崙之崛起，驟僭帝號，亦不免憤嫉焉。

在俄國方面，俄皇保羅固爲傾羨拿破崙者。但彼被刺之後，遂致活潑而易受衝動之亞力山大一世(Alexander I)於一八〇一年繼位。亞力山大最初原好研究革命之哲學及其自由思想，並稍具仁愛之心腸。但關德現在藉英國金錢之力，賄勸俄皇，謂拿破崙實爲眞正自由與仁愛之敵，故俄皇遂以其軍隊與奧大利軍聯合。一八〇五年秋間，聯軍遂經南部德意志向萊因河進發。

關德更力誘普魯士加入同盟。但普魯士王弗列德利克威廉三世（一七九七——一八四〇）畏葸寡斷，且因拿破崙許以漢諾瓦，故遂拂逆民意宣布中立。巴華利亞與瓦爾敦堡因畏奧大利，均公然與拿破崙結成同盟。

拿破崙之與奧大利對抗

當第三次同盟之聯軍未攻法國之東境以前，拿破崙即放棄其對英之軍事計劃，將其駐大西洋沿岸之大軍分散而統率其訓練最精之軍隊，以迅雷不及掩耳之手段直攻駐於瓦爾敦堡之烏爾穆(Ulm)城附近之奧軍。奧軍將領及其士卒約五萬人同於一八〇五年十月二十日窮蹙乞降，而法軍進攻維也納之路，遂勢如破竹矣。

脫拉法格之戰（一八〇五）英國仍操海上之勢力

此次陸戰勝利之翌日不幸繼以海戰之失敗，其足令人驚駭，與前次同，而其決定全局之勝負，則較前次尤為重要。蓋十月二十一日法國與西班牙之聯合艦隊自加的斯港出發，與納爾遜所統率之英國艦隊相遇。在脫拉法格海角（Cape Trafalgar）之附近激戰，全部覆沒，拿爾遜雖死於是役，但自此日起以至拿破崙時代之告終，英國之海上優勢，莫敢與之抗衡。

一八〇五年奧斯德利仔之戰

拿破崙對於海上勢力之喪失，絕不介意，急從事於樹立陸上之優勢。彼既佔據維也納，更轉而北進，侵入摩拉維亞（Moravia），蓋佛蘭西士二世與亞力山大一世均調集奧俄二國之大軍於此也。一八〇五年十二月二日，即拿破崙加冕為帝之紀念日，（即彼所稱之『吉』日）彼在奧斯德利仔（Austerlitz）大敗聯軍。此次戰爭實為歷史上最大決戰之一焉。

奧大利之失敗——一八〇五年之普勒斯堡條約

烏爾穆與奧斯德利仔二次戰爭之直接結果，為強制奧大利退出第三次同盟。迨一八〇五年十二月末，皇帝佛蘭西士二世與拿破崙簽定普勒斯堡（Pressburg）條約。佛蘭西士二世割威尼西亞（Venetia）與意大利王國，而承認拿破崙為其國王，且放棄湯洛爾歸巴華利亞所有，又放棄西部德意志之邊外諸省歸瓦爾敦堡所有，巴華利亞與瓦爾敦堡均改為王國。奧大利因普勒斯堡條約受屈辱之結果，致喪失三百萬之人民及大宗之收入，與意大利，瑞士及萊因河均相隔絕，且降爲第二等國家。

拿破崙之與普魯士對抗

顧奧大利雖退出第三次同盟，而普魯士則加入之，其聲勢一時似未曾減殺。畏縮之弗列德利克威廉三世因拿破崙之拒絕撤退南德意志之軍隊，且因漢諾瓦之讓渡發生無謂之爭執，不免大受刺激。同時彼又爲其愛國而高傲之后路易塞（Louise）所催促，卒於一八〇六年冒險對法宣戰。此時普魯士之軍隊約十一萬餘人，由守舊之布倫斯威克公爵統率，俄國亦派軍援助之。

熱那之戰（一八〇六）與普魯士之屈服

普軍誤以往昔弗列德利克大王之聲名可恃，不待俄軍之來助，遽向拿破崙之十五萬精兵進攻，結果遂有一八〇六年十月十四日熱那（Jena）之戰。此次戰爭實證明普魯士軍舊式之兵法與編制，不敵拿破崙之軍略與法國之勁卒。熱那之戰，不僅爲普魯士軍之失敗，同時又使普魯士在十八世紀中由最大犧牲而獲得之軍威，一敗塗地。拿破崙意氣揚揚，長趨柏林，普魯士王國之大部分皆在其掌握中。

拿破崙之與俄國對抗，弗里蘭之戰

惟此時更有俄人尙待應付。因冬季嚴寒，不適於在東普魯士作戰。故直至一八〇七年六月，拿破崙始能於弗里蘭（Friedland）之戰大敗俄軍。是役與奧斯德利仔之戰大敗奧軍，及熱那之戰大敗普軍，正復相同。俄皇亞力山大立卽乞和。

湯爾斯忒條約（一

拿破崙與亞力山大在湯爾斯忒（Til-

八〇七）第三次同盟之解散

sit)會於尼門(Niemen)河中，協定法俄普三國之議和條款。易於感動之俄皇見拿破崙之人品非凡，度量宏偉，不禁爲之驚服。協議結果，俄國未失寸土，惟須與法國共同排除英國在歐洲大陸之貿易。拿破崙許亞力山大得自由處分芬蘭與土耳其。俄皇嘗大呼云：「歐洲何有，歐洲何在，歐洲非吾二人所有耶」？但普魯士則須付給法俄二帝同盟之代價。蓋普魯士放棄其波蘭之一部分，創爲瓦薩大公國，而由拿破崙馴順之同盟撒克遜尼選侯統治之。普魯士凡失去其領土之半，其軍額被裁減爲四萬二千人，其所餘之領土，亦由法軍駐守，而由普魯士維持之，至賠款付清時爲止。普魯士由是遂降爲第三等國家。還爾斯忒條約實破壞第三次同盟，而使拿破崙變爲歐洲大陸之主人翁。此時繼續與法爲敵者，惟有英國與瑞典。拿破崙之攻擊瑞典，現已有丹麥與俄國可供其利用。

瑞典之屈服

當一八〇八年初，俄軍不待宣戰，遽襲芬蘭之國境，同時，丹麥軍亦擬從挪威之國境侵入瑞典。不幸之瑞典王格斯他夫四世（一七九二——一八〇九）死力抵禦，且得英援，始能逐退丹麥軍。但芬蘭之弱小軍隊孤立無助，衆寡不敵，故激戰之後，卒被屈服。一八〇九年，芬蘭全土與亞蘭德羣島(Aland Islands)，概割與俄國。惟芬蘭並未併爲俄國之一省，維持其自由憲法者歷時甚久，且彼承認爲半獨立之大公國，而戴俄皇爲大公爵。此種處置，實一方面因其人民之強硬不屈，一方面因俄皇亞力山大之賢明與寬宏所致。瑞典於是失去其古代之芬蘭公國，且因與拿破崙媾和，並允抵制英國之貨物輸入其一切之商埠，始得保留破麥拉尼亞之一小部分。在同年中，格斯他夫四世被迫禪位於其叔査理十三（一八〇九——一八一八）。此人年邁孱弱，而又無嗣，故被勸指定拿破崙之將伯拿多德(Bernadotte)爲繼承者。拿破崙自後已不難將瑞典視同歐洲大陸之其他諸國，俾受其支配。英國在海上固獲勝利，未被征服，然在奧，普，俄，瑞典諸國失敗之處，縱以成爲歐洲笑柄之英軍當之，亦未必有成功之希望也。

拿破崙之全盛時代，一八〇八年

當遏爾斯忒條約締結之次年，拿破崙之事業已可謂登峯造極。其所統治之法蘭西帝國之版圖，實由波河以至北海，由比里牛斯山與教皇國以至萊因河。國內之人民，咸團結一致，熱心愛國，並樂享革命之結果。拿破崙又兼任意大利王。肥沃之波河流域及古代威尼斯之領土，均隸屬於其版圖之內，而由總督一人處理其政務，即其繼子兼推定相續人波哈拿也。教皇已爲其良友與同盟。其兄弟約瑟夫(Joseph)則統治拿布勒斯王國。其兄弟路易及其繼女和爾坦斯(Hortense)則統治荷蘭。其姊妹愛里斯(Elise)則爲盧加(Lucca)小邦之女主。西班牙與丹麥國王，均對之表示仰慕。俄皇現亦與之友善。復興之波蘭則爲其軍隊之招募所。普奧二邦均降爲第二等或第三等國家。法國之勢力復駕凌德意志諸邦矣。

德意志諸邦之大變遷

拿破崙之勳業，尤表現於德意志諸邦之變遷。舉凡德意志政治上社會上之種種舊制，均在拿破崙之前一掃而空。在一八〇一年，德意志之邦數即漸減少。律拿維耶條約之結果，致神聖羅馬帝國之議會不得不採積極之行動，對於彼在萊因河左岸之土地爲法國所合併之君主既應與以賠償，對於南德意志諸邦亦然。議會由一八〇一年起至一八〇三年止，幾經熟商之後，卒允[註一]南德意志全部所有之教會土地，自由市府，概被沒收。結果則前此萊因河以東之一百一十二獨立邦概歸消滅，而其西岸之併於法國者亦幾達百邦之多，德意志諸邦之數額遂驟由三百以上減至一百以下。德意志諸邦中隨普魯士而大受利益者，爲南部之巴華利亞，瓦爾敦堡，巴顛諸邦，蓋拿破崙欲利用諸邦之盛勢以抵制奧普二邦也。此種野心卒克實現。因彼在第三次同盟戰役中（一八〇五年），嘗得此三邦有力之援助，而此三邦亦大獲報酬，巴華利亞與瓦爾敦堡之統治者咸宣布爲王。

註一　即由稱爲帝國代表主要決案（Reichsdeputationshauptschluss）之法令規定之。

神聖羅馬帝國之消滅（一八〇六）與奧大利帝國及萊因同盟代之而起

當一八〇六年，德意志之歷史上實開一新紀元。七月十九日，萊因同盟(Confederation of the Rhine)正式成立，而奉拿破崙為其保護者。巴華利亞與瓦爾敦堡之國王，巴顛，黑塞達姆斯特打(Hesse-Darmstadt)與伯爾格(Berg)之大公爵，緬仔之大主教，及九小邦之君主，咸退出神聖羅馬帝國，而承認拿破崙之保護，並允助拿破崙以六萬三千人之軍隊。八月一日，拿破崙宣言不復承認神聖羅馬帝國。六日，黑普斯堡族之皇帝佛蘭西士二世遂放棄其列祖數百年來所戴之皇冠。法國歷代國王與政治家（佛蘭西士一世，亨利四世，黎塞留，馬撒林，路易十四）之事業，至是遂由拿破崙完成之。神聖羅馬帝國卒達於其久已應受之不光榮的結局，其最後之皇帝不得不甘於擁奧大利世襲皇帝佛蘭西士一世之新稱號而止。彼黑普斯堡族之尊榮與勢力，令值匹夫出身之拿破崙崛起，遂不得不衰替。且在一八〇六年，如前所述，不僅奧大利大受屈辱，即普魯士之國勢亦式微矣。

當一八〇八年，德意志之全部均在拿破崙宰制之下。普魯士既喪失其領土之半，復須服從拿破崙之命令。萊因同盟愈益擴大而鞏固。委斯法里亞王國取普魯士，漢諾瓦，布倫斯威克，黑塞(Hesse)之土地而建國於北部與西部德意志，歸拿破崙之兄弟捨羅麥統治。伯爾格大公國則由拿破崙之妹壻穆拉(Joachim Murat)統治之。雖然，最重要之事業，尤爲拿破崙勢力所及之處，舉凡封建制度與農奴制度概行廢除，而承認一切國民在法律前之平等。此乃拿破崙法典中之原則與主旨也。

拿破崙爲「革命之子」

以上爲拿破崙勢力之極點。自一七九九年十一月拿破崙推翻腐敗無用之督政部，以至一八〇八年止，彼之歷史，無論文治與武功，莫不燦然可觀。當時或後世之人，無論對於其動機之評判如何，然其在此九年之中，對於法國與歐洲之所表現者，與其所自稱之「革命之子」相符，則無疑義。當第二次同盟戰爭至第三次同盟戰爭之期間，彼乘安定之秋，使自米拉波以至加諾等傾向民治的愛國者之事業，益加鞏固，且使法國在財產法律宗教教育行政財政各方面均得享受革命之永久結果。彼雖縮小自由之概念，但因其以平民一躍而至崇高之地位，使平等之意義更爲擴充。彼因對於國民軍表示親愛與熱心，致使博愛之意義益加深刻。彼又採革命時代威嚇歐洲神權君主之傳習，故嘗大聲疾呼，致歐洲大陸全土爲之震驚，並使中部與南部歐洲在「舊制」下所有之政治與社會制度概被推倒。彼既使革命時代之改革事業愈益鞏固，愈益推廣，故後日歐洲之同盟專制君主，終無法推翻其全部。一來泊爾與一弗列德利克威廉在一七九一年所安想挽回人類進步之趨勢，並欲恢復一七八九年以前法國之原狀，卒無結果。惟在此時，專制君主亦不無收穫焉。

第三節　法蘭西帝國之瓦解

拿破崙所創法蘭西帝國之弱點

一、拿破崙之本身

自一八〇八至一八一四之六年中，拿破崙之勢力日呈衰替之象。其最後失敗之原因，並不難於推索。以前所以使拿破崙能創立龐大之帝國及其從屬之王國公國等之要素，最後亦為促其衰弱與動搖之要素，此即其帝國所以瓦解之重要原因也。第一為其個人之原因，即完全依賴一人肉體上精神上之力量過多是。拿破崙固有雄才大略，但終為肉體凡胎，日漸年老精疲，不能忍苦耐勞，且更貪圖貨利與安逸。而其每次新成功之結果，又適以增加其自尊之心理與權勢之慾壑，寖致其野心流於猖獗，自尊心變為顛狂，剛愎自用之態，日益加甚。故詭譎之陰謀家如脫里蘭與福捨，均漸失信任。法國當此多事之秋，日理萬幾，雖有天縱英明之皇帝，亦非一人之力所能應付，然而拿破崙終欲獨演於法國之舞台，不願他人之出現於其側也。

二、軍國主義之缺點

拿破崙制度中之第二大缺點，在其純以軍力為基礎。當革命最感危險時代，國民公會之所以能逐退外軍，實由於國民軍之勇敢與熱忱所致。蓋彼等莫不爲一種神聖之自覺心所鼓舞，卽樂於爲國家與桑梓而戰，樂於爲人類與法蘭西人之權利而戰。彼等實爲團結而且同種之軍隊，恆爲里斯爾盧杰之軍歌所鼓舞以攻彼專制君主之傭兵。拿破崙之所接管及其藉以制勝者，卽此種軍隊也。彼固欲使其軍隊之革命熱忱始終弗替也。故好談其軍隊之『使命』與『命運』，好談自由平等，博愛，而使其軍隊向來之勇氣與責任心繼續保存。彼甚至整飭其紀律，改善其待遇，增高其聲譽。顧大革命時博愛之理想，在法國之軍中已漸消滅於無形，而自利與拿破崙個人之虛榮思想，遂因之輸入。更因歷年旣久，戰禍頻仍，忠勇愛國之國民軍日形減少，拿破崙遂愈益厲行徵兵，強制國內無數之青年放棄其家庭內和平與生產之事業，而從軍暴骨於歐洲大陸之各地。

三、民族主義之反動

拿破崙之軍隊，其分子現已複雜；蓋其軍隊之精華，最後固爲法蘭西人，但因帝國之擴張，他國人民之參入其軍隊之中，遂雜有波蘭人，德意志人，意大利人，荷蘭人，西班牙人，丹麥人等。其軍隊在此種分子複雜之新狀況中，愈消失其原有之性質，而與烏合之傭軍之性質相類。其軍隊今日所服從之專制者，較之其最初所反對之任何專制者均更暴虐而危險。構或此種大軍的精華之法蘭西人中固有多數仍自信其爲自由平等博愛而戰，且以爲其與軍中之同伴及仇敵相接觸，足使革命之主義傳布於歐洲。 但同時因拿破崙之政策在好駐軍隊於敵國或同盟國之境內，藉此保存本國之財源，故他國對於法蘭西人，對於大革命，對於拿破崙，莫不深懷痛恨。 結果則在受其利用之諸國民衆中產生一種眞正之愛國情感，而以在德意志與西班牙爲尤甚。 此等民衆最初以自由平等之觀念足使其脫去本國神權君主之壓制者，今則以國民之資格，利用此等同樣之觀念爲口實，抵抗外人武力之壓制。 拿破崙前曾藉其軍隊，利用自由平等博愛（革命之福音）之思想，以抵制歐洲各國之專制君主，今則各國轉而利用此種思想，更以加倍之力量反攻拿破崙矣。

拿破崙帝國在近代史上之壽命所以短促者，即因拿破崙自身之特性，及其軍事上之危殆，加以所謂「大陸制」(Continental System)及民族革命也。 吾人現當說明大陸制，然後觀察此制在全歐洲如何引起民族情感之反動，致促成拿破崙之推倒。

四、「大陸制」

英法間之經濟戰爭

「大陸制」之名詞，通常用以表示拿破崙之對英戰爭最後所逐漸發生之性質。 當一八〇六年，已成英人霸於海，拿破崙霸於陸之形勢。 尼羅河，哥平哈謌，脫拉法格之各次戰爭對於英人之結果，恰與馬蘭哥，奧斯德利仔，熱那之各次戰爭對於法人之結果相同。 一方面因法國之艦隊及丹麥，荷蘭西班牙諸國之小艦隊已破壞，致拿破崙侵入英格蘭之夙願無由實現，他方面因英國之軍力並不甚強，不能在陸地與拿破崙爲敵。而受英國資助之歐洲列強，亦因受拿破崙之威嚇，至於屈服。無論英法彼此均不能以兵戎決勝負，亦不甘於讓步求和。闢德接奧斯德利仔之敗訊，深知絕望，卒於一八〇六年一月憂憤而死。民黨之弗克思旋任英國之外務大臣，欲以誠意與拿破崙議和，卒無成，亦於同年九月賫志以歿。

一八〇六年十月法國在熱那之大勝，似使英國與普魯士同受重創。十一月，拿破崙復乘勝大舉攻英。顧此次戰役係用經濟策略，而非用武力。須知英格蘭因十七八世紀中歷經王室與殖民戰爭之結果已成世界主要之商業國家，其國民之從事於航海經商者，較之任何國人爲更多。又產業革命(Industrial Revolution)亦發軔於十八世紀之英格蘭(所謂產業革命者，卽製造業上一種驚人之進步，其結果致促成有勢力之工業階級之勃興，且使英人獨能產出價廉過剩之貨物以低價出售於國內或國外)此在以後當可看出。工業既變爲英國財富之基礎，而商業階級亦獲得新勢力。拿破崙嘗識英人爲「店夥民族」，因此須藉新鬬爭以推翻之。

此問題之性質，自拿破崙明眼人觀之，原甚明顯。因其既乏海軍，又難獨特陸軍以制英，故須

柏林與米蘭命令

發更策略，轉而攻擊英國之工商業。苟能阻止英貨輸入歐洲大陸，則可奪去英貨之主要市場，破壞英國之製造業，使其無數之工人失業，而在大不列顛島造出凋零之市面，其民衆必將反對政府，迫其與之媾和，因此遂可獲得有利之條約。要言之，即當破壞英國之工商業，然後求得有利之和約。此原是孤注一擲。蓋拿破崙亦深知歐洲大陸各國之人民，莫不希望價廉物美之英貨輸入本國，故於本國商港之被封鎖，或嘗起而反對，並因共同之經濟衝動，迫不得已而締結有利於英之和約。但拿破崙不顧一切，毅然行之。自一八〇六至一八一二年，拿破崙與英國之爭鬭，實爲經濟上一種持久之試驗。其問題在一方面爲英國之政府是否能保持其人民之贊助，他方面則爲拿破崙對於歐洲大陸全體之合作是否可恃也。

大陸制已濫觴於督政部時代及執政政府時代之初年。但迄柏林命令（Berlin Decree，一八〇六年十一月）發布之時，始從事於第一次之大企圖，以確定並厲行之。拿破崙在此次命令中，曾宣布對英倫羣島實行封鎖，凡法國及其同盟國之港口，不許由大不列顛或其殖民地運來之船舶入港。柏林命令後更因在瓦陸（一八〇七年一月），米蘭（一八〇七年十二月）及芬德拿伯羅（一八一〇年十月）等處所發布之命令而更有力量，並更推廣其範圍。米蘭命令甚至規定中立船舶之由英國任何港口或由英軍所佔領之國境運來者，法國之戰艦或私掠船，概得捕拿之。芬德拿伯羅命令甚至規定對於英國之一切製造品，在拿破崙所屬之諸國發現時，概得沒收或公開焚燬之。

樞密院令

此時英國政府殆爲加斯德勒列（Lord Castlereagh）與康寧（George Canning）等政治家所操縱，對於此等帝國命令亦發布著名之樞密院令（Orders in Council）（一八〇七年一月至十一月）以抵制之，宣言對於一切之船舶與法國或其同盟國貿易者，概得捕拿之。更規定在某幾種場合，中立船舶必須暫泊於英國之港口。此種爭鬬遂直接接觸，拿破崙不許英貨輸入，無論由交戰國或中立國之船舶裝運者皆然，英人則除本國外，不許任何人與法國及其同盟國貿易。在此兩種場合之下，受痛最深者，厥爲中立國。此種衝突之影響實爲遠大也。

大陸制維持之困難

英人因在海上佔優勢，故對於其樞密院令之執行，較之拿破崙完全執行其帝國命令爲更易。英人與中立國自然不無糾紛。丹麥嘗欲堅執維持其在政治上與商業上行動之獨立，但一八〇七年有英國之遠征隊礮擊哥平哈詹，並突攻丹麥殘餘之海軍，丹麥遂喪失其行動之獨立。從彼時起以至一八一四年，丹麥自然爲拿破崙忠實之同盟。此時美國人乘大陸制之施行，使運輸

拿破崙之一切對外政策均以厲行大陸制爲主眼

業之大部分歸其操縱，英人則厲行樞密院令以反對之。此後英美二國之間，發生惡感，至一八一二年，遂起戰爭。但要而言之，英人與中立國之糾紛，終較之與拿破崙之糾紛爲少。且此制施行結果，致歐洲大陸之人民大感困苦，因此一般民衆對於此制之始作俑者，咸起反抗。以英格蘭同時所受之創痛與之相較，已無關重要。而英國之國民，對於其受窘迫之政府，又莫不予以精神上及物質上之援助。

拿破崙對於此點，未免失策。就物質上言，彼實無法使大陸制更行推廣，而澈底施行以達其目的。彼在多數之場合，因欲避免反抗，亦不能不承認其命令有例外。歐洲大陸之各國縱能盡從其言，對於英貨之入港，同時作長期之繼續抵制，然對於私運進口及海關稅吏之受賄，終難防制之。蓋此種流弊，甚至在法國及彼所能支配之環列諸邦，亦屢層出迭見也。至欲令歐洲大陸之各國均能與之合作，共起經濟戰爭以抗英，更非易事。彼因欲從事於此種事業，致其後日之一切政策，皆以此爲主眼焉。

吾人前已述及拿破崙曾依湯爾斯忒條約（一八〇七年）要挾俄皇與普王抵制英貨之入口，己則在法蘭西帝國，意大利王國，萊因同盟，瓦薩大公國等處注意於各次命令之厲行。此外執行彼之意志者，在拿布勒斯則有其兄弟約瑟夫，在委斯法里亞則有其兄弟捨洛麥，在突斯加尼則有其姊妹愛里斯，在荷蘭則有其兄弟路易。一八〇八年與瑞典戰爭之結果，遂完成斯坎的納維亞一切港口對於英人之封鎖。　拿破崙因決意施行其命令於教皇國，並因處理與法國羅馬教會有關係之事件甚為專擅，遂致與教皇丕亞士七世發生衝突。丕亞士七世之為人溫和而勇敢。彼曾因下令將拿破崙革逐，故其世俗權力漸被剝奪。彼且身同囚虜，遷徙無常，初遷格勒諾伯爾(Grenoble)，既遷沙瓦拿(Savona)，最後又遷芬德拿伯羅。彼留居此地，備受凌辱，直至一八一四年為止。　一八〇九年，拿破崙將教皇國正式併入法蘭西帝國。次年，路易波拿巴德(Louis Bonaparte)圖謀增進其荷蘭人民之利益，至欲損害其兄弟而容許英貨之輸入，卒被廢黜，荷蘭亦遂併入法蘭西帝國。　自是而後，荷蘭人遂須忍受強迫從軍與繁重賦稅之負擔矣。

拿破崙之干涉葡萄牙

當此之際，拿破崙尤注意使葡萄牙與西班牙抵制英貨。而此二國之政治情勢，亦似有利於拿破崙之計劃。初葡萄牙自一七〇三年之梅撒恩條約以還，百有餘載，與英格蘭之商業關係，均極密切。　蓋葡萄牙因此條約許英格蘭羊毛之輸入，英格蘭對於葡萄牙酒之輸入，亦許以特惠關稅，因之葡萄牙之重要產物，得一良好之市場，而法國人則大受排斥。　拿破崙早即有意破壞英葡二國間之商業關係，一時且曾成功註一。但至遏爾斯忒之會見以後，始切實着手於此事。彼嘗正式要求葡萄牙附和大陸制，並拘捕其國內之一切英僑沒收其財產。葡萄牙之攝政約翰親王初則抗議，繼則求助於英國，旣而又躊躇，最後則加以拒斥。而法國西班牙之軍隊，則迫其允許拿破崙之要求。

拿破崙之干涉西班牙

當時西班牙之包本族其宮廷之形勢，最易爲拿破崙所利用，以達其對於西葡二國之目的。西班牙王爲查理四世（一七八八——一八〇八），粗率庸愚，而易受欺騙。其后則鹵莽而風流，「又好饒舌」。王嗣腓迪南年僅二十餘，驕傲而無責任心，且喜虛誇。此外有寵臣哥多伊（Godoy）爲好虛榮之冒險家，操西班牙之實權。彼雖爲王后所寵愛，爲國王所庇護，然爲王嗣所妬嫉。西班牙之情勢旣如此，故自一七九五至一八〇八年，僅爲法國之屬邦，實無足怪。拿破崙且因此等情勢，遂能於一八〇七年得西班牙王之贊同，分割葡萄牙，而哥多伊則得其大部分。法軍因此之故，遂得侵入西班牙，且於一八〇七年十一月侵入葡萄牙。十二月一日，里斯本

註一　一八〇一年拿破崙任第一執政官時，嘗勸西班牙攻葡萄牙，以便迫其拋棄梅徹恩條約，並允與英爲敵。此種行動對於葡萄牙之商業實爲不幸。一八〇四年，葡萄牙政府卒賄賂拿破崙承認其中立。

被佔據，並被宣布施行大陸制。　但葡萄牙之王族已於先一日逃匿，由英國之艦隊護送至其殖民地巴西。　此時拿破崙對於西班牙之眞正意向，與其對於葡萄牙者已同樣明顯矣。

法軍繼續踰比里牛斯山而進，並佔領伊伯利安半島之全部。　西班牙之輿論，咸以國土之被蹂躪歸咎於國王及其寵臣。　當王廷間互相責難之時，王嗣腓廸南乃附和民衆，騷動遂隨之而起。

一八〇八年約瑟夫波拿巴德之爲西班牙王

查理四世因欲保全哥多伊，乃自行退位，宣布腓廸南七世爲王（一八〇八年三月十七日。）拿破崙藉口調停於包本族之宮廷二黨之間，遂誘查理，腓廸南，哥多伊等會於法國邊境之伯約拿(Bayonne)，用恐嚇與欺騙手段，迫西王與王子放棄其王位。　查理退居羅馬，受拿破崙之年金，腓廸南則被監禁於脫里蘭之別墅，歷時凡六載之久，包本族遂不復統治西班牙。　拿破崙之兄弟約瑟夫波拿巴德(Joseph Bonaparte)旋卽立爲西班牙王，其妹壻穆拉則繼彼而爲拿布勒斯王。

約瑟夫波拿巴德在法軍保護之下，於一八〇八年七月卽位於馬德里。　彼旋卽將拿破崙之制度施行於西班牙，嘗明令法律上之平等，保障個人之自由，廢除封建制與農奴制，改革教育，封禁宗教法庭，減少僧院，沒收教會財產，改良公共事業。　最後而有同樣之重要者，卽爲大陸制之施行。

西班牙之抵抗

拿破崙之推翻西班牙之包本族雖較容易，但彼及約瑟夫波拿巴德之欲應付西班牙之人民，則甚感困難。蓋在一八〇八年以前，拿破崙之所必須對付者，大抵皆爲神權君主及其舊式之傭兵，是年以後，其所對付者乃爲眞正之民族。彼等實爲前此鼓舞法國人之同樣的愛國心所感動，並充滿同樣之革命熱忱。西班牙之民衆固蔑視其前任之君主爲庸弱賣國，但亦仇恨其新任之國王爲來自外邦之驟貴者。彼等純然愛護西班牙。凡教士貴族，莫不與平民農人等連合一致，敵愾同仇，反對外人之干涉其內政。於是西班牙之全土，叛亂蜂起，各省旋即成立革命議會(Juntas)。軍隊亦四處雲集民族反動之勢焰大盛。一八〇八年八月一日，約瑟夫遂不得不逃去馬德里，法軍亦向比里牛斯山撤退。

大陸制與西班牙民族主義之相互關係

法人既遭此挫敗，英國之外務大臣甯康復立即允予西班牙之革命運動以積極之援助，蓋彼已深知此種運動之眞正意義也。彼嘗宣布英國之政策。此種政策於拿破崙之推倒後即當成功：『吾人所遵行之原則，即在對於某種勢力，無論其假冒和平或公然宣戰，而爲一切民族之公敵者，凡歐洲之任何民族，如能起而反抗，即當爲吾人之同盟』。爲實行此宣言計，一八〇八年八月一日，遂有初由惠勒斯列(Sir Arthur Wellesley)統率後由惠靈吞(Wellington)統率之英軍，開抵葡萄牙，並與葡萄牙人西班牙人合作以抗法人。此舉實爲所謂半島戰爭 (Peninsular

半島戰爭，一八〇八至一八一三年

War）之開始。此次戰爭延長至一八一三年止，少有間斷，實拿破崙之大不幸也。

英人於抵葡萄牙後之三星期內，即佔據葡萄牙全境。拿破崙受此意外之挫敗，乃親出指揮半島之法軍。彼因奮鬬與謀略之優勝，卒能於一八〇八年十二月在馬德里恢復約瑟夫之王位，而將英國之主力軍逐出西班牙以外。但此不過為拿破崙暫時虛幻之成功耳。當一八〇九年初，歐洲之他部分即有更嚴重之事變發生，致其不能不離去西班牙。其留守西班牙之諸將，既發生內訌，復感受種種極大之困難；雖以拿破崙留此，恐亦不能避免也。

阻礙法軍在伊伯利安半島活動之種種困難，幾乎無法對付。蓋半島之自然環境，有幾種絕大之障礙。第一，因農田貧瘠與居宅稀少之故，致糧食甚感缺乏；法軍平日藉駐在地以供給糧食之政策，遂至此而窮。第二，因西班牙北部之寒暑變換無常，而城市狀況又多不合衞生，致法國之軍中疾疫盛行。最後，拿破崙之戰略恆適於大規模之戰鬬，而伊伯利安半島之山脈皆高峻險阻，由西北而東南，緜亙不絕，僅可為小規模之戰爭，此又為西班牙人之所擅長者。除因此等自然環境而生之障礙外，其本地之人民又特富於愛國之決心，更有英國助以器械及精練之將領。

民族革命之時代現已開始。不久即有奧大利步西班牙之後塵。甚至自一七九二年以還，

奧大利時機未至之努力

瓦格蘭姆之戰（一八〇九）與奧大利之失敗

奧皇卽爲大陸上對法戰爭之急先鋒。佛蘭西士受一八〇五與一八〇六年之挫敗與屈辱之刺激，亦任查理大公爵及有才略之政治家兼外交家斯達丁(Stadion)伯爵準備復仇戰爭。其直接之結果，第一爲施行遠大之軍事改革計劃，廢除十八世紀陳腐之方法。其新制度之主要特色，在採法國之『國民軍』原則，及戰時編制與戰術。第二則在奧大利之民衆中激起熱烈之愛國情感，而以在遏洛爾人(Tyrolese)中爲尤甚，蓋以拿破崙嘗任意將其地授與巴華利亞也。此次因西班牙所產生之情勢，作戰之時機似乎已至，實則尚未成熟，故推倒拿破崙之計劃，實屬孤注一擲。一八〇九年四月九日，奧大利對法宣戰。次日查理大公爵率精兵攻巴華利亞。拿破崙暫時不顧西班牙之緊急，以迅雷不及掩耳之手段直攻大公爵，一星期之內，卒迫其退歸維也納。在五月中旬以先，拿破崙復進奧都。但查理大公爵仍負嵎反攻，五月二十一至二十二日，敗拿破崙於維也納下部多瑙河上之亞斯伯隆(Aspern)。此時之奧大利苟有他將立與合作，且能得他國之援助，則拿破崙或已被推倒，不復爲害於歐洲矣。但拿破崙略事休息，收合餘燼，復於七月五日至六日劇戰於瓦格蘭姆(Wagram)，大獲勝利。奧大利在瓦格蘭姆之敗，雖不如奧斯德利仔之戰，但亦足令奧皇願意休戰矣。後因與之合作之英國遠征隊亦失利，故卒締結維也納或仁布隆（Schönbrunn）條約（一八〇九年十月十四日）。依此約之條款，奥皇須割西部加利西亞歸瓦薩大公國，而割東部加利西亞歸俄國，割伊勒利安（Illyrian）諸省歸法蘭西帝國，將遏洛爾及上奥大利一帶歸還巴華利亞。奥大利因此約喪失四百五十萬之人民及大宗之賠款，承認限制其軍額不得過十五萬人，並不得與英國通商。未幾，拿破崙復藉口於其與約瑟芬之婚姻未經正式舉行於區神父之前，宣布其無效，一八一〇年初並與皇帝佛蘭西士二世之女奥大利大女公爵馬利亞路易薩（Maria Louisa）結婚，以爲奥大利善意行爲之保證，並欲藉此生一直系之繼承者。此種計劃最初似有成功之希望，因次年即舉一男，而受羅馬王誇大之稱號也。但奥大利終懷敵視，馬利亞路易薩後亦漸不忠誠，而半屬黑普斯堡族半屬波拿巴德族之幼皇子，後遂日處於仇敵與偵探之中矣。

法國大革命對於普魯士之影響

當此之際，抵制拿破崙之民族的反動，進展甚速，其彌漫於普魯士，甚至較之彌漫於奥大利或西班牙爲更廣。普魯士之人民在弗列德利克大王各次大勝之後，尋即繼之以熱那之挫敗與遏爾斯忒之屈辱，致其備嘗艱苦。普魯士之政治家亦多以國家之衰微，由於歐洲一切君主國家之『舊制』下特有之社會與政治狀況所致。當各政治家應蓄意善良之國王弗列德利克威廉三

普魯士之革新

世（一七九七——一八四〇）之召而供諮詢時，於是自一八〇七至一八一三年，有種種之內政改革發生，其在普魯士歷史上之重要，幾與一七八九至一七九五年之改革在法國歷史上之重要相同。

對於普魯士之革新，厥功最偉者，首推大臣斯太因（Baron von Stein，一七五七——一八三一），其次爲哈登堡（Chancellor Hardenberg，一七五〇——一八二二），此二人均曾受十八世紀中英國思想與法國哲學之影響者也。一八〇七年十月九日，斯太因嘗在麥麥爾（Memel）發布著名之釋放令（Edict of Emancipation），廢除普魯士全境之農奴制，確立土地之自由買賣制，無論何人與何階級，概得自由轉讓其土地。普魯士之農民，對於地主雖仍須納一定之地租，然已變爲自由人，凡貴族平民農民，復得同樣從事於一切之職業。斯太因之次要步驟，在增加內閣之力量，並對於行政加以澈底之改革。其改革之計劃，因太複雜與專門，故不能詳述於此。其第三大計劃，在對於普魯士之一切城市及人口達八百八以上之村落，概許其自治（一八〇八年十一月十九日）。斯太因欲將最後之法令定爲其所願意樹立於普魯士之立憲政府的基礎。但關於此點，其計劃失敗。且普魯士歷經兩代，尙無成文憲法。一八一一年，哈登堡繼續改良農民之狀況，使其得絕對佔有所耕土地之一部分，其餘仍歸地主所有，以為其所喪失之封建式與奴隸性質之貢賦一部分的賠償。在同時期中，軍隊亦由霞隆荷斯德（Scharnhorst）與格尼塞諾（Gneisenau）二人加以改革。先是拿破崙嘗限制普魯士之軍額不得過四萬二千人，現則厲行普遍之強制兵役，每四萬二千人之軍隊，對於軍事訓練精通之後，即以同數之新軍代之，於是此種限制實際上可以避免。依此方法凡普魯士體格相合之男人，均在準備未來之解放戰爭（War of Liberation）也。

拿破崙對於普魯士之行動，自甚疑忌，遂從事於抗議與威嚇。一八〇八年末，卒迫普王黜退斯太因。但斯太因在此後之三年中，曾圖煽動奧大利之民衆起反抗，並親赴俄國勸俄皇亞力山大反對拿破崙。當此之際，拿破崙忙於他務，對於普魯士改革之繼續進展，亦無暇制止，普魯士民族精神之勢焰更熾。因此時一方面既有種種之愛國團體如「進德同盟會」（Tugendbund）之活動，一方面復有斐希特（Fichte）與亞隆德（Arndt）諸人之著作鼓吹也。影響最久遠者，或係非常之教育改革。蓋今日普魯士公立初級學校制度之基礎，及現世大規模之柏林大學（一八〇九年），皆此等改革之所賜者。而與此等改革最有關係者，則漢波特（Wilhelm von

Humboldt，一七六七——一八三五）也。

此後之法蘭西人，已不復專有自由平等，博愛諸原則而爲之奮鬭，亦不僅法蘭西人爲能防衛其家宅土地與權利之國民。當一八一〇年，拿破崙之專制主義對於普魯士之民衆，其自私與煩擾，較之與普君主之專制手腕對於一七九二年時被解放之法國國民者，有過之無不及。普魯士實已陷於破產之境。其國土喪失一半。外軍復駐於境內。農產之收穫既歉，商業亦深受創痛。此外普魯士復因大陸制施行之結果，致其通商之城市衰微，港中之船舶腐敗，對於煙草，亦不能不付重價，蔗糖，咖啡，香料等物，更無法購買。普魯士人遂大鳴不平，進而怨及其所受損害之始作俑者。

西班牙之自由主義

當此之時，西班牙方面之戰爭，繼續進行。一八一二年，惠靈吞統率英西二國之聯軍在薩拉曼加（Salamanca）大獲勝利，克復馬德里，並逐約瑟夫與法軍北至瓦稜薩。

一八一二年之西班牙憲法

同年，多數激烈之西班牙人，前由法國得悉革命之主義者，咸組織種種之團體，集會於加的斯，爲將來再造之西班牙國草定憲法。此種成文憲法，就時間言，後於美法二國之憲法，但較二者尤爲過激，歷時甚久，均爲南歐全部所有自由憲法之模範。此憲法在頌揚「本王國之舊根本法」之弁言後，曾規定革命之原則：『主權既爲國民所有，故制定根本法之權利，亦僅爲國民所有』。『立法權則委諸國會(Cartes)。國會爲一院制，任期兩年，由間接普徧選擧制選出之。行政權則委諸國王，而由羣臣行使之。國王對於國會之法案，有中止的否決權。憲法更宣布個人自由與法律平等諸原則，並欲完成舊制之廢除。關於法院，地方行政，稅制，軍隊，公共教育等之全部改革，亦有規定。彼制憲諸人一方面既申明『西班牙國民之宗教，現在及將來均永屬於羅馬教會，此爲唯一眞正之教會』，同時又主張下令封禁宗教法庭，並令行教會財產之還俗。此種過激之憲法，自不能立即得西班牙人全體之了解與擁護。但西班牙人咸以國民之資格決定除去大陸制及波拿巴德族。彼等可犧牲平等，而不能犧牲民族之自由也。

拿破崙帝國四種不幸之缺點（拿破崙自身之特性，拿破崙軍隊之性質，大陸制，民族主義之勃興）終於大形暴露。此種活劇，自後遂發生兩種可怖之行動，即伐俄戰役與民族戰爭(Battle of the Nations)是。其結果則爲拿破崙之退位與滑鐵廬(Waterloo)戰敗之不幸的結局。

拿破崙與俄皇亞力山大關係之緊張

拿破崙與俄皇亞力山大之破裂，實促成種種不幸之事變。在一八〇七年遏爾斯忒之會見與一八一二年之間，有多種之事件發生，致此種破裂終不能幸免。遏爾斯忒之會見，已表示二帝均分世界之意向。但亞力山大實非此事之主動者。亞力山大深知其主要作用，在助拿破崙收西部與中部歐洲歸法蘭西帝國統治，己則決難希望自由對付其本國之世仇（瑞典，波蘭，土耳其）。亞力山大固嘗由瑞典奪取芬蘭（一八〇九年），但拿破崙則強制瑞典與英國作戰（一八一〇——一八一二）。此不僅使瑞典似乎變爲法國之同盟，且似乎變爲俄國之同盟，結果致亞力山大再不能在瑞典方面拓地。旣而又有波蘭國之復興，稱爲瓦薩大公國，而受法國之保護。亞力山大對於此舉，如芒刺之在背。迨此國因一八〇九年之奧大利戰爭後而愈益擴大，彼亦愈不滿意。最後，亞力山大之對土耳其戰爭，亦屢受法國外交手腕之阻礙。故當布佮勒斯忒(Bucharest)條約最後簽定之時（一八一二年五月二十八日），俄國之所以能擴張其南境至普魯斯(Pruth)河者，實由於英國之助，而非法國之助。當拿破崙廢黜阿爾丹堡(Oldenburg)之俄皇親屬，並將此公國任意併入法蘭西帝國之時，亞力山大尤爲憤慨。又當拿破崙與黑普斯堡族之大女公爵成婚之時，其意似在鞏固法奧間之關係，而亞力山大之憤恨遂愈深矣。

此時苟非因施行大陸制，致經濟上之破裂日益顯著，則此一切政治上之齟齬，或亦未嘗無補救之法也。蓋當時之俄國，幾純以農立國，故尤需要英國之輸入品。俄皇又富於慈悲心，對於人民之痛苦與抗議，心有所不忍，結果則大陸制在俄國逐漸緩弛，終至恢復過爾斯忒之會見以前通常之商業關係。拿破崙不惟不能承認此舉，且亦爲其所不願。「俄國之片面放棄大陸制，不惟爲戰爭之口實，且爲戰爭之眞正原因。拿破崙對於爲大陸制而戰，與放棄對英作戰之唯一手段二者，實無選擇之餘地也」。

當一八一二年初，拿破崙正準備大舉伐俄。彼因其后之關係，取得奧國之同情，奧國並允出師三萬人以保護其伐俄軍之右翼。彼又以恐嚇手段迫普魯士王許伐俄軍隊通過其國境，並許出騎兵二萬人以助其左翼。此次遠征隊之人數極多，約有法國之精銳二十五萬，由萊因同盟所派之德意志人約十五萬，意大利人八萬，波蘭人六萬，此外尙有荷蘭人，瑞士人，丹麥人及塞爾維亞克羅遏亞人(Serbo-Croats)。總計有烏合之衆六十萬以上。

法俄二國之備戰

同年，俄皇亞力山大亦從事於準備，以謀對付。彼與英國已有正式之諒解，故藉英國之調停與土耳其人媾和，因此去其肘腋之患。此時瑞典太子伯拿多德(Marshal Bernadotte)亦備受拿破崙之支配，故俄皇與英國及瑞典太子之間，均締有條約，俾己得佔據芬蘭，並得瑞典軍之援助，己則承認挪威歸瑞典以爲酬。俄軍凡四十萬人，訓練甚精，由沉毅剛強之宿將庫都鐃夫(Gene-

一八一二年拿破崙之伐俄戰役

ral Kutusov)統率之，馳赴戰場。

一八一二年四月，戰爭似有岌岌不可終日之勢。拿破崙既從容準備就緒，遂於六月二十四日渡奈門河，而伐俄之舉於以開始。拿破崙之計劃，在期一鼓而全殲敵軍，早結有利之條約。否則遲遲進軍，於立陶宛度冬，煽動其民衆倡亂，然後俟夏季進攻莫斯科，而在莫斯科城提出議和條款。俄國作戰之計劃，則與此迥殊。俄皇深知其人民富於宗教心與愛國心，而痛恨拿破崙，故可恃其必不叛亂。彼又深知奈門河與莫斯科之間，爲八百英哩荒涼不毛之地，小軍來此，則必失敗，大軍來此，則必絕糧。故亞力山大抵抗拿破崙大軍之計劃，在不冒險決戰，而在屢戰屢退，誘敵深入。敵軍既至內地，則俄國冬季之嚴寒與匱乏，卽足以敗之，此較之火藥槍彈，爲效當更大也。

拿破崙自渡奈門河以後，見俄軍屢退，頗驚疑不定。彼對於敵軍之規避不戰，終無由獲最後之勝利。立陶宛人之態度，亦殊出意外，致拿破崙不敢在彼等之間度冬，於是更節節逼進，攻下斯摩蘭斯克(Smolensk)之大要塞。但對於俄國之主力軍，仍未能制服。既而彼欲直趨莫斯科。

九月七日，庫都鎖夫在波羅的諾(Borodino)大舉反攻，拿破崙之軍隊深受巨創。然一星期之後，拿破崙卒佔據莫斯科。彼除波羅的諾之敗而外，其前隊復屢爲退避之俄軍所困扼，故受極大之損失。但其駐於莫斯科之軍隊，仍有十萬人左右。

當其進軍莫斯科城之夜間，因城內居民不愼，忽起火災，市場及酒，酒精化學藥品等物，均已焚燬無遺，兵房與食物亦概受損壞。居民皆逃竄，城中所遺者，遂爲法軍及俄人自己所搶刼。莫斯科之被燬，實爲農民蜂起反抗外軍之信號，蓋以外軍已招致種種之禍患接踵而起也。法軍此時既乏食宿，不能在被燬之城中度冬，復受憤怒農民之攻擊。庫都鎖夫之軍隊現正退避於城南之附近，亦分兵攻之。拿破崙處此困境，嘗圖破毀內城，卒無功，故不得不於十月二十二日退出莫斯科，復循舊路向奈門河方面潰退。

莫斯科退軍之苦況

由莫斯科之退軍，實爲歷史上最驚人的事跡之一。除俄人尾隨其後，猛施攻擊外，復加以氣候之嚴寒，沿途之貧瘠。大雨之後，繼以大雪，河流漲溢。遺棄之輜重巨大之雪堆，塡塞道途，退軍時備受艱苦。彼瘠貧荒蕪之鄉間，曾爲法軍夏季侵入時所蹂躪搶刼者，現在一若戲弄敗退之法軍者然。俄士爲荒蕪陰沉之地，遠非吾人之所能描寫。軍士因窮困疲乏而死者，難以數計，僵尸載道，慘不可言。此次之退軍，實爲一大失敗，其時苟非奈伊（Marshal Ney）所率驍勇之後衛軍努力維護，則全軍覆沒無疑矣。此時所謂大軍者，其殘卒已不達五萬人，於十二月十三日再渡奈門河，停於德意志之境內。軍士咸面有饑色，身無完衣，厥狀甚慘。此次徒因個人之野心，致在俄境所犧牲之人數，達五十萬之多。事實不幸至此，而獨夫仍自尊如故，毫無愧色，嘗對法人作自解語曰：「朕躬康健，爲未曾有」！

反抗拿破崙之最後同盟

俄皇亞力山大見法軍之潰敗，一時嘗躊躇不定。俄國至少已脫去拿破崙之危險。當此得勝之際，苟能乘機媾和，對於俄國或當大有利益，而更無危險。但亞力山大之夢想，在欲作歐洲舞臺之要人，被壓迫民族之解放者。同時，彼又受時與接近之斯太因之鼓動，故務欲完全推倒其勁敵。十二月末，彼遂與普魯士之統帥約克(General Yorck)簽定盟約，普軍須與俄，英，瑞典諸國之軍隊合作，而普魯士恢復其在熱那戰前之地位。一八一三年一月十三日，亞力山大自率俄軍渡奈門河，宣布歐洲民衆之自由。弗列德利克威廉三世在其民衆歡欣鼓舞之中，立卽批准此盟約，三月，遂對拿破崙宣戰。解放戰爭(War of Liberation)於以開始。

解放戰爭

一八一三年之事變對於德意志歷史上之光榮，亦恰與其對於拿破崙之不幸相若。普魯士在此種運動中實領導一切德語人種脫去法國之支配，民族熱忱實由普魯士而瀰漫於其他各國。麥克蘭堡(Mecklenburg)乃最後加入萊因同盟者，今亦首先退出。北部與中部德意志，旋均發生民衆革命。普魯士軍因熱心應募者之多，遂大行擴充，並南進而侵撒克遜尼。奧大利一方面因畏拿破崙之威，一方面又因嫉俄國勢力之伸張，故僅動員而不宣戰，坐觀大勢。拿破崙處此困境，亦如平日之神速奮勇。蓋彼自一八一二年末抵法以來，急從事於徵募新軍。其軍額連同以前大軍之殘卒及拿布勒斯與南德意志所派之援軍現已達二十萬人，故能在撒克遜尼更取攻勢。一八一三年五月二日彼在盧站突攻俄普聯軍而大敗之，惟因缺乏騎兵，故不能乘勝追擊。五月二十日至二十一日彼又勝於寶站(Bautzen)，但無大利。此後拿破崙之敵方必日益加多，且必爲敵方所勝，蓋已日形顯著矣。

奧大利之加入同盟

當此緊急之秋，曾因奧大利友誼之調停，成立休戰。奧政府提議樹立歐洲之一般的和平，其基礎爲再建普魯士，俄普奧再分瓦薩大公國，退回伊勒利安諸省於奧大利，解散萊因同盟，德意志之漢堡與盧卑格二埠享有自由。但拿破崙之所最需要者，則爲一最後之勝利，並非和平，其所以接受休戰之唯一原因，乃在稍延時日，以待意大利與法國方面援軍之開到耳。顧此種遷延實爲拿破崙之大不幸。因此時各國之愛國人士相繼投於聯軍之麾下，故其人數大增，遠非拿破崙之援軍所能及。奧大利以其所提之議和條件既遭拒絕，故當一八一三年八月十二日戰爭復起之時，亦正式加入同盟，共抗拿破崙焉。

一八一三年十月勒不士革之戰—「民族戰爭」

拿破崙現駐於德勒斯登，所統之軍隊，共計約四十萬人，其敵方則有二十五萬奧大利人，由什瓦站堡(Schwarzenberg)統率，駐於波希米亞。有十萬普魯士人及俄國人，由白盧搭爾(Blücher)統率，駐於細勒西亞。有十萬瑞典人，普魯士人及俄國人，由瑞典太子伯拿多德統率，駐於柏林附近。此外尚有預備隊至少達三十萬人。拿破崙於八月間，在德勒斯登與什瓦站堡所統率之奧軍激戰，獲最後一次之大勝。此後其部下諸將既屢受挫敗，己亦難獲勝利，且自覺漸爲同盟軍所包圍。及在勒不士革，遂取守勢。蓋十月十六至十九日，彼嘗在此地從事於三日劇烈之「民族戰爭」。此次同盟國之軍隊凡三十萬人，拿破崙僅有十七萬人，其中之撒克遜軍士，均於劇戰之中棄甲而逃。法蘭西帝國本爲軍威所扶植，其命運則由勒不士革之戰而決定。拿破崙在此次戰爭中，除三萬俘虜及大多數之大礮與軍用品不計外，所喪之軍士，達四萬人。二星期之後，彼乃率其殘軍復渡萊因河，德意志遂獲解放矣。

拿破崙之國外勢力被推倒

「民族戰爭」乃莫斯科退軍之後一年以內之事，拿破崙在國外之勢力，實因此而推倒，其帝國與屬邦，概行解體。萊因同盟既解散，其所有之君主，除一人外，餘均加入得勝之同盟國方面。

捨洛麥波拿巴德王則被逐出委斯法里亞以外。荷蘭則獲解放，由鄂蘭吉之威廉回國爲王。丹麥則屈服，且因基爾（Kiel）條約（一八一四年一月）割挪威與瑞典，而受賠款及瑞典之破麥拉尼亞。奧大利則恢復遏洛爾與伊勒利安諸省，並佔據威尼西亞與瑞士。甚至穆拉亦背棄拿破崙，彼因欲保留其拿布勒斯，遂與奧大利成立協定。始終爲拿破崙之同盟者，惟有波蘭之瓦薩及撒克遜尼國王，因二者之領土均盡爲同盟國所佔領也。

拿破崙現僅有敗軍殘卒及其所能徵募之幼童老弱，已無延長戰爭於法境之必要。一八一三年末，奧大利曾勸同盟國對拿破崙提出有利之條款：法國仍保留其『天然國境』（萊因河，阿爾卑斯山，比里牛斯山），拿破崙仍統治黎塞留或路易十四所希望之國土。但此時拿破崙之所懷想者，仍爲勝利而非和平，彼蓋仍在征服普俄之大夢中也。

法國境內一八一四年之戰役

一八一四年初，國外卽有三路大軍侵入法國之北境，共向巴黎，總數約四十萬人，俄奧二帝與普魯士王亦皆親征。白盧揆爾所統率之德意志軍，則侵入摩塞爾（Moselle）抵南塞（Nancy）。什瓦站堡所統率之奧軍，則渡萊因河，達於巴塞爾與紐布勒沙什（Neu Breisach）之南。伯拿多德則正在尼德蘭聯合瑞典人，荷蘭人，普魯士人組成北路大軍。當此之際，惠靈吞已率英西葡諸國之聯軍大敗法軍於維托里亞（Vittoria，一八一三年六月二十一日），最後一次將約瑟夫王逐出馬德里之外，並將拿破崙在伊伯利安半島之軍隊完全肅淸。英將已漸向比里牛斯山進攻。故一八一四年春間，同盟國方面又有得勝之第四路大軍在杜魯斯（Toulouse）之附近，從南路威嚇拿破崙。此外尚有一部分之奧軍，當時正在威尼西亞與倫巴德活動，從第五路威嚇法國。

一八一四年之二月與三月，拿破崙以寡敵衆，仍能表現其最初各次戰役時之軍事雄才，與不屈不撓之意志。如有任何不同之處，則其謀略與用軍之神速，甚至更勝於前。彼旣挫第一路敵軍，旋又轉攻第二路，所向披靡，敵軍大驚。故直至二月，彼苟願意媾和，或仍可保留一七九二年時法國之國境，不致一敗塗地。但彼實欲自招不幸之結局。三月一日，四大強國（英，俄，奧，普）締結碩蒙（Chaumont）條約，確定其同盟期間爲二十年，並相互承認在大敵未推倒以前，非取得彼此之同意，不得單獨媾和，亦不得停戰。締約國各允出師十五萬，英國更允助款五百萬鎊。拿破崙之厄運，實從此決定矣。

巴黎之投降與拿破崙之退位

本書對於一八一四年著名之戰爭，不必細述，只述經過激戰之後，而抵抗力已破壞卽足。三月卅一日，巴黎投降於聯軍。十三日之後，拿破崙與同盟君主私人間簽定芬德拿伯羅條約，自行退位，放棄其自身及其家族對於法國之一切權利。同盟君主則對拿破崙保證其愛爾巴(Elba)島之完全主權，許以二百萬佛郎之年金。意大利之珀爾瑪公國則授與其后馬利亞路易薩，而對於拿破崙之家族，則與以二百五十萬佛郎之年金。又經七日之後，拿破崙別其親衛兵，卽赴愛爾巴島。愛爾巴島之彈丸帝國，距突斯加尼之海岸不遠，而拿破崙之桑梓科西加島，亦悠然可見。彼居留於此島凡十閱月，致此島之政治一時發生空前之活動。在此期中，其所籌劃之事件，亦屬甚夥。

法國包本族之復辟

當此之際，法國之秩序，從紛亂中漸行恢復。一七九三年，歐洲各國之君主已連合攻法，恢復包本族之神權君主政治及特權階級向來之權利，並撲滅自由平等博愛等初出現之原則。拿破崙時代最堪注意之事件，則爲當一八一四年，最後佔領法國之各國君主，已無有重在恢復革命前之社會與政治狀況者。彼等奮鬬之主要目的，已不在對主義問題，而在對人問題。同盟國此次之勝利，以俄皇亞力山大之力居多，然彼實一仁慈君主，精通革命之哲學，體諒民衆之希望，並欲促進永久之和平者也。脫里蘭者，法國得時之人物，在革命期中及拿破崙治下，均嘗大露頭角者也。

革命理想之調和

彼一方面希望保留法國現有之國境，一方面又深信國人多不願復行君主專制。脫里蘭與亞力山大嘗成立協定，並得列強之贊同。此種協定卽在依「正統」（Legitimacy）之名義，包本族應恢復法國之王位，惟須完全承認並鞏固大革命時社會上政治上種種重要之改革。巴黎條約（一八一四年五月三十日）亦以「正統」之名義，同樣協定法國應恢復一七九二年時之國境。法國之一切殖民地，在拿破崙之各次戰爭中爲英人所奪者註一，亦應恢復，法國並不須付賠款。「正統」主義實爲脫里蘭所發明，其功用在使法國於戰敗之後，藉此維持其地位，雖使包本族復辟，然亦爲立憲君主而非專制君主也。

路易十八

路易十六之「正統的」繼承者，爲其兄弟普洛瓦斯伯爵。此人嚴刻凡庸，頭腦頑固，現已年邁，嘗僑居英國之鄉間，今始回巴黎卽位。彼力圖保存各種之舊制，擁「奉天承命之法蘭西王」路易十八之稱號，以一七九五年法國太子（「路易十七」）之死日爲其建元之始，以包本族之旗幟代替革命之三色國旗，以其神授之王權對法國人民頒布欽賜憲法。但路易十八並不主張包本族專制政治之實質，其所頒布之憲法，承認大革命時代之個人自由，並爲法國確立充分之自由政體。蓋路易十八已顯然不欲冒殺身之禍或逃亡之苦矣。

註一　英國保留西印度羣島之多巴哥與聖盧西亞及通印度航路所經之毛里西亞島（法蘭西島 Ile de France）。

歐洲他處之復辟

當路易十八調和於革命與反動兩方之同月中，又有包本族之腓迪南七世回復西班牙之王位，有教皇丕亞十七世於羅馬居民歡欣鼓舞之中歸第伯河上古代之教廷。約在同時，薛得蒙與薩瓦亦歸還於薩的尼亞王陽馬諾一世（Victor Emmanuel I）。歐洲旋即回復其常態。至於處決因推倒拿破崙而發生之未了的領土問題，則有各國之君主與外交家於一八一四年秋間集會於維也納。

愛爾巴島之拿破崙一八一四至一八一五年

在數月之內，歐洲之安定狀態，忽因拿破崙之再上歐洲舞臺而破壞。夫歐洲之大陸全土，自拿破崙觀之，猶嫌其小，今欲使其僻處彈丸之愛爾巴島，其怏怏失意，自無足怪。況其在此又感受種種之痛苦。對於芬德拿伯羅條約所保證之年金，不能領到。對於其后與子之音信，亦復隔絕。其所處之境遇，實同放逐。彼已探知法國與維也納方面之形勢，均能予以復逞野心之機會。蓋如彼之所預料，法國大多數之愛國人士見偉大之帝國縮小而為往昔之法國，咸抱不滿。此種不滿之情感，因逃亡回國者之專橫，及包本族親王處置拿破崙舊部之失當等故，日益加甚。拿破崙後既深知國人之忠誠，仍復可恃，又知列強之間，復起猜忌，關於撒克遜尼與波蘭之處置，俄普二國為一方，以與英奧對抗。以此推測，列強將不復連合以抗己矣。戰爭苟必不可免，則彼可召集由俄，德，英，西各國歸來之法國俘虜以成軍，其人數較之其在一八一四年戰爭時所有之軍額，當遠過之也。

拿破崙之歸國一八一五年三月至六月之『百日戰爭』

一八一五年二月二十六日，拿破崙率一千二百人自愛爾巴島潛逃，因欲閃避英國之警備艦，故於三月一日在崗拿（Cannes）登陸，向北而進。追捕拿破崙之軍隊，不敢與抗，反高舉其帽，大呼皇帝萬歲。拿破崙到處受熱烈之歡迎，此實證明其人格引力之大，與包本族之不孚人望。法國之民衆，既屬人類，自不免使理智爲幻想所屈服。拿破崙沿途未發一彈以自衞，而其衞卒驟增，終至於成軍。奈伊者，『勇敢中之最勇敢者』也，嘗宣誓忠於包本族，並對路易十八允以鐵籠將拿破崙囚至巴黎，然竟以六千人投歸拿破崙。三月二十日，拿破崙遂意氣揚揚，反旆首都。路易十八前曾向國會保證，當以身殉王位，現亦預向比利時境狼狽逃竄矣。

拿破崙與法國

拿破崙欲得法國民衆之擁護，遂倉卒發表一紙詭譎之宣言，表示『彼之回國，在使法國脫去歸國貴族之專橫，使農民得領有其土地，維持一七八九年所獲之權利，以與彼欲恢復前世紀階級特權及封建負擔之少數分子對抗。法國對於包本族之君主，已予以實驗，此種實驗，現已失敗。包本族之君主政治已自行證明不能與教士貴族脫離關係，惟有因革命而產生之朝代，始能維持革命之社會事業，……彼當放棄戰爭與遠征，……彼自後當爲立憲君主，並以立憲君主之帝位傳諸其子」。

拿破崙與歐洲

拿破崙對於法國之情勢，所億甚中，而歐洲之事變，則適與所億者相反。維也納會議之政治家，關於條約之規定，固有爭執，但以共同之危險當前，故其不和之意見，已渙然冰釋。四大強國正式恢復其同盟條約，且急速一致連合，發表宣言：「拿破崙既侵犯使其立國於愛爾巴島之條約，實自失其存在之唯一的合法權利。彼懷種種騷擾與破壞之計劃，復歸法國，實自絕於法律之保護，且不啻向全世界表示其不欲和平與休戰。因此，列強宣言將拿破崙排除於社會關係之外。彼既爲世界和平之仇敵與擾亂者，應受公衆之報復……」。

同盟國因欲使其恐嚇發生效力，遂進軍攻法。惠靈呑召集英，荷，德諸國人士所成之聯軍，達十萬人以上，擬與駐於不魯捨勒附近而由白盧捨爾統率之十二萬普魯士軍合作。什瓦站堡所統率之奧軍，則駐於萊因河附近。俄國與德意志亦皆動員。拿破崙亦以二十萬士卒與此等敵軍相抗，一八一五年六月十二日，離巴黎向比利時境進發，其計劃在使敵軍離散而分別克服之。此乃一八一四年戰役之循環，惟其規模更大而已。

滑鐵盧之戰

拿破崙如何越境而迫敵軍之前隊退至滑鐵盧，六月十八日，彼在此如何從事於平生最後之大戰，其軍隊如何爲敵人所屠殺，其著名之親衛兵如何作最後之奮鬪而無功，法軍初受惠靈吞之挫敗，至日終又如何因白盧捨爾之軍至而更一敗塗地，凡此一切，在初等軍事學史中均屢次述及。

滑鐵盧之戰，向稱爲世界最後決戰之一。此就某種意義言，固甚正確。但吾人應知此次戰役，因全歐洲之態度均堅決一致，故拿破崙遂不復有再起之機會。蓋彼縱能戰敗惠靈吞，仍須對付白盧捨爾，縱能戰敗普魯士人，仍須轉而抵制什瓦站堡及奧大利人，此時惠靈吞必獲援助，再取攻勢，戰爭必繼續進行，以至達到可怖之結局。聯軍作戰之人數，可源源增加，而拿破崙之接濟，則已陷於絕境。且爲保全人命計，則拿破崙滑鐵盧之敗，與一八一五年初次爭鬪之結束戰局，實爲大幸。

英國前既以海軍稱雄於世界，今因滑鐵盧之戰，其陸軍亦佔優勢。且惠靈吞因此戰而聲名大著，致僅次於拿破崙而爲當時最偉大之軍人。英人之恆以滑鐵盧之戰自矜，亦無足怪也註一。

註一　滑鐵盧之戰役有一件甚有趣之附帶事件，卽拿破崙之妹壻拿布勒斯王穆拉之敗亡是也。彼不信任同盟軍之保護，卒願與拿破崙同其命運。其軍隊不久遂大爲奧軍所敗，已則奔法國，後奔科西加島，卒被擒殺，因此致包本族之腓迪南一世得以恢復其王位。

拿破崙之最後被推倒

拿破崙自滑鐵盧之敗後，其氣大沮，六月二十一日遄歸巴黎。國會即於是日由拉法耶特動議，自行宣布為永久之會議，接管政府之一切職權。次日，拿破崙第二次退位傳之其子。而法國之臨時政府，則由福捨收拾，與包本族再商大計。七月七日，聯軍借路易十八復佔巴黎。包本族既復辟，遂能安然維持其介於革命與反動間之調和態度，歷時凡十五載之久。

拿破崙之被流於聖海列納島，一八一五至一八二一年

七月十五日，乃巴士的獄失陷紀念日之次日也，拿破崙嘗赴法國海岸之羅捨福，推其意蓋欲逃奔美洲。此時適有英艦停泊於港口，乃自投於英艦司令。自百餘年後之吾人觀之，必以為英國政府或當厚遇之，並令其寄寓英格蘭。蓋此時彼不惟不能得歐洲專制君主之信任，即於法國大多數之民衆，亦莫不然，縱令其野心未死，然對於英國之安全或隆盛，終不能為害也。但一八一五年英人之感想，自然與此迥殊。彼等自許久以來，莫不以拿破崙較之腓立二世或路易十四為更可厭更危險之仇敵，其惡性仍未悛改。彼等因不許拿破崙足履英格蘭神聖之土壤，故另遣軍艦送往南大西洋中之聖海列納島。

拿破崙居於聖海列納島凡五年半而卒。彼在此享有充分之行動自由，並多親密之同伴。每日消遣之事，即在荒島遊行，或與英國之監視者哈得孫羅威（Sir Hudson Lowe）爭論，或則

更爲歷史與軍事之論述，且令同伴記載其生平之事蹟。此後爲拉加塞(Marquis de Las Cases)所發表，其中亦不無虛構者。依其所述，則實以拿破崙爲革命之子與繼承者，其獲得大權，乃出於法國之民意，因此可將自由平等博愛等光榮之成功益加鞏固。在拿破崙則自認爲和平與被壓迫民族之良友，爲幸福之創造者，彼實使其人民繼續享受幸福，迄爲英人之陰謀與歐洲專制君主之暴力所阻撓而止。拿破崙逆料歐洲之反動君主與政治家之施行壓制政策，必益激起民衆之不平，其結果必有使其愛子重建法蘭西帝國之機會出現。彼在其遺囑中嘗爲虔誠之要求『當葬彼於其所最親愛之法國人中之賽納河上』，後卒償其所願。一八二一年五月五日，近代第一大冒險家遂卒於聖海列納島。

『拿破崙傳奇』

拿破崙之歷史，實已變爲拿破崙傳奇(Napoleonic Legend)。世人愈以拿破崙爲革命主義而殉身於聖海列納島，則實在之情形愈蒙蔽而虛誕之事實愈顯著。世人對於其草菅人命，已不復記憶，今之所記憶者，惟其光榮與軍威而已。法國之村舍，均掛有拿破崙之肖像，而村中之居民，亦莫不好予以種種希奇可愛之綽號。法國人士團爐閒談之時，無不喜述其在羅提(Lodi)與斯德利仔瓦格蘭姆等處戰勝之荒誕故事。拿破崙已由自私自利之專制君主，一變而爲民衆之寵兒。其晚年流於聖海列納島，實發生絕大之影響，且證明筆之勢力更大於槍。蓋後日另一拿破崙之所以得爲法國之皇帝者，並非由於武力，乃因拿破崙傳奇之力也。

第四節　拿破崙時代之意義

革命時代之續

吾人如舍拿破崙平生之事蹟而估計拿破崙時代之重要，則此時代對於政治，社會，商業，軍事之各方而，均多所成就。概言之，此時代實爲法國大革命之續。自由，平等，博愛諸原則，自一七八九至一七九九年，僅定爲法國政治與社會制度之基礎，自一七九九至一八一五年，則爲歐洲一切民族之所共有。

拿破崙治下之『自由』

此等原則之被了解與應用，最少者，當然爲自由。執政政府與帝國二者固同係推倒神權君主政治之舊說，而代以人民主權，最後分析之，政府實基於被治者的同意之新理想；但拿破崙較之十八世紀或其當時之仁慈專制君主，殆未更置重於個人之自由。彼欲取得中產階級與農民之熱心擁護，故對於神聖之私產權利，重加承認。且因欲抵制教士之要求，故對於信仰自由，禮拜自由等權利，亦極力主張。而對於與彼無利之言論與出版自由，則嚴加限制。

拿破崙治下之『平

至若就平等而言，則與此大異。在合併於法國之一切地域中，或在拿破崙直接勢力所及之等」

拿破崙治下之「博愛」

範圍內，凡封建制與農奴制之形式及權利，莫不廢除，社會平等，亦加保證，而確定於拿破崙法典中。南部德意志，尼德蘭，伊伯利安半島及意大利之一大部分，均與法國相同，凡舊制下之社會狀況，咸經一度澈底之變更。內地之稅關，私有之道路，征稅之橋梁，內地貿易之限制，概行掃除。以前廣大之地產中，有高貴之地主，有困苦之農民附隨於其土地，並忍受繁重之什一稅，貢賦及勞役等，現則此等地產中，有多數自領土地之農民階級出現，佔領並耕種其所有之土地，得自由買賣或交換之，或自由離去其土地，遷徙至繁盛之城市中。在拿破崙之直接勢力範圍以外，則斯太因對於普魯士之土地改革，亦反映當時之同樣的精神。關於平等方面，此等社會改革，乃拿破崙時代所成就之最久遠之事業。後日雖嘗發生反動，但陳腐的封建制下之種種不平等，終難於恢復。

博愛或愛護民族之情感，當拿破崙時代，曾受一種顯著之刺激。此種情感因革命軍與拿破崙之軍士熱心向外傳播之結果，不惟波蘭，荷蘭，葡萄牙，西班牙，英格蘭，俄國等處，因此種情感業已存在，致易發生影響，即在德意志與意大利之境內，諸邦雖因數百年來之私鬬與互相猜忌，致此種情感似已永久消滅，然亦起而響應之。拿破崙時代對於德意志歷史之重要，尤難縷述。小邦之減少，神聖羅馬帝國之消滅，普魯士之革新，解放戰爭，民族戰爭，公利意識，瀰漫於德意志人中之民

民族主義之勢力

族主義的高潮，凡此均預示數十年後德意志諸邦之政治統一，與強有力之民族國家之創立。意大利人亦不缺乏同樣之民族情感。出生於意大利之拿破崙的聲名，『意大利王國』之暫時創立，拿破崙幼嗣所享『羅馬王』之稱號，社會改革，半島全部愛國心之奮發，凡此一切均預示全意大利民衆之民族命運也。

政治上次要之事變

拿破崙時代對於政治上之次要方面亦不無重大之關係。俄皇最後得以奪取芬蘭，波蘭與土耳其之土地，直達於普魯斯河，因此遂完成彼得大帝及大加察林之事業，並確定今日歐俄之國境。瑞典取得挪威，並創立新王朝。此朝由法國一微賤律師之子伯拿多德（Marshal Bernadotte）傳下，一系相承，未有間斷。在葡萄牙，因其王族於一八〇七年逃至巴西，結果遂致葡王設立其王廷於其殖民地，而以攝政統治其母國，如是者歷時凡若干載之久。

拿破崙時代對於英國尤爲重要

拿破崙時代對於歐洲大陸以外，尤爲重要。英國之海上與商業上之優勢，嘗因美國獨立戰爭發生動搖，而在大革命與拿破崙之戰役期中又藉以恢服。此時美國固仍獨立，但拿爾遜之大敗法國艦隊，實使英國變爲海上眞正之主人翁，且更利用其海軍優勢以佔領最適合於其目的之

殖民地

法國殘餘之殖民地，如馬爾他（一八〇〇年），聖盧西亞，多巴哥（一八〇三年）及毛里西亞島

（Mauritius 一八一〇年）皆是。荷蘭之隸屬於法國，雖多出於強制，然亦予英國以機會，俾得奪取最有價值之荷蘭殖民地如錫蘭（一七九五年），幾亞內（一八〇三年），及南非洲（一八〇六年）等處。西班牙之包本族因不幸爲拿破崙所屈服，故亦予英國以同樣之機會，俾得奪取西班牙之商業佔領其一部分之殖民地，並爲本國之商業開放其他殖民地。此時英人曾佔領脫里尼達（一七九七年）與宏都拉斯（一七九八年），並遣侵略之遠征隊以攻布宜諾斯艾勒斯（Buenos Aires）與蒙特維德阿（Montevideo）（一八〇六——一八〇七）。如以前所見，此後之半島戰爭，因英人與西班牙人合作，以維持西班牙人之自由而抵制拿破崙，故致英人對於西班牙之殖民地始不復侵略。但英國在此次戰爭中，仍因他種方式以獲得利益。西班牙之殖民地（墨西哥，中美洲，南美洲之大部分）因有包本族國王查理四世與腓迪南七世二人間權力之衝突，及國王約瑟夫波拿巴德與革命議會間權力之衝突，致其政治陷於混亂不堪之狀況，殖民地之民衆，遂漸自行處理其政務，並開放其商埠，任英人貿易，其結果當一八一四年腓迪南最後爲西班牙王之時，則受殖民者之反抗。蓋殖民者之大多數，以前固承認忠於腓迪南，現因習於自由貿易與實際獨立之利益，故決意維護之。西班牙殖民帝國之分裂，實爲拿破崙事業之直接結果。英人亦藉此大受其利，惟次於殖民者自身之利益而已。概言之，英人所得之新殖民地，其用意或在藉以鞏固其在印度之地位，如在馬耳他，毛里西亞，錫蘭，南非洲等場合是也。或在用以發展其與西屬美洲之商業，如在其他殖民地之場合是也。

工業

英國之海軍既佔優勢，其商業與殖民帝國既大行擴張，同時英格蘭內部之產業革命，亦有捷足之進步。英國因從未受拿破崙軍隊之蹂躪，故其紡績機與動力織機鎔鑛爐與蒸汽機，均繼續工作不息。此即促成拿破崙的推倒之真正力量所在也。

波拿巴德族世系表

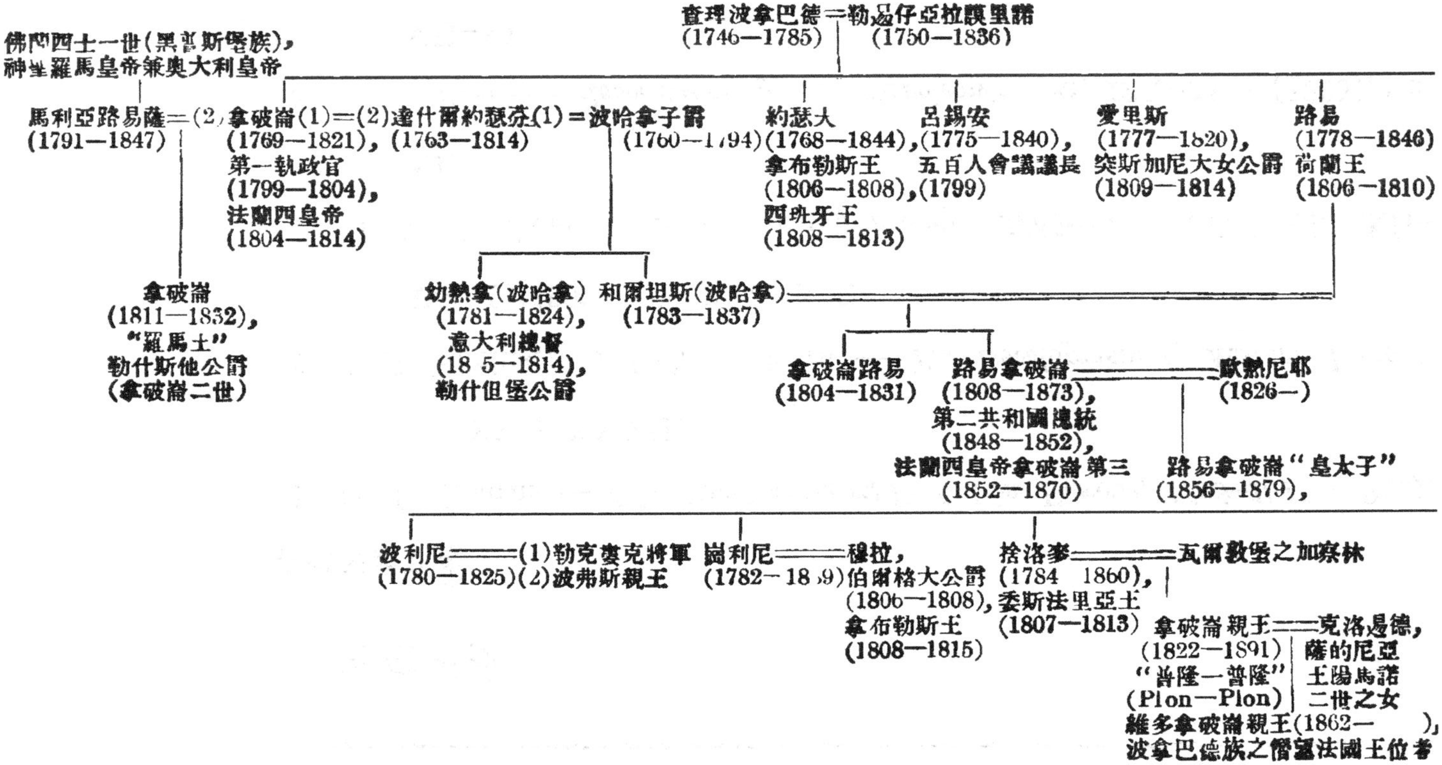
查理波拿巴德＝勒𡢃仔亞拉膜里諾
(1746—1785) (1750—1836)
佛卟西士一世(黑晋斯堡族)，
神聖羅馬皇帝兼奧大利皇帝
馬利亞路易薩＝(2)
(1791—1847)
拿破崙(1)＝(2)達什爾約瑟芬(1)＝波哈拿子爵
(1769—1821)，(1763—1814) (1760—1794)
第一執政官
(1799—1804)，
法蘭西皇帝
(1804—1814)
約瑟夫
(1768—1844)，
拿布勒斯王
(1806—1808)，
西班牙王
(1808—1813)
呂錫安
(1775—1840)，
五百人會議議長
(1799)
愛里斯
(1777—1820)，
突斯加尼大女公爵
(1809—1814)
路易
(1778—1846)
荷蘭王
(1806—1810)
拿破崙
(1811—1832)，
"羅馬王"
勒什斯他公爵
(拿破崙二世)
幼熱拿(波哈拿)
(1781—1824)，
意大利總督
(18 5—1814)，
勒什但堡公爵
和爾坦斯(波哈拿)
(1783—1837)
拿破崙路易
(1804—1831)
路易拿破崙＝歐熱尼耶
(1808—1873)，(1826—)
第二共和國總統
(1848—1852)，
法蘭西皇帝拿破崙第三
(1852—1870)
路易拿破崙"皇太子"
(1856—1879)，
波利尼＝(1)勒克婁克將軍
(1780—1825)(2)波弗斯親王
嘉利尼＝穆拉，
(1782—18 9)伯爾格大公爵
(1806—1808)，
拿布勒斯王
(1808—1815)
捨洛麥＝瓦爾敦堡之加寮林
(1784 1860)，
委斯法里亞王
(1807—1813)
拿破崙親王＝克洛碧德，
(1822—1891) 薩的尼亞
"普隆—普隆" 王阿馬諾
(Plon—Plon) 二世之女
維多拿破崙親王(1862—)，
波拿巴德族之僭竊法國王位者

課外讀本

引述之教科書：

1. H. E. Bourne ——*The Revolutionary Period in Europe, 1763–1815* (1914), Ch. XVII–XXVII.

2. J. H. Robinson and C. A. Beard ——*The Development of Modern Europe,* Vol. I (1907), Ch. XIV, XV.

3. H. M. Stephens ——*Revolutionary Europe, 1789–1815* (1893), Ch. XII–XI.

3. J. H. Rose ——*Revolutionary and Napoleonic Era, 1789–1815* (1895), Ch. VII–XI.

5. J. A. R. Marriott ——*The Remaking of Modern Europe, 1789–1878* (1910),

Ch. VII-XI.

6. H. T. Dyer ——*A History of Modern Europe from the Eall of Constantinople,* 3d ed. rev. by Arthur Hassall (1901), Ch LXI-LXVII.

7. C A. Fyffe——*A History of Modern Europe, 1792-1878* (1806), Ch. V-XII.

標準的拿破崙傳記：

1. Herbert Fisher ——*Napoleon* (1712).
2. R. M. Johnston ——*Napoleon, a Short Biography* (1910).
3. August Fournier ——*Napoleon I,* 3d rev. ed., 3 Vols. (1914), trans into English from the 2d German edition dy A. E. Adams, 2 Vols. (1912).
4. J. H. Rose ——*The Life of Napoleon I,* new ed. 2 Vols. in I (1907).
5. J. H. Rose——*The Personality of Napoleon* (1912)
6. W. M. Sloane ——*The Life of Napoleon Bonaparte,* rev. and enlarged ed.,

4 Vols. (1910).

7. J. C. Ropes ——*The First Napoleon* (1900).

8. Pierre Lanfrey ——*The History of Napoleon the First*, Eng. trans., 2d., ed., 4 Vols. (1894).

9. Adolphe Thiers ——*Histoire du consulat et de l'empire*, 20 Vols.

10. H. A. Taine ——*The Modern Régime*, Eng, trans. by John Durand, 2 Vols. (1890–1894).

11. Frédéric Masson ——*Napoléon et sa famille*, 5th ed., 12 Vols. (1897–1915)

12. Frédéric Masson——*Napoléon à Sainte-Hélène* (1912).

13. F. M. Kircheisen ——*Napoleon I: sein Leben und seine Zeit*

14. Oscar Browning ——*Napoleon: the First Phase, 1769–1793* (1905)

15. Lord Rosebery ——*Napoleon: the Last Phase* (1900).

16. A. M. Broadley ——*Napoleon in Caricature, 1795–1821*, with an introduc-

tory essay by J. H. Rose, 2 Vols. (1911).

說明的史料來源：

1. *Readings in Modern European History* by J. H. Robinson and C. A. Beard (1909).
2. D. A. Bingham ——*A Selection from the Letters and Despatches of the First Napoleon*, 3 Vols. (1884).
3. *Memoirs of the History of France during the Reign of Napoleon, dictated by him at St. Helena to the generals who shared his captivity*, Eng. trans., 2d ed., 4 Vols. (1823–1824).
4. *Narrative of Captain Coignet*, new French ed. (1909), Eng. trans .by Mrs. Carey.
5. F. M. Kircheisen ——*Bibliography of Napoleon* (1902).

關於拿破崙時代者：

1. Charles Seignobos ——*History of Contemporary Civilization*, trans. by J.

A. James (1909). PP. 150–185.

2. *Cambridge Modern History*, Vol. IX (1906).

3. *Histore générale*, Vol. IX

4. *History of All Nations*, Vol. XVI, *The French Revolution and the Rise of Napoleon*, Ch. VIII, IX, and Vol. XVII, *The Napoleonic Empire*, by Theodor Flathe.

5. Wilhelm Oncken ——*Das Zeitalter der Revolution, des Kaiserreiches, und* der *Befreiungskriege*, 2 Vols. (1884–1886).

6. Émile Bourgeois ——*Manuel historique de Politique étrangère*, 4th ed., Vol. II (1909), Ch. VIII–XVIII.

7. Armand Lefebvre ——*Histore des cabinets de l'Europe Pendant le consulat et l'empire 1800–1815*, 2d ed., 5 Vols. (1866–1860).

8. Albert Sorel ——*L'Europe et la révolution fraçaise*, 8 Vols. (1885–1904).

9. L. de Lanzac de Laborie ——*Paris sous Napoléon*, 8 Vols. (1905–1913).

10. Émile Levasseur ——*Histore des classes ouvrières et de l'industrie en France de 1789 à 1870*, Vol. I (1903), Livre II, *Le consulat et L'empire*, for social history.

11. Jean Jaurès ——*Histoire socialiste, 1789–1900*, Vol. VI, by Paul Brousse and Henri Turot, *Le consulat et l'empire, 1799–1815* (1905).

12. J. O. B. de Cléron d'Haussonville ——*L'église romaine et la premier empire, 1800–1814*, 5 Vols. (1868–1869).

13. Alphonse Aulard ——*Napoléon Ier et la monopole universitaire* (1911).

14. Henri Welschinger ——*La censure sous le Premier empire* (1882).

15. Ernest Daudet ——*La Police et les chouans sous le consulat et l'empire, 1800–1815* (1795).

16. Ernest Doudet——*Histore de l'émigration*, 3 Vols. (1886–1890).

17. Ernest Daudet——*L'exil et la mort du Général Moreau* (1909).

18 Sir John Hall ——*General Pichegru's Treason* (1916).

關於拿破崙之戰爭者:

1. T. A. Dodge ——*Napoleon: a History of the Art of War* 4 Vols. (1904–1907).

2. A. T. Mahan ——*The Influence of Sea Power upon The French Revolution and Empire, 1793–1812,* 10th ed., 2 Vols. (1898).

3. Albert Vandal ——*Napoléon et Alexander Ier*, 3d ed., 3 Vols. (1893–1896).

4. R. G. Burton ——*Napoleon's Compaigns in Italy, 1796–1797 and 1800* (1912).

5. R. G. Burton ——*From Boulogne to Auster litz: Napoleon's Compaign of 1805* (1912).

6. F. L. Petre ——*Napoleon's Conquest of Prussia, 1806* (1907)

7. F. L. Petre——*Napoleon's Campaign in Poland, 1806–1807* (1906).

8. F. L. Petre——*Napoleon and the Archduke Charles* (1908).

9. F. L. Petre——*Napoleon's Last Compaign in Germany, 1813* (1912).

10. F. L. Petre——*Napoleon at Bay* (1914).

11. Henry Houssaye——*Jéna et La campagne de 1806.*

12. Édouard Driault——*Austerlitz: la fin du Saint Empire, 1804–1808* (1912).

13. Charles Oman——*History of the Peninsular War*, 5 Vols. (1902–1914).

14. Charles Oman——*Wellington's Army, 1809–1814* (1912).

15. Hermann Baumgarten——*Geschichte Spaniens vom Ausbruch der französischen Revolution bis auf unsere Tage*, Vol. I (1865).

16. R. G. Burton——*Napoleon's Invasion of Russia* (1914).

17. F. W. O. Maycock——*The Invasin of France, 1814* (1915).

18. Oscar Browning——*The Fall of Napoleon* (1907).

19. E. F. Henderson ——*Blucher and the Uprising of Prussia against Napoleon, 1806–1815* (1911)

20. D. P. Barton ——*Bernadotle: the First Phase, 1763–1799* (1914).

21. A. F. Becke ——*Napoleon and Waterloo*, 2 Vols. (1914).

22. J. C. Ropes ——*The Compaign of Waterloo*, 2d ed (1893).

關於拿破崙時代之德意志諸邦者:

1. G. M. Priest ——*Germany since 1740* (1915), Ch. IV–VII.

2. Ferdinand Schevill ——*The Making of Modern Germany* (1916), Ch. III.

3. E. F. Henderson ——*A Short History of Germany*, Vol. II (1902). Ch. VI, VII.

4. C. T. Atkinson ——*A History of Germany, 1715–1815* (1908).

5. H. A. L. Fisher ——*Studies in Napoleonic Statesmanship: Germany* (1903).

6. J. R. Seeley ——*Life and Time of Stein, or Germany and Prussia in the*

Napoleonic Age, 2 Vols (1879).

7. Ludwig Häusser ——*Deutsche Geschichte vom Tode Friedrichs des Grossen bis zur Gr ndung des deutschen Bundes*, 4th ed., 4 Vols (1869).

8. K. T. von Heigel ——*Deutsche Geschichte vom Tode Friedrichs des Grossen bis zur Aufl sung des alten Reiches*, 2 Vols. (1899–1911).

9. Hans von Zwiedineck-Südenhorst ——*Deutsche Geschichte von der Aufl sung des alten bis zur Errichtung des neuen Kaiserreiches, 1806–1871*, 3 Vols. (1897–1905).

10. Heinrich von Treitschke ——*Deutsche Geschichte im neunzehnten Jahrhundert*, 5 Vols (1890–1796).

11. Heinrich Ulmann ——*Geschichte der Befreiungskriege, 1813 und 1814*, 2 Vols. (1914–1915).

12. Hans Delbrück ——*Das Leben des Feldmarschalls Grafen Neidhardt von*

Gneisenau, 3d rev. ed. (1913).

13. Ernest Denis ——*L'Allemagne, 1789–1810* (1896).

關於拿破崙時代之大不列顛者：

1. Sir Herbert Maxwell ——*A Century of Empire*, Vol. I 1801–1832 (1909).
2. G. C. Broderick and J. K. Fotheringham ——*Political History of England, 1801–1837* (1906).
3. J. H. Rose ——*William Pitt and the Great War* (1911).
4. J. H. Rose——*Pitt and Napoleon: Essays and Letters* (1912).
5. W. C. Russell ——*Poratio Nelson* (1890).
6. A. T. Mahan ——*The Life of Nelson, the Embodiment of the Sea Power of Great Britain*, 2 Vols. (1897).
7. J. S. Corbett ——*Campaign of Trafalgar* (1913).
8. A. T. Mahan ——*Sea Power in its Relation to the War of 1812*, 2 Vols.

(1905).

9. J. W. Fortescue ——*History of the British Army*, Vols. IV–VII (1906–1912).

10. Sir W. L. Clowes (editor) ——*The Royal Navy: a History*, Vol. IV (1899), Ch. XXXIV–XXXVII, for the years 1792–1802, and Vol. V (1900), for 1803–1815.

11. J. W. Fortescue ——*British Statesmen of the Great War, 1793–1814* (1911).

12. Sir Herbert Maxwell ——*The Life of Wellington*, 2 Vols. (1899).

13. W. O'C. Morris ——*Wellington, Soldier and Statesman* (1904).

14. F. J. MaCunnan, ——*The Contemporary English View of Napoleon* (1914).

中西名詞對照表

三　畫

大馬士革 Damascus
大維新 Davis
大維 David
士挑亞特 Stuart
土倫 Toulon
十味拿河 Dwina
土耳其斯坦 Turkestan
土耳其與喀哥斯羣島 Turks and Caicos Islands
小俄羅斯 Little Russia(Ruthenia)
小俄羅斯人 Little Russians(Ruthenians)
三多明角 San Domingo
凡爾登 Verdun
凡爾賽 Versailles

四　畫

不爾艮底 Burgundy
不魯哲斯 Bruges
不魯捨勒 Brussels
不來梅 Bremen
不勒坦腓德 Breitenfeld
瓦關斯太因 Wallenstein
瓦爾斯 Thomas Wolsey
瓦波耳 Sir Robert Walpole
瓦爾敦堡 Württemberg
瓦稜薩 Valencia
瓦姆斯 Worms
瓦倫人 Walloons
瓦巴西 Wabash
瓦爾夫 Wolfe
瓦薩 Warsaw
瓦拉西亞 Wallachia
瓦格蘭姆 Wagram
他布里斯 Tabriz
毛里西亞島 Mauritius
王港 Port Royal
厄爾齊斯河 Irtysh
內法 Neva
太姆士河 Thames
爪哇 Java
支蘭 Zeeland
牛頓 Sir Isaac Newton
日內瓦 Geneva
仁布隆 Schonbrunn
勿爾吉尼阿 Virginia
勿爾吉羣島 Virgin Islands
丹敦 Danton
丹拍爾 Temple
什拿克達底 Schenectady
什瓦站堡 Schwarzenberg
什馬克德 Schmalkald
什威仔 Schwyz
介斯族 Guise
巴塞羅納 Barcelona
巴華利亞 Bavaria
巴利 Bari
巴格達 Bagdad

巴柔洛米爹亞士 Bartholomew Diaz
巴哈馬羣島 Bahama Islands
巴西 Brazil
巴爾波亞 Balboa
巴芬 Baffin
巴多洛美 Bartolomé de Las Casas
巴爾巴利 Barbary
巴拉岡撒 Braganza
巴里亞利克羣島 Balearic Islands
巴塞耳 Basel
巴顚 Baden
巴孔哈姆 Buckingham
巴爾巴多斯 Barbardox, Barbardos
巴勒般 Barebone
巴爾遏模爾 Lord Baltimore
巴哈瑪斯 Bohamas
巴斯的獄 Bastille
巴里 Barry
巴達維亞 Batavian
巴白夫 Babeuf
巴拿馬地峽 Isthmus of Panama
巴拉遏拿忒 Palatinate
巴勒士登 Palestine
巴維亞 Pavia
巴拉圭 Paraguary
巴拉士特里拿 Palestrina
巴拉叩 Prague
巴土亞 Padua
巴撒諾比亞 Partheno Paean
巴斯卡爾 Blaise Pascal

五畫

白里他尼 Brittany
白蘭登堡 Brandenburg
白利耶拿 Brienne
白盧捨爾 Blücher
立陶宛 Lithuania
立陶宛人 Lithuanians
立餓 Leo
可尼慈 Kaunitz
史溫黎 Huldreich Zwingli
弗打 Count Alessandro Volta
弗克思 Charles James Fox
弗列德利克 Frederick
弗列德利克威廉 Frederick William
弗伊蘭黨 Feuillants
弗勒茹 Fvéjus
弗里蘭 Friedland
比捨格律 Pichegru
比爾德 Beard
比里牛斯 Pyrenees
比撒羅 Pizarro
比加底 Picardy
幼熱拿 Eugène
丕亞散撒 Piacenza
丕亞士 Pius
丕爾尼仔 Pillnitz
丕德克隆 Pitcairn
古巴 Cuba
卡羅威仔 Karlowitz
卡馬 Kama
卡洛斯 Don Carlos
包本族 Bourbons
布爾戈斯 Burgos

布拉克 Robert Blake
布林的錫 Brindisi
布哈拉 Bokhara
布倫斯威克 Brunswick
布達佩斯 Budapest
布勒登角島 Cape Breton Island
布勒士的 Brest
布爾罕姆 Blenheim
布德 Bute
布拉多克 Braddock
布爾哥拿 Burgoyne
布勒斯哥 Breisgau
布勒斯洛 Breslau
布加勒斯多 Bucharest
布爾朋拿 Bourbonnais
布里梭 Brissot
布捨勒斯忒 Bucharest
布宜諾斯艾勒斯 Buenos Aires
布芬喬治 Georges de Buffon
布岡維耶路易 Louis de Bougainville
布多窪 Poltava
甲可兵黨 Jacobin
尼羅河 Nile
尼斯他德 Nystat
尼哲明威占 Nijmwegen
尼亞格拉要塞 Fort Niagara
尼德蘭 Netherlands
尼斯 Nice
尼古拉 Nicholas
尼孔 Nikon
以色列人 Israelites
加利亞 Carrier

加來斯 Calais
加察林 Catherine
加斯提爾 Castile
加里卡忒 Calicut
加勒比海 Caribbean
加白拉 Cabral
加爾提爾 Cartier
加利福尼亞 California
加羅里拿 Carolina
加祖底西 Cavendish
加那列羣島 Canaries
加的斯 Cadiz
加達洛尼亞 Catalonia
加尼阿拉 Carniola
加林仔亞 Carinthia
加多岡白勒西 Cateau-Cambrésis
加爾文 Calvin
加里什 Jülich
加西米 Casimir
加爾斯達得 Carlstadt
加德倫 Calderon
加模恩 Camoens
加爾各答 Calcutta
加拿遏克 Carnatic
加洛拿 Calonne
加諾 Carnot
加斯德勒列 Castlereagh
加利略 Galileo
加利西亞 Galicia
加白 Hugh Capet
加凡底錫 Henry Cavendish
他布里仔 Tabriz

六畫

圭斯拿 François Quesnay
列日 Liège
西塞羅 Cicero
西勒 Cirey
西沙爾賓 Cisalpine
西肯根 Franz von Sickingen
西西里 Sicily
因斯布拉克 Innsbruck
多瑙河 Danube
多拿德羅 Donatello
多維爾 Dover
多腓拿 Dauphine
多勒米 Ptolemy
多巴哥 Tobago
伊利沙白 Elizabeth
伊拉斯穆 Erasmus
伊沙白拉 Isabella
伊屋尼亞 Ionian
伊文思 Austin P. Evans
伊亘 Ivan
伊伯利安 Iberian
伊格拿底斯洛雅拉 Ignatius Loyola
伊洛哥伊斯 Iroquois
伊尼哥準茲 Inigo Jones
伊利諾亞斯 Illinois
伊爾庫次克 Irkutsk
伊勒利安 Illyrian
吉倫德 Gironde
吉倫德黨 Girondists
休倫 Huron
休列斯維格 Schleswig
老倫斯哥斯特 Lourens Coster
米底奇 Medici
米底奇之馬利耶 Marie de' Medici
米底奇之亞勒山得羅 Alessandro de' Medici
米蘭 Milan
米仔 Metz
米揆倫 Miquelon
米雅非爾 Mir Jafir
米諾加 Minorca
米克蘭哲羅 Michelangelo
米拉皮 Mirabeau
托波兒斯克 Tobolsk
托穆斯克 Tomsk
旭維耳 James T. Shotwell

七畫

貝加爾 Baikal
貝東 Beaton
安得列鐸利亞 Andrea Doria
安都沃爾普 Antwerp
安提阿 Antioch
安拿波倫 Anne Boleyn
安多尼 Anthony
安拿 Anne, Anna
安湯加 Antigua
安得路蘇弗 Andrussovo
安勤 Enghien
安剔厘阿湖 Ontario
安茹之腓立 Philip of Anjou
安多亞拿德 Antoinette
安格斯 Angus
安斯巴什 Ansbach

但丁 Dante
但澤 Dantzig
但克爾克 Dunkirk
但威底 Dunwich
呂松 Luçon
呂錫安 Lucien
阿斯達拉干 Astrakhan
阿索勒斯羣島 Azores Islands
阿根庭 Argentina
阿爾巴尼 Albany
阿富拉底斯河 Euphrates
阿格勒索拍 James Oglethorpe
阿爾木仔 Ormuz
阿得河 Oder
阿德 Oudh
阿爾福 Orford
阿爾列拿 Orléanais
阿爾丹堡 Oldenburg
阿普撒拉 Upsala
李穆松 Limousin
希波克拉德斯 Hippocrates
低歆 Diu
里恩朋斯 Ponce de Leon
里恩 Leon
里斯本 Lisbon
里格 League
里龐多 Lepanto
里昂 Lyons
里弗爾 Livres (幣)
里凡尼亞 Livonia
里次 Lech
里耶 Lille
里約納 Lyonnais
里仔 Leeds
里格利安 Rigurian
里斯爾盧杰 Rouget de Lisle
里斯威克 Ryswick
伯利 Berry
伯爾慕達 Bermuda
伯爾格來得 Belgrade
伯爾尼 Bern
伯加利亞 Beccaria
伯明罕 Birmingham
伯拿多德 Bernadotte
柏爾格 Berg
伯約拿 Bayonne
伯爾克 Edmund Burke
伯拉諾 Giordano Bruno
伯拉希 Tycho Brahe
佛蘭西士 Francis
佛蘭克林 Benjamin Franklin
佛德角 Cape Verde
佛倫德拿克 Count Frontenac
佛羅倫斯 Florence
佛蘭西斯坎 Franciscan
佛羅比捨 Frobisher
佛羅里達 Florida
佛洛林 Florins (幣)
佛德角羣島 Cape Verde Islands
佛蘭克福爾 Frankfort
佛蘭西宮德 Franche Comté
佛蘭西斯培根 Francis Bacon
佛倫德黨 Fronde
佛褒利 Cardinal Fleury
佛蘭西斯德伊 Sir Francis Day
佛盧沙克 Frousac

克里脫 Crete
克林威爾 Oliver Cromwell
克里曼 Clement
克來武 Clive
克里士多弗勒恩 Sir Christopher Wren
克里梭羅拉斯 Chrysoloras
克利士先 Christian
克閔爹 Cranmer
克洛忽亞 Croatia
克里維斯 Cleves
克拉科 Cracow
克洛忽德 Clotilde
克累比耳 Edward B. Krehbiel
克里米 Crimea
克藍角 Crown Point
克闌維爾 George Grenville
克普勒 Kepler
克洛德 Claude
杜山 Toussaint L'ouverture
杜魯斯 Toulouse
杜菲 Edward L. Durfee
杜哥 Turgot
杜勒拿 Turenne
杜伯勃克思 Dupleix
杜穆利耶 Dumourez
杜揆斯拿 Fort Duquesne
杜伊勒利 Tuileries
豆米尼叩派 Dominican
豆米尼加 Dominica
利加德克林威爾 Richard Cromwell
利牙 Riga
坎特 Kent
坎特布里 Canterbury
坎布里奇 Cambridge
沙立曼帝 Charlemagne
沙勒羅亞 Charleroi
沙瓦拿 Savona
宏都拉斯 Honduras
佐倫 Zollern
君士但丁堡 Constantinople
君士坦斯 Constance
君士坦丁 Constantine
好望角 Cope of Good Hope
亨利耶達馬利亞 Henrietta Maria
亨亞底 Mathias Hunyadi
亨利 Henry
亨利哈得孫 Henry Hudson
亨利達頼 Henry Damley
亨利柏爾罕 Henry Pelham
亨利王子 Prince Henry the Navigator
亨列他 Henrietta
門的內哥羅 Monetenegro
門得撒瑪 Montezuma
門登 Minden

八　畫

佩脫拉克 Francesco Petrarch
押巴拉暨俺 Appalachian
尙伯蘭 Champlain
尙達拿加爾 Chandarnagar
尙巴尼與蒲利耶 Champagne and Brie
尙拿 Jeanne

尙波德 Chambord
迦南 Canaan
苦克 Captain Cook
芬蘭 Finland
芬德拿 La Fontaine
芬德拿伯羅 Fontainebleau
奈門河 Niemen
奈伊 Ney
昆昜連 Quintilian
林尼亞司 Carolus Linnaeus
林德 Robert Lindet
努蘭堡 Nuremberg
努堡之愛列諾 Eleanor of Neuburg
朋的支利 Pondicherry
朋巴都 Pompadour
朋巴爾 Pombal
易伯羅 Ebro
易伯河 Elbe
來布尼仔 Gothfried Wilhelm von Leibnitz
來丁 Leyden
來泊爾 Leopold
拔洛斯 Palos
和耳斯太因 Holstein
和爾坦斯 Hortense
和漢佐倫族 Hohenzollerns
直布羅陀 Gibraltar
波希米亞 Bohemia
波羅格拿 Bologna
波士威爾 Bothwell
波加西阿 Boccaccio
波蘇耶 Bossuet
波依拿 Boyne
波斯頓 Boston
波達尼灣 Botany Bay
波弗斯 Borghese
波利尼 Pauline
波斯尼亞 Bosnia
波塞納伊 Bosseney
波爾多 Bordeaux
波拿巴德 Bonaparte
波羅的諾 Borodino
波爾基亞 Cesare Borgia
波哈拿 Eugène Beauharnais
波爾多黎角 Puerto Rico
波亞都 Poitou
波仔塘 Potsdam
波河 Po
波多伯羅 Porto Bello
彼拿底克 St. Benedict
彼拿底克派 Benedictines
彼得格勒 Petrograd
彼得大帝 Peter the Great
彼得密克洛夫 Peter Mikhailov
孟買 Bombay
孟加拉 Bengal
孟德斯鳩 Montesquieu
岡必勒 Cambrai
岡比亞 Gambia
岡扎德加 Kamchatka
法蘭達 Flanders
法蘭達人 Flemings, Flemish
法爾拿斯 Alexander Farnese, Farnese
法蘭西島 Île de France

法爾米 Valmy
法易 Sidney B. Fay
法般 Vauban
法斯哥達加瑪 Vascoda Gama
拍羅他斯 Plautus
拍因 Thomas Paine
耶穌會士 Jesuits
耶路撒冷 Jerusalem
耶魯 Yale
拉腓爾 Raphael
拉里 Raleigh
拉斯他德 Rastatt
拉古斯 Lagos
拉白蘭 Lapland
拉布拉達 Labrador
拉克勒秀斯 Lucretius
拉沙耳 Sieur de La Salle
拉底斯拉 Ladislas
耶和華 Jehovah
拉伯爾 Rupert
拉倚格 La Hogue
拉法耶特 Lafayette
拉凡德 La Vendee
拉加塞 Marquis de Las Cases
拉佛西耶爾 Antoine Laurent Lavoisier
拉般斯 Rubens
拉西拿 Racine
拉米列斯 Ramillées
拉遏斯本 Ratisbon
拉栢斯堡 Ravensberg
虎克 Richard Hooker
底格里斯 Tigris
底孔德羅格 Ticonderoga

九畫

亞爾撒 Arthur
亞拉崗 Aragon
亞美尼亞 Armenia
亞得里亞海 Adriatic
亞力山大 Alexander
亞瑪爾菲 Amalfi
亞勒波 Aleppo
亞力山大里亞 Alexandria
亞速夫 Azov
亞美利哥維斯巴西 Amerigo Vespucci
亞爾巴魁克 Albuquerque
亞仔特克 Aztec
亞姆斯特丹 Amsterdam
亞爾干日爾 Archangel
亞爾吉利亞 Algeria
亞爾瓦 Alva
亞拉斯 Arras
亞維農 Avignon
亞里烏斯 Arius
亞里烏斯派基督教徒 Arian Christians
亞爾撒斯 Alsace
亞爾丁 Aldine
亞里阿斯多 Ariosto
亞勒 Alais
亞爾多亞 Artois
亞加提亞 Acadia (Nova Scotia)
亞勒弗尼 Allegheny
亞爾哥特 Arcot

亞爾芬梭 Alphonso
亞里士多德 Aristotle
亞白遏 Albert
亞白遏阿克勒斯 Albert Achilles
亞拉伯拉士挑亞特 Arabella Stuart
亞拉巴麻 Alabama
亞丹斯密 Adam Smith
亞拉克修斯 Alexius
亞蘭德羣島 Aland Islands
亞加西阿 Ajaccio
亞明斯 Amiens
亞斯伯隆 Aspern
亞隆德 Arndt
亞伯拉罕高原 Plains of Abraham
亞斯西之聖佛蘭西斯 Saint Francis of Assisi
亞揆拿斯 St. Thomas Aquinas
南塞 Nancy
南脫 Nantes
香料羣島 Spice Islands
英格里亞 Ingria
敍里亞 Syria
敍里亞人 Syrians
哈登堡 Hardenberg
哈得孫羅威 Sir Hudson Lowe
哈得孫 Hudson
哈勒姆 Haarlem
哈維爾 Havre
哈斯丁斯 Warren Hastings
哈勒 Albrecht von Haller
突斯加尼 Tuscany
約克 Yorck
約克 York
約克敦 Yorktown
約瑟芬波哈拿 Josephine Beauharnais
約瑟夫 Joseph
約翰漢特 John Hunter
約翰蘇伯斯奇 John Sobieski
約翰丕姆 John Pym
約翰漢登 John Hampden
約翰喬治 John George
約翰格敦堡 Johan Gutenburg
約翰腓西 John Fisher
約翰愛克 Johann Eck
約翰虎斯派敎徒 Hussites
約瑟夫波拿巴德 Joseph Banaparte
約翰加波 John Cabot
約翰威克里夫 John Wycliffe
約翰西塞羅 John Cicero
約翰塞基斯曼 John Sigismund
約瑟夫腓迪南 Joseph Ferdinand
約翰虎斯 John Hus
約翰哥勒 John Colet
洪德海姆 Johann Nikolaus von Hontheim
委內瑞拉 Venezuela
委斯法里亞 Westphalia
保加利亞人 Bulgars
查理 Charles
查理波拿巴德 Charles Bonaparte
查理布蘭東 Charles Brandon
查羅特 Charlotte
查理愛 Charlie
查撒姆 Chatham

查勒士敦 Charlestown, Charleston
胡登 Ubrich von Hutten
若亞那 Joanna
若亞啓姆 Joachim
若亞啓姆弗列德利克 Joachim Frederick
律拿維耶 Luneville
臥亞 Goa
馬拿秀斯 Aldus Manutius
馬利耶安多拿德 Marie Antionette
馬拉 Marat
馬蘭哥 Marengo
馬利亞路易薩 Maria Louisa
馬洛偉 Marlowe
馬撒林 Cardinal Mazarin
馬提亞斯 Matthias
馬德堡 Magdeburg
馬利亞德勒沙 Maria Theresa
馬德勒因 Madeleine
馬格勒德勒沙 Margaret Theresa
馬克西米連腸瑪諾 Maximilian Emmanuel
馬利亞安多尼亞 Maria Antonia
馬利亞愛略諾拉 Maria Eleonora
洛斯巴赫 Rossbach
洛多夫 Rudolph
洛萊因 Lorraine
洛安 Rohan
洛徹斯特 Rochester
洛舍耶 La Rochelle
洛梅尼耶 Archbishop Loménie de Brienne
洛克 John Locke
洛倫佐 Lorenzo de' Medici
科西加 Corsica
科修斯可 Kosciuszko
施坦福 Leland Stanford Junior
施開勒 R. L. Schuyler
契丹 Cathay
拱多塞 Condorcet
祕魯 Peru
馬的尼揆 Martinique
馬達加斯加 Madagascar
馬波羅夫 Marlborough
馬爾普拉揆 Melplaquet
馬可來 Macaulay
馬斯吞模爾 Marston Moor
馬里蘭 Maryland
馬蘇里拍坦 Masulipatam
馬赫 Mahe
馬來羣島 Malay Archipelago
馬拉巴 Malabar
馬克 Mark (地)
馬克西米連 Maximilian
馬賽 Marseilles
馬可波羅 Marco Polo
馬德伊拉 Madeira
馬林底 Malindi
馬其頓 Macedonia
馬德里 Madrid
馬里格拿諾 Marignano
馬耳他 Malta
馬丁路德 Martin Luther
俄多 Otto the Great
俄多曼 Ottoman

餓多曼土耳其人 Ottoman Turks
餓連 Orleans
餓斯威哥 Oswego
珀謝瑪 Parma
杰美 Jaime

十畫

拿布勒斯 Naples
拿法爾 Navarre
拿維斯 Nevis
拿法 Narva
拿破崙 Napoleon Bonaparte
拿爾遜 Nelson
拿撒之威廉 William of Nassau
拿撒勒 Nazareth
都爾 Toul
都林 Turin
都勒拿 Touraine
都拿 Tournai
都柏林地區 Pale of Dublin
都柏林 Dublin
都納河 Dūna
紐紛蘭 Newfoundland
紐加斯德爾 New-Castle
紐罕什爾 New Hampshire
紐餓連 New Orleans
紐哲爾西 New Jersey
紐布侖斯威克 New Brunswick
紐布勒沙什 Neu Breisach
桓提克 Van Dyck
海峽殖民地 Straits Settlements
海地 Haiti
桑薩爾瓦多爾 San Salvodor
桑達馬利亞 Santa Maria
條達 Tudor
陽馬諾一世 Victor Mmmanuel I
恪爾法尼 Luigi Galvani
格尼塞諾 Gneisenau
格羅登 Groton
格勒拿達 Grenada
格拉斯哥 Glasgow
格勒諾伯爾 Grenoble
格洛底拿 Dr. Guillotine
格也納 Guyenne
格德盧克 Gaudelouque
格德盧白 Guadeloupe
格羅拿 Garonne
格拉仔 Gratz
格斯他夫亞多華斯 Gustavus Adolphus
格斯他夫華薩 Gustavus Vasa
格拉塞 De Grasse
格拉達拿 Granada
格林蘭 Greedland
格拉先 Gratian
格斯他夫 Gustavus
格他納與格斯哥尼 Guyenne and Gascony
格老秀斯 Hugo Grotius
格洛特 Huig van Groot
哲拿爾 Edward Jenner
哲孔斯 Robert Jenkins
特里 Delhi
盎格魯撒克遜 Anglo-Saxon
盎熱文 Angevin
盎如 Anjou

哥都諾夫 Boris Godunov
哥侖布 Christopher Columbus
哥洛尼 Cologne
哥倫比亞 Columbia
哥德 Goethe
哥多伊 Godoy
哥利亞 Gorée
哥利尼 Coligny
哥徹斯特 Colchester
哥耳多法 Cordova
哥白尼 Copernicus
哥爾比 Colbert
哥爾尼耶 Corneille
哥隆瓦利斯 Lord Cornwallis
哥洛曼得爾 Coromandel
哥薩克人 Cossacks
哥隆瓦爾 Cornwall
哥伯蘭仔 Coblenz
哥德利耶黨 Cordelier
哥平哈僧 Copenhagen
哥爾德 Charlotte Corday
哥爾特仔 Hernando Cortez
哥尼斯堡 Königsberg
俾赤岬 Beachy Head
宮德 Conde
烏德勒支 Utrecht
烏爾穆 Ulm
烏布薩拉 Upsala
烏克蘭 Ukraine
納克 Jacques Necker
破米拉尼亞 Pomerania
威廉柏伯勒爾 William Pepperell
威廉勝王 William the Conqueror
威斯勒 John Wesley
威爾克思 John Wilkes
威尼斯 Venice
威斯康堤 Visconti
威尼西亞 Venetia
威廉般 William Penn
威丁 Wettins
威德斯巴赫 Wittelsbach
威敦堡 Wittenberg
威悉河 Weser
威廉羅德 William Laud
威廉默侯 William the Silent
威羅貝 Willoughby
威廉亨利 William Henry
庫開克卡拿基 Kuchuk Kainarji
庫都鎖夫 Kutusov
高盧人 Gaul
倫巴德 Lombardy
倫巴德人 Lombard
韋斯敏斯德 Westminster

十一畫

開羅 Cairo
張塞洛 Chancellor
笛卡兒 Descartes
康寧罕 Cunningham
康內克的 Connecticut
康寧 George Canning
勒基拿波耳 Reginald Pole
勒不士革 Leipzig
勒星炭 Lexington
勒拿河 Lena
勒新 Lessing

勒諾克思 Lennox
勒什斯他 Reichstadt
勒什但堡 Leuchtenburg
勒邊仔亞拉諛里諾 Letizia Ramolino
勒布蘭德 Rembrandt
勒克婁克 Leclerc
勒根斯保 Regensburg
勒格散斯 Requesens
勒仔沖斯奇 Stanislaus Leszczinski
崗拿 Cannes
崗波法米阿 Campo Formio
崗巴塞勒 Cambaceres
崗利尼 Camline
荷夫曼 Melchior Hofmann
荷龍 Horn
荷漢林丹 Hohenlinden
捨爾得河 Scheldt
捨爾堡 Cherbourg
捨洛參 Jerome
得熱普爾河 Dnieper
得尼斯特爾河 Dniester
得撒 Texas
達澤耳 Tetzel
達什爾 Tascher be la Pagerie
達隆勒 Darnley
達蘭多 Taranto
達西他斯 Tacitus
達梭 Tasso
達賴爾 Dürer
達爾馬提亞 Dalmatia
達達尼爾峽 Dardanelles
達格斯河 Tagus
許爾丹 Jourdan
許佛蘭 De Suffren
基爾 Kiel
基白邊 Lorenzo Ghiberti
基爾伯特 Gilbert
基克 James Geikie
基阿華尼格列佐威斯康邊 Giovanni Galeazzo Visconti
基弗 Kiev
茹斯底年 Justinian
茹留斯 Julius
茹德蘭 Jutland
黃金海岸 Gold Coast
略拿多 Leonardo de Vinci
莫斯科維 Muscovy
莫斯科 Moscow
莫利耶爾 Molière
莫臥兒 Moguls
莫比利 Mobile
莫利塞 Maurice
細勒西亞 Silesia
麥加 Mecca
麥哲倫 Magellan
麥麥爾 Memel
麥克蘭堡 Mecklenburg
密士失必 Mississippi
密爾登 Milton
麥克爾 Michael
掃羅 Saul
倭海阿 Ohio
湯尙德 Charles Townshend
梅閑克東 Melancthon

梅撒恩 Methuen
梅特涅 Metternich
費拉德爾亞 Philadelphia
麻撒朱色得士 Massachusetts
麻打拉斯 Madras
麻拉甲海峽 Straits of Malacca
莎士比亞 Shakespeare
曼徹斯特 Manchester
曼哈坦 Manhattan
鄂蘭吉 Orange
鄂斯福 Oxfort
鄂霍次海克 Okhotsk
鹿特丹 Rotterdam
梭維亞 Sophia
梭特桑得馬利耶 Sault Sainte Marie
設佛爾德 Scheffield
湯利 Count Tilly
湯洛爾 Tyrol
湯爾斯忒 Tilsit
湯先 Titain
第伯河 Tiber
脫拉法格 Trafalgar
脫里崗 Talleyrand
脫里耳 Trier (Trèves)
脫勒必宗 Trebizond
脫蘭德 Trent
脫蘭斯 Terence
脫蘭登 Trenton
脫蘭斯法尼亞 Transylvania
脫里尼達 Trinidad

十 二 畫

惠勒斯列 Sir Arthur Wellesley
惠靈吞 Wellington
滑鐵盧 Waterloo
婆羅洲 Borneo
彭若生 Ben Jonson
黑得阿里 Hyder Ali
黑伯斯他德 Halberstadt
黑波他斯堡 Hubertusburg
黑林 Black Forest
黑塞 Hesse
黑塞達姆斯特打 Hesse-Darmstadt
黑爾維過 Helvetic
黑哲生 Helgesen
黑普斯堡 Pabsburg
博斯破魯斯峽 Bospherus
栗勒 Sully
捷克人 Czechs
智利 Chili
提坎 Deccan
提特洛 Denis Diderot
提特洛亞要塞 Fort Detroit
斯太因 Baron von Stein
斯賓塞 Edmund Spenser
斯多克 Nicholas Storch
斯摩關斯克 Smolensk
斯坎的納維亞人 Scandinavians
斯佛爾撒 Sforza
斯拉夫語 Slavic
斯德拉斯堡 Strassburg
斯邁利亞 Styria
斯庇耶爾 Speyer
斯丹尼斯老 Stanislaus Poniatowski

斯德拉福 Strafford
斯武林 Sterling (幣)
斯拉法尼亞 Slavonia
斯德丁 Stettin
斯德拉散特 Stralsund
斯德哥爾摩 Stockholm
斯摩棱斯科 Smolensk
斯達丁 Stadion
腓迪南 Ferdinand
腓白洛尼亞 Febronius
腓立 Philip
喀大吉呐 Cartagena
喀利喀爾 Karikal
喀勒里亞 Karelia
喀山城 Kazan
華勒拉佛羅倫斯 Ferrara-Florence
華爾法克思 Fairfax
華爾克崙 Falkland
華爾文 Vervins
華勒拿 Varennes
華洛亞 Valois
治爵 George
治爵亞 Georgia
爵治華盛頓 George Washington
爵治弗克思 George Fox
普列斯德勒 Joseph Priestley
普里毛斯 Polymouth
普洛凡斯 Provence
普徠德 Pride
普拉塞伊 Plassey
普林斯頓 Princeton
普勒斯堡 Pressburg
普魯斯河 Pruth
幾亞內 Guiana
幾內亞 Guinea
萊因河 Rhine
溫德瓦西 Wandewash
溫德瓦斯 Thomas Wentworth
溫尼伯格 Winnipeg
斐斯圖拉河 Vistula
斐希特 Fichte

十三畫

愛琴海 Ægean Sea
愛斯拉沙白 Aix-la-chapelle
愛格蒙 Egmont
愛伯恩堡 Ebernburg
愛斯勒本 Eisleben
愛因斯德 Einsiedeln
愛德華 Edward
愛沙尼亞 Esthonia
愛里斯 Elise
愛爾巴 Elba
愛斯蘭 Iceland
愛略諾拉 Eleonora
愛德華王子島 Prince Edward Island
愷撒 Caesar
碩蒙 Chaumont
頓河 Don
賓夕爾法尼亞 Pennsylvania
福捨 Fouché
福祿特爾 François M A. de Voltaire
塞浦路斯 Cyprus
塞勒比斯 Celebes

塞凡爾脫 Cervantes
塞爾維他斯 Michael Servetus
塞爾維亞人 Serbs
塞維爾 Seville
塞維業 Madame de Sévigné
塞拿格耳 Senegal
塞爾維亞 Serbia
塞拉略拿 Sirra Leone
塞葉 Sieyès
塞爾維亞克羅遏亞人 Serbo-Croats
路易 Louis
路易腓立 Louis Philippe
路易斯堡要塞 Fort Louisburg
路易聖拿 Louisiana
路易塞 Louise
路易波拿巴德 Louis Bonaparte
聖喬治要塞 Fort St. George
聖薩華爾 Holy Saviour
聖克洛斯 Holy Cross
聖法斯 Holy Faith
聖耶洛姆 St. Jerome
聖斯特芬 St. Stephen
聖蘇維亞 Saint Sophia
聖羅稜案河 Saint Lawrence
聖佛蘭西士 Saint Francis
聖奥華斯丁 Saint Augustine
聖盎哲羅 St. Angelo
聖路易 Saint Louis
聖彼得 St. Peter
聖彼得保 St. Petersburg
聖豆米尼叩 Saint Dominic
聖保羅 St. Paul
聖安得路斯 St. Andrews
聖得尼 St. Denis
聖克仔 St Kitts
聖盧西亞 St. Lucia
聖丕耶爾 St. Pierre
聖克里斯多弗 St. Christopher
聖海列納 St. Helena
聖芬生忒 St. Vincent
聖茹斯德 St. Just
聖克盧 St. Cloud
詹特 Ghent
詹姆士 James
詹孔孫 Jenkinson
詹姆士阿遏斯 James Otis
詹生 Cornelius Janssen
雅法 Jaffa
雅麥加 Jamaica
雅克孫 Port Jackson
雅拿恩 Yanaon
雅庫次克 Yakutsk
蒙德維里 Sir John Maundeville
蒙特維德阿 Montevideo
蒙 Parker T. Moon
蒙克 Monck
蒙毛斯 Monmouth
蒙得加姆 Marquis de Montcalm
蒙德塞拉 Montserrat
蒙特利亞 Montreat
蒙斯特 Munster
蒙德福 Simon de Montfort
蒙澤爾 Thomas Münzer
瑪格勒 Margaret
瑪格勒條達 Margaret Tudor
瑪利 Mary

瑪基維里 Marchiavelli
瑪利條達 Mary Tudor
瑪利士挑亞特 Mary Stuart
新尼德蘭 New Netherland
新亞姆斯特丹 New Amsterdam
新英格蘭 New England
新法蘭西 New France
新南威爾士 New South Wales

十四畫

奧革斯堡 Augsburg
奧革斯丁派 Augustinian
奧革斯都 Ernest Augustus
奧革斯都二世 Augustus II
奧革斯都威廉 Augustus William
奧維尼 Auvergne
奧斯德利仔 Austerlitz
奧爾特 Erfort
奧德拿特 Oudenarde
黎塞留 Cardinal Richelieu
綽塞爾 Chaucer
漢薩 Hanse
漢薩人 Hessians
漢薩同盟 Hanseatic League
漢堡 Hamburg
漢諾瓦 Hanovar
漢白登 Hampton
漢符理 E. F. Humphrey
漢波特 Wilhelm von Humboldt
辟得蒙 Piedmont
麵仔 Mainz (Mayence)
麵印 Maine
魁伯克 Quebec
魁伯倫灣 Quiberon Bay
維拉克人 Vlachs
維拉撒諾 Verrazano
維也納 Vienna
維爾基 Virgil
維拉斯揆 Velasquez
維波爾格 Vilborg
維爾尼阿 Vergniaud
維托里亞 Vittoria
維多拿破侖 Victor Napoleon

十五畫

德斯穆林 Camille Desmoulins
德佛特 Delft
德尼爹亞士 Denis Diaz
德拉克 Drake
德拉瓦爾 Delaware
德勒斯登 Dresden
德羅爾 Jeremy Taylor
摩列亞 Morea
摩鹿加 Moluccas
摩洛 Moreau
摩拉維亞 Moravia
摩塞爾 Moselle
摩農格黑拉 Monongahela
摩爾達維亞 Moldavia
摩哈克斯 Mohács
摩洛哥 Morocco
摩爾人 Moors
熱拿亞 Genoa
熱拿 Jena
塔雷夕 Thrace
慕尼克 Munish

魯濱孫 Robinson
模爾 Sir Thomas More
墨西哥 Mexico
撒克遜 Saxon
撒克遜尼 Saxony
撒克威馬 Saxe-Weimar
撒克哥堡峨達 Saxe-Coburg-Gotha
撒克米尼根 Saxe-Meimingen
撒克亞爾登堡 Saxe-Altenburg
撒哈拉 Sahara
撒瑪爾坎 Samarkand
賣索爾 Mysore

十 六 畫

錫蘭 Ceylon
賽爾樊特 Cervantes
賽納河 Seine
霍孔斯 Hawkins
霍拉斯 Hrace
霍克 Hawke
霍布士 Thomas Hobbes
諾克思 Knox
諾爾曼法蘭西 Norman-French
諾維哥洛 Novgorod
諾亞因 Noyon
諾爾威威 Norwich
諾爾曼人 Narman
諾丁南 Nottingham
諾爾士 North
諾法斯哥邊亞 Nova Scotia
諾爾曼底 Normandy
諾德勒達姆 Motre Dame
盧卑格 Lūbeck
盧維爾 Louvre
盧特 Lutter
盧站 Lützen
盧華 Louvois
盧森堡 Luxemburg
盧森 Leuthen
盧加 Lucca
盧西倫 Roussillon
盧易特爾 De Ruyter
盧梭 Jean Jacques Rousseau
歐熱尼亞 Eugénie

十 七 畫

霞多盧 Chateauroux
霞隆荷斯德 Scharnhorst
穆拉 Joachim Murat
穆里洛 Murillo
穆西達巴德 Murshidabad
穆柴 D S Muzzey
薩的尼亞 Sardinia
薩芬拿羅拉 Savonarola
薩瓦 Savoy
薩格勒斯 Sagres
薩克斯 Saxe
薩拉曼加 Salamanca
謝潑亥 William R. Shepherd

十 八 畫

謨罕默德 Mohammed

十 九 畫

羅德爾 Sir James Lowther
羅亞爾河 Loire

羅比亞之盧加 Luca della Bobbia
羅白 Lope de Vega
羅提 Lodi
羅蘭夫人 Madame Roland
羅恩 Rhone
羅馬尼亞 Rumania
羅馬諾夫 Michael Romanovs
羅克洛亞 Rocroi
羅哲爾培根 Roger Bacon
羅捨福 Rochefort
羅得島 Rhode Island
羅哲爾威廉 Roger William
羅孔翰 Rockingham
羅得拿伊 Rodney
羅伯斯庇爾 Maximilien Robespierre
寶站 Bautzen
舊薩蘭 Old Sarum

二 十 畫

嚣格諾 Huguenots
蘇弗克 Suffolk
蘇立南 Surinam
蘇門答臘 Sumatra
蘇勒曼 Suleiman
蘇必利爾 Superior
蘇拉特 Surat
蘇拉哲 Suraj-ud-Dowlah
蘇黎西 Zurich
蘭格多克 Languedoc
蘭波伊 Rambouillet
韃靼人 Tatars

二 十 一 畫

闢德要塞 Fort Pitt
闢德斯普 Pittsburgh
闢斯可夫 Pskov
闢德 William Pitt

二 十 二 畫

體阿多爾 Theodore

周蓓 主編

『民國專題史』叢書

(美)海斯 著 曹紹濂 譯

河南人民出版社

近代歐洲政治社會史（下卷）

敘述自十六世紀起至1924年止，歐洲四百餘年來政治與社會的變遷，有條不紊，一氣呵成

新版序言

本書原版承各學者歡迎在過去八年中，並承各大學相率採用，無任欣感！ 著者與發行者受此鼓勵，乃有此新版之印行。 新版對於原書，略有更正。 其論一八七一至一九一四年之國際關係一章，已依照與世界大戰外交背景有關之最新可靠材料，爲之全部更正。 此外並新增第六編，題曰「風潮與緊張」，都凡五章，由世界大戰，和會，中歐與俄國之革命，至今日歐洲文明之紛擾狀況止。 此最後五章大都屬於新創，惟關於世界大戰一章，多取材於著者與蒙教授合編近代史(Modern History)中同目之章。 又此五章之全部著者並就所著較詳盡之大戰全史(History of the Great War)采取其詞句云。

海斯，一九二四年一月，於紐約亞福敦。

目次

第四編　民治主義與民族主義

第二十六章　土耳其帝國之分裂（一六八三——一九一四年）……六五九

第五編　民族帝國主義

第六編　暴烈與緊張之時局

近代歐洲政治社會史下卷

第十七章　梅特涅時代一八一五——一八三〇年

第一節　革命歟抑反動歟

關於社會與政治之某幾種基本原則，嘗爲法國大革命所宣布者，至拿破崙時代乃更得廣播於歐洲。在此後之時期中，歐洲任何國家其內部幾莫不發生劇烈之衝突，或則欲整個的接受此等原則，或則欲槪行排斥之。

革命與舊制之繼續衝突

自法蘭西一般人士觀之，自由平等博愛實已經是明確之事實或權利。彼擁護此等原則者，皆革命性成之人（激烈黨人或自由黨人）；其排斥此種主義者，則爲反動黨或保守黨乃留意維持或恢復舊制下之政治與社會制度者。一八一四年包本族之定位於法實含有妥協之性，卽革命與反動之維持均勢是也。法國以外之歐洲各邦君主類皆傾向反動，決意維持十八世紀之極種理論與實施。顧其人民則多於一七八九至一八一四年間由某種途徑向法人學得人民主權，個人權利及愛護民族之各種真諦，而毅然抱有針鋒相對之決心。故現在之問題，即為今後歐洲各國社會與政治之規劃，應依革命之原則乎，抑依反動之主張乎？此問題對於以後數代實有種種最重要之關係，至其結果之表現，乃十五年後之事。此十五年（一八一五——一八三〇）為自由黨與保守黨之衝突時期，可稱為梅特涅時代（Era of Metternich），吾人現當進而述之。

反動黨與保守黨

當此期中自由保守二黨之分，幾概因社會階級及地理位置而定。彼神聖治權動搖之君主，彼土地與特權被籍沒或有被籍沒的危險之貴族，彼心受寃抑或行受限制之教士，皆為舊制下之砥柱，概屬於保守黨。

革命黨與自由黨

反之，彼素惡貴族教士，現因希望完全操縱國家之政策與財政而反對益力之大多數中產階級（專業階級實業家商人店主等），彼歐陸各大學之多數人士（教授與學生），以及其他各業中之富於愛國心並夢想人類可臻至善之知識分子，彼以任何變遷皆可改善其生活之城市工人及鄉間力田之日工，此種種集團皆不安於舊制之下，而為團結力最固之自由黨人。

至於彼時佔歐洲人口大多數之農民，則依違於二黨之間，依然尊崇國家與教會之權威，篤信宗教，而懷疑自由黨人所唱之高調，此輩實隨時隨地可視為保守黨。但有一要點，其大多數乃與反動黨絕不相容，卽彼等熱心愛護革命時所完成之社會改革是也（彼等願永廢封建制與農奴制而自有其地）。大抵愈西向以與革命之法國近，則自由黨人愈多，反之愈東行而與法國遠，則保守黨人愈衆。

宗教之復興

在拿破崙敗後數年中，保守黨在全歐之勢力殆超出其實際人數之上。彼各邦君主，嘗領導偉大之民族運動以抵抗拿破崙之壓制，故愛國之民現復對之盡忠。彼可敬之教皇丕亞士七世曾因反對拿破侖之陵辱與侵害，而對於基督教之仁愛與剛毅以身作則，故羅馬教會現復受人崇敬。尤要者，卽革命戰爭與拿破崙戰爭之流血與慘狀，實引起一般的畏懼。各國與各階級人士之被屠殺者難以數計。戰後繼生之災，如饑饉時疫，犯罪及不可以言語形容之疾苦，到處流行。

和平之希望

故君主教士民衆等之共頌和平，實無足怪。卽傾向自由主義之中產階級，亦深知歐陸工商業之復興，乃和平之結果。梅特涅宣言『歐洲民衆之所需要者非自由而爲和平』，蓋亦未嘗無理。防制革命時期的騷動及拿破崙時代的戰爭之重演（簡言之卽維持國內與國外之和平），實爲反動的歐洲之標語與口號焉。

梅特涅

在一八一五至一八三〇年歐洲舞臺之角色中，最露頭角者，當推梅特涅。彼誠不如拿破崙在一七九九至一八一五年時代之獨步，但其卓絕，亦可使人常用其名以紀其時。顯梅特涅與拿破崙之顯然相反，則吾人實難懸想一更著之例。

梅特涅早年之事業

梅特涅於一七七三年五月十五日生於哥伯蘭仔。其門第在萊茵流域諸德意志邦最古之貴族中實居重要地位，當十六七世紀時曾有數人任脫里耳與哥洛尼大主教區之選侯。其父嘗服務於神聖羅馬帝國之外交界，己則自幼即受舊制中的社會背景與黑普斯堡宮庭中的貴族空氣之熏陶。年十六，肄業於斯德拉斯堡大學，其時城中暴民之氣燄實使彼對於法國大革命有最初之認識與厭惡，此種厭惡在十四年後拿破崙強奪其家產時殆未稍減。彼繼父業不久即爲老練之奧國總理可尼慈伯爵所賞識，一七九五年娶其孫女。彼因此婚媾不惟獲得奧國內之大地產，且得繼承十八世紀一大外交家之聲望而與維也納之達官要人相往還。是後彼如旭日東升，歷任黑普斯堡帝駐德勒斯登（一八〇一年），柏林（一八〇三年），彼得格勒（一八〇五年），巴黎（一八〇六年）等處之代表。雖其本國在奧斯德利仔戰敗後，數年之中國步艱難，而彼現又須與詭譎相若之脫里蘭闢，然渠終能藉其非常之儀表便捷之急智文雅之舉止在拿破崙廷中備受優待，並獲得非常之外交經驗。彼雖曾力勸其君在一八〇九年起時機未至之戰，然當瓦格蘭姆之敗，彼實最先主和之一人。

梅特涅之為奧國大臣

一八〇九年，名義上梅特涅雖受善意而遇事延宕的奧皇佛蘭西士一世之支配，實際上已是奧政府之領袖，秉政幾四十年之久。 此公亦知國事有革新之必要，旋即提出若干福國利民之建議。 但其厭棄下民之革命心，終使彼對於政府之自動改革深懷恐懼。 彼以為欲增加奧大利之光榮與威信，與其用變更國內社會與政治組織等種種不可靠之方法，不如利用獲勝之外交政策。

梅特涅與拿破崙之關係

就對外關係言，梅特涅恐法帝敗後，俄勢擴張，其對拿破崙之仇視乃因此而減。 自一八一〇至一八一三年，其政策均在使拿破崙與亞力山大互相對敵。 故彼對於奧公主嫁與拿破崙之婚姻談判，則力促其成。 見拿破崙與俄皇在一八一二年發生劇烈之爭鬬，則幸災樂禍，對前者既允出軍三萬以應援，對後者又保證奧軍之不取攻勢。 實際上則彼已令奧國之全軍準備作戰，維持一種武裝中立以靜俟何方能與奧國有較大之利，則將立即加入。 其妙計卒告成功，蓋民族戰爭(Battle of the Nations，一八一三年十月)與一八一四年之戰役，其勝負實因奧大利之干涉而決定：拿破崙之勢力既推翻，奧大利在戰勝之同盟國中遂稱最強，而梅特涅亦被稱為當時最敏銳之政治家。 (彼既與俄普君主親暱，又受脫里蘭與路易十八之歡宴，游英格蘭時，且受過當之歡迎，並受封爲匈牙利王國之貴族與奧大利帝國之伯爵及世襲親王。）

第二節　維也納會議與歐洲之再造

拿破崙所造成之國際問題

法國之包本族復辟後歐洲外交上最重要之問題卽爲一般領土之重新分配。拿破崙已破毀往昔之歐洲地圖戰勝諸國究能或究應補救之至若何程度乎？諸國之欲攫領土以償其功勞與犧牲者，究應達於何種限度乎？對於以前拿破崙之與國究應加以何種處罰乎？諸國重與六利之功與梅特涅之人特定維也納爲國際會議之地以期解決上述之各種問題，並恢復歐洲之均勢（一八一四年九月）。

維也納會議，一八一四至一八一五年

在維也納會議中金紫輝煌，顯貴咸集，爲歐洲空前之盛舉。君主涖會者凡六人：有俄皇亞力山大精明而神祕，志大而心慈。有奧皇佛蘭西士一世（註一），態度文雅，小心謹慎。有普王弗列德利克威廉三世畏縮頑固，深爲俄皇之基督教的仁慈所惑。此外復有丹麥，巴華利亞，瓦爾敦堡諸國之王。德意志之諸公爵，君主，選侯等，亦群集會場。至於特派使節，則有英愛爾蘭貴族，卽機敏

註一　彼自一七九二至一八〇六年稱神聖羅馬皇帝佛蘭西士二世，自一八〇四年以後，稱奧大利皇帝佛蘭西士一世。

[illegible]

的加斯德勒列爵士及號稱『鐵公』的惠靈吞先後代表大不列顛。有普魯士之哈登堡與洪保德（Baron von Humboldt）。有俄國之尼塞洛德（Nesselrode）。有方爲俄皇亞力山大私吏之斯太因。有以其新發現之『正統主義』（Legitimacy）而依違取巧之法國代表脫里蘭。最後尙有一重要人物，則爲梅特湼本人在會議中以適當之雅誼與威儀履行其主人所應盡之義務。維也納會義就其人物與行動而言實一慶祝革命失敗反動勝利之大會其對於法國之自由主義及英國之自由制度了解雖疎愛慕尙誠者，或僅亞力山大一人而已

彼會於維也納之神權式的君主及其顯赫之代表，依十八世紀之外交慣例，輒於談判之外，間以筵宴跳舞。因爲此種事實及所處決之多數問題原有困難之故，致會議之期延至數月。集會之始，主張卽雜不一致。俄普二國爲一方，奧國爲一方，而有英法二國爲之助，故雖以俄皇之堅決，梅特湼之詭譎，對於波蘭與撒克遜尼之困難問題亦久難解決。迨拿破崙由愛爾巴島歸國，始幣醒會中之政治家，使之團結一致，化除意見彼此讓步。維也納會議最後決議書（Final Act）之簽定，僅滑鐵盧戰前數日（一八一五年六月九日）之事也。

維也納決議所依據之主要原則，在力圖恢復法國大革命爆發與拿破崙出現以前歐洲諸國

之國境及王族。脫里蘭所藉以保全法國使不更受領土之損失，幷能以戰敗之國仍在歐洲會議中表演有力之活動者『正統主義』也。梅特涅所以能爲奧大利之政策及一般的反動張目者亦『正統主義』也。依據『正統主義』，法國甚至對於百日之變 (Hundred Days) 亦無須賠償甚重。一八一五年十一月所締結之第二次巴黎條約，對於法國幾乎保障其一七八九年之國境，惟強制其退還拿破崙在他國所奪得之美術品，付賠款七萬萬佛郎，幷任外軍之據其要塞五年耳。又依據『正統主義』，維也納條約承認包本族之復歸西班牙與雙西西里，鄂蘭吉族之復歸荷蘭，薩瓦族之復歸薩的尼亞與辟得蒙，教皇之恢復其在中意大利之領域，德意志各邦君之領土，會劃入萊因同盟者亦悉恢復。此外又因『正統主義』之名義，奧大利復得遏洛爾與伊勒利安諸省，瑞士同盟亦恢復而受中立之保證。波蘭則仍爲俄奧普三國所分，與一七九五年正同，惟俄皇對於其所得之最大部分領地，允視爲分立之王國，自有其憲法而已。

維也納決定中之『賠償問題』

『正統主義』之原則因須規定不合理之『賠償』，故而稍爲通融。吾人前已看出當拿破崙戰爭期中，英國除佔據馬耳他，毛里西亞島，多巴哥，聖盧西亞，脫里尼達與宏都拉斯之一部分外，幷佔據荷蘭之錫蘭，南非洲，幾亞內 註一 之重要殖民地。此等殖民地之屬英，現已確定，然而欲賠

得意志諸邦之再造

償荷蘭，且建一强國於法國之北境，乃將奧領尼德蘭（卽今之比利時）併於荷蘭，立尼德蘭聯合王國，受荷蘭王之統治，而對於此二地近二百五十年來因政治分離所生之種族的和宗教的惡感，槪不顧及。奧大利因放棄比利時尼德蘭而得之賠償，則爲在意大利享有優越之地位，古代威尼斯共和國之領土及米蘭公國，均併歸奧大利，而突斯加尼，珀爾瑪，摩德拿（Modena）中部諸小邦，亦皆由哈普斯堡族中之人爲王。瑞典則因割分蘭與俄國，讓破麥拉尼亞與普魯士，故亦由丹麥取得挪威爲賠償，蓋丹麥因久與拿破崙爲同盟，似應受此苛刻之懲罰也。普魯士亦得會中之允諾，併吞撒克遜尼五分之二，且爲防制法國之侵略起見，擴大其以前在萊因河下游諸省之領地。至於法國之東南境，則有薩的尼亞王得會中之允諾，佔據以前之熱拿亞共和國。

關於德意志諸邦領土與組織之決定，奧普二邦無不以嚴守『正統主義』爲不利。對於一八〇三年所滅之二百餘教會國家與小邦，此時已無人思欲復之。對於一八〇六年所消滅之神聖羅馬帝國，亦無有眞望其恢復者。德意志諸邦之君主與外交家，對於民衆欲建一強固民族國家之要求，自亦無贊助之意。斯太因固嘗提議統一全德意志於一單一權力之下，然弗列德利克

註一 幾部內之一部分仍爲荷蘭人所保留

威廉三世無自作領袖之志，且梅特涅固已對南德意志諸邦君保證奧大利之尊重其自主權利。蓋普奧二邦之政府與德意志諸小邦正復相若，咸不欲採坦白之民族政策，但求各保己利以防制他邦之侵略而已。此種各爭主權之結果乃有德意志同盟（Germanic Confederation）之創立，爲一種寬馳之組織，包括殘餘之三十八邦，設一同盟議會（Diet），由各邦君之代表組織之，而以奧大利爲其領袖。同盟之會員不得與外國聯盟以攻擊同盟之全體或某會員國。同盟組織法受歐洲之保障。因各小邦君主依傳習與利害關係而擁護奧大利，故此同盟不久遂受維也納之指揮。

奧地利之優越地位

歐洲第一流的反動人物改造地圖，蓋有如斯。法國藉正統主義之名，得以保全，惟以受包圍之故，亦不能復執歐陸之牛耳。同盟諸國因曾推翻拿破崙制止革命，亦各獲報酬。終之，歐洲之霸權在梅特涅指揮之下，遂由法國移至奧大利。當維也納會議結束之際，奧大利之勢力與聲威誠可謂盛極一時，而梅特涅彼時固亦自覺其所主持者爲一龐然大國也。除彼懸隔甚遠而且恆爲重累之比利時尼得蘭以外，一七六三年哈普斯堡族之領域已復原狀，又在鄰近之意大利獲得最富饒而繁盛之區域。法國在意大利半島全部之勢力，實概由奧大利取而代之。奧大利皇帝因在德意志以外尚有黑普斯堡族之勢力爲其聲援，故其在新建之德意志同盟議會中之威勢，較之以前神聖羅馬皇帝之勢力且更大矣。

民族主義之被漠視

在此種領土之整頓中，其效果多爲暫時，鮮能歷久。瑞典與挪威之聯合，計歷九十載，荷蘭與比利時之聯合，凡十五年，而關於意大利與德意志之決定，則僅維持五十載。維也納會議之最大錯誤，在有意漠視民族主義。彼傾向反動之君主與外交家，無論如何抵制自由平等，對於新近激動法蘭西人，波蘭人，葡萄牙人，西班牙人，意大利人，德意志人之愛國的民族的運動，實未能健忘。顧彼等竟悍然抹煞一切民族問題，悉依十七八世紀之國際傳習，以擴張其王朝勢力，而仍視歐洲各國之人民，如棋子之聽其播弄。德意志各邦君之所以仍舊倔強，意大利諸邦之所以受奧大利之統治，比利時人之所以與荷蘭人同隸屬於鄂蘭吉族，瑞典人與挪威人之所以受治於共同之君主，皆坐是之故。夫民族的熱望在全歐已成實事，維也納會議之未能滿足此種熱望，實其事業中之主要缺點也。

維也納會議之其他少數的成就

俄皇亞力山大及當時開明之輿論，原希望維也納會議能從事更廣大更徹底之工作；乃因會中各全權代表復採取列強競爭領土之故態，而受阻礙。自彼傾向博愛之人士觀之，革命戰爭，流，血困苦之恐怖時代既告終，歐洲一切君民間共同責任之意識亦迅速發達，則對於永久均勢之樹，立維護均勢方法之發現，一般的武裝之解除，國際和平之保障，奴隸貿易與海盜行為之壓制，社會問題之解決等，似為千載一時之良機。俄皇嘗在維也納提出此等問題，但會中人物外雖表示容納，心實漠然置之，多數問題竟致打消。甚至亞力山大旋亦專心謀為羅馬諾夫朝取得芬蘭波蘭，而無暇及此。好在英國代表出力不少，始於正式條約之後附一宣言，主張奴隸貿易之廢除，至廢除之期，則仍由各國斟酌情形自由決定之。關於國際河流之自由航行，及外交代表之首席權等之規定（對於國際法之內容略有變更），亦被採納。惟對於將來種種更重大之問題，則未覺察，或未注意。

梅特涅之政策維持現狀

梅特涅確望維也納會議之決定能歷久遠。自此以後，彼對於國際和平之維持，實主張最力。但彼深信維持歐洲和平之最好方法全賴同盟諸國君之善意督察，而不在創設以歐洲民意為基礎之中央裁判機關，蓋此種機關將承認可惡之民治主義，恐大有妨礙於奧大利之霸權也。

四國同盟

巴黎條約（一八一五年十一月二十日）乃正式使碩崙條約繼續有效，團結奧俄普英之四國同盟(Quadruple Alliance)約定於將來召集外交會議，以維持和平與現狀，梅特涅對此，已心滿意

俄皇亞力山大與神聖同盟

足

但俄皇亞力山大則已由神祕而夢想之途徑更進一步。彼一面則誠心依附四國同盟，而以武力爲維持維也納條約之有效手段，同時又覺一切歐洲君主所正式承認之基督教的和平容忍，相互親善諸重要原則對於近代社會及邊疆與政府之維持仍應爲基本的與神聖的精神力量。彼因是遂勸忠誠之普王及樂於贊助之奧皇與彼合組著名之神聖同盟（Holy Alliance，一八一五年九月二十六日）。依此同盟三君鄭重宣言彼輩『無論對於其本國之政治及其政府間相互之政治關係，決以聖教之訓誡爲依歸，卽正義，基督教的仁愛和平等是也。此等訓誡不惟適用於私人之關係，卽對於各國君主會議，亦應有直接之影響，作彼輩一切行動之指導而爲團結人類組織與補救人類缺憾之唯一方法。』彼輩更相互允諾『藉眞正永久不變之友愛的團結，以謀協和，無論在何時何地，應若同國之人彼此互助。對於臣民軍隊，應若家長之對於眷屬。本所激發之同一的博愛精神領導彼輩以保護宗教和平及正義焉』。於是此三君者乃以『至柔和懇切之態度』，勸其人民『日念此等原則及履行救主教導人類之義務，自強不息，蓋惟本此法始可享受發於良心之和平，亦惟此和平始能持久也』。

神聖同盟之萎弱

亞力山大實爲重視神聖同盟之唯一君主。教皇對於羅馬教派之奧皇，曾加譴責，以其與分離派之俄人及奉異端之新教徒合發基督教式之宣言也。有一著名之羅馬教辯護者嘗於其宣言中發現『幻想家假宗教熱狂以反對宗教之意味。』羅馬教派之奧皇乃明告亞力山大以不知其意義之所在謂神聖同盟『如關於政治問題，則彼須詢其首相，如關於宗教問題，則當詢諸神父。』梅特涅譏爲『贅文。』加斯德勒列爵士則稱爲『高尚神祕而毫無道理之言。』然除土皇教皇及英國攝政王外，全歐君主悉因順從俄皇且因在種種場合感受當時宗教復興之影響，故均簽定此約而加入神聖同盟。即英國之攝政王亦在其聲明不能簽字之書中，僞稱『對於各國尊嚴之君主所創立之原則，完全同意，』并申明當隨時力求『以彼等神聖之格言』爲其行爲之準則。

自十九世紀之自由黨人觀之，神聖同盟實爲撲滅民治主義民族主義及社會的正義種種險惡陰謀之具體化。但此種評論，乃由於名詞淆亂之故，實爲大誤。蓋神聖同盟之所以卒不能改良政治與社會狀況者，非因其發起人之無誠意，或其目的之不正當，實因加入諸國鮮有欲其名實相符之所致。俄皇之政治理想後固發生深刻之變遷，然而亞力山大之神聖同盟及其高尚之理

梅特涅在新時代之活動，一八一五至一八三〇年

自由主義之受有組織的壓制

列強之協調與國際分會，一八一五至一八二二年

想，在一般人士之心目中，自始即與梅特涅所操縱之比較凡俗而自私之四國同盟的實際行動相混矣。

以上所述，爲一八一五年歐洲之概況，藉此可見拿破崙推倒之後，各國人士大抵均因政治及社會問題而分爲自由黨與保守黨之兩大壁壘。維也納會議對於領土之處置乃保守黨根據「正統主義」與「賠償原則」所定，實際上始即恢復革命以前之原狀。最後且有一強有力之四國同盟，以維持條約規定及保障和平爲其目的。吾人又附帶的看出梅特涅隨奧大利地位之增高而得勢。自一八一五至一八三〇年，此黑普斯堡皇室之忠臣既爲奧大利保守派之愛國志士，又爲歐洲反動派之傑出人物。彼用奧大利之權勢以制歐洲，更思因監督歐洲而使奧大利之舊制不至動搖。蓋和平與安寧實梅特涅內政外交之鵠的也。

當梅特涅得勢之期中，危及歐洲之和平者，並非由於各國君主之爭衡，乃由於自由黨人之不寧，蓋彼輩恆以革命威脅其復古之君主，或煽動被壓迫之民族作亂也。彼酷嗜和平之梅特涅，一生事業在對自由主義作不斷之爭鬭。當其得勢之前七年中，完全成功。自一八一五至一八二二年，彼在四國同盟之贊助下（註一），召集愛斯拉沙伯（一八一八年），特洛白（Troppau，一八二

○年），勒巴赫（Laibach 一八二一年）及維洛那（Verona 一八二二年）之四大公會，勸說歐洲之各會代表承認警備歐陸全部以壓制自由主義。其志竟達，甚至亞力山大亦轉而傾向守舊，並與神聖同盟之其他諸國簽定著名之特洛白議定書：『各國有因革命而變更政府，其結果足以危及他國者，則因此喪失其為歐洲同盟之會員資格，非俟其情勢足以保證秩序與安定，不得加入同盟之內，……如因政府之變動而直接妨害他國者，則列強互約以和平手段或於必要時採用武力，以重納此有罪之國於大同盟之中。』故撲滅革命甚或干涉友邦之內政，在梅特涅之領導下，實為列強之義務。在梅特涅得勢時代之後七年中，因種種環境之所迫，對於特洛白議定書亦未能嚴厲執行。但其在中歐之優勢直至一八三○年之亂，始生動搖，至其對奧大利之失敗，則為一八四八年大變發生以後之事。

特洛白議定書

吾人現可觀察歐洲主要國家內部之重要事變，而藉以明瞭梅特涅時代之政治狀況。其時

此時政治上之特性——自由黨與保守黨之對抗

註一　嚴格言之，四國同盟僅包括奧、俄、普、英四國，但在一八一八年以後，列強之協調恆稱為五國同盟（Quintuple Alliance），因從愛斯拉沙伯公會之時起，法國在歐洲國際上即正式恢復其合法會員之地位。同盟列強之各次公會，俱允法國代表參與。

任何國家之政府，均爲保守黨所操縱自由黨人概立於反對地位有時且從事於革命彼梅特涅則恆與四國同盟籌商壓制之策。然當此期中自由黨之人數日益增加，迨一八三〇年，西歐已有幾國政府落於自由黨之手中，四國同盟遂歸解散。梅特涅既失其進攻之武器，乃轉取守勢，由是自由平等博愛等主義遂獲最後之勝利矣。

第三節　法國包本族之復辟

吾人如最初觀察法國，當易明白，蓋以法國之政治的差異最爲顯著也。法國當十八世紀中期，爲舊制之模範國；當十八世紀末葉則爲革命之中心；迨及十九世紀前半期，則保守黨與自由黨（各爲舊制與革命之繼承者）對峙國內，勢均力敵，異於歐洲之任何他國。

一八一五年路易十八之復辟

滑鐵盧之戰，實使保守黨取得政權。戰後僅二十日，路易十八即重入首都，主持國政。此時法國之情況，並非如彼目擊拿破崙最後各次大戰者所懸想之不幸。蓋戰雖敗，而國未毀。數百萬堅苦勤儉新爲地主之小農，已足爲經濟狀況進步之表現。且拿破崙作戰之所犧牲者，始終皆爲戰敗之敵；賴其先見之明及其理財之才，法國在一八一五年所負之債，蓋僅等於英國國債六分之一。加以中產階級乘和平之恢復旋即擴張其商業而發展其營業之利。因此種種法國當包本族復辟之後雖收穫荒歉，政治紛亂，且在滑鐵廬戰後復有外軍屯駐境內至於三年，然卒能勃然興起達於強盛繁榮之地位在歐洲全土殆無論匹。

法國之自由黨

常路易十八復辟之初即有絕不相容之二黨對立。一爲自由黨，此不僅包括傾向人權之理論家，即吝嗇之農民與富有條理之中產階級亦屬之，蓋若輩皆曾因農奴制之廢除與教會財產之還俗而深受其利者。同時又包括無數老卒，若輩皆曾在三色國旗與拿破侖指揮之下參加光榮之戰爭，現則因戰敗之刺激而益堅持其主義。

法國之極端保皇黨

一爲反動黨或極端之保皇黨 (Ultra-Royalists)，即貴族教士及西南諸省守舊之人。彼等愛念舊制，當大革命之始，即堅執反對之，以致財貨被奪，或則彼逐離國，或則受迫吞聲，現因事勢轉變，得勝歸來，皆亟欲報復。

路易十八與革命理想之調和

路易十八處此兩極端黨派之間，乃採適中政策，期得法國大多數民衆之援助。彼雖堅持古代君政之形式，及其本族之白色旗幟，然亦富於常識，能保留拿破侖之政法改革，及其榮譽團 (Legion of Honor)，法蘭西銀行，宗教條約，與大學制度。彼并承認帝國時代之貴族與舊制之貴族處於同等之地位，而批準前一年所頒賜之憲章。

極端保皇黨之反動——白色恐怖——

一八一四年之欽定憲章規定一立憲政府，頗以英國之政府爲模範。 有兩院制之議會，上院由國王所任命之貴族組成，下院由納巨額直接稅之國民選舉之。 兩院均不能創議立法，僅能批准或拒絕國王所提之議案，法規非經兩院之同意，不得頒佈。 國王藉國務大臣以行使職權，惟國務院與議會之關係則無明確之規定。 憲章又承認信仰與出版之自由，及大革命期中之土地讓賣，爲不可侵犯。 以上種種，固爲路易十八意外之寬宏與讓步，但法國自一七九三年以還，已經長期之變化，路易十八實亦從未夢想以身殉其主義也。

極端保皇黨，乃立作強烈的不平之鳴。 若輩見國王之寬大不能防止百日之變，故求王取消憲章，迨國王不允，若輩遂對自由黨人肆行報復。 當一八一五年暴動與流血之事層出不窮，歷時數月，此即歷史上之所謂『白色恐怖』(White Terror)，乃憤恨不平之保皇王黨所煽動者也。 路易十八原允僅對兩院所宣布爲叛逆者加以處罰，後受反動黨之慫恿，對於在百日之變中逃赴拿破崙之人，宣佈有罪者，幾達六十八人之多。 彼奸滑之福[illegible]於路易十六之處死，曾參預表決，後更以搜尋王黨陰謀爲拿破崙之要人，乃此次草定罪犯名單，又出其手，斯殆命運之神，故施狡獪戲罪犯之中受放逐者凡三十八人，鎗決者復有少數，著名之奈伊大將，卽其一也。 在法國南部，自由黨人之爲反動派暴徒所害者數以百計。在尼麥(Nimes)地方，因新教徒曾擁護拿破崙之主張，故暴徒乃採十字軍撲滅異端之法以行殘殺，卒至派遣軍隊至受害諸地，始能恢復秩序與安寧焉。

新下院之選舉即舉行於白色恐怖之中，自由黨人因受威嚇未曾投票，結果遂產出極端保皇黨之議會，其偏於保守，較之國王爲尤甚。彼有嫌疑之脫里蘭與福捨不久均失其國務員之職，所謂保皇黨下院(Chambre introuvable)者遂以酷辣之反動精神操縱政治歷時凡一載之久。通過種種之法律以約束出版物，對於某幾種人不得施行大赦，設立獨裁之特別法院以審判叛逆案件，並取消拿破崙法典中關於離婚之規定。一八一六年路易十八恐兇橫保皇黨之影響及於全國，乃解散保皇黨下院，下詔另選。此次代表之大多數爲温和保皇黨(Moderate Royalists)皆忠於憲章及一八一五年之決定，對國王退讓之舉並極表同情。此時極端王黨與自由黨則仍爲兩敵對之少數黨也。

温和保皇黨之得勢，一八一六至一八二〇年

當一八一六至一八二〇年温和保皇黨之得勢時代，顯然有穩定之進步。財政改革現已完成。關於政府每年出入預算案之準備，在帝國時代視爲兒戲者，現則成爲兩院日常工作之重要

一八二〇年極端保皇黨之復起

部分。且募集大宗公債，以速付同盟國之賠款，成功甚大，而外國軍隊遂於一八一八年概依愛斯拉沙伯公會之協定，撤出法境，法國乃復被承認爲一具有鞏固政府之強國矣。其時又通過一新選舉法，定一較簡之選舉制度，並規定每年所納直接稅之總數至少須達三百佛郎者，始得享有選舉權，蓋藉以保證中產階級在下院之優勢。此外復通過一議案，規定以後五十年中，法國軍隊之補充採取徵兵原則。最後復制定一寬大之出版法，蓋採諸英國所施行者。彼時既有此類立法，同時又能維持和平，故包本王朝遂漸獲實業階級之擁護。

一八二〇年初，王任忽爲一狂妄之自由黨人所刺，自由主義之立法時期遂告終止。當暴行發生，羣情激昂之際，極端保皇黨乘機驟得權勢，一復其反動與壓制之政策，此固意料中事。彼輩暫停憲章上關於個人自由之保障，恢復嚴格之檢查新聞制度，委整個之教育制度於羅馬教教士之手。且自謀維持其在下院之多數，而修改選舉法，採用一種極複雜之選舉方式，對於國民之每年納直接稅達一千佛郎者，與以雙重選舉權，並延長議會任期至於七年。彼輩又細定一種密查制度，更利用兵力以制服反對黨，而撲滅祕密之革命團體如「燒炭黨」(Charcoal-Burners)之類，此黨彼時固方由意大利傳於法國自由黨之中也。一八二三年，彼輩得梅特涅及歐陸列強

一八二四年極端保皇黨之國王查了十世之即位

之贊同，遂派法國遠征隊由王侄統率，侵入西班牙以恢復包本王之專制政府。法國軍隊遂來固嘗傳播自由平等博愛之福音於歐洲民衆者，今乃爲神權君主反對國民自由之武器運數顛倒，可謂奇矣。且因軍事勝利而發生之愛國情感，覺若是其悖理，以致西班牙遠征之結果，反使法國國民信仰極端保皇黨之心益增鞏固。當一八二四年路易十八逝世之時，包本族在法國之王位似已固定，復舊勢力亦似乎能永久支配法國之社會與政治。

自復辟以還，極端保皇黨之領袖爲前王之弟亞爾多亞伯爵，此人現乃以最近親屬之關係，繼承王位，號查理十世。自來家乘未有較包本族三兄弟（路易十六，路易十八，查理十世）之歷史更爲有趣，或更足爲訓者，蓋若輩在不同之時期與各異之環境中，均須應付法國之革命勢力也。路易十六固存心善良，篤信宗教，但不幸而庸懦無能，易爲他人所左右，故卒畢命於斷頭台上。路易十八則居心刻薄，一無主張，但爲詭譎機警之政客，故雖在無法調和之政黨衝突中，仍能維持十年之久，其統治固未嘗不光榮也。查理十世之政治厄運與前二人相較，殆與路易十六相若，惟其具有堅強之意志，固執之決斷，則與彼迥殊耳。當革命之最初，主持宮廷方面種種反革命之陰謀者，即亞爾多亞伯爵及馬利耶安多拿德也。當貴族教士之特權受革命之威嚇，領導若輩逃出國外者，亞爾多亞伯爵也。肆力反對革命黨及拿破崙而不倦者，亦彼也。當包本族及諸亡命者得勝而歸之時，鼓動極端保皇黨之從事報復者，又莫非彼也。論其個人，則彼實文雅仁愛，忠於朋友，而篤於宗教。其素所服膺之主義爲政教合一，恢復舊制下之政治，宗教，社會及智識方面之種種制度，彼厭棄革命學說，嘗謂『自一七八九年以還，未變初志者，惟拉法耶特與予二人而已。』

資助教士貴族之繼續的反動

查理十世之正式加冕，曾行一合乎神權君主之尊嚴的大典。彼藉兩院極端保皇黨多數之助，力謀達其素志。對於出版自由限制益嚴。對於教士之特權，亦多恢復。對於耶穌會士，則許其回國。對於瀆神謗教之罰，則更加重。對於亡命者流在革命時所喪失之土地與特權，則允給一千兆佛郎之賠款。甚至對於破壞均等繼承權，恢復長子嗣產權之議案，亦付討論。查理十世之忠實大臣嘗立一反動政綱之定義，稱爲『改造社會，恢復教士之政治勢力，製造一種享特權之強盛貴族。』法國當梅特涅時代極端保皇黨企圖此種政綱之完全實現，實屬邁進甚力。

第四節 西班牙包本族之復辟

一八一二年之自由憲法

同此時期，西班牙亦有反動及對抗運動之發生。一八一四年腓迪南七世之所以得復王位，非由巴力，實惠靈吞英軍及其忠順勇敢的臣民之功，此時西班牙蓋已有一種民族主義與立憲政治之健全的意識矣。吾人試回憶一八一二年指導國民革命反抗約瑟夫波拿巴德之臨時會議（Junta）所採行之一種成文憲法，其限制王權及廢除封建權利與各種特權及階級制度實均與一七九一年之法國憲法相類。此次憲法大抵爲中產階級之實業家學者理想家軍事首領等（卽受法國革命之影響最深并傾向反教士主義之各階級）所制定，當全國必須一致聯合以抵制法人時，此憲法尚能得其他各階級之容許。迨和平恢復，國家之獨立穩定，彼貴族教士對於此憲法乃立作劇烈之抗議。腓迪南七世乘此機會，利用大多數農民之愚昧無識或漠不關心，輒宣布一八一二年之憲法無效，并廢除國會（Cortes）。

腓迪南七世（一八一四—一八三三）與反動

腓迪南七世概用舊制下之官僚爲其左右主謀之人，而立卽採行極端之反動政策。彼與革命主義實無調和之餘地。舊日之專制政治及其所有種種不平等不公正之制度，悉行恢復。教士貴族之特權及其免稅之利，皆重被確定，僧院重開，耶穌會士被許回國，宗教法庭復立。個人自由被奪，出版則受極嚴之檢查。彼曾助復辟之自由黨人現亦遭逮捕，受放逐，或被禁錮。此時所以未大流血者，實半由於惠靈吞之勸。

自由党之反对国王

一八一四年西班牙之反動行爲所以如此卑劣者，大抵由於國王自身品性之所致。蓋腓迪南七世之爲人惡毒殘酷，忘恩負義，肆無忌憚，更乏才略，無遠見，不知於兩極端黨之間，自處中道以緖其全國；顧乃偏袒反動黨而常用殘酷手段以壓制自由黨。甚至遠在維也納之梅特涅，亦恐激成大變，勸其和緩。彼不力圖補救半島戰爭（Peninsular War）時所受之損害，而愛惜本國之財源，反妨害工商，濫賜嬖倖，常糜重金以自奉。此時美洲之西班牙殖民地實際上已自設政府，彼不知採撫綏之態度，解除其痛苦，復納之於一民族大帝國之中；乃始則漫不注意，迨爲時已晚，則欲服之以力。腓迪南政策錯誤之結果，在其復辟五年之內，即已顯著。西班牙分爲保守黨與自由黨之兩大壁壘，各包有不妥協分子之集團，一主反動，一主革命。行政則弊端叢脞。軍中則叛徒蜂聚。國庫則殆將破產。美洲之殖民地則公開革命，顯然成功。

此五年中，自由黨反對國王苛政之運動，進步極速。彼煽動者既失自由出版及公共集會之權，遂漸傾向於秘密結社，如燒炭黨，互助團（Freemasons）之類。支會密室，實爲革命宣傳便利之中心。自由黨人因此等支會聯絡之親密，範圍之推廣，得藉符號，手勢，及隱語等以傳播自由平等博愛之主義於全體會員。此種運動，遂得遍傳於中產階級之非宗教的或反教士的分子之間

（其對于軍官亦然），直至西班牙發生內亂而後已。

一八二〇年之西班牙革命

一八一九年國王爲出徵美洲殖民地而調至加的斯之軍隊忽而叛亂，此變實爲普遍騷動之信號。在一八二〇年之第一二兩月內，遼遠諸地如塞維爾巴塞羅納薩拉哥沙（Saragossa），亞斯杜列斯（Asturias）等處悉起響應。一八二〇年三月，腓迪南大恐，乃宣誓擁護一八一二年之憲法，幷發表一求助于自由黨人之宣言謂：「予等應坦率的走入憲政之途，朕實願爲嚮導」。倡亂者竟信其言而解除武裝。

腓迪南之突變乃畏縮恐懼之心對於其至怯且僞之性所發生之一種反應耳，彼固無遵守誓言之誠意也。此後二年之內（一八二〇——一八二二），其執行政務雖不得不遵照新集國會所議決之法規，幷受自由黨國務大臣之指導，實則自始卽忙於慫恿反動黨之反叛新制，幷與列強祕密通信，而尤以對於包本族之從兄法國國王爲尤切，請求外援以推翻其所宣誓維持之政府。其陰謀旋告成功，自由黨卒生內訌，教士貴族均反對改革案之執行，彼忠實熱心之羅馬教徒（在西班牙人數最多而訓練最良）以新國會之反對教士傾向爲瀆神謗教，在多數區域之中旋起旋滅之騷動竟成慣性，無政府狀況盛行，實足以預示西班牙內部反自由主義的革命之將至。

歐洲對於西班牙革命之態度

歐洲反動派之列強對於一八二〇年西班牙之兵變，認爲革命惡魔之出現。故彼等雖憎惡腓迪南之失政，而一念及逆黨成功，或將危及全歐，則皆震恐。俄皇亞力山大方爲梅特涅所動，而傾向於國際共同壓制自由主義之政策，彼每信一新出之主義，輒以急遽狂愚之熱忱赴之，於是乃自請率俄國大軍遠歷歐洲，以恢復包本族之專制政治。但法王則深以用俄軍爲不滿，蓋縱可擁護其從弟之主義，而坐令外軍重入法境，其影響之及於法國者，嘗令人生畏也。梅特涅亦不願俄軍之通過奧境，而亟謀有以和緩俄皇之熱忱。顧此事終須設法解決。於是在一八二二年經長久之國際談判，四國同盟及法國乃開維洛拿公會。此實彼時在法國得勢的反動黨之良機。彼黨遂提議法軍應執行歐洲一般之委託，出而干涉西班牙之國事。因此一舉，法國可免除外軍過境之恥，包本族可恢復專制政治，反動主義可獲勝於西班牙，而法軍所獲之光榮，更可使反動勢力在法國益增信仰。梅特涅對此提議，欣然接受，表示反對者，惟英國而已。

一八二三年法國之干涉西班牙

一八二三年初，法、奧、俄、普諸國政府依維洛拿公會之建議，各通告西班牙之自由政府，大肆舖張其無政府狀況，加以勸告，迫其取消一八一二年之憲法，并解除其對於國王之限制。西班牙之自由黨人對此當然拒斥，並以此舉爲對其純粹內政之非法干涉而提出抗議。於是法軍遂由安古勒姆（Angoulême）公爵統率急踰比里牛斯山而進。侵入之法軍在一八二三年并未多過困難如一八〇八年所受者。蓋現已無統一之國民起而抵抗，大多數之西班牙人實際上且援助或贊揚法軍，良以群衆對于自由制度極不信仰或漠不關心也。五月安古勒姆占領馬德里，自由黨政府與國會均遷加的斯而脅腓迪南同行以爲質。自六月至十月加的斯完全爲法軍所包圍。十月一日自由黨人釋放國王，惟有一諒解即國王應允赦免一切并允建一「温和之政府」。腓迪南自然允諾（世蓋無較彼更爲輕諾之人），于是加的斯旋即投降而自由黨人遂又解除武裝。

腓迪南七世之復辟與專制政治

國王即入法軍獲安全，乃立即食言并將一切立憲黨人宣布死刑。安古勒姆勸其和平妥協而卒無效。梅特涅，俄皇亞力山大及怯懦之普王弗列德利克威廉等之代表均主張大張王威，彼素性殘忍之腓迪南遂備施嚴酷。于是當一八二四年復古之舉遍及全國，其盲目毒辣尤甚於一八一四年之反動。不惟新近之種種自由議案慨行廢除舊制完全恢復，即對　革命黨人及同情于立憲政府者亦用奇巧之手段查出任意處死者數以百計，被放逐或被禁錮與污穢之地牢中者，爲數尤移。當法軍退出西班牙境時西班牙自由主義之中堅實已爲腓迪南七世所摧殘矣。

西班牙殖民地之革命　英國之態度

腓迪南自此時起至一八三三年逝世時止，實爲西班牙至高無上之專制皇帝，對於人神，概不負責。當其在位之前半期中，已不免弊政叢生，現十倍加甚，以至內則腐化盛行，外則自貽厥羞。此卑鄙之腓迪南七世所傳諸其繼承人者，實一種傷心之遺產也。

英國政府所以不贊助歐陸同盟諸國干涉西班牙之重要原因，並非對於反動不表同情。因吾人卽可看出此時在英國得勢之王黨，其對內政策甚向反動，已足與梅特涅之氣味相投也。其所以然者，乃出於商業上之考慮。蓋西班牙苟繼續佔有統治南美之大部分以及中美、墨西哥諸地，則必設法壟斷諸地之商業而排除英人，若西班牙殖民地自立政府，則對英商將立卽開放其商埠。英政府以一八二三年歐洲諸國對於西班牙之干涉不僅足以復腓迪南七世之位，且或可規復西班牙之殖民地，因而使英國不能在彼營有利之貿易。關於此事，英國卒能得合衆國爲其良友。

美國之態度　門邦主義

美國之目的自與英國迥殊，其動機不重在商業之考慮，而在惟恐梅特涅制度之擴張，足以危及其政治與社會制度。顧所希望之目的，則二國相同，卽西班牙殖民地之自由是也。一八二一年，美國已收買西班牙之佛羅里達，一八二二年，又承認哥倫比亞（Colombia），智利，阿根廷，墨西哥諸邦之獨立。一八二三年十二月二日，當法軍正受同盟列強之委托而佔領西班牙之時，美總統門羅(James Monroe)得英政府事先之諒解與其友誼之保證，向美國議會發表著名之宣言，是卽自來之所謂門羅主義(Monroe Doctrine)也。彼宣言『吾人對於歐洲列強之戰爭及關係列強自身之事務素不參與且參與亦與吾人之政策不合。吾人惟當權利受侵或受重大之危害時始表示憤慨或準備自衞。吾人對於西半球之事實有較密切之關係，其種種原因當爲一般開明而公平之觀察者所明白知曉。關於此點同盟列強之政制與美國根本不同。……因此吾人本誠懇之態度，及美國與列強間旣存之親善關係，敢宣言吾人對於列強凡欲以其制度推行於西半球之任何部分者，當視爲危害吾人之和平與安全。吾人對於歐洲任何強國現有之殖民地及屬地，從來未曾過問，將來亦決不干涉，但如對於旣已宣告獨立並能維持其獨立政府，經吾人愼重考慮，根據正義之原則予以承認者，有任何歐洲國家橫加干涉，以施行壓制爲目的，或圖以任何其他之方式操縱其命運，則吾人不能不認此爲對於美國表示非友誼之態度。……同盟列強欲推行其政制於兩(美)洲之任何部分，而不危及吾人之和平與幸福，實爲勢所不能。且謂彼南方同胞苟得自由而猶願採取歐洲列強之政制者，殆無人能相信也。因此吾人對於任何方式之干涉，縱欲漠不關心，亦屬勢所難能。』此宣言發表之次年，英國卽正式承認墨西哥與哥倫比亞之獨

梅特涅干涉美洲設劃之失敗

立，其承認其他西屬美洲諸邦之獨立亦不過稍緩時日，俟其基礎之鞏固耳。梅特涅盱衡事實，始放棄其利用四國同盟以壓制海外自由主義之希望。西班牙雖久不正式承認其殖民地之自由，然亦再不作征服之企圖。拿破崙之野心，腓迪南七世之頑愚，英國之商業利益，美國之政治原則，實同使西班牙永失其美洲之大陸帝國焉。

第五節　葡萄牙之反動

一八二〇年之革命與王族之關自巴西

當梅特涅時代，葡萄牙之歷史亦大受種種同樣情勢之影響。一八〇七年拿破崙之入侵，使葡萄牙之王族橫渡大西洋而奔往巴西殖民地。英國因與葡萄牙久有密切之商業關係，乃為雪此恥，逐出法軍，而設一臨時政府於里斯本。

厥後一八一五年，當歐洲和平恢復，梅特涅得勢方始之際，英人以葡萄牙王族仍在巴西，遂仍駐軍葡境，且以此為於本國有莫大之經濟利益。葡萄牙被視同英國之屬邦，事態旋即顯然，彼要求迎還國王驅逐外人之愛國反動黨，遂開始與自由黨採一致之行動，葡萄牙之自由黨亦如西班牙之自由黨，出自同樣之階級，且曾以同樣之方法學得自由平等博愛之革命主義。英國長官伯勒斯福爵士（Lord Beresford）暫消滅幾次時機未熟之革命，但當一八二〇年彼離去葡萄牙之時，葡軍卒仿西班牙人之前例而推翻攝政政治。自由黨人此時既大得勢，遂頒佈一過激之憲法，所有各點幾悉與一八一二年西班牙之憲法相若。次年，國王約翰六世（John VI）以巴西政權委諸長子辟德洛（Dom Pedro）而自歸葡萄牙，旋於一八二二年宣誓遵守此種憲法。

巴西之獨立

巴西人憤國王之去，起而變叛，得攝政之贊助而尊彼為獨立巴西帝國皇帝辟德洛一世（Pedro I 一八二二年）。葡萄牙國內之反動黨現亦得國王之幼子密格爾（Dom Miguel）為其領袖，以反對立憲政府，因此不啻對喪失巴西之一種抗議，而益獲羣衆之贊助。自一八二二年以後，葡萄牙為黨爭之犧牲品者歷時凡十有二載。

葡萄牙之黨爭

一八二三年，國王約翰恃有反動之法軍侵入西班牙，遂取消憲法。但此種讓步，猶不足以止密格爾黨之攻擊，必賴歐洲列強之聯合行動，始得恢復王位。當一八二六年約翰六世逝世，原為巴西王之辟德洛一世現乃成為葡王，號辟德洛四世。彼對葡萄牙人頒賜憲章，規定溫和之議會政治，而以一八一四年法國之憲章為模範。既而復以葡萄牙王位讓諸其七齡幼女馬利亞（Maria），惟有一諒解，即馬利亞他日須為其叔密格爾之后是。密格爾於是乃宣誓效忠於辟德洛，馬利亞，及憲章。但及一八二八年彼抵里斯本時，旋即食言，且因得國中教士與反動黨之多數擁護，卒變爲一獨裁之君，直至一八三四年爲止。密格爾之爲人放蕩無學，殘酷不仁，又因僑居維也納三載，深慕梅特涅之爲人，故其壓制自由主義尤爲嚴厲。

在傾向專制之密格爾與比較自由之辟德洛二人間之家族爭鬬中，奧、俄、普三國自同情於前者，而英國則以商業之故援助後者，固非對於自由主義特別熱心也。在美國方面，則其意見自一致贊成巴西與葡萄牙之分離，英國戰艦竟實行干涉，制止葡軍之以武力征服巴西人。葡萄牙之殖民帝國遂於此分裂，巴西雖仍保留種種之君政制度，然已如美國及其鄰近之西班牙殖民地，亦變爲美洲之獨立國矣。

第六節　英國王黨之反動

英政府之對外主自由對內主保守

因西班牙與葡萄牙之反動政治而獲利遠過於他國者，厥爲英國。（自當時歐陸政治家觀之，英國似乎爲歐洲最不反動之國。）在梅特涅時代，英政府對於歐陸反動黨之壓制自由主義，所以屢加阻撓者，多出於商業之考慮或偶然之情勢，幷非有愛於民治或熱心於「人權」也。英政治家在國內實亦堅持十八世紀之舊制，與梅特涅之保存奧國制度，查理十世之恢復法國制度，正復相同。綜此期中支配英國之王黨領袖姑無論其爲如何人，實皆非革命派，亦非自由黨也。

十八世紀英國政制與歐陸諸國不同之處，常易引起淆惑。自孟德斯鳩或福祿特爾輩觀之，英國政制似甚『自由』，可値贊許。至若梅特涅在十九世紀之前半期，當然仍以『自由』之名用稱英國之制。但在今日觀之，則英國之政制幷非自由，凡能細讀上卷所述之英國政制者，當了然於此。吾人可見英國在當時名義上固仍由國王與議會統治，顧國王之實權已移歸內閣，議會雖有權力，實則僅代表英國國民之極小部分，而此極小部分又大抵皆由擁有廣土之大貴族及英格蘭教會之教士所組成者也。

英國似乎未受法國革命之影響

當法國革命將起之際，性格意見俱不相同之英政治家如小關德（Younger Pitt）與弗克斯，輩俱已主張依民主之趨向改革議會。但因回憶布拉克斯頓（Blackstone）對於英國古憲自由演進之頌揚，因細思伯爾克對於法國激烈黨人所表現之自由平等博愛之痛詆，更因英法間之長期疲敝之革命與拿破崙戰爭，遂使英政治家對於法國之政治的社會的試驗極不信任，英國之改革竟以久擱。此時英國當大規模對外作戰之緊急關頭，一切事業均視爲次要。自一七九

英國政府之反動性質

三至一八一五年，英國議會之設施，價值顯著，效果永久者，惟愛爾蘭之聯合（一八〇〇年）與奴隸貿易之廢除（一八〇七年）而已。

頗涉空談之哲學家及貧苦工人之種種小集團，嘗欲藉革命團體如「倫敦通信社」（London Corresponding Society）等以繼續要求議會及社會之改革，然皆爲統治階級所嚴禁。當時議會之種種法案如叛逆行爲（Treasonable Practices 一七九五年）暴動集會（Seditions Meetings 一七九五年），通信社（Corresponding Societies 一七九九年）等案，其名稱已可明白表示英政府之決意剝奪公衆集會言論自由及出版自由諸權，蓋懼英人或可因此得悉歐陸方面可惡之新事態也。 王黨政府之聲望，似因長期戰爭之結果而益加增高。 歐洲各國之未受法軍侵擾者，殆僅有英國。 英國海軍迭次之勝，實足以確定其海上之霸權。 因大陸制（Continental System）之實施而使英人所受之損害，實較歐陸民衆爲少。 半島戰爭之進行，及滑鐵盧之大勝，更可昭示英軍之勇武及其將領之天才。 最後，英政治家在維也納會議中之外交成功，又大增其殖民帝國之疆域與其地位之重要。 此時英國之統治階級實足自豪。 英格蘭當拿破崙時代不惟未受法國革命理想之浸潤，且有屈服拿破崙之豐功，則其政治社會之制度，似宜受熱烈之讚美與忠誠之擁持矣。

反動之王黨領袖

因此當一八一五年王黨閣員及議會中之王黨多數堅決反對任何政治及社會之改革，實爲自然之勢。彼等乃代表貴族之農業利益及教會利益而維護英國人愛國之本性者，故對於既有之制度咸願意保存之。就此種意義言彼等實爲保守派與反動派。倡導此種政策而高出於王黨同志之上者有加斯德勒列，惠靈呑攝政王（Prince Regent）諸人。一八一一年度量狹小之英王喬治三世因神經錯亂，不能理政從此王權遂由其子攝政王執行，彼乃一不孚衆望之紈袴子。其極端贊助保守主義與乃翁相若而刻薄荒淫則顯與其父相反。一八二〇年，攝政王之因父死繼位不過形式上之變更耳，於國政實無關也。喬治四世之贊助反動，迄一八三〇年逝世時止，始終弗渝。彼更得二愛爾蘭之貴族兼地主加斯德勒列及惠靈呑與之戮力同心。加斯德勒列（一七六九——一八二二）註一雖未正式爲內閣總理，然自一八一二年起至一八二二年自殺時止其勢力實爲前此首相所少有。蓋彼富於才略，寬厚和藹，既主持外交政策，復操縱平民院也。惠靈呑（一七六九——一八五二）註二當加斯德勒列未死以前在政治上雖未居顯職，但其軍功及其勇武直率之人格，使彼在可能範圍內能維持反動主義於英國之內，此種主義固彼前

喬治四世，一八二〇至一八三〇年

加斯得勒列

惠靈呑

在歐陸所曾領導成功者。當梅特涅時代之大部分，支配英國之命運者，實即此流人物也。

英國反動之有利于地主貴族

彼等之對內政策有雙重性質：第一，其立法咸利於其所直接代表之地主貴族；第二，用嚴酷之壓制政策以防禦此種貴族之受攻擊。觀此吾人可以了然於彼輩之如何應受「反動派」之名號矣。

圍地

「圍地」(inclosure)風習之盛行，實在此時。斯舉本久已開端，英之農民早已因此而喪失其公共之耕地，牧場以及林地，且多有降爲佃農種貴族「圈圍」之大地產者。圍地之主要目的在於牧羊以便能從事大規模之羊毛業，此吾人所已知者。至十八世紀之末與十九世紀之初，此種制度進行極速，當喬治三世在位期中，議會所通過之私有圍地案至達三千二百零九件之多，包括土地在六百二十五萬英畝以上。此時昌言之目的，自不在振興已就衰替之羊毛業，乃在對於鄉村益求精耕。但其一般之結果，大抵不同，即地主之人數大減少而地主貴族之財富與勢力顯然增加也。

註一　加斯德勒列 (Robert Stewart, Lord Castlereagh) 爲第二任之倫敦德黎 (Londonderry) 侯爵。

註二　衛爾茲力 (Sir Arthur Wellesley) 爲第一任之惠靈吞公爵。

穀物條例

再者，戰爭結果雖曾提高生活費，但議會則仍墨守其資助地主階級之政策，而維持并厲行其對輸入食物重加關稅之穀物條例（Corn Laws）。一八一五年之新穀物條例規定若國內麥價未達八十先令一夸達（Quarter）（即每八斛值美金二十元），則禁止穀物之進口。

抵制王黨反動之根源

為抵制此種狹隘之階級立法及抵制促成此種立法之政治環境與社會環境起見，各方紛起反抗，一八一五與一八三〇年之間，力量漸臻，卒使英國內部發生衝突，與歐陸方面自由保守二黨之相爭正同。

知識份子的激烈黨

其時有數黨派或數階級因種種之理由從各方面共同反對王黨之統治。最重要者為「知識份子的激烈黨」（Intellectual Radicals）。其中有對於完全之社會改造抱精密之理想者，如哥德文（William Godwin，一七五六——一八三六）註一是。有曾領受法國革命黨人

註一　哥德文之主要著作為政治的正義之研究（The Inquiry Concerning Political Justice，一七九三年），闡發人類之性善，各種政體固有之弊，及人人使用土地之權。彼嘗有社會主義先進者之稱，其實稱為近代無政府主義之始祖尤為恰當。其妻烏爾斯頓克拉夫特（Mary Wollstonecraft，一七五九——一七九七）實為最初提倡權主義者之一人。哥氏對於文人如雪萊、拜倫、布威爾里頓（Bulwer-Lytton）輩之影響均甚顯著。

比較切於實際之學說者，如拍因是。此黨雖受政府之壓制，仍能存在，其分子大都為來自中產階級之理想家小店商及自修之工匠等。此黨之激烈主義在一極端則表現於如雪萊（Shelley），拜倫（Byron）其人之呼籲自由，在另一極端則表現於好爭自負之小册著作者如哥白遏（William Cobbett）其人之侈口謾罵。此等『知識份子的激烈黨』對於任何整個之改革計劃，鮮能同意；但其攻擊既有之制度，則全體一致。彼等對於傾向政治平等之幾種簡單法案，多表示贊助，此在今日英美人士觀之，縱非陳腐，亦屬平庸，但梅特涅時代英國之統治階級及愛國民衆，則視彼輩為不愛國之危險份子，其視激烈主義幾與叛逆相同。一八二〇年，哈羅（Harrow）之牧師至謂激烈主義係以『排斥聖經蔑視國家一切制度為重要成分之一種精神，苟無一慈悲之上帝以制止之，其結果必為無政府狀態無神主義以及一切之毀滅。』

羅馬教徒

英國反對王黨統治之第二種政黨為羅馬教徒，數百年來彼等恆受虐待。其在英格蘭與蘇格蘭者僅餘少數，但在愛爾蘭則仍佔居民之大多數，然在全國均未能享有政治與社會上之權利。彼輩對於法國之革命學說，固少同情，然為謀自身之解放，亦暫與激烈黨相聯絡。

新教異派

至於新教異派（Protestant Dissenters），其境況雖與羅馬教徒不同，但於政府亦肆力反對，蓋政府恆強令其納什一稅以維持英格蘭教會且不獨限制其從政即其享受大學教育之權利，亦恆為英格蘭教會之利益而被剝奪也。

新出現而無代表之工業階級

加斯德勒列，惠靈吞攝政王及其同黨欲在英國永久維持其反動主義，抵制少數「激烈黨」之抗議及無組織之羅馬教徒與新教異派等之宗教的反抗，或尚可能，但王黨遇此經濟上驚人之變遷，殆已自知其最後之命運矣。當法國大革命與拿破崙時代產業革命已在英格蘭產生種種最重要之結果，如紡織機之發明，新動力之進步，工廠之設立，製造品之非常增加，人口之由鄉村徙入城市是也。此等現象不久即使工商業代替農業為英國財富之主要來源，並增進所與「實業家」（實際上為中產階級之全體）之人數，繁榮與野心。然而操縱議會決定國家之政策者，并非中產階級而為地主貴族。兩種集團之利益各不相容，衝突終不能免，就此嚴重之事態看來，其最後之結果如何，已顯然無疑矣。

極端反動時代，一八一五年一一八二二年

自一八一五至一八二二年，王黨閣員對其制度似尚能維持罔替，反動勢力超出一切。彼高貴之地主得王黨議會之認可，乃繼續「圈圍」公地，並因穀物條例而坐享大利。英格蘭教會之教士仍享有宗教上之優勢，不從國教者（Non-conformist）之痛苦，毫無救濟，彼卑污之攝政王欲排斥羅馬教徒之解放，乃引其『可敬愛的父親之主義』以爲口實。一八一八年，議會並撥公款五百萬金元以建英格蘭教堂。議會改革似已絕望，個人自由殆將消滅矣。

經濟之困苦與騷動

然而經濟上的困苦在全英已達極點。工業上之利用機器已使多數勞力者失業，現更因一八一五年外戰之結束，英國商業獨佔權之破壞，英貨銷路之大減，而益令英國之無數工錢勞動者無事可作。最貧苦之階級受迫賦閑，乃歸其失業之咎於機器，而毀之以洩恨。此所謂「拉忒遏」(Luddite)註一騷動者，在一八一一年即已開始，至一八一六年而極盛。是時社會之騷動與財產之無故被毀，在全國實到處有之。此等騷動之性質屬於經濟方面而非政治方面，乃由貧苦愚昧而無組織之民衆因一時之狂暴與失望而促成者。每次騷動俱由中產階級之廠主與王黨政府合謀平定，倡亂要犯悉就誅戮。然而英國反動黨之重要錯誤，尚不在於壓制此種騷動之手段殘酷，

註一 『Luddite』之名來源甚奇。三十餘年以前，勒斯特郡(Leicestershire)有一智力薄弱受人嘲弄之村夫名拉特(Ned Ludd)者，一日因受衆嘲弄，怒而逐其中之一人至隣近一室中，尋其人不得，乃憤而破毀室內織襪架一對，於是以後凡遇此等事發生，人謂拉特所毀。『十九世紀種種最驚人的暴動之一，遂因此村傻而得名』（瓦波爾Sir Spencer Walpole)

乃在其對於經濟困苦所以產生之眞因竟熟視而若無覩也。

激烈黨旋即利用經濟困苦以引誘最下層之勞工階級擁護其政綱（頗見成功）。自一八一六年以後歷時多年知識份子之激烈主義得工人而人數之力量有增。當一八一七年議會集會之始因攝政王之受狙擊引起政府之調查乃發現一複雜之祕密組織其目的在推翻現有之制度。往昔之種種壓制政策至是遂變本加厲重見施行在貴族驚慌之中兩院竟以大多數通過一議案中止出庭狀（Habeas Corpus）之權一年。於是任意拘捕與任意處罰之事至少遂暫時復行於英國。同時政府又公然侵犯向有之出版自由令保安官得發行逮捕狀凡有人因發表慢教或煽亂之謗書被控者概得拘捕。因是控告之事紛至沓來以致其時最有勢力之激烈黨人哥白湯亦圖避免任意之拘禁而停刊其新聞紙（即激烈而售價兩辨士之政聞報（Political Register））。彼既『不能弄文墨』乃航赴美洲。

一八一九年之『曼撤斯特慘案』

激烈黨之要求議會改革不惟能得羅馬教徒及工人之熱心贊助即中產階級亦然蓋彼等均出自英格蘭北部與中部驟形繁盛之工業城市在平民院尙無代表也。在斯密非特（Smithfield）里子斯托克波爾（Stockport）伯明罕諸城均有羣衆大會之舉行在伯明罕城幷選出一

一八一九年之壓制政策六項法案

『立法代表』。一八一九年八月，曼徹斯特之聖彼得場（St. Peter's Field）亦舉行同樣之羣衆大會，爲王軍用武解散，死觀者六人，傷者甚衆。此『曼徹斯特慘案』（Manchester Massacre）實足以表示英國統治階級欲採梅特涅及歐陸其他反動派之精神，利用軍隊以壓制言論自由之決心。

曼徹斯特之慘劇發生後，王黨隨卽厲行議會之六項法案（Six Acts 一八一九年十一月），英國之反動勢力至此實無以復加。第一案禁止私人之從事軍事訓練。第二案規定罪犯之迅速審判。第三案許地方長官得發搜索狀向私人住宅檢查武器。第四案准查封一切煽亂與誹謗教之出版物，著者如再犯時，可加以放逐。第五案規定並限制公共集會之權。第六案規定一切出版物之不達某種篇幅者，須如新聞紙納重額之印花稅。此六項除第三第五而外，均預定爲永久法案。

對反動政治之一切和平的示威運動，既概受禁制，於是有少數暴戾之激烈黨人乃在倫敦組織加多街（Cato Street）之陰謀（一八二〇年），圖加害於王黨內閣之全體，謀泄處絞者凡五人，保守主義不爲暴行所動，英國在外表上遂得暫安。

反動寬馳時代，一八二二至一八三二年

英國之反動在一八二二年以後其根基雖已漸趨崩頹，然終梅特涅之時，仍佔優勢。一切反對勢力稍得休息，乃重事攻擊。哥白邁（一七六六——一八三五）歸英以新精神注入激烈黨中。羅馬教徒亦得鄂康尼（Daniel O'Connell 一七七五——一八四七）為一勇敢有才之維護者。中產階級則到處要求出席議會及利於新工業之立法，彼等此種要求實得英國工人階級之贊助。在對方，則喬治四世因中篝之事至欲與其后加洛林（Caroline）離婚，其愛國熱忱坐耗於是，不然，彼或尚能對於反動主義加以鼓勵也。迨一八二二年加斯德勒列逝世，王黨統治之實權遂歸其青年之僚屬，此輩關於重要問題之意見乃立與之相左。

康寧

英國因康寧（一七七○——一八二七）之外交政策，正式拋棄四國同盟，並決然反對任何政府為壓制自由主義而干涉他國之內政。當時人物如哈斯基孫（William Huskisson 一七七○——一八三○），關爾（Sir Robert Peel 一七八八——一八五○）輩其利害均與工商業同情，而與彼不進步之地主貴族相異，因彼輩之努力，英國乃能於十九世紀第二十幾年之末，漸行其補救之新法。即彼傾向反動之王黨亦終為情勢所迫，而走入自由改革之大道。當一八三二年英國因此種情勢，致舊式之反動難以維持，而另由彼實業界之中產階級樹立一眞正之政治優勢以代之，吾人以後詳究產業革命之發軔及其進行時，當易明之。

第七節　俄國自由政治之試行與放棄

俄皇亞力山大一世，一八〇一至一八二五年

當一八一五年，歐洲強國中擁護反動主義之最無誠意者，乃非英國，而爲俄國，此點似頗離奇，故梅特涅最初所受之大困難，即在應付俄皇。

吾人對於亞力山大一世（一八〇一——一八二五）之特性，前已言之綦詳，足以明白其矛盾神祕，費人索解。彼幼爲其祖母大加察林專制女皇所撫育，陶鎔於俄國專制政治之傳習中者甚深，但又由其瑞士師傅處得悉當時民主政治之理想頗多。彼頗以俄國人民之眞正『慈父』自居，嘗思輸入英國之政治與社會制度。酷嗜和平，故對於拿破崙軍事勢力之推翻，曾爲其主動力。熱心宗教，故嘗夢想聯合全歐爲一純整之基督教社會。

亞力山大最初之贊成自由主義

亞力山大在位之初，屢作贊助自由主義之表示，嘗以維新人物置於左右。註一　彼似欲以俄

註一　最著者爲亞丹沙托里斯基親王（Prince Adam Czartoryski，一七七〇——一八六一）與密卡爾斯庇蘭斯基伯爵（Count Mikhail Speranski，一七七二——一八三九）。

代法爲憲政自由之保護者，一八一四年路易十八之對法民頒布憲章，實彼之力。且嘗批准分崩之獨立憲法；而自動的予波蘭人以一憲章，以樹立代議政體保障個人自由。在維也納會議中彼得斯太因之助，嘗圖助德意志之復興，亦嘗力主奴隸貿易之即刻廢除，並發起神聖同盟（Holy Alliance），冀其寬宏仁愛之目的，可藉以獲勝於全歐。

亞力山大之試行改革

此時亞力山大方用相傳日久之仁君態度，而不用法國革命黨之方式，爲俄國擬定種種之改革計劃。又廢止限制個人自由之比較嚴酷的舊制；免除教士貴族及中產階級商人之肉刑；改組分部之行政制度；創設備諮詢之帝國會議（Council of Empire）；成立一種對俄皇負責之革新的內閣；並將其對全俄頒賜成文憲法之理想切實討論。此外關於民衆教育之促進，亦有種種偉計；創辦區立學校，師範學校及宗教學院；改組現有之莫斯科，維爾納（Vilna），多爾巴（Dorpat）各大學，復設立新大學於彼得格勒，喀山城，克爾可夫（Kharkov）等處。關於全俄帝國之農奴制，已擬具詳細之調查報告，預籌廢止之法，而此大解放的工作已小試於波羅的海諸省。

亞力山大之逐漸放棄自由主義而傾向反動

所有此等自由計劃，幾皆一八一五年以前所擬定者，卒以拿破崙戰爭之紛擾，及大多數俄國民衆愚昧無識或顯懷敵視之故，其能完全實現者甚少。一八一五年以後，亞力山大暫時雖仍蓄改革之計，但其熱忱則已日形冷淡矣。彼深知其人民之顯然缺乏教育，不宜於民治制度，乃逐漸將其熱忱由政治之改革移於宗教之復興。其一切變化中之最可怪者，即終至受梅特涅之影響也。

亞力山大與梅特涅

梅特涅常乘機使此仁愛之俄皇明白提倡自由主義之危險：使自知其對自由黨與激烈黨愈讓步，則其要求將愈無饜；愈容忍其煽惑，則彼遂行且鼓動更大之暴行與騷亂；因此維持基督教之和平與仁愛之唯一安全方法，當在對於自由主義之嚴厲壓制。不久即有種種事變相繼出現，使亞力山大發生恐慌而甘爲梅特涅所利用，此即俄皇衛隊軍官之陰謀革命（一八一八年），俄國使臣可仔布（Kotzebue）之爲德意志自由黨人所刺（一八一九年），法國王任之被刺（一八二〇年）及意大利與西班牙之相繼發生騷亂是也。亞力山大在特洛白公會（一八二〇年）中，乃對梅特涅承認其宗旨之全變。此痛悔之俄皇自謂「朕現對於一八一五與一八一八年間之所言所行，實深追悔。自恨虛費光陰，今當力圖補救。以前卿之判斷事勢，莫不正確，請明語朕以卿之所欲及卿之所期望於朕者，朕當實行之。」

俄國之放業自由主義

自是以後，亞力山大始終與梅特涅合作，籌劃并執行反動政策以壓制德意志，意大利，西班牙諸國之革命運動。神聖同盟現爲彼極凡且俗之保守主義謀利益，故幾變爲一警備歐洲之組織。以後亞力山大之處理內政，亦不肯將其業經試行之自由制度推廣或完成之矣。

俄國自由黨之反動

亞力山大之改變態度，其在俄國之直接結果，即爲知識階級中之自由分子發生一種大失所望之情感，而以少年軍官爲尤甚，蓋彼等在西歐作戰時曾學得法國之革命學說不少也。祕密團體於是產生，其自由運動之性質，實與在西班牙意大利者毫無二致。

一八二五年之十二月革命

一八二五年十二月，亞力山大暴卒，各種新革命團體咸欲乘此制止反動。先帝嘗遺命傳位於其次弟尼古拉，而性情流浪度量寬宏之長兄君士坦丁大公，反不得繼承王位，各革命團體乃起而反對此項遺命，並運動駐彼得格勒之軍隊叛變，一時『君士坦丁與憲法』實爲革命之口號。但君士坦丁立即棄絕彼輩，故尼古拉未遇大困難，遂能恢復秩序，並獲得普遍之承認。此次叛變之軍士多誤以『憲法』爲君士坦丁之妻，由此可以推知當時自由宣傳之影響於俄國者其膚淺爲何如！ 此次十二月革命之罪魁，即後以十二月黨（Decembrists）著稱者，概由新皇處以酷刑。

尼古拉一世時代之繼續發動，一八二

尼古拉一世（一八二五——一八五五）向未同情於自由主義，其即位時之種種不幸情形，尤足以使其愈趨於保守。彼實爲反對革命與維新之一切人物中最堅決勇敢而有成功者。當

五至一八五五年

其在位之三十年中，極利用種種極嚴厲之政策以防制自由思想之在其人民中自然萌芽，或由外國傳入。彼爲達此目的計，對於出版物特定一極嚴之檢查法，並創一種糜費之護照制度，使俄人之欲往外國或外人之欲入俄國者，皆感困難。此外爲舉發并處罰叛亂計，復創一種嚴祕之祕密警察。縱令當梅特涅時代之初，俄國似乎爲有流毒而危險之自由熱潮的發育地，但及此時代之末，則情勢已變，自彼極端反動者觀之，此時之俄國已成政治上之樂土矣。

第八節　中歐專制政治之維持

梅特涅在奧國之重要地位

在西歐諸國，自由黨與保守黨之奮鬬，實最勇敢而最有希望，在東方龐大之俄羅斯帝國，保守主義之制勝已決，而於此雙方之間者，則爲奧大利直轄或控制之廣土，此眞爲反動之大本營也。

梅特涅主宰下奧國領內之反動

梅特涅之所最注意者，在利用黑普斯堡政府之全力以維持奧大利領土內之現狀。彼不願變制，甚至不欲爲革新而有所遷就。劇烈之種族競爭，常有使駁雜之國家陷於分裂之危險，彼乃以訓練甚精之大軍妥當分駐，藉資防制，匈牙利軍則駐於意大利，意大利軍則戍奧領波蘭，德意志軍則據波希米亞，捷克軍則維護奧大利本部，南斯拉夫軍則鎮懾匈牙利。爲抵制外國革命思想之輸入起見，彼乃遍設稅關與檢查員於奧大利之四境。為防制國內自由主義之萌芽計，則對於出版物加以嚴密之監督而重以管領教育之權歸諸教士，不受政府干涉者惟音樂而已。此種政策之實行，卒致經濟之停滯，斯亦意中事也。蓋此時農業仍為黑普斯堡領土中一切人民之主要職業，彼驕橫之地主貴族仍保留其種種之封建特權，對於公衆之福利無相當之貢獻，其妨害農業正與法國大革命以前之情形相若。至於商業則因國境高率之關稅與內地種種之特捐，而亦趨衰落。重以估稅之不平，征稅之侵蝕，費用之無度，遂使帝國之賦稅益為虐民。然梅特涅仍能維持此等制度於奧大利之領土內，直至其在一八四八年傾覆時止。

梅特涅對德意志與意大利之政策

彼除為黑普斯堡族之直轄領土苦心孤慮而外，其次即在亟欲操縱意大利與德意志，以便撲滅一切政治或社會運動，蓋恐其蔓延至於奧大利，甚或推倒其所崇拜之制度也。一八一五年之領土決定，實使彼能達其操縱之目的。

德意志同盟

梅特涅對於德意志諸邦所遇之困難甚小。奧大利為新德意志同盟之領袖，常能得各小邦君主之贊助，蓋以其皆自然妬嫉普魯士也。同盟組織法第十三條原規定「同盟諸邦應採代議政體」，梅特涅則利用此種手段而屢阻其實現。南德意志境內有數邦，向與法國聯盟，故自由主

德意志諸邦自由運動之繼續存在

義盛行，其君主爲應時計，亦思頒布一稍與法國路易十八之欽定憲章相似之法，註一且彼等固仍用拿破崙法典。但每因嚴酷之田獵禁令出版限制及種種社會痛苦之存在，致處處輒有不滿意之分子蠢然思動，梅特涅乃藉此用其勢力以防制更進一步之改革。在北部與中部德意志，則比較傾向反動，除高傲之撒克威馬公爵外，所有君主對於解放戰爭(War of Liberation)期中關於立憲政府所許之種種允諾，現均規避之。如墨塞加塞爾(Hessecassel)選侯放逐八年之後，復位時自謂『長睡數年』，現乃藉舊式軍隊之助，進而恢復古代之一切弊政，此固人常引用之一例也。普王弗列德利克威廉三世對於頒賜憲章之允諾，或屬誠意，但彼怯懦畏難，恆以順從梅特涅或俄皇之判斷爲榮。且普魯士方忙於財政軍制之改革，及對於由維也納會議新得領土之團結，亦正無暇從事立憲也。

因革命運動與拿破崙戰爭而激起之自由主義的精神，在德意志諸邦中仍未消滅。中產階級則希望參政，下層階級則需要社會改革。各業中之愛國者則莫不渴思一偉大光榮而統一

註一　其著者爲巴華利亞(一八一八年)，巴顛(一八一八年)，瓦爾敦堡(一八一七年，但旋即中止)，及德意志中部之士倫基亞(Thuringian)諸小邦

之德意志。此時蓋已無強力足以滅此擾攘之餘燼，而激烈主義之發達，尤以各大學中爲甚，學生輒組織種種之祕密團體，如進德同盟會（Tugendbund）與大學生會（Burschenschaft）等，且恆以此種名義作示威運動，而令柏林與維也納同感不寧。一八一七年十月瓦德堡（Wartburg）紀念日，註一學生祇因興高彩烈，仿馬丁路得之故事焚燬舊制下之各種奇異標識耳，而梅特涅竟誇張其詞，指爲革命，遂致撒克威馬大公爵受諸反動強邦之共同抗議。兩年之後，有一著名之反動黨兼充俄諜之戲劇作者可仔布爲一狂生名卡爾山德（Karl Sand）者所刺，因此而事態益形緊張。梅特涅既得普魯士之助，乃召集德意志各政治家開非常會議於加爾斯巴德（Carlsbad），以共籌撲滅自由運動之方策。

壓制自由主義之計劃——一八一九年之加爾斯巴德命令

會議結果，即由德意志聯盟議會頒佈著名之加爾斯巴德命令（Carlsbad Decrees 一八一九年九月），其中包括監視大學教授學生及壓制出版物之詳細規定，宣佈凡『與君政原則不相容』之憲法不得頒賜。並設一中央委員會於緬仔以調查『一切對同盟全體及各邦現有組織與內部和平意圖反抗之革命陰謀與煽亂團體之起源及其派別』。

註一　即路得公佈反對贖罪券論文之第三百屆週年紀念日及民族戰爭之第四屆週年紀念日。

德意志在加爾斯巴德命令發表後之數年中竟能相安於無事。緬仔委員會雖因若干邦君之互相猜忌而感覺掣肘，然究足以防制一切意見發表之自由。政府所任命之大學『監督』亦能防制熱心自由者之軌外行動。梅特涅之約束德意志諸邦，至此遂告成功。

梅特涅在意大利諸邦之勢力

梅特涅在意大利諸邦之勢力，亦復相若。不惟威尼西亞與倫巴德歸奧治理，如黑普斯堡帝國之一部，卽突斯加尼，珀爾瑪，靡德拿等公國，亦復受奧人之統治。梅特涅與教皇之關係甚爲親密。雙西西里之無用國王腓迪南因奧軍之力始復其拿布勒斯之地位，故甘於承受一八一五年條約中一祕密條款之拘束，對於任何統治方法之與奧領意境中之實施制度相矛盾者，概不採用。以上諸邦當梅特涅時代，其政治完全傾向反動，以致流弊叢生。夫一種制度在奧大利由本國人行之於向來滿意之民衆中，尙覺難堪，今在意大利更由外國人施諸已爲法國革命學說所麻醉之民衆，則殆令人不能容忍矣。在半島之君主中，壹意於意大利之利益者，惟薩的尼亞王陽馬諸一世耳。其返都林時，雖受熱烈之歡迎，但旋卽爲其自有之意向及梅特涅之威嚇所屈服，卒放棄法國式之改革案而力圖恢復一七八九年以前之原狀。故由政界觀之，意大利實爲反動。

意大利諸

然意大利之自由主義仍在暗中醞釀。農民階級因愚昧無識，且受教士之影響，雖多漠不關

邦之自由主義

心，但知識階級專門人才以及多數之商人日工，對於立憲政治與民族獨立之雙重要求，則呼聲日高。意大利亦若其他各國，其激烈黨人恆利用暗中鼓動之手段，各種祕密團體如燒炭黨，互助團等，咸在意大利從事於革命宣傳。僅就拿布勒斯言，燒炭黨之人數已達數千。但梅特涅對於此輩意人之民族獨立與立憲政治之奢望，恆能用強盛之奧軍以壓制之。其統治意大利之歷史，實不過一民衆騷動與軍隊彈壓之循環史而已。

一八二○年拿布勒斯駐亂之平定

一八二○年西班牙革命之貌似成功，實爲拿布勒斯自由黨人起而反對暴君腓迪南一世(註一)之信號。國王爲軍士所棄，乃簽定一以一八一二年西班牙憲法爲模範之憲章。但彼宣誓甫畢，梅特涅已召集特洛白公會，說普王俄皇批准干涉原則，(註二)威嚇革命，而召腓迪南蒞會。其次年，腓迪南在勒巴赫公會中卒背其誓書，正式請奧軍入拿布勒斯以恢復秩序。此役實大遂梅特涅之意，拿布勒斯抵抗力盡，憲法取消，腓迪南乃得藉奧軍之保護而興大獄。雙西西里在基督教

註一　腓迪南（一七五一——一八二五）在拿布勒斯稱四世，在西西里稱三世，在雙西西里稱一世，乃西班牙王查理三世之第三子。

註二　見以上之特洛白議定書。

一八二一年辟得蒙騷亂之平定

歐洲中以治理不善之國著稱者歷時甚久。

拿布勒斯叛變甫終，即有辟得蒙自由黨人之崛起。一八二一年，軍士叛變，圍攻都林，國王陽馬諾讓位於其弟菲利克思（Charles Felix），並指定依次應在菲利克思後繼承王位之亞白湯（Charles Albert）爲攝政。亞白湯固一顯然同情於自由主義而反奧最力者，彼立即宣佈一類似一八一二年西班牙典章之憲法。然以奧軍干涉之迅速，菲利克思卒能驅逐寬宏大度之攝政而恢復專制政府。梅特涅在維洛拿公會（一八二二年）嘗欲剝奪亞白湯對於辟得蒙王位之繼承權以懲之，但菲利克思援引『正統主義』以止之，而亞白湯亦旋即贊助法軍之爲腓迪南七世恢復西班牙王位，藉以表示其態度之改變，而附和梅特涅純正之反動政策。於是意大利亦若德意志然，同受奧大利之約束而趨於反動矣。

第九節　梅特涅政策之失敗與自由主義之局部勝利一八二二——一八三〇年

梅特涅幸運至[illegible]替，一八二二至一八三〇年

自一八一五至一八二二年，梅特涅在全歐之優勢均未發生問題，一八二二年以後，其地位已因種種原因漸呈衰象，故當一八三〇年，反動主義之命運至少在西歐諸國已被決定。此後十八

年中，梅特涅固能繼續統治奧意志與意大利，但欲聯合各國君主以撲滅自由主義，則在一八三〇年已告失敗。

梅特涅幸運衰替之主因有三，即(一)英國之外交政策，(二)希臘之革命，與(三)一八三〇年之革命潮流是也。茲特分別述之。

康寧之政策——不幹涉主義

吾人應能回憶一八二二年康寧繼加斯德勒列爲英國外務大臣之事。康寧對於自由主義本無所恐，苟能增進英國之經濟利益，彼皮樂於與自由黨合作，因此彼乃提倡一種不干涉政策以抵制梅特涅之活動。當一八二二年國際公會集會於維洛拿時，彼通告該會謂「英國雖不贊助革命，但力主當各國不干涉他國內政時，其本身亦應有權建設其所認爲最良之政體，並自由處理其國事」。康寧與美國政府之合作，實使欲在西班牙殖民地恢復專制之各種計劃概歸失敗，此事前已言之矣。故康寧嘗自詡其「創造新世界以匡復舊世界之平衡」。英國外務大臣之此種態度，實表示英國之離棄四國同盟，而對於梅特涅所恃以壓制自由主義之主要工具予以重大之損害。數年之內，法國之輿論亦強其政府同意於英國之不干涉政策。自是而後，歐洲之協調遂成虛語矣。

希臘革命——易普息蘭替

此時苟非奉基督教之希臘人革命，反抗其奉回教之『正統的』主人翁土耳其人則梅特涅或能仍藉強有力之三帝同盟（俄、奧、普）以維持其『正統主義』。當一八二一年歐洲外交家集會於勒巴赫時，忽得消息，謂希臘貴族易普息蘭替(Prince Alexander Ypsilanti)已率其國人樹義幟於摩爾達維亞，且正待俄國之援助。梅特涅當即洞見危機，乃勸俄皇亞力山大拒斥易普息蘭替。因是摩爾達維亞之亂事終不難為土耳其人所平定，而梅特涅亦得禁錮希臘領袖於奧國七載，以快其心。

希臘之民族革命

顧此次事變並非希臘革命之終結，不過為一時機未熟之開端而已。希臘民族之獨立，雖久為土耳其人所剝奪，然希臘人仍不失為一種人民。其正統教會(Greek Orthodox Church)實為一堅強之民族維繫力。且彼等好航海經商之性，實能使其在土耳其帝國中佔一商業與財政上之重要地位。彼等自來卽傾向民主政治，富於愛國精神，近因新受法國革命之刺激，遂立起活動。一八一五年所創立之祕密團體（卽Hetairia Philike），其會員已達二十萬人，皆矢志努力於回教徒之推倒，並恢復在君士坦丁堡之希臘帝國。於是不久卽有民族革命（一八二一年）起於摩列亞與愛琴羣島(Aegean Islands)，不復如易普息蘭替在摩爾達維亞之事同兒戲。此次土耳其人因無備慘敗，遂大行報復殺君士坦丁堡之正統教教長，並對於馬其頓與小亞細亞之基督教徒亦下令大行屠殺。雙方爭鬬極盡殘酷。而梅特涅則仍頑固如昔，且作冷嘲，謂正應令革命如此『自絕於文明之域』。

歐洲概同情於希臘人

雖然，即梅特涅亦深知此次希臘革命之嚴重，蓋其呼籲足以動全歐之熱情與理想，實非他種運動所及也。知識階級則視爲古希臘（Hellas）光榮之復興，愛國志士則以此爲民族獨立之戰爭，自由黨人則以此爲爭自由與民治主義之奮鬬，各派虔誠之基督教徒尤深表同情，視爲近代之十字軍。歐洲各國之義士羣赴希臘之麾下。嚣俄（Victor Hugo）以英武之詩歌頌揚革命黨人，而拜倫則更以文筆，財產，生命，贊助希臘之獨立。

俄國之利害關系

民衆情感實一致贊助希臘之革命黨，非惟法英如此，即俄國亦然，此誠世史所怪異之預兆也。蓋俄皇之政治野心與戰爭之繼續不斷，已足使俄土人民成爲世仇，而宗教文化之相同，更可令俄希國民連合一致。因此亞力山大雖誠心附和梅特涅之主張，但欲制止其人民之援助革命黨，亦頗困難。然俄國固仍奉行『正統主義』，直至一八二五年俄皇逝世時止。

希臘獨立

此時希臘人竟出他國意料之外，雖時起內訌，而卒有餘勇以與土耳其人相抗。然當亞力山

之戰，一八二一至一八二九年

大逝世之時，土皇忽決意用最後之激烈手段，以制其亂民，特調其埃及諸侯梅赫美特阿里(Mehmet Ali)之子伊布拉興姆（Ibrahim）增援。以後伊布拉興姆在摩利亞三載作戰，力而且酷，卒不難敗希軍於疆場。顧其軍時為敵方之遊擊隊所擾，彼因大肆報復，墟其邑里，遣送無數之基督教民於埃及，悉沒之為奴。其結果全歐憤慨，以致俄國新皇尼古拉亦決意不從梅特涅之言。

一八二七年之納法里諾戰爭

一八二七年七月，英、法、俄三國之代表簽定敦倫條約，公同要求以休戰為解決希臘問題之初步。迫土皇拒絕調停，新同盟之聯合艦隊遂於十月毀土、埃艦隊於納法里諾（Navarino）港。納法里諾之戰既使土耳其人失去其壓制希臘革命之希望，且對梅特涅之歐洲制度予以重大之打擊。蓋俄皇至此亦公然助叛黨以反抗彼根據『正統主義』所樹立之權威矣。

俄土戰爭，一八二八至一八二九年

俄皇尼古拉現對其臣民之同情心與愛國心，一任其自由發揮。一八二八年，彼正式對土耳其宣戰。次年俄軍幾進逼君士坦丁堡，迫土政府簽定亞得里亞堡（Adrianople）條約。此土耳其帝國瓦解過程中一極關重要之條約也。依此約之規定，土耳其實承認希臘之獨立，予塞爾維亞以實際之自治權（註一）對摩爾達維亞與瓦拉西亞諸邦（即近代之羅馬尼亞）亦然，放棄喬治亞及高加索（Caucasus）之其他諸省與俄國，並承認惟俄國領事始得對土耳其境內之俄商行使法權。

希王國

倫敦之國際會議隨即確定希臘之國境東起服羅（Volo）灣，註二西抵亞爾達（Arta）灣。一八三二年巴華利亞之俄多親王（Prince Otto）遂變爲希臘之第一任立憲君主。此新王國僅包含比較少數之希臘語的民族，雖偏小貧困以後且長困於政爭之中，然終可爲民族主義與自由主義在梅特涅威赫之下，仍能發生效果之實例。繼希臘革命之後，尚有一滑稽之事，或與梅特涅嚴酷之性情相投，即一八三三年俄皇尼古拉竟參與東方三帝同盟（俄，奧，普）之組織，擁護『神權』以抵制英法二強，蓋此二強『敢于昌言革命及關於一切安定性之傾覆』也。

一八三〇年之一般的革命運動

自由主義之確實得勝于法國，西歐東歐各政府關於政治原則之發生裂痕，梅特涅勢力之縮

註一 吾人不可因希臘獨立戰爭之著名而忽視性質相同之塞爾維亞獨立戰爭之重要。蓋塞而維亞人自一八〇四年，始在喀拉喬治（Karageorge）與阿布勒諾維威（Milosh Obrenovich）二愛國志士相繼領導之下，即與其太上君主之土耳其從事於不絕之戰爭，至一八一七年始已。從此彼等在名義上雖仍處于土皇宗主權之下，而實已獲得最後之自治權。此權因亞得裏亞堡條約（一八二九年）而得國際之承認。

註二 一八三二年，其國境更向南發展，而以自亞爾達灣起至拉密亞（Lamia）灣止爲界。

法國中產階級對於查理十世政府之反對

小，凡此均爲一八三〇年革命運動之成績。

查理十世之反動政治在法國日失衆望。國王則欲在名實上均爲一專制君主極端王黨之統治則漸趨於擁護教士貴族利益之階級立法此種現象旣日益顯著於是資產階級及多數工人乃愈鳴不平故意爲難。彼不甚富裕之資產階級，因財產資格之限制過嚴，致不能享有參政之權彼多數無宗教思想之資產階級，則憤羅馬教會地位之增高。尤甚者，厥爲殷富之資產階級，因經濟上之損害怨恨而反對極端王黨。吾人應猶記當一八二五年，兩院對於革命時亡命者所受之損失，曾許以一千兆佛郎之賠償。其給付此種賠償之方法實足驚人。政府旣知無法歸還此宗鉅款於貴族，乃減低全部公債之利率，而將由是所得之款以年金之方式給諸亡命者。易詞言之，即爲一發「貪婪叛國之貴族」之利益計而使曾買政府公債票之中產階級每年減少收入三分之一。此種財政上之處置，對於法國神權君主政治命運之決定實較其他任何事實尤關重要。自此以後，實業界遂與拿破侖之舊部及自由理想家聯合共反查理十世之統治矣。

一八二七年之選舉已剝奪極端王黨在下院之多數，實足爲輿情之表現。此後國王亦任命溫和派執政，以暫時表示其個人之讓步。顧其對於原則上讓步之堅決反對則至一八二九年而益著。

蓋是年彼竟不顧兩院反對之表決，將首相一席授之波利蕊克親王（Prince de Polignac），此人亦嘗出亡在外，其剛愎自用正與其愚昧無識而多幻想相若者也。

此事之結局甚明，衝突卒隨之而起，一方爲國王及其反動之國務大臣，他方則爲議會之兩院，得有資產階級之擁護。政府思藉贊助希臘獨立及遠征亞爾吉耳（Algiers），征服巴爾巴利海盜諸事使國人忘其內部之衝突，然卒無效。下院對於內閣仍援引一八一四年憲章中所保證之權利，而堅決通過「不信任案」。自由黨之報章且讚揚下院，並公然批評國王。

七日敕命

一八三〇年春，查理十世解散此繼續要求罷黜波利蕊克內閣之下院。但新選出之下院，其敵視反動乃較前屆爲尤力。國王憤國人竟敢表示與己相左之意見，遂於一八三〇年七月二十六日頒布四道苛刻之敕令，（一）出版權受嚴格之限制，（二）新選出而尚未集會之下院宣佈解散，（三）頒布新選舉法，減少選民數額至少達四分之三，而以彼好事之資產階級爲最多，（四）九月召集新選舉。

巴黎之七月（一八三〇年）革命

當此等敕令發佈之日，傾向自由之印刷工人與新聞記者均熱烈主張人民之主權，反抗包本族之主權，煽動巴黎之各階級從事於武裝革命。此時王黨之軍隊甚少，事前既無準備，指揮又復

查理十世之被推倒

失宜，彼因自由的工廠關閉而被驅赴戰之巴黎工人與之巷戰三日卒獲勝利。查理十世乃讓位於其年僅十歲之王孫尙波德伯爵而奔往英國。

法蘭西人之王路易腓立（一八三〇至一八四八年）

一八三〇年之『七月革命』(July Days) 流血甚少，卽已推翻法國之神權君主政治。惟此後究應代以何種政治制度，旋卽成爲辯論劇烈之問題。一方面仍有共和黨之存在，大部分爲學生與巴黎之工人所組成，加華惹克 (Godefroi Cavaignac) 率之以圖重建一七九五年之共和政治，此黨略得鄉區或巴黎閒人之贊助。在他方面，則有傾向自由之中產階級爲新聞記者諦愛爾 (Thiers) 與大銀行家拉非特 (Laffitte 一七六七——一八四四年) 所領導，彼等甚願承認王政，但須立憲而非神權，且須能容許彼輩之操持國政，此黨實爲彼渴思『秩序』兼得『自由』之一般的法國人士所同情。此二黨之武裝衝突一時甚爲危迫，卒賴高年之拉法耶特出而加以制止，彼勸導共和黨人使其承認自由君政派所已擬定之制度。其計劃在由羣衆歡迎俄連公爵路易腓立卽位，此人雖亦屬於包本族，但因其父平等之腓立曾在國民公會中表決路易十六之處死，故與包本族之政治原則已相去甚遠。且路易腓立嘗熱心參加一七八九年之革命而親與巴士的獄攻陷之役，亦曾加入甲可兵黨之俱樂部而供職於共和時代之軍中作戰於法爾米與尼德陲諸地。當其長期飄泊於歐美二洲，備嘗險阻，已深得剛毅自立之訓。最近彼送其子進中產階級之學校，並宣言其信仰福祿特爾與盧梭之主張，更以此而大為中產階級所稱揚。

一八三〇年八月之初，路易腓立受下院之請，為「法蘭西人之王」(King of the French)，以革命之三色幟易包本族之白旗，人民主權之說遂取君主專政之論而代之矣。然法國七月革命最重要之結果，實乃資產階級之勝利。彼主持一七八九年之大革命，在一七九四年能從下層階級中挽回其勝利，而自一八一五至一八三〇年，復受特權階級之偪者，即此階級也。今遂出反動之國土，鎮定革命之無產階級，而確實奪取政府之實權者，亦即此階級也。一八三〇年之運動，對於一八一四年法國政治與社會制度是否將恢復大革命以前之原狀的問題，實為一種斷然否定之答覆焉。

七月革命對於歐洲之影響

法國七月革命之突起及其成功，實使全歐震驚。反動黨因以生懼，自由黨則大受鼓勵。比利時，德意志諸邦，意大利，波蘭，瑞士悉受此運動之波及。梅特涅為此等蔓延之騷動所困，已不復夢想聯合歐洲強施「正統主義」於法國矣。

比利時追狀況

比利時人與荷蘭人自維也納會議強合為一國以來，其衝突即甚劇烈。二族利害既殊，語言復興，且各自覺其爲一特異之民族。荷蘭人向與法國人爲敵，多奉新教，大部分從事農商；比利時人則與法國人表同情，多奉羅馬教，從事工業。彼頑梗之荷蘭王威廉一世常對於比利時之各種階級加以煩擾。彼強令比利時人服從荷蘭之法律，採荷蘭之語言，受荷蘭官吏之統治，以激怒其愛國心，更將教育之監督權委諸新教之視察員，以惱羅馬教教徒，復限制出版自由，以失去自由黨人之愛戴，強令實業家納鉅額之稅，以支付荷蘭大宗公債之利息，而因以引起其憤慨。

比利時之革命

當巴黎革命成功之際，正不魯捨勒情勢危急之時。街衢之中皆施戰備，不孚民望之官吏遭受攻擊，國防軍於焉組成。最初倡亂者僅要求在共同國王之下設一獨立之議會，及見威廉決意施行壓制，乃宣布比利時之完全獨立（一八三〇年十月）。

比利時之獨立

此時國際之政治形勢實有利於比利時之獨立。英國之新任外務大臣巴瑪斯頓（Palmerston）沿襲康寧之政策，力圖增進有利之通商條約，因此遂爲弱小民族之保護者。彼乃向駐倫敦之外國代表建議，對於比利時之自由應立予承認。路易腓立之政府其本身原以革命爲其基礎，故對於此種行動甚爲贊助。梅特涅則忙於應付意大利及德意志諸邦之騷動，俄皇尼古拉則忙於應付波蘭人之革命，故二人均難表示任何有力之反對。至於普王，則受法國之恐嚇而生畏。在此等情勢之下，乃有一八三一年在倫敦成立國際協定之舉，建比利時爲一獨立國，而以撒克哥堡之來泊爾爲其立憲君主。但鄂蘭吉王族之撤退比境駐軍，乃在英國艦隊封鎖荷蘭各港及法國遠征軍攻陷安都沃爾普之後，而荷蘭王威廉一世之承認定約締和，則實爲一八三九年之事。比利時之獨立及中立，亦於是年得英、法、俄、奧、普諸國之保障。

一八三〇年德意志各邦之狀況

在德意志諸邦中，奧普二國均未直接感受一八三〇年革命之波及，但有數小邦如漢諾威、布倫斯威克、撒克遜尼、黑塞加塞爾，均發生仿效法國與比利時革命之民衆運動，結果皆頒賜性質溫和之憲法，而在業已享有憲政之各邦，則或對自由主義更實行讓步，或更爲讓步之允許。

一八三〇年意大利諸邦之狀況

至於意大利諸邦，則拿布勒斯與辟得蒙因一八二一年受奧大利之干涉而遭失敗，故現均安寧；但中部諸邦之自由黨人，則恃法國新王之助，起而革命，以反抗其專制之外國統治者。在教皇國（Papal States）中，彼輩嘗新樹一意大利統一與民主政治之三色旗幟（紅白綠三色，此後即爲意大利王國之國旗），而脫離新任教皇格勒哥利十六（Gregory XVI）之世俗統治權（一八三一年），蓋此人乃一熱心之反動派與奧親善者也。在巴爾瑪與摩德拿，亦有同樣之暴動，反抗黑普斯堡族之統治者，彼等均以爲勇敢不如謹慎，而倉猝奔往維也納。奧軍在教皇之贊助

奧國在俄意志與意大利之繼續的優勢

一八三一年波蘭革命之失敗

下，急使意大利舊政府卒不難於恢復，多數之愛國志士，概處絞刑。路易腓立雖嘗作堂皇之宣言，謂他國之內政，不惟彼不干涉之，且亦不容其他列強干涉之，然彼之保護意大利而抵制梅特涅者，實僅限於派遣法軍駐守教皇之安哥拿（Ancona）城而已。註一

一八三〇年德意志與意大利之革命運動，於是均無結果。註二 當革命潮流稍平之後，梅特涅一則因同盟議會之贊助，一則用奧國之軍力立即復施其對於革命黨之壓制。顧此等運動亦非毫無價值，因其可以表示自由主義在中歐之日形發展，且足以使梅特涅對於資產階級的自由主義在西歐之勝利，無法制止也。

一八三〇年革命運動之最可悲者，厥為革命之波及於波蘭。以俄國之專制皇帝為波蘭之立憲國王，殆出乎情理之外，故自尼古拉一世即位以還，困難即日形增加。波蘭人之與法國人，原

註一　此種同時干犯自由黨人與教皇之法軍，至一八三八年始行撤退。

註二　在瑞士之結果則不然。瑞士各小鎮與鄉村早已顯然有反抗領袖城市之壓制，而樹立比較民主的新省制之趨勢，今更因巴黎之七月革命而得一鼓勵。各省政爭復以宗教之紛爭而加劇，迄一八四八年止，幾常在繼續不斷之騷動中。

已久其好感，此時忽起流言，謂俄皇將用其波蘭軍隊壓制路易腓立與比利時之亂黨，致釀兵變（一八三〇年十一月），復繼以多數俄官之遭殺與總督大公爵君士坦丁之被逐。因此而戰事發生，自一八三一年一月至於九月，波蘭人雖奮勇作戰，然終於自衛無術，蓋既乏天然之要塞，復有劇烈之內訌，且以寡敵衆，又無外援也。其時普奧二國因各有波蘭人民，故反對獨立之波蘭出現，而路易腓立及英國政府亦不過規勸俄皇勿採殘酷之行動而已。

革命平定不久，尼古拉即處罰彼不幸之波蘭人以示重懲，廢除其兄在一八一五年所頒賜之憲法，而併波蘭王國於大俄帝國之中，視爲一被征服之省。愛國志士之被殺遭逐者各以百計，駐防俄軍遍其國內，更用種種之方法以謀消滅其民族精神。自此以後，波蘭在政治上無復獨立存在之遺跡矣。註一

梅特涅時代之意義

梅特涅在歐洲得勢之時代，實於此告終。自拿破崙之傾覆，彼對於神權君主教士貴族，籌恢復社會上政治上種種舊制之企圖，恆藉外交之狡猾與軍隊之實力予以有力之贊助。但種種近事（西班牙殖民帝國之分裂，希臘之變亂，法比革命之成功，德意擾攘之日增），實已明白指示其

註一　此除彼褊小之克拉科共和國在外而言，此國仍爲波蘭民族運動之中心，直至一八四六年併入奧大利時止。

所努力維持者，乃一失敗之主義，蓋舊制之命運已決定矣。 舊制之在西歐，固已爲彼得勝之資產階級所摧毀，卽其組織之在中歐與東歐者，梅特涅及其俄普同盟亦僅能嚴自守衞，勉強支持耳。 梅特涅時代之眞正意義，實爲法國革命主義之確實制勝，『自由平等博愛』等理想之永存弗替，與彼資產階級之代替古代特權階級而取得政治與經濟的優勢，至少在西歐如此。 梅特涅之設法操縱中歐，直至一八四八年，惟最後數年各處之奮鬪，較之本章所述之時代中的騷動，其性質實已根本不同。 蓋自一八三〇年以後，社會上與政治上之衝突，不僅限於資產階級與古代特權階級之間，且已擴張至於資產階級與工人之間矣。 吾人苟可以梅特涅爲貴族特權時期一適當之終點，則在遲緩艱難之工人解放史中，應以產業革命爲其適當之起點也。

課外讀本

十九世紀歷史之簡明課本：

1. C. D. Hazen, *Europe since 1815* (1910).
2. Charles Seignobos, *A Political History of Europe since 1814*, Eng. trans. ed.,

by S. M. Macvane (1900).

3. C. M. Andrews, *The Historical Development of Modern Europe, 1815-1897*, 2 vols. in I (1900).

4. C. A. Fybbe, *A History of Modern Europe, 1792–1878*, popular ed. (1896).

5. Oscar Browning, *History of the Modern World, 1815–1910*, 2 vols. (1912).

6. C. E. M. Hawkesworth, *The Last Century in Europe, 1814–1910* (1913)

7. R. W. Jeffery, *The New Europe, 1789–1889* (1911).

8. W. A. Phillips, *Modern Europe, 1815–1899*, 2d ed. (1902).

9. Wilhelm Müller, *Political History of Recent Times, 1816–1875, with special reference to Germany*, Eng. trans. by J. P. Peters (1882).

10. F. A. Kirkpatrick (editor), *Lectures on the History of the Nineteenth Century* (1902).

11. E. H. Sears, *An Outline of Political Growth in the Nineteenth Century* (1900).

12. L. C. Jane, *From Metternich to Bismarck, 1815–1878* (1910).

13. Édouard Driault and Gabriel Monod, *Évolution du monde moderne: histoire politique et sociale, 1815–1909* (1910).

14. Paul Feyel, *Histoire politique du XIXe siècle*, 2 vols. (1913–1914).

15. C. G. Robertson and J. G. Bartholomew, *An Historical Atlas of Modern Europe from 1789 to 1914* (1915).

梅特涅時代之普通著作：

1. C. D. Hazen, *Europe since 1815* (1910), ch. I–V, XVIII, XIX.

2. J. H. Robinson and C. A. Beard, *The Development of Modern Europe* (1907), Vol. I, ch. XVI, and Vol. II, ch. XVII.

3. C. E. M. Hawkesworth, *The Last Century in Europe, 1814–1910* (1913), ch. I–XIII.

4. Oscar Browning, *A History of the Modern World, 1815–1910*, Vol. I (1912),

Book I.

5. W. A. Phillips, *Modern Europe, 1915–1899* (1902), ch. I-IX.

6. Charles Seignobos, *A Political History of Europe since 1814*, Eng. trans. (1900), ch. I, XXV.

7. C. A. Fyffe, *A History of Modern Europe, 1792–1878* (1896), ch. XIII-XVII.

8. Wilhelm Müller, *Political History of Recent Times, 1816–1875*, Eng. trans. (1882), ch. I-XIV.

9. *History of All Nations*, Vol. XVIII, by Theodor Flathe, *Restoration and Revolution*.

10. *Cambridge Modern History*, Vol. IX, *Napoleon* (1906), ch. XIX, and Vol. X, *The Restoration* (1907).

11. *Histoire Générale*, Vol. X, ch. I-IX, XV, XVII, XXIII.

12. Alfred Stern, *Geschichte Europas seit den Verträgen von 1815 bis zum Frankfurter Frieden von 1871*, Vols. I–IV (1894–1905).

13. Constantin Bulle, *Geschichte der neuesten Zeit, 1815–1885*, 4 vols. (1886–1887).

14. Antonin Debidour, *Histoire diplomatique de l'Europe, 1814–1878*, 2 vols. (1891), Vol. I on the Holy Alliance, Vol. II on the revolutionary movements.

15. Émile Bourgeois, *Manuel historique de politique étrangère*, Vol. II, *Les révolutions. 1789–1830*, 4th ed. (1909).

16. Sir Edward Hertslet, *The Map of Europe by Treaty*, Vol. I (1875).

17. Baron Descamps and Louis Renault, *Recueil international des traites du XIXe siècle*, Vol. I, *1801–1825* (1914).

18. W. A. Phillips, *The Confederation of Europe* (1914).

19. Claude Roget (pseud. E. Muhlenbeck), *Étude sur les origines de la Sainte-*

Alliance (1888).

20. G. B. Malleson, *Life of Prince Metternich* (1895).

21. *Memoirs of Prince Clemens Metternich*, ed. by Prince Richard Metternich and in Part trans. into English by Mrs. Alexander Napier, 4 parts in 5 vols. (1881 1882).

22. Charles de Mazade, *Un chancelier d'ancien régime: le règne diplomatique de M. de Metternich* (1889).

23. On Talleyrand at the Congress of Vienna: his *Memoirs*, Eng. trans., 5 vols. (1891–1892).

24. *Correspondance inédite de Talleyrand et du roi Louis XVIII pendant le congrès de Vienne*, ed. by G. Pollain, 3d ed., (1881) also in English translation.

25. Albert Sorel, *Essais d'histoire et de critique* 12th ed. (1884).

法國之復辟 1815—1830

1. *Cambridge Modern History*, 1815-1830, Vol. X, ch. II, III.

2. J. R. Hall, *The Bourbon Restoration* (1910).

3. G. L. Dickinson, *Revolution and Reaction in Modern France* (1892).

4. Georges Weill, *La France sous la monarchie constitutionelle, 1814-1848*, rev ed. (1912).

5. Émile Levasseur, *Histoire des classes ouvrières et de l'industrie en France de 1789 à 1870*, Vol. I (1903), Book III.

6. Jean Jaurès (editor), *Histoire socialiste*, Vol. VII by René Viviani, *La restauration, 1814-1830* (1906)

7. Pierre Rain, *L'Europe et la restauration des Bourbons* (1908).

8. Henry Houssaye, *1815*, 3 vols. (1896-1905), especially valuable Vol. III, *La seconde abdication, la terreur blanche*.

9. Louis Michon, *Le gouvernement parlementaire sous la restauration* (1905),

10. Paul Thureau-Dangin, *Le parti libéral sous la restauration*, 2d ed. (1888).

西班牙與葡萄牙 西班牙殖民地之叛變：

1. *Cambridge Modern History*, Vol. X (1907), ch. VII–X.

2. Butler Clarke, *Modern Spain, 1815–1898* (1906), ch. I–III; full but jejune.

3. M. A. S. Hume, *Modern Spain, 1788–1898* (1900), ch. V.

4. Gustave Hubbard, *Histoire contemporaine de l'Espagne*, 6 vols. (1869–1883).

5. Hermann Baumgarten, *Geschichte Spaniens vom Ausbruch der französischen Revolution bis auf unsere Tage*, 3 vols. (1865–1871), especially Vol. II.

6. W. R. Shepherd, *Latin America* (1914), pp. 69–80.

7. Bernard Moses, *South America on the Eve of Emancipation* (1908).

8. F. L. Paxson, *The Independence of the South American Republics, a Study in Recognition and Foreign Policy* (1903).

9. Bartolomé Mitre, *The Emancipation of South America* (1893).

10. F. L. Petre, *Simon Bolivar* (1910).

11. A. H. Noll and A. P. McMahon, *The Life and Times of Miguel Hidalgoy Costilla* (1910).

12. W. F. Reddaway, *The Monroe Doctrine* (1898).

13. F. J. Turner, *Rise of the New West, 1819–1829* (1906), ch. XII.

14. J. H. Latané, *The Diplomatic Relations of the United States and Spanish America* (1900), ch. I, II.

王黨統治下之大不列顛：1800—1830

1. Gilbert Slater, *The Making of Modern England*, new rev. ed. (1915), ch. I–IV.

2. A. L. Cross, *History of England and Greater Britain* (1914), ch. XLVI–XLIX.

3. C. W. Oman, *England in the Nineteenth Century* (1900), ch. I–IV.

4. *Cambridge Modern History*, Vol. X (1907), ch. XVIII.

5. A. D. Innes, *History of England and the British Empire*, Vol. IV (1914), ch. I, II.

6. J. A. R. Marriott, *England since Waterloo* (1913), ch. I–III.

7. Sir Herbert Maxwell, *A Century of Empire*, Vol. I, *1801–1832* (1909).

8. G. C. Brodrick and J. K. Fotheringham, *Political History of England, 1801–1837*.

9. J. F. Bright, *History of England*, Vol. III, *Constitutional Monarchy, 1689–1837*.

10. Sir Spencer Walpole, *History of England since 1815*, rev. ed., 6 vols. (1902–1905).

11. Harriet Martineau, *History of the Peace: being a History of England from*

1816 to 1854, with an Introduction, 1800–1815*, 4 vols.

12. H. D. Traill and J. S. Mann (editors), *Social England*, illus. ed (1909).

13. C. G. Greville, *Journal of the Reigns of George IV and William IV*, ed by Henry Reeve (1888).

14. W. O'C. Morris, *Wellington, Soldier and Statesman* (1904).

15. Sir Herbert Maxwell, *The Life of Wellington*, 2. vols. (1899).

16. E. and A. G. Porritt, *The Unreformed House of Commons*, new ed., 2 vols. (1909).

17. T. E. Kebbel, *History of Toryism* (1886), covering the years 1783–1881.

18. Gilbert Slater, *The English Peasantry and the Enclosure of the Common Fields* (1907).

19. John Ashton, *Social Life under the Regency*, 2 vols. (1890).

20 R. M. Garnier, *History of the English Landed Gentry* (1893).

21. R. M. Garnier, *Annals of the British Peasantry* (1895).

22. E. C. K. Gonner, *Common Lands and Inclosure* (1912).

23. J. S. Nicholson, *The History of the English Corn Laws* (1904).

24. C. B. R. Kent, *The English Radicals* (1899).

25. Oliver Elton, *A Survey of English Literature, 1780–1830*, 2 vols. (1912).

26. On the career of *Canning*, the biographies by J. A. R. Marriott (1903) and H. W. V. Temperley (1905).

27. *George Canning and his Friends*, ed. by J. F. Bagot, 2 vols. (1909).

俄國 1801—1831

1. *Cambridge Modern History*, Vol. X (1907), ch. XIII, XIV.

2. Alfred Rambaud, *Histoire de la Russie depuis les origines jusqu'à nos jours*, 6th rev. ed. (1914), ch. XXXIII–XXXVI.

3. W. R. A. Morfill, *History of Russia from the Birth of Peter the Great to the*

Death of Alexander II (1902).

4. W, R. A. Morfill, *Pol nd* (1893).

5. C. Joyneville, *Life and Times of Alexander I*, 3 vols. (1875).

6. Grand Duke Nicholas Mikhaïlovitch, *L'Empereur Alexandre Ier*, 2 vols. (1913).

7. Prince Adam Czartoryski, *Memoirs and his Correspondence with Alexander I*, ed. by A. Gielgud, in Eng. trans., 2 vols. (1888).

8. Theodor Schiemann, *Geschichte Russlands unter Nikolaus I*, Vol. I (1904), deals with the reign of Alexander I, Vol. II (1908), with the years 1825–1830, and Vol. III (1913), with the Polish insurrection of 1830–1831.

9. W. A. Phillips, *Poland* (1915), ch. VII, VIII.

梅特涅時代之中歐：

1. G. M. Priest, *Germany since 1740* (1915), ch. VIII.

2. *Cambridge Modern History*, Vol. X (1907), ch. XI.

3. E. F. Henderson, *A Short History of Germany*, Vol. II, ch. VIII.

4. Ferdinand Schevill, *The Making of Modern Germany* (1916), ch. IV.

5. Heinrich von Sybel, *The Founding of the German Empire*, Eng. trans., 7 vols. (1890–1898).

6. Heinrich von Treitschke, *History of Germany in the Nineteenth Century*, trans., by Eden and Adar Paul, Vol. I (1915).

7. Karl Biedermann, *Geschichte Deutschlands, 1815–1871* (1891).

8. M. L. Deventer, *Cinquante années de l'histoire féderale de l'Allemagne* (1870).

9. Louis Leger, *History of Austro-Hungary from the Earliest Times to the Year 1889*, trans. by Mrs. B. Hill (1889).

10. Anton Springer, *Geschichte Oesterreichs seit dem Wienerfrieden 1809*, Vol. I

(1863).

11. C. M. Knatchbull-Hugessen, *The Political Evolution of the Hungarian Nation*, Vol. I (1908), ch. IX–XI.

12. *Cambridge Modern History*, Vol. X (1907), ch. IV.

13. R. M. Johnston, *The Napoleonic Empire in Southern Italy and the Rise of the Secret Societies*, 2 vols. (1904).

14. Bolton King, *A History of Italian Unity*, Vol. I (1899).

15. W. J. Stillman, *The Union of Italy, 1815–1895* (1898).

16. W. R. Thayer, *Dawn of Italian Independence*, Vol. I (1893).

希臘獨立：

1. *Cambridge Modern History*, Vol. X (1907), ch. VI, an excellent account by W. A. Phillips.

2. By the same writer, *Greek War of Independence* (1897).

3. Lewis Sergeant, *Greece in the Nineteenth Century: a Record of Hellenic Emancipation and Progress, 1821–1897* (1897).

4. Sir Richard C. Jebb, *Modern Greece*, 2d ed., (1901).

5. George Finlay, *History of the Greek Revolution*, being Vols. VI and VII of his *History of Greece*, rev. ed. by H. F. Tozer, 7 vols. (1877).

6. *Letters and Journals of Samuel Gridley Howe*, Vol. I, *The Greek Revolution*, ed. by Laura E. Richards (1906).

7. Lord Byron, *Letters and Journals*, Vol. VI, ed. by R. E. Prothero (1904).

塞爾維亞人叛離土耳其帝國：

1. Prince and Princess Lazarovich-Hrebelianovich, *The Servian People, their Past Glory and their Destiny*, Vol. II (1910).

2. Grégoire Yakschitch, *L'Europe et la résurrection de la Serbie, 1804–1834* (1907).

比利時人叛離荷蘭人:

1. *Cambridge Modern History*, Vol. X (1907), ch. XVI.

2. P. J. Blok, *History of the People of the Netherlands*, Vol. V, Eng. trans. by Ruth Putnam (1912).

第四編　民治主義與民族主義

當一七五〇至一八三〇之八十年內，已有一新歐洲正在創造之中，舉凡過去之種種傳習與制度，在此新歐洲中莫不大受摧毀。彼教士與有爵位之地主，其往昔之種種特權，概因多財多智之中產階級勃興而趨於消滅；神權君政之實施與理論，概爲人民主權及人權等學說所推翻，忠於王室之心日減，而民族之自覺則大增。

最後決定革命黨與反動派衝突之結局，及自由平等博愛各種理想之勝利者，並非如一八三〇年小規模之政治革命，實乃一大規模之產業革命也（推翻反動派之力量實因此種革命而增加）。

自一八三〇至一九一四之八十餘年內，產業革命實大奏奇功於此新歐洲之中。一切人（教士，貴族，中產階級，工人，農民）之生活工作以及旅行之法，因此而煥然一新；民治主義因之而成爲歐洲最佔優勢之政治理想；民族主義因之而成爲歐洲社會中蔓延最廣勢焰最盛之力量，在不列顛帝國，拉丁歐洲或條頓族與斯拉夫族諸國，莫不皆然。此外產業革命，更促進科學與各種不同之理論，並使歐洲拓土殖民或傳佈其文化於世界之極處，較以前速而且廣。至於國內政治與國際關係亦因此而發生極嚴重之問題。以上種種，當於本書之第四五兩編中試述之。

第十八章　產業革命

法國大革命對日常生活無甚影響

法國大革命已預示神權君政與封建特權之傾覆，而確立民主政治與社會平等之新理想。然此種革命之於日常生活，究少直接之變更。固然人人皆同盡納賦之責，遵守同一之法律，彼封建地主已不如舊日之可畏而遠離之立法會議更可以暢談雄辯，然農人則依然驅牛曳犂，履人則仍舊執釘補履，農工之陳法未改，婦女之紡織如故。習尚已小有變更，法國男子著長袴而棄錦製之短袴，顧農民則食仍粗糲，匠人則器猶窳拙，行旅則依然乘板車而怨嗟，駕帆船以渡大西洋則曠日持久。十九世紀初年之生活情形，大抵如斯。

自彼時以還，世已大變。農民咸備鋒利之鋼犂，棄打禾之木棒。吾人之衣履，則由大工廠中之機器製造之。彼倦歸之實業家可於晚報上得悉其貨物遠在中國暢銷之情形。工人則手提食盒步入喧囂之廠。火車疾馳，而旅客可凭几自適，大西洋五日飛渡，而遊人可以擊球於甲板之上。

一七七至一八二

凡此一切，均產業上發生大變之所致。此種變化甚速，而成功至巨，故吾人恆稱之為「產業五年英國之「產業革命」

革命」(Industrial Revolution)。其基本要素有二：(一)爲機器之發明與應用，可以使採礦製造農業運輸咸得便利，(二)爲工廠之設立。此種革命約當一七七〇與一八二五年之間，發生於英國，自一八一五年以來廣布於全歐，遍及於新舊世界。其結果使各地皆有機器工廠，富人工會及貧民之窟，而且使摩天連雲之樓矗立於昔時蘋果之林，蒸汽自動之車馳騁於古驛之道焉。

英格蘭在十八世紀已有產業革命之準備

當敍述此事以前，容吾人自問，此種革命何以最初發生於十八世紀之英格蘭乎？以前何以無機器之發明，吾人實不能確指其原因，或因中世紀之人過於守舊，受行會之限制太甚，而且對於工作方法之改進太少思索。然遠在一七七〇年以前，法國人之於技術已有不少之進步。至於十八世紀之英格蘭則重大變化之種種條件均已成熟，新式之產業既不受行會條例之拘束，業製造者遂較得自由以應用新法。英格蘭不惟具有織布業所必需之潮濕氣候，且其河流湍急，足以供發動機器之水力，地蘊煤鐵，尤爲近代產業發達之所決不可少者。又英格蘭自十六十七十八諸世紀之商業與殖民競爭而後，已有繁榮之商業與希望甚大之工業，英人縱因美國獨立之戰似受挫折，然以後仍能繼續增進其工商業。在革命戰爭與拿破崙戰爭期中，英格蘭實可稱爲「全世界之工場」。製造業者所出之一切貨物，又有本國商人爲之銷售。人人悉欲致富，而致富最確之法，則莫如製造物品較他人更爲低廉而迅速，故資本家咸不惜以重金獎勵發明，希望藉此更致鉅富。治人木匠金工，皆精巧過昔，能造彼發明家所設計之機器。多數有思想者亦莫不勞心焦思，悉欲使此世紀之科學如何始能有用於實際。蓋英格蘭已有發明之準備矣。

第一節　機器之發明

各種發明，並非悉成於少數天才，彼無數不知名之工人，實皆與有力焉。彼肯運用心思以求作事精便之人既衆，則發明家與發明品必多。自產業革命以來，發明品有增無已，時至今日，則機器不出數年，即陳舊不合用矣。在多數發明家中，有特出數人，其姓名實與此種革命變動密相關聯，即約翰開(John Kay)，哈格理佛士(Hargreaves)，阿克來(Arkwright)，克綸普登(Crompton)，卡特賴特(Cartwright)，輝特尼(Whitney)，瓦特(Watt)，福爾敦(Fulton)，斯蒂芬孫(Stephenson)等是也。

紡織機

以上前六人皆對於棉織業有種種之改良。當十八世紀之初，棉布之需要雖多，而所有之布，仍多毛織，惟英國有少數業製造者始用亞洲與西印度羣島所產之棉花（彼時稱爲『棉毛』）織布。顧其方法仍極簡單遲慢，先須以手摘去棉子，再用金屬絲刷梳其纖維，然後用舊式紡車紡之成紗，今日值錢數分之棉紗在彼時須費終日之力始能紡成。

約翰開之飛梭——一七三八年

織布木架稱爲『織機』，平行之紗緊綳機上，然後以附於紗球末端之木『梭』往返梭動於各平行紗（『經紗』）之間而織之。其初布之寬度僅以人手擲梭所能往還之距離爲限，至一七三八年有約翰開者始發明一簡單之『飛梭』（Fly-Shuttle），織布者用之只須拉一小繩梭卽自由往還，於是布之寬度可以任意增加矣。

哈格理佛士之紡紗機——一七七〇年

織布者現因飛梭之助，其工作之速二倍於前，而所需之紗因此亦加二倍。顧用手紡車之紡紗工人遲鈍仍舊，自不能供給棉紗之需要，於是乃有懸獎以求紡紗簡易法之發明者。三十餘載之後，有郎卡郡（Lancashire）之織工名哈格理佛士者，卒於一七七〇年發明『紡紗機』，獲得專利。其機聯八車爲一，藉一彎軸使之轉動，可收一人同時紡紗八線之效。此機成本既少，運用又易，故當一七八八年時已有二萬座行銷於英格蘭，最大者一次可紡八十紗，卽最小者所紡之紗亦六倍或八倍於手紡車。

阿克來之水力機一七六九年

約在同時，有一心巧志大之實業家名阿克來者專利『水力機』，以供紡紗之用。其機設卷軸四對，均以皮帶連於水車，使之旋轉，紗即從此卷軸之間紡出。數年後，阿克來復專利幾種機器，可梳清生棉以供紡績之用。

工廠之創始者阿克來

阿克來所發明之機器，既笨重昂貴，而又複雜，故非建特別之屋宇以容之不可。惟此並非枉費，因機器一裝置就緒而與水車相聯，則大部分之工作皆可利用水力，所付之工資遂因而大減也。阿克來不久即因其紡紗廠成爲富翁，聲譽漸盛，英王喬治三世乃錫之以爵。

克綸普登之紡棉機一七七九年

紡績上之第三種大進步，乃克綸普登於一七七九年所完成。克綸普登取紡紗機之幾種要點巧合之於阿克來之水力機，而爲一種新『紡棉機』，其所紡之紗，不惟精美堅牢，且手續之快，尤非前此諸機所可比。克綸普登嘗估計當一八一二年時，備有紡棉機之紗行已達數百，其紡錘之總數當有五百萬云。

一七八五年卡特賴特之動力織機

紡紗者現因此等發明之助，所出之紗，實超過織布者之所需，於是織布者現亦須改良其法。此種使織業發生革命之大發明，乃教士卡特賴特於一七八五年所完成。卡特賴特對於織布初幾茫無所知，然彼終能發明一藉水力運轉之自動織布機，此機苟有三座，用十五歲之童工一人修理斷紗，其效可與善織者四人用手織機之效果相等。

輝特尼之彈棉器（一七九二）及關於棉織業之他種發明

此種發明精神乃影響於棉織業之各部，一七九二年有美人輝特尼者始創一彈棉器用以摘除棉子，較之用五十黑人尤爲迅速。此外又有化學藥品漂布之發明，以前利用日光需時一月者，今則一二日卽足，染布之速蓋百倍於前。紡棉機與動力織機亦屢加改良，至一九一三年英國機器所織之棉布僅就輸出而言每年約達七千兆碼（足以製成寬一百七十五碼之帶圍繞地球一週）。

新機器之發動力

機器之主要價值，不在於能使人類工作更爲迅速，而在能使人類利用馬，或水車蒸汽機以作工，因蒸汽機較人力爲強，作工既不要工資而又不疲乏也。機器實無異於衆多之黑色鐵奴，以煤爲食而爲人類作工也。風車之用本遠在產業革命以前，然風恆易停。水力亦嘗有用，如磨穀之水車卽多利用湍急之河流以動之者。阿克來最初之紡紗廠實卽利用水力。在一七八〇與一八〇〇年之間，製造廠之建於英格蘭西部急流沿岸者甚多。

蒸汽機

但在河流徐緩之處，則須以人力製造急流，建一蓄水池於高地，俾水由池中下瀉以衝水車。而引水入池，又非用一有力之喞筒不可，且在礦山中亦須用喞筒以排出地下之泉水，爲滿足此種喞筒之需要起見，乃有蒸汽機之發明。最初之蒸汽機，實卽喞筒而已，汽力之用於機器乃以後之事。

最初之嘗試

一六九八年，已有薩維里(Captain James Savery)發明略具雛形之蒸汽機，更早(一六九○年)則尚有法人德尼巴本(Denys Papin)之創造。比較進步者爲紐可門(Thomas Newcomen)在一七○五年所作之專利品。此種當時稱爲改良之紐可門『水龍』(Fire-Engines)，其工作效率可抵馬五十匹，而其成本則僅爲其六分之一。當十八世紀之前半期，英國礦山中用之汲水者甚多。顧此種機器尚未完全成功，其活塞每動一次，則汽筒必使之由冷而熱，復由熱而冷，冷熱頻換，所耗之煤量與時間遂因之過多。

一七六九年瓦特之蒸汽機

蒸汽機之眞正有利，實成於蘇格蘭人瓦特之手，因此吾人恆稱彼爲蒸汽機之發明者。瓦特嘗以一身而兼哲學家科學家工程師機器匠及天生的發明家之長。當其受格拉斯哥大學之聘，製造天文儀器時，嘗被請修整一紐可曼蒸汽機之模型。彼見此機太不經濟，靈機偶動，卽思得一改良奇法，旋於一七六九年請准專利。此法爲另設一永不變熱之凝汽瓶，而將蒸汽凝縮於其中，至於汽筒則使之永熱不變，無須冷熱更迭，因此可省煤四分之三。然此機固仍一喞筒也，厥後瓦特乃復設計使活塞前後移動，藉以轉動機器之輪，與火車頭活塞之轉動車輪相類。此種改良之蒸汽機至是遂可用之於卡特賴特之織布機及阿克來之紡紗機矣。故瓦特之事業即在（一）增加蒸汽機之效率，（二）且使其直接應用於各種機器也。

蒸汽機之發明爲一事，製造蒸汽機以出售又爲一事。鐵價既昂，非有最熟練之工人，又不能委以此種工作，故經營之才與相當資本實同屬必要。瓦特幸而得一業製造之富人名布爾敦(Matthew Boulton)者助其經營，於是此蒸汽機始得成爲一獲利之物。一七七五年以後，乃有礦主購瓦特之蒸汽機以汲水，廠主旋亦購之以轉動織布機紡紗機，或石磨，甚至法德二國亦有赴瓦特之工廠購此者。最初之蒸汽紡紗廠創於一七八五年，至一七九〇年，阿克來之紡紗廠亦利用此機。蒸汽之應用於工業者繼續未已，迨一八〇二年，遊歷英格蘭之某外人記之曰：「謂此等機器在英格蘭之多，與吾國之水車風車相埒，實非誇張之詞。」

鋼鐵業

製造蒸汽機所需之煤鐵既多，而蒸汽機又能使於採礦，故煤鐵之產額竟爲空前所無。且鎔鐵之新法亦出。一七八三年，瓦特製一重七百五十磅之汽錘，每分鐘可擊三百次。當鑄造廠運此龐大汽錘鍛鐵成形之時，正彼光焰衝天之吹氣洪爐出現之日。一時蒸汽機，織布機，甚至船舶，均用鐵造，『鋼鐵時代』於以開始。

汽船

汽機之用甚廣，而以下述三種爲特別可紀，卽汽船，車頭，與蒸汽印刷機是也。美人福爾敦雖非最初試造汽船者，然彼實爲使用汽船獲利之第一人。其克勒芒（Clemont）號之明輪汽船裝瓦特之機，曾於一八〇七年泝哈得孫河上行，自紐約至阿爾巴尼（一百五十英里），需時僅三十二小時之久。農民聞其聲者，莫不驚異，自彼等觀之，固儼然『一行於水面不畏風濤，呼吸烟火之怪物』也。一八三八年，汽船『大西洋』（the Great Western）號第一次橫渡大西洋，自布里斯它爾（Bristol）至紐約，爲時僅十有五日（卽帆船通常所需時間之半）。

蒸汽車頭

陸行旋亦受汽機之影響。一八〇八年，脫勒維提克（Richard Trevithick）建一鐵路於倫敦，其最初造成之蒸汽車頭名『克捷』（Catch-me-Who-can）號，每小時能在此路上行十二至十五英里之遠。斯蒂芬孫者，礦工之子也，對此感覺興趣，乃從事實驗，竟能於一八二五年製成一機，可曳重九十噸，每小時行十二英里。至是鐵路之風遂開——一八二五年斯拖克敦（Stockton）至達林敦（Darlington）之鐵道築成後，數年又有利物浦至曼徹斯特之路。

蒸汽印刷機

歷時頗久，人猶以乘『蒸汽車』爲險，仍多願乘舊式之郵傳馬車。顧此種懦夫亦可在其他方面感受汽機之利，因新聞紙現已用汽力印刷故也。最早之蒸汽印刷機，爲倫敦泰晤士報（Times）在一八一四年所設。昔佛蘭克林用舊式之人工印刷機，每日力作不倦，或能印報二千張；至於一八一四年之倫敦泰晤士報，用此新機，不二時卽可印足此數矣。註一 出版者因印刷之速，費用之廉，遂能以賤價出售其書籍小册新聞，俾貧民階級亦能購買讀物。苟無此產業革命，則雖教貧民讀書，亦終無用，因其無力買書也。且工人藉廉價之報紙而得悉政治問題，蒸汽印刷機之大有補於教育普及與民主政治者在此。

產業革命之繼續性

蒸汽印刷機，車頭，汽船等，不過爲脫胎於瓦特蒸汽機之少數物件而已，其實關於機器及動力之應用，代有發明。十九世紀實爲汽力時代，但此時代已漸成過去，今日吾人所用以行車及轉動機器，印刷新聞者，又爲一種更大之力，是卽所謂電者也。自電報（一八三二年），電話（一八七六年）及無線電（一八九五年）等發明以後，人類可役使此物以傳播音信於大陸廣海之外，速若飛電焉。

註一　近百年中印刷術之進步甚大，在一九一四年有一種六重的鋤形兩面印刷機（Hoe Perfecting Press），利用電力，每小時能印刷摺疊並計算二十四面之新聞紙二萬四千份。

發明精神

飛行機，潛水艇，沖霄樓等物在百年以前，尚屬幻夢，而在今日，則悉爲普通事實矣。十三世紀時，當羅哲爾培根言及飛機之可能，嘗被嘲笑，但其幻想卒成事實。彼『跛足小王』乘仙毯以飛行天空之事，昔僅見諸神話，今則不必爲王子，亦可有一飛機，不亞於任何仙毯矣。能使夢幻與神話成爲事實者，實賴此發明之精神，能使吾人異於野蠻人者，亦此發明精神也。彼澳洲之土人歷若干世紀，尚用其反擲之標，而美國之獵人則每年均可新購一改良之鎗。自產業革命以來，吾人發明不息，創機器以浣衣，攪乳，鼓琴，作汽鑪以開河，製真空掃除器以掃地。機械之發明，實爲今日常見之事。

第二節　產業革命對於經濟之影響

產業之發展

機器發明之直接結果，實表現於工商業之發展，城市之發達，及財富之增加。大規模之製造，採礦與耕種，均因機器而獲實現。例如一七四〇年時，英國礦山中所出之鐵，僅一萬七千三百五十噸，及至一九一〇年則出鐵已達一千萬噸以上。英國之棉製品在一七六〇年僅值一百萬金元，及一九一〇年，則已增至六萬萬金元。設新世界之一切男女皆用舊式紡車以紡紗，總計其所紡之線，仍不如今日機器所出之多。卽農產亦加豐饒，因利用科學方法及改良之犂與自動束禾機自動攪乳器等故。此外復發生種種完全新式之產業，如罐頭菓品留聲機，照片汽車魚雷電話火柴及專賣之藥皆新製造品也。

商業之增進

商業亦隨工業而發展，因現在可售之物，較前爲多，且銷售亦加便易也。定期海船，鐵路，馬路，電報電話，以及廉價之郵政，似已使天涯成爲比鄰。運輸之費少而迅速，致可使鮮菓由南美運至歐洲而猶不腐。交通之便易更足令各國專製其特種物品，如英國專爲他國製造布疋與鋼鐵等器，而仰給俄國與坎拿大之小麥。商業之增進或可用數字表示之，如棉織業在十五年之內（一七八八——一八〇三），增至三倍。美國當一七九二年輸出之棉花爲二百七十五包及一九一三年則爲九百二十五萬六千包，美國與歐洲之商業在五十年內（一八三〇——一八八〇），共計已八百倍於前矣。

人口之突增

人口亦隨工商業之進展而有顯著之增加，因自有史以來，衣服之製造，食物之生產，均未有較今日爲更易者。英格蘭之人口當十九世紀前半期已增至二倍，歐洲之人口當十九世紀中，大概已由一萬七千五百萬增至三萬九千二百萬。

城市之發達

新增之人口，大都集中於城市。其原因當不外同類的工業集中於一地之趨勢，商業之要求，以及城市生活自然之吸引與便利所致。大多數之歐洲人本皆散處鄉間，今則英格蘭人之聚居城市者已達四分之三。十七世紀時之倫敦僅有居民五十萬，現已變爲世界之都會，有居民約七百萬矣。當十九世紀初，歐洲之城市有居民十萬以上者僅十四處，迨十九世紀末則此類城市已有一百四十處之多矣。

財富之增加

人口之增加固極迅速，而財富之增加則尤爲可驚。鐵機所產之財富，用以維持新增之兆民，尚有餘裕。僅就美國而言，儲蓄銀行之存款所以達五千兆金元之多者，即因此之故。多餘之財富原足以供給加多之人口，或使現有之人口得享安適甚且奢靡之生活，然而大部分之財富咸聚於比較少數之富人手中。彼輩之宅第舟車，雖以路易十四之王宮御駕與之相較，猶有遜色。產業革命之最大利益竟爲少數人所獨佔，初視之似覺甚奇，此理不能於機器發明之本身求得之，須尋之於產業革命之第二種狀態，即工廠制度之成立是也。

第三節 資本主義與工廠制度

以上所研究之產業革命，係手工勞動變爲機器勞動之過程，今將略論彼獨立之家庭勞動者變爲傭工之工廠勞動者之情況。

產業革命以前之勞資情形

當產業革命之未發生也，工人多在家中工作，補鞋匠宿其店內，織布者輒置織機於樓上而安紡車於搖籃之側，鞋匠則購皮於製革之人以自備之工具製就而直接售之於顧主。

然此種中世紀之制度，在機器發明之前，即已開始衰替，獨立之工人已局部的依賴資本家矣。較富之鞋匠師已不自行作工，而僱多數之工匠，工匠遂已實際變爲日工。　在毛織業方面亦有富商興起，令織工織紗成布而計碼授資。　彼業製造之商人購置織機數架於一廠舍或亭子間，而以工資僱用織工工作於其中，此即工廠制度之權輿。

工廠與機器

勞力與資本之分離，工人與僱主之各別，固已濫觴於機器發明之先，但眞正革命之發生，究在動力機器之被採用以後，此時工廠紛紛設立。　因笨重之機器既非裝置於特別之室中不可，而建造水車或購置價昂之汽機，苟其動力不能轉動多數之機器，則殊無利可言。　欲轉動多數之機器，必須多數之工人各依定時工作，蓋工人有時怠倦，而機器則決不可使之空廢不用也。　其結果乃有大工廠之設立，千百工人每晨聞汽笛之聲，則魚貫入廠以作工，迄日終汽笛再鳴時止。　機器既已悉置於工廠之中，工廠乃又集中於工業城市，往往布廠在紗廠之側，軍械廠與鎔礦爐相近。織布工人現皆日則作工於工廠，夜則寄宿於客舍，家庭工業與鄉村茅舍遂因工業城市之興起而多歸消滅矣。

社會中之新分裂

凡有工廠之處，皆有兩種新社會階級隨之而生，即資本家與工資勞動者。在舊制之下，有貴族與農奴，有行會匠師與工匠，有商人店主店夥等，但在工業城市中，則既不知有行會匠師或工匠，亦不知有貴族或農奴，惟有資本家與工資勞動者。工資勞動階級，吾人稱之爲無產階級(Proletariat)，廠主則爲資產階級中之新支派，包括工業資本家，銀行家，商人店主以及專門家等。

資本家

最初之工業資本家厥爲阿克來（即阿克來爵士，乃水力機之發明者及『工廠制度之始祖』）之流。彼實如今之所謂『創辦人』，即努力於各種新企業之經營者，舉凡工廠之設立，機器之裝置，工人之僱用，業務之經營，皆其職責。此外彼又爲其工廠之監督，恆乘大車駕駟馬巡行各廠，以視察經理之是否適當，工人之不得懈怠，機器之照常轉動。最後彼更收買生棉而出售紡成之紗。

多數廠主最初咸將創辦、監督、發賣之三種職務集於一身，及工廠制度愈趨複雜，廠主或資本家之事務乃愈少。尤其當經營大規模之企業時，資本家恆爲單純之投資者，僅出金創辦，另有受僱之監督人與發賣人代行經營指揮及買賣等事。惟資本家仍要求大部分之利益，稱之為『利息』或『資本之報酬』。凡有餘款者，均可交諸經紀，投入某種事業，嗣後遂無須操心勞力，自可每年坐收紅利。彼精明之投資者（新興之資本家），輒以此坐致鉅富。既富遂可左右政治，受人尊敬，且更高自位置而購買享受往昔封建貴族之宅第別墅矣。

工資勞動者

機器工廠使資本家陞至有財有勢之地位，亦令工人淪入隸屬貧困之境。蓋自動力布機發明以後，布疋可用機器織出，費少而速，註一以致布價低落，遂使用手機織布者無法謀生。彼輩貧窮，不能購置昂貴之機器，欲免凍餒，乃不得不工作於資本家之工廠中。織工之在廠中，實一機械人耳。工人既不能自買原料，又不能出賣成品。蓋彼僅須拉機器之槓杆，擦刷塵埃，修理斷紗，此時經驗技術已無所用，所出售者惟力而已。且售力尤須從廉，因貧民甚衆，常有願作工而不計酬者，

註一　『二十五歲或三十歲最優良之織工，用手機織布，每星期僅可織成襯衣材料二疋。一八二三年時，一年約十五之汽機織工，照料兩座機器，可織九疋。一八二六年時，一年約十五之汽機織工，在一星期之內，可織十二疋，亦有能成十五疋者。一八三三年時，年十五至二十之織工，用汽機織布，得十二歲之女孩一人為助，可以兼顧四機，織成十八疋』（見波特爾 Porter 書中一八三面）。

彼僱主在可以避免高率之工資時，自未有願出重價者也。

工廠工作並不如家庭工作之有趣。前此以手機織布者，可於擲梭之時聽其兒女嬉笑之聲，且能自定工作時間，織布而外，猶可灌園。今廠工則不聞兒女之笑，但聽機器軋軋之音。其來其去，一以廠中汽笛之聲爲準。工作單調，平凡無趣之動作常須反復不已，至歷十小時十二小時甚或十八小時之久。且無論如何疲乏，仍須隨機工作，因機器從不稍減其速度也。此種妨害衛生之工作，恆使人神經衰弱，體格疲憊。

女工與童工

受害最大者，尚非壯男而爲婦女與兒童。蓋照料機器孱弱者與體強者無別，而修理斷紗，且以兒童之纖手更爲敏捷也。故婦女多離其家庭，兒童多棄其遊戲，同往工作於工廠礦山之中。顧彼輩所得甚微，母子雖孜孜不休，自晨六時以至夜十時，仍難維持其一家之生計，而此時壯男之能得工作者，蓋益鮮矣。

新問題——失業

「無工可作」四字，實爲自有產業革命以來一般工人常有之怨聲。迄今失業問題，仍爲由工廠制度所產生的最大問題之一。操手工業者最初之視機器，且懼且恨，一若其工作將爲機器所奪去者然。彼心懷嫉忌之工匠，恆搗毀機器。顧機器之製造甚速，實屬毀不勝毀，毀機之暴行於是漸漸停止。然而失業問題，固依然存在。此並非因可作之工較前減少，其實工作反加多，乃以婦女與兒童亦從事於工作，遂令多數壯男賦閒而無法謀得職業也。加以「厄運」常臨，工廠停閉動達數月，廠工失業，覓食無所。

新問題　農民之消滅

第二大問題，爲強健農民之相率入市。彼英國之農民固嘗獨立不撓，自成一特殊階級，其勇氣足以卻昔日之敵軍，今乃漸趨消滅，實令英國之政治家見而驚心。當十八世紀及十九世紀初期，富農用圈地之法以收買土地，從事於大規模之耕種，斯吾人所已知者。此種圈地之舉，實與產業革命同足以令一般農民棄其土地，徙入工廠，成爲工資勞動者，其舊時獨立之精神，遂因此消失殆盡矣。

新問題　工廠工人與礦山工人之衰弱頹廢

最大之問題，尤爲工人階級在資本制度下之漸趨衰頹。蓋工作時間既長，工資復少，而環境穢汙，又礙衛生。向日獨立愛家之農民，今已失去家庭與獨立。因長時間俯身照料機器，而肩背傴僂，因永久從事於戶內之工作，以致面無血色。尤甚者，爲婦孺之就傭，常發生極惡之結果。女工所生之嬰兒體格既弱，看護不周，故死亡率甚大。童工則因呼吸廠內不良之空氣，以致顏面蒼白，形容憔悴，成爲短小殘廢之人。害尤大者，即惡風淫俗之流行於大工廠礦區之內。蓋男工既

政府之態度

抑制時代

鎮日消磨於黑暗低濕之礦中，自喜以其餘暇取樂酒肆，而置其枯燥無味之家庭於不顧，即幼童亦多染狂飲之習。女工則既無室家之樂，又因作工而與兒女分離，自更易墮入惡途，放僻邪侈矣。

假令一國之工人皆處於此種狀況中，則其國家究將如何？若使兒童皆在工廠，則學校之設立復有何用？倘使選民皆愚昧卑劣，則民主政治又有何益？彼政治家固從未遇此類難題，亦從未被迫以解答此類疑問也。吾人今且觀其應付如何。

最初一步，即制定法律，或厲行舊有之法規，以限制工廠工業中種種不良之趨勢。須知十六七世紀時重商主義派之政治家（如哥爾比），對於工業本曾頒布種種詳密之條例。法國在一七八九年，嘗有法規八大卷，舉凡工作之方法，使用之工具與原料，以及布疋之寬度，鈕扣之大小，皆有規定。英國之章程雖不如是詳密，但政府亦同有限制工業之感想，例如伊利沙白女王嘗以鎔鐵爐耗材過多，破壞森林，而通過法律以限制其數。後於一五六三年，又有著名之伊利沙白的工匠法令(Statute of Artificers)，規定工匠應經過七年之學徒期限。且學徒之人數亦受限制，在某幾種工業上，學徒每三人中至少須有成年之工匠一人。最後一種法律如能厲行，或可以限制童工，至其他法規，倘見諸實施，則徒使工廠工業無法經營耳。

除以上限制工業之政府的法規外，尚有行會條例，亦須遵守，此在歐陸尤甚，此等條例實足以防制革新。最後更有關於職業之多種限制，有妨害商業之特許公司，有原料及穀物之輸入稅，業製造者因此遂益難爲工業求得廉價之原料，爲工人求得廉價之食物矣。

不幹涉時代『放任主義』

十八世紀多數進步之哲學家對於工業限制之理論與實施，嘗指摘其弊害，法國有杜哥及其他主張新『經濟學』者大倡『放任主義』（Laissez-faire），此吾人所已知者。一七七六年復有英人亞丹斯密刊行其原富（Wealth of Nations）一書，彼在其書中力主工商業之不應受限制與賦稅之束縛。亞氏謂一國之實力在其國民之財富，而增進個人財富之良法，莫如自由，限制不但無益，而且有害。人皆深知其致富之道，使一國之中人人皆富，則國自富矣。因此對於人人均應任其自由營業，不爲法律或限制所束縛。

『經濟的個人主義』

其他哲學家則更進一步，謂干涉工業不惟不智，而且不仁，以其違反人類之『天賦特權』，故也。人類之有某幾種天賦特權，十八世紀之哲學大師均好作此論，斯理不惟在哲學之研究上佔有勢力，且常見於國家之文告中，如美國之獨立宣言及法國之『人權宣言』是也。『私產爲一種不可侵犯之神聖權利』，在法國之『人權宣言』中，實鄭重聲明，定爲信條，由此更進一步自不

『經濟定律』

難想到人人應有自由營利之神聖不可侵犯的『特權』。於是法國大革命之『自由』，旋即應用於經濟方面，而獲有成效。彼業製造者與資本家固非『自由』不可矣。

此種『天賦特權』之信仰，更因十八世紀哲學上之另一產物而益固，——即當時盛行之『自然律』（Natural Laws）論也。吾人既能求自然律以定星辰之運行，何獨不能尋『定律』以解釋國家之何以興盛，世人之何以有貧富乎？此種問題，似頗簡單，於是多數經濟學者，尤其是英國之經濟學者，乃競爲解答，中有一人註一謂貧窮爲勢所必有，因財富固不敷分配也。苟貧人之工資增加，則其眷屬亦增，待哺者益多，而其窮必仍如故。另一學者則謂地租之決定，非由於地主之貪，實自然律使然。政府並不能救窮除惡解苦蓋歸根到底，此種現象在健全之經濟理論上，皆由彼永久不變之自然律運行所致。故最良之結果與最盛之繁榮，均不能由人造法得之。然則究何由乎，即由『開明之自利心』而已。依當時經濟學家之意見，則人人惟須自營己利，而一任他人之各自爲謀，因人皆善於自謀也。如人人均能顧慮周到（即彼等各自爲謀），則國家興盛。

愛鄰之箴言，昔奉爲玉律，今則目之爲迂闊，非智者所願爲，『自助者天助之』，『私利即公益

註一　即馬爾撒斯

之本也。」

此種自私之辯護，在產業革命之進展中自易得人贊同。前此基督教所主張無私與謙遜之見解，現因新派倫理學家之興起而漸歸消沈。若輩蓋莫不信愛默生（Emerson）之言以為「人之內心實備具自治之一切要件……其所遇之真善真惡要皆出自本身」。彼隆盛之廠主每一回思平生，輒以為其成功乃僅由彼之勤儉進取與智力所致，他人苟亦能法其沈着勤儉與聰明，自亦可成為殷富可敬之好國民。故在當時多數所謂基督教國家之中恆主張人人應為自己而奮鬭，「魔鬼將擒最落伍者」耳。

新經濟學之要求

個人主義與自由新說之應用，有下述之三種要件：（一）廢除政府對於工業之一切限制，政府之職權應以防制盜刼暗殺叛亂等為限；（二）廢除一切妨礙自由競爭之行會特許公司及專利權等；（三）禁止工人之組織工會，而由各工人自行與僱主締結「自由契約」。工會以強制僱主增加工資或減少工作時間為目的，實妨害此種「自由契約」之權。彼主張工業自由者，僉謂干涉工人賤賣勞力之神聖權利為卑劣苛刻之舉，應令一切傭工各與僱主分別交涉，如其索資過乎僱主之所願出，則應聽其另謀職業或逕不就僱。

工業之解放

十九世紀時，因工業資本家之政治勢力漸盛，於是經濟「自由」之要求，遂實現於多數國家之中。英國在十九世紀初期三四十年內，工商業幾全脫束縛。在法美二國，業製造者亦享有充分之自由。例如法國在一七九一年，英國在一八〇〇年，均曾禁止工人之結合。工業自由在所有工業國家中，蓋已成爲定則矣。

「自由」與資本家

世人莫不期望幸福與繁榮，均將因自由之成功而實現。果然，英國之工業解放最爲徹底，其國家亦最富，其資本家之隆盛，工廠與船舶之衆多，均爲任何他國所莫及。自由之果，殆與古代寓言中之金蘋果同樣可貴。

「自由」與工錢勞動者

自由對於資本家固有利，而對於工人則有慘不忍見之結果。蓋工廠草創之初，屋宇卑陋，空氣不良，光線不足，實不合於衛生。「英國之自由民即在此等陰沉之屋宇中，咽喉爲灰塵所塞，身體因過勞受損，以盡量享受此可貴之契約自由權」。至在礦山之中，則婦孺亦隨壯丁工作，婦人女孩恆曳煤車，終日匍匐往來於矮小之坑道中。

十九世紀初期，英格蘭嘗發生反對黑奴制度之大運動，英國殖民地之奴主至不得令奴隸每日工作過九小時，或令兒童工作過六小時。顧英國白種之國民，反未能享受此種之保護。英國曾有一種法律強制貧兒作工，於是無數年僅五六歲之貧兒，遂爲此種法律所迫，離其家庭，送入工廠，甚至有販賣大批之貧兒如奴隸者。此種貧兒之在工廠被迫作工，並無工資所得者惟有極惡之食物。彼苟拒絕工作則用鐵鏈鎖其脚踝繫之機器上。夜則錮之於卑小之睡室中。工作之時間特長（朝自五時或六時始，夕至九時或十時止），兒童恆有因疲乏而兩臂酸痛因昏睡而兩目欲閉者。但因監工者之鞭撻，終不得不振作精神。彼幼童之因工作過度而殤者實繁有徒，其因汙穢疲乏營養不足等故而得疾以死者亦衆。

若有人勸廠主注意此等狀況，彼輩輒答以僱工苟工作少而得資多，則營業將無利可獲，凡僱主實未有蓄意虐待其僱工者，至於政府之干涉私人營業，則無論如何總屬錯誤。彼輩竟以此種搪塞之詞置是問題於不顧，而毫不設法以圖減輕工廠或礦山中工人之痛苦。英國在十九世紀前半期所制定之少數法案，用以限制童工及改良工廠之狀況者，實出於王黨地主之手，與自由黨之廠主無與也。然此等之改良收效甚微，各處之工人階級似益陷於赤貧之境。機器不能有利於人，似徒供彼爲富不仁者以一種殘酷之壓制工具已耳。

經濟的個人主義之

彼中產階級之經濟學家固可說明貧窮爲經濟定律必然之結果，但在十九世紀中，有新派理

反對者
社會主義者

商家起，為工人階級預報佳音。經濟學家著重個人之權利，新派理論家則思謀社會之改良，而少數人之致富則為次要。彼輩勸人類注重社會而勿自私，故此輩改革家之被稱為社會主義者，實屬自然之事。

阿文（Robert Owen 一七七一——一八五八）即為最著名社會主義者之一。彼為蘇格蘭新拉拏爾克（New Lanark）地方大棉業廠之經理人兼股東，故深知工廠制度之流弊。彼始欲將新拉拏爾克變成模範社會，其成功果如何，可由其言論中判斷之：『吾人實行新法二十九年，從未假助於官吏律師，未一用法律之制裁，無須任何貧民捐，無放恣之行為，無宗教之仇恨，吾人縮短工作時間，教育一切幼童，改良成年人之境況，減其每日之勞動，資本之息金照付，而仍獲利至三十萬鎊以上』。阿文因新拉拏爾克實驗之成功，遂以社會改良者著名。彼深信世界各處均應組成與新拉拏爾克相似之社會，聯合成世界大共和國。每一社會應約包括一千二百人，兼營農工生活，同居而共財。惟人多以阿文之攻擊基督教及其對於婚姻問題之主張放蕩而反對之。加以創立阿文式社會之企圖（註一）迭遭失敗，故當一八五八年阿文逝世時，社會之不能依其計劃以改組，已彰彰明矣。（註二）

聖西門與福利耶

當阿文在英國試行改良社會時，聖西門（Saint-Simon）與福利耶（Fourier）則在法國鼓吹空想之計劃。聖西門（一七六〇——一八二五年）嘗勸路易十八創立一種新制，用科學家之統制以謀工業之利益。福利耶（一七七二——一八三七年）則另倡一與阿文主張相近似之制度，以一千八百人所組成之獨立工業團體（Phalanges）爲基礎，在此團體中紅利之分配應以十二分之五歸之勞工，十二分之四還之出資本者，十二分之三施諸技術家。福利耶恆於日午在家中靜候彼願採其計劃之富人前來訪問，如是者十年。其失望自不待言。當其逝世之後，麻撒朱色得士之布魯克場（Brook Farm）雖曾創設此種工團，但旋歸失敗。

路易卜蘭

聖西門與福利耶在十九世紀初期之二十餘年中最露頭角，此後數十年內法國社會主義之代表，則爲路易卜蘭（Louis Blanc，一八一一——一八八二年）。彼乃巴黎著名之新聞記者，力

註一　在阿爾卑斯敦（Orbiston，在蘇格蘭），紐哈謨尼（New Harmony，在美國之印第安納(Indiana)）刺勒罕（Ralahine，在愛爾蘭），及逖特里（Tytherly，在英格蘭）等處。

註二　阿文之事業有一重要之結果，即合作店之設立是。店中之利潤由合作社之社員公分。當一九〇六年，聯合王國內之合作店達一千四百所以上，共有社員約二百一十五萬人。阿文又爲贊成工會主義之最早而有力者。

斥工業競爭，主張國家應設立「社會工場」；此種社會工場應各自獨立，由工人自選經理，自分利潤。

福利耶與聖西門僅能博得上層階級中少數慈善家或趨時者之注意而路易卜蘭之理想，則係直接求助於多數之工人。惟路易卜蘭改良社會之圖，仍難獲得稍大之成功。阿文、聖西門、福利耶、路易卜蘭等之所夢想者同屬永難實現之理想制度，社會主義運動之成爲有組織與政綱之政黨，實一八四八年以後之事也。

此輩社會主義者之先進（阿文、聖西門、福利耶、路易卜蘭）雖未能組織永久之社會黨亦未能實現其夢想，然至少已使一般人士注意於社會問題而對於放任主義之哲學發生反動。多數工人深信資本家之獲利，乃剝削傭工之所致，此即英國阿文、法國路易卜蘭等社會主義之反映也。註一

工人欲得其平，乃趨向工會民治運動，及種種空想之計劃。城市中之下層階級因要求民

註一　英國所謂「基督教社會黨」（Christian Socialists）之運動，亦趨向同樣目的，該黨包括著名之教士與著作家如模利塞（J. F. D. Maurice，一八〇五——一八七二），金斯黎（Charles Kingsley，一八一九——一八七五）諸人。

治主義與經濟不等而日益不寧，其影響於十九世紀後半期之歷史者至深且鉅。

第四節　產業革命對於政治之直接影響

中產階級及其政治野心

當十九世紀前半期，勞工問題之重要性，實爲中產階級勃興之事所掩。產業革命之直接效果，即爲下層階級之失勢而貧與中產階級之得勢而富。以上所述之工業進展，商業繁盛，財富增加，城市勃興諸事，即不啻言有無數批發鉅商及銀行家創辦人之獲得財富與無數商店之正在開設，而以衣食品奢侈物供給城中新增之人口也。彼從事於金融與商業之中產階級及店商階級（此乃介於中產與下層階級之間者）乃因此而較前更爲重要有勢。與此種舊式中產階級有關者，另爲一新起階級（即因產業革命而產生之工業資本階級），凡領有工廠礦山鑄造廠機器店，製造廠以及鐵路者，皆屬於此種工業中產階級。

此輩中產階級乃產業革命之驕子，其在政治上之影響甚大，自屬勢所必然。彼等既能用其才能毅力在實業界中出人頭地，茍不更在政治上取得地位，自不肯甘休。且彼輩乃『工業領袖』，對於國家自比舊式之封建貴族更爲重要。然則彼輩究以何故而不能在政府中得重要之位置，不能爲國王親信之顧問，永爲中產階級而不能爲上層階級乎？

中產階級從事於政治活動之經濟原因

中產階級之所以從事於政治活動者，除其天然之野心外更有尤要之經濟原因，此以廠主爲尤甚。（一）前此重商主義者所制定之煩苛條例，實妨礙機器生產之新法，須廢除之；且製布應用極廉之法，而不必墨守古代之法規；總之工業必須脫去束縛。（二）廠主非有政治力量，則不足以防制工人之組織工會或要求工資之增加。（三）尤有甚者，穀物征稅而生活費提高，遂致有增加工資之必要；且工業原料亦有關稅，其他如通過稅內地關稅區之種種制度，皆足爲商業之障礙，凡此一切，均非廢除不可。

中產階級之政治勢力

中產階級之作此要求，非特其人數之衆，實賴有他種之力。蓋銀行家與廠主商人等，爲數究少於普通民衆，但彼輩多財，可以收買議員，運動被選，且倔強跋扈，能獨立不倚。加之彼輩以代表「產業」自命，國之強盛既繫乎其產業之繁榮，則對於此輩代表產業者自不容忽視。一般人皆覺營業繁榮，則政府之稅源充裕。工資之高低亦繫乎產業之盛衰，向來資本家皆謂如營業受擾，則多數之工人必將失業。彼中產階級當緊急之秋，常用此種論辯以得工人店商之贊助，而更以革命之恐嚇強遂其要求焉。

英國中產階級在政治上之成

產業革命之影響，爲中產階級政治勢力之加強，此在英格蘭尤爲顯著。英國議會爲王黨地

就國會中之代表權——一八三二年

由及民黨貴族之小集團所操縱，致中產階級幾無直接之代表。此事吾人已在第十四章中述之矣。大工業城市如曼徹斯特與伯明罕在平民院中絕無代表，而多數之小村落反各派代表二人於議會。以前久有改革之說，但至一八三二年，始因中產階級之勢力已盛，而通過一改革案（Reform Act），予諸大工業城市以代表及城鄉之富人以選舉權。

吾人對於此一八三二年之改革案，在下章當詳加敘述。現所討論者，在以該案爲產業革命在政治方面之結果。故吾人在此處僅須注意：（一）享有選舉權之城市，多爲工業城市；（二）要求議會改革最爲熱心，而受其利益亦最大者，實爲工業中產階級。例如曼徹斯特之人口總數爲十八萬七千零二十二人，其中收入數達「十鎊」之房主，因此次改革而獲選舉權者，達六千七百二十六人。易詞言之，卽實業界之富人，力能房華美之宅第者，莫不享有選舉權。中產階級遂從此在平民院中有發言權矣。

一八三五年得操縱市政府

當廠主嘗試用其新權之時，始覺議會之改革不徹底，蓋彼在組織上含有貴族性之貴族院，實能使平民院之要求完全無效也。一八三五年，有一試驗之案件發生。彼力謀議會改革者，當時亦曾主張市政之革新，現在下院中且得多數之贊助，顧貴族院則堅決反對之。彼主張改革者怒

中产阶级之反对穀物条例

而至於以廢除此寡頭之古制恐嚇之。後此案卒得通過，前此壓制多數城市之寡頭式的市政府遂以廢除，而另由一切納稅人選舉市吏市長焉。此為中產階級之第二次勝利，新富之廠主乃得取舊黨在市政上之地位而代之，且同時又對於貴族式的貴族院之威信予以打擊。

英國中產階級最大之成功，厥為一八四六年穀物條例（Corn Law）註一之取消。「穀物條例」原為議會所制，規定英國之普通麥價非達每夸達七十先令，則不許外麥之輸入。註二 如麥少而價過七十先令時，則許外麥輸入，而課以重稅，必須麥價繼漲，始減輕此稅。此種課稅之結果，實令麵包昂貴，使貧民在艱難之時苦不堪言。顧地主則仍維護穀物條例，因麥價之漲即不啻地租之增，且彼輩固主張英國應自種穀物也。然新興之工業階級則深信亞丹斯密之論，謂穀物條例足以增加生活費，因此不惟多生痛苦，且使製造者不得不增加工資。多數之中產階級均反對任何之保護關稅，彼輩以為一磅羊毛六便士之稅，足以妨礙英國之毛織業。此種課稅實不利於國際間之自由貿易，苟他國不能自由售其物產於英國，則英國如何能望他國之購其製造品

註一 「Corn」係指一切穀物，不僅指小麥。

註二 一八一五年定通常價格為每夸達八十先令，一八二二年改為七十先令。

耶？因此諸種原因，倫敦之商界鉅子在一八二〇年即曾要求議會取消保護關稅。保護稅制因而漸替，一八二四年牛絲稅減低，一八二五年又減牛羊毛稅，但地主非經劇烈之衝突，決不願放棄穀物條例也。

一八四六年穀物条例之取消

反對穀物條例運動既具不撓之決心，復有完善之組織，一八三八年成立反穀物條例同盟 (Anti-Corn Law League)，以謀外麥之自由輸入，由著名之業製造者哥布登 (Richard Cobden)、伯來悅 (John Bright) 二人領導之。哥布登有印布廠在曼徹斯特及薩布登 (Sabden)，伯來脫爲洛茲得爾 (Rochdale) 廠主之子及股東。哥布登供給理由，伯來脫則長於雄辯。彼輩深知廉價麥粉之有利於廠主，巧詞向工人陳說貧民痛苦之由於穀物條例。其他廠主對此運動皆慷慨資助。哥布登，伯來脫及其他諸人則集會演說遍於全國，發行小册，不可勝計。

彼主張自由貿易者實得天助，一八四五年因雨量過多，收穫大歉，而愛爾蘭素所仰給之馬鈴薯亦受蟲傷，餓斃者以數千計。欲免饑民之增多，非取消穀物條例不可。彼代表地主利益之多數保守黨雖仍欲維持關稅，而穀物條例取消案 (Corn Law Repeal Bill) 卒由關爾 (Sir Robert Peel) 提出；關爾者保守黨之內閣總理而一紗廠主人之子也。此議案卒因自由黨二百二十三人與保守黨一百零四人之聯合對保守黨一百二十九票通過。依此案之規定，三年內免去一切穀稅，對於外國製造品之課稅亦於同年減輕。此次關爾因違反本黨之主張，故於穀物條例廢止後即放棄保守黨之領袖地位；哥布登則接受其友朋黨徒之樂捐酬勞金幾八萬鎊，此亦一趣談也。

一八四六年穀物條例之取消，實表示英國中產階級對舊式貴族之戰勝。彼輩前既因一八三二年之改革案而得出席議會，因一八三五年之市政改革案（Municipal Reform）而得操縱市政，今復因關稅之爭辯而戰勝地主，此後英國鬬爭之形勢，將爲工人之欲得政權以改良其境遇矣。

法國之新工業

在法國，產業革命之盛行，乃在拿破崙戰爭告終之後，實自一八二五年英國機器輸出之禁令取消時始。且法國小農之數較英國爲多，彼等乃代表農業利益而與城市之工業階級相對峙者。故歷十九世紀之大半，法國民衆之大多數純營農業生活焉。

顧法國之工業雖不如英國之重要，而其發達亦頗迅速。一七八九年，法國所出之煤，僅二十五萬噸，及一八三〇年，已達一百八十萬噸。一八二二年，法國運至英美二國之生絲，僅值九千九百萬佛郎，至一八四七年，已增至一萬六千五百萬佛郎。一七八八年，羊毛之輸出額僅值二千四百萬佛郎，及一八三八年則達八千萬。棉織業在一八一五至一八四〇之二十五年中，實增至三倍之多。

中產階級與一八三〇年之革命

此種工業之發展，半爲法國中產階級政治勢力增長之原因，而亦半爲其結果。當査理十世在位時，中產階級因在昔貴族精神之復活而受困蒙經濟上之害。例如在一八二五年，政府債券之利息由百分之五減至百分之三，次年羊毛稅增至百分之三十，鋼鐵稅增至百分之百，而穀物稅之稅率則仍舊甚高。業製造者因此對於製造機器所需之鋼鐵，織布所需之羊毛，以及食物，均須以高價購買之。

一八三〇至一八四八年路易腓立之中產階級的君政

但以上一切均因一八三〇年之革命而發生變更，此卽奉路易腓立爲立憲君主之革命也。貴族式之貴族院（Chamber of Peers）現遂失勢，而居於中產階級之代議院（Chamber of Deputies）之下，此院乃由納稅二百佛郎之公民所選出者。法國在一八三〇至一八四八年中，實爲一種中產階級的君主政治。顧國王與中產階級，並不完全一致。一方面中產階級固擁護路易腓立以抵制舊制之擁護者，抵制工人階級的共和黨人，並抵制任何方式之社會革命，但在他

路易腓立時代法國

一方面，彼輩又因猜忌而與國王多所爭執，卽彼輩相互間亦然。

路易腓立在位之前半期，中產階級惟恐擁護查理十世之「正統黨」(Legitimists)之推翻路易腓立及共和黨之煽動巴黎民衆革命而推翻君主政治，因此不許新聞之抨擊現有政府，對於過表同情於正統黨或共和黨之新聞雜誌科以罰金。彼實業界人但求和平與秩序，故對現狀認爲滿足，而拒絕更進一步之改革。迨正統黨與共和黨兩方面之危險旣去，在朝黨之內部卽起分化。一派在諦愛爾領導之下主張內閣應對代議院負責而不對國王負責，謂「國王君臨而不統治」，蓋欲使國王爲中產階級政治之傀儡。諦愛爾嘗於一八四〇年任內閣總理，但卒因效拿破崙耀武揚威之故態，幾陷法國於戰爭，以致大失人望。實業界人恐戰爭之擾害工業，於是由諦愛爾之敵派領袖基佐(Guizot)繼任總理，自一八四〇年起迄一八四八年止。彼力圖外保和平，內維秩序。恆利用政府之職位，烟草准賣證及賄賂等法以運動選民與代表之擁護，而在代議院中常得多數。當新聞抨擊政府時，彼則對記者起訴，當激烈黨(Radicals)要求增加選民之人數時，彼則答以「汝等努力工作以致富，則自可成爲選民。」

在「七月君政」(July Monarchy)期中，所有改變皆中產階級之再造，與同時英國之革與極相類似。其時有一八三一年之市政改革將市政會議變爲選舉制而惟納稅最多者與有專門職業者始獲投票之權。關稅亦加改良而減輕苛捐中之最甚者此制沿用至一八一四年，仍少改進。另有教育改革（一八三三年）在各市區設立初級學校當路易腓立在位時代學生之數實增加百分之七十五。

中產階級在政治上之成就

產業革命對於政治之直接結果在法國與英國正相類似。在此二國中產階級皆富而皆在立憲君主政治下之議會中獲得勢力此在法國係因一八三〇年之革命而達到，在英國則由一八三二年之近乎革命的改革運動所獲得。在此二國中產階級既得權勢，遂僅贊助中產階級之改造而拒絕擴張政權於下層階級。兩國內之下層階級皆不安甯，多數工人恆喜聽從民治主義與社會主義者之鼓吹。

德意志諸邦之新工業

德意志諸邦之發生產業革命則更後於法國。當歐陸困于戰爭之時（一七九三——一八一五年），英國之業製造者已完成其機器創製此時遂可以賤價售賣戰勝德意志之生產者，因此德意志產業革命最初之政治的結果爲要求保護關稅。各小邦因欲獎勵本邦之產業，對於輸入之製造品輒課之以稅。惟德意志之小邦甚多，關稅重複，實大足以妨其商業。普魯士欲免除此

關稅同盟

種困難。故於一八一八年在本邦之各部定一劃一之稅制：對製造品課稅百分之十，對殖民地之物產課稅百分之二十。其後普魯士邀請德意志之他邦採同樣之章程，而各以其關稅行政與普魯士之關稅聯合辦理。德意志各邦經長時之躊躇後，多與普魯士聯合，一八三四年一月一日普魯士，撒克遜尼，巴華利亞，及德意志之其他十四邦遂成立關稅同盟（Zollverein）。漢諾瓦，巴顛，拿梭（Nassau），布倫斯威克，盧森堡，美因河畔之福蘭克福爾（Frankfort-on-main）諸邦，後亦加入，惟奧大利終未參加。德意志商人在此同盟之內，可以自由貿易，視德意志儼若一統一之國。至于德意志之業製造者，則仍可受共同關稅之保護，以抵制英法之競爭者。

此種以普魯士為領袖之經濟統一，本為商人與業製造者謀利益，而卒為政治統一之初步。彼實業界人蓋已習于不分邦界，而竟視關稅同盟為一國矣。且鐵路已在一八三五與一八四〇年之間築至四百英里，更可使國家愈趨于團結。彼各小邦之君主貴族，對于其邦士獨立之受侵，固或不免憤恨，普奧二邦之爭訂，固亦足擾德意志之同盟，然產業革命實已為德意志之政治統一開其端緒矣。

德意志產業在關稅同盟之庇護下，增進極速，機器生產漸次卻取手工業而代之。當一八三六至一八四〇年中，德意志之業製造者每年所用之生棉，總達一千八百五十萬磅，及十五年後，歲所紡者已超過五千萬磅。紡紗機之改進亦大，一八五二年，每一紡織工作之速度，實兩倍于一八三六年所用者。工業階級之人口漸加，中產階級之財富勢力日增。於是德意志之中產階級在一八四八年亦效英法二國中產階級之前例，而要求參政之權。是德意志產業革命之結果，初則促進國家之統一，繼乃完成政治之改革也。

課外讀本

普通者：

1. J. H. Robinson and C. A. Beard, *The Development of Modern Europe*, Vol. II (1907), ch. XVIII.
2. Archibald Weir, *An Introduction to the History of Modern Europe* (1907), ch. VII–IX.
3. Gilbert Slater, *The Making of Modern England*, new rev. ed (1915),

4. A. D. Innes, *England's Industrial Development* (1912), Book III.

5. G. H. Perris, *The Industrial History of Modern England* (1914), ch. II–V.

6. E. P. Cheyney, *An Introduction to the Industrial and Social History of England* (1901), ch. VII, VIII.

7. G. T. Warner, *Landmarks in English Industrial History*, 11th ed. (1912), ch. XV–XVII.

8. William Cunningham, *An Essay on Western Civilization in its Economic Aspects*, Vol. II (1910), pp. 225–267.

9 W. J. Ashley, *The Economic Organization of England: an Outline History* (1914), lect. VII, VIII.

10. Paul Mantoux, *La révolution industrielle au XVIIIe siècle* (1906).

11. H. de B. Gibbins, *Industry in England*, 6th ed. (1910), ch. XX–XXVI.

12. The same author, *Economic and Industrial Progress of the Century* (1903).

13. William Cunningham, *The Growth of English Industry and Commerce in Modern Times*, 5th ed., 3 vols. (1910–1912), Vol. III covering the years 1776–1850

14. Arnold Toynbee, *Lectures on the Industrial Revolution of the Eighteenth Century in England*, new ed. (1913).

15. *Cambridge Modern History*, Vol. X (1907).

16. R. H. I. Palgrave, *Dictionary of Political Economy*, 3 vols. (1910–1913).

17. Johannes Conrad, *Handwörterbuch der Staatswissenschaft*, 3d rev. ed., 8 vols. (1909–1911).

發明與發明家：

1. C. H. Cochrane, *Modern Industrial Progress* (1904), a popular description.

2. E. W. Byrn, *The Progress of Invention in the Nineteenth Century* (1900).

3. *Dictionary of National Biography*.

4. Sir Edward Baines, *History of the Cotton Manufacture in Great Britain* (1835)

5. M. S. Woolman and E. B. McGowan, *Textiles: a Handbook for the Student and the Consumer* (1913)

6. R. H. Thurston, *History of the Growth of the Steam Engine*, new ed. (1902).

7. Samuel Smiles, *Lives of the Engineers Boulton and Watt* (1904).

8. The same author, *George and Rober Stephenson* (1904).

9. R. L. Galloway, *History of Coal Mining in Great Britain* (1882).

10. The same author, *Annuls of Coal Mining and the Coal Trade* (1898).

11. H. W. Dickinson, *Robert Fulton, Engineer and Artist: his Life and Works* (1913).

12. E. A. Pratt, *A History of Inland Transportation and Communication in England* (1912).

13. A. T. Hadley, *Railroad Transportation, its History and its Laws* (1903).

14. A. W. Kirkaldy and A. D. Evans, *The History and Economics of Transport* (1915), an admirable work.

15. Henry Fry, *History of North Atlantic Steam Navigation, with Some Account of Early Ships and Shipowners* (1896).

16. G. R. Porter, *Progress of the Nation in its Various Social and Industrial Relations*, ed. by F. W. Hirst (1912).

17. Arthur von Mayer, *Geschichte und Geographie der deutschen Eisenbahnen von ihrer Entstehung bis......1890*, 2 vols. (1891).

產業革命的社會的與經濟的影響

1. D. H. Macgregor, *The Evolution of Industry* (1912).

2. J. A. Hobson, *The Evolution of Modern Capitalism: a Study of Machine Production*, new rev. ed. (1912), excellent, especially ch. I, V, XVI, XVII.

3. Leone Levi, *History of British Commerce and of the Economic Progress of the British Nation, 1763–1870* (1872).

4. A. F. Weber, *The Growth of Cities in the Nineteenth Century* (1899).

5. M. G. Mulhall, *The Dictionary of Statistics*, 4th rev. ed. (1899).

6. A. D. Webb, *The New Dictionary of Statistics* (1911).

7. J. L. and Barbara Hammond, *The Village Laborer, 1760–1832; a Study in the Government of England before the Reform Bill* (1911).

8. R. W. C. Taylor, *The Modern Factory System* (1891).

9. Allen Clarke, *The Effects of the Factory System* (1899).

10. Charles Watney and J. A. Little, *Industrial Warfare, the Aims and Claims of Capital and Labour* (1912).

11. A. L. Bowley, *Wages in the United Kingdom in the Nineteenth Century* (1900).

12. A. C. Pigou, *Unemployment* (1914).

13. Friedrich Engels, *The Condition of the Working-Class in England in 1844.*

14. Benjamin Disræli, *Sybil, or, The Two Nations.*

15. Charles Kingsley, *Alton Locke.*

16. Charles Dickens, *Oliver Twist;* and for French factory-life the painstaking study.

17. L. R. Villermé, *Tableau de l'état physique et moral des ouvriers employés dans les manufactures de coton, de laine et de soie*, 2 vols. (1840).

18. M. R. L. Reybaud, *Rapport sur la condition morale, intellectuelle et matérielle des ouvriers qui vivent de l'industrie de la soie* (1860), *le coton* (1862), *la laine* (1865), *le fer et la houille* (1872), all in the *Mémoires de l'academie des sciences morales et politiques.*

19. Paul Leroy-Beaulieu, *La question ouvrière au XIXe sicèle*, 2d ed. (1881).

20. The same author, *Le travail des femmes au XIXe siècle* (1888).

21. Émile Levasseur, *La population fransaise*, 3 vols. (1889–1892).

22. Octave Festy, *Le mouvement ouvrier au début de la monarchie de juillet*, 2 vols (1908).

23. Werner Sombart, *Der moderne Capitalismus*. 2 vols. (1902).

24. By the same author, *Die deutsche Volkswirtschaft im neunzehnten Jahrhundert* (1903).

經濟的個人主義：

1. Charles Gide and Charles Rist, *A History of Economic Doctrines from the Time of the Physiocrats*, Eng. trans. (1915), Book I, ch. III, Books II–IV.

2. Herbert Spencer in several of his works, especially in *Man versus the State* (1884).

3. Wordsworth Donisthorpe, *Individualism, a System of Politics* (1889).

近代社會主義之開端：

1. John Spargo, *Socialism: a Summary and Interpretation of Socialist Prinisples*, new rev. ed. (1909).

2. Thomas Kirkup, *A History of Socialism*, 5th rev. ed. (1913).

3. Werner Sombart, *Socialism and the Social Movement in the Nineteenth Century, 1750–1896*, trans. by A. P. Atterbury (1898).

4. W. D. Guthrie, *Socialism before the French Revolution: a History* (1907).

5. Frank Podmore, *Robert Owen, a Biography*, 2 vols. (1906).

6. Robert Owen, *Life, written by himself*, 2 vols. (1857).

7. J. Tchernoff, *Louis Blanc* (1904).

8. Gaston Isambert, *Les idées socialistes en France de 1815 à 1848: le socialisme fondé sur la fraternité et l'union des classes* (1905).

政治上之直接影響：

1 Gilbert Slater, *The Making of Modern England*, new rev. ed. (1915), ch. XI.

2. Bernard Holland, *The Fall of Protection, 1840–1850* (1913).

3. *Cambridge Modern History*, Vol. XI (1909), ch. I.

4. John (Viscount) Morley, *Life of Richard Cobden*, 2 vols. (1881).

5. G. M. Trevelyan, *The Life of John Bright* (1914).

6. Lord Rosebery, *Sir Robert Peel* (1899).

7. C. S. Parker, *Life of Sir Robert Peel*, 3 vols. (1891–1899).

8. *Memoirs of Sir Robert Peel*, 2 vols. (1856–1857).

9. W. H. Dawson, *Protection in Germany, a History of German Fiscal Policy during the Nineteenth Century* (1904), ch. I, II.

10. Benjamin Rand, *Selections illustrating Economic History since the Seven Years' War*, 5th ed. (1911), ch. VIII.

11. Wilhelm Oncken, *Das Zeitalter des Kaisers Wilhelm*, Vol. I (1890), Book I, *Das deutsche Bürgerthum und sein Eintritt ins Staatsleben.*

並參看第二十九章書目。

第十九章 民主改革與革命一八三〇——一八四八年

第一節 民主政治與產業革命

設產業革命之社會的影響僅止于有錢階級之得勢，則今日工人階級之運命勢當盡爲不幸。但產業革命之于群衆一方面固與以絕大之損害，而另一方面則又許以未來之樂觀。因其對于工廠制度之弊害別有一種政治的補救方法，即前此所從未真正試行之民主政治是也。

民主政治之意義

民主政治即爲一種新奇之實驗，又爲近代政治之基本原則，故其意義頗值得吾人之確實考究。「民主政治」（Democracy）詞原出自希臘文，即人民統治之意。惟希臘人之所指，乃自由公民之統治，并非全民統治，彼構成古代人口大部分之奴隸固絕無政權，初未被視爲「人民」（The people）也。近代民主政治之意義較廣，「人民」一詞之概念亦擴大，包括一切之男子，不分貧富，兼及婦女。至于表現人民意志使有實效之法，則在十九世紀固未發現，即在二十世紀亦不完備。惟民主政治之爲物，則已確定，即一切政事均須服從多數之民意，而此種民意乃依規定之政治軌道所表示者也。

首使真正之民主政治能在歐洲實現，并成爲迫切之需要者，實產業革命之力，此點吾人當即說明之。在一八三〇至一八四八年期中，英、法、比、德、奧、意、匈諸國以次感受產業革命之影響，同時亦發生旋作旋止之民主政治運動，然是可稱爲民主政治之幼稚時代。自是以還，歐洲之民衆繼續試行投票權，民衆票決法，選舉改革，及其他多數統治之一切制度，不惟發現人民主權之危險性，並發現其無疑之可能性焉。

民主政治之精神

民主政治既有明確之意義，尤有具體之理想，欲逐步追求其發展之跡不難也。潛伏于民主政治之後者，即人類天性中有一種信仰，其精神足以表示　民權之必受尊重，其信心實以爲人人應充分享有平等之機會與權利，此種情感，吾人無以名之，惟有名之爲民主政治之精神。構成此種精神之因素，約有數端。第一，吾人須承認其曾受基督教之賜，蓋基督教重視人人在上帝前之平等，初無貧富貴賤之分，且勸導一切教徒愛鄰若己，因此足使歐洲對於真正之民主政治獲一偉大永久之教訓（無論此種教訓之被了解如何遲慢）。第二，因法國革命而立即蒙其福利者，雖云除中產階級外爲數甚少，然其「自由平等博愛」之口號，則已隨經濟之自由法律之平等，及特權貴族之被否認諸理想而傳佈于世界。最後，產業革命造成經濟上之不平，復使民主運動大受刺激并感痛苦。彼礦山工廠及機器房中之慘狀既可使慈善家起惻隱之心，復足令勞動者鋌而走險。于是慈善家與較有才智之工人多少本合作之精神，藉工廠立法，或流血與無益之暴動，以謀群衆經濟壓迫之解除。彼中產階級既得自由，則工人階級何以不能更進一步而要求人人皆享有真正之自由平等且互視若兄弟耶？此種民主政治之精神不久即表現於（一）民主政治運動，（二）反對努力運動，（三）拯救下層階級之種種企圖，（四）趨向與宗教寬容教育普及，刑法改良之種種改革。

設民主政治可以改變產業革命之結果，其需要既較以前爲切，其成功亦較以前爲易。彼封建制度與神權君主政治已大爲資產階級所破裂，實際上不能復爲民主政治之障礙。工人階級群集於各大城市之中，自易爲與論所動，聚爲暴民。蓋百人同在一廠，其感覺共同之利害，必過于彼白人之散處家中獨立工作者也。自有蒸汽印機之發明，報紙可以賤價印出，故政治新聞得以迅速流行，且發售政論價極低廉，甚或絕不取費，于是彼演說所影響不及之大多數人得此亦易。尤要者，即當十九世紀之前半期，教育已漸及于群衆，使工人能閱新聞，并可由激進哲學家之小册論著上得知新奇之政治理論。凡此情勢，具有利于民主政治運動。此種運動當一八三〇至一八四八年時對于英國政治改革與社會立法之結果，及其對于一八四八年全歐革命之影響，皆吾人現當研究者也。

第二節　英國之政治與社會改革

十九世紀初英國之缺乏民主政治

當十九世紀之初，大不列顛與愛爾蘭之政治與民主政治之原則衝突者有三。第一，大部分之民衆因宗教之故，均無政權。第二，大多數之民衆對于議會議員之選舉，皆無投票權。第三，議會及需改革。對于第一種缺點之補救，在一八三〇年以前幾已完成，對于其他二種之改良，在一八三二年亦已開始，其經過如何，可于本節中見之。

關於宗教之資格的限制

宗教寬容之在英國，進展頗緩。自一六八九年异教寬容法(Toleration Act)公布以還，异教徒固已不復因所價之不同而被囚，即羅馬教徒之受迫，亦不如二百年前之甚。但英國仍有種種法律，使政府果嚴格執行之，則對羅馬教之牧師，概得定以永遠監禁之罪，對羅馬教徒之不出席于英格蘭教會者，概得科以罰金（實際上在一七八二年尚科彼等以罰金），對羅馬教中之非教士者概得征收兩重土地稅，並剝奪其土地承繼權。異教徒與羅馬教徒同恨社團法案（Corporation Act 一六六一年），與宣誓法案（Test Act 一六七三年），蓋依前者則凡不屬於英格蘭教會者，皆被屏於市政團體之外；依後者則凡不願放棄變質說之羅馬教徒，及凡不願領受英格蘭教會之聖餐者，概不得居文武官職。此二案經過長期之爭辯後，卒得於一八二八年取消之。

一八二八年宣誓法案與社團法案之取消

顧羅馬教徒猶以為未足，蓋一六七八年之法案強令兩院議員宣布羅馬教為僞教，故彼等仍被屏於議會之外也。在愛爾蘭有一意志堅決組織完善之運動，為羅馬教徒謀獲平等之政治權利，以鄂康尼領導之。此人為一律師，其熱忱急智，深得愛爾蘭農民之擁護。此種運動之嚴重性質表現於一八二八年之克雷耳（Clare）選舉。是時鄂康尼被公推與政府黨之候選議員競選，四五萬之激昂羅馬教農民，不顧新教地主之憤怒，咸揭綠旗赴選舉場，教士與政客則出而維持秩序，鄂康尼遂得最大多數之擁護，然以不願履行必要之宣誓，卒不能加入國會。此克雷耳之選舉使王黨政府深信愛爾蘭之事變不可以等閒視之。時首相闕爾擬承認鄂康尼之要求，乃英王喬治四世忽爾固執，宿醒新忿，蔽其慧思，演說半日，遽免內閣。但事後再思，終於讓步，卽晚召回其內閣。闕爾遂在議會通過羅馬教徒解放案（Catholic Emancipation Bill），此案於一八二九年四

鄂康尼

一八二九年羅馬教

月十三日得國王之承認，於是羅馬教徒乃得居一切之官職，惟聯合王國之貧民監護官或司法官(Guardian or Justice of the United Kingdom)，愛爾蘭總督(Lord Lieutenant or Lord Deputy in Ireland)，大法官(Lord High Chancellor)掌璽官(Lord Keeper of the Great Seal)及教會與大學中之官職除外耳。羅馬教徒之獲勝，致愛爾蘭『年收四十先令之自由地主』(Free Holders)同時喪失其特權者幾達二十萬人。

徒之被解放

議會改革

英國最初所採之步驟以完成他種改革（卽擴張選舉權與議會改革）者，爲一八三二年之改革案(Reform Bill)。此案爲中產階級得勝之證，吾人已略知之矣。本章當詳述其在民主政治奮鬬中之重要。一八三二年之改革，重在除去兩大弊，卽議會之非代表性與選舉權之狹隘是也。

吾人尚能憶及此種弊端，實終十八世紀之時，永存於英國。註一 英國亦嘗數謀去之，終因輿論對於法國大革命之敵視而無所成。但同時又有產業革命致此等弊端愈著。於是彼法國大

註一　英國自一六八九年之『光榮革命』(Glorious Revolution)起至一八三二年之改革案通過止，實爲貴族政治而非民主政治。關於『未改革的』議會之性質見上卷。

民黨與中產階級之主張改革

革命對於英國所未能達到之民主政治，今乃由產業革命逐漸完成之。彼一八三二年之改革議會與擴大選舉權，皆工業中產階級非常運動之所致也。

吾人試復閱前二章所述之種種英國歷史的事實，可知（一）產業革命已大增中產階級之人數，財富及其威勢。（二）此等中產階級咸信其未來之繁榮及全國之公益，同繫乎其能否使工商業脫去重商主義之限制，及破壞地主貴族之特權與確立完全之放任主義。（三）中產階級大都在議會中無代表，故要求選舉權以期實現其經濟政治之規劃。　當王黨在惠靈吞公爵領導下肆力反對『革命』之時，民黨之拉塞爾爵士（Lord John Russell）則於一八一九年出而擁護中產階級和平之改革主張。　馬可來雖預言普選權之有害於國，然亦著文說明議會稍加改革，當有莫大之利。　民黨之領袖葛雷（Earl Grey）雖身爲貴族，亦利用議會改革爲反對王黨內閣之口號及團結本黨攏絡中產階級之手段。　彼少數激烈黨雖因主張徹底之民主政治（成年男人之普選權），而稍得工人之贊助，然民黨所主張之改革則顯然性質平和，其所提議之擴張選舉權，僅限於小康之中產階級而已。　但彼多數無識之工人亦與其僱主共同鼓吹一八三二年之改革案，信其包含成年男人之普選權，或爲普選權之初步，其愚殊可嘆也。

貴族院之受逼

一八三〇年法國中產階級革命成功之訊傳至英國，刺激甚大，於是改革之爭益趨激烈。其時惠靈吞公爵方為內閣總理，嘗以滑鐵盧之餘威，鄭重宣言謂舊有之代議制度，不惟毫無缺點，且實為全國所『滿意』。顧惠靈吞卒以此次宣言而失勢，葛雷遂組織民黨內閣，誓以改革為己任。該黨所提之第一次改革案，於一八三一年初失敗。其年改選，民黨在平民院得大多數，乃進而通過第二次之改革案，顧又為王黨盤踞之貴族院所否決。不久，平民院復通過第三次之改革案，其細節已與前二案微有不同，乃貴族院仍加反對。內閣遂決意採用激烈手段，思大封贊助改革案之新貴族，俾票數得以超過頑固之王黨貴族。但英王威廉四世非至民衆暴動之發生，不願注意改革，乃拒絕册封貴族，允民黨之閣員辭職，而重任惠靈吞執政。時民衆對於此百戰餘生之宿將所或能允許之改革，已了然於其性質，不願接受。於是在伯明罕發生駭人聽聞之民衆大集會，彼主張改革者至宣言非至改革案通過，決不納稅，此種威嚇之表示，遍於全國。其時倫敦有普拉塞（Francis Place）者，一有思想之縫工也，嘗努力致富，自求學問，其態度介於下層階級之極端民主黨與中產階級之改革派之間，現乃一面努力防止羣衆之真正叛亂，一面則以革命威嚇政府，並勸彼銀行中有存款之中產階級提出現金，以造成金融恐慌。此時民黨似乎真將促成內亂，惠

一八三二年改革案之通過

靈吞再欲反對改革案，已不爲怯懦之王黨所助，不得已，乃告王以王黨內閣之不能復成。英王更出於不得已而召葛黨（一八三二年五月十五日），許依其所請，加封新貴族，俾改革案得通過於貴族院。僅此威嚇已足生效，貴族院卒勉強讓步，此改革案遂於一八三二年六月七日得國王之承認。

一八三二年改革案之規定

一八三二年改革案對付英國舊制下種種政治積弊之確切方式如下：（一）議席之重行分配。居民不達二千之城市完全剝奪其選舉權，居民在二千與四千之間者，則在原有之二議席中減去其一。因此空出之一百四十三席，則以六十五席授之英格蘭之大郡區，八席授之蘇格蘭，五席授之愛爾蘭，六十五席授之各大城市，此等城市在以前有絕無代表者，如曼徹斯特，伯明罕，設佛爾德，里子是也。（二）選舉權之修改。在郡區中凡領有與租有年入十鎊之地產者，及自由佃種年入五十鎊之田地者，皆得投票。在市區中，則舊有之弊概行廢除，而另定劃一之資格，以自有或租有年入十鎊之房產爲準。因此使英格蘭郡區之選民由二十四萬七千增至三十七萬，市區之選民則由十八萬八千增至二十八萬六千。至於選民與人口之比例，前此固爲一與三十二之比，現仍僅爲一與三十二之比，蓋城鄉之勞工，仍無選舉權也。（三）一八三二年之改革案所完成之第三種改革厥爲投票法。前此投票常須十五日期間過長，實爲賄賂，騷亂，酗酒，一切惡行之因，此後各選區之投票均以兩日爲限。

自由黨與保守黨之出現

革新之議會於一八三二年末選出民黨大勝，王黨慘敗。二黨均深受改革之影響。在最近衝突之中，民黨貴族（須知此舊式之民黨亦帶貴族性質甚類王黨，實爲一種殷富之貴族集團所操縱），以自由改革的份子自命，而得伯明罕，曼徹斯特，倫敦等處諸鐵棉大王爲之效力。此輩久假不歸，自謂能提倡中產階級所歡迎之任何『自由』理想，而以此自豪，乃開始自稱爲『自由黨』(Liberals)。王黨方面，則集合於關爾所揭之『保守主義』的新旗幟之下，承認既變之情勢，接受改革之方案，但主張以後行事須持保守態度。此等新原則實得多數商人與業製造者之附和，蓋彼輩或忠於英格蘭教會，或篤信保護關稅，皆不信任自由主義也。此時惟彼擁護舊制最頑固者，始仍有『王黨』(Tories) 之稱耳。

激烈黨

除自由保守二黨而外，議會中尚有二十左右之激烈黨人，以自由黨與保守黨爲俱未進步，彼輩在改革奮鬬中最爲活動，故現得爲議員。此輩所謂眞正進步之理論，多得自邊沁 (Jeremy Bentham)。其人死於改革案通過之歲，享年八十有四，三歲時初學歷史，習拉丁文，卽喜窮究。

邊沁

父為一得志之律師，彼襲其遺產，足以償其研究之宿願。邊氏在其道德與法制原理（Principles of Morals and Legislation 一七八九年）之大著中謂現有制度之所以有價值者，非因其年代之悠久，乃以其有促進『最大多數之最大幸福』之用。然制度之能滿足此種實利標準者實少，故邊沁乃力排舊制，以此大為法人所喜，竟於一七九二年授以法國之公民權。多數之英人對於自己及其『舉世無雙之憲法』，動輒沾沾自喜，破除此種心理者，亦以邊沁之功為多。惟其實利主義的哲學在建設方面則殊鮮成功。彼個人雖為一可愛之君子，善賓客，好撫鋼琴（其住宅之室中各備一琴）但深信一般人概因純粹自私之動機而活動。邊沁蓋謂因為人人惟知為自己而活動，則欲達到多數之福利，必須使多數在政治上佔有優勢。因此而民主政治實屬正當合宜。此等意見竟使彼主張激烈之改革，如普選權之確立，秘密投票制，及逐年改選議會是也。主張同樣之激烈改革者在一七八〇年有弗克思，在一七七六年有威爾克思，但激烈主義（Radicalism）之學理的根據則悉出自邊沁。其議會改革答問（Catechism of Parliamentary Reform 一八一七年）一書實供給激烈改革派以豐富之論據。邊沁尚抱有他種理想（如刑法之修改，民法之編纂，監獄之改良及巴拿馬運河之計劃，後多有實現者），但彼內心之主張并不合乎平民主義，彼亦如其門下之理想的激烈黨徒，同有一種奇異之矛盾見解。一面固高談民主政治，而一面則對於人類實少信心。且更有進者，彼因發明一並未見用之監獄建築法而受議會二萬三千鎊之酬金，租華邸，鹿苑以自娛，如斯人者自亦難責其必以平民式之淡泊生活自樂矣。

普拉塞

在一般受邊沁之影響並採邊沁式之矛盾態度的政治改革家中，其最有趣者為普拉塞（一七七一——一八五四）。彼原一縫工，以其過人之毅力與精明，竟能排去窮困，成一小資本家。當其忍飢小樓之時，即苦思索解歐幾里得(Euclid)之幾何學，并作他種刻苦之研究，以練其心思，俾能了解邊沁之激烈主義。在理論上，彼固信徹底之民主政治，但在一八三○至一八三二年之大改革運動中，其裁縫店成為彼贊助毫不適當的改革案的中產階級改革派之集合場，而非主張普選權者之會所。當其力圖阻撓普選權之要求時，嘗令人向群衆集會演說，一若贊助普選權者，然實乃勸愚民投票贊成改革案耳。

理論的激烈黨在議會之無勢力

普拉塞為議會改革後未為議員的少數激烈黨人之一。激烈主義既獲代表於平民院，乃立即表現其自身之微弱。其時固有多數值得讚許之改革案提出，如自由貿易，強迫教育，撤廢愛爾蘭之英格蘭教會，土地法之改革，獵禁之從寬，及軍中笞刑之廢除。且對於選舉權之擴張，祕密投制，貴族院立法權之限制等亦曾提出微弱之要求。但激烈黨人所計劃之改革案，成就甚少。激烈黨之健將科柏特（William Cobbett）曾以提議一切紙幣之即行收回及國債利息之中止支付，而在平民院中受人嘲笑。至一八三七年以後，激烈黨團已不復露面矣。激進之理論固亦有爲自由黨之進步派所採納者，如貿易之自由，教育之推廣，愛爾蘭教會國立性質之撤廢，軍中笞刑之廢除等是。但自由黨人決不欲擴張選舉權，採行祕密投票制或減少上院之特權。彼保證一八三二年的改革案之羅塞耳不會宣言（一八三七年）此次改革爲『最後』之改革乎？

一八三二年之約幷未履行，民衆對此滋不滿意。彼中產階級在平民院之地位既固，已無意推廣政權於下層階級。故改革後之議會對於工人之境況，不惟少有改善，反定一救貧法（Poor Law），使貧苦工人不能復受村中之濟助，概行逐入貧民工廠之中。迭更斯（Dickens）在握利佛忒委斯特（Oliver Twist）中所描寫貧民工廠之慘狀，並不過甚其辭。工人蓋已被視爲無人類之情感者，使之男女仳離，甚至同居逾半世紀之夫婦亦然。一八三七年麵包之漲價益令貧民絕望。現究以何法應付之乎？阿文之工人自由聯合計劃在一八三四年已小試而失敗，議會對於請願，又復充耳不聞。苟工人能入議會，或不無解除痛苦之希望耳。

民憲運動

工人因此遂轉而從事於民主政治運動，以爲達到經濟救濟之步驟，此即一八三八至一八四八年發生於英格蘭之民憲運動（Chartist Movement）也。民憲黨（Chartists）之稱，得名於其所要求之自由憲章。彼貴族既爭得大憲章（Magna Carta），商人已有其權利法案（Bill of Rights），廠主復取得改革案，故工人現亦應有憲章（Charter）以保證其六種特權。此著名之

『六項』

『六項』，前此亦嘗爲激烈黨所要求，但無此次之熱烈。所謂六項，即（一）成年男人之普選權，（二）議會年選制，（三）平均選舉區，（四）祕密投票制，（五）議員財產資格之廢除，（六）議員給薪是也。

民憲運動之進步甚速。蓋此種運動自忍飢過勞之工人看來，實爲其自身與兒女脫離苦海之唯一方法也。一八三九年，有一國民會議亦稱『工人議會』，集會於倫敦，上一要求普選權之請願書於國會，國會拒之；一八四二年，當工資減低之後，復上一請願書，其結果亦同。失敗氣餒，致民憲黨之內部益形分裂；組織完善境遇較佳之工匠始終主張採用合法之手段者，現皆退出，註一任彼較爲暴烈之份子所謂武力黨（Party of Physical Force）者指揮運動。鄧康諾

註一　其對人之脫離民憲運動，乃因彼時中產階級之鼓吹反穀物條例者正以[illegible]包許與工人[illegible]之故。

(Feargus O'Connor)者，一聲宏性烈之愛爾蘭偉男子也，嘗以激烈之演說鼓勵此黨之熱忱。

一八四八年四月民憲黨之示威運動

一八四七年爲工作懈弛之時期，物價騰貴，及一八四八年二月法國革命運動之復起，實激起民憲黨最後之努力。彼輩思組織大隊送第三次之請願書於國會，幷竊相私語謂請願苟再失敗，決計訴諸武力。政府大恐，乃起用老當益壯之惠靈吞。惠靈吞於是募商店子弟十七萬人爲特別巡捕，以補充正式軍隊，以射殺強暴之民憲黨人。迨一八四八年四月十日預定之期至，適大雨，示威者衣單氣沮。遊行被制止，鄂康諾乃將巨幅之請願書束成五車，送諸國會。國會旋發現書中之簽名者幷不如所說五百萬人之多，實尚未滿二百萬，其中且有種種奇異之署名，如『皇后』(Queen)『惠靈吞』(Wellington)，『扁鼻女』(Pug Nose)等。於是民憲運動不惟失敗，且成笑柄矣。

民憲運動組織之失敗及其主義之永存

民憲運動失敗後，多數黨人復陷於悲憤絕望之境，其餘則或加入工會運動，或趨向合作事業。英格蘭教會之少數教士，一方面固不贊成民憲運動之過激而偏向革命，一方面則欲助彼脫離民憲運動者以設立自由合作工場。金斯黎(Charles Kingsley)即此等教士之代表。彼等之宗旨，亦可由金斯黎之奧爾吞陸克(Alton Locke)書中見之。如喀萊爾(Carlyle)在其論民憲運動（Chartism）一文中之所言工人思『在韋斯敏斯德（Westminster）之閑話會中得一個代表的千分之十』竟不可能，但憲章之所以失敗並非因其原則之虛妄實由中產階級之勢力與其自私所致吾人在以後數章中當可見六項之中後來多有認爲合宜而被采入于英國憲法之中者。

英國之社會立法

大抵民主政治之要求多發生於社會之不甯而抽象之哲理的信仰猶在其次。投票權之可貴者，不過以其能變更法律耳。此在十九世紀初之英格蘭實屬真確。中產階級之取得政權，因其有中產社會之改革急須完成故民憲運動之意義即無數工人希望議會解除其困苦也。故與民主政治運動同時並起者復有社會改革運動焉。此時制定之社會立法吾人現當進而研究之。

一八二〇至一八二九年王黨之改革

在改革案通過之前早已有三大改革完成於麗佛普（Lord Liverpool）王黨內閣（一八一二——一八二七）之手。此次內閣中有關爾、康寧（George Canning）及哈斯基孫（William Huskisson）構成一進步之三人集團。康寧力排反動之外交政策。關爾爲一棉業製造者之子，其父即以哈格里佛士之紡機致富者。哈斯基孫則娶一擁產十萬磅之富婦。哈斯基孫，關爾二人同注意於理財新說之放任主義而傾向於自由貿易。

刑法之修正

由王黨贊助而完成之三種改革如下：（一）以人道精神，重修刑法法典（一八二一年），死刑（例如盜物店中探囊行竊私捕魚鳥），減輕者約有百種。（二）依一八〇〇年之法律工人不得團結此法於一八二四年取消。註一 一八二五年並制定新法，許工人得聯合一致以『決定工資或工作時間之多少』，惟不得組織罷工。

工會

工會蓋已獲得承認，惟其活動尚受限制耳。（三）第三種法令前已言及，即一八二八與一八二九年間之取消宗教的資格限制是也。

宗教的資格限制之取消

除此等改革外，王黨政府並曾着手於自由貿易與工廠立法。關於後者，旋當述及，至於前者，實爲闞爾與哈斯基孫主張放任主義之結果。 彼輩對於舊有關稅之修正，及外麥輸入稅之減低，卒獲成功。

革新的議會之事業

彼自由的工業中產階級既因一八三二年之改革案而取得選舉權，乃從事於兩種改革之完成，即市政革新與工業解放是也。 前者表示其操縱各城市，如例物浦里子等處之地方政治，後者大抵指舊有保護關稅，尤其是穀物條例之廢除。 市政改革在一八三五年之如何成功，及穀物條例在一八四六年之如何取消，皆已見於第十八章矣。 現所應述者，即此種運動之促進雖出之於自由黨，而穀物條例之眞正取消，則闞爾之功，蓋闞爾在政治上，雖爲一保守黨人，而彼乃棉織業者

註一 大抵因普拉絲之力。

之下，其私利究同於工業中產階級而異於地主貴族也。

資產階級之繁榮與效能

革新議會之法律，其次要者大都在謀適合于中產階級之繁榮與營業效能之二種理想。其時曾設中央公路局以改良運貨必經之道路，設衛生局以謀公共之清潔，設郡區登記官以代教士管理生育婚嫁死亡之登記。在一八三九年之郵政改革以前，郵差送信成酬現金，費之多少，則隨距離之遠近而異；一八四〇年以後，則一便士之郵票已可通信於聯合王國內之任何處矣。最經濟者尤莫如一八三四年葛雷內閣時代救貧法之修改。

一八三四年救貧法之改革

在舊制之下，保安官及教會委員概得向神父管區課稅以作津貼，分給老弱及勞工之體力雖健而所得在一定之標準以下者。一八三三年時，英格蘭因此耗款至八百六十萬鎊之多。但在新救貧法之下，則（一）除病人與老人外，家居者概無津貼，（二）體力強健之貧民悉送入貧民工廠作工，（三）合數區共設一『濟貧局』(Board of Guardians)以定一劃一之濟貧稅。窮人之痛惡貧民工廠固有正當之理由，前此每星期賴數先令之濟貧稅為生之家現在固多失所恃，但新制究不如舊制之浪費，中產階級咸認為滿意焉。

中產階級之理想

此外復有多種之自由法律，為中產階級之理想的產物，教育乃為其理想之一。當一八三三

教育

監獄之改良

反奴制之運動

工業立法

年以前，英國民衆之受教育者絕少學校亦屬私立，是年議會始對私立學校資助二萬金鎊，又於詳加調查之後設一監督委員會以指派學校視察員。用費在一八五一年達十六萬四千鎊，及一八六一年更至八十萬鎊。中產階級之理想復表現於監獄之改良，及鞭撻柱與頭手伽之廢除，其尤要者，實爲反對奴隸制度之運動。自彼趨向自由之英國實業家觀之，主奴之制，殆不可解，實大悖乎道德，應爲人類之尊嚴所不容。教士威伯福士（William Wilberforce）者，一實業家之子也，實爲反奴運動諸演講家中之巨擘。彼遠在一八〇七年之時，曾勸議會廢除奴隸貿易。及一八三三年，革新之議會卒完成此舉，規定英屬殖民地應逐漸廢止畜養黑奴，而以二千萬鎊賠償奴主。

白人之畜黑奴固爲不當，但在彼演說反對奴隸制度者之工廠中，尚有較此更爲殘忍之事焉。據一八一六年關綱之所言，則工廠之白種兒童「年方六歲，即夙興夜寐，被迫作工每日至十五六小時之久」。凡曾聞雅麥加殘酷之主人鞭打其黑奴者，往往墮淚，乃在英格蘭本國之中，年僅十歲之小兒女，即已被迫作工。顧最初糾正此種冤屈者，並非自由黨之廠主，而爲王黨。當一八〇二年，王黨議會即通過一種意善而效小之法律，禁止棉織業者強令學徒（凡由各區官吏送交廠主之貧兒皆稱學徒）日作十二小時以上之工。嗣議會調查工廠之狀況後，王黨中有主張改革之阿士力(Lord Ashley),即後日以沙甫慈白利(Shaftesbury)伯爵著稱者,曾勸議會通過一八三三年之工廠法案(Factory Act),限制兒童之工作時間爲六小時,少年爲十二小時。註一　此一八四二年之礦山法案(Mines Act)復禁止十歲以下之兒童及婦女從事于地下工作。此等法案雖欠完善,不足濟事,然對於舊式之自由主義,實予以第一次之打擊。(此種自由主義爲廠主要求投票權而不許工人享有之,解放黑奴而任白種兒童淪爲更苦之奴隸,予貧民以勞役或飢餓之自由而稱之爲「契約自由」。)

舊自由主義最初之嘗試,在掃除英國政治上之積弊,對于工人階級之福利,實絕未注意;但吾人對於彼廢除奴隸制度,取消腐敗選區者之忽視新社會問題,亦不必責之過甚,蓋彼輩對於民主政治之途徑,尚無明確之認識也。

第三節　一八四八年法國之民主革命

一八三〇至一八四八年反對路易腓立

路易腓立垂拱而爲「法蘭西人之王」,自一八三〇年起至一八四八年止。其政府在理論

註一　一八四四年此種時間益加減小。

黨之日盛

上實以人民主權說（即民主政治）爲基礎，但實際上則因議會特權受限制過嚴及中產階級在立法與行政上勢力過大，實與民主政治相去甚遠。路易腓立及其左右之謹慎保守，與年俱進，反對黨亦因之愈多而愈堅決，至一八四八年，法國之一切階級幾悉反對路易腓立于中產階級妥協之君主政治，而決意欲建立真正之民族政治焉。

正統黨

共和黨

在一八三〇與一八四八年之間，各種政團均先後爲路易腓立所疏遠。彼自始即爲正統派所仇恨，彼等初則擁護查理十世，繼則思戴其孫尚波德伯爵爲法國合法之君主，并爲舊貴族與教會特權之天然保護者。再者路易腓立更爲共和黨所痛惡，七月革命（一八三〇年）實此黨所主持，故彼之即位，此黨實有間接之功。路易腓立最初尚欲博平民之歡心，乃歷時漸久，其敵視共和主義之態度竟日益顯著。會有無政府黨謀以炸彈廢除君政（一八三五年），事敗，峻法隨之，出版物之受嚴查與查理十世最反動之時相若，侮辱國王者至少須受一萬佛郎之罰金。此種法律及處罰共和黨暴徒之過嚴，實爲彼七月君政自招勁敵。

愛國者

當時一切愛國人士希望法國之偉大與光榮者，對路易腓立軟弱之外交政策甚爲憎厭。法國商人之與英國有貿易關系者，互動路易腓立采媚英態度。彼因英國之反對，致不許其子就比利時之王位。法國自由黨對于波蘭人之抵制俄國深表同情，而路易腓立則不願才有力之干涉。當奧國厭制意大利之革命時，路易腓立之大臣拉非特（Laffitte）雖曾宣言法國決不容奧國之幹涉意大利，而彼仍坐視不就。關于幹涉西班牙之事亦復相同。主張自由君政之新聞記者諦愛爾在一八三〇年之革命時嘗大露頭角，彼素持强硬外交政策，當一八四〇年埃及總督梅赫美特阿裏反抗土皇時，彼任閣癸日久，能使法國援助梅赫美特阿裏。但英、俄、普、奧方助土耳其，路易腓立乃畏而罷免主戰之諦愛爾，克弃梅赫美特阿裏于不順。七月君政之其餘八年（一八四〇——一八四八），均出彼中產階級之新教徒吉佐順王意以掌國政。彼志在「隨地隨時維持和平」，嘗勸國人勿爭法國之光榮，但謀法國之隆盛，而謂「營業重于榮譽」！吉佐又嘗贊助路易腓立爲本族謀取西班牙王位之不名譽的陰謀。中產階級的君政，實已玷辱法國。此時彼愛國者固可質問：「吾人之友邦何在？我國在歐洲之地位如何？波蘭現已不國，而吾輩復破壞意大利，厭制瑞士。我國現爲俄國所威赫，爲荷蘭所仇恨，爲比利時所輕蔑，爲德意志所離弃，爲葡萄牙所漠視，爲西班牙所規避，爲英國所支配，列强且隱謀阻我于東方矣」。

民主黨

路易腓立內政之瀉正復相同。初當一八三〇年革命尚在醞釀之時，彼曾允賜予普選權。

現在之選舉資格固已減低前此須每年納稅三百佛郎者始得爲選民；今則減爲二百佛郎，官吏律師，醫生或大學教授只須納稅一百佛郎卽足但彼信仰民主政治者仍不滿意，以爲此種法律實使法國民衆除二十萬人外，均不能享有選舉權。於是下層之中產階級，店商麵包業者鉛匠等，對於七月的富豪政治，咸與羣衆一致詆斥之。當最後八年中，吉佐盡賄賂之能事，竟使代議院變爲一詭詐政客之職業介紹所，因此復得罪富豪階級。中產階級最初幾一致擁護路易腓立，現則其內部已截然分爲對峙之二派各擁一歷史學者之政客爲其領袖（卽吉佐與蒂愛爾），而互相攻擊。當此之際，彼孜孜爲利之國王自知非及時善自爲謀不可，乃竭力利用時機以自肥其家族。此並非立憲之君，政實成爲政治上之笑柄，卽使獲得和平與繁榮，而代價似已過高矣。

往昔包本朝之君主，恆恃羅馬教會之贊助；但路易腓立則不能獲教會之擁戴。法國自大革命以還，國內宗教之復興，蓋甚顯然，且帶有民主化之趨勢。此種運動之表現於宗教方面者，始於涉托布里翁（Chateaubriand，一七六八——一八四八）與麥斯德爾之約瑟（Joseph de Maistre，一七五四——一八二一），前者主張惟羅馬教爲能滿足人類之想像藝術及理性等本性，後者則擁護教皇之權威。至於此種所謂『新羅馬教』運動之民主趨勢，顯見於著名領袖阿扎南（Antoine Frédéric Ozanam 一八一三——一八五三）之創立保羅芬逞特會（Society of St. Vincent de Paul），以救濟貧民，拉馬丁（Alphonse de Lamartine 一七九〇——一八六九）之因民主意見而弃自由王黨，著史書以推崇一七九二年之吉倫德黨，以及拉梅內（Robert de Lamennais 一七八二——一八五四）之主張，謂真正之民主精神（即基督教民治主義），當從羅馬教中求得之。羅馬教黨因受民治主義之黨染，惡吉佐之污行，恨其贊助反教士之大學，并決意爭得基督教教育之自由，逐排斥七月君政。

最後則有社會黨及其他急進分子之起而抗議。當裏昂之絲織工人不願每日爲十一枚銅元之微薄工資而從事于十五六小時之工作時，咸高呼「作工而生或奮鬥而死」之口號。此時社會之急需改革，已無意義。至關于社會改革之性質，則彼信仰聖西門之學說，或福利耶之共產計劃，或路易卜蘭之合作社各派社會主義者，與附和彼排斥一切政府之蒲魯東（Proudhon）派的無政府主義者，意見各不相謀，惟關于改革之必要，則莫不承認。路易卜蘭者，最有勢力之社會黨人，而改革報（The Reform）之主筆也，嘗大聲疾呼，宣言國際對于體力强健之國民，應予以工作，對于老弱，應予以救助保護，欲達此目的，非藉民主政治之力量不可，所謂民主政治之力量者，

政治聚會一八四七至一八四八年

即以人民主權爲原則，以普選權爲出發點，以「自由平等博愛」各信條之實現爲目標是也』。

在一八四七年以上各黨莫不反對政府而且大多數均能同意於要求選舉之改革。是年立憲君政黨卽王朝左黨（卽屬於自由黨與王黨之中產階級），開始舉行民衆聚會以謀選舉改革之實現。共和黨與社會黨乃漸倡比較革命之言論，在巴黎聚會之人咸要求『工人階級現狀之改善』。拉馬丁則預言君政之傾覆。

巴黎之二月（一八四八）革命

於是政府大恐思制止預定在一八四八年二月二十二日舉行於巴黎之盛大聚會。然爲時已遲，屆期憤慨之工人與暴躁之學生羣集和睦場(Place de la Concorde)高呼改革。但尚未發生騷擾，夜間繼以烟火亦幸無事，唱馬賽歌者，猶未用其全副精神也。乃翌日中產階級之國防軍亦呼『打倒吉佐』之口號，吉佐於是辭職。其時騷擾或可終止，惜吉佐邸中衞隊忽有射殺示威羣衆之事。法國國民死者二十三人，傷者三十人，其中且有婦孺。一時羣衆頗爲震驚失措，乃於激昂之中，載屍車上，遊行巴黎，血汙之慘畢現於炬光之下，至是改革已不足濟事矣。二月二十四日黎明，陋巷狹街，多施戰備，工人在防禦物後高呼『共和萬歲』！到處均有佈告稱『路易腓立旣如查理十世之慘殺民衆，應亦令其與查理十世同去』。此一生謹愼之路易腓立遂倉皇禪位於其孫巴黎伯而自行易名『斯密』(Mr. Smith)，乘輕

法蘭西之第二次共和，一八四八至一八五二年

車以去，隨查理十世之後，避居英國，彼處實法國廢王之逋逃所也。

及巴黎西部代議院所在之包本宮（Palais-Bourbon）與巴黎東部之市政廳（Hôtel de Ville）二處同時宣佈共和時，已無人念及巴黎伯。在包本宮者為中產階級之共和黨人，彼輩用三色旗以政治的民治主義為目的；在市政廳者為勞工階級之共和黨人，彼等用紅旗，其目的乃在行政治的兼社會的民治主義。在包本宮者樹立政府以代表中產階級之自由主義；在市政廳者則任命志在為工人階級完成社會革命之人物。此二政府暫時合併，包本宮之政府加入市政廳之政府，在此混合政府中，路易卜蘭得暢所欲言焉。

最初之局面——勞動階級問題

如是成立之臨時政府，乃由兩不相容之中產階級與勞動階級合組而成。其初中產階級黨在工人威嚇之下，不得不注意於貧民問題及路易卜蘭之社會主義的救濟方策。二月二十五日，當暴民企候於會場之時，臨時政府同意於路易卜蘭之法令，即「法蘭西共和政府承諾保證工人之勞動生存權，而予一切國民以工作」。政府隨即為失業工人創設「國立工場」，以為履行其允諾之初步。路易卜蘭曾主張由政府之輔助，創設「國立工場」或合作工業團體，而由工人自行管理之。第二共和政府所創之「國立工場」，對此理想實為一種滑稽之倣擬，其失敗早已命

定蓋司其事者乃一中產階級之人素惡路易卜蘭之說者。一時城市之游民及無數有技能之工匠因革命後產業蕭條而失業者悉來從事于掘濠之工。五月時此種工人數達十萬，政府支付每人每日之工資率爲三佛郎。此時臨時政府復任路易卜蘭及其同黨亞白潑（Albert）爲委員，往盧森堡宮調查工人之困苦。二人均能格蓋厥職，明令減少工作之時間在巴黎由十一小時減至十小時，在鄉間則由十二小時減至十一小時。彼等復提出種種合宜之改革，并舉行會議設立勞工代表委員會。然彼等終無執行其法令之權，而中產階級之政府人員眼見社會黨忙於此種無甚利害關系之事，則引以自慰。

第二種局面 中產階級之共和政治

至四月二十三日，卽依普選權選出國民議會（Constituent Assembly）以制定共和憲法之日，共和政府遂入第二階段，卽中產階級之階段是也。路易卜蘭及其同黨在國民議會中無占優勢之希望，其不健全之主義未爲教士所信，其對勞工階級之同情爲實業家及有專門職業者所厭惡，而賦稅之增加，更易使吝嗇之農民相信路易卜蘭的浪費國幣，以權用彼不務正業之巴黎羣人於「國立工場」之中。新議會中社會黨甚少，大多數爲中產階級之共和黨，反動黨亦復不少。於是此「眼中釘」——國立工場——乃首受議會之攻擊，工場卒被廢止，工人則或入軍中或一八四八年之『六月流血日』

赴鄉間築堤各聽其便。但工人因新近得勢，又深爲革命理想所動，自不甘於屈服，復掘街中塼石，在聖安多尼(Saint-Antoine)之貧民巷中大施戰備。議會乃授卡汾雅克(Cavaignac)將軍以特權率中產階級之國防軍及常備軍(聲勢浩大)以彈壓工人階級之變亂。巴黎大主教欲止流血之慘而不能，乃以身殉。殘酷之巷戰歷時達三日之久，是卽所謂恐怖之『六月流血日』(June Days 卽一八四八年六月二十四日至二十六日)也。結果當然爲正式軍隊之制勝，革命黨人多被槍決，其流往殖民地者達四千之多。此六月爲巴黎工人所痛心而不能忘懷，使其痛恨『中產階級』之共和政體；另一方面則農民亦因此而愈不信任共和主義，以其恆易引起流血之禍也。

一八四八年之國民議會

此中產階級之共和黨，現在國民議會中遂能暢行其志。彼輩堅持『家庭組織，財產權利，與公共秩序』爲共和之『基礎』，故排棄社會主義及無政府主義。但同時又贊成社會改革，甚且宣言國家須『以協助精神安定貧苦國民之生活，或爲之代謀工作……或則扶助其不能作工者』。至於奴隸制度，出版檢查以及政治犯之處死刑，彼等皆認爲不合乎自由平等博愛之原則，初等教育之免費尤爲其所熱烈主張。

法蘭西第二共和黨法

彼輩於允諾此等中產階級的改革以後，遂編一憲法，極與

三種要素

美國之憲法相似，設一總統，任期四年，有國民普選，內閣由總統擇任，但參政院(Council of State)則由議會公推，用以代替另行選出之元老院（Senate）。

當一八四八年十二月十日舉行總統選舉時，前此共同聯合完成二月革命之各黨，莫不彼此對抗（民主共和之弱點即伏於各黨之分裂中）。社會黨之勒德律羅蘭（Ledru-Rollin），羅馬教黨之拉馬丁，中產階級共和黨之卡汾推克，皆互敗俱傷，彼利用各民主黨內訌之第四個候選人本一鼎鼎大名之投機家，乃以訴諸民族主義而獲勝。吾人對於此冒險家（一新拿破崙）之事業，當於次章述之。

第四節　一八四八年意大利德意志及奧匈帝國之革命運動

吾人在一八四八年之法國革命中，已看出三種要素（即愛國者對于不光榮的外交政策引以爲恥，由產業革命所生之經濟恐慌，與中產階級之渴望民主政治），在二月時此三要素會協同建設共和政府，在六月時則互相衝突，最後卒因意見之分歧，致令冒險家得爲共和總統。在歐洲其他各處，或因維也納會議之決定有傷民族情感，或因產業革命降低勞動階級之地位，或因梅特涅皮動政策之觸犯自由主義派，亦均有此三種革命要素之表現，特其程度不一致耳。路易腓立被廢之訊，實爲意大利、德意志及奧匈帝國革命之導火綫，數月之内，歐洲君主或被廢黜，或被迫允行憲政者約達半數。即在英國民憲黨亦受革命騷動之影響而要求憲章，雖未成功，其呼聲則因此益高。吾人當先求出意大利、德意志及奧匈帝國在一八四八年所以能發生革命運動之不安定的因素（即民族的民主的，經濟的因素）。

意大利之民族主義

意大利人之民族愛國主義在排除擅作威福之奧大利人並夢想統一半島中之各小邦，以驅逐外人。蓋此時倫巴德威尼西亞（Lombardo-Venetia）王國乃直隸於奧大利、突斯加尼、摩德拿、珀而瑪等公國則受黑普斯堡族之君主統治，而意大利之其餘各地亦悉畏奧大利之幹涉。故倫巴德威尼西亞之愛國者咸思驅逐奧軍，其他意大利諸邦之志士則力圖合薩的尼亞、倫巴德威尼西亞二王國，珀爾馬、摩德拿二公國，突斯加尼大公國（註一），教皇國及雙西西裏王國爲一國。其時已有三種有力之運動方在進行。熱拿亞之律師瑪志尼（Mazzini）組織一反教士之秘密團體，其理想在根據甲可兵（Jacobin）主義建一意大利共和國。教士黨（Clericals）則希望組

註一　盧加公國已于一八四七年合并于突斯加尼。

織聯邦，奉全意大利所歡迎之教皇丕亞士九世爲首領。此外復多有視彼傾向自由之薩的尼亞國王亞白爲最有力而極可持之首領者。其時蓋已人人高談意大利之中與矣。

意大利之自由主義

意大利之自由主義在欲恢復一種憲法，類似乎一八一二年西班牙革命黨之所制者。惟有中產階級最勇敢之分子（少年意大利）希望共和，最多數之自由黨人則咸以立憲君主政治爲已足。自由主義以一八四六至一八四七年丕亞士九世之自由的允諾（政治大赦，出版自由，國防軍，參政院）爲起點，嗣後進步甚速。突斯加尼大公爵亦行同樣之改革。薩的尼亞王亞白遏則不獨依一八四八年三月四日之根本法（Fundamental Statute 或 Statuto）允行議會政治，而且抑制封建權力，建築鐵路，設立農會，與突斯加尼及羅馬組織關稅同盟，并成立六萬一千四百人之軍隊。因彼深知欲實現自由主義非與梅特涅作戰不可）。

德意志之民族主義

德意志諸邦之情勢亦復相同。其時一般人之强烈情感，咸以爲各邦必須團結爲一祖國（Fatherland），奧匈帝國必須排之于外，自由黨法必須制定。一八一五年所創之德意志同盟，系由三十八邦君主所組成之一寬馳的聯盟。其中有巴華利亞、漢諾瓦、撒克遜尼、瓦爾敦堡之王，另有大公爵、公爵、郡王，并有漢堡、盧卑格、不來梅等自由市之長官，普王、奧帝則互爭盟主于其間。至于奧帝之臣民除德意志人外復有意大利人與斯拉夫人，普魯士王則更有其波蘭之領土。而丹麥王（爲和耳斯太因公爵）及尼德蘭王（爲盧森堡公爵），亦皆爲德意志同盟之會員。在此種混雜局勢之中，欲建一民族國家似屬非常之事業。但德意志之各大學教授則仍堅持其愛國理論。當一八三三年關稅同盟成功于普魯士領導之下時，德意志統一之經濟基礎實已確立。共同之關稅行政，鐵路之開始建築，以及商業上之關系，在物質上皆能促成國家之統一。商人因其營業上之利害，提倡民族主義，較大學教授尤甚。

德意志之自由主義

其時雖有種種壓制之法律，但仍有一種强烈之自由情感發達于中產階級之間，而反映于下層階級之中。此種情感一方面要求各邦憲法上之自由，一方面又要求一種較彼反動外交家會議（德意志同盟總會）爲合乎民治之聯邦議會。一八四〇年即普魯士王位之佛列德利克威廉四世，初頗受自由黨之信任。但自由黨人終以譏其改革遲緩，而觸其怒，彼遂益主張絕對王權，對于彼前依一八四七年二月三日之較令所殷立之普魯士全國議會（United Landtag 或 Estates General）絕不讓步。

柏林之無產階級

除中產階級之主張立憲政治與民族統一者而外，普魯士王現更須應付柏林之無產階級

奧匈帝國內部互相火迸之民族

（此卽因工資不足或失業而抱不滿之工人，其中並有波蘭人咸願贊助任何民主運動，甚至不惜採用暴力）。

在奧匈帝國中，民族主義不趨向統一，反促成分裂，實與意大利及德意志之情形不同。蓋黑普斯堡族皇帝之領內，包括多種民族，僅以效忠君主之念暫相聯合。其人口之大部分，係由五種斯拉夫族構成：（一）爲波希米亞與摩拉維亞之捷克人及匈牙利西北部之斯洛伐克人（Slovaks）。（二）爲加里西亞（Galicia）西北部之波蘭人。（三）爲加里西亞東部之小俄羅斯人（Ruthenians）。（四）爲卡尼鄂拉（Carniola）與斯遏利亞南部之斯洛伐尼人（Slovenes）。（五）爲克洛遏亞與斯拉法尼亞（Slavonia）之塞爾維亞克洛遏亞人（Serbo-Croats）。支配此斯拉夫族者則爲：（一）德意志人，聚居於奧大利之各省，散處於匈牙利全境，在波希米亞境內亦有團結甚強之少數。（二）馬加族（Magyars），爲匈牙利中最佔優勢之人種。更足以增加民族之糾紛者，則爲居於倫巴德威尼西亞與克洛遏亞斯拉法尼亞南部諸城之意大利人，及居於脫蘭斯法尼亞與布柯維納（Bukowina）之羅馬尼亞人（Romans）。吾人若更能憶及此從屬人種，仍多未忘其前此獨立之傳習，當不難明白民族精神之有害於黑普斯堡族之領土矣。

帝腓迪南一世治下之民族運動，一八三五至一八四八年

當腓迪南一世在位期中（一八三五——一八四八），有五種不同之民族運動危及帝國：（一）意大利人之運動乃吾人之所熟知者。（二）波蘭人因決意恢復古代之王國致一八四六年在普魯士之波森（Posen），克拉科小共和國反加里西亞同時發生叛亂。此從事於民族革命之波蘭人，其自身轉爲加里西亞東部之小俄羅斯農奴所擾，蓋彼輩亦有其民族與經濟之原因可以反抗其波蘭地主也。小俄羅斯人之革命一無所獲，惟助奧大利人撲滅波蘭之革命，成效卓著，致波蘭人之愛國精神因以不振者凡十餘年。註一（三）波希米亞之捷克人對於其在一六二七年前之民族獨立與自由憲法原未忘懷，在十九世紀之第四十幾年中，更因波希米亞（捷克的）文學之復興，學校採用波希米亞語之運動，及與摩拉維亞、細勒西亞復合之要求而大爲激動。一八四五年波希米亞之議會乃反對維也納之官僚政治，力爭賦稅之表決權，藉此以激動民族情感，並主張在議會中應使各城市得到更充分之代表權，藉此以博自由主義之同情。此輩捷克人因力爭自身之民族主義，當然與雜處之德意志人的民族主義發生劇烈之衝突。（四）最可

註一 克拉科於一八四六年合併於奧大利帝國

段之民族運動實出自亞洲蠻族之裔馬加族或匈牙利人。　此族於第九世紀踰喀爾巴阡山脈（Carpathians），抵多瑙河流域，征服附近之斯拉夫人。　馬加人之愛國主義有兩方面：　第一，深憤奧人之欲廢止匈牙利國會自治權。　第二，急欲強令斯洛伐克人，脫蘭斯法尼亞之羅馬尼亞人，及克洛遏亞、斯拉法尼亞之斯拉夫人同化於馬加人之語言及民族性。　（五）馬加人之欲強令塞爾維亞克洛遏亞人採用其語言，實激起此族對匈牙利之仇恨。　前此克洛遏亞人係受一匈牙利總督及一民選議會之統治，現則開始要求將達爾馬提亞、克洛遏亞及斯拉法尼亞立為一三重伊勒利安（Triune Illyrian）王國，受奧帝之統治，而對匈牙利獨立。　（六）最後勢力最大之民族德意志人，現雖大都注意於自由主義，然因以上任何運動之成功，或亦不免激而為愛國之舉。

奧匈帝國內之自由主義

自由黨要求徹底之民主政制，與此等民族之希望時而一致，時而衝突，實足引起中產階級與下層階級之注意。例如在匈牙利，彼識見卓越之貴族澤協尼伊（István Széchenyi）思謀匈牙利之偉大與隆盛，而不援用民主政治，其時衆望攸歸之新聞記者並長於雄辯之演說家噶蘇士（Louis Kossuth 一八〇二——一八九四），則既主張自由政治，又為一民族志士，彼雖屬貴族，而因熱心宣傳自由主義及種種民主改革如封建貴族特權及免稅權利之廢除刑法法典之修正，陪審制之採行之故已被囚三年。然此等民主式之要求，不過費噶蘇士一半之心力，彼固別有所圖，思增高其本國之地位也。在波希米亞，亦有愛國者希望自由主義與民族主義之同樣進展（彼輩極力主張波希米亞之議會應更能代表民意而對維也納獨立）。在克洛遏亞，則自由主義與民族主義已能一致。但在奧大利各省之德意志人中，則自由運動較爲進步，鮮有民族主義雜于其間。甚至之奧大利之各級議會（Assembly Estates），本一貴族機關，及對于代議制立法賦稅等事，亦贊成緩和之改革。各城市之中產階級，則更要求自由發表英法學者之革命學說，思得一保證議會立法之憲章，尤以在維也納者爲甚。其時有大學生近二千人，殆爲自由黨中之最輕躁而激烈者。

奧大利之產業革命

民族主義與自由主義等理想，對于下層階級之影響固大，然關系更切者，仍爲經濟的原因。此舊勢力最强之奧大利，現亦爲產業 革命所波及，以致維也納之工匠因機器之采用而失業者達數千人，至于工資不足，瀕于饑餓者亦復甚衆。各鄉迫于窮苦之農奴，尤渴望封建領地制之廢除（彼等之工作結果多因此制而爲貴族所奪）。城市工匠與鄉間農奴之起而革命，以推翻壓制

奧大利梅特涅制度之末運，一八三〇至一八四八年

一八四八年革命運動之先鋒

彼等之經濟制度所欠者惟口實耳。

各地民衆之怨謗現有制度，即此種制度之柱石梅特涅，亦不能否認之。其時因到處均感不滿，故革命之發一著，遂有野火燎原之勢。此『國際警察』欲維持歐陸之和平，已覺較一八三〇年爲更難，蓋列強皆各忙於內政也。此外一八四八年之情勢，較一八三〇年更爲危險者有二：第一，自一八三〇年以還，鐵路多已築成（例如自巴黎至維也納即有鐵路），於是革命成功之訊，遂可在數小時之內傳布各國，而不須數星期矣。第二，意得志大之實業家，因商業與初期產業革命而加多，彼輩概爲中產階級之自由黨人，且同時不滿意之工人階級亦大增。此二階級咸集於城市，繼續受激烈俱樂部與秘密團體之煽動，其起而革命，較之散處鄉村之農民尤易。

維也納之白頭老翁梅特涅現已年逾古稀，自覺漸失統馭之力。時雖有名義上之檢查，而革命學說之印刷與發行也依然，雖有梅特涅之預防，而各大學之爲自由主義醞釀地也如故。和平蓋已不能維持。一八四六年之波蘭革命，雖幸而平定，一八四七年西西里與拿布勒斯之騷動，雖亦爲時不久，但梅特涅終不能制止瑞士北部諸州激烈革命黨對於羅馬教七州防禦同盟之壓迫（即異多同盟 Sonderbrnd 一八四七年）。激烈黨之壓制異多同盟諸州，固屬不顧民治原則，

然而彼輩實公認信仰共和主義與普選權，以及其他『危險之新制』。一八四八年，獻歲卽遇不祥，一月十二日珀勒摩（Palermo）發生劇烈之革命，旋卽控制西西里全島而恢復一八一二年之憲法。一月二十九日腓迪南因欲防制拿布勒斯起同樣之革命，乃自動頒賜憲章。時倫巴德威尼西亞之意大利人以奧大利政府之賣烟獨利，決定停用捲烟，並投石以擊奧大利軍士之敢於當街吸烟者，於是釀成米蘭與巴士亞之『吸烟暴動』。此時卽令法國不以其二月革命示範於全歐，其餘之歐洲各處殆亦將發生革命矣。

法國二月革命之訊（一八四八）

法蘭西宣佈第二次共和之訊（一八四八年二月二十四日）遍及全歐，實與流行的革命以一顯明之信號。佳音繼此而至者，有巴頓大公之允許改革，薩的尼亞王亞白遏之頒佈憲法（Statuto），佛蘭克福爾議會對於德意志全民之呼籲，路易一世之召集巴華利亞之各級議會，教皇不亞士九世之任命自由內閣，梅特湼至此已有戒心，深恐此轟傳之噩耗卽預示專制主義舊制之傾覆也。及三月三日噶蘇士對匈牙利議會作激昂之演說，要求爲匈牙利分設一責任內閣，是時梅氏之預料遂已成爲事實。三月十二日，有維也納二教授上民衆請願書於皇帝。次日，復有學生工人在維也納與軍隊衝突之事。是日下午，梅特湼所徵調之中產階級的衛兵，拒絕彈壓叛

一八四八年梅特涅之倒

亂，羣衆包圍皇宮，市民代表要求罷免其所痛恨之首相。此白髮老翁自知大勢已去，乃衣藍色燕尾之禮服入覲皇帝，以委婉譏諷之詞，自謂無留職之必要，「當可許」其辭職。此時彼之宅第早已被焚掠矣。三月十四日，乃有一「英國」老人偕妻悄赴倫敦。蓋革命勁敵之梅特涅終爲革命而逃生矣。

革命運動之迅速蔓延

梅特涅抵倫敦月餘後，即聞柏林與米蘭已同時發生騷亂，威尼斯已變爲共和，薩的尼亞已對奧作戰，突斯加尼、薩的尼亞、教皇國、奧大利、荷蘭諸邦之君主悉已被迫而頒賜成文憲法，巴顛大公及巴華利亞、撒克遜尼、普魯士與漢諾瓦之王則或已召集議會，或已還組自由內閣，或已下令從事於他種改革矣。

一意大利之三月（一八四八）革命

在意大利之獨立各邦中，其革命運動之主要性質，最初皆爲自由，意在爭得憲法。但在倫巴德威尼西亞則革命激烈，有民族性質。米蘭聞梅特涅逃亡之訊，大喜，自三月十八日起，與剌得次歧（Radetzky）將軍所統之一萬八千奧軍巷戰五日。三月二十二日，當剌得次歧由米蘭退守威尼西亞之城寨時，威尼西亞人亦起而革命，宣布獨立，建聖馬克（St. Mark）共和國。亞白邊所統之二萬三千薩軍，及突斯加尼、教皇國、拿布勒斯等處所派之軍隊，乃皆整隊長驅，冀排除奧人以解放全意大利。

二、德意志諸邦之三月（一八四八）革命

一八四八年三月，德意志各邦幾莫不發生騷動，其所有要求幾全爲立憲君政出版自由與德意志之統一。在巴顛雖有急進黨欲建立共和，卒因大公之及時讓步而遭挫敗。在巴華利亞則國王路易不能藉空諾而中止革命乃禪位於其矢守憲法之子馬克西米連二世。在黑塞加塞爾（Hesse-Cassel），則出版自由與立憲政治均已實現。撒克遜尼與瓦爾敦堡則因任命自由內閣而趨於安靜。拿梭公爵則爲有力之農民革命所迫而以其私產歸公。在漢諾瓦，則公開示威之後卽有內閣之更迭與憲法之修正。在土倫基亞諸小邦則其君主咸能允諾改革以維民望。在麥克蘭堡許威林（Mecklenburg-Schwerin），則出版自由與平等選舉權均已達到目的。在漢薩三城（不來梅、漢堡、盧卑格），則其騷動實足爲民主改革之要求張目。

三、普魯士之三月（一八四八）革命

在普魯士，其國王因人民之離貳大恐故雖抵制革命而力甚微弱。弗列德利克威廉四世見柏林之騷動與備戰（一八四八年三月十三月至十六日），心中不安，乃允召集聯合的普魯士議會，促其爲全德制定憲法。工人與外人聞國王讓步羣集於王宮之所在，詎竟引起衞兵之射擊，於是復設守備。是夜死於巷戰者過二百人，次日國王乃遣去軍隊，再行讓步而任命自由內閣。

德意志之民族運動

其時有一視爲代表全德諸邦之預備國會（Vorparlament）利用贊成德意志統一之普遍的情感，於三月三十一日集會于佛蘭克福爾，此舉對於德意志同盟總會發生絕大之影響。同盟總會乃正式召集一憲法會議（Constitutional Convention），遍德意志同盟每五萬居民選代表一人聯合組織之，此卽著名之佛蘭克福爾會議（Frankfort Assembly），於一八四八年五月十三日正式開會于佛蘭克福爾之聖保羅教堂。

四　奧大利之革命一八四八年三月至五月

此時黑普斯堡帝國之局勢，已因革命而大變，彼隱居布米屯（Brighton 在英格蘭）之梅特涅，蓋幾已不復識其本國矣。蓋在梅特涅出奔後之第一日（卽一八四八年三月十五日），奧皇卽下詔承認出版之自由，允許組織國民軍，令奧國之各級議會於七月三日開會，並允爲奧國制定憲法。自是而後新設之國民軍學生，及二十四人之委員會，遂爲維也納之真正統治者。四月二十五日，皇帝對於其一切領地除匈牙利與倫巴德威尼西亞而外，頒賜前所允諾之憲法，許以政治與宗教之自由，及國民軍與兩院制之議會。願革命黨人猶以爲未足，非召集一基於普選權之憲法會議不可。皇帝乃再行讓步，即而爲維也納新發生之示威運動所嚇，奔往晉斯蒲路克（Innsbruck）。皇帝去後，其內閣欲解散學生組織，因又引起民衆革命（五月二十六日），維也納城遂大修守備，而爲一革命的公安委員會（Committee of Safety）所統治。

五、匈牙利之三月（一八四八）革命

當帝國政府正困於維也納騷動之時，匈牙利人乃獲其自主之權，設一責任內閣，而奉自由民族主義者爲領袖。馬加族運動之自由性，可於其一八四八年三月與四月所完成之種種自由改革中見之，卽出版自由之實行，國民軍之組織，封建勞役與爵號之廢除，貴族之強制納稅，及議會之每年集會於布達佩斯是也。此議會由貴族與新獲選舉權之中產階級（有財產一百五十金元者）共同選出之。

一八四八年三月一切革命運動之民族的現象

一八四八年三月至四月之革命潮流，含有溫和之民族主義與自由主義之性質，成功甚廣，既已推倒梅特涅，復使中歐各國幾乎皆獲得憲政之自由。及至一八四八年之夏，民族情感日益顯著，而革命勢力遂起分裂。此民治主義之民族革命，實爲不相和諧之民族野心所累，而在各族衝突之中自趨於消滅焉。

奧大利新憲法與民族主義之矛盾

新憲章之解決方案所以難適用於奧匈帝國者，卽此民族主義之因素所致。苟馬加人、斯拉夫人、德意志人能一致要求憲政，則其要求自不可抗。不幸彼希望民治之自由主義者，同時乃更熱烈的主張其本族之要求。關於此等之民族要求，欲使斯拉夫人滿足，則不能不損害德意志人及馬加人之自尊心，欲使馬加人滿足，則不能不引起斯拉夫人與德意志人之妒嫉心；欲使德意志人滿足，則又不能不招斯拉夫人之痛恨。

一、帝國諸會中之民族主義

一八四八年四月二十五日之奧國憲法，即因此種原因而不能令人滿意。該憲法既對於匈牙利全未顧及，而同時又未能滿足其他各族之要求。因欲制一比較完善之憲法，乃有依普選制產出能代表黑普斯堡族一切領土（倫巴底威尼西亞與匈牙利除外）之帝國議會（Reichstag）於一八四八年七月二十二日集會於維也納。德意志人在會中之代表雖達半數，各代表因種族的仇恨互分派別，彼此不相爲謀，以致會議不得要領而散。但會中亦能完成一種重大之改革，乃由構成會議四分之一的農民所提出而得中產階級多數之默許者（即廢除農民對於封建地主之奴性義務也）。

二、大斯拉夫會議

剛在帝國議會集會之前，斯拉夫人於一八四八年六月自行集會於巴拉叩，該處曾因自由運動而成立國民軍，召集地方議會（Provincial Estates），並建設責任政府。一時捷克人、波蘭人、俄羅斯人、塞爾維亞人之代表，咸以斯拉夫人之資格集會於此，彼等雖言語各別，而精神一致，咸自誇其爲偉大勇敢之人種。其娓娓動聽之宣言中明忠於黑普斯堡族，求助於斯拉夫人種之各支族，並要求各族之舉行共同會議，是即此次空談無補之會議的唯一成就也。但巴拉叩捷克人種之激動，其所生之結果雖屬不幸，卻較具體，（即六月十三日發生暴動，施設戰備，攻擊奧軍元帥溫底什格雷茲（Prince Windischgrätz）之住宅，並射殺其妻於窗前）。於是戰事隨起，至一八四八年六月十七日，溫底什格雷茲卒獲全勝。自由的改革旋即取消，波希米亞受軍政制裁，捷克民族之運動，遂告結束。

三、克洛遏亞總督業拉契赤

南部斯拉夫人之運動則反是。克洛遏亞與斯拉法尼亞的塞爾維亞克洛遏亞人之畏作威作福的馬加人，甚於其畏德意志種的奧大利人，其時此族正得業拉契赤（Count Joseph Jellachich von Buzin）爲克洛遏亞總督(ban)。業拉契赤者克洛遏亞之貴族，父爲拿破崙戰爭時之宿將，以在邊疆抗土耳其人著名，彼亦饒有其父愛國勇敢之風。彼嘗因召集克洛遏亞斯拉法尼亞議會（一八四八年六月），而致帝國政府之震驚，兼招馬加人之憤怒。此次議會有來自斯遏利亞與加尼阿拉之斯洛伐尼人，有來自北部匈牙利之斯洛伐克人，有來自波希米亞之捷克人，實一大斯拉夫會議，與同時集會於巴拉叩者相若。帝國政府誤以業拉契赤之目的在建一克洛遏亞斯拉法尼亞王國，遂免其職。業拉契赤乃急謁皇帝於會斯蒲路克申述其志在盡忠於黑普斯堡族，以制服好亂之馬加人，彼亦卒蒙優待，蓋此時馬加人已實際使匈牙利獨立，自有其國旗，軍隊，使臣，內閣，故帝國政府之仇視此族，日益加甚也。且匈牙利自發紙幣以代國立維也納銀行之鈔票，致奧國之財政家深受其害。若克羅遏亞人之運動，僅在對付馬家人，則奧國自衆于鼓勵之。當一八四八年九月初，皇帝正作此想，遂復任業拉契赤為克洛遏亞總督，于是奧匈帝國內部各族之武裝衝突，乃迫在眉睫矣。

四、佛蘭克福爾會議

當一八四八年夏日多事之時，德意志及澳大利之德人所在諸省，莫不注意于佛蘭克福爾之國民會議，以其為德意志民族精神之具體化故也。顧此次會議，意見仍不一致。經長時之討論後，雖宣誓（註一）法律之平等及人身出版請願集會等自由為德意志人之權利，但關于建立民族政府之企圖，則一無所成。會中原擬選前會公然嘲笑梅特涅之保守主義者奧國約翰（John of Austria）大公爵為帝國代表（Reichsverweser），藉以建立最重要之中央行政部，但此舉可同時引起共和黨及互懷猜疑之各邦政府與普魯士民族主義者之不滿，因共和黨最惡親王，各邦政府懼為親王所掩晦，而普魯士民族主義者則希望用普魯士為中心以建一祖國也。帝國代表之統

註一　在一八四八年十二月二十七日。

治將由內閣，而內閣則須對一民主式之議會負責。新帝國之版圖尤爲更須愼重之問題，因普魯士苟令其不願意之波蘭臣民加入奧匈帝國，苟令其好亂之捷克人、波蘭人、馬加人、斯洛伐克人等加入，則將不復成爲德意志人之帝國；反之，苟將普魯士或澳大利之德意志人排除，則帝國又不完全也。此外復有休列斯維格和耳斯大因之居民（Schleswig Holsteiners）問題，蓋丹麥欲破壞其德意志國民族性，而普魯士則正以武力保護之也。普魯士因在一八四八年九月中止休列斯維格和耳商人因戰爭而激成佛蘭克福爾之民族的騷擾與暴動，但其結果剌徒使彼尊重法律與秩序者益加犧概而已。

瑞士聯邦主義之成功

惟在瑞士各州聯邦運動完全成功。一八四八年之聯邦憲法，一方面既使瑞士全體成爲水久之聯邦，一方面又予各州人民以民主共和之政府。

意大利聯邦主義之失敗

上文已述及一八四八年四□隆的尼亞、突斯加尼、教皇國、拿市勒斯諸邦之軍隊正謀使半島速度脫去澳大利之支配，其時除威尼斯（聖馬克共和國），外各邦均有立憲政府。愛國者咸以爲意大利之復興（Risorgimento）將成——將由彼立意君政之各綁各組一自由聯邦。乃事實旋與此光榮之自由希望相左。四月二十九日，教皇拋弃此解放戰爭（War of Liberation）。

一八四八年革命運動第一期之告終　澳大利之復興（八月）與攻擊匈牙利

革命運動第二期，共和之局勢，一八四八年十月至一八四九年六月

五月拿布勒斯發生共和黨之大暴動，雙西西里國王旋解散其議會（Chamber），取消其憲政制度，而由北部調回拿布勒斯之軍隊。　惟北部之主張民族主義者雖孤立無助，仍堅執宣布倫巴德、威尼西亞，珀爾瑪，摩德拿併入薩的尼亞之立憲王國。　顧此種聯合爲時甚暫，因意大利軍隊指揮之失宜，組織之不良，不能防制奧國生力軍之援救，剌得孜岐卒敗於卡斯多札（Custozza），一八四八年七月二十四日），彼戰勝之剌得孜岐遂恢復戰前原狀，惟威尼斯城則仍爲共和，不肯屈服。

一八四八年夏間之情勢，實大利於奧大利帝國之政府。　捷克人之大斯拉夫運動既爲溫底什格雷茲將軍所撲滅（六月），剌得孜岐將軍又平定意大利之亂（七月至八月），德意志之形式已不足畏，而強悍不屈之馬加國則爲脫蘭斯法尼亞叛亂之羅馬尼亞人與西南部兇悍之塞爾維亞克洛遏亞人所威脅，此實良機。　業拉契赤遂於一八四八年之九月率師渡底拉維（Drave）河入匈牙利境。　彼初遭拒斥、與政府乃解散匈牙利之議會，宣布匈牙利陷於爭戰狀況，命業拉契赤爲駐匈軍隊之元帥，並擬以維也納衛戍兵之一部分開往應援。

恰於此時，維也納之民衆突起革命之第二種局勢於焉開始，即民衆共和之局勢也。　此時彼因驅穢而營業受損之多數中產階級的自由黨，彼喪失領地實稅收入之多數傾心自由的鄉紳及

彼渴望和平之教士，咸放棄革命而委之於比較急烈之羣衆與新受解放之農民，及共和的俱樂部與不滿意之工人，若輩所可失者惟生命耳，巴黎之六月流血日乃適爲現在繼起種種悲劇之先聲。

一八四八年十月維也納無產階級之作亂

維也納民衆之反對壓制匈牙利，蓋有三因：（一）彼輩既爲民主黨，則自同情噶蘇士對於匈牙利民主化之努力。（二）以德意志民族主義者之見地言，則彼輩固深願一任馬加人之自動分離，俾德意志人種之奧大利可以自由加入新德意志（或爲德意志共和國）。（三）就革命黨而言，則彼輩與馬加人同一仇視反動。因此當維也納駐軍調征匈牙利之時，維也納之暴民竟於一八四八年十月六日縊軍政部長於街燈之柱上。次日維也納城大施軍備，由兇悍之無產階級防守之軍械局，亦受其攻擊掠奪。城中被逐之衞戍兵乃奔投業拉契赤，時業拉契赤與溫底什格雷茲（自巴拉叩）正議進攻維也納，十月二十六日溫底什格雷茲開始攻擊。維也納之民衆勢蹙，待救於馬加軍，乃十月三十日彼輩自聖斯特芬教堂之尖塔見業拉契赤已敗馬加軍於什威喀湜（Schwechat），從此遂心灰望絕。十月三十一日溫底什格雷茲陷維也納，革命黨死者約二十餘人。

維也納法律與秩序之恢復

什瓦站堡

反動之勝利，遂使政府實權集於什瓦站堡(Prince Felix Schwarzenberg)之身，其人爲一軍事家兼外交家憤世嫉俗傲慢專擅溫底什格雷茲之儔也。彼以爲鞏固統一之君主政治足以支持精神生活之秩序與以前梅特涅之意見正復相若。當其着手振興君政時，適當幼主在位，因一八四八年十二月二日腓迪南帝已禪位於其十八齡之侄佛蘭西士約瑟夫(Francis Joseph)也。可惡之革命遺跡——帝國議會——被遷於克勒姆斯(Kremsier)，允其在此制一理想之憲法。及一八四九年三月四日什瓦站堡忽宣布一完全不同之憲法以聯合黑普斯堡族一切領土爲一鞏固完整的君主國之理想爲其基礎。

佛蘭西士約瑟夫

匈牙利共和國

鞏固統一之君主政治，實際上尚未存在。匈牙利已宣布約瑟夫即位之不合法，而對奧大利作戰。馬加人初已因業拉契赤侵入匈牙利之迅速，並因其佔據布達佩斯(一八四九年一月五日)而大恐。前曾征服巴拉叩與維也納之溫底什格雷茲現亦侵入匈牙利，大敗革命之馬加軍，匈牙利之西部全受其制。噶蘇士以一往直前之勇氣，團結小貴族，下層中產階級及馬加農民，共赴國難，發行鈔票物色適宜之將領。脫蘭斯法尼亞，克洛遏西亞，斯拉法尼亞等處卒能及時制勝，而馬加之主力軍亦敗溫底什格雷茲。噶蘇士於是勇氣大增，乃以激忻之詞，建議匈牙利之獨立。一八四九年四月十四日匈牙利遂宣布獨立。

意大利與德意志之共和革命

一八四九年春共和革命之潮流實達於極點。不惟匈牙利之共和革命獲勝，即在意大利與德意志亦然。瑪志尼之「少年意大利」黨曾起事於羅馬與勒格涌（Leghorn），在教皇國及突斯加尼均各以共和政府代替教皇及突斯加尼大公爵（一八四九年二月）。薩的尼亞之民主黨對奧大利復起戰爭。在德意志則共和俱樂部因不滿意於佛蘭克福爾會議無益之聯邦運動，亦於一八四九年初激起革命。一八四九年五月萊因方面之巴拉湯奈武及撒克遜尼王國均成立臨時共和政府，北勒斯勞（Breslau，在普魯士）則建設營壘，巴頓亦發生革命，是年六月所設之臨時政府不久即能募集三萬以上之軍隊。此次革命之蔓延，一時若可到處建設共和國，亦與前次革命之遍地頒布憲法者相同。

一八四九年共和革命之失敗、意大利之恢復原狀

顧共和革命未幾即敗，復辟潮流遂以開始。一八四九年三月，拿布勒斯國王制服其議會，閱二月，西西里之革命黨亦爲其王軍所平，而意大利仍恢復專制政治。羅馬共和國在六月末即歸消滅，丕亞士九世以法國武力之助而復位，彼因反教士的共和黨之暴行乃改而主張保守主義。在突斯加尼，當一八四九年四月十一日上層階級亦與農民共迎大公爵復位。北部則奧軍復勝。

薩的尼亞王亞白邊大爲剌得次歧所敗（一八四九年三月二十三日），乃禪位於其子陽瑪諾二世，而奔葡萄牙，一年之後客死於彼土。五月，奧軍入佛羅倫斯，與將海諾（Haynau）對於布里西亞（Brescia）倫巴德城之革命處罰殘酷，致得「惡狠將軍」（General Hyena）之稱。最後，威尼斯之共和市府亦受圍攻饑饉時疫並至，卒於一八四九年八月末降於奧軍。此時除薩的尼亞尚保留其自由君政之憲法外，其餘概恢復原狀；教皇與各邦君均安然復位，奧軍則在威尼斯，米蘭，佛羅倫斯之市中橫行無忌。

二、匈牙利共和國之結果

匈牙利共和國之結局亦同樣悲慘。當一八四九年六月六日，噶蘇士欣然回至新從奧軍取得之布達佩斯城時，其事業亦達於頂點。此後大難之來甚速。業拉契赤率師近四萬人由克洛遏亞北進，海諾以奧國大軍六萬進逼彼專制之俄皇尼古拉一世復命八萬俄軍踰喀爾巴阡山西進，以助此少君約瑟夫恢復奧匈帝國之專制。七月，布達佩斯復降於奧軍。八月中旬，周加軍一部分爲海諾所敗，一部分以衆寡不敵降於俄軍。革命將領被殺者十三人，平民處死者過百八，受禁錮者達二千人。噶蘇士初奔土爾其，被囚二年，復亡命美英，最後乃定居都林，終其身爲此已覆之主義作可憫之辯護焉。

三、奧匈帝國之恢復原狀

少帝約瑟夫及其忠臣什瓦茲保現成傾全力以恢復秩序，鞏固君政保護王位以防未來之攻彼叛亂之教會受侮之廷臣，歡忭之軍隊對此政策咸欣然接受。匈牙利之憲法，及一八四九年三月奧大利之憲法現均以「帝國一統與君政原則」之名義而取消之。匈牙利所已合併之脫蘭斯法尼亞，克洛遏亞，塞爾維亞等領土復遭割裂。匈牙利遂失其獨立之最後痕跡，而與帝國之其他諸省同受治於維也納所派出之德意志人。革命時之種種改革概行取消，所未恢復者惟貴族前此所有之地方政治權，及其免稅之利與封建之權而已。黑普斯堡族領內之農奴制，從此亦成陳跡。註一

四、共和主義在德意志之受壓制

此時共和主義在德意志之遭遇，與在意大利或匈牙利者並無不同。普魯士政府既恢復北勃斯勞之秩序，遂覺其力能出師以壓制撒克遜尼之五月革命，恢復巴拉遏拿忒之秩序，並不憚艱鉅，以制服巴顛之叛黨（一八四九年六月至七月）。革命黨欲統一德意志共和國之夢想既遭失敗，而遷往大西洋彼岸之共和國（合衆國）——者甚衆，此共和國不久乃須藉助彼輩以防分裂。

註一　惟加利西亞在外。

一八四九年佛蘭克福爾會議之失敗

德意志之共和的騷動，實隨佛蘭克福爾會議之失敗而發生。該會議會因決定排除一切非德意志人種之領土于未來之德意志帝國以外，而深觸奧匈之怒，後更完成憲法草案，并于四月初以世襲之德意志帝位獻于普魯士王弗列德利克威廉四世。彼優柔寡斷之普王一方面即不欲從下層階級所組成之革命會議接受『可耻之地位』，他方面復恐招奧俄二國之怒。但彼不加以明白之拒絕而請其他德意志各邦政府予以默認。有二十八小邦贊成帝國之創立，惟巴華利亞瓦爾敦堡撒克遜尼漢諾瓦四邦之君不肯同意，而澳大利反對尤力。于是弗列德利克威廉于一八四九年四月二十八日拒絕帝位。佛蘭克福爾會議因其計劃爲奧普二邦所阻而氣餒，逐漸趨消滅，其事業乃全歸失敗。

一八五〇年奧大利之復盛與普魯士之屈服

當國民會議之瓦解與共和革命之消滅後，普魯士與澳大利逐各提出改組德意志之計劃。普魯士之計劃出于佛列德利克威廉四世之友人兼顧問拉多威兹（Radowitz）此人爲一虔誠之羅馬教徒，主張自由國家中之自由教會。彼深信苟能建設德意志聯盟(German Union)而排除奧匈帝國，則其自由國家之計劃必可實現。彼爲達此目的，計嘗草一憲章，與戰前德意志帝國之憲法巧合，其中規定一行政會議及一民衆議會，而以普魯士主盟。入此同盟者凡十七邦，議

一八五一年德意志同盟之恢復

德意志諸邦之反動

會亦於一八五〇年初選出。此種計劃之所以失敗，一方面固由於奧國大臣什瓦站堡之堅決努力，一方面亦由於弗列德利克威廉之畏葸，恐引起奧俄二國之惡感。什瓦站堡則提議舊德意志同盟之改組應包括奧大利全部，匈牙利及所有各邦，並應設一七人執政部，由奧普二邦輪流主席。迨匈牙利人失敗，什瓦站堡益能力行其計，竟公開表示其對於普魯士之仇恨。）當彼召集會議於佛蘭克福爾以改組同盟之時，普魯士亦召集敵對之會議於柏林。既而弗列德利克威廉一方面為奧大利、瓦爾敦堡、巴華利亞之聯合所恐嚇，一方面又恐傾向保守之俄皇尼古拉之復助約瑟夫，猶豫不決，終歸退讓。至是而什瓦站堡改組同盟之計劃，竟亦放棄，反動蓋已全勝。一八一五年之舊德意志同盟遂恢復矣。同盟總會更欲進而推翻革命之事業，乃取消『德意志公民之基本權利』，並任命一委員會，即通常所謂『反動委員會』者，以廢除一八四八年憲法中之危險原則，如普選權等。一八五〇年以後，德意志諸邦政府在什瓦站堡之勢力下壓制自由主義，並於法庭，議會，學校，教會等處表示其對於進步之仇恨，與前此受梅特涅之支配時相同。

德意志熱烈之愛國志士對於普魯士王弗列德利克威廉四世已大失所望，蓋以其既未能與佛蘭克福爾會議合作，復未能抵制奧大利，又未能為偉大之民族首領也。德意志之自由黨亦以

普魯士之立黨政府一八五〇年之保守黨法

其堅決反對建樹眞正之民主政治於普魯士，而懷憤慨。一八四八年十二月所賜之所謂自由憲法後復經政府委員及反動政治家之修改，及至一八五〇年一月三十一日正式爲普王頒布時，已成爲一完全保守之憲法矣。然此次憲法乃普魯士經一八四八年革命後唯一耐久之結果，自一八五〇年至大戰前，仍爲普魯士所沿用，惟其細節略有變更耳。當此數十年中，至少在形式上仍保持代議制之立憲政府。一八五〇年之普魯士憲法係國王所頒，與一八一四年法國之憲章同，對於個人權利與自由雖無適當之規定，使其有效，然究已加以承認。此憲法申述君主御宇之「神權」，而以大權付與君主。國王爲軍隊教會及全體文官之首領，上議院（Herrenhaus）議員縱概歸其任命。國王因能支配上院之故，凡議案之爲彼所不贊成者，殆不能成立，然在手續上，一切議案仍須經國王批准，始成法律。下議院（Abgeork-netenhaus）縱在名義上係由成年男人之普選制舉出，然與其謂之爲代表民主政治，無寧謂之爲代表富豪政治也。因其選舉係採用一種特別之三級間接選舉制，少數富人其財產總計達全國有稅產額總數三分之一者爲一級，中產階級其財產在國產中另佔三分之一者爲一級，一般民衆其共同儲蓄佔全國財產總數三分之一者又爲一級，而三級所選之代表爲數相等。最後，普魯士內閣非對議會乃對國王負責。

一八四八至一八四九年革命運動之意義

使歐洲政治基礎動搖之革命運動，其成就似乎甚少。在瑞士、荷蘭、丹麥、普魯士、薩的尼亞，及其他之少數國家，雖獲得立憲政治；在奧大利，雖廢除奴性貢賦；但在其餘各邦，則革命時之種種民主改革，咸因保守主義之軍隊制勝而歸消滅。在奧匈帝國，在意大利與德意志諸邦，則專制政治復權，殘害言論自由。在英國，則民主政治因民憲運動之失敗而受玷辱挫折。在法國，則可怖之六月，實預兆新共和國之厄運。惟民治運動雖敗而未消滅，仍存於工人之夢想中，蓋此輩皆曾暫時親見民主政治之獲勝於歐洲者也。當時之民族主義，雖因要求互相衝突，以致破壞革命，但仍較其他一切問題為重要，值此意大利尚屬分裂，德意志尚未統一，匈牙利尚在奧大利人之治下時，民族主義實不甘於屈服也。

課外讀本

英國民治主義之成長

1. Gilbert Slater, *The Making of Modern England*, new rev. ed., (1915), Ch. V–X, XII–XIV.

2. A. L. Cross, *History of England and Greater Britain* (1914), Ch. L, LI.

3. Justin McCarthy, *The Epoch of Reform, 1830–1850* (1897).

4. J. H. Rose, *The Rise and Growth of Democracy in Great Britain* (1898).

5. A. D. Innes, *History of England and the British Empire*, Vol. IV (1914), Ch. IV, V.

6. *Cambridge Modern History*, Vol. X (1907), Ch. XVIII–XX.

7. *The Prime Ministers of Queen Victoria*, ed., by S. J. Reid.

8. W. J. Amherst, *The History of Catholic Emancipation, 1771–1820*, 2 vols. (1886).

9. Bernard Ward, *The Dawn of the Catholic Revival, 1781–1803* (1909).

10. *The Eve of Catholic Emancipation, 1803–1829*, 3 vols. (1912).

11. *The Sequel to Catholic Emancipation, 1830–1850*. 2 vols. (1915).

12. G. J. Shaw-Lefevre,, *Peel and O'Connell: a Review of the Irish Policy fo*

Parliament from the Union to the Death of Sir Robert Peel (1887).

13. Robert Dunlop, *Daniel O'Connell* (1900).

14. W. E. H. Lecky, *Leaders of Public Opinion in Ireland*, new ed., 2 vols. (1903).

15. H. W. Clark, *History of English Nonconformity*, Vol. II (1913), Book IV, Ch. II, III.

16. J. R. M. Butler, *The Passing of the Great Reform Bill* (1914).

17. G. L. Dickinson, *The Development of Parliament in the Nineteenth Century* (1895).

18. Spencer Walpole, *Life of Lord John Russell*, 2 vols. (1889)

19. S. J. Reid, *Lord John Russell* (1895).

20. W. N. Molesworth, *The History of England, 1830–1874*, 3 vols. (1874).

Edward Jenks, *A Short History of the English Law* (1912), an able summary.

22. Sir J. F. Stephens, *History of the Criminal Law of England*, 3 vols. (1883).

23. L. O. Pike, *A History of Crime in England*, Vol. II, (1876).

24. Sidney and Beatrice Webb, *The State and the Doctor* (1910).

25. Sir George Nicholls, *A History of the English Poor Law in connection with the State of the Country and the Condition of the People*, new ed., 2 vols. (1898), with a third and supplementary volume—1834 to date—by Thomas Mackay (1899), On the rise of philosophical and political Radicalism in England.

26. Sir Leslie Stephen, *The English Utilitarians* (1900).

27. C. B. R. Kent, *The English Radicals* (1899).

28. William Harris, *History of the Radical Party in Parliament* [*to 1867*] (1885).

29. W. L. Davidson, *Political Thought in England: the Utilitarians from Bentham to J. S. Mill* (1915).

30. Elie Halévy, *La formation du radicalisme philosophique*, 3 vols. (1901–1904).

31. A. V. Dicey, *Lectures on the Relation between Law and Public Opinion in England during the Nineteenth Century*, 2d ed., (1914).

32. C. M. Atkinson, *Life of Jeremy Bentham* (1905).

33. L. S. Benjamin (pseud. Lewis Melville), *The Life and Letters of William Cobbett in England and America* (1913).

34. E. I. Carlyle, *William Cobbett, a Study of his Life as Shown in his Writings* (1904).

35. Graham Wallas, *Life of Francis Place 1771–1854* (1898).

36. H. de B. Gibbins, *English Social Reformers* (1902).

37. Edwin Hodder, *Life and Work of the 7th Earl of Shaftesbury*, 3 vols. (1888).

38. R. G. Gammage, *History of Chartism*, new ed., (1894).

39. Thomas Carlyle, *Chartism* (1839).

40. Edouard Dolléans, *Le chartisme*, 2 vols. (1912–1913).

41. P. W. Slosson, *The Decline of the Chartist Movement* (1916).

革命運動 1848—1849 普通簡要史

1. C. M. Andrews, *The Historical Development of Modern Europe*, Vol. I (1896), Ch. IX, X.

2. J. H. Robinson and C. A. Beard, *The Development of Modern Europe*, Vol. II (1907), Ch. XIX, XX.

3. C. D. Hazen, *Europe since 1815* (1910), Ch. VI–IX.

4. C. E. M. Hawkesworth, *The Last Century in Europe, 1814–1910* (1913), Ch. XIV–XVIII.

5. W. A. Phillips, *Modern Europe, 1815–1899* (1901), Ch. X–XIII.

6. C. A. Fyffe, *A History of Modern Europe, 1792–1878* (1896), Ch. XVIII–XX.

7. Oscar Browning, *A History of the Modern World*, Vol. I (1912), Book II Ch. VII–IX.

8. *History of All Nations*, Vol. XVIII, *Restoration and Revolution*, by Theodor Flathe, Ch. VIII–XVI.

9. H. T. Dyer, *A History of Modern Europe from the Fall of Constantinople*, 3d ed., rev., by Arthur Hassall (1901), Ch. LXIX, LXX.

10. *Cambridge Modern History*, Vol. XI (1909), Ch. II–VIII.

11. *Histoire generale*, Vol. X, Ch. X, XVI, Vol. XI, Ch. I–IV.

12. H. A. L. Fisher, *The Republican Tradition in Europe* (1911), Ch. VII–X.

路易腓立與二次共和治下之法蘭西 1830—1850：

1. Paul Thureau-Dangin, *Histoire de la monarchie de juillet*, 2d ed., 7 vols. (1888–1892).

2. Jean Jaurès (editor), *Histoire socialiste*, Vol. VIII by J. E. Fournière, *Le*

regne de Louis Philippe (1906); and Vol. IX by Georges Renard, *La république de 1848* (1848–1852).

3. Georges Weill, *La France sous la monarchie constitutionelle, 1814–1848,* new rev. ed., (1912).

4. The Same Author, *Histoire du parti républicain en France de 1814 a 1870* (1900)

5. J. Tchernoff, *Le parti républicain sous la monarchie de juillet: formation et évolution de la doctrine républicaine* (1901).

6. Eugène Spuller, *Histoire parlementaire de la seconde république* (1891).

7. Émile Levasseur, *Histoire des classes ouvrières et de l'industrie en France de 1789 à 1870,* Vol. II (1904).

8. Louis Blanc, *History of Ten Years, 1830–1840,* Eng. trans., 2 vols. (1844–1845).

9. Lorenz von Stein, *Geschichte der sozialen Bewegung in Frankreich*, 3 vols. (1850).

10. French biographies of *Guizot* by Agénor Bardoux (1894.), of *Thiers* by Charles de Mazade (1884) and by Edgar Zevort (1892), and of *Lamartine* by Pierre Quentin-Bauchart (1903).

特別關於一八四八年法國革命者：

1. Albert Crémieux, *La révolution de février: étude critique sur les journées des 21, 22, 23 et 24 février, 1848* (1912).

2. Pierre de La Gorce, *Histoire de la seconde république française*, 7th ed., 2 vols. (1914),

3. Victor Pierre, *Histoire de la république de 1848*, 2d ed., 2 vols. (1878).

4. Louis Blanc, *Historical Revelations*, Eng. trans. (1858).

5. Adolphe Blanqui, *Des classes ouvrières en France pendant l'année 1848*, 2 vols.

(1849).

6. Ferdinand Dreyfus, *L'assistance sous la seconde république, 1848–1851* (1907), useful for social legislation.

7. J. A. R. Marriott (editor), *The French Revolution in 1848 in its Economic Aspects*, 2 vols. (1913)

8. N. W. Senior, *Journals kept in France and Italy from 1848 to 1852, with a Sketch of the Revolution of 1848*, the contemporary diary of a celebrated English economist and publicist, ed., by his daughter, M. C. M. Simpson, 2d ed., 2 vols. (1871).

中歐之革命 1848—1849

1. C. E. Maurice, *The Revolutionary Movement of 1848–1849 in Italy, Austria-Hungary, and Germany* (1887).

2. Volumes V and VI of Alfred Stern's monumental and authoritative *Ge-*

schichte Europas (1911).

3. R. P. Mahaffy, *Francis Joseph I, his Life and Times, an Essay in Politics*, new ed. (1915), pp. 1–30, a brief introduction.

4. Louis Leger, *A History of Austro-Hungary from the Earliest Time to the Year 1889*, Eng. trans. by Mrs. B. Hill (1889), Ch. XXVII–XXXIII.

5. Heinrich Friedjung, *Oesterreich von 1848 bis 1860*, 2 vols. (1908–1912), an exhaustive study.

6. J. A. von Helfert, *Geschichte Oesterreichs vom Ausgange des Wiener October-Aufstandes, 1848*, 4 vols in 5 (1869–1886).

7. Anton Springer, *Geschichte Oesterreichs seit dem Wienerfrieden 1809*, Vol. II (1865).

8. Heinrich Reschauer and Moritz Smets, *Das Jahr 1848: Geschichte der Wiener Revolution*, 2 vols. in I (1872).

9. By The Former Author, *Geschichte des Kampfes der Handwerkerzünfte und der Kaufmannsgremien mit der österreichischen Bureaukratie* (1882).

10. Maximilian Bach, *Geschichte der Wiener Revolution im Jahre 1848* (1898).

11. E. V. Zenker, *Die Wiener Revolution, 1848, in ihren socialen Voraussetzungen und Beziehungen* (1897).

12. Johann Slokar, *Geschichte der österreichischen Industrie und ihrer Förderung unter Kaiser Franz I* (1914).

13. C. M. Knatchbull-Hugessen, *The Political Evolution of the Hungarian Nation*, Vol. II (1908), Ch. XII–XVI.

14. *Kossuth's Speeches in America*, ed., by F. W. Newman (1854)

15. Louis Eisenmann, *Le compromis austro-hongrois de 1867, étude sur le dualisme* (1904), pp. 1–71.

16. G. M. Priest, *Germany since 1740* (1915), Ch. VIII, IX.

17. *The Reminiscences of Carl Schurz*, ed., by Frederic Bancroft and W. A. Dunning, Vol. I (1907).

18. Heinrich von Treitschke, *Deutsche Geschichte im neunzehnten Jahrhundert*, Vol. V, *1840–1848* (1896), Eng. trans. in preparation (1916).

19. Hans Blum, *Die deutsche Revolution, 1848–1849* (1897).

20. Karl Marx, *Revolution and Counter Revolution, or, Germany in 1848*, 2d ed., (1904).

21. Theodor von Bernhardi, *Unter Nikolaus und Friedrich Wilhelm IV*, in collected works, ed., by Friedrich von Bernhardi, Vol. II (1894).

22. Gustav Lüders, *Die demokratische Bewegung in Berlin im Oktober 1848* (1909)

23. Paul Matter, *La Prusse et la révolution de 1848* (1903).

24. Franz Wigard (editor), *Stenographischer Bericht über die Verhandlungen*

der ersten Konstitutionale Nationalversammlung, 9 vols. (1849).

25. W. R. Thayer, *The Dawn of Italian Independence, 1814–1849*, Vol. II (1893).

26. Bolton King, *Joseph Mazzini* (1902).

27. Mrs. Hamilton King, *Letters and Recollections of Mazzini* (1912).

28. G. M. Trevelyan, *Garibaldi's Defence of the Roman Republic* (1907).

29. R. M. Johnston, *The Roman Theocracy and the Republic, 1846–1849* (1901).

30. Guglielmo Pepe, *Histoire des révolutions et des guerres d'Italie. 1847–1849* (1850).

31. L. C. Farini, *The Roman State, from 1815 to 1850*, Eng. trans. ed., by W. E. Gladstone, 4 vols. (1851–1854).

32. H. R. Whitehouse, *Collapse of the Kingdom of Naples* (1899).

第二十章　民族主義之成長一八四八——一八七一年

一八四八至一八四九年民治主義之爲民族主義所阻

當一八三〇與一八四八年間，民主政治之理想在全歐洲之工人與中產階級中實進展不息，及一八四八年多事之秋，遂致全歐擾攘。此種理想之所以未能產生與其目的相符之直接結果者，實半因歐洲民衆多有分其忠悃以致力於民主政治之理想與民族愛國主義觀念之故，對於前章所述之黑普斯堡族領內之民族運動稍加回憶，卽可得一民族意識足以阻礙民主政府實現之明證。愛國之本性較之民治理想似更爲率眞而強烈，事實上反動勢力恆可憑藉前者以阻撓後者。在大多數國家中愛國主義輒能得民族全體之贊助而民治主義則僅爲特殊階級所倡導，此蓋亦事之自然者也。

一八四八至一八七一年民族主義之得勢

自一八四八以至一八七〇年歐人多疲於梅特涅時代之黨爭，復厭倦一八四八年之內亂，各國受擾似可小休，因皆停止其自由憲法以及民治權利之要求，而合力從事於創立民族國家之偉圖。民治主義在一八四八與一八七〇年間，固亦會繼續進展，但以視意大利與德意志民族統一之成功，則其歷史上之意趣實渺乎小矣。

『民族主義』爲法國革命之遺賜

十九世紀民主政治之學理，大都出于法國之革命理論『自由』與『平等』；同樣，當時之民族主義，亦深受『博愛』之啓示。在拿破崙第一時，『博愛』已不啻爲民族武裝——統率人群，從事鬭爭——現爲民族統一之故，彼隨梅特涅得勢而產生之國際和平遂告終，種種新戰爭繼之而起矣。

拿破崙之遺賜

一八四八至一八七　年中之又一特徵，即此時最露頭角之人適亦名拿破崙，就其政略與旨險而言，彼竟可與法國第一任之皇帝相埒。與此第二拿破崙之事業對于今日法國、意大利、德意志及奥匈之命運，均有久遠之影響，頗值吾人之詳述。

第一節　路易拿破崙與法蘭西第二帝國之創立

路易拿破崙（一八〇八—一八七三）

路易拿破崙（Louis Napoleon Bonaparte）爲前格蘭王兼波哈拿（Hortense Beauharnais）王路易波拿巴德之子，一八〇八年生于巴黎之杜伊勒利宫，時其伯父拿破崙勢力正盛，曾爲之授洗禮，作其教父，列其名于家譜，而授以繼承之權利。一八一六年，波拿巴德之全家俱爲極端王黨（Ultra-Royalists）所逐，故彼青年時代僑居瑞士、薩萬及南德意志。其彼嘗肆也于奥革斯堡之高等學校受軍事學於一瑞士將軍。但其優良之文藝教育大半得于其賢母之慈誨。彼更從其母處得其所服膺之格言，如「以此嘉名應有成就」，「須知如何取悅於王黨及共和黨人」，「凡一切統治方法，若能取得物質之繁榮則皆善良合法而適當」。

路易拿破侖之自由主義

路易拿破侖少受熏陶，以爲其本族之傳習即與革命之傳習一致，故自幼卽自命爲天生之自由主義領導者與自由平等博愛諸原則之前定的保護者。當一八三〇年，苟非路易腓立之中產階級政府成立迅速，則彼已直入巴黎要求繼查理十世及其他反動黨而執政矣。彼在意大利嘗加入燒炭黨（Carbonari）之革命團體，并參與一八三月年反教皇之革命，但不久卒爲奧大利人所捕，以其母之哀求獲釋。既而彼又同時與法國之共和黨及波蘭之叛徒密謀，但一方面因路易腓立之嚴防，他方面因俄皇行動之穩健，彼終不得不放弃武力革命而採文字宣傳焉。

路易拿破侖之『專制主義』

彼嘗以著作多種發表其政治學說，成拿破崙之理想（Napoleonic Ideas）一書（一八三

註一　介于拿破侖第一與路易拿破侖世系中之波拿巴德族諸王有（一）拿破侖第一之子——羅馬王即名義上的拿破侖第二卒于一八三二年，（二）拿破侖第一之第　路易卒于一八四六年（三）路易長子路易拿破侖之兄——拿破侖路易卒于一八三一年。

九年）。彼謂法蘭西帝國曾完全實現一七八九年之各原則，而一以國民主權爲基礎，對內則承認成年男人之普選權，對外則贊助各民族之主張。其所以能鞏固能治理，并獲得光榮者，概由于其專制主義即以權力委諸皇帝一人，至其行使專制之條件，則端在其有促進公衆繁榮與保持人民擁護之能力耳。依路易拿破侖之意，則以上所述，曾爲第一拿破侖之目的，亦即彼將來重建帝國于法蘭西之目的也。

「拿破侖傳奇」之影響

吾人明知路易拿破侖此種著作之所述，乃將第一次帝國加以虛僞之理想化，但與「拿破侖傳奇」（Napoleonic Legend）則適巧合。此傳奇即大拿破侖在彼海水縈帶之聖海列納島上所自述而已。在法國民間得有多數之信仰者也。路易腓立在位時（一八三〇——一八四八）之情勢，適足以提高此種傳奇之地位，而與無意之中養成路易拿破侖之野心。蓋如吾人所知，彼因七月革命而確立之法國君主政治，在包本族之反動與共和黨之自由主義間，實爲一種中產階級的調和，其對于後者不得已之讓步，適足以增加波拿巴德黨之光焰。令復以三色之幟代白旄而爲國旗矣，此三色旗者非前此拿破侖之幟？令即以拿破侖之鐵像代替凡多謨（Vendome）柱頂可惡之百合花紋矣，此柱非即由拿破侖奪得之與軍大炮鑄成者乎？紀念拿破侖武功之巴黎凱旋門，其完成（一八三六年）實無異故以路易腓立不名譽之外交政策，與拿破侖大帝光榮之勝利較也。初，拿破侖曾遺命葬彼『于賽納河畔，永安于其所最親愛之人民中』，今路易腓立適如其原由聖海列納島將拿破侖帝之遺骸運歸（一八四〇年），而葬之於廢兵院中，此舉對於波拿巴德主義實有大利。

路易拿破侖於時機未熟時謀奪法國之政權

當路易腓立在位時，路易拿破侖不俟時機之成熟，曾兩次陰謀利用法國波拿巴德黨情感之日濃，而復建一帝國。第一次在一八三六年，彼起事于斯德拉斯堡，旋被捕，後以移民美洲之條件獲釋。第二次在一八四〇年，彼于布倫（Boulogne）登陸，宣言皇帝之遺骸祇應葬于『再造之法蘭西』，以此的監禁終身之罪，嗣後六年皆處阿謨（Ham）獄中。幽囚期中，路易拿破侖乃于

路易拿破侖之傾向社會主義

他種政治學說中，加以溫和之社會主義。蓋彼熟知路易腓立之政府原爲中產階級之利益而存在，產業革命後，法國勞工團體之人數與困苦均日益增加，此種團體自爲路易腓立政府之敵。彼乃發述其仁愛的動機與『善政』的意義，而擁護勞工之主張。在獄時恒與社會主義者路易卜蘭及無政府主義者普魯東書信往還，又著貧窮之消滅（Extinction of Pauperism）一書，允以一切階級之物質幸福爲其未來政制之基礎。自謂對于資本家當助其開發實業之新場，對于

農民當以政府之獎助鼓勵土地之耕耘，對于工業的無產階級當予以充分之工作，因以增加其購買力。如此當可爲事業者某得工作，爲一切貨物增加需要，貧窮當于是終滅矣。「基督教之勝利會消滅奴制，法國大革命之勝利嘗消滅農奴制，民治主義之勝利當更消滅貧窮」。且就法國而言，民治主義實爲一謎，能辯之者自然惟有路易拿破侖耳。

路易拿破侖實有幸運。一八四六年，彼喬裝工人自阿謨獄中逃出，奔英格蘭。兩年後，受全法之歡迎歸國。一八四八年實此大投機家第一次成功之時也。

路易拿破侖與二月（一八四八）革命

當一八四八年二月，路易拿破侖聞中產階級之共和黨人連合社會黨之工人已起而推翻路易腓立，彼急渡海峽歸巴黎，受激烈當之歡迎，但臨時政府中比較溫和之分子，必欲其即時去國。彼卒遵命反英。此舉于彼得爲大幸。當中產階級之共和黨人與社會黨之工人衝突時，彼已離法，故社會黨之工人雖以六月之流血慘劇歸咎于中產階級之共和黨人，而彼獨幸免。同事，彼助年老之惠靈吞公爵彈壓英國之民憲黨，因此彼愛護法律秩序之法國中產階級，亦深信其激烈主義并不危險。

法律秩序及民族主義

全法民衆視波拿巴德之聲名爲和平安全之保證，蓋有如此。黨社會黨，中產階級之激烈分

之擁護者

法蘭西第二次共和之總統路易拿破崙，一八四八至一八五二年

子，溫和共和黨羅馬教徒彼此發生極無聊之爭訌時（各派均各依其中心之願解釋「自由」與「平等」），路易拿破崙則進而倡導「博愛」，以此動人之詞鎮定擾攘——「博愛」實爲法蘭西民族最大成功之紀念爲各派聯合之唯一基礎。一八四八年六月路易拿破崙當選人議會，十二月復爲極大多數之民族所舉爲共和總統（註一）。一八四八年末彼宣誓「忠于民主共和政府……凡欲以非法手段變更現有之政體者彼即視之爲國民公敵」。自是而後，路易拿破崙之歷史即爲法國之歷史者歷時凡二十二載。

當路易拿破崙任第二次之共和總統（一八四八——一八五二），彼實爲歐洲最早而最大的民主政客之一。「政客」（politicians）一詞依美國晚近之解釋（即能影響選民操縱選舉之人），則無往而不爲民主政治之重要副產物，法國即因一八四八年之革命而確立成年男人之普選制則「政客」隨之而起并非怪事。路易拿破崙執政之初力求國內一切政治與社會團

註一　路易拿破崙受各黨誠意之擁護可以下舉事實證之。彼曼得五百四十三萬四千二百二十六票，而溫和中產階級共和黨之候選人卡汾雅克將軍僅得一百四十四萬八千一百零七票，社會黨工人之後選人勒德律羅蘭僅得三十七萬票，教士黨之拉馬丁僅得一萬七千票。

體之擁護，即美國諺語所謂「使自己與全國協和」是也。　彼既採行國家保證之自由的老年保險制（一八五〇年）以取悅於工人又善於利用議會中中產階級及羅馬教多數黨以通過足以博此等集團的好感之法律。　彼一面對營業予以保護與獎勵，並極力維持國內之秩序，一面則派法國之遠征隊赴羅馬（一八四九年），恢復教皇庇亞士九世在客歲革命運動中所喪之世俗主權，一八五〇年幷恢復查理十世時羅馬教教士對於法國兒童之教育權。　因此，彼熱烈之羅馬教徒良心上嘗忿恨路易腓立中產階級政府之種種非宗教政策者，現皆自覺其受路易拿破崙之庇護。　即中產階級自身亦咸以路易拿破崙能熱心保護其特殊之經濟利益，與彼「綠蓋之王」（即路易腓立）幷無不同。

法國總統與議會之衝突

法國教士黨（Clericals）之大多數，在政治上乃公認不諱之反動黨，而法國之急進黨與革命派，則路易拿破崙在初年所恃為奧援者也，此時苟非總統與議會發生憲法問題，予總統以表示其忠於民主政治之機會，則路易拿破崙與教士黨之密切聯絡，殆已使彼失去激烈分子及革命分子之擁護矣。　吾人當憶及總統與議會在一八四八年同由成年男人之普選制產出。　但議會多由中產階級之人士組成，彼輩恐工人階級之行使選舉權於己不利，乃於一八五〇年通過一選舉法，規定凡未在投票區居住幷納稅滿三年者概不得參與選舉。各大市區中遷徙無常之工匠，實際上遂均因此法而失去選舉權，總計九百萬成年男人中因是而不能投票者達三百萬。路易拿破崙在此種情勢之下，深悉乘此時機不惟可籠絡工人且可破毀議會，遂即宣言彼既爲全國選出之代表義務所在，乃不得不制止議會剝奪國人之選舉權。一八五一年十一月，彼正式提議恢復成年男人之普選制，迨議會拒絕彼遂於十二月施行政變。此變就其一般之目的與結果而論，與拿破崙第一推翻第一次共和政府時之二月十八與十九日（一七九九年）的著名政變相類。

一八五一年十二月二日，即奧斯德利仔戰爭之紀念日，路易拿破崙發令宣布暫時獨裁，解散可惡之議會，恢復普選制，幷將委託總統修改憲法之建議交付民衆票決。彼既得法國最多數民衆之默認，復妥布親信軍隊以威壓少數，故雖略有騷動，稍流血即平定矣。且禁壓刊物之敏捷，與忠實秘警之活動，更使反對之宣傳無由發布。彼反對黨最危險之領袖如自由君政黨之諦愛爾、共和黨之卡汾雅克與囂俄，皆被捕遣逐。法國民衆處此等情勢之下，遂於一八五一年十二月二十一日，以七百五十萬對六十四萬之多數票，決定授路易拿破崙以起草第二次共和新憲之權。

一八五二年一月新憲法頒佈，此乃一共和主義之游戲文字。憲法誠規定一二百五十八之民選立法院（Legislative Body），但總統既可任意重劃選舉區，而立法院之權復備受限制，該院不得創制法律，不得修改政府所提之議案，不得支配內閣或指謫行政政策，不能定其所表決預算案之細目，不得公布會議紀錄，甚至不能自選議長。總統之任期延至十年，并成為合法之獨裁者。內閣不復為議會之內閣，而由總統任命且惟總統可以隨意能免之。參政院（Council of State）由總統擇任，起草提交立法院之議案。元老院得修改法律，提出新案，并解釋憲法其議員由總統指派，由總統給薪。總統自率海陸軍，且能宣戰媾和，任命地方之司法與行政官吏，有赦免之權，并得令出版物受極嚴格之檢查。此投機家之路易拿破崙，藉一八五一年之政變，及頒佈此次著名之憲法（常假民主政治之名義以行），實已著手摧殘民主政治矣。

法國在一八五二年又由共和變為帝制。路易拿破崙在名義上雖為任期十年之總統，實則已鑄其首於貨幣，并恢復軍中之鷲旗，惟仍保留普選權之形式。彼嘗偕多數阿諛之新聞記者巡遊全國，并僱呐喊隊隨行，潛若輩於廣眾中之要地，使領導喝采，乘機呼「皇帝萬歲」。彼對於農民、工匠、資本家、富人與貧民、反動派與革命黨、漠視宗教者與信奉宗教者，莫不各施以甘言，其收效實迅速而圓滿。一八五二年十二月二日，彼遂實至名歸，以八百萬票之贊成，正式宣告為法蘭西

法蘭西皇帝拿破侖第三，一八五二至一八七〇年

皇帝拿破崙第三 註一。帝國憲法不過取一八五二年一月之『共和』憲法加以修改而已。依拿破崙誇大之宣言，則新制實爲革命最後之花，皇帝自身即爲『全部社會組織之善良的原動力』。拿破崙第三在此後八年中（一八五二——一八六〇），確能維持其聲望而弗替而且第二次帝國之政府似乎爲革命以來法國迭次政府中之最鞏固者。

第二帝國之貌似鞏固

自由黨

第二次帝國貌似鞏固之原因，即在前此互相敵視之各階級現已共同擁護之。當拿破崙第三注意維持集權之行政支配民選之議會 註二，厲行壓制共和黨或激烈派之運動時 註三，至少在名義上仍能保留成年男人之普選制爲其政制之基本學理，藉以維持自由黨之忠順。彼無時不

註一　『拿破侖第三』之稱號實暗示拿破侖第一不幸之嗣子小鷹(L'Aiglon)『拿破侖第二』，有爲君之權，此人幼時稱羅馬王，權衰于澳大利之宮廷，作黑普斯堡族親王，稱賴喜斯塔特(Reichstadt)公爵，一八三二年殤于維也納。

註二　『政府候選人』（皇帝之所認可者）之選舉費由國庫支付，其他候選人則須自出選舉費。選舉機關幾完全爲皇帝所操縱，依一八五八年之法案，候選人且概須宣誓效忠于拿破侖。

註三　出版祇有仍大被剝奪，依一八五八年之法律，政府得拘留政治犯于法國或亞爾吉利亞，或不經審判而放逐之。

高唱革命論調，并自以爲其帝國係以法蘭西之全體民意爲基礎。

保守黨

同時帝國宮廷之輝煌，又能使多數保守黨人悅服。 蓋拿破崙第三接見賓客，茶餘清談，和易可親，遠過其伯父也。 一八五三年，彼與西班牙公主蒙提和（Montijo）郡主厄熱尼（Eugénie）結婚，更得一內助，此人美秀文雅，儀表動人，大足以使法國宮廷復成爲歐洲時樣風尙之中心。 且帝后厄熱尼忠於羅馬教會，仁名廣播，以此被視爲教士政策之擁護者及貧民之良友。

工人

拿破崙第三對工人常致愉快激勵之詞。 彼自命爲工人中之一分子，常與司機者馳騁於機車之上，同工匠暢談於通衢之中，與泥木金工聚飲，而予彼等之工會以津貼，更時與其后資助慈善機關以改良工人之境遇。 彼嘗宣言其政府實重在爲工人階級而存在，以謀廉價之麵包，大規模之公共建築及較多之休假，而引『工人皇帝』之稱以爲榮。 吾人茍捨許諾而責事功，棄空言而求行事，則將駭然看出拿破崙第三之不應受此稱號矣。 蓋其眞能實行者，不過爲極溫和的社會立法之初步，如允許勞工仿英國陳規組織合作社以營共同之買賣（一八六三年），承認工會之合法，始認同盟罷工及工廠封鎖之權（一八六四年），及由國家保證工人之自由的死亡保險與災害保險（一八六八年）而已。 然法國之創行社會政策，是亦有足多者。

中產階級之資本家

但拿破崙之所常須求助者，尤爲資本家與實業家。彼一面限制政治上之自由，一面則增加經濟上之自由。政府對於工業之限制，爲之減輕，而對商業公司之組織，則予以便利，並津貼商船，確立儲蓄銀行制度，逐漸採用英國之自由貿易政策，一時工商業同受種種公共建築之鼓勵。其時不惟海港改良，沼澤排乾，運河開鑿，道路修築，且全國之鐵路亦多建於第二次帝國時期。巴黎亦於此時在帝友奧斯曼(Baron Haussmann)指導之下，踵事增華，成爲全世界之樂土。註一當此第二次帝國時代，致富增財者，實繁有徒。而中產階級乃受賜最多，故彼輩忠於拿破崙第三之時頗久。

羅馬教徒與中產階級激烈分子之同時和解

歷時若干代，中產階級實爲法國一切階級中因敵視羅馬教會而受影響最大者，中產階級之激烈分子，亦爲教士黨所反對最力者，拿破崙乃竟能善用其政客之術，以聯合此二倔強之黨而引爲己用。彼一面則滿足中產階級物質上之慾，一面又能饜教士精神上靈智上之望。於是乃博施經濟上之福利於中產階級，而同時又鞏固教士對大學與公立學校之支配權，并維持法軍於羅馬，以保護教皇，竟以羅馬教之國際保護者自居。

註一　一八五五與一八六七年之國際博覽會皆舉行於巴黎，此卽證明該城之宏大及全國物質幸福之增進。

法國之新帝國主義

拿破崙自一要點上（即促進有力之殖民政策），尋出教士黨與實業家利害一致之處，蓋後者希望爲其貨物求得新市場，爲其餘財求得有利之投資地，前者有傳教之企圖，思使遠地民族改信基督教，二者固同求國家之保護其事業也。皇帝對於此等要求，確能注意，亞爾吉利亞在其指揮之下不久即被征服（一八五七年），而於一八五八年樹立一永久之民事政府於此。法國在北非之努力，亦賴麥馬韓（Marshal MacMahon）將軍之經營（一八六四——一八七〇）而益固。并於太平洋中安然取得數島，其著者爲新喀利多尼亞（New Caledonia，一八五三年）。此外則因短期之戰爭，由中國攫取有利之商權（一八六〇年），因傳教士之遇害而派遠征隊以攻交趾支那與安南（一八五八年），并樹立法國之保護權於柬埔寨（Cambodia，一八六三年）以爲報復。其由於商業與宗教動機之墨西哥經營（一八六三——一八六六），結局雖不幸，然當第二次帝國時代，法蘭西人確已復爲殖民經商之國民，駕乎其上者，惟英人而已。

拿破崙第三之文治

當拿破崙稱帝以先，巡遊全國之際，其對法國民衆之某次演說，一若預言其最偉大之成功者。彼嘗謂：「今有一部分爲數仍多之人口，生於有信仰之邦，尚未了然於基督之教訓，生於最肥沃之土，尚難享受必要之生活。余當爲宗教道德及物質的安樂故而征服之。吾人尚須開發無限之荒地，修築道路，建造港灣，疏通河流，開濬運河，完成鐵路網……帝國苟能恢復此，即余之所謂帝國也。以上均屬余所計及之事功，諸君愛國，當不後余，余於諸君有厚望焉』註一

深謀遠慮之拿破崙在同一演說詞中又力圖鎮撫實業家與虔誠基督教徒之恐懼心。故續稱：『但有一種惶恐，余當去之。有猜疑者謂帝國爲戰爭之表示，余則謂帝國實即和平。蓋法國乃渴望和平者，法國果能滿足，世界自太平矣。光榮可世世相傳，而戰爭則否』。如拿破崙第三對於此種預言能誠心履行，一若對其他預言然，則後來法國與世界之歷史當大異矣。

軍國主義爲第二次帝國之弱點

帝國自始即非表示和平而表示戰爭，蓋其基礎（拿破崙第三自知之）爲民族主義，愛國主義，及對於法國軍事成功的光榮之回憶也。皇帝和平之主張，大都爲對外而發，至於對內，則凡遇好戰心理之爆發足以和緩黨爭或聯合各不相容之階級時，彼輒預備以全國冒險作戰。蓋其政府非以昔時促成第一次共和之較平靜而持久的自由平等諸理想爲基礎，而係以第一次帝國之傳習爲基礎，故黷武實其固有之弱點也。

法俄二國關於聖地之紛爭

拿破崙第三即位之年（即上述演說之同年），即對俄備戰。其時羅馬教僧侶與希臘教僧

註一　即一八五二年十月九日在波爾多之演說。

外交形勢於拿破崙第三之有利

克里米戰爭，一八五四至一八五六年

侶正在巴勒士登之聖地發生爭執。俄皇尼古拉即藉口要求在土耳其帝國內有保護一切基督教徒之權。拿破崙帝則乘機要求恢復法國古代在地中海東岸之保護特權。拿破崙一面憤俄皇之不願承認其帝號，一面則深悉保全土耳其以防俄國之侵略，實有利於法國之宗教與商業。且堅信敗俄足以雪拿破崙第一征俄之恥，復可增進波拿巴德族與法蘭西國民無窮之聲威，

拿破崙第三乃幸而獲得同盟之國。英政府恐俄國取得東方一切基督教徒之保護權，則不久必進而吞併歐洲土耳其，俄國苟佔據君士坦丁堡，則其危害英國印度之交通與英國在地中海東部之商業，必較土耳其人為尤甚，英國於是助拿破崙要求維持土皇主權之完整。褊小之薩的尼亞王國亦加入同盟，彼自有其故，容後補述。奧國政府則維持一種多煩惱之中立，蓋彼既恐俄國領土擴張之損及奧國，又因俄國最近在一八四九年曾助其平定匈牙利之革命，而欲援助傾向反動之俄國也。惟普魯士王則對於俄國真正『親善』，但過於畏葸，不敢公然援助俄皇。

土俄二國間之戰，始於一八五三年，次年法英二國正式與土耳其聯合。一八五五年，薩的尼亞亦加入同盟國。此次戰爭之軍事行動，大都限於克里米半島，其著者為塞佛斯他波爾stopol）之長期受圍，故歷史上稱之為克里米戰爭（Crimean War）。同盟軍遭意外之頑抗，

直至一八五六年，俄國始迫而求和。是役損失極大，共計所喪之士卒過五十萬，所費金錢至少達二千兆金元。戰後之條約不過延長土耳其帝國數年之壽命，廢除俄國對摩爾達維亞與瓦拉西亞之保護權，確定多瑙河之航行自由，禁止軍艦駛入黑海，而劃之為中立區耳，所付之代價似未免過高也。英國在地中海東部之商業優勢固已獲得保障，但拿破崙第三犧牲五萬七千之法國人民與二千兆佛郎之金錢，果何所得以作賠償耶？彼惟以和會在其首都舉行而引為滿意，既聞殘卒之喝采，又知其聲望在教士與彼情感易動者之間日形增加。殊不知此等報酬為時甚暫，另一方面彼實結俄國之深仇，且啓以後對意大利半島不幸之干涉。

第二節　意大利之政治統一

意大利各邦之民族主義，一八一五至一八五六年

當巴黎會議時（一八五六年），意大利諸邦之政治統一運動已達於劇烈之階段。自維也納會議（一八一五年）以還，半島全部民族主義之情感，即已日形發達，到處有愛國志士反對奧大利之優勢。倫巴德與威尼西亞諸省實際為奧大利所佔領，褊小之突斯加尼（註一）珀爾瑪，摩德

註一　盧加已於一八四七年併於突斯加尼。

拿三公國，則爲黑普斯堡族所統治，教皇國則政由教皇而援恃外軍，雙西西里王國則歷任君主類皆庸懦，徒賴奧大利之武力以維持其地位，薩的尼亞王國（註一）則爲奧大利之外交所侷，復爲其軍所挫。

意大利三黨關于統一方法之意見分歧

意大利志士對於實現其共同希望之方法意見不同，故雖努力多年，卒無結果。此等不同之見，實代表三黨之政治理想。一黨以瑪志尼爲首，由極端過激黨組成，圖以新意大利爲一共和國，具有自由之政制與法律。第三派爲教士黨與保守黨，傾向反動，贊成意大利行聯邦政治，而奉教皇爲領袖。第三黨（溫和的與中產階級的）則希望由薩的尼亞合併其他各邦，然後建一立憲的意大利王國，歸薩瓦族統治。

共和黨與教士黨之興衰，自由君政黨之强盛

當一八五六年，第三黨日漸吸收其他二黨。蓋大多數之意大利人久染君政之習，共和主義過激，一時尚不能引起其注意。一八四九年瑪志尼在羅馬之革命，適足以使愛護秩序之中產階級及傾心宗教之農民生厭，并使教皇丕亞士九世由自由愛國者一變而爲受法與二國軍事扶助之

註一　注意本節常互用「薩的尼亞」與「畔得蒙」二名以指意大利西北部薩瓦族諸王所統治之邦土。嚴格言之，薩的尼亞與畔得蒙實爲一邦之二部（前者爲一島，後者爲都林附近之大陸。）。

反動黨。教皇乃曾喚起意大利民衆極強烈之希望者，今竟變更態度，遂令意大利之聯邦黨失其領袖，但此亦極自然之勢也。丕亞士九世鑒於瑪志尼之共和運動深信過激主義與和平主義不相容，而且與宗教相反。彼現遂亦若前數百年中之教皇，惟恐意大利之政治統一建設一強有力之世俗政府，將減少其宗教勢力，而令非意大利之民族僅視彼爲一意大利之牧師，而非基督在全世界上之代表矣。因此，教皇丕亞士九世自一八四九年始，迄一八七八年逝世時止，均力與意大利之統一爲敵。但當教皇欲得善良羅馬教徒之贊助時，彼輒發現其所須對付者固屬基督教徒，而亦爲愛國之士，大多數之意大利羅馬教徒，雖忠實承認教皇在精神方面之無上威權，而漸蔑視其干涉政治，甚欲違其教令，與其仇敵合作，以謀本國之統一。此種情形蓋久而彌著。羅馬教堂之領袖，欲反對民族主義之興起，而終歸失敗。

意大利首邦薩的尼亞

前此信賴其和主義或教皇政治之意大利民族主義者，其所以漸轉而倚託薩的尼亞王國，實有種種之因。蓋薩的尼亞王國包括特別肥沃與進步之區域，得蒙其產業之發展，實使富而好學之中產階級得以興起。自一八一五年以來，薩的尼亞在意大利爲未受奧大利支配之唯一邦國，當一八四八與一八四九年間，驅奧軍於半島外之舉，獨力從事於此偉業者，實即薩的尼亞。自彼注重實際之愛國者覩之，薩的尼亞之指揮縱有小挫，然以視彼偏重理想之共和主義或趨向大同之宗教，其對於國家獨立統一之建造究屬希望較多。且薩的尼亞王亞白週在一八四八年所頒布之憲法，深得意大利自由主義者之同情。復次薩的尼亞更爲民族運動誕生三大名人，即陽馬諾，加爾波的（Garibaldi）加富爾（Cavour）是也。

薩的尼亞王陽馬諾二世，一八四九至一八七八年

國王陽馬諾二世於一八四九年國家多難，其父亞白週遜位時，獲嗣薩的尼亞王位，其時意大利諸君惟彼一人保留一八四八年所頒賜之憲法，因此遂得自由主義者之愛戴。彼能不顧奧大利之抗議而毅然出此，故一切愛國者亦擁戴之。且陽馬諾具有數種品性，能孚衆望。彼雖在極危之時，仍有冷靜之頭腦，彼有軍事組織之能力，善得臣下之擁護，又復坦率眞誠，故能博得『誠實國王』之稱。最後有不容忽視者，即其舉止之豪放，儀容之威嚴，實不媿爲英雄也。王族素以虔誠著稱，既能得多數羅馬教徒之歡心；而陽馬諾自身又爲共和黨所敬重之王。

加爾波的

鼓吹愛國主義之人，至較國王更爲偉大者，乃加爾波的（一八〇七——一八八二），彼爲一勇敢慷慨之軍人，其胸中無時不充滿熱心自由及愛護意大利之情感，概藉其傳奇性之勳業以發洩之。加爾波的生於尼斯，早入薩的尼亞之海軍，但因參預瑪志尼之共和運動，迫而去薩的尼亞。

此後十載，在南美參戰，以爲葡萄牙與西班牙之殖民地爭得自由。註一 後歸意大利，對任何人或任何黨，凡能爲本國速謀解放者，莫不欣然援助之。一八四七年，彼投効於教皇庇亞士九世未成。一八四八年募義勇軍三千以助薩的尼亞王抵制奧軍。一八四九年，復奮勇防衛瑪志尼之羅馬共和國，但仍失望。此次慘敗之後，彼遂奔往紐約，初營製燭之業，繼復航海經商，頗有所積。一八五四年，再歸意大利，購卡普里拉（Caprera）島而卜居其上。一八五六年，加爾波的雖心爲激烈之共和黨人，已知統一意大利之望，非陽馬諾莫屬。彼爲本國計，已預備犧牲其個人之政見，而接受立憲君主政治。加爾波的蓋亦若意大利之其他多數共和黨人，對於薩的尼亞王漸已誠心仰慕矣。

加富爾

物望不及加爾波的或陽馬諾，而對於意大利之統一確爲一最有力之要角者，則爲加富爾伯爵（一八一〇——一八六一）。彼生於梅特涅任奧相之年，出於一不脫舊制傳習之望族，其在外交上成功之偉大過於梅特涅，至少其成功之永久性過之。彼以十九世紀中自由主義的建國者之第一人著稱，當其弱冠從軍之時，即抱自由思想，最惡專制主義及教士主義，後博覽英國書

註一 一八四六年加爾波的之迭次勝利，實保證烏拉乖（Uruguay）之獨立。

加富而與隆的尼亞之自由改革，一八五〇年一八五九年

籍，并在英小住，此等意見，乃益堅定。　其所擁護之自由主義，實爲當時英格蘭之自由主義，卽君主統而不治，議會則以代表中產階級爲主，並保障國民在政治、宗教、思想及經濟上充分之自由也。亞白遏常依違於自由主義與保守主義之間，致令有識者失望，故當其在位期中，加富爾在政治上無重要之活動。　彼僅助其家族經理地產，遊覽研究後復與意大利其他之愛國志士創辦著名之中興雜誌（Il Risorgimento），主張在辟得蒙施行憲政改革，預備以此邦作民族統一運動之領導。　迨憲法（Statuto）頒布與陽馬諾卽位之後，加富爾卽大露頭角，一八五〇年入閣，一八五二年作總揆，久居此職，迨一八六一年逝世時止，僅有短期之間斷而已。

加富爾之任總揆也，以數年之勤勞，圖本國物質繁榮之增進，俾薩的尼亞在將來戰爭之中能與奧大利相敵。　此種計劃之實現，端賴溫和立憲黨在議會內與在民間之贊助，此黨蓋與革命之共和黨或反動之教士黨中諸極端分子處反對之地位者也。　因溫和立憲黨原爲一中產黨，故其所完成之改革，無往而不爲當時之中產階級所贊助。　彼採行自由貿易，津貼航運事業，獎勵工廠之設立，提倡荒地之開墾，建築鐵路，振興教育，并釐定預算，賦稅雖加，而分配較均。　現教士黨因依教皇之規勸，對薩的尼亞所主持之意大利統一運動，漸作公開之敵視，溫和立憲黨爲削減教士黨

之勢起見，乃封閉多數僧院，并將耶穌會士驅逐出國。加富爾自認以此舉開創其政教分離之新策，而謂之爲『自由國家中之自由教會』。但實際上則爲意大利教會與國家劇烈衝突之濫觴。幸其黨爲愛國主義與民族主義之政黨，故加富爾仍能暫得大多數國人至誠不疑之擁護。

加富爾與意大利之統一

吾人須牢記，當薩的尼亞從事此等改革之時，正各小君主依賴奧國之援助，在意大利他邦濫施壓制之日，故愛國者與自由主義者之視薩的尼亞爲救主，實無足怪。惟薩的尼亞究爲無足輕重之小邦，前此兩度謀意大利之解放皆遭慘敗，其人口總計仍不達五百萬。然加富爾不以此而輕於灰心，薩的尼亞之內部改革，不過爲一種大計（即在薩瓦族之領導下謀半島全部之政治統一）之初步，障礙愈大，則其戰勝障礙之決心亦愈強。彼與陽馬諾共同編制軍隊，改良軍紀，又與大叛徒加爾波的密謀。對於意大利各處之祕密團體志在團結渙散之排奧分子者，概加保護。尤著者則爲加富爾絕妙之外交手腕。總之，立憲政治之得保成功，爲其對薩的尼亞可紀之勳業，而果斷之外交，則爲其對意大利統一運動之大貢獻也。

薩的尼亞之參加克裏米戰爭

加富爾外交上最初之要著，即爲一八五五年使褊小之薩的尼亞參加克里米戰爭，隨法英二國以抗俄。此種頗似幻想之舉，其主要目的在預料奧大利將與俄聯盟，乃藉以取英法之直接贊

拿破侖第三與意大利之統一

助以制奧。此點雖因奧大利之嚴守中立而失效；但加富爾仍能獲得他種預料之效果。薩的尼亞在西歐已得二強爲友，被認爲意大利之首邦，加富爾且得乘機掉三寸舌向列席於巴黎會議（一八五六年）之外交家慷慨陳詞，宣布奧大利統治之殘暴。

加富爾之第二步在增進薩的尼亞與法國之友誼，蓋彼已決定欲驅逐奧軍於意大利以外，則法國之援助終不可少也。顧此舉實非易事。拿破崙第三本人固眞欲援助意人。波拿巴德族實尙未忘其意大利之淵源。拿破崙第一嘗建一『意大利王國』，拿破崙第三之自身亦嘗爲燒炭黨員。此時彼正促進摩爾達維亞與瓦拉西亞之連合，以保衛羅馬尼亞之民族主張，何以不能更衛護意大利之民族主張乎？彼心有成算之加富爾固無時不以此等事理聒拿破崙之耳也。

顧法國皇帝個人之熱忱，不免因考慮而稍冷。蓋自若干世紀以來，法國之外交政策，端在助成北境與東境外（卽在德意志諸邦與意大利）之政治分裂，意蓋在防制強鄰之興起。因此，彼縱決定干涉，必不澈底，且必徒謀法國之利而不顧薩的尼亞之益。況更有一重要之考慮，使拿破崙不敢輕於稍干意事（此乃關於法國實際政治之考慮），蓋此舉有使教士派與中產階級自由派兩要黨分離之危險，而彼之統治法國，固賴此二黨之一致擁護也。苟其干涉眞足有利於意大利之民族主義，則彼新定反教士法規因以引起法國羅馬教徒之敵視的薩的尼亞必大增聲威，而教皇之地位亦必大弱，法國教士黨因同情於教皇丕亞士九世故反對法國之干涉意大利。反之，拿破崙對於意大利之希望，苟不積極援助，則彼將為反動之奧大利所利用，而失去法國自由黨之愛戴，且將招薩的尼亞之怒，或竟使其對法國之工商業採用報復手段，因此法國中產階級之自由黨，或助加富爾而慫恿拿破崙對奧作戰。

拿破崙第三實處於進退維谷之境。彼為老練之政客，乃採兩可之態度而極力延宕。此種情勢對於其在法國所採用孤注一擲之政治行動，未免刺謬。苟無意大利狂人名阿斯尼（Orsini）者於一八五八年一月謀刺拿破崙，以此觸動彼外強中乾的皇帝素所深藏之心弦，則彼或將永抱此種猶豫政策。彼恐再事遲延，或將使意大利狂徒之謀刺竟得成功，乃畏而採取行動。於此暴行發生後一月之內，即向加富爾建議締結法薩同盟，彼蓋已暫願冒教士黨責難之險矣。

一八五八年之法薩同盟

一八五八年七月拿破崙與加富爾『偶然』集會於普倫比耶（Plombières），成立非正式之協定。依此協定，法國當助薩的尼亞以驅奧軍於倫巴德與威尼西亞之外，并許可一北意大利國家之設立，而得阿爾卑斯山之薩瓦公國及地中海之尼斯港為酬。拿破崙之從弟，無用之維多拿破侖親王則娶陽馬諾之女爲妃。惟拿破侖仍不敢自爲戎首，故欲與奧大利啓釁，尚有待於加富爾之善用其外交才略。

法國之幹涉意大利一八五九年之戰爭

一八五九年四月，奧國政府卒被激動，致最後通牒於薩的尼亞，要求其立卽解除戰備。最後通牒之立遭拒絕，卽爲戰爭爆發之信號。此次戰爭一方爲奧大利，一方爲法國與薩的尼亞。自一八五九年四月起至七月止，實爲意大利解放成功之初步。皇帝與麥馬韓將軍率法軍至辟得蒙受熱烈之歡迎，陽馬諾與塌莫拉(La Marmora)將軍亦率薩軍來會。聯軍於是進逼倫巴德六月初瑪晉他(Magenta)之勝，實開放米蘭之門戶。不久又繼以索非里諾(Solferino)之勝利，奧軍遂退守威尼西亞之要塞。

意大利各公國之民衆革命

此時奧大利戍軍由半島之其他各地倉卒撤退，遂使意大利之民衆能到處表示其眞正之情感。突斯加尼，珀爾瑪，摩德拿三公國之黑普斯堡族王公悉被驅逐，教皇在教皇國內羅馬納(Romagna)全部(包波倫那Bologna要城在內)之世俗主權正式被廢。凡意大利之中北部區域，莫不要求併入薩的尼亞，加富爾乃以陽馬諾之名義派專員接管之。

拿破侖第三之躊躇

此實出乎拿破侖第三所豫期者以外。彼之使薩的尼亞合併倫巴德與威尼西亞，似已於無形中激起一種民族主義之爆發，其結果必致半島全部統一，成爲法國重大之危險。法國教士黨復以教皇國內之叛亂歸咎於皇帝之瀆神的干涉，彼善辯之主教杜班盧普(Dupanloup)嘗在其教堂中詆拿破崙爲『近代之猶大伊斯喀利阿』(Modern Judas Iscariot)。且普魯士在萊因邊境所表示之威嚇態度更足以預示法國在德意志諸邦之危機實過於其在意大利者。況奧軍固守威尼西亞，驅之或亦不易。加以拿破崙第三異乎其著名之伯父，見戰場之死傷而中心不寧，其不以鎗聲藥味爲樂，實彼公開之祕也。

維拉佛蘭克協定（一八五九）倫巴德之割與薩的尼亞）

因此種種或其他之原因，法皇竟不通知加富爾，而急於一八五九年七月在維拉佛蘭克(Villafranca)與奧皇佛蘭西士約瑟夫成立休戰協定。依此協定，割倫巴德與薩的尼亞，威尼西亞則仍由奧大利保留，復被廢之君，而以教皇爲意大利聯盟之領袖。於是意大利之愛國者與法國之自由黨，現皆攻擊拿破崙之奸猾，抗議之聲大起。薩王陽馬諾此時既爲其強有力之同盟所棄，除承認休戰外別無能爲，加爾富則指斥休戰，忿而辭職。維拉佛蘭克之休戰條款卒由此後十一月之蘇黎西條約批准之。

一八六〇年各公國

拿破崙初未嘗料及意人之決心也，詎意各公國及教皇國之大多數居民，不願聞教皇聯邦制，

之合併於薩的尼亞，薩瓦及尼斯之割歸法國

或奪君之復位，舉行國民總投票，幾一致表決合併於薩的尼亞王國。拿破崙初仍斷然拒斥之。加富爾現已捐忿復職，乃籌商避免難局之計。依一八六〇年三月拿破崙第三與陽馬諾二世所簽定之都林條約，後者仍視拿破崙一如彼曾履行原約以解放意大利，『自阿爾卑斯山以至於亞得里亞海』，而割薩瓦及尼斯與法；法國則承認薩的尼亞不但可兼併倫巴德並可併有突斯加尼、珀爾瑪、摩德拿等公國，及前此教皇所有之羅馬納。

加而波的與一八六〇年雙西西裏之并入薩的尼亞

繼此種北部之統一趨勢而起者，復有半島南部同樣之運動，其發動與領導之功，則不歸諸加富爾，或陽馬諾，而屬於加爾波的。雙西西里包本族諸王之專制，已達忍無可忍之程度，一八五九年佛蘭西士二世繼不名譽之『朋巴』（Bomba）腓迪南二世而執政，但君主之變更無關於制度之改革。次年西西里人因受北部事變之激勵，及瑪志尼之鼓動，起而革命。加爾波的乘此時在熱拿亞召集其團結之義勇軍（即一千著名之『紅衣隊』Redshirts），預備擅入西西里以援助亂黨。薩的尼亞之與雙西西里，在理論上原屬友邦，加富爾既爲薩的尼亞之負責大臣，理應防止薩的尼亞之熱拿亞港被人用爲攻擊雙西西里之根據地。但加富爾對於此事自信應以意大利民族主義之便利爲重，而以國際法上之義務爲輕，於是明雖以拘捕之說威嚇『紅衣隊』，而暗

則通知加爾波的告以遠征隊可以出發，

加爾波的於一八六〇年五月率其勇敢之義勇軍離熱拿亞，受西西里人熱烈之歡迎。三閱月內，彼卽成爲該島之主人翁，幷由此渡陸，於九月佔領拿布勒斯城。此種驚人之事業使彼一躍而爲民衆之偶像，若欲終身自爲西西里之獨裁者，殆亦不難。但加爾波的不惟勇敢，且高尚而能犧牲，彼雖願意大利採行共和制，然仍以在未來若干年內，祖國在自由君政之下，當更爲隆盛。其愛國之心勝於愛己，故於一八六〇年十一月，自動以雙西西里之政權讓交薩的尼亞王陽馬諾；於是國王與彼在民衆歡呼之中，幷轡馳入拿布勒斯之市。其時民衆投票，固已批准此邦之併入薩的尼亞矣。迨後避匿於加厄大(Gaeta)而受法國軍艦保護之佛蘭西士二世於一八六一年二月降於陽馬諾，合併之功遂告成。加富爾爲聯絡陽馬諾之北部諸省與其南部新地之陸路交通計，乃於一八六〇年九月攻教皇國而佔據安哥拿（Ancona）鎭及東部二區稱爲安布立亞（Umbria）與馬徹斯（Marches）者。

一八六一年意大利王國之成立

意大利在一八五九至一八六一兩年最短之期中，以意大利民衆之決心，拿破崙第三之干涉，加富爾之外交及加爾波的之戰役，大部分得歸一統，蓋有如斯。一八六一年二月十八日國會集於都林代表二千二百萬以上新統一之國民，三月十七日陽馬諾遂稱意大利王。此後未及三月，加富爾遽因過勞逝世，但其偉業已告成功，意大利已統一而自由矣。

當吾人道及意大利之統一時，對於威尼西亞與羅馬區域，自然仍當除外，蓋前者尙在奧大利之掌握，而後者則仍有教皇在彼受法軍之保護也。但加富爾在未卒之先，已運用其外交手腕，致此二地均有取得之可能，此不過時間問題耳，因一切愛國者咸以爲此二意大利之光榮城市如羅馬與威尼斯，非屬於新意大利不可也。

一八六六年威尼西亞之併入意大利王國

意大利民族希望成功之歷史，實有關於另一重要之民族運動，此即德意志之統一亦完成於一八六六與一八七一年之間，其情形當見之於後。一八六六年，奧普二邦發生七星期戰役（Seven Weeks' War）時，意大利與普魯士聯盟，圖以武力從奧大利奪取威尼西亞。意大利軍雖水陸俱敗，然普魯士之勝，卒迫奧大利割威尼西亞與意大利。一八六六年十月，威尼西亞舉行民衆投票，贊成與意大利合併者達六十四萬七千二百四十六票，反對者僅六十九票而已。

一八七〇年羅馬之併入意大利王國

加爾波的及意大利之其他愛國志士，屢欲奪取羅馬，輒爲法國及教皇之軍隊所敗註一。及

註一：加爾波的之『紅衣隊』在一八六七年十一月敗於教皇國之蒙他拿（Mentana），大受損失。

一八七〇年普法戰爭爆發，拿破崙第三失敗，法之戍軍撤退，意大利軍遂於九月二十日置教皇丕亞士九世之抗議與教皇衞兵之示威於不顧而佔領羅馬。該城卒以最大多數之票決贊成併入王國，一八七一年七月宣佈爲意大利首都，於是意大利終成爲一統一獨立之國家矣。

第三節　法蘭西第二次帝國之衰替一八六〇——一八七〇年

幹涉意大利之影響於拿破崙第三之帝國

意大利之統一，實大有關於拿破崙第三之事業。在一八五九年以前，彼要求全體法蘭西人（富人與貧民，自由黨與保守黨，教士與無宗教思想者）合爲『一極大之國民黨』，聽其指揮，以同趨於『新民族主義』的光榮之路，此種譎計實獲意外之成功。但其對於意大利之干涉，使此種夢想忽歸消散。法國之教士黨則責其太過，法國之自由黨則責其不及。一八五九年以後，此有力量之二黨裂痕益著，皇帝操縱二黨之企圖，初雖可驚，終歸不幸。

一八六〇年帝國之『自由化』

一八六〇年，拿破崙欲和解自由黨，乃僞使其帝國自由化，彼允立法院（Legislative Chamber）討論其政策，批評其大臣，前此關於議會內外言論自由之種種限制，亦稍廢除，幷許議會之辯論得完全公佈。同時彼復申明其不許意政府剝奪教皇世俗權之決心，以圖取悅於教士黨。顧雙方俱以此等讓步爲未足，自由黨與教士黨自後遂共同聯合，與帝爲敵。

一八六三年波蘭之叛亂

拿破侖第三之態度

在一八六三年之短期中，拿破崙似乎尚有可以取得教士黨與自由黨擁護之機會。蓋自一八四八年以來，民族熱望遍於全歐，故在波蘭人中民族主義亦顯然復興，彼等經數載之祕密運動，卒於一八六三年起而革命，以抗其反動之俄國主人翁。法國向爲波蘭之同盟，波蘭人亦嘗爲拿破崙第一努力作戰，今爲被壓迫民族之良友的拿破崙第三，烏可不助波蘭人哉？法國之自由黨勸其援波，因波蘭之革命乃自由黨所領導也。法國之教士黨亦求其助波，因波蘭人素爲極熱烈之羅馬教民，現正爲反對分離派與異教徒而力爭獨立也。但要求雖切，而拿破崙竟充耳不聞。彼蓋恐苟助亂黨，則普奧二邦因亦轄有波蘭人民，將贊助俄國，而促成不利於法國之戰爭也。又此時彼正完成其自視爲更重要之他計，以圖復得國內有力各黨在政治上之贊助。因此法國政府僅對俄皇提出微弱之抗議，英國亦同。波蘭人既無外援，乃不顧一切，獨力從事於近代最無希望而至爲英武之爭鬪。此種革命絕無成功之希望，終於慘被削平，波蘭在一八三一年革命後所倘存之自治殘痕，至是亦概被消除。拿破崙第三竟恬然傍觀，因此在國內大受教士黨與自由黨之責難。

但法皇現已顯示其更偉大而較易行之計劃，以期恢復教士黨與中產階級自由黨之寵戴。此種夢想之虛妄，與擾亂拿破崙一世的心曲之夢想正同。其計維何，即復建法蘭西殖民帝國於美洲是也。其時墨西哥共和國正情形紛亂，美國復因內戰（Civil War 一八六一——一八六五）而無暇他顧，彼乃有機可乘。蓋在墨西哥國中一方面爲貧苦之印第安農民，一方面爲殷富而係西班牙種之墨西哥地主，兩派間之長期爭鬬已與政治宗教諸問題之齟齬混而爲一，地主傾向君政與教士主義，農民則傾向共和與反教士政綱。一八六一年經長期之衝突後，共和黨領袖胡阿勒斯（Benito Juarez 一八〇六——一八七二）註一卒推翻保守政府，用種種之激烈手段以對付墨西哥之羅馬教會。僧侶團體被囚禁，教會財產註二被沒收，婚姻定爲民事，墳地改歸俗有，總之教會不惟取消其國立性質，且受虐待。此外胡阿勒斯政府又否認其前政府所借之公債。

拿破崙之注意墨西哥

拿破崙第三於是乃注意墨西哥。彼最初僅與西班牙及英國（二國均受胡阿勒斯否認公

一八六二年法國之幹涉墨西哥

註一 胡阿勒斯爲血統純粹之印第安人。

註二 值四千五百萬金元。

墨西哥皇帝馬克西米連（一八六四至一八六七年）

法國幹涉墨西哥之失敗

債之影響）成立協定，共同奪取幷把持墨西哥之海關，迄債務償還時止。四閱月內，財政整頓之結果，已使英西二國如願，遂俱撤兵，惟法軍仍留。一八六二年秋，拿破崙更遣三萬精兵往墨西哥，此等軍隊因本國之不時應援，遂於一八六三年六月攻陷墨西哥城，逐胡阿勒斯於北部山中之要塞。拿破崙不欲直接吞併墨西哥，而思間接統治之。彼乃勸奧皇佛蘭西士約瑟夫之弟馬克西米連大公爲墨西哥帝（一八六四年），欲藉以稍償奧國黑普斯堡族在意大利因彼所受之損失。且彼以法軍扶助馬克西米連帝，當可保證其行動不致與法國之利益違反。彼以黑普斯堡族夙忠於羅馬教會，必能變更胡阿勒斯反教士之事業，以滿法國教士黨之意。彼又深信馬克西米連當本其感恩之念，予法國實業家以多種有利之工商特權，此策必能博得法國中產階級之歡心，因彼輩對於自由政治之熱心，終亞於其對於自由利益之渴望也。

但拿破崙所謂『其在位時之大理想』(the great idea of his reign)者，終屬至爲不幸。馬克西米連在墨西哥之地位，自始卽不鞏固，現除前胡阿勒斯派之勢力外，復有大多數墨西哥人之愛國力量反對外人之干涉與統治。法軍勉習游擊戰術，乃大以爲苦。時美國內戰告終（一八六五年），其政府乃能決然再倡門羅主義。拿破崙今自不能以其在新世界之小軍與曾經大戰之百萬精兵相抗，乃覿然於一八六七年二月，盡撤墨西哥之法軍。馬克西米連戀棧不肯遽去，旋被捕槍決，彼獲勝之胡阿勒斯遂受衆推為總統。

法國反對拿破崙第三之黨日盛

墨西哥之遠征，不僅不幸而已，拿破崙且躬受其禍。蓋馬克西米連之遇害，重傷與法二國之邦交，而胡阿勒斯之再起，實表示墨西哥一切反教士法規之厲行，與法國金融界種種有利特權之取消，故此次遠征，對於法國之外交關係，不惟未能加以改進，而反與之有損。法皇不惟未能和解教士黨與自由黨，而反傷其良心，損其資財，甚至連『光榮』亦無所獲。

教士反對黨

共和反對黨

此後反對第二次帝國者，遂漸公開。在法國主教牧師之中，在各大學之內，在貴族與農民之間，均有熱烈之羅馬教徒昌言反對皇帝無忌，且多有公開主張包本族之復辟者。另一方面之共和黨，前此與拿破崙第三鬬，僅有少數空談學理之激烈分子及組織不良之工人集團為之助，今多數實業家及專門人才（中產階級）之背叛，乃與此黨以領袖與物質上之力量。自奇異之波拿巴德連合分裂以後，現乃復有君政黨（Monarchists）與共和黨（Republicans）之形成，仍以階級之分與宗教之私為其基礎，與拿破崙第三出現以前相同。

一八六九年法國之自由改革

一八六九年之議會選舉，實明示拿破崙以帝國潛伏之危機。政府雖從中上下其手，此次選

維持第二帝國之最後企圖——一八七〇年之對德戰爭

擧，仍能選出自由君政黨五十人及共和黨四十人。　皇帝乃立卽慷慨讓步，冀得維持帝位，允許採用大臣負責制，允許新聞公賣，允許廢除任意重劃選擧區及援助政府候選人之惡習，引用自由君政黨人，幷同意於憲法之修改，俾元老院變爲上院，與民選之議院分享立法之權，而以選擧權從此操於國民之手。　此等改革對於彼羡慕英國議會政制之俄連黨（Orleanists）註一及其他之自由君政黨，固可稍事和解，然仍不能防共和主義之得勢，不能眞鞏固其帝國也。　此時共和主義與社會主義之宣傳，益無忌憚，至使阿利維耶（Ollivier）及其他新任之自由黨大臣，亦不得不違其本心，採用專制手腕以抑制之。　彼輩甚至禁制新聞，而置其反對黨於警察監視之下。

顧帝國之內，仍感不安。　一八七〇年五月，關於新憲法之民衆投票，並不完全如願，贊成者之票數雖有七百萬以上，然不能概視之爲贊成帝國，反對此憲法者有一百五十萬票，而合格之選民不投票者又幾達二百萬之多。

欲救帝國於不亡，尚有一未經試行之法（卽合國內各黨以對外，藉外戰成功之虛榮以掩飾内部之糾紛）。　拿破崙現已衰病，但彼仍以慈父之愛屬望於其幼年之太子，且懷拿破崙第一之

註一　卽自由君政黨，乃贊助俄連公爵之孫巴黎伯之要求者，俄連公爵者卽曾爲國王之路易腓立。

野心，以爲其家族或可保持法國之帝位。其倔強忠信而有大志之皇后尼熱尼，則更願一試軍事方略。一八七〇年，法國帝室蓋已預備作孤注之一擲；彼輩以武力反對德意志之政治統一，實爲其最後之賭賽，然終歸失敗。

第四節　德意志之政治統一

一八四八至一八七一年之時期，對於德意志諸邦歷史之重要，與其對於意大利或法國之歷史相同，因德意志人政治統一之希望，久被阻撓，至此始得成功。強盛之普魯士初奮起以作諸邦之領袖，亦此時事也。

一八一五至一八六六年之德意志問題

德意志之愛國人士，無論爲保守黨抑自由黨，皆對於普魯士之前途信仰甚堅，以致將德意志之統一與普魯士之成功并爲一談，此實由於幾種原動力所致。彼創於維也納會議之德意志同盟，充其量不過爲一微弱之王公聯盟，永不能成一鞏固之民族國家，此自一八一五年以來之歷史觀之，實明顯之事。奧大利因其治下有匈牙利人、克洛遏亞人、捷克人、斯洛伐克人、波蘭人、羅馬尼亞人、意大利人等，決不能誠心贊助任何民族之主張，亦不能擁護德意志之民族主義，皆顯著之事實也。南中部德意志諸邦（即在同盟內部維持與普均勢之諸邦）之君主，不能望其贊成危及己位之民族主義，亦一顯著之事也。最後自一八四八年革命的佛蘭克福爾會議失敗以後，新德意志之創建，不能本乎民主之原則，或基於不受君主領導之民衆運動，此又一顯著之事也。欲在另一方面表明此等教訓，則可說當一八六〇年，德意志之愛國者已漸信欲謀本國之政治統一，不可不先解散德意志同盟，制止奧大利之干預德事，一面須謀各邦君主與全國國民之互相讓步，而另一方面則須調和彼傾向反動之保守主義與傾向革命之自由主義。

德意志統一之先決條件

天然領袖普魯士

欲完成此等艱難之步驟，惟普魯士王國似爲適宜。前此集中於柏林大學而表現於復興（Regeneration）時代之愛國思想與情感，曾激起反對拿破崙第一之民族的抵抗，與梅特涅之壓制統治而未替者，其策源地乃普魯士也。普魯士爲一眞德意志國家，所有人民除少數無勢力之波蘭人外，概操德意志語言，共享德意志文化；此實與奧大利迥乎不同。且已能藉關稅同盟（Zollverein）以完成其經濟統一之重要計劃，此又與奧大利之所未能者。在德意志諸邦中，惟普魯士有相當之國土與富力，可望與奧大利相見於疆場，勢均力敵。此外普魯士雖因以前之傳習，偏重黷武與反動，不能得德意志自由黨之信託，然因一八五〇年之頒佈憲法，已稍能轉移人心，蓋此次憲法縱不澈底，至少確可表示國王之欲與自由主義謀妥協也。

普王威廉一世一八六一至一八八八年

普魯士和漢佐倫族之諸王自弗列德利克大王逝世後（一七八六年），歷時七十載，大都庸懦無能，除虔誠之宗教運動外，決不適於任何運動之領導。弗列德利克威廉四世之癲狂逝世，乃使一迥乎不同之人威廉得出而柄政。威廉一世為前王之弟，於一八五八年攝政，一八六一年即王位。彼極端保守，篤信宗教，服膺王權神授之說，一如在彼以前之國王，其不同於彼等者，則彼自有主張，極喜武事，頗如十八世紀之和漢佐倫族。彼雖才智平庸，然確有自知之明。且宅心忠恕，為人勤慈，行事誠實，而又知人善任，信之不疑，故能因臣下之佐，成就偉業，雖弗列德利克大王亦望塵莫及。

毛奇與盧恩

威廉攝政之初，即任毛奇（Hellmuth von Moltke 一八〇〇——一八九一）為參謀長，此人後卒以十九世紀後半期之最大軍事家著名。次年彼又任盧恩（Albrecht von Roon 一八〇三——一八七九）為陸軍大臣，此人善於編制軍隊，欲征服並統一德意志，非得其助不為功。此二人尤其為盧恩，對於政治皆極端保守，蔑視人民政府，對於威廉之仁慈專制與尚武主義之天性，實予以熱誠之啓發。依國王及諸臣之意，創立新德意志者，當為一奉天承命愛民如子之君，

一八六一至一八六二年普魯士軍國主義與普魯士議會之對抗

而以忠順守紀之軍爲其助。

威廉本人在有一方面『即軍事方面』，亦屬專家。彼純然爲一軍人，深知普魯士軍制之缺點，自一八一四年以來從未矯正此弊，彼現乃決意澈底改革，務期普魯士之軍隊可以爲全歐之最強者。關於現有軍隊之軍裝及軍紀之改良，彼大抵依毛奇、盧恩二人之才力，已則首勸普魯士議會通過軍備之增加。彼欲在理論上與實際上對所有體格健全之男子行強制兵役制（每年添補之新兵由四萬改爲六萬三千）將後備軍之任期由兩年延長至四年，并要求增加軍費，俾此等軍事改革得以立即實現。

議會大體敵視此種新軍事政策。多數之極端保守黨人不願因對反動之奧大利作戰而增稅自由黨則恐軍備增加之有害於自由主義，故二者態度一致。最初議會原同意於延長常備軍之服役期限至三年，但至一八六一年，則積極拒絕增加軍費，或不減少服役之期而徒添新隊。一八六二年之改選，益令國王與議會之爭執加緊。在新下院中有保守黨一百人，溫和自由黨（Moderate Liberals）二十三人，進步黨（Progressives）二百三十五人（進步黨爲一新黨，決意迫國王放棄其軍事計劃，而服從眞正之議會政治）。

此次之爭鬭實決定德意志未來政制之性質。威廉王深知其統一全國之計劃非賴有用之大軍不能實現。反之進步反對黨則明知國王之計劃苟實現，必將確定軍國主義爲神權君主政治之砥柱因而危及個人之自由及憲政之成功 他日統一之德意志果應採軍國主義抑採自由主義耶？

作確切之答覆者，既非國王，亦非議會，而爲俾斯馬克（Bismarck）及其重要之言論：『決定今日之大問題非由辯論與多數之議決（此爲一八四八與一八四九年之錯誤），乃在乎鐵與血。』俾斯馬克實保守黨中之最保守者也。

俾斯馬克

俾斯馬克（一八一五——一八九八）註一屬於普魯士最有勢力之階級（即鄉紳階級 Junkerthum），數百年來，此輩輒一面監督其大地產中之多數佃農，而一面爲和漢佐倫族之君主服文武官役）一八一五年生於柏林西四十哩許之舜浩孫（Schönhausen）地方之祖傳莊園中，即維也納會議之年也。彼因幼時之薫陶，既不脫普魯士紳士之傳習，又富於德意志『革新』之愛國熱忱。其肄業於格丁根（Gottingen）與柏林二大學時，所長者不在學問而在俠武豪飲，其鄉

註一 俾斯馬克於一八六五年封伯爵，一八七〇年封王，一八九〇年封勞恩堡（Lauenburg）公爵。

俾斯馬克之保守主義

居狂獵夜宴之說，更傳至柏林，厥後彼竟因『缺乏規律』而免去公務之職，於是其鹵莽酗酒之名益著。一八四七年，彼與鄰近一地主之虔誠的女兒結婚，乃使彼大變，竟篤信宗教，皈依國立福音教會（Evangelical State Church），而以莊嚴之態發表其政治觀念，此等觀念固巧合於其同階級者之理想也。彼始主張基督教國家為理想之政治組織，而無君主專制，則不能有眞正之基督教國家。

在一八四八至一八四九年之革命運動中，俾斯馬克始終為神權君主政治辯護，以抵制自由黨。彼嘗請率其農民至柏林，以保護弗列德利克威廉。當普魯士王允諾頒賜憲法之時，彼曾以兩票之少數反對向之致謝。彼譏笑佛蘭克福爾會議謀依憲政自由之政綱以統一德意志，并勸弗列德利克威廉拒絕『從卑下之處』接受帝位。

俾斯馬克既不得不承受一八五〇年之憲法，乃立圖以實際之方法，防制其更自由化。彼為著名之十字報（Kreuzzeitung）創辦人之一，該報不久卽結成一確定之保守黨。此黨幾純出於與產階級，特別具有普魯士色彩，相信德意志之統一如眞欲成功，卽不啻為德意志之普魯士化。且力排選舉權之擴張，及一切於地主不利之立法，而擁護國王之特權、軍隊及路德教會。

俾斯馬克之外交經驗，一八五一至一八六二年

顧俾斯馬克首享盛名之處，究在外交方面，一八五一至一八六二年實一重要時期，予彼以可貴之外交經驗。彼因自一八五一至一八五九年在復興之德意志同盟總會中任普魯士之代表，故不惟關於德意志之政治獲得無上之知識，且對於奧大利養成至深之疑懼。彼因任駐彼德格勒之大使三年，而深悉俄國，并得俄皇之優禮。一八六二年，彼又任普魯士駐巴黎之大使數月，故對於拿破崙之特性，頗有精確之觀察。

俾斯馬克爲普魯士議會之「馴伏者」

一八六二年秋，國王威廉大抵因盧恩之勸告召俾斯馬克赴柏林，以「軟化」強硬之議會，此事本亦俾斯馬克之所願。彼對於國王之軍事政策，深表同情，蓋以此種政策對於彼希望普魯士他日在統一德意志時所表演之活動，實爲必要。彼又因其政治主義與階級意識之故，愈喜與阻撓議事之進步黨爲敵。因進步黨（Fortschrittspartei）所代表者乃多數之大學教授註一及中產階級之其他分子，此輩皆擁護個人權利，夢想英國之立憲君政，且大都贊成西歐各處中產階級所擁護之主義。

俾斯馬克任內閣總理時，嘗先後試行調停，欺騙，請求，威嚇等手段，謀使下院之「進步」多數

註一　其領袖爲著名科學家微耳和（Rudolf Virohow 一八二一——一九〇二）。

俾斯馬克為德意志民族主義之提倡者

黨承諸軍備之增加，但均無效。進步黨堅持其民兵優於專門軍隊之主張，當一八六三年，且拒絕通過執行政務所必要之經費。

於是俾斯馬克得國王之同意，實行獨裁，不用預算，亦無需議會。彼顯然違犯一八五〇年之憲法，而任意徵課賦稅，完成軍事改革，預備以普魯士與奧大利決戰，以爭德意志諸邦之霸權。俾斯馬克因此種專橫不法之行，深招誠實自由黨人之憤恨，但物議譏謗，舉不足以變其方針，彼以但問目的不擇手段之格言，維持其違憲之統治歷時蓋幾四載。彼嘗默想，苟德意志之統一成功，則大多數之普魯士人必不注意其所用之手段，因此遂勇往直前。此種假定，實為正確。愛國主義較之自由主義實更合於多數德意志人之根性，彼乃藉此以敗其反對派之進步黨，其革新之軍隊（實為優良之工具）果大足以激勵普魯士之愛國主義，且真能阻止激烈或革命之事變。軍國主義在德意志蓋已開始其提高民族主義，抑制自由主義之雙重使命矣。

俾斯馬克完成軍備之直接目的，自在用以制奧，使不能再在德意志政治上為一動力，於是此新德意志遂可以普魯士為中心而創建之矣。然欲對奧作戰，必須有正當之口實，俾斯馬克卒能於所謂休列斯維格和爾斯太因問題中求得之。

休列斯維格和爾斯太因問題

在丹麥與易伯河間之半島中有三公國（和爾斯太因休列斯維格勞恩堡），其大部分之居民雖屬德意志人然概受丹麥王之統治。自一八一五年以還，和爾斯太因已爲德意志同盟之一邦而休列斯維格又與和爾斯太因連而不分。丹麥王久欲完全合併此等公國於其王國之內，但此既爲德意志諸邦之民族情感所不許，又受俄古斯丹堡（Augustenburg）公爵弗列德利克之反對蓋公爵雖無要求統治丹麥之權但其要求統治此等公國則理由充足也。一八五二年舉行於倫敦之列強會議欲調和此種危險之爭，曾賄俄古斯丹堡公爵使放棄其要求，而確以繼承此等公國之權歸之於丹麥王，惟丹麥與此等公國不過共戴一君主而已。

丹麥民族主義與德意志民族主義之對抗

迨一八六三年丹麥王弗列德利克七世逝世，繼位之克利士先九世爲其丹麥臣民強烈之熱忱所激，竟簽定憲法違反倫敦協定而統一丹麥與此等公國之政制。德意志方面立即發生民族愛國主義之反感，與普奧二邦皆肆威嚇，蓋二邦方互爭爲民族運動之領導，對此俱不肯後人也。克利士先九世不允稍讓，一八六四年之短期戰爭遂隨之而起，參戰者一方爲丹麥，一方爲奧普二邦。

一八六四中之戰丹麥之敗於普遍

丹麥人作戰雖勇而衆寡不敵，卒於一八六四年十月屈服於維也納條約。依此約，丹麥王將其在此等公國內之一切權利讓於奧大利帝及普魯士王。

普奧關於休列斯維格和爾斯太因之爭摯

一八六五年之加斯太因條約

國際形勢之利於普魯士而不利于奧大利

俾斯馬克之外交手[illegible]國

一八六四年丹麥戰爭（Danish War）之結果，實爲奧普分贓之劇爭，正如俾斯馬克之所預料。奧大利提議將此等公國交與俄古斯丹堡公爵，德意志同盟總會因在其勢力之下，亦以徵少之多數贊成之。俾斯馬克則否認同盟總會之干涉權，幷鋪張聲勢，積極準備將基爾港改爲普魯士之一大軍港。二邦來往之公文咸作忿詞，但俱因戰備不充乃以加斯太因（Gastein）條約（一八六五年八月）作暫時之解決。此約規定在未得最後解決之前，休列斯維格暫由普魯士佔領管理，和爾斯太因暫由奧大利佔領管理，勞恩堡則絕對歸於普魯士，由普魯士以金錢作償。加斯太因條約實爲俾斯馬克之外交勝利，因此約實暫擯俄古斯丹堡公爵，且以被普魯士領土包圍之和爾斯太因公國讓歸奧大利，更使俾斯馬克便於設法反對奧大利之統治也。

俾斯馬克在促成此不可避免之戰爭以先，亟欲使普魯士免除外國爲助奧而出面干涉之危險。彼深知奧大利之敗，必引起德意志同盟之解散，而此同盟固創於維也納會議，以列強之保障而存在者，彼列強豈能坐視普魯士之破壞維也納條約，以變更德意志諸邦之政治組織乎？俾斯馬克之外交手腕，正能當此危險。彼知英國方顯然同情於普魯士，當不致反對。此半由於英格蘭與普魯士之關稅同盟已成立有利之低稅關係，半由於當時有一學說發展於少數英國著名史學家與政論家之間，而廣播於英國之羣衆，其說謂英吉利人與德意志人同屬於單純高尚之條頓(Teutonic)族，此族之優於其他一切人種，當更可因德意志之政治統一而證明之也。

俄國

法國

至於法俄二國，則對於德意志之統一，决難恬然視之。蓋俄國之所以能向西發展，法國之所以能奪取萊因河沿岸之諸城者，卽因德意志諸邦之微弱與分裂也。但俾斯馬克乃能利用法俄二國彼時內部之紛擾情勢，以和緩此二鄰邦傳統之恐懼。在俄國則有一八六三年波蘭人之叛亂，俾斯馬克急予俄皇以普魯士之軍事援助，俄皇苟不忘恩負義，現當不致反對普魯士。在法國則有拿破崙第三個人之特性與政治上之困難，可以利用。俾斯馬克知如何激起拿破崙對於民族主義之模糊情感，幷鼓動其虛榮心，誘其不顧一切而乘機爲法國稍增領土，以便其個人與本朝可在法國獲得民族的光榮。一八六五年十月，俾斯馬克謁法皇於比亞利址(Biarritz)。此會之確實經過，實無從揣測，似可確信者，卽拿破崙至少在口頭上已同意於普魯士與意大利之合攻奧大利，俾法國他日之取得領土『報酬』，可不遭反抗。當時或竟提及法國之可以合併比利時或普魯士之萊因省的一部。拿破崙所以爲卽將開釁之雙方勢均力敵，必可使此後法國之干涉容易有效，且獲大利也。

德意志諸小邦之與奧大利聯合，意大利之與普魯士聯合

普奧爭執之復起

俾斯馬克深知德意志諸小邦之必與奧大利聯合，蓋諸邦之君主旣驕矜，其傾向自由之國民復畏軍國主義，而巴華利亞與瓦爾敦堡之羅馬教徒又同情於奉羅馬教之奧大利，凡此種種，莫不益令諸邦之統治階級反對德意志之由普魯士主持而統一。俾斯馬克欲抵消此種反對，乃於一八六六年四月與意大利商訂同盟條約，規定如在三月之內發生戰爭，則普魯士與意大利應聯合攻奧，而意大利可得威尼西亞以爲酬。

俾斯馬克前旣以狡黠橫行之外交絕奧大利之外援，今復以同樣之手腕進而與之挑釁。彼聲言奧大利政府實繼續鼓勵俄古斯丹堡之弗列德利克要求諸公國，而侵犯加斯太因條約，於是二強皆動員。危機卒於一八六六年六月出現。是時奧大利方以此種爭執提交德意志同盟總會，普魯士遽宣言依奧大利之此種行動，則加斯太因條約已不存在，因出師侵和爾斯太因而驅逐奧人。約在同時，普魯士又向同盟總會提出完全改組同盟而排除奧大利之計劃。俾斯馬克以此使普魯士幷非全爲領土爭執中之侵逼者，而實民族統一之大膽的主張者。但奧大利則勸同盟總會之多數拒斥普魯士之改革提案，同時復令同盟之軍隊動員以懲普魯士之侵犯奧大利在和爾斯太因之權利。俾斯馬克遂謂同盟總會此舉，不啻爲對普魯士之攻擊，大足以爲普魯士退

出德意志同盟之理由。普魯士蓋似乎爲自衞而作戰也。

一八六六年之七星期戰爭

此次戰爭一方爲普魯士與意大利，一方爲奧大利與德意志諸小邦，因其爲時甚暫，故恆稱爲七星期戰爭（Seven Weeks' War）。普魯士之遠征軍在兩星期之內已盡挫敗諸小邦之抵抗，時奧大利須分大軍守威尼西亞以防意大利，於是普魯士所有訓練較精、器械較良而且人數亦較衆之主力軍，乃得乘機攻擊奧大利在波希米亞之餘軍。一八六六年七月三日薩多窪（Sadowa，即克利希格拉仔（Königgrätz））之戰，實爲是役最後之決戰。普魯士軍之勝利，不惟使其軍事之優勢著於全歐，即對於德意註一二國之民族運動及普魯士、南德意志諸邦、奧大利帝國與法蘭西之內政，亦皆發生重要之影響焉。

一八六六年德意志同盟之解散

依結束七星期戰爭之巴拉叩條約（一八六六年八月二十三日），奧大利除喪失威尼西亞於意大利，放棄對和爾斯太因之要求於普魯士外，并未割地，所付賠款亦輕。但奧大利對於此苟延五十載之德意志同盟，則不得不同意解散，并承認普魯士有領導德意志諸邦之權。德意志眞正統一之初步，遂如是告成，即黑普斯堡族之駁雜領域遭排，而背理之同盟解散是也。

註一　其影響於意大利民族運動者見前。

一八六六年普魯士之兼并

民族統一之第二步，亦於七星期戰後不久實現；此在初爲普魯士之兼併，次則爲北德意志同盟之成立。

俾斯馬克因外交上之種種理由，不欲多取奧大利之領土，蓋彼確知待之寬大，他日必可得其必需之助也。 顧俾斯馬克同時又欲完成其畸形之國土，爲本國增加人口富源，并取得多數要害之地，於是乃正式合併休列斯維格與和爾斯太因二公國，以爲普魯士後日建築基爾重要之海軍根據地，并可在彼處開鑿溝通北海與波羅的海之愷撒威廉（Kaiser Wilhelm）運河。 普魯士又乘戰勝德意志諸小邦之餘威，合併漢諾瓦王國，黑塞加塞爾選舉區，拿梭公國，及美因（Main）河畔之佛蘭克福爾自由市。 此等兼併，極關重要。 因和漢佐倫族之領域從此始得連續無間，由波蘭與波羅的海以達於美因河與法國之境，共計新得領土逾二萬七千方哩，人民幾達五百萬，自是而後，除奧大利外，全德意志之面積與人口各有三分之二屬於普魯士王國矣。

普魯士主持之北德意志同盟，一八六七至一八七一年

在美因河北之德意志諸小邦未爲普魯士所併者（爲數凡二十一邦），均被迫入北德意志同盟。 其憲法成於一八六七年，亦出於俾斯馬克之手。 行政權操諸世襲元首之普魯士王，佐之以一聯邦首相。 立法機關則包括（一）聯邦參議院（Bundesrat），由各邦君之代表組織之，

（二）帝國議會（Reichstag）以成年男人之普選制選出之。各邦君仍保留若干主權，得召集地方議會幷征收賦稅，惟外交之行動，軍隊之指揮，防禦戰爭之宣佈等權，則概歸元首。北德意志同盟與前此德意志同盟不同之處，即在其受普魯士之支配，而不爲奧大利及各小邦君主所左右，且較前此更爲團結，尤爲統一，與強盛人民參政之原則爲其所承認，而普魯士之軍國主義亦推行於同盟全體，因憲法固規定同盟內部之各邦，均應仿普魯士採行強迫徵兵制也。

南德意志四邦之獨立地位，一八六六至一八六七年

純粹德意志邦之仍在北德意志同盟以外者，惟有美因河南之四邦註一（巴華利亞與瓦爾敦堡二王國，巴顛與黑塞達姆斯特打二大公國）。此四邦中，除特別不信任法國人之巴顛外，其君民初皆反對與普魯士成立密切之政治聯合，蓋君主恐其自身之權威減少，而人民則恐須受強制兵役，或恐通過反羅馬教與反自由主義之法律也。俾斯馬克對此南部諸邦乃採極妥協之態度，不懲罰其在七星期戰爭中之助奧，亦不強其入新建之北德意志同盟，反小心尊重其獨立之地位，而時時乘機以法國侵略之可能警之。更以關稅同盟與之謀經濟關係之接近，幷與之巧締密

註一　四邦中之黑塞達姆斯特打因有領土在美因河以北，故爲北德意志同盟會員國之一，至其河南之地，則視爲在同盟以外。

約，同盟禦侮，依此條約，苟普魯士或任何他邦受外國之攻擊，則其餘諸邦均應援助受侵之邦。俾斯馬克全仗南德意志民族情感之發達，以使彼四邦自然與普魯士作政治之連合，惟欲激勵此種情感，則有賴於對法國武裝衝突之引起。

俾斯馬克對自由主義之讓步

今有一事，足以使俾斯馬克在南德意志與北德意志同時大獲民衆之擁護者，即其政見之變遷，此殆因七星期戰爭而發生者也。蓋其外交軍事政策之大告成功，實足以改進其與普魯士自由黨之感情，自由黨已不復懷疑俾斯馬克之愛國主義，而俾斯馬克亦不必再畏自由黨之阻撓其計。此大守舊家所懷抱之理想，現雖仍爲極端之保守主義，但彼深知實際上不可不與自由黨謀妥協，以爲他日實現其主義之用。蓋俾斯馬克之所重者，惟實際而已。故不久彼即復令普魯士之憲法完全施行，幷請議會對其過去四年中一切專橫違法之行，通過一免責案，而議會亦一致熱烈通過之。彼且在新建之北德意志同盟憲法中，確定條文，規定帝國議會之選舉，採成年男人直接普選制，對於保守黨之少數批評者，則保證德意志之一般民衆，較中產階級更重保守，對於軍國主義之國家，將更爲愛護。

德意志國民自由黨之興起

因此等自由主義讓步之故，不久即有一新政黨成立於七星期戰爭之後，稱爲國民自由黨(National Liberal Party)，其黨員大都出自工業階級，多有屬於以前之進步黨者。新黨之主要目的，在贊助俾斯馬克之民族統一計劃，爲達此目的計，雖未放棄其憲政發展之要求，然已視之爲次要矣。該黨有時亦贊助強有力之集權政府，及軍國主義，與自由貿易，幷傾向反對教士，無論其屬於路德教會抑爲羅馬教徒也。國民自由黨實際爲一德意志政黨而非普魯士政黨，故其在南德意志實爲德國民族主義之重要宣傳者，此不但爲其本黨之利益計，亦爲防制法國耳。

七星期戰爭對于奧大利之影響

一八六六至一八七一年德法關係之險惡，至普魯士所領導之德意志統一完成而達於頂點，吾人在追述其經過以前，最好先指明此時期中之事變，對於七星期戰爭中之主要戰敗國（奧大利）大有影響者。

梅特涅制度之最後破壞

就奧大利而言，一八六六年之戰，對於十九世紀前半期梅特涅所巧心經營之絕妙政策（即操專制威權於哈普斯堡族君主之手，集中帝國各地之行政，常干涉德意志及意大利諸邦之內政，完全蔑視民治主義與民族主義之勢力），實予以最後之打擊。此時要求參政最力者，不獨爲奧匈國內之舊式地主貴族，且有因近日產業革命而起之中產階級與城市中之無產階級，與匈國內之民治主義乃繼續受其激勵。同時民族主義之意識，亦因多數從屬人種，尤其爲四種主要民族

黑普斯堡族之受排於德意志與意大利

（德意志人，馬加人，斯拉夫人，意大利人）之文學復興與政治希望而被激動

一八四八至一八四九年之革命運動所未能完成之事業（即梅特涅制度之完全推翻），卒因一八五九及一八六六年不幸之外戰而告成功。此二戰實使奧帝佛蘭西士約瑟夫不得不放棄奧大利干涉意大利與德意志之權，而壹意於應付奧大利本部之德意志人古代匈牙利王國之馬加人，及直隸於奧大利皇帝或匈牙利王之斯拉夫人。易詞言之，即帝國內部之人種問題因黑普斯堡族之被排於德意志與意大利而稍趨簡單，黑普斯堡族國內之重心，遂漸向東而移於馬加人與斯拉夫人方面。

一八六一年之奧大利憲法

再者此時奧大利之威望因外戰之失敗而衰替，自由黨與民族主義者，乃藉此以迫奧帝佛蘭西士約瑟夫讓步。一八六〇年當倫巴德甫失之後，地方議會之自治權力即行增加，而匈牙利之政制亦恢復其在一八四九年革命前之原狀。次年（一八六一年）復以正式之憲法規定全帝國成立一聯合議會，由各地方議會選出之，設於維也納，操立法與課稅之權。

對阿克與匈牙利之民族主義

一八六一年之憲法雖頗合自由，但尚不足以滿彼渴想民族主義的馬加人之望。噶蘇士（一八〇二——一八九四）放逐在外，仍宣傳反黑普斯堡朝之革命，更重實際之馬加人對阿克

(Francis) Deák 一八〇三——一八七六），則擬一計劃，謂此則黑普斯堡族之領域應分爲二部（奧大利與匈牙利），各有其獨立之議會以處理內政而僅藉共同之君主、軍隊及外交關係以資聯合。以對阿克之故，馬加人在一八六六年之國難期間仍效忠於佛蘭西士約瑟夫，至一八六七年，論功行賞，對阿克所擬之雙重政制，遂得正式成立。（此種解決即所謂妥協（Ausgleich）者，實確定此後黑普斯堡族領內政治之一般的性質。故七星期之戰，實使匈牙利與德意志同時取得國家之獨立，并成立大戰前奧匈雙重君主國之政府與其預兆大戰前德意志帝國之成立正復相同。

妥協（一八六七）

奧匈『變重君主國』之成立

七星期戰爭對於法國之影響

七星期戰爭對法國之結果，較之對於奧國尤爲惡劣。此戰之神速完全爲拿破崙第三所不及料，而普魯士之勢將統一德意志尤使其大恐。法國軍隊尙未能立與戰勝之普軍作戰，法軍精銳仍在墨西哥、亞爾吉利亞或羅馬等處。當德意志諸邦長期內戰告終之際，彼不能以公斷人之資格，攫相當之報酬，乃向俾斯馬克哀求些少領土之『報酬』——實際不拘多少，但求能維持其對於法國民衆之體面耳。

拿破崙能憶及比亞利址之會，故於一八六六年要求將萊因河上之巴拉遏拿式割與法國

拿破崙第三要求『賠償』之失敗

俾斯馬克不允，幷將法皇之書轉示巴拉遏拿忒之領主巴華利亞王，其結果徒鞏固普魯士與巴華利亞間之防禦同盟耳。拿破崙繼復要求合併比利時，又未能即得俾斯馬克後於一八七〇年故意將其事通知彼極欲維持比利時領土完整之英國政府。此時拿破崙乃力謀取得盧森堡。

盧森堡大公國爲法國北境之小邦，與比利時接壤，在歐洲居於一奇特之國際地位。此邦爲尼德蘭王所統治，又爲德意志同盟之一分子，有普魯士軍之駐守。一八六七年初拿破崙嘗商諸荷蘭王，欲收買此地。荷蘭王原同意，但俾斯馬克復加干涉，因拿破崙尚未備戰，故此奇特之盧森堡問題乃提出於倫敦之列強會議（一八六七年五月）。依此次倫敦條約，大公國成爲一中立地，受歐洲之保障，仍保留尼德蘭王之主權，而毀其要塞，普魯士之戍軍亦撤退。俾斯馬克乘此向歐洲巧示普魯士貌似和解之態度，與法國攫取領土之野心，於是拿破崙甚至幷盧森堡亦不可得矣。

德法關係之緊張

拿破崙之爲法求『報』，三次受阻，最後始曉然於俾斯馬克之所始終計算者，即七星期戰爭不過爲法國與新德意志間一大戰之前驅而已。自一八六八年起，雙方遂各事準備。普魯士進攻之詳密計劃，皆定於普軍司令毛奇；法軍亦稍事改革。俾斯馬克與拿破崙皆求助於外交，前者

法國在國際上之孤立

在維持外國之中立，後者在求得同盟。乃外交亦若軍事，均屬有利於德。蓋法國因拿破崙前此之行爲，及俾斯馬克最近之談判，在國際上實已陷於孤立。俄國尚未忘拿破崙之參加克里米戰爭，及俾斯馬克之助其平定波蘭亂事。意大利亦不忘拿破崙在一八五九年之背棄意國，爲德不終，及以後得俾斯馬克之助以資補償。奧大利則覺一八五九年拿破崙相待之酷，與一八六六年俾斯馬克之舉措寬宏，迴乎不同。英國與南德意志諸邦則同憤拿破崙拓地之野心，前者與普魯士同情，後者則與普魯士簽定軍事盟約。拿破崙一時頗自以爲能與奧匈意大利結成三角同盟，但彼因國內教士黨之反對，不願撤退羅馬之法軍，以致與意王陽馬諾之談判完全失敗。奧帝佛蘭西士約瑟夫因畏俄皇非俟法軍之實在獲勝，決不敢與拿破崙合作。拿破崙至最後猶以爲南德諸邦必捨普魯士而與法國聯合。

法蘭西民族主義與德意志民族主義之對抗

戰爭狂熱實爲德法二國勃興之民族主義的熱潮所必有之結果。最奇者，即二國內部之各階級，咸以爲欲保持自身之利益，莫如損害他國之同一階級。二國內之各階級與政黨，蓋同爲民族主義之精神（即各自堅信其本族血統之優與其命運之佳）所團結麻醉，惟有小集團尚圖制此狂熱——即法國進步之共和黨與德意志之少數社會黨，蓋前者恐戰爭結果之更於第二次帝

戰爭之口實

和漢佐倫族對於西班牙王位之候補

國有利，而後者則妄欲宣傳全世界之工人團結也。兩國政府同鼓勵民衆之熱狂，因俾斯馬克與拿破崙二人之野心皆不易以任何其他之方法實現。俾斯馬克之望對法作戰，爲欲利用由耀武而生之熱忱，以完成德意志之統一，并使戰勝之跡永留於德人偉業之上。拿破崙之欲對普作戰，則因其武力之勝可復統一其臣民，而維持其帝位與朝代。

雙方既皆欲戰，自不至久乏作戰之口實，此卒因和漢佐倫族之候補西班牙王位而得之。初，西班牙之自由黨既驅逐其專制女王伊沙白拉二世，遂於一八六九年宣佈立憲君政，并獻王位於和漢佐倫息馬林根族（Hohenzollern-Sigmaringen）之來泊爾親王，彼乃一羅馬教徒，普魯士王威廉之從兄弟也。來泊爾親王初不欲冒斯危險，拒絕此請。但俾斯馬克逆知此種局勢之一切可能性，竟設法使西班牙重請，而令普魯士之親王於一八七〇年七月二日接受之。拿破崙果遂以此舉爲謀合德西以復興十六世紀查理五世之帝國，而永爲法患，乃通告威廉王，謂彼當視和漢佐倫族之接受西班牙王位爲作戰之充分理由。七月十二日，馬德里方面已宣佈來泊爾親王之自動放棄王位。當時苟非拿破崙妄欲對普魯士之外交再行反攻，則此事或遂告結束。詎知駐普之法國大使（註一）秉法皇之訓，覲見威廉王於著名之耶姆斯（Ems）避暑處，而要求其保證永不令和漢佐倫族親王爲西班牙王位之候補人。威廉不允。法使堅請復見普王，婉言告之，謂即晚當去耶姆斯，不能與之相見。普王以此事電告俾斯馬克，俾斯馬克諮詢軍事領袖，確知普魯士備戰已畢，乃立以該電登之公報。但此幷非普王所發之原電，乃彼所擅行巧加删改者，意蓋欲使德人見之而誤信普王曾受法使之侮，使法人讀之而以爲法使曾爲普王所辱也。此校訂之電文，果發生其所逆料之效果，正如俾斯馬克之雋語『如以紅布示彼高盧之雄牛』，蓋法人果受其激矣。

一八七〇至一八七一年之德法戰爭

一八七〇年七月十四日，即破巴士的獄之紀念日，法國之國慶節也，耶姆斯晤談之錯報即以是日達於巴黎，法國爲之舉國激昂。是晚拿破崙第三遂與其參政院決定作戰，次日得法國議會兩院之批准，正式宣戰，不同意者惟有十票。時萊因河之兩岸均開始動員。南德諸邦咸以爲普魯士受攻急，依防禦同盟之約而加入普魯士及北德意志同盟方面，此實使拿破崙忿恨，俾斯馬克則大喜。

法國拿破崙政制之眞正腐敗與俾斯馬克治下德意志政制之效能，因一八七〇至一八七一

註一　即伯拿德狄(Count Vincent Benedetti 一八一七——一九〇〇)。

年之德法戰爭而益著。在德意志方面，戰爭之進行有條不紊，諸如財政，軍餉，將略，接濟，軍隊之調動，攻守之軍事動作，內政外交，莫不措置咸宜。反之，法國之軍士雖勇氣有餘，而指揮不良，衆寡不敵，舉凡組織、計劃與接濟，皆感欠缺。此時病在膏肓之拿破崙本人既極畏葸，而其軍隊之組織又因臣下之交相蒙蔽而全部腐窳，其結果當不久卽明矣。

一八七〇年九月塞丹之戰

麥馬韓將軍奉命由亞爾吉利亞遄歸，指揮斯德拉斯堡附近之法軍。一八七〇年八月初，大爲普魯士太子弗列德利克所敗，不得不放棄亞爾撒斯之大部分而退守沙龍（Châlons）。八月十八日巴贊（Bozaine）將軍所統萊因方面之法軍又於洛萊因境內格拉維洛（Gravelotte）之血戰中敗於毛奇之德軍，而被困於米仔之要塞。此時拿破崙乃親入麥馬韓軍中，國人亦皆屬望此將，彼主張急退巴黎，以便乘時重集新軍，再赴戰場，冀收最後之勝利。但帝后厄熱尼深知此種自認失敗之舉必危及皇朝，乃電其立時進軍，以解米仔之圍。麥馬韓將軍與拿破崙遂強勉率師順穆斯（Meuse）河而進，欲求一渡河之處，從彼處逐退德軍。一八七〇年九月一日至二日，遂在距比利時邊境不遠之塞丹（Sedan）作困獸之鬭。但衆寡不敵，卒受包圍，死傷已將達二萬五千人，乃率八萬一千人投降。德法戰爭之初步遂如是告終，歷時僅六星期耳。

拿破崙第三之倒與法蘭西第三共和之宣布

一八七〇年九月四日，拿破崙第三及前線惟一之主力軍業已投降之訊遍傳巴黎，於是彼容易料及之事變，遂發生矣。有一自號共和黨之集團乃在市政廳正式宣佈廢波拿巴德族而重建第三次之共和剛必大（Léon Gambetta）即其中之著者也。帝后厄熱尼奔英格蘭，倉猝成立之『國防政府』（Government of National Defense），統治全國迄和平恢復與法國永久政府之性質確定時止。

拿破崙第三既被廢，共和黨亦得勢，此時苟非俾斯馬克欲為德意志『恢復』亞爾撒斯與洛萊因，并陷法國於絕境，使之永不能復為德意志民族之大患，則和約或可即成。法國新任之革命的外務大臣斷言其決不『割法國之寸土，讓法壘之一石』，因是而戰爭之延長，遂不能免矣

一八七一年一月巴黎之降

德法戰爭之第二期（即與法蘭西第三次共和政府有關者），較之涉及拿破崙第三之第一期更為長久而複雜，但就軍事或政治上之見地言，則反為次要。彼品格感人之剛必大指揮國防政府，調集殘軍，宣布二十一至四十歲之一切男人全體動員。此意外之抵抗頗使侵入之德軍吃驚，顧其結果終無足疑，所謂奮鬪者，不過一方圍困巴黎而他方屢圖解圍而失望耳。

巴黎自一八七〇年九月中旬起，迄一八七一年一月二十八日止，竟能堅守抗德，後因居民凍

一八七一年之佛蘭克福爾條約

餒始降。斯德拉斯堡早於九月下旬降敵，巴增將軍縱非積極叛國，至少亦因無恥投縮，卒於十月以米仔要塞及軍備甚整之大軍十五萬降於德軍。巴黎投降後之四日即休戰，以便法國可以選出國民會議，批准和約。和約預備會議之條款由俾斯馬克與諦愛爾在凡爾賽宮商定，三月一日由國民會議勉強批准之，最後條約則以一八七一年五月十日於佛蘭克福爾簽定。

依佛蘭克福爾條約，法國將亞爾撒斯之全部除柏爾福（Belfort）外，概割與德意志，幷割洛萊因東部及米仔與斯德拉斯堡之二大要塞，此外又付賠款五千兆佛郎（一千兆金元）。德軍佔領法國之北部，須至賠款付清時止。德法戰爭之結果實多且巨，其最著者，殆爲德意志統一之完成，與晚近德意志帝國之創立。俾斯馬克之期望，今皆實現，南德人士果與北德人士共同作戰，德軍之勝，巴華利亞人與瓦爾敦堡人之功，實與普魯士人同，此種事實竟介濃厚之愛國情感彌漫於德意志諸邦，而克服各邦君之野心及一切對於保守主義與軍國主義懷疑之理論。

南德四邦與北德意志同盟之聯合

一八七一年一月德意志帝國之宣布

一八七〇年十一月，代表北德意志同盟之俾斯馬克遂與南德四邦（巴華利亞、瓦爾敦堡、巴頓、黑塞達姆斯特打）之政府成立統一之條約。此等條約由各邦之議會與君主批准，僅擴充北德意志同盟，以包括南部諸邦，而易其名爲『德意志帝國』（German Empire）而已。自後普魯士王遂稱德意志皇帝而不稱同盟之盟主。德意志帝國之正式宣布適在路易十四之凡爾賽宮註一，即「在彼數百年來力圖分裂并屈服德意志之勁敵的故宮」，所謂天命者誠難測也。時爲一八七一年一月十八日，正普魯士和漢佐倫族稱王後之一百七十年也。俾斯馬克於各邦君主、將領、軍士環繞之中，在此宣讀皇帝之諭旨，彼一生事業之前半部遂以此告竣。巴顛大公爵則向普王倡首歡呼，彼威廉現遂爲皇天眷顧及列王擁戴之德意志皇帝矣。

德法戰爭不惟促成德意志之統一，且足以擯除前此破壞統一之一切國外的危險。蓋此次戰爭實明白確定德意志武備之優，自是而後，奧大利對於薩多窪之役，不得不放棄其報復之念，即法國在未來若干年中亦無力以雪塞丹之恥也。

普法戰爭對於法國之影響

此次戰爭對於法國之內政，極關重要。拿破崙帝國之大騙局既消滅於此次國難之中，第三次之共和遂經極大之苦楚而告誕生。一七八九至一八七〇年法國政治史上之顯著事實，即爲自由、平等、博愛等革命原則之屢謀實現，互爲消長而迭起擾攘，尤其在拿破崙第三之時自由實爲博愛而犧牲。塞丹之敗與亞爾撒斯洛萊因之割讓，對於法國之國民自尊心雖予以極大之打擊，

註一　此時德軍固仍圍攻巴黎也。

但自一八七〇年後，第三次共和之局漸定，其歷時之久，實爲大革命前包本族君制以來所僅見，此無異訓人以民治主義之利，決不在民族主義之下。以此觀之，卽謂德、法戰爭實喚起法國對於歐洲之使命，以指明自由平等博愛之三種途徑，亦未始不可也。

一八七〇年之普法戰爭爲一九一四年國際大戰之先聲

戰爭所生之惡果，爲法德之繼續交惡。一八七一年俾斯馬克所施於法國之酷辱條件，適與其一八六六年對奧大利之寬宏待遇相反，故其結果亦異。在奧大利，則戰敗之痛旋消，而德帝威廉與佛蘭西士約瑟夫不久卽爲同盟。反之，法國人對其國恥則痛定思痛，決力圖亞爾撒斯洛萊因之迅速恢復。此次戰爭實未能撲滅而反煽動法、德雙方交仇互嫉之愛國狂熱也。此後四十年中之國際政治受其影響，軍備負擔爲之增加，故在引起另一歐洲大戰之各種情勢中，實以此次戰爭爲最重要之事變也。俾斯馬克之嚴懲法國人，殆爲其生平受感情支配之第一次錯誤行動。

普法戰爭對於意大利之影響

德、法戰爭對於教皇之世俗權力與新創之意大利王國，同有重要之結果。自一八四九年以還，教皇丕亞士九世在羅馬之世俗主權，均由法軍維持之。拿破崙第三因軍事之緊急，撤其軍隊（一八七〇年八月十九日）。迨法蘭西帝國摧於塞丹之役，拿破崙第三之不能派軍重入羅馬，已無疑義。於是陽馬諾之政府得俾斯馬克之贊同，乃派王軍六萬侵入殘餘之教皇國中。但對於

一八七〇年九月教皇世俗統治權之告終

教皇終須採用武力波達不亞（Porta Pia）之城垣終須攻破。教皇不亞士一聞流血，卽令其弱小之軍隊停戰陽馬諾之軍隊乃於一八七〇年九月二十日（距塞丹之戰倘不及三星期），佔領羅馬。維持至一千五百餘載之教皇世俗權今遂如是告終彼肇始於一八五九年之意大利民族的政治統一亦遂如是完成。

普法戰爭對於俄國之影響

德法戰爭之又一結果亦頗堪注意。拿破崙第三既被推倒，其另一部分之事業遂亦因而消除，此乃關於俄國者。俄政府亦以俾斯馬克之贊同廢除一八五六年巴黎條約限制俄國黑海軍備之條款（一八七〇年十月三十一日），一八七一年三月舉行於倫敦之列強會議，對此已成之事實卒正式批准之。此實爲俄國力圖干涉土耳其帝國及巴爾幹諸族之政策復活之信號也。

一八四八至一八七一年之民族主義

民族主義發展之史，可暫以德法之戰告一段落。自一八四八至一八七一年，民族愛國主義在中歐全土，均有顯著之成功，一切之民衆文學皆受其影響，學者亦類受此種族魔力之支配，蓋無人不有深切之民族感覺矣。拿破崙第三以民族主義之名義統治法國至二十二載之久，罴菩斯堡族之領域則因民族主義而動搖，馬加人獲得政治獨立，而德意志人與意大利人經若干世紀之渴望，亦皆卒得其政治之統一。

一八四八至一八七一年之民治主義

吾人決不可以爲當此民族主義之時，民治主義遂已停止其發達。　反之，苟能回憶本章當可看出：（一）在法國政治的自由主義縱有拿破崙第三之壓制，仍能繼續得勢，至一八七〇年遂形成第三次之共和。（二）在意大利、加富爾之亟欲建設立憲政府，與其亟欲完成政治統一正同。（三）在奧大利與匈牙利皇帝兼國王之佛蘭西士約瑟夫亦卒申明其改信立憲主義。（四）在德意志，卽俾斯馬克終亦允行議會及成年男人之普選制。　吾人由以下各章更可明白當一八四八與一八七一年之間，（五）在英國則選舉權已澈底擴張。（六）在西班牙，則又一次革命實爲最後確立議會政治之準備。（七）甚至在俄國，對於地方自治權之賜與及農奴制之全廢，亦正採行重要之步驟。　此等民治主義之進展未嘗不重要，特不如建國精神之卓越，遂不大爲當時所注意耳。

民族主義在一八七一年以後之繼續發達

吾人又不可以爲民族主義之發達在一八七一年以後卽歸停頓，或已稍緩。　此後民族主義之進展與民治主義之發達，更深相關連，仍爲世界史上之動力，其跡雖不著，其勢則持久。　西歐與中歐歷四十三年之和平，民族主義於英、法、德、與匈、意大利諸國內部發展之形成，實爲一種有力之要素。　同時在東歐之騷擾期中，此主義亦曾影響俄羅斯帝國與其從屬諸族之關係，并促成土耳其帝國之瓦解。在極遠之區域與極雜之人種間，民族主義亦復發達（如在愛爾蘭、挪威、芬蘭波蘭、希臘、拉丁美洲、印度、日本）。民族主義蓋不獨預示未來之文學作品，及他種由和平愛國的競爭而得之利益，且釀成無數之流血革命與不幸之國際大戰焉。

課外讀本

簡單之普通紀載：

1. C. D. Hazen, *Europe since 1815* (1910), Ch. IX–XIII.
2. Charles Seignobos, *A Political History of Europe since 1814*, trans. ed., by S. M. Macvane (1900), Ch. VI, XI, XV, XVII, XXVII.
3. J. H. Robinson and C. A. Beard, *The Development of Modern Europe*, Vol. II (1907), Ch. XXI, XXII.
4. C. E. M. Hawkesworth, *The Last Century in Europe, 1814–1910* (1913),

Ch. XIX-XXIV.

5. C. A. Fyffe, *A History of Modern Europe, 1792-1878* (1896), Ch. XXI-XXIV.

6. J. A. R. Marriott, *The Remaking of Modern Europe, 1789-1878* (1910), Ch. XIV-XX.

7. W. A. Phillips, *Modern Europe, 1815-1899* (1901), Ch. XIV-XVIII.

8. Oscar Browning, *A History of the Modern World*, Vol. I (1912), Book II, Ch. VI, X, XII-XIV, Vol. II (1912), Book III.

9. *History of All Nations*, Vol. XIX by Theodor Flathe, *The Reconstruction of Europe*, Ch. I-IX.

10. Harold Murdock, *The Reconstruction of Europe: a Sketch of the Diplomatic and Political History of Continental Europe from the Rise to the Fall of the Second French Empire* (1898).

11. *Cambridge Modern History*, Vol. XI, *Growth of Nationalities* (1909).

12. *Histoire générale*, Vol. XI, Ch. V–VIII, XIII, XXI, XXII.

13. Constantin Bulle, *Geschichte des zweiten Kaiserreiches und des Königreiches Italin* (1890).

14. Sir Edward Hertslet, *The Map of Europe by Treaty*, Vol. II, *1828–1863*, and Vol. III, *1864–1875* (1875).

15. J. H. Rose, *Nationality in Modern History* (1916).

路易拿破崙與法國第二次帝國：

1. F. A. Simpson, *The Rise of Louis Napoleon* (1909).

2. H. A. L. Fisher, *Bonapartism* (1908).

3. F. H. Cheetham, *Louis Napoleon and the Genesis of the Second Republic: being a Life of the Emperor Napoleon III to the Time of his Election to the Presidency of the French Republic* (1908).

4. Archibald Forbes, *The Life of Napoleon the Third* (1897).

5. *Memoirs of Dr. Thomas W. Evans: the Second French Empire*, ed., by E. A. Crane (1905).

6. Blanchard Jerrold, *The Life of Napoleon III derived from State Records, from Unpublished Family Correspondence, and from Personal Testimony*, 4 vols. (1874-1882).

7. Victor Hugo, *The History of a Crime*, and *Napoleon the Little*, English translations in several editions, bitter arraignments of Louis Napoleon.

8. N. W. Senior, *Conversations with Distinguished Persons during the 2nd Empire from 1860 to 1863*, 2. vols. (1880).

9. *Life and Works of Louis Napoleon*, 2 vols. (1852), an Eng. trans. of some of his most important writings.

10. H. Thirria, *Napoléon III avant l'empire*, 2 vols. (1895-1896).

11. A. L. Guérard, *French Prophets of Yesterday: a Study of Religious Thought under the Second Empire* (1913).

12. Pierre de La Gorce, *Histoire du second empire*, 4th ed., 7 vols. (1896–1905).

13. Taxtile Delord, *Histoire du second empire*, 6 vols. (1869–1875).

14. Georges Weill, *Histoire du mouvement social en France, 1852–1910*, 2d ed., (1911), Ch. I–VI.

15. P. L. Fournier, *Le second empire et la législation ouvrière* (1911).

16. Émile Levasseur, *Histoire des classes ouvrières et de l'industrie en France de 1789 à 1870*, Vol. II (1904), Book VI.

17. Jean Jaurès (editor), *Histoire socialiste*, Vol. X by Albert Thomas, *Le second empire* (1907).

18. Maurice (Comte) Fleury, *La société du second empire*, 3 vols. (1911), On the *coup d'état* of 1851.

19. Eugène Ténot, *Paris in December, 1851*, Eng. trans. by S. W. Adams and A. H. Brandon (1870).

20. J. Tchernoff, *Associations et sociétés secrètes sous la deuxième république, 1848–1851* (1905).

21. By The Same Author, *Le parti républicain au coup d'état et sous le second empire* (1906).

22. Georges Weill, *Histoire du parti républicain en France de 1814 à 1870* (1900).

23. A. W. Kinglake, *Invasion of the Crimea*, 9 vols. (1863-1901).

24. Émile Bourgeois and É. Clermont, *Rome et Napoléon III* (1907)

25. The Contemporary Account of Napoleon's Colonial Policy in Jules Duval, *Les colonies et la politique coloniale de la France* (1864), P. F. Martin, *Maximilian in Mexico: the Story of the French Intervention, 1861–1867* (1914).

26. Henry Berton, L'*évolution constitutionelle du second empire* (1900).

27. Émile Ollivier, *L'empire libéral*, 17 vols. (1895–1914).

28. Samuel Denis, *Histoire contemporaine: la chute de l'empire, le gouvernement de la défence nationale, l'assemblée nationale*, 4 vols. (1897–1903).

意大利政治上之統一：

1. Bolton King, *A History of Italian Unity, 1814–1871*, 2 vols. (1899).

2. Evelyn (Countess) Martinengo-Cesaresco, *The Liberation of Italy, 1815–1870*.

3. R. S. Holland, *Builders of United Italy* (1908), brief essays on Gioberti, Mazzini, Garibaldi, Cavour, and Victor Emmanuel II.

4. J. A. R. Marriott, *Makers of Modern Italy, Mazzini—Cavour—Garibaldi* (1889).

5. W. R. Thayer, *The Life and Times of Cavour*, 2 vols. (1911).

6. Evelyn (Countess) Martinengo-Cesaresco, *Cavour* (1898).

7. Pietro Orsi, *Cavour and the Making of Modern Italy, 1810–1861* (1914) in "Heroes of the Nations" Series.

8. William de La Rive, *Count Cavour: Reminiscences, Life and Character*, Eng. trans. (1862).

9. F. X. Kraus, *Cavour, die Erhebung Italiens im neunzehnten Jahrhundert* (1902).

10. Nicomede Bianchi, *La politique du comte Camille de Cavour de 1852 à 1861, lettres inédites* (1885), Luigi Chiala, *Lettere edite ed inedite di Camillo Cavour*, 2d ed., 10 vols. (1883–1887).

11. *Autobiography of Giuseppe Garibaldi*, Eng. trans. by A. Werner, 3 vols. (1889).

12. G. M. Trevelyan, *Garibaldi and the Thousand* (1909) and *Garibaldi and the Making of Italy* (1911).

13. G. S. Godkin, *Life of Victor Emmanuel II, First King of Italy*, 2 vols. (1879).

14. H. C. Wylly, *The Campaign of Magenta and Solferino* (1907).

15. H. R. Whitehouse, *Collapse of the Kingdom of Naples* (1899).

16. Raffæle de Cesare, *The Last Days of Papal Rome, 1850–1870*, abridged Eng, trans. by Helen Zimmern (1909).

17. Enrico della Rocca, *The Autobiography of a Veteran, 1807–1893*, Eng. trans. ed., by Janet Ross (1898).

18. *The Birth of Modern Italy*, ed., by the Duke Litta-Visconti-Arese (1909), memoirs of Jessie White Mario, an enthusiastic friend and admirer of Mazzini and Garibaldi, prejudiced against Cavour.

德意志政治上之統一：

1. G. M. Priest, *Germany since 1740* (1915), Ch. IX, X.

2. E. F. Henderson, *A Short History of Germany*, new ed., (1916), Vol. II,

Ch. IX, X.

3. Ferdinand Schevill, *The Making of Modern Germany* (1916), Ch. V.

4. Wilhelm Müller, *Political History of Recent Times, 1816–1875*, Eng. trans. by J. P. Peters (1882), Ch. XV–XXVI.

5. *Cambridge Modern History*, Vol. XI (1909), Ch. XV, XVI.

6. Henri Lichtenberger, *Germany and its Evolution in Modern Times*, trans. from French by A. M. Ludovici (1913), Book II, pp. 65–137.

7. J. W. Headlam, *Bismarck and the Foundation of the German Empire* (1899), in the "Heroes of the Nations" Series.

8. G. B. Malleson, *The Refounding of the German Empire, 1848–1914*, new ed., (1914).

9. Heinrich von Sybel, *The Founding of the German Empire by William I*, Eng. trans. by M. L. Perrin and Gamaliel Bradford, 7 vols. (1890–

1898).

10. Wilhelm Maurenbrecher, *Gründung des deutschen Reiches, 1859–1871*, 4th ed., by W. Busch (1911).

11. Hans von Zwiedineck-Südenhorst, *Deutsche Geschichte von der Auflösung des alten bis zur Errichtung des neuen Kaiserreiches, 1806–1871*, 3 vols. (1897–1905).

12. Wilhelm Oncken, *Das Zeitalter des Kaisers Wilhelm*, 2 vols. (1890–1892).

13. Ottokar Lorenz, *Kaiser Wilhelm und die Begründung des Reichs, 1866–1871*, 2d ed., (1902).

14. P. Klœppel, *Dreissig Jahre deutscher Verfassungsgeschichte, 1867–1897*, Vol. I, *Die Gründung des Reichs und die Jahre der Arbeit, 1867–1877* (1900).

15. Ernest Denis, *Le fondation de l'empire allemand, 1852–1871* (1906).

16. Sir H. M. Hozier, *The Seven Weeks' War: its Antecedents and its Incidents*,

2 vols. (1867).

17. Heinrich Friedjung, *Der Kampf um die Vorherrschaft in Deutschland, 1859–1866*, 2 vols. (1897–1898).

18. Ludwig Hahn (editor), *Zwei Jahre preussisch-deutscher Politik, 1866–1867* (1868) and *Der Krieg Deutschlands gegen Frankreich......die deutsche Politik 1867 bis 1871* (1871).

19. *Memoirs of Prince Chlodwig Hohenlohe-Schillingsfürst*, Eng. trans. by G. W. Chrystal, 2 vols. (1906).

20. Munroe Smith, *Bismarck and German Unity*, 2d rev. ed. (1910).

21. Charles Lowe, *Prince Bismarck* (1899), an abridgment of the same author's longer work *Prince Bismarck: an Historical Biography*, 2 vols. (1885).

22. Erich Marcks, *Bismarck, eine Biographie*, Vol. I is entitled *Bismarcks Jugend, 1815–1848* (1909).

23 Paul Matter, *Bismarck et son temps*, new ed., 3 vols. (1914).

24. *Prince Bismarck's Letters to his Wife, his Sister, and Others, from 1844 to 1870*, Eng. trans. by Fitzh. Maxse (1878).

25. *Geschichte des Fürsten Bismarck in Einzeldarstellungen* (1907 *sqq.*).

關於 1848—1871 之奧匈可參看下文第二十四章書目：

1870—1871 之戰爭：

1. *Cambridge Modern History*, Vol. XI (1909), Ch. XXI, a compact account by Sir J. F. Maurice.

2. J. H. Rose, *The Development of the European Nations, 1870-1900*, Vol. I (1905), Ch. I–IV.

3. Lord Acton, *Historical Essays and Studies* (1907), Ch. VII, VIII.

4. Émile Ollivier, *The Franco-Prussian War and its Hidden Causes*, trans. by G. B. Ives (1912).

5. George Hooper, *The Campaign of Sedan, August-Se ptember, 1870*(1914).
6. Lonsdale Hale, *People's War in France* (1904), based on Fritz Hönig, *Der Volkskrieg an der Loire im Herbs 1870*......, 8 vols. (1893–1897).
7. Arthur Chuquet, *La guerre de 1870–1871* (1895).
8. Jean Jaurès, *La guerre franco-allemande, 1870–1871*, in Vol. XI (1908) *of the Histoine Socialiste*.
9. Edmond Palat (pseud. Pierre Lehautcourt); *Les origines de la guerre de 1870: la candidature Hohenzollern, 1868–1870* (1912).
10. The Same Author, *Histoire de la guerre de 1870*, 7 vols. (1901–1908), 1870, and the briefer *Guerre de 1870–1871*, 2 vols. (1910).
11. Hellmuth von Moltke, *Franco-German War of 1870–1871*, Eng. trans. by Clara Bell and H. W. Fischer, 2 vols. (1891).
12. Albert Sorel, *Histoire diplomatique de la guerre franco-allemande*, 2 vols. (1875

13. Antonin Debidour, *Histoire diplomatique de l'Europe, 1814–1878*, Vol. II (1891), Ch. VII–X.

14. Moritz Busch, *Bismarck in the Franco-German War, 1870–1871*, Eng. trans. 2 vols. (1879).

15. *Bismarck's Letters to his Wife from the Seat of War, 1870–1871*, Eng. trans. by Armin Harder (1903).

16. *Diaries of Emperor Frederick during the Campaigns of 1866 and 1870–1871*, Eng. trans. by F. A. Welby (1902).

17. E. B. Washburne, *Recollections of a Minister to France, 1869–1877*, 2 vols. (1887).

18. The Same Author, *Franco-German War and Insurrection of the Commune* (1878).

19. E. A. Vizetelly, *My Days of Adventure: the Fall of France, 1870–1871*(1914).

第二十一章　近代歐洲史上之社會的因素一八七一——一九一四年

歷史『分期』之危險

注重歷史之『分期』，恆不無危險，此蓋有種種顯著之因：（一）特定時期之標名，無論其如何適當，終僅能注重彼時各種事實中之一種要素，可因此而昧於其他同樣重要之特徵。（二）任何時期之根源，恆遠在以前各時期之中，決不能任意使之分離而於其生機無害。因此前章雖曾注重『民族主義』之理論，然『民族主義』決不能完全解釋一八四八至一八七一年之多種史實（如民治之發展，基督教之廣佈，資本家之加富，以及雲石桌，黑胡桃器，襯圈女裾等之風行）。且『民族主義』亦非此時之新說，其根基實伏於拿破崙之稗史及所謂『博愛』之革命情感，其淵源則出於十六世紀所生之一種自覺，此皆吾人所明知者也。

分納歷史之巨流於小池細泊之中，其眞實之理由端在敍述之便利。就政治而論，『民族主義』對於一八四八至一八七一年歐洲歷史之形成，誠爲最有力之因數。但讀者心中須常將此種事實與當時科學，美術，宗教，社會之進步融會貫串，則於十九世紀一切人事之曲折艱險，更可了然矣。

吾人以一八一五至一八三〇年爲『梅特涅時代』，以一八三〇至一八四八年之特徵爲『民主改革與革命』，以一八四八至一八七一年之顯象爲『民族主義之發達』，此種標題應如何修正，現且姑置無論，今可斷然無疑者，卽約當一八七一年時至少在政治與政府方面實有一新時代開始，爲歐洲列強間之和平時代，歷時約四十三年，卽各國內政穩健發展之期，述其進展之方向與其普遍之性質，乃本章之目的也。

第一節　『仁慈中產階級時代』一八七一——一九一四年

一八七一至一九一四年全歐洲之政制

新時代中最要而著之政治事實，卽今日歐洲之一切政制，幾莫不創始於此期之初。德意志帝國與法蘭西第三次共和，皆以結束上期之戰爭始。一八六一年所宣告之意大利王國，直至一八七〇年，始得其領土上之完整。與大利帝國與匈牙利王國之雙重關係，及其立憲政治之最後確立，亦始於一八六七年。同年，英國之擴張選舉權及於工人，實爲其採行民主政治之濫觴。丹麥瑞典之後日代議制度，乃決於一八六六年之憲法修正。今日瑞士之根本法爲一八七四年之憲章，西班牙之根本法爲一八七六年之憲法。甚至今日土耳其帝國之立憲政制，亦不過取用其一八七六年所頒佈之計劃。希臘於一八六四年創立新朝而制定新憲，羅馬尼亞，塞爾維亞及門的內哥羅之獨立與保加利亞之自治亦皆於十九世紀之第七十幾年中得國際之明白承認。

法國革命主義之確實制勝

故在一八七一年以後，吾人所須敍述者乃政治上之一新歐洲，亦即法國革命要義業已制勝或似將制勝之歐洲也。自梅特涅為維也納會議之東道主，得與會各顯貴之合作，註一而漠視民族主義，抑制自由主義並嘲笑平等之說以來甫六十載，而梅特涅及其政治上之同派在一八一五至一八七一年中已迭受革命之壓迫與國際之戰爭，而同歸失敗，變為歷史上之陳迹。

民族主義

至一八七一年，法國大革命之勝利，卒已確定。自是而後，理想之政治組織單位，將永為一民族國家，即一民族集團，操同一之語言文字，有同一之風俗傳習，且無論是否合理，處處均自覺其『種族上之優秀』也。此之謂至要之『民族主義』，此之謂新愛國主義，此之謂博愛主義之邏輯的結果，乃革命家所宣傳，知識階級所主張，而舉世所懷抱者。

立憲主義

又自是而後理想之政治生活，其組織方法應為立憲主義，此即言一切國家之國民，皆應深切

註一　惟一之例外即為俄皇亞力山大。一八七一年以後，歐洲君主中之極力反對革命主義者，又惟有俄皇，此亦一奇事也。

了解其政府無論爲君制抑共和爲集權抑聯邦爲內閣制抑總統制，均不得限制人民某幾種固有之權利與特權。同時又應了解政府所有之權力只能由國民依法選舉之代表行使之。此乃『自由』之成功實革命家所懷想，自由黨所宣傳者也。

中產階級之優勢

至於『平等』則一八七一年以後，事實上所盛行者與百年前法國中產階級在理論上之所主張者最相似。此種平等在反對古代之地主貴族與羅馬教或新教教士之一切特權而使實業家及專門人才在社會上得與教士地主平等，至對於一般民衆則不過保證其法律上之平等及理論上的人權之平等而已。一言以蔽之，此種平等實處處表示中產階級在經濟，智力及社會上的優勢，決非經濟上之平等，甚至尚不能謂爲機會上之完全平等也。

一八七一至一九一四年中產階級之特性

因此一八七一年以後，實中產階級革命成功之時。此時之政治原理與實際，大抵係承襲一七八九年法國中產階級之所舊有者。此時之政治家卽使非由中產階級出生，但論其同情，實皆屬於中產階級，其大部分之立法，固俱在爲中產階級（卽商人與『工界鉅子』）謀利益也。

就社會方面而言此時代爲產業革命之結果

吾人如以此種新時代不但爲法國革命在政治上之結果，且爲產業革命在經濟上之結果，則對於此時代之具有中產階級的特性，自不難於解釋矣。

當彼重要之一七六八年時，阿克來卽已

設其最初之動力廠於諾丁南，是後工廠制度日益進步推廣，決不爲梅特涅之失敗與拿破崙第三之投機，及加富爾與俾斯馬克之崛起等事所掩。自彼時至一八七一年以後，舉凡旋轉不休之輪盤，布廠中至多至速之紡筵，動作不息之布機，忽起忽落之巨錘，悉常賴水汽之力以轉運。工廠之興，匪獨在英爲然，自一八一五年以後，其在法國，意大利，德意志及尼德蘭諸城中，甚至在黑普斯堡帝之領內，亦如雨後春筍，紛紛設立。萊因河沿岸與威爾士地方同有洪爐，時噴朦朧之烟，比利時，法國，巴華利亞亦俱有黧面礦工鑿無底之井以探不盡之煤。蒸汽車頭則繼續侵入新地，以其鳴鳴之聲，擾鄉村之寂靜，以其彌漫之煙汙蒼蒼之天空。鐵路則如一大網，蔓延於法，比，越阿爾卑斯之山徑，下抵萊因與波河流域，橫貫普魯士與大利，通過荒涼不毛之俄羅斯平原與西伯利亞沙漠，而抵東方之古市（鐵路實爲新時代之新商路）。

吾人苟不忘此等工廠，礦山，鎔鐵爐以及鐵路，皆爲中產階級資本家之個人或公司所有，則當了然於此種勢不可當的產業革命之社會影響矣。通常稱爲「工廠制度之始祖」的阿克萊實亦爲廠主之始祖，其族類蕃殖極強，無慮數千——皆精明進取富有才智之自足自立的實業家也。此輩新興之實業家在俄國，意大利，匈牙利，正日增其社會上及政治上之地位，與在法英比利時諸國者正同。

近代除中產階級外尚有其他階級之存在

自一八七一年以來，歐洲各國有「中產階級的」國家之稱，然吾人決不可以爲此時貴族，教士，農民，工人等皆已消滅，或皆已變爲純然之中產階級也。其實此等階級至今日而仍存在，實構成各國人口之大多數，惟其經濟利益則益依賴中產階級耳。茲所敍述之時代所以爲中產階級的時代者，實因此輩在一切階級中最有勢力也。

其他階級對於中產階級之關係變更

中產階級之興起（此乃一長期之進展，始受商業革命之栽培，繼得法國大革命與產業革命之激勵，而終於十九世紀之後半期登峯造極），實大有影響於一切社會上之他種舊階級之命運。

貴族

往昔之地主貴族，乃因此而漸行革新，彼輩曩曾以其土地獨佔權自豪，而鄙中產階級爲卑賤之商賈，今則深知其土地之所入，不能與資本家在工廠鐵路礦山中所得之利相侔，遂開始投其餘資於工商業之股票，遷居城中，作大特許公司之董事，而反以其土地爲次要之資產，多留爲獵場，以供其個人之遊樂。另一方面則有極富之中產階級購買貧乏貴族之大產，有時且捐買貴族之封號。於是地主貴族與從事工商之中產階級，遂漸合而爲一。昔日此二階級之競爭，當爲英，法，西班牙，尼德蘭，德意志，意大利諸國大部分社會史上之特徵，今此二階級在一八七一年以後之聯合，實預示社會進化之另一新性質，此在歐洲各國各地情形並不一致，亦與他種現狀相同，大凡產業革命最顯著之處，貴族與中產階級之合作亦最爲一致，此殆可視爲一般之定理也。

農民

農民，工匠，日工等，亦皆爲此新興中產階級之財富所支配，其方式則各有不同。彼殷實獨立之農民，如在法國所常見者，則開始慎用其微薄之儲蓄以買股票或債劵，因此而亦與資本制度發生共同關係，對於國家之任何行動可以危及其投資或減少其紅利者，則聯合貴族與中產階級以反對之。彼不能充分自立之農民，如英國鄉間之多數勞動者，則漸知其工資與其地主在營業上及城市交易所之盈虧，不無關係，遂亦自認其本身之幸福繫於他人之繁榮。彼感受農業生活之

工匠

困苦而欲作工廠中以謀救濟之農民，則由木匠，墁匠，鉛匠，裁縫及集中城市之苦力與廠工之處得悉以傭資爲生之工人，無論在城在鄉，其能否自給，悉依金融現況及商場上供求之情形而定，股票之暴跌，可使千萬之工人忽然失業，一般人之生計，實俱以中產階級之繁榮爲轉移。李嘉圖(David Ricardo，一七七二——一八二三）與馬卡羅克(J. R. M'Culloch，一七八九——一八六四）皆在學術方面對於中產階級之主義有貢獻者，自二氏在其經濟之名著中力言工資出於資本以來，凡大學教授及議會議員，競告群衆，謂其生計皆爲此一階級之恩賜。此種意見得是

中產階級之唯物主義

輩有權威者之贊助獲勝甚速。中產階級心中自皆抱此種見解，即彼稍有賴於大資本家之專門業者亦然。此種意見復以報章之宣傳尤因生活艱苦之經驗而漸次灌輸於下層階級之中。因此竟至一切國民，初無階級之殊，一若其第一種義務，即在促進工商業而使中產階級之資本家得以增其財富。此種論證，愈推愈遠，甚至多有認營業之繁榮，爲民族愛國主義之目的者。歐洲之下層階級，對此平庸之說，尤爲易於承受，蓋彼輩偶見其同階級中曾有崛起而爲工界之鉅子者，且更信但能勤儉誠謹，必可扶搖而上，此即彼業已興起的中產階級之所謂「機會均等」者也。

中產階級對於法國革命主義之熱心

中產階級在經濟上既佔優勢，則其誠心擁護法國大革命時之民主政治學說，實爲可能，而且有利。蓋「自由」可保證彼輩種種重要之個人權利，如私產之基本權利，即其著者。且「自由」注重代議政治，可使彼輩儘能參預法律之制定與執行，但能使古典派經濟學者之工資學說繼續有勢，則雖以成年男人之普選權取悅於下層階級，於彼輩亦無大損。「平等」則比較空泛，在現時仍爲一種理想上之法律平等與假定之機會平等，在將來則希望平等理想之可因民衆教育之普及與財產及人類效率之增加而更易實現。惟有「博愛」，則最關重要。強烈之民族愛國主義，其本身既有價值，有時且能分散對於經濟不平之注意。博愛既能使全體國民聯合而忠於一

一八七一至一九一四年之特色

種光榮之情感又足以使一國之中產階級在工商業上能與他國之同一階級相競爭，故法國革命主義之勝利係因中產階級之勝利而確定，實無足怪。

吾人現可綜述一八七一至一九一四年歐洲史上三種主要之時代性：（一）就政治上言，當此時代之初，一切國家幾莫不開創新政，維持至今。（二）就社會上言，此時代之特徵爲中產階級之佔優勢（此種優勢直接基於產業革命之經濟基礎，而深刻改變他種階級之活動與雄心）。（三）再就政治上言，此時代之特徵，爲法國革命之三大主義以中產階級之提倡得勢，即（甲）個人自由，（乙）立憲主義此包括代議政治在多數國家內並包括成年男人之普選制，及（丙）民族主義也。

關於本期之歷史，欲在一章之內，亦如對於前此各期之歷史敍述稍詳，實不可能。其理甚簡。第一，此爲一甚長之期——凡四十三年。第二，歐洲列強之相互關係在本期實爲不斷之和平，無大軍事行動，如拿破崙之事業或一八七一年前民族主義之發達，足以用作一統一之題目。第三，本期全歐之內政發展，亦無一共同之點（無舉世無雙之人物如梅特涅者，無普偏之事變如產業革命者，亦無蔓延迅速之運動如一八四八年之政治革命者）。最後，歐洲之大多數國家因四十三年的和平而發展之內政，牽涉甚廣，應詳加研究。

故本期之主要事實，其關於歐洲之內政者，當於下五章中分國述之。此等事實之重要，不惟限於本期，且遠及於未來，故五章之篇幅並不過多（一章敍大不列顛與愛爾蘭，一章敍拉丁歐洲，一章敍條頓歐洲，一章敍俄國，一章敍土耳其帝國之分裂）。一八一五至一八三〇年之事，可於梅特涅一章中見之，今自一八一七至一九一四年之事，則須總此五章以述之。

本章之目的，僅在指示此期中歐洲各國歷史上幾種顯著之類似點，對於某幾種問題之勢將以新方式震撼及擾亂各國政府者（即政教關係與社會主義之勃興），亦予以較詳之說明。

以下五章敍述各國之歷史，其細節迥乎不同。但有幾種普遍之事實則不免層出迭見。本期之主要特性前已提及者（即中產階級在經濟，社會，智能，政流上之優勢，及民主政治，民族，愛國主義諸原則之迅速進展），在歐洲各國新創之政府下幾乎莫不表現。此等主要之因數，本各導源於產業革命及法國之大革命，但欲徹底了解此一時期，則僅記憶此等因數，尚無濟於事，須更注意其普通之具體表現，此則吾人或可稱之為次要之特性。

一八七一至一九一四年之次要特性，殆不難求得而總述之，以下所舉，或即爲其最要者。

一八七一至一九一四年之實際的成功

(一)爲直接利於私營工商業之立法，如秩序與安寧之維持，利於公司之法規，私產免受任意沒收之保護，私人營業受法律之輔助與政府之津貼。 政府獎助私營實業之舉，稍欠直接者，則於下列(二)至(五)諸項中可以見之。

(二)爲稅制之整頓，力除對於營業利益之損害。 此舉實包含進口關稅之逐漸增加，時大陸諸國，幾悉行此，其公認之目的，在謀收入，並保護本國之產業，以防外國之競爭。 重要國家中之能保留前期盛行之自由貿易制度者，惟有英國。 英國之所以仍採此制，而置彼少數人之堅決抗議於不顧者，蓋一則因其工廠所需之原料較多，一則因其工業在世界上仍居首位也。 政策無論爲保護關稅，抑爲自由貿易，其最能促進工業階級之繁榮者，則採用之。

(三)爲商船之非常發達。 此時以航運著者，不獨爲英國之船，並有法、德、意大利、希臘、尼德蘭、挪威諸國之船。 在多數國家中，商業之發展均受政府津貼之鼓勵。

(四)爲新帝國主義時代。 此時實業家之希得新區域以投其餘資，冀獲新市場以銷其餘貨，實與眞正之民族希望一致，俱欲盡其所能，以使其特殊之國旗飄揚於大地之上，是爲民族帝國主義，即歐洲各政府得民衆之助，競事瓜分地球之行動也。 當一八七一至一九一四年中，在此種民

族帝國主義激勵之下，歐化全世之舉乃大有進步，實爲美洲發現後數百年來所僅見。註一

（五）爲軍國主義。此四十三年中，雖爲和平時代，然歐洲大小各國，莫不維持強大之海陸軍，備爲前此世上所罕見。此固屬前一時期國際競爭之結果，亦爲當代民族愛國精神之保證，實大多數中產階級之所積極贊助。蓋彼輩視此爲維持資本制度之保證，以爲此乃一種國家保險，可賴以防制他族之攻擊其殖民地及工商業也。關於此事有尙須說明者，即本期外交上之主要努力，已不復如前謀張王室之勢力，乃在圖營業之進展。註二

（六）政治制度逐漸向民治之途徑演進。屬於此項者，有全球現行之成文憲法相繼出現，有王權之減少與議會職務之增加，有成年男人普選制之幾乎實現，有婦女選舉權之激烈運動的開始，有瑞士之試行創制與複決權，有比利時之試行比例代議制。可注意者，即中產階級對於此等政治上之讓步，非惟不力謀抵制，而反時加鼓勵。蓋中產階級僅以維持其經濟之優勢爲足，在他方面，固肯慷慨自貶也。且整個之中產階級仍能保持其文雅，開明與仁慈之舊習。以下（七）

註一　『民族帝國主義』因其特別重要，特專於本卷第五編，尤其在第二十七至二十九諸章中詳述之。

註二　本期之國際關係，略見於第三十章。

至（十）各項，即在說明此種事實，與第（六）項所述，同爲開明的中產階級種種仁慈之努力。

（七）爲義務的，民衆的，世俗的教育——此種企圖之開始進行，乃藉中產階級之提倡，以謀實現知識上之平民主義。學術與研究機關，俱得充裕之捐助。前此歐洲各國對於公立學校，所費之心思財力，蓋從未有如此其多者。當此期之末，受教育者百分率之提高，與未受教育者百分率之減低，已爲國際競爭之一新鵠的矣。

（八）爲中產階級益知保障下層階級物質幸福之必要。現在劃化除廠主工人之舊仇，而代以社會團結之意識之事日益增多。深思之實業家，已知工人階級苟飽食身健，而頗得滿足，則其勤奮實可增加社會的效率，決不至使之減少。政治家亦知多數工人階級之強健與忠順，關於其國家之軍力至爲重要。自俾斯馬克在德國開始採行種種顯著之政策以後，歐洲各國恆以多數中產階級之贊助，先後設法保障下層階級最低限度之物質幸福，如工廠礦山之法規，工會之認爲合法，疾病，死亡，災害，失業等項之國家保險，特種工業之工資最低率，城市之佈置，貧民住宅之檢查，免費之醫治，皆是也。

（九）爲科學之繼續進步，尤其爲生物學，地質學，及應用科學等（此種進步深受殷富資本家之鼓勵，而大有補於全世界之實利）。 此種進步中之幾種主要事實，間接頗與政治有關者，當卽於本章述之。

（十）爲對於宗教之漠視與政教分離之趨勢。 此種趨勢又無往而不爲大多數之中產階級所贊助，蓋彼輩之反對『教士主義』，正如其提倡科學，同由於傳習也。

與一八七一至一九一四年時代精神不合之要素
一、「教士黨」
二、「社會黨」

上述十種特性在一八七一至一九一四年歐洲各國歷史上，幾皆見之，此實表示產業革命之勢力無往而不與法國革命之勢力互相聯合。 但吾人又可看出此時亦頗有反對中產階級之優勢，及深印於此時代之幾種趨向與特性者。

反抗勢力大都出於兩種集團，而此兩種集團因其性質各有所偏，自始卽互相齟齬。 （一）爲熱心之基督教徒，尤其爲羅馬教徒，此輩初無社會階級之分。 （二）爲社會黨，此黨領導之人，其門閥環境雖有時屬於中流社會，但黨員究多來自工人階級。 一八七一年以後，歐洲各國，或將英國除外，其大部分之歷史，俱爲多數之中產階級及其黨與之努力撲滅反抗，有時爲羅馬教徒，有時爲社會黨人，有時則欲同時撲滅二者。 今欲明反抗之因及其相爭之力，莫如先將歷史上新近之幾種進步在此處加以說明，姑先述羅馬教之進展，再敍社會主義之發達。 至於此時科學上及

他種智能上之進步，亦可偶爾涉及，並無不合。註一

第二節　基督教與政治

歐洲名義上仍爲「基督教的」歐洲實際上而且根本上已依宗教而分裂

當十九世紀之後半期，全歐仍與以前相同，實可稱爲「基督教的」歐洲。註二　一則因其大多數人民之道德觀念與共同習慣，多得自歷史上之基督教，一則因其人民至少關於人生之要事，如死亡婚嫁恆用基督教教士之儀式。但其信仰及實行基督教之程度，實大相懸殊。在一極端，則有有思想者攻擊一切默示的宗教（基督教自包括在內），視之爲人類原始與愚昧狀況中一

註一　此處須加申明者，即本章以下之各節，並非欲詳述十九世紀基督教或自然科學之進步，僅說明背景，以便易明近代歐洲多數國家中「教士黨」與「反教士黨」之劇烈衝突而已。此等衝突，在美國一般大學生觀之，或以爲奇，但欲眞解今日歐洲各國之歷史，非先曉然於此不可。同時因美國與歐洲有種種社會上之差異，故美國大學生須知在本國之最近史書中不可常用歐洲所特有之名詞，如「教士黨」與「反教士黨」，及「中產階級」與「無產階級」等。

註二　歐洲東南部之回教區域，及遍布歐陸之猶太人集團，自然除外。

種背理與迷信之遺跡，乃開明與進步時期中之一種時代的錯誤。在另一極端，則又有有思想者維護教會之教義，並力言背棄基督教之罪大惡極。在兩極端之間，則有一般羣衆對於基督教之究爲一種時代的錯誤，抑爲一種道德上之要件，卻漠不關心，而對於具體問題，則恆依其宗教或政治上不同之成見以作左右袒。大概此種情形，不獨在奉羅馬教之西班牙法蘭西意大利，奧大利爲然，卽在奉新教之斯坎的納維亞，德意志英格蘭亦同。

羅馬教諸國內之衝突較新教諸國爲烈

一爲教義

彼極端信仰宗教者（卽所謂教士黨）與彼極端反對宗教者（卽所謂反教士黨）關於兩點之衝突，在羅馬教的歐洲，較諸新教的歐洲更爲劇烈。第一爲關於教義者：羅馬教之本質，仍在堅信其教義爲基督授於使徒之種種不變的眞理，此等眞理卽欲使之『與時代調和』亦不能有所損益，且惟教士方能解釋之。另一方面之新教，則其主義之分裂，自路得加爾文克蘭麥時代以來，已繼續進展，路得當時之理想，現頗能見諸實行（卽私人判斷之權，與個人之純粹主觀行爲超乎教條），其結果凡奉新教之一切俗人教士，皆得自由以其所信之基督教與科學上最新之假說或政治上最近之實驗相調和。一言以蔽之，就教義上言，羅馬教主義爲不妥協的與教士的，而新教主義則爲調和的與嚴格之個人主義的。

二、爲組識

第二爲羅馬教與新教之組織有一重要之區別。新教主義實際爲個人主義，故依其本性從未能演成強有力之教會組織，卽有任何組織，亦係純以民族爲範圍之教會在行動上完全服從世俗政府。反之羅馬教主義則顯有國際性質，有一反對國家之教皇，有一條理井然之教會政制，幷有一種言所欲言之權威的態度，故對於世俗國家之主權，恆爲一種可能之障礙。因此彼不信宗教之政治家對於有組織之新教主義尙可置之不理；至對於教皇之詛呪，則恆有防制之必要焉

歐洲宗教之分裂爲政治與心態上之分裂

適當一八七一年之前，在羅馬教的歐洲，有兩種勢力正肆活動，以擴大教士黨與反教士黨之裂痕，且與後者以利用羅馬教國內民衆之具，使彼輩隱與羅馬教會爲敵。此二勢力一爲政治的，一爲心靈的。吾人對之均應加以特別之討論。

羅馬教會之反對法國大革命

第一種困難，爲羅馬教會對於十九世紀之新政治趨勢，明示不願，至少決不肯正式贊助。吾人苟回憶法國大革命對於羅馬教教士之影響（卽其特權多被剝奪，其財產多被沒收，其僧院學校及慈善機關大加減少），則可知其一致堅決反對革命主義，實不足怪，且亦可以了然於彼教會官吏何以自教皇以下俱歷時甚久而仍痛詆個人信仰之『自由』及一切宗教之『平等』，與危及教會國際性之『博愛』矣。其結果已明見於十九世紀前半期之歷史，卽羅馬教教士在歐洲

各國之政治上概爲保守黨，彼輩且能得舊式地主貴族與農民，及彼重視宗教勝於自由之例外的中產階級與工人爲同黨。大抵羅馬教會之內部因種種政治原因，似已明現一種社會的裂痕，蓋中產階級實全傾心於法國之革命主義，而多數工人亦冀此等主義之實現可以改良其境遇也。

『自由派的羅馬教徒』之欲調和羅馬教主義與法國大革命

此種分裂因有一種『自由派的羅馬教徒』(Liberal Catholic) 之運動，而有暫時停止之望。前已指出教會主要之目的，在爲來世超渡靈魂，故現世政府之體制，於教會殊屬無關重要，實際上民主制度較之君主專制，或更適於其使命之履行。此種推理，乃因教皇之態度而愈益確定，蓋人民主權已認爲悖於神意，教皇因此亦從未加以明斥也。鄂康尼在英國及拉馬丁與其同志在一八四八年法國革命運動中之實際活動，對於『自由派的羅馬教主義』同有促進之功。當一八四六年丕亞士九世註一初任教皇之時，此派似可即獲勝利，因彼不惟以虔誠與仁愛著稱，且人頗疑其傾向自由主義也。

丕亞士九世時代之反動性質，一八四六至一八七八年

但一八四八年革命騷動中之暴行，與教皇本人是年對於瑪志尼派之共和主義所得之經驗，實使彼變更其政略，自由派的羅馬教主義遂因此大失信用。丕亞士九世自是年起迄一八七八

註一 即瑪斯徠佛列瑞（Giovanni Maria Mastai-Ferreti，一七九二——一八七八）。

一八六四年之大注意通諭與謬說表

年逝世時止，均力排新制（卽當時全歐所了解並力求實行之自由平等與民族主義）。彼以羅馬教全體教士之助，對於當時各處中產階級與多數工人所主張之行爲力加攻擊。彼擁護反動主義，頗告成功，致西班牙與奥大利之保守政府咸與之簽定宗教條約（一在一八五一年，一在一八五五年），復教會舊有之特權。在英格蘭（一八五〇年）與荷蘭（一八五三年），彼復恢復羅馬教之教會政治，以鞏固其組織。當此期中，彼屢發教敕以詆斥新社會政治制度，其最著者爲大注意（Quanta Cura）通諭及附見之謬說表（Syllabus of Errors，一八六四年）。

通常之見，咸以爲世俗國家對於其領土內一切事務，有最高之權力，且各國在道義上均應使宗教自由今教皇在其通諭中，不惟對此加以詆斥，且力持舊說，謂羅馬教國應以教權之完全獨立與信仰之強制統一爲其基礎。凡政治上宗教上之學說爲其所詆斥者，概以簡式述之於『現時主要謬說』一表中。其所詆斥之方面甚廣：有自由思想家及不語怪神之人（agnostics），蓋以其將破壞教會也。有漠不關心之人，蓋以其將剝奪教會之正式特權，而使之降於私人自由結社之狀況也；有贊成宗教之中立或平等者，蓋以其將確立世俗的婚姻與學校也；有贊成世俗主權者，蓋以其將廢棄宗教法庭與強制宣誓，而限制教士與羅馬發生關係，以使之國民化也。此外尚有反對教皇之世俗權力者，甚至自由派的羅馬教徒亦在其內，蓋以其將容許宗教上之自由也。

羅馬教會在政治上之反對者

其時雖有法國著名之主教兼自由派的羅馬教黨之領袖杜班盧著書以爲謬說表辯護（以謬說表爲防制新意大利王國迫害教會之武器，意僅在詆斥普遍之革命及近代自由之流弊），其書且受丕亞士九世及其他羅馬教主教六百人以上之嘉許，然彼贊成法國之革命主義者及擁護新民族主義者，終利用一八六四年之謬說表及通諭以爲攻擊『教士主義』之理由。彼造成意德統一及在法西鼓吹民主政治之政治家與強盛之中產階級，咸以『教士主義』爲新制之敵，輒以不愛國及非民治等名義加諸羅馬教會，而藉以博得工人階級之贊助。

教廷會議（一八六九——一八七〇）與教皇無誤之教旨

不久又有教廷會議（Vatican Council 一八六九——一八七〇）與人以攻擊『教士主義』之機。自三百年前脫蘭德會議以後，此實羅馬教會之第一次大會，乃丕亞士九世所召集。莅會之教長近八百人，此次會議因不顧少數代表之反對，而正式批准教皇決無謬誤之教旨著名。教皇無誤之眞正意義爲『一神意默示之教旨，即當羅馬教皇用其教權而有所表示（即當教皇爲一切基督教徒之元首而履行其職務，藉其最高之教權以解釋一種全體教會所必須遵守之信仰或道德主義）之時，實得聖彼得之神助而具有彼決無謬誤之法力，蓋神聖之救世主願其教會有此特性以解釋信仰或道德也。且此等解釋之出自教皇者，其本身不變，初不賴教會之同意。如有擅自反對此種解釋者，當爲上帝之所棄，必爲受詛之人」。彼於一八七〇年承認此種教皇無誤說之神父初未嘗念及其自身乃創作一『新』教旨，彼輩固以爲此不過將教會自聖彼得及基督以來所已信仰者，加以解釋與確定耳；彼輩實鮮能自知其有背於數百年來所公認之慣例也。

反羅馬教會之發展速度

教皇無誤之說，旋卽引起反對。彼不語怪神者之嘲笑此說，與新教徒之斥此爲至無理，爲大不敬，皆屬意中之事。羅馬教之主教雖未有脫離教會者，而德意志與瑞士之俗人隨大學教授出教而另組一『舊羅馬教』(Old Catholic) 派者，爲數雖僅數千，然欲使多數有名無實之羅馬教徒不受彼抨擊教旨者之影響，實爲勢所難能。其時乃有數歷史家著書，以求證明過去之教皇實多有『謬誤』，論者僉以此說純屬新創，且顯與君士坦斯大會 (Council of Constance) 及歷年甚久之『法國教會之自由』相違。但最有力之打擊，則在政治方面。

「反教士的」政治家

政治家咸以教廷會議爲丕亞士九世之詭計，欲使全體教會官吏贊成其抵制自由與民族主義之政策；彼輩且以教皇無誤之令爲一種非常之圖，意在使教皇之地位超出一切世俗國家之上，而推行其『信仰與道德』於政治方面。此種恐怖漸至普遍，奧大利政府立卽排斥此令，乘此取消一八五五年之宗教條約。

註一 俾斯馬克旋亦開始其反普魯士羅馬教會之運動。甚至英國之格蘭斯頓（Gladstone），亦覺有著一小册發行國內以抵制教皇之偏執與幹政之必要。

一八七〇年教皇世俗主權之破壞

教廷會議之後意大利軍隊占領羅馬（一八七〇年），破壞教皇世俗主權之事接踵而起。是後丕亞士九世遂自動爲『教廷之囚』，對于自由主義與民族主義忿恨益深，蓋以新意大利王國所表現之此二主義實會剥奪上帝在人間的代表之權利自由及利益也。以後教皇最大之努力惟求在羅馬教國內組織保守派之教士集團，以慫恿其政府幹涉意大利而恢復其世俗權力。加入此等之教士集團者，自然即非彼富于理性之自由主義者，亦非彼富于情感之民族主義者也。

民治主義與民族主義之同與教士主義爲敵

就政治上言，丕亞士九世全部任期之結局，實令舉世深信凡熱心信從羅馬教主義者，即可變爲教士黨，而教士主義又不啻爲反民族主義與自由主義之代名詞，因此最多數之中產階級及多數之工人階級，在政治上皆痛斥之。

心靈上之紛亂

增加反教士黨之人數與議論者，并僅政治而已，尚有日漸增長之智識上的困難，吾人現須轉

註一 西班牙之宗教條約已爲新共和政府所取消（一八六九年）

而注意者，即此種難關也。

第三節　新科學

當丕亞士九世爲教皇，多數有名無實之羅馬教徒對於教士之政治趨向日益不滿之時，自然科學已有種種之進步，自多數特出之人物觀之，此等進步似與默示宗教以根本上之攻擊，而使基督教之基本教旨再無立足之餘地。

十九世紀科學之重要

實驗科學之大進步

『科學』確與產業革命，自由主義，民族主義等，同爲十九世紀最顯著之特色。自某幾種見地言，十九世紀科學之進步，雖不能若前述（註一）十八世紀科學進步之重要，但其影響則實更深且遠，此可在三方面證明之。第一，十八世紀既明白指示實驗科學之途徑，十九世紀則精敏之觀察者與堅苦之實驗者日益加多，循序漸進，以擴人類對於物質界之知識範圍。多數之化學家與物理學家則說明熱與光同藉以太中之微波而傳播，並發現電氣之性質及用途，闡明物體組織之原子論，確定熱力學之原理。多數之天算家則說明日星之性質及其歷史，完成牛頓所創之太陽系

註一　見上卷第十三章。

學說，或更創星雲說以說明太陽系之起源。生物學者則發明細胞與原形質諸說，以解釋生物之組織，并新創病菌爲疾病原因之細菌學。此等專政實驗科學者，與深究地質學植物學，動物學，古生物學者及彼專政較新之社會科學如語言學考古學人種學人類學比較宗教學者要皆壹義于觀察分類命名推理之業（彼輩正詳究十八世紀開始之事業）。彼輩亦若以前之科學家既專注意科學之研究，自鮮有餘暇或意向以注意于積極之宗教矣。

應用科學之廣被利用

第二，十九世紀多數科學之進步，與十八世紀之科學進步多不同，乃偏于應用方面，即以科學上之發現發明始于實用，以滿足人類之健康與安適也。欲備舉十九世紀之科學家對于今日日常生活之貢獻，當占一大章，若僅略述數事，則有電光，電動力，汽車，飛機，電報，電話，無綫電，照相術，電印法，留聲機，幻燈，活動影戲，混凝土之建築法，麻醉劑，免腐藥，外科術，衛生學，生色染料，及多種煤漿與橡皮之製造品，濾水法，及種植改良法等。註一 群衆心理不久即爲此種機械之成功所動，處處皆充滿對於科學之熱忱，以爲科學知識之實際應用，眞可擴至無限，人類在未來眞可毫無限制，以支配其物質環境，而善用之，以促進人類之進步。物質幸福既增高，其結果則往昔基督教之犧牲，

註一　應用科學與產業革命亦有密切之關系，見前第十八章。

忍受痛苦死亡等理想，似乎與此背馳，而且與此種『進步之時代』絕不相合。肉體之健康縱非人生最高尚之目標，然似乎較靈魂之救治更爲緊要。實際科學家之目標，顯在實利主義，其天國當在今世而不在來生。彼輩甚至有以爲犯罪與爲非，俱可藉外科術或科學教育以除之者。此等科學家並非十分反對基督教，但其事業所造成之普遍信仰與意見，則使非基督教之空氣日濃。新通行之實用哲學，實出於此等物質上的成功及其目的，此種觀念乃謂道德與宗教理想之價值一依其實際之效果（即試其『用』途）而定

進化論與理論科學之流行

但在十九世紀中，實致力於實驗者之漠視宗教，甚或彼實際發明家之蔑視宗教，其爲害於基督教，均未若第三種科學家之甚——進化論者及其理論之闡明者與傳播者。此輩直接間接使聖經上之事實發生疑問，即對於一切歷史上之基督教（羅馬教與新教）最後所依據之聖經，亦懷疑其是否合於歷史也。彼輩之人數特多，不能一一敘述，但聲名甚著亦不能以一語了之。今略述其中最著名之少數人物，或可說明其貢獻之一般的性質。此輩重要之成就，從時間上言，幾悉在數學，在十九世紀內，此亦一湊巧之事，殊堪注意也。

漢波特

第一爲漢波特（Alexander von Humboldt 一七六九——一八五九），註一乃一博物學

者兼旅行家彼遠遊南北美洲其旅行實大有益於地文氣象諸學故其在歐洲當日之名望僅次於拿破崙。一八四五年彼年已七十有六始發表其宇宙論（Cosmos）之第一卷是書於此後十三年中完成將十八世紀及十九世紀前半期科學上之一切成就彙集而調和之以明示複雜之自然界中仍有最高之統一性。宇宙論既爲一有用之科學叢書復爲一種想像豐富之宇宙觀念其內容贍文筆生動用能風行於世。是書半爲科學半帶哲理對於自然界以外任何權力之存在縱未加以駁斥確概置諸不論故其傳佈惟物觀於中產階級知識分子之中實有大力。註二

來伊爾

新地質學

第二爲來伊爾（Sir Charles Lyell 一七九七——一八七五）乃地質學中之革命者也。彼密察當時之地質變狀（如火山之噴出鎔岩河流之侵蝕沿岸沈澱地層使之自然變成沙石地震之令岩石發生層斷植物之構成煤層於將來陸地之此升彼降等）而得一結論謂地球之所以

註一 亞力山大漢波特（Friedrich Heinrich Alexander, Boron von Humboldt）與普魯士中興時同斯太因努力於教育事業之威廉漢波特（Wilhelm von Humboldt）爲兄弟行見上卷。

註二 今日類此之作有斯尼德（Carl Snider）之世界組織（The World Machine）爲實利主義的悲觀說之傑作。以得加阿蘭坡（Edgar Allan Poe）之『散文詩』歐勒加（Eureka）亦受漢波特著作之影響而作。

人之遠古

變成今日之形狀者卽此等同一之過程經無量數年代之繼續變動所致。此種結論（卽所謂不變律 uniformitarian theory）卽爲其地質學原理（Principles of Geology）之論題，是書著五『試論今日幹運之因以明地面前此之變』（an Attempt to explain the former changes of the Earth's surface by reference to causes now in operation），書凡三卷，於一八三〇至一八三三年相繼問世。是書初頗受人反對，但就其主要學說而言其最後之成功頗大，此書在一八三〇與一八七二年間已出十一版，每次均加有新材料及更成熟之論斷。一八六三年，來伊爾又發表一名著——人類遠古之地質的證明（The Geological Evidences of the Antiquity of Men），彼在是書中對於地面早有人類之論證，作一普通易解之提要。蓋在較深之地層中，嘗發現人類之用器及其他之遺跡，依新地質學之推算，則其沈埋地中，當在五萬年以前，甚或更早。來伊爾以爲人類之存於地上，殆達十萬年，而地球本身之形成，乃在無量數年代中自然徐徐而成，此等理論不久卽爲當時一切著名地質學家所承認，註一適與相反者，現惟有久被公認之聖經上

註一　以後多數地質學家之趨勢，均在將地球與人類之歷史延長而不使之減短。當來伊爾時，對於冰河之研究及動物學同有重要之貢獻者，爲著名之美籍瑞士人阿伽西（Jean Louis Rodolphe Agassiz，一八〇七——一八七三）。

的宇宙創于六日以內之說及十七世紀英格蘭教會主教據聖經紀年以定第一人亞丹（Adam）乃造於紀元前四○○四年十月某星期五之說耳注一。

進化學說

來伊爾在人類之遠古（一八六三年）一書中不惟表示其深信得球之成由，逐漸進化且公布其對於一切生物進化論之歸依。此輪乃歷史上最著名之二科學家不謀而論所各自創出者——瓦拉斯（Alfred Russel Wallace，一八二三——一九一三）註二與達爾文（Charles Darwin，一八○九——一八八二）。

達爾文

達爾文初會入愛丁堡（Edinburgh）大學習醫後其家人思以彼爲英格蘭教會之牧師乃俾之轉入劍橋大學。然彼在青年時代僅由一志即成一大博物學家是也。年二十三得其家族之勉強同意乃棄其牧師之業以作一博物學家乘裴格爾（Beagle）號之測量船經南海（South Sea），群島至巴西費時凡五載此行實予其畢生事業以一極往之準備。彼當細察島上動物及其典大

註一　即鄔瑟（James Usher，一五八一——一六五六），爲愛爾蘭米也（Meath）之新教主教後爲亞爾馬（Armagh）之大主教，其新約年表（Annales veteris et novi testamenti）發表於一六五○至一六五四年

註二　瓦拉斯在英格蘭又以力主土地國有著名，則于土地問題彼實與亨利喬治（Henry George）同情合作，見後

瓦拉斯

陸最近區域中種類相近而不全同之類似動物的關係，復見生存之動物與同一區域內最近絕種，成為化石之動物又屬彼此有關而並非一致，因此深思，遂悟及物種可因環境及自然需要之不同而生變。達爾文歸英後，將此次遠遊之所得，詳加研討，多歷年所。彼受來伊爾地質學原理之影響甚大，蓋是書能使人相信絕大變遷之可因自然作用而發生，實可為完全進化論之先聲也。彼又嘗受馬爾撒斯人口論(Essay on Population)之影響，是故理想乃重視人口增加之緊乎人類生存競爭。達爾文因以為馬爾撒斯之原則，何以不能推之於全部有機物而用以解 物種之變遷乎？ 一八四二年六月，彼將其生物進化之新說作一概要，二年後，復擴之為一長文但彼遲至十四年以後，始將其學說公之於世，時瓦拉斯已獨力創出此同樣之假說矣。

瓦拉斯為比較年輕之英國博物學家，嘗費數載之時目于亞馬孫(Amazon)與東印度之探險。一八五八年二月，當其患熱病於摩鹿加群島之德拏特(Ternate)時，始意及數年的所讀之馬爾撒的人口論，因忽觸及適者生存之理，在二小時內『幾已想出其理論之全部』，費時三晚，即草成其文，旋即寄示達爾文。

一八五八年六月達爾文在英格蘭得彼乃在熱帶一年少無名之生物學者之手稿立于其中

得見自己之學說，遂函告來伊爾曰：『余從未見比此更為湊巧之事，使瓦拉斯得余一八四二年之手稿概要而作一節，略亦不能過此。其所用之名稱，竟皆為余書各章之標題。』達爾文至是遂不復遲疑，乃向倫敦之專家團體宣讀其自己及瓦拉斯之論文，於是所謂達爾文之進化論者遂自此始。瓦拉斯偶發之神解，與達爾文多年努力觀察及實驗之結果，乃益堅定矣。此二人互相頡頏，以發現天擇原理，其訂交終身，實自此始。

「達爾文主義」

達爾文之進化理想，卒於其一八五九年所發表之物種原始(On the Origin of Species by Means of Natural Selection, or the preservation of favored racese in the struggle for life)中說明之。彼後更詳述其細節於人類原始及類擇(Descent of Man and Selection in Relation to Sex 一八七一年)一書及其他之多種著作中。此理過於專賾，且自初發表以來，其細節已多變更，故本書不能加以詳述。至其中心理想(達爾文主義之精華)，則較為簡單，即以為生物(動物與植物)今日之形態萬殊，乃由於自然之進化，其實皆同出一源。依達爾文之論進化之途，頗為複雜，但亦可綜述如下：一切物種在生存競爭之壓迫下，其中之具有異乎常種之特殊趨異性，以致能直接適應其環境者，必能獲利。此等特種勢將損其同種而獨存，並生新子，此

達爾文主義之傳播與應用

新子復表示其趨異性。 如是連續不已，則個體之能依最有利之方式以異乎常種者，必較其他之個體有更易生存之機會。 如此經過極長之年代以後每一原種之裔，必互不相同，差異徐增，而新類型或新物種成矣（此為極微小而且幾乎不覺之累積的趨異性之必然結果）。

世人咸知各種生物中，皆有種種之類像。 在達爾文或瓦拉斯以前，曾有少數科學家謂可由此等類像以溯及某種進化之形式，但關於此種進化實際發生之方式創一可用之假說者，則達爾文主義之功也。 達爾文之闡明天擇之理，實使進化成為一種基本科學之假說焉。

達爾文之理想自始即得瓦拉斯之贊成，瓦氏在一八七一年發表對於天擇說之貢獻（Contributions to the theory of Natural Selection 一書，使科學家能明白天擇之說，而深信其眞理，其功之偉，除物種原始外，(註一)實無與倫比。 顧達爾文主義之所以風行甚廣，而能留深刻之印像於人類之一切活動（政治的，社會的，宗教的，美術的）中者，其主要之因實不純在彼極明敏的科學家之專門的討論，而在熱心宣傳者之從事於一般的闡明。 就後者而言，則贊成達爾文主

註一　達爾文主義之科學的贊成者尚有著名之美國植物學家格雷（Asa Gray，一八一〇——一八八八）及英國植物學家虎克（Sir Joseph Dalton Hooker，一八一七——一九一一），其地位之重要僅次於瓦拉斯。

斯賓塞及其聯合哲學

義之最有力者為赫胥黎（Huxley）與斯賓塞（Spencer）。

斯賓塞（一八二〇——一九〇三）之發表其綜合哲學 Synthetic Philosophy）的計劃，背係在一八六〇年——即物種原始發表之次年。綜合哲學為十卷之巨著，費時三十六載始成，是書將進化原理推及於哲學心理學社會學及倫理學方面。斯賓塞之哲學價值姑無論其最後之估計如何，其有功於進化觀念則實顯著無疑。如『演進』(development)『發達』(Growth)，『進步』(progress)以及同樣諸詞均因斯賓塞而成為未來科學及文學共同之特徵。『適者生存』(survival of the fittest)一語亦由斯賓塞首用之。

依斯賓塞之說，則一切有機物與無機物（地球上天下淵以及地面之一切飛鳥爬蟲走獸），悉由比較簡單與原始之形態自然演進，適用一切情形之生存律為『由同種進化以至於異種』。註一 斯賓塞並謂在此種普遍而永久之進化律背後，必有一種不可思議之權力（Power），但此種權力無以名之，只能名之為不可知者（Unknowable）。故斯賓塞進化哲學之歸宿，即為直接趨於實利主義與不可思議論。多數贊成默示宗教者之對此吃驚，自無足怪也。

註一 見斯賓塞之進化論（The Development Hypothesis 一八五二年）。

赫胥黎及其對默示宗教之攻擊

赫胥黎（一八二五——一八九五）之攻擊神學，則更爲激烈。彼既富於生物學知識，復長於文才，尤好辯論，在其人類在自然界之地位（Man's Place in Nature 一八六三年）一書中，嘗利用科學的事實及機警之語句，以說明人類自身亦不過爲由下等種類進於高等種類的自然進化中一種過渡之階段。赫胥黎在是書以及其他多種著作中傳播此等新理之功，殊不甚大，其重要處實在其始終攻擊默示宗教之基礎。彼嘗以『懷疑卽善神』之假定爲出發點，而宣言『神學家之所謂上帝並無存在之證據』。彼力排基督教，毫不重視其在歷史上對於文化之效果。彼主張『自第二世紀以來，彼自命爲正統派基督教』者，實卽『異教與猶太教中良莠不齊之成分所成之變形混合物，其實施方面乃西方某幾種民族固有之特性所形成者』。

赫胥黎之排斥基督教的神學，卽堅決排斥基督教之道德的理論根據——神命之立法者與人類意志之自由。其主張爲行爲天定說，一以自然進化爲本（卽所謂『科學的加爾文教』）。

赫胥黎嘗力言『吾人之所謂惡行實卽生存競爭之一部』。『道義心乃一極繁之物——一部分繫乎快樂與痛苦及贊許與非難之聯合，此皆由幼時之教育所形成者，一部分則繫乎道德美惡之良知（如何發生不必討論），此乃人各不同，有發達甚強者，有完全缺乏之者』。

雷南與「高等批評主義」

最後一人與十九世紀中期新科學之推廣有關者爲雷南（Ernest Renan），一八二三——一八九二）乃羅馬教區白里他尼一虔誠之漁家子也。彼於一八四五年離羅馬教學院，捨牧師之業，而終身與歷史上之基督教爲勁敵。彼早信科學之理（卽相信自然科學之眞確），故能從事於研究東方學問與比較宗教之偉業。當其肄業於僧侶學校時，已決定以賽亞（Esaias）書之後半部與前半部不惟文體不同，且時期亦異，又以爲摩西五經（Pentateuch）之文法與事跡在公認之摩西（Moses）時代以後，並言達尼爾書（Daniel）絕不可信。自是而後，彼壹意於亞西諸地（Levant）之探索，研究古語批評全部之聖經，後乃漸得結論，謂聖經與基督教的神學不過爲原始寓言神話之一種演進。彼嘗任法蘭西學院（Collège de France）之希伯來語教授（一八六二年），講學之初，卽稱基督爲『一非常之人』，次年（註一）遂發表其名著耶穌傳（Life of Jesus）。是書視基督爲一完全之自然人，因其辭句之明，語法之巧，（雷南爲一文人正不亞於其爲一科

註一　卽一八六三年。次年法國拿破崙第三之政府因亟欲與羅馬教徒調和，乃免雷南之教職，反教士黨遂頌雷南爲自由思想之犧牲者。

學家），大爲不語怪神者所心悅。雷南以後，註一懷疑主義對於基督教不僅處於消極地位，從此遂成爲一種旣能支配理性，又能束縛情感之有力的信仰矣。

科學對於中產階級之影響

第四節　基督教與科學

須知上述之一切名科學家，就其門第或所受之教育而言，概屬中產階級，註二尤重要者，卽大多數人士之讀其書，聽其說，或繼其學者，亦咸屬於中產階級，所以初習此進化之新觀念而染其流毒，以與獨斷宗教抗者，皆中產階級也——大學學生，醫士，律師，此外亦頗有實業家。在羅馬教諸國，此種習染之來，正值教皇丕亞士九世合教士主義與政治上之反動的保守主義爲一之時，彼且

科學與羅馬教主義之根本衝突

註一　德人司特老司（David Friedrich Strauss，一八〇八——一八七四）更在雷南以前發表（一八三五年）一耶穌傳，攻擊新約中之靈感說，否認基督之神蹟及其他超自然之品性。後司特老司承認達爾文主義，其杜平根（Tubingen）大學（在瓦爾敦堡）之新教神學會（Protestant Faculty of Theology）中同事與學生，在關於聖經及一切所謂默示宗教之『高等批評者』中，並以杜平根派（Tubingen School）著稱。

註二　惟漢淺特爲例外。

力言羅馬教爲一徹底獨斷之教，爲一眞正默示之教，爲一在心靈方面能圓滿解釋主要現存現象之教。羅馬之發佈大注意通諭與謬說表（一八六四年），教皇之頒佈教旨闡揚聖母瑪利亞(Blessed Virgin Mary)之清淨受胎(Immaculate Conception)（一八五四年），教廷會議之正式決定教皇之絕無謬誤（一八六九年），皆此時事也。

就知識方面而論，丕亞十九世任期之結局實使彼受教育有勢力之多數人士（大抵爲中產階級）深信舉凡熱心信從羅馬教主義者即可變爲教士黨，而教士主義則爲反科學與自由思想之別名。因此反教士黨之攻擊羅馬教，除政治上之理由外，又得加以知識上之論證，卽教士黨之毫不進步，悖乎理性，並存心愚民是也。此等論辯之對於工人，殊爲有力。

新教派之反對達爾文主義

在新教諸國，情形亦復如斯。嚴正之新教徒亦與忠實之羅馬教徒相同，對於達爾文之物種原始及類似之著作大加反對，多表示絕不接受進化之說。前已有哥白尼之宇宙論因推翻地球出於神意而爲宇宙中心之說，今乃更有達爾文之假定，欲將「依據上帝形貌所造成」之人類，加以貶黜，此實與一切物種之個別創造及人類乃最後另由上帝親造之既有教旨不符。於是路得派，加爾文派，及英國國教之教士，皆一致排斥此新科學，蓋彼輩多以此種新學不溯人類之源於上帝，而謂其出自猿猴，勢將廢棄基督教之道德制裁與約束也。

科學對於新教主義之影響

新教主義有一點比羅馬教主義更受達爾文學說之威迫。蓋羅馬教之根據不僅在新舊約，且有基督教神父之著作及『傳習』；新教徒則自加爾文以來，卽力主聖經爲其唯一之信仰規律與其行爲南針。現在科學上似可證明之假定，竟謂聖經多謬誤之處，不過一種『民族道德意識進化之記載』，新教徒之權威觀念遂根本動搖，於是有思想之新教徒乃自覺非改變其神學的意見不可。彼輩之爲此，終較羅馬教徒爲易，因眞誠之羅馬教徒在信仰上恆拘於教會官吏獨斷之言論，而新教徒則因缺少有效力有權威之新教組織，並因『私人判斷之權』久受獎勵，故能改變其對於聖經之意見，而仍不失爲一新教徒。

達爾文主要對於宗教之直接影響在羅馬教國與在新教國中之不同

因此達爾文主義對於宗教之直接影響，在羅馬教國與在新教國稍殊。在羅馬教諸國，則顯分兩派。（一）爲繼續信仰默示宗教而承受羅馬教之教義者（此輩羅馬教徒之信仰在十九世紀者與在十六世紀者無別）。（二）爲完全承受新科學大意者，此皆絕對之懷疑派與不語怪神之人（就教會之見地言，則彼輩爲異教徒與無信仰者，就其自己之見地言則爲贊成開明與進步者）。反之在新教諸國，則民衆對於宗教問題分爲三種普徧之集團。第一爲眞正不語怪

新教派對於科學與宗教之調和

神者，此乃著名之少數集團彼輩以科學與基督教之任何派均決不相合，新教主義及羅馬教主義同為真理之所不容。第二為「舊派新教徒」，此亦一少數集團，最初人數尚多後漸減少彼輩亦若第一集團之力持科學與基督教為互不相容，但純一之信仰終須拒斥彼非基督教之科學假定。

第三為逐漸增加之多數集團彼輩恆謀宗教與科學之調和，在新教諸國最後制勝者，即此第三種集團也。彼輩對於進化及人與宇宙之遠古諸說，以及一切關於聖經之非宗教的研究方法，皆漸欲承受，惟不免加以種種之限制耳。彼輩且專重道德與行為而漸置信仰與教條於不顧，馴至「教旨的」(dogmatic) 一詞在多數人心目中實含有種種可惡之觀念，而與『迷信的』(superstitious) 一詞同屬難容。彼輩漸排棄舊約中甚至福音書中多數之神祕故事，而視基督為一純粹之道德家與社會事業者，註一並明白承認基督教僅為世界各種進步宗教（雖為其中之最良者）之一。彼輩雖仍自命為新教徒，但就大體而言，十九世紀末葉之新教主義與十六十七兩世紀之新教主義，其理想已根本不同矣。就教義上言，達爾文主義對於新教主義所生之變遷，較之

註一　此種新教主義最顯著的結果之一，即教會所提倡之社會的活動與『改革』，常以基督教之『團體化』表現之，以在各大城中者為尤著。

新教妥協中之例外
英格蘭教會中之「牛津運動」

新教革命之影響於羅馬教會者爲尤大。惟新教仍保存一種普遍之教義，可爲過去之連鎖（即私人之判斷權）且歷史上之新教主義所以易於吸收達爾文主義者，正應歸功於此種教義之效能也。

然上文所述，仍多例外，不獨路得派，長老會監理會浸禮會朋友會諸教徒，及其他類似之集團，仍墨守路得或加爾文之嚴格教訓，惟因地域之不同而程度略異，即英國國教中之重要支派（即所謂「高派教會」黨）亦然，且保守尤甚。適當達爾文斯賓塞赫胥黎雷南等成功之際，英國國教中乃有少數青年教士如岐布爾（John Keble 一七九二——一八六六），紐盟（John Henry Newman，一八〇一——一八九〇），註一濮西（Edward Pusey 一八〇〇——一八八二），皆努力復興其所認爲眞正之宗教，其運動因集中於牛津大學，故以「牛津運動」（Oxford Movement）著稱。註二 此種運動因岐布爾之刊行基督年鑑（Christian Year 一八二七年）而開

註一 紐盟於一八四五年入羅馬教會，一八七九年被教皇立俄十三任爲紅衣主教。

註二 首倡此種運動者皆發表其見解於時代評論（Tracts for the Times）中，因此遂有評論派（Tractarians）之號。然亦稱爲濮西派（Puseyites），後日多用此名。

英國國教之分派

其先聲，復以其在牛津所講之『國民背教』(National Apostasy 一八三三年)，而明示其目的。其主旨以英國國教並非新教，乃神聖的普通教會之一部，實與古代之基督教會有不斷之教統關係。其教徒則仍服膺中世紀七種儀節之說，彼與變質說(transubstantiation)相近而不相同之學說亦屬之。彼輩之於儀式，亦如其對於教義，頗有重視其與普通教會相合處之趨勢，此普通教會中分支之著者，爲羅馬教與希臘教，蓋二者均能以教中之正統自居也。牛津運動雖受極端新教徒之反對，被斥爲實際上之『羅馬教化』，然仍能進展不息，直至一八四五年止，蓋是年因紐門及其他數人之退出英國國教而加入羅馬教會，此種運動遂致分裂。但羅馬教之教旨大賴溥西之領導，仍能存在於英國國教團體中，自後教士與非教士之信從者且顯然增多。當十九世紀之後半期，英國國教之教徒在思想上遂以此演成三大派：（一）『高派教會』(high church)，在心靈上及教旨上極近正式之羅馬教會。（二）『低派教會』(low church)，仍謹守英國國教在十八世紀時較爲嚴正之新教的與福音教的特性。（三）『寬大派教會』(broad church)，代表比較進步之唯理主義與當時路得教會及加爾文教會之新趨勢合作，謀承受科學上之發現，而保留宗教上之名稱形式及許多奧秘之情感，以期二者之調和。當十九世紀末葉，觀者多明知

「高派教會」黨與『寬大派教會』黨日益發達，而使『低派教會』蒙其不利，在最近之將來，英國國教內部霸權之爭執，殆在此二黨之間（一方欲依傳統之羅馬教標準而復主默示宗教，一方則在自然科學中爲一種新而廣博之宗教求得一廣大之根據）。

但在英格蘭，亦如其他之新教各地，宗教團體對於世俗政府之實際主權，從未眞正懷疑。因此新教派之基督教徒與非基督教徒之間，其心靈上與教義上之意見，姑無論有何不同，而達爾文主義絕未引起彼輩間之大政治衝突也。

衝突惟以在羅馬教諸國爲劇

在羅馬教諸國則不然。當一八七一年時，德意志，奥匈帝國，意大利，法蘭西，西班牙，葡萄牙，比利時及拉丁美洲『之教士黨』與『反教士黨』，在政治上與心靈上莫不彼此對抗。其爭鬭自一八七一至一九一四年在此諸國之歷史上，實應佔一顯著之地位，此在以下第二十三與二十四章中當有極簡之敍述。

「反教士黨」

讀者研究反教士主義（Anti-Clericalism）時有應行注意者，一爲最熱烈贊助此種主義者，在心靈上與政治上概爲激烈分子，常出自中產階級，一爲此種主義之最大成功，乃政治家之力，蓄彼輩忌宗教團體之侵犯國家主權也。故反教士主義常處處訴諸自由主義與民族主義之情感，工人之心神不安及城鄉多數羅馬教徒之漠不關心實與彼輩有利。

羅馬教會之繼續進展

羅馬教主義（或稱為教士主義）在任何國家中並未完全失敗凡能細察一八七一至一九一四年之事變者當可了然於此。其時不惟有多數之農民工匠及往昔貴族中不進步之子孫，仍奉行羅馬教義卽知識階級中之有思想者亦多有復信或改信羅馬教會之教旨者。此種現象（卽羅馬教會雖似在政治上與心靈上喪失信仰而仍能繼續進展）須略加解釋。

教皇立俄十三時代（一八七八至一九〇三年）

此實由於羅馬教會政策之大變。當丕亞士九世在位期內使教會喪失信仰之種種原因，影響最大此吾人所已知者。迨彼經過最長久且在歷史上最著名之任期後卒於一八七八年逝世，其結果徒使教會之基礎動搖與一切世俗政府幾皆不睦。然立俄十三（一八七八——一九〇三）註一之繼任期間，竟使情勢轉變。立俄之為人與前任教皇相反穩重沉着長於外交，且學問淵博，酷嗜優美之文學以精通拉丁文著名。其未當選以前嘗任駐不魯捨勒之聖使故深悉民主政治與代議制度，且對之頗表同情。

阿奎那研究之復興

當立俄十三時，無論在政治方面或心靈方面，羅馬教會與近代社會皆有調和之可能，此已漸

註一　郇伯四（Gioacchino Pecci，一八一〇——一九〇三）。

爲多數人之所明。蓋心靈上之隔閡，已因幾種事變而趨於接近也。第一，在一切羅馬教學院中，阿奎那(Thomas Aquinas)著作之研究，因教皇之提倡而復興，興趣且甚濃厚。阿奎那者，中世紀最偉大之神學家兼哲學家也，嘗言自然法與超自然之宗教，俱出於同一之上帝，二者將終無衝突。且嘗謂天然創進究係由於一次之神力抑成於連續無限之動作，實屬無關重輕，此說無異爲羅馬教神學預防達爾文主義之攻擊。

羅馬教徒對於達爾文主義之態度

彼羅馬教之哲學家與神學家乃服膺阿奎那之提示，而決定其應付達爾文主義之態度：達爾文主義不過爲一種假設，其中細節顯不健全；註一 縱令達爾文之學說眞確，亦僅能解釋人類肉體之進化，而不足說明靈魂之生活與其創造，人類之精神方面究仍屬於信仰與宗教範圍，其絕無疑義，與人類物質方面之屬於自然科學範圍同；創世紀(Genesis)中之創造說，固可直解，但亦可視爲喻言，此點已常爲第一流神父所承認；以後達爾文主義之確定，或反足增進人類對於上帝奇蹟之理解。

教會歷史之研究

第二，當立俄十三時，教會歷史之研究，甚受獎勵，教皇特因此將教廷中之貴重檔案與圖書，交由史學家自由利用。彼蓋以爲公布歷史上之文件，不惟無損於教會，且實足表現其以前對於人

註一 其著者有關于達爾文之『類擇』(Sex Selection)說與新門得爾主義(Mendelism)之事實，俱見後。

類文明進步之貢獻，而因以增高其威信也。

羅馬教主義與實驗科學

第三立俄十三對於研究實驗科學之特殊羅馬教徒，無論其爲教士或非教士，概加獎勵，至少亦予以寬容。彼嘗以私款購置昂貴之天文儀器，置於教廷之觀象臺，並予全體研究員以便利與津貼，奉羅馬教之科學家有所成就，彼輒向之致賀。近世二大科學家（二人均爲羅馬教徒）之出現，其聲譽足以駁斥以前眞羅馬教徒不能同時爲著名科學家之說，此亦彼在位時之事也。此二科學家爲巴士特（Louis Pasteur）與門得爾（Gregor Mendel）。

巴士特

巴士特（一八二二——一八九五）雖非教士，而篤信羅馬教，彼乃有機化學之革命者，對於水陸空無處不有而爲傳染病原之微生物，實最初說明其性質並予以名稱。彼觀察實驗，勤勞所得之果不惟使其名垂不朽，且令人類受無窮之大益，其事業實今日一切防腐術及疾病預防法之起點。彼對於發酵之種種發現，在釀酒業上開一新紀元。其種種實際之研究，使養蠶者能撲滅一種可畏之病，微此，則法國之絲業當有完全破產之虞矣。註一 巴士特謀減少嬰兒之死亡率及醫治犬瘋病，其成功可由全世界之乳汁「巴士特化」（pasteurization）與「巴士特診所」

註一　赫胥黎嘗估計此等發現之金錢價值足與一八七一年法國償德之全部賠款相等，

（Pasteur Institutes）之瘋犬病療治法見之。

門得爾

門得爾（一八二二——一八八四）原農家子，繼作牧師，後爲德國布隆（Brünn）地方奧革斯丁派修道院之院長。彼在其院中花園內所籌劃並完成之種種實驗，實爲今日生理遺傳學之基本知識，即生物學者向各方推用之門得爾主義也。一八六六年，門得爾已在一羅馬教之定期刊物中發表其實驗之報告，然直至一九〇〇年，一般科學家始知其發現之重要，斯時乃教皇立俄在位之末一年也。晚近門得爾原理之應用，不惟使重要而複雜之遺傳問題愈益明瞭，且能引起反對進化論某種學理之議論。

立俄十三之政見

立俄十三對於十九世之政治主義，公然承認毫不變更。彼在其通諭中嘗表白同樣之基督教的社會理想，對於民族主義與自由主義各方面，亦加以同樣之詆斥。彼屢言一切之普通生活，應悉受基督教會之直接監督，但立俄異於前任之教皇，對於任何特種之政體（專制或立憲，君主或共和），從不表示熱烈之偏袒。其最初之政治意見，即非反動。後在位日久，更知民主政治亦足以保持並鞏固羅馬教之主義，其有用正與君主政治相若。

自由羅馬教黨

在德意志與比利時，彼所以鼓勵彼傾向自由之羅馬教黨者，所以到處熱心爲各種階級創辦羅馬教刊物及羅馬教之區立學校者，

立俄十三與工人一八九一年之新政通諭

所以對於美國進展迅速之教會及法蘭西第三次共和表示友好之態度者，最後還有不容忽視者，即其所以關心彼因產業革命而混入當時民主政治中之社會問題者其眞因殆皆在此。

一八九一年立俄十三發布一著名之「新政」（Rerum Novarum）通諭目的在將基督教義用之於勞資關係，此諭反對社會主義，承認私有財產爲一基於抽象的正義之人權，其成立實在任何國家之先。且力言相當之痛苦與勤勞乃墮落後之人類所不能避免，並對「階級仇視源於自然及富人與工人之衝突出諸本性」之說，加以攻擊。爲矯正此說起見此通諭乃主張羅馬教之功效謂「羅馬教實提醒各階級對於他一階級之義務，而尤以關於正義者爲要，因此可使富人與求食之貧人互相聯絡，可使勞工匠人誠實公正以履行一切公平自由之契約，可令其不損財產，不傷僱主，不以暴力維護其自身之利益，不從事於騷動，不與彼懷抱惡念者合作，蓋此輩恆以狡猾之詐諾煽動民衆而鼓動其愚妄之慾望，此種慾望常發生不幸之結果而後悔無及也。且宗教教訓富人僱主使勿奴視工人，使彼輩尊重各人爲人與爲基督教徒之品格與價值。吾人果能聽從正理與基督教之哲學，則知勞動並非可恥之事，而爲一榮譽之業，能使人以正當之方法維持其生存，若視人如貨物，藉以謀利，或僅視爲走肉用其體力，斯乃眞屬可恥，有背人道矣。」此諭又贊成工廠立法及工作時間之限制（尤其爲對於女工童工），創立羅馬教之工團，並增加小地主藉此以爲直接救濟之策。　立俄嘗稱就傭爲一種權利，謂『人人有求得生活必需品之權利，貧人除藉工作與工資外固別無他法以得之也』。　此論在主要之近代語中皆有譯文，流傳於羅馬教諸國內勞工階級之間者甚廣。　不惟立俄十三因此得『工人教皇』之稱，羅馬教會且以此在南德意志，比利時，與奧帝國，意大利，西班牙及法蘭西之貧民階級中獲得重要之信從者，至於散佈全球從事工業之愛爾蘭及波蘭之僑民，則益信仰堅決矣。

羅馬教會之維新

羅馬教之辯護者以立俄十三在位之期較庇護十九世在位之時顯爲『自由』『進步』，彼輩受此種回憶之鼓勵，乃於二十世紀之初作公開之運動贊助教旨與政策之根本修正。　彼輩見達爾文主義之流行，及批評聖經之進展，乃力勸羅馬教徒坦白承認其宗教之必須『維新』，藉以制止有智能的中產階級之與羅馬教會破裂。　此等所謂『維新派』（Modernists）之內部雖不一致，然大都主張教旨爲進化而非永久不變者。　羅馬教會之所以必須維持，並非以其出於神創，乃因其利於人類。　教會之權威須減少，科學須從事於各方面之研究，而勿以與教會相衝突爲懼，國家須不受宗教權威之妨害，私人良心上之感悟，應不爲教皇之解釋或革逐所抑制。　此種運動始於意大利，未幾法英德及其他各國均有贊助之者，在短期之內，透爾文主義之於羅馬教義，正如其對於新教主義，一若定可使教旨發生大變。

丕亞士十世（一九〇三——一九一四）及其詆斥維新

但當丕亞士十世在位之時（一九〇三——一九一四）註一維新派之重要分子被革逐者凡數人，此全部運動在宗教裁判所（Holy Office）之謬說表與教皇之 Pascendi 通諭中（一九〇七年），大受詆斥，羅馬教教士且須宣誓反對維新之主張。當一九一四年，羅馬教會中之維新運動似已歸於消滅。丕亞士十世雖保持立俄十三之普通政策，然其在位之時，『教士黨』與『反教士黨』鬭爭之復起，頗與維新運動有關，此則絕無疑義也。

二十世紀「教士黨」與「反教士黨」之相對的地位

吾人由以上所述，對於一八七一至一九一四年羅馬教諸國教士黨與反教士黨之衝突，當已稍明。立俄十三雖表示調和之態度，羅馬教義在心靈上與政治上雖有進步，但反教士黨仍佔中產階級之大多數，並有各大學及美術家科學家中有知能之激烈分子，有少數之貴族與農民，而在社會主義之工團中亦獲無數之熱烈贊助者。另一方面之教士黨中亦有知識分子及工業中產階級中之名人，並有大多數之農民與舊貴族及組織完善之少數工人。此外復有種種與階級無

註一　郎薩托（Giuseppe Sarto，一八三五——一九一四）

闕之小團體，其所以皈依羅馬教者，或係欲得一種有權威之意見，俾在當代哲學科學紛亂不寧之中，得以稍安，或因教會之保護秩序與私產，遂視爲最足以抵制社會革命，或則相信羅馬教會所宣傳之宗教與道德，實爲人類未來進步中之要件。

第五節　社會問題與放任主義之衰替

一八七一至一九一四年間有一特徵，自多方面觀之，俱較教士黨與反教士黨之衝突更爲可畏，即城市勞工階級（技巧之勞工，工廠工人，礦工與賤價之日工）的人數與勢力之日益加增是也。吾人前在產業革命一章，對於文明各國中工錢勞動階級發生之經過，曾稍加說明，彼章所述之困貧，殆爲此輩之共同命運，遠至一八七一年以後，此境始變。大抵當十九世紀中葉，工人曾予自由主義及民族主義以至可寶貴之助力，然此二主義，乃無一能對彼等之經濟狀況加以顯著之改良。及一八七一年以後，工業中產階級始本其慈悲與自利之心，對於下層階級創一新策，此已見於本章之前。在十九世紀最後三十餘年之中，多數業製造者已不如前六七十年之嚴守放任主義，而阻撓國家對於私人營業之干涉，現皆以政府之部份的限制工業爲適當矣。

因此自一八七一年以後，讀者在一切重要工業國家之歷史上，俱可發現各有一節敍述『社會立法』（即關於工會工廠法工資局養老年金國營保險之各種立法），此實表示近代國家之繼續擴張其職權也。

提倡此種『社會立法』之趨勢者，不獨反教士黨人如俾斯馬克與白里安(Briand)輩而已，並有教皇立俄十三及英國國教中著名之教士，即歐陸新起之教士黨亦贊成之，斯可以證明此種趨勢之普遍矣。其時中產階級之教士黨與反教士黨，似競求博得勞工階級之援助。至一九一四年，雙方均有部分之成功，蓋已無疑。羅馬教會在工人中實能得多數信徒及政治上之贊助者，英國國教及新教各派亦收微效，就反對方面而言，苟非有多數工人之贊助同意，則歐洲法規書中多數反教士之律令，亦必不能成立也。

第六節　馬克斯與近代之社會主義

當一大部份之工人傾向於教士主義，又一大部份之工人傾向於反教士主義時——此二派大致均依附中產階級之自由主義與近代國家之多數主張及政策——另有第三部份之工人，其詆斥此等主義與政策日趨激烈，而對於中產階級亦日益生厭——此派乃漸向社會主義。近代之社會主義雖受教會與國家之抵制，然在一八七一至一九一四年中，仍能在歐洲繼續進展，圖網羅一切工人於其經濟與政治組織之中，其關於此種目標之實現，且已能完成種種重要之步驟。其對於中產階級國家之騷擾，至比教士主義爲尤甚。質言之，苟社會主義能與教士主義完全一致，則對於中產階級之優勢，必能予以致命之打擊也。

最初之社會主義 巴白夫

近代社會主義之眞正根基，實遠在一八七一年之前，蓋伏於產業革命之本身。一七九四年，卽有法人巴白夫宣言在財富或經濟機會未能均等之時，政治或社會平等之說實爲空談。彼嘗謂『當吾目擊貧人不能享用其自製衣履之時，當吾默想彼少數人不事工作而不乏一物之時，吾深信政府仍爲前此以少制多之陰謀集團，惟已採一種新形式而已』。巴白夫之活動，除在一七九七年自招死禍而外，別無結果。

『烏托邦』之社會主義 阿文

在產業革命較早之階段中，已有福利耶、聖西門及阿文等擁護工人之利益。彼輩恆以『社會主義者』（Socialist）著稱，註一 但其學說目的均與今日之社會主義迥殊，故於其社會主義之上冠以『烏托邦』（Utopian）一詞，實爲妥當。吾人在今日寧稱此輩烏托邦社會主義者爲慈善家（即在社會上居上層階級而欲賜惠於下層階級者）。烏托邦之社會主義恆欲創一理想社會，使其中之人營共同之生活，而依平等之條件以供給勞力，分配利益。今此種分利之制，尚存於某幾種工業組織之中，及某幾國之合作商店集團買賣之制度以內，但其直接改造社會之夢想，卒歸失敗，自後日之社會主義者視之，此種主張已非社會主義矣。

國家社會主義　路易卜蘭

厥後不久，又有路易卜蘭之社會主義及其國立工場之出現，此派當可稱之爲國家社會主義。當十九世紀之第四十幾年中，此種社會主義在法國團結工人以抵制路易腓立之中產階級政府，而促成一八四八年之革命運動，曾卓著勳績，頗收效果，因此後之普通趨向，乃將書報電話鐵路，森林收歸國有，將各種公益事業如自來水煤氣電燈電車圖書館菜市船塢浴池等改爲市有也。但就其爲社會主義而言，則此派已完全爲另一種社會主義——馬克斯主義——所吸收，故當十九世紀之第七十幾年中，彼老邁之路易卜蘭嘗出席法國之代議院，聲稱彼已不復爲一「社會主義者」，僅爲一「激烈派」耳。

註一　「社會主義者」(Socialist)一詞，最初在一八三五年八月爲一匿名之阿文信徒致書一英國報館時所用，烏托邦派(Utopians)恆稱爲「阿文派」(Owenites)。

晚近之馬克斯派社會主義

烏托邦之社會主義與路易卜蘭之社會主義同為馬克斯的或『科學的』社會主義所推翻，今日各派之社會主義皆直接發源於此，其有此稱者乃用其始祖馬克斯（Karl Marx）之名也。

馬克斯

馬克斯於一八一八年生於萊因普魯士（Rhenish Prussia）之脫里耳。其父乃一猶太種之律師，酷嗜學術，崇拜福祿特爾及十八世紀其他之哲學家與科學家，忠愛普魯士，貌奉路得教，註一並居官諛媚，實為當時中產階級的模範產物。故小馬克斯乃養育於中等社會之中。彼幼即好學，尤善希臘文，拉丁文及文學，年十六，即卒業於本城之高等學校。後肄業於波昂（Bonn）大學一年，旋轉入柏林大學，蓋其父希望此規模較大而『學校生活』較簡之機關可以使其子之成就能如己願也。其父初欲彼成一合時宜而有體面之律師與己相若，但馬克斯早已露其深思之癖，常廢棄法學課程以聽哲學與歷史上之演講。就其父之觀點言，馬克斯之大學學業實大失敗，此後其父子間之關係甚為緊張。但馬克斯終能精通歷史與哲學，而於一八四一年在耶拿（Jena）大學獲得哲學博士之學位焉。

註一　大馬克斯及其全家（小馬克斯亦在內）於一八二四年受洗禮，遂乘此將其族名莫德齊（Mordechai）改為馬克斯（Marx）。

黑格爾之影響

馬克斯在柏林時已受當時極有勢力之黑格爾（Georg Wilhelm Friedrich Hegel）的影響，註一曾加入『少年黑格爾派』（Young Hegelians）之非正式集團，此皆熱心承受黑格爾之歷史哲學者——其論乃以世界歷史爲各種政治制度之進化由一專制君主獨享自由之時代（『東方式』）進化到人以人的資格而享有思想與行動自由之時代（『日爾曼式』）。馬克斯既服膺此種政治進化論，遂成一顯著之自由主義者而公開批評普魯士現有之保守政府，以致爲當道所忌不能達其欲作大學教授之望，彼嘗爲萊因報（Rheinische Zeitung）之主筆著論以力爭出版之自由，該報旋於一八四三年被封。

益格斯

馬克斯於是乃往巴黎，其意見遂漸由中產階級之自由主義轉到勞工階級之社會主義。彼始研究工廠之狀況，漸注意烏托邦社會主義者之著作，而尤留心於阿文之作，彼更結交彼時勢力正盛之路易卜蘭，及後以無政府主義派之始祖著名的蒲魯東與巴枯甯（Bakunin）。對彼表同情者有詩人海涅（Heine），交最深者則爲益格斯（Friedrich Engels）註二此人爲其終身之良友與同志（卽其眞正知己），殆亦宿緣所定。馬克斯嘗在巴黎以筆耕維持生計，並爲彼同輩之德國道客發行激烈之前進（Vorwärts）報。但一八四五年因普魯士政府之力請，該報卒爲路易腓立之首相吉佐所封，馬克斯乃去而之不魯捨勒。

此後三年馬克斯均僑居不魯捨勒，從事於種種著名之業，彼放棄中產階級的黑格爾主義，並與蒲魯東作文字上之論戰，社會主義與無政府主義之根本差異遂因此益彰，此當見之於後。 此外彼復鼓吹民主政治，組織工人俱樂部。

一八四八年之『共產黨宣言』

一八四八年初馬克斯與恩格斯所共同擬定並發表之著名的『共產黨宣言』（Communist manifesto）所以說明此等工人俱樂部之主義者，註三實『近代社會主義之第一聲』也。 此宣

註一 哲學家黑格爾（一七七〇——一八三一）自一八一八年直至逝世之時，皆爲柏林大學教授。

註二 恩格斯（一八二〇——一八九五）亦如馬克斯爲一猶太種之德意志人，生於萊因省之巴門（Barmen），肄業於馬北爾特（Elberfeldt）之高等學校，一八三七至一八四一年，供職軍中，一八四二年奉派往英格蘭之曼徹斯特，監督紡棉業，此乃其父所主辦者。 彼因研究工廠之狀況，遂變爲一社會主義者，以發表其所著之一八四四年英格蘭勞動階級狀況（The Condition of the Working Class in England in 1844）而與馬克斯訂交。

註三 一八三六年，即有德國之亡命者與遊歷之工人成立一『共產黨聯盟』（Communist League）於巴黎，與馬志尼在意大利之革命團體顯有關係 一八四〇年以後，變爲一『國際同盟』（International Alliance），在少數重要之工業中心區域，且有關係鬆弛而互相競爭之支部。 一八四七年十一月，此同盟舉行其第一次國際大會於倫敦，馬克斯與恩格斯咸出席，爲共產黨宣言似即根據此次大會之討論而成者。

言在當時並未受人注意（因當時一般之注意力咸集中於一八四八年之政治大革命），久之始有人認其爲以簡略與生動之形式包括『科學的』社會主義始祖（馬克斯與恩格斯）之學說焉。

今且暫不分析共產黨宣言而先述他事。比利時當局因普魯士政府之勸告特請馬克斯離不得捨勒，故當二月吉佐與路易腓立推倒法蘭西第二次共和宣布之日馬克斯復入巴黎。既而彼聞革命之波動傳至其本國乃急赴哥洛尼而刊行一激烈的社會主義之新萊因報（Neue Rheinische Zeitung）。但馬克斯之夢想旋因次年反動之進展而消除，彼實引以爲恨。且到處目擊保守派之恢復其政治地位，中產階級資本家之恢復其經濟地位。彼雖由一普魯士之法庭免除其鼓動武裝抵抗之罪名，然卒被迫復行出國。

橋居英格蘭時之馬克斯一八四九至一八八三年

此次馬克斯乃亡命於英格蘭，彼自一八四九年以至一八八三年逝世之時皆安居彼邦，惟感受經濟上之困苦而已。蓋彼過於慷慨好客，復有嬌妻稚子，欲圖一飽永感困難，傭筆糊口常感不繼。彼嘗從事於譯書及新聞事業，投有系統而饒興趣之論說於紐約國民報（New York Tribune）。但彼在此三十四載之亡命期中仍有暇時以完成兩種偉業。彼卽以此及其對於共產黨宣言之貢獻著名。第一爲彼對於經濟學所預備之一種偉大的研究，卽資本論(Das Kapital)註一是。自其信徒觀之，此書之於著者，與原富(Wealth of Nations)之於亞丹斯密正同。第二，爲彼在一八六四年所組織之一國際工會，蓋所以宣傳其理想者。

馬克斯社會主義之主旨

吾人對於此種新馬克斯社會主義之特色，現可略爲述之。此主義之基礎爲淵博之資本論，其綱領則略具於共產黨宣言中，其行動則表現於國際工人協會(International Workingmen's Assosciation)。

依據共產黨註二宣言，則近代資本家與工資勞動者之經濟衝突，僅爲各階級間長期經濟衝突中之一種狀態，歷史不過記載某一階級如何先得財富，繼獲政權，厥後其財富與政權又適爲他一階級取而代之耳。現時之工廠制度既增加中產階級之財富與政治勢力（實際上已造成

註一　第一卷出版於一八六七年，第二三四卷乃盎格斯所修正刊行，於馬克斯逝世後始出版。

註二　『共產黨』(Communist)一詞，爲馬克斯與盎格斯所用，以別其政綱與烏托邦派政綱之不同，因後者在當時恆稱爲『社會主義者』也。迨後烏托邦主義實際上歸於消滅，馬克斯與盎格斯乃亦認社會主義一詞與其『共產主義』相等，且此後常用以代之。

『資產階級』）復預產一種對於資本主義將加以致命傷之工人，是卽羣集城中大受資本家非法利用之『無產階級』也。無產階級之『勢力日形增加並愈益自知其力』且因下層之中產階級工匠農民等降爲無產階級而其勢益大。共產黨宣言預言歷時久則資本必爲少數人所操縱，而多數人將悉爲無產階級此時多數人必能以政治手段剝奪少數之所有，而創立共產主義之國家。

又依共產黨宣言之所述，則『共產主義』之目的，在將無產階級組成一黨，俾其取得政權而廢除中產階級之財產權，蓋所有權之『成立乃資本家藉工資勞動者之勢力以自謀利潤者也』。此等目的之實現，卽不啻將私有之資本變爲合法之公產，並廢除中產階級之自由貿易『中產階級之家庭』，中產階級之傳統宗教與道德及國際仇恨，其實現則有賴於政治方法。共產黨宣言力主無產階級以下述各項要求爲其達到最後目標之過渡方法：（一）地租之充公；（二）高率之直接稅；（三）遺產之廢除；（四）出移民財產之沒收；（五）創設一資本公有利權獨佔之國立銀行以謀信用之集中；（六）一切運輸工具之公有；（七）工廠國營及土地公耕；（八）一切人之強制勞動；（九）平均分配人口於鄉村以謀城鄉差異之逐漸消滅；（十）對於一切兒童之施行義務教育。此宣言著名之結論實同時含有國際及革命之性質『無產階級除桎梏而外，別無所失而有一世界可得。各國工友其速聯合！』

馬克斯之重要

欲估量馬克斯之重要，有四種事實至爲昭著。第一，既有之社會主義由馬克斯而形成理論上之系統。第二彼對於社會主義之政治與經濟的性質，實同樣重視嘗力言民主政治應爲一切產具公有及財貨共分之必要前提。第三，彼實以一種哲學加諸社會主義，但彼則自稱應視之爲一種『科學』，其哲學常有『經濟的定數論』（economic determinism）之名，或通稱爲經濟史觀或唯物史觀，此可以三種概括之公式包括之：（一）歷史程序恆爲經濟的因數所決定，（二）現在之社會係由過去多次之階級鬬爭所逐漸演成，（三）現在之資本主義的社會必變成另一種之社會組織。此三種公式合成一種哲學的綜合法稱之爲『馬克斯主義』，蓋亦若當時之稱達爾文學說爲『達爾文主義』。因馬克斯對於社會科學之貢獻，正等於達爾文之於自然科學也。馬克斯之注重經濟史觀，實大有影響於後來人數日多之歷史家，無論彼自命爲社會主義者，抑爲保守黨或爲教士黨，此實絕無疑義。故就此而言，則馬克斯之方法，或可視爲既屬哲學亦合科學也。

最後，馬克斯直接訴諸工人之本身，不似烏托邦派之多訴諸理想家，慈善家，或博愛之中產階級。彼以其門閥與幼時所受之教育，本屬中產階級（恩格斯及近代社會主義之其他多數領袖亦然），但彼力言依歷史進化之定律，工人除依自恃而外，決不能眞有成功。凡與馬克斯一樣出中產階級出身而鼓吹革命之人，其惟一之職責，僅在使勞工階級自行覺悟而助其團結耳。又馬克斯之訴諸工人並不以任何一國爲限，彼嘗宣言『工人無國界』，蓋馬克斯主義之所擁護者非國家主義，乃國際主義也。

社會主義之中興——「第一國際」

馬克斯因欲實現新社會主義之目的，故盡力於組織並指揮『國際工人協會』（恆簡稱爲『第一國際』『The International』）。此會始於一八六二年英法比諸國勞工在倫敦博覽會（London Exposition）所集之非正式會議，一八六四年定爲永久之會，並完全採納馬克斯之學說。第一國際實爲各國自治『支部』之一種聯合會，歷時若干載，每年均舉行大會，有一時期，其『支部』遍英，德，法，意，比，荷，瑞士，美諸國。雖以馬克斯之努力，第一國際在十九世紀之第七十幾年中，卒因種種事變不能維持。蓋其會員既少，又皆貧不能作財力上之援助。一八七〇至一八七一年之德法戰爭，復鼓勵民族主義而暫時破壞一切國際運動。又一八七一年巴黎市團之亂，

拉撒而與德國之社會民主黨

乃馬克斯所深表同情者，此事後當述之，其失敗之結果，實使第一國際大爲愛護法律秩序者所不信任。最後此小會社中復因有信從社會主義之馬克斯徒黨，與無政府主義者巴枯寧之弟子二派，以此內部不和，至於分裂。第一國際最後一次之眞正大會於一八七三年在日內瓦舉行，其正式解散，則爲一八七六年集會於費拉德腓亞之少數忠實分子所決定。

顧第一國際之失敗，非卽爲馬克斯社會主義之失敗，此主義之原則已因第一國際各『支部』以外之民族運動而獲有成效。此運動在組織方面之成功，非出於馬克斯，乃由於另一德籍之猶太人卽才華出衆而頗軼常軌之拉撒爾（Ferdinand Lassalle，一八二五——一八六四）也。拉氏爲曾受良好教育而家道小康之中產階級，嘗以奢侈趨時及眞正之『貧民救星』著稱。其一八六三年三月之公開書信（Open Letter），實復興路易卜蘭之普選制與國立工場諸說，而爲彼可稱爲『社會民主黨』(Social Democrat)的德國新政黨之濫觴。德國之馬克斯的第一國際『支部』實與此社會民主派同時存在。中產階級之學者李普克尼希（Wilhelm Liebknecht，一八二六——一九〇〇）及善於雄辯之撒克遜輓轆職工倍伯兒（August Bebel，一八四〇——一九一三），皆此中著名之領袖也。一八七五年此二對峙之集團合爲一，在理論上信奉馬克斯主義之社會民主黨。此黨廣求德國工人之贊助，故自一八七五至一九一四年，馬克斯社會主義在德國進展極速。

國家社會黨

德國社會民主黨實爲他國馬克斯社會主義團體之模範，仿此成立者極速，當一九一四年，各文明國蓋悉有一社會黨，至少在理論上皆奉馬克斯主義。爲謀各國社會黨之聯絡，以便互相贊助鼓勵，乃復有國際年會出現，惟其職務僅備顧問與諮詢，而不涉及管理耳。在少數國家中，其工人可稱爲社會主義者本比較甚少，但各處傭工傾向社會主義者之日多，則固彰明昭著之事也。

多數「教士黨」與「反教士黨」之排斥社會主義

馬克斯社會主義之進展，在一八七一至一九一四年中，實受教士黨與一般擁護中產階級統治者之共同反對。如以上所述，社會主義自教士黨觀之，似過於激烈與革命。其攻擊私產，實不公平，且悖常道，其主張階級鬥爭之說，違反基督教，其黨徒有對於婚姻問題持極端見解者，更足使多數人士以此種主義爲反宗教，爲不道德。一般有體面享安樂之中產階級，無論其宗教上之派系如何，咸以社會主義爲危險物。其詆斥私產，則有害於個人之創業，其訴諸社會中之一階級，必易引起此階級與一切其他階級之對抗，而破壞實業，釀成內戰，其主張國際團結，則顯然違反愛國主義。社會主義又力排當時種種最顯著之政治趨勢，如軍國主義、帝國主義、保護關稅各種間接社會主義者因政略問題而分化爲『馬克斯正統派』與『改良派』

稅及私人或公司所享之工商業特權，大都受社會主義之反對，故當時一切政治家，幾乎皆須與社會主義鬪爭焉。

社會主義者因指揮當時之政治活動而內部分裂。此與暴動問題無關，因眞正之社會主義，固均排斥暴動也。亦非關於放棄馬克斯基本主義之問題，乃爲求速達其共同之經濟目的計所應採之政治策略問題。關於此種政略意見之不同，在各國社會黨中幾均顯著，因之遂產生兩種各別之集團：一爲『純粹』馬克斯派，恒稱爲馬克斯黨『Marxists』。一爲『自由』之馬克斯派，或稱爲『改良派』（Reformists），『修正派』（Revisionists），『投機派』（Possibilists）種種不同之名稱。二派意見之不和，大都與帝國主義，教士主義，農業及工會主義諸問題有關。

帝國主義

問題之關於帝國主義者，馬克斯派輒服膺馬克斯之訓，而明白主張國際和平，并反對一切殖民地之爭奪及軍備之增加。另一方面之改良派，則其信從馬克斯之訓比較不篤，彼輩好談民族之特性，文明之進步，『斯拉夫禍』（Slav perils）或『黃禍』（Yellow perils）等，此皆反社會主義的帝國主義者之論調也。改良派大體上確主張各國對於不傾向社會主義的國家之進攻，有武力抵制之義務，且以爲愛國主義並非在一切情形之下概屬不當。

二、宗教　關於教士主義問題，則馬克斯以宗教為個人私事之說，頗為多數國家中從事反社會主義的活動之基督教教士所曲解，尤以羅馬教徒為甚。其結果使改良派力求教育之世俗化，并欲國家停付教會之薪金，其在羅馬教國中者，則顯屬反教士黨。

三、農業　關於農民問題，則馬克斯派原主張不注意農民階級，而一任其屈服於資本主義之下。但彼日形顯著之事實，終使此種主張在實際政治上完全失勢，因在歐洲大陸就選舉而言，凡對於社會主義之抵制，均惟農民是賴。蓋農民一時既尚未消沉於資本主義之下，則自然恐其狹小之田莊與財產為社會主義所奪也。改良派有鑒於理論與實際之矛盾，乃多從事於農民之教導，期得彼輩在政治上之援助焉。

四、工會主義　最初馬克斯派深知工會事業之重要，頗妒視之，恐其將與真正之社會主義團體衝突。但此時工會主義有驚人之進展（至較社會主義之進展更為顯著），改良派始信組織完善之工會，乃達到社會主義之捷徑。因之改良派咸贊助工會主義，或則盡力將工會合併於社會黨中，如在德國是，或則與獨立之工會主義者聯合，而共稱為工黨，如在大不列顛是。

在事實上各國之社會黨恆能得馬克斯派與改良派之共同贊助。但歷時既久，後一集團終必得勢，其策略亦必漸變爲馬克斯社會黨之策略。惟有一事——即社會黨之領袖拒絕與非社會黨之領袖組織聯合內閣——則其勝利歸於純粹馬克斯派，即此事亦經一九一四年最大之軍事危機而趨於和緩。

第七節 無政府主義與工團主義

當一八七一至一九一四年中工人階級中之大多數以及多數有技術之勞工，對於社會主義，教士主義，非政治的工會主義三者往往各信一種，然非一切工人盡分屬於此三種主義也，此外尚有一種集團可述，是爲無政府主義之信徒。

近代無政府主義爲產業革命之產物

近代之無政府主義，與近代之社會主義同爲產業革命之產物，同出於慈善家之有系統的理論，蓋此輩主張改良之中產階級咸欲求得良法以除去貧窮及因貧窮而起之他種罪惡也。此二者殆均將變爲救濟工人之聖藥，同許以最後獲勝之局，但關於達此目的之手段，則二者根本不同。社會主義欲藉一民主政府爲用，而無政府主義則不願利用任何強制之政府。

哥德文

哥德文（一七五六——一八三六）爲一恬淡謙讓之退職牧師，當法國大革命時居於英國，皆被奉爲哲學的無政府主義之始祖。但其政治的正誼論（The Inquiry Concerning Political Justice and its Influence on General Virtue and Happiness，一七九三年）一書，其論證與文體，均深奧難明，殆難引起一般日工之注意。較彼更有勢力之人物（卽始創『無政府主義者』Anarchist 一名者），當爲蒲魯東（一八〇九——一八六五），蒲氏乃馬克斯同時之法國人也。

蒲魯東

蒲魯東雖貧困，但聰慧，有大志，一八三九年，彼年已三十，乃自外省一印刷店中往巴黎，度其勤苦之生活。其時產業革命方由英格蘭傳入法國，機器與工廠正在巴黎迅速設立，新階級——一般富之廠主與貧窮之工人——之劃分，正日益明顯。反對路易腓立之調和的中產階級的君主政治之各黨紛紛出現，廠主開始要求其更大之參政權，皆此時之事也。

蒲魯東乃在此種環境中，從事著述，一八四〇年發表其第一部重要之著作何謂財產（What is Property?）一書。其大膽之回答爲『財產卽盜竊』（Property is Theft），此實其革命事業之始。彼藉投稿雜誌，以維持生活，而悉以餘暇闡明此種『主義』。一八四六年，彼發表其大著經濟矛盾論或貧乏之哲學（System of economic contradiction or the Philosophy of

蒲魯東之攻擊財產

poverty）此純爲一無政府主義之作，馬克斯乃立卽以一種純粹社會主義之評論駁之，而戲名之爲哲學之貧乏（Poverty of Philosophy）。蒲魯東嘗參預一八四八年之革命運動，任國民議會之議員。在一八四八與一八五〇年間，彼嘗創辦四種新聞，均以帶無政府主義之色彩觸忌被封。彼又欲創一營業而不謀利之自由銀行，而因以被禁三年。出獄後四年，乃發表其第三種重要著作革命中與教會中之正義（of Justice in the Revolution and in the church）書中痛詆現有之政治與宗教制度，卒因此被迫奔不魯捨勒，以免再羅禁錮。當一八六〇年拿破崙第三對政治犯施行大赦之後，彼始歸國，以一八六五年壽終於巴斯（Passy）。

蒲魯東生前，對於其意見未有簡明之申述，以下所舉乃從其各種著作中搜集而成，當可以說明彼所主張之無政府主義。

第一、彼以私產與資本爲非法利用他人勞力之權力，卽要求勞力結果而不給同等報酬之權力，此實全與馬克斯同。彼嘗謂『蓄奴卽爲行刺，因其破壞人格中一切可寶貴可希冀者也，準此而論，則財產卽爲盜竊，因其據有他人勞力所生之價值而並無同等之報酬也』。但彼幷不似馬克斯派社會主義者之以公共財產代替私有財產，彼僅主張個人享有，卽人人有同等權利以使用財產，而完全享受其自己勞力之所得也。

蒲魯東之攻擊政府

第二、（無政府主義與社會主義之根本差異即在於此。）蒲魯東排斥一切有權威之政體，無論其爲社會民主、抑爲君主或爲寡頭制。彼嘗謂『一切政黨，就其爭權而言，實同爲專制主義之變形，此乃絕無例外，非至政治上之主張能以排棄權威代替信任權威之時，則國民決無自由，社會決無秩序，工人亦決無聯合』。彼嘗綜括其政治信條爲『不需政黨，不需權威，人類與國民絕對自由』。

蒲魯東之樂觀主義

第三、蒲魯東之創立其建設計劃，實同時爲一道德家與一樂觀主義者。彼相信正義意識乃人生而有之恕道，即個人良心之定律。依彼之意，則欲合於正義，應以實踐契約之唯一定律爲人類羣居生活之基礎，此即蒲魯東之所謂無政府主義也。廢除今日之國家與人造法以後，人類仍嘗羣居社會之中，惟不依據任何最高之權威，而僅恃自動合訂而有法律拘束性之契約耳。『如此以自由的契約統治代替強制的法律統治，必可造成眞正之人類政府，眞正之民權，眞正之共和』。蒲魯東最後復詳述其理想社會之合乎自然，並歷引彼與國家無關之各種自由的互助團體及基督教會，以爲其理想社會之證。彼且以爲人類之性質高尚，苟能脫去國家之束縛與法律之壓制，自能在無政府社會之中排除一切之犯罪行爲。

蒲魯東對於人類進步之信心

最後，蒲魯東乃一持至善論者（perfectibilist），此卽言其相信人類之可無限的自動遷善也。此種信仰實使彼反對以暴力爲推翻現有政治經濟社會宗教制度而促進理想的無政府主義之手段。彼恆力言人類可因教育而逐漸了解現有制度之弊與無政府主義之利。時機成熟，則社會必能自行變化，故暴力在蒲魯東之主義中實無存在之餘地。

哲學的無政府主義之性質與主旨

吾人有應注意者，卽蒲魯東無政府主義之要點在特別信賴個人主義。故彼與馬克斯對於脫去當時經濟與社會狀況（二者均痛詆其弊）之方法，乃適相反。馬克斯欲大增民主國家之勢力與職權，蒲魯東則欲使之減少而終歸消滅，彼蓋欲推行當時極盛之放任主義至其邏輯的結果也。因此種個人主義（爲無政府主義所固有者）之故，乃不能有一中央組織與其間之組以推行蒲魯東之運動，且事事既委諸個人，於是無政府主義之信徒對於其主義遂幾至人人各有其解釋。註一

註一　著名之無政府主義者有尼采（Nietzsche）爲蒲魯東之親近信徒，有克魯泡特金（Prince Kropatkin）與馬拉特斯他（Enrico Malatesta）爲『無政府共產主義者』，有托爾斯泰（Count Tolstoy）爲『基督教無政府主義者』。無政府主義者之原理又見於易卜生（Ibsen）佐拉（Zola）與菲特曼（Wait Whitman）等之文學作品中

無政府主義與恐怖主義

自蒲魯東時代以來，一切無政府主義者大抵皆服膺上述四種基本特性中之前三種，惟關於第四種（即用暴行以使資本主義社會變爲無政府主義社會），則自認爲無政府主義者已有分爲敵對二派之勢。　一派（少數派多由敏而好學之中產階級的激烈黨人組成），堅持蒲魯東和平宣傳之主張，一派（勢力漸盛之一派）則提倡採用恐怖與暴力主張此種手段之最早而有力者則俄國之革命黨人巴枯寧（一八一四——一八七六）也。

巴枯寧

巴枯寧出身俄國貴族之中，嘗供職皇軍，留學德國，承受黑格爾之哲學，而接交柏林激烈黨人之年少者。　繼遊巴黎，獲交蒲魯東及波蘭之亡命領袖，乃開始其鼓吹革命之事業。　一八四九年，彼參加德勒斯登之亂，因此被捕，交與俄國當局而流之西伯利亞。　一八六一年設法逃去，遂終身僑居西歐，而在瑞士尤久。　一八六九年，彼創立社會民主同盟(Social Democratic Alliance)，此爲一工人團體，其會員大都來自南歐諸國，同年復將此會附於馬克斯之國際工人協會。　然不久，馬克斯與巴枯寧意見之不和，即已顯著，蓋前者欲藉政治行動及和平方法以謀經濟之改良，後者則欲不顧政府而藉全體罷工（『直接行動』）及恐怖主義以改良工人之命運。　一八七二年之表決，巴枯寧爲馬克斯派之社會主義者所敗，被擯而與第一國際分離，此不獨爲全體工人運

革命的無政府主義之精神

動失敗之主因，且爲迄今存在之無政府主義與社會主義正式分裂之一種公認的事實。

一八七六年巴枯寧逝世後，各處工人多欲加入社會黨，頗少信從無政府主義者，於是巴枯寧之無政府主義乃多歷年所，而大都仍僅限於祕密之陰謀，反對專制之示威（如對於俄國），炸彈之投擲，及對於官吏或特別可惡之資本家之謀刺而已。一八七一與一九一四年間無政府派多次之暴行，卽含有此種精神，巴枯寧一同志所撰之著名革命問答（Revolutionary Catechism），中有一段言之甚明：「「革命的無政府主義者」當用一切之手段與努力以加重災害憂患，俾民衆終至忍無可忍，而羣起倡亂。「個人的無政府主義者」之所謂民衆革命，並非指依照西方舊式之運動而言，蓋以其恆限於財產及所謂文明與道德之傳統的社會組織之外表，迄今均不過爲政治組織之變更，及所謂革命政府之創立而已也。對於民衆有利之唯一的革命，厥爲一切國家觀念之完全消滅與一切傳習制度階級之推翻，如在俄國者是。「革命的無政府主義者」既抱此目的，故對於民衆不欲加以任何統治的組織。未來之組織，顯應由民衆活動及其生活中產出，但此乃後人之責，吾輩之事業，則僅爲急劇的，整個的，堅決的而且普偏的破壞耳。」

革命的無政府主義之近代組織——工團主義

一八七一年巴黎市團之亂，及十九世紀第七十幾年中西班牙之政治騷動，雖亦有信從無政府主義之工人從中活動，但直至十九世紀之第九十幾年中，無政府主義始在工人階級間有重要之進展，且當時並非用正式無政府主義之名，乃用一比較含糊之工團主義（Syndicalism）之稱。工團主義始於法國，蓋當時無政府主義之鼓吹者在彼處已能操縱少數之工會（法國人稱之爲 Syndicats）不久即傳於南歐，中歐，大不列顛，澳洲工人之中，在非藝術之職業中尤甚，且傳至美國而有『世界實業勞動者』(Industrial Workers of the World) 之名。

工團主義與通常工會主義之異點，在其團結工人不依其專門職工，而概括彼全部之業務，如從事於鐵路事業之一切工人，甚至凡從事於任何運輸事業者，咸可結爲一大團體，因以支配全部工業。工團主義與社會主義之異點，則在其注重直接行動，予僱主以直接之壓迫，而反對政治活動，即反對藉立法及他種之政治行動以謀境遇之改良也。工團主義者以全體罷工及怠工爲『直接行動』；後者乃破毀原料，壅塞機器，及對於工業之進行加以其他之損害，因以減少或破壞僱主之利潤。故就目的與策略言，工團主義者實革命的無政府主義之重要部分也。

當一九一四年，全世界工團主義者之人數雖顯較社會主義者爲少，但社會主義正大受其侵略，於是政治家，教士，資本家等，始視之爲較社會主義者爲尤險之勁敵。

吾人對於本章預定之工作現已述畢。舉凡一八七一至一九一四年幾種顯著之特色，已曾注意及之，對於經濟學，科學及宗教上之某幾種勢力，亦略爲明悉，此皆將以新奇之方式影響此時代者也。因此在以後五章中，吾人分述歐洲各國最近歷史之涯略，當較爲便利矣。

課外讀本

最近歐洲史之教本及小冊——除上文第十七章所附之書目外，下列各書極有用處：

1. G. P. Gooch, *History of Our Time, 1885–1911* (1911), in 'Home University Library,'
2. J. H. Rose, *The Development of the European Nations, 1870–1900*, 4th ed., 2 vols. (1914).
3. *History of All Nations*, Vol. XX, *Contemporary Europe, Asia, and Africa, 1871–1901*, by C. M. Andrews (1902).

4. Gottlob Egelhaaf, *Geschichte der neuesten Zeit von Frankfurter Frieden bis zur Gegenwart*, 4th ed. (1913).

5. Édouard Driault, *Les problèmes politiques et sociaux à la fin du XIXe siècle* (1900).

6. The same author, *Le monde actuel* (1909).

7. A. W. Andrews, *A Text-Book of Geography* (1913).

8. The series of popular descriptions of present-day government and recent history of the chief national states edited by P. L. Haworth ("Problems of the Nations," 1915 *sqq.*), and likewise the series edited by D. P. Barrows and T. H. Reed ("Government Handbooks," 1915 *sqq.*), the Bibliography Appended to Chapter XXX, Below.

關於年鑑及一般出版品，可參看下文第三十章附錄之書目。

1871—1914，政治上之發展及其問題：

1. *Cambridge Modern History*, Vol. XII (1910), Chap. I.
2. J. H. Robinson and C. A. Beard, *The Development of Modern Europe*, Vol. II (1907), Chap. XXXI. Special treatises:
3. M. I. Ostrogorski, *Democracy and the Organization of Political Parties*, Eng. trans. by Frederick Clarke, 2 vols. (1902).
4. F. A. Ogg, *The Governments of Europe* (1913).
5. W. F. Dodd, *Modern Constitutions*, 2 vols. (1909).
6. *Handbuch des öffentlichen Rechts der Gegenwart in Monographien*, ed., by Heinrich Marquardsen and others in many volumes (1883 *sqq.*).
7. J. W. Burgess, *Political Science and Comparative Constitutional Law*, 2 vols. (1902).
8. The same author, *The Reconciliation of Government with Liberty* (1915).
9. Jesse Macy and J. W. Gannaway, *Comparative Free Government* (1915).

10. F. J. Goodnow, *Comparative Administrative Law*, 2 vols. in I (1903).

11. Percy Ashley, *Local and Central Government: a Comparative Study of England, France, Prussia, and the United States* (1906).

12. W. B. Munro, *The Government of European Cities* (1909).

13. F. C. Howe, *The Modern City and its Problems* (1915).

14. Käthe Schirmacher, *The Modern Woman's Rights Movement: a Historical Study*, Eng. trans. by C. C. Eckhardt (1912).

15. B. L. Hutchins, *Conflicting Ideals: Two Sides of the Woman's Question* (1913).

16. J. S. Mill, *The Subjection of Women*, new ed., (1906), first published, in 1869.

1871—1914社會發展及其問題：

1. *Cambridge Modern History*, Vol. XII (1910), Chap. XXIII, by Sidney

Webl

2. Charles Seignobos, *A Political History of Europe since 1814*, Eng. trans. ed., by S. M. Macvane (1900), Chap. XXII–XXIV.

3. James Samuelson (editor), *The Civilization of Our Day* (1896).

4. A. R. Wallace, *The Wonderful Century: its Successes and its Failures* (1898).

5. *Un siècle: mouvement du monde de 1800 à 1900* (1900).

6. F. A. Ogg, *Social Progress in Contemporary Europe* (1912), a popular account, clear and suggestive.

7. W. D. P. Bliss (editor), *The New Encyclopædia of Social Reform* (1908).

8. Alfred Marshall, *Principles of Economics*, 6th ed., (1910).

9. Arthur Shadwell, *Industrial Efficiency: a Comparative Study of Industrial Life in England, Germany, and America*, 2d ed., 2 vols. (1909).

10. F. L. McVey, *Modern Industrialism* (1904).

11. D. A. Wells, *Recent Economic Changes and their Effect on the Production and Distribution of Wealth and the Well-Being of Society*, 2d ed., (1898).

12. Sidney and Beatrice Webb, *Problems of Modern Industry* (1898).

13. Percy Ashley, *Modern Tariff History: Germany—United States—France*, 2d ed., (1910).

14. E. R. A. Seligman. *Essays in Taxation*, 8th ed., (1913).

15. H. L. Moore, *Economic Cycles, their Law and Cause* (1914).

16. F. W. Lewis, *State Insurance, a Social and Industrial Need* (1909).

17. H. R. Seager, *Social Insurance, a Program of Social Reform* (1910).

18. Gabriel Hanotaux, *La démocratie et le travail* (1910).

19. Josef Stammhammer (editor), *Bibliographie der Sozialpolitik*, 2 vols. (1896–1912).

20. Hermann Beck (editor), *Bibliographie der Sozialwissenschaften*, monthly

since 1905.

21. R. E. Hughes, *The Making of Citizens: a Study in Comparative Education* (1902).

22. H. B. Binns, *A Century of Education, 1808–1908* (1908).

23. G. P. Gooch, *History and Historians in the Nineteenth Century* (1913).

24. George Saintsbury, *A History of Nineteenth Century Literature, 1780–1895* (1912).

十九世紀之科學與思想：

1. *Cambridge Modern History*, Vol. XII (1910), Chap. XXIV, a brief survey of the "Scientific Age" by W. C. D. Whetham.

2. A. R. Wallace and others, *Progress of the Century*.

3. *Histoire générale*, Vol. X, Chap. XX, Vol. XI, Chap. XXV, Vol. XII, Chap. XVII.

4. J. T. Merz, *A History of European Thought in the Nineteenth Century*, 4 vols. (1896–1914).

5. A. W. Benn, *The History of English Rationalism in the Nineteenth Century*, 2 vols. (1906).

6. The same author, *Modean England: a Record of Opinion and Action from the Time of the French Revolution to the Present Day*, 2 vols. (1908).

7 Sir Oliver Lodge. *Pioneers of Science* (1893).

8. J. M. Robertson, *A Short History of Free Thought*, 3d ed., 2 vols. (1915).

9. Karl Snider, *The World Machine* (1907).

10. G. T. Bettany, *Life of Charles Darwin* (1887).

11. *Life and Letters of Charles Darwin*, ed., by Francis Darwin, 2 vols. (1887).

12. H. F. Osborn, *From the Greeks to Darwin* (1894).

13. G. J. Romanes. *Darwin and After Darwin: an Exposition of the Darwinian*

Theory and a Discussion of Post-Darwinian Questions, 3 vols. (1906–1910).

14. William Bateson, *Mendel's Principles of Heredity* (1909).

15. R. C. Punnett, *Mendelism*, 3d ed., (1911).

16. The *Encyclopædia Britannica*, 11th ed.

十九世紀之基督教：

1. Joseph MacCaffrey, *History of the Catholic Church in the Nineteenth Century*, 2 vols. (1910).

2. William Barry, *The Papacy and Modern Times* (1911), Chap. VI, VII.

3. Fredrik Nielsen, *History of the Papacy in the Nineteenth Century*, Eng. trans. by A. J. Mason, 2 vols. (1906).

4. J. A. G. (Cardinal) Hergenröther, *Catholic Church and Christian State*, Eng. trans. by C. S. Devas.

5. *Cambridge Modern History*, Vol. XI (1909), Chap. XXV.

6. Justin McCarthy, *Pope Leo XIII* (1896).

7. *Great Encyclical Letters of Leo XIII*, Eng. trans. ed., by J. J. Wynne (1903), useful.

8. Georges Weill, *Histoire du Catholicisme Libéral en France*, 1828–1908 (1909).

9. J. J. Walsh, *Catholic Churchmen in Science* (1906).

10. Georges Goyau and others, *Le Vatican, les papes et la civilization, le gouvernement central de l'église* (1895).

11. George Metlake, *Christian Social Reform: Program Outlined by its Pioneer Bishop von Ketteler* (1912).

12. Joseph Husslein, *The Church and Social Problems* (1914).

13. F. S. Nitti, *Catholic Socialism*, trans. from 2d Ital. ed., by Mary Mackintosh (1908).

14. Anatole Leroy-Beaulieu, *Papacy, Socialism and Democracy*, Eng. trans. by

B. L. O'Donnell (1892).

15. Edwardo (Count) Soderini, *Socialism and Catholicism*, Eng. trans. (1896).

16. C. S. Devas, *Political Economy*, 2d ed., (1901).

17. *The Catholic Social Year Book.*

18. *La Civiltà Cattolica* (1850 *sqq.*).

19. F. W. Cornish, *A History of the Church of England in the Nineteenth Century*, 2 Parts (1910).

20. R. W. Church, *Oxford Movement: Twelve Years, 1833–1845* (1900).

21. John Stoughton. *Religion in England from 1800 to 1850*, 2 vols. (1884).

22. Wilfrid Ward, *William George Ward and the Catholic Revival* (1893).

23. The same author, *The Life of John Henry, Cardinal Newman, based on his private journals and correspondence*, 2 vols. (1912).

24. J. H. (Cardinal) Newman, *Apologia pro Vita Sua* (1864 frequently reprint-

ed).

25. A. C. McGiffert, *The Rise of Modern Religious Ideas* (1915).

26. William Cunningham, *Christianity and Social Questions* (1910) and *Christianity and Politics* (1915).

馬克斯社會主義：

1. J. G. Brooks, *The Social Unrest: Studies in Labor and Socialist Movements* (1913).

2. S. P. Orth, *Socialism and Democracy in Europe* (1913).

3. John Spargo, *Socialism: a Summary and Interpretation of Socialist Principles*, new rev. ed., (1909).

4. J. R. Macdonald, *The Socialist Movement* (1911) in the "Home University Library".

5. W. E. Walling, *Socialism as it is: a Survey of the World-Wide Revolutionary*

Movement (1912).

6. Friedrich Engels, *Socialism: Utopian and Scientific*, Eng. trans. by Edward Aveling, 3d ed., (1911).

7. John Spargo, *Karl Marx, his Life and Work* (1910).

8. Karl Kautsky, *Social Democracy and the Catholic Church*, Eng. trans. (1906).

9. Robert Hunter, *Socialists at Work* (1908).

10. *Communist Manifesto* of Marx and Engels.

11. Karl Marx, *Capital: a Critique of Political Economy*, Eng. trans., 3 vols. (1906–1909).

12. Gabriel Deville, *The People's Marx, a Popular Epitome of Karl Marx's Capital*, Eng. trans. by R. R. La Monte (1900).

13. R. C. K. Ensor, *Modern Socialism, as set forth by Socialists in their Speeches, Writings, and Programmes*, 3d ed., (1910).

14. Jane T. Stoddart, *The New Socialism, an Impartial Inquiry* (1909).

15. *Fabian Tracts*, published by the English Fabian Society (1884 *sqq*).

16. *The Socialist Year Book and Labour Annual: a Guide Book to the Socialist and Labour Movement at Home and Abroad*, (1913 *sqq.*).

17. Albert Schäffle, *The Quintessence of Socialism*, trans. from 8th German ed., by Bernard Bosanquet (1880).

18 Paul Leroy-Beaulieu, *Collectivism*, abridged trans. by Sir Arthur Clay (1908).

19. W. H. Mallock, *A Critical Examination of Socialism* (1907).

20. John Rae, *Contemporary Socialism*, 4th ed., (1908).

21. V. G. Simkhovitch, *Marxism versus Socialism* (1913).

22. Yves Guyot, *Where and Why Public Ownership Has Failed* (1914).

23. R. T. Ely, *Socialism: an Examination of its Nature, its Strength and its*

Weakness, with Suggestions for Social Reform (1894).

24. Victor Cathrein, *Socialism, its Theoretical Basis and Practical Application* trans. ed., by V. F. Gettelmann (1904).

25. Benedetto Croce, *Historical Materialism and the Economics of Karl Marx*, Eng. trans. by C. M. Meredith (1914).

26. H. O. Arnold-Forster, *English Socialism of Today*, 2d ed., (1908).

27. T. G. Masaryk, *Dei philosophischen und sociologischen Grundlagen des Marxismus: Studien zur socialen Frage* (1899).

28. Alfred Fouillée, *Le socialisme et la sociologie réformiste* (1909).

29. Biography of *Lassalle*, by Hermann Oncken, 2d ed., (1912).

30. Josef Stammhammer, *Bibliographie des Socialismus und Communismus*, 3 vols. (1893–1909).

工會主義與合作運動：

1. Sidney and Beatrice Webb, *The History of Trade Unionism*, new ed., (1911).

2. The same authors, *Industrial Democracy*, 2 vols. in I (1902).

3. Catherine Webb, *Industrial Coöperation*, 3d ed., (1907).

4. L. T. Hobhouse, *The Labour Movement*, 3d ed., (1912).

5. G. J. Holyoake, *The History of Coöperation in England: its Literature and its Advocates*, rev. ed., 2 vols. (1906).

6. C. R. Fay, *Coöperation at Home and Abroad: a Description and Analysis* (1908).

7. Aneurin Williams, *Co-Partnership and Profit-Sharing* (1913) in "Home University Library".

8. Henry George, *Progress and Poverty*, new ed., (1912).

無政府主義與工團主義：

1. E. V. Zenker, *Anarchism: a Criticism and History of the Anarchist Theory*,

Eng. trans. (1898).

2. Paul Eltzbacher, *Anarchism*, Eng. trans. by S. T. Byington (1908)

3. J. H. Harley, *Syndicalism* (1912).

4. Philip Snowden, *Socialism and Syndicalism* (1913).

5. Robert Hunter, *Violence and the Labor Movement* (1914).

6. Louis Levine, *The Labor Movement in France* (1912).

7. Paul Louis, *Histoire du mouvement syndical en France, 1789-1910*, 2d ed., (1911).

8. The same author, *Le syndicalisme européen* (1914).

9. Dufour. *Le Syndicalisme et la prochaine révolution* (1913).

第二十二章 大不列顛與愛爾蘭聯合王國一八六七—一九一四年

自一八六七年以還，聯合王國之歷史簡言之卽民主政治之逐漸完成其用足以應社會之需，其推行實與民族主義及帝國主義之情感相混。 聯合王國之試行民治制度，既不若法國之勇，其從事於社會立法又不若德國之急，但對於殖民之發展，則成功較大，其表示產業革命對於政治之影響較之德法二國亦爲完滿。蓋英格蘭前既爲產業革命之策源地故今亦受其賜也。 英國因產業之比較進步，其中產階級所有之財富勢力及獨立乃過乎歐陸各國中產階級之所享受者。 英國之中產階級因有此種優勢，故一方面能藉一八三二年『未流血之革命』以自取政權，而他方面又能抵制羣衆所要求之全民政治。

『維多利亞之調和』

在維多利亞女王(Queen Victoria)之長期統治中（一八三七——一九〇一）之前三十年，中產階級嘗本其褊心以反對徹底之民主改革，而同時對於陳腐之封建貴族與貴族院（此中貴族多由捐貲得來），則默認其存在。 彼雖對於其拒斥民治之舉，且靦然辯解，甚至侈言『英人之常識』—願得和平之政治進化而不欲有革命之恐怖騷動。十九世紀中期英格蘭之中產階級自以其善於調和過激主義與保守主義爲足，而處處表示其自信之心以爲進化之程序實隨彼輩地位之增高而達於頂點。當此期中，下層階級則已因工廠制度而陷於困苦邪惡貧窮失望之境；其要求正義甚急，亦卒能由漸而稍達其目的，彼輩初得其政治上之正義，後乃略獲經濟上之公平 吾人現當注意者，即英格蘭政治與社會改革之事跡也。

第一節 政治改革

民憲運動之遺賜

大不列顛之民主政治，實濫觴於十九世紀之前半期，已如前述，彼異教徒與羅馬教徒之得享政權（一八二八——一八二九），中產階級之得派代表於議會（一八三二年），皆此時事也。自一八三二年之議會改革至第二次改革案之成立，其間歷時凡三十五載，在此兩次改革之中間，尙有一八四八年之悲劇，彼預肇十九世紀後半期多種政治事業之民衆請願（即『人民憲章』People's (Charter)）即於是時被擯，而民憲運動亦於是時失敗。惟一般民衆仍深懷不滿，甚至在民憲運動之熱烈信仰已失之後猶然。

工會與民治

彼不滿意之工人階級中比較明於事理者，乃思藉工會主義以謀救濟，此乃民憲運動之所未能者。彼輩以爲苟採連合行動，則僱主終不能不付以公平之工資，於是各處之工人皆自行組織工會。但工會主義者欲強行其要求，僅能從事於同盟罷工或訴諸暴力，而此二者又皆爲法律之所禁，故法律顯有變更之必要。彼店商與地主所組織之議會苟不肯改變此種律禁，則工人必須自行操縱議會。因此工會運動初雖昧於政治策略，後卒襲用民憲運動之舊舉而要求民主政治。此種要求現以力強而普徧之工會組織爲其後盾，殊不能輕加拒斥矣。

主要政黨對於議會改革之態度一八三二至一八六七年

自一八三二年改革之後，三十年來，以自由黨掌政之時爲多，此黨對於維持彼輩優勢之選舉制，從未表示變更之意。保守黨則仍惡民主改革，與舊王黨之反對一八三二年之改革正同。但有二大政治家（一屬自由黨一屬保守黨）已明知工人階級非能參政，終不滿足，彼能以領導改革運動自居之政黨，必能得民衆之欣然贊助。格蘭斯頓與狄斯雷列（Disraeli）二人雖所見恆左，而對此則同，咸欲使其本黨爲一維新（溫和之改革）之黨，以便在現在可獲民主運動之助，而在未來可得不朽之譽。

格蘭斯頓一八〇九至一八九八年

格蘭斯頓擁護民治主義之時頗遲。彼少時曾肄業於伊登（Eton）與牛津，嘗得乃父之許，作意大利之遊。其父爲一利物浦之豪商，饒於財，嘗願其子以政治家顯於世，而格蘭斯頓實亦適於爲此。其人勤勵，性公正，善演說，以此爲衆所稱譽。尤佳者，乃彼從無傾向激烈政治學說之表

格蘭斯頓之自由貿易預算案

示，嘗在校中演說，力斥一八三二年之改革案，言之動聽，致王黨之紐加斯爾公爵使其私人把持之紐亞克（Newark）市區選彼爲國會議員。彼入議會不久，卽有目之爲大有希望之少年保守黨人者，但終因贊助闢爾之取消穀物條例（一八四六年），而與本黨之幹部脫離。一八五〇年彼偶作意大利兩西西里王國之遊，此行於其未來之政治事業乃大有益，蓋彼目擊當時之兩西西里苦於反動，深爲專制政治所惱，遂稍變初衷，略取溫和之民治原則，而傾向自由主義。顧其思想之變遷，一時尚不顯著，因其歸英格蘭時，仍屬於保守黨中之自由貿易派，卽所謂闢爾系（Peelites）者也。當一八五二年，闢爾系與自由黨組織連合內閣之時，彼仍以闢爾系之資格任財政大臣（Chancellor of the Exchequer）。其卒與自由黨聯合而在自由黨內閣總理巴瑪斯頓之下任財政大臣，乃一八五九年之事，此後七年，彼均任斯職。

當此七年之中，格蘭斯頓尚未以議會改革者著稱，而惟以財政家得名。吾人應牢記，自由貿易運動既廢除穀物之保護關稅，幷破壞其他之高率關稅，後一八六〇年法英二國復進而互減關稅，此等變遷實令關稅之收入大減，國家財政，於是乃急於待理。此根據自由貿易以改造國家預算之責，屬於格蘭斯頓。彼乃以非常之熱忱從事於此，其說明計劃徵引數字時，常侃侃而談，令平民院全體爲之慴服。彼在歷次之預算案中，將租税之負擔悉移之於所得税遺產税及消税，而廢除數百種貨物之輸入税。在彼之第一次預算案（一八五三年）以前，貨物之應課税者達四百六十六種，及一八六〇年之預算案以後，則僅餘四十八種而已。肥皂紙張及其他製造品之税概被豁免，食物進口税亦完全取消。自由貿易制採行之後，營業特別發達，國家之繁榮遂蒸蒸日上，凡買廉價之報紙；食廉價之食品，飲廉價之茶者，咸感激格蘭斯頓。故自由貿易預算案乃其最偉大之事業；其政治才略，實因此而永著於世，中產階級甚至下層階級，亦皆因此而對彼表示好感。

一八六五年巴瑪斯頓之逝世

內閣總理巴瑪斯頓乃反對擴張選舉權之最著者，此時格蘭斯頓因順從彼意，故自抑其改革議會之熱忱。迨一八六五年巴瑪斯頓逝世，彼三十餘年來反對更行改革之自由黨遂歸格蘭斯頓與羅塞耳（Lord John Russell 現稱爲 Earl Russell）所領導。於是格蘭斯頓乃卒能進而提倡改革，勸導工人階級之激烈分子，令其贊助自由黨。

狄斯雷列一八〇四至一八八一年

此時代表保守黨之狄斯雷列註一亦競作收買民心之舉。狄斯雷列之性格，政見皆與格蘭斯頓相反，格蘭斯頓有中產階級之習，乏磊落之度，狄斯雷列則人格奇特，鋒芒驚人。彼乃一背教

註一　彼於一八七六年封比康斐爾（Beaconsfield）伯爵。

猶太人之子，故頗爲英國社會所輕視，顧在當時，彼實英國最穎慧之人，乃常以嘲笑社會之愚俗爲樂。當此年少之狄斯雷列服絲絨之絲袴，衣白黃之馬甲，着淺鞋，佩銀釦，腕垂繡帶，頭披鬈髮，出而參與宴會之時，倫敦人士對之，殆不知作何感想也。其談吐又聰明無比，彼端莊之婦女乃恆爲其雋語所惑，爲其奇論所侮。當其初在平民院演說之時，以容貌之特異，與語調之不自然，受人嘲笑，但彼初不因此生愧，反自謂其言論終有令人注意之一日。彼常作小說，其粗豪與其穎慧正同。彼在康令師比（Coningsby）中嘗力言國王與人民之自由，已爲寡頭政治所盜竊，因而對於當時上層階級所視爲滿意之一八三二年改革案加以詆毀。在西比兒（Sybil）中，則對於維多利亞時代之沾沾自足，加以駁斥，謂貪婪之地主貴族對於困苦之農民，未免忽視，而工業界之中產階級，則方藉口於放任主義之謬說，以役使廠中之勞工，而毫無動於中。

狄斯雷列與建設的保守主義

狄斯雷列之理想對於其本黨之政策，實有深刻永久之印像。晚近之王黨或保守黨曾以抵制一切之進步著稱；狄斯雷列對於保守主義之觀念，則非僅反對變更而已。彼固欲保留王權，及國立教會與貴族種種神聖之舊制，但同時亦欲使保守黨採積極之政綱。（一）彼輩應依王黨激烈分子如沙甫慈白利之傳習，可以通過法律以改良工廠之狀況，而對於下層階級採仁慈之態度。

關於此種行動，保守黨可不似自由黨之爲放任主義所限制，亦不至如自由黨之厰主感受個人之損失也。（二）自由黨恆恐營業將爲戰爭所妨，且因已減輕關稅，故對於軍費之需要不能不謹慎將事，以致採取一極不光榮之外交政策。如保守黨果能使大不列顛爲他國所敬畏，則各部區必將以愛國熱忱擁護保守主義。（三）狄斯雷列又建議保守黨不應僅同意於已成之議會改革，宜自行大膽宣布其贊助選舉權之合理的擴張，藉此以佔自由黨之上風，且同時可以證實保守主義之在保護民衆。一八五九年，狄斯雷列提一溫和之改革案，其失敗原屬事之當然，但彼之目的固僅在使其黨人明白改革與保守主義二名詞並不矛盾耳。

美國內戰之影響

此二黨中究將由何黨以擁護平民選舉權運動爲己任乎，此在當時尚難確定。當此問題正亟之時，美國內戰（一八六一——一八六五）適起，南部諸邦之棉花遂停止輸入，英國之棉業工人多將因此失業，於是工界中之滋擾漸盛。彼工人既公然同情於民主之北部，而反對南部擁土著奴之貴族，自不願更贊助英國內代表地主貴族之政黨——保守黨。顧彼等對於自由黨亦不甚滿意，蓋以格蘭斯頓及政府人員似頗偏袒南部也。

伯來脫一八一一至

此時最能代表工業階級之意見者厥維伯來脫，伯來脫乃一熱心附和北部諸邦而力主議會改革之

一八八九年

人也。彼並非工人，實出於中產階級，其父爲郎卡郡之一棉業廠主，彼自初習公開演說——在本地之少年禁酒會（Juvenile Temperance Society）——以至身死之日從未將其演說之才，棄置弗用。凡彼認爲主張適當者，輒用其辯才以謀之，如主張廢除死刑，教會稅（伯來脫屬朋友教徒）及軍中之笞刑，取消愛爾蘭之英國國教會，允許猶太人任議員，防止工廠勞動時間之限制皆是。在十九世紀第四十幾年反穀物條例運動中，彼之熱烈演說，徧及全島，因此遂成英國內最孚衆望之一人。當其以全副精神從事於議會改革運動，演說於各大城中羣衆大會之時，彼實使此主張民治之政黨爲其聲名與辯才所動。彼不皈依英國之國教，故反對狄斯雷列之維護國立教會；身爲廠主，故恨狄斯雷列之批評工業制度；自屬於朋友教會，故惡狄斯雷列之『武力外交政策』。在另一方面，則伯來脫頗與格蘭斯頓接近，因二人皆中產階級中之主張自由貿易者也。因是彼及其同黨乃與格蘭斯頓聯絡焉。

一八六六年自由改革案之失敗

一八六五年巴瑪斯頓死後，內閣總理雖爲彼創議第一次改革案之羅素耳，而自由黨之靈魂則爲格蘭斯頓。刻下之爭點厥爲改革。格蘭斯頓曾提案擴張選舉權及於郡區中年入十四鎊之業主，與市區中年入七鎊之房主。是案不甚激烈，不能爲工藝界擁護伯來脫之人士所喜，而議會中之舊式自由黨則反以其過於民治，乃立與保守黨連合倒閣（一八六六年）。不久，羅塞耳遂脫離政治生涯，於是格蘭斯頓乃爲自由黨公認之首領（一八六七年）。

民衆之示威與保守黨之改革案

格蘭斯頓之提出溫和改革案，不甚引人注意；迫此案遭拒而保守黨又組織內閣時，全國乃忿改革之似已失敗。伯來脫乃以其激昂之慣態激勵各大城之民衆，謂保守黨內閣之成立，即爲對工人階級之宣戰。各工會遂決定迫政府讓步，工會之職員且公開參加全國改革同盟（National Reform League）之組織。當內閣封鎖海德公園（Hyde Park 在倫敦）之門，以防制同盟在彼處舉行羣衆大會之時，多數暴民竟推倒柵欄。一切重要工業中心之工人階級，咸爲成年男人普選權之示威運動所激，保守黨閣員無論其願意與否，終不能不應付此議會改革之舉。當此緊急之際，保守黨之眞正領袖狄斯雷列得內閣總理德爾比（Lord Derby）之同意，乃不顧少數守舊閣員之辭職，卒提出一改革案。狄斯雷列初提此案時，尙未能得平民院多數之贊同，乃繼行一非常之策。蓋彼不欲使完成民衆要求之功歸格蘭斯頓所得，因竟安然聽其提案之修正，致較一八六六年格蘭斯頓之提案爲更合於民治。此舉之率爾一試，正如內閣總理所言，實爲『暗中一躍』。彼怯懦之保守黨人對案內概括之規定，莫不相驚失色，但保守主義之能得民衆者，實

一八六七年改革案之規定

狄斯雷列之大力也。

當此案定爲法律時，實包括以下之規定：（一）將平民院議席中之五十八席由較小之市區轉授人口較多之區。（二）郡區中有年值十二鎊財產（以前爲五十鎊）之自由佃戶，以及租有或領有年值五鎊（以前爲十鎊）之土地者，概得享有選舉權。（三）一八六七年以前，市區中惟有住宅年值租金十鎊者始有選舉權，是後則凡有單獨住宅者，不問其價值多少，概得享有選舉權，甚至市屋租戶其租金年值十鎊而期滿一年者，亦得享有選舉權。顧選舉仍爲少數人之特權而非人人皆有之權利，在近三千二百萬人口中，有選舉權者仍不過二百五十萬，此仍爲代議制中極不平等之弊。然一八六七年之改革究爲英國憲政史上之轉機，因此新增之選民達一百萬註一，多爲城市之工人階級，選民蓋幾增至一倍矣。此等新選民究將如何運用其權，彼時固無人知之，但一八三二年中產階級之調和態度卒被放棄，英國已明白採行『比較民主』之政策，則人所共知者也。

註一　此等數字係就聯合王國之全體而言。一八六七年之法規本僅適用於英格蘭與威爾士，但至一八六八年，對蘇格蘭與愛爾蘭亦制定相同之法。

自由黨更進步之改革——一八七二年之票選案

狄斯雷列冀以一八六七年之改革使格蘭斯頓與伯來脫失去民心，實屬料錯下屆選舉時（一八六八年）愛爾蘭問題正特別緊急，此二演說家乃移其爭論於此，卒以戰敗狄斯雷列。選舉之後，中產階級之自由黨仍與比較激烈之工人階級合作，彼更進一步之民主改革，遂在此自由黨之贊助下成功。一八七二年之票選案（Ballot Act），卒賴格蘭斯頓而成立，此乃工人階級之激烈份子所久已要求者也。前此選民係以口說指定其屬意之被選人，故地主對於佃戶之表示，與己意相反者易於發現而懲治之，事實上往往如此，彼對選民行賄之政治『黨魁』，亦可藉此看出選民之是否如約相選。迨一八七二年，英國一切市政府及議會選舉，始採行澳大利亞之投票制註一。選民但將候選人之姓名祕密記於一紙條上，於是至少在理論上他人不能發現候選人之姓名，以後選民遂難於受賄，更可獨立票選其所欲舉者矣。

格蘭斯頓與一八八四及一八八五年之改革

一八六七年改革之後，農業勞動者以郡區之選舉資格較市區為嚴，因大鳴不平。格蘭斯頓欲去此弊，乃於一八八四年通過人民代表案（Representation of the People Act），使郡區之選舉權與在市區者同，於是鄉村勞工之得選舉權者達二百萬，選民頓增百分之四十。嗣後年滿

註一 因澳大利亞之英國殖民者前曾發明並實行此制，故有此稱。

二十一之男子大多數皆可以下列資格參加選舉：（一）領有或租有地產或房產年值十鎊者；（二）領有或租有住宅或屋宇之一部分作單獨住宅者，不問其價值之多少；（三）在郡區有地產年值四十先令者；（四）大學卒業者三大學得各派代表二人於議會；（五）具有以前各種資格中之某種其他資格者。　一九一三年時，英國人口總數逾四千五百萬，成年男人約一千萬，而選民則僅約八百萬，故此種選舉之去民主式固仍遠也。　投票非一切男子或任何婦女公有之權，而彼在數選舉區同時具有選舉資格，致每人得投二票三票甚至二十票者，竟約達五十萬人之多。　此外復因選舉法之特別複雜，致紊亂爭訟均不免焉。

一八八五年所通過之議席分配案（Redistribution of Seats Bill），其有益於代議制，正與一八八四年法律之有補於選舉制相同。　現有制度關於代表分配之不公平，皆由於一種漫不經心之處置，其法對於一切市郡區域，不問其人口之多少，概與以平民院中之二席。　一八八五年之法律，始試以稍合理性之制施於代議制之中，將全國劃為若干選舉區，俾平民院議員大致每人得代表五萬人。　如郎卡郡初原分為四區，各派代表二人，茲則分為二十三區，每區得派一代表。　惟此種原則尚未遍用，且自一八八五年以後，亦未再行分配，故當一九一四年時，愛爾蘭有三十八席，實均應屬之於英格蘭；此外尚有顯不公平之處，非予以注意不可。

民憲黨『六項要點』之局部實現

民主政治在當時聯合王國內雖尚未完全實現，但就其已成者言，則民治改革之進展，顯與民憲黨之六項要求相符：（一）成年男人普選制在一八八四年雖未完全實現，然大致則已告成功；（二）平等選區制在一八八五年雖未完全實行，然其原則則已被承認；（三）祕密投票制在一八七二年實現；（四）議會雖尚未能如民憲黨之所求每年改選一次，但依一九一一年之法律，則其最長之任期已由七年減爲五年；（五）平民院議員財產資格之廢除於一八五八年實行；（六）最後自一九一一年起，議會議員得領歲費四百鎊。新政縱未完全實行，要已能如民憲黨之所預期，使工人參與政治，選舉代表，並令政府肆力應付近代產業主義之各種問題矣。

平民院方以相繼之改革變爲稍合民治之團體，其時議會中其他一院，則仍然純爲貴族性質，與民衆勢力扞格不入。自第一次改革案通過後，竟十九世紀平民院之意志屢受阻撓，於是貴族院之須『改良或停止』，日益明顯矣。

貴族院之貴族性質

最足使信仰民治之人憤慨者，卽上院之顯爲一特權貴族機關也。其議員註一多爲貴族（公侯伯子男），彼輩大多數之列席議會，非以其卓絕適宜，徒因其襲有世傳貴族之特權耳。此輩世襲貴族恆耽於鄉莊之樂，不好議會中枯燥例行之事，而將立法之責委諸比較盡職之少數。當其為與己有關之案出席表決之時，則又疎於議事程序，故彼輩於立法事業頗難勝任。　有少數貴族（由蘇格蘭貴族中選出者十六人，由愛爾蘭貴族中選出者二十八人）之政略，或可望其勝於世襲諸爵，但其反對民治則并不稍減。　故反對貴族院之重要理由，即在其為特權貴族所組成，多不勝任，且皆地主貴族之代表，自易為其本階級之利益所左右也。

英國國立教會之主義

對於貴族院之第二種反對，乃異教分子之易於感覺者。　蓋代表英國國立教會者，有坎特布里（Canterbury）之大主教及其他之主教二十五人，而其他各派則概無代表，此實事之最不平者也。　且國立教會之主教常利用其議會之地位以維持其教會之特權，及教會捐與教育機關等事，而損及異教分子，此時之不平更屬難堪矣。

貴族院之偏袒性

除此兩種不平外，復有第三種更強有力之理由。　蓋貴族院屢為一反對自由主義之所，當保

註一　一九一四年，貴族院議員總計逾六百人，其中有（一）世襲貴族；（二）出自選舉之蘇格蘭貴族十六人；（三）出自愛爾蘭選出之貴族二十八人；（四）英國國立教會之教長二十六人；（五）皇族；（六）列為男爵之『法律貴族』（Law lords）四人，因其具有專門之法學資格，故特受終身之任，以執行司法職務，蓋貴族院又為最高之上訴法庭也。

守黨得勢時，兩院倘能調和，苟自由黨操縱平民院，則貴族院適足助保守黨以否決自由之立法而已。貴族院曾反對一八三二年之改革案及一八三五年之市政改革案（Municipal Corporation Reform），當自由黨欲許愛爾蘭以自治，取消愛爾蘭之英國國立教會或限制酒業註一之時，貴族院又皆從而加以阻撓。是院阻撓自由黨內閣各重要議案以後，復於一九〇九年率爾否決彼以路易喬治預算案（Lloyd George Budget）著稱，且為平民院所通過之財政案（Finance Bill）上院對平民院所定之財政案例須同意之成規，竟因此破壞，情勢至此，蓋不可復忍矣。自由黨之內閣總理亞斯揆（Mr. Asquith）既有平民院中憤慨之自由黨多數為其後援，乃宣言貴族院之行動為『破壞憲法』。彼訴諸選民，卒得復職，於是始進而創一議案，以限制貴族院之否決權。

註一　凡此一切，均自由黨之爭點。保守黨則與此相反，力言貴族院阻礙自由黨之立法，藉使自由黨之內閣不得不訴諸民意，實屬履行其最要之職。彼等謂貴族院對於全國選民顯然贊成之議案，從未加以阻撓，并舉一八九三年之事為證，是年貴族院曾阻撓格蘭斯頓之第二次自治案（Home Rule Bill），後在總選舉中卒得全國之贊成。自由黨以民治之名義攻擊貴族院，同時保守黨則維護貴族院，視為一眞正民治之保障，此對於聯合王國內民治精神之發達確有裨益。

貴族院之受抑制——一九一一年之議會法案

保守黨（現稱爲統一黨 Unionists）思有以滿足平民之要求，乃別提一案以代之，主張以財政案歸諸平民院，至於其他爭執，則由兩院聯席會議處理之，或提交全國複決。於是重行總選，以便選民可在此二案中有所選擇。顧自由黨又以多數當選復職，乃嚴催其已提之案。亞斯揆並揚言於必要時將請國王多封自由黨之貴族，以俾此案通過。貴族院受此威脅，遂不得不勉強同意，此與一八三二年之事正同。一九一一年八月十八日，此著名之議會法案（Parliament Act）遂成定法。依此法案（註一）（一）平民院通過之財政案在提交貴族院一月以後，得自動成爲法律；（二）其他之政府議案設在平民院三次連會中通過；（註二）則雖迭爲貴族院所反對，仍得成爲法律，惟該類議案自其第一次討論至其最後成立時，至少須經兩年耳。此議會法案之第一項規定實確定平民院關於財政法案之全權，其第二項規定亦僅予貴族院以關於他事之一中止否決權。然當亞斯揆內閣欲依議會法案之規定通過議案以廢止複數投票制，（註三）取消威爾士

註一 議會法案又限制每次議會最長之任期爲五年。

註二 當此期中若議案被修正，則就其目的而論，應視爲一新議案。

註三 複數投票案（Plural Voting Bill）曾於一九一三年及一九一四年兩次通過於平民院，但均爲貴族院所拒斥。

之英國國立教會及許愛爾蘭以自治之時，則又發現此種中止否決權仍可爲自由立法之大障。後二案雖因平民院通過三次卒成法律，然實經長期劇烈之衝突而始得之。此二案之執行，則因國際大戰之作而致遷延（一九一四年八月）。

貴族院未來之改革

議會法案大爲統一黨（保守黨）之所不滿。此黨力言貴族院爲英國憲法上神聖之部分，對於一不慎重或非代表的平民院之輕舉妄動，實爲一有益之防制，故要求上院仍須保留其立法之權。但彼輩又欲減少貴族院中世襲貴族之名額，并使國王（實際爲內閣）得從各種職業中加封有聲望之人爲終身貴族，以增加此院之效能。反之，自由黨則欲使上院「不以世襲而以衆望爲基礎」。（註一）至多數比較激烈之政論家則更進一步，欲完全廢除貴族院，蓋以此爲履行民意時一種不必要之窒礙，在理論上既反乎民治，在實際上又確不可行也。

第二節　聯合王國之政治

英國政府之三種特色

吾人敍述英國之政治改革至此而止，在討論社會改革之前，吾人應對英國今日之政治制度

註一　一九一一年議會法案之弁言。

加以思考。自美國國民觀之，聯合王國之政府，有最堪注意之三點：（一）其政府係基於一種逐漸進化而非固定之成文憲法；（二）採內閣制而非總統制；（三）用集權制而非聯邦制。

一、憲法之漸進性

英國憲法并非一種文件，乃一混合之物，如國際條約，大憲章（一二一五年），權利請願書（一六二八年），權利法案（一六八九年），出庭狀法（Habeas Corpus Act 一六七九年），市政府案（Municipal Corporations Act 一八三五年），各次改革案（一八三二，一八六七及一八八四年），議會法案（一九一一年）與他種律規以及稱爲習慣法（Common Law）之種種雜例等，固同爲英國憲法之一部，然較之彼能拘束國王，內閣，議會等行爲之種種習慣，并不更爲重要，蓋此種傳習皆不成文法也。法庭從未宣布新法律之違憲，因關於憲法問題（無論其重要與否）之一切議案，一成法規，即直接變爲憲法之一部，縱與以前之法律衝突不顧也。英國憲法因修改手續之簡易，故最富於彈性，永不固定，而時在演進之中。

王位——專制政治之遺迹

憲法易於演進之結果，實使英國之制度均爲歷史的而非合理的。神權君政之遺跡，尚可見諸今日英君稱號『奉天承運大不列顛愛爾蘭聯合王國 註一 及不列顛海外自治領地國王，正教

註一 譯者按，愛爾蘭自一九二七年起已脫離聯合王國，故英君之稱號亦有變更。

干城，印度皇帝，喬治五世』(George V, by the Grace of God of the United Kingdom of Great Britain and Ireland and of the British Dominions beyond the Seas King, Defender of the Faith, Emperor of India) 之中註一。就理論上言，亨利八世之權威仍多爲今王所保留，就實際上言，則元首不過爲一文雅君子，常光臨公衆之宴會，款待王家之來賓，當議會開會閉會時，宣讀演稿（乃其閣員所預擬者）而已。彼有時因與政治家談話，亦可略有影響於政務，但若喬治五世遇神經昏亂時，一效專制君主之所爲，則人皆知其必爲議會所廢，如詹姆士二世矣。

貴族院——封建制度之遺迹

貴族院亦爲一不合時代之制。法國已剝奪其封建貴族之優越的政治特權，而英國則仍許其公侯以世襲之權列席上院，與愛德華三世時正同。但其形雖存，其實已變，今日之貴族已非武士環衞好戰尙勇之爵主，彼輩實爲地主，錢商巨賈及昔日之酒商，或工界之領袖，以於國有功，或對於當權之黨有所資助，故得升爲貴族耳。現時貴族如諾福克 (Norfolk) 公爵，可遠溯其世系至

註一　喬治五世於一九一〇年繼其父愛德華七世卽位，爲漢諾瓦朝之第八君，其祖母維多利亞在位之時，乃自一八三七年至一九〇一年，事見後。

一五〇〇年者，爲數甚少。

民治主義——平民院

現國王固仍爲國家之元首；貴族院除爲最高之上訴法庭，可行使司法權外，對於立法亦尚有兩年之中止否決權；然英國政制中之統治力實爲平民院所代表之民治主義。 此種國體，其來歷亦久，蓋由蒙德福之武士與市民會議（一二六五年）繼續傳至今日者，現已變爲一近代式之機關，有代表六百七十八人，幾皆由成年男人普選制舉出（英格蘭與威爾士選出四百九十五人，蘇格蘭選出七十二人，愛爾蘭選出一百零三人），每年輒以二月至八月集會於韋斯敏斯德宮（Westminster Palace）以制定全國之法律。 除教士註一與政府有契約關係者，郡官，英格蘭與蘇格蘭之貴族，及未滿二十一歲之青年，概不得爲議員外，其餘登記之選民皆可選人議會，年薪四百鎊，更可使貧人壹意於立法事業，一如富人焉。

選舉手續

選出平民院之選民人數與資格，吾人已知之悉矣；有猶應注意者，即選舉法也。 當舉行總選舉註二時，先將選舉通告發與愛爾蘭，蘇格蘭各選區之長官，及英格蘭各郡區與市區之長官，此等

註一　新教之異派教會除外。

註二　當兩次總選舉之間，在個別選舉區中常舉行『補缺選舉』，以補充因死亡或退職而空出之議席。 又某議員受命入閣時，亦恆先辭議席而重事競選（譯者按英國議員入閣再付選舉之制，已於一九二七年廢止）。

長官卽充選舉監督。各選舉區之監督，乃立卽指定選舉日期，在郡區不得逾通告到後之九日，在市區不得過四日。選舉日不投票，惟寫定薦選單，當此初選者每人須得登記選民九人之贊成。如在愛爾蘭民族情感極強之區，對於一議席常僅提出候選人一名，於是此人卽可立時宣佈當選，無須再行糜費之正式投票。

遇有敵黨候選人競爭選舉之時，則由選舉監督指定投票日期，在市區不得過初選後之六日，在郡區則在初選後之二日至六日。當初投票日乃舉行眞選舉，一切選民悉蒞選場領取印有候選人姓名之票紙入一密室，對其所選之名畫一『十』字，然後投此票於一封閉之匭內，日終則由監督監視算票，註一并宣布得票最多之候選人當選。最堪注意者，卽在此種制度之下，各選區之初選與投票，并非同時舉行，就全國而言，一次總選舉歷時可至兩星期之久，故有複數投票權者，得在各地投票，例如星期一在倫敦投票，星期二則往利物浦，星期四則赴布里斯它爾。註二　當選舉

註一　在大學選舉區，用口頭選舉及代表投票之制尙盛行。

註二　一九一三與一九一四年平民院通過而爲貴族院否決之複數投票案(Plural Voting Bill)，其目的卽在防制此弊。

進行之時，自不免日增擾攘，直至最後明白反對黨已否推翻內閣時始止。吾人現當由此進述英國政治制度之第二項特色。

二、議會制度——內閣

在聯合王國內，內閣之所恃厥爲在平民院之多數，此內閣制之要點，乃顯與總統制相反者，蓋依總統制則行政官吏由總統或君主自由任命也。『國務院』(Ministry)之名詞原指多數行政官吏之集團，『內閣』(Cabinet)則僅包括其中比較重要之各部長官，但二者通常可彼此互用，因內閣既主持政策又決定國務院之全體人員也。又內閣制可表示英國以新設施適用於陳腐制度之慣習。在法律上，內閣閣員皆屬於一『備國王諮詢』之樞密院(Privy Council)，但此純爲名譽之職，實際上內閣乃一議會之委員會，由平民院中勢力最盛之政黨選出之，以指揮立法，決定政策，并執行法律。內閣之人數不十分固定，通常包括國內最重要之官吏約二十人，即財政首席大臣，通常爲內閣總理，樞密院院長，大法官，外務大臣，印度大臣，內務大臣，殖民大臣，陸軍大臣，財政大臣，海軍首席大臣，愛爾蘭總督之祕書長，商業地方政府教育農業各部大臣，蘇格蘭大臣，郵務大臣，工務大臣，總檢察長，及蘭克斯遏(Lancastes)公國大臣，實際上一切行政各部悉隸屬焉。

內閣之效率與責任

代議政治實因內閣制而始有效率，因立法與行政同爲內閣所主持也。多數之重要議案

（包括預算案），均由內閣草定，經議會通過後，再由其監督執行之。內閣循常開秘密會議，受總理之指揮，故其行動恆一致，蓋總理實全國之統治者也。顧內閣雖有勢力，然因須對平民院負責，終爲民主而非專制之機關。第一，國王之任命總理，例須擇最多數黨所承認之首領。總理又須擇本黨傑出之人物爲屬官。註一 因此內閣實代表平民院中之多數黨。內閣苟因任何原因而失去多數黨之擁護，則總理依不成文法之拘束，須立時辭職，其他閣員亦隨之而去。國王乃另擇一能得國會多數信任之新總理。彼失去議會信任之總理，苟自信議會之意志與選民不合，亦可暫不辭職，而解散議會，召集總選。若新選出之平民院仍與爲敵，則彼須辭職。當處理重要事件之先，（例如當議會法案成立之前），內閣頗偶有利用其隨時召集新選舉之權，以使平民院眞能代表民意者。一九一三年，統一黨亦嘗要求在自治案（Home Rule Bill）通過之先，召集總選舉。該黨蓋以愛爾蘭自治問題在前次選舉中（一九一〇年十二月）并非最顯著之爭點也。自由黨政府則力言其在一九一〇年選舉時之獲勝，至少已暗含民衆之贊成自治，故不許召集特別選舉，而讓

註一 在國際大戰發生後非常情況之下，政黨之分稍泯，一九一五年五月有統一黨之首領數人加入亞斯揆內閣，此次『聯合內閣』中并添設『軍需大臣』及一『不管部之大臣』。

議會得滿其五年之法定期限。註一

吾人敍述議會之後，對於處理議案註二之法，亦宜略加說明。議案在兩院中均須經過三讀會：第一讀會只將議案提出；第二讀會則先討論一般之原則，然後付委員會詳細審查，並可加以修正；迨委員會將其結果報告於議會以後，則於第三讀會中實行表決，此即表示對於該案全部之承受或拒斥也。該案如已通過，則提交他院，苟兩院同意，則由國王照例認可，遂成法律。

三、中央與地方政府

聯合王國政府値得注意之第三點，爲其集權之實現而非聯邦之政制。蘇格蘭，愛爾蘭，威爾士，註三英格蘭固亦可如美國各邦之自有其議會，此實爲少數政治家之所要求，但今之韋斯敏斯德議會仍爲聯合王國全部制定法律，蓋自與蘇格蘭（一七〇七年）愛爾蘭（一八〇一年）聯合以來，即已如此。在行政方面則劃分稍明，愛爾蘭設有總督與地方政府部，而愛爾蘭與蘇格蘭在共同之內閣中各有專員。除此而外，通大不列顚與愛爾蘭之地方政府實大體一律，且同受五中央

註一　因戰事之緊急，議會法案中所有平民院五年改選之規定實已中止執行，一九一〇年所選出之議會曾延長任期。

註二　財政案及私人議案爲例外。

註三　現略去殖民地，另述於後。

機關之監督，註一卽內務部（管理工廠檢查及警察），商業部（管理商務），地方政府部（管理慈善衛生財政等事），教育部及農業部是也。舊有之郡區及其軍民長官保安官等（概爲國王之命官）多以新行政單位代之，其最要者現爲（一）行政郡註二與（二）郡市註三（一）行政郡各有其民選之郡議會，以監督財政橋梁道路公共建築養育院實業學校及教育諸事，對於警察亦得施以相當之管轄。郡各有其事務員司庫吏巡警長驗屍官及教育行政官。郡復分爲若干鄉區（每區常包括數鎭）及市區，均各有其選任之會議以管理公路與衛生。郡區內又間有特許市區，其政府與較大之郡市政府相似，惟自治權較少耳。（二）郡市皆可以變爲郡區之各大城市（至少有五萬居民），此類市區各爲一特許之地方自治團體，由選任之市政會議管轄之。市會包括議員長老市長，此爲英國政制中要點之一，因其不惟行使衛生警察及教育等之通常職權，且恆從事於種種社會主義之試驗，如電車煤氣廠電氣廠等之市有是也。（三）最後則

註一　此等部有爲愛爾蘭與蘇格蘭分設者，但同受內閣之管轄。

註二　英格蘭（及威爾士）有此等行政郡六十有二。

註三　英格蘭（及威爾士）之郡市共七十四。

爲倫敦之特殊地位。倫敦常以其煊赫之市長自豪，但現實爲一行政郡，乃合二十八京市區域而成，此外尚有一區自稱爲市（City），仍與其在十六世紀時相同。

第三節　英國之政黨

政治改革與政黨之變化

吾人詳述聯合王國民主政制演進之時，幾忘其憲法上每有大變，其政黨之組織與理想亦即隨之而起重要之變化。現略述十九世紀英國政黨之變化，當可對於已知之事實及一九一四年之內政，更得新知也。

民黨王黨及中產階級

在一八三二年改革之前，民衆對於民黨與王黨之爭，從未干與。政府決無代議性質，既甚腐敗，又極反動。在朝黨（王黨）仍表示其對於革命之恐怖，常檢查出版物，解散羣衆集會，絞殺鼓動民衆之人——一切均以舊日之王權與國立教會及光榮憲法之名義行之。此時困苦之下層階級實處於壓迫之下無可告訴，彼繁榮之中產階級則申其權利，得派代表於議會之中。昔日敵對之民黨（包括少數之貴族及不從國教之小工商業者）以改革自命，乃與廠主及店商提攜，彼輩蓋皆受改革之利者。舊民黨因有此等新分子加入，遂自稱爲自由黨（Liberals）並贊助中產階級之改革。但大部分之新選民，或恐再有改革，或則忠於國立教會，均附和王黨。此黨前此固多以地主教士及少數之商業舊族為後援，今此等廠主在舊王黨中頗覺不安，彼等嘗在闢爾領導之下拋棄王黨之保護關稅，後因自由貿易之故，且多隨格蘭斯頓加入自由黨中。

一八三二至一八六七年為中產階級之妥協時代，即民主政治與寡頭政治間之『維多利亞時之妥協』也。依此中產階級享有政權，而任下層階級之獨自為謀，彼時嘗認定人之貧窮，必其自身之過或不變之經濟定律所致，二年之中，有一於此，便不適於行使選舉權矣。彼少數賢明之激烈黨人(Radicals)對於此種妥協雖稍抗議，後終歸於沉默。

自由黨保守黨及勞工階級

政黨組織之第二種變動，乃勞工階級崛起之所生。民憲運動已證明民治主義之潛勢力嘗在不滿意之羣衆中大肆活動，工會運動又表現工人方面自助獨立及階級團結之精神。各舊黨漸覺工人將為政治上之要素。狄斯雷列乃思藉愛國敬教，感恩諸舊道德的約束，以使下層階級擁護君權教會及貴族之舊制，并欲使保守黨亦如彼之表同情於民憲運動，而願立採實際之辦法，以造福於不幸之羣衆。當保守黨內閣保證一八六七年之選舉改革時，此黨幾將成一民主黨矣。狄斯雷列之運動卒為格蘭斯頓與伯來脫所阻。格蘭斯頓為自由貿易派，伯來脫為過激派之演說家，彼等嘗對趨向民治之聽衆詆保守黨爲地主貴族，斥狄斯雷列爲詭譎之詐徒。一八六八年之選舉使三人得掌政權，自一八六八年至一八七四年歷時至六載之久。舊自由黨中之傾向貴族政治者至此皆爲勞工階級之選民所敗。格蘭斯頓爲利物浦一商人之子，伯來脫爲一郎卡郡之廠主，自捨工廠立法而不談，彼輩乃攻擊特權（地主貴族及愛爾蘭之英格蘭教教士的特權），採行祕密投票制，擴張選舉權，促進民衆的初等教育，幷高倡『和平儉約與改革』，因以使工人忘其工資之低與工作時間之長焉。

但至一八七四年，狄斯雷列因主張強硬之外交政策及社會改革，得掌政權。彼予城市工匠以較良之住所，保護貧民之儲蓄，以抵制騙人之保險公司，令佃農退佃時得對於田地之改良要求賠償。不幸而狄斯雷列對於饜足國內之人心一事，不若其圖謀國外光榮之專心致志。其收買蘇彝士運河之股票（一八七五年），固純屬有利之事，然其干涉巴爾幹半島及助土耳其帝國以抵制俄勢之浸長（一八七七——一八七八），則爲格蘭斯頓派之自由黨所非難。同時，愛爾蘭自治黨之出現，益增保守黨內閣之困難焉。

一八八〇年之選舉使格蘭斯頓復掌政權。其措施雖不如狄斯雷列之有光榮，但較爲和平。

其不澈底之讓步，不足使愛爾蘭自治黨滿意，彼輩遂與反對之保守黨聯合。後格蘭斯頓因欲得多數，非自治黨之助不可，乃變其以前之愛爾蘭政策，而允助愛爾蘭之自治（一八八六年）。格蘭斯頓對於愛爾蘭問題之忽變方針，實使自由黨人大惑。彼支配該黨已二十年，今則辯才無濟，其黨徒皆懷不平。民黨中之自由分子既恨其民主的改革，而激烈派之自由分子又因相反之理由，於意不滿。分化之勢，蓋已明顯。此時欲完成自由黨之破裂，但需一有力之人爲倡而已。

張伯倫與自由統一黨

能作此種人物者，厥爲張伯倫（Joseph Chamberlain 一八三六——一九一四）。格蘭斯頓係代表舊式放任主義的中產階級，張伯倫則代表新進人物，乃資產階級中最進步之分子也。彼少時在伯明罕即以一最努力成功之製造業者著名，其政見之較一般自由黨人爲激烈，亦人所共知。此青年爲其自強不息之精神所驅，乃放棄業務而參加地方政府，不久即露頭角。一八七四年當選爲伯明罕市長。彼既清除城中之貧民窟，并確定煤氣與自來水之市有權，乃進而參預國政，得一席於議會（一八七六年）。激烈派之自由黨人旋奉爲領袖，而贊成其義務教育，小地產制，等級稅制及發展地方政府等主義。張伯倫曾暫受格蘭斯頓之領導，但對於格蘭斯頓守

自由統一黨與保守黨之連合（一八九五）——統一黨

舊之演說，陳腐之政見，及忽視社會改革之處，已難再忍矣。

張伯倫乃始終反對愛爾蘭自治者，當格蘭斯頓承認其自治時，彼遂公開叛黨，伯來脫及其餘之激烈派自由黨人從而附和之。此分離之自由黨人羣奉張伯倫為領袖，一時曾自成一集團，稱為自由統一黨（Liberal Unionists），以示其反對愛爾蘭與大不列顛聯合之取消。格蘭斯頓現益需愛爾蘭選民之助，故仍以愛爾蘭自治為其自由主義之要點，而自由統一黨則漸覺其對於聯合王國之效忠，對於愛國主義，甚至有時對於社會之改革，皆可得保守黨之合作。一八九五年，張伯倫卒自行與保守黨領袖薩里斯布利（Salisbury）侯爵聯合，於是以後十年遂能掌握政權。

此種聯合之主要目的在維持愛爾蘭與大不列顛之統一，故恆稱為統一黨（Unionist Party）。張伯倫雖為一唯一神教之異教徒（Unitarian Non-Conformist），但統一黨對於國立教會與貴族院，大體上仍能保持保守黨固有之敬重。在另一方面，則張伯倫及其同黨亦能熱心於進步之社會改革。關於此點，彼對於十九世紀第九十幾年中之影響，與狄斯雷利對於第六十幾年中之影響顯相似也。

以黨員而論，則統一黨所容納者較舊保守黨為尤廣。除貴族，教士，縉紳等而外，更有多數之律師，大學畢業生，及各大城市著名之商人，製造業者，銀行家（須知張伯倫本人卽由大學出身而業製造者），等而多數之店員，商賈，甚至一部分之下層階級亦咸追隨其僱主而贊成統一黨之主義焉。

張伯倫與關稅

統一黨以其主義訴諸羣衆之愛國熱情，固能得多數人之附和，但其內部之實力，亦同時因此減少。張伯倫任殖民大臣時（一八九五——一九〇三），特注意建樹不列顚帝國之勢力與統一。當其研究此種問題時，嘗深信自由黨之主張和平，縮減軍備，及保持殖民地與母國之寬弛關係，皆完全錯誤，彼以爲殖民地與聯合王國應有密切之聯絡，不惟關於帝國之防衞須能合作，卽在商業上亦應與英格蘭結爲一致。故彼提議創一帝國特惠關稅之制，依此制度則聯合王國對於輸入品除來自殖民地者而外，皆應課以關稅（對於食物課低率之關稅，對於製造品課稅百分之十，對於原料不課稅），殖民地對於英國之製造品亦應報以特惠之稅。三種目的可藉此而達：(一)特惠關稅協定足以團結帝國。(二)保護關稅足以振興英國之工業，使英國之僱主雖付高率之工資，仍能與外國之業製造者競爭。(三)政府之收入可因關稅之增加，用以擴充海軍及完成種種需費之社會改革，如養老年金之類。此種運動始於一九〇三年，時成立一關稅改革同盟

(Tariff Reform League)後卽積極進行。該黨之自由統一派雖默認此事但現在保守派之相信自由貿易幾與其前此之相信保護貿易同，故對於『食物課稅』大爲不悅。統一黨內部之二派旣不協諧，自由黨遂能於一九〇六年之選舉獲勝，幷繼續與現在之統一黨領袖安得露波拿洛(Mr. Andrew Bonar Law)爲難。

吾人苟回憶當一八八六年時，張伯倫猶代表格蘭斯頓黨中之激烈派，則彼之與保守黨（仍被視爲貴族）聯合而逐漸輕視社會改革，重視帝國主義，實屬尤爲可異。自一八六七年之改革以還，有組織的勞工之投票在政治上已日見重要，彼輩大抵原贊助進步之自由黨。但因張伯倫之變更態度，致此種投票權失所歸依，未能進行工會蓋已顯然有脫離自由黨與統一黨而獨立參政之機。一八九九年舉行於倫敦之第一次工會全體大會，決定召集代表會議，凡願合力使勞工利益得充分代表於議會之一切勞工團體，皆得派代表與會。次年集會，成立一『勞工代表委員會』(Labor Representation Committee)。一九〇一年，工會主義者愈感覺此種行動之急切，蓋依是年貴族院之司法裁判（達夫華爾鐵道公司對鐵路僱員聯合會案 The Taff Vale Railway Company V. Amalgamated Society of Railway Servants)，工會之行動在任何時（如同盟罷工之時）對他人苟發生損害皆可被控而請其賠償損失，此實不啻禁止同盟罷工也。各工會於是大憤，力圖實現勞工代表委員會之計劃，正式成立一工黨於議會之中，以便制定利於工會及一般的勞工利益之法律。費邊社（Fabian Society 宣傳社會主義之會社），社會民主同盟（Social Democratic Federation 一社會主義的小團體奉眞正之馬克斯主義），及獨立勞動黨（Independent Labor Party 一爭雄之社會主義的工人團體，一八九三年創於哈爾代 Mr. Keir Hardie，在議會中已有代表），均與勞工代表委員會以誠意之贊助。此委員會於一九〇六年之選舉，在平民院中得席二十九，連礦工協會之代表十一人，及其他之工人代表十四人（自由勞動黨員與獨立勞動黨員），工人階級現在議會共有議員五十四名。此團體現稱爲工黨於一九一四年在麥克唐納爾（Mr. Ramsay Macdonald）領導之下，註一 計代表選民一百五十萬，在平民院中有四十議席焉。

自由黨之復興

其時之自由黨已大起變化。格蘭斯頓派之自由黨既因統一黨之退出（一八八六年）而大恐，復因不能制止貴族院之抵制格蘭斯頓的愛爾蘭自治案（一八九三年）而失意，又因其老

註一 哈爾代初爲礦工，領導獨立勞動黨（信社會主義）。

一、亨利喬治之影響

成語練之領袖逝世（一八九八年）而氣餒，處反對黨之地位鬱鬱不得志者蓋凡十年（一八九五——一九〇五）。然自由黨人卒能藉三種勢力以復興其主義。其一，卽自農業勞動者獲得選舉權以來（一八八四年），土地問題已關始在政治上佔重要之地位。蓋大不列顛與革命的法蘭西不同，幷未掃清封建地主之勢力，因此英格蘭之鄉村實不如法蘭西有自足躬耕之農（卽小地主），而仍多貪吝之地主與不滿之勞工。關於田土問題之討論，近復爲美國改革者亨利喬治（Henry George）之計劃所激。其計劃卽欲使國家課地主以一『單一稅』，藉以消滅地主，使土地終歸國有。亨利喬治嘗著進步與貧窮（Progress and Poverty 一八七九年）一文，謂土地國有制不惟可以消滅怠惰之地主，且大足以增加城市工人之工資與獨立。此種學說闡明後，英美二國之各種會社，皆熱心採納之，而中產階級的格蘭斯頓派之自由黨尤以爲然。因該黨素惡地主貴族，現固亟欲採行彼僅損及地主而卽足以消滅一切貧窮之試驗也。但自由黨亦未盡採亨利喬治之說，彼等多受其刺激，而另創一革命性較小之土地改革綱要，路易喬治其著者也。

二、關稅提案之遭反對

利於自由黨之第二種情勢，厥爲張伯倫之贊成保護關稅之恢復。自格蘭斯頓提出自由貿易預算案以來，自由黨黨綱中之自由貿易一款，已變爲陳言，今忽大見重要。自由黨之演說者乃逐處宣傳，以統計證明大不列顛之財富純出於自由貿易，而謂關稅實增加工人之生活費。自由黨之所以得增加人望者，大抵由於關稅爭論之復興及全國厭棄關稅的試驗之故也。

三、與波爾人之戰爭

自由主義復興之第三種原動力，爲與波爾人戰爭（Boer War 一八九九——一九〇二）之影響。此戰起於英國好行侵略之殖民者與南非脫蘭斯法爾（Transvaal）之波爾人之衝突。其時掌握政權之統一黨政府乃因此在聯合王國內大受抨擊。反對黨力言此次戰爭爲無理之侵略，且軍事之指揮又以腐窳貽笑，於是自由黨遂以主張和平與改革軍隊而予內閣以有效之打擊。

新自由主義

與波爾人之戰爭實別有最重要之關係。軍事長官於招募新軍應戰之時，已駭然發現多數廠工之營養不良，體格孱弱，曲背貧血，殘廢癆瘵，不適於從軍。更加調查，則益證實工人實受工作時間過長及工資不足之影響，乃致身心道德同趨敗壞。此實表示拯救下層階級於貧窮罪惡疾苦之境爲刻不容緩也。前此放任的自由主義之主張國家不干涉僱主僱工之自由的經濟關係者，今已不復爲人所齒數，代之而起者爲一種決意『與貧窮污穢爲敵』之新自由主義。多數青年之熱忱咸爲政府爲民而設之新理想所動，其中如路易喬治與察赤爾（Winston Churchill）皆

新自由主義之聯合與勝利

自由黨之事業一九〇六至一九一四年

能以新生命注入舊政黨之中者也。新自由黨使工人明白，張伯倫自與保守黨聯合後，即壹意於帝國主義之計劃而忘其前此對於社會改革之熱心。新自由黨則現已成爲以社會改革爲己任之政黨矣。

自由黨近因決意改良下層階級之經濟狀況，故與工黨有聯合之可能。又因其與愛爾蘭民族黨(Irish Nationalist)聯合，故能支配大多數之選民，當一九〇六年選舉時選民共六百五十五萬五千三百零一人，該黨卒能領導四百零二萬六千七百零四人以制勝統一黨。從此次之獲勝以至國際大戰之爆發，自由黨之聯合團體繼續掌政，初以坎柏爾——巴拿曼（Sir Henry Campbell-Bannerman）爲首揆，繼以亞斯揆（一九〇八年）爲總理。此九年中（一九〇六——一九一四）之活動，可總括爲下列五項。

（一）關於財政者。自由黨主張自由貿易，取消與波爾人戰爭時所遺留之某幾種賦稅，并實行相當之節約。但因海軍擴充與社會改革之故，須更加收入。財政大臣路易喬治特因此在其著名之一九〇九年預算案中提議課等級所得稅，註一 遺產稅，不勞而獲之地價增加稅，未開墾之

註一 即對收入大者所課之百分率較收入小者爲高。

土地稅，汽車自動脚踏車汽油等稅，印花稅牌照稅，啤酒火酒煙草等稅。 斯案有三重效果，卽供給豐裕之收入，攻擊地主之權利，幷轉嫁一部分之賦稅負擔於富人是也。

（二）關於不從國教者。 因自由黨人頗多爲英格蘭尤其爲蘇格蘭與威爾士之不從國教者，故其黨綱表現不從國教者之利益，自無足怪。 當不從國教者感覺自行設立學校之困難時，自由黨則主由國家設立世俗學校，其中不授宗教 不從國教者又本其良心要求限制酒之貿易。 但此二案均爲貴族院所否決。 後因威爾士人民多爲不從國教者，故又提第三案以取消威爾士之英國國立教會，此案卒藉議會法案能避免貴族院之否決（一九一四年）。

（三）關於民治主義者。 自由黨爲實行民主政治起見，曾通過（一九一一年）議會法案，吾人前既詳言之矣。 其所提廢除複數投票制之議案，會兩次通過於平民院（一九一三與一九一四年），而皆爲貴族院所拒絕。 該黨對於議會代表之急須重行分配，實未表示熱心，對於擴張選舉權於婦女亦復意見紛歧。 自張斯揆內閣拒斥婦女選舉權以後，『女權運動者』(Suffragettes)常屢次抗議，破毀窗戶，傾酸質於郵件箱中，投炸彈於教堂之內，藉以表示其強烈之怒氣焉。

（四）關於愛爾蘭者。 自由黨爲使其與黨（愛爾蘭民族黨）滿意起見，特通過一自治案，此當於下節中述之。

政治情勢與兩黨制之理論

（五）關於社會者。自由黨政府曾制定多種仁慈而有遠見之法，以期致『昇平之盛世，而使貧苦墮落之事態遠離國人，亦猶曾擾國中林藪的狼之遠遁也』。

事之頗堪注意者，即自由黨之依賴獨立勞動黨實足以促成社會改革之事業，亦如其因依賴民族黨之故而使政府加倍努力以謀自治案之成立也。就理論上言兩黨制在英國政治上雖仍盛行；然在一九一三年時，英國實至少已有四大重要之政黨。屬於統一黨者有二百八十一人，屬於自由黨者有二百六十五人，屬於獨立勞動黨者有四十八人，屬於愛爾蘭民族黨者有八十四人。擁護自由黨政府者，幷非最大之政黨，乃係意見略同之三黨聯合。似此多黨林立，實卽所謂『黨團』制之要素，吾人居恆雖視此爲歐陸政治上之特點，而非盎格魯撒克遜政制上所同具，但事實上已變爲英國政治上之重要部分矣。

第四節　英國之社會立法

社會問題

自由黨之第五種活動（社會立法），頗值得詳密之研究，因其顯然表示民主政治之可滿足社會的需要也。英國政府因先後各次之政治改革已愈能代表一般民衆之利益，彼民主政府對於一般切於平民之問題終有不能不應付之一日。此等問題可總括爲以下二項。第一，工廠，礦山鐵路，商店等均爲有過多之財富及餘暇之資本家私人所有，而其僱工（包括國內最多數男丁，多數婦女及一部分之男女兒童）則既無充分之時間以資休息又無充分之工資以滿足生活，既無就僱之保障又無適當之家室以養育其兒女，工人之生活蓋無時不在與飢餓罪惡疾病等奮鬬也。第二，土地大都爲數千大地主（註一）所有，與封建時代同，彼輩無功無勞而可年得億兆之地租。此種情形之見諸城市者，則爲貪婪地主剝奪工人之工資及店商之利潤，其見諸鄉村者，則爲多數之農業勞動者不能爲殷實之自耕農，而爲窮困之傭工，操勞於富人農莊之中以謀微薄之酬。

解決此種問題的擬議及其一般的性質

哈爾代及其他之社會主義者對於此等社會病態曾擬定激烈之救濟方案。彼輩以土地，工廠，礦山鐵路與全體民衆之關係，至爲重要，不應爲資本家私人所利用，苟以後工廠，礦山，土地，鐵路不歸國有，而仍爲自私自利之個人所支配據有，則平民必永受不公平無效能及貪婪詭詐之害。自由黨及一部分之獨立勞動黨雖不主張公用物件全歸公有，但亦願採行社會主義者所倡導之

註一　大不列顛土地之一半爲四千餘人所有。

工廠與礦山法案

多種改革，期以較和平之救濟方法適應急切之需要。此等改革之施於工業與土地問題者可分爲三方面：（一）保護貧民使其免於疾病疲勞貧窮與災害；（二）提倡教育及工會主義以謀工人之自助；（三）對『驟然增加』及不勞而獲之財產課征重稅，以謀財富之均等。

在保護貧民階級之社會改革中，其最顯著而急需之法規，在亞斯揆當權之前卽已制定（此等法規保證工廠之衛生狀況，防制童工，限制工廠礦山商店中之女工），但反對者甚多。當十九世紀初，凡工廠礦山商店之主人，僉以政府無干涉私人營業之權，力排政府之限制工業條件。彼實業家既主張『產業的自由』，於是礦山與工廠之慘狀遂無法救濟。應付此種情形之最初種種企圖，實無大補於事。例如僅爲禁止強令九歲以下之兒童在紗廠每日工作十二小時以上，尚有通過一特種法規（一八一九年之法規）之需要，吾人對此眞不勝駭然也。甚至一八四四年之工廠法案（Factory Act），仍許成年婦女每日工作十二小時，兒童得隔日工作十二小時，或每日工作六小時。此種法案且僅適用於織布廠。至一八四七年，織布廠之工作時間始由十二小時減爲十小時。當十九世紀之第六十幾年中，從事他種工業之工人，亦皆受同樣規定之利益。一八七四年復有法律禁止十歲以下之兒童在織布廠作工。以上及其他偶然之規定，同關於工廠暨督與衛生等之條款均以一八七八年之合併法案(Consolidating Act)整理之。一九〇一年，復有第二次之修正與整理，將童工之最低年齡提高至十二歲，並設詳密之規條，行妥愼之檢察，以保證適合衛生之工作條件焉。

煤礦中之情形，最初至較工廠更爲惡劣，其遇救亦同樣遲緩。在一八四二年之前，礦山中仍有婦女及十歲以下之男女童工與男丁一同工作，衣不蔽體，勉強掙扎，或挽煤袋，或推礦車於黑暗潮溼之地道中。採礦史上之重要事件，卽一八七二年礦山法規之草定，依此法規，則婦女及十二歲以下之男女童工，概不得從事於地下工作；礦山主人對於傭工之安全，亦須謀適當之預防焉。

一八一九至一九〇一年間所通過之工廠與礦山法案，其目的在謀礦山與製造廠中之安全與健康，并防制婦女與兒童之就傭，蓋此乃破壞家庭而有害於後代之健康者。一九〇九年自由黨政府除監督勞動條件與時間外，乃更採取新方針，主張國家有規定工資之權。此新原則規定於一九〇九年之同業議會所法案(Trade Boards Act)中。依此設立工資會議所(由傭主傭工平均各派代表組織之)，對於從事『血汗職業』(Sweated trades)者，卽製衣裳紙盒花邊等業之工人，規定應得之最低工資。此爲應付血汗勞動的弊害之非常處置，因從事血汗職業之工人毫無保障，恆被迫在家中或在人多氣窒之小『血汗工場』內從事不規則之工作，而所得之工資又復極低也。

一九一二年礦山工人最低之工資率

政府規定工資之原則，原在謀血汗工人之利益，三年之後，乃大見推行。一九一二年，煤礦工人因工資之爭執同盟罷工，礦工參與者數逾百萬，煤炭之供給既停，實業界乃有破壞之虞。亞斯揆欲避此禍，急勸議會制定最低工資案（Minimum Wage Bill），對於礦工之要求縱不能一一承認，亦應接受其主要之原則。礦工主張成年礦工每人每日之最低工資應為五先令（一元二角五分美金），年滿十四之男童每人每日應為二先令。政府之議案未規定適用全國之每日五先令的工資率，而規定各地之最低工資率應由本地工資會議所分別決定之，但政府得以法律規定最低工資率之原則，則已成立矣。

正義與最低工資

社會主義者咸以最低工資案為未來勝利之佳兆，謂其預示政府必有對於人民之勞力保證其獲得完滿公平的報酬之一日。但一九一二年之法案實未具此種目的，斯案所欲規定者僅為最低之工資而非公平之工資，二者之分別固甚重要也。自由黨政府之一切社會立法莫不有此同樣之差異，是即抽象的公平與實際的仁慈之分也。自由黨之所最注意者并不在使人人各得其所應得而在至少保證人人以最低限度之健康財富與幸福，即至窮無告者亦不得讓其墮於某種安樂與文明的水平線以下。養育此種文明中落伍之後隊，乃新自由黨之理想，亦即其法律之原則也。

利他主義與效率

自由黨人如路易喬治與察赤爾輩之利他主義與實業家之謀利的動機有時亦可調和。多數之僱主近皆知使工人清潔多智飽食暖衣安居自適，亦非終於無利，因工資雖提高，費用雖增加，然工人必能增其效能精力，且更爲誠實，此之所得，必可償彼之所失也。多數資本家之所以不復反對社會立法而反鼓勵之者，其理由蓋在於是，故利他主義與效率二者實相成而不相悖焉。

利他主義之改革者除規定勞工條件，時間，工資而外，應作之事尚多。上所述各法，對於一切痛苦中之最大者（如不能作工之貧民病人與殘疾老幼及失業者之痛苦），仍未能予以救濟，自由黨政府乃特爲此輩制定各種良法。首所注意者，爲彼受意外傷害而不能謀生之工人。據言工人每月死者達四百，傷者達七千，或由其自己之過失，或因僱主未謀適當之預防，有時則由於不能避免之災害，例如採礦是也。無論原因如何，此不幸工人之家庭總因此感受苦痛貧窮，故政府決定工人或其家庭應受相當之賠償，俾得免於飢餓。

工人之賠賞一八九七至一九〇六年

工人遇禍受償之原則，已因一八九七年之

法案而適用於少數之職業，一九〇〇年更推及於農業勞動者，一九〇六年，自由黨議會幾將賠償制度推行於一切產業。 依一九〇六年之法案，工人設因災害而成殘廢，則每星期得從其僱主領受美金五元以內之款項，設因傷致命，則其家族得領受美金七百五十元至一千五百元之整款。自一八八四至一九〇七之二十三年中，除英國外，對於賠償工人採行同樣之法者凡二十國，此實一有趣之事也。

兒童之幸福一九〇八年

亞斯揆內閣又嘗欲保護不能自助之幼童與老弱。 據學校教師報告，入學之貧兒多未足食，一九〇六年之教育法案（Education Act）乃規定與此等兒童以膳食而不收其費。 隨後又有種種法案為兒童規定遊戲場及免費之健康診斷，并與嬰兒以適當之醫藥看護。 一九〇八年之兒童法案（Children Act）包括條例甚多，涉及兒童生活之各方面，如嬰兒之保護，火傷之預防，年少罪犯之感化，實業學童之待遇，少年吸煙之禁止，皆是。

養老金一九〇八年

其次所對付者，為老弱問題。 依一八三四年之救貧法（Poor Law），凡貧民之老弱不能自存者，則令其離棄家人友朋而入貧民工廠，此即貧民最後之窟實同獄舍而非慈善機關也。 在此世紀中，此種工廠制度雖時有變更，然此種問題卒未獲解決。 至一九〇六年議會之工黨議員乃要求政府對於一切年老而所入不足以自存者，給以養老金，與軍士同。內閣贊成此說，故於一九〇八年提議規定凡年逾七十而每年收入未過一百零五金元者每星期得領一元二角五分之養老金。一九一三年時，老年之領此金者幾達百萬。

失業者—勞工交易所法案一九〇九年

次年，議會乃對於失業問題着手。蓋在倫敦及各大城市，恆有無數體格強健之男人窮困無業，而咎不由自取。如遠處股票市場之發生恐慌，美國棉花之收成甚歉，或棉布之需要減少，均可爲英國工廠倒閉之主因，而使多數之勞工失業。此外因冰業煤運或建築業之不穩定而失工者，亦復甚多。無論原因爲何，總之工人僅因無工可作而受貧困，實一至可哀之事也。於是政府乃以一九〇九年之法案，創一職業介紹所或勞工交易所之制，通知失業工人以可得工作之場所，遇必要時，并給工人以達到工作地之川資。此雖未能使一切工人皆有職業，然已大有補於謀事之閑民矣。

國營保險法規一九一一年

然勞工交易所不能遂使世無失業之事，故工人之失業問題，實仍待解決。一九一一年，路易喬治提議由政府作部分之解決，是爲國營保險議案(National Insurance Bill)，後卒定爲國營保險法規(National Insurance Act)。其要款有二。一爲工人每星期應納失業保險費兩使士半另由僱主與政府補足之，設遇失業，則每星期可領得六七先令。此僅適用於工程與建築等業，包括工人約二百三十萬。此案之又一部分，且為更屬重要之一部分，其目的在『規定損失健康及預防與醫治疾病之保險』，此法所影響之工人直接者幾達一千五百萬，間接者亦約百萬。

依此法規，工資勞動者必保病險，每星期納費一便士至四便士，另由僱主納三便士，政府出二便士，以補足之。工人如有疾病，則可在醫院受免費之看護與療治，并得每星期領受津貼。政府之規定，本為彼願在郵局保險而不願由其他團體保險者而設，然對於業經存在已得認可之保險公司與互助團體，亦允其代充國營保險機關，并從而獎勵之。國營保險之結果雖尚未完全顯著，但關於醫治之規定，則未嘗不足以減少疾病，解除痛苦也。

以上所述之一切議案，無非在說明自由黨政府保護貧民，使不受疲勞疾病貧窮災害之善意的希望。至於社會改革之第二方面，則在獎勵貧民之自助，此大抵以兩種方式實現之，即教育條例與工會主義之獎勵也。近在一八七〇年時，未受正式教育之兒童，尚幾達半數，此時無義務的強迫的教育制度，學校之設立，政府悉委之於英格蘭教會或自由團體。當時之英格蘭與現在同，有多數宗教派別，或則要求學校應授宗教，或則主張教育應超乎教會，教育之進步，遂因此受阻一八七〇年之教育法案（Education Act）爲應付此種困難之情形計，特規定凡授宗教教育之『自由的』或教會學校得受政府之經費補助，而一方面則可於勢所必需之時，設立非宗教之『公立小學校』（Board School），不授各派之宗教教育。此等公立小學校之費用，應一部分出自兒童之父母，一部分出自地方之稅捐，一部分出自政府之津貼。自一八七〇年以來，教育之範圍及費用俱大加擴張，一九一三年時地方捐稅與政府公款之用於教育者，計已超過三千萬鎊（一萬五千萬金元），同年入學之兒童則逾六百五十萬人。此時學校之受政府津貼而爲各教派所把持者，數仍不少。彼不從國教者以此等學校多屬於英國國立教會，故繼續抗議。代表不從國教者之自由黨在一九〇六年，嘗思以法案使民衆教育脫去教派之支配，但此案爲貴族院所拒，於是自由黨人欲創一普徧的公立的不分宗教派別的初等教育制度之目的，迄未實現。自由黨政府雖失敗於此，然能供給貧苦學生以膳食，設立實業學校，實行醫藥衛生各種條例，以增進學童之健康，故於教育實不乏眞正之貢獻也。

教育推廣之結果，實使下層階級得在社會上表演一更重要而有理性之活動，故吾人謂其重要，實非誇詞。蓋工人之能從報紙上明瞭議會行動於己之爲利爲害，并能自小册中得悉關於社會與經濟的民治主義之新說者自必欲在政治上更受重視也。

工會主義之發達，對於訓練工人之自謀利益，實乃更爲重要。 當十九世紀前三十餘年中，此種運動在法律上雖遇大阻，然終獲進展，此已具見於前。 工會主義者欲除去此等障礙，乃首倡一種政治運動而取得投票權（一八六七年），繼又因一八七一至一八七六年之各種法案而被認爲法定團體。 各工會每年均舉行工聯大會，以討論勞工問題，自一八九九年以還，幷合爲工會總同盟(General Federation of Trade Unions)在工業與政治生活上旋卽成爲一有力之因素。

貴族院見工會之活動大恐，於一九〇一年發下著名之達夫華爾判決，依此則僱主得因罷工之故向工會要求賠償損失。 是年之工業紛爭（同盟罷工與工廠關閉）遂由六百四十二次減爲四百四十二次。 工會憤怒而極力贊助工黨者，卽爲此故。一九〇六年自由黨政府之通過其工業紛爭法案(Trade Disputes Act)者，亦所以和緩工會也。 是案保障工會之資金使不受損害賠償之控訴，且許工會之『特務員』用『和平之勸告』令其他工人與之同行罷工。 一九〇九年，貴族院欲限制工會之活動，乃以工會之強收捐款維持議會之勞工議員爲不合法。 但工會終又制勝，一九一一年平民院議員皆得支薪，一九一三年工會幷獲特權，可用其資金以謀達政治之目的，惟對於工會會員，仍不得強其捐助工會之『政治資金』而已。

工會在政治上與工業上之活動，其最大之障礙，遂為自由黨政府所解除。扶助老病失業之人，以前本為工會之重負，自政府引此為己任之後，工會遂更能專用其資力以爭勞動權利及工資之提高與工作時間之減少。此種奮鬬進行不息，在工業上則採罷工之手段，在議會中則用投票之方式。工人之能增進其安樂與獨立，在政治上佔勢力而得受民主自治之訓練者，實以得力於工會運動為多。

課富人之稅

最後吾人當述社會改革之第三部分，即抨擊彼專橫之特權與不勞而獲之財富也。政府為支付養老金國營保險民衆教育海軍軍備之鉅額費用，不得不開收入之新源。路易喬治之預算案對於大宗收入遺產奢侈品等之如何增稅，已具如上述，現但加以回憶，即足，惟其對於地主階級不勞而獲之收入與特權所施之抨擊，則尚應稍加注意焉。

土地問題

時倫敦城四分之一乃十人所有，地主貴族有據一全村者。地主有合法之權，以拆毀陋室，驅逐勤勉之佃農，或將農場變為荒地。五十年來鄉村人口已減少六十萬，六十年來佣人已由九千增至二萬三千。當地租增高之時，壯年農工每週所獲不滿十八先令（四元五角）者，竟達百分之六十以上。般富之地主且得向彼無數卑陋不宜人居之村舍住宅索取租金。凡此種種，自路易喬治及其同僚觀之，未免悖理而不公平，故自由黨乃以救濟此等流弊為己任。

路易喬治乃主張土地改革之最有力者，但在其着手以前，此種事業已曾略見施行。在愛爾蘭，政府嘗減過昂之租金，以保護佃農，并由國庫貸款農民，俾其收買自耕之地。但英格蘭之土地立法，則較落後，其最初之重要步驟，在任命一委員會（一八八四年）以研究此種問題。此委員會向議會報告時，明言貧病，酗酒，體格衰弱，死亡過多，以及犯罪行為，大都由於城鄉貧民住宅之不合衛生與過於擁擠所致。因此一八九○年曾為勞工階級之居住問題，通過一法案。地方機關（郡議會）依該案及十九年後亞斯揆內閣所通過之更重要的住宅與城市設計法案（Housing and Town Planning Act 一九○九年），得封閉潮濕之地窖，拆毀空氣不良之貧民住宅，遇必要時并得從地主收買土地，為貧民建築光明清潔空氣流通之住宅。其結果（在一九一四年以前）住宅之認為不適居人者，達五萬六千三百一十八所，郡市議會所收買之土地約達二十萬畝，如倫敦租戶，得居於適合衛生之住宅者，已有十萬人，此皆公共機關所建築並領有者也。多數城市且對於未來之美化及運動場公園等之佈置，採有一定之計劃。自由黨在小地產與土地分配

路易喬治之「土地」改革組織——一九一三至一九一四年

案(Small Holdings and Allotments Act 一九〇七年)中，幷已開始進行其『授與勞工每人以園地一塊』之方針焉。路易喬治在其著名之一九〇九年之預算案中，已表示自後賦稅之負擔，應多由地主負之。同年又通過一法案以謀鄉村道路與森林之發展，五年戶口調查制亦開始舉行，是卽關於土地所有權之調查，乃與十一世紀時威廉勝王之田地測量籍(Domesday Book)相似者也。以上種種不過爲路易喬治平生事業在一九一三至一九一四年冬間所開始之初步而已。

是冬財政大臣於其動人之多次演說中，說明政府之土地改革大綱。爲總攬土地改革起見，特新設一土地部。受該部大臣指揮之委員享有種種大權：(一)得保護佃戶以免受蠻橫之驅逐與不公平之租金。(二)得限制農場作工之時間，幷得爲農業勞動者確定最低之工資。(三)得限制『禽獸之害』，卽鹿之損害收穫物與貴族無用之獵苑包圍農場者。(四)現多荒蕪之土地，均應開墾造林(至少應有一部分)。(五)對於工人階級所規定之衞生住宅與園地，應由國家推行而不由地方提倡。(六)地價應加以精確公平之估計，一則以定地產之賣價，一則爲將來課稅與土地改革之基礎。

格蘭斯頓之對成愛

一九一四年八月，英國牽入歐洲大戰，當戰事方酣之際，一切均置諸度外，於是路易喬治所允諾之土地改革，遂無由履行矣。 未來之歷史家必謂自由黨之土地改革第一期，亦若其社會與工業上之立法，同因不幸之國際大戰而猝然終止也。 欲預測未來之事，自不可能，但如謂路易喬治之高論將悉爲人所忘，亦殊難令人相信也。

『今有成千累萬之人工作不息，所得之貲僅能使己身及其家庭免於窮困。 彼等目擊其兒女之代益衰頽，乃因缺乏空氣日光與空場之故，而彼擁有廣土以供自用者，竟靳弗與之。 今試以吾國之城市而論，此固一大帝國中之大城市也，乃其中心區域，竟處處皆穢汙之窮困苦之人，若陷泥淖，齷齪不平。 吾人每日自歸安適之家，輒過之不覺。 須知天道不爽，必不能置此大冤屈於不問。 諸君明目達聰，必聞四方之凶訊，報應之來，殆將不遠。 上帝所造之億兆男人婦孺，將忍受此不平待遇至於何時乎？吾信其必將終止矣』。

第五節 愛爾蘭問題

上節已說明自由黨與獨立勞動黨之合作，以完成各種社會改革，本節則專述自由黨與議會中另一小黨（愛爾蘭民族黨）之聯合，其目的蓋在於伸雪愛爾蘭之冤抑。此二黨之聯合，於一八六八年之選舉中始佔重要，是時格蘭斯頓利用愛爾蘭之急需改革爲競選之爭點，以推翻狄斯雷列之保守黨政府。自彼時迄今愛爾蘭之改革遂在自由黨之黨綱中佔重要地位。當格蘭斯頓第一次組閣時（一八六八——一八七四），愛爾蘭實有三種疾苦（關於宗教土地及民族者），急須注意此三者如何發生，格蘭斯頓如何施以補救，此後更獲得何種救濟，今當分別考之。

一、關於宗教名―愛爾蘭―羅馬教徒之疾苦

羅馬教在愛爾蘭之受迫害蓋始於十六世紀時亨利八世因愛爾蘭人之不願改奉英國國教，乃封其僧院奪其教堂，在愛爾蘭設立一種英格蘭教會政治而自稱爲『愛爾蘭王』。在伊利沙白女王之治下，雖經流血之爭鬬，十七世紀時雖有克林威爾放逐羅馬教徒於西印度羣島，十八世紀時雖有殘酷之法律壓制之，而愛爾蘭人之篤信羅馬教者至今仍達四分之三，奉新教者僅有五十萬聖公會教友（即所謂愛爾蘭教會），及較少數之長老會教友，此皆各爲英格蘭與蘇格蘭殖民者之子孫，大都居於工業區之伯爾發斯特(Belfast)城及其週圍之九郡（合爲厄爾斯得 Ulster 省）。即在厄爾斯得，羅馬教徒之數亦幾與新教徒相埒。此人數較少之新教徒得英國之軍事援助，而以極苛之法定負擔加於人數較多之羅馬教徒者，歷時已三百年，至十九世紀始稍獲宗教上之平等焉。

一八六九年愛爾蘭教會國立性質之取消

趨向宗教自由之初步，吾人固已知之矣。一八二九年羅馬教徒之解放，免其政治資格之限制，且與以實際上之信仰自由。惟羅馬教徒仍須納什一稅（註一）於新教派之『愛爾蘭教會』，以維持其教士，而此舊教士又多住於英格蘭。愛爾蘭首領鄂康尼雖逞其雄辯以反對什一稅，終於無效。及一八六八年格蘭斯頓掌政之時，適值愛爾蘭暴動之後，彼乃提議免除幾種最難堪之疾苦，以撫綏愛爾蘭。其允諾之見諸實行者，即爲取消『愛爾蘭教會』之津貼及其國立性質。國立性質之取消，即表示新教派之聖公會已非愛爾蘭之國立教會，不能復徵收什一稅也。但彼等仍得保用其教堂與大禮拜堂，其受影響之教士并得個人之賠償焉。

二、土地之流弊及其改革

宗教問題既如此解決，格蘭斯頓乃得自由從事於更迫切之土地問題。愛爾蘭前此有希望之羊毛業已爲英格蘭之立法所破壞，其本地人爲佔領該島最大部分之英格蘭地主所迫，已陷於汚穢困苦之境。此種貧困之農民大都恃少許價廉之馬鈴薯（註二）度日，且時遭饑饉（如一七三

註一　於一八三八年減輕。

註二　馬鈴薯係由美洲輸入愛爾蘭者。

九年時相傳每五人中卽有死者一人，又如當一八四六年，農民之餓死途中者以數千計，其逃往美洲者數亦約同，一八四五年時其人口在八百萬以上，及一八五一年已減至六百五十萬）。地主之因一八四六年之饑饉而喪失地租者，乃逐其貧困之佃農，防其再過饑饉又不能納租也。農民憤而於一八四八年革命，但無結果。一八五〇年乃有佃農權利同盟（Tenant-Right League）之成立，要求『三F』，卽租金之公平，佃地之固定（卽農民苟能繼續納地租，當可保留其土地），與出賣之自由（卽農民出賣其佃地之權利）是也。同盟者以爲此等權利必能保障佃農，不致再遭橫暴之驅逐。但在一八七〇年格蘭斯頓之土地法案（Land Act）以前，彼輩仍毫無成就，是案制定，始禁止地主之任意加租或驅逐農民而不與以土地改良之賠償。惟一八七〇年之法案亦未生效，故此後十年中又有土地同盟（Land League）復倡『三F』運動。愛爾蘭農民不久卽深信愛爾蘭苟非取得自治權，則土地制度永無改革之希望，於是熱心贊助要求自治之政治運動。政府欲施行壓制無效。情勢旣如是險惡，格蘭斯頓乃思允許農民之要求以示撫綏。其第二次愛爾蘭土地案（Second Irish Land Act，一八八一年）實已承認『三F』之要求，設一土地法庭（Land Court）以規定公平之租金，保護農民使免無理之逐，幷容許其出售佃地。

土地法庭雖減少地租四分之一，但仍未能與農民以永遠之滿足。

一八九一年之土地收買案

愛爾蘭之土地改革，并非格蘭斯頓之功，實保守黨之力也。第二次薩里斯布利內閣經種種嘗試之後，卒於一八九一年通過一普遍應用之土地收買案(Land Purchase Act)。依照該案，佃農苟願意，即可向政府借款，從地主收買其佃地。貸款之數可與地價相等，在最初五年內每年攤還百分之四又四分之三，在以後四十四年每年攤還百分之四。此種攤還之數總計少於地租甚遠，至四十九年之後，彼即可成一獨立地主。多數佃農均急起利用此種計劃，於是更為繁榮之愛爾蘭遂得確立其基礎。一八九六年之又一土地案，對於愛爾蘭自由農民之培養，更與以便利。一八九八年之地方政府案(Local Government Act)許愛爾蘭郡區之自治政府，遂更足以改良其土地狀況。農民雖仍不免於飢餓與被逐，但愛爾蘭鄉村之安樂已遠勝於前矣。

三 愛爾蘭之民族主義 聯合法案以前(一八〇〇年)

當十九世紀末葉，愛爾蘭宗教與土地不平之處，至少已稍被注意，但尚有政治上之不平，此乃由民族主義所致。故吾人當追述愛爾蘭民族主義之發展。在十二世紀之前，愛爾蘭雖未統一，究屬獨立，自有其國王文化及語言焉。但至十二世紀，乃有英格蘭人侵入，至少愛爾蘭之一部已為英王亨利二世所征服。當亨利七世時，通過『波寧氏法規』(Poynings' Law)，令愛爾蘭議會之一切法案概須經英格蘭政府之批准。亨利八世更以『愛爾蘭王』號自加。愛爾蘭之大地產遂於此時封與英格蘭之貴族，但英格蘭之威權實僅及於東部之小區，卽以愛爾蘭區（Irish Pale）著稱者是也。當詹姆士一世時英格蘭與蘇格蘭之殖民者紛紛移殖於厄爾斯得。一六四一年，愛爾蘭之土著起而排外，克林威爾乃以殘酷之手段平定之（一六四九——一六五二）。當一六八九年革命時，愛爾蘭又叛，復敗於一六九〇年七月一日波印（Boyne）之役。失敗之亂黨移殖於外國者數以千計，其子孫在法國歷史上頗有名人（註一）。百年之後，愛爾蘭又起革命，但此次乃新教殖民者所主持，蓋彼輩痛恨英格蘭之限制愛爾蘭貿易也。此次革命卒告成功，其結果使愛爾蘭享有十八年（一七八二——一八〇〇）之自治或自由立法權（卽新教的愛爾蘭獲得自治，因一七九三年以前，羅馬教徒在愛爾蘭之議會固無發言權也）。自治期內，受法國大革命之影響，而有愛爾蘭人聯合會（United Irishmen）之組織，於一七九八年煽動叛亂，無功。英政府乃藉口此次事變而取消其自治，愛爾蘭議會受賄自廢，於是愛爾蘭遂與英格蘭蘇格蘭合為大不列顛與愛爾蘭聯合王國（United Kingdom of Great Britain and Ireland），一八

註一　如麥馬韓。

〇一年）。此後愛爾蘭之法律概由韋斯敏斯德議會制定，愛爾蘭人之列席此會者，有貴族二十八人及平民百人焉。

愛爾蘭反對聯合之運動

隸屬於不列顛議會一事，已足激怒愛爾蘭之愛國志士。乃不列顛議會又始終反對愛爾蘭之利益，於是此種苛政遂愈覺難堪。惟最初要求取消聯合案之運動，在著名之鄂康尼領導之下，向屬依法和平進行。及一八四三年，鄂康尼之和平的取消運動被禁，乃有更暴烈之分子繼續進行，成立『少年愛爾蘭』(Young Ireland)黨，效法一八四八年歐陸之革命，惟仍無成。此後二十餘年，愛爾蘭問題復起，其時有數千愛爾蘭種之美國人曾參與南北戰爭（一八六一——一八六五）者，組織斐安拿會社(Fenian Brotherhood)，以謀愛爾蘭之解放。一八六七年，於愛爾蘭起義之時，同時攻擊坎拿大。然仍如以前，又歸失敗，惟並非毫無結果，因格蘭斯頓已由斐安拿會社之迭次騷亂而深信愛爾蘭之急須改革也。吾人前已言及格蘭斯頓之取消其教會之國立性質（一八六九年），并通過一土地案（一八七〇年）矣。但愛爾蘭之民族主義在新領袖帕涅爾(Charles Stewart Parnell)領導之下，仍保持悶替，此人富有才略熱忱，且同時又一新教徒也，民族主義者一方面向不滿意之農民宣傳，謂欲救濟愛爾蘭之痛苦，其唯一可靠之法，厥爲自治，一方面則組織自治黨，在一八八〇年之議會中有代表近八十人。格蘭斯頓復通過土地案（一八八一年），欲以收買自治運動者。當此種運動勢盛之時，政府曾暫捕帕涅爾及其他之愛爾蘭領袖四十人而下之獄。

格蘭斯頓之第一次自治案一八八六年

當此期中格蘭斯頓雖主張愛爾蘭之改革，但反對自治并敵視自治黨人。及一八八六年保守黨掌政，此領導自由反對黨之格蘭斯頓需帕涅爾之自治黨的八十六票為己助，於是自由主義遂與自治聯合，愛爾蘭之議員助格蘭斯頓取得政權，格蘭斯頓則草一議案設一種準獨立之都柏林議會。但自由黨人多反對格蘭斯頓之交換條件，卒與保守黨合力破壞一八八六年之自治案，并排擠格蘭斯頓。

格蘭斯頓之第二次自治案一八九三年

七年後，格蘭斯頓之聯合復領導平民院之多數，乃通過第二次自治案（一八九三年），顧又為貴族院所敗，時格蘭斯頓已逾八旬，旋即脫離政治生涯。註一 自一八九五以至一九〇五年，彼漫無組織之自由黨始終處於在野之反對地位，自治遂無人顧問，統一黨內閣希望「以和婉手段陰消自治」，於是置民族問題於不顧而但着手於土地之改革。

一九一二年之自治案

然自治終不能陰消。愛爾蘭民族黨現為勒德蒙(John Redmond)所領導，在平民院中有

註一　格蘭斯頓卒於一八九八年五月十九日，享壽八十有八。

代表八十餘人，仍力爭自治。自由黨以一九〇六年之總選復行掌政，但並未能立現民族黨之望。平民院中之自由黨代表現既多於其他各黨之總數，故已不復如一八八六年時格蘭斯頓之需要愛爾蘭民族黨之票數。且自由黨方一意於不列顛之社會改革計劃，鮮能注意於愛爾蘭之要求，彼等更知自治案即使在平民院通過，終必為彼在貴族院中佔最多數之統一黨所阻。顧此種情形在一九一〇至一九一一年時發生變遷，蓋是時因各次新選舉及議會法案通過之結果，貴族院對於立法除能行使中止否決權外，其在憲法上之他種權利已被剝奪，而自由黨內閣在平民院中又非有自由黨獨立勞動黨及民族黨之聯合票數不可也。於是自由黨內閣此時乃決然復採格蘭斯頓之策，主張即時確定自治。一九一二年四月十一日總理亞斯揆提一愛爾蘭政府案(Government of Ireland Bill)，依據是案，愛爾蘭一面仍保留四十二代表於韋斯敏斯德之不列顛平民院，而另一方面則享受有限之自治權，設一兩院制之議會於都柏林，置一總督為國王私人之代表，彼經由對都柏林議會負責之大臣以統治愛爾蘭。

厄爾斯得與統一反對黨

自治案大為厄爾斯得之蘇格蘭種與英格蘭種之居民所反對，蓋其感情及傳習自然與愛爾蘭土著之民族主義齟齬不合也。伯爾發斯特繁榮之實業家恐代表多數農民之愛爾蘭議會將課以重稅，因益激成厄爾斯得之反對。此種強烈之經濟動機，復以訴諸宗教之偏見而其力愈厚，蓋彼少數新教徒之壓制多數羅馬教徒，由來已久，今則恐情勢丕易，而所謂自治者將爲『羅馬教之統治』也。依是案之規定，愛爾蘭議會原不能津貼任何宗教，或施行任何宗教資格之限制，但此仍不足以保證新教之厄爾斯得使其無恐。統一黨魁卡孫（Sir Edward Carson）熱烈之雄辯所動，並得英格蘭統一黨之同意，遂舉行羣衆大會，以『莊嚴盟約』（Solemn Covenant）相勗，永不服從愛爾蘭議會，且厲兵秣馬，顯有訴諸內戰之意。彼輩力言其一切行動均出於忠君之誠，殊足怪也。卡孫之初意，蓋欲藉厄爾斯得之義勇軍以威脅自由黨政府，因而阻撓自治，英格蘭多數統一黨人之鼓勵此種運動，或亦圖藉此以汚毀亞斯揆內閣而推翻之，因以制止自由黨之再攻擊貴族院地主貴族與英格蘭教會也。但亞斯揆政府決然施行其自治案，幾經協商調停，失敗之後，竟不顧愛爾蘭內亂之威脅，而於一九一四年夏將該案列入法規之中。七月二十六日，流血慘劇遂發生於都柏林矣。

一九一四年之自治案

當此緊急之際，大戰忽起，國內之一切爭執，均消失於國際大衝突烟霧之中。統一黨與自由黨，現乃戮力同心，以驅逐侵入比利時之德軍。民族黨首領勒德蒙曾在平民院中謂『愛爾蘭海岸當由其武裝國民防制外軍之侵入，為達此目的計，南部民族黨之武裝羅馬教徒，極願與北部奉新教之武裝厄爾斯得人連合」，全院莫不聞而美之。在此種情勢之下，愛爾蘭之敵黨遂即成立休戰。自治案已二次通過於平民院，現又第三次通過，雖仍為貴族院所反對，但卒於一九一四年九月十八日得國王之正式批准，因此雖有統一黨之抗議，終能依一九一一年議會法案之規定成為法律。同時又通過一議案以暫時中止愛爾蘭政府案焉。註一

註一 即自治案(Home Rule Act)之正式名稱。又一九一四年通過之威爾士教會撤廢國立案(Welsh Disestablishment Act)，其施行亦展期至大戰結束之後。

課外讀本

普通者：

1. A. L. Cross, *History of England and Greater Britain* (1914), Chap. LII-LVII.
2. J. H. Robinson and C. A. Beard, *The Development of Modern Europe*,

Vol. II (1907), Chap. XXV. XXVI.

3. C. D. Hazen, *Europe since 1815* (1910), Chap. XX, XXI.

4. Gilbert Slater, *The Making of Modern England*, new ed., (1915), Chap. XV–XXIII.

5. C. W. Oman, *England in the Nineteenth Century* (1900), Chap. VII–IX.

6. J. A. R. Marriott, *England since Waterloo* (1913), Book III, Chap. XVIII–XXVI.

7. *Cambridge Modern History*, Vol. XI (1909), Chap. XII, *1856–1868*, by Sir Spencer Walpole, and Vol. XII (1910), Chap. III, *1868–1910*, by Stanley Leathes.

8. A. D. Innes, *History of England and the British Empire*, Vol. IV (1914), Chap. VI–XI.

9. Sidney Low and L. C. Sanders, *Political History of England, 1837–1901*

(1907), Chap. X–XIX.

10. Sir Spencer Walpole, *History of England since 1815*, new ed., 6 vols. (1902–1905).

11. The same author, *History of Twenty-Five Years, 1856–1880*, 4 vols. (1904–1908).

12. J. F. Bright, *History of England*, 5 vols. (1884–1904)—Vol. IV, *Growth of Democracy, 1837–1880*, and Vol. V, *Imperial Reaction, 1880–1901*.

13. R. H. Gretton, *A Modern History of the English People, 1880–1910*, 2d ed., 2 vols. (1913).

14. Sir Herbert Maxwell, *A Century of Empire*, Vol. III, *1867–1900* (1911).

15. H. W. Paul, *A History of Modern England*, 5 vols. (1904–1906), covering the years 1845–1895.

16. Justin McCarthy, *A History of Our Own Times, 1837–1901*, 7 vols. (1879–

1905).

17. G. K. Chesterton, *The Victorian Age in Literature* (1913) in the "Home University Library,"

18. Ernest Barker, *Political Thought in England from Herbert Spencer to the Present Day* (1915).

19. C. A. Whitmore, *Six Years of Unionist Government, 1886–1892* (1892).

20. H. R. Whates, *Third Salisbury Administration, 1895–1900* (1900).

21. Paul Mantoux, *À Travers l'Angleterre Contemporaine* (1909).

傳記：

1. Sir Sidney Lee, *Queen Victoria: a Biography* (1903).

2. A. C. Benson and Viscount Esher (editors), *The Letters of Queen Victoria, a Selection from Her Majesty's Correspondence between the years 1837 and 1861*, 3 vols. (1907).

3. W. F. Monypenny, *The Life of Benjamin Disraeli, Earl of Beaconsfield*, 2 vols., *1804–1846* (1910–1912), Continued by G. E. Buckle, Vol. III, *1846–1855* (1914), and Vol. IV, *1855–1868* (1916).
4. Georg Brandes, *Lord Beaconsfield, a Study*, Eng. trans. by Mrs. George Sturge (1880).
5. T. P. O'Connor, *Lord Beaconsfield: a Biography*, 7th ed., (1896).
6. T. E. Kebbel (editor); *Selected Speeches of Benjamin Disraeli*, 2 vols. (1882).
7. *Lord Beaconsfield and other Tory Memoirs* (1907).
8. John (Viscount) Morley, *The Life of William Ewart Gladstone*, new ed., 3 vols. in 2 (1911).
9. G. M. Trevelyan, *The Life of John Bright* (1913).
10. William Robertson, *Life and Times of John Bright*. new ed., by A. M. Perkins (1912).

11. Thorold Rogers (editor), *Speeches of John Bright* (1869).

12. *Public Addresses of John Bright* (1879).

13. Alexander Mackintosh, *Joseph Chamberlain, an Honest Biography*, new ed., (1914).

14. C. W. Boyd (editor), *Speeches of Joseph Chamberlain*, 2 vols. (1914).

15. Lytton Bulwer, *Life of Sir H. J. Temple, Viscount Palmerston*, 2 vols. (1871), Continued by Evelyn Ashley, Vol. III (1874).

16. George Saintsbury, *Earl of Derby* (1892).

17. W. S. Churchill, *Lord Randolph Churchill*, 2 vols. (1906).

18. H. D. Traill, *Marquis of Salisbury* (1891).

19. Sir G. O. Trevelyan, *The Life and Letters of Lord Macaulay*, 2 vols. (1876).

英國憲法

1. A. L. Lowell, *The Government of England*, new ed., 2 vols. (1912).

2. Sidney Low, *The Governance of England*, new ed., (1914).

3. Sir William Anson, *The Law and Custom of the Constitution*, 3d ed., 3 vols. (1907–1909).

4. A. V. Dicey, *Introduction to the Study of the Constitution*, 8th ed., (1915).

5. Sir Thomas E. May (Lord Farnborough), *Constitutional History of England since the Accession of George the Third*, ed. and cont., by Francis Holland, 3 vols. (1912).

6. Walter Bagehot, *The English Constitution*, new ed., (1911).

7. D. J. Medley, *A Students' Manual of English Constitutional History*, 5th ed., (1913).

8. F. A. Ogg, *The Goverments of Europe* (1913), Chap. I–VIII.

9. T. F. Moran, *The Theory and Practice of the English Government* (1905).

10. Sir Courtney Ilbert, *Legislative Methods and Forms* (1901).

11. The same author, in the "Home University Library," *Parliament, its History, Constitution and Practice* (1911).

12. Charles Seymour, *Electoral Reform in England and Wales* (1915).

13. Josef Redlich, *The Procedure of the House of Commons: a Study of its History and Present Form*, Eng. trans. by A. E. Steinthal, 3 vols. (1908).

14. Josef Redlich and F. W. Hirst, *Local Government in England*, 2 vols. (1903).

15. F. C. Howe, *The British City, the Beginnings of Democracy* (1907).

英國之政黨：

1. A. V. Dicey, *Lectures on the Relation between Law and Public Opinion in England during the Nineteenth Century*, 2d ed., (1914).

2. Lord Hugh Cecil, *Conservatism* (1912).

3. L. T. Hobhouse, *Liberalism* (1911).

4. W. L. Blease, *A Short History of English Liberalism* (1913).

5. W. S. Churchill, *Liberalism and the Social Problem* (1909).

6. L. T. Hobhouse, *The Labour Movement*, 3d ed., (1906).

7. A. W. Humphrey, *A History of Labour Representation* (1912).

8. S. P. Orth, *Socialism and Democracy in Europe* (1913), Chap. IX.

9. F. J. Shaw (Pseud. Brougham Villiers), *The Socialist Movement in England* (1908).

10. M. Beer, *Geschichte des Sozialismus in England* (1913).

11. W. L. Blease, *The Emancipation of English Women*, new ed., (1913).

12. Emmeline Pankhurst. *My Own Story* (1914).

13. Hilaire Belloc and Cecil Chesterton, *The Party System* (1911).

聯合王國之社會政治：

1. Carlton Hayes, *British Social Politics* (1913).

2. George Howell, *Labour Legislation, Labour Movements, and Labour Leaders*, 2d ed., (1905)

3. C. G. F. Masterman, *The Condition of England*, 4th ed., (1910).

4. Charles Booth (editor), *Life and Labour of the People in London*, 17 vols (1892–1903).

5. B. S. Rowntree, *Poverty: a Study of Town Life*, 2d ed., (1902).

6. Édouard Guyot, *Le socialisme et l'évolution de l'Angleterre contemporaine, 1880–1911* (1913).

7. B. S. Rowntree, *How the Labourer Lives, a Study of the Rural Labour Problem* (1913).

8. Sidney and Beatrice Webb, *English Poor Law Policy* (1910).

9. B. S. Rowntree and Bruno Lasker. *Unemployment: a Social Study* (1911).

10. W. H. Beveridge, *Unemployment*, 2d ed. (1912).

11. M. F. Robinson, *The Spirit of Association, being some account of the Gilds, Friendly Societies, Coöperative Movement, and Trade Unions of Great Britoin* (1913).

12. Beatrice Potter (Mrs. Sidney Webb), *The Co-operative Movement in Great*

Britain (1899).

13. Sidney and Beatrice Webb, *The History of Trade Unionism*, new ed., (1911).

14. H. H. Schloesser and W. S. Clark, *The Legal Position of Trade Unions*, 2d ed., (1913).

15. H. L. Smith and Vaughan Nash, *Story of the Dockers' Strike* (1889).

16. B. L. Hutchins and A. Harrison, *A History of Factory Legislation*, 2d ed., (1911).

17. Olive J. Dunlop, *English Apprenticeship and Child Labor: a History* (1912).

18. Frederic Keeling, *Child Labour in the United Kingdom: a Study of the Development and Administration of the Law Relating to the Employment of Children* (1914).

19. A. S. C. Carr, W. H. Garnett, and J. H. Taylor, *National Insurance*, 4th ed., (1913).

20. E. R. Dewsnup, *The Housing Problem in England, its Statistics, Legislation, and Policy* (1907).

21. A. R. Wallace, *Land Nationalisation, its Necessity and its Aims* (1882).

22. A. H. Dyke Acland (chairman), *The Report of the Land Enquiry Committee*, 2 vols. (1914).

23. Gilbert Slater, *The English Peasantry and the Enclosure of the Common Fields* (1907).

24. F. G. Heath, *British Rural Life and Labour* (1911).

25. R. E. Prothero, *English Farming Past and Present* (1912).

26. W. J. Ashley, *British Industries*, 2d ed. (1907).

27. The same author, *The Tariff Problem* (1903).

28. William Cunningham, *Rise and Decline of the Free Trade Movement*, 2d ed. (1905).

29. George Armitage-Smith, *The Free Trade Movement and its Results* (1898).

30. William Smart, *Return to Protection* (1904).

31. Graham Balfour, *The Educational Systems of Great Britain and Ireland*, 2d ed., (1903).

愛爾蘭問題：

1. W. O'C. Morris, *Ireland, 1798–1898* (1898).

2. Charles Johnston and Carita Spencer, *Ireland's Story* (1905).

3. Goldwin Smith, *Irish History and the Irish Question* (1905).

4. Alice S. Green, *Irish Nationality* (1911), in "Home University Library".

5. Louis Paul-Dubois *Contemporary Ireland*, Eng. trans. (1908).

6 Alice E. Murray, *A History of the Commercial and Financial Relations between England and Ireland from the Period of the Restoration* (1903).

7. W. P. O'Brien, *Great Famine in Ireland and a Retrospect of the Fifty Years*

1845–1895 (1896).

8. T. P. O'Connor, *Parnell Movement, with a Sketch of Irish Parties form 1843,* 2d ed., (1886).

9. R. B. O'Brien, *Life of Charles Stewart Parnell*, 2 vols. in I (1898).

10. J. H. Parnell, *Charles Stewart Parnell* (1914).

11. G. J. Shaw-Lefevre (Baron Eversley), *Gladstone and Ireland, the Irish Policy of Parliament from 1850–1894* (1912).

12. Michael Davitt, *The Fall of Feudalism in Ireland, or the Story of the Land League Revolution* (1904).

13. Sir Horace Plunkett, *Ireland in the New Century* (1904).

14. T. D. Ingram, *A History of the Legislative Union of Great Britain and Ireland* (1887).

15. S. Rosenbaum (editor), *Against Home Rule: The Case for the Union* (1912).

第二十三章　拉丁歐洲一八七〇——一九一四年

第一節　法蘭西第三次共和國

（甲）共和之創立

一八七年九月四日第二次共和之宣布

當拿破崙三世最後數年之中，法蘭西政團非議其帝國制度者，大抵爲共和黨，自由君政黨，及社會黨。及皇軍敗於塞丹之後，此諸黨乃急在巴黎宣告拿破崙第三及其皇朝之廢黜（一八七〇年九月四日），此乃事勢之當然。諸黨之宣布『共和』以代替既失信仰之帝國，乃因惟有共和一詞始涵義廣泛而有伸縮性，足以聯合彼不相和諧之各分子也。但三黨對於『共和』之解釋，實彼此不同，共和黨多以共和爲恢復一七九二與一八四八年中產階級之激烈主義，自由君政黨則以共和爲暫時之階段，行將由彼傾向民治之包本族王出而樹立一與英國相似之政制於法國，社會黨則夢想馬克斯共產黨計劃之立即實現，而同時實行政治的與經濟的民治主義。

國民會議一八七一

當德軍繼續圍困巴黎之時，三黨均能團結。社會黨人且踴躍參與國防。共和黨之領袖剛必大與自由君政黨之諦愛爾同爲臨時政府之砥柱。剛必大乘氣球逃出巴黎實爲強硬的愛國抵抗之中心與靈魂，竟使絕望之困關支持至數月之久。諦愛爾則負外交之命赴歐洲各大國都，妄思爲法國求得外援。但至一八七一年一月巴黎卒投降於德，商定休戰，俾法國人民得選出國民會議以與戰勝國商訂和約。此時共和黨與君政黨遂有裂痕發生。後者爲謀和平，雖與德軍締結不利之條款亦在所不惜，前者則不欲最初即以一對外不利之條約妨礙共和之發展而有繼續作戰之意。

至一八七五年

國民會議之君政黨的性質

關於此種爭點之選舉舉行於一八七一年二月，是爲第三次共和之第一次選舉運動，其結果以成年男人普選制舉出代表七百餘，其中有五百皆君政黨人，屬於共和黨者僅二百人耳。但君政黨之勝利，僅表示法國大多數國民之疲於對德作戰，並不能證明其願行君主政治也。

國民會議之與德締和

集會於波爾多之國民會議自不願正式承認共和政府，惟選諦愛爾爲「行政元首」，且決定元首應受國民會議之監督，可自行擇任閣員，並指揮彼等以助其行使政權。國民會議既依所謂波爾多公約（Compact of Bordeaux，一八七一年二月十七日）暫時商妥法國之內政，乃與其君政多數黨遷至凡爾賽，並即時批准辱國之佛蘭克福爾條約（一八七一年五月）。依此約，則

一八七一國民會議與革命的巴黎市團之轇轕

亞爾撒斯及洛萊因之大部分均割與新建之德意志帝國，法國並允賠償軍費五千兆佛郎。國民會議之初步事業（斯會實特爲此種事業而召集者）遂如是完成，和平竟得恢復矣。

顧在對德條約尚未批准以先，前此贊成『共和』之各黨又自起分裂，一方爲巴黎之工人，一方爲中產階級之國民會議，結果卒引起可怖之短期內戰，是卽所謂市團（Commune）之亂也。『市團』一詞，在法國通常表示與美國郡區或市區相當之地方政府，當巴黎因德軍圍困五月內部擾攘之際，有二『中央委員會』合成一聯合委員會（Joint Committee），其一爲自謀利益之工人所舉，屬於社會主義的『第一國際』之本部，其一乃由共和護國軍所組成者。聯合委員會設於市政廳，實操巴黎市之政權。此種革命市團因主持市區選舉而其勢愈盛，自一八七一年三月至五月，蓋巴黎之實在政府也。

此種市團並非純一之團體，其會員與一七九三年之中產階級的激烈黨相同者幾佔半數，其餘則爲工人所組成，內屬於第一國際之社會黨（馬克斯信徒）與蒲魯東之無政府黨者數約相等，因共有不平之感，故能團結一致。巴黎近受戰爭之害，重於法國之其他各地，而尤以工人爲甚，且巴黎更以共和黨之佔優勢，不信任君政黨之國民會議，不願首都之由巴黎遷至凡爾賽。最甚

巴黎叛亂之裁制

者，厥爲巴黎市之經濟的痛苦。其時不惟工廠之關閉，及大軍之遣散，致勞工市場有人滿之患，且凡爾賽政府現又下令恢復戰爭期中停付之租金與債劵，而同時復停止護國軍每日一佛郎半之餉金，於是城市大多數工人遂失其唯一生存之資。時國庫空虛，此等處置固屬當務之急，然自工人觀之，則自然以此種舉動爲偏重上層階級與中產階級之利益，而忽視彼輩也。

巴黎市團於是對國民會議起而革命，宣言巴黎城之由自與自主，並宣言法國只應爲一由自治市團組成之寬弛的同盟。巴黎以外之各地咸以此種行動爲違反愛國主義，憤起援助諦愛爾，對凡爾賽之國民會議戰爭遂起。自一八七一年四月一日至五月二十八日之實際軍事行動，不過爲攻城奪城之尋常事跡。彼訓練較精，器械較良，指揮較當之攻城軍節節進逼，前線陸續進展。聖克盧門附近防禦較弱之壁壘失守後，凡爾賽軍遂入城。亂黨雖據寨力戰，城中各部卒逐一克復，公共屋宇頗多被燬，大主教亦被刺殺。戰勝軍力圖撲滅火焰，殲絕亂黨。戰敗者既狂暴，戰勝者亦兇殘，僵屍山積，屋宇街區多成廢墟，俘虜或被殺戮，或被放逐，或受監禁。當一八七一年五月之最後一星期中，巴黎民衆死於法軍之手者至少達一萬五千人，或更倍於此數焉。巴黎市前既經德軍之圍困攻取，旋又繼以此次之圍困與擄掠，此當一悲慘之厄運。但斯乃以前促成德法

「一八七一年市團叛亂」之重要

黎衛法案（一八七一）諦愛爾之任「總統」

國民會議之[illegible]的成就

戰爭之詭計與野心的必然結果，蓋一八七一年巴黎市團叛亂之眞正發動者，並非工人，實俾斯馬克與拿破崙第三也。

市團叛亂既平，法蘭西之第三次共和政府遂得在此後若干年中保持其溫和的與中產階級的特性。社會黨與無政府黨之人數大減，其主義亦失國民之信仰。但彼幸存之市團運動者則因此而極爲痛心，久後遂使法國工人中之某一集團趨於極端之激烈主義焉。

當一八七一年五月末，諦愛爾及國民會議已與德軍媾和，並已恢復國內之秩序。但國民會議仍不顧共和黨之抗議，無意結束其任務。君政之多數黨在一八七一年八月三十一日實已從事於黎衛法案（Rivet Law）之制定。依此案，則國民會議不獨可以爲法國制定法律，且僭取大權，爲國制憲，而授諦愛爾以『法蘭西共和總統』之新稱，並規定總統以後應對國民會議負責，且隨時可以多數票決罷免總統。自一八七一年八月始，須更歷四年有餘，國民會議始得解散。此四年對於新時代基礎之樹立，至關重要。四年中諦愛爾自爲領導者凡二載焉。

第一政府之改革全國財政及募集新公債，成功甚大。對德賠款中末期應付之五千兆佛郎，竟能於一八七三年交清，於是德軍概行退出法境。此種鉅額之公債大半募自法民，且多出自農人，此實足以證明法國之富裕及新制之穩定也。

國民會議之軍事改革

第二，詳密之軍事改革亦始於此時。取法戰勝之普魯士，行普徧之徵兵制，入伍之期定爲五年，預備軍役之期定爲十一年，惟教士教員及寡婦之子始得免除兵役。且沿新德國之邊境，遍建要塞，巴黎城防亦加鞏固，軍械軍火及其他軍需準備完善，軍艦亦加速製造。法國近雖戰敗，但仍願欲保持其強大之地位與聲威，國中有勢力者多時思作『復仇之戰』，以恢復亞爾撒斯洛萊因。故第三次共和初年之所注重者，乃軍國主義也。

國民會議之保留以前之地方政府制度

第三，國民會議又改革全國之地方政府，并擬定中央政府之體制，自舊制與包本族之專制政治推翻以來，法國之政治制度蓋未有較此制歷時更久而改變更少者。

國民會議之議員，無論屬於君政黨或共和黨者，實俱同意於地方政府之改革。彼擬定於革命時期而發展於拿破崙第一時代之地方行政制度，歷路易十八，查理十世，路易腓立，第二共和，及拿破崙第三，均能維持不變，現巴黎市團運動既已平定，亦實無更張之必要。爲行政之便利計，法國仍分爲八十六省，如將『柏爾福區』（亞爾撒斯之一部分）亦視爲一省，則有八十七省。此外復有亞爾吉利亞之三省。每省仍有一由中央政府任命之省長(prefect)治理之，而輔以一由成年男人普選制舉出之省議會（General Council），其任期爲六年，其權限則在第三次共和時代已大行擴張，舉凡賦稅之分配，貧民之救濟，公路與公立學校之管理悉屬之。註一 省仍分爲若干縣（arrondissement），縣亦各有一由中央政府任命之縣長（subprefect）治理之，而有民選之縣議會（Councils of the Arrondissement）備其諮詢。縣仍分爲若干市（Communes），市即爲地方政府之最低單位。一九一一年時，法國共有三萬六千二百四十一市區，其中居民不達五百人者佔半數以上，居民過二萬之市蓋甚少也。各市之地方行政概操於市議會（Municipal Council）與市長；前者由成年男人普選制舉出，任期四年；後者則由市議會選舉之。註二 介於縣與市之間者尚有區（cantons），乃保安官之駐在地，非行政區域也。

巴黎之地方政府

以上爲第三次共和時代法國之地方政府制度。異乎此絕對一律之制度者，惟有巴黎之行政。註三 治理巴黎之責係由一專任之警察總監（Prefect of Police），一例任之賽納省省長

註一 係依一八七一年八月之法律。

註二 惟自一八八四年以後始如此。

註三 里昂之行政亦爲例外。

(Prefect of the Department of the Seine)，及一特別市議會分負之。前二者均由中央政府任命，市議會則由每區選代表四人組織之，蓋該城分爲二十區，區各有一長官也。

法國地方政府制度之特點

此制度全體之特點，仍爲中央集權。中央政府不惟得否決省議會縣議會或市議會之任何法案，並得任命一切省長縣長。此九十省長乃中央政府之耳目股肱，時以其本省之事呈報中央政府，并得任命多數屬官監視法律之實行，管轄地方之警察，且有否決本省任何代表團體行動之權。蓋省長實黎塞留時代之監督的繼承者也。法國行政之集中，既較之任何他國爲進步，故法律之行於全國，亦易於切實劃一，而對於任何法律之未能執行，亦易於確定其責。又法國民選官吏僅有三四人，故易收『減縮投票』(Short ballot)之利，蓋投票特別簡單，民衆得集中其注意力於少數當選人之資格也。但自另一方面觀之，則雖有行政法庭之周密制度，以保障文官，使其不致任意受黜，然此集權政府恆不免受人指摘，謂常利用其支配地方政府之權，以爲其個人及同黨謀，操縱全國之選舉，而以官職酬其朋黨焉。

國民會議關於中央永久政體之爭——

當一八七一年，國民會議之議員雖一致希望維持並鞏固法國較舊之地方政府制度，但關於未來中央之政體，則發生劇烈之爭執。中央政府究應爲共和制乎，抑爲君主制乎？國民會議之

共和乎抑君政乎

七百代表中原有公認之君政黨五百人，而猶未立即主張以『君主制』解決此問題，似屬可異然此實有一重大之困難，因君政黨之多數已分爲各不相容之三派，而無一派能獨佔多數也。三派中之帝制派（Imperialists）即擁護拿破崙第三者，因近來不幸之戰事，人數極少。正統派（Legitimists）與俄連派（Orleanists）則人多而好爭。正統派擁護查理十世之孫尙白（Chambord）伯（一八二〇——一八八三）之要求，力謀恢復能與法國王政舊習相和之制。俄連派則與此相反，贊助自由君政主義，欲以大不列顛之制爲模範，而翊戴中產階級之俄連公爵路易腓立之孫巴黎（Paris）伯（一八三八——一八九四）。尙白伯與巴黎伯二人，向無好感，因尙白伯之祖父前此不久曾爲巴黎伯之祖父所逐故也。且二人之黨徒主張不同，至今仍然。國民會議在此等奇異情狀之下，欲爲第三次共和制定憲法，歷時久而進步少。蓋共和黨之人數太少而君政黨之內訌過甚也。

君政黨之暫時勝利

一八七二年，謚愛爾自稱因君政黨人之爭而拋棄自由君主政治，主張共和主義，并謂彼意法國大多數民衆實希望共和政體。君政黨人因此乃暫時團結，於其年五月，合力迫謚愛爾辭職，而另選意志堅定之君政黨兼教士黨人麥瑪韓將軍（一八〇八——一八九三）爲總統。至八月，君政黨人之爭似已和解，一若不久即可宣布包本族之君主政治者然，因是月巴黎伯曾赴奧大利，折節以求尚白伯之寬恕與友誼，並允成立協定，由尚白伯即法國王位，稱『亨利五世』，己則爲其繼承之人也。

一八七三年之尚白伯案

但君政黨之協定，不能耐久。一八七三年十月，彼未來之『亨利五世』宣言其決不放棄神權君主政治之原則及包本族之白幟，於是彼及君主政治之命運，遂由是而決。俄連黨乃退而重申其對於自由主義之熱心。彼剛毅之軍人兼熱心之君政黨人麥瑪韓將軍，亦洞悉苟代表專制之白幟出現，則『軍中之來福槍必將自響』。在會議之補缺選舉中獲勝者多爲共和黨，由此更足見全國情感之轉變矣。蓋法國民衆對於革命時之憲政主義濡染甚深，固顯然不能承受一頑固之君主及其舊式之主義與其蟲蛀之旗幟也。

國民會議之不遽然承認共和政府

此後俄連派及其他之自由君政黨所可採之方針，惟有與共和黨合組政府，以作權宜之計，俟尚白伯死後再擁巴黎伯即位耳。乃於一八七三年十一月，採行第一種步驟，通過議案，授麥瑪韓將軍以共和總統之稱號，職位任期定爲七年。但現在即欲採權宜之計，亦非二黨合作不可，而此二黨間自然之惡感極深，延至一八七五年一月，國民會議始能採行第二步驟。

『一八七五年之憲法』

此時會議僅以一票之多數採定一修正案，以規定未來共和總統之選舉，實際上殆已承認共和政體矣。後旋於二月通過兩種立憲法規，七月又通過第三種法律。此國民會議即四年前選出以與德媾和者，其中本以君政黨佔優勢，乃此各種「立憲法規」竟由其泛泛草定次第表決，即成法蘭西第三次共和之永久憲法，以後鮮有修改焉。

第三次共和之政制

一八七五年之立憲法規異乎前此法國之憲法，其性質乃切於實際，其規條均係關於政府機關行使職權所必不可少者，初未立偏重理論之原則也。大抵在多方面均明示其模仿英國之議會政制，其餘各節則表現共和黨與君政黨制憲諸人之妥協。其所確立之制度可略述如下：

立法權操於出自選舉之兩院制的議會，法律之成立須經兩院多數之表決。兩院聯合舉行國民會議（National Assembly）時，乃有修正憲法之權，及選舉共和總統之義務。一為代議院（Chamber of Deputies）由成年男人直接普選制舉出之，註一每四年改選一次，此院在一九一四年時共有議員六百零二人。一為元老院（Senate）共有議員三百，由間接選舉制產出，註二任期九年，每三年改選三分之一。行政權操諸總統，總統由國民會議選出，任期七年，得連選連任。總統之權限在理論上極廣，彼得與兩院共同創制法律，任命一切文武官吏，行使特赦，主持外交，締結條約（但有時須經兩院批准），調遣軍隊（惟正式宣戰，須先得兩院之許可），若得元老院之同意，並得隨時解散代議院而舉行新選舉。但在實際上，此等廣泛之權非得內閣閣員一人之副署，總統概不得行使之，而閣員則係單獨或共同對兩院負責者也。

議會之大權

故法國議會對於法律之執行，一若其對於法律之制定及憲法之修改，皆握有大權。行使總

註一　自一八七一年以還，代議士之選舉法已經數次之修改。一八七一年曾採聯名投票（Scrutin de liste）制，依此制，則選民每人票選代議士之數，與全省應出之代議士名額相等。一八七六年改用分區投票(Scrutin d'arrondissement)制，此制將每省分爲若干區，每選民僅得票選代議士一名。一八八五年恢復聯名投票制，一八八九年又採分區投票制，此後均用是制。一八八九年曾規定一切候選人概須於選舉前兩星期宣佈其爲某區之候選人，且只能爲一選舉區之候選人（其在他選舉區所得之票概作無效）。選舉由本省省長指派省議員組織一委員會主持之，恆在星期日舉行，與歐陸多數國家同。當選代議士所得之票數須爲所投票數之絕對多數，如某區無得絕對多數者，則須於兩星期後舉行第二次投票

註二　元老院議員係在各省由特別選舉會選出，此選舉會包括本省之代議士，省議員，縣議員，及本省各市區議會所選之代表。在一八八四年以前，有選舉元老院終身議員七十五名之規定。

統職權並管轄全國地方政府之內閣，在兩院中須佔多數；兩院苟不贊同其所提之議案，或通過一『不信任案』，則閣員必須辭職，而由總統任命一能得兩院信任之新內閣。故法蘭西共和國實不如美利堅共和國之承認分權之原則，乃將一切政權悉置諸民選議會之下，此與大不列顛之議會制度頗近。總之，法國總統實處於一有名無實之地位，可視爲一選出之大不列顛式的國王，其主要職務僅屬社會的與儀式的性質而已。

一八七五年國民會議之結果

國民會議既制定上述之憲法，乃於一八七五年歲杪結束其種種事業，第三次共和時代之第一次正式選舉遂以舉行。其結果產生一共和黨之代議院與一君政黨之元老院，二派互謀操縱政府，乃復起激烈之黨爭。

總統兼君政黨人麥瑪韓將軍

當此國步艱難，共和制與君主制尚未定局之際，君政黨之眞正領袖即總統麥瑪韓本人。彼極力推廣該黨之宣傳，求助於舊貴族，農民，及兵士，皆有大效。彼又依一八〇一年之宗教條約，利用其世俗的任命教職之權，以指派法國主教，而謀達此同樣之目的。彼因欲使法國之教士主義完全與君主政治之主張一致，故對於要求法國爲擁護教皇之世俗權力而干涉意大利之運動予以精神上之贊助。且不惜鉅資於蒙馬特耳（Montmartre）之高岡建宏大之聖心教堂（Church of the Sacred Heart)，『以贖革命之罪』，因一八七一年之市團運動者，多在彼處被射殺也。麥瑪韓有時更任布洛葉（Broglie）公爵（一八二一——一九〇一）為總理，其人即力謀此等政策之實現者也。

共和黨之領袖剛必大

在共和黨方面，其最重要之領袖為剛必大。彼乃一雜貨商人之子，其祖先為熱拿亞人，於一八三八年生於法國之東南部，曾在巴黎作律師。一八六八年有新聞記者德勒斯克律茲（Delescluze）註一以曾為反對一八五一年政變之某人募款建碑而被控受審，彼為之辯護獲勝，於是名聞全國。此時彼對於拿破崙第三蓋已力加抨擊矣。剛必大旋於一八六九年當選入代議院，遂與院中之少數共和黨人聯合，次年又與彼等投票反對與德作戰。迨戰端既啓，法軍迭敗，剛必大之愛國心乃一變而為全國抵抗之中堅。一八七〇年九月四日，促成共和之宣布者，即此剛必大也。在此後五閱月內，充國防委員會（Committee of National Defense）委員而為全國實際之狄克推多，表現絕大之活動力與手腕，陸續招募新軍以抗不敗之德人者，亦剛必大也。當一八七

註一　德勒斯克律茲（一八〇九——一八七一）為社會主義的『第一國際』中會員，後加入巴黎市團，於一八七一年五月巷戰而亡。

剛必大爲溫和之共和黨人

一年二月，在選舉競爭之中與國民會議之內，作無益之奮鬪，絕不承認失敗，而反對割讓亞爾撒斯暨洛萊因以與國仇媾和者，又剛必大勢不可遏之精神也。

剛必大雖不信任諦愛爾，幷深惡國民會議中之君政多數黨，但彼對於極端之激烈主義，如巴黎市團所表現者，亦少同情。

故當一八七一年春凡爾賽政府壓制內亂之時，彼方以其隱居西班牙爲幸。彼實第三次共和歷史上一般名政治家中一最早之代表人物——即一種中產階級的激烈分子，極端愛國，力謀實業之繁昌，務保國內之安寧，其激烈主義乃重在政治與宗教方面，對於工人階級之福利並不特別注重也。易詞言之，剛必大及主張與彼相同之多數共和黨領袖，咸一面贊助資本主義，一面攻擊教士主義，此剛必大的政見所以稱爲「溫和」之故也。

當一八七一年六月剛必大列席於國民會議之後，其所以能團結少數共和黨，而於其後四年中斡與自由君政黨成立各次之和解者，實其演說之天才與溫和之態度所致。剛必大之政治理想與策略，對於法蘭西第三次共和憲法之形成，其爲最有力之要素，實僅次於俄連黨應變之緊急方策也。

剛必大與反教士主義之興起

新政體現既採行，剛必大乃領導政治競爭，以抵制麥瑪韓總統傾覆政府之趨勢，而博多數民衆對於共和制度之擁護。當教皇丕亞士九世在位之後數年中，羅馬教會在知識上與政治上之地位已漸遭反對，剛必大因乘此提出教士主義之問題。彼在代議院與國中恆口若懸河，時而攻擊君政黨因其援助教會也。時而反對教會以其爲君政黨所主持且爲君政黨謀利益也。其對教士之抨擊，果如所料漸得民衆之同情，而因以增加共和黨之人數。一八七七年五月四日，彼在代議院逞尖銳之詞鋒，謂『教士主義即仇敵』，此蓋剛必大與麥瑪韓較量勢力之機也。

麥瑪韓與剛必大競爭之結局

麥瑪韓總統常與共和黨之代議院爭執，因而生倦，以爲共和黨領袖之反教士主義，必受全國之指謫，遂於一八七七年五月十六日任命一教士黨之內閣，以布洛葉公爵爲總理，而將代議院停會一月，未幾更得元老院之同意，正式解散之，而令全國舉行新選舉。此次選舉運動實爲歷史上最驚人而競爭最激烈的運動之一，剛必大與麥瑪韓均作遊行演說。人人俱信此二人之愛護本國，有功於民，且無致疑於麥瑪韓之忠誠者，但對於剛必大之雄辯，鮮能不爲所動。此次競選結果在歷史上至爲重要，共和黨在新代議院中所佔之多數，幾與在上次相等，終能以共和黨之內閣代替布洛葉公爵之內閣焉。此後一年之中，君政教士派之麥瑪韓總統仍與共和多數黨繼續奮鬬，及一八七九年初元老院部分之改選致該院亦爲共和黨所操縱與代議院同，彼始悉其大勢之已去。乃於一八七九年一月辭總統之職而由一極端之共和黨人格勒維（Jules Grévy，一八一三——一八九一）繼任。次年（一八八○年），政府由凡爾賽遷至巴黎正式宣告七月十四日——巴士的獄失陷之期，法國革命黨最親愛之日——爲國慶日。法蘭西遂爲共和國矣。

一八七九年執政之共和黨

一八七○年所宣布之法蘭西第三次共和政府至一八七九年乃初次完全受共和黨之支配。此九年之政爭大功須歸諸剛必大，但彼享年不永，僅作短期之總理，卽遭無妄之災，死於悲慘情況之中（一八八二年）。共和黨雖因此喪失其能幹之領袖，而漸趨分化，然仍能掌握政權。自一八七九至一九一四年，共和黨之人數與實力均日形膨脹，而君政黨則零落甚速，已降至無關重要之地位矣。

（乙）共和政府之中產階級的性質與對於教士軍士反叛之壓制

共和黨治下之共和政府

第三次共和政府自共和黨之掌政以至一九一四年，其歷史上之一般的特色，一爲掌政之政治家與政客其人物與政策表現於內政外交者，均具有中產階級的性質，二爲與教士主義之衝突，三爲軍國主義問題。

法國之統治階級一八七九至一九一四年

當吾人研討第三次共和之歷史，殊不見貴族教士列名於主要政治家及政論家之中，當此期內政治上且絕無一出類拔萃之人。一言以蔽之，舉凡議會之多數黨，地方之長官，內閣之閣員以及大總統，幾皆為律師，教員，及實業家，即彼學識優良才堪致用之中產階級也。彼等在社會上與事業上實俱立於同等之地位，此種事實，殊可異也。

物質繁榮之增進

此等執政人物之致力於物質繁榮之增進，自屬意中之事。當第三次共和時代，法國經濟上進步之大，實為前此任何長短相同之時期所不及。政府對於農工商業，均依路易腓立與拿破崙第三之政策，悉力獎勵。當一八七九與一九〇四年之間，公款之費於國內和平事業者，計與對德之賠款相等。新築之公路近二十萬啓羅米突。運河除現有之一千啓羅米突以外，新開者復有一百啓羅米突，而皆免去公稅（一八八〇年）私捐（一八八九年）。新築之鐵路達三萬啓羅米突。但克爾克，第厄普(Dieppe)，盧昂(Rouen)，南脫，波爾多等處之港灣，均加深濬，且於哈維爾與聖拿澤爾(St. Nazaire)二處新建大港。

農業

法國因土壤肥沃與自耕農向多勤儉之故，農業階級仍屬重要，彼等現享受種種利益。政府特設農業部（一八八一年），與植葡萄者以大宗之津貼（一八七九年），對於絲麻蓄馬諸業，亦屢通過津貼以資獎勵，農民並得組織合作社以作團體之實資（一八八四年）。政府又保證互助之貸款銀行與保險公司，以輔助農民（一八九四年），幷創辦資助農業學校，對於農產物尤其對於小麥與甜菜根糖更採行關稅保護制度，此因一八八五年之法案而部分實現，以一八九二年之關稅案而告成功。法國在一八〇〇年與一八六〇年間，其農產物每年之價值僅由四千兆佛郎增至六千兆佛郎，至一九一三年，其總數竟超過十一千兆，此亦可以稍見此等政策之效矣。

工業

此時法國工業之發達，較農業進步尤爲顯著。工廠中機器之數，已由三萬座增至九萬座，其動力則增加十倍，由八十七萬馬力增至八百六十萬馬力。煤礦之產額加倍，鎔鑛爐之出品則增至六倍。法國工業之主要市場雖仍在國內，然輸出品亦增加百分之二十五。共和政府所以於一八九二年行高率關稅之政策者，實欲同時保護農工業也。

有力之殖民政策

第三次共和政府並採行一特別有力之殖民政策，此對於法國實業亦屬有利。吾人於本書第五編，當詳述法國殖民發展之方式與範圍，現但說明三種事實即足矣。一，當一九一四年時，法國在非洲，印度支那，及太平洋羣島等處，均有新殖民地，至於其尚未喪失而散在美洲與印度之舊殖民地，已無庸再論，總計其面積與人口，蓋僅次於不列顛帝國。二，此等殖民地中四分之三以上的面積與人口，均係共和政府在一八七九與一九一三年間取得者。三，在此期中，法國與殖民地每年之貿易繼續增加，由三萬五千萬佛郎幾已增至三千兆。法國之資本家不惟以此等新殖民地作良好之市場，以銷其工廠與農場中過剩之物，且視爲投資絕佳之地，以用其餘資於各種有利之企業，如天然富源之開發，及內部之改良是也。法蘭西共和政府常派遣遠征隊，並多年維持其龐數武裝，僅次於英國之強大海軍，故能維持其屬地之秩序，且於無意之中，保證其資本家之投資獲利焉。

教士黨之贊助殖民政策

第三次共和政府之所以在遠處締造一殖民帝國者，其動機自然不僅在實業，宗教亦與有力焉。彼虔誠之羅馬教教士，以法國之國旗與武力足爲其在異教徒中傳教之庇護，故至少關於殖民問題，亦與孜孜爲利之實業家表同意焉。在另一方面，實業家在國內固力與教士爲敵，但因傳教師能使土民易於承受西方文明之產物，故關於殖民事業，亦能容納教士。然較宗教力量爲尤大者（因其在法人心中更爲普徧），乃殖民發展中之民族主義的動機也。蓋法國自十六世紀以還，已有一種運雖不幸而終有光榮之探險與殖民之歷史，最近因敗於德人，在國際上之聲威銳減，而在歐洲復喪失富饒之二省，乃轉移其野心與活動力於海外及他洲，此固事勢之當然者也。

法國既在歐洲受侮，乃求慰於海外；且欲統一全國，惟有帝國主義之一途。資本家與教士導其先，一切愛國之民衆繼其後，於是彼以指導歐洲民主政治自豪之第三次共和國，今遂斷然大行其擴自統治世界「劣等」人種之政策矣。

財富之增加

法國當第三次共和時代，因殖民政策，關稅保護制度，與國內農工商業之特別發展（一切均受武力之保護與扶植），其財富乃大增。法國人不惟繼續投資於其本國與殖民地，且或買外國政府之公債，或購外國拓殖公司之股票，因此遂爲歐陸上首屈一指之債主焉。

社會立法

法國新增之財富並未平均分配，此與受產業革命影響之他國正同。法國固仍有爲薄資而作長時間工作之無產階級羣集於城市或礦中，不能得相當之生活也。第三次共和政府未嘗減少此階級之人數，惟制定幾種法案，以改良其遭遇而已。共和黨之政治家所以從事社會立法而予此時期以一種新的性質者，實有三種動機：一，中產階級中多數可敬之國民，其心中頗懷有公道之見，有時且以爲工人階級之滿足康健，實於國家有莫大之利；二，因畏社會主義，故願對工人稍事讓步，以免將來必不得已而全屈於社會主義之要求；三，欲在政治上得工人階級之助，以抵制君主政治與教士主義。促成社會立法者，有時由於此種動機，有時由於彼種動機，有時則三者皆備焉。

第三次共和政府在一八七一至一九一四年期中之社會立法，其最要者如下。（一）一八九二年之法案，註一 其細節後曾加以修正。限制婦女之僱用，禁止十三歲以下之兒童就僱，規定一切工人之工作時間至多爲十小時，禁止星期日之手工勞作，其例外之工業則另以他日代星期日作爲休息之時，此外對於礦山勞工亦有詳密之限制。（二）一八九三年之法案曾於一九〇三年修正，對於工廠工人之衛生與安全均加以適當之規定。一八九三年又有一法案與工人及其家庭以免費之醫治。（三）一九〇〇年之法案令店商對於所僱之一切女工童工，悉與以座位，並將工廠法規多種推行於零售商店。（四）一九〇五年之法案規定礦工之工作時間至多爲九小時，後復以一九〇七年之法案減爲八小時。（五）一八六四年之拿破崙法案本已近乎承認工會，一八八四年乃繼以一重要之法案，對於工人團體之多種活動悉予以充分之保護與獎勵，其結果一九一三年時法國工會（syndicats）之數竟達十萬二千，會員至少達二百萬，其中多設職業介紹所圖書館保險金，甚有設職業與工業學校者。（六）一八九二年之法案建立機關，以便僱主與工人發生集團紛爭之時，得正式在此作自動之和解與公斷。（七）一八九八年之重要

註一　此案係由一八四八、一八七四、一八八五年所通過之各案發展而成。

法案規定僱主賠償工人在就業期內所受之損害。（八）一九一一年採行養老年金制，除鐵路僱工，礦工，水手等已有特別之規定外，舉凡法國內一切工資勞動者，包括家庭及農場勞工在內，概得適用之。此制實同時具有強制與輔助性質，資金則由工人，僱主及政府各出一部分。

個人自由之保障

第三次共和政府之所以獲得其應受之聲譽者，不惟因其能予工人以相當之『社會的正義』，且因其能依法國大革命之遺賜，屢以法律保障個人之權利與自由也。『自由』大爲政府所重視，一八八一年曾通過一法案，二十年後復加以修正。此法保障言論之完全自由，并確定集會之權利，無須預得政府之允許。一八八一年又通過一法案，以保障出版之自由，實爲全世界最寬大的出版法之一。凡因出版而犯罪者，概依此法用陪審制以審判之。僅發表使人不快之意見者，免其刑罰。應科罪者，惟誹謗，誣衊，教唆犯罪，及某幾種虛構新聞之發表而已。第三種法案，即著名之一九〇一年之結社法案（Associations Act），此法承認一切團體之自由，凡自動結合之會社，其目的不違反法律，公共秩序，或道德者，但報告行政官廳，即爲合法。惟羅馬教中之寺院聚會爲例外耳。

合于人道之立法

吾人在此並可申明第三次共和政府所制定之法規多合人道，此實與當時一般之趨勢相符。當一八七一與一九一四年間，因受科學的刑罰觀念之影響，且爲優待罪犯起見，修改刑法之案，救濟五十。又一八九九年之重要法案，不惟對於兒童之受虐待或道德方面被忽視者，與以更妥之保護，且修改拿破崙法典而減少家長對於家屬之權力。另一方面，離婚原爲拿破崙法典所承認，一八一六年因受教士之影響而取消，後爲一八八四年之法案所恢復。

反教士主義之繼續發展

法國共和時代有較經濟上之進步更爲特殊更令人注目者，即反教士主義之發展也。反教士主義在一八七七年，已由剛必大明白表示其爲主要之爭點，及共和黨人秉政，此事遂立成要圖。當時就政治而言，君政黨與教士黨實屬一體，故當全國君政黨之官吏被黜以後，教士黨亦失去其在地方政府之勢，再不能用以謀教士之利益而冀君政之恢復矣。此時爲反教士運動之中心者，則共和黨中新任之省長與縣長也。

與教士主義衝突之根源

教主

共和教士二黨衝突之根源，其最要者爲教育問題。在十九世紀大部分時期中，法國之羅馬教會均繼續掌握青年教育之特權，及拿破崙第三時，且益行擴張，現乃受共和黨之攻擊，其理由則以教會學校爲宣傳君主政治之地，而民主政治之責，應對於一切兒童授以不帶特種宗教成見之教育。易詞言之，即共和黨主張「中立」學校，此乃教士黨所斥爲不信神與不道德者也。自一

非裏法

八七九至一八九六年，主持初等教育者爲蒲伊孫（Ferdinand Buisson 一八四一——），大抵

教士黨之反抗與布郎熱案

因彼之力，乃有一民衆教育之新制逐漸演成施行，當十九世紀第八十幾年之初，共和黨之教育部長非里（Jules Ferry，一八三二——一八九三）始創議種種重要法案，予以認可。此等所謂非里法（Ferry Laws）者，實使法國初等教育之基礎與美國之初等教育相同，規定一切兒童均須入學，惟彼入公立學校，抑入私立（教會）學校（註一）則概由父母定之。受政府之補助費者，以公立學校爲限，其中惟有俗人得任教師，且不得授宗教教育焉。

共和黨前既恢復十八世紀之法規，以壓制「未經認可」之僧尼團體，幷承認民事的婚式與離婚爲合法，今又制定此種教育大綱（凡此均完成於十九世紀第八十幾年之初），自引起教士黨極劇烈之反抗，彼等現幾純變爲君政黨，以謀共和之顛覆矣。

當十九世紀第八十幾年之末，君政教士黨之妨害共和，一時殆幾成功，此與奇異之布郎熱（Boulanger）案有關係。初共和黨因欲謀國防之有效，故雖排除任文職之君政黨人，而未能君政黨人之軍權，其結果則君政黨人仍充滿軍中，就其性質與訓練而言，實屬危及共和。布郎熱

註一　法國之私立學校因可自由授宗教教育，故恆稱爲「自由」(free)學校，但在美國則「自由」一詞係用於公立學校。

（一八三七——一八九一）本一將軍，初則佯爲一熱烈之過激共和黨人，遂於一八八六年任陸軍部長。彼因高談對德之『復仇戰爭』，而大增其在國內之聲望（眞正之民族領袖），至是乃露其野心，頗思重演波拿巴德將軍之故事。現卒以此爲其舊時同僚所疑，而被迫出閣（一八八七年），但彼在軍中與國內已得多數君政黨之附和，俄連黨與帝制黨皆然，而一方面復得其他多數愛國民衆之歸依。會是時格勒維總統之女壻賈賚榮譽團（Legion of Honor）勳位之罪已有確證發表，布郎熱黨遂藉此詆斥全部共和制度之腐敗禍國。時議會之共和多數黨適重選格勒維爲第二任總統，至是乃勸其辭職（一八八七年），而選大革命時代編制國防軍的名人加諾之孫薩底加諾（Sadi Carnot 一八三七——一八九四）繼任，然布郎熱黨之運動並不以此而輟。凡反對議會制之共和政府者，似咸連結以擁護布郎熱將軍之軍事獨裁，而謀憲法之徹底修正。布郎熱失軍權之後，仍有數省選之爲代議士，而巴黎選之者尤佔大多數，其勢至此蓋極盛（一八八九年一月）矣。

布郎熱將軍之野心勃勃，雖與波拿巴德將軍同，而其才略則不逮遠甚。當其在巴黎選舉獲勝之時，苟能採敏捷之行動，或可以非常之手段推翻共和政府。但彼不過一空談大言之人，毫無建設計劃，以致坐失時機。及共和黨內閣欲加以叛逆之罪，彼復怯而不敢訴諸武力，寧棄其不可必得之機勢以謀個人之安全，蒙羞出境，奔比利時，復由比往英，卒受缺席判決之罪。

在一八八九年之總選舉中，布郎熱之同黨僅得議席三十八，而共和黨之各派因危險當前，彼此聯合，卒能選出代議士三百六十六人（總數爲五百七十六人），蓋佔最多數矣。擁護布郎熱之各黨，其幻想旣除，其信用復失，乃自相攻擊，及一八九一年布郎熱在不魯捨勒自盡，遂予此種運動以最後之打擊矣。

布朗熱失敗之結果

布郎熱案之結果，頗有數項足述。一，共和政體在法國內外之公意中皆益形鞏固，武力政變之恐懼，如前曾推翻第一二次共和政府者，今在第三次共和時期，殆不復有矣。二，大勢所趨，顯在減少軍人之專橫，幷使軍隊共和化，一八八九年之新法將常備軍役之期由五年減爲三年，並規定凡以前免除軍役者現亦須入伍一年，君政黨之軍官多退職，而另以共和黨人繼之。三，包本與波拿巴德二族之要求王位者此次公開贊助一毫無才能之投機者，遂使君政黨之主義大失信仰。最後，教士主義亦受巨創，致教皇立俄十三於一八九二年發一著名之通諭於法國之羅馬教徒，勸其再勿攻擊共和，而忻然接受新政藉以促進利於教會之立法。法國少數之羅馬教徒（即所謂集合派（Ralliés），旋卽從教皇之規勸，成共和黨，但彼熱心勝於謹愼，固執過於教皇之多數人，則仍服膺君政主義，到處與共和爲敵。教士黨因政策問題而自生破裂，實於以後反教士主義之勝利爲一有力之因素焉。

德雷福案

布郎熱運動甫敗之後，君政教士黨仍能別有舉動，以圖破壞共和政府之信用。有德律蒙（Edouard Drumont）者，曾以其所著風行一時之猶太人的法蘭西（Jewish France）一書著名。此反塞姆族之激烈著作，乃爲排斥猶太人銀行家對於第三次共和之政治勢力而作。一八九二年彼復辦一誹謗之新聞，名爲自由談（La Libre Parole），從多方面訴諸『全國』，以謀聯合抵制猶太人。註一 此新聞似爲工人之良友，告彼輩以其眞正之壓迫者爲操縱共和政治之猶太資本家，且以共和政府之非宗教與反教士的立法歸咎於猶太人，而藉以取得多數羅馬教徒之贊

反塞姆族主義

助。又巧訴諸民族愛國心以排除猶太人在軍中之勢力，力言猶太人之於法軍編制懷有密謀，實暗

註一 此種所謂反塞姆族主義在十九世紀最後二十五年中不獨爲法國政治上之特色，卽在德國與奧匈之政治上亦然，在俄國與羅馬尼亞則更產生最悲慘之結果。欲詳知此種全部運動，可參看大英百科全書第十一版第二卷一二四至一四六面中沃爾夫（Lucien Wolf）之說明。

「德雷福黨」與「反德雷福黨」之對抗

爲其德意志之親族活動。於是「反塞姆族主義」在法國遂成一集合之口號，君政黨藉以聯絡多數不同之派而成一民族黨，以圖推翻「中產階級與猶太人的」共和政府。一八九四年復有兩種著名之事變，促成此種運動。一，爲巴拿瑪運河開鑿中財政舞弊之暴露，涉及數猶太銀行家與共和黨之代議士。二，法軍參謀部中有一礮兵營長爲猶太人名德雷福（Alfred Dreyfus）者，其政治主張屬於共和黨，曾售軍事秘密於德人，已由軍事法庭訊實判決革職，徙往法屬幾亞內海岸附近之德市爾島（Devil's Island）作終身苦工。此種消息顯足以證實德律蒙之言，反塞姆族主義自然駸駸日盛矣。

巴拿瑪運河之舞弊案固無法剖白，但旋因「德雷福案」種種新發展所生之重要政治關係，而未致擴大。法軍偵探隊之新領袖丕克夸特（Colonel Picquart）亦爲共和黨人，彼於一八九七年斷定德雷福之受罪爲冤抑，并謂真正之罪犯乃君政黨之投機軍人厄斯特哈茲少校（Major Esterhazy）。但軍事領袖以爲原判與法軍之「名譽」有關，因而彼有組織之軍國主義的勢力乃與反塞姆族主義一致，其結果則厄斯特哈茲被釋而丕克夸特受辱（一八九一年）。後小說家佐拉出而援助德雷福，對於凡與該案有關者（反塞姆族之新聞與政黨捏造誣陷之文件者及縱恿加罪於無辜之軍官等），均爲文力加攻訐。佐拉雖旋受誹謗之罪，但其所發表之公開信實足以集中法人對於德雷福案之意見，一面爲「反德雷福黨」（君政黨教士黨軍官虐待猶太人者及頗多之工人），他方則有「德雷福黨」（即各派之共和黨人甚至社會黨人亦在內蓋均因民主政制發生共同危險而聯合一致也）。

「德雷福黨」之勝利

佐拉之熱忱本已預兆「德雷福黨」之勝利，迨揑造文件之某君政黨人認罪自盡，厄斯特哈茲遂於一八九八年之末逃出法國，於是此派之勝利遂確定。次年法國最高法院復令德雷福就訊於勒尼（Rennes）之新軍事法庭，該庭雖仍受反德雷福黨之影響再定之以罪，但終謂其「處境可原」，令其俟總統之寬赦。反塞姆族主義於是旋即失敗。德雷福卒受總統盧貝（Loubet）之特赦，一九〇六年最高法院復無條件的取消勒尼之判決，而恢復德雷福之軍職。彼並升至少校成榮譽團之騎士。不克夸特亦獲伸冤復職，一九〇八年且得充陸軍部長。時佐拉已先於一九〇二年逝世，乃特賜以國葬，瘞於龐德恩（Pantheon）之中。

德雷福案之結果—反軍國主義與反

「德雷福案」之結果，甚與布郎熱案相同，惟更爲重大耳。一，君政主義全敗而喪失信仰。二，共和黨之各派，連社會黨在內同結爲一政黨集團（Bloc）其支配議會之多數黨，并指揮共和國之政策，歷年頗久。三，共和黨以種種新職而得握軍權，且依一九〇五年之法案，將常備軍役之期減爲二年，概不得免除，雖未來之牧師亦須入伍。最後，立法顯帶有反教士之性質。彼教士黨之所以爲反德雷福派者，本多因其深信德雷福之有罪，且法國之羅馬教徒亦並非皆同情於反塞姆族之運動。但羅馬教會之全體現竟悉受攻擊，被視爲共和傳存之危險。乃多數掛名與公認之羅馬教徒，竟亦贊成此種反教士之立法，此事殊爲有趣。蓋三十年來，教士主義與君政主義之合謀反對共和政制，已令彼等懷厭失望矣。此實第三次共和愈趨穩定益得人心之明證也。

一九〇一年之結社法案

被指爲陰謀反抗共和之教士，其中之主要者厥爲『正僧』（即各派之僧侶耶穌會士，聖母派（Assumptionists），基督教兄弟會（Christian Brothers），優狄派（Eudists），佛蘭西斯坎派，豆米尼叩派等）。彼等多主持教育與慈善機關，其中並有經營工商業者（如著名之加都散派Carthusian僧侶）。今第一次之打擊乃施於彼輩。依一九〇一年之結社法案（Associations Act，法國之宗教團體非經政府之許可，不得存在；凡未經許可之團體，其會員不得在法國任何學校充任教員。此法案執行甚嚴，政府對於多數未經認可之團體多拒其請求，結果兩年之內，僧侶之被逐去國而逃往西班牙，比利時，大不列顛或美國者，以數百計，教會學校之被封者至達一萬。

此法乃在反教士最力之總理孔布（Emile Combes）之贊助下而嚴厲執行者，彼嘗自誇謂結社法案不獨使共和之勁敵匿跡銷聲，即教會學校亦因此而失去教師大受挫折。爲裁抑教會學校起見，孔布又制一會衆法案（一九〇四年），依此案無論曾得許可與否之宗教團體，其會員在十年以內概不得任公私立學校之教師。

自是而後，羅馬教會欲維持其學校，遂益感困難。蓋此時願意或力能代替教士之世俗教師甚少，重新訓練必需時日，且維持費之多，過於教會之所有也。私立之教會學校既受抑制，於是公立之非教會學校遂能依照預定之計劃驟形發達，當一九一二至一九一三年時，法國兒童之進公立學校者，數逾四百五十萬，進私立學校者，僅百萬左右耳。

一九〇五年教會與國家之分離

在結社法案之效果尚未大著以先，孔布又使議會中反教士之政團聯合對於一更激烈之提案，予以深切之注意，是即取消支配法國百餘年來教會與國家關係之宗教條約也。新當選之教皇丕亞士十世曾抗議盧貝總統之訪意大利王於羅馬（一九〇四年四月），於是此震驚一世之提案乃藉此以爲口實。五月，議會中之社會黨領袖若雷斯（Jean Jaurès 一八五九——一九一四）以教皇此舉爲干涉法國之政治，要求予以報復，孔布內閣之外交部長得爾卡舍（Théo-

Théophile Delcassé 一八五二——一九二三）遂召回駐教廷之法使。新起多才之少年社會黨人白里安（一八六二——一九三二年）前已與議會之委員會起草政教分離之案現因與教廷之絕交，其提案遂經過激昂之長辯，而於一九〇五年歲杪定爲法律。

一九〇一年之宗教條約，依一九〇五年之分離法案（Separation Law），而被正式毀棄，各派教徒概得平等且可結非教士之團體（Associations Cultuelles）以作公共禮拜，政府亦不給薪。但年逾四十五而服務過二十五年之牧師，得領年金；其余一切教會人員在四年至八年內可得津貼：此爲過渡之處置。一切建築確爲公共禮拜之用及爲與公共禮拜有關之住所者，概行登記，移交於公共禮拜之團體，禮拜場所以此等團體存在之全部期間爲限，牧師住所則以暫時爲限。在另一方面，教會此後亦得自由處理其內部事務，不受國家之干涉。

教士繼續反對之原因

自教皇與多數重要之羅馬教徒觀之，此分離法案似乎大可反對。蓋其起草時，並未徵詢教會官史之意見，僅由單方發止條約而未得地方之同意，實與國際通用之原則相背，且藉公共禮拜之團體許可俗人亦得參與教會事物之處理，更與羅馬教法相反。加以沒收教會之財產甚多，停付牧師之薪金，且自大革命時代教會財產大批還俗以後國家對於教會所負之債亦被取消，而不予承認，尤不合自然與正義之基本律。因此種種理由，教皇丕亞士十世乃痛詆此法，禁止奉行，而法國之羅馬教徒亦競未組織公共禮拜之團體。

教會與國家之和解

法國羅馬教會之情形經過兩載之混亂，當此期中極端之反教士黨則宣言當封禁一切教會建築，取消羅馬教之禮拜；忠實之教士黨則力言當以身衛教而死於教會之門。後因白里安之力，卒得成立一種實際之和解，制定一九〇七年之法律。依此法，凡未組成公共禮拜團體之教堂及其裝飾器具等物，概歸教徒與教士掌管，以作舉行禮拜之用，依某幾種條件，長期之使用并可變爲對於教士之贈饋。易詞言之，即羅馬教徒雖服從教會與國家之分離，及政府之停付牧師薪金，但仍得本其自願不背教皇以處理其事務，且得繼續用其教堂以爲禮拜之地。

共和時代反教士立法之大略

因此當一八七一與一九〇七年間，法國之羅馬教會在財政上與精神上完全失去政府之助，除爲慈善目的外，絕無組織任何宗教團體之權，教會學校亦失其優勢，甚至并基督教教士由來甚久所享有免除軍役與賦稅之特權，現亦喪失。羅馬教之所以威信忽替者，實不僅因懷疑主義與不語怪神論之盛行於法國，要皆教士黨政略錯誤之所致也。教士黨對於共和久已處於攻擊之地位，今則不得不轉而漸處於自衛之地位，以維護宗教自由，禮拜自由，結社自由，言論與出版自由之民主原則。此殆教會內部正起革命之表徵，與教士主義他日將在法國表演民主的而且較爲幸運的活動之朕兆也。總之，法國雖有教育法案，結社法案與分離法案，而其羅馬教會在一九一四年所表現之力量與決心，則實增而未減，此乃無論如何絕無疑義者也。

因「德雷福案」而產生之法國議會中之政黨集團，即共和黨各派之聯合，實曾制定二十世紀最初十年中一切反教士之法律，然在一九一四年之前，此集團已現分化崩潰之跡。現共和政府既確益鞏固，則前此組成政黨集團之各派關於非宗教問題之互相敵視，實亦當然而且自然之事也。

（丙）法國之政團

法國「政團制度」與英美兩黨制度之不同

吾人現須明白一八七一年以來法國政治生活之特性，與英美二國之政治生活顯然不同。在英美二國，組織完善而偏及全國之政黨，恆爲二黨更迭掌政。在法國，則與此相反，恆有多數之政團，僅限於一地一時，且純由個人之黨與組成，語其政見，則常由此一極端變爲彼一極端，在實際政治上，則時合時分。法國之議會制度，就憲法上與形式上言，本與英國相同，但所謂「政團制度」者，實使議會制度之實際運用，與英國絕異。故多數著作家常以法國政府之「不確定」與英國

法國內閣之不穩定與政府之比較穩定

政府之「穩定」相較，并以政團制之弊反襯兩黨制之利。此說所以能成立之主要理由，卽以爲自一八七一年德法戰爭之告終以至一九一四年國際大戰之爆發，英國僅九易內閣，而法國則不下五十次也，驟思之，此種理由殆爲可信。

此種論證謬誤之所在，卽爲法國內閣之更動，並無英國內閣更動時所常生之結果。在英國，任何一內閣之閣員概屬一黨，皆應謀實現其本黨一切之計劃，苟一旦失去平民院多數之信任，則繼任之新內閣，其閣員必概出於敵黨而另謀該黨主義之實現。若法國內閣每次更動之結果悉如此（在四十三年中更動五十次），則其內外政策之絕不穩定，自屬明顯之事。顧法國除在十九世紀第七十幾年之末曾一次由君政黨內閣變爲共和黨內閣以外，其每一內閣之更動，不過表示現有內閣失去數政團中某一政團之擁護已耳，因內閣須賴此等政團之暫時聯合，始得在議會佔多數也（因任何一政團均難有充分之多數與完善之組織，以指揮一絕對之多數）。又法國每次新內閣之組成，僅從前此未有代表之某政團內擇數人加諸舊內閣原有各政團代表之中而已。故法國內閣之更動，其表示微有不同者，不過對政府大計中之某一部分加以注重或略爲忽視，至於政府各部之下級官吏實際固甚少更動也。在法國各次內閣更動之中，其閣員個人之職亦雖有時調動，其組閣之分子，則多仍舊人，一般老閣員之名字，常移來挪去，如處萬花筒中實爲可異。試一察法國第三次共和之歷史，當可明知其更動五十次之內閣，初未嘗阻礙其國政穩定一貫之發展也。就各重要之點而言——反教士主義，軍隊民主化，殖民政策與保護貿易之提倡，國內農工商等業之改良，對俄同盟與陷德於孤立之外交政策，註一 共和制度及其傳習之培植——內閣之更動，皆僅表示人員之移換，並非政策之變易。故概括而論，法國『政團制度』之實施，實一面使其內閣極不安定，而一面則能保其政策之固定。

法國之政團

欲將法國第三次共和之各政團作一簡略之敍述，實不可能，但苟能對二十世紀最初十年中議會之情勢，略加觀察，則於政治結合之近勢，亦可明其大概矣。

『右派』與『左派』

須知法國之議會與歐陸多數國家之議會同，其議員席次均依其一般之政見而定，極端保守者恆坐於主席之極右，極端之自由黨人則坐其極左，故彼用右派左派之詞以指政見之相反。法國之極右派爲君政黨人，極左派爲社會黨人，均爲比較少數之政團，彼此絕不相容，而大抵皆與較多之中央黨反對焉。

註一　關於法國第三次共和時代之對外政策，可參看第二十七章。

君政黨

極右傾之君政黨，其地位在二十世紀之初，已遠不如昔。該黨僅有少數之代議士，註一而無能幹之領袖，但仍爲巴黎中傾向貴族政治之數小區域選民所擁護，蓋在此等區域君政主義仍爲一種社會體面之標識也。此外擁護該黨者，尚有僻處之市鎮，如白里他尼即是，因彼處之農夫漁人固習在尊君也。該黨無力實行其任何建設之計劃，乃常依宣傳軍國主義與教士主義而痛詆共和政府之腐敗怯懦焉。

統一社會黨

極左派之情形則與此迥殊，蓋社會黨之人數與勢力均日漸增加也。一九〇〇年以前，法國之社會主義既因農民勢力之較盛，復以巴黎市團叛亂之失敗而喪失信用，更因其內部各派對立之趨勢，其發展不如在德國之速。及一九〇〇年以後，雖有多數工人信仰工團主義，然社會主義之進展仍極迅速。因馬克斯派首領介斯特(Jules Guesde)與改良派首領若累斯之共同努力，一九〇五年遂有統一社會黨(Unified Socialist Party)成立。此黨爲法國政團之與英美政黨最爲相近者，乃以全國爲範圍，每年召集大會，並有執行委員會與一明確之黨綱。一九一四年，

註一　當一九一四年，右派共有代議士二十六人，仍分二黨：一擁包本族之要求王位者，一擁護波拿巴禮族之要求王位者。

自由行動派

該黨共有一百二十五萬票在代議院中得一百零二席。彼在代議院中議席與之接近而行動自主之『獨立社會黨』(Independent Socialists) 尙有三十票不在此數以內。

法國另有一種政團在組織上稍與英國或美國之政黨相似者爲自由行動派 (Action Libérale) 此乃一九〇一年在曼氏 (Count de Mun 一八四一——一九一四) 之領導下組成，蓋以調和羅馬教主義與共和主義爲目的者也。此黨組織頗佳，有全國及地方委員會有登記納費之黨員二十五萬。彼等一方面極力主張取消反教士之法律，因此而願與教士君政黨合作，但一方面則坦白的擁護共和。該黨並承受教皇立俄十三之社會政綱，贊成工廠立法、養老年金工人保險及工會主義以求工人階級之援助。其在政治上之直接要求，概含於所謂『三R』之中。一爲比例代議制 (Représentation Proportionelle)，卽議會中應有少數人之代表也。二爲職業代議制 (Représentation Professionelle) 卽由各種經濟團體如日工，律師，農民，廠主等依照人數分派代表，組織一特種議會以備現有代議院立法時之咨詢也。三爲比例分配制(Répartition Proportionelle)，卽政府對於羅馬教學校及其他之私立學校，亦應如其對於公立學校予以經費的補助也。一九一四年自由行動派雖較統一社會黨多十萬票，但在代議院中僅得三十

四席，而統一社會黨則有一百零二席焉。註一

政黨集團

自一九〇〇至一九一〇年，介於左派社會黨與右派君政黨及自由行動派之間者，有著名共和派之政黨集團，此乃因布郎熱案與德雷福案之緊急事態而互相調和者，彼等能繼續合作於此期之中，以組織內閣，並操縱共和政府之政策。

進步黨

此種政黨集團由右而左計之，則有（一）進步共和黨（Progressist Republicans），爲德斯舍尼爾（Paul Deschanel 一八五六——一九二二，任代議院議長多年）所統率，其黨員出自中上層階級與小資產階級，熱心於大革命時所宣布之個人權利與自由，而尤注重私產之基本權利。

激烈黨

（二）名稱各異之激烈派，此乃政黨集團之中堅，人數最多，其中有剛必大之信徒，有中產階級政策之主動者，有理想激烈者，有極端之反教士黨人，當一九一〇年時，元老院議員克里孟梭（Clémenceau 一八四一——一九二九年）與孔布及代議士加約（Caillaux）等有勢力之政治家，均屬此黨。

激烈社會黨

（三）激烈社會黨，精確言之，或當爲『傾向社會主議之激烈黨』，乃一最堪注意之政團，此黨既顯然反對教士，而又決意強令其與黨同趨於

註一　如此相差之遠，乃社會黨特別集中於少數工業選舉區之故，且法國有第二次投票之慣例，激烈共和黨因常來此與社會黨聯合，以敗教士黨之候選人，此法國社會黨之所以反對『選舉改革』，而自由行動派則贊成之也。

社會改革之途，其謀工人階級之利益，與法國大革命之對於中產階級正同。此實一『有平民精神之中產階級的政黨』，故不惟贊成政府之干涉實業，兼且主張一切交通運輸工具與國家富源如礦山森林油田等，應概歸政府所有。激烈社會黨中有數名人如白里安，米勒蘭（Millerand），及偉偉晏尼（Viviani）等，均自稱爲平正社會黨，但彼等不屬於正式之社會黨，因其願與非社會黨之代表組織聯合內閣也。

一九一三年政治上之爭點

自一九〇〇至一九一〇年，政黨集團實因反教士主義而團結一致，乃能將各種教團逐出法國，俾教會與國家分離而鞏固非宗教的教育。但至一九一三年，有他種問題發生，致政黨集團又起變化。一，爲關於所得稅及更進一步之社會改革問題，此乃社會黨激烈社會黨自由行動派之所主張，而多數激烈黨（Radicals）與溫和黨（Moderates）之所反對者。二，爲軍國主義問題，多數激烈黨與社會黨對於新軍備案（一九一三年）之成立與執行，力爭無效，蓋是案以彼時國際關係特別混亂，故將法國常備軍役之期由二年延至三年也。三，反教士主義在各方面仍成問題。多數激烈社會黨咸以教士主義之危險已去，共和政府應可移其注意與精力於他處，而多數激烈黨則不以爲然，乃決與羅馬教會繼續相爭，因可藉此使一般民衆不注意於重大之經濟困苦也。

復國之軍國主義

至於自由行動派則要求取消以往反教士之立法，愈益激烈。最後尚有新發生之選舉改革問題，自由行動派溫和黨與激烈社會黨，對於恢復聯名投票之提案及少數比例代議制之規定，皆力予贊助，彼等蓋相信此等制度之對於代議院較現有之選舉制根本上更合乎民治也。另一方面則有多數激烈黨與最多數之社會黨斥此為適足以增右派之勢而危及前十年反教士之立法。

以上四種問題惟第二種（即軍國主義）旋即解決。當一九一三年，法國各黨除統一社會黨外，悉充滿愛國之熱忱，故軍備案遂於此時表決。當國際大戰將起時（一九一四年），社會黨中有才略之領袖兼主筆若累斯為一愛國之狂人所刺，此與統一社會黨在出版與言論上之攻擊三年軍備案，殆非毫無關係者。但大戰一起，即統一社會黨亦與他派同具愛國之情感，一月之內，彼固執之馬克斯派介斯特遂與偉偉晏尼、米勒蘭、白里安等共和組閣，此亦一關重要之事也。

新出現之政團——統一激烈黨

政黨集團中之各分子，對於其他三種問題之意見紛歧，在一九一四年四五月選舉之中乃大形顯著。前此屬於政黨集團之中產階級的正團，惟進步黨（Progressists 即聯邦共和黨 Federated Republicans）仍保守舊則勢力弗替，激烈黨與激烈社會黨則分為多數正團，其在議會與全國，或則傾向於統一激烈黨（Unified Radicals），或則傾向於左黨同盟（Federation of the

Left)，二者皆新起之黨，彼此敵對者。統一激烈黨中有加約，孔布克里孟梭諸人決意厲行更極端之反教士立法，尤其爲抑制私立教會學校之立法，彼等大抵反對選舉改革，對於勞工立法亦漠不關心。左黨同盟之主義爲白里安及一九一三年一月當選爲總統之龐加爾(Poincaré)所主張，是黨鼓吹勞工立法與議會改革，對於反教士之立法雖不贊成其取消，而亦不願羅馬教徒與非羅馬教徒之更生裂痕。

左黨同盟

一九一四年大戰之爆發

當一九一四年八月國際大戰爆發，法國卷入漩渦，其內部之一切爭執，頓爲愛國之熱忱所消滅，彼時法國之政治概況，蓋具如上述。總之，參加一九一四年戰爭之法國，較之卷一八七〇年戰爭之法國在政治上更爲鞏固統一，此種事實大足以表彰法蘭西第三次共和之成功矣。

第二節　意大利王國

自一八七〇至一九一四年，意大利歷史上之社會的與政治的主要事變，有與產業革命所生之問題有關者，此爲產業發達程度相等之一切國家所同有，或則偶與半島之政治統一方式有關，此種問題乃意大利所獨有者。各種行政統治問題及因意大利王國與教皇之新關係而生之問題，皆屬於第二種。

意大利爲集全之國家

當吾人論述意大利之政治問題，首須牢記意大利王國係在十一年之內（一八五九——八七〇）合併前此分立之八邦而驟成者，因意人民族情感之强烈與加富爾政策之愛國，於是此一八七一年新成之王國，乃非聯邦而爲單一之國。由各邦聯合而無聯邦式之政府者，意大利乃一僅有之例也。故以集權制而言，意大利頗近法英而過於德美。

社會與經濟統一問題

北部與南部之懸殊

此種集權之政制，既爲民族愛國主義之良規，則中央政府實應使半島全不之賦稅與費用各得其平，而統時又應使各地之教育與經濟幸福立於同一之水平線上，此真一最難之事也。蓋北意大利爲肥沃之波河流域與繁榮之辟得蒙；而南意大利則困於西西里包本族之專制下者，已歷數百年之久，二地相差實顯且巨。北部有鐵路及各種內部之改進，有殷富之中產階級，有從事工業之市民，識字者之百分率亦較高；南部則與此適反，近代之公共工程甚少，產業較未發達，劫掠盛行，農民愚昧，成年男人之粗解讀寫者，十無一焉。因此意大利之經濟統一較以前半島之政治統一，實爲一更複雜之問題。當一八七〇與一九一四年之間，意大利之政治家對此問題，皆特爲注意，其成就確亦甚多。新鐵路之由國家建築經營者計數千英里，此不惟爲國內商旅之幹路，實亦統一全國文化之要具也。此外並建築公路，改良港灣，測量土地，提倡拿布勒斯，珀勒摩，墨西拿（Messina）等處之工廠，擴張倫巴德與突斯加尼繁盛諸城之實業。一八七七年之法律規定兒童自六歲至九歲須受義務教育，雖以財絀之故，行之未能澈底，然亦足以漸減全國未受教育者之百、率矣。

賦稅之負擔

顧經濟的統一糜費甚多。國庫因謀政治之統一，支出已大，現因從事於公共工程與國內之改進，乃益需鉅款。稅額有增無已，以致國民每人負擔之重，爲當時歐洲各國之所無。賦稅不惟增加工人階級之困苦貧窮，即北部比較小康之納稅者亦時鳴不平，謂收支不均，對於南部糜費過甚。而另一方面之西西里政客則又有抗議，謂政府機關爲北部人所獨佔，彼等常以公帑入其私囊，以致南方在薩瓦族之統治下所受仍未愈於包本族之治。此種內部衝突，久爲意大利內政上之要素，但未危及全國之統一耳。除在西西里有一專圖私利之政客拿西（Signor Nasi）曾一倡無關重要之分離運動外，餘人對於一八五九至一八六〇年各次偉業所創立之國家，實無意圖破壞之者。蓋實際改進之進行不已，與全國財政之逐漸解決，乃極明顯之事也。

議會政治

集權制不過爲加富爾理想之一，乃新意大利王國所曾實現者，其第二種理想則爲仿自英國之議會政治。（重要與政治統一相同者，爲一八四八年薩的尼亞根本法（Statuto）之推行於半島全部，因自一八七〇年以還全國之治理皆以此自由憲章爲準則也。依照根本法及因此而生之傳習最國權乃操諸兩院制之議會（一爲民選的代議院，一爲任命的與貴族的元老院註一）及一對議會負責之內閣，意大利國王之地位與英王所處殆無不同。但意大利因「政團制」之盛行，故其議會制之實際運用乃類似法國而異乎英國。其選舉權之行使附有財產與教育資格之限制，故代議院純具中產階級之性質者歷時多載。然終因社會黨與羅馬教徒之力求民主政治，而於一九一二年註二通過一重要之選舉法，凡成年男人皆享有選舉權，無選舉權者惟彼年在三十以下既未服兵役而又未受教育者耳。註三

教會與國家之關係問題

由民族統一與民主政治諸端產生一特別複雜之教會與國家關係問題。加富爾在此又指

註一　元老院包括王族之少數親王，及年逾四十二由國王任命爲終身議員者，其名額無定，資格須曾任高官，或曾一科學文學或其他有利於國之事業著名，或每年那誰達六百金元者。

註二　選舉權之大行擴張在一八八二年，選民自六十萬增至二百萬。

註三　一九一二年之選舉改革，使選民加至六百萬以上。

出一種理想，爲意大利各政治家之所力圖實現，即『自由國家中之自由教會』是。此種理想，淵源於自由主義，但難於實現，一因反教士主義之進展爲歐陸各國之共同現象，一因教皇在意大利佔有特殊之地位也。

教皇之地位

教會幷未與國家分離，意大利政府仍給教士薪金，並宣告主教之任命，公立學校仍照常授宗教教育，離婚之許可亦不由政府。但自加富爾在辟得蒙開例之後，全國之僧院遂逐漸減少，教會財產亦嘗遭全部或部分之沒收，教皇之世俗的財產既於一八七〇年爲意大利政府所佔據，其地位現乃發生大困難。

一八七一年之教皇保障法

一八七一年意軍佔領羅馬之後，意大利議會旋即制定一『教皇保障法』。新王國依照此法，允教皇享有相當之自由及元首之特權，與意王平行（其身體不可侵犯，並得接見及派遣大使，享有君主應有之榮典），教皇對於教廷及拉特蘭（Lateran）之宮闈與卡斯忒岡多爾法（Castel Gandolfo）之別墅，概有完全之自主權。又教皇政府得自由使用意大利之電綫鐵路郵政，每年幷得受王庫三百二十二萬五千里爾（Lire）之津貼，以賠償其所失之俗產。

教皇之反對

但丕亞士九世旋即痛斥此法，其理由謂此僅爲意大利王國之法律而非國際之協定，苟接受之，即不啻對彼剝奪『上帝代表』的土地與真正自由之政府予以宗教上之承認。教皇蓋恐因受意大利王國之年金而大失其國外之勢力與威信也。

丕亞士九世不惟排斥教皇保障法，且堅決不受意政府之金錢，彼深處教廷，以「囚虜」自居，請羅馬教之君主共復其世俗權力，並令意大利之羅馬教徒絕對不得投票或在政府中服官（即所謂禁令，non expedit）。教皇之態度如此，遂使意大利王國外交內政大感困難，於是意大利之忠君愛國者與忠實之羅馬教徒竟劃出一判然之界線，其結果對於國家教會兩俱不幸。一方面，大多數之意大利人雖仍自命為羅馬教徒，但因教會之反對民族主義，遂漸不願受其支配。在他一方面，則多數善良正直之人因良心之驅遣，不參與政治，遂使彼對於宗教至少漠不關心者得掌政權，因而損及國家。後因丕亞士九世與立俄十三（一八七八——一九〇三）不時容許羅馬教徒參與地方選舉，情形始略有進步。迨一九〇五年丕亞士十世取消對於議會選舉之禁令，真正之和解至此始似有實現之可能。此三教皇均始終自稱為「囚虜」，而一九一四年升為教皇之彼拿底克十五(Benedict XV)所首先宣佈者，仍在要求世俗權力之恢復。

一八七〇至一九一四年意大利之政治

右派之執政一八七

自一八七〇至一八七六年，意大利王國之命運皆操於一羣「右派」政治家之手（此政團選舉上之勢力在辟得蒙倫巴德突斯加尼，其主要之事業為完成國家統一於一八五九至一八七〇年多難之秋）。手造意大利之憲法，制定教皇保障法，仿照法國集中地方之行政，重征賦稅，實

至一八七六年

行鐵路國有以徵兵制爲基礎而改編海陸軍（一八七五年），對於民主政治時懷敵意者，皆此派也。

左派之執政

得普勒逷斯一八七六至一八八七年

在一八七六年後之十年中，總揆一席均操於左派領袖得普勒逷斯（Agostino Depretis，一八一三——一八八七），中間惟有二次短期之間斷而已。當其執政時西西里人與拿布勒斯人均因損及北部意大利人而受其利，選舉權亦大行擴張（一八八二年）。但得普勒逷斯之熱心於民族主義與輔助實業階級，皆與加富爾相若。彼嘗維持大規模之陸軍，增加海軍之實力，完成鐵路系統，而租之於私人經營之公司，註一並與德國及奧匈帝國結三國同盟（Triple Alliance，一八八二年）又佔領非洲之馬薩瓦（Massawa）而首樹殖民政策。其前任已使意大利成一民族國家，彼則欲使之成一強國。爲此之故，彼乃大增間接稅以致大傷意大利財政之穩定而致國內貧民於困苦。同時，彼又施行腐化政治，爲意大利歷史上所僅見，且首創一依黨派與部分的利益治國之政治制度，實長爲意大利之羞。

克利斯皮一八八七

得普勒逷斯逝世後（一八八七年），繼行其策者爲一西西里人克利斯皮（Francesco Crispi，

註一　此乃一八八五年之事，及一九〇五年鐵路復歸國營。

一八一九——一九〇一）曾服役於加爾波的之軍中彼乃一剛愎自用之人。於是遂確定軍國主義，重結三國同盟並大施帝國主義於厄立特利亞（Eritrea）及索馬利蘭（Somaliland）彼更用獨裁之法以謀政府收入與支出之平衡而制服教士黨與社會黨與共和黨之反抗。然克利斯皮之失勢實因意大利殖民軍隊在亞多瓦（Adowa）大敗於亞比西尼亞人（Abyssinians，一八九六年）之故而一八七八年繼其名父陽馬諾二世即位並誠心贊助得普勒遏斯與克利斯皮之國王漢白遏（Humbert）適亦爲一無政府黨人所刺（一九〇〇年），此皆克利斯皮各種政策之滑稽的與悲慘的結果也。

意大利之新發展一八九六至一九一四年

軍國主義與帝國主義

克利斯皮與漢白遏之逝世在意大利之政治上幾關一新紀元。新王陽馬諾三世（一九〇〇——）既開明溫和傾向民治而其屬下之政治家又皆誠意接受全國所要求之自由政策。軍備之縮小誠遭堅決之反對，註一對土戰爭之勝利因繼以脫利波里與息里內易卡（Cyrenaica）之佔領（一九一一——一九一二），誠足以償亞比西尼亞（Abyssinia）殖民之失敗而有餘。

註一　陸軍軍費在一八七一年爲二千萬金元，一九一三年爲八千五百萬金元。海軍經費在一八七一年爲四百五十萬金元，一九一三年爲五千一百三十萬金元。

工商業之進步

實業階級之利益亦因保護關稅與政府津貼而大獲保障，其結果則有如下列數字之所表示者。自一八七一至一八九七年，每年輸出與輸入之總額（貴重金屬除外）總不出四萬四千萬金元左右，及在一八九七年以後，則繼續增加至一九一三年，已達十二萬萬金元矣。當一八九七與一九一三年之間，製造品之輸出幾增三倍。生絲與絲製品之輸出額，在一八九七年值六千六百萬金元，及一九一三年則增至九千萬金元，米蘭已駕乎里昂之上而爲世界最大之出絲市場。當此期中，意大利之棉貨不惟充滿本國之市場，其輸出亦幾由五百萬增至五千萬矣。一九一四年時意大利之商船每艘逾百噸者共有一千零六十艘，其總噸數達一百六十六萬八千二百九十六噸之多（略等於日本商船之噸數，惟遜於英德美挪威法國而已）。

社會立法

自十九世紀末葉，意大利之工商業發達，從事於工業之無產階級亦日增，於是政府乃益力謀保證其最低限度之安樂。一八八六年限制童工之各工廠法案，現皆厲行，並用之於女工，凡婦女及未滿十三歲之童工，概不得從事於地下工作及夜工。一八九八年通過僱主責任法案，規定僱主爲其工人保災害之險，同年又通過一法案，確立有輔助性質之疾病保險與養老年金制度。一九〇八年，復制定勞工每週須休息一日之法。一九一二年，又通過國營人壽保險之法案，公用之事業得歸市政府所有並經營之。工會得法律之承認，其資金與行動，且受保護。二十世紀最初十年中所慣見之勞工紛爭與同盟罷工其公斷之法亦稍有進步。此外復獎勵以借貸與大批買賣爲目的之合作社，尤以在鄉區爲然。一九一二年之選舉改革幾創立成年男人之普選制此實預兆社會立法中更一進步之試驗也

意大利之農業

最需此等改革者雖爲鄉區而最受其利者則爲城市，意大利之工商業雖大有進步，然終難與英法德美諸國永遠爭衡因諸國之煤鐵及其他礦產均比較豐富也。意大利仍以農業爲主一九一三年時其人民以力田爲生者逾三分之一。顧其農業顯然落後。在拿布勒斯與西西里，因受法國大革命時土地革改之影響甚少故土地仍多爲大地主所有，其農民皆窮苦無告勤勞不輟，人數日減既困於癩病瘧熱復苦於洪水而地震與火山之爆裂又時時發生。在北意大利，則大地產已劃爲小農場，其勤儉之農民賴合作社，農村信用銀行與進步的耕種方法之助，漸已顯然改良其命運。但意大利之農民階級咸受賦稅之痛苦（爲軍國主義帝國主義教育及公共改良而課稅）歐洲各國之課稅，未有若是其重者也。

移民

吾人苟不忘上述各事並知意大利在此數年中其人口之增加過於歐洲他國每年增加之平

均數，則於十九世紀末與二十世紀最初十年中意大利之移民特盛，當不難明其故矣。一九〇〇年時，移民之數爲三十五萬三千，至一九一一年已爲五十三萬三千。惟此並非表示其人口之總損失，因在外致富而歸者，幾達半數也。一九一一年時返國者約二十一萬九千人，其中歸自美國者達十四萬。但據一九一〇年之正式調查，則至是年止，意大利所喪失之國民約爲五百五十萬八千，彼等皆永居外國，而以留於美國，阿根庭，烏拉乖，巴西等國者爲最多，其中南意大利之農民蓋佔百分之八十焉。

政府之反對黨

一、教士黨

意大利政府之應付社會與經濟問題，實受四種政團互相爭衡與衝突之障礙，而此等政團又大抵皆與現有之政治制度不相容者。（一）教士黨自一九〇五年禁令取消之後，其勢力日盛，現正完成其組織，創辦新聞，採定政綱，一方面排斥社會主義及國家之侵害教皇教會之權利與自由，他方面則力主社會改革（工廠立法，勞工保險制之推廣，大地產之劃分爲小農場及農村階級之合作運動）。在一九一三年之總選舉中（成年男人普選制下之第一次選舉），公開之教士黨在代議院共得三十五席，蓋已增加十四席，此外彼等又得溫和君政黨(Moderate Monarchist)之議員約二百八之允諾，共排反教士之立法。

二、共和黨

（二）十九世紀前半期瑪志尼與加爾波的所主

張之中產階級的反教士的共和主義，雖因君政黨政治統一之成功而暫時失勢，但終能保留一種政治傳習於互助團（Freemasons）及其他理想激烈分子之中。此等共和黨人無時不欲乘機與君主政治為難而從事於建設共和之預備。在一九一三年之選舉中，是黨在議會中喪失六席，但仍有十七席。

二、社會黨

（三）社會主義前此在意大利之進展雖少，但至十九世紀第九十歲年之初，社會主義之福音在工業區之米蘭與北意大利，已為少數熱心之青年知識分子與多數工人所注意。意大利之社會黨雖常有派別之爭，終分為馬克斯派與改良派二大集團，但社會主義仍發展頗速。在一九一三年之選舉中，社會黨在代議院共佔七十八席（此次在成年男人普選制之下，顯然增加三十七席）。

四、工團派

（四）危及政府擾及教士黨而為社會黨中紛爭之源者，乃革命的工團主義（Syndicalism）在工業的無產階級間之迅速進展也。此輩常實行同盟罷工暴動，反抗政府之權威。

意大利之民族愛國主義

吾人研究一八七〇至一九一四年意大利王國之歷史，則見有工團派之暴動，有社會黨，共和黨及教士黨之黨爭，有人民遠徙，工業艱難及貧窮愚盲苛稅種種嚴重之事實，但吾人決不可因此而遂昧於意大利之政治與社會生活上一種基本原動力，此乃民族主義，愛國主義，即近代意大利

復地主義與意大利之參加國際大戰

人心中切望在文化武功上與古代羅馬人爭勝是也。在十九世紀中期，半島政治統一之所以能實現者，即由於此種動力。新王國之政治家所以必展其雄圖，變意大利爲强國，致內而發展軍國主義，外而在非洲實行帝國主義者，亦即由於此種動力。意大利之國民所以人懷復地主義（Irredentism）者，亦莫不由於此種動力。復地主義乃兼併意大利舊土脫蘭德，脫里斯德（Triest），及亞得里亞海東岸之理想，此等地方時固仍屬奧國也。當意大利仍與法國作商業及殖民競爭之時，不能不勉强與奧匈帝國及德國維持同盟（一八八二——一九一五），其政府實不能希望實現此種復地之想，故正式拒斥復地運動者爲時甚久。但至二十世紀之最初十年中，其對法之關係既有進步，而奧匈帝國之攻擊塞爾維亞（一九一四年七月），又適促成國際大戰，遂予意大利以可乘之機，於是意大利之民衆爲復地之熱忱所驅，乃悉忘其軍國主義與賦稅之負擔矣。一九一五年五月意大利遂毀其與奧匈帝國同盟之約，加入戰爭，而與俄，法，英，日，塞爾維亞，門的內哥羅諸國同盟。未復之意大利（Italia irredenta）現必恢復。蓋世界大戰之於意大利人，不過爲對奧之又一攻擊而已（即繼續並完成其爲國家統一獨立而起之一八五九與一八六六年的戰爭）。

第三節 西班牙

西班牙與意法二國之異點

西班牙之面積，幾等於法而較大於意，乃在十九世紀歷史上所喪演之活動，顯不及法意二國，此頗與其人口相稱，蓋當一九一〇年其人口僅佔意大利或法國人口之半也。註一 造物實不利於西班牙，其土壤多瘠阻其農業上之大進步，而崇山峻嶺橫貫半島，又足以妨其商業之進步與工業之發達。 此種障礙遂使彼舊發有爲之西班牙人常相率移至拉丁美洲，而尤以往阿根廷者爲多，其留居本國者，蓋較爲少數。 此種事實再加以十六七八諸世紀歷任君主與政治家不量其本國之財源人口，而妄欲行使世界霸權，遂使西班牙不能不降爲二等國矣。

西班牙七十五年之政爭一八〇〇至一八七五年

當十九世紀最初七十五年之中，西班牙又受政治不良內亂頻與之苦。 拿破侖時代法國之干涉，不惟引起長期縻費之獨立戰爭，且使西班牙形成極相仇視之革命與反動二黨。 後來即有

註一 一九一〇年時法國之面積爲二十萬零七千一百二十九方哩，人口爲三千九百六十萬零一千五百零九，意大利之面積爲十一萬零六百八十八方哩，人口爲三千四百六十七萬一千三百七十七，西班牙之面積爲十九萬四千七百九十四方哩，人口爲一千九百六十一萬一千三百三十四。

腓迪南七世一八一四至一八三三年

卑部之腓迪南七世在位（一八一四——一八三三），彼以專制酷猾，喪失西班牙在新世界殖民地之大半著稱。初，包本朝之繼承法原規定王位僅傳於男系，彼乃毀法而畀西班牙之王位於其弱女伊沙白拉二世，竟以此引起其弟卡洛斯（Don Carlos）之爭位，而重貽邦國之憂。自一八三三至一八四〇年，卡洛斯黨（Carlists）與伊沙白拉女王之母后兼攝政克利斯湯拿（Donna Christina）之黨與（Christinos）互生內戰，隸卡洛斯之軍中者有反動黨，教士黨及北部山地之多數好戰分子，另一方面之克利斯湯拿則因頒賜一種議會制的憲法（一八三七年）而得自由黨之擁護。

卡洛斯黨之戰爭一八三三至一八四〇年

卡洛斯黨戰爭之結局，爲一八四〇年卡洛斯之逃竄，與伊沙白拉女王之獲得一般之承認。

伊沙白拉親政一八四三至一八六八年

當伊沙白拉二世親政之長期中（一八四三——一八六八）彼乃不幸而缺乏識見及和解精神。彼以保守態度修改憲法（一八四五年），恆欲藉議會之名以行專制之實，竟因此而失自由黨人之愛戴。顯同時彼又未能得卡洛斯黨之誠意擁護。其淫亂無道，使虔誠之羅馬教徒驚異而引以爲恥，其對於嬖倖之浪費溺愛，致陷財政於困難。此時共和主義已傳於中產階級與軍隊之中，於是日趨激烈之叛亂乃層見迭出矣。

一八六八年之革命

一八六八年之革命成功，使伊沙白拉女王逃亡法國，陷西班牙於無政府狀況者七年。一八六九年曾採行新憲，保障個人之自由與宗教之寬容，並規定一君主制之議會政治。但欲得人爲君則頗感困難。當和漢佐倫息馬林根族之來泊爾親王最後謝絕之後(註一)意大利王陽馬諾二世之次子薩瓦之亞馬底阿(Amadeo)親王遂於一八七〇年接受西班牙之王位。

亞馬底阿王一八七〇至一八七三年

顧亞馬底阿之王位實不穩固，卡洛斯黨及共和黨皆不願擁護之，而自由君政黨(Liberal Monarchists)又分爲多數敵對之小政團，以致不能貫澈一定之政策。亞馬底阿及其后之私人品性固能得相知深者之尊敬，然多數之西班牙人富於愛國心，究視之爲外人之羼入者。一八七三年二月，亞馬底阿抱厭退位，歸意大利，於是西班牙乃宣布共和。

西班牙共和政府一八七三至一八七五年

共和黨之成功，乃更不如自由君政黨。是黨人數原少，不久且分爲兩派：(一)爲贊助中央集權制者；(二)爲受當時法國市團運動之影響而贊成聯邦共和制者。最初聯邦派(Federalists)執政，自一八七三年二月起至一八七四年一月止，彼輩之總統卡斯退拉(Emilio Castelar，一八三二——一八九九)本一富有才略而傾向和解之政治家，但爲公共秩序計，終不得不採行

註一　一八七〇至一八七一年之德法戰爭，即因來泊爾親王候補王位之事而引起者。

一八七五年包本族之復辟

獨裁制未幾，共和軍中之將領復起政變，推塞拉諾（Marshal Serrano）上將爲總統。此不過爲摧毀彼不適西班牙國情之共和政府與包本族復辟之先聲已耳。一八七五年一月伊沙白拉二世之嗣子卒於國民歡忻鼓舞之中，入馬德里卽王位，稱亞爾芬梭十二，時年方十八耳，於是全國總一與改革事業遂以此始。

亞爾芬梭十二（一八七五——一八八五）新時代之開始

亞爾芬梭十二之卽位，在西班牙之歷史上開一幸運之新紀元。此少年君主爲人仁慈，富於同情心，有知人之明，常受十九世紀西班牙二名政治家之激勵忠告，此二人，一爲軍人岡波士（Marshal Campos 一八三一——一九〇〇），一則傾向保守之卡諾發斯（Canovas del Castillo 一八二八——一八九七）也。卡洛斯黨最後一次之大舉叛亂，卽削平於岡波士指揮之下（一八七六年），全國之法律秩序遂以恢復。又自一八六八年以來古巴叛亂猖獗，亦在其指揮之下獲定（一八七八年）。因卡諾發斯之勸告，乃有一新憲之制定，於一八七六年頒布，此乃一比較自由之法，能調和多數之國民，迄今仍沿用焉（譯者按本書原著係一九二四年版，故未述及一九三一年憲法之更改）。

西班牙之政府——

一八七六年之憲法，對於個人自由曾規定適當之保障，並委最高政權於國會（Cortes）。國

一八七六年之憲法

會採兩院制：一爲元老院(Senate)，其議員至多爲三百六十人，一部分由國王任命，任期終身，其餘則由曾得某種官職爵位者充之。一爲代議院(Congress of Deputies)，其議員凡四百零六人由民衆選出之。行政權責操於對過會負責之內閣國王之一切行爲須得閣員一人之副署，其所享之權力殆不能高於英國國王或法國總統。至於地方政府則不如法國之權力集中所享自治之程度較大。

復辟後教會與國家之關係

就宗教方面言，當一八六八至一八七五年之革命期中，反教士主義已甚昭著，今亞爾芬梭十二之政府乃制止之，而保護最大多數西班牙人所信仰之羅馬教。不惟一八五一年教皇的宗教條約之規定執行甚嚴，即耶穌會士與僧尼教團亦俱得盡量傳播，遠過於本世紀之初社會中各階級之男女青年，教育爲所操縱者蓋過半數。

卡諾發斯之保守政治

亞爾芬梭十二在位（一八七五——一八八五）期中，大半均以卡諾發斯爲總理。彼從女王伊沙白拉二世時極少反動之正團與不叫溫和之革命分子中另卒一保守黨，以誠心用户一八七六年之憲法及利於教會之宗教決定。彼堅決保留選舉權之高額的財產資格，而以強硬手腕對付卡洛斯黨或共和黨之反對。且整理國帑，改編軍隊，遠徵輩摩洛哥，傾向保護關稅制以謀發

馬利亞克利斯遏拿之攝政一八八五至一九〇二年

展西班牙之農工也。對外則使其國王與奧大利之大女公爵馬利亞克利斯遏拿（Maria Christina）締婚，而因以求得德國與奧匈帝國之友誼。彼於薩格斯他（Sagasta 一八二七——一九〇三）所領導得自由黨之成立，且欣然同意，蓋彼相信兩大黨之更迭執政，將可以鞏固新君主政治也。

多才之亞爾芬梭十二不幸早逝（一八八五年），其遺腹子亞爾芬梭十三乃在母后馬利亞克利斯遏拿攝政之下繼位（一八八六年），此時西班牙政府之穩定性遂受第一次之真正試驗。馬利亞克利斯遏拿乃一智婦，能令其臣民敬服。彼仍忠於教會，時時咨詢保守黨領袖岡波士與卡諾發斯之意見，但攝政之初，即任薩格斯他為首相，因此大得自由黨人之仰慕。

薩格斯他之自由政治

西班牙在薩格斯他自由政治之下，曾草定採行一統一之民法法典，與數國商訂互惠之約，制定自由之出版結社法，採行陪審制，并於一八九〇年建立成年男人普選制以選舉帶議院。及一八九〇年卡諾發斯復起執政，乃棄自由黨之關稅政策，廢通商之約，而於一八九二年定高額之保護關稅制，且對於摩洛哥時間復與干涉，對於古巴人之要求地方自治，採決不讓步之態。但內政仍指揮得宜，故西班牙之愛國者對於卡諾發斯之為無政府黨人所刺（一八九七年），咸引為一大憾事焉。

對美戰爭（一八九八）與美洲及太平洋中西班牙殖民地之最後喪失

君主政治之穩定性第二次之真正試驗，厥爲古巴堅決之革命（一八九五—一八九八）及因此而起之不幸的對美戰爭（一八九八年）。依巴黎條約（一八九八年），西班牙無條件的放棄其在古巴與波爾多黎角之主權，并割讓腓律賓與關島（Guam）而得二千萬金元之賠償。如是結束之戰爭使西班牙喪失其以前之大殖民帝國，其所保留者惟加洛林及其他數島，此卽西班牙於一八九九年以四百萬金元售與德國者也。此次戰爭對於西班牙之威望與自尊實爲一重大之打擊，且大增其財政上之紊亂。但攝政之母后因自由保守二黨領袖之合作，卒能渡過風波，而於一九〇二年安然移交政權於其子亞爾芬梭十三，時彼已成年矣。幼王因其勇敢活潑之精神問候政治之生活及對於憲政制之矢忠，深得國民之愛戴。一九〇六年，彼與英公主維多利亞結婚，得一嫡系之嗣子。無政府當之狂人雖屢圖行刺，而其王位在一九一五年時似已比較安全。縱法國共和之勢力及隣近葡萄牙革命之建設共和（一九一〇年），亦皆不能使之動搖也。

亞爾芬梭十二一九〇二——

經濟之發展

當亞爾芬梭十三在位時之一九〇二至一九一五年，其歷史上有數事頗足紀述。第一爲全國之財政與經濟狀況，漸有繼續之進步。一方面西班牙雖維持頗大之陸軍，并擬復興一小而有用之海軍，然終不如歐洲列強感受軍國主義之重負也。而在另一方面則更開發天然之富源。

西班牙之黨爭

當十九世紀之最後十年中每年建築鐵路逾二百哩，一九一〇年時已完成者約九千零二十哩，全國私營之鐵路縱橫密佈，一切重要城鎮均得彼此聯絡。西班牙之商船亦未因一八九八年殖民地之喪失而減少，反似大受刺激，其貿易額在一八九〇年爲三萬七千五百萬金元，及一九一三年，已增至四萬五千萬。農業在西班牙仍佔最重要之地位，東部之瓦棱薩與加達洛尼亞諸省尤能請求耕耘，以產大量之穀，酒，菓糖。產業革命已顯現於巴塞羅納及北部各城之中，最重要之棉業及其他之製造業均形發達，隨此而生者，乃有兩種新社會階級，卽工業的資本家與工業的無產階級，此正與他處相同也。

第二，君主政治雖似穩定，然各政團之爭已日益加劇。擁護王室之保守自由二黨，在卡洛發斯（一八九七年）與薩格斯他（一九〇三年）逝世之後乃趨分化。卡洛斯黨與聯邦派復生。共和主義得勢於各城之中，而尤以在馬德里爲盛。社會主義則求助於工業的無產階級。法列爾（Francisco Ferrer，一八五九——一九〇九），以一鐵路傭工出身而爲反教士的『現代派』(Modern school) 之領袖，一九〇九年以與謀巴塞羅納之亂處死，其所提倡之理想無政府主義，終爲工團主義之工會所贊助。因此情勢，故西班牙之立法乃採比較自由之性質。一九〇七年

一九〇二至一九一四年之立法

之法案，仿比利時與奧大利而定投票爲義務，以鞏固成年男人普選制。一九〇九年之法案對於出自選舉之地方團體予以更大之權力，且規定政府不得干涉投票。政府爲減少文盲之高百分率計（一九一〇年之正式報告爲百分之六十三），於一九〇二年資助公立與初級學校，一九〇九年並規定初等教育爲義務教育。此外又力謀用公斷制度解決在西班牙有政治兼經濟現象之同盟罷工，並藉社會立法如雇主責任，工廠法，合作店及國家保證之保險制等以圖改良工人階級之命運。當一九〇九至一九一〇年中，政府一時似欲採行反教士之正綱，正式承認新教禮拜之合法，通過一種所謂『鎖閉法案』(Padlock Act)，以禁止羅馬教會未得政府之允許而自建新捨，並撤回駐教廷之西班牙大使。但以保守黨與溫和自由黨反對之力，卒於一九一二年與教皇恢復外交關係，且放棄更進一步之反教士的計劃焉。

西班牙之經營摩洛哥

第三爲帝國主義之復興，此蓋一則便利有勢力之資本家，一則出於愛國之動機，爾一則以分散對於嚴重內憂之注意也。西班牙在非洲之領土，除原有之巴里亞利克與加那列(Canary)島，里奧特奧洛(Rio de Oro)，慕尼(Muni)河居留地及修達(Ceuta)而外，一九一二年因法國之同意而加領摩洛哥北岸與四面受圍之伊夫尼(Ifni)，並擴張里奧特奧洛之地。此種帝國主義乃竟引起多數西班牙人之抨擊抗議，致發生嚴重之兵變與反軍國主義之迭次市委運動而西屬摩洛哥之征服，亦大感困難。西班牙之所以未捲入一九一四年之世界大戰，其人民得養其實力，蓄其富源，以解決內部之問題者，實以反軍國主義與反帝國主義爲其主因焉。

第四節　葡萄牙

葡萄牙與西班牙之比較

一九一一年時之葡萄牙，其人口不及西班牙三分之一，其面積僅約等於西班牙六分之一。註一但自十九世紀以至今日，其歷史上之發展，實與其伊伯利安半島之鄰邦，巧相類似，此正與以前各世紀相同也。當拿破侖時代，葡萄牙受外國之干涉，後更因革命與反動二黨之爭而致分裂，此與西班牙相同。當十九世紀第二十幾年之初，葡萄牙又與西班牙同失其在美洲大陸之殖民地。在十九世紀第三十幾年之中，葡萄牙亦如西班牙，俱有爭位之亂，此小國中之密格爾（Dom Miguel）其地位僭稱，正與彼大邦中之卡洛斯相類。在葡萄牙，女王馬利亞二世（Maria II）之在位（一八三四——一八五三），其性質與西班牙之女王伊沙白拉二世相符，且爲時亦幾同。

註一　葡萄牙之面積爲三萬四千二百五十四方哩，其人口（一九一一年）爲五百五十四萬五千五百九十五。

，馬利亞之爲人固勝於伊沙白拉，然其抑制宮廷陰謀軍隊暴變以及一般之混亂，亦不能較彼爲稍多成功也。

葡萄牙王國之政治一八五二至一八八九年

葡萄牙政府自一八二六年辟德洛四世頒賜憲章以後，在名義上已爲議會制，但直至馬利亞在位之最後一年始制憲章以規定代議士之直接選舉與人民之參預地方政治（一八五二年）。當馬利亞之二子辟德洛五世（一八五三——一八六一）與盧伊茲一世（Luiz I，一八六一——一八八九）在位時，內亂稍息，憲政得以安然運用。葡萄牙之政團亦漸形成，與西班牙正同。有擁護王室之革新黨（Regenerators）及進步黨（Progressives），各與西班牙之保守自由二黨相符。一八八一年有人數日增之反教士的共和黨正式成立。又有密格爾黨（Miguelites），一若西班牙之有卡洛斯黨。此外亦有少數信從社會主義與無政府主義。革新黨或進步黨雖似能常得民衆多數之贊助，然此時立法上之活動乃絕少。葡萄牙殖民地之奴隸制誠被廢除（一八六九年），民主政治固因有條例以漸除世襲貴族出席上院之權，而大增重要（一八八五年），但政治貪污之盛行與維持殖民制度之困難，遠超乎國家實力財富之上，（註一）以致政府無法解除其財政上之困難。此時賦稅煩苛，教育怠荒，急需之改革概被延擱，於是最勤而敏之葡萄

卡洛斯一世在位時之多難一八八九至一九〇八年

牙人遂相率移殖於操葡萄牙語之樂土巴西蓋數以萬計焉

當亞爾芬梭十二馬利亞克利斯遏拿及亞爾芬梭十三之時，西班牙正有愛國之名政治家勵精圖治，時葡萄牙之情形則每況愈下。在卡洛斯一世（一八八九——一九〇八）時，財政之危機屢出，且日益緊張。擁護王室之革新進步二黨，爲專門政客所指揮，其投票幾純以私人之利益而定，此二黨因善於操縱選舉，故常能更迭執政，而阻撓共和黨與獨立黨(Independents)之獲選。國王本人則荒淫奢侈，極喜干政，恆以極無體統之方式，取公債與財政特權，以爲其個人之用，且曾數用其憲法上之特權使國會休會，而以國務院之命令治理全國，此縱非違法實已背乎憲法慣例矣。最後一次（且爲最著名之一次），係在一九〇七年五月時首相佛蘭哥（João Franco）

註一 一九一四年時，葡萄牙殖民地之廣大僅次於英法德三强。其總面積約爲八十萬零三千方哩（幾二十五倍於母國），在非洲者有佛德角群島(Cape Verde Islands)，葡屬幾內亞安哥拉(Angola)及葡屬東非洲或摩贊俾克(Mozambique)，在印度者有臥亞大曼(Damaun)，低歐(Diu)，在中國者有澳門，在馬來求導者有的摩爾(Timor)之一部 葡萄牙在非洲之殖民地後當述之。當一八七〇與一九〇〇年之間，葡萄牙因殖民地之維持，費國款約七千五百萬金元。

乘君政黨各派內訌劇烈及共和黨徒作亂之後，得國王之同意實行獨裁。彼忠誠愛國，决意採行澈底之改革，但反對者多而且力，凡共和黨，專門政客與提查究之官吏，裁判官地方政府局及仍信議會政治之多數國民皆在其內。報紙政客咸公開贊成革命，佛蘭哥則封禁煽亂之新聞，大捕政治犯而禁錮之。一九〇八年二月一日，國王卡洛斯及太子於馳行里斯本市中之時被刺，佛蘭哥之獨裁制遂得一不光榮之結局焉。

一九一〇年共和黨之革命

繼父即位之馬諾爾二世（Manoel II，一九〇八——一九一〇）為一毫無經驗之少年，對於此種情勢，顯不能應付。強有力之君政黨人佛蘭哥既被放逐，而進步黨與革新黨之領袖對於任何共同之政策均難同意。一九一〇年十月，共和黨著名之醫士被刺，實為革命之信號。里斯本之共和黨率得武裝平民與達格斯河軍艦之助，經劇烈之巷戰，終推翻君主政治，而宣布葡萄牙為共和國。國王馬諾爾出奔，卒僑居於英格蘭，臨時政府遂在著名學者詩人布剌加（Theophilo Braga）指導之下成立於里斯本焉。

一九一一年葡萄牙之共和憲法

一九一一年八月所採之共和憲法，其摹擬法蘭西第三次共和之憲法頗切。此憲法規定一兩院制之議會（Cortes）：一為國民會議（National Council），由成年男人普選制直接選出之任

共和時代之葡萄牙一九一〇之一九一五年

期三年；一爲第二院（Second Chamber），由地方議會選出之，每三年改選二分之一。總統由兩院聯席會議選舉之，任期四年，內閣則對議會負責。憲法隨即發生效力，阿利亞加（Dr. Manoel Arriaga）博士當選爲葡萄牙共和國第一任之立憲總統（一九一一——一九一五）。

在共和之最初五年中，葡萄牙仍不脫紊亂之狀。新制不獨共和，且反教士甚力。一九一一年，各派僧侶均被驅逐，其財產則沒收以實國庫。同年，又決定教會與國家之分離，政府對於教士停止付薪，且以維護共和之名，而嚴限國內羅馬教會之自由。一九一三年，廢止駐教廷之使館。因此教士黨之反抗政府，對於王黨（Royalists）久蓄之反動計劃，至少予以道義上之贊助，實事之最自然者也。又共和黨之領袖大都屬於中產階級，對貧苦之工人階級甚少特別之同情心，於經濟改革亦未表示從速進行之意，於是工人階級爲各種極端分子所領導，乃利用同盟罷工，兵變，及政治的示威運動，以妨擾新制。共和黨欲維持其權勢，遂操縱選舉，捕囚政治犯，限制言論自由，實行賄賂，舉凡前此爲君政詬病之策略，多採行之。共和政府之所以得存者，徒以軍隊之擁護及其敵黨之內訌耳。

第五節 比利時王國

比利時之離荷蘭而獨立（一八三〇——一八三九），並由列強與以國際中立之保障（一八三九年），已具如前述。

一八三一年之憲法

此新國之憲法，頒於一八三一年，後曾略有修改，其法宣布比利時爲『一立憲的代議的及世襲的君主政治』，立法權操之於國王元老院（Senate）及代議院（Chamber of Representatives）。國王可創議立法，此殊與多數民治君主國之慣例相反，但國王之其他行爲，則非有對議會負責之大臣一人副署，不能發生效力。元老院共有議員一百二十一，部分出自直接選舉，一部分出自間接選舉，任期均爲八年。代議院之選舉每次四年，迄一八九三年止，選舉權均有高額財產資格之限制，故是年人口共六百五十萬，而有選舉權者僅十三萬七千人而已。

比利時在開明機警之來泊爾一世（一八三一——一八六五）與精明進取之來泊爾二世（一八六五——一九〇九）之治下，實有非常之進展，今將述其二三焉。

經濟的發展

第一，其經濟的發展，幾無能與之比擬。比利時之面積雖約僅葡萄牙三分之一，而其人口在一九一〇年時實較之多二百萬。註一 比利時人異乎葡萄牙人或意大利人，離國者甚少，徙入實反過乎移出。比利時人之所以比較滿意，乃由於農民經濟之繁昌。此等農民之人數雖日漸減少，但能利用科學藝術，以耕耘其狹小之農場。此外得力於其工商業之特殊發展者更多。貴重之礦產，他種天然之富源，地理位置之適宜，安都沃爾普港之優良，及運河鐵道之縱橫密佈，實使比利時發生產業革命。製造業與採礦業既日形發達，商業亦駸駸進步。當一九一一年，比利時所用之蒸汽機約二萬八千座，共有二百七十五萬馬力。其鐵路哩數與面積之比例，較世界之任何國家爲大。其每年輸入品與輸出品（貴重金屬除外）之總額，逾一千五百兆金元（較意大利多三分之一，較西班牙大五倍）。至於其大規模之運輸事業，歸於英國船舶者過半（一九一二年），操諸德船者逾三分之一，爲本國商船所經營者亦達七分之一以上。

羅馬教會與比利時之政黨

比利時發展中之第二種重要因數，爲國家與羅馬教會之關係，其國民之大多數實皆信奉此教。

一八三一年之憲法雖規定國王須爲羅馬教會之會員，但仍保證一般的宗教自由。教會完全脫離俗人之干涉，國家對於一切宗派（羅馬教，新教，猶太教）之教士，仍概予資助，惟關於民衆

註一 比利時之面積爲一萬一千三百七十三方哩，一九一〇年時，有人口七百四十二萬三千七百八十四，其人口之密爲歐洲任何他國所莫及。

一、羅馬教黨

教育問題，則意見顯不一致。一八四七年時，已爲此種問題發生二黨：一爲羅馬教黨，欲強施道德與宗教教育於學校中，並以此委之於羅馬教士。一爲自由黨，擁護學校中立之理想及溫和之反教士主義。

二、自由黨

自一八四七至一八八四年自由黨人設法維持迭次所組成之內閣達二十八年之久。在其得勢之時，彼等廢除公立學校之宗教教育，一時且與教皇斷絕外交關係。

三、社會黨

但及十九世紀之末，自由黨之人數與勢力漸減，此時苟非城市多數工人之組織社會黨（一八八五年）則羅馬教徒幾無敵矣。蓋社會黨不惟傾向激烈之社會立法，且亦趨於反教士主義也。

羅馬教徒之得勢一八八四至一九一四年

自一八八四至一九一四年國際大戰之爆發（共三十年），比利時均受羅馬教黨之統治。是黨一則本於己意，一則爲社會黨與自由黨所強迫，曾從事多種之改革。多數之公立學校均恢復

教育與民主政治

宗教教育，鼓勵教育成效卓著，文盲之百分率乃大減少。註一　民治亦爲所促進。一八九四年廢除財產資格，凡比利時人年滿二十五在其本區住滿一年者，概有投票權。同時復引用複數投票之原則，凡選民具有某種財產或教育資格者，得享有一二額外票權。一八九九年又確立比例代議

註一　據户口報告，八歲以上不能識字作書者與總人口之比例，在一八八〇年爲百分之三〇・二六，一八九〇年爲百分之二五・〇一，一九〇〇年爲百分之一九・一一，一九一〇年爲百分之一三・一。

制，以保護政治上之少數黨。依照此制，則某區在議會之議席，應按照各黨或候選人的選民數額之比例而分配之，此等改革乃羅馬教黨之所創者。社會黨與自由黨乃反對此黨，而特別攻擊教士之把持學校及複數投票制。一九一三年，社會黨尤爲憤慨，高唱其『一人一票』之口號，彼等爲選舉改革起見，乃至欲實行總罷工，但一九一四年之選舉仍保持羅馬教黨在代議院中之大多數。

社會立法

羅馬教黨在其得勢之長期中，並未忽視社會立法，曾制定一種開明之工廠法典，保護工會（一八九八年），創立養老年金制（一九〇〇年），其爲工人階級謀適宜之住宅或其他之物質幸福，亦頗有進步。

世界政治與國際大戰

一九〇八年，比利時政府違反少數人之堅決意志，而取非洲地域甚大之剛果（Congo）爲殖民地，此乃彼敏於任事之國王來泊爾二世所努力開發者。此舉實表示比利時小邦之加入世界政治，且自然爲一九〇九年軍事法規之先聲，此法以強制軍役代替前此寬弛之徵兵制，對免除兵役之人數亦大加縮減。且建築廣大之要塞於安都沃爾普與列日二處。一九一四年八月，德軍之所以違約侵入比土，由列日與不魯捨勒以攻法國（此舉引起英國之參加國際大戰）者，蓋不獨因此小邦之介乎德法英諸國之間，殆亦由其國家之富安都沃爾普之地位險要及比利時新殖民地之重要足以啓德人之覬覦也。比利時人雖在其勇敢之國王亞白退（一九〇九——）之領導下團結一致，效忠抵抗，然不久其國終被德軍佔據。人民之死亡，城鎮之破毀，鄉村之受蹂躪，與生產事業之概行摧殘，遂陷比利時全國於至苦之境。大戰之應直接負責者，姑無論爲誰，要決非比國，然在一九一四至一九一五年中，受創最重者，則比利時也。

課外讀本

法國——普通者：

1. C. D. Hazen, *Europe since 1815* (1910), Chap. XV.

2. J. H. Robinson and C. A. Beard, *The Development of Modern Europe*, Vol. II (1907), Chap. XXIV.

8. J. H. Rose, *The Development of the European Nations, 1870 1900*, Vol. I

(1905), Chap. IV, V.

4. *Cambridge Modern History*, Vol. XII (1910), Chap. V.

5. *Histoire générale*, Vol. XII, Chap. I.

6. W. G. Berry, *France since Waterloo* (1909).

7. A. L. Guérard, *French Civilization in the Nineteenth Century* (1914).

8. E. A. Vizetelly, *Republican France, 1870–1912: her Presidents, Statesmen, Policy, Vicissitudes, and Social Life* (1913).

9. J. C. Bracq, *France under the Republic* (1910).

10. W. L. George, *France in the Twentieth Century* (1909).

11. Barrett Wendell, *The France of To-day* (1907).

12. J. E. C. Bodley, *France*, new ed., (1899).

13. Ernest Dimnet, *France Herself Again* (1914).

14. Pierre de Coubertin, *The Evolution of France under the Third Republic*, Eng.

trans. by Isabel F Hapgood (1897).

15. Frederick Lawton, *The Third French Republic* (1909).

16. C. H. C. Wright, *The History of the Third French Republic* (1916).

17. Gabriel Hanotaux, *Contemporary France*, Eng. trans. by J. C. Tarver, 4 vols. (1903-1909).

18. Edgar Zevort, *Histoire de la troisième république*, 2d rev. ed., 4 vols. (1898-1901)

19. Emile Simond, *Histoire de la troisième république de 1887 à 1894* (1913).

20. John Labusquière, *La troisième république, 1871-1900* (1909) Being Vol. XII of the *Histoire socialiste*, ed., by Jean Jaurès.

21. Louis Hosotte, *Histoire de la troisième république, 1870-1910* (1910).

22. Georges Weill, *Histoire du mouvement social en France, 1852-1910*, 2d ed., (1911)

23. Leon Jacques, *Les partis politiques sous la troisième république: doctrine et programme, organisation et tactique d'après les derniers congres* (1913).

法國——教會與國家之關係：

1. Paul Sabatier, *Disestablishment in France* (1906).

2. The Roman Catholic view is ably presented in the *Catholic Encyclopædia* Under the Article *Concordat*.

3. Antonin Debidour, *L'église catholique et l'état sous la troisième république, 1870–1906*, 2 vols. (1906–1909).

4. Eugène Spuller, *L'évolution politique et Sociale de L'église* (1893).

5. Aristide Briand *La séparation des églises et de L'état* (1905).

6. Gaspard Odin and Eugene Remaud, *La loi du 9 décembre 1905 concernant la séparation des eglises et de l'état* (1906).

7. E. Lecanuet, *L'église de France, sous la troisième république*, 2 vols. (1907-

1910), Coming Down to 1894.

8. Alfred Baudrillart, *Quatre cent ans de concordat* (1905).

9. Emmanuel Barbier, *Le progrès du libéralisme catholique en France sous le pape Léon XIII*, 2 vols. (1907).

法國——殖民地：

1. Alfred Rambaud and others, *La France coloniale*, 6th ed., (1893).

2. Marcel Dubois and Auguste Terrier, *Un siècle d' expansion coloniale, 1800–1900*, new ed., (1902).

3. Paul Gaffarel, *Les colonies françaises*, 6th ed., (1899).

4. Émile Levasseur, *La France et ses colonies, géographie et statistique*, 3 vols. (1890–1893).

5. Louis Vignon, *Les colonies françaises: leur commerce, leur situation économique, leur utilité pour la métropole, leur avenir* (1886).

6. The same author, *L'expansion de la France* (1891).

7. C. B. Norman, *Colonial France* (1886).

參看下文第五編各章之書目：

法國——其他特殊項目：

1. F. A. Ogg, *The Governments of Europe* (1913), Chap. XV-XVIII.

2. A. L. Lowell, *The Governments of France, Italy, and Germany* (1915), An abridgment of the author's *Governments and Parties in Continental Europe*, 2 vols. (1897).

3. Raymond Poincaré, *How France Is Governed*, Eng. trans. (1914).

4. J. T. Shotwell, *The Political Capacity of the French* in the "Political Science Quarterly," Vol. XXIV (March, 1909).

5. Sir F. T. Marzials, *Life of Léon Gambetta* (1890) in the "Statesmen" Series.

6. P. B. Gheusi, *Gambetta: Life and Letters*, Eng. trans. by Violette M.

Mongtague (1910).

7. *Lettres de Jules Ferry, 1846–1893*, ed., by Eugène Jules-Ferry (1914).

8. *Memoirs of M. Thiers, 1870–1873*, Eng. trans. by F. M. Atkinson (1915).

9. Jules Simon, *The Government of M. Thiers from 8 February, 1871, to 24 May, 1873*, Eng. trans., 2 vols. (1879).

10. Samuel Denis, *Histoire contemporaine: la chute de L'empire: le gouvernement de la défense nationale: l'assemblée nationale*, 4 vols. (1897–1903).

11. Marquis de Dreux-Breze, *Notes et souvenirs pour server à l'histoire du parti royaliste, 1872–1883*, 4th ed., (1899)

12. P. O. Lissagaray, *History of the commune of 1871*, Eng. trans. by Eleanor M. Aveling, 2d ed., (1898).

13. Edmond Lepelletier, *Histoire de la commune de 1871*, 2 vols. (1911–1912).

14. Maxime Du Camp, *Les convulsions de Paris*, 5th ed., 4 vols. (1881).

15. Louis Dubreuilh, *La Commune, 1871*, in Vol. XI (1908) of the *Histoire socialiste*, ed., by Jean Jaurès.

16. Jules Claretie, *Histoire de la révolution de 1870–1871* (1872).

17. Narcisse Leven, *Cinquante ans d'histoire: l'alliance israélite universelle, 1860–1910*, Vol. I (1911)

18. Joseph Reinach, *Histoire de l'affaire Dreyfus*, 7 vols. (1898–1911).

19. Alfred Dreyfus, *Lettres d'un innocent* (1898), and *Cinq annees de ma vie* (1901).

20. Paul Desachy, *Bibliographie de l'affaire Dreyfus* (1905).

21. Paul Fesch, *Bibliographie de la franc-maçonnerie et des sociétés secrètes*, parts (1912–1913)

22. H. O. Meredith, *Protection in France* (1904)

23. Émile Levasseur, *Histoire du commerce de la France*, Vol. II (1912).

24. The same author, *Questions ouvrières et industrielles en France sous la troisième république* (1907).

25. S. P. Orth, *Socialism and Democracy in Europe* (1913), Chap. V.

26. Alexandre Bourson (pseud. Zévaès), *Le socialisme en France depuis 1871* (1908)

27. *Le syndicalisme contemporain* (1911).

28. (editor), *Histoire des partis socialistes en France*, 11 vols. (1911-1912).

29. Eugen Jäger, *Die sociale Bewegung in Frankreich*, 2 vols. in I (1900).

30. Roger Fighiéra, *La protection légale des travailleurs en France* (1913).

31. Paul Pic, *Traité élémentaire de législation industrielle: les lois ouvrières*, 4th ed., (1912).

32. Henry Ferrette, *Manuel de législation industrielle,......Avec le texte des lois ouvrières et des tableaux analytiques* (1909).

意大利：

1. C. D. Hazen, *Europe since 1815* (1910), Chap. XVI.
2. J. H. Robinson and C. A. Beard, *The Development of Modern Europe*, Vol. II (1907) Chap. XXI.
3. *Cambridge Modern History*, Vol. XII (1910), Chap. VIII, by Thomas Okey.
4. *Histoire générale*, Vol. XII, Chap. VIII.
5. Bolton King and Thomas Okey, *Italy To-Day*, 2d ed., (1909).
6. W. R. Thayer, *Italica* (1908).
7. F. M. Underwood, *United Italy* (1912)
8. W. J. Stillman, *Francesco Crispi* (1899).
9. *Memoirs of Francesco Crispi*, Eng. trans. of documents collected by Crispi's nephew, 3 vols. (1912-1914).
10. *Italy's Foreign and Colonial Policy: a Selection from the Speeches Delivered in*

the Italian Parliament by the Foreign Affairs Minister, Senator Tommaso Titioni, 1903-1909, Eng trans. by Bernardo Quaranta di San Severino (1915).

11. Ernest **Lémonon**, *L'Italie économique et sociale, 1861–1912* (1913).

12. A. L. Lowell, *Governments and Parties in Continental Europe*, Vol. I (1897), Chap. III, IV, and The subsequent abridgment of the work under the title. *The Governments of France, Italy, and Germany* (1915)

13. F. A. Ogg, *The Governments of Europe* (1913), Chap. XIX–XXI.

西班牙與葡萄牙

1. C. D. Hazen, *Europe since 1815* (1910), Chap. XXIV.

2. Charles Seignobos, *Political History of Europe since 1814*, Eng. trans. ed., by S. M. Macvane (1907), Chap. X.

3. F. A. Ogg, *The Governments of Europe* (1913), Chap. XXXIII, XXXIV.

4. *Cambridge Modern History*, Vol. XI (1909), Chap. XIX, and Vol. XII (1910) Chap. X.

5. *Histoire générale*, Vol. XI, Chap. IX, and Vol. XII, Chap. IX.

6. Butler Clarke, *Modern Spain, 1815–1898* (1906).

7. M. A. S. Hume, *Modern Spain, 1788–1898* (1900) in the "Story of the Nations" Series.

8. Francis Gribble, *The Tragedy of Isabella II* (1913).

9. Gustave Hubbard, *Histoire contemporaine de l'Espagne*, 6 vols. (1869–1883).

10. Hermann Baumgarten, *Geschichte Spaniens vom Ausbruch der französischen Revolution bis auf unsere Tage*, Vol. III (1871).

11. H. A. L. Fisher, *The Republican Tradition in Europe* (1911), Chap. XII

12. E. H. Strobel, *The Spanish Revolution, 1868–1875* (1898).

13. H. R. Whitehouse, *The Sacrifice of a Throne* (1897).

14. David Hannay, *Don Emilio Castelar* (1896).

15. J. L. M. Curry, *Constitutional Government in Spain* (1889).

16. Yves Guyot, *L'évolution politique et sociale de l'Espagne* (1899).

17. Angel Marvaud, *La question sociale en Espagne* (1910).

18. *L'Espagne au XXe siècle* (1913).

19. J. W. Root, *Spain and its Colonies* (1898).

20. J. D. Fitz-Gerald, *Rambles in Spain* (1910)

21. Francis Gribble, *The Royal House of Portugal* (1915).

22. Angel Marvaud, *Le Portugal et ses colonies* (1912).

23. Gustav Diercks, *Das moderne Portugal* (1913).

24. W. H. Koebel, *Portugal, its Land and People* (1909).

比利時：

1. R. C. K. Ensor, *Belgium* (1915)

2. J. de C. MacDonnell, *Belgium, her Kings, Kingdom, and People* (1914).

3. B. S. Rowntree, *Land and Labour: Lessons from Belgium* (1910).

4. D. C. Boulger, *Belgian Life in Town and Country* (1904).

5. The same author, *The History of Belgium*, Vol. II, *1815–1865* (1909).

6. *Cambridge Modern History*, Vol. XI (1909), Chap. XXIII, and Vol. XII (1910), Chap. IX.

7. S. P. Orth, *Socialism and Democracy in Europe* (1913), Chap. VI.

8. F. A. Ogg, *The Governments of Europe* (1913), Chap. XXIX.

9. Louis Bertrand, *Histoire de la démocratie et du socialisme en Belgique depuis 1830*, 2 vols. (1906–1907).

10. Charles Woeste, *Échos des luttes contemporaines*, 2 vols. (1906).

11. Léon Dupriez, *L'organisation du suffrage universel en Belgique, vote plural, vote obligatoire représentation proportionelle* (1901).

第二十四章　條頓歐洲一八七一——一九一四年

第一節　德意志帝國

甲　德意志之組織與政治

德意志帝國在普魯士領導之下，因一八六四至一八七一七年中之三次戰爭而邃創立已於前述及之矣。

一八七一年之德意志憲法

新帝國之憲法成於一八七一年四月十六日，其性質實北德意志同盟與南德意志四邦間之永久條約，蓋所以崇此『聯盟以保國土，並謀德意志人之福利』者也。帝國最高之軍政權，概操於普魯士王彼乃以此資格而擁有德帝之稱。

皇帝

皇帝不惟得與外國締結條約，派遣並接受使節，且指揮陸海軍隊，任命帝國之首相，並有宣佈防禦戰爭之權。如條約與帝國立法規定之事有關者，及宣戰而係攻人者，則皇帝須得聯邦參議院（Bundesrat）之同意。聯邦參議院與帝國議會（Reichstag）實共操帝國之立法權，皇帝對於此二者所通過之法律，不能直接否決之。

聯邦政府

帝國議會與聯邦參議院

美國之聯邦政府，其參議院代表各邦，衆議院代表人民在德意志亦復如此其帝國議會乃代表人民，而聯邦參議院則代表各邦。 由年滿二十五之男丁所選出之德意志帝國議會，頗似美國之衆議院；但聯邦參議院則與美國之參議院迥乎不同。 美國參議院中之代表各邦名額相等；德意志聯邦參議院之表決權，則依帝國內二十六邦之大小強弱分配之。 又在美國，參議員可依其己見或其本黨之意志自由行使其表決權；在德意志之聯邦參議院，則其各邦代表之表決權，概以邦爲單位每種問題之表決，輒須各依其本邦政府之訓令。 就以上各點而論，聯邦參議院實似一永久之外交代表會議，而不似一立法集議之團體也。 且聯邦參議院乃代表各邦政府（多係代表各邦君主，）故爲貴族式而非民衆式之團體。

下表列示德意志帝國中各邦之名稱面積人口（一九一〇年）及其在聯邦參議院中之票數，與帝國議會中之代表名額。

帝國中之各邦	面積（平方哩）	人口（一九一〇）	在聯邦參議院之表決權	在帝國議會之代表
一 普魯士王國……………	一三四、六一六	四〇、一六五、二一九	一七	二三六

二　巴華利亞王國……	二九、二九二	六、八八七、二九一	六	四八
三　撒克遜王國……	五、七八九	四、八〇六、六六一	四	二三
四　瓦爾敦堡王國……	七、五二四	二、四三七、五七四	四	一七
五　巴顛大公國……	五、八二三	二、一四二、八三三	三	一四
六　黑塞大公國……	二、九六六	一、二八二、〇五一	三	九
七　麥克蘭堡許威林大公國……	五、〇六八	六三九、九五八	二	六
八　撒克遜大公國（撒克威馬）……	一、三九七	四一七、一四九	一	三
九　麥克蘭堡斯特勒里仔大公國……	一、一三一	一〇六、四四二	一	一
一〇　阿爾丹堡大公國……	二、四八二	四八三、〇四二	一	三
一一　布倫斯威克公國……	一、四一八	四九四、三三九	二	三
一二　撒克麥尼根公國……	九五三	二七八、七六二	一	二
一三　撒克亞爾登堡公國……	五一一	二一六、一二八	一	一
一四　撒克哥堡峨達公國……	七六四	二五七、一七七	一	二
一五　安哈爾湯公國……	八八八	三三一、一二八	一	二
一六　什瓦仔堡孫德斯好散君主國……	三三三	八九、九一七	一	一

一七	什瓦仔堡盧多爾斯地特君主國（一）	三六三	一〇〇、七〇二	一	一
一八	瓦爾德克君主國	四三三	六一、七〇七	一	一
一九	洛斯君主國（長系）	一二二	七二、七六九	一	[illegible]
二〇	洛斯君主國（幼系）	三一九	一五二、七五二	一	一
二一	尚堡里普君主國	一三一	四六、六五二	一	一
二二	里普君主國	四六九	一五〇、九三七	一	一
二三	盧卑格自由市	一一五	一一六、五九九	一	一
二四	不來梅自由市	九九	二九九、五二六	一	一
二五	漢堡自由市	一六〇	一、〇一四、六六四	一	三
二六	亞爾撒斯洛萊因之帝國領地（二）	五、六〇二	一、八七四、〇一四	三	一五
	總數	二〇八、七八〇	六四、九二五、九九三	六一	三九七

（一）什瓦仔堡盧多爾斯他特於一九一六年與什瓦仔堡孫德斯好散合併德意志帝國中之邦數因此減爲二十五。

（二）依佛蘭克福爾條約（依八七一年五月），由法國取得之亞爾撒斯洛萊因初無地方自治權在聯邦參議院亦無發言權，至一九一一年始止因此聯邦參議院自一八七一至一九一一年，實僅具五十八票，

聯邦政府與各綁政府之關係

凡聯邦國家所遇之重要問題卽中央政府與地方政府權限之劃分。德意志之憲法，亦如美國之憲法，列舉中央政府（卽聯邦參議院與帝國議會）之立法權，凡未經指定委諸中央政府者，則概由各邦保留之。但此等委託之權，其範圍在德意志帝國較之在北美共和國者爲廣，因其不僅包括對外與各邦間商務之規定，貨幣之鑄造，衡量之決定，且可管理各邦間之商務，銀行，電報，電話及制定全國劃一之刑法與民法也。註一 註二 同時帝國法律之執行，又不若美國之操諸與各邦行政有別之聯邦官吏，乃由各邦直接執行之，此卽表示帝國法律執行之嚴否，在德意志各地實頗不一致。然遇特殊困難時，普魯士恆能以其優勢之軍隊，強制他邦執行其政府所贊成之法律，至於其他各邦，則雖聯合亦難強制普魯士執行其政府所極不贊同之法律也。除普魯士之外，德意志憲法亦曾以特種權利予其他數邦，如巴華利亞得自理其鐵路，郵政，軍隊（在承平之時），帝國之最高法庭設在撒克遜尼，而巴華利亞，撒克遜尼與瓦爾敦堡對於聯邦議院中外交委員會之

註一 依德意志憲法之修正案。

註二 完全爲德意志各邦所保留之要權，爲本邦政體之決定，教會與本邦之關係，本邦內部之行政問題，本邦預算案之制定，警察條例，土地法，及民衆教育之管理。

士會員得各出一人是也。

德意志政治之矛盾德批評

德意志帝國之憲法嘗以巧於調和素與民族統一不相容之政治困難見稱（即能使強盛的軍國主義的普魯士與各小邦之自尊的君主妥協，使自由主義民治主義之新勢力與貴族政治神權君主政治之舊勢力聯合）但吾人苟細究其實施，則又可見其對於協定之有利於貴族階級者，常加以指斥，蓋此種處置，實使德意志爲西歐最不民主之國家也。

普魯士在德意志帝國中之特殊地位

普魯士之佔優勢於新德意志之中，實乃自然之事，因其面積與人口，均幾佔全帝國三分之二也。普魯士固仍依一八五〇年弗列德利克威廉四世所頒布之憲法以治理其國（此爲一極端保守之憲法，採三級投票制，因是而使地主貴族得政治上之優勢，規定內閣不受議會之支配，而使國王得行使財政軍事上之大權，）此普王現在事實上乃爲德帝，而以後一種之資格任命帝國之首相。

帝國首相

依帝國之憲法，首相但能長得皇帝之信任，便可永居於發施政令之位。彼乃皇帝之代理人，爲普魯士王國與德意志帝國之連鎖，註一 常主席聯邦參議院，而於彼處代表普魯士投十有七票，更可隨時演說於帝國議會之中，而提出普魯士與帝國之法案，且得照例指派帝國各部之行政

註一 帝國之首相照例爲普魯士之內閣總理。

德意志政府之選民政治德性質

長官，監督其工作，而頒布執行一切之帝國法律。

憲法不惟予彼恆為普魯士人而實際僅對普王負責之首相以此等大權，且使寡頭式之聯邦參議院之立法權顯駕於民主式之帝國議會之上，因此而決定提案之是否符憲，及創議立法之權，皆操諸聯邦參議院。凡提案關於憲法之修改，賦稅之減輕，軍備之縮少者，苟在聯邦參議院中遭十四票之反對（首相一人得自由投十七票），皆不能通過。又普魯士對於多數小邦（其中數邦完全為普魯士之領土所包圍）之政府，得行使間接之勢力，故首相幾恆可操縱聯邦參議院票決權之絕對多數（凡帝國議會之提案，在本院縱得大多數之贊成，聯邦參議院之絕對多數在憲法上皆得否決之）。帝國議會實為全國之辯論會，對於聯邦參議院所贊成之新稅，軍備之增加，或國策之變更，有時固可拒絕批准，或以不贊成相威脅，以與首相及皇帝為難，但以其實權與英國之平民院，法國之代議院，甚或美國之衆議院相較，則實極微。且帝國議會自一八七一至一九一四年，從未另行分配其議席，故已不能徹底代表選民團體。當此期中，德意志諸城之發達比較迅速，而帝國議會之代表並未隨之變動，其結果當一九一二年時，在守舊地方與東普魯士之農業區域，其每區選民之平均數為十二萬一千，而在社會黨佔勢力與工業區之柏林，則為三十四萬五千。

一九一二年時，帝國中人口最多之選舉區，有十二區共有選民一百九十五萬，而人口最少之十二區，則有十七萬。

德意志政府穩定之因

德意志人處於民治理想盛行之時代與大陸，而竟能容忍一種根本非民治之中央政府，得以設立維持，頗似離奇。在一八四八至一八四九年之革命運動中，彼德意志人固亦曾顯示民治之傾向。欲明此種現象，須切記三種事實。

一、普魯士之傳習

一，自十七世紀大選侯時代以來，普魯士之政治傳習恆為軍國主義，官僚政治與神權君政，當十九世紀後半期普魯士之政治家俾斯馬克所以能完成前數十年醉心民治之詩人與哲學家所未能完成之事業者（即全國之民族統一），實藉力於此種三位一體之護符。而民族主義對於十九世紀歐洲之形成，固如前所述，實較民治主義為一更有力之因數也。

二、效率與物質的繁榮

二，德意志之新政府雖非民治，但確強健而有效率。其效能足以使其國家在工業發展及對外威望方面均有顯著之進步，因以遏制彼各邦獨立主義者（Particularist）註一及激烈黨（Radicals）之抨擊，蓋前者本欲削弱中央以鞏固各邦之民治，後者則志在使德意志之一切政治機關同時民族化與民主化也。

三、地方政治之改革

三，民治理想實仍存於德人心中，其實現於聯邦新政府之組織

註一 『各邦獨立主義』（Particularism）一詞，用德意志常與美國所謂『邦權』（States' Rights）之說相等。

與運用上者雖少，但其在地方政府之成績頗多。德國城市行政所以能根本改革，使一切公用事業市有與公管之利益，成爲全世界之模範者，卽政治效能受民治影響之故也。各邦之收買多數鐵路，亦此同樣之要素所致。普魯士新創（一八七二——一八八九）一地方政府制，重分王國爲省，縣，區，其管理半由國王任命，半由人民選舉，此殆亦有意摹仿英國之民主政治也。德國各小邦憲法之逐漸變更，實亦民治主義之賜。一九〇九年，撒克遜尼廢其以前之三級選舉制，而另行一種以比利時制爲根據之複數投票制以代之。巴華利亞則行責任內閣制之議會政治，並於一九〇六年採直接秘密投票制。一九〇四年，巴顛對其本邦選舉，用成年男人普選制。一九〇六年，瓦爾敦堡新定比例代議制。當一九一四年德意志二十六邦之中，仍無成文憲法，不具人民參政之任何形式者，惟麥克蘭堡諸邦而已。

乙　俾斯馬克時代之德意志帝國一八七一——一八九〇年

統一德意志之手創者兼帝國第一任首相俾斯馬克

俾斯馬克之政治事業，可以一八七一年分之爲二大部分。在是時以前之九年中，彼遭遇背王威廉第一於其幾將退位之時，而使之成爲歐洲最強之君，且與德意志以民族統一及立憲政府。在一八七一年以後，幾二十載，彼爲德意志帝國之第一任首相，在內政與歐洲之國際政治上，均爲主要人物。俾斯馬克如何與英帝國維持邦交，與俄皇增進友誼，與奧匈及意大利成立三國同盟，藉陷法國於孤立以防制其復仇之戰，而保障新德意志帝國之平和完整，凡此均當於以後述之，茲所論者，惟以德國內政之發展爲限，自一八七一年起至其一八九〇年失勢時止。

帝國之鞏固一八七一至一八七七年

法律

在此時之初，立法頗多，以應付既變之政局：(一)完成遠大之法律改革。共同之商業與銀行法規及劃一之刑法法典，早於一八六九年爲北德意志同盟所採行者，現則推行於帝國之全部。自一八七一至一八七七年，有以法學名家組織之帝國委員會努力工作，爲民事刑事之訴訟程序與法院之組織編纂同樣之法典，旋卽佈之全國。但欲制定一劃一之民法法典，使與各邦大相分歧之財產法調和，實極感困難，至一八九六年，意見始能一致，至一九〇〇年，帝國之民法法典始完全生效。

財政

(二)完成財政之統一。帝國政府立卽用其憲法上之特權以規定幣制，新幣鑄有皇帝之首像與帝國之紋章，故新制實隨新幣而傳遍全德。一八七五年之銀行法案(Bank Atc)將管理銀行之權由各邦政府移與聯邦參議院。一八七六年，在帝國之監督與主持下，設立著名之帝國銀行(Reichsbank)，使中央政府之財政運用更爲靈活，並保障帝國經濟之穩定。

鐵路

(三)一八七三年又有一法案，設一帝國鐵道局，此於各邦鐵路系統之統一，及其與帝國內軍事郵政電報各種組織之協調，成績甚著。（四）擴充軍備。 得自法國之鉅額賠款，大部分皆用於海防要塞，撫恤年金及補充一八七〇至一八七一年戰時所損之軍裝軍需。 德國各邦雖仍各保留其軍隊，但帝國憲法規定各邦概須仿行普魯士之軍制，此不僅指強制入伍而言，即招募，編制，訓練，服裝皆包在內。 爲完全實行此種規定計，全帝國除巴華利亞外，悉於一八七二年採行一種共同之軍法制度。 關於兵額軍費諸問題，曾大起爭論。 俾斯馬克及其黨羽保守派之激烈國家主義者僉以大規模之軍國主義爲維持德意志帝國之唯一安全之保障，亦猶其爲創建帝國之唯一可靠之武器也。 依一八六七年之臨時協定，常備軍額在平時得佔人口百分之一，軍費則兵士一名每年得費一百六十五金元。 俾斯馬克現乃要求將此種協定推行於全帝國，並垂爲永久定制。 彼雖遭堅決之反對，卒通過其軍備案之主要部分，即規定德國之平時軍額約爲四十萬人，至於軍費，則彼不得不（一八七四年）同意於帝國議會未能如其所願定爲永久之制，但以七年爲限耳註一（即所謂「七年一次制」）。 強制軍役之原則，仍能繼續維持，益臻強固，惟軍費之定期表決，則恆爲俾斯馬克政府正式試驗其力量之機會。

軍備

「七年一次制」

註一 一八九二年減爲 年

俾斯馬克時代之政黨

一、民族自由黨

以前所述之德國三黨（保守黨，進步黨，民族自由黨）其中以民族自由黨在選舉上受帝國創立之利最大，俾斯馬克之勸導帝國議會採行全國劃一之訴訟程序，銀行，鐵道，軍隊等，亦端賴此黨之助。此黨由兩種人組織，一爲中產階級，尤其爲實業家，彼等自有其經濟動機，欲損各邦政府以強聯邦政府，一爲不分階級之愛國人士，乃因德意志之統一而得意，故自然與邦權爲敵。於是俾斯馬克之帝國政策，多賴此輩民族自由黨爲其得力之贊助者。

二、保守黨

保守黨幾純爲普魯士之農民黨，如普魯士能在德意志維持其霸權，此黨對於俾斯馬克自無重大之抵抗，而俾斯馬克固亦不使害此輩在普魯士之經濟優勢也。

三、進步黨

惟有進步黨（卽有智能之自由黨與激烈黨）仍信仰民治至死不變，始終與俾斯馬克之政治理想爲敵，但俾斯馬克統一全國政策之成功，乃令此黨大失民衆之擁護，其反對俾斯馬克後日之實際的提案，亦常偏重理論，非眞作殊死之鬬也。

四、羅馬教黨或中央黨

當十九世紀第七十幾年之初，有一第四黨出現，是爲羅馬教黨（Catholics），或因其代表在帝國議會中所佔之議席而稱之爲中央黨（Center）其黨員幾純出自傾向自由之普魯士的萊因省與南德之巴華利亞，瓦爾敦堡，巴頓，黑塞四邦，彼等主張邦權，反對聯邦政府之國家化的趨勢，蓋萊因省不信任在普魯士王國執政之保守多數黨，而南德四邦則自來卽不欲放棄其本邦之特

俾斯馬克與羅馬教黨衝突之因

權也。縱無他種理由而僅為此等主張，俾斯馬克與民族自由黨亦必反對羅馬教黨。惟在第七十年中，德國政治上最顯著之俾斯馬克與羅馬教會的劇烈衝突，實尚有他種原因。其一為多數羅馬教徒深憤俾斯馬克之不肯干涉意大利以恢復教皇之世俗權力，而俾斯馬克則責羅馬教徒欲引起德意間之糾紛，以妨害新創帝國之外交關係。又一原因則為俾斯馬克與德國其他之國家主義者恐教廷會議（一八六九——一八七〇）所定之『教皇無誤論』及否認十九世之謬說表（Syllabus of Errors 一八六四年）意在謀一神聖根據以達教皇干涉德國內政之企圖，更有一因，即德國內羅馬教會與一般科學家及哲學家之內心的態度已裂痕日深，其情形正與在他處者相同。在內政方面，此輩科學家與哲學家大都為進步黨人，故俾斯馬克之反教士的政策，不惟得民族自由黨之贊同，且可得進步黨與一部分路得派保守黨之助，此實一奇緣也。

南德意志衝突之爆發　文化鬬爭

國家與教會之衝突（俗誇此種爭鬬為文化爭鬬 Kulturkampf）起於羅馬教徒反對南德各邦政府之贊助『舊羅馬教派』（Old Catholics），蓋舊羅馬教派乃拒斥教皇無誤之令者，羅馬教徒雖羣起助其主教，組織一團結之中央黨於南德意志之內，但直至一八九〇年彼等操縱巴華利亞政府之時，始克取消前政府對於『舊羅馬教派』之讓步。『舊羅馬教主義』既終於崩

普魯士與帝國內之文化爭鬪一八七二至一八七九年

潰，羅馬教徒以前在南德意志之一切損失遂以恢復。

時俾斯馬克已於一八七二年在普魯士及帝國全部開始文化爭鬪。是年耶穌會士被逐出德，普魯士與教廷之外交關係亦絕。此後兩年內，普魯士曾制定數種嚴酷之法，有時稱爲『五月法』(May Laws)，有時從普魯士教育大臣之名稱爲『華爾克法』(Falk Laws)。其中最重要之條規，卽凡在羅馬教會內任職者必須是德國人士，更須受過德國之中等教育，曾在一德國大學研究三年，而受政府之哲學歷史德國文學及古典文學考試及格。一切僧侶學校概受國家管轄，對於兒童且不許有此種學校。普魯士之羅馬教主教旋認定此種法律完全與普魯士之舊策相反，蓋自一八五○年以來普政府卽從未干涉主教牧師之任命，並向以未來牧師之教育權全委諸教會官吏之手也。此輩得德國他邦主教與教皇道義上之鼓勵與踴躍之贊助，乃排斥『五月法』，而拒絕服、公開之衝突旋起，惟其爭鬪不以火藥彈丸，教士則用其宣言教令俾斯馬克及普魯士政府則行其壓制法案焉。

政府方面更通過種種法律，規定未經政府承認之人員，不得行使教會職務，凡違抗政府而得證實者，卽褫奪其公權，令其居於一特殊區域，甚或逐之出國。主教有違抗命令者，則停付該區羅馬教會之經費，此款依一八一七年之宗教條約乃向爲普魯士所付者。此等法案施行極嚴，一年以內普魯士主教之被監禁者凡六人，羅馬教停止禮拜之處在一千三百教區以上。

在教會方面，則奉羅馬教之俗人咸起而爲受害教士之助。彼迄今人數甚少，尚無具體政治主張之中央黨，現乃進而作宗教自由之擁護者，且以採行激烈社會立法之許諾，取得羅馬教工人之票數。其結果在一八七四年之帝國選舉中，該黨雖遭政府之抵制，卒得一百四十四萬三千票，其在帝國議會之代表，遂由六十三人增至九十一人。

俾斯馬克在文化爭鬬中失敗之原因

俾斯馬克在文化爭鬬中並未獲勝，徒助長一團結之政黨，是黨得不滿意之波蘭人，丹麥人，漢諾瓦人，亞爾撒斯洛萊因之代表及一部分表同情之保守黨之助，竟勢圖阻擾其國家主義與軍國主義之計劃。此時尤不利於俾斯馬克者，乃帝國議會中忽出現一人雖少而數日增之社會黨，此輩好亂善辯，其所謂社會主義者，自俾斯馬克觀之，實較羅馬教主義爲更足以危及此新帝國。於是爲破壞帝國議會中社會黨與中央黨不神聖之聯合起見，俾斯馬克乃漸放弃普魯士之文化爭鬬，而於一八八( )年奉國王以自由斟酌處理『五月法』之權，對教廷之外交關係亦仍恢復，反教士之立法，遂多正式取消於一八八六年。

中央黨之永存

但文化爭鬬之告終，並非表示中央黨之解散；反之，羅馬教黨之團結得以永固。當一八七四至一九一四年時，該黨在帝國議會中能常有投票權（約在百人以下），故始終維持其獨立之地位，有時贊助政府，有時則反對之。中央黨在前漢諾瓦王國退職大臣溫德和爾斯邊（Windhorst）之適宜領導下，曾採定一種政綱，即贊助羅馬教會之要求與社會立法，間接稅及邦權，而反抗過度之軍國主義與帝國主義也。

五、社會民主黨

文化爭鬭之後，又繼以俾斯馬克與社會主義之爭鬭。一八七五年，有馬克斯之信徒與拉撒爾之信徒合組一全國統一之『社會民主黨』（Social Democratic Party），其絕對之民主政治，激烈之直接課稅，革命之社會立法，與反軍國主義等原則，莫不恰與馬克斯之主義相反。依俾斯馬克之見解，此實破壞家族國家與文化也。但該黨對於德國工人之號召，竟顯然日廣。當一八七四年之帝國選舉，社會黨在帝國議會僅得九席，一八七七年則有五十萬票，其在帝國議會之代表，竟增至十二人。

俾斯馬克之抵制社會主義一八七八至一八九〇年

一八七八年，社會黨人兩次謀刺皇帝威廉第一未成，民衆大憤。俾斯馬克乃乘此勸說帝國議會制定壓制社會主義之法律，竟罔進步黨與中央黨之抗議於不顧。此法之有效期間原定爲四年，後復重行制定，迄一八九〇年俾斯馬克致仕時止，恒存於德國律典之中。其規條所包甚廣，

社會主義之發達

禁止社會黨利用書籍新聞或羣衆集會以傳播其主張，警察得解散集會封禁出版物並可任意拘罰社會黨之干禁者。此種法律實與加爾斯巴德命令（Carlsbad Decrees）及六十年前反動政府之也種法令相似，俾斯馬克亦因此而與梅特涅同為一流人物。顧壓制社會主義之立法雖施行嚴厲，社會黨仍能維持其組織並從鄰國肆力宣傳，其在帝國議會之勢力且繼續增加焉。註一

俾斯馬克之注意經濟發展

當十九世紀第八十年之中，德國歷史上之顯著事實，不僅為俾斯馬克壓制社會主義之立法而已也，其時彼努力於全國物質經濟福利之增進，頗能日起有功。自十九世紀第三十幾年中關稅同盟成立以還，德意志之農業卽未曾落後，工商業之發展亦速，其結果在一八三〇與一八七〇年之間，此包括以後所謂德意志帝國之地域，其每年對外之貿易額已由一萬八千五百萬金元增至一萬萬零六千萬金元。自十九世紀之第七十幾年中，德國因得法國鉅額之賠款，致錢幣充斥，投機過盛，生活費特別增高，於是僱主工人乃同感金融恐慌與絕大之經濟困難。俾斯馬克以此

註一　該黨在一八八一年之選舉中得十二議席；在一八八四年得二十四席；一八八七年得十一席；一八九〇年得三十五席。當鎮壓法廢除之後，該黨進展自爲更著。在一八九三年有四十四席；一八九八年有五十六席；一九〇三年有八十一席；一九〇七年有四十三席；一九一二年有一百一十席。

俾斯馬克與民族自由黨之破裂及其拋棄放任主義一八七九至一八九〇年

種經濟擾攘爲社會主義興起之要因，彼謀去此因，乃創行一種新經濟政策。

俾斯馬克在十九世紀之第七十幾年中所恃以完成其國家主義的計劃之民族自由黨，對於財政方面均抱放任主義，此乃當時英國與意大利自由主義之特色，且爲德意志關稅同盟之關稅協定的傳習也。　俾斯馬克實爲十九世紀重要政治家反對放任主義者之第一人。　彼漸承受德國經濟學家主張工商業須受政府限制之說，因施行新經濟政策，彼遂自然棄其民族自由黨之同盟，而與彼新受輕憎之中央黨聯合焉。

新經濟政策

一、保護關稅一八七九年

新經濟政策有三層，即保護關稅，帝國主義，及社會立法是也。　當一八七九年，俾斯馬克困難馬教中央黨與普魯士保守黨（註一）之合作，卒爲德國之農產物與國內之製造品取得關稅之保護，且重征國產捐及烟糖稅。　其採行此種改革之目的，不惟在保護「幼稚之產業」，以安定德人之經濟生活，且在爲帝國政府謀充裕之收入，因可使帝國不必再如一八七一年以來之強令各邦分擔稅額。　關稅實予中央政府以新力量，俾帝國更能統一，其於工業之發展，亦予以顯著之鼓勵。

二、非洲奧大洋洲

當俾斯馬克採行保護關稅以前，曾反對殖民政策，一八七一年，彼對於法國之請割殖民地以

註一　更有一種人少而活動甚力之反塞姆族集團與之合作，事見後。

殖民地之略得一八八四至一八八五年

代亞爾撒斯洛萊因嘗笑而拒之。在十九世紀第七十幾年之中，彼深信德國應以全力維持其在歐陸之地位而避免殖民地之經營，恐其妨礙帝國之對外關係也。但商人希望銷售其過剩之出產；資本家希望投出其多餘之利潤；傳教師希望使異教徒改奉基督教；愛國者希望德國應不僅為歐洲之大國而為一眞正之世界強邦；凡此種種，竟公同演成一不可遏抑之民族希望，而要求德國殖民海外。商人與傳教師實為之導。一八七九年，德國商船公司（German Mercantile Marine Company）在薩摩亞羣島（Samoan Islands）獲得種種特權。一八八二年，德國殖民同盟會（German Colonial Union）成立。漢堡盧卑格不來梅之實業家在非洲——德屬西南非洲，多哥蘭（Togoland），喀麥隆（Kamerun），德屬東非——與南海（South Seas）——馬沙爾羣島（Marshall Islands），新幾內亞（New Guinea）之一部，愷撒威廉蘭（Kaiser Wilhelms Land），及新不列顛（New Britain）羣島中——後更名為俾斯馬克羣島——之諸島，均獲得特權。俾斯馬克在其保護德商之新活動中，乃棄其以前之成見而聽從商人教士。當一八八四至一八八五年，彼曾勸帝國議會在非洲與太平洋中遼隔之商場設立保護地。一八八六年，復對定期往來德國與保護地間之汽船，由政府予以津貼。彼在一八九〇年致仕之前，早已籌劃進行將商業保護地變爲直轄殖民地，由帝國官吏處理其政務，由帝國軍隊維持其治安焉。

三、社會立法一八八一至一八九〇年

保護貿易主義與帝國主義，不過爲俾斯馬克新經濟政策之一面耳，二者之次要目的或可謂在增加工資與開闢新職業以扶助傭工，然其主要之利終在傭主。其另一方面，則爲國家利於工人之直接行動，俾斯馬克於此實爲歐洲政治家之先驅，自德國首創此例，一切工業國家先後效法。俾斯馬克之所以擁護社會立法者，不僅在闢去彼促成社會主義發達之主要目的經濟痛苦，且欲使來自工廠與城市之新軍能體健意足，可長保德國軍國主義之效率也。爲俾斯馬克社會立法之助者，有新派之經濟學者，有普魯士仁慈專制主義之舊習，並有羅馬教中央黨之盟約與表決。此種新試驗實於一八八一年十一月十七日威廉第一之演說中預示之，蓋彼請帝國議會助其「以根據基督教道德基礎……之立法救濟社會痛苦」也。

勞工保險

一八八三年通過勞工之疾病保險案，一八八四年令傭主爲工人保災害之險。一八八七年以法限制童工女工，規定最長之工作時間，並以星期日爲休息之期。一八八九年以贊成與反對幾乎相等之票數通過一法，強行工人衰老殘廢之保險，自一八九一年一月一日施行。一切保險資金概由傭主傭工聯合機關處理之，而受政府之監督。老年與餐費之保險費由傭主傭工各出其半，疾病保險費則由傭主出三分之一，

帝弗列德利克三世一八八八年

一八八八年威廉第二至即位

僱工出三分之二，中央政府對於没人之養老年金亦付金元十二元五角。

此種工人保險計劃在一八九○與一九一四年之間，因各次修正而稍爲推廣固定，實有莫大之利益。據政府報告當一九○七年「德意志帝國內保病險之人數達一千三百萬，保災害之險者達二千萬，保殘廢之險者達一千五百萬。此三種保險所付之賠償，其總數在一九○七年爲六萬二千六百萬馬克（一萬五千六百五十萬金元），在一八八五至一九○七年爲六十三萬一千萬馬克（十五萬萬七千七百五十萬金元）」。下則有國營保險連同開明之工廠條例，優良之勞工交易制度及工會主義之特別發達，上復有保護貿易及帝國主義以爲之助，德人有此準備，遂爲世界上一種最有效率之工業國民矣。

俾斯馬克之新經濟政策尚未完全確定而見諸實施，其長期之霸權已將告終。其同志兼良友之老皇帝威廉第一宴駕（一八八八年三月九日），普魯士國王兼帝國皇帝遂由弗列德利克三世繼任，註一其人素以傾向自由主義見稱，實預示將於俾斯馬克不利。顧弗列德利克三世即位之初，即罹重疾，在位僅九十九日而崩（一八八八年六月十五日）。於是年少之威廉第二

註一　弗列德利克三世生於一八三一年，爲威廉第一之子。

註一乃即和漢佐倫族之帝位，彼抱神權君主政治與軍國主義之理想，實大似其祖威廉，而不類其父弗列德利克，顧其任性自大之處，滋為俾斯馬克所不悅，蓋彼時已年高且習於獨握政柄也。 依新帝之見解，如其後日之所自言者，則「統治者究應為和漢佐倫族乎，抑為俾斯馬克朝乎」，此蓋立成問題矣。

一八九〇年俾斯馬克之去職

一八九〇年三月，少帝老相間之爭執達於頂點。 俾斯馬克建議恢復壓制社會黨之立法，遇必要時，且得以武力威脅人民與議會使之就範，而威廉第二則不加裁可。 俾斯馬克旋拒絕一內閣命令，蓋依此則彼將不能復以其首相之資格為其他國務大臣與皇帝之中間人矣。 於是皇帝令俾斯馬克辭職，此鐵面宰相遂退隱於其勞恩堡之大地產中。 彼統一德意志諸邦，功過他人，主持帝國之內政外交凡二十年者，今乃居於故鄉，常公開抨擊皇帝及其新任諸臣，迄一八九八年七月三十一日逝世時止，時年已八十有三矣。

丙 威廉第二時代之德意志帝國一八九〇——一九一四年

帝威廉第二

自一八九〇至一九一四年，帝威廉第二為德國之元首，保有德國在歐之霸權。 德國某名史學家曾於其即位之第二十五年紀念（一九一三年），論其人物志趣，言簡而切，今引述於此。

註一 威廉第二生於一八五九年，為弗列德利克三世之子，英女王維多利亞之女維多利亞公主之所出也。

『威廉第二之所欲，不僅爲一大名之繼承者及一種制度之代表，彼曾力爭上流，期爲全國之真正領袖。但其爲人似未具備彼天生領袖所有剛毅純一之特質，其性中實巧合新舊，廣含矛盾，……一方面自以爲其作君之職應爲宗教與其極端之個人責任心所指導……特好歷史上之陳迹，即凡與八世之權威傳習風紀有密切關系者，並喜普魯士明確鋒利之軍令，甚且用之於全不相稱之爭論中。另一方面，則完全爲一現代人物，其氣質言論均富有血性，易於接受非常多感，對於今日繁賾熙攘人生中所有一切商業科學或美術上之問題，莫不力求了解——總之，此君主平生性質意向之所趨，已使彼大異乎其祖先純一之典型』。

俾斯馬克政策之多被保留

威廉第二對於俾斯馬克所創之對內政策，仍多保存而發展之。歷史政和漢佐倫族所有神權君主政治之理想得明白確定，中央聯邦政府仍維持其保守性質。軍國主義大受贊揚，此素好觀兵之皇帝嘗以俾斯馬克之口吻，力謂『統一德意志帝國者兵士也，軍隊也，非議會之多數也——朕所信任惟在軍隊』。同時帝國制度之基督教性質，亦爲重要，皇帝在其對德國民族之第一次佈告中，即宣言其親政『係受命於王中之王，曾告上帝願爲一公正仁愛之君，存心虔誠，畏敬上帝』。威廉雖獎勵社會立法，促進教育，廢弛壓制社會主義之法律，但彼仍如俾斯馬克，顯爲社會黨及自由思想家之仇敵，而與彼激烈之軍國主義者，擁有地產之貴族，傾向保守之大學教授，及新興之大實業家等，爲天然之同盟焉。

威廉第二時代德國經濟之發展

德國之工商業在威廉第二統治之下，依然發達甚速。保護貿易及帝國主義現乃與全國之節儉，科學之進步同生種種非常之經濟結果。一八八二年時，德國國民從事於製造業與商業者，約爲二千萬，至一九一〇年則有三千五百萬。一八八五年時，德國所鎔之生鐵不達四百萬噸，至一九一三年，則約達一千五百萬噸。一八九一年時，德國煤礦產額爲七千三百萬噸，至一九一三年，竟過一萬八千五百萬噸。紗廠中之紡錘，在一八九七與一九一二年之間增加一倍。德國在世界商業運輸業中，在一八九〇年僅佔百分之六，至一九一三年則增至百分之十一。其輸出貿易額在一八九〇年爲三千又二分之一兆馬克，至一九一三年，竟大增至萬兆（二千又二分之一兆金元）。由此可知德國工業之進步，故當國際大戰將起之際，德國實爲一製造業國家，駕乎其上者，惟有英國耳。

人口之增加

與經濟繁榮同時並進者，厥爲人口之增加。一八七一年時，德國人口並未遠過於法國及一九一〇年，竟超過一倍半以上。帝國之人口在一八七一年爲四千一百萬，及一九一〇年則已近六千五百萬。人口總額之增加多在城市而非鄉村。當一九一〇年，德國城市有居民十萬人以上者，多至四十有八。又當十九世紀中期，人口移出者多，在十九世紀之第八十幾年中每年平均猶幾達二十五萬，以後乃漸受限制，當一九一三年，德民之遷移出國者僅有二萬五千八百四十三人，此輩大抵徙入美洲。

威廉第二時代之五大政黨

當威廉第二時代，德國之政治生活多與俾斯馬克時代相同。關於帝國議會中之五大政黨，註一 中央黨保守黨與民族自由黨頗能維持其現有之地位，進步黨則日漸失勢，社會黨則人數增加。在一九一二年之總選舉中，社會黨得四百二十五萬票，羅馬教中央黨得二百萬票，民族自由黨得一百七十二萬票，進步黨與保守黨則俱各得一百五十萬票。註二 社會主義之所以顯形發

註一 德國之第六當爲『反塞姆族黨』，乃極端民族主義者之集團，成立於一八七九年，其目的在圖減少猶太人在政治上與財政上之勢力。當一八八七與一九〇七年間是當在帝國議會中有代表一人至二十人，一九〇七年在全國得票約二十五萬。

註二 諸黨因一九一二年之選舉在帝國議會所得之議席如下；社會黨，一百一十席；中央黨九十席；民族自由黨，四十五席；進步黨四十二席；保守黨五十七席。由此可知帝國議會議席之急需重行分配矣。

德國社會主義發達之原因

達，大抵可由三方而說明之。（一）社會民主黨與多數之他黨異，對於機會甚少或毫無獲勝希望之選舉區亦提出候選人，而此等候選人所得之零散票數亦算入該黨之總票數。（二）社會民主黨能得多數工人之贊同擁護，而尤以工會主義者爲甚，此輩蓋皆冀藉社會主義在政治上之勝利以謀經濟之改良也。（三）社會民主黨能取得中產階級中多數激烈分子之票數，蓋彼輩雖不熱心於社會主義之經濟學說，但覺其發達足使帝國之政制自由化而確立真正之民主政治於德國也。 此輩沈着之工會主義者與中產階級的激烈分子之大批加入社會民主黨，乃使社會主義之在德國較其在歐洲他國中不獨更爲流行，且較爲溫和而不與民族主義相反，當國際大戰爆發之際，德國人民幾咸贊助政府者，實賴此闢其途逕也。

立於反對地位之少數政團

一、格爾夫黨

二、丹麥人

三、亞爾撒斯洛萊因人

當威廉第二在位之時，亦如俾斯馬克任首相之時，對於帝國與普魯士政府，除社會黨之繼續爲難與中央進步二黨之偶爾作梗以外，尚有少數民族團體之堅決反抗，此輩在帝國議會或普魯士邦議會之中，皆有代表。 來自漢諾瓦邦者常有少數「格爾夫黨」(Guelfs)，彼等對於一八六六年其王國之強制併入普魯士，無時不乘機反抗。註一 帝國議會中常有一二丹麥人要求歸還操丹麥語之休列斯維格於丹麥王國。 更嘗有亞爾撒斯洛萊因之代表在帝國議會中幾全體一致反對此兩省之繼續「德意志化」，蓋二省皆於一八七一年違反民意奪自法國者，故彼等有時且公開鼓吹其後併於法，而因以有「國賊」之稱。一九一一年亞爾撒斯洛萊因得享有相當之地方自治，然其多數居民仍未立與德意志帝國言歸於好也。

四、波蘭人

最後復有波蘭人集團來自以波森爲中心之各區，其語言習俗及民族意識均與德意志人相反，恆與中央黨社會黨，或在任何時期能妨害政府之他黨聯合。

普魯士對於波蘭人之壓制政策

波蘭人尤痛恨普魯士。俾斯馬克原禁波森與西普魯士之公立學校用波蘭語，並移殖德意志農民於波蘭之地產中，但無結果，後普魯士政府乃於十九世紀第九十幾年之初改採和解態度，以待其三百二十五萬操波蘭語之臣民。但此並不能醒波蘭人民族獨立之夢想，於是又採壓制政策，一九〇一年復限制波蘭語之使用，而規定宗教教育以後只能用德意志語授之。一九〇六年，波蘭無數學童罷課，乃處罰囚禁其父母，新聞亦受裁制，公衆演說則禁用波蘭語，波蘭農民至不許在其自有之地建造房屋。一九〇七年，普魯士政府竟強制多數波蘭人售其地產於德意志人，而因以逐彼無產之波蘭人出國。普魯士政府之厲行此等政策，雖感受種種

註一　僭望者奧格斯都（Ernest Augustus）放弃其漢諾瓦王位之要求而娶威廉第二之女，並即布倫斯威克之王位，故在一九一三年已足使格爾夫黨與和漢佐倫族長期之爭告一結束，而消除格爾夫黨存在之理由。

德國之政治（一八九〇——一九一四）「威廉第二自爲其相」

卡普利繼一八九〇之一八九四年

因難然直至國際大戰之爆發，波蘭人固無時不受政府之虐待也。

威廉第二在位時之另一政治要素（且爲一新奇之要素），殊値注意，此卽自一八九〇年俾斯馬克致仕以後皇帝對於德國之內政外交全權在握，正如俾斯馬克之所言「威廉第二自爲其相」也。此時固亦依照憲法先後有首相在職，如卡普利維(Caprivi，一八九〇——一八九四)，和恩羅厄(Hohenlohe，一八九四——一九〇〇)，普羅(Bülow，一九〇〇——一九〇九)及柏特曼和爾味(Bethmann-Hollweg，一九〇九——一九一七)等，但皆仰承皇帝之意旨，未有能如俾斯馬克之獨斷獨行者。若於歷任首相期內之主要事實，稍加研究，則於德意志帝國近代政治上之發展，可略知梗概矣。

卡普利維（一八三一——一八九九）註一於一八九〇年繼俾斯馬克爲相，彼配好武事，篤信宗教，不似其前任之爲一大地主，故在帝國議會中不恃保守黨之擁護，而多賴民族自由黨之助。德國以與英結約（一八九〇年），取得北海中最險要之黑里哥蘭(Heligoland)島，並解決非

註一　卡普利維出自一意大利族，是族十八世紀自卡尼阿拉(Carniola)移居普魯士，彼爲普魯士貴族院之終身議員，在一八六六年與一八七〇至一八七一年之各次戰爭中曾任軍官。

互惠主義與分田主義者之反對

湘內未了之殖民爭執。德國因承認互惠原則，而與奧匈，俄國，羅馬尼亞，意大利締結商約，減輕穀物之輸入稅，以報外國對於德國輸出品之優待，故其保護關稅制亦局部改變。此種協定利於德國之業製造者，但爲德國農民所不滿，普魯士之極端保守黨（分田主義者 Agrarians），因此大動而反對卡普利維。卡普利維思增加路得教會在普魯士教育上之勢力，並縮減常備軍役之期爲二年，註一以藉謀和解，然仍無效。彼等要求皇帝免其職務，一八九四年皇帝卒從之。

和恩羅厄一八九四至一九〇〇年

繼卡普利維而任首相者爲和恩羅厄（一八一九——一九〇一），註二此人少時在其本邦巴華利亞曾力勵民族之統一，後嘗參與德法戰爭，辦理外交，任亞爾撒斯洛萊因之帝國總都。彼因年邁（時已七十五歲），故帝國政治之實施，乃不操於其手，而操之於皇帝與外務大臣普羅。

德意志之變爲「世界強國」

在內政方面，政府絕不依賴普魯士之分田主義者集團，而專恃民族自由黨之助，和恩羅厄秉政期

註一　常備軍役之期限雖縮短，而免除軍役之人數則大減，故德軍之平時編制實因卡普利維之改革而加强。

註二　和恩羅厄爲一羅馬教徒兼自由主義者，一八四六至一八六六年任巴華利亞議會之議員，一八六六至一八七〇年任巴華利亞之總揆，行民族主義與反教士之政策，一八七三至一八八五年任德國駐巴黎之大使，一八八五至一八九四年任亞爾撒斯洛萊因總督，一八九四至一九〇〇年任首相。

俾斯馬克政策之必然德結果

十九世紀末年進展之迅速

殖民地爭奪之復興一八九七之一九〇〇年

內之德國歷史，實因此而帶有帝國主義之色彩，德意志亦以是而變為一世界強國。

德意志由歐陸之主要強國一變而為著名之世界強邦者，非一朝一夕之故，實肇端於俾斯馬克之時。此機警之首相雖嘗謂德國必竭其全力，且宜竭其全力以固其在歐洲之權勢，而時以好勤遠略之險昭示國人，然德國之採行保護關稅制，初置重要殖民地於非洲與大洋洲，發展工業與海上運輸，增進本國之財賦，而聚積大宗之私人資本，實皆成於其贊助之下。此等事實，乃以後大規模之世界政策所由形成之因素。其在十九世紀末年進行之速，一方面乃因法俄二國同盟(Dual Alliance)之成立，一方面則由威廉第二和恩羅厄與菩羅等熟籌之努力，蓋前者根本改變德國在歐洲之關係，後者乃圖求償於歐洲之外也。

一八九四至一九〇〇年之顯著事實，為德國在世界政治上之三種偉業 一為殖民地爭奪之復興。一八九五年皇帝宣言「德意志帝國已變為一世界帝國」。一八九七年藉口二教士在中國之遇害，而進軍膠州灣，租借山東半島之中國領土約二百方哩。一八九九年繼美西戰爭之後，由西班牙購得太平洋中之加洛林皮盧(Pelew)，及馬利亞納(Marianne)羣島。一八九九至一九〇〇年，與英美協商，取得薩摩亞羣島中最大之二島。一九〇〇年，德軍與歐洲他強及日美軍隊合作，以壓制中國拳匪之亂。

德國在外投資之增加

二爲帝國之奬勵保護德人投資於較未開發之國。在土耳其帝國中，德政府因威廉第二之力爲本國之商業與投資取得種種重要之特權，蓋彼曾親赴君士坦丁堡以訪土皇也。土耳其之軍隊亦由德國之軍官訓練指揮之。一八九九年，德國之財閥獲得特權以建築由巴格達至君士坦丁堡之鐵路。於是德國始漸取英俄在土耳其之勢力而代之。德政府於租借中國之膠州灣時，又爲其資本家在中國取得建築鐵路之權。在巴西，則組織私人企業，受帝國政府道義上之援助而設一德人之居留地。德國在南美洲雖無得政權之望，然其投資與商業，則已大增矣。

德意志大海權主義之濫觴一八九八至一九〇〇年

三當和恩羅厄執政時，海權主義顯受鼓勵，德國强撑之艦隊即創於此時。德國已久爲世界上第一流之陸軍國家，今則更欲以海軍之規模及實力與英爭衡。德意志海權主義之與，約有數因。一因民族主義繼續發達之結果，使一般民衆以爲德國陸軍之編制，係以各邦爲基礎，現則咸望有一海軍以全國爲基礎而組織之，且受帝國政府之直接支配。一因德國之經濟學者，商人與專門軍事家僉謂强撑之海軍最足以保護大規模之國外貿易與投資。一因鑒於美國之戰勝西班牙人與英國之征服南非之波爾共和國，而深知海權之重要。一因十九世紀末年，德國海軍同盟(Navy League)之普遍宣傳，能喚起民族愛國心，而使海軍之建造得選民與財政之助。一因皇帝個人之熱心，常以其詞令之天才致力此事。彼嘗謂「德意志之將來在海上」或「海洋對於德意志之偉大甚爲重要」。最後尚有不容忽視者，則爲替爾匹次(Admiral von Tirpitz)在組織與宣傳方面之才能。彼於一八九八年受帝國海軍大臣之命，至一九一四年仍居此職。無論原因安在，德意志之海權主義旋成國際政治上之一重要因數。黑里哥蘭之取得(一八九〇年)，使德國能在易伯河口之附近新建一海軍根據地。一八九六年愷撒威廉運河(Kaiser Wilhelm Canal)完成，遂使波羅的海與黑海在軍事上取得重要之聯絡。又一八九八與一九〇〇年議會通過二大海軍案(Navy Acts)，始創非常之造船計劃，繼續進行，直至國際大戰之爆發。實使德國有一驚人之陣容。其無畏艦，大無畏艦，戰鬬巡洋艦，潛水艇所代表之總噸數，僅次於英國。至其所耗之費，則有增無已。一八九八年時爲三千萬金元，至一九一三年竟增至一萬二千萬金元。

菩羅一九〇〇至一九〇九年

一九〇〇年和恩羅厄之年老致仕，及普魯士大地主菩羅(一八四九——一九二九年)註一

註一 菩羅曾參預一八七〇至一八七一年之得法戰爭，一八七六至一八九七年曾辦理帝國之外交，一八九七至一九〇〇年在和恩羅厄之下任外務大臣，一九〇〇至一九〇九年任帝國之首相。

一九〇二年之稅則與政團聯合

之繼任首相，實足增進帝國政府與普魯士保守黨之關係。爲調和分田主義者之意志起見，乃遂漸放棄自卡普利維以來所採之商業互惠政策。依一九〇二年之新關稅條例，對於外國穀物及其他食物之輸入，復課重率之保護關稅。同時，菩羅亦不弃絕製造業與商業階級，彼歷時數年在立法上均依帝國議會中保守黨與民族自由黨聯合（即著名之政團聯合Bloc）之贊助，其力圖實現德人稱霸世界之野心，即重在謀彼者之利益也。

對外政策之强硬

德國既鞏固其在土耳其之經濟把持，又力阻法國在摩洛哥之發展。在日俄戰爭（一九〇四——一九〇五）中，德國初則給俄國以軍需，後則強俄國承認奧匈之侵入巴爾幹（一九〇八——一九〇九）。此等行動外，再加以皇帝所明白表示之德意志的「鐵拳」政策，與公共刊物及羣衆心理中所勃發之大日耳曼主義的情感，實招俄法之驚疑，而尤以英國爲甚，意大利與德國亦漸示疏遠。此強硬之世界政策，適爲德國多樹疑忌危險之外敵，此秉公平觀察之人所不能否認者也。即在德國，亦有多人抗議反對皇帝與首相之新策。社會黨與中央黨向即不以海陸軍備之耗費鉅款爲然，政府因壓制德屬西南非洲土著之叛亂，而多感困難，此等政黨及其與黨之在帝國議會中者，乃成績阻止殖民經費之增加（一九〇六年）。在此後之選舉運動中，帝國主義與世界威權成爲重要之爭點，德皇帝親以愛國之說，

一九○七年關系重要之選舉

訴諸人民，首相復以非法手腕干涉選舉運動，於是軍國主義，海權主義，帝國主義遂以一九○七年之選舉獲國人斷然之承認，社會黨之票數雖增加，然其在帝國議會之代表，已由七十九人減爲四十三人。自是而後，中央黨與社會黨均因反對皇帝及愛國者之世界政策而受儆戒。事之可異者，即一九○九年普羅之辭職，並非社會黨或中央黨致所致，乃因保守黨之敵視其租稅提案，及皇太子所領之主戰黨指摘其抑制在摩洛哥之法人爲不力也。

柏特曼和爾味一九○九

繼普羅爲首相之柏特曼和爾味（一八五六——一九二一）註一在立法上雖多恃保守黨與中央黨之聯合，但對於內政外交，則維持其前任之政策而不稍變。後竭全力以求使德國得享受被人認爲世界強國之權利。

一九一三年之軍備案

社會黨雖以一九一二年之總選舉倍其在帝國議會中之代表而有餘，然除社會民主黨外，彼卒能使一切政黨悉贊助其一九一三年之大軍備案（Army Bill）。是案將帝國軍隊之平時編制，由六十五萬六千人增至八十七萬人，所涉及之非常經費幾達千兆馬克。

政黨之貌似一致

政府欲對於人民收入及地產課直接稅以充軍費，而社會黨乃亦投票贊成此種必需之新

註一 柏特曼和爾味之父爲萊因流域之殷富地主。彼習法律，一八八二年入普魯士政界，一八九九年任白蘭登堡省之省長，一九○五年作普魯士之內務大臣，一九○七年在普羅之下充帝國之內務大臣

税。民族主義終能團結全德人民，蓋已彰明矣。

國際大戰與德國人民

與德國最有關係之世界大戰，其原因當於他處述之茲所應言者，即當危險之戰爭一起，德國全體國民對於皇帝及其政府幾悉一致予以熱烈之贊助。而自彼注意一八七一至一九一四年之德國歷史者觀之彼億兆德人之自願犧牲性命金錢，並無足怪。蓋無論爲是爲非德人固莫不自以爲受妬嫉貪婪之外國圍攻，其祖先在一八六六年至一八七一年多難之秋以心血創造之帝國，現已陷於危境也。自一八七一至一九一四年，德人對於此種帝國日益表示其尊敬此實出其忠勇之誠。其意蓋以此帝國已成就偉大乃一力圖調和農民與實業家資本家與工人的利益衝突之帝國，一獎勵文學美術與科學之帝國，表現效率與文化之帝國——此帝國因其各種成就理應不僅爲一歐洲之國，而宜長爲一第一流之世界强邦。愛國者咸知德國武力之敗，將不惟使亞爾撒斯洛萊因確爲法有波蘭諸省或歸俄國，休列斯維格或歸丹麥即普魯士之瓦解與民族統一之破壞，或亦爲勢所必至。商人及業製造者與資本家咸知德國之敗，將不惟喪失其歐洲極貴重之工業與礦產區域及非洲與大洋洲之殖民地，即彼等所恃以消售其貨物或投資於海外之國威，亦必大減。羅馬教徒則以爲德國之敗，將使奧匈與隱同歸於盡，於是東斯拉夫人之正統教會必乘勢發展而無最後之阻。進步黨與社會黨則相信德國之敗，必爲俄國之利——是專制與野蠻侵害效能與社會民治主義而獲勝也。故在一八一五年最不統一之德國，及至一九一五年似已極爲統一。但世界大戰殆將表示統一之禍，並不亞於分裂也。

第二節　奧匈雙重君主國一八六七——一九一四年

黑普新堡君主國及其不同之民族

奧大利雖因一八六六年不幸之七星期戰爭而被擯於德意志帝國之外，並喪失其在意大利富饒之威尼西亞省，但德意志種之黑普斯堡族約瑟夫仍居於維也納之故宮統治廣大之領域，其面積人口與天然富源，均足使彼爲一大強國之君。惟黑普斯堡族之統治權有一要點（在十九世紀極重要），與其他之任何強國不同，即此種統治權係以其臣民對於現任皇族之忠順與古代大同主義之傳習爲基礎，而非以今日成爲法，英，意大利，西班牙，德意志，甚至俄國的特色之民族主義爲基礎。皇室與達部分之文化及通用之正式語言，雖皆屬於條頓族，但一九一〇年時在奧匈總人口五千一百三十萬人中，其屬於德意志人種者僅一千二百萬，而屬於非條頓種者則逾三千九百萬。少數之條頓族所以能在國內佔優勢者，其主因不在其接近彼強盛之同種國德意志，而在多數非條頓族之彼此分離。當一九一〇年，三千九百萬之非德意志人中屬於馬加族者有一千萬，屬於拉丁族者有四百萬（有三百二十五萬羅馬尼亞人居於脫蘭斯法尼亞與布柯維納，有七十五萬意大利人居於脫里斯德伊斯的裏亞 Istria 與脫蘭德），屬於斯拉夫人者有二千四百二十五萬。斯拉夫人雖屬衆多，實則其語言習俗極不一致，地理上復甚睽隔。北斯拉夫人佔一千七百五十萬，南斯拉夫人佔六百七十五萬。前者之中有八百五十萬捷克人與斯洛伐克人，居於波希米亞，摩拉維亞，與屬細勒西亞與北匈牙利，有五百萬波蘭人居於克拉科與西部加利西亞，並有四百萬小俄羅斯人，居於東加利西亞。南斯拉夫人中則有五百五十萬塞爾維亞克洛遏亞人，居於克洛遏亞，斯拉法尼亞，波斯尼亞及達爾馬提亞，有一百二十五萬斯洛伐尼人居於斯遏利亞與加尼阿拉。

黑普斯堡君主國之政治

一八六七年之妥協

當此期中，黑普斯堡族對此復雜人種之統治，其一般之性質實決定於一八六七年之妥協(Ausgleich)。此協定將全部領域分為二自治部分：（一）為奧大利帝國，凡上下奧大利二大公國，波希米亞，加利西亞與達爾馬提亞等王國，摩拉維亞與伊斯的里亞等侯國，薩爾斯堡(Salzburg)，斯遏利亞，加林仔亞，加尼阿拉及布柯維納等公國，遏洛爾伯國，及脫里斯德城皆屬之。

匈牙利王國

(二)為匈牙利王國匈牙利本部，克洛遏亞，斯拉法尼亞王國及脫蘭斯法尼亞君主國皆屬之。佛蘭西斯約瑟夫依此協定稱奧大利帝兼匈牙利王。

奧大利與匈牙利之政治關係

此二邦各自處理其地方事務，為採共同之行動起見，規定由皇帝兼國王任命一掌管外交，軍隊，財政之聯合國務院，關於貿易，關稅，公債，鐵路，則成立一限期十年之條約，並設一奇形之聯合議會稱為議員團（Delegations），以監督聯合國務院之工作，並頒佈與二邦共同事務有關之法令。

「議員團」

為謀奧大利與匈牙利之平等起見，曾協定議員團之分子（共一百二十八）應每年改選一次，由奧大利與匈牙利之議會各選半數，開會則在維也納與布達佩斯輪流舉行，分院集會，奧大利之議員用德意志語，匈牙利之議員用馬加語，此二集團互以書面交換意見（馬加語與德意志語並用），惟遇第三次書面交換意見仍不妥協之時始開聯席會議，此時並不辯論，僅舉行表決而已。

奧大利之政府

奧大利之議會政治亦定於採行妥協之時。一八六一年，已有帝國法令賜奧大利十七省之民選議會以充分之自治權，至一八六七年十二月，乃更以憲法為奧大利本邦設一最高議會(Reichsrat)：由兩院組織之，一為貴族院(House of Lords)包括世襲之貴族，教會中之高等官吏及皇帝所任命之多數終身貴族；一為代議院（House of Representatives），最初由一種有限制之階級選舉制舉出。註一 自是而後，法律之制定，非在最高議會之兩院各得多數之同意不可；其執行權則惟操於對最高議會負責之奧國國務院。

匈牙利之政府

一八四八年之匈牙利憲法，自一八四九年馬加人叛亂平定之後，本已中止施行，至是乃亦恢復其重要部分（一八六七年）以支配匈牙利之中央政府。依此憲法，則立法權亦操於一通常之議會；議會中有一上議院（Table of Magnates），內含數教士及少數指派之代表與多數之世襲貴族；另一代議院（Chamber of Deputies）則有議員四百五十三人，由限制極嚴之選舉制舉出之。

克洛遏亞斯拉法尼亞

至於執行法律與監督行政之權，則操諸對議會負責之國務院。匈牙利政府對於從屬人種自治之許諾，不若奧大利政府之寬大。脫蘭斯法尼亞之地方議會於一八六八年取消，即其於同年對克洛遏亞斯拉法尼亞所允許之自治，亦復加以限制，而以大權委諸實際為匈牙利政府所指派之地方總督，且該處之選舉權大抵以同化於馬加族者為限，克洛遏亞在匈牙利議會中之代表，其權亦大受拘束。

奧大利與匈牙利自一八六七年採行妥協，並確定議會政治以來，亦大受產業革命及民治主

註一 奧國代議院之議員逐漸增加，一八六七年時為二百零三人及一九〇七年則已增至五百一十六人。

義發達之影響此與西歐各國正同，但其受國內多數種族的猜忌與衝突之釁特甚，實爲歐洲任何他國所少有。

奧匈二邦妥協後之關係

自一八六七年以還，奧匈二邦之間，實不常有親善之關係，每屆第十年續訂通商賦稅，鐵路等約之時，即爲馬加人與德意志人表示其强烈民族主義之機會。依第一次條約，奧大利對於公共開支所需之總額，允出百分之七十，匈牙利出百分之三十。但匈牙利在此種協定下所享之相對的利益，乃因一九〇七年之條約而稍減，蓋此約減奧大利之所出爲百分之六三·六，而增匈牙利之所出爲百分之三六·四也。後又因奧大利已變爲一重要之工業國，而匈牙利則仍重在農業，故在一八八一至一八八七年時，曾因此引起關稅改革，不惟對於外國之製造品課以保護關稅，即對於羅馬尼亞與俄國所輸入之谷物亦同。一八六八年，奧匈二邦同定强制軍役制，以保障雙重君主國之强國地位。但兩邦政府關於聯合軍隊之徵募與統率，則常起爭執。後始議定以此等事分委之於奧匈二邦之政府，在二邦軍隊未正式募集並設置軍官以前，聯合國務院之陸軍部長不得管轄全部軍隊。一八九七年條約期滿而未能續訂者，其主因由於匈牙利人力主對於其本邦軍隊所發之命令應用馬加語，但皇帝兼國王則每年發布命令，强制通用德意志語，一九〇七年復正式續訂條約而對此問題仍無明白之解決。匈牙利人對於一八七八年成立於維也納之奧匈銀行(Austro-Hungarian Bank)，亦表示反對而要求奧匈二邦應各自設立銀行以代之，至多只受共同之監督。關於此點，馬加人雖同樣失敗，但終獲得一種允諾，即自一九一七年以後與外國締結商約時將不僅由共同國務院之外交部長簽署，而由奧匈各派代表一人簽定之是也。

對巴爾幹外交政策之一致

雙重君主國之二邦間雖互生衝突，然關於重大之外交問題則對世界仍能表示而且僅願表示一致。匈牙利之仇視羅馬尼亞與塞爾維亞之民族希望，及俄國之推廣勢力，與奧大利正同。在歐洲土耳其之西部謀得一勢力範圍其有利於匈牙利之經濟，亦不亞於其有利於奧。因此雙重君主國之政治家無論為德意志人或馬加人，均對巴爾幹施行強硬之外交政策，擁護軍國主義，而在亞得里亞海創立強大之海軍，並深恃其與德意志帝國之聯結，而贊助與德意共締之三國同盟，此同盟自一八八二年起，至一九一五年止。一八七八年，奧匈嘗以軍佔據土耳其之波斯尼亞與黑塞哥維納(Herzegovina)，而於一九〇八年正式合併此二省於雙重君主國之中。一九一〇年乃以一紙憲法設民事政府於二省，而立一地方議會，惟議會之行動須得奧匈二邦國務院之許可。

波斯尼亞與黑塞哥維納

波斯尼亞黑塞哥維納被兼併之背景，為奧匈資本家之希望建築鐵路，或在此二省與亞爾巴尼亞（Albania），馬其頓西部及薩洛尼加（Salonica）圖謀經濟上之利益。阻擾巴爾幹戰爭（Balkan Wars 一九一二——一九一三）之成功，特別反對塞爾維亞之拓土，且爲國際大戰（一九一四年）之直接原因者，皆此種希望也。

奧大利之進步一八六七至一九一四年

民主政治

此時雙重君主國之二邦均有顯著之進步。在奧大利帝國中，產業革命迅速之進展，可於中產階級人數財富之增加及民主政治之發達見之。一八六九年民衆之初等教育定爲義務教育。一八九六年之選舉改革使選民增加三倍以上。一九〇七年之重要法案，對於代議院之議員確立成年男人普選制，並定選舉權之行使爲義務。

政黨

最高議會中之政黨大都以民族爲基礎（德意志人，捷克人，波蘭人，小俄羅斯人等），惟有三黨不如此：（一）自由黨（Liberals）乃一帶反教士主義色彩之中產階級集團，於十九世紀之第七十幾年中掌握政權。（二）基督教社會黨（Christian Socialists）爲一羅馬教之集團，就其維護教會之特權及贊成社會立法而論，實與德國之中央黨，法國之自由行動黨相似。（三）社會民主黨（Social Democratic Party）此一馬克斯派之集團成立於一八八八年，因受一九〇七年成年男人普選制之賜而大增其在政治上之勢力。

社會立法

此時因受剛毅之盧杰（Karl Lueger 一八四四——一九一〇）註一所領導之基督教社

會黨及其波蘭人接客人的與黨之影響，不惟確定宗教教育於公立學校之中且制定多種社會立法。一八八四與一八八五年，均通過法案以規定礦山與工廠之工作，工廠之工作時間至多爲十一小時，礦山中爲十小時，禁止星期日作工，並限制婦女與兒童之僱用。最初對於特種場所與特種職業政府原有弛行此等法律之大權，厥後一八九三年之補充法律，復將此種權力加以嚴格之限制。在一八八七至一八八八年中，摹仿德國新法之奧國發規曾確立制度強爲工人保災害疾病之險工會已認爲合法鐵路公有（此種政策已在十九世紀之第七十幾年中爲自由黨人所始創），亦排除萬難以求實現。普選制採行後社會黨之勢力大盛（最高議會中社會民主黨之代表在一九〇一年爲十一人及一九〇七年註二已增至八十七人），似足以表示民衆之日益同情

註一 當時猶太資本家爲自由黨之重要因數，常以政治腐化受人指謫，而尤以在維也納市爲甚盧杰即反對猶太資本家最力而不諱言者。維也納在其治理之下，確有改變面積發展幾大三倍其市政組織之完善及產業市有之成效，均爲世界之模範。

註二 在一九〇七年之選舉中（成年男人普選制下之第一次選舉），社會民主黨得八十七席，基督教社會黨得六十七席，各民族系團之教士得八十六席，各民族之自由黨得一百二十二席，其餘議席則爲各民族之小集團所分有。

於社會改革矣。

奧大利國內各民族之衝突

其他社會立法之所以未能成立，多因奧國最高議會爲民族主義籠罩之故。波蘭人，捷克人，小俄羅斯人，斯洛伐尼人，意大利人等之要求特權，其喧囂均與奧大利之德意志人同，其足以妨礙議會政治之運用，亦幾相等。捷克人以奧政府不與波希米亞以匈牙利相等之權利，憤不出席代議院者數年，及其出席，則但顯其身手，擲墨水瓶以擊主席，或用他術以大起騷擾。波蘭人則因奧政府對之採和解態度，與普俄殊，故尚不甚囂噪；至於小俄羅斯人，斯洛伐尼人與意大利人，其在議會中之搗亂，並無待捷克人之教訓。在奧大利中央政府之官吏方面，則知對於任何一族之讓步，必使他族怨恨，招其要求帝國承認其方言，並設立民族的學術機關。此種有組織之民族搗亂，常使維也納之議會政治停頓，各小族之怠於效忠，對於奧國在國際大戰中之軍事勝利，實屬不幸之預兆。當危急之時，此等民族尚助雙重君主國者，徒以黑普斯堡帝國若真瓦解，則彼等恐難自保，且對於奧帝佛蘭西士約瑟夫尚能愛戴耳。

匈牙利之反動政治與種族衝突

種族之仇恨在匈牙利乃較在奧大利爲更甚。馬加人雖僅佔全國人口之半，然其待遇比較衆多之小民族羅馬尼亞人與塞爾維亞克洛遏亞人，至不寬宏。彼等在大地產上維持其經濟地，位強令各公立學校採用其語言，消滅脫蘭斯法尼亞一切地方自治之舊跡，大減克洛遏亞斯拉法尼亞之自治權利，復不允推廣選舉權及諸傭工學徒或農業勞動者。其所保留之財產資格旣高，而選舉法又至繁，故當一九一〇年，匈牙利王國內之人口共計二千零八十八萬六千，而有選舉權者尙未逾百萬。同年在代議院中，對於一切問題有表決特權之議員共四百一十三人，其不屬於馬加族者惟七人耳。不平之小民族乃於悲憤之餘，從事民族運動，冀脫蘭斯法尼亞之併入羅馬尼亞王國與塞爾維亞克洛遏亞人之改屬於塞爾維亞王國。顧馬加人反爲其政策辯護，自謂爲匈牙利王國中之文明分子，若對於羅馬尼亞人或塞爾維亞克洛遏亞人讓步，則必動搖國本而中止其在東南歐洲所負之文化使命。

匈牙利國內政治與社會改革之要求

匈牙利內感受非民主制度之痛苦者，非惟塞爾維亞克洛遏亞人與羅馬尼亞人而已，卽馬加族之貧苦階級亦然。此時之民衆教育雖熱心提倡，農民對於地主之大不平雖亦有除去者，然在一八六七與一九一四年之間，匈牙利中受農業發展之利最大者，究爲大地主與少數之統治階級。此種事實之明證，一爲向外移民之特盛（自一八九六至一九一〇年達百萬以上），一爲選舉改革運動之普遍，在二十世紀之最初十年中王國幾因此而陷於內亂。當一九一四年外戰爆發

皇帝兼國王佛蘭西士約瑟夫一八四八至一九一六年

致危及匈牙利之生存時，此等內政問題，固仍未解決也。

匈牙利對於皇帝兼國王佛蘭西士約瑟夫素深敬之，此與奧大利正同。此老悠長之任期始於一八四八年，實充滿事變，如一八四九，一八五九，一八六六年之各次戰爭，以及妥協之成立，雙重君主國之經濟政治變遷皆是。爲梅特涅與國際大戰中之過渡人物者，卽佛蘭西士約瑟夫也。拿破崙第三之興亡，格蘭斯頓，狄斯雷列與路易喬治之功業，俾斯馬克之得勢及其辭職，皆彼所目覩也。自一八六七年以還，在奧匈帝國中，幾乎始終贊成對民治主義與民族主義讓步者，亦佛蘭西士約瑟夫也。顧彼雖受民衆之尊敬，而遭家不造，迭經憂患。一八六七年，其弟墨西哥皇馬克西米連被殺，一八八九年其獨子洛多夫自盡，一八九七年，其后在日內瓦爲無政府黨人所刺，一九一四年，其繼承之姪子大公爵佛蘭西士腓迪南（Archduke Francis Ferdinand）復在波斯尼亞首都塞拉熱窩（Sarajevo）爲塞爾維亞之陰謀黨所戕。彼時年已八十有五，乃於此次最後之家庭慘變發生以後，旋卽黨事於世界大戰，彼一生實悠久多故，而要以此爲最不幸。

第三節　瑞士聯邦

其言語宗教分歧之故

衆山環繞之瑞士小邦，亦如多瑙河方面遼闊之奧匈平原，其人種語言均甚紛歧，只以數百年來歷史之演進，始強合爲一政治團體，似成一民族文化。在阿爾卑斯之中高處於萊因多瑙，羅恩諸河共同分水嶺之上，有一區域，大不能過乎荷蘭，而小尙不及威爾滿（Vermont）與紐罕什爾二州之合，在十九世紀後半期中共包小州二十有二，其語言宗教習俗各因其與德法意三國之接壤而互不相同。有十五州（佔聯邦總人口三分之二）盛行德語，餘州則五操法語二用意文。新教徒居多數者凡十二州，羅馬教徒亦佔十州。

地方自治之早受重視

種族交惡之在瑞士所以不如在奧匈帝國產生不幸之果者，多因其各族大都以州界互分，而二十二州均各爲自主之邦，其國民皆享自治權頗廣也。瑞士聯邦除當拿破侖第一時有短期屬行中央集權而外，自其初成於中世紀以至一八四八年，實際上均不過爲各獨立社團之一種防禦同盟，雖有各州代表之定期集會，實絕未過問各州之內政也。

一八四八年之憲法與瑞士聯邦之真正成立

但至一八四八年，因自由黨（Liberals）或集權黨（Centralists）壓制彼愛自由而奉羅馬教之中部山民而發生短期之內戰，厥後瑞士人民卽以最大多數之表決，採定一成文憲法，規定一頗強之聯邦政府。一八四八年之瑞士憲法係仿自美國憲法，今日所稱之瑞士聯邦（Swiss Con-

瑞士歷史上之普遍特色一八四八至一九一四年

聯邦制損各州而增威權

federation)卽因此而眞得成立。 此憲法規定一兩院制之中央立法部：一爲聯邦議會(Council of States)，由各州各以其選舉法選代表二人組織之；一爲國民議會(National Council)依人口比例，以成年男人普選制舉出之。 另設一聯邦委員會(Federal Council)，爲中央行政部，由立法部指派七人組成之，任期三年。 聯邦委員會卽爲一種內閣，以立法部每年所選舉之聯邦總統爲主席。一八四八年之憲法予此新成之聯邦政府以指揮瑞士外交，征收關稅及他種賦稅，募集國軍，規定各邦間商業關係之權。 此外並創立一種共同之瑞士公民權，而予個人自由以詳密之保障。 一切基督教徒概有信教之自由，但因一八四八年制憲諸人有反教士之趨向，故羅馬教會中之耶穌會士與同樣之宗教團體，皆不得爲各州所容納。 德，法，意三種語言咸認爲國語。

自一八四八至一九一四年，瑞士歷史上有三種普遍之特色：(一)各州依一八四八年之憲法而保留之權利多漸喪失；(二)爲全國經濟之發展；(三)爲民主政治之徹底推行，曾試行種種新政治於聯邦與各州之中。

就此三種普遍特色中之第一點言，在一八四八年之後，旋卽開始組織各種公務，而悉以隸諸聯邦權力範圍之內。 於是創立劃一之郵政；以單一之幣制代各州混亂之通貨，廢除各州間之關；

一八七四年之憲法

稅强制實行米突制之衡量。一八七四年瑞士憲法全部修正，對於政府組織無大變動，但益增聯邦政府之權，蓋新定一種義務初等學校制度，歸各州辦理而受聯邦監督也。

聯邦制復決權與創制權

對於國家立法則採用複決之原則。一八九一年，復行創制權（即任何五萬瑞士公民得要求將任何議案交付民衆複決之權），以爲複決權之引申補充。自後聯邦政府以中央立法部之間接行動，更藉創制權與複決權，遂得擴其權力及於多方。國立銀行雖至一九〇七年始行設立，然其原則已於一八九一年認定。瑞士人幷於一八九一年放弃其傳統之自由貿易政策而確定一種保護關稅制，其稅率復於一九〇三年稍增。一八九八年，聯邦政府又取得制定施行劃一民刑法典之權，且得購營私有鐵路。一九〇八年，河流與瀑布所發之水力概爲聯邦政府所獨佔。工人疾病與災害之强制保險制，其原則雖已於一八九〇年爲民衆投票所許可，但至一九一三年，始克採定一明確可用之計劃。至於軍制方面，則瑞士人民見四境列强之日增軍備，懼其種立地位雖受維也納會議之保證（一八一五年），然遇國際大戰或仍不受尊重，乃認爲必要規定一切强壯靑年均須强制從軍，而於每年施行一定日數之軍事訓練。此種國民軍制批準於一八七四年，後更增其力量，尤以一九〇七年之法律爲甚，自是遂以最有效率之國防軍著稱，然耗瑞士聯邦之總收入已幾達三分之一矣。

經濟之繁榮

促進瑞士之經濟繁榮者，有三種因素：（一）爲其强壯士著之勤儉，此輩仍多聚居山旁，或在狹隘肥沃之谷地從事精耕。（二）爲豪富外國遊人之至者日多，此輩登山覽勝，購物存念，對瑞士之逆旅小販恆揮鉅金。（三）爲製造業受保護關稅之激勵，而大形發達，一九〇五年時工廠商行共計近二十五萬所，內有紡織，手套，陶器，鐘錶及朱古拉糖（Chocolate）廠。

各州與聯邦之民治

全國之財富繁榮旣增，聯邦政府之活動範圍復擴大，民主政治之發達乃與之並進。在最小之四州中，人民素即直接行使其地方權力而不設任何代議機關，一切成年男子定時集會於露天之下，以制定法律，指定行政官吏。其他各州因區域較大，不能舉行此種『市鎮大會』（Landsgemeinden）則藉代表制度以處理其地方政治，但諸州之選舉權皆普及於一切成年男人，而無財產與教育資格之限制，且其複決權幾皆爲憲法所承認。複決權之原則以蘇黎西州爲最發達，蓋在該州，一切法律與重要財政事宜，一如提出之憲法修正案，皆須交付民衆票決也。在多數州中，並採行人民創制權。關於聯邦事務，複決權與創制權運用之順利，不唯足以鞏固中央政府，且實足發展瑞士之民治精神而施諸社會改革。

第四節 尼德蘭王國（荷蘭）

尼德蘭王國及其殖民地

尼德蘭王國因一八三〇年之革命，喪失其比利時諸省，其在十七世紀時爲荷蘭市民財富來源之海外殖民地，雖仍多保留，然其在歐洲之領土，註一 則不及葡萄牙小邦之半。荷蘭在爪哇，蘇門答臘，香料羣島，婆羅州，新幾內亞等處（一較母國面積大五十八倍人口多六倍之東印度帝國），仍能維持其統治權，在南美洲之幾亞內（蘇立南）與西印度羣島之庫拉薩俄（Curaçao），則有領域四萬六千五百方哩人口十有四萬。

威廉第一一八一五至一八四〇年

在維也納會議（一八一五年）後二十五載之中，尼德蘭之政權均操於鄂蘭吉望族之王威廉第一。彼因對比利時決不讓步，致起不幸之外戰，又因始終反對一八一五年保守憲法之自由化，致大失國內之望，故一八四〇年，乃自覺退位爲善。

一八四八年之憲法

荷蘭自由黨受歐洲一般革命運動之激勵，乃於一八四八年強令嗣王威廉第二頒賜新憲，因此所建之政體，直至一九一四年仍少變更。依是憲法，各大臣應對中央議會（States-General）負責，此會由各省議會選出之第一院（First

註一 其在歐洲之領土共一萬二千六百四十八方哩，人口在一九一〇年爲五百八十五萬八千一百七十五。

Chamber）及選舉資格限制甚嚴之民選第二院（Second Chamber）組成　同時全國十一省之民選『省議會』，對於地方事務亦有充分之自治權。

國王威廉第三一八四九至一八九〇年

在開明仁慈之國王威廉第三（一八四九——一八九〇）悠久任期之中，各黨在中央議會之主要衝突，均集中於宗教教育。一方面為自由黨大都來自城中之商業階級，要求創建一種免費的公立的世俗學校制度。他方面則為新教保守黨與羅馬教黨，前者受加爾文教農民之擁護，後者在十九世紀中人數日增，幾至代表總人口三分之一。衝突之結果，為一種調和之性質，多設初等學校，不授宗教教育，以公款維持之，但至一八八九年，保守黨與羅馬教黨之教區私立學校亦取得政府之補助，一九〇〇年並有強迫進公立或私立學校之規定。同時，又逐漸減低選舉權之財產資格，故一八八七年時選舉第二院之選民人數已增一倍，及一八九六年又加一倍。尼德蘭雖有此等讓步，但其民主政治之進展終不如西歐其他各國之迅速，一九一四年時，年滿二十五歲之荷蘭人享有選舉權者，約僅八分之五而已。

威廉美那女王一八九〇——

威廉第三之女威廉美那（Wilhelmina）於一八九〇年繼其父即荷蘭王位，至一八九八年始達於成年。此少年女王之本人原孚衆望，彼在一九〇一年與麥克蘭堡許威林之亨利親王結婚，此事實爲荷蘭愛國者所厭惡，彼輩蓋恐德國之政治影響將及於其國也。一九〇九年王位繼承人朱里亞納公主（Princess Juliana）誕生之後，德國干涉尼德蘭之危險似已免除，但自一八九〇至一九一四年，荷蘭政治家之所最注意者，均在鞏固其國防。一八九八年之法律根據瑞士制，以改組民軍，定强迫入伍之制。一九一二年更充實軍力，一九一三年復批準建造海軍之大計劃，並在亞母斯特丹與夫拉與（Flushing）始建周密之要塞。當一九一四年國際大戰發生時，荷蘭人民對於任何參戰國之欲侵犯其中立者，似已準備決心作切實之抵制矣。

經濟之繁榮

當此期中荷蘭經濟之繁榮仍恃農業（尤恃乳坊園藝）及殖民地之貿易與造船。此外荷蘭復販賣德英比等鄰國之工業品，且日益賴之。註一 荷蘭既因本國之缺少礦產未能變爲重要之工業國家，又因其經濟須依賴鄰國，故在大陸各國中實爲仍採自由貿易之唯一國家。

盧森堡大公國

最後吾人對於褊小之盧森堡大公國亦應略加敍述。此地位於法國比利時與德國之邊陲，自一八一五至一八六六年爲德意志同盟之一分子，一八六七年被認爲中立地而與尼德蘭成爲一君合國，至一八九〇年國王威廉第三逝世時止。後當威廉美那女王卽荷蘭王位時，此地乃改

註一　一九一二年，尼德蘭至貿易總額逾二千五百兆金元。

屬於女王之男系親屬拿梭公爵亞多爾法斯（Adolphus），彼與一地方議會共治此邦，至其一九〇五年逝世時止。最奇者，即在繼任之大公爵威廉於一九一二年逝世後，盧森堡之主權竟復歸於鄂蘭吉族之另一女子大女公爵馬利耶亞德勒特（Marie Adelaide）。此地領土之完整與中立，雖受國際之保障，然當國際大戰甫發（一九一四年八月），即爲德軍所據，用以爲進攻法國之要地。

第五節 斯坎的納維亞諸國——丹麥瑞典挪威

斯坎德納維亞諸國之共同進展

西北歐洲之三種民族（丹麥人，瑞典人，挪威人），其來源，語言，宗教與生活狀況等俱甚相同，在十九二十世紀中復繼續經過同樣之社會政治的進化。三國均變爲立憲君主國，其人民多以農商漁等業爲生，而不注重製造業，雖漸許宗教上之寬容，然幾一致忠於路得教會，民衆教育則受培植於教會監督之下，此三種民族均能發揮其本國之文學，對於民族主義亦俱有活躍之意識。社會與政治的民治主義在三國中均有穩健之進步。

丹麥王國

丹麥因在一八一四年割挪威於瑞典，一八六四年喪休列斯維格和爾斯太因等公國於德意

丹麥之政治

，志，其在斯坎的納維亞之土地僅限於茹德蘭半島及其附近諸島實斯坎的納維亞諸國中之最小者。註一 但諸國中惟丹麥在愛斯蘭格林蘭及聖克羅亞（St. Croix），聖湯姆士（St. Thomas），聖約翰（St. John）等西印度羣島有殖民地。 依一八四九年所制定一八六六年所修正之憲法，丹麥由國王與議會（Rigsdag）分掌政權。 議會分兩院：（一）爲傾向保守之上院 Landsthing，其議員半由國王指派半以間接選舉制選出；（二）爲傾向民治之下院（Folkething），由年滿三十歲之多數男人選出之。 在克利士先九世長期在位之時（一八六三——一九〇六）有大部分時期常起劇烈之政爭，一方爲國王大臣與上院，他方則爲下院與多數之農民。 後者要求完全確定議會政治而使國務院對下院負責；前者則欲充實丹麥之軍力，對於拒絕增加軍費之下院絕不讓步。 自一八七二至一九〇一年，憲法幾成具文，當此期中巨額之預算案常僅以國王與大臣之命

註一　當一九一一年，丹麥之面積連非維群島（Faroë Islands）爲一萬五千五百八十二方哩，其在愛斯蘭，格林蘭，及西印度群島等殖民地之八萬六千六百三十四方哩一地域在外。 丹麥之人口在一九一一年爲二百七十七萬五千零七十六。 同時，瑞典有面積十七萬二千八百七十六方哩，人口五百五十二萬二千四百零三，挪威有面積十二萬四千六百四十三方哩，人口二百三十九萬一千七百八十二。

令而發生效力。顧此時丹麥農民因注意精耕其小農場，并因製酪與合作事業之發達顯著，其經濟狀況實能繼續改良，於是遂能對於政府表示其政治力量。至一九〇一年年邁之國王終於俯順輿情，而設一能代表下院多數黨之內閣焉。

丹麥之民主政治一九〇一至一九一四年

丹麥在新制之下（一九〇一——一九一四），其軍隊已如瑞士以民軍爲本，於是政治上主要之注意點，乃由軍備移於選舉改革。一九〇六年克利士先九世逝世，其傾向民治之嗣子弗列德利克八世（一九〇六——一九一二）繼位，實與民治運動以激勵，此種運動乃丹麥之自由黨與人數雖少而增加甚速之社會黨所提倡者。迨弗列德利克八世逝世，克利士先十世（一九一二——）繼位後，經長期之辯論與數次激昂之選舉，卒於一九一四至一九一五年採定憲法修正案。此案將選民之年齡限制由三十歲減爲二十五歲，推廣下院之選舉權及於一切男子與多數婦女，并廢除上院中指派之議席。一九〇三年，許愛斯蘭以自治。

十九世紀之瑞典

當十九世紀之初，瑞典因拿破崙戰爭之結果，喪芬蘭大公國於俄，而由丹麥取得挪威，並由前法國之伯拿多德將軍創立新朝，稱查理十四（一八一八——一八四四）。凡此一切結果，均極有關於十九世紀瑞典之歷史。伯拿多德朝雖出自法國，其固守王權乃更甚於丹麥之君。芬蘭之失，激起民衆之仇俄，致瑞典注意軍國主義乃較丹麥尤爲堅決。至於瑞典挪威之人爲的聯合，則實使二國人民發生長期之爭鬪。

瑞典與挪威之差異

瑞典挪威實不宜於政治上之合併。瑞典多大地產，有強盛之貴族與貧苦之農民，挪威則多小農場，其農民階級習於經濟之獨立，素鄙貴族之爵號。當十九世紀中，瑞典因製造與採鐵業之發達，城中已有多數資本家與無產階級出現，而挪威則仍多以農商爲業。註一 至於政治制度相差亦巨。

挪威之政治

瑞典之政治

適當瑞典挪威之聯合協定成立以前，挪威人已製定採行（一八一四年）一種民主憲法，授最高權力於由納稅男子間接選出之議會（Storthing）。瑞典則與之適反，直至一八六三年，尚僅有一貴族，教士，市民，農民四級（Four Estates）所組織之窳舊機關，可以稍制王權。一八六三年之瑞典憲法，誠亦設一兩院制之議會（Riksdag），以代此種四院代議制，但富人階級在上院之勢力特盛，而國王對於一切立法議案又保留絕對之否決權。

瑞典挪威之聯合國一八一五至一九〇五年

依一八一五年之協定，挪威被認爲『一自由獨立而不可分裂之王國，與瑞典共戴一君』。

註一 最有趣者，即以海軍無足輕重之挪威，而在一九一三年竟有商船共達二百五十萬噸以上，其規模之大，僅次於英，德美三國，即瑞典之商船，亦較俄國或奧匈爲多。

因此挪威與瑞典在此種聯合之下，仍各保其自有之憲法，對於一切內政，各行其自治之權，惟外交軍事，則在聯合國王之監督下共同處理之。但國王恆厚於瑞典人而薄於挪威人，常以責任重大而有利益之公共位置，畀諸瑞典人而不以與之挪威人。彼以瑞典之民衆情感爲後盾，屢謀二邦更爲密切之聯合，而不知此種聯合之於挪威人實已過於密切。挪威人爲其文學與民族主義復興所鼓舞，開始要求承認其國旗，並欲特設領事以別於瑞典，終使聯合破壞者，卽此最後之要求也。

一九〇五年挪威之獨立

挪威議會見鄂斯加二世(Oscar II 一八七二——一九〇七)決不肯任命挪威領事於外國城市，遂於一九〇五年六月七日一致表決瑞典王之廢黜及挪威之完全獨立。此種決定復爲挪威民衆投票贊成，同年並得瑞典政府之勉強接受，議會乃不顧國內相當之共和情感，而邀請丹麥王之次子爲新獨立之挪威國國王。彼得大多數民衆之許可，稱和昆七世(Haakon VII 一九〇五——)。一九〇七年，由挪威，英，法，德，俄諸國之代表簽定條約於克立斯坦尼亞(Christiania)，以保障挪威領土之完整及其中立。

挪威民主政治之發達一九〇五至一九一四年

瑞典與挪威二國之民治趨勢，確因聯合之解散而大進。挪威既已採行成年男人普選制(一八九八年)，現復以直接選舉代替間接選舉(一九〇六年)，選舉權且推及婦女，初(一九〇

瑞典民主政治之發達一九〇五至一九一四年

七年）尚有財産資格之限制後，（一九一三年）竟與男子同立於不受限制之地位。歐洲自主國家之中，最初許婦女參與總選，列席議會者，實爲挪威。一九一三年，挪威完全廢除國王之否決權。至於瑞典，則民主政治亦爲一有力之要素。一九〇九年所採定之憲法修正案，對於議會之兩院，確立比例代議制，下院之選舉採用成年男人普選制，並減低上院議員之財産資格。一九一二年，政府原提案對於年滿二十四歲者，不分性別，概予以選舉權，但彼時因國王主張徹底之軍事改革，並涉及普遍訓練與要塞建築之巨額經費，致國王格斯他夫五世（一九〇七——）與其自由黨內閣發生劇烈衝突，該案因暫未通過。一九一四年之選舉，反對派之社會黨雖能於下院之二百三十議席中得八十七席，然因受歐洲大戰爆發之影響，多贊助國王與軍國主義焉。

移民

社會主義之顯形發達，實爲瑞典有多數城市工人之明證，與一八八八年採行保護關稅之足以證明其地主及實業家之勢力正同。瑞典正淩駕斯坎的納維亞之任何他國而與各大工業國家從事競爭。瑞典政府亦如歐洲各國之致力於社會立法之促進。一九〇一年，議會接受國營災害保險與限制婦孺作工時間之提案。挪威與丹麥二國亦皆有同樣之立法，但此二國之社會改革，徒增加社會黨之人數及其激烈之要求，與在瑞典相同。經濟之急待改良，可由斯坎的納維亞人民之大批移往美國見之，損失最大者爲瑞典，其在十九世紀下半期所失之國民，至達百萬，幾全數永住於美國。

課外讀本

德國——普通者：

1. G. M. Priest, *Germany since 1740* (1915), ch. xi, xii.
2. J. H. Robinson and C. A. Beard, *The Development of Modern Europe*, Vol. II (1907), ch. xxiii.
3. C. D. Hazen, *Europe since 1815* (1910), ch. xiv.
4. Ferdinand Schevill, *The Making of Modern Germany* (1916), ch. vi, appendices d–f, h.
5. E. F. Henderson, *A Short History of Germany*, new ed., Vol. II (1916),

ch. xi–xiii.

6. ***Cambridge Modern History***, Vol. XII (1910), ch. vi.

7. *Histoire **générale***, Vol. XII, ch. x.

8. W. H. Dawson, *The Evolution of Modern Germany* (1908).

9. T. B. Veblen, *Imperial Germany and the Industrial Revolution* (1915).

10. F. C. Howe, *Socialized Germany* (1915).

11. J. E. Barker, *Modern Germany, her Political and Economic Problems, her Foreign and Domestic Policy, her Ambitions, and the Causes of her Success* 5th rev. ed. (1915).

12. Henri Lichtenberger, *Germany and its Evolution in Modern Times*, Eng trans. by A. M. Ludovici (1913).

13. W. P. Paterson (editor), *German Culture: the Contribution of the German to Knowledge, Literature, Art, and Life* (1915).

14. Antoine Guilland, *Modern Germany and her Historians*, Eng. trans. (1915).

15. John Dewey, *German Philosophy and Politics* (1915).

16. Gottlob Egelhaaf, *Geschichte der neuesten Zeit*, 4th ed. (1913).

17. Karl Lamprecht, *Deutsche Geschichte der jüngsten Vergangenheit und Gegenwart*, 2 vols. (1912–1913).

18. H. S. Chamberlain, *The Foundations of the Nineteenth Century*, trans. from the German by John Lees, 2 vols. (1911).

19. F. A. Ogg, *The Governments of Europe* (1913), ch. ix–xiv.

20. B. E. Howard, *The German Empire* (1906).

21. Fritz-Konrad Krüger, *Government and Politics of the German Empire* (1915).

22. A. L. Lowell, *Governments and Parties in Continental Europe*, 2 vols. (1897), ch. v–vii, and likewise its more recent abridgment and revision in *The Governments of France, Italy, and Germany* (1915).

23. H. G. James, *Principles of Prussian Administration* (1913).

24. W. H. Dawson, *Municipal Life and Government in Germany* (1914).

25. Paul Laband, *Das Staatsrecht des deutschen Reiches*, 4th ed., 4 vols. (1901).

26. The same author, *Deutsches Reichsstaatsrecht*, 6th ed. (1912).

27. Gaëtan (Vicomte) Combes de Lestrade, *Les monarchies de l'empire allemand, organisation constitutionelle et administrative* (1904).

28 Felix Salomon, *Die deutschen Parteiprogramme*, 2d ed., 2 vols. (1912).

29. Oskar Stillich, *Die politischen Parteien in Deutschland: eine wissenschaftliche Darlegung ihrer Grundsätze und ihrer geschichtlichen Entwickelung*, Vol. I, *Die Konservativen* (1908), and Vol. II, *Der Liberalismus* (1911).

30. Oskar Klein-Hattingen, *Geschichte des deutschen Liberalismus*, Vol. I, to 1871 (1911).

31. C. D. Plater, *Catholic Social Work in Germany* (1909).

除第二十章書目中所述俾氏之傳記外，尚有：

俾斯馬克下之德國1871—1890：

1. *Reflections and Reminiscences*, Eng. trans. ed. by A. J. Butler, 2 vols. (1899).
2. *Bismarck's Speeches and Letters*, selections ed. by Herrmann Schoenfeld (1905).
3. *Die politischen Reden des Fürsten Bismarck*, ed. by Horst Kohl, 12 vols. (1892-1894).
4. Moritz Busch, *Bismarck—Some Secret Pages of his History*, Eng. trans., 2 vols. (1898).
5. Hermann Hofmann, *Fürst Bismarck, 1890–1898*, *nach persönlichen Mitteilungen des Fürsten und eigenen Aufzeichnungen des Verfassers, nebst einer authentischen Ausgabe aller vom Fürsten Bismarck herruhrenden Artikel in den "Hamburger Nachrichten,"* 2 vols. (1913).

6. Erich Marcks, *Kaiser Wilhelm I*, 5th ed. (1905).

7. Wilhelm Oncken, *Das Zeitalter des Kaisers Wilhelm*, Vol. II (1892).

8. Hans Blum, *Das deutsche Reich zur Zeit Bismarcks: politische Geschichte von 1871 bis 1890* (1893).

9. P. Kloeppel, *Dreissig Jahre deutscher Verfassungsgeschichte, 1867–1897*, Vol. I, *1867–1877* (1900).

10. J. W. Kissling, *Geschichte des Kulturkampfes im deutschen Reiche*, projected in 3 vols., of which Vol. I (1911).

11. Georges Goyau, *L'Allemagne religieuse, 1800–1870: le catholicisme*, 4 vols. (1905–1909).

12. The same author, *Bismarck et l'église: le Culturkampf, 1870–1887*, 4 vols. (1911–1913).

13. Ludwig Hahn, *Geschichte des Kulturkampfes in Preussen* (1881).

14. W. H. Dawson, *Protection in Germany, a History of German Fiscal Policy during the Nineteenth Century* (1904)

15. W. H. Dawson, *Bismarck and State Socialism* (1891), *The German Workman: a Study in National Efficiency* (1906)

16. *Social Insurance in Germany, 1883–1911: its History, Operation, Results, and a Comparison with the [British] National Insurance Act, 1911* (1912).

17. S. P. Orth, *Socialism and Democracy in Europe* (1913), ch. vii, viii.

18 Edgard Milhaud, *La démocratie socialiste allemande* (1903).

19. August Bebel, *Aus meinem Leben*, 3 vols. (1910–1914).

並參看第二十一章所附普通書目：

威廉二世下之德國：

1. E. D. Howard, *The Cause and Extent of the Recent Industrial Progress of Germany* (1907).

2. Charles Tower, *Germany of Today* (1913).

3. Bernhard von Bülow, *Imperial Germany*, Eng. trans. by Marie A. Lewenz (1914).

4. Herbert Perris, *Germany and the German Emperor* (1912).

5. Hermann Oncken, *Germany under William II, 1888–1913*.

6. *The Kaiser's Speeches, Forming a Character Portrait of Emperor William II*, Eng. trans. ed. by Wolf von Schierbrand (1903).

7. Christian Gauss, *The German Emperor as Shown in his Public Utterances* (1915).

8. A. H. Fried, *The German Emperor and the Peace of the World* (1912).

9. K. F. L. von Behr-Pinnow, Eduard Dietrich, and Dr. Kayserling, *Soziale Kultur und Volkswohlfahrt während der ersten 25 Regierungsjahre Kaiser Wilhelms II* (1913)

10. F. W. Wile, *Men around the Kaiser: the Makers of Modern Germany* (1913).

11. Archibald Hurd and Henry Castle, *German Sea-Power, its Rise, Progress, and Economic Basis* (1913).

12. Alfred Zimmermann, *Geschichte der deutschen Kolonialpolitik* (1914).

13. Kurt Hassert, *Deutschlands Kolonien: Erwebungs-und Entwickelungsgeschichte, landes und wirtschaftliche Bedeutung unserer Schutzgebiete*, 2d ed. rev. (1910).

14. Kurt Herrfurth, *Fürst Bismarck und die Kolonialpolitik* (1909) being Vol. VIII of the *Geschichte des Fürsten Bismarck in Einzeldarstellungen.*

15. Theodor Schiemann (editor), *Deutschland und die grosse Politik.*

16. R. G. Usher, *Pan-Germanism* (1913).

17. Herman Frobenius, *The German Empire's Hour of Destiny*, Eng. trans (1914).

並參看第三十章之書目：

奧匈，1866—1914：

1. *Cambridge Modern History*, Vol. XII (1910), ch. vii.

2. H. W. Steed, *The Hapsburg Monarchy*, 2d ed. (1914).

3. Bertrand Auerbach, *Les races et les nationalités en Autriche-Hongrie* (1895).

4. Sidney Whitman, *The Realm of the Hapsburgs* (1893).

5. F. A. Ogg, *The Governments of Europe* (1913), ch. xxiv–xxvii.

6. A. L. Lowell, *Governments and Parties of Continental Europe*, Vol. II (1897), ch. viii–x.

7. Louis Eisenmann, *Le compromis austro-hongrois de 1867, étude sur le dualisme* (1904).

8. Josef Ulbrich, *Das oesterreichische Staatsrecht*, 3d ed. (1904).

9. Alexandre de Bertha, *La constitution hongroise* (1898).

10. J. A. von Helfert, *Geschichte Oesterreichs vom Ausgange des Wiener October Aufstandes 1848*, 4 vols. in 5 (1869–1886).

11. R. W. Seton-Watson (pseud. Scotus-Viator), *Corruption and Reform in Hungary: a Study of Electoral Practice* (1911).

12. The same author, *Racial Problems in Hungary* (1908).

13. *The Southern Slav Question and the Habsburg Monarchy* (1911).

14. C. M. Knatchbull-Hugessen, *The Political Evolution of the Hungarian Nation*, Vol. II (1908), ch. xvii–xx.

15. Alexandre de Bertha, *La Hongrie moderne, 1849–1901* (1901).

16. Rudolf Sieghart, *Zolltrennung und Zolleinheit: die Geschichte der oesterreichisch-ungarischen Zwischenzoll-Linie* (1915).

17. R. P. Mahaffy, *Francis Joseph I, his Life and Times an Essay in Politics*, new ed. (1915).

18. Sir Horace Rumbold, *Francis Joseph and his Times* (1909).

19. F. F. von Beust, *Aus drei Viertel-Jahrhunderten: Erinnerungen und Aufzeichnungen*, trans. into English as *Memoirs*, 2 vols. (1887).

20. Florence A. Forster, *Francis Deák, Hungarian Statesman, a Memoir* (1880).

21. Alexandre de Bertha, *Magyars et Roumains devant l'histoire* (1899).

22. André Chéradame, *L'Europe et la question d'Autriche au seuil du XXᵉ siècle* (1901).

23. Ferdinand Schmid, *Bosnien und die Herzegovina unter der Verwaltung Oesterreich-Ungarns* (1914).

24. Theodor von Sosnosky, *Die Balkanpolitik Oesterreich-Ungarns seit 1866*, 2 vols. (1913–1914).

瑞士：

1. W. D. McCrackan, *Rise of the Swiss Republic*, 2d ed. (1901).

2. Karl Dändliker, *A Short History of Switzerland*, Eng. trans. (1899).

3. F. G. Baker, *The Model Republic, a History of the Rise and Progress of the Swiss People* (1895).

4. *Histoire générale*, Vol. XII, ch. v.

5. H. D. Lloyd, *A Sovereign People: a Study of Swiss Democracy*, ed by J. A. Hobson (1907).

6. J. M. Vincent, *Government in Switzerland* (1900).

7. F. A. Ogg, *The Governments of Europe* (1913), ch. xxii, xxiii.

8. A. L. Lowell, *Governments and Parties in Continental Europe*, Vol. II (1897), ch. xi–xiii.

9. W. H. Dawson, *Social Switzerland, Studies of Present-Day Social Movements and Legislation in the Swiss Republic* (1897).

10. Paul Seippel (editor), *La Suisse au dix-neuvième siècle*, 3 vols. (1899–1901).

11. Wilhelm Oechsli, *Geschichte der Schweiz im neunzehnten Jahrhundert*.

12. I. B. Richman, *Appenzell, Pure Democracy and Pastoral Life in Inner Rhoden* (1895).

荷蘭：

1. *Cambridge Modern History*, Vol. XI (1909), ch. xxiii, and Vol. XII (1910), ch. ix.

2. P. J. Blok, *History of the People of the Netherlands*, Vol. V, *Eighteenth and Nineteenth Centuries*, Eng. trans. by Ruth Putnam (1912).

3. Clive Day, *The Policy and Administration of the Dutch in Java* (1904).

4. George Renwick, *Luxembourg: the Grand Duchy and its People* (1913).

斯坎的納維亞各國：

1. R. N. Bain, *Scandinavia, a Political History of Denmark, Norway, and Sweden, from 1513 to 1900* (1905), ch. xvi, xvii.

2. *Cambridge Modern History*, Vol. XI (1909), ch. xxiv, and Vol. XII (1910), ch. xi.

3. Povl Drachmann, *The Industrial Development and Commercial Policies of the Three Scandinavian Countries* (1915).

4. Knut Gjerset, *History of the Norwegian People*, Vol. II (1915).

5. J. Carlsen, H. Olrik, and C. N. Starcke, *Le Danemark, état actuel de sa civilisation et de son organisation sociale* (1900).

6. Gustav Sundbärg (editor), *Sweden, its People and Industries* (1904).

7. Fridtjof Nansen, *Norway and the Union with Sweden* (1905).

8. Karl Nordlund, *The Swedish-Norwegian Union Crisis, a History with Documents* (1905)

9. H. A. L. Fisher, *The Republican Tradition in Europe* (1911), ch. xiii.

第二十五章　俄羅斯帝國一八五五——一九一四年

第一節　亞力山大二世時代（一八五五——一八八一）——改革反動及恐怖主義之興起

尼古拉一世專制之遺賜一八二五至一八五五年

一八五五年，『全俄羅斯』之皇權由專制俄皇尼古拉一世傳於其嗣子專制俄皇亞力山大二世，此事在俄國歷史上實有開一新時代之望。尼古拉一世（一八二五——一八五五）異乎其幷時之歐洲君主，向不必與革命黨妥協。彼深信俄國在濁世中之神聖使命，及其自己統治選民之神權，故嘗維護正統教會而堅持專制政治之理論與實施。且彼乃一直率之軍人，故不惟以殘酷之手段平定一八二五年之十二月革命（Decembrist Revolt）及一八三一年之波蘭叛亂，即對於俄人之鼓吹自由主義者，亦皆檢舉而嚴懲之，因彼以爲西歐實爲自由主義所污也。當尼古拉一世在位之三十載中，其贊助革命僅有一次，是即對希臘之獨立戰爭。但即以此而論，彼所助者實非民治主義，乃俄國及俄國神聖宗教之勢力與威嚴也。

改革之要求

顧尼古拉一世仍未能完全成功，俄國之智識階級初不因其最壓制之立法而遂昧於西歐民主政治之進展，不對之表同情也。彼壓制稍懈，此等階級卽譁然要求統治者根本改變其目的與方法。彼所力謀改良之軍隊，雖能壓制一八三一年之波蘭叛亂，及力助奧大利黑普斯堡族破壞匈牙利共和國之企圖（一八四九年），而有功於神權君政，然當克里米之戰（Crimean War，一八五四——一八五六），終不能抵制英法土耳其，薩的尼亞諸國之聯軍與艦隊，尼古拉一世實死於克里米戰爭之外交屈辱與軍事失敗之中。

亞力山大二世一八五五至一八八一年

亞力山大二世（一八五五——一八八一）卽位時，年方三十有六，尙無政治上之經驗。彼素受父訓，懷疑民主政治，然仁愛慈心，不喜軍國主義，實異於其父。此種天然之傾向與經驗之缺乏，使彼雖欲維持乃父之強硬政策而不可能。且俄國自由黨人之籲請，實使國情大變，亞力山大二世遂亦欲試爲一維新之偉大沙皇。

亞力山大二世之改革一八五五至一八六五年

新皇於一八五六年結束克里米戰爭，乃以其在位最初之十年，專事內政之改革。彼値此難關，麗善於處理，實宜享無窮之譽。其主要之改革爲（一）解散農奴，（二）設民選之地方議會(Zemstvos)以參與地方行政，（三）根本改造法律與司法制度。此三者均應略加說明。

俄國之農奴

俄國大體上爲一農業國，當亞力山大二世即位時，其臣民之大多數仍爲農奴，與中世紀西歐之人民相同。俄國北部雖爲自耕農所居，極南部雖間有經濟獨立之哥薩克人殖民地，在波羅的海諸省與波蘭農奴制雖已廢除，但帝國內可耕之地仍有十分之九爲大地產，一部分屬於俄帝及皇室，其餘則爲數約十萬之貴族所分有。此種地產均各分爲二部，其出產一則直接歸貴族地主，

農村

一則用以維持農村（Mir）。在俄國農奴制下農民之命運甚苦，彼輩附於土地，非得地主之同意，不得脫離其出生之地。產業出售，彼亦隨之易主。對於地主須納捐款，並爲之強盡勞力，表示服從，如僕之於主。有時貴族令其農民離去故土，入城作工，而對其所得强徵一定之捐，且仍保留其任意召彼回家之權。有時貴族又令農民服役家中，視同奴隸。一八五五年時，此類農民，蓋約有二百萬。在俄國各處，自不乏寬厚仁慈之貴族與體諒他人之監工，但通常則率殘酷任性，對農民之體力財力苛求無饜，不從者輒以體罰治之。彼輩對於農民之家庭私事，且得非法干涉，事實上竟常如此。

農奴之解放一八六一年之俄皇敕令

欲改革俄國之土地制度，實屬難，是其尚能有所改良者，大抵皆亞力山大二世之力。彼首先以身作則，解放屬於皇族土地之農奴，然後以堅定不撓與謹慎調協之態度制服大地主自私自利

之反對，卒能於一八六一年三月三日以敕令（Ukase）根本改革全部制農田制度，時正其即位之第六屆周年紀念也。　此敕廢除貴族對於農民一切法律上之權利，農奴在生即脫離其田地者，無論爲家內之傭役，或城市之勞工，皆得身體之自由，但無財產權，其仍在大地產上從事耕種者，則不惟取得自由，并可享受一部分田土之利，此種田地，乃政府墊款向貴族收買，授之村會，以分給居住本地之農民，俾其各自耕種者。　是令雖尚經多年，始能全行，人即此一部分農奴之解放已爲有利，如耕地之擴大，地價之增高，賦稅之加多，出口貿易之發達，一般農民狀況之進步是也。

農奴解放後之境遇

俄國農奴制之廢除亦有種種不幸之結果。　前此附屬於土地之農民，現皆自覺其所分領之農場多屬太小，不能養其身家。　且歷年甚久，仍須攤還政府墊償貴族之款，故彼等雖脫去貴族法庭之裁制，欲另受村會條規與中央政府稅吏警官之抑壓。　而政府管吏之待新獲解放之農民，慘酷而貪，　亞力山大二世之敕令，徒使農民脫去貴族之束縛而變爲『國家之農奴』，是言雖失之稍過，要爲雋語。　此種不幸之情況其結果之一即爲解放之農民多由鄉村徙入城市。　十九世紀後半期俄國城市人口之發達，實由於農奴制之廢除，不僅因機器制輸入與工廠之設立也。　此輩解放之農民多在陰森之工廠操過度之工作，處湫囂之城市，度不衛生之生活焉。

地方議會之設立與地方自治一八六四年之俄皇敕令

亞力山大二世之第二種大改革，厥為地方議會之設立。十八世紀之俄國，原分為三十四「州」，依一八六四年之敕令，各州中之縣與省各設一地方議會，以大地主及由市民與農民間接選舉之代表組織之。議會得征課地方稅，並得制定法規以處理地方事務，如道路橋梁公共建築，教會與學校，貧民之救濟，監獄及公共衛生等。註一其執行則委諸由地方議會選出之常務委員會。

司法改革一八六二年之俄皇敕令

在亞力山大二世即位之前，司法恒由政府管吏秘密任意行使之。迨一八六二年，俄皇乃令以後凡關民刑案件之司法權，概脫離普通行政而獨立，仿西歐之法庭設法官掌理之——由市議會或地方議會選出保安官，另有縣區與巡行法庭，並設一參議院為最後上訴之法庭。此外編纂法典，任用檢察官，對刑事案件採陪審制，並保障法官之地位，公開法庭審訊，皆與西歐各國同。但關於政治犯之審判，則以前所採秘密與任意處決之手續，現仍保留爾厲行之。

亞力山大二世之其他改革

以上所述一八六一年農奴之解放，一八六二年法庭之改組，及一八六四年地方議會之設立，皆亞力山大二世之重要改革也。此外彼又獎勵初級與專門學校之設立，予出版物以相當之自

註一　一八七○年，亞力山大二世曾設立市議會（dumas）於歐俄諸城中，其所行使之權一如地方議會在各省所有者。市議會係由市民按其財產比例，依三級制選出之，此制與普魯士所盛行者正同。

由，並提出多種計劃，以謀建築鐵路，速闢天然之富源焉。

亞力山大二世之放弃自由主義

但至一八六五年（其即位後之十年），亞力山大二世之改革精神已盡。蓋彼心中並非一主張民治或提倡自由之人，其始之創爲改革者，大都因彼頑固政府在一八五四至一八五六年之間，迭受外侮，重遭民怒，故以此應付民衆。及至一八六五年，則克裏米之戰已爲歷史上之陳跡，於是俄皇遂因一八六三年之波蘭叛亂而變其政策矣。

一八六三年波蘭之叛亂

波蘭愛國志士在瓦薩所密圖之運動陰謀，於是年爆發爲反對俄國官吏之公開革命。此次不若一八三一年革命之可畏，不過爲少數器械不良之黨人與官軍之衝突而已，並未發生眞正戰事也。波蘭領袖顯欲使立陶宛併入波蘭，實引起俄國國家主義者之痛恨，自由保守二黨悉然。俾斯馬克因其內政外交之故，曾提議於必要時，普魯士當援助俄政府。但俄皇無需普魯士之助，其忠順之軍隊已立即制止波蘭之騷動，叛亂定之後，遂復採尼古拉一世之殘酷手段。波蘭之貴族，紳士，僧侶（大都爲智識階級），盡受摧殘。

亞力山大二世之反動政策一八六五至一八八一年

擁護俄國舊制，包圍亞力山大二世之政治家，隨即直告俄皇，謂波蘭之亂，實其寬仁之所致，苟再以西歐之新制輸入於神聖之俄國，適將引起全帝國之大亂與流血。亞力山大於是乃一反其向行之政策。是後，反動遂復得勢於俄。地方議會與市議會不許表示政見，其決議得爲帝國長秘密警察制或「第三部」

官所否決對於出版物復施以嚴密之檢查。政府得以行政命令區別政治犯與普通犯，前者僅因嫌疑即可由警察任意逮捕永禁獄中或不經審判流往西伯利亞中之僻處。彼不名譽之秘密警察（『帝國高等法庭之第三部』）原尼古拉一世在一八二六年所創以檢舉處罰政治犯者，現亦恢復之且於一八八〇年正式將其隸屬於帝國之內政部受其害者以數千計。反動勢力甚至及於教育制度，因自然科學與實驗科學上之新進步有害於正統宗教且易起社會政治之擾故不列於課程之中而另以恬淡少弊之古語代之。亞力山大晚年之惟一新政（並非自由主義的改革）爲改編軍隊，即效法德國行强制普及軍役之原則也（一八七四年）。

亞力山大二世時革命黨之興起

一、虛無黨

亞力山大二世之漸趨於無條件的贊助俄國傳統之專制政治，深爲智識階級之青年所不滿，遂旋有互相關連之三種革命運動產生。一爲『虛無黨』（Nihilists），乃一有智能的激烈分子之集團，出自各大學與有專門職業者，彼等既羨慕讚美西歐各國之科學理性，高等教育與物質進步，其鄙視排斥俄國之正統教專制政治，社會制度與一般的落後之情自與此俱增。註一 彼等若十八世紀之法國哲學家譏刺不合理之現有制度，而教導民衆以重視『開明』與『進步』，又受十九世紀達爾文主義之影響，深信人類進化確係由專制而民治由野蠻而文明。該黨之運動最初僅限於學理上之討論與秘密之刊物，後因大學與出版物之檢查加嚴，乃從事秘密結社，在羣衆與軍隊中以口頭宣傳其主義焉。

二、無政府社會黨

第二爲社會主義之勢力，此非西歐各工黨之温和的社會主義，而爲俄人巴枯寧之信徒所奉之無政府社會主義。當十九世紀之第六七十年中，此等俄國社會黨人，不唯求助於成市之工匠，並訴諸農民，勸其奪取貴族之土地；彼等主張破壞國家教會及傳統之家庭，因不能藉議會或其他之和平機關以事宣傳，乃圖用暴力焉。

三、恐怖主義者

亞力山大二世愈趨於反動，其對社會黨與虛無黨之手段愈趨於壓制，而革命黨亦愈形憤恨暴烈。少數最激烈分子漸信有威脅俄皇與通知階級（官吏貴族教士）俾其採行改革之必要，且以爲惟恐怖主義始能使俄國民衆明白其社會與政治生活上之大弊。於是此輩恐怖主義者（Terrorists）遂構成革命黨之第三種集團。其中有屬於虛無黨者，有屬於社會黨或無政府黨

註一 「虛無黨」一詞初爲小說家屠格涅夫（Ivan Turgeniev 一八一八——一八八三）用於其所著之父與子（Father and Son 一八六二年）一書中，乃指俄國之專攻自然科學與實驗哲學者，蓋此輩對於凡與舊制有關者無不加以抨擊也。此詞著稱歐美後，則泛指一切革命黨或恐怖主義者。

者，亦有無主義無理想但對於某法官或稅吏懷有私怨者。革命的恐怖主義之中心爲一秘密委員會，於一八七八年成立於彼得格勒，以主持謀刺官吏之事，設秘密之印刷廠及重量炸彈製造廠，幷置秘探，其會員皆須執行其令。三年內此輩恐怖主義者凡刺殺高官六人，警長在內，及政府偵探九人。政府對彼輩亦嚴加追究，計處死刑者三十一人，死於獄中者八人，自盡者三人。但恐怖主義者仍無所顧慮，且數度謀刺俄皇本人焉。

一八八一年亞力山大二世之被刺

俄皇大恐。彼嘗委全權於一忠實大臣而未收其效，乃於一八八一年三月十三日下令設立特種委員會，以高官與在野之名流組織之，冀謀各部行政之改革。彼似欲復行以前之自由政策，但爲時已遲，當其簽定此大有希望之敕令之日，卽爲恐怖主義者擲彈炸死。

第二節 亞力山大三世與尼古拉二世時代（一八八一——一九〇五）專制政治之維持與『俄羅斯化』之厲行

亞力山大三世一八八一至一八九四年

亞力山大二世（『改革的』俄皇）慘死後，其子亞力山大三世（一八八一——一八九四）遂卽帝位，彼賦性勇暴，一如其祖尼古拉一世。且未嘗學問，故不統情於西歐文化。在位時，恆欲

亞力山大三世在位時代之一般的特色

以狹隘固執之道矯正其父過於寬大之策。彼意以爲欲救俄國，使不陷於革命與無政府之境，不能用英法之議會制度，而須用俄國固有之偉大主義與俄國一切愛國者之天然的自尊心，卽專制主義，斯拉夫民族主義與東方正教（Eastern Orthodoxy）是也。彼熱心維持專制主義，厲行『俄羅斯化』政策（增進斯拉夫族與正統教之勢力）。彼因專心於此，殆威嘗留意當時正使俄國大起變化之另以非正式之勢力也。時產業革命已打行於俄，工廠設，鐵路程，資本積，人民已多由鄉村移居城市，且中產階級與勞動階級之產生，二者終必以西歐之自由主義調劑俄國之專制，此乃前此虛無黨，社會黨與恐怖主義者之所欲而未成者也。上三者（俄國專制主義之維持，『俄羅斯化』與產業革命）實亞力山大三世在位時之大標記，吾人須依次論之。

亞力山大三世之熱心專制主義

亞力山大三世首卽取消其父皇最後之自由敕令，嚴辦暗殺者，幷對世界宣言『朕等奉上帝之命掌握政府之樞極……深信專制權利之效能可恃，故朕等之責在鞏固而保持之，以爲民衆之福，俾其不受任何侵略』。與彼同心，輔彼以實行其極端之專制政綱者，爲普列夫（Plehve）與波白多諾斯慈夫（Pobedonostsev）二人。

反動哲學家波白多諾斯慈夫

波白多諾斯慈夫（一八二七——一九〇七）註一初習法律於彼得格勒，漸在政界按級漸，升曾任莫斯科大學民法教授，並教亞力山大二世諸子以法律與行政之學。一八八〇年特任爲俄國正統教會通知機關之食宿德主席（宗教會議之議長），此任重利大之位也。是二對亞力山大三世之影響極大，曾發揮一真正之反動哲學。彼在演說詞語刊物上恆力言西歐之新政治與社會制度，其本身即徹底不良，全部適用於俄國。自彼觀之，議會只足以養成最自私而北鼻之野心，近聞專在傳播流言，世俗教育既屬危險，又不道德，立憲君主政治乃一種「空想」，陪審制則不過爲行使「詭辯術」之工具而已。彼嘗謂「民衆之代表苟盡爲聖人，則議會制度當爲一切制度中之最良者，但民衆代表類皆缺乏道德，因此議會制度實最不良」。彼乃更發現一物以平衡其素所詆毀之西歐新制，卽使民衆對於過去數百年民族生活所徐徐自動演進之制度，表示尊敬是也。因之彼相信俄國政府之主要職務，在維持專制政治，而使人民繼續尊重正統教會之職掌。

亞力山大三世除得助於波白多諾斯慈夫之哲學及其整飭教務而外，更有普列夫（一八四六——一九〇四）註二在實際政治上爲之直接效勞。普列夫於一八八一年任警察長，不惟查出暗殺亞力山大二世者而處罰之，且對於一切虛無黨社會黨及恐怖主義者，窮究甚力，成效大著。當亞力山大三世在位時，革命宣傳似暫平息。

亞力山大三世之維持專制政治

亞力山大三世得普列夫與波白多諾斯慈夫諸人之助，遂求鞏固並集中全國之行政，力圖掌握全權。前此農村之自治，現則改由帝國政府指派殷富之地主監督之。其父賜與地方議會及市議會之權，彼則剝奪之，並修改此等議會之組織法，增加貴族與官吏之代表，減少農民之代表，完全拍除專業階級，增加帝國長官對於此等微弱議會所有決議之否決權。彼更擯棄世俗教育，承認國立教會對於初等教育之管轄權，國內非俄羅斯人前此所享之特種自由或特權，彼則並其殘痕，亦求去之。同時彼又繼續擴張中亞細亞之俄國領域。其外交策略，則以俄國在歐洲東南部勢力之衰替，歸咎於德國對奧匈要求之贊助，於是彼仍疑其父與俾斯馬克及德意志帝國所有之友誼，此俄國最專制之君主遂因此漸與彼極端民治之法國共和政府發生特別親善之關係，此亦事之至奇者也。

俄國專制政治之缺點

俄國全國之福利實因亞力山大三世之主張專制而大受犧牲。蓋專制君主無論其爲人如

註一　波白多諾斯慈夫之意見悉明白表示於其俄國政治家感言(Reflection of a Russian Statesman)一書，有隆氏(R. C. Long)之英譯本出版於一八九八年。

註二　普列夫之先世爲立陶宛人，已嘗肄業於瓦薩與彼得格勒，當亞力山大二世時，始以律師資格在司法部從政。

何公正與仁慈，決不能充分明瞭其億兆人民之一切需要，亦不能躬自執行其多種敕令於遼闊領域之中。凡此種種，彼均有賴於其大臣及彼分掌軍事財政司法行政多數小吏之誠恪。即以英明之君，亦未必能防制稅吏法官警察或遼源長官之談懦廢職，何況亞力山大三世之並不英明乎。且俄國殷富之貴族慣以政治權利力配多數貧困愚昧之農民，其力有之軍人團體則習於指揮巨額之士兵，而教會與政府之普通官吏又素皆驕矜，彼輩除對於深居九重，覲見不易，或竟從未晤面之君主外，向不知有所謂責任，在如此國家中，其行政之怠荒與財務之舞弊自必盛行。亞力山大三世之壓制政策，適以增長而過專制政治之弊害，官吏日益諂媚，其活動愈廣，其眼光愈狹。無能既可促進腐敗，腐敗又復助長無能，此與大革命前之法國正同。俄國之大多數民衆蓋收制吞聲，苦已深矣。

俄國能維持專制政治之原因

專制政治消滅於西歐，已歷數代，顧猶能存於俄國，此是否由於俄國民族特性之所致，恆屬疑問。推其究竟，則專制政治之在俄國，自係基於大多數人民之明示的或默許的同意，亦與他國相同。蓋大多數人民苟能力抗現制，則自能去之，如法國人在一七八九年大革命時之所爲也。且吾人卽將此朦朧空泛之種族特性置而不論，亦可藉下述事實以說明俄國在十九世紀仍以專制爲

一、統治階級之忠君

二、正統教會之贊助

三、民衆之缺乏教育

四、政府之壓制政策

五、農民之奉俄皇爲『慈父』

六、俄國之爲農業與似向保守

其主要政制之故。一，多數勢盛之統治階級，既食君祿，自忠於此專制之主，如羅馬諾夫皇族中之各大公爵與其他人員及朝臣，總督，軍官，縣吏，法官，無數之小吏，警長是也。二，多數俄人所皈依之正統教會久以政治爲的，變爲帝國政府之一分部，自彼得大帝時代以來，其教士卽受帝國宗教會議（Holy Synod）之任命管轄，以教導傾心宗教之農民奉教會爲全國幸福之保障者，而奉專制政治爲教會之維護者。三，俄國之民衆教育特別落后，初等教育爲忠於專制政治之教會所把持，帝國既遼闊，其多數區城之居民稀少，國家財政復比較匱乏，公立學校自難於迅速推廣，而官吏更有時從而摧殘之。其結果當亞力山大三世逝世時（一八九四年），未受教育者與人口總數之比例，在鄉區爲百分之五十至九十，在城區爲百分之四十至六十五（俄國未受教育者之平均數實較歐洲各國爲高）。四，應重提統治階級所用之嚴厲壓制政策，此以在亞力山大三世時爲尤甚（任意之拘禁，放逐於西伯利亞，及死刑）。多數中產階級之人原可領導一種有力之自由運動，以與專制政治爲敵者，現皆因此懷懼。五，與政府之恐怖政策相映照者，爲愚農受教會與國家官吏之影響，而深信俄國爲一快樂之大家庭，俄皇乃其臣民之『慈父』，彼因愛護臣民而施行善政，因自知其專制家長之職分而高於一切。六，俄國在十九世紀，大致仍爲農業國，人民多爲農

七、俄國軍的政治傳習

奴，最近始在經濟上稍能脫離大貴族而獨立。此種人口殆無意於激烈之政變，正如一般之農業社會，天性環境均使彼重在保守服膺專制之原則。蓋專制政治嘗使其國家脫去蒙古人、土耳其人、瑞典人與波蘭人之羈絆，並曾產生大彼得、大加察林、亞力山大一世等英主而大有造於俄國，故俄國歷史之光榮適為俄國專制政治之光榮，實無足怪也。

八、俄國專制政治與愛國之「大斯拉夫主義」「俄羅斯化」之相結合

但俄國專制政治之所以能維持，尚有較上述各節尤為重要之理由在，此即彼半出於愛國動機，半為知識所驅使致使俄國之知識分子如波白多諾斯慈夫與普列夫等熱心踴躍，以用戶專制主義。彼輩與多數有思想之俄人僉以為民治主義在領土遼闊人種複雜之國家如俄國者，絕不能眞獲效果，故專制政治不惟本於神意，且欲團結俄羅斯帝國以促進其在世界上之宗教的與文化的使命，實有採行之必要。此大斯拉夫主義（Pan-Slavism）之理想與亞力山大三世實行「俄羅斯化」政策之理由也。故凡俄國內之最主張大斯拉夫主義者悉傾心專制之人，換言之，凡篤信專制政治者亦幾皆帶有大斯拉夫主義色彩之熱心愛國者也。

十九世紀末葉之俄羅斯帝國

欲了解俄國之大斯拉夫注意而追述亞力山大三世與尼古拉二世將其領域實行「俄羅斯化」之步驟，則與十九世紀末葉俄羅斯帝國之幅員及其復雜之人口，須先略加觀察。

大俄羅斯

（一）俄羅斯帝國之中心區域稱爲大俄羅斯（Great Russia），即以前莫斯科維大公國及其直轄之屬土），有團結同種之人口在一八九七年時數約五千萬，彼等操斯拉夫語系之大俄羅斯方言（爲帝國中之文言官話），大都屬於正統教會。大俄羅斯之內訌，其惟一要內即爲人數頗多之異教徒（『舊信徒』Old Belivers），彼等當十七實際改革禮拜儀式時曾退出國立教會，現雖受法律之禁止而仍自成無數之小派。

小俄羅斯

（二）小俄羅斯（基弗烏克蘭），包括俄國西南部之草原得熱普爾河流域之一部，及喀爾巴阡山脈東部分水嶺之一部，人口約二千萬，操一種俄羅斯語，屬於正統教會。此小俄羅斯方言實大異於文雅之大俄羅斯語，自有其特殊之民衆文學。其宗教亦不純爲正統教，除奉新教之德意志人有四散之殖民地外，尚多波蘭德有太人居留各城之中（如基弗等）又有正統派之基督教徒改入羅馬教會而爲『統一派』（Uniates）者，彼等仍保留其教士娶妻之俗與斯拉夫式之儀式焉。

白俄羅斯與立陶宛

（三）十八世紀時加緜林二世所吞併之立陶宛大公國，其人民一部分爲俄羅斯人，數約五百萬，則操一種方言（白俄羅斯語 White Russian）屬於正統教會。一部分爲立陶宛人（斯拉夫人種之一），數約二百五十萬，仍保存其故國之語言服裝，皈依羅馬教。此外尚有少數之猶太商民與奉羅馬教之波蘭地主。

南俄羅斯與比薩拉比亞

（四）南俄羅斯（Southern Russia）乃奪自土耳其帝國之領地，其居民爲大俄羅斯之殖民地（哥薩克人）與蒙古人及其他之亞洲部族，現多互通婚嫁，同屬正統教會。比薩拉比亞（Bessarabia）在一八七八年始與羅馬尼亞王國分離，註一 其居民在宗教上固屬於正統教而其語言民族均與羅馬尼亞同，復有猶太人雜處期間，尤以各城市中爲多。註二

波羅的海諸省

（五）波羅得海諸省（愛沙尼亞，里凡尼亞，庫爾蘭（Courland）乃十八世紀中奪自瑞典與波蘭者，人民約有兩種，一爲農民，大都係芬蘭人（Finns）或勒遏人（Letts）後者與立陶宛人同種，一爲上層階級與市民，乃德意志殖民者之苗裔，仍操德意志語，並奉路得派之新教。與波羅的海諸省隔絕之彼得格勒區（以前之英格里亞）已失其固有之特性，因爲帝國政府之所在地，故已變爲帝國中各種語言與宗教之融和地，大俄羅斯方言與正統教漸得勢於此。

註一 爲一八七七至一八七八年俄土戰爭之結果，事見後。

註二 一八九七年時，比薩拉比亞首都基西尼夫（Kishinev）之猶太人佔百分之四十三。

高加西亞

（六）高加西亞（Caucasia）在十九世紀中併入帝國，爲小民族雜居之地，有分離派之基督教徒（如亞美尼亞人是），有回教徒（如塞加西亞人 Circassians 是），惟皆好戰，俱欲保存其獨有之民族生活（唯少數土著王族與俄國貴族混合）。

亞洲之俄羅斯

（七）俄國逐漸大拓之版圖，自窩瓦河（Volga）與烏拉山橫亙北亞以至太平洋，同時又直達亞洲大陸之中心。 其居民有勤苦耐勞之俄國殖民者約六百萬，有土著部族約八百萬。 其語言人種極爲紛歧，宗教有回教，釋教，動物崇拜，及多神教焉。

波蘭王國

俄羅斯帝國除此等完整部分而外，尚有（八）波蘭王國與（九）芬蘭大公國。 維也納會議（一八一五年）將瓦薩及其周圍之波蘭領土建爲波蘭王國，而委其主權於俄皇。 亞力山大一世曾賜波蘭以成文憲法，但自一八三一年波蘭叛亂之後，尼古拉一世即將其取消，一八六三年騷動之結果更使亞力山大二世將波蘭王國併入俄羅斯帝國，以謀行政之便。 俄皇有團結甚固，且頗能融合一致之波蘭臣民七百五十萬，俱以其獨立之語言文學自豪，而忠於羅馬教會，志在恢復其全民族之政治獨立。 彼等痛恨俄人，對於雜處其間而增加民族糾紛之一百二十五萬猶太人，常蔑視虐待之。

芬蘭大公國

芬蘭合於俄國（一八〇九年）之後歷九十載，而實際猶自成一邦，以俄皇爲大公爵，藉元老院（Senate）與代議院（Diet）以治之，前者之議員出於指派，後者則仿瑞典成例，以貴族，教士，市民，農民之各別代表團組織之。當一八九七年，其人口總數爲二百五十萬，以農民爲多，皆出自古代亞洲之芬蘭人種，尚保存其芬蘭語言服裝，但上層階級則多爲瑞典人，故以瑞典語爲地方政府通用之語言。居民概奉路得教而不願俄人侵害其固有之自由。

俄羅斯帝國之大斯拉夫主義

當十九世紀後半期，在此全俄專制君主統治下之復雜領土與人口中，大斯拉夫主義實爲一種統一之動力。俄國之多數政客學者新聞記者文人等，受當時德意志與意大利民族主義發達之刺激，咸起而指示斯拉夫人種之光榮與偉大，而以在大俄羅斯內爲尤甚。彼等證明不惟大俄羅斯人，小俄羅斯人，白俄羅斯人，立陶宛人，勒遏人，波蘭人等（佔俄羅斯帝國中人口之大多數）出於共同之祖先，即普魯士之波蘭人與黑普斯堡帝國內之波蘭人，捷克人，小俄羅斯人，斯洛代尼人，塞爾維亞克洛遏亞人與巴爾幹半島之塞爾維亞人，保加利亞人亦然。彼等並謂在此一切斯拉夫人中，實以大俄羅斯人之數最多而力最強。因此大斯拉夫主義之綱領有兩方面：一，當盡力推行大俄羅斯之語言制度於帝國內部之異種人，（總言之即當使帝國『俄羅斯化』）。二，當向外擴張俄羅斯之勢力（東入亞洲，西抗條頓族之黑普斯堡族與和漢佐倫族，南則侵入巴爾幹。）

因此第二種原因俄國之大斯拉夫主義者極表同情於保加利亞，塞爾維亞，門的內哥羅之侵害土耳其或奧匈以拓其土地，但此諸國須不忘俄羅斯之恩耳。同時，彼等又贊揚一八九五年之俄法聯盟，謂足以抑制中歐條頓諸國反斯拉夫之策略。至在俄羅斯內部，則大斯拉夫主義者以民族精神之顯著標識爲俄羅斯語，正統教會，從事耕耘之農村與專制政治，因欲强行使此等制度於帝國之全部，故彼等不信民主政治之有效，而以獨裁爲利於其正綱之施行。不列顛之愛國者與民族主義者嘗贊揚其逐漸演進之議會政治，謂其實有以促成大不列顛之富强與光榮，今俄羅斯大斯拉夫主義者之稱揚專制政治，亦復如此，蓋其本國乃在專制政治之下始漸强大，而令人尊敬也。故俄羅斯之愛國主義原爲專制政治而生，苟無專制，則大斯拉夫主義者殆無法爲全國實現其法律，語言，宗教皆歸統一之理想也。

亞力山大三世治下之「俄羅斯化」

『俄羅斯化』祇在實現大斯拉夫主義之理想於帝國全部，而消滅不重要之語言與異種之宗教。當尼古拉一世與亞力山大二世在位時，除在波蘭外，並未繼續厲行『俄羅斯化』。及亞力山大三世（一八八一——一八九四），始作有計劃之施行，而置人民之情感意志與利益於不顧。波白多諾斯慈夫與普列夫二人皆熱心贊助『俄羅斯化』，後者任警察長嚴禁公開集會與刊物之發布帝國內小民族之希望者前者長宗教會議，不惟對於與正統教會分離之各派嚴加處罰即對於羅馬教或新教教士之在正教徒間偶然傳教者亦然且迫令多數之『統一派』『復奉正統教』，並強行幹涉波蘭之羅馬教會與波羅的海諸省之路得教會。俄皇復屢發敕令贊助此熱心臣僚之行動以種種方法厲行『俄羅斯化』。

波蘭方面

在波蘭，則確定亞力山大二世之酷法，而變本加厲。中等學校完全俄羅斯化，波蘭文學乃至波蘭語言亦皆用俄羅斯語教之，波蘭人不得服官於波蘭政府自一八八五至一八九七年，波蘭人且不得出售土地於非俄羅斯人。至在白俄羅斯與立陶宛則『俄羅斯化』帶有宗教之假面具，凡羅馬教統一派皆嚴受虐待，俄政府對於其婚姻與子女皆不認為合法。俄皇不惟禁止用小俄羅斯語於演戲吟誦或歌唱，且禁止用以印刷任何原著。

波羅的海諸省方面

在波羅的海諸省，則於一八八五年採俄羅斯語為官話，同時路得教教堂非得宗教會議議長之裁可不得建立。自後凡大學講演，甚至在私立學校，均禁用德意志語，地方法庭既被封禁，出版物亦受俄人之檢查，德意志語之地名概以俄羅斯語代之。註一　在高加索與西伯利亞，俄羅斯之殖民者皆享特殊利益，俾其樹立並維持俄羅斯語與正統教會之優勢焉。

壓制猶太人之政策

猶太人之受虐待，乃大斯拉夫主義與『俄羅斯化』之一種變態。俄羅斯帝國有猶太人約五百萬，多居於波蘭立陶宛，小俄羅斯（基弗）及比薩拉比亞（基西尼夫），彼等不惟保存其宗教與民族傳習且仍用其猶太（Yiddish）語，是乃一夾用希伯來字之日耳曼語用希伯來文寫出者。猶太人性好營黨並重利借貸與宣傳革命，以此益為可惡。亞力山大三世確得民衆為其後盾，遂創出種種政策以壓制之。一八八二年，禁止猶太人購買土地，或為酒商。彼欲禁止猶太人從事於自由職業故限制其進中學或大學之人數，初不許其超過學生總數百分之十，後更減為百分之三。一八九〇年，又對猶太人發布一概括之命令：凡在俄國內部之猶太人除得特許可以逗留者外，概須移往西部諸省；此後在其聚居之處（即所謂猶太區 Jewish Pale），不得領有或租借土地，並須居於城中不得從事於大多數之自由職業。俄國之行政官吏受中央政府態度之暗示，對於愚昧執迷之農人市民反猶太人之舉，多不加制止，

團體殺戮

凡民衆對於猶太人之有組織的暴動（是即所謂團體殺戮 Pogroms），彼等從未嗾使，亦加寬容，劫掠焚毀之後，甚或繼以屠殺。俄國與波

註一　一九一四年，適國際大戰爆發之後，俄國首都之名正式由條頓字形之『St. Petersburg』改為斯拉夫字形之『Petrograd』，即與此種精神相符。

亞力山大三世之主義爲尼古拉二世所維持一八九四至一九一七年

尼古拉二世時代『俄羅斯化』之繼續進行

蘭之猶太人因團體殺戮與壓制之立法受痛至巨，故政府雖力謀使之居留帝國以內，而一年之中（一八九一年），其離去俄國者約計三十萬，波蘭與俄國猶太人之大批移入美國，即自此始。

一八九四年亞力山大三世之逝世，並未使專制政治遽生動搖，主張大斯拉夫主義與『俄羅斯化』者之熱忱，亦未因此稍減。其嗣子尼古拉二世（一八九四——一九一七）雖較爲溫柔，然自始即表示其視主權之減少爲一種『不合理之夢想』。彼最信任其太傅波白多諾斯慈夫，直至一九〇五年仍用爲宗教會議之議長。又留任普列夫一九〇二年且升爲內政大臣，幾授以獨裁之權力。彼縱不若其父之虐待異教徒，然於其他促進『俄羅斯化』之一切策略，則仍惟大斯拉夫主義者之言是聽。

當尼古拉二世時，俄國在波蘭，立陶宛與波羅的海諸省之統治仍招痛恨。高加索之亞美尼亞教會被奪，壓制猶太人之立法得行，團體殺戮之事加多，卒演成基西尼夫之慘劇（一九〇三年），此次猶太人遇害者數千，普列夫實與其謀。同時爲利於國外之大斯拉夫主義起見，維持對法同盟，而繼續擴張其在巴爾幹之勢力，遠東方面則中國北部亦爲俄國之殖民者與外交政策所潛據，且欲攫高麗爲己有。一九〇四至一九〇五年之日俄戰爭實大斯拉夫主義者欲擴張俄國霸權於日本海與黃海之結果（此結果實使大斯拉夫主義之野心大失所望）也。

尼古拉二世與芬蘭

至於芬蘭大公國則固亞力山大三世亦尊重其憲法與特殊之國情者，今尼古拉二世乃亦對之施行『俄羅斯化』。一八九九年俄皇於大公國中之民政機關，以大批俄人代替芬蘭人，輸入俄國之警察，使芬蘭之軍隊編制與俄國一致。且令芬蘭一切立法須由俄國各大臣會同芬蘭部長草定之，惟僅關芬蘭之事，始提交芬蘭議會。至其極也竟任（一八九九年八月）彼篤信大斯拉夫主義之酷吏普列夫爲芬蘭部長焉。

第三節　俄國之產業革命與反抗專制之復起

十九世紀末葉俄國工商業之發達

與大斯拉夫主義之勃興及『俄羅斯化』之推行並起者，爲俄國產業革命之進展，此實發端於亞力山大三世之時，而大張於尼古拉第二之世。商業活動在十九世紀之第八十幾年中顯形發達，自一八九五年以後，進展益速。南俄羅斯之建築鐵路（一八九五——一八九七），利於開發重要之煤鐵礦，因使爲之改變面目，而工廠紛立，有如雨後春筍。當一八八六與一八九九年間，鐵礦每年之產額，至逾四倍，後更超過法國。他種產業發展之速，殆亦相同。當一八八七年，織工之數爲四十萬，及一八九七年則增至六十四萬三千，陶工則由六萬七千增至十四萬三千。當一八八七年從事重工業之工人共計爲一百三十一萬八千，及一八九七年已增至二百一十萬，後且逾三百萬，十年之內製造品之價值已增至三倍以上。俄國工業之非常發達，半由於貧困農民之由鄉入城，可以增加賤價之勞力，半由於大宗之外國投資，尤以俄法同盟成立後之法國投資爲最多。此時既有法國之資本，復有本國賤價之勞力，故到處皆有鐵路之建築。當一八八五年帝國境內鐵路之哩數總計爲一萬六千一百五十五哩，一八九五年爲二萬二千六百哩，一九〇五年爲四萬零五百哩，至一九一三年則已完成或正在建築者約達五萬一千哩。自始於一八九一年而成於一九〇五年之西伯利亞鐵路及其支線通行以後，不惟俄國農民之移殖於西伯利亞者因而增加，其對中日二國之商業關係因以鞏固，卽高加索之石油，中亞細亞之棉花，西伯利亞之穀物，木材，礦產等亦可輸入以爲俄國工商業之利焉。

政府對於新興工業階級應採態度意見之不同

產業革命雖未破壞俄國農業制優勢，註一 但仍產生種種特殊問題，大足以危及專制政治之

註一　當一八六〇年俄帝國內城居之民尚未佔人口總數百分之十，一八九七年則佔全體百分之十三，一九一二年寬佔百分之十四。在產業革命最先傳入之波蘭，其城居之人口在一九一二年佔全體百分之三十。

工業發展之贊助者與有勢力之大臣維持一八九二至一九〇三年

根本。資本家與城市無產階級均起爭政府之保護扶助。普列夫竭力抑制俄國工商業之循西歐舊軌發展，其理由以爲此種進展必產生危險之無產階級與繁榮之中產階級二者對於專制政治及其最後所依據之農產社會同有不利。但普列夫及其主張大斯拉夫主義之多數同志終不能遏止新經濟趨勢之進行。中產階級亦如專制政治與俄國之愛國者卒得一剛毅之維特（Serge de Witte）爲其領袖。

維特（一八四九——一九一五）註一生於高加索之提弗利司（Tiflis），其父（先世爲荷蘭人）在彼處爲帝國之行政長官。彼幼學於敖得薩（Adessa）大學，嘗參與反動之新聞事業，又久服務於南俄羅斯之鐵路，故對於鐵路建築與鐵路財政均具有專門智識。此種幼年環境經驗，使彼熱心於『俄羅斯化』與俄國專制政治之維持，而同時又力主工商業之發展。亞力山大三世初任之爲帝國財政部之鐵道司司長，一八九二年升爲交通大臣，一八九三年調充財政大臣。後在尼古拉二世治下繼任斯職，歷時十載，曾引用外資推廣帝國國有鐵路之系統，增加政府之

註一　在紐罕什爾之樸次茅斯（Portsmouth）商定條約結束日俄戰爭時（一九〇五年），維特實爲俄國代表，彼以此聞名於美國。彼亦曾力謀革除俄國當時盛行狂飲之惡習。

殖民地之擴張與保護關稅之徵課

歲入幾至一倍。彼亦若德國之俾斯馬克與英國之張伯倫，欲擴張殖民地，並征課保護關稅，藉以發展國內之工業，因繼續增加俄國在中國北部與波斯之勢力（此種政策甚合大斯拉夫主義者之策略）。彼爲裨益資本家起見（此則受多數大斯拉夫主義者之反對），曾爲俄國確立金本位制，盡買無利可獲之私有鐵路，津貼各種工業，鞏固國有銀行，並於一八九一年課煤鐵以重稅。一八九四年時，俄國在其指導之下，已完全變爲一保護貿易之國家，政府恃間接稅爲收入，而不重田賦或所得捐之直接稅。願保護製造業者與大地主之結果，實使貧困之農工大蒙不利。當一九〇五年，俄國棉糖零售之價實高於德國二倍半，鐵之零售價高出四倍半，煤之零售價則高至六倍。

社會立法之提倡

維持同時又以爲工業之效率，全國之福利，均可以利於工人階級之社會立法促進之，此亦與俾斯馬克及張伯倫相同。其時頑固派恆恐無產窮人之屢行罷工，將逐漸發生政治關係，而危及專制政治之穩定，於是彼之信仰乃因此而益受激勵，遂推行一八八六年之詳密工廠法，規令政府官吏得調停一切勞工紛爭，制定礦山條例，並擬具一切工人災害保險之計劃。維特對於社會立法所最注意者，在滅除狂飲之害。彼具此目的，故於一八九四年下令規定酒類由政府專賣，且取消一切私營零售之酒店，除在波蘭與波羅的海諸省外，對店主概無相當之賠償。

一九〇三年維特之去職

維特之政策引起多數有力者之抨擊與敵視，要人如普列夫與波白多諾斯慈夫亦在其內。結果此著名之財政大臣卒於一九〇三年爲俄皇罷免。蓋所有頑固之反動黨咸以爲時機緊迫，普列夫之所懼者勢將實現，彼新興之工業階級已自證明其足以危及俄國之專制政治也。

反對專制政治之新方式

一、地主階級之嫉妬工業階級之受惠

自亞力山大二世在位之末年，反抗專制者因普列夫與祕密警察之密防嚴辦已告停止，乃至二十世紀之初又有種種方式不同之反抗公開活動。就人數而言，其最重要者厥爲多數大地主與農民之反對俄皇一任維特之偏重工商業。此等地主之利益得地方議會爲其強有力之保障，故能強迫政府，卒使維特於一九〇二三年之間請地方議會之委員會向政府建議，以定俄皇所應採行之改革（尤其關於農業之改革）。

地方議會之報告一九〇二至一九〇三年

各地方議會之委員會雖受政府多方之阻，然而在報告總數七百件之中，顯然抨擊現行制度者仍達四百件以上，其中多要求全國代議制及出版與個人自由之保障。普列夫與波白多諾斯慈夫乃以此等報告中之敵對論調抨擊維特，此實彼一九〇三年去職之直接原因也。

二、工殘勞動者之

當十九世紀之第九十幾年中，過激分子如小說家哥爾基（Maxim Gorky）輩將馬克斯派

受馬克斯社會主義之影響

城市之「社會民主黨」

鄉村之「社會革命黨」

社會主義者之說傳於新工業無產階級之中，是爲反對專制政治之第二種根源。社會黨在大工廠中宣傳，復因工人轉徙於各工廠間而其效力益大。一八九八年有『勞工社會民主黨』(Workmen's Social Democratic Party)成立，其黨綱與他國之社會黨相似。該黨雖受政府之迫害，因內訌而分裂，然仍能不時鼓吹罷工，並教多數工錢勞動者以力爭民主政治。馬克斯社會主義之在俄國，不獨爲城中日工之所喜，且能鼓動貧苦無田之農民，於是多數農人組織『社會革命黨』(Socialist Revolutionary Party)，其黨綱包括沒收一切大地產而分爲小農場，其政策則近於暴行與恐怖主義。一九〇〇年以後，社會革命黨之發展較社會民主黨爲更速。

三、爲政治自由主義所激動之中產階級

「解放者」

反對俄國專制政治之第三種根源，爲新自由主義之發展。此在一方面爲商人廠主及實業界之其他人物所擁護，蓋彼等信其經濟狀況可因限制諸臣之專橫及代議政制之樹立而改良也。他方面又爲開明之貴族，激烈之文人，與有智能之自由主義者如米留科夫教授(Professor Milyukóv)等所擁護，彼等蓋均因深究博覽或遊歷而對於西歐政制深表同情者。此輩自命爲『解放者』(Liberators)，其運動以各大學爲中心。一九〇二年，彼等始在德國之司徒嘉德(Stuttgart)城發表一名『解放』(Liberation)之刊物，一九〇四年更成立『解放同盟』

四、弱小民族之反對『俄羅斯化』

(Union of Liberators) 之政黨。

反對俄國現有制度之第四種根源（大斯拉夫主義之反動），爲波蘭人，猶太人，芬蘭人，立陶宛人，及波羅的海諸省之德意志人之强烈惡感及其決然反對『俄羅斯化』之理論與實施。此等受制之民族，對任何派之俄羅斯人力能攻擊破壞專制政治者，皆願與聯合。猶太人多趨向社會主義，波蘭人則多同情於『解放者』之企圖。在芬蘭則自一八九九至一九〇五年，本地之芬蘭人與瑞典人共爭芬蘭憲法之恢復，謀止俄國對於芬蘭內政之干涉。

普列夫與忠於專制政治之諸臣，對此一切反對勢力，均能奮鬭不倦，似乎頗有成效。普列夫之變法正盛行於全帝國（一九〇三——一九〇四），住宅之檢查，非法之捕逐，新聞之壓制，均屬日常慣見之事，凡僅有傾向反俄羅斯主義，自由主義或社會主義之嫌疑者，輒爲警察逮捕，由政府命令監禁焉。

第四節　一九〇五年之革命運動與俄國國會一九〇六——一九一四年

日俄戰争之影響

普列夫制實因日俄戰争（一九〇四——一九〇五）而受一以外之突擊。俄軍敗耗之迭由滿洲前線傳來，實明示俄人以其無能之軍民長官均擢用於普列夫暴亂制度之下，而賄賂貪贓之事亦在此制之下盛行，反對黨遂立卽乘此在俄國促成革命運動，以向專制俄皇尼古拉二世爭得幾種顯著之政權。　人民因屈辱而感覺不安，由不安而漸生怨謗，後更釀成騷動。　一九〇四年七月二十八日，反動專制政治之標識與化身普列夫卒被炸死。　十一月，各地方議會與市議會之要人遂開非正式會議，呈請俄皇改革政制，保障個人自由，擴張地方之自治權，並設立國會。

一九〇五年俄國之革命運動

俄皇對於此等內亂預兆之唯一答復，爲允行（一九〇四年十二月）幾種空洞之改革，並任一特別可惡之反動黨人脫勒波夫（General Trepoff）爲警察長，於是反對方面乃採更威脅之態度。　專業階級之人物則舉行政治聚會，作煽亂之演說。　工人則在莫斯科，哥維諾（Kovno），利牙，維爾納及歐俄之其他諸城舉行同盟罷工。　在彼得格勒則有罷工工人由一牧師名加本（Gapón）者領導遊行，當其正欲上請願書於『慈父』俄皇之際，忽受軍隊射擊，此流血慘劇，遂使是日（一九〇五年一月二十二日）得『赤色星期日』(Red Sunday) 之稱。　在鄉村，復有農民受社會革命黨首領之影響，結隊遊行，焚掠貴族地主與鄉紳之宅第。　反動之塞爾哲大公爵(Grand-Duke Serge)，者皇叔也，於二月十七日在莫斯科被刺，自後達官被殺成爲常事。　波蘭與高加索更起武裝暴動，賴俄軍之猛攻，僅得敉平，國有鐵路須在戒嚴令下始能開行，各大學皆被封禁。

尼古拉二世之讓步

俄皇既不能壓制勢焰日熾之騷動，乃漸注意民衆之要求，下令實行宗教寬容，允許私立學校採用波蘭及立陶宛語，弛行反猶太人之法律，免除農民分有村地所應付之欠款，並許以常法審判政治犯。

一九〇五年十月之佈告

帝國議會之設立

一九〇五年六月，彼答復各地方議會大會之代表，允從速召集國會。八月，頒賜憲法，規定此種議會之設立，名之爲帝國議會（Imperial Duma），許其與俄皇商議立法。未幾，又能免波白多諾斯慈夫脫勒波夫及其他極端反動之大臣，召維特任俄國新制下之第一任內閣總揆，一九〇五年十月三十日並發佈其最著名之佈告。此十月佈告（October Manifesto）中宣稱保障個人信仰言論結社之自由，對於帝國議會之選舉，創立一中和之民選制，並明白規定自後法律非得帝國議會之同意，不得發生效力。

帝國參議會

後又以一九〇五年十二月之敕令賜予成年男人普選權，以一九〇六年三月之敕令規定一兩院制之立法部，指定帝國議會(Duma)爲下院，而將舊有之參政院（Council of State）改爲上院，稱爲帝國參議會（Council of Empire），其議員半由俄皇指派，半由幾種特權階級間接選舉之。

一九〇六年革命運動之衰替

顧俄國之革命勢力至一九〇六年已成強弩之末，自後乃顯然漸趨衰歇。對外之迭次失敗，因對日和約之締結（一九〇五年九月）而告一結束，政府遂得利用軍隊以恢復國內之秩序。又俄人盡力於外戰內亂已幾歷時兩載，現多渴望和平安寧希得因公共秩序所生之經濟利益。革命分子亦開始分裂，而費其精力於派別之爭。

革命黨之派別

不惟社會民主黨與社會革命黨俱各有其組織，各代表不同之階級利益，即自由黨（專門業者與地方議會之議員）亦因憲法問題而起分化。

『憲政民主黨』

一爲激烈團體，在米留科夫教授領導之下，組成『憲政民主黨』（Constitutional Democrats，通常稱之爲『Cadets』）彼輩不承認俄皇各敕令爲定案，而要求第一屆帝國議會起草憲法，爲俄國規定一完全民主之議會，操立法全權，並得完全支配君主及其諸臣。

『十月黨』

另一集團稱爲『十月黨』（Octobrists），代表比較保守之自由黨人，尤其代表地方議會之議員，彼等願承受俄皇著名之十月敕令及其以帝國議會限制專制政治而非完全代替專制政治之規定。憲政民主黨贊成以人民主權說爲基礎之立憲政治，十月黨則贊成以奉天承命之俄皇的自由同意爲基礎之立憲政治。憲政民主黨大概贊成波蘭之自治與帝國之採行聯邦制，十月黨則受大斯拉夫主義理想之影響，而熱心於『俄羅斯化』之愛國政策。最後，大地主悚於鄉區之紛擾，恐自由派之帝國議反動黨之團體——「俄國民衆同盟」

反動的恐怖主義

會將没收其地產，遂開始與反動之政府派軍人及舊式之大斯拉夫主義者合作，以抵制最近改革敕令之實施而維持前此專制政治之權勢。此等反動分子組成「俄國民衆同盟」（Union of the Russian People）於一九〇六年之初，即爲擁護傳統制度而大肆活動。自一九〇四至一九〇五年，俄國本盛行革命的恐怖主義，現則有一種反動的恐怖主義繼之而起。同盟中之凶惡羽翼通常所稱爲「黑殺隊」（black band）或「黑殺百人隊」（black hundreds）者，竟意圖殲滅激烈分子，彼等威脅鄉民，對於猶太人尤大肆劫奪虐殺焉。

一九〇六年三月之佈告——帝國議會權利之限制

斯托利平之任總揆——一九〇六——一九一一年

俄皇政府在此等情勢之下，遂稍能挽回一九〇五年憲政猛進之局。一九〇六年三月，尼古拉二世在其創設帝國參議會爲國會上院之敕令中，將帝國之根本大法與立法機關之組織法正式置諸議會討論之外，宣布陸海軍與對外政策之指揮爲皇帝獨有之特權，與政府大臣以在帝國議會閉會時發布臨時法令之權，將商訂借款之權歸於財政大臣，並規定若議會不通過當年預算案，則政府得以上年之預算代之。一九〇六年四月，俄皇又對黑殺百人隊之恐怖主義與反動黨之請求讓步，免維特總揆之職，而任守舊之哥勒密孔（Goremykin）繼之，且以斯托利平（Pet-e Stolypin）爲内政大臣。斯托利平（一八六二——一九一一）註一實新閣中最有才略之人乃一九〇六至一九一一年間極爲卓絕之能臣也。一九〇六年七月彼擢入總揆，力圖並專制政治與帝國議會而維持之，故一面防制極端反動黨廢除帝國議會之強求，一面則如普列夫之嚴懲革命罪犯。

第一屆帝國議會（一九〇六）及其創立議會政治之失敗

此時俄國之第一節議會已選出，於一九〇六年五月十日集會於彼得格勒。時重要問題足以使全國代表爲難者，即究應以誰爲全國之主人翁——帝國議會歟抑皇帝之大臣歟? 支配帝國議會多數黨之憲政民主黨主張前者，哥勒密孔斯托利平與俄皇則主張後者。帝國議會擬制定法律期創立純粹之議會政治而排斥地主，內閣則加以阻撓，卒於一九〇六年七月二十一日以帝命解散帝國議會而另行新選。憲政民主黨不承認此舉，於是有第一屆帝國議會之議員約二百人仿一七八九年凡爾賽網球場集會之故事，移會址於芬蘭之威堡（Viborg），在彼處草一宣言發表請俄人不納稅，不從軍。

一九〇六年第一屆帝國議會之解散與威堡抗議之無效

但威堡宣言（Viborg Manifesto）生效甚微，主動者皆剝奪公權，憲政民主黨之俱樂部概被封禁，數次武裝騷動之企圖亦悉即平定。一九〇六年，政府授特權

註一 斯托利平生於莫斯科附近，爲一鄉紳之資，曾在政界歷任大小官職，當一九〇六年初彼爲薩拉多夫（Saratov）省長，因能抑制恐怖主義與騷動得俄皇之賞識。

於特權軍事法庭，革命黨人因此處死者甚多，被放者約達三萬五千。

第二屆帝國議會（一九〇七）及其維持獨立之失敗

政府雖干涉選舉，而反對專制者仍能在一九〇七年三月五日集會之第二屆帝國議會中佔大多數，內閣與帝國議會之間遂依然又成僵局。斯托利平會建土地改革之議，許農民脫去農村之支配，並授以皇室土地與國有地產，而議會則以為過於溫和，要求完全剝奪一切大地主之產業，並廢除戰地軍事法庭，且保證大臣對議會之負責。時社會民主黨反對政府尤力，總揆乃控其領袖參與教唆軍隊之逆謀，毅然要求國會將彼輩交出，俾受拘捕懲罰。帝國議會則維護議會之特權，拒斥此請，於是俄皇遂以一九〇七年六月十六日之令解散第二屆帝國議會。

一九〇七年六月解散第二屆帝國議會與選舉法之變更帝令

此次俄皇竟反其一九〇五年十月之敕令，根本變更選舉法，而另為最詳密複雜之設備，以行議會選舉，意在使議會之下院亦能如上院，可由殷富之保守黨與大斯拉夫主義者佔絕對之多數。中亞細亞諸省之選舉權，概行剝奪，波蘭，高加西亞與西伯利亞之代表，大行減少，選舉區之劃分既極不自然，至使傾向激烈之城市與人口衆多而傾向保守之農民區合併，同時又採一種階級投票制，與大地主等以優勢。

第三屆帝國議會及

新選舉法施行之結果，恰如俄皇與斯托利平之所願。一九〇七年十月依法選出之第三屆

其對斯托利平之擁護

帝國議會，乃由多數鄉紳與少數商人組成。由十月黨與溫和保守黨（Moderate Conservatives）合成之多數黨尤以帝國議會爲一咨詢機關，自願承認俄國之眞正議會政治應在俄皇及其大臣仁愛保育之下逐漸演進。人數大減之憲政民主黨雖仍受米留科夫教授之領導，已願放棄其阻撓議事之策略，而在憲政常軌上從事反對。此時對於現行制度仍作公開強硬之敵視者，一方面惟有少數之社會民主黨與決不妥協之小數民族集團，在他方面則惟有大部分之極端保守黨（Extreme Conservatives）而已。

革命運動之壓制一九〇六至一九〇九年

斯托利平之政府直至一九〇九年，均注其全力以恢復國內之秩序，懲罰政治罪惡，並鞏固在一九〇四至一九〇五年革命運動中大受威嚇之專制權力。革命之暴動雖仍發生，但其效已漸減。依政府公報自一九〇六至一九〇七年官吏之爲恐怖黨人刺殺或傷害者凡四千一百三十一人，至一九〇八年則減爲一千零九人。斯托利平之應付此種情勢甚爲嚴酷：彼逮捕威堡宣言之署名者處以徒刑三月，永奪其選舉權；對於第二屆帝國議會中社會民主黨議員之被控爲叛逆者，則令受祕密之審判，留三十一人於西伯利亞。警察對於凡發表散佈文字足以「喚起敵視政府之態度」者，概得科以罰金或拘禁三月。當一九〇六至一九〇八之三年中，政治犯之處死者

帝國議會之城爲國家諮議院

一九一一年斯托利平之被刺與科科維慈夫之繼任

第三屆帝國議會之專業一九〇七至一九一二年

至少有二千三百人，被放逐者更達數千。

自一九〇九年二月以後，處死刑者頓行大減，已漸以較溫和之法代替軍法，出版之自由亦較勝於普列夫時代。帝國議會雖未能真正支配內閣與財政，然仍不失爲全國之議會，足備俄皇之諮詢，且能隨時勸內閣大臣接受其修正之法規。俄國人民至少有帝國議會爲一代表全國合有民治萌芽之機關，此一九〇五年俄國革命之果也。

顧斯托利平不及見第三屆帝國議會之成其全功，一九一一年九月，彼在基弗之帝國戲院爲一猶太律師刺斃，此乃革命恐怖主義一種日暮途窮之孤憤暴行也。繼任揆席之科科維慈夫(Kokovtsev)爲歐洲有名之經濟學家，彼仍因襲舊策，於國家財政採行有利之改革。一九一二年六月，第三屆帝國議會期滿。是會自一九〇七年以來，曾通過幾種著名議案一（一九〇九年所通過者）爲批准一九〇六年十一月之臨時命令，許農民據有其所分之田，免其償金，實際殆已廢除農村所有權之制（此令苟能厲行，則當與亞力山大二世原來之釋放敕令（一八六一年）同爲開一新紀元矣）。此外尚有關於工人保險之一般的計劃，關於地方司法行政之改革，及在正統教會贊助之下推廣初等教育。又第三屆帝國議會實熱心贊助斯托利平或科科維慈夫之愛國的大斯拉夫主義的提案。故不獨維持壓制猶太人之法律，增制削平波蘭民族運動之新法，且於一九一二年批准五百兆盧布註一之巨額經費，以創設新海軍焉。

第四屆帝國議會與專制政治及國民代表間之進行妥協

一九一二年所選出之第四屆帝國議會其政治色彩及其所表演之活動，與前屆議會均甚相同。此會關於內閣提議在波蘭更行『俄羅斯化』之事，雖與帝國參議會爭持但對政府之嚴限售酒，與將步兵三年常役之法定期限延至三年零三月（一九一三年），則表贊同。當一九一四年二月，尼古拉二世以年逾七旬之哥勒密孔代科科維慈夫充任總揆之時，俄國之政治組織似已得常態之平衡可以如彼政府文憲中所用詞逆而事當之語，稱之為『專制俄皇治下之立憲君主政治』矣。

芬蘭問題一九〇五之一九一四年

一九〇五年之革命，在俄皇一部份領土內（芬蘭大公國），實已產生不利於專制主義之結果。芬蘭全體人民對於一八九九年俄皇之廢其舊憲，堅決抵制，致釀成一九〇五年十一月之『全國大罷工』。鐵路輪船電話郵務均歸停頓，大公國之首都赫星法斯（Helsingfors）既無電車馬車燈光，且除糧食店外概行罷市。尼古拉二世悚於日俄戰爭之惡果與國內之革命運動，

註一 俄幣一盧布值金元五角一分五釐。

一九〇六年之芬蘭新憲法

乃屈服於芬蘭人，而以一九〇五年十一月十七日之敕令恢復芬蘭之憲法。於是罷工立卽終止，議會亦旋卽選出（此爲一八九九年以來之第一次），於十二月集會開會三月，草定新憲，以一院(Chamber)代替前此四級(Estates)之立法部，並創立比例代議制與成年男女普選制。此種芬蘭政治之改革卒於一九〇六年爲俄皇批准。後尼古拉二世受斯托利平與大斯拉夫主義者之影響，力主芬蘭問題之有關帝國者須由俄國內閣決定。在國際大戰爆發以前俄政府力謀減少芬蘭議會之權，實引起彼邦之危懼。

俄國與國際大戰

一九一四年八月國際大戰之爆發，實徵俄國大斯拉夫主義之活躍。俄皇對議會演說，謂彼可證明『愛國忠君之情感勃然奮發，如狂風驟雨之瀰漫全國』，繼復謂『吾人不僅謀保本國之尊嚴與光榮，且亦應爲同教同種之斯拉夫同胞塞爾維亞人作戰，此時朕實喜見一切斯拉夫人之與俄國聯合，正強固無間，可底於成』。俄國內此種強盛之情感，實爲效忠俄皇，熱心正統教會，及自負具有足與條頓文化相抗之斯拉夫文化各種好勝心理之結合，然同時俄政府亦謀撫慰不滿意之小數人種，於是中止其對芬蘭議會之衝突，正式許波蘭人復其王國，賜以自治之權，並弛行壓制羅馬教徒與路得教徒之法律，甚至對於猶太人亦表示俄皇之愛護，而許其充當軍官。

課外讀本

普通者：

1. C. D. Hazen, *Europe since 1815* (1910), Chap. XXIX, XXXI.
2. J. H. Robinson and C. A. Beard, *The Development of Modern Europe*, Vol. II (1907), Chap. XXVIII.
3. J. H. Rose, *The Development of the European Nations, 1870–1900*, Vol. I (1905), Chap. XI.
4. *Cambridge Modern History*, Vol. XI (1909), Chap. XXII, and Vol. XII (1910), Chap. XII, XIII.
5. *Histoire générale*, Vol. XI, Chap. XIV, and Vol. XII, Chap. XI.
6. Alfred Rambaud. *Histoire de la Russie depuis les origines jusqu'à nos jours*,

6th ed., rev. and Completed to 1913 by Émile Haumant (1914), Chap. XXXVI-XLI.

7. Anatole Leroy-Beaulieu, *The Empire of the Tsars and the Russians*, trans. from 3d French edition by Z. A. Ragozin, 3 vols. (1893-1896).

8. Sir D. M. Wallace, *Russia*, new ed., (1908).

9. Maurice Baring, *The Russian People*, 2d ed., (1911).

10. Leo Wiener, *An Interpretation of the Russian People* (1915).

11. J. Novicow, *The Russian People, a Psychological Study*, A Suggestive Essay in Alfred Rambaud, *The Expansion of Russia*, 2d ed., (1904).

12. H. W. Williams, *Russia of the Russians* (1914).

13. Gregor Alexinsky, *Modern Russia*, Eng. trans. by Bernard Miall (1913).

14. Wolf von Schierbrand, *Russia, her Strength and her Weakness* (1904).

15. Alan Lethbridge, *The New Russia: From the White Sea to the Siberian Steppe*

(1915).

16. Maxime Kovalevsky, *Russian Political Institutions*, Eng. trans. (1902).

17. Wiatscheslaw Gribowski, *Das Staatsrecht des russischen Reiches* (1912).

18. U. S. Bureau of Foreign and Domestic Commerce, *Russia, a Handbook on Commercial and Industrial Conditions*, Prepared by J. H. Snodgrass, U. S. Consul-general at Moscow, and other consular officers, and published by the American government at Washington (1913).

19. W. de Kovalevsky, *La Russie à la fin du XIXᵉ siècle* (1900).

20. Maxime Kovalevsky, *Le régime économique de la Russie* (1898).

21. Gaëtan (Vicomte) Combes de Lestrade, *La Russie économique et sociale à l'avènement de S. M. Nicholas II* (1896).

22. August von Haxthausen, *Russian Empire, its People, Institutions, and Resources*, Eng. trans., 2 vols. (1856).

23. *The Russian Year Book*, ed., by H. P. Kennard (1911 *sqq.*).

24. *The Russian Review.*

俄國之發展及俄化：

1. F. H. Skrine, *The Expansion of Russia*, 3d ed., (1915).

2. Geoffrey Drage, *Russian Affairs* (1904)

3. A. J. Beveridge, *The Russian Advance* (1903).

4. M. M. Shoemaker, *The Great Siberian Railway from St. Petersburg tc Pekin* (1903).

5. Charles Lowe, *Alexander III* (1895).

6. H. G. Samson von Himmelstjerna, *Russia under Alexander III and in the Preceding Period*, trans. from German by J. Morrison (1893).

7. B. P. Pobêdonostsev, *Reflections of a Russian Statesman*, trans. from French by R. C. Long (1898).

8. Victor Bérard, *The Russian Empire and Czarism*, Eng. trans. by G. Fox-Davies and G. O. Pope (1905).

9. Israel Friedlaender, *The Jews of Russia and Poland* (1915).

10. Georg Brandes, *Poland, a Study of the Land, People, and Literature* (1903).

11. J. R. Fisher, *Finland and the Tsars, 1809–1899* (1899).

12. Henry Norman, *All the Russias* (1902).

13. W. A. Phillips, *Poland* (1915), Chap. IX–XIII.

革命運動：

1. James Mavor, *An Economic History of Russia*, Vol. II (1914), Books IV–VII.

2. Ludwik Kulczycki, *Geschichte der russischen Revolution*, trans. from Polish into German, 3 vols. (1910–1914).

3. Alphons Thun, *Geschichte der Revolutionären Bewegungen in Russland* (1883).

4. George Kennan, *Siberia and the Exile System*, 4th ed., 2 vols. (1897).

5. Peter (Prince) Kropotkin, *Memoirs of a Revolutionist*.

6. N. V. Gogol, *Dead Souls*, Eng. trans. by D. J. Hogarth.

7. S. M. Kravchinski, *Underground Russia* (1883).

8. *Russian Peasantry, their Agrarian Condition, Social Life, and Religion* (1905).

9. *Career of a Nihilist* (1901).

10. *At Dawn of a New Reign: Study of Modern Russia: King Stork and King Log* (1895).

11. Maxime Kovalevsky, *La crise russe: notes et impressions d,un témoin* (1906).

12. Paul Milyoukov, *Russia and its Crisis* (1905)

13. Konni Zilliacus, *The Russian Revolutionary Movement*, Eng. trans. (1905).

14. Bernard Pares, *Russia and Reform* (1907).

15. G. H. Perris, *Russia in Revolution* (1905).

16. W. E. Walling, *Russia's Message* (1908).

17. S. N. Harper, *The New Electoral Law for the Russian Duma* (1908).

18. Paul Vinogradoff, *The Russian Problem* (1914).

關於日俄戰爭，參看第二十七章所附書目；關於一八七一至一九一四年俄國之外交政策以及世界大戰之爆發參看第三十章及其所附書目。

第二十六章　土耳其帝國之分裂一六八三——一九一四年

第一節　土耳其帝國及其衰替一六八三——一八一五年

一六八三年土耳其帝國之衰替

一六八三年以前，土耳其人之進展，殆無往不利。在亞洲則領有小亞細亞，亞美尼亞，敍里亞，高加西亞，阿富拉底斯河流域，及紅海沿岸。在非洲則其戰勝之軍據有埃及，脫利波里（Tripoli），突尼斯（Tunis），及亞爾吉利亞。在歐洲則征服黑海北部之韃靼人與哥薩克人，並平定全部巴爾幹半島舉凡今日之希臘，保加利亞，羅馬尼亞，比薩拉比亞，布柯維納，脫蘭斯法尼亞，匈牙利，波斯尼亞，黑塞哥維納，塞爾維亞，門的內哥羅，亞爾巴尼亞皆屬之。彼輩且向奧大利之黑普斯堡族索取貢賦，將黑海，愛琴海，及東地中海據爲己有；除佔領愛琴海諸小島外，更擁有塞浦路斯，克里脫與羅得諸島。

一六八三年土耳其人進攻維也納之失敗

土耳其命運轉變之直接緣由，卽波蘭愛國君主索別斯歧（John Sobieski）遠征軍之勝利，彼於一六八三年解維也納之圍，而卻轉土耳其人之狂瀾。但此後土耳其受禍之眞因實其龐大帝國內部政制之腐敗與軍隊之日弱（此種原因曾在上卷說明）。一六八三年以後，土耳其之勢力寖衰巴爾幹逐漸有獨立之基督教國重現，此皆久已沉淪於回教統治之下者。又奧利利黑善斯堡族與俄皇蓬勃之野心及膨脹之帝國亦皆於此時出現。奧俄二國日謀南進，欲乘土耳其之勢衰以圖利。

奧俄之侵土耳其以自大

因此土耳其之衰替遂造成兩大基督教帝國間之劇爭，而使歐洲之國際政治歷時數代愈增糾紛。

奧之所獲一六九九年之卡羅威仔條約

奧大利黑普斯堡族以卡羅威仔條約（一六九九年）而永據匈牙利之大部分，脫蘭斯法尼亞亦屬之，此後且覬覦土耳其在巴爾幹半島之其他諸省。

俄之所獲一七七四年之庫開克卡拿基條約

俄人之圖侵土耳其以自拓亦復相同。依庫開克卡拿基條約（一七七四年）俄得頓河口之亞連夫居黑海北岸（自裏海至得尼斯特爾河）之韃靼人實際上亦以此約脫土耳其而獨立，土耳其政府且承認俄國爲君士坦丁堡中少數正統教會之保護者。十八世紀將終時，俄女皇加察林二世取克里米（一七八三年），遂擴其勢力及於『獨立』之韃靼伸其國境西至得尼斯特爾河（一七九二年）矣。

拿破侖時代之土耳其

當法國大革命與拿破侖戰爭期中土耳其屢受威嚇，初則有拿破侖之驟侵埃及（一七九八年），繼則有俄英之公開對敵（一八〇七年），後復有塞爾維亞亞得里亞堡及帝國他處之倡亂。

幸其時歐洲多忙於內爭，不能顧及東方問題，於是土耳其在此種混亂之中，尚能恢復埃及，惟仍被迫以比薩拉比亞（一八一二年）割於繼續進展之俄人，遂使俄之南境由得尼斯特爾河擴至普魯斯河矣。

一八一五年之土耳其帝國

土皇雖受此等損失，其領域仍不失爲一宏壯之帝國，以小亞細亞爲中樞，以君士坦丁堡爲首部，其臂西經埃及，脫利波里，突尼斯與亞爾吉利亞以撫摩洛哥，南擁亞丹（Aden）灣與波斯灣，東達波斯與裏海，北拒俄人於普魯士河，阻奧人於薩維（Save）。統治此遼闊之國土者爲皇帝（Padishah）即『王中之王』，『上帝之像』，歐人所稱爲蘇丹（Sultan）者，彼自命爲俄多曼（Othman）王族中最古之男系，並爲全回教徒之教皇，宗教上之元首也。顧其稱號雖爲響亮，其人則以全無主張著稱，既受羣妃之愚弄，又爲臣僚所操縱，爲衞軍所挾持，縱欲行使專制之權，輒爲人所不理。此在邊境諸省如埃及，尤爲確實，蓋此等省區之總督（Pasha）固儼然藩王，不僅爲行政長官而已也。其他各地行政，亦均因命令無效，賄賂公行，以至麻木不仁，官吏恆捐買官爵，濫用權力，非法苛求，以圖自富。

土黃治下之基督教『牛馬』

受土皇弊政之害最甚者爲其奉行基督教之臣民 初土耳其人侵入近東之時，已有多數基督教徒與猶太人居於埃及敍里亞及亞美尼亞境內，巴爾幹半島中，更有團結之基督教民。土耳其人常自信應以熱烈回教徒之一切熱情，爲其宗教努力作戰，殲滅一切邪教徒，力服一切基督教民與猶太人。所以十五世紀之土耳其常勝軍對於被征服之基督教徒雖全其性命，卻課以重稅，少數基督教徒改奉回教得加入統治階級，但大多數率仍舊貫，而土耳其人亦不亟欲使之改宗，土皇並承認基督教之主教——尤要者爲君士坦丁堡之（希臘正統教）教長——爲基督教民之代表。由是被征服之基督教各族遂成爲沉淪苦海之民，因宗教、語言、制服、風尚之異，重以仇恨之心，乃與土耳其人判然各別。土耳其人以其爲勇敢之戰士與回教徒自豪，極鄙視基督教徒之農民商人，視爲牛馬，適足以供土耳其人之指使利用，故基督教徒之仇視其傲慢之征服者，實無足怪。且在土耳其人腐敗政治之下，貪婪之稅吏得向農民任意需索，無理苛求，毫無心肝，必要時，並得蹂躪農民之收穫，或強令坐視其田稼之腐爛，因此而惡感益深。加以猖獗之匪黨與非法之軍團復威脅鄉村，時掠農民。尤酷者，厥爲宗教狂熱之不時爆發，土耳其人有時或遭觸怒，有時竟毫無藉口，往往襲擊基督教之村民，屠殺男女兒童，肆掠以自肥焉。

巴爾幹半島之宗教

巴爾幹半島之情形最爲尖銳，蓋此處除保加利亞東北部、亞爾巴尼亞及君士坦丁堡與亞得

情形

里亞堡之鄰近外土耳其人，即連基督教徒之改宗者在內，仍遠不如非回教徒之多。在今日之希臘，塞爾維亞，保加利亞，羅馬尼亞等處，其人民在彼時多屬希臘正統教會，此蓋於一〇五四年與羅馬教皇分裂者。希臘正統教會之首領，原爲君士坦丁堡之教長，由土皇任命之。但可注意者，即俄國教會乃自由其宗教會議統治，實爲正統教會中之另一支派，俄國歷代皇帝皆自命爲一切希臘正統教徒之同教者及其天然之保護者。

故即僅就宗教言之，則彼時爲今日希臘，塞爾維亞，波斯尼亞，馬其頓，保加利亞，羅馬尼亞等處大多數人民之希臘正統教徒苟欲對奉回教之土耳其人合起革命而得俄人友誼之贊助，當俱不難也。

巴爾幹之軍族

顧近東問題並不如是之易決，十九世紀之局勢因受法國大革命之間接影響，愛國愛種之情已使宗教不如民族之重要。故十九世紀之爭實際上皆民族獨立拓張之戰，而非討伐「異教徒」之軍。彼久爲土耳其人視作牛馬之基督教民族，乃亦開始分爲四五種主要集團。凡前受公敵土耳其人之壓制而統稱爲奉基督教之非回教徒者，現竟各自命爲塞爾維亞人，保加利亞人，羅馬尼亞人，希臘人，或亞爾巴尼亞人，此種新生之民族熱忱實不過響應彼意大利人，德意志人，波蘭人與捷克人之所行者耳。但巴爾幹半島中人種久相混雜，故民族主義不但不能解除糾紛，而反爲猜忌與內訌之導線也。

巴爾幹半島自有史以來，即爲各人種混合之地。野蠻之游牧民，屢由東北侵入，每次外寇入侵，輒使巴爾幹人種之血統愈雜，語言愈淆，服裝愈殊。惟人種雖雜，而在十九世紀中仍有四種重要民族，與於歐洲之土耳其均主張其獨立存在之權焉。

一、塞爾維亞人

勇敢之塞爾維亞人出於塞爾維亞克洛遏亞種，約於紀元後第七世紀侵入聚居於半島之中。其殖民之處遍及馬其頓，保加利亞以至於希臘，但以在半島西北部多瑙河南岸者爲最多，有少數人崇奉回教，成貴族地主。在達爾馬提亞，波斯尼亞西北部及克洛遏亞，斯拉法尼亞者，則皈依羅馬教。其在塞爾維亞，門的內哥羅，黑塞哥維納及南部波斯尼亞者，則大率信奉希臘正教。此皆今日之塞爾維亞人也。彼等屬於斯拉夫人種，故與俄羅斯人，波蘭人，捷克人，小俄羅斯人及斯洛伐尼人等爲同種。

二、保加利亞人

保加利亞人操斯拉夫語，頗與塞爾維亞人之語言相似。其所含之斯拉夫血統，即令真有其事，要亦極不純粹。約當紀元後第四十紀，斯拉夫農人已在此地雜居於古塔雷夕居民之中。後始有與土耳其人相似之亞洲部落保加利亞人侵入征服斯拉夫人，而採用其風俗語言。 最後土耳其人復至。 此等多數成分之混合實產生保加利亞「民族」，現散居於保加利亞王國，東羅美利亞，多布魯查(Dobrudja)之各處，與馬其頓內地之大部分。

三、羅馬尼亞人或維拉克人

羅馬尼亞人，維拉克人或瓦拉西亞人(Wallachs)亦爲混合人種，曾吸收侵入之峨特種，韃靼種及斯拉夫種，但彼等自以爲出於古達西亞(Dacia)之羅馬居民，故自稱爲羅馬尼亞人。其語言之本於拉丁語，則頗與法蘭西語，意大利語，西班牙語相同。 今日羅馬尼亞王國（卽摩爾達維亞與瓦拉西亞）中之羅馬尼亞人尚不滿七百萬，若合所有羅馬尼亞人合爲一國，則奧匈當放棄脫蘭斯法尼亞，布柯維納及匈牙利之一部分，俄國當割讓比薩拉比亞，於是羅馬尼亞人便可成一人口千有二百萬之民族國家矣。

四、希臘人

在半島南部，與愛琴海中之羣島及其沿岸之馬其頓，塔雷夕與小亞細亞等地，住有第四種民族，其來源亦甚混淆，其傳習則尤足自豪。 近代希臘人與歷史上之斯巴達人及雅典人之血統關依，殆已甚少，大半出於第八世紀移入之斯拉夫種，甚或出於古希臘人之奴。 其民族服裝之紅色軟帽，白色大袖，白色短裙，絲絨短衫，白色長襪，尖頭朱履，確係得自亞爾巴尼亞部族，而非傳自伯里克利斯（Pericles）時代之雅典人者。且亞爾巴尼亞人與羅馬尼亞人居於希臘半島本部之中，區亦頗不少。顧希臘人仍自視爲古希臘（Hellas）之苗裔而自稱爲希臘人（Hellas），其民族情感之強烈殆蔑以復加。此等新希臘人凡九百萬頗多殷富之商人淵博之學者與幹練之政治家，咸夢想一簇新而更大之希臘，包希臘半島與愛琴海之亞洲沿岸及其諸島此希臘愛國志士所謂彼等之『大理想』也。

五、亞爾巴尼亞人

散佈於巴爾幹半島者，除此四種主要民族與土耳其人外，尚另有三種奇特民族，最重要者爲亞爾巴尼亞之山中居民，前論希臘人時已曾提及。此種驕矜好戰之人種，其來源實不能斷定其語言則爲羅馬尼亞語土耳其語希臘語斯拉夫語甚或爲古代伊勒利安語等之混合語。彼等自信爲一種民族——Skipitari（『鷹種』之意），但以種種原因終難成一獨立國。蓋北部或格格（Gheg）各部族之方言，非南部亞爾巴尼亞或托斯克（Tosc）部族所能了解。且大多數人固屬回教徒，然對於有勢力而奉希臘正教及羅馬教之少數，亦不能置之不顧也。又在以亞爾巴尼亞著稱之區中尙有希臘人，塞爾維亞人及保加利亞人而亞爾巴尼亞人之住於希臘及塞爾維亞者，亦復甚多並有散居於意大利者。

吉卡斯人與猶太人

半島中更有飄流無定修理雜物之吉卜斯人（Gypsy），與多數放款開店之猶太人，因此情形益雜，但彼等尙無建獨立國家於巴爾幹之大志耳。

民族主義之宣傳

當十九世紀愛護民族之情感，在塞爾維亞、希臘、保加利亞及羅馬尼亞各族中，實發生絕大勢力，其宣傳每循三種方向進行。

一、文學方面

最要者，每一民族必自有其語言與文學。希臘學者因此特復興古典希臘文之研究，其努力之結果，終能使近代希臘之文言稍似狄摩西尼（Demosthenes）之語法。在十九世紀前半期，塞爾維亞之愛國者亦開始以塞爾維亞語從事著作，而編塞爾維亞之文法與字典。羅馬尼亞之作家亦以此同樣之自尊心，開始删去其字彙中之斯拉夫字，力使其語言與拉丁文相近，藉使其祖先爲羅馬人之假說愈有力量。最後，復有保加利亞文學之復興，於一八三五年產生最初之保加利亞文法。每一文學之復興，輒有學校之設立，蓋所以培養國文灌輸民族主義者也。

二、宗教方面

民族主義在宗教方面，殆亦有同等之重要。當巴爾幹之一切民族僅爲被虐待之非回教徒時，君士坦丁堡之希臘正教教長固可代表之，及塞爾維亞人、羅馬尼亞人、保加利亞人等已有民族自覺之時，不願仍稱爲希臘教徒，不能容忍希臘教長之權威，（自希臘人利用此種宗教上之便利，各族咸主張其教會之獨立（即各教會之教義與儀式以傳佈希臘語言與理想以後爲尤甚）。當十九世紀中，塞爾維亞與羅馬尼亞之教會均獲得自治權於一八七八年被承認爲正統教會之獨立支會。甚至希臘人亦因教長不同情於一八二一至一八二九年希臘之革命而將其教會加以民族化。此種運動之結果在保加利亞人中者則尤爲希奇依土皇之敕令（一八七〇年），保加利亞教會須受一希臘教主教之統治，君士坦丁堡之教長大憤，亘四十餘載仍不加以承認。巴爾幹諸國之正統教會遂悉隸屬於民族國家，與在俄國者正同。

三、政治方面

然鼓吹民族運動者最熱烈之活動，實不在教育宗教，而在政治。彼等關於政治宣傳，曾自歷史上求得種種確證，以作其論辯之資。譬如欲激起希臘人之愛國心，則莫如訴諸光榮之歷史，試思雅典人之如何以少數逐退波斯大軍，或回憶希臘文明之如何得佔優勢於東羅馬帝國不朽之光輝中。言念及此，則近代之希臘人寧能忍受土耳其專制主義之羈勒乎？

塞爾維亞人亦藉光榮之傳習以培植其愛國心。遠在十四世紀時，塞爾維亞曾有英主名杜先（Stephen Dushan）者，統治一強盛之帝國，其版圖不惟包括塞爾維亞本部，即亞爾巴尼亞，馬其頓，伊丕拉斯（Epirus），黑塞哥維納亦皆屬之。今十九世紀何以不能見塞爾維亞人之重興與杜先大塞爾維亞帝國之恢復乎？保加利亞人之自豪亦不稍遜，彼等恆高談其古帝西門（Simeon 八九三——九二七）之勇武，與伊梵亞生二世（Ivan Asên II 一二一八——一二四一）之權勢。摩爾達維亞與瓦拉西亞之羅馬尼亞人亦不甘居人下，蓋彼等原亦強盛民族，曾在摩爾達維亞之大斯特芬（Stephen the Great 一四五七——一五〇四）領導之下力與土耳其人為敵者也。

各民族之志士率堅信其祖宗所建之業，彼等亦能成之，於是首圖脫去土耳其人之束縛，次謀推廣本族之勢力。彼熱忱稍遜之農民商人，或不常有此種豪興大志，但農民對於橫征暴斂之土耳其壓制者莫不願與之鬬，實業家亦相信在開明之民族政府下工業之發達必更勝於在半開化的土耳其人不進步之統治下，蓋新興之國可以仿效歐人建築鐵路，保護商業，俾其不受刼掠，對於進取之工業資本家，將加以保護而不鄙視之也。

第二節　列強與歐洲土耳其之分裂一八一五——一八八六年

一、一七九九年門的內哥羅之獨立

二、一八三〇年塞爾維亞之自治

三、希臘革命（一八二一）獨立之希臘王國一八三二年

巴爾幹人之民族運動只能有一種結局，卽歐洲土耳其之分裂是也。此事進行，殊非順易，次第宰割孱弱之土耳其帝國歷時至百有餘載，始克完畢。

吾人茲可肯述塞爾維亞人之革命。倔強之門的內哥羅山民，塞爾維亞族之一小支也，彼輩與土耳其人作戰歷時四百餘載，其在塞退尼（Cetigne）之領袖，兼掌政教，實際蓋久已自主，惟土耳其人則直至一七九九年始迫不得已勉強承認門的內哥羅之獨立耳。後五年，塞國本部之塞爾維亞人復叛，奉卡拉喬治（Karageorge「Black George」）爲首領，驅逐土耳其人，反抗土皇。卡拉喬治雖暫時獲勝，卒爲土耳其人所敗，於是塞爾維亞遂復爲土皇征服。一八一五年，塞爾維亞人復起革命，由米洛錫（Milosh Obrenovich）領袖之。土皇雖能仍留戍兵於塞爾維亞各要塞中，幾已正式許塞爾維亞自治，以米洛錫爲其世襲之君（十八三〇年）。

米洛錫倡亂之後，不旋踵而又有希臘之革命（一八二一——一八二九）。希臘人之如何爲獨立而奮鬬，其革命如何被其督教徒視爲一種十字軍，被自由黨人視爲一爭自由之戰，被愛國者視爲一民族主義之爭，被詩人視爲雅典之復盛，凡此一切，及俄法英諸國之如何聯合與土耳其作戰，皆具如前述。土耳其自歸失敗，戰勝之希臘人則創立共和政體。但其時自由主義與民族

主義皆歐洲之所禁者，故列強殊不能認可希臘人之共和主義與民族主義，於是失望之希臘人乃不得不放棄其共和政治而勉強承認一巴華利亞之親王爲君，於一八三三年卽位，稱俄多一世。彼引用德國之顧問與軍人，實行其澈底德國式及專制之政治理想，其在希臘之不孚衆望，較土耳其人僅差一間耳。尤難堪者，卽克里脫，闋奥斯（Chios），勒謨諾斯（Lemnos）列斯堡（Lesbos），小亞細亞伊屋尼亞羣島，北愛琴海伊丕拉斯及帖撒利（Thessaly）等處之希臘人，概屏諸新王國之外，屬於希臘版圖者僅限於希臘半島自亞爾達灣至拉蜜亞灣界線以南之地及昔加拉第（Cyclades）耳。是希臘仍一破碎不完之國也，所獲者惟希臘一小部分得脫去土耳其人之束縛而已。

四一八二九年羅馬尼亞諸省之享有自治於俄國保護之勝

希臘獨立之戰（一八二一——一八二九）實另有一重要結果，卽增加俄國在近東之勢力也。

俄軍迫土政府在亞得里亞堡所簽定之條約（一八二九年）不惟承認希臘之獨立，且確定摩爾達維亞與瓦拉西亞二邦（卽以後合爲羅馬尼亞之二省）既有之自治權，隱受俄國之保護。

此外喬治亞（Georgia）與高加索之其他諸省亦割與俄國，並承認惟俄國領事得對土耳其境內之俄商行使法權。故亞得里亞堡條約實俄國之勝利也。

俄國在近東之猛進

俄國勢力在巴爾幹半島之繼續進展，乃歷代俄皇堅忍努力之結果，亞得里亞堡條約不過爲其一例耳。自彼得大帝時代（一六八九——一七二五）以還，俄國君主即力求一『地中海之門户』，初在亞速夫得一根據地，繼則黑海北岸亦漸入其勢力以内。一八二九年俄國之猛進正威嚇亞美尼亞於黑海之極東，覬覦摩爾達維亞於其西端，摩爾達維亞與瓦拉西亞已變爲俄國之保護地，殆可隨時并入於日形膨脹之帝國以内。俄國官吏更遍巴爾幹半島宣傳俄皇爲巴爾幹諸族有力之良友及其反抗土耳其之同盟。彼輩對於斯拉夫種之塞爾維亞人與保加利亞人，則教其視俄國爲大斯拉夫國家，爲巴爾幹内斯拉夫諸國之『大兄』。希臘人、塞爾維亞人、保加利亞人及羅馬尼亞人等則稱俄皇爲正統教會之保護者，謂俄國之基督教徒爲巴爾幹基督教徒之同教者。此種趨勢實易於明白，俄皇蓋欲取土皇在巴爾幹半島之地位而代之也。無論巴爾幹諸國將正式并入俄國，抑或僅因感恩報德及宗教人種利害之相共而與俄國親密，總之近東均將受俄國之支配。

俄國之政策與列强之態度

迄一八二九年止，俄國之政策均在分割土耳其帝國，並支配一時尚不能爲俄皇所併之諸省。俄政府實現此種野心時，次第博得列强之助力。遠在十八世紀時，奥大利之黑普斯堡族已屢與俄國合作，深信土耳其爲二國之公敵，加察林二世且曾向約瑟夫二世提議，主張俄奧二國共分歐洲之土耳其，一如其分割波蘭。但因法國之革命戰爭，未果於行。後在拿破崙時代俄皇曾與拿破崙會於邊爾斯忒（一八〇七年），約定共分世界，拿破崙得西部，亞力山大則取最大部分之土耳其與印度。惟二帝尚未瓜分世界，先已自生衝突，當一八一二年，俄國之併吞比薩拉比亞，反得助於英國而非拿破崙之力。更後當希臘革命爆發時，法英二國又聯俄以制土，其因戰而獲利最大者，乃俄國，非法英也。

希臘革命後，俄皇尼古拉一世旋行一全新之策，不與土皇爲敵，而反作其良友。此種策略之變，並非謂尼古拉一世放棄其野心也，彼不過認定支配土耳其較之破壞土耳其爲利更大耳。彼將扶助土皇，則土皇當變爲俄國之被保護者。此種理想固巧，但終不能滿俄皇之欲，彼於是復憤而重行其瓜分土耳其帝國之舊計。一八四四年，尼古拉赴倫敦，欲說英政府以『歐洲病夫』土耳其勢難再存，以後俄國當由此垂死之土耳其帝國奪取巴爾幹諸省，英國則取克里脫與埃及。至於巴爾幹諸省，當然不併入俄國，不過在俄國『保護』之下自治而已。此乃俄皇坦白之諾言，顧英國內閣仍不之信，不欲與聞此計。

克里米戰爭（一八五四—一八五六）暫阻俄國之進展

俄皇尼古拉不顧此種阻礙，仍抱定決心，思乘機攻土耳其而逐之歐洲以外。彼並未久待，一八五〇年，羅馬教僧侶與正統教僧侶互爭巴勒士登之聖地，彼卽藉爲口實謂依庫閉克卡拿基條約（一七七四年）土耳其帝國內部一切正統派之基督教徒，均在俄國保護之下。法英二國設俄國之侵陵在克里米戰爭（一八五四——一八五六）中如何援助土皇抑制俄國，已具如前述。斯戰結果，爲巴黎條約（一八五六年）否認俄國保護土耳其內基督教徒之權，脫摩爾達維亞與瓦拉西亞於俄國之干涉，重取比薩拉比亞之一部於俄而歸之摩爾達維亞，確立多瑙河之自由航行，並定黑海爲中立區。

一八五六、一八六二年摩爾達維亞與瓦拉西亞之合爲羅馬尼亞

巴黎條約既使摩爾達維亞與瓦拉西亞兩準獨立小邦中之羅馬尼亞人脫去俄國之支配，於是彼輩懷抱已久之民族聯合的夢想遂得實現。歐洲列強初亦欲阻撓羅馬尼亞民族之志願，如一八三二年之使希臘人失望然。一八五八年之歐洲外交會議本深知羅馬尼亞人之願成一統一之國，然卒決定制止此兩羅馬尼亞邦之聯合。但二邦分立之代表會議竟不受此脅，同選約翰卡撒（Alexander John Cuza）爲摩爾達維亞兼瓦拉西亞之君，兩年後列強終於同意此舉。一八六二年，二邦共設一聯合國務院及一聯合議會，於是統一遂告完成。羅馬尼亞既統一，遂幾

英國在巴爾幹之優勢一八五五至一八六五年

俄國之復行幹涉巴爾幹一八六五至一八七八年

全離土耳其而獨立。

當克里米戰後十年之中，英國乃試行前此俄國所表演之活動，即支配巴爾幹基督教徒之命運是也。勸令土皇撤退塞爾維亞各要塞之駐留者（一八六七年），實爲英國而非俄國。一八六二年希臘人廢黜不孚衆望之國王俄多以後，所求之外援，亦英國也。俄多王之繼承者休列斯維格——和爾斯太因——毀得堡——格盧克斯堡（Schleswig-Holstein-Sonderburg-Glücksburg）之威廉喬治親王（Prince William George）實英政府之所選，是爲「希臘人之王」喬治一世（一八六三年）。及英政府以伊屋尼亞羣島註一與希臘王國，英國遂益得希臘之心。

英國之在巴爾幹雖似佔優勢，然俄皇亞力山大二世（一八五五——一八八一），終不欲久居人後。克里米戰爭之創痍稍復，亞力山大即重行干涉土耳其帝國內政，思恢復俄國在此次戰爭中之所失（即威望與在巴爾幹之優勢及比薩拉比亞之一部）。一八六五年俄皇嘗鼓勵克里脫之叛亂。一八七〇年復助保加利亞人獲得宗教上之獨立。一八七一年（即當德法戰爭期中），更以俾斯馬克之助取得在塞巴斯拖堡（Sebastopol）重建要塞，與維持一俄國艦隊於黑

註一　伊屋尼亞羣島自一八一五年後，爲一共和國，受英國保護。

土耳其帝國內之騷亂一八七五至一八七六年

俄土戰爭一八七七之一八七八年

海之權。最後彼乃決定對土耳其作戰。

俄皇欲求一宣戰之理由並非難事。當一八七五至一八七六年，波斯尼亞，黑塞哥維納及保加利亞等處民衆叛亂受土耳其人殘酷之壓服，當地之基督教徒多受狂暴回教徒之虐殺。此等『保加利亞慘案』實激起外國之公忿，不獨在俄如斯，卽在西歐亦然。門的內哥羅小邦與塞爾維亞已實際武裝援助其同教之受害者。君士坦丁堡之土耳其政府似有瞬卽解體之勢，國庫破產，政治疲瘵。一年之內土皇被廢者二，阿卜都哈米德二世（Abdul Hamid II 一八七六—一九〇九），竟以篡逆繼位。

阿卜都哈米德二世當國事危急之時，乃爲全土耳其帝國頒佈一自由憲法（一八七六年），妄冀假自由之名（縱非出之誠意）以滿歐洲之意而防止列強之干涉，免其藉口於保護巴爾幹之基督教徒。但俄皇自命爲正統派基督教徒之特別保護者，不致如此易受愚弄，卒於一八七七年四月二十四日對土皇宣戰。

俄軍隨卽由北部侵入土耳其，於一八七七年六月渡多瑙河。其時土軍埋伏於多瑙河南保加利亞之普列維納（Plevna）要塞中，侵入之俄軍乃無意受其猛烈有效之抵抗。其步兵在七

土耳其之敗與俄國之勝 一八七八年之聖斯脫法諾條約

月兩爲普列維納之土軍逐退，九月，又遭敗北。但後俄軍卒能合圍，土軍勇將鄂斯曼（Osman Pasha）目擊其部衆逐漸飢餓將死，乃一冒險作最後之突圍，不幸而敗，遂以四萬人降。一八七八年一月，土軍再遭大敗，被迫投降者約三萬六千。塞爾維亞與門的內哥羅之軍隊現乃奮勇侵入土境，保加利亞人則投入俄軍，羅馬尼亞人更早已予俄軍以極重要之助力。土軍原勇於作戰，其克虜伯（Krupp）砲亦曾大顯功用，惟因指揮失宜，致遭慘敗，現已無法制止俄軍之乘勝進逼矣。一月十六日，亞得里亞堡陷落，俄軍遂進偪君士坦丁堡，土耳其人乃懼而求和。

一八七八年三月三日所結之聖斯脫法諾（San Stefano）條約，實土耳其屈辱之明證，亦即斯拉夫人之勝利。土皇承認塞爾維亞，門的內哥羅，羅馬尼亞之完全獨立，及其新增之領土；保加利亞成爲自治之藩屬，以多瑙河，黑海，愛琴海及亞爾巴尼亞爲界；波斯尼亞與黑塞哥維納則須大行改革；二海峽（達達尼爾峽與博斯破魯斯峽）則在任何時均須開放以便和平通商。多瑙河沿岸之土耳其要塞且須毀除。此等規定均大有利於巴爾幹之斯拉夫人（保加利亞人與塞爾維亞人），故保加利亞與塞爾維亞對其『大兄』俄國必將永感其德。至於俄皇自己之所獲，則亞美尼亞之一部，與大宗之軍事賠款，及多布魯查之一部（彼擬以此與羅馬尼亞交換重要之比薩拉比亞）是也。

英國與奥匈之反對聖斯脫法諾條款

奥匈與英國政府對於聖斯脫法諾條款之憤慨，正與俄皇亞力山大二世之對其滿意相等。比康斐爾（狄斯雷列）方爲英國之內閣總理，彼素持強硬之外交政策，決不能坐視俄國之在近東獨佔優勢。黑普斯堡之皇帝佛蘭西士約瑟夫則尤重視此事，蓋彼方夢想奥匈在巴爾幹之發展，不能允許強盛之巴爾幹諸國成立，亦不能讓俄勢之推及於巴爾幹半島也。且破產之土皇在若干年內決不能償清賠款，必常與俄國官吏以干涉土政之口實。奥匈國務院乃決意防此慘劇，於是倡言欲變更巴爾幹之局勢，必引起巴黎條約（一八五六年）之修改，是非得宣誓維護該約之列強（英，德，奥匈，法，意，俄，土）同意不可。比康斐爾洞見此種爭執將與彼以干預巴爾幹問題之機會，遂欣然贊成之。俾斯馬克明知此事無損於德，而或反可增其威望，故亦贊助奥匈與英國之要求，主張將聖斯脫法諾條約交由巴黎條約簽字之列強批准之，俄皇自然恐此輩妒忌之外交家集會將修改聖斯脫法諾條約而奪其戰勝之果。但比康斐爾以戰爭相脅，卒強俄皇將全部問題交付一八七八年夏季集於柏林之會議。

一八七八年之柏林會議

聖斯脫法

集會柏林之外交家初不欲將近東問題作一正當合理之永久解決，彼等皆但知自私其國，各謀本國之乘機得利，其修改聖斯脫法諾條約，非爲正義公平之故，實爲奧匈英國謀利耳。故一八七八年七月十三日會議所同意之柏林條約，不過對俄國奧匈及英國利益之衝突作一無理而巧妙之調解而已。

諾條約依奧匈與英國利益之修正一八七八年之柏林條約

一、俄國之所獲

俄國得恢復多瑙河三角洲以北，普魯斯河以東，羅馬尼亞所屬之比薩拉比亞，此乃俄國前因克里米戰爭所失者，羅馬尼亞既被迫喪失比薩拉比亞，則併多瑙河三角洲以南之磽地多布魯查之大部分，藉此聊以自慰。俄國仍保留阿達罕(Ardahan)，喀斯(Kars)，及巴敦(Batoum)，此皆亞美尼亞在黑海極東之地，聖斯脫法諾條約曾以之讓歸俄皇者。

二、一八七八年奧匈之占領波斯尼亞黑塞哥維納

奧匈則取得佔領並管理土屬波斯尼亞與黑塞哥維納二省之權利，以抵制俄國之所得，且得留戍兵以維持軍事與商業交通於附近土屬之諾維巴撒(Novi-Bazar)州。此外又強令門的內哥羅以商業大利讓諸奧匈。

三、一八七八年英國之占領塞浦路斯

英國之所獲，則另由一英土條約(Anglo-Turkish Convention，一八七八年六月四日)規定之，此實柏林條約之一部也。英國保證俄國不再在小亞細亞推廣勢力；對方之土皇則允澈底改良其統治基督教徒之法，並讓英國據有管理塞浦路斯島，以爲其誠意之保證。

四、保加利亞之自治（一八七八）—保加利亞東羅美利亞馬其頓之分離

五、一八七八年羅馬尼亞塞爾維亞及門德內哥羅之獨立

六、一八八一年帖

集會於柏林之諸外交家，其待遇巴爾幹諸族，實既不寬宏又無遠見。俄皇在聖斯脫法諾談判中所定之「大保加利亞」(Big Bulgaria)，現由柏林條約分之爲三。北部爲信奉基督教之保加利亞邦，享有自治而朝貢於士皇。中部（卽東羅美利亞 Eastern Rumelia 省）則「在行政自治之條件下受士皇陛下之軍事與政治的直接支配」，惟特定任用一信奉基督教之總督。第三部分包括馬其頓與亞得里亞堡州，則仍完全受土耳其之統治。保加利亞人之民族願望所以受此殘酷之打擊者，蓋奧匈恐有一強盛之保加利亞與俄親善，則或可阻礙黑普斯堡族他日向愛琴海發展之路也。

羅馬尼亞，塞爾維亞與門的內哥羅依聖斯脫法諾條約均被認爲完全獨立之邦，並各增領土；但依柏林條約，則諸邦皆須爲士皇分擔債務且羅馬尼亞更忿恨俄國之合併比薩拉比亞；塞爾維亞則因奧匈推行其保護權於波斯尼亞與黑塞哥維納之塞爾維亞人而大恐；門的內哥羅雖幸得亞得里亞海上之安的發里(Antivari)港，然就一切海軍目的而言，安的發里受條約之束縛，實爲一奧大利港，故亦深致不滿焉。

巴爾幹諸國中受修改聖斯脫法諾條約之利者，惟有希臘。依原約，希臘本一無所獲，而因柏

林會議之結果乃得大拓領土惟新疆界直至一八八一年帖撒列正式併入希臘王國後始獲確定耳。

撒列之割與希臘

七、一八七八年土耳其之紙上改革

土耳其因柏林條約而仍得存在於歐洲，其領土包括君士坦丁堡，亞得里亞堡，羅美利亞（即馬其頓），東羅美利亞，亞爾巴尼亞，伊丕拉斯及諸維巴撒一帶，飄搖之土耳其帝國所以仍能暫時維持者實由於英國之外交或其武力。一八七六年保加利亞慘案已足表現土皇基督教臣民所受之待遇，顧此後馬其頓之基督教徒仍屬土皇治下。集會柏林之外交家不欲因此受罵，乃於一八七八年之條約中插入種種條款規定改革土耳其之行政並保障基督教徒使不受回教徒之壓制。但紙上之改革，並非實際之改革，彼草定柏林條約者之政策，終無補於以後歐洲土耳其之歷史也。

以後對於柏林決定之改變

一八八五年東羅美利亞之併入保加利亞王國

自柏林條約之簽定至該約之公然受人侵犯，歷時殆尙不滿七載。東羅美利亞之保加利亞人對於任意分割東羅美利亞與保加利亞一事，從未同意，故卒能完成不流血之菲利波波利(Philippopolis)革命（一八八五年九月十八日），而將保加利亞種之二邦合爲一國。保加利亞王亞力山大遂在菲利波波利受人歡戴作統一的保加利亞之君。列強初無懲治保加利亞之行動者，惟塞爾維亞小邦憤而宣戰，但以保加利亞人之善戰，次年卽得恢復和平。

約二十三年之後，卽一九〇八年，柏林條約更遭蔑視，蓋是年保加利亞王竟否認土皇之宗主權，而宣告自爲一獨立之國王。同時（一九〇八年）奧匈亦正式兼併土耳其之波斯尼亞與黑塞哥維納二省，依柏林條約，奧匈之於二省固僅能執行某幾種『改革』而已也。最後在一九一二至一九一三年中，巴爾幹諸國更不顧歐洲之外交，竟分割馬其頓，諾維巴撒州，及伊不拉斯。亞爾巴尼亞之自治邦成立，歐洲之土耳其，遂僅限於君士坦丁堡及亞得里亞堡附近之狹地矣。關於此後歐洲土耳其之分割，卽當另加詳述，吾人現且考察土皇之如何喪失克里脫及其統治非洲諸省之權。

二　一九〇八年保加利亞王國之成立

三、一九〇八年波斯尼亞與黑塞哥維納之併入奧匈

四、一九一三年歐洲之土耳其幾全消滅

一八〇〇年之克里脫

第三節　克里脫之自治與土耳其在非洲領地之喪失

十九世紀初年，克里脫島爲土耳其之一州，其時有兩種情形實陷此島於不幸。第一，大多數人民之正統派基督教徒幾常受回教統治者之壓制，而時與其回教鄰人起劇烈衝突。第二，克里脫雖爲土耳其之一州，而克里脫人無論爲回教徒或抑基督教徒，要皆操希臘語，因此共同之民族

意識遂與希臘有密切關係。此兩種情形，竟令騷動屠殺之事層見迭出。所可異者，當此世紀之中，歐洲列強反助回教徒以制基督教徒，聲援土皇之主權以摧抑克里脫希臘人之民族希望，因而益增此島之紛亂。

克里脫對土耳其之迭起革命一八二一之一八九七年

當一八二一年，大陸上之希臘人起而革命，克里脫之希臘人乃亦響應作亂。及戰事告終，列強竟決定克里脫應仍屬於土耳其帝國而不併入新創之希臘王國。註一 時克里脫在才略特出之總督陸斯達法（Mustafa Pasha 一八三二——一八五二）治下，戴其仁政，尚能暫安，及其甫離，克里脫立即復陷於無政府狀況之中。先是土皇在一八六八年之『根本法』（Organic Statute）中曾允行立憲政治，柏林會議（一八七八年）亦妄冀樹立此種政治於克里脫，藉以解決糾紛。顧此並非土皇之所願，彼於一八八九年復置克里脫於一回教總督專制統治之下。一八九六年之亂，迫土皇允行改革，但其無誠意之諾言僅數月而已明，於是內亂復熾。時希臘王國起而干涉，派軍艦軍隊援助克里脫之亂黨（一八九七年）。詎知陸軍挫於土人，希臘乃迫而放棄此舉。列強仍若以前之執迷，竟宣稱希臘不得兼併克里脫，克里脫仍應屬於土皇宗主權之下。

一八九七年之希土戰爭

註一 克里脫受土耳其之埃及總督梅赫美特阿里統治事見後。

一八九七年克里脫之自治

惟列強願使克里脫人對於地方事務享有自治之權，於是宣佈克里脫自治（一八九七年十二月）。顧克里脫人猶以為未足，一九〇五年汾尼最羅斯（Eleutherios Venizelos）所領導之亂黨竟宣佈該島與希臘之聯合克里脫之議會亦予以同意惟列強又加干涉圖維持土皇主權。此次列強承認克里脫雖仍為土耳其帝國內一自治部分，但希臘國王得派一委員（一九〇六年）統治之並得由希臘士官訓練其警兵民軍。然克里脫人與希臘聯合之志願業已發動而不可遏止。一九〇八年彼等復投票贊成聯合。惟此問題終久懸未決，至一九一二年克里脫之代表始得出席雅典議會，卡尼亞（Canea 在克里脫）之土耳其國旗始行廢去，依一九一三年五月三十日之倫敦條約，土耳其始放棄其在克里脫之一切主權。一九一三年十二月，希臘王君士坦丁在卡尼亞接管該島正式高懸希臘王國之旗，克里脫之民族願望至是遂終得滿足矣。

一九一三年克里脫與希臘聯合

一八〇〇年之埃及

非洲諸省為土耳其所最初喪失者，厥為埃及。當十八世紀中土廷埃及總督之權威已屢受奴軍（Mamelukes）統帥之蔑視。而比奴軍謀亂尤為危險者，則有一七九八年拿破崙之侵入埃及。拿破崙固力稱彼係攻擊奴軍以固土皇之權。但土皇終疑其動機，向之宣戰，復得英軍之助，而逐法軍於埃及以外。顧真正之危險乃非奴軍，亦非法人，實為亞爾巴尼亞之一冒險家名梅

一八〇五年梅赫美特阿里之為埃及總督

梅赫美特阿里與土皇之衝突一八三一之一八四一年

赫美特阿里（一七六九——一八四九）者。彼初自其故鄉愛琴海北岸之卡發達（Kavada）率亞爾巴尼亞部族一隊航抵埃及，自願為土皇抵禦拿破崙。及法軍逐出後，彼乃乘紛擾未已之際，挾其勇敢之亞爾巴尼亞戰士，初助甲派，繼助乙派，旋在埃及政治上有舉足輕重之勢，乃誘土皇任己為『總督』（一八〇五年），而以計殲敗奴軍中與彼爭權者而屠殺之。梅赫美特阿里為人勇敢，不顧一切，其智略亦如之。當其任總督最初之二十年中，能鞏固自己之權勢，並藉法國軍官之助，效法歐洲，改編新軍，創設海軍，以稅收與政府商業獨佔權之收入充實府庫，發展棉業，並征服上埃及（Upper Egypt）與埃及蘇丹（Egyptian Sudan）。既乃預備擴其勢力於外，而於一八二一年得此機會。是年土皇因希臘革命爆發，恐而求助於彼，許以摩列亞（希臘大陸之一部分）與敍里亞二『總督區』為酬。梅赫美特應之，遣其子伊布拉與姆率精兵定希臘之亂。乃歐洲列強援助希臘人，於是梅赫美特既未能得摩列亞，復未能取敍里亞，所得者惟克里脫島耳，此皆前所已述者。彼以未得敍里亞為受愚而失望，土皇馬穆德二世（Mahmud II）復漸忌其強盛有異志，於是雙方關係緊張，竟至破裂。一八三一年，梅赫美特阿里野心勃勃，遣其子伊布拉與姆率埃及軍侵敍里亞，土皇大怒，宣佈梅赫美特為叛逆。戰爭遂起，梅赫美特所率訓練甚精一八四一年梅赫美特阿里之為埃及『世襲總督』

『埃及國主』一八六六年

總督治下之亞爾吉利亞

之埃及軍竟所至披靡，乘勝直逼君士坦丁堡。土皇絕望之際，乃容納俄艦俄軍之助以防埃及軍之入擄京都，旋與梅赫美特及俄法英諸國進行頭緒紛繁之談判，結果梅赫美特阿里卒得敍里亞，大馬士革亞勒波諸總督區，亞達拿（Adana）區亦為所有（一八三三年）。

在短期內埃及總督對土皇雖例仍進貢，實則為一大國之君，其版圖由尼羅河上游各地抵安提阿與亞達拿。但敍里亞人不久即起革命，土皇因於一八三九年復圖制此跋扈之臣，乃梅赫美特之軍復勝。俄國再加干涉，聯英國以助土皇。梅赫美特迫而放棄敍里亞大馬士革亞勒波與亞達拿，得埃及總督之世襲權以為償（一八四一年）。於是梅赫美特阿里朝遂為埃及之世襲統治者，雖貢於土皇，實則獨立，埃及之叛離至是告成矣。

二十五年之後（一八六六年），梅赫美特阿里之苗裔更自加埃及國王（Khedive）之稱，自後埃及之統治者俱擁此號直至一九一四年。是年彼竟稱蘇丹(sultan)，得英法二國之承認，脫士耳其而絕對獨立。註一

當此之際，非洲海岸更西部之亞爾吉利亞正入法國支配之下。士耳其在亞爾吉利亞之勢

註一　一八六六至一九一四年之埃及史在非洲之分割章中，事見後。

力，原不靠固，當十七世紀中亞爾吉利亞沿岸無法之巴爾巴利海盜所選出之『總督』（dey），已取正式總督而代之，此種海盜恒劫掠歐人在地中海中之貿易，並常擄航海之基督教徒勒贖或鬻爲奴隸。後海盜勢衰，總督又受兵隊之支配，選舉廢黜任所欲爲。不過在名義上亞爾吉利亞尚爲土耳其帝國之一部耳。

法軍之征服亞爾吉利亞一八三〇至一八四七年

一八三〇年，法國遠征亞爾吉耳（Algiers），以懲總督之無禮，蓋彼不惟砲擊亞爾吉耳港中之法船，且曾批法國領事之頰，實於損失以外更加侮辱也。法軍卒征服此城，驅逐總督，並擊散土軍。惟究應征服全境，抑撤兵全退，則法人躊躇數年，仍不能決，乃置戍於數亞爾吉利亞港，以制止巴爾巴利海盜之滋擾。最後法政府決定征服亞爾吉利亞，乃遇一勁敵阿布特卡德（Abd-el-Kadel），其人爲一回教徒中之有勢力者，擁『君長』（amir）之號，內地好動之阿拉伯部族皆向之效忠。彼於一八三九年以正式軍隊一萬與未經訓練而勇敢之阿拉伯騎士五萬，對基督教徒宣佈神聖戰爭。彼雖一度失敗，被逐至摩洛哥，但雄辯勇敢，一如平日，旋有出而與法軍爲難。然彼乃作違天之鬬，終於一八四七年投降，亞爾吉利亞遂變爲法國之殖民地。

軍長治下之突尼斯

法軍次乃轉圖突尼斯（Tunis 或 Tunisia），此省在亞爾吉利亞之東，爲古迦太基（Carthage）之故址。突尼斯與亞爾吉利亞同爲土耳其人在十六世紀時征服，後又俱受軍將之統治。一七〇五年一克里脫之冒險家胡生（Hussein ben Ale）由軍隊立爲突尼斯之統治者。彼在名義上雖仍臣於土皇，實則已爲獨立之君，擁突尼斯「君長」（bey）之稱，其朝固至今尚握有治權之虛名也。

一八八一年法國之佔領突尼斯

法人爲突尼斯之眞正主人翁在一八八一年，是年法軍由亞爾吉利亞邊境東進至突尼斯之首都，迫其君長承認法國之『保護權』，而允法國官吏支配其政府。憤慨之土皇雖可抗議，以爲突尼斯理應爲土耳其帝國之一部分，然卒無效，法政府置之不理，突尼斯遂至今仍爲法國之保護地。

脫利波里之變爲意大利之利比亞殖民地一九一一至一九一二年

此後土耳其帝國在非洲之土地，僅餘脫利波里與息里內易卡（Cyrenaica）註一二州。連息里內易卡在內，脫利波里亦係土耳其在十六世紀時所征服，自一七一四至一八三五年均由世襲君主統治，彼等雖實已獨立，但仍自稱爲土皇之總督，而對土政府進貢。十九世紀初，美國對脫利波里宣戰，以制止其海盜行爲，脫利波里總督之權勢遂受一重大打擊。此次對美之戰與其內亂，實使脫利波里勢弱，乃於一八三五年復歸土政府直轄。一八七五年，將脫利波里東部另建一

註一　埃及在理論上固仍爲帝國之屬邦，但實際則否。

省爲息里內易卡州。後土耳其與意大利相爭，致意政府於一九一一年十一月五日以命令併此二省，一九一二年十月十八日之奧基(Ouchy)條約結束土意戰爭，認可此舉，於是脫利波里與息里內易卡遂變爲意大利之利比亞(Libya)殖民地。土政府因回教經典禁止將屬於回教國王之土地割與異教徒，故未正式認此合併，然土皇在脫利波里之所保留者僅爲教權。非洲土耳其之分割蓋自是盡矣。

第四節　巴爾幹諸國之進步與土耳其復興之企圖一八三二——一九一二年

巴爾幹諸國之分別觀察

土耳其帝國在非歐二洲內之分裂，實使歷史家之工作益難，因此後一帝國變爲六國，而各國自有其歷史也。希臘，羅馬尼亞，塞爾維亞，門的內哥羅，保加利亞諸國之事，從此皆須一一注意，至於彼破碎不完之土耳其帝國內之事，則可見之於巴爾幹戰爭（一九一二——一九一三）直至國際大戰爆發時止。

近代之希臘

吾人當首述彼最初獲得完全獨立之國——卽希臘人之王國。當一八三二年，希臘人正痛心於其新王國之領土褊小與來自德國之專制親王卽位爲『希臘人之王』。此國王俄多雖不

國王俄多一八三二至一八六二年

國王喬治一世時代希臘之立憲政治一八六三至一九一三年

守民望，顧仍能維持其飄搖之王位至於三十載。迨一八六二年，始為其革命之臣民所廢，次年希臘議會乃選丹麥王克利士先九世之次子為希臘人之王，稱喬治一世。新王深信其力量在於臣民之愛戴，故即位不久，即同意於一完全民主式之憲法，是即一八六四年之憲法也。依此憲法，則立法全權概歸於代議院（Bulé），是院共有代表一百八十四人，由成年男人普選制選出之，任期四年。此憲法實行至一九一一年，是年行一新憲，另設一第二院，或參政院（Council of State）焉。

自一八六四年之民主政治告成，希臘在政治上，心靈上，均有繼續之進步，而尤以物質方面為最。國內日漸繁榮，人口增加，山谷間乃復見橄欖樹，醋栗灌木，葡萄滋生，稻田遍野。所築鐵路已達一千哩，工廠之在雅典者數以百計，王國之財政基礎亦形鞏固。其尤令人注意者，則為希臘商船之往來於埃及，敍里亞，小亞細亞及愛琴海群島（Ægean Islands）之間，甚有經君士坦丁堡而入黑海者。

希臘人之民族希望

希臘小邦之成就固屬驚人，但其愛國志士所抱之希望則尤大。希臘人之併入希臘王國者，數未及半，其尚待脫去外人統治而加入希臘者，人在四百萬以上。在伊丕拉斯，薩洛尼加及愛琴海羣島等處，均有希臘人望脫去土耳其之壓制，克里脫人之亟欲構成希臘之一部，其表示已非一次。一八九七年，希臘曾爲助克里脫而與土耳其戰，雖未成功，固壯舉也。此等民族志願實與經濟的動機有密切關係：蓋希臘若欲在愛琴海佔有商業優勢，則非得克里脫與愛琴海羣島不可；苟能拓其北境以包有薩洛尼加，則不惟得一有利之海港，且可實現其久爲土耳其所阻之計劃，使希臘鐵路系統與薩洛尼加及與通伯爾格來得維也納西歐之大鐵路相聯也。然非以武力決不能得克里脫薩洛尼加與愛琴海羣島於土耳其之手，於是希臘乃從事備戰。

汾尼最羅斯

俾斯馬克爲德意志所建之功，加富爾爲意大利所成之業，在希臘則由汾尼最羅斯（一八六四——）任之。此人長於組織，富有治才，熱心愛國，曾在克里脫以主張與希臘聯合著名，後奉召赴希臘，初任顧問，繼（在一九一〇年）爲總揆。彼以法英二國委員之助，竟改編海陸軍成功，且能改革財政。汾尼最羅斯更自信藉巧妙之外交可使希臘下次對土作戰，不至如一八九七年之獨力支持，而必得保加利亞與塞爾維亞之共助。

一九一三年希臘之拓土

一九一二至一九一三年，巴爾幹戰爭之種種事實，即其成功之明證。希臘在此次戰爭中，實與塞爾維亞，保加利亞，羅馬尼亞諸國共同作戰，卒由此獲勝，得克里脫，多數之愛琴海羣島，南伊不拉斯（雅尼那 Janina）及馬其頓之一部，而拓土幾至一倍。薩洛尼加，卡爾息狄栖（Chalcidice）半島及東抵卡發拉（Kavala）之海岸（與塔索斯 Thasos 島相對），概歸所有。其人口則由二百七十萬約增至四百七十萬。一八三二年方從事生存競爭之蕞爾小邦，至是蓋已變爲一較大之希臘，儼然強國矣。

國王君士坦丁一九一三至一九二二年

當戰爭期中，希臘國王喬治一世於一九一三年三月十八日遊行於薩洛尼加市中，爲一刺客炸斃。希臘人多痛其死。但在黑暗之悲慟中，仍現一線之光明，蓋嗣王實巴爾幹戰爭中希臘軍隊成功之領袖，深爲國人所崇敬者也。此領導民衆戰勝土人之希臘新君，適名君士坦丁一世，所亦歷史上之奇跡，一若眞有一新君士坦丁倔起而爲十五世紀中不幸之君士坦丁復仇者。蓋君士坦丁乃古希臘皇帝中之最後一人，因與土耳其決戰而陣亡於帝京君士坦丁堡之市中者也。

一八七八年羅馬尼亞之變爲獨立邦

吾人前已言及羅馬尼亞依柏林條約（一八七八年）而得獨立，但有三種令人憤慨之條件：（一）羅馬尼亞在一八七七至一八七八年之俄土戰爭中實忠於助俄，但仍須放棄比薩拉比亞之地以與俄皇。此固羅馬尼亞人自一八五六年以還，即視爲已有者。故羅馬尼亞雖得多布魯查以爲償，終不能滅其對俄皇忘恩負義之恨。（二）柏林條約中另有一條規定羅馬尼亞境內之宗教平等，實引起更深之憤恨，因羅馬尼亞人恨猶太人之重利借貸，固不欲其享有土地之利也。羅馬尼亞人陽雖服從此種條款，實則將其取消，羅馬尼亞之二十六萬猶太人中，享有公民權利者惟少數耳。（三）俾斯馬克堅欲羅馬尼亞收買德國投機商人所有之羅馬尼亞鐵路，以爲其取得獨立之第三種條件。

一八八一年羅馬尼亞之變爲王國

羅馬尼亞勉允遵守此等條款，列强始承認其爲獨立小邦以爲之報。一八八一年，國務院決定宣布羅馬尼亞爲王國。註一 於是查理親王（Prince Charles）註二——德意志和漢佐倫——息馬林根王族之裔，普魯士王至親屬——於一八六六年當選爲羅馬尼亞之君，於一八八一年五月二十二日接受新冕，此冕乃用在普列維納奪獲土耳其大砲之鋼所鑄成者。

羅馬尼亞人之民族願望

新王國須應付之主要問題有三。一、羅馬尼亞人不忘其同胞尚有四百萬（或更多於此數）

註一 新王國之憲法原定於一八六六年，後於一八七九與一八八四年迭加修正，所定之議會其兩院皆由階級選舉制產出，頗似普魯士之三級選舉制。

註二 查理之后爲維德（Wied）之伊利沙白公主，即在文學上以「卡曼西爾法」（Carmen Sylva）著名者。查理卒於一九一四年，「卡曼西爾法」卒於一九一六年。

，仍受束縛其在比薩拉比亞者則屬於俄皇在脫蘭斯法尼亞布柯維納及匈牙利東南部者則屬於黑普斯堡族，而散處馬其頓全境之多數庫佐維拉克人（Kutzo-Vlachs）亦假定爲羅馬尼亞族，且羅馬尼亞之民族主義者對於希臘熱心家之欲使馬其頓「希臘化」，亦深致憤恨。與此種「民族問題」頗有關者厥爲國際上之困難。蓋羅馬尼亞人固欲合并其同種所居之俄國與奧匈之土地而又恐開罪於此二强也。究應求俄國或奧匈之友誼歟，抑與二强疏遠歟，其輿論亦躊躇莫決。

羅馬尼亞之物資的進步

第三而且最要之問題厥爲使羅馬尼亞成一富强進步之國；造成一繁榮獨立之農民階級，其一端也。此事發軔於一八六四年，是年科撒親王（Prince Cuza）廢除封建制，沒收僧院之大地產，對於農民每家各賜以七英畝半至十五英畝之農場，計共分四百萬英畝於四十萬農家。惟農場過小，農民仍須以一部分時間爲領有大地產之富人作工，並須向貸款之猶太人舉債。一八八九年，政府又將國有地產（佔總面積三分之一），劃爲小區全數售之農民。結果在一九一二年，時有地二十五英畝以下之小地主約有百萬，幾共佔全國土地之半，餘則爲數千大地主所有。羅馬尼亞因肥沃之黑壤與新式農具（鐵犁，蒸汽打禾機，收獲機）之輸入，遂能在世界之產穀國中佔一要地。但農民仍極貧困，故一九〇七年曾發生一次均田之亂。政府懲於此變，乃於秩序恢復之後，通過種種新法以挽救農民之厄運焉。

羅馬尼亞之繁榮更受礦產工業鐵道種種發展之促進。政府獎勵外國資本家（洛克斐勒 Rockefellers 其一也）以開發其油井煤礦，復設立工廠培植新興工業，一八六九年始建短近之鐵路，是爲一九一三年時國有二千一百哩鐵路之先驅。

以上及其他之經濟改革例如金本位制之採行，對於羅馬尼亞政府所力謀創立之軍事勢力，實樹一鞏固之基礎。就其國家之方域而論，備有新式器械之軍隊誠足驚人，其數額在平時爲十萬人，在戰時爲五十萬。此實巴爾幹諸國中最大之軍額，蓋羅馬尼亞人口在巴爾幹各國中亦爲最多也。

一八七八至一九一四年之塞爾維亞

塞爾維亞之獨立史則比較不幸。依柏林條約（一八七八年）爲獨立君主，後稱米蘭王（一八八二年）之阿布勒諾威威 (Milan Obrenovich) 乃一八三〇年爲塞爾維亞取得自治權的米洛錫親王 (Prince Milosh Obrenovich) 之姪也。塞爾維亞之王族不幸因傳習而與貴族黨連合，以與能得民心之激烈黨爲敵，彼競爭王位常謀反對國王者乃同情於激烈黨，其名義與

王室之爭

要求均源於一八〇四至一八一三年爲塞爾維亞王之卡拉喬治——即黑喬治。當十九世紀中，阿布勒諾威戚與卡拉喬治二族結黨相傾更迭得勢。此種王室之爭實使塞爾維亞有循環之政變與二次之慘殺（一在一八六八年一在一九〇三年），前者阻其發展後者污其歷史焉。

當時之米蘭王屬阿布勒諾威戚族，在一八七八年以後十年之中愈失民望。彼欲挽救塞爾維亞財政之混亂，不能不厚歛於民。尤不幸者乃其對保加利亞之戰（一八八五年）。此戰在破壞新統一之保加利亞，至少亦圖向其索取種種特權，不惟目的不正乃至功亦未成。保加利亞人在兩星期之內已能逐退敵軍而以五萬五千人之軍隊進逼塞爾維亞。塞爾維亞雖賴奧匈善意之外交干涉，卒能媾和無損，然米蘭王之率軍招敗則終爲不可掩之事實。彼善於應變，乃自動頒賜一自由憲法（一八八九年），以冀復得民心，二閱月後即行退位。其嗣子亞力山大尚屬冲齡，不能應付局勢，不得不請其父王由巴黎返國以防制塞爾維亞之政治危機。

一九〇三年在位王族之被殺

乃數年後，彼忽變計，逐其父王，並捨奧匈而轉親俄國。此種妄舉徒使亞力山大及其更爲人厭之王后德拉格(Queen Draga)之仇敵更有活動之膽量。

國王彼得之即位

陰謀黨大肆活動，其謀亦告成熟，一九〇三年六月十一日晨國王王后，國務大臣及其他五十人概被刺殺，弑君者乃立卡拉喬治之孫彼得，而恢復一八八九年之自由憲法。

塞爾維亞之民族野心與發展

彼得即位之後，民衆之注意力乃復集中於民族主義。愛國者咸一意於塞爾維亞之「大理想」，欲合塞爾維亞、門的內哥羅、波斯尼亞、黑塞哥維納、諾維巴撒及馬其頓西北部之塞爾維亞人，以爲一光榮之帝國。彼輩視奧匈爲塞爾維亞之大敵，尤以一九〇八年奧匈政府呑併波斯尼亞與黑塞哥維納之後爲甚。塞爾維亞初與保加利亞、希臘共同作戰以掠奪土耳其，旣復與保加利亞互爭戰勝之果，最後卒造成國際大戰，蓋其愛國心非至此不能滿足也。

一八七八至一九一四年之門德內哥羅

與塞爾維亞同種之小國門的內哥羅於一八七八年依柏林條約取亞得里亞海沿岸之地，得安的發里港之一部，被認爲一獨立邦。門的內哥羅人在其君主尼古拉（Prince Nicholas）仁慈專制之下，雖大都仍爲山中之慓悍牧人，然於繁榮工業及教育，亦有進步。一九〇五年，尼古拉頒一民治憲法，設一議會（如塞爾維亞，亦稱爲 Skupshtina），由成年男人之普選制選出之，門的內哥羅政府進步之性質於此可見。尼古拉之專制威權雖不無損失，然其地位則增高，因彼於一九一〇年八月二十八日改制稱王也。

一八七八年保加利

保加利亞北部之保加利亞人雖至一八七八年始得自治，至一八八五年始能與東羅美利亞

亞之變爲自治邦

之保加利亞人聯合，但其以後之進步隆盛，則殆不在希臘或羅馬尼亞之下。當一九一二年，保加利亞仍以農立國，雖農業新法在彼等中進步甚遲，然國中無大地主可畏，小農之能獨立者，蓋以百萬計。

保加利亞之物資進步

且煤鐵等礦，亦被開採，幼稚工業更有發達迅速之勢。當一八八七與一九一一年間，其對外貿易額已增至三倍。鐵路之進展尤足驚人，當一八七八年，尙僅有一長一百三十七哩之鐵路，至一九一一年，則國有鐵路已達一千二百哩，電線亦延至四百哩。人口之增長幾與商業鐵路之進步齊驅，在一八八八年尙爲一不滿三百二十萬人之國家，及一九一〇年，則至少已有四百三十萬人。當一八七八與一九一〇年間，學校增加遠過一倍，各城且咸設有義務民衆圖書館，蓋保加利亞已成歐洲之文明國家矣。

保加利亞人之民族希望

最足以妨礙保加利亞國內之進步者，實爲愛國之精神，此種精神使保加利亞在平時亦須維持一種數約六萬之軍隊（一九一一年），每年需費至逾八百萬金元，被囊括亞得里亞堡與馬其頓以支配半島之大保加利亞理想，實令保加利亞常與外強發生轇轕，以致有一九一三年不幸之戰爭。

俄國之干涉

俄國固曾贊助保加利亞者，今因保加利亞人之驕矜及其獨立之精神，亦轉採不友誼之態度。一八八三年保加利亞王亞力山大不願爲俄國官吏之傀儡，始觸俄皇之怒，因此俄國於兩年

國王腓迪南

斯登波洛夫

之後，乃力謀阻撓保加利亞與東羅美利亞之聯合。其計雖敗，然俄國仍能用其勢力鼓動叛亂，以反對此固執之國王亞力山大其結果卒產生陰謀，於一八八六年以武力迫王退位。保加利亞人乃選撒克哥堡哦達之腓迪南親王繼任此舉實違俄皇之意，背其勸告，於是俄皇遂宣佈腓迪南爲僭主。但腓迪南仍能固其王位，並用著名專橫之大臣斯登波洛夫（Stefan Stambolov，一八五四——一八九五）以公然反抗俄皇，如是者幾歷七載。斯登波洛夫雖有才略，嘗被稱爲「保加利亞之俾斯馬克」，但終因施政專橫招人痛恨，於一八九四年失勢，旋於次年遇刺。斯登波洛夫拒絕阿附俄國，嘗爲保加利亞民族主義之靈魂，及彼已死，國王腓迪南亟欲與俄皇息爭，於是保加利亞政府乃轉求俄國之友誼，卒告成功。

一九〇八年保加利亞之成獨立王國

此次和解，收效於數年之後，即當一九〇八年十月五日，俄國竟許腓迪南脫去土皇之宗主權，宣佈保加利亞爲獨立王國，而自稱爲「保加利亞人之王」。至於保加利亞人過度愛國心所引起之惡果（即一九一三年之巴爾幹戰爭），當於以後討論彼次戰爭時述之。

一八七八年土耳其帝國之改革計劃

當羅馬尼亞，希臘，保加利亞，塞爾維亞，甚至門的內哥羅小邦俱忙於吸收歐洲文明，摹仿歐洲各大國之時，土耳其亦略作同樣之努力，當一八七八年時，其前途似已大有希望。柏林條約會規定一國際委員會以擬定歐洲土耳其改革之大綱，由德國專家改其財政，英國官吏改良警察，報告敝政。且以一八七六年之自由憲法允行議會政治。

阿卜都哈米德二世（一八七六——一九〇九）與改革之放弃

但改革之夢想旋卽消散。土皇阿卜都哈米德二世從無採行憲政之誠意，彼反欲增其威權。其帝位雖得自僭奪，而彼則力圖申明其統治之宗教性質自命爲受命上帝（Allah）統率信徒之軍事君主，實謨罕默德之人世繼承者。彼不摹仿歐洲之君主，而愈行其東方式之生活，居皇苑（Yildiz Kiosk）之中，豢養素有之嬖妾，嚴守回教之儀式。故狡猾之土耳其人立卽取消其所允諾之改革，實不足怪也。

一八七六年憲法之廢除

一八七六年之憲法與土耳其帝國之議會甫行宣佈，卽歸停止（一八七八年）。此後君士坦丁堡不復有議會集會者垂三十年，此時阿卜都哈米德乃繼續集中其專制權力，用嬖倖爲國務大臣，藉大批之賄賂與有組織之偵探，制以維持其專橫之統治焉。

阿卜都哈米德統治之困難

阿卜都哈米德雖用狡猾之外交與不法之詭計，然仍常處困難之境。——國債大增，以致一八八一年時土耳其之歐洲債權者（法國人最多）出而干涉，竟設一國際委員會以監督土耳其之財政，而保證彼等投資之利息。其次則突尼斯爲法國所奪，東羅美利亞省爲保加利亞所併（一八八五年）。而小亞細亞復有慘案發生（一八九四——一八九五），是地奉回教之古爾特人

(Kurds)素恨其基督教之鄰人亞美尼亞人，此次亞美尼亞村民之死於回教狂徒手中者數逾十萬，或竟達二十萬，甚至在君士坦丁堡中亦有基督教徒數千遇害。　土皇對於亞美尼亞基督教徒之被屠不惟不懼，反引爲滿意，然就長時間言，此舉實激起歐洲民衆對於土耳其人之反感，並促成土皇之顛覆。　當亞美尼亞尚在騷動之時，克里脫又有革命之亂（一八九六年），致土耳其與希臘發生戰爭（一八九七年）。　是役土軍本獲勝利，但數年之後，克里脫卒歸希臘王國所得。　阿拉伯復時起革命，而亞爾巴尼亞尤紛亂不堪，彼處之土耳其官吏幾無法執行法律，征收賦稅。　情形更惡者，厥爲馬其頓之騷擾，該地之希臘人，塞爾維亞人，保加利亞人，羅馬尼亞人等咸從事於敵對之民族運動，肆行刼掠，全境大亂。　一九〇三年，馬其頓之保加利亞人竟倡大亂，致引起外國之干涉，土皇不得已，乃對改革之新計劃予以同意，惟迄未全部實施耳。

當二十世紀之最初十年中，阿拉伯兵變，亞爾巴尼亞大亂，克里脫受希臘之支配，馬其頓之行政受外人之干涉，國債甚鉅，而鐵路，礦山，銀行復悉操於外國資本家之手，巴爾幹諸國與歐洲列強皆垂涎於土耳其之各省，土耳其帝國蓋似將瓦解矣。

土耳其帝國內改革

常以「歐洲病夫」見稱之土耳其，正瀕於滅亡之時，乃有一敢於夢想復興土耳其之政客集黨之出現——「青年土耳其黨」

團產生，其中雖有人年事已長，然皆爲富於愛國心之『青年土耳其黨』（Young Turks）。彼等多曾肄業於歐洲各大學，尤以留學巴黎者爲多，因受歐洲文明之影響，咸抱維持土耳其之計劃。彼等欲使其國家採行議會政治，俾土耳其在教育科學與工業上，均變爲一進步之國，可與歐洲各國爭勝。彼等尤圖歡導國人以愛國之精神（即忠於共同國旗之『博愛』）泯宗教之爭執；對於亞爾巴尼亞人，亞美尼亞人，保加利亞人，阿拉伯人等，概當待以正義，使爲土耳其人，爲『青年土耳其黨』：此乃與前此創造希臘，塞爾維亞，羅馬尼亞及保加利亞諸國相符之民族運動也。

一九〇八年七月之政變土耳其立憲政變之樹立

青年土耳其黨甚能相機行事，在其未深信能得軍隊之贊助以前，避免一切暴動，厥後乃以迅速之手段，決然施行一九〇八年之政變。一九〇八年七月二十三日，此黨之中央機關在薩洛尼加宣布一八七六年之憲法，該機關以盎維爾少佐（Major Enver Bey）爲領袖，即所謂聯合與進步委員會（Committee of Union and Progress）者也。土皇苟否認此憲法，則將有二軍團進逼君士坦丁堡。阿卜都哈米德大恐，急下詔正式恢復一八七六年之憲法。少數反對政變者皆被刺殺，出版得以自由，自由派之政治家啓密爾（Kiamil Pasha）擢任首相，土耳其遂成一立憲君主國矣。

一九〇八年波斯尼亞與黑塞哥維納之喪失

一九〇八年對保加利亞宗主權之喪失

奥匈則乘此騷擾以爲呑併波斯尼亞與黑塞哥維納之機。依柏林條約（一八七八年），奥匈曾得保護二州之權，並得置戍於諾維巴撒。奥匈政府現乃毁約，而於一九〇八年十月初宣告呑併波斯尼亞與黑塞哥維納，同時由諾維巴撒州撤退戍兵。一九〇八年十月七日，帝佛蘭西士約瑟夫正式下令合併。此時保加利亞之腓迪南知奥匈之毁約，可使保王之行動不爲人注意，於是宣佈保加利亞（包括東羅美利亞）完全脫去土耳其而獨立，並自加王號。土耳其政府無法可設，只得徐徐默認其所不能制止之事，而認保加利亞之獨立，與奥匈之呑併波斯尼亞、黑塞哥維納爲已成之事，而取賠款（由奥匈取得一千一百萬金元，由保加利亞取得二千四百萬金元）聊以自慰焉。

土耳其之戰爭騷亂

使啓米爾立憲政府更難應付之事，則有一九〇九年春亞爾巴尼亞之空前大亂，小亞細亞古爾特軍隊之革命，亞美尼亞人之重遭屠殺，阿拉伯之發生兵變，爲其領境內諸侯互鬬之急，以致政府決定解除其人民之武備。基督教人民已不復擁護青年土耳其黨之聯合與進步委員會，而組織自由聯盟（Liberal Union）以代之。首相爲一自由主義者而非青年土耳其黨，故亦漸行敵視聯合與進步委員會。於是君士坦丁堡發生反對青年土耳其黨之革命，並得土皇阿卜都哈

一九〇九年阿卜都哈米德二世之被廢

米德二世之贊衛。聯合與進步委員會乃決採冒險行動，出師二萬五千以攻君士坦丁堡。一九〇九年四月二十五日，霽維克邊（Shevket Pasha）及其軍隊戰未終日，即以委員會之名義佔領首都。於是國會現乃自命爲國民會議（National Assembly）決廢阿卜都哈米德，而流之於薩洛尼加，其弟謨罕默德五世被選繼位，於一九〇九年五月十日接受俄多曼著名之御劍焉。

青年土耳其黨之新民族政策

一九〇九年之革命在土耳其帝國實依一八七六年之憲法樹立議會政治。回教雖仍爲國教，土皇雖仍爲回教首領，然土耳其內一切人民無論爲基督教徒，猶太教徒，或回教徒，在法律上與選舉時概享有平等之權。土皇以後得爲一立憲君主，與英王喬治類似，政務則由對民選議會負責之首相與諸臣處理之。但革命並未建立基督教諸族之自由，因立憲政治在青年土其耳黨之政綱中實不如民族主義之重要也。此種情形未幾即明見於事實，如以土耳其語爲官話，制定教育標準，設立回教徒新殖民地於馬其頓，用暴力與賄賂操縱選舉，禁止公衆集會，壓制反土耳其之運動，實際排除基督教徒之充任文官，解除馬其頓村民之武備，凡此種種，皆明示青年土耳其黨意在鎔合一切人種以成一土耳其民族，即謀土耳其帝國之「土耳其化」是也。

馬其頓境內之反抗與「巴爾幹同盟」

馬其頓之保加利亞人，希臘人，塞爾維亞人皆仇視「土耳其化」之新政策，乃棄嫌修好以共抗土人。希臘，保加利亞，塞爾維亞為保護馬其頓境內之基督教徒起見，亦愈加團結。一九一二年三月十三日，塞爾維亞與保加利亞之全權代表秘密簽定一同盟條約，五月末，希臘與門的內哥羅亦與巴爾幹他邦結成同盟並商草軍事協定規定戰爭發生時『巴爾幹同盟』(Balkan Alliance)諸邦各應出兵之數。

一九一一至一九一二年之意土戰爭

此時意土戰爭(Turco-Italian War)如晴天霹靂忽然而至，實造成君士坦丁堡之恐怖。一九一一年九月二十八日，意政府宣佈其奪取脫利波里與息里內易卡之意向。繼此而起之戰爭大抵限於不規則之劇鬭，一方為意大利之遠征軍，他方則為土耳其之戍軍及非洲盎維爾所領之阿拉伯各部族。意大利在戰爭期中，奪取羅得，帕特摩斯(Patmos)及愛琴海中其他十島(多德卡尼索羣島 the Dodecanese)，後當洛桑(Lausanne)條約議和之時(一九一二年十月十八日在奧基簽定)，意大利不惟得非洲之脫利波里與息里內易卡二州，並得據有上述之十二島，直至土耳其完全撤退其脫利波里與息里內易卡駐軍時止。

第五節　巴爾幹戰爭一九一二——一九一三年

馬其頓與亞爾巴尼亞問題

當一九一二年春夏之交，土耳其正因對意作戰，受困疲憊，於是巴爾幹諸邦乃締結上述之同盟，並在馬其頓境內肆力要求徹底之改革。諸國因亞爾巴尼亞暴動之猖獗，與亞爾巴尼亞人取得廣大特權之貌似成功，而益受激勵。民衆之情感亦因土耳其人在馬其頓數存中之虐殺基督教徒而愈爲激昂。

一九一二年十月門德內哥羅塞爾維亞希臘保加利亞之對土宣戰

當一九一二年十月初，同盟諸國與土耳其雙方動員，戰事已迫，列強政府註一乃聯合通知巴爾幹同盟諸國，謂不願戰爭之起，彼等當勸土耳其實行其在一八七八年柏林條約中所允諾之改革，且無論如何，巴爾幹同盟諸國決不能因戰爭而取得新地，蓋列強「將不讓歐洲土耳其之領土現狀在衝突告終時有任何變更」也。然門的內哥羅仍立即對土宣戰，並要求塞爾維亞，希臘，保加利亞諸國加入「神聖戰爭，以抗彼殘暴與異端之土耳其人」。諸國乃致一最後通牒於土政府，要求馬其頓在歐洲統治者之下享有自治。土政府恃有列強之保障，拒絕放弃馬其頓之統治權，並憤然召回其駐雅典，伯爾格來得及索斐亞（Sofia）之外交代表（一九一二年十月）。是役土耳其之軍隊約有四十萬人，其對方之保加利亞則有三十五萬人，塞爾維亞有

註一　列強爲奧匈，俄國，英國，法國，德國，意大利。

二十五萬人，希臘有十五萬人，門的內哥羅有三萬人。

保加利亞人之戰役

同盟軍之組織，訓練，準備，均優於土軍，故在巴爾幹戰爭（Balkan War）之第一階段中，到處均見聯軍之獲勝。軍糧不足，虎列剌病及出師遲緩之累，及土軍殆不弱於保加利亞軍之砲火。但土軍仍能奮勇死鬭，在塔雷夕作最烈之戰，保加利亞軍由此南進，與土軍遇，其戰線東延自亞得里亞堡以至岐耳克岐利舍（Kirk-Kilisse）。亞得里亞堡城堅久不下。但保加利亞軍在岐耳克岐利舍卒獲勝利，遂退土軍之東翼。

一九一二年十一月一日呂勒部加斯之戰

保加利亞軍以一部圍攻亞得里亞堡，大隊復南向進逼在最大之決戰中又予敵軍以巨創。此次酣戰四日（十月二十九日至十一月一日），前線長至二十二哩，由呂勒部加斯（Lule Burgas）以至布納喜薩（Bunar Hissar），死傷達五萬人。

土耳其軍在君士坦丁堡前之防守

土軍先退佐盧（Tchorlu），繼退至察塔爾查（Tchataldja），距君士坦丁堡已僅數哩，殘卒乃列陣於此，以作最後之鬭。

西方戰役

時希臘海軍已佔據勒謨諾斯島，希臘太子所率之陸軍已由帖撒列北進，於十一月初攻陷重要之薩洛尼加城。

希臘軍與塞爾維亞軍之勝利

與保加利亞之『西方軍隊』合作之塞爾維亞軍，則佔據馬其頓，旋相繼克取普列斯湯拿（Pristina），烏斯庫白（Uskub）及摩拿斯提（Monastir）。戰勝之塞爾維亞軍與門的內哥羅軍又佔領諾維巴撒與都拉索（Durazzo），門的內哥羅軍且開始圍攻斯庫台里（Scutari）。以上乃一九一二年十二月三日成立預備媾和之休戰條約時土耳其絕望之情形也。

一九一三年談判之失敗與衝突之復起

在倫敦舉行之和會中實發生三種棘手之紛爭。土耳其不願依保加利亞之要求而放棄亞得里亞堡，又不肯割讓一切愛琴海群島於希臘，同盟諸國力索戰事賠款，勢將危及土耳其之國庫及在俄多曼帝國投資之歐洲債主。同盟諸國知無同意之希望，遂撤回和會代表。列強對土耳其政府作懇切之要求，勸其割亞得里亞堡於保加利亞。但次日即一九一三年一月二十三日，青年土耳其黨已用暴力推翻土耳其之政府與溫和之啓密爾，而建一以「不降服」為標準之新內閣。此次政變只能有一種結果，即衝突復起是也。二月三日，戰端重開。是冬保加利亞軍完全布陣於察塔爾查之壕溝前，雖未能進逼君士坦丁堡，但至少可以阻土耳其之主力軍，俾其他之同盟軍隊得以圍攻亞得里亞堡，亞尼那（在伊丕拉斯）及斯庫台里（在北亞爾巴尼亞）。三月六日，亞尼那為希臘軍攻陷，三月二十六日，守亞得里亞堡之驍將霞克利（Shukri Pasha）以該城及三萬戍軍降於塞爾維亞保加利亞之聯軍。四月，保加利亞，塞爾維亞，希臘允與土耳其休戰。

門的內哥羅與亞爾巴尼亞國際之紛擾

但勇敢之門的內哥羅人仍不顧請求與威嚇，繼續圍攻斯庫台里，至四月二十三日該城投降時止。

斯庫台里之陷落，幾促成歐洲之大戰，因六大強國已決定該地應歸於彼輩所已提議應建爲自治邦之亞爾巴尼亞也。奧匈與意大利尤爲重視此點，於是塞爾維亞只得從其所垂涎之亞得里亞海的都拉索港快快退軍。五月一日，奧匈得意德以援，以戰爭威脅彼意圖保留斯庫台里之門的內哥羅。俄國大嘩，熱烈之大斯拉夫主義者咸要求俄皇保護弱小之斯拉夫國以抗奧匈，而助門的內哥羅之佔領斯庫台里。門的內哥羅王尼古拉欲及時避免奧匈與俄國間之戰爭，因撤退其斯庫台里之軍隊，而另由一國際海軍進據此城。

倫敦條約（一九一三年五月三十日）

和約之談判復開，此次之成功較大。一九一三年五月三十日，所有交戰國代表共簽條約於倫敦。土耳其放棄由愛琴海上之愛諾斯(Enos)至黑海上之米底亞(Midia)界線以西之一切領土，並割克里脫與希臘。至於亞爾巴尼亞自治邦之境界，愛琴海群島之地位，及最後之財政解決，均由列強以後處理之。

土耳其歐洲領土殆盡喪失

一九一三年巴爾幹同盟諸國

倫敦條約實表示巴爾幹同盟諸國對土耳其之勝利。八月之內，幾逐土耳其人於歐洲以外。

關土耳其藏物之爭

一九一三年六月至七月塞爾維亞門的內哥羅希臘羅馬尼亞之對保加利亞作戰

土耳其之復加入對保加利亞之戰

但戰事甫勝，諸國即爲戰利品而互爭，保加利亞要求得一大份（征服地三分之二），希臘與塞爾維亞則起而抗議。未幾，舉世咸知一九一二年三月塞爾維亞與保加利亞所簽定之祕密同盟條約實包含一種協定，依此則保加利亞得吞併馬其頓之大部分，甚至摩拿斯提亦屬之，塞爾維亞則自願僅得馬其頓之一小部分，而另取亞爾巴尼亞之一大部分。但列強已制止塞爾維亞對亞爾巴尼亞之企圖，因而減少塞爾維亞之所獲。於是保加利亞之所獲將超過條約簽定時之所預期，而塞爾維亞之所得則極少。因此塞爾維亞要求重行分配。乃保加利亞人既以近來之軍功自矜，或更妄欲得奧匈之助，竟拒其要求而熱心從事於新戰。

在繼起之第二次巴爾幹戰爭（對保加利亞之戰）中，加入塞爾維亞方面者有門的內哥羅人與希臘人，蓋前者恆欲援助塞爾維亞，而後者則同樣妒忌保加利亞也。衝突甫起，保加利亞復更受二敵之攻，因羅馬尼亞政府忌巴爾幹諸國之瓜分馬其頓，而其人民則更久懼保加利亞之擴張，迅速足以妨害羅馬尼亞也。彼等於是乃乘此時機，以償其拓地之志而攻其方張之敵。最後，土耳其亦加入戰場以擊保加利亞，冀至少可恢復倫敦條約所失之一部，其志尤在重得亞得里亞堡。

保加利亞人之敗

正式宣戰雖在一九一三年七月五日然希臘與保加利亞軍隊固已於六月末即開始交鋒，決戰多在馬其頓境內。南馬其頓之希臘軍沿斯特魯馬（Struma）河北進，欲直搗保加利亞首都索斐亞。斯特魯馬以西之塞爾維亞軍與門的內哥羅軍，則圍保加利亞軍於可特加拿（Kotchana），勢圖從保加利亞之可斯坦的爾（Kostendil）城以下攻索斐亞。盎維爾則率土軍自東南前進，於七月二十二日復佔亞得里亞堡。最驚人者，爲羅馬尼亞之精兵乘勝速進，直至距索斐亞二十哩以內之地。保加利亞王腓迪南見敵軍四逼，乃求和，於是此大不利於其國之『七月戰争』（July War）遂告結束。

一九一三年巴月十日之布捨勒斯忒條約與馬其頓之爲巴爾幹諸國所分割

締結合約者爲保加利亞，羅馬尼亞，塞爾維亞，門的內哥羅，希臘諸國之代表，於一九一三年八月十日在布捨勒斯忒簽字，土耳其竟未爲諸國所理。依布捨勒斯忒條約，保加利亞放弃其對於馬其頓西部之要求，並割其領土之一部與羅馬尼亞。羅馬尼亞因此擴其南境，以包有多瑙河上之土爾他克（Turtukai）與黑海上之巴爾特戚克（Baltchik）。塞爾維亞則據摩拿斯提，可特加拿及伊斯過白（Istib）以增其在馬其頓之所獲，此外更合并諾維巴撒州之一半與馬其頓之普利斯蘭（Prisrend），烏斯庫白及普列斯過拿諸城。希臘所獲者爲富饒之薩洛尼加連同墨斯他（Mesta）河以西之愛琴海沿岸，及在北部摩拿斯提與南部帖撒利間之領土，且更擴其西北國界，以包有伊丕拉斯之南區雅尼那，並合併克里脫島。門的內哥羅之所獲，則以後始行決定，計包括諾維巴撒州之西半部。保加利亞所得者雖大爲減少，然究尙可觀，計有馬其頓之一部，以斯特魯密察（Strumitza）城爲其西南隅，並得西塔雷夕，連同在墨斯他與馬利察（Maritza）二河間之愛琴海岸約七十哩之地。

一九一三年九月二十九日之君士坦丁堡條約土耳其與保加利亞由保加利亞人手中恢復亞得里亞堡

亞得里亞堡問題與保加利亞東南境界之位置，則留歸保加利亞與土耳其決之。土耳其人既復佔亞得里亞堡，乃不顧保加利亞之抗議，不顧最近之倫敦條約，不顧列強一致之婉勸，而決意保留之。保加利亞遂亦容許土耳其之要求，免冒第三次戰爭之險。依倫敦條約，土耳其之國界原定爲自愛琴海上之愛諾斯起，至黑海上之米底亞止之一直線。今依君士坦丁堡之土保條約（一九一三年九月二十九日），則膨脹愛諾斯至米底亞之直線以包有亞得里亞堡與岐耳克岐利舍。保加利亞因此次之協定，除假道土耳其以經亞得里亞堡，或繞道希臘與塞爾維亞以外，別無出路可由鐵路抵其新得之愛琴海岸。

愛琴海群島問題

顧亞爾巴尼亞與愛琴海羣島仍有種種難題存焉。就後者言，除意大利所據之十二斯波拉諦（Sporades）島外餘概爲希臘之所欲得，且實已爲所佔據。但土耳其不肯明白放弃其對於諸島之權，以致希臘人深恐土耳其一有機會，即將對希臘作戰，以奪回諸島。故希臘語土耳其之關係，實因兩次巴爾幹戰爭而益趨惡略，同時希臘與意大利亦以此發生劇烈之競爭焉。

亞爾巴尼亞之爲一獨立邦

關於亞爾巴尼亞，則列強依奧匈與意大利之力請，允建爲一獨立之邦。一九一四年，列强乃派一德國親王羅馬尼亞女后之親屬維德之威廉爲亞爾巴尼亞之第一任君主。威廉之王位實飄搖不定，因亞爾巴尼亞人半屬回教徒，極不願受基督教君主之統治，故有武裝之革命。且除此等困難而外，北則有亟欲恢復斯庫台里之門德內哥羅，東則有思攫亞得里亞海上一港之塞爾維亞，南復有圖得伊丕拉斯之希臘，——此三敵國蓋皆欲分此小邦者。故一九一四年大戰爆發之後，威廉即逃離其紛擾之邦，實無足怪也。

巴爾幹戰爭之結果

一九一二至一九一三年之兩次戰爭，對於巴爾幹問題之解決，實爲一重要步驟。土耳其因此喪失其以前歐洲領土五分之四，是皆爲獨立諸基督教國所瓜分，註一 計希臘得地一萬七千方

註一 希臘增加其領土百分之六十八，保加利亞增加百分之二十九，塞爾維亞增加百分之八十二，門德哥羅增加百分之六十二。

一、希臘與巴爾幹諸國領土之增加

哩，塞爾維亞得一萬五千二百方哩，保加利亞得九千六百方哩，門的內哥羅得二千一百方哩，尙有一萬一千方哩則以建一獨立之亞爾巴尼亞；土耳其在歐洲之所留者不滿一萬一千方哩，即略大於馬里蘭而已。至就人口而論，則羅馬尼亞有七百五十萬，仍為巴爾幹他國之所莫及；保加利亞有四百八十萬與之對敵者則有人口四百七十萬之希臘；塞爾維亞有人民四百五十萬，亦幾與希臘同其重要；亞爾巴尼亞則有強悍之山民八十萬；門的內哥羅有五十萬；歐洲土耳其之人民則惟一百九十萬，僅等於保加利亞人口五分之二而已。

二、人力與財力之損失

但諸國之所得實亦費去極大之代價。在兩次戰爭中士卒死者至少達二十萬；因維持與調動軍隊所耗之公款當在十五萬萬金元以上。安居樂業之村民婦女與老人且受希臘軍及保加利亞軍之濫殺虐待，『七月戰爭』後，巴爾幹諸國莫不精力疲敝。但彼此仇恨益深，現保加利亞人之恨希臘人或塞爾維亞人較其前之恨土耳其人，殆有過之無不及也。

三、土耳其帝國大半限於亞洲

巴爾幹戰爭之又一結果，即使土耳其帝國發展其亞洲的而非歐洲的特性。其在非洲之眞正主權雖概被剝奪，在歐洲雖僅限於君士坦丁堡亞得里亞堡及其周圍之小地，但仍包括小亞細亞，亞美尼亞，古的斯坦（Kurdistan），敍里亞，米索不達米亞及阿拉伯（共計在亞洲之面積近七十萬方哩，人口約二千一百萬）。土耳其之軍備雖仍可驚；但其在歐洲尚能保有尺寸之地者，非由武力，實因巴爾幹諸國互爭不已，及少數列強爲自利計，常予土耳其帝國以援助也。

四、巴爾幹諸國民族競爭之劇烈

十九世紀中，巴爾幹諸基督教國家間之關係實因敵對之民族野心而趨於惡化，此吾人所已知者也。此等野心雖因巴爾幹同盟之成立，及此後之共同對土作戰而暫受抑制，及土耳其在歐洲之勢力崩潰，則自然旋生。一九一三年之各巴爾幹條約並未依民族界線以分割得自土耳其之諸省（馬其頓與塔雷夕），且縱欲依此劃分愛琴海北部之地實亦勢所難能，因希臘人，塞爾維亞人，保加利亞人，土耳其人，甚至維拉克人（羅馬尼亞人）之村落，皆散布各處，欲區別馬其頓村民之種族，實常多困難也。不惟保加利亞人冀他日可吞併馬其頓土地之在一九一三年劃歸希臘與塞爾維亞者，即希臘人與塞爾維亞人之領土慾望亦未獲滿足。希臘人亟欲收復尚在意大利手中之愛琴海羣島，並思及時乘機奪取土耳其帝國之小亞細亞海岸與君士坦丁堡。塞爾維亞人則漸好侈談奪取奧匈之波斯尼亞，黑塞哥維納，克洛遏亞，斯拉法尼亞及達爾馬提亞等斯拉夫省，合門的內哥羅與塞爾維亞以建一更大之塞爾維亞。甚至羅馬尼亞人亦喜夢想合併比薩拉比亞（在俄國），脫蘭斯法尼亞，布柯維納與南匈牙利（隸屬於黑普斯堡帝國）等處之同種，以成一更偉之羅馬尼亞。當巴爾幹戰爭後，塞爾維亞希臘及羅馬尼亞似暫有合作之可能，但保加利亞自不欲令其勁敵之民族希望更獲滿足，任何一國之顯著成功均將激起其他巴爾幹諸國之忌。此種情勢實最有利於土耳其人也。

五、列強在近東利害之衝突

土耳其政府又因列強之利害衝突而稍獲安全。就列強而言，俄國與奧匈自十七世紀以來，即爲土耳其帝國之勁敵，但至一九一三年時，二國之政策乃絕不相容。

奧匈

一方面則奧匈政治家欲侵塞爾維亞與希臘以擴張黑普斯堡帝國由波斯尼亞以抵愛琴海上之薩洛尼加。黑普斯堡族已爲加富爾排除於意大利之外，爲俾斯馬克排除於德意志以外，欲償此失，乃圖南向發展，建一以斯拉夫人佔多數之混合種的帝國。

俄國

他方面則有俄國大斯拉夫主義之大夢。大斯拉夫主義者嘗宣言俄國因友誼及同情而與塞爾維亞門的內哥羅及保加利亞有密切之關係，蓋塞爾維亞人，保加利亞人，俄羅斯人固同操斯拉夫語同奉正統派之基督敎也。此種情感在俄國日漸流行，以致與奧匈愈相敵視，因俄國苟扶助斯拉夫種之巴爾幹諸國，則奧匈向薩洛尼加之進展必爲一強盛之塞爾維亞所阻撓也。尤有甚者，若俄國與塞爾維亞，門的內哥羅，保加利亞合成一斯拉夫同盟或一大斯拉夫帝國，則奧匈境內之塞爾維亞克洛遏亞人，捷克人，波蘭人，及德國境內之波蘭人，或亦將以其爲斯拉夫人而吸入於此强大之大斯拉夫同盟矣。

英國

介乎俄國奥匈二大敵之間者，則有他强之特殊利害焉。列强在土耳其帝國及巴爾幹諸國中，均曾各投重資，急須保障，因德意之資本家嘗與英法人相競貸款於近東各國政府，並在其國内之開發方面獲得種種特權也。當十九世紀中，英國屢衛土耳其以制俄國之侵略，大抵蓋恐有一强國如俄羅斯者支配巴爾幹半島達達尼爾峽及小亞細亞，則英商之與印度貿易者或將爲其所敗也。

法國

法國亦恒助土耳其帝國以抗俄，此則不獨因法之投機商人握有土耳其之債券，故欲鞏固土政府之基礎，以保其投資，實亦因法國向即爲東方羅馬教徒之保護者也。

德國

德國自十九世紀末葉始亦在土耳其帝國之會議中佔一優越之地位。德政府交歡於土政府，激奥匈以制俄，同時又爲德資本家取得土耳其境内重要鐵路之建築權，如巴格達鐵路即是，此外土耳其之軍隊亦由德國軍官訓練之。

意大利

意大利自一八八二至一九一五年雖與德國同爲奥匈之同盟，然意人竟奪取土耳其之脱利波里及愛琴海中之數島，並在小亞細亞與叙里亞獲得種種重要之特權，且明示其有擴張勢力於亞爾巴尼亞之意焉。

巴爾幹戰爭對列强

當巴爾幹戰爭時（一九一二——一九一三），危及英法在東方利益之最大者，實非俄國，而

國際關係之影響

爲奧匈與德國。此二國正情投意合：德人爲土耳其供給軍械，訓練軍隊，在土耳其帝國中新得種種重要之特權；奧匈則壓制塞爾維亞人，並增加其在馬其頓之政治與經濟勢力。故當巴爾幹戰爭進行之時，法英二國皆欲助俄國與巴爾幹諸國以制止土耳其與奧匈。巴爾幹戰爭之結果，頗暫能調和此種國際利害與同情之衝突。一方面俄國人則矜誇巴爾幹諸國之能侵土耳其而拓土，他方面則奧匈得其同盟諸國之助，卒能防止塞爾維亞使其不能達於亞德里亞海，且建一新邦，直之奧意勢力支配之下。

巴爾幹戰爭實使一班的注意由土耳其帝國之割裂移於黑普斯堡帝國可能之分崩

調和不過暫時事耳，自歐洲土耳其帝國幾全消滅之後，在巴爾幹人（尤其爲塞爾維亞人與羅馬尼亞人）心目中乃又出現一種族復雜之黑普斯堡帝國焉。在巴爾幹戰爭之前，近東問題僅關於土耳其之瓦解；自是而後則涉及奧匈之分崩矣。羅馬尼亞人不忘黑普斯堡帝國之崩頹，或可使其王國增加人口衆多之領土。塞爾維亞人則轉其對南方舊鄰之恨心於現在之北鄰，躍躍然思由雙重君主國之破碎河山中建一大塞爾維亞焉。彼希望繼加富爾與加爾波得之業，而完成民族統一之意大利人，則志在必得奧匈之脫里斯德與脫蘭德。一九一四年六月二十八日，黑普斯堡帝國之皇儲大公爵佛蘭西士腓迪南在波斯尼亞省城塞拉熱窩爲具有民族人情之塞爾維亞陰謀黨所刺，此實奧匈對巴爾幹政策——尤其爲在巴爾幹戰爭期中之政策——自然之果，而一九一四年大戰之開——受法英扶助之塞爾維亞，門的內哥羅，及俄國與受德國援助之奧匈作武裝之對抗——確卽近東問題之一種變態也。至於由巴爾幹戰爭造成之國際情勢，則土耳其及保加利亞自當與奧匈德國同其命運；而意大利加入對方之同盟，其目的不僅在決定土耳其帝國之命運，且在解決黑普斯堡之帝國，殆均屬必然之勢也。

課外讀本

近東問題：

1. C. D. Hazen, *Europe since 1815* (1910), Chap. XXVIII.
2. J. H. Robinson and C. A. Beard, *The Development of Modern Europe*, Vol. II (1907), Chap. XXIX.
3. *Cambridge Modern History*, Vol. X (1907), Chap. XVII, on Mehemet Ali,

Vol. XI (1909), Chap. IX, on Russia and the Levant to 1852, and Chap. XXII, on the Balkan Lands to 1870, Vol. XII (1910), Chap, XIV, on the Ottoman Empire and the Balkan Peninsula, and Chap. XV, on Egypt and the Sudan, 1841–1907.

4. *Histoire générale*, Vol. X, Chap. XXVI, Vol. XI, Chap. VI, XV, Vol. XII, Chap. XII, XIV, to 1900.

5. William Miller, *The Ottoman Empire, 1801–1913* (1913).

6. Édouard Driault, *La question d'orient depuis ses origines jusqu' à nos jours*, 6th ed., (1913).

7. J. H. Rose, *The Development of the European Nations, 1870–1900*, Vol. I (1905), Chap. VII–X.

8. Luigi Villari (editor), *The Balkan Question: the Present Condition of the Balkans and of European Responsibilities* (1915).

9. T. E. Holland (editor), *The European Concert in the Eastern Question: a Collection of Treaties and Other Public Acts* (1885).

10. T. G. Djuvara, *Cent projets de partage de la Turquie, 1281–1913* (1914).

11. Sir Edward Hertslet, *Map of Europe by Treaty since 1814*, 4 vols. (1875–1891).

12. Pierre Albin, *Les grands traités politioques, recueil des principaux textes diplomatiques depuis 1815 jusqu'à nos jours* (1912).

13. W. E. Curtis, *The Turk and his Lost Provinces* (1903).

14. Heinridh von Treitschke, *Germany, France, Russia, and Islam*, Eng. trans. (1914).

15. A. Schopoff, *Les réformes et la protection des chrétiens en Turquie, 1673–1904* (1904).

16. Antonin Debidour, *Histoire diplomatique de l'Europe, 1814–1878*, 2 vols.

(1891)

17. Theodor von Sosnosky, *Die Balkanpolitik Oesterreich-Ungarns seit 1866*, 2 vols. (1913-1914).

十九世紀與二十世紀之土耳其

1. Stanley Lane-Poole, *The Story of Turkey* (1897).

2. Nicolae Jorga, *Geschichte des osmanischen Reiches*, Vol. V (1913).

3. Sir Edward Creasy, *History of the Ottoman Turks from the Beginning of their Empire to the Present Time* (1877).

4. E. A. Freeman, *The Ottoman Power in Europe: its Nature, its Growth, and its Decline* (1877).

5 Richard Davey, *The Sultan and his Subjects*, new ed. rev. and cont. to date (1907).

6. Sidney Whitman, *Turkish Memories* (1914).

7. C. R. Buxton, *Turkey in Revolution* (1909).

8. G. F. Abbott, *Turkey in Transition* (1909)

9. J. L. Barton, *Daybreak in Turkey*, 2d ed., (1908).

10. Ernst Jäckh, *Der aufsteigende Halbmond* (1911).

11. René Pinon, *L'Europe et la Jeune Turquie: les aspects nouveaux de la question d'Orient* (1911).

12. A. E. P. Brome Weigall, *A History of Events in Egypt from 1798 to 1914* (1915).

並參看下文第二十九章書目:

希臘與巴爾幹各邦:

1. H. N. Brailsford, *Macedonia, its Races and their Future* (1906).

2. William Miller, *The Balkans: Roumania, Bulgaria, Servia, and Montenegro*, 2d ed., (1908).

3. Nevill Forbes and others, *The Balkans: a History of Bulgaria, Serbia, Greece,*

Rumania, Turkey (1915).

4. André Chéradame, *Douze ans de propagande en faveur des peuples balkaniques* (1913).

5. William Miller, *Greek Life in Town and Country* (1905).

6. Lewis Sergeant, *Greece in the Nineteenth Century: a Record of Hellenic Emancipation and Progress 1821–1897* (1897).

7. *Greece in Evolution*, Eng. trans. ed., by G. F. Abbott (1909).

8. R. A. H. Bickford-Smith, *Greece under King George* (1893).

9. P. F. Martin, *Greece of the Twentieth Century* (1913).

10. Alfred Stead (editor), *Servia by the Servians* (1909).

11. Prince and Princess Lazarovich-Hrebelianovich, *The Servian People, their Past Glory and their Destiny*, 2 vols. (1910).

12 W. M. Petrovitch, *Serbia, her People, History, and Aspirations* (1915)

13. F. S. Stevenson, *A History of Montenegro* (1912).

14. P. Coquelle, *Histoire du Monténégro et de la Bosnie depuis les origines* (1895).

15. Guérin Songeon, *Histoire de la Bulgarie depuis les origines jusqu' à nos jours, 485-1913* (1913).

16. Edward Dicey, *The Peasant State: an Account of Bulgaria in 1894* (1894).

17. A. H. Beaman, *M. Stambuloff* (1895)

18. Oscar Brilliant, *Roumania* (1915).

19. Nicolae Jorga, *Geschichte des rumänischen Volkes im Rahmen seiner Staatsbildungen*, 2 vols. (1905).

20. G. Benger, *Roumania in 1900*, Eng. trans. by A. H. Keene (1900).

21. Sidney Whitman, *Reminiscences of the King of Roumania* (1899).

22. Pompiliu Eliade, *Histoire de l'esprit public en Roumanie au XIXe siècle*. Vol. I (1905), *1821-1828*, and Vol. II (1914), *1828-1834*.

23. Frédéric Damé, *Histoire de la Roumanie contemporaine depuis l'avènement des princes indigènes jusqu' à nos jours, 1822–1900* (1900).

24. Andre Bellessort, *La Roumanie contemporaine* (1905).

的黎波里與巴爾幹戰爭一九一一——一九一三

1. Sir Thomas Barclay, *The Turco-Italian War and its Problems*.

2. W. K. McClure, *Italy in North Africa: an Account of the Tripoli Enterprise* (1913).

3. W. M. Sloane, *The Balkans: a Laboratory of History* (1914).

4. J. G. Schurman, *The Balkan Wars, 1912–1913* (1914).

5. Hermenegild Wagner, *With the Victorious Bulgars* (1913).

6. Ellis Ashmead-Bartlett, *With the Turks in Thrace* (1913).

7. D. J. Cassavetti, *Hellas and the Balkan Wars* (1914).

8. *Balkan Treaties, 1912–1913*.

9. *Report of the International Commission to Inquire into the Causes and Conduct of the Balkan Wars*, (1914).

10. I. E. Gueshoff, *The Balkan League*, Eng. trans. (1915).

11. B. G. Baker, *The Passing of the Turkish Empire in Europe* (1913).

12. G. M. Trevelyan, *The Servians and Austria* (1914).

13. M. J. Bonn (editor), *Die Balkanfrage* (1914).

14. R. W. Seton-Watson, *The Southern Slav Question and the Habsburg Monarchy* (1911).

15. Marion I. Newbigin, *Geographical Aspects of Balkan Problems in their Relation to the Great European War* (1915).

第五編　民族帝國主義

以前各章之總目的，在描述民治政府之發展與歐洲民衆間民族愛國主義之興起間亦述及歐洲各國近代史上較大之事變　吾人到處皆見產業革命之進行建設製造廠與鐵路，並增加中產階級之財富及其地位。又見法國革命之影響，因封建貴族之衰微與民族主義民治主義種種流行觀念之得勢而大著。產業革命與法國革命蓋同使商業利益與中產階級之理想在大多數歐洲國家之內政上佔最要之地位。

吾人現將研究此等商業利益與中產階級的理想之大規模的運用，因當十九二十世紀中，決定國際外交之方針，指導歐洲與亞非美各洲交通之趨勢者，實此種利益與理想也。

第二十七章　新帝國主義與歐洲文明之傳入亞洲

第一節　舊殖民運動與新帝國主義

舊殖民運動之間歇　重商主義之崩潰

起於哥侖布與法斯哥達加瑪航海之舊式殖民運動，至十九世紀之初似已失其精采。在以前西班牙葡萄牙及法國殖民時，最爲顯著之宗教熱忱，固仍能不受政府之幫助而繼續努力傳教；但關於殖民之他種動機，即經濟動機，則已大受打擊。十六七世紀之殖民競爭，尤其爲荷英之爭，與夫十八世紀法英間之世界衝突，大都皆重商主義所激成，即以殖民地利於母國實有必要也。十七八世紀之重商主義的政治家，會因兩重目的而培植並管束殖民地之商業，兩重目的維何，即創立一種利於本國的貿易平衡，並使本國在經濟上不依賴外國是也。顧此種重商主義之理論，在十八世紀後半期已爲杜哥與亞丹斯密之抨擊所推翻。杜哥與亞丹斯密所主張之新經濟學，可以一法國名稱蔽之，曰放任主義(laisser-faire)。經濟學者之主義在實際政治上之收效，自尙須經時多年，以後大革命時代與拿破崙時代之長期英法戰爭（一七九三——一八一五），其性

一八一五年以前舊殖民運動之成就

貿實仍可謂爲重商之戰。但法國終敗，而熱心於放任主義者註一隨亦在英得勢，卒能取消舊航運條例（Navigation Laws 一八四九年），掃除關稅多種，而宣告自由貿易時代之開始。

重商主義似更因殖民地之革命而證明其實際之害正不亞於其理論之弊。英國因欲施行『舊殖民制度』中重商主義之貿易限制，致喪失其美洲之十三州殖民地。當十九世紀初期，美洲之西班牙殖民地亦叛其母國，巴西復背葡萄牙而獨立（一八二二年）。在長期糜費之殖民戰爭以後，繼以此等禍患，遂益使歐洲政治家深信犧牲金錢人命以獵取新殖民地爲失計。英國自由貿易派之著名演說家哥布登甚至宣言（一八四九年）『吾人苟不收斂驕氣，則吾國及其一切財富均將爲其遼闊之帝國所累，因而顛覆矣！』伯來脫亦公然詆斥帝國主義，謂徵取與防衛殖民地之所費，實過於其所值。格蘭斯頓雖不如此輩『小英格蘭派』（Little Englander）之過激，然亦決不欲擴張不列顛之領土。

舊殖民運動在十九世紀之前半期，似已失去信用。現姑述其在一八一五年前之所成就：

（一）西班牙曾推行其基督教文化於墨西哥，中美及南美之大部分（巴西除外）與古巴，波爾

註一　如哈斯基遜，哥布登，伯來脫，關爾格蘭斯頓諸人。

多黎角，及腓律賓羣島（以上各地西班牙均於十九世紀失去）。（二）葡萄牙不惟獲得根據地於非洲之東南部及西南部，且曾建一新葡萄牙國於大西洋彼岸之巴西。（三）荷蘭人特注意於東印度羣島（爪哇，蘇門答臘，婆羅洲，塞勒比斯，摩鹿加，新幾內亞）之開發，荷屬幾亞內或蘇立南（在南美洲），則比較無關輕重；南非洲之荷屬好望角殖民地（Cape Colony）註一與其在哈得孫河之殖民地，註二則俱爲英國攫去。（四）法國在北美洲曾樹立殖民地，但終失之，其在密士失必河流域之殖民地，爲合衆國所併，註三在聖羅稜索河流域之殖民地則爲英國所奪。其前此龐大殖民帝國之尙存者，惟印度尙有五處，可作杜伯勒克思大計之紀念，西印度羣島中尙有格德盧白與馬的尼揆，另餘法屬幾亞內及數小島耳。（新法蘭西帝國之創立，亦僅於馬達加斯加及非洲西岸之努力微示預兆而已。）（五）英國因荷法二國之失而獲利，已成殖民的與海上的第一流强國，確立其帝國之基礎於印度，由荷人手中奪取錫蘭，並開始殖民於澳洲。其在非洲沿

註一　好望角殖民地於一八〇六年爲英國奪得，見上卷。

註二　『新亞姆斯特丹』於一六六四年爲英國奪得，見上卷。

註三　『路易聖拿』於一八〇三年爲美國收買。

岸，塞拉略拿與岡比亞二處之殖民事業，雖成功頗少，而在南非洲，則吞併荷屬之好望角殖民地，在地中海之地位，則因馬耳他與直布羅陀而益固。在南美洲，則由荷人手中奪得幾亞內之一部（一八〇三年），並在宏都拉斯獲一根據地，伯爾慕達，巴哈馬斯，雅麥加，脫里尼達及西印度之其他諸島，與紐布倫斯威克，諾法斯哥湯亞，紐紛蘭，愛德華王子島，上下坎拿大，哈得孫灣領土，皆英國所有。

總之，吾輩可謂舊殖民運動最顯著之成就，即新世界之發現及其歐化。至於亞洲之歐化，則進步較小。俄國久已東向西伯利亞之冰地與草原進展，惟中國日本則尚未開放。所謂「黑暗大陸」之非洲，亦鮮有闖入其內地者。即在美洲，密士失必河以西之大平原，與向無人跡之西北區域（Northwest Territory）以及亞馬孫河（Amazon）上游之林地，亦仍爲彼未經開化之土著所安然佔有。故留與十九世紀後半期及二十世紀前半期之「新帝國主義」之事業，即英語之遍傳於坎拿大及合衆國全部，俄語之廣播於北亞細亞全部，非洲之探險與分割，中國之開放，日本之維新，英屬印度之團結，澳洲之由一無關重要之流犯所發達爲一繁盛之國，冰凍地極區域之探險，及新法蘭西，新德意志，新意大利等殖民帝國之創立也。

新帝國主義與產業革命

所謂「新帝國主義」者，蓋指十九世紀時尤其自一八七〇年以還殖民事業中一種新主義之興起與世界歐化之非常進步而言。謂新帝國主義爲近半世紀歷史上最要之特色，殆非大謬。此種運動乃受產業革命與法國革命之激勵。前者產生鐵路汽船電報電話以消除距離而使遠處殖民地之佔領愈爲可能，使其商業愈爲可貴並使其治理愈爲容易。產業革命且增高殖民地之價値，蓋可用以爲製造品之市場及原料與食物之來源也。此外產業革命復造成一種願意投資於殖民事業之資本階級，因而給予帝國主義以一強大之動力，因實業家旣由在國內之工廠鐵路致富，乃復望在非洲南美或亞洲建築鐵路經營工業，或開發礦產，以益增其財富也。

法國革命與新帝國主義

新帝國主義受法國革命之賜者有二。一，法國革命及以後由法國革命所激起之騷動，常爲中產階級對於封建制度與神權君政之勝利，使中產階級得爲支配政府以謀其本身之利，卽營業利益也。此等營業利益，需殖民事業之發展，吾人當卽詳述之。二，法國革命實使一種強烈之民族精神因而發展，遂致一切階級咸以參與殖民地之取得爲榮，因此可以增其國家之光榮，版圖與勢力也。

一八七一至一九一一

十九世紀後半期，乃產業與政治革命之成熟時期，故帝國主義之新精神亦遂開始表現。在

四年帝國主義之蔓延

英格蘭，則有狄斯雷列爲英政府收買蘇彝士運河一千七百六十六萬零二百金元之股份（一八七五年），並宣佈維多利亞爲「印度女皇」（一八七六年），以作新帝國主義運動之先聲。二十餘年後，復有張伯倫領袖政黨，毅然以強大大英帝國自任。此時法蘭西第三次共和國正力求補償亞爾撒斯洛蓮因之損失，三十年內，其帝國新增之領土達三百五十萬方哩，居民達二千六百萬。俾斯馬克亦爲傾向帝國主義之漢堡商人所動，而於一八八四年贊同其意見，於是此新建之得意志帝國不久即在非洲與海洋洲取得一百萬方哩及一千四百萬人民。意大利於民族統一之後，亦旋即參與殖民地之競爭。俄國，日本，美國，葡萄牙，西班牙，亦皆吞併新地。甚至褊小之比利時王國，亦在剛果建一殖民帝國，大其母國八十倍焉。

新帝國主義之動機一八一五至一九一五年

在詳述此等新殖民帝國成立以前，當先究其經濟的，愛國的，及傳教的動機，因其足以解釋一八一五至一九一五百年間驚人之殖民事業也。

一、經濟的動機

茲先研究開拓殖民地之經濟動機。多數主張自由貿易者僉以殖民地於母國之經濟利益甚少，此已見之於前。但至十九世紀後半期，乃有一顯著之反響，攻擊彼極端之自由貿易說。

「保護貿易」與殖民市場

自由貿易者重在亟使營業脫去政府之煩苛限制，新派則要求政府積極保護培植國家之幼稚產業，對輸入品尤當課以重稅俾本國製造品得在國內市場中戰勝輸入之外貨此種產業『保護』主義，對殖民地最易實施。保護貿易主義者之論辯頗與十七世紀之重商主義者同，以爲殖民地常購買母國之製造品并供給原料，因此一國之殖民地愈多，則其製造品之市場亦愈廣，製造品之市場愈廣則其國之產業發展必愈大，產業之發展將爲國家致富而使業製造者有利可圖，使勞動者有工可作。依此等『新派重商主義者』之言，則高率之保護關稅與積極之殖民發展，當同時并行。十九世紀之最後二十五年爲各大工業國家（聯合王國除外）註一採行高率保護關稅之時，亦即殖民事業發展最速之時也。帝國主義與關稅保護主義之關係，可以一八九八年之明例證之，蓋坎拿大錢已採行高率之保護關稅，是年又宣布以後對於大不列顛之輸入品課稅當少於他國輸入品四分之一也。註二又可於法國一八九二年之關稅法（Tariff Act）見之，因其僅徵稅於輸入法國殖民地之外貨，而許法國貨物自由運入也。此二例大足表明殖民地之佔領有利於本國之工商業矣。

註一　就聯合王國之商業言，大不列顛原以固守自由貿易爲有力，然其殖民地則採保護關稅，此宜注意者也。

註二　一九〇〇年，特惠待遇由四分之一增至三分之一，此實普及大不列顛帝國之全部，不以聯合王國爲限。

反之,此種與殖民貿易之利益,遠不如吾人所假想者之大,此點不難以統計證明之。 一九一三年時,坎拿大所購貨物來自聯合王國者,僅佔總數百分之二十,阿根庭非大不列顛之殖民地,而其輸入品之來自聯合王國者,反超過總數百分之三十。 法國對於其印度支那殖民地之貿易,尚不逮該處貿易總額三分之一。 德國與坎拿大貿易之利益,實比德國一切殖民地之貿易利益更大。 欲答復此種非難計,固可舉少數之殖民地爲證,如荷屬東印度,其貿易即大半操於母國。 但此種貿易之價值,常不足以償母國奪得管理並防護該殖民地之費用。 如當一九一三年,德國在德屬西南非洲之貿易總額僅爲二千八百六十萬馬克,以補德國在該殖民地所耗之政費,尚缺一千二百一十四萬馬克,所得之利潤,如何能償其所失,此眞非吾人所易了然者也。 更有進者,殖民地之貿易在一國之對外貿易總額中,實僅佔至小之數,當一九一三年,德國輸往法國之貨,幾爲其輸入一切殖民地貨物總數之十四倍。 由此等數字推之,則就商業利益而言,多數殖民地之於母國少利或竟毫無補益,亦已明矣。 易詞言之,凡一國工商業之繁盛,殆不能謂其純恃殖民地之多少也。

私人投資

帝國主義之眞正經濟的原因,實不在殖民地對於母國之商業利益,而在殖民事業之可予國

與私人利潤

人以獲利之機。凡投資於殖民地之礦山橡樹林墾種鐵路者，其利均由百分之五以至五十。投資於殖民地之大利，自然可以吸引一切資本家，彼投資於殖民地者之主張強硬之殖民與海軍政策，實無足怪，蓋此種耗費固由全國之納稅人普徧負擔之也。各種要國家皆有銀行家經營殖民地之財政，有酒商常以劣種火酒售於土著，有少數進口貨商專造殖民地之貨物，有大多數中產階級之投機商人在殖民地之礦山或工業中擁有股份，凡此一切，皆熱心於帝國主義者也。投資之勢力足以促進帝國主義，可於一九一一年見之，蓋是年德國政府之大注意摩洛哥，大半卽因滿內斯滿兄弟公司（Mannesmann Brothers）在摩洛哥之礦山有財政利益之故。又英國之統治埃及，亦由英政府欲保護某某資本家在埃及之投資而起，此又一例也。

二、愛國德動機

為增高國加之勢力與聲威而設之殖民地

彼經濟利益不穩固之少數實業家，恆不難使民衆贊助帝國發展之政策。蓋大多數民衆愛國過度之時，常喜贊成新領土之兼併。此新領土苟爲居民稀少之地，則可爲母國移民之出路，若爲人口稠密之地，則大抵必急需歐洲之文化與規律之政治，如僅一荒島，則至少亦可爲海軍需用之重要煤棧。總之無論如何，一般國民輒以目覩其帝國版圖之日大而引爲愜滿。此種愛國自大之心既使德國人深信德國之世界使命，使英國人侈談「白人之責任」，復鼓勵美人使其確以

為多餘人口而設之殖民地

強施美國文明之恩澤於菲律賓人（Filipinos）爲必要。蓋舉凡愛國之士似咸以其國家「明顯之命運」，在向外發展以統治「劣等人種」而成爲世界強國也。如斯之愛國情感實於侵略之帝國主義大爲有利。

關於通常以殖民地爲多餘人口的出路之理由，吾人亦應在此略述及之。產業革命以後，人口驟增，於是維持「多餘人口」之問題在十九世紀遂日益急迫。如德國人口，在一八七一年爲四千一百零五萬八千七百九十二，至一九一〇年，已增至六千四百九十二萬五千九百九十三（幾增加二千四百萬）。歐洲大多數城市中貧民住宅區之驟形增加，與勞工階級之困苦，似已證實英國經濟學家馬爾撒斯人口增加速於食物增加之說。在本世紀後半期中，由不列顛羣島移出者，約達九百萬人，當十九世紀中，德國人移出者在六百萬以上，今但揭示此種事實，便足證明歐洲之苦於人口過剩矣。自彼熱烈之民族主義者觀之，此等移出之民因居留外國（如美國），致廢棄其國語，解除其對於「故國」之忠忱，而不復爲本國之人民，似爲可惜。欲謀救濟之道，則各國均應自設殖民地以移殖其多餘之人，一如大不列顛多餘人口之移殖於坎拿大與澳洲然。愛國者甚至聲稱生育率高之強國，應有正當權利，可爲其增加迅速之人口略取新地。故多取殖民地之帝國主義在道義上縱非必要而亦幷非絕不正當也。

顧「多餘人口」之說雖仍足左右民衆，而實施之效則微。德國雖已取得一百萬方哩之殖民地，然在一九一三年，德國移民總數二萬五千八百四十三人之中，徙居美國者達一萬九千一百二十四，留處坎拿大者達五千五百三十七，往澳洲者達三百五十九，入巴西者達一百四十。是年德人之居於英屬坎拿大者，實較在德國一切海外領地者爲多。德國殖民地之不能吸引本國之移民，蓋已彰彰明矣。此或猶因德國不幸而僅得熱帶之地，不適於歐人居住也。若大不列顚則在各種氣候地帶皆有殖民地矣，而當一九一三年移入美國者仍過八萬八千，在一八七〇年以後之二十五年中，聯合王國內之國民定居美國而不留於英國屬地者，蓋幾達三百萬焉。

三、宗教德動機

通常與帝國主義之經濟的及愛國的動機並行者，尙有宗教之激刺。基督教教會在各時期，皆欲使異教人種改信其教。使徒聖保羅嘗播福音於小亞細亞與希臘，第五世紀則有聖巴特里克（St. Patrick）爲「愛爾蘭之使徒」，第八世紀則有聖逢尼非斯（St. Boniface）傳基督教於日耳曼人中，第九世紀則有聖墨多底亞士（St. Methodius）爲往斯拉夫人中傳教者之先驅，

羅馬教之宣教會

十三世紀則有佛蘭西斯坎派僧侶銜羅馬教會之命冒險入華，十六世紀則有西班牙之耶穌會士

聖佛蘭西士紫維厄(St Francis Xavier)宣道於印度日本，皈依者數千。以上諸人特基督教會內無數熱心傳教師中之較爲著名者而已。商業革命至少半由於傳教之動機。哥侖布固自視爲一傳教師也。歐洲殖民事業實與羅馬教宣教會之發展以俱進，並常得其贊助，此等宣道會之中央統治機關，爲布教總會(Congregation of the Propaganda)，乃教皇格勒哥利十五於一六二二年所組織者。耶穌會士及豆米尼克派與佛蘭西斯坎派之僧侶，均能爲信仰而傳道設教，施行洗禮，遇必要時且殉之以身，用能使拉丁美洲大多數之土著改宗，使腓律賓羣島之一部基督教化，並能成立重要之基督教團體，於印度中國日本非洲及玻里內西亞(Polynesia)等處。在羅馬教會傳教國外之多數團體中，特應紀述者，厥爲國際布教團(Society for the Propagation of the Faith)，此會於一八二二年在里昂成立，一九一〇年曾集款過七千八百萬金元以爲傳教之用。是年該會有傳教牧師一萬一千人以上，服務於亞洲非洲及澳大拉西亞等處（包括本地牧師約五千人）。

新教宣教會

十九世紀以前，新教各派之向異教徒傳教者較少。新英格蘭之福音廣播會(Society for the Propagation of the Gospel in New England，一六四九年)，少數教士之獨力傳教國外之傳播福普會(Society for the Propagation of the Gospel in Foreign Parts，一七〇一年），以及兄弟派（Moravians 一七三一——一七三二）之非常事業，均不過預示新教之傳教熱尙非此時代之開端也。當十八世紀之杪，威廉卡累(William Carey)有『異教徒中布教浸禮會』(Baptist Society for Propagating the Gospel among the Heathen 一七九二年）之創設，長老會員及公理會友有倫敦布教會（London Missionary Society，一七九五年）之組織，以及英格蘭教會布教團（Anglican Church Missionary Society）之成立（一七九九年），此均表示布教興趣之興起，乃以後十九世紀之特色也。此後各派各國之大小傳教團體，紛紛成立，以提倡國外傳教者，以數百計。宣教研究會與定期刊物，亦皆出現，其目的在將聖經傳教師醫藥文明服裝所及之與教徒之奇俗異狀傳播於衆，

傳教與帝國主義

此種傳教運動之足以促進帝國主義，實非誇詞。蓋多數眞誠之基督教徒，原不一定贊成殖民事業，實因念及呑倂領土之足以促進傳教而始熱心也。彼富有膽略之傳教探險家，輒初爲商人之商導，繼作軍士之先驅，此在非洲與南海羣島間蓋數見不詳。『德國國旗之初樹於非洲，即由於必須保護在那馬爪(Namaqualand 即德屬西南非洲）之萊因傳教師之故』。又德國之

奪取中國膠州灣，亦所以報其二傳教師之遇害。在大不列顛，則當英國東非公司（East Africa Company）欲於一八九一年放棄其維克多利亞湖（Lake Victoria Nyanza）區無利之領土，時英格蘭教會布教團竟與此公司以一萬五千鎊，俾再保留該地一年，蓋希望（此在一八九三年達到）彼時或可勸英政府負此責任也。

教士商會大盡力於帝國主義之發展，至於帝國主義究曾否促進教士之事業，則實不能無疑。不惟政府常直接防止傳教之活動，恐其激起宗教上之惡感，以引起政治上之騷擾，如在印度與埃及，即如此，而爲害於基督教之傳播尤大者，厥爲歐洲官商對屬地人民之視爲不義與肆行殘酷。教士方宣傳基督教仁慈無私純潔節慾之訓，而酷吏乃施行苛政，貪商乃奴使土人以自肥，驕兵則縱其淫慾，酒商則以歐洲之劣酒售於土人。歐洲之橡皮商用蠻橫手段強令中非之黑奴（以在剛果自由國（Congo Free State）爲最著，但不僅限於此）採集橡皮以供其販賣，實使基督教文化不受人尊敬，而反招人仇恨焉。

以上關於新帝國主義之簡略概論，其目的在指示各種潛伏之動機（經濟的，愛國的，宗教的），舉凡非洲之分割，南海羣島之佔領，歐洲文明之傳入亞洲，一八一五至一九一五之百年中南北美洲之開發，大抵皆由於此。在以下各章之中，讀者對於本節所述之種種趨勢，當自能察辨其實例及其新關係焉。

帝國主義與民族主義

關於新近帝國主義之道德的理由與經濟的必要，則讀者須自下判斷。然尚有一種感想，吾人之論述非此不完，而本節亦可以之作結，即此種帝國主義對於十九世紀政治上兩種基本原則——民族主義與民治主義——之影響是也。在以前之某段中吾人曾指示民族主義或愛國的自尊心爲帝國主義的原因之一，故殖民地之侵略，即隨德、意、法民族情感之勝利而起。彼曾重視民族自由高於生存之本身者，今乃轉而破壞非亞之自由矣。十九世紀爲民族主義最盛之時，乃當此世紀之末，即有大不列顛蔑視民族主義而征服南非之兩波爾共和國（一八九九——一九〇二）。意大利甫從奥匈帝國之下獲得解放，而欲制服亞比西尼亞（Abyssinia）之自由國。凡愈愛惜本族之獨立者，率愈不顧及他族之獨立，此實言不顧行之奇事也。此種不幸之矛盾，不惟產生一種對於民族主義之冷酷態度，且實引起列強領土軍備之劇爭，卒至釀成國際大戰焉。

帝國主義對於民治主義之影響

帝國主義對於民治主義之影響，其爲害正同。即最爲民治之國，其待遇屬地，亦放棄政治主義。近代殖民地之政治，皆爲官吏或「總督」之專制統治，由本國政府任命，對本國政府而不對殖民地負責。在多數之殖民地，有所謂「立法會議」者，皆無監督政府之實權，且常僅有一部分出自選舉。在德國多數屬地之中，甚至並此虛設之代議政治亦無之。其放弃民治主義之理，甚爲淺明。蓋南海羣島中之蠻族，島干達（Uganda）未開化之黑人，達荷美（Dahomey）之食人生番，殆皆不能與以投票之權也。印度埃及之文化程度雖高，但因大多數人民未受教育，遂使非民治之官僚政治有所藉口。但即令此種實際的障礙可藉教育之普及，排除之，亦終有根本上之困難，因殖民地之居民苟能自行其志，則必處處謀脫去『母國』之統治，此實毫無疑義者也。註一

第二節　中國之局部割裂與政治革新

欲論十九世紀帝國主義之成就，（上節即此種敘述之一說明的緒言），可先究歐洲帝國主義對於亞洲之影響，因此乃作古最大之一洲也。歐洲之冒險家與商人，爲亞洲之財富所動，爲亞洲之文明所迷，及爲亞洲之廣大所驚者，蓋已久矣。十九世紀以前，歐洲文明在遠東之傳播，進步

註一　本段之綜括論述，當將不列電帝國內之「自治殖民地」作爲例外，其著者爲坎拿達，紐紛蘭，澳大利亞，新西蘭(New Zealand)及南非洲，見後第二十九章。

甚微。俄國雖據有西伯利亞之荒原，印度雖多歸英國統治，荷蘭商人雖已樹其勢力於東印度，西班牙教士雖曾置身於腓律賓羣島，然歐洲之勢力仍未大及於他處。及至十九世紀，則歐洲之帝國主義竟迫促中日波斯之革新，實際上且使亞洲全土在政治上經濟上均降至依賴歐洲之地位。

今爲便利起見當首述中國及其藩屬之事變，繼述日本之覺悟，俄國之發展，及波斯之狀況。

古代之中國

東方諸國中之最偉大而悠久者，當推中國。其版圖人口幾等於歐洲之全部。其三萬萬人民（譯者按據清史稿道光二十九年中國人口爲四一二，九六六，六四九人）多居於黃河與長江二大流域，屬於中國長城以南十八省之內，此十八省者在領土上幾構成全國三分之一。無數世紀以來（或至四五千年）彼短小斜眼之黃人即在此居住，工作，勤耕其小農場（有三英畝者已視爲一良好之農場），食稻與稷，或漁於大河，或駕其入畫之「航船」，放風箏以爲樂，織絲綿以作大寬袖之衣，男女同服之，獻祭於祖墓之前，製精美之磁器，繪奇細之圖畫，鑄青銅之古瓶，以其古代之文化自豪，而蔑視外人目爲蠻夷，對於歐洲文明，鐵路，蒸汽機等物，甚至迄於晚近尚一無所知。

十九世紀前歐人鮮有得進『天國』（Celestial Empire）者。僅羅馬教會中勇敢之教士與偶爾冒險之商人時一驚破此沈滯自滿之中國文明耳。

與歐洲早年之交通

十三世紀，曾有馬可波羅僑居於中國蒙古皇帝忽必烈汗之廷。更早尚有佛西斯坎派僧侶奉教皇英諾森四世（Innocent IV）之命使於遠東十四世紀時，彼等曾在北京及中國其他城中，設立基督教堂。自十六世紀以還，羅馬教士仍能排除一切障礙，在中國傳教，信者頗衆。十六世紀中，葡萄牙商人始至中國海，設棧澳門（廣州之南）以貨絲茶。及十七世紀，復有荷蘭商人入臺灣，英國商人至廣州。但與華交市極不安定，中國政府僅勉予許可。外商至中國者，備受官吏之阻擾，苛稅之負擔，即生命財產亦常不安全（譯者按此等處誣蔑中國，不一而足，閱者自能了然，不必逐一注明）。直至十九世紀初年，中國對於歐人，幾仍採閉關主義焉。

中國之對外商開放

當十九世紀中，尤其自一八七〇年以後，中國自給之孤立地位，已三方受擾。（一）中國政府已自知無力防制歐洲商人之在中國港口貿易，與基督教教士之傳教，及外國資本家之在內地築路，採礦，並建設工廠。（二）中國之邊緣諸省與藩屬，均陷入外人手中（譯者按此處與事實不盡符合，以後遇此不再加注，望讀者注意及之）。（三）歐洲理想之影響於中國人漸深，因而反映於其國內之政治生活者亦强。其如何發生，吾人現當察之。

在第一方面（即中國對於歐商教士之開放），一八四〇年時，曾有重要之進展，是年英國曾

鴉片戰爭一八四〇至一八四二年

以所謂鴉片之戰對付中國也。是役起於中國政府與廣州英商之爭執，前者禁止鴉片進口，後者則堅欲由印度私運鴉片入中國。一八四〇年六月，英國艦隊攻中國沿海各地，佔廣州，厦門，寧波，上海，鎮江諸城。中國皇帝迫而簽訂南京條約（一八四二年）依此約除廣州外，增開厦門，寧波，福州，上海爲商埠，將香港島（廣州附近）正式割與英國中國並允付賠款二千一百萬元。最可怪者，對於引起戰爭之鴉片問題仍未解決。英國戰勝之結果不久即爲各國（美，法，比利時，普魯士，荷蘭，葡萄牙）商人所共享在此後十年中各國商人均取得在條約各埠貿易之權。在十五年內（一八四二——一八五六）中國茶之輸出額增至二倍，絲之輸出額自三千包增至五萬六千包。

第二次中國戰爭（一八五六—一八六〇）天津條約

中國開放之第二步爲法英二國挑起之第二次中國戰爭（一八五六——一八六〇）。前者圖報其教士之遇害，後者則因有船懸英旗之水手被中國官吏視爲海盜而拘禁之故。廣州復入英人手中。英法聯軍更陷大沽要塞，並欲取道天津，循白河向帝國首都北京前進。後與清帝使臣會於天津，商訂天津條約（一八五八年）。詎該約甫簽字，中國之要塞復砲擊英艦，於是聯軍復進直至北京城下。卒由皇弟斡旋講和（一八六〇年）。中國付賠款八百萬兩，並批准重加修正之天津條約，註一依此約英國得一根據地於香港附近之大陸，且除已有之通商五埠外復開六埠（包括天津），外國使臣得居於北京，歐人亦得遊內地，基督教教士不惟得受寬容，且可受中國政府之保護。更有進者，即鴉片貿易竟在修正之稅則下認爲合法是也。

中國因一八四〇至一八六〇年之事變，許歐人通商，註二並允基督教士傳教。歐洲資本家之侵入中國，及中國產業革命之開始，均在以後，當於以後論之。現且注意中國問題之第二方面，即中國之局部割裂是也。

一八〇〇年左右中國之幅圓

中國本部

在領土遼闊組織寬弛之帝國內，若中國者，自不免有分崩之勢，一旦遇外強懷野心以圖自利，其崩潰乃愈速。中國皇帝原爲中國是八省之君，有土地一百五十萬方哩，人民三萬萬，其版圖北起滿洲蒙古，南抵東京緬甸，東自中國海，西達西藏。此外皇帝又主中國本部以北之滿洲。

滿洲

滿洲

註一　或可作爲二種條約，一與法締，一與英結。

註二　自後中國之對外貿易進展極速，一八八七年其價值達一萬八千八百一十二萬三千八百七十七兩，一九 一年達四萬三千七百九十五萬九十六百七十五兩，一九〇五年爲六萬七千四百九十八萬八千九百八十八兩，一九一二年爲十一萬四千九百五十一萬三千六百四十二兩（八萬四千二百零一萬八千六百一十一金元）。

三省幾逾四十萬方哩，有居民約一千二百萬，十七世紀時，因滿洲之野心領袖滅明朝而入主中國，其地遂併於中國。自十七世紀以還，中國均爲滿洲皇帝統治，彼輩始輸入蓄辮之習焉。

四境之藩屬

除中國十八省及滿洲三省外，中國皇帝對中國本部四圍之藩屬，亦有支配之權，惟程度不同耳。

高麗

位於日本海與黃海間之半島高麗，久爲中國藩屬，同享中國文明，其地較大不列顛稍小，人口約爲其三分之一。更北則有黑龍江流域，迄一八六〇年時，仍全爲中國所領。西北爲遼闊之蒙古，

蒙古

其面積幾七倍於法國，而人口反不及巴黎之多。內蒙古以戈壁沙漠，中國及滿洲爲界，由清帝直轄，外蒙古則西抵德巴牙台山(Tarbagatai Mountains)，遙遠不易由北京統治，中國雖置吏於烏爾加，其世襲之可汗幾無異獨立也。

新疆

位於蒙古之南，而其中心直在北京之西者，爲廣大之新疆省(包支那土耳其斯坦伊犂準噶爾及他地)，由中國官會同本地屬吏治理之。

西藏

西藏在新疆之南，中國之西，其土地之廣，人口之稀，與新疆等。其首邑拉薩(爲居民一萬五千人之小鎮)，有達賴喇嘛在焉，藏人奉以爲教主，與長官，中國在西藏之威權，由其少數之官吏與戍軍代表之。位於西藏印度之間者，有尼泊爾不丹二小邦，後者完全獨立，前者則間或遣使入貢北京。

印度支那

極南有緬甸，暹羅，東埔寨安南(包交趾支那與東京)等王國，當十九世紀初，中國雖仍以緬甸，暹羅，安南爲

藩屬實已幾爲獨立之邦。中國之東，有海南臺灣諸島及琉球羣島。海南島爲中國廣東省之一部，臺灣在十七世紀時爲中國征服，琉球羣島則自十四世紀以還即對中國進貢矣。

外國之侵略

從各方面侵逼鄰近中國本部之藩屬者，有俄，日，英諸國。自北威脅中國者，爲俄國之發展。

俄國

俄國殖民於庫頁島（Sakhalin），其政治家自十七世紀中期以還，即垂涎於黑龍江以北之地，後卒以一八五八與一八六〇年之約，併入俄屬西伯利亞，且黑龍江以南，烏蘇里江以東，高麗以北之沿海區域，亦因此約攫爲俄有。俄國繼復乘中國有亂，蠶食中國極西之地，而吞併新疆省之肥沃伊犂區域。

高麗與一八九四至一八九五年之中日戰爭

此時新進之島國小日本，乃亦要求分得中國土地。一八七四年，日本併吞琉球羣島，復覬覦滿洲高麗。日本初則承認高麗爲獨立王國（一八七六年），繼復因常干涉高麗內政，而與中國屢起爭端。後當中國應高麗王之請，派軍入援，對於彼邦實行其宗主權之時，日軍則擒其王而對華備戰（一八九四年）。歷史上所謂一八九四至一八九五年之中日戰爭，徒令過於自信之中國益增禍患耳。中國人所稱之『倭人』，竟在六月之內，大敗高麗之華軍，侵入滿州，奪取視爲天險之旅順，挫中國之海軍而陷威海衛之海軍要塞。得勝之日軍，方擬直抵北京，乃於一八九五年

一八九五年之馬關條約

四月十七日結馬關條約以和。是役日本除得賠款一萬五千七百九十四萬元外，復由中國奪得臺灣及遼東半島其所垂涎之旅順海軍根據地屬之，且更得重要之商業特權。威海衛亦歸日本佔據，迄條約之規定均得誠意履行時止。中國並放棄其對於高麗王國之一切要求，由是高麗遂漸歸日本保護矣。

俄德法三國之强修馬關條約

日本之利卽俄國之失，蓋俄國之主張拓地者原希望終能吞併滿洲高麗及旅順，俾俄國在遠東得一不凍之海口以雄據亞洲北部。此種野心今乃爲馬關條約所敗，故俄國政府決意破壞之。且俄國不難得德法之助，因二強皆欲在遠東增其威勢，均嫉此物與之日本也。俄法德三國於是宣言旅順之割讓，恐將致中國之分崩，勸日本放棄其大陸上之新地。日本對此種『善意之勸告』，不敢不理，故除臺灣外，餘地概勉強退與中國，而另得賠款二千三百七十萬金元爲酬。但日人失望生憤，對於欺奪其勝利品之諸國，永矢不忘焉。

德法俄三國之所獲一八九七—一八九八年

後當彼佯爲中國友邦以剝奪日本之三強轉向中國索取領土之時，日本乃愈增憤恨。一八九七年，德人藉口於其二教士之在華遇害，而奪取山東省之膠州灣，以爲非如此不足以滿足德國。及德人強租膠州灣九十九年，並在彼處開始建築砲臺以爲其植勢於山東之基，其眞意蓋已明矣。

英國之幹涉與一九〇二年之英日同盟

法國對於廣州灣亦取得同樣之租借權（一八九八年），此為大陸上與海南島相對之一要港，亦將終歸法有也。但因此舉獲利最多者實為俄國。俄國在北京之勢大盛，其資本家借款與華達八千萬金元，其橫貫西伯利亞之鐵路並取得由中國之滿洲以達海參崴之權（滿洲幾因此而墮入俄國手中，因俄國之步馬軍可隨鐵路入滿洲也）。俄國又取得旅順與附近大連灣之租借權（一八九八年），旋以鐵路使之與橫貫西伯利亞之路線相連。高麗之電線亦與西伯利亞之電線相接。俄國之復視滿洲高麗與遼東半島為其「勢力範圍」，蓋已明矣。

俄法德三國所得之利，大起英國之妒，英政府竟索佔（一八九八年）威海衛，以便從此監視在旅順採取攻勢之俄人及在膠州灣偏強猛進之德人。數年後，英日又締結同盟（一九〇二年）以保護滿洲高麗，俾免於俄國之侵略。

一九〇四至一九〇五年之日俄戰爭

朴次茅斯條約——俄國之受制與日本之獲利

當俄政府實行吞併滿洲之意日益明顯之時，怨憤之日本乃決以武力制之。結果遂有日俄之戰（一九〇四——一九〇五）日人獲勝。依朴次茅斯條約（一九〇五年九月五日），俄國自認全敗，讓遼東之租借權於日，旅順屬之，並承認日本在高麗之優越利益，且以長約五百哩之鐵路割與日本。除遼東半島外，日俄俱退出滿洲，（註一）還其政權於中國，而保留為一中立地。

，戰後不久日俄卽成立協定，尤以合作之策代前此之爭。自後二國均依此協定，和衷共濟。於是日本乃自由行動，進而支配高麗之外交，強其政府改革，廢其君而卒滅其國（一九一〇年）。

日本之於高麗與俄國之於蒙古

俄國則轉而注意於中華帝國之另一部分，卽遼闊之蒙古是也。其商人，哥薩克人，侵略兵等旋使外蒙與中國攜貳。一九一二年，適中國革命締造共和，外蒙古人遂爲俄人所煽動，竟否認中國之統治，而求俄國之保護。中國之愛國人士抗議無效。一九一三年十一月五日，中國政府勉強與俄立約，予俄人在外蒙古以廣泛之特權，對此地惟留一空洞之宗主權而已。

法國之於印度支那

當日俄蠶食中國北部領土之時，英法乃亦侵略其南部之藩屬。法人對統治交趾支那及東京之安南王宣戰，遂於一八六二年得瀾滄江口之交趾支那三省，而獲一根據地於印度支那半島。次年（一八六三年），法人復樹立保護權於鄰近之柬埔寨王國，因此國須艱苦奮鬪，西抗暹羅人，東抗安南人，以維持其獨立也。一八六七年，法人又併交趾支那之其餘三省。此後法人所垂涎者，爲安南王國及其東京之屬地，乃派軍至東京（一八八二年），揚言平定彼地之海盜，旋卽宣布其爲法國之保護地。中國原安南與東京之宗主國，其政府對於此種暴行，自大起抗議，無效乃

註一 少數之護路兵除外。

實行作戰。是役法國並未勝利，然當一八八五年媾和之時，中國雖仍得維持其宗主權，而法國對於安南東京之保護權，卒獲承認。於是法國在一八六二與一八八五年間，遂竟得交趾支那之主權，及柬埔寨與安南（包括東京）——印度支那半島東半部之全體——之保護權矣。此後法國復得中國廣東省內之廣州灣（一八九八年），至少蓋已明示法國勢力之進於東京灣周圍之中國領土，即海南島，廣東省之南部，甚或及於廣西也。

英國之於緬甸西藏

英國復圖西南，遂使中國全爲外國侵略者所包圍。英人已逐漸確立其在印度之主權，至十九世紀末，遂更向東北二方開始拓地。印度之東有緬甸王國，地肥而多森林礦產，此確爲中國之藩屬，但英人決不之顧，於一八八五年侵入其境，廢其王提波（Theebaw）而併其地。印度之北，有尼泊爾與不丹二獨立邦，及中國廣大之屬土西藏，產食鹽，蘇打，炭酸加里，金，鐵，硼砂等礦，俱待開發。英人對於尼泊爾與不丹無須正式吞併，而二邦已自然變爲半獨立式之英人保護國矣。至在西藏，則英人遭華人之堅決反抗，蓋彼等決不願放棄此地也。但一九〇四年，英人在拉薩與西藏政府，爲印度之英商直接磋商特權，中國人終不能加以制止，一九一二年中國政府欲改西藏爲中國行省，而英國竟力稱中國不過爲西藏名義上之宗主國。藏人受此煽惑，遂叛中國，逐其境內之中國兵士官吏中國討伐之小隊，亦爲所敗。後進行外交談判，成立一九一四年之約，將西藏分爲內外二部，中國對於全部領土僅保留一空洞之宗主權，且決不干涉外藏之事。中國政府不允批准此約，英國乃竟聲稱當剝奪中國在西藏所保留之任何利益。西藏最後之命運，殆已無疑，中國名義上之宗主權，實不絕如縷，恐難藉此遂使西藏不繼緬甸而併入大英帝國也。

外人侵略中國之結論一八四〇——一九一四年領土方面

現容吾人約略覆按以上所紀之事變。中華古國對外商敎士開放之期，實始於一八四〇年鴉片戰爭之開端，直至一八六〇年第二次中國戰爭之結束，此二戰使中國對外國商業開放一條約商埠，外國敎士至少在理論上得到中國政府之保護，且許歐人以在中國遊歷之權。自一八六〇至一九一四年爲第二時期，此時中國目睹其屬地一一墮入諸侵略外國之手。黑龍江歸俄（一八六〇年），琉球羣島歸日（一八七四年），伊犂歸俄（一八八一年），安南歸法（一八八五年），緬甸歸英（一八八五年），臺灣歸日（一八九五年），遼東半島初爲日吞（一八九五年），繼爲俄有（一八九八年），終復歸日（一九〇五年），高麗亦入於日（一九一〇年合併），外蒙古歸俄（一九一三年），外藏歸英（一九一四年）。外蒙古與西藏確仍在中國之宗主權下，但其一終歸俄，一終歸英，殆已不成問題。不特此也，此輩「番鬼」復攫取中國要港甚多。澳門久爲葡人所佔，終於一八八七年讓與之香港於一八四二年割與英國，旅順初割與日（一八九五年），繼租與俄（一八九八年），後復租於日（一九〇五年）；膠州灣租於德，威海衞租於英，廣州灣租於法。

工商業方面

自一八四〇年以後，外人在中國之利益，已根本變更性質。當歐洲各國最初關心中國內傳教師之安全時，已欲取得商業特權。遠東問題實卽各國爲本國商人爭取利益而已，蓋各國咸信一國之貿易額增加，則其全國自富也。當後半期中，尤其自一八九五年以後，商業利益而外，更開始發生工業利益。因此在「天國」聖地之內，乃亦受產業革命之影響。現中國『天子』對於歐洲文明已不懷憎惡，而亦乘汽船以自娛，其舊宮且裝置電燈。中國官吏雖曾憤毀一八七五至一八七六年初建之鐵路，而投諸臺灣海濱之泥中，但未及十載，另一較成功之鐵路業已開始建造。且鐵路工程之進行，非常認眞，截至一九一四年時，已成之路線達六千哩，在建築中者復有二千三百哩。電線亦縱橫密布，徧及全國。中國自一八九五年許外人從事於紡織業以後，工廠亦得成立。在一九一四年之末，計有織布廠四十五所，共有紡錘一百二十五萬，此外尚有動力織機數約五千，磨機亦多。至於礦山，則有英日德及本國資本家從事開採，煤鐵錫銅等礦俱有焉。

自歐洲資本家觀之，中國似爲一取用不盡之財庫，其地多礦與油，其庶民皆沈着耐勞，工資低廉。凡歐人能建築並領有中國之鐵路，或利用中國人採礦與在工廠工作者，莫不獲利甚厚，固無怪歐洲諸國之富人皆欲投資於中國之企業，並力勸其本國政府代向中國取得特權也。當一八九五至一九〇五之十年中，此種精神尤爲發達。

中國境內之『勢力範圍』

各國政府均爲其本國之投機商人向中國政府力索築路採礦之權。歐洲列強因欲保障其國人在中國所有之鐵路，工廠礦山等，一時至以爲非在中國境內劃出『勢力範圍』不可。英國思劃揚子江流域以供其國中資本家之開發，法國則思取廣東，德國則圖得山東之一部，俄國與日本則共分北部。各國當各在其『勢力範圍』內維持秩序，保護獎勵其工業資本家以經營鐵路礦山及製造廠。他日列強在政治上或竟將併吞其勢力範圍，遂以瓜分中國也。

中國政治之落後

瓜分中國最有力之理由，除歐洲投機商人之經濟利益外，厥爲中國政府之腐敗無能與不進步。滿洲皇帝實爲在歐洲已成過去之神權君主。掌帝國實際政權之官吏（歐人稱之爲『滿大人』）雖爲國內傑出之學者，拔自中國文學倫理學及歷史之競爭考試，但自僑居中國之歐人觀之，則彼輩似奸猾頑固，絕對仇視西方文明，故多謂中國之官僚政治與滿洲君政若仍常存，則中

一八九八年光緒帝之改革令

國將永無歐化之望。

中國保守之害蓋未有較其政府之拒用歐式戰術爲尤甚者。當英將戈登(Major Charles George Gordon)將華兵組成「常勝軍」，以平定南京嚴重之革命，註一 其後（一八五三——一八六四），冥頑之清帝竟解散之，而沿用舊法。後中日之役（一八九四——一八九五），中國卒大敗於歐化之日軍，足見中國苟欲維持其國家之存在，非採用歐式軍器不可矣。

光緒帝 註二 對於中日戰爭之教訓，極爲重視。彼以青年氣概（時年二十餘），力倡改革，納進步哲學家之諫，圖雪國恥。一八九八年，迭發著名之敕令，設學堂以講歐學，整頓軍隊官制，改造政府，設機械鐵道等部，發展國內交通。光緒固以彼得大帝自比者，但敕令並不足以使中國歐化，適引起有力反動黨之憤怒，彼輩痛恨歐洲文明，乃與慈禧太后陰謀廢此歐化之君。軍人袁世凱復以武力助之。一八九八年九月二十日夜，軍士佔據皇宮，次日此甚同囚虜之光緒帝，遂交政權

註一 太平革命係半宗教式之狂徒洪秀全所倡。

註二 光緒帝生於一八七二年（譯者按此處年分似欠正確），一八七五年即位時方三歲，一八八九年親政，一八九八年由慈禧太后聽政，一九〇八年逝世。

於太后。

此後十年（一八九八——一九〇八）代光緒掌政之慈禧太后註一爲一具有特殊精力野心與才略之婦人。彼喜用權術好理政務乃擁護舊制反對維新之最力者。垂簾聽政後首誅變法之六青年，取消光緒變法之令。京報載有慈禧之詔直舉事實略無顧忌稱『今列強皆虎視我國，均爭先恐後思奪取我國內地』，並勉勵國人『勿以請和爲念須各盡其力以保祖宗邱墓免爲侵略者所攘』。註二

慈禧時代之反動

遍中國之反動派受太后之鼓勵遂益仇恨外人。較激者乃用以前秘密團體之名稱義和團，對於基督教士外人及變法者，加以有組織之攻擊蓋傳教師將使中國人棄其舊有之宗教註三外人將使鐵路經過墳地變法者將因採取西方之理想而觸犯中國之神祇也。拳匪運動之得勢，可

一九〇〇年『拳匪』排外之亂

註一　慈禧太后（一八三四——一九〇八）爲咸豐帝（一八五〇——一八六一）至妃，一八六一至一八八九年及一八九八至一九〇八年均垂簾聽政。

註二　京報（英文爲 Pekin Gazette）之原名及引號內之原文因一時無法查出暫依己意譯之，譯者謹識。

註三　中國實有幾種宗教，如敬祖宗，釋教道教士，但在群衆心中此三者均與孔子之倫理學說混而爲一。

由一八九九至一九〇〇年仇教騷動之增多，傳教師之受殺，及基督教團體之被掠，推知之。一九〇〇年六七月間，此種運動達於極點，太后乃決意『血戰』排外。德國公使被殺於北京市中，基督教傳教師亦頗有在各省遇害者。外人被圍於使館，決意自衛，以抗拳匪，於是北京變為戰場，歷時兩月。八月乃有各國聯軍（日軍萬人，俄軍四千，英軍三千，美軍二千，法德亦有少數軍隊參加）入京相救，大敗華軍，逼走帝室。得勝之歐人現乃能強提條件，令中國賠償各國計款約在三萬二千萬金元以上，此外對於歐洲貿易並加許種種特權焉。

中國維新運動之再起

一九〇〇年八月外軍之入北京，已證明反動之失敗，慈禧太后終不得不承認維新之必要。故二十世紀之最初十年，實為維新時代，派大臣出洋考察政治，允行議會立憲，禁止鴉片貿易，廢除科舉（一九〇二——一九〇六），改寺廟為學校，并研究自然科學，歐洲歷史地理，經濟，國際法，外國語等科目。

孫逸仙與中國革命

顧少年中國派對於此等改革，猶以為不徹底，此乃與馬志尼在歷史上之『少年意大利』顯相類似之一種革命團體也。此等激烈分子多留學外國，亦有奉基督教者，咸願使中國成一進步之共和國家。其領袖孫逸仙為一醫學博士，兼基督教徒，被迫出亡，仍努力於共和運動不息。清廷悚於革命宣傳之速，對於激烈要求大行讓步，一九一〇年召集資政院，允確定立憲議會政治。但孫逸仙黨不欲與可恨之專制清廷妥協，一九一一年十月，遂以武裝排滿，取南京爲臨時共和政府之首都，孫逸仙歸任大總統。一九一二年二月十二日革命成功，幼帝註一遜位，統治中國二百六十七載之清代於是告終。

一九一二年中華民國之成立

袁世凱之任總統

但新民國之成立，實不在革命領袖孫逸仙指導之下，而爲維持君政到底之袁世凱（一有才略之軍人與狡猾之政客）之勢力所刼持。袁氏亦相信近代之教育制度，物質之進步，及歐式之軍隊，但力謀維持舊有君制之精神形式，此則與孫逸仙相反者。袁氏代孫逸仙爲臨時總統後，卽表示厭棄議會政治，對於已經召集制憲之國會力稱其不應使總統服從議會。彼又蔑視國會，而擅與五國（英，法，德，俄，日）商借一萬二千五百萬元之外債，並允五國指派顧問監督中國財政。愛國之激烈分子深恨袁氏之擅權，責其媚外，一九一三年夏憤而在南方諸省煽動革命。但卒失敗，袁氏之勢乃益盛。彼於一九一三年十月六日當選爲任期五年之共和總統，旋卽解散國會，取消各省議會，並開始種種保守之改革。此時人皆以中國不久將復行君主專制政治，於是南方諸

註一　卽六歲之宣統，其父醇親王時方攝政。

省之民黨嚴起抗議，騷動與變亂。一九一六年六月，袁世凱暴卒，副總統黎元洪升任大總統，中國當從此切實誠懇以摹擬西方諸國矣。

第三節　日本之覺悟

日本與中國顯著之差別

去中國海岸之東不遠有一小島國，其覺悟之史適與中國之不幸相反，而又足以說明中國之災禍。因日人能及時明悉歐洲文明之利，效法西邦成功甚易，竟能與之抗衡而不受其侵也。

十六世紀日本之歡迎外人

近代日本與歐洲之交通，始於一五四二年，是年有一葡萄牙船爲風吹至日本某島之岸。船上有葡萄牙之冒險家三人，乃歐人之第一次至日本者。當地日人貌似華人而較矮，活潑好奇，和藹可親，大注意外人之火器，葡人乃受其意外之優待。此後至日本羣島者，或意在經商，如葡萄牙之商人，或志在傳教，如佛蘭西士紮維厄及其他之耶穌會教士，彼輩概受優待。三十二年之內，改信羅馬教者至達十有五萬。

十七世紀日本之閉關

後日本統治者豐臣秀吉見基督教徒人數勢力之驟增而大驚，恐改宗基督教者他日或將聯外人以傾覆其心目中之異教政府，乃驅逐教士（一五八七年），一五九一年基督教徒被殺者逾二萬人。但一時教徒之數仍見增加。據說一五八七與一六三五年間，日本之羅馬教徒以身殉教者達二十八萬人，此雖或近誇詞，然亦可想見豐臣秀吉及其繼任人物撲滅基督教之方法矣。奉基督教之商人亦受猜疑，不許入境，惟少數荷蘭商人得買賣日貨，然亦嚴受限制。　自十七世紀中葉至十九世紀中葉，日本均採閉關主義。

日本對西方文明之第二次開放——一八五三年陂理至日

日本二百年閉關自守之時，至一八五三年七月而告終，時陂理（Commodore Perry）率美國軍艦四艘駛入橫濱附近之浦賀，運西方之縫紉機及其他希奇之發明品至日本，並載有日人未曾見過之大砲。島民見歐洲文明之利而受感，咸知在文治方面尤其在軍事方面應學外人之處正多。　故陂理未遇大困難，卒能結一條約（一八五四年），依照此約，日本允諾：（一）凡屬美國水手因遇風船破漂流至日本海岸者，當加以保護；（二）外國船舶得在日本購買糧食；（三）美國商船得停泊於下田與函館二港。　不久，英荷俄諸國亦取得同樣之特權。　四年後又有美人赫黎斯（Townsend Harris）勸日本之統治者訂一新約，許美商在橫濱貿易。　繼之者，復爲英，俄，荷，法諸國。

大名之反對

以日本名義簽定此等商約之藩王在理論上並非日本之君主，僅爲天皇世襲之將軍。　但自

將軍與天皇之對抗

一三三六年以還（歷時五百餘年之久），天皇雖被尊爲天照女神之孫瓊瓊杵尊之苗裔，居住京都，然對於實際政治從未關心，其威權概由將軍行使之。多數最傑出之「大名」（諸侯）久忌將軍，咸願助天皇恢復其久未行使之權力。彼等憎惡外人，與惡將軍同，故當將軍簽約與外人通商之時，大名乃控以擅許「蠻夷」進日本神聖之國土，與未經天皇同意而行使主權之兩重罪名。此種情感甚爲流行，致將軍之威信大失。現爲日本愛國主義的化身之天皇，將不爲傀儡皇帝，而收回其先人前此授與將軍之大權，蓋僅時間問題耳。

西洋砲術之影響一八六三至一八六四年

天皇黨因兩種事變，大易其對於外人之態度。一爲英國艦隊之砲擊鹿兒島，以報復一英人在日境之遇害（一八六三年）。一爲英法荷美聯合艦隊之轟炸下關（一八六四年），以懲大名之砲擊外船。此二次變所表現西洋砲術之力，已證實日人苟無同樣之大砲，必永難驅逐外人，甚至乃不能防制外人之攻擊。於是前此痛罵「蠻夷」之大名，現乃頓變舊態，謂日本既不能驅逐西人，則當任其自由往來，以便習其秘術而勝過其伎倆。惟有如此，日本始能維持其國家之地位。故前此責將軍與外人締約之大名，現亦多力主容納歐洲之文明。惟彼輩之仇視將軍，則仍如故，力言將軍非法行使之政權，應還於日本合法之君主天皇焉。

一八六七至一八六八年日本之革命 幕府之告終

日本最後一步之覺悟（一八六八年之革命），由於：（一）大名反對將軍之運動；（二）吸收西洋文明之信心；（三）神道教之復興，視爲國教並尊敬神裔之天皇。 實行之者，爲少數之青年維新黨，其中有大貴族，有非貴族者，要皆欲爲其國家與個人造一光繁之事業。 革命之第一階段竟和平完成於一八六七年，時最後之將軍慶喜知其地位微弱，自願放棄其本族（德川）二百六十年來之職位。 慶喜之慨然退讓，遂使一八六七年卽位之十五齡幼主睦仁天皇得爲名實相符之日本君主，以「明治」著稱之睦仁統治時代（一八六七——一九一二），卽自此始。

封建制之廢除

顧慶喜之敵黨猶以爲未足，欲完全摧毀此退職之將軍俾其永無復權之望。 一八六八年，對彼及其藩士戰而大勝，迫彼退隱，僅稍留田產，其前此之聲勢，遂毫無遺痕。 此輩主要之大名因已強慶喜還其特權於天皇，乃亦自動奉還其封建權利及領土爵位於幼主，小領主復繼起效之。 日本之封建制遂廢於此種特殊之愛國行動，一八七一年七月敕令宣告「廢藩（卽封建管區）置縣」。 另與大貴族以高官厚祿，償其所失之封建權利。 封建既廢，於是三種之基本改革遂易實現。（一）農民得免去奴隸義務，享有耕地，以後便可依法納稅。 （二）戰爭前此原世襲武士階級之特權，現則爲全體國民之權利與義務，眞正之國軍與新式之海軍遂以成立，並實行徵兵制，聘歐洲軍官訓練之，而授以歐式之軍械。（三）前此因將軍與其他大名時起爭鬭，致弱政府，現則政治操於天皇之官吏，權力集中，效率亦大。天皇舊居神聖之京都，作半宗教式之隱居，現竟出爲開化日本之賢君，並遷都於前此將軍所在之江戶，而重名之曰東京。

日本之歐化

天皇公然接見外國代表，並令其臣民優待外人，此等創舉，皆表示其欲將日本變爲一歐化國家與世界强國。彼及其左右無處不力圖使日本與西方諸國相齊，如奬勵西學，設大學於東京，創設公立學校，而定英語爲課程之一，取消佛教之特殊地位，予一切宗教以自由，派使臣赴外國宣告日本心理之改變，並研究歐洲制度皆是也。新用之民刑法典，仿自德法。

一八八九年日本之立憲政治

一八八九年所頒布之成文憲法，實將歐洲政府之優點盡列其中。依此憲法，日本於一八九〇年召集第一屆國會，包括衆議院與貴族院。至於政權之行施，立法之決定，則皆操諸天皇以保政府之强固。

日本之產業革命

此時日人正力謀吸收歐洲之物質及軍事文明。一八七二年，始築鐵路，由東京抵橫濱，共長十八哩，一九一四年，已有鐵路六千哩，幾盡屬國有。取消禁造航海大船之令甫十五年，日本已有海船一百三十八艘，一九一四年時，共有商用汽船二千零七十二艘各在二十噸以上（時法國尚僅有汽船一千八百五十七艘），不惟往來於本國海面，並航行歐美澳洲及孟買中國。礦業亦漸發展，初尙受西洋專家之指導，至一九一三年，則日本礦工已約有二十三萬，年出之煤，銅，鐵，及他礦，其總値達六千五百萬金元。一八八〇年以前日本尙無棉業，但發展極速，當一九一四年，日本各棉業廠之紡錘已達二百四十萬零二千五百七十三，年出紗達五萬四千五百七十三萬八千五百四十七磅，共計男工三萬二千女工九萬五千。織業亦復相若，一八九〇與一九〇一年之間，因動力織機之輸入，每年增加產額百分之八百。日本工業發展的結果之一，爲其對外貿易，當一八七七年尙不達二千五百萬金元，及一八九〇年已幾增至七千萬金元，一九〇〇年幾至二萬五千萬金元，一九一〇年逾四萬五千萬金元，一九一三年竟達六萬八千萬金元，三十六年之內，計增至二十七倍焉。

日本產業革命之社會德影響

上列數字大足證明日本在十九世紀之最後二十五年中，已變爲一近代的工業國。歐洲之產業革命既產生不滿意之工人與興盛之資本家，今在日本亦然。如一九〇六年日本約有九千股份公司，管理已繳之資本達五萬萬金元。此九千公司之股東，悉日本之資本家，卽中產階級也。不列顚羣島之資本家咸鼓勵帝國理想，今日本羣島中亦有主張帝國主義之富人。惟助長日本帝國主義之精神者，尙有兩種動力，一爲日本民衆之特殊愛國心，一爲日本四大島（本州，四國，九州，蝦夷），僅有面積十四萬方哩，至少自統計家觀之，似難維持五千萬人。於是日本關於此點，乃亦效西方各國從事於拓地之業。

日本之帝國主義

一、中日戰爭一八九四至一八九五年臺灣之併吞

日人對於恰在其羣島以西之高麗半島，自甚注意。日人因視高麗不屬於中國，對之主張改革進步之策，因與中國衝突，此吾人之所知也。當中日之戰（一八九四——一八九五），新組織之日軍因其勇敢與訓練，卒能勝過中國軍準備上之優點，其大勝似即仿歐政策之效。戰後，日本雖因俄法德三國之強制，還旅順及遼東半島於中國，但仍保留臺灣（約四倍於克里脫島），並得賠款約一萬八千萬元，以爲其耗費金元萬萬及士卒四千之勝利結果。至於高麗，則雖尙未併入日本，然已確與中國分離矣。

二、日俄戰爭一九〇四至一九〇五年

俄國強日本還旅順於中國以便其異日可據爲已有，此在中日戰後之數年，似已顯著，苟非用激烈方法，則滿洲與高麗勢必爲俄所得。日本於是乃對俄作戰。是爲日本與西方強國之第一次衝突，日本爲此已有充分之準備。自一八六八年設一小軍械製造廠於東京之後，日本曾設兵工廠於大阪，設火藥製造廠，陸海軍校及鐵廠於長崎，設造船所於橫須賀，其製造廠已能製十二英寸之大砲。自中日戰爭後，其軍額加倍，軍裝益精，當一九〇四年，計有武裝軍士十八萬，其受訓練

之預備兵達六十萬以上。日本之蒸汽砲艦除一八六六年初建者外，新建者甚多，當日本作戰時，計有新式戰鬭艦六艘，裝甲巡洋艦八艘，水雷艇八十艘，驅逐艦十九艘，他種巡洋艦四十四艘。日本對於戰爭之準備，其軍士之非常耐苦勇敢，及其政府國民所充滿之熱烈愛國精神，實決定此次衝突之結局。

一九〇四年二月）甫三日，俄國艦隊卽爲日海軍中將東鄉平八郎之襲擊受損，被封於旅順灣內。六閱月後，由旅順灣冒險突出，卒爲東鄉所大敗。另一日艦隊復幾在同時擊敗以海參崴爲根據地之俄國艦隊。時陸上則有黑木將軍率日軍於鴨綠江岸劇戰之後（一九〇四年五月一日），由高麗渡至遼東半島。奧保鞏將軍則率第二軍於旅順口之北登陸，敗俄軍於南山（五月二十六日）與得利寺（六月十四至十五日），後日軍集中於小山指揮之下，作遼陽之戰（九月二日），迫俄軍總司令庫洛帕特磬（Kuropatkin）退至遼東半島以北之奉天。一九〇五年二月二十五日與三月十日之間，在奉天發生最大之決戰，日軍參戰者三十萬，俄軍亦勢均力敵。日軍將領雖未能如其所願，包圍虜獲俄軍，但卒迫其潰退，俄軍喪失士卒幾達十萬，日軍損失，半於此數。

一九〇五年二月至三月奉天之戰

旅順之被圍與失陷

時乃木大將已進擊固守旅順要塞之俄軍四萬七千。一九〇四年八月，彼妄施猛攻，冀取旅順，在三星期內犧牲部衆一萬五千。後乃從事圍困，旅順卒於一九〇五年一月二日降服，俄國戍軍之死傷疾病不能作戰者達半數，而日軍此次圍攻除三萬四千人染病而外，死傷亦達五萬八千之多。俄國後欲挽回刦運，派波羅的海之艦隊赴遠東，遇日本海軍總司令東鄉平八郎於日本海，在此次著名之決戰中全部覆沒（一九〇五年五月二十七日）。

日本之勝利——一九〇五年九月五日之朴次茅斯條約

交戰國雙方咸欲媾和。蓋俄國雖仍有極大之資源，而內旣不靖，戰復屢挫。日本雖獲大勝，然已將力竭勢難侵入俄國遼闊之領土也。於是二國依美總統之議，派全權代表赴紐罕什爾之朴次茅斯，於一九〇五年九月五日簽定和約。其條款之與中國有關係者，前已言及，日本除得遼東半島之租借權，並使高麗與滿洲脫去俄國之勢力外，尙得二千萬金元之賠款，及庫頁島之南半部，此乃在日本北之一島，俄國於一八七五年得自日本者。

庫頁島之併吞

日本因對俄之戰一躍而爲世界強國。此蕞爾島國之效法歐洲，參加拓地事業，並戰敗一歐洲強國，纔五十年內事耳。此外更使其滿意者，則爲與英同盟，初成於一九〇二年，後乃益固。睦仁天皇可以西方之英國視爲友邦與同等國自豪矣。

三、一九〇二年之英日同盟

英日同盟卒在國際大戰中發生效果，此以

後之事也。

四、一九一〇年日本之併高麗

當日俄二國猜忌對抗之時，彼此均不得據有滿洲或高麗。及日俄戰爭以後，二國政府成立協定，其細節雖未宣布，大抵似允日本吞併高麗。故當一九一〇年日本併吞高麗之時，初未聞俄國之抗議。高麗之領土約倍於倭海阿人口幾爲其三倍，其對於日本之重要，不惟因其爲農業國，可爲日本之穀倉，實亦日貨之市場與其資本家營業之地也。一九一三年時，其購自日商貨品，約值二千萬金元，佔高麗輸入品之半數以上。日資本家在高麗所設之銀行已有五處，有希望之礦山亦被開採。高麗現復改名爲「朝鮮」。

日本爲一歐化之國

吾人現述此東方進步之蕞爾島國將畢，尙須將其與西方島國作一比較。日本之面積與人口俱稍勝於不列顛羣島，但其經濟與帝國主義之進展，則迄今仍遠不能逮。一九一三年時，日本帝國雖管理年値六萬八千萬金元之商業，但仍未及英國商業十分之一。日本商船總計在二百萬噸以上，尙不及大英帝國九分之一。至在領土發展方面，則日本帝國與近代最大之帝國相較，亦尙在幼稚時代。但日本對於拓土商業運輸工業等均已顯然開始。日本蓋已證明東方民族之能吸收歐洲物質文明矣。日本當一九〇五年有六萬人改宗羅馬教，二萬七千人改宗俄國正統教，一萬一千八改宗英格蘭教，三萬九千八改宗各派之新教，共計約十三萬七千八，後更頗有增加。然在宗教方面，日本終爲東方式之國。惟在物質方面，則日本實已變爲一歐式國家。其工廠，其不滿意之工人階級，其資本家，其陸海軍，其政治法律等，悉足以證明日本之吸收西方文明焉。

第四節 俄國在亞洲之發展

俄國向太平洋與印度洋之發展

在亞洲多數區域中，欲民族覺悟，悉如日本，殆勢所難能。例如在北亞細亞，一望無垠之半凍地帶，與半開化遊牧部落所在之中亞細亞山地，除由某強國籌劃而外，歐洲文明實鮮能及此。發揮此種帝國主義（即逐漸征服人口稀少之遼闊區域，並稍使其開化）者，首推俄國。俄皇漸在亞洲北部與中西部推廣勢力，其在歐洲所不能得之海口，今乃得取償於亞洲。蓋俄人在亞洲之進展，大抵以兩洋爲的，東則直達太平洋，據西伯利亞而威脅蒙滿高麗，東南則侵土耳其，波斯與中亞細亞之獨立各部，惟拓疆稍緩，且阻於大英帝國，未能直抵印度洋耳。

西伯利亞之占據

俄國經西伯利亞以至太平洋之進展，始於一五七九年，哥薩克冒險家之初踰烏拉嶺而東，成於一六三八年之達於鄂霍次克港，是港在鄂霍次克海，與太平洋通，此皆上卷曾及之事，茲無重述之必要。此後邊疆之哥薩克人與夫求金鑛者，獵獸革者及商人，政治犯，並不滿意之農奴等，輒聚集於此新得之茫茫大地。但彼輩所發現之西伯利亞並非膏腴潤澤之鄉。其北爲一不宜居人之濕地，入冬則凍；中部西伯利亞之森林雖或適於遊獵，而不宜於農業；南部雖可墾種，然夏則酷熱，冬則嚴寒，於生活至爲不適。且俄國對於太平洋港口之望亦不能以冬季冰凍之鄂霍次克爲足。於是其探險家冒險家與殖民者乃欲尋較沃之地，覓更好之港，於十七世紀時始侵入北滿之黑龍江流域，時該地乃中國皇帝所有者也。十九世紀中葉，俄國某冒險家樹俄旂於黑龍江口，築要塞於其岸。一八六〇年，中國不得已而盡棄黑龍江北之地與黑龍江以南烏蘇里江以東之沿海省。俄國現乃建一「東方雄鎮」海參崴於新領土之南端，以俯臨日本海。一八七五年，復由日本取得是海以北之庫頁島，於是遂控制太平洋岸北自白令海峽，南抵高麗之境矣。

由西伯利亞南進

顧俄人猶以爲未足，更欲自西伯利亞南進。蓋苟能取得高麗，滿洲，蒙古，則可直達黃海而與中國營貴重之貿易也。卽在十九世紀末葉之前，已有俄商入居於中國之滿洲諸城。一八九五年以後，時俄國已迫日本退出南滿，以爲滿洲及旅順之海軍根據地，甚或高麗殆終將受俄國之支配。但日本終以一九〇四至一九〇五年之戰迫俄人放棄旅順高麗。於是此後俄國乃謀另闢途徑，以達黃海。時滿洲之西，西伯利亞之南，有中國之屬地蒙古，西抵中亞細亞，東近黃海。如得蒙古，則西伯利亞之邊境與北京接近。故俄商與哥薩克人遂相率來此，結果當一九一三年，外部或西部蒙古名雖隸於中國，實已成爲俄國之保護地，俄商在該處得自由設立貨棧，並免除關稅焉。

俄國在裏海區域之發展

俄國既在亞洲北部之西伯利亞繼續拓地，同時又向裏海區域之西南及土耳其斯坦發展。自一五五四年可畏之伊凡在阿斯達拉干得一裏海上之根據地以後，俄人即力求使裏海變成一俄國之湖。裏海西岸有半獨立部落，位於高加索之沃土，或隸於波斯，或屬於土耳其，十九世紀中（一八七八年以前），俄國乃不顧高加索山北麓塞卡西亞（Circassia）山民之奮勇抵制，而悉征服兼併之。在裏海東岸，俄國復南向進展，迫波斯王放棄其亞述拉達（Ashurada），阿斯卡巴德（Askabad）薩剌克斯（Sarakhs）以北之一切領土權，此三城遂於一八四一，一八八一，一八八五等年先後爲俄國所得。俄國與南洋之間，現僅餘一波斯矣。

波斯

波斯爲一古代帝國之地，歷時數百千年，均爲獨立之回教國，由沙(shah)或王統治之。及十

俄國之侵略

九世紀中，北方之俄國，東南之英國，壓迫波斯日益加甚。二十世紀之初，俄國似乎佔優勢，俄商在波斯得一有利商約（一九〇二年）之保護，其資本家遂取得重要之投資權，如一九〇〇年時，俄

英國之侵略

國資本家貸款於波斯達一千二百萬金元之多，註一並承築波斯西北之大道。另一方面之英商則無論在波斯南部與亞丹灣或在印度貿易者俱恐俄國之支配波斯全國而害其商業。英國於是採外交行動其結果乃有英俄政府於一九〇七年八月三十一日定約之舉，依照此約，波斯之北半部定爲俄國之『勢力範圍』，其東南隅則劃歸英國之勢力範圍。英國不在俄國勢力區內要求商業或政治特權而俄國亦尊重英國之勢力區，二區之間，則置一『中立』地帶。同時，俄國並承認英國在波斯灣之特殊利益焉。

波斯之革命一九〇六至一九〇九年

是時波斯內部之情形已紛亂不堪，盜賊蜂起，刼掠盛行。一八九六年波斯王被刺。新王恐愛國之國民黨（Nationalists）將起革命反對其專制，弊政及媚外乃頒賜憲法（一九〇六年八月五日），設立議會（Mejliss）以謀和解。但國民黨反對如故卒於一九〇八至一九〇九年革命，廢波斯王謨罕默德阿里密撒（Shah Mohammed Ali Mirza），而立其年僅十一之嗣子阿馬德密撒（Sultan Ahmad Mirza）。顧新政府並不較佳，既未能制止俄國之駐軍（一九一一年）於波斯北部之亞塞爾拜然（Azerbaijan）與哥薩森（Khorasan），諸省復讓鐵路採礦之權

註一　實僅預付現金約一千萬金元即面價百分之八十五也。

（一九一三年）與英俄公司，且不能維持秩序。

俄英二國之續施保護

一九一二至一九一三年，政府向俄英資本家成立新借款，波斯遂益受外國之支配。少數勇敢志士仍冀波斯能如日本之猛醒，自動採納歐洲文明，他人則以波斯既爲俄英之利而受其束縛，則雖欲猛醒亦不可能。如彼時任波斯政府財政顧問之美人叔斯特（Morgan W. Shuster），即抱此見解，一九一一年，彼曾發驚人之論，謂波斯之紛亂與弊政實多由英俄對於『此微弱而困於戰爭的波斯國』之自私政策所致。蓋是時波斯固仍爲英俄財閥投資有利之場，計俄商壟斷其對外貿易五分之三，註一 餘則多操於英人之手。

土耳其斯坦與英俄疆界

吾人一閱地圖，卽可見俄國之南向發展，不僅在環繞裏海侵入波斯，且更東至中亞，欲繞波斯以東達印度與阿拉伯海。波斯之東有阿富汗獨立邦，其東北有西土耳其斯坦高原，分爲多數汗國小邦，與中國西境之山地接。當十九世紀中，俄人以圓滑之外交與無定之苦戰，卒得西土耳其斯坦全部，包括阿拉海(Aral Sea)巴爾喀什湖(Lake Balkash)二盆地，及得自中國之伊犁（一八八一年）的一部，於是南抵波斯與阿富汗。基發（Khiva）與布哈拉二小邦在地圖上雖爲

註一 一九一三年時約達一萬萬金元。

獨立國，實則已成俄羅斯帝國之一部。俄國向中亞進展之速，令印度之英人大懼，蓋此實暗示俄人或可由土耳其斯坦南向阿富汗與旁遮普（Punjab）以奪英人之印度也。英人於是力求保存阿富汗爲英俄帝國間之緩衝國，曾屢次干涉阿富汗其一八四一年之遠征軍雖爲阿富汗人所殲滅然一八八〇年英政府卒能扶植一允英國支配其外交之「君主」(amir)。但阿富汗西北東北之境仍繼續受俄國侵略之威脅，因俄國在其西北曾奪取麥爾夫(Merv)，旁吉德(Panjdeh)與庫什克(Kushk 一八八五——一八八七)，在其東北復於一八九五年得一位置於帕米爾高原之上也。後於一九〇七年立一和約，俄國得在阿富汗享有均等之商業機會，而許英國支配阿富汗之外交，二國并約定不在該國兼併或佔領任何土地。俄國向印度洋之進展遂爲英國所阻，與其在遠東方面圖佔滿洲之見挫於日本，正相似也。

亞洲之俄羅斯帝國

俄國雖受此等限制，然其在亞洲成功之大，仍可於其領土之遼闊見之。俄皇在亞洲共得地六百萬方哩，三倍於歐俄之版圖，等於歐洲全部再加美國三分之二。惟此茫茫大地鮮有直接之價值。土耳其斯坦內墾種之地僅居百分之二，西伯利亞之穀田當一九一三年，尚不及歐俄穀田十分之一。且亞洲帝國在商業上之價值亦小，一九一三年時，經俄國亞洲邊境之商業，實不達一萬三千萬金元。惟另一方面，亦有可以注意者，俄人每年移殖於西伯利亞者達二十萬人，當可以開發大地從事耕種，且西伯利亞與土耳其斯坦並有富饒礦產正待開發。土耳其斯坦內已設之汽力工廠達二十所以上。對於未來更爲重要者，厥爲鐵路之發展。西伯利亞鐵路一偉大工程也，始建於一八九一年，現已使莫斯科彼得格勒與海參崴，旅順及北京相聯。俄國又有一大鐵路橫貫土耳其斯坦，其未成之支線方向阿富汗之赫拉特（Herat）與中國之新疆進展。此外俄國又有建築鐵路以入波斯貫蒙古之計劃。鐵路爲商業之通路，帝國之神經，此吾人所應不忘者也。

第五節　在遠東對立各帝國之鳥瞰

在亞洲與奧大拉西亞之帝國主義

吾人已詳述中華古國之如何開始分崩，日本帝國之如何覺悟自強，與大俄羅斯帝國之如何在亞洲北部與中部發展。至不列顛帝國之在亞洲，則當另述於後。現爲便利起見，將暫行考察大戰前（一九一四年八月）此二大帝國及其他較小諸帝國（法，荷，德，美，土等帝國）之範圍地位焉。

一、俄帝

領土最大者爲俄羅斯帝國，自烏拉山以東達白令海峽與太平洋，其北境爲北冰洋之冰水所冲擊，其南境與高麗滿洲蒙古阿富汗波斯及土屬亞美尼亞為鄰。且更劃外蒙古與北波斯為其未來發展之地。

國之範圍地位

二 英帝國之範圍地位

在亞洲南部與澳大拉西亞(Australasia)佔優勢者，為不列顛帝國。其富裕可使俄屬西伯利亞之荒原失其價值。衆庶之印度半島屬於大不列顛，其地北至喜馬拉雅，東為恆河流域，西為印度河流域。印度之西有被其佔據一部之俾路芝斯坦(Baluchistan)，有半獨立國之阿富汗，有在波斯東南部之『勢力範圍』。北則英國之商人與勢力正深入尼泊爾與不丹二山國，並踰喜馬拉雅而入西藏。東則緬甸被其吞併，馬來聯邦(Federated Malay States)歸其保護。在馬來半島南端俯臨麻剌甲(Malacca)海峽之處，有海峽殖民地(Straits Settlements)，亦歸英直轄。在中國則領有香港，租有威海衛，並視揚子江流域為其『勢力範圍』。在阿拉伯亦獲根據地於亞丹。至於島嶼，則據有錫蘭，北婆羅洲，新幾內亞(New Guinea)三分之一，澳大利亞，新西蘭及塔斯馬尼亞(Tasmania)，其他諸小島更無論矣。

三 法帝國之範圍地位

法國在亞洲之領域較小。在印度，仍保有其前此之通商地五處(朋的書利，喀利喀爾，尙達拿加爾，馬赫，雅拿恩)，共計一百九十六方哩。其主要殖民地為印度支那，包括印度支配半島之東半部。印度支那五邦（安南，柬埔寨，交趾支那，東京，拉屋斯）之面積大於母國，受一法國總督之統治，駐歐軍萬人以鎮攝本地人民。印度支那之銀行有經認可之資本三千六百萬佛郎，法國投資者輒由該行以經營金融工商採礦等業。印度支那之西有獨立之暹羅國，爲英屬緬甸與法屬印度支那間之緩衝國。北向則或尚有發展之餘地，自法國租借中國之廣州灣以後似頗易也。註一

四、荷帝國之範圍地位

荷蘭之殖民帝國（一七九八年由荷屬東印度公司轉歸政府）雖大受損失於法國革命戰爭與拿破侖戰爭之中，然仍包括亞洲東南部之多數重要大島。註二 僅一爪哇已四倍於本國，其人口多過四倍，蘇門答臘則大於加利福尼亞，塞勒比斯大於內布拉斯加（Nebraska），蒙大拿（Montana）可列於荷領新幾內亞之內，婆羅洲（英國僅佔領其北岸之地）則大於法國全部。合諸島人口約與法國相等，歐人綫約八萬而已。荷領東印度因產香料，咖啡，金鷄納，烟草，蔗糖，藍靛等物，而爲最可貴重之領土，當一九一三年其商業竟達四萬七千五百萬金元以上。荷人對於

註一 法國又領有太平洋中之新喀利多尼亞與達赫的(Tahiti)諸島。

註二 荷蘭除在亞洲附近領有此等屬土外，在新世界尚有少數參與之地——荷屬幾亞內與庫拉薩俄。

他國商人雖不加重賦稅，然其本國商人仍能壟斷此種有利貿易之大部分也。

五、德帝國之範圍地位

德爲新興帝國在亞洲大陸僅有中國膠州灣附近之二百方哩。德人在此建一模範城市，有巨大之乾船塢及頭等之砲臺。膠州灣之重要僅在其可作海軍根據地及商埠（一九一三年時，其商業逾五千萬金元），德國勢力可由此中心以侵入山東也。在太平洋中德國得俾斯馬克羣島（Bismarck Archipelago，一八八四年），馬沙爾羣島（一八八五年），加洛林羣島（一八九九年）皮盧羣島（Pelew Islands 一八九九年），瑪利亞納或拉德倫（Ladrone）羣島 註一（一八九九年），及薩摩亞羣島中之二島（一八九九年），凡此均不過可作煤棧而已。較重要者，爲愷撒威廉蘭即新幾內亞之東北部（七萬方哩），德并此地，與英國兼并該島三分之一之東南部同時（一八八四年）。時該島尚屬榛狉爲捲髮櫻色之野人所居。其管理權原操於一德國商業公司該公司不徒能發展有希望之商業輸入棉花與烟草之種植，且於一八九九年放弃行政權之時，曾由德政府領受十萬金元。一九一三年時，德帝國每年約付四十萬金元以爲管理新幾內亞及鄰近諸島之費。

註一　除其中最大之關島而外，均由西班牙割與美國（一八九八年）。

美國之範圍地位

美國固否認有造成遠東帝國之意，然事實上已得殖民地於遠東。一八九八年得太平洋中部之夏威夷羣島(Hawaiian Islands)因此遂進取太平洋中之其他小島或『煤棧』，最後復因一八九八年之戰而由西班牙取得腓律賓羣島。用兵兩載，美政府始克強施其威力及於八百萬之腓人，此輩多爲基督教徒。因欲保存美國民治之傳習，一九〇七年腓律賓乃有議會之設，但其上院由美政府指派，其下院雖名爲代表制，而八百萬人中之得預選舉者纔十萬耳。

美國雖常宣言終當許腓人獨立，但美商之在一九一三年壟斷腓律賓貿易之最大部分（五千二百萬金元）者，必不輕棄其利以滿足士人獨立之願。帝國主義之精神殆由彼輩及從事於中國貿易者促其發達，此種精神蓋視腓律賓爲美國之殖民地，要求保護遠東之『美國利益』，並力主中國對於各國之商人，尤其對於美國之商人應採『門戶開放』也。

七、亞洲之地位

最後吾人應再三注意者，即西方帝國主義之野心，與亞洲人之民族情感終難免於衝突。愛國心極強之日本人對於抵制侵略，在文武兩途已均有進步。中國人憤恨而不能保其領土之被攻擊及其自由之被干涉，中國之進步與改革黨欲與日本爭勝者，咸覺其革新中國之障礙，實在歐洲資本家之堅欲監督中國財政，而起擾人之干涉，與夫歐洲外交家分割中國邊緣諸省之企圖。

波斯亦大抵受俄英之束縛羈勒。暹羅，尼泊爾不丹阿富汗阿曼等不重要國家，名雖獨立實多處歐人勢力之下。最後而卻不可忽者厥爲亞洲之土耳其帝國，其地包小亞細亞，東經亞美尼亞與庫爾狄斯坦（Kurdistan）以達於俄國之外高加索諸省，下經阿富拉底斯河流域以抵波斯灣，南包敍里亞，巴勒士登及紅海東岸，而半繞彼獨立遊牧部落所處之阿拉伯荒涼高原。至阿拉伯半島之南端，由亞丹（一八三九年爲英人所佔）以至阿曼，則已視爲英國之『勢力範圍』矣。

課外讀本

新民族帝國主義——普通者：

1. J. H. Robinson and C. A. Beard, *The Development of Modern Europe*, Vol. II (1907), Chap. XXX.

2. *Cambridge Modern History*, Vol. XII (1910), Chap. XXV.

3. P. S. Reinsch, *World Politics at the End of the Nineteenth Century* (1900).

4. The same author, *Colonial Government* (1902).

5. *Colonial Administration* (1904).

6. J. A. Hobson, *Imperialism: a Study* (1902).

7. S. P. Orth, *The Imperial Impulse* (1916).

8. D. S. Jordan, *Imperial Democracy: a Study of the Relation of Government by the People, Equality before the Law, and Other Tenets of Democracy, to the Demands of a Vigorous Foreign Policy and Other Demands of Imperial Dominion* (1899).

9. W. C. Webster, *A General History of Commerce* (1903).

10. J. W. Root, *Colonial Tariffs* (1906).

11. H. C. Morris, *The History of Colonization*, 2 vols. (1908).

12. E. A. Pratt, *The Rise of Rail-Power in War and Conquest, 1833–1914* (1916).

13. A. G. Keller, *Colonization, a Study of the Founding of New Societies* (1908).

14. M. B. Synge, *A Book of Discovery: the History of the World's Exploration, from the Earliest Times to the finding of the South Pole* (1912).

15. Alexander Supan, *Die Territoriale Entwicklung der europäischen Kolonien* (1906).

16. Veit Valentin. *Kolonialgeschichte der Neuzeit* (1915).

17. Alfred Zimmermann, *Die europäischen Kolonien*, 5 vols. (1896–1903).

18. Paul Leroy-Beaulieu, *De la Colonisation chez les peuples modernes*, 6th ed., 2 vols. (1908).

19. J. S. Dennis, *Christian Missions and Social Progress*, 3 vols. (1897–1906).

20. R. E. Speer, *Missions and Modern History, a Study of the Missionary Aspects of some Great Movements of the Nineteenth Century*, 2 vols. (1904).

21. The *Catholic Encyclopædia*.

遠東問題——普通者：

1. C. D. Hazen, *Europe since 1815* (1910), Chap. XXX.
2. *Cambridge Modern History*, Vol. XI (1909), Chap. XXVIII, on China and Japan from 1815 to 1871, Vol. XII (1910), Chap. XVII–XIX, on the Far East, the regeneration of Japan, and the Russo-Japanese War.
3. *Histoire générale*, Vol. X, Chap. XXVII, XXVIII, Vol. XI, Chap. XX, Vol. XII, Chap. XXIV, XXV.
4. Sir R. K. Douglas, *Europe and the Far East, 1506–1912*, new ed. rev. and cont. by J. H. Longford (1913).
5. Édouard Driault, *La Question d'extrême Orient* (1908).
6. P. S. Feinsch, *Intellectual and Political Currents in the Far East* (1911).
7. T. F. Millard, *America and the Far Eastern Question* (1909).
8. Pierre Leroy-Beaulieu, *The Awakening of the East—Siberia, Japan, China*, Eng. trans. by Richard Davey (1900).

9. Alexis Krausse, *The Far East: its History and its Questions*, 2d ed., (1903).

10. G. N. C. (Earl) Curzon, *Problems of the Far East*, rev. ed., (1896).

11. Lancelot Lawton, *Empires of the Far East, a Study of Japan and of her Colonial Possessions, of China and Manchuria, and of the Political Questions of Eastern Asia and the Pacific*, 2 vols. (1912).

中國：

1. H. A. Giles, *China and the Chinese* (1902).

2. *China and the Manchus* (1912).

3. *The Civilization of China* (1911) in the "Home University Library"

4. E. H. Parker, *China, her History, Diplomacy, and Commerce, from the Earliest Times to the Present Day* (1901).

5. Sir R. K. Douglas, *The Story of China* (1901) in the "Story of the Nations" Series.

6. H. B. Morse, *The International Relations of the Chinese Empire: the Period of Conflict, 1834–1860* (1910).

7. Henri Cordier, *Les expéditions de Chine de 1857–58 et de 1860: histoire diplomatique, notes et documents*, 2 vols. (1905–1906).

8. The same author, *Histoire des relations de la Chine avec les puissances occidentales*, 3 vols. (1901–1902).

9. J. O. P. Bland and E. Backhouse, *China under the Empress Dowager, being the History of the Life and Times of Tzŭ Hsi* (1910).

10. P. W. Sergeant, *The Great Empress Dowager of China* (1910).

11. W. F. Mannix (editor), *Memoirs of the Viceroy Li Hung-Chang* (1913).

12. Vladimir (*pseud.*), *The China-Japan War* (1895).

13. A. R. Colquhoun, *China in Transformation* (1898).

14. P. H. Clements, *An Outline of the Politics and Diplomacy of China and the*

Powers, 1894–1902 (1915).

15. A. J. Brown, *New Forces in Old China* (1904).

16. A. H. Smith, *China in Convulsion*, 2 vols. (1901).

17. W. A. P. Martin, *The Awakening of China* (1907). (1912).

18. H. B. Morse, *The Trade and Administration of the Chinese Empire*, new. ed., (1913).

19. P. H. Kent, *The Passing of the Manchus* (1912).

20. J. O. P. Bland, *Recent Events and Present Policies in China* (1912).

21. J. S. Thompson, *China Revolutionized* (1913).

22. James Cantlie and C. S. Jones, *Sun Yat Sen and the Awakening of China* (1912).

23. Edmond Rottach, *La Chine en révolution* (1914).

24. *The Chinese Year Book*, ed. by H. T. M. Bell and H. G. W. Woodhead

(1912 *sqq.*).

日本：

1. F. Brinkley and Baron Kikuchi, *A History of the Japanese People from the Earliest Times to the End of the Meiji Era* (1915), containing, as appendices; the Japanese Constitution of 1889.

2. J. H. Longford, *The Evolution of New Japan* (1913).

3. David Murray, *The Story of Japan* (1904) in the "Story of the Nations" Series.

4. W. E. Griffis, *Matthew Calbraith Perry: a Typical American Naval Officer* (1887).

5. Toyokichi Iyenaga, *The Constitutional Development of Japan, 1853–1881* (1891).

6. P. S. Reinsch, *Intellectual and Political Currents in the Far East* (1911).

7. *Japanese Government Documents*, *1867-1889*, (1914).

8. Theophile Gollier, *Essai sur les institutions politiques du Japan* (1903).

9. G. W. Knox, *Japanese Life in Town and Country* (1904).

10. W. E. Griffis, *The Mikado's Empire*, 10th ed. (1903),

11. The same author, *The Japanese Nation in Evolution: Steps in the Progress of a Great People* (1907).

12. Henry Dyer, *Japan in World Politics* (1909).

13. Count Okuma (editor), *Fifty Years of New Japan*, Eng. trans. ed., by M. B. Huish, 2 vols. (1909).

14. An elaborate history of Japan is now (1916) in preparation, by James Murdoch, of which two volumes have appeared—Vol. I, *From the Origins to the Arrival of the Portuguese in 1542* (1910), and Vol. II, *The Century of Early Foreign Intercourse, 1542–1651* (1903).

15. **Another important history is that in French, by the Marquis de La Mazelière**, *Le Japan: histoire et civilisation*, 5 vols. (1907–1910), **from earliest times to 1910.**

16. *The Japan Year Book* (1905 *sqq.*).

日俄戰爭一九〇四——一九〇五

1. Kanichi Asakawa, *The Russo-Japanese Conflict, its Couses and Issues* (1904).

2. A. S. Hershey, *The International Law and Diplomacy of the Russo-Japanese War* (1906).

3. Charles Ross, *The Russo-Japanese War, 1904–1905*, Vol. I (1912).

4. A. N. (General) Kuropatkin, *The Russian Army and the Japanese War*, partial Eng. trans. by A. B. Lindsay, 2 vols. (1909).

5. Sir Ian Hamilton, *A Staff Officer's Scrap-Book during the Russo-Japanese War*, 2 vols. (1905–1907).

6. *The Russo-Japanese War*, Prepared by the Historical Section of the German General Staff and translated inti English by Karl von Donat, 5 vols. in 6 (1908-1910).

在亞洲之俄國：

1. F. H. Skrine, *The Expansion of Russia*, 3d ed., (1915).

2. J. H. Rose, *The Development of the European Nacions 1870-1900*, Vol. II (1905), Chap. II, III, IX.

3. G. F. Wright, *Asiatic Russia*, 2 vols. (1902).

4. Alexis Krausse, *Russia in Asia: a Record and a Study, 1558-1899* (1899).

5. Vladimir (*pseud.*), *Russia on the Pacific, and the Siberian Railway* (1899).

6. Alfred Rambaud, *The Expansion of Russia: Problems of the East and Problems of the Far East*, 2d ed., (1904).

7. J. F. Baddeley, *The Russian Conquest of the Caucasus* (1908).

8. H. G. C. Perry-Ayscough and R. B. Otter-Barry, *With the Russians in Mongolia* (1914).

9. Ármin Vámbery, *Western Culture in Eastern Lands: a Comparison of the Methods adopten by England and Russia in the Middle East* (1906).

雜著：

1. J. G. Scott, *France and Tongking: a Narrative of the Campaign of 1884 and the Occupation of Further India* (1885).

2. J. M. A. de Lanessan, *La colonisation française en Indo-Chine* (1895).

3. Albert Gaisman, *L'oeuvre de la France au Tonkin* (1906).

4. P. M. Sykes, *A History of Persia*, 2 vols. (1915).

5. W. M. Shuster, *The Strangling of Persia: a Record of European Diplomacy and Oriental Intrigue* (1912).

6. E. G. Browne, *The Persiau Revolutiou of 1905-1909* (1910).

關於土耳其帝國，參看上文第二十六章所附書目；關於英帝國之亞洲部份，參看下文第二十九章所附書目。

第二十八章 歐洲文明之傳入美洲非洲

前章所述者爲歐洲之基督教傳教師商業冒險家及遠征軍等遠赴亞洲之宗教的經濟的與愛國的動機，及此種西方文明介紹者在彼文化高而進步遲之東方人種中進展之至速。本章所論之人（傳教師資本家殖民者軍人）仍與前同，惟活動之場所，則初移於美洲，繼徙於非洲。美洲爲歐人所知已三百餘載，非洲則除地中海岸而外，迄十八世紀固大致猶未開化，亦未經人探尋也。

第一節 美洲之歐化

一五〇〇年與一九一四年之差异

當一五〇〇年時，南北美洲皆紅種『印第安人』部落之所居，此輩或爲轉徙之野人，或爲食人之生番，亦有較爲開化，建城而居者。及一九一四年，則二洲之人皆文明之族，其風尚文化言語，均同歐洲，且多爲歐人之裔。新世界實已成一『新歐洲』矣。美國史中之大事，蓋無有過於此者。爾時英人不僅征服美洲，如其征服緬甸，且多移殖於此，而設一新英格蘭於大西洋之西。法人與西班牙人亦曾圖建一「新法蘭西」或「新西班牙」。舊殖民政策，固如斯也。

舊殖民政策在美洲之結果

此事之結果盡人皆知：即（一）各大湖之北爲英國領土，註一居民操英語者幾五百萬，操法語者約一百八十萬，代表該地之土著印第安各部落者約僅十萬。（二）各大湖以南墨西哥灣以北之地爲各國（法國人，西班牙人，瑞典人，荷蘭人，蘇格蘭人，英吉利人）之殖民地，更有來自非洲之黑奴數百萬，及移自德意志，愛爾蘭，意大利，波蘭，波希米亞，斯坎的納維亞，及希臘之人民，此地後卒成一聯邦政府，鎔合多數人種爲一民族，而以英吉利之言語習慣法律佔優勢。（三）南美洲之東部曩曾爲葡萄牙之殖民地者，今在政治上雖已爲獨立之巴西國，爾文化則仍與葡萄牙同。（四）新世界其餘之地，包括墨西哥，中美洲，西印度羣島之多數島嶼，及美南洲除巴西與幾亞內外之全部，均爲西班牙人之殖民地，其印第安人則大都變爲羅馬教徒，而與西班牙人混合。西屬美洲同巴西（幾爲北緯三十度以南之新世界全部），均沿用「拉丁」語或「羅曼斯」(Romance)語（西班牙語與葡萄牙語），屬於羅馬教會或拉丁教會，因此常稱爲「拉丁美洲」(Latin America)，一猶法國比利時西班牙葡萄牙及意大利之總稱爲「拉丁歐洲」（Latin

註一　坎拿大爲不列顛帝國之一部，後當述之。大不列顛領土之東北，有丹麥人之殖民地格林蘭與愛斯蘭，

Europe）也。

約言之，十六七八諸世紀中舊有殖民政策之成功，即歐洲各國在美洲之樹植分枝，至於新帝國主義之結果，則迥乎不同，因近代帝國主義之本質在求得投資有利之地，而不在爲殖民者謀農場與新家庭也。 關於近半世紀中此種新帝國主義運動在美洲所得之果，及歐化諸美洲國家所有歷史上之特點，茲將加以簡略之敘述。註一

新帝國主義之於美洲

合衆國領土之擴張一八〇三至一八五三年

關於美國現且僅述要點三種，即領土之擴張，經濟之發展，及世界經營之開端是也。 領土擴張之速頗足驚人。 聯邦自一七八三年脫英國獨立之後，即西向拓地至密士失必之大平原（一八〇三年購自法國），一八二一年併佛羅里達，一八四五年據得撒，一八四六年得俄勒岡（Oregon）並（一八四八——一八五三）由墨西哥奪取註二今日構成加利福尼亞，尼華達（Nevada），烏台（Utah），亞里蘇那（Arizona）新墨西哥等邦之廣土，及哥羅拉多（Colorado）之一部。 絡繹不絕致商隊更西抵西部中心（Middle west）之沃野，與太平洋岸產金之地，直至由大西洋至

註一 本章暫略去英國在美洲之領土，地二十九章述之。

註二 小部領土係購於一八五三年，大部分乃因一八四六至一八四八年之戰奪自墨西哥者。

太平洋合成一國而後已。印第安人被殺者衆，死於白人之『烈酒』(fire-water)者亦衆，餘則多被禁 特居地焉。

美國之產業革命

自一八三〇年以後，美國之產業已因麥哥密克(McCormick)刈禾機，鐵路，鐵廠，紗廠等而大發達，其遼闊駁雜之領土亦因此聯貫。歐洲殖民者之繼續移入，更使新興之工廠礦山可多得賤價之工，於是咄嗟之間，可致多金，百萬千萬之巨富相繼輩出。十九世紀後半期中，美國已變爲一大工業國，其幼稚之工業進展極速，其實業家咸思得最利之途以投其巨額之資。在歐洲各國，既有某種實業家高昌帝國主義，今在美國亦始有奪取新地之呼聲。顧此種新發展并非接近美國之殖民區域而爲奪取遠地，其氣候固不宜於歐洲文明之盡量發展也。

美國與新帝國主義

一八六七年由俄國收買亞拉斯加(Alaska)，此固爲最初合併之遠地，然尚難視爲帝國主義之開端，因該處乃白種人佔多數之真殖民地也。真帝國主義之發軔，實在一八九八年，是年美國始遠在美國西岸約二千哩之夏威夷羣島，乃往遠東途中之要站也。同年，美國復對西班牙作戰，迫西班牙於是歲退出古巴，并割波爾多黎角，關島，及腓律賓羣島於美國，美國遂一舉而申其力及於西印度羣島與遠東矣。

美國爲一世界强國

華盛頓政府對於中國事，復發生新關係，爲美國商業計，乃主張維持中國之『門戶開放』，及領土完整。 美國在太平洋之地位更因取得薩摩亞羣島之一部（一八九九——一九〇〇）而益加鞏固，帝國主義者之要求美國保護『其在太平洋之利益』，遂愈爲熱烈，彼輩主張保留腓律賓羣島以爲其未來遠東帝國之中心，而盡力參與帝國主義之競爭與世界政治焉。

美國之門羅主義與帝國主義

美國方自拓領土於遠東，而同時復繼續否認歐洲各國在西半球拓地之權。 此種政策乃一八三三年美總統門羅所定，彼宣言南北美洲『自後不能由歐洲任何强國視爲未來之殖民地』。此種著名之門羅主義註一初意在防制對西班牙革命之拉丁美洲殖民地再被征服。註二 後政府遂永以新世界弱小國家之仁慈保護者自居，美國之實業家於是乃益加投資本於拉丁美洲諸國，購尼加拉瓜(Nicaragua)之公債，得墨西哥之銀礦，辦大規模之企業，如哥斯達黎加(Costa Rica)之香蕉業，買廣大之農場，如古巴之烟草場。 彼輩因營業活動與債主權利，不得不牽及拉

註一 見上。 後克利夫蘭(Cleveland)總統欲阻止英人由英屬幾亞內侵佔委內瑞拉邊境，復鄭重申述之（一八九五年）。

註二 亦在抵制俄屬亞拉斯加之南進。

丁美洲之政治，因欲財產免於暴徒亂黨之侵害，常求本國海陸軍之援助。如一九一三至一九一四年時，此輩在墨西哥豆米尼叩共和國（Dominican Republic），及海地之財產，因革命騷動而生危險，乃力請本國派軍艦軍士往亂邦『恢復秩序』。古巴於一八九八年美西戰爭之後，由美國保護建為一共和國，合衆國乃不獨強制（一九〇六年）其革命，且實際上統治該島達於三載。又尼加拉瓜為紐約銀行家投資最多之國，美國因亦在此邦確立事實上之保護權焉。

巴拿馬運動

更重要者為巴拿馬運河之開鑿。初，一法國公司曾由哥倫比亞（Colombia）共和國取得鑿一運河註一橫貫巴拿馬地峽之權。一九〇二年，該公司以四千萬金元將其設備及通行權售諸美國。哥倫比亞政府對此種協定不予承認（一九〇三年），全部計劃遂為所阻。後巴拿馬地峽忽對哥倫比亞革命，美國軍艦制止哥倫比亞之實行彈壓，結果遂有一褊小之巴拿馬共和國成立於美國保護之下。美國旋出金元千萬（年付二十五萬元），由新共和國取得此垂涎已久之

註一　英美二國曾以克雷吞部爾衛（Clayton-Bulwer）條約（一八五〇年）約定除共同經營外，不在大西洋與太平洋間開鑿任何運河，一九〇一年另以嘿龐塞福特（Hay-Pauncefote）條約代替此約，美國遂得單獨開鑿運河，惟應依平等之條件對一切國家之船舶開放耳。

「運河地帶」。 運河之開鑿始於一九〇七年，進行甚速，至一九一四年卽竣全工。 美國既開此河，世界商業遂得由大西洋取捷徑以直達太平洋。 但吾人雖贊美此舉，亦應知此運河之設，固亦在謀美國軍艦遇遠東有事時開赴太平洋之便也。 美國內之帝國主義者因有此河，遂益起其在中美推廣勢力之野心。 哥倫比亞共和國則以巴拿馬之分離，從非常美國之慫恿，至少亦得其鼓勵，因而怨憤。 至於美國之納稅者，則爲此河幾負擔四萬萬金元焉。

拉丁美洲諸邦之進步所以不如美國之速者，蓋受三種環境之障：（一）拉丁美洲之歐洲殖民者不多。 （二）因此之故及地理的原因，拉丁美洲遂有一種地主貴族。 （三）拉丁美洲因缺少資本人口，故在財政上多依賴歐洲與美國。 此三種情形，均應稍加參詳。

吾人所應重述者，卽在十六七世紀中，來西屬與葡屬美洲之人，並非求新家庭之殖民者，而大都爲企圖傳教之教士，追求財富之冒險家與貪慕光榮之投機軍人。 十六世紀時，軍人實曾完成種種著名之偉業，如其征服墨西哥與祕魯，均以果敢而獲令譽，因殘酷而受玷污。 冒險家亦曾求得富饒之金銀礦，強令土著開採，並獲得肥沃之農場，而常用非洲黑奴耕種之。 另一方面，則有受西班牙高級官吏贊助之教士，力謀保護印第安人，使不受彼孜孜爲利者之虐待，因彼輩傳教熱忱之純正故土著大都皈依羅馬教。甚至有一改宗之印第安人在羅馬教會中得聖徒之級（即利馬之聖羅斯 Saint Rose of Lima）。多數人不特奉白人之宗教且并從其風俗習慣，而與西人葡人自由通婚。此外則或仍在半開化之中奉基督教而不甚熱心，或則全爲生番，獷野難馴。此皆吾人習知之事，所以重加敘述者，實因其足以說明拉丁美洲社會上之重要特點，即半開化之黑奴及印第安人之下層階級實與文化甚高之純粹歐洲人或混合人種之上層階級同時存在也。

拉丁美洲內之歐洲文化

西班牙人之來新世界者其文化並不低於麻撒朱色得士之英國殖民者，此可由種種事實推而知之。蓋美洲最早之大學皆西班牙人所創，新世界最早之印刷所亦設於墨西哥（一五三五年）即在一八〇〇年以前，墨西哥城之天文家便已馳名於世。拉丁美洲就美術，文學，建築，及文雅社會中之禮儀而言均足證明其文化甚高。但愚昧之土著與庸惰之黑奴在拉丁美洲諸國中，終佔多數，此實足以阻其政治與經濟上之進步。

拉丁美洲政治獨立之成功一八一〇至一九〇三年

例如拉丁美洲諸國之得政治獨立，後於美國幾至半世紀之久。巴西之叛葡萄牙，西班牙殖民地之叛西班牙，皆一八一〇至一八三〇之二十年中之事。時獨立成功者，凡有九國，即墨西哥合衆國（United Mexican States），中美聯邦（Central American Federation），大哥侖比亞

一八三〇年拉丁美洲之十邦

(Great Colombia)，祕魯，波利維亞(Bolivia)，巴西帝國，巴拉圭，拉巴拉他里阿聯合省(United Provinces of the Rio de la Plata，即阿根廷聯邦 Argentine Confederation)，與智利是也。在西印度羣島，則海地叛法（一八〇四年），並攻取聖多明谷(Santo Domingo 一八二二年），此亦海地島之一部，曾爲西班牙之殖民地者。以上諸邦幾包括美國以南之美洲全部，嗣後復生分裂，重新組織，直至拉丁美洲之地闢成爲今日之狀，計有獨立之共和國二十。

一九一四年拉丁美洲之二十邦

一爲烏拉乖，較內布拉斯加略小，經堅苦之奮鬬，始脫拉巴拉他里阿聯合省而獨立（一八二八年），後復抵抗巴西之侵，於一八三〇年乃成一自由共和國。次爲大哥侖比亞之分裂，此邦乃偉大之革命英雄西門波里瓦爾(Simon Bolivar)註一於一八一九年所努力建立者。但彼身猶未死，已親見其大哥侖比亞裂爲委內瑞拉（一八二九年），厄瓜多爾(Ecuador 一八三〇年)及哥侖比亞註二三邦。苟彼能更存七十三年，則將復見一邦脫哥侖比亞而獨立，即巴拿馬小共和國也（一九〇三年）。中美聯邦亦趨分崩，在一八三八至一八四七年中，共裂爲危地馬拉(Guatemala)，宏都拉斯，尼加拉瓜，薩爾瓦多爾(Salvador)及哥斯達黎加五小共和國。一八四四年海地東部復成多米尼叩共和國（聖多明谷）。一九〇二年古巴共和國成立，一九〇三年巴拿馬共和國成立，

一九一四年歐洲在拉丁美洲由之殘餘領土

於是拉丁美洲遂共有二十國。此外南美洲尚有幾亞內之三小區，分屬於英荷法三國。中美洲則有英屬宏都拉斯，仍受外人之統治；在西印度羣島則有巴哈瑪，雅麥加，巴爾巴多斯，里瓦特與温德瓦特（Leeward and Windward）群島及脫里尼達多巴哥，概屬於英。法國仍保馬的你揆與格德盧白。荷蘭人尚據庫拉薩俄及數小島。聖湯姆士，聖約翰，聖克羅亞則皆爲丹麥所有，註三大於德拉瓦爾之波爾多黎，則受美國之統治。

拉丁美洲之政治問題

拉丁美洲諸國之獨立告成，紊亂遂起。大多數半歐化之土著與黑奴，無資質之習，不解民

註一 一七八三至一八三〇年

註二 哥倫比亞曾先後稱爲『哥倫布呀共和國』（Republic of Colombia，一八一九——一八三一），『新格拉拿達共和國』（Republic of New Granada 一八三一——一八五八），『格拉拿達聯盟』（Granadine Confederation，一八五八——一八六一），『新格拉拿達合衆國』（United States of New Granada，一八六一——一八六三），『哥倫比亞合衆國』（United States of Colombia，一八六三——一八八六），『哥倫比亞共和國』（一八八六年以後）

註三 此即『勿爾吉群島』，於一九一七年由丹麥售與美國。

『革命』海地

聖多明谷

中美洲

治與法律之理，易受政客與獨裁軍人之支配。在較小各邦中，政治尤不過爲少數人爭利之賭博，政府更動，常以『革命』，而鮮由依法之投票。海地黑人共和國其文化得自法國而非傳自西班牙，迄一八四三年止，均在霸耶（Jean Pierre Boyer）專制統治之下，自彼以後，『革命』遂相繼不絕。又聖多明谷之政治，除當厄洛總統（Ulises Neureaux 一八八二——一八九九）賢明專制之時代以外，亦極混亂。在中美洲之危地馬拉，宏都拉斯，薩爾瓦多爾，尼加拉瓜，哥斯達黎加五共和國，則保守黨與自由黨之爭，教士黨與反教士黨之爭，均時引起革命戰爭。五邦重行聯合之企圖，復迭起迭敗。外國投機者在中美洲之陰謀，益足增加此等糾紛，如一八五五年，曾有一加利福尼亞之新聞記者名威廉倭克爾（William Walker）者，奉五十六名之美國『投機軍人』一以作尼加拉瓜之實際主人翁，美資本家之在尼加拉瓜有業利益者，且與彼以財政上之助。另一美國資本家樊特比爾（Cornelius Vanderbilt）之經理，則助中美他國之聯軍驅逐倭克爾。一八八五年，又發生變事，時危地馬拉之自由黨總統巴利阿斯（Rufino Barrios）欲支配中美洲之全部而未成。一九〇六年，中美洲復陷於內亂，亦有外人從中活動。當宏都拉斯，尼加拉瓜，薩爾瓦多爾，危地馬拉，困於陰謀黨爭之時，比較安定隆盛者，惟有哥斯達黎加，乃中美洲中印第安人口未超過西班牙人之唯一國家也。

南美各邦其印第安土著未全同化於西班牙文明者，亦如中美諸國常因政客爭亂與所謂流血少而騷擾大之『革命』而陷於紊亂之中。

哥倫比亞

在哥倫比亞，則主要之騷動皆自由黨與反教士黨所造成，蓋彼輩常隱謀推翻政府也。

委內瑞拉

委內瑞拉則政府集權派與聯邦派恆起內爭，致起分裂（後派獲勝），雖具民治之形，實為少數不法之軍事領袖所治。其中有名布朗可（Antonio Guzman Blanco）者，時則自為總統，時則操縱總統，保其勢力近二十年（一八七〇——一八八九）。布朗可倒後（一八八九年），『革命』遂不時發生，迄一九〇〇年著名之卡斯特洛（Cipriano Castro）將軍得勢時止。八年之後，彼復被逐，騷動又起。

厄瓜多爾

在厄瓜多爾，則人民之徹底濡染於西班牙文化較少，更屬內亂頻與軍事領袖常為實際之獨裁者。此輩惟少數為公認之教士黨，以摩列諾（Garcia Moreno）為最著，大多數要皆反教士派，曾行離婚制，民事婚式及宗教平等，並禁止新僧院之設立，而收一切教會財產為國有。

秘魯

秘魯者，金銀銅礦之產地也，亦曾為參加獨立戰爭之軍人所統治於一時，因其互爭而暫生騷擾。秘魯與智利曾構釁二次。第一次智利破壞波利維亞著名總統克盧茲（Andres Santa

Cruz）所結之秘魯波利維亞同盟，克盧茲者嘗以出身於古秘魯印第安之因卡斯（Incas）皇族自豪者也。第二次戰爭在一八七九至一八八三年，波利維亞助秘魯抵制智利，然智利人仍大勝，不惟併吞秘魯富於海鳥糞與硝酸鹽之塔剌帕卡（Tarapacá）省而佔領其達克納（Tacna）與亞利加（Arica）二省，且割取波利維亞之海岸。

波利維亞

波利維亞爲一山嶺起伏原澤交錯之地，自一八二五至一八八四年政局常多擾攘，以後政變甚少，無足述者。

巴拉圭

波利維亞之東南有較小之內陸國家巴拉圭，其白種居民之比例與文明程度殆抵於南美之任何他國。一八一四與一八七〇年間，巴拉圭實爲一族所專制，該族之羅佩茲（Francisco Lopez）與巴西烏拉乖阿根廷發生不幸之戰（一八六四——一八七〇），竟令巴拉圭喪失大多數之人口，負二萬萬金元之戰債。羅佩茲死於是役（一八七〇年），乃行民主憲法。是後巴拉圭雖屢受革命運動之騷擾，然已徐復原氣。

烏拉乖

南美最小之獨立國烏拉乖久已爲互爭不法之政客集團所支配，但近年來日益繁盛，對於社會改革與民主政治曾從事種種有趣之實驗焉。

「ABC」三强

拉丁美洲諸國中之最大最盛或亦政治最良者，爲阿根廷（Argentina）共和國，與巴西（Brazil），智利（Chile），所謂『ABC』三强也。

阿根廷

阿根廷獨立之初受外戰內訌之擾垂五十年，

一八二五年以後，採行美國式之憲法，其物質之繁榮，政治之安定，以及人口（一八六九年爲一百八十三萬，至一九一三年已增至七百五十萬），美術科學陸海軍力等均有驚人之進步。其美麗之首都倍諾斯愛勒（Buenos Aires）以廣大而論，則爲南半球之都會，以文化言，實巴黎第二也。

巴西

巴西受仁君辟德洛二世之仁慈統治者幾五十載（一八四〇——一八八九），後乃組織一聯邦共和國，則爲巴西合衆國（United States of Brazil）。總統佩勺托（Peixoto）嘗欲實行專制，顧其政治腐敗，致釀成一八九三年之變亂，但卒以殘酷手段平定之。自後巴西安然繁榮，歐人移人者動以千計，尤以葡萄牙人意大利人德意志人爲多。

智利

智利在安第斯（Andes）之西，地狹而長，其政治早定。一八三三年，組織集權之共和政府，在保守黨之下，促進教育藝術及經濟的繁榮。二自由黨統統聖大馬利亞（Santa Maria，一八八一——一八八六）與約瑟巴馬塞達（José Balmaceda，一八八六——一八九一）咸採徹底之改革，攻擊羅馬教會之特權，但巴馬塞達因行實際之獨裁，而致一八九一年之革命，彼卒敗而自盡。叛軍首領孟特（Admiral Montt）在自由選舉中，幾受一致之推選爲繼任總統，此後智利之歷史即以和平秩序與隆盛著稱。

當一九一四年『ABC』三國不惟內部已靖，卽因境界之爭而引起國際糾紛之時，亦俱有以公斷代替戰爭之誠意。如一八九八年阿根廷與智利之邊釁，苟非二國咸願將其衝突之要求交付和平之仲裁，則未嘗不可釀成流血之劇鬭。一九一三年三國復請為調人，以免美國與墨西哥戰禍，此尤三國主張和平之力也。

拉丁美洲之耕地制度

吾人前曾言及妨礙拉丁美洲和平隆盛之三種環境。一卽尚未完全開化之印第安人，黑人，及雜種過多，以致民主政治難於實行。現當進述第二種環境，卽地主貴族之仍存是也。一因大部分土地宜於大規模之畜牧或咖啡棉花煙草之廣植，而不適於小農場之分配；一因易得工資低廉之印第安人及非洲輸入之黑奴以工作於大牧場耕地之上。一因勢家在殖民時代卽多已獲得大地產，於是拉丁美洲遂產生一種有財有勢之地主貴族，用黑奴印第安人及混合人種中之貧窮階級工作於其地產之上。在黑奴最多之處如巴西與西印度羣島，當十九世紀中，多被解放。其他諸國之莊客或『農奴』（Peon）多為愚昧之印第安人，其地位頗似中世紀之農奴，彼輩均工作於大地主地產之中，或自無田土，或僅有小塊磽地，且無論願否，均須永居於固定田莊之中，子孫相承，惟有債務，貧困既甚，遠慮亦，常染惡習，而易於誘入武裝之革命焉。

墨西哥之情形

此種情形以在墨西哥爲尤著。農奴因不安於其困苦之遭遇，常起叛亂。在十九世紀之第六十幾年中，彼輩在血統純粹之印第安人胡阿勒司（Benito Juarez）領導之下，曾舉起逐帝馬克西米連及其法軍於墨西哥之外。但胡阿勒司之所盡力者，乃在抨擊羅馬教會，而不在謀農奴之福利。其繼任之波腓利諾爹亞士（Porfirio Diaz）以武力得勢於墨西哥，藉殘酷之手段以自作總統，自一八七七至一九一一年，殆爲實際之獨裁者，彼對於羅馬教會雖不甚敵視，而對於農奴亦絕不關心，民變屢起，迭遭嚴懲。及彼年老倦政，農奴復起暴動，卒於一九一一年革命成功，舉馬得洛（Francisco Madero）爲總統，彼雖身爲富人，但曾誓以改善貧苦農業勞動者之命運爲己任。但波腓利諾爹亞士之，復對馬得洛稱兵而重起革命。馬得洛被殺之後，其部下有一將領，曾與小爹亞士聯合而名曰衛塔（Victoriano Huerta）者，遂任臨時總統。此臨時總統衛塔之軍與所謂『護憲黨人』者發生長期之血戰，後者爲卡蘭薩（Venustiano Carranza）及印第安之悍匪維拉（Francisco Villa）所率，乃以代表被蹂躪之農奴自命，而詆衛塔爲侵犯憲法者也。一九一四年，護憲黨人得勝，入據墨西哥城，但此二大『改革家』維拉與卡蘭薩未及履行其所許之土地改革，即互爭而重陷其國於不名譽之內亂焉。

拉丁美洲經濟之不能獨立

拉丁美洲之土地問題，蓋以上述之墨西哥事爲其極端之例，至拉丁美洲之第三種困難——財源之缺乏——則尚待研究。南美與中美之工業發展營業組織，及銀行業等所以未能與歐洲及美國並駕齊驅者，實有種種原因，其中有已爲吾人所知者。因此之故，拉丁美洲之各政府苟欲建築鐵路舉辦工業購買軍艦開鑿運河，或需要非常經費，恆因國內資金之不足而須借款於倫敦，紐約，或巴黎。

外國對拉丁美洲之貸款

如一九〇五年尼加拉瓜在法國借款一千二百五十萬佛郎。巴西中央政府欠倫敦債主之款（一九一三年）約達九千一百六十萬鎊。宏都拉斯在一八六七與一八七〇年間，借款約二千五百萬金元，復因不能交付年息，積累至達三千五百萬金元之多。拉丁美洲各國欠歐之款，共達數千兆金元。諸國對歐洲財閥須年付息金數百萬。苟有一國不償其債，則必有歐洲或美國之軍艦開往強索，如一九〇三年之對於委內瑞拉，或由美國官吏巡徵關稅以付息金，如對豆米尼叩共和國即如此（一九〇四年）。

外國在拉丁美洲所投之資

外國實業家尚有更不穩定之投資，其利乃更大，蓋彼輩不貸款於拉丁美洲之各國政府，而另由各政府取得開礦設廠築路收橡皮採木料或運香蕉之權也。如墨西哥多數礦山之鉅金，適足增加紐約城中各礦主之利。墨西哥境內委拉克盧茲（Vera Cruz）地方各油井所產多量之石油，適足英美之實業家致富。一九一〇年時，美國少數投資者由厄斯美剌達斯（Esmeraldas），厄瓜多爾等金礦所掘出之兼金價值至二十五萬金元。亞馬孫河上游之橡樹林中則有衆多之印第安人爲英國之投機商人在秘魯亞馬孫公司中有股份者採集橡皮。一九一三年時，英國之庇爾遜父子有限公司（Pearson and Son 註二）復力謀取的在哥斯達黎加、倫瓦亞及厄瓜多爾等處開採油井之權。此外更有銀行，如在阿根廷則有英西德法意諸國之銀行，其資本總額逾六千萬金元。此類常易忽略之事，最足表示拉丁美洲在經濟上之依賴美國與歐洲，且可顯然證明南美洲在政治上雖云獨立，而終須對倫敦巴黎紐約財閥納重稅也。據說一九一四年時，英國投資者在南美所投之資其總額逾三千兆金元，每年賣得達一萬六千萬。外國資本家之支配拉丁美洲，實即新資本帝國主義對於拉丁美洲之效力，蓋彼輩既各持其本國政府之勢力爲後盾，以操縱南美大部分之經濟活動，則對其政治自不無强有力之影響也。

第二節 非洲之分割

中世紀時之非洲

吾人現姑舍美洲而論非洲，此又一大陸，乃歐人於十五世紀所發現，於晚近始移殖者也。基督教世界對於稱成古代羅馬帝國一部之地中海岸與埃及，自己久知而心畏之，蓋自第七世紀阿拉伯人之得勝以來，非洲北岸之地悉成回教之壁壘，在十六世紀中且爲海盜之窟也。當中世紀時，不惟其北岸之地有阿拉伯商人軍士往來其間，即其東岸亦然，彼輩將其回教間亦將其語言習俗服裝傳諸北非土著之白人（利比亞人 Libyans 或柏柏人 Berbers），及東非海岸索馬利蘭中捲髮棕色之「哈姆族」(Hamites)，甚且遠播其文化以南至東岸之索發拉(Sofala)內抵撒哈拉之替姆巴克土(Timbuctu)。註一 時歐人於此尚茫無所知也。

葡萄牙人之於非洲

位於埃及，脫利波里，突尼斯，亞爾吉利亞，摩洛哥以南之大陸，在十五世紀時，始賴葡萄牙之探險家而爲歐人所知。關於葡人探險之事蹟，無須重述於此，今但言葡人見大陸之廣袤而驚見游獵異獸於熱帶林中之裸猿黑人棕人而駭耳。在其極南有短小之黃褐人種布西門族(Bushiman)與霍屯督族(Hottentots)，方以簡陋之法耕田畜生。迨葡人繞好望角後，航抵東岸，遇阿拉伯商人，復大驚愕，及見可普遏(Copt)式基督教之亞比西尼亞王國，乃喜而助其防御向教徒之攻擊。此輩壯烈之葡萄牙探險家與傳教師不顧熱帶致命之熱病或多數黑人部落食人之習

註一 替姆巴克土在一三五二年始爲一阿拉伯游人所至，一五九一年乃成一回教市。

，俗卒抵三比西(Zambesi)與岡果河而輸出波羅，烟草，慈菇，甘薯，甘蔗，玉葱，蕃石榴，豕，鴨，及其他種種有用可愛之物品，且設商場於多數港口。但葡萄牙一蕞爾小邦，縱欲獨據若是其大之陸地，而施以有效之管轄，不能也。

英法荷蘭均與葡萄牙在非洲競爭而成功。一八七〇年時，葡人所能據爲己有者僅爲：(一)葡領東非（摩贊俾克與三比西阿 Zambesia）有八倍於其本國之沃土，富於煤金及象牙橡皮；(二)安哥拉或葡領西非洲在岡果河之南，有海岸九百哩，以產橡皮而可貴；(三)葡領幾內亞，爲極西之小區；(四)聖湯姆士島，王子島(Prince's Island)，佛德角羣島(Cape Verde Island)，亞速爾(Azores)及馬德伊拉羣島(Madeira Island)，均在非洲西岸。

荷蘭人之於非洲

荷人在非洲之與葡相爭，始於十七世紀，其時荷人取自布蘭科角(Cape Blanco)至幾內亞灣沿岸之要地，並設一殖民地於南非之好望角。當十七八世紀，西非諸站均爲奴隸市場之要區，荷人曾由此運黑奴四五百萬往美洲以供奴役。其入南非，則志在殖民而不在販奴，不惟不輸出奴隸，且反由黃金海岸(Gold Coast)運入黑奴以服役於南非之農場焉。

一八七〇

當拿破侖戰爭期中，荷蘭之殖民地爲英國征服，其時（一八〇六年）註一波爾人數殆逾一

年以前在南非之英人與荷人

萬，註二 彼輩在英國治下極不滿意尤恨其黑奴之於一八三四年被釋，故多弃好望角之殖民地而別求新居於鄂蘭吉河（Orange River）之北或好望角殖民地東北之納塔耳（Natal）。一八三六至一八四〇年間，此種大隊遷移爲歷史上有名之「大徙」(Great Trek)。然卽在納塔耳與鄂蘭吉河以北之波爾人亦爲大英國旂所籠罩，一八四三年納塔耳爲英所倂，一八四八年鄂蘭吉國(Orange River State，在鄂蘭吉與瓦爾 Vaal 二河之間）復爲所吞。但此後十年中，波爾人在脫蘭斯法爾之殖民地（在瓦爾河以北）與鄂蘭吉國均獲獨立。於是波蘭人之脫蘭斯法爾與鄂蘭吉自由邦二共和國均獨立而前此荷蘭人之納塔耳與好望角二殖民地，則爲英人統治，此一八七〇年時之情形也。

英國在西非洲之要地

一八七〇年以前，英國在非洲之領土除南非外，所據甚少。其在黃金海岸及西非岡比亞河口之地，當十七八世紀時，以爲奴隸貿易之中心而見重要。塞拉略拿之起源實由於奴隸被釋者

註一 英人之初奪好望角殖民地在一七九五年，旋於一八〇三年退還，一八〇六年復據之而於一八一四年償商人以六百萬鎊。

註二 復有少數之德國人及法國新教徒。

之移殖。

一八七〇年法人之於非洲

法國爲販奴之故，亦於西非海岸塞拿格耳河之附近設立商站，十七世紀時並奪取鄰近之荷蘭屬地。路易十四年名義上已并吞馬達加斯加大島，惟在一八七〇年以前法人實棄之未顧。十九世紀初期法國注意埃及，此不獨因拿破侖曾有征服彼邦之企圖，實亦因土耳其總督梅赫美特阿里曾許法國軍官爲之編制陸海軍隊之故。然埃及究非法國之殖民地也。但在一八一五與一八七〇年之間，法國終在非洲取得兩重要屬地：較小者爲加彭（Gabun），現爲法屬赤道非洲（Equatorial Africa）之一部；較大者則亞爾吉利亞也。

法國之徵服亞爾吉利亞

法國之統治亞爾吉利亞，始於查理十世在位時之末一年（一八三〇年）。是年法國因該地總督對法使之無禮，興師問罪，佔阿爾及耳而廢其總督。是後土人雖在阿布特卡德之領導下肆力抵抗，致法國在路易腓立時代犧牲頗巨，且續起劇烈革命自一八六四至一八七一年幾未稍寧，然法人卒能壓制其新領土而屈服全亞爾吉利亞焉。

一八〇七至一八五〇年非洲奴隸貿易

在十九世紀之最後二十五年以前，分割非洲實少進展，觀以上所述，足以了然矣。致此之因，大抵由於歐人可設商站於海岸，而購黑奴於阿拉伯之販奴商人，於是此盛行非洲迄十九世紀始

之廢止

探險

止之奴隸貿易亦小足便歐人深入內地也。及一八〇七年，主要叛奴之國大不列顛卒廢止此種不名譽之貿易，註一他國繼起效之，於是在一八五〇年以前，歐商殆已無由非洲大運黑奴之事。奴市廢止之結果甚大，因此後歐人在非之利，爲物質貨品而非人類矣。

奴隸貿易廢止以後，乃復有造福土人之宗教的與人道的熱忱隨之而生，蓋非洲必須加以探索，反奴市運動必須推及於黑暗大陸之僻境，而黑人尤必施之以基督教文明與商業也。於是傳教師與勇敢之探險家，率深入黑暗大陸之中心，而將其所經絕無人踪之森林所發現之巨湖大河，所見身長四尺之褐色『矮人』，與食人之秘會，以及象群，斑馬，鱷魚，巨蛇，大猴之種種怪談傳之於世。羅馬教與新教之傳教師，咸抱宏願，遠赴白人未至之地，而對土人傳教。但十九世紀中期之探險偉業，實爲傳教以外之動機所鼓舞。蘇格蘭之著名探險家立溫斯敦（David Livingstone），原於一八四〇年奉新教布教團之明往非洲，但彼旋成一探奇之人而非一傳教之士，彼不勸黑人信教，而但願他人『開發此地』，遂於一八五七年與布教團斷絕關係。其由三彼西河上游橫貫大陸之奇舉，其應付危險之膽識，其待遇土人之仁愛，其攻擊奴隸貿易之激昂，其最後在非洲荒

註一 丹麥已早有相同之舉。

野中之失踪，實引起全世界同情之注意。後紐約報界之本湼特(James Gordon Bennett)遣其最敏之訪員往尋立溫斯敦，此訪員史坦利(Henry Morton Stanley)不惟尋獲立溫斯敦且發現剛果之河流，并探險於中非之諸大湖，此時（一八七一——一八七七）公意遂益爲興奮。史坦利動人之旅行故事黑暗大陸遊記(Through the Dark Continent)刊行以後，英美多數之中產階級輒家置一卷，爲之神馳。史坦利且親對英德之實業家力陳中非（剛果）在商業上之價值焉。

來泊爾二世與比領剛果

了解史坦利未有如比利時王來泊爾二世之深者，時亦未有如彼之能當機立斷，乘時獲利者也。一八七六年彼舉行非正式之列強會議於不魯捨勒，說明經商中非之可能，並組織一『非洲探險開化國際協會』(International Association for the Exploration and Civilization of Africa)，設委員會於各國，而立總部於不魯捨勒。以比利時之委員會爲最活動，且於一八七八年更立一新會以開發剛果河流域，此實一比利時之商業公司，即所謂『國際剛果協會』(International Association of the Congo)者也。是會爲精明之來泊爾所資助，聘史坦利以創立比利時根據地，並與剛果之士酋締約（一八八〇——一八八四）。一八八四至一八八五年冬季集會柏林之列強會議，雖規定剛果河之航行自由商業自由並禁止奴隸貿易，保護在剛果之傳教師科學家與探險家，然比王來泊爾卒能不顧英法二國之要求，而為其「國際協會」取得剛果區域之管領全權，且被認為一獨立中立之邦。 一八八五年來泊爾兼任此新建「剛果自由國」(Congo Free State)之君，而自捐私產數百萬，以開發之，彼獲報甚速； 其個人及家屬所劃定之大地產，即王室領地，大於比國幾至十倍，包括剛果河最優良之「橡皮產地」，強令土人採集橡皮，獲利甚厚。 他地亦爲該國視爲「空地」，而略取之，其橡皮象牙及棕櫚油則由來泊爾直接或由其關係人有大股之特許註一公司經營之。 此等企業之日益可貴，由以下之事實可略知之：一八八六年時剛果輸出之橡皮約值三萬金元，至一九一〇年，已年值千萬左右，而象牙與棕櫚油等尚不在內也。 惟此時剛果之土人仍未「開化」，徒被迫爲來泊爾及其公司股東採集象牙橡皮，無異奴隸。 數百基督教師固欲勸人信教，而政府官吏則重在發展營業，而不在促進宗教。 迨後剛果之惡狀引起比利時國內之猛烈抨擊，並招英國外務大臣葛累(Sir Edward Grey)之嚴重

註一 特許公司乃一種營業組合，由政府取得特種獨占之權，可在指定區域內經營某種產業，收集橡皮，或開采某種金礦。

警告，乃採行改革，而將剛果自由國之領土併於比利時（一九〇八年），受比利時議會政治之管轄，來泊爾亦放棄其剛果之大地產，而取得豐厚之賠償焉。

瓜分非洲之動機與人物

是時法英德意西諸國咸牽入競爭之中，步來泊爾之後，而創建帝國於非洲。熱烈之基督教徒，希望非洲或可因此而易於脫離異教，倡利他主義者其信仰原重在「文化」而不在基督教，乃高談歐洲應輸入文明於黑暗大陸之使命，其無深思者則以見非洲地圖上之註有「英屬」或「德屬」等字樣為喜，而以言及「我非洲帝國」自豪。至於主要之發動人，則為實業家，彼等咸知非洲之開發，即營業之良機，乃組織公司以發展非洲之殖民地，因此致富者不少，

塞西爾羅德斯

塞西爾羅德斯（Cecil Rhodes 一八五三——一九〇二）即其一也。彼少時曾獲利於南非洲著名之慶伯利（Kimberley）金剛石田中，擁股甚多，足以支配南非之數採礦公司，曾擬計擴張英國之統治，由好望角殖民地以北抵地中海。為英國取得貝專納（Bechuanaland）且管理英屬南非公司，以統治廣大之領土，即今因紀念此人而稱為羅德西亞（Rhodesia）之地也。彼生前享有得自南非礦山之鉅富，具領袖南非之勢，死時更置獎金學額一百七十五名於牛津大學，以加惠於美德英各殖民地之優秀青年，而培養不列顛帝國之理想，其名亦因為「羅德斯獎學金」之授與者而永存矣。

盧德利茲與德屬西南非洲

十九世紀第八十幾年南非洲之急被瓜分

爲歐洲各國造成非洲帝國之人，可以塞西爾羅德斯代表之，其取得領土之方式，則德屬西南非洲之情形即其實例。在一八八三年以前，非洲之西南海岸自佛利阿角（Cape Frio）以至鄂蘭吉河除英人在一八七八年占領倭耳斐斯灣（Walfisch Bay）而外，均仍爲獨立酋長所統治。是年有德國商人名盧德利茲（Lüderitz）者得俾斯馬克之許可，派經理人設一商站於安格拉佩揆那（Angra Pequeña），即『盧德利茲灣』也。此人旋暗誘土酋與之締約，割取沿岸之地數大區。時德國外交家已深信英國不至十分反對德國之在西南非洲設立殖民地，故於一八八四年由德國政府接管盧德利茲私人所得之地，自鄂蘭吉河起，北抵南緯二十六度，其毗連之地自南緯二十六度以北至佛利阿角者除環繞倭耳斐斯灣之英屬區域外，亦宣稱爲德國之保護地。德屬西南非洲之成立蓋有如是。他殖民地之爲德意法英諸國所得者，其方式大率類此。如幾內亞灣上之喀麥隆與多哥蘭則由一冒險之旅行家那哈提加爾（Dr. Nachtigal）在一八八四年爲德國取得。此人曾沿海旅行，締結種種『條約』，以使土酋受德國之『保護』。接踵而起者，則有英國領事依樣進行，爲英國取得尼哲爾（Niger）三角洲周圍之地。一八八四年，復有德國之冒險青年三人多攜德國國旗與空白契紙入東非洲，以樹立德屬東非之基。凡如是取得之領土，幾皆由特許公司管理之而公司要人之中又恆有少數對於佔據領土極爲活動者如羅得斯與盧德利茲是也。

關於非洲領土之「協定」

操此術以得非洲領土既如此其易於是英國之野心家乃高談擴張不列顛帝國南自好望角以北抵尼羅河口之開羅並着手建築一「好望角至開羅」之鐵路。法國之主張拓地者亦開始作法蘭西帝國之夢想欲奄有由海洋踰撒哈拉而抵海洋之大地。德國之熱心家亦思在非洲爲德國劃出領地。此等各不相容之野心自難完全實現調和實爲必要於是各國關於非洲之如何分割乃成立友誼之協定。此等調和與「協定」告成，彼非洲半經探索之大塊土地，遂由各國劃歸其新領土範圍中矣。茲述數種協定於下：

一八九〇年之英德非洲協定

首應注意者，爲柏林之國際會議（一八八四——一八八五），是會實際承認岡果區域爲來泊爾二世及其「國際協會」所有，幷約定任何國之佔據非洲領土，均須通知他國。此種競爭中之第二要着，即英德於一八九〇年約定。（一）英國對於黑人烏干達王之領土，得行使保護權，俾其在尼羅河流域之勢力範圍得與其東非海岸既有之殖民地相聯。吾人一閱地圖，當可見埃及，英埃蘇丹（Anglo-Egyptian Sudan），或尼羅河上游，烏干達及英屬東非洲此等將受英國支配之地實構成一大帝國，由地中海直上尼羅河，抵維克多利亞湖而達於印度洋。但英國欲續得土地以使埃及與南非相連之野心，則須暫行放棄，因德屬東非已向內陸擴張，抵比領剛果之境，以致英屬南非及羅得西亞與英屬東非及烏干達相隔也。（二）英國又因一八九〇年之協定取得保護桑給巴爾（Zanzibar）與奔巴（Pemba）諸島之權，此乃位於德屬東非海岸之附近原屬於桑給巴爾之國王者，德國則得北海中近於德岸之黑里哥蘭島以爲酬。（三）依一八九〇年之同一「協定」，復對於西非之德國喀麥隆保護地與英屬尼哲利亞（Nigeria）之邊界加以劃定，喀麥隆向內陸擴張至乍得湖（Lake Chad），德國在喀麥隆東北之蘇丹中部，幷得自由行動，惟有一諒解，卽德國不得拓地於尼羅河上游之西部耳。（四）協定之另一條款復與德屬西南非洲以一狹長領土，東抵三比西河。

一八九〇年之英法非洲協定

與一八九〇年七月之英德協定殆有同樣之重要者，厥爲一八九〇年八月之英法協議。依此協議，法國得樹立保護權於馬達加斯加島（註一）（較全法尤大），幷得保其在炎熱撒哈拉之優勢至位於尼哲爾河與乍得湖間之北尼哲利亞，則劃歸英國。顧法英二國在北非與中非之爭並

註一　一八九六年馬達加斯加成法國殖民地，其女王被逐。

未因此協定而止，因法人既抱一北非大帝國之理想，故急欲支配蘇丹（即撒哈拉南部之地）之全部，西起佛得角以東抵亞比西尼亞諸山。彼等已佔據西蘇丹之最大部分，復於一八九四年勸德國以中蘇丹相讓，旋又圖構成尼羅河上游一部之東蘇丹。顧英人對於北區，即『英埃蘇丹』，雖尚未取得，早已視爲己有，註一 當一八九八年麻向（Captain Marchand）率法國遠徵隊由法屬岡果侵入尼羅河上游，而樹法旗於尼羅河上之低濕名地華修達（Fashoda）時，英人乃大怒。英埃軍隊急由喀土穆（Khartum）南趨此地。戰事幾起，法國卒藹然讓步，放棄其對華修達與英埃蘇丹之要求，極其橫貫大陸之理想帝國，而得據中蘇丹之瓦代（Wadai）王國以爲酬。於是法屬岡果遂與西北非洲之法國領土相接矣。是爲一八九九年之著名英法宣言。法英在非洲與歐洲之關係，實因此而轉好焉。

華修達事一八九九年之協定

一九〇四年，英法二國又成立更進一步之協議。法國承認埃及實際爲英之保護國，英國允以摩洛哥爲法國侵略之地。意大利苟能得脫利波里，則亦許（一九〇一年）法國得在摩洛哥自由

一九〇四英法協定

註一 彼王來泊爾亦垂涎於尼羅河上游之地，一八九二年曾由岡果自由國派遣征軍圖得八勒家紮爾（Bahrel-Ghazal）省，但終對彼更有勞力之競爭者英人讓步。

摩洛哥問題

行動。但德國於一九〇五年起而抗議，於是爲解決「摩洛哥問題」計，乃有一九〇六年之國際大會集會於亞爾吉西拉斯(Algeciras)。次年摩洛哥之法軍謀彈壓土人之亂。德國忽聲稱其在摩洛哥之僑民受危，而於一九一一年派巡洋艦龐特爾(Panther)號赴摩洛哥海岸之亞加的爾(Agadir)，以保護德人利益。法人因此大憤，法國政府爲避免戰爭計，乃割法屬赤道非洲之大部與德，而由德國允其在摩洛哥樹立保護權。此外法國復須與西班牙成立協定，因西班牙在摩洛哥亦有利害關係也。一九一二年，此事卒獲解決，西班牙保留北岸狹長之地及西南海岸伊夫尼(Ifni)之一小塊「被包領土」，餘地（摩洛哥之大部分）則由法國樹立保保護，至於丹吉爾(Tangier)一百四十方哩之地，則建爲「國際地帶」焉。

一八九一年之英葡非洲協定

國際之處分非洲土地，尚有一應提及者，即一八九一年之英葡條約也。葡之帝國主義者久謀使葡屬西非（安哥拉）與葡屬東非（摩贊俾克）之境向內地擴張，以彼此相接，而構成一橫貫大陸之廣區。此種計劃葡人曾於一八八六年取得法德二國之同意。但英人起而抗議。塞西爾羅德斯爲愛國與營業之故，亟欲擴張英國領地，創設英屬南非公司以佔領葡屬東非西境三比西河上游之地。葡萄牙不能抵制，乃勉強應允英人佔領今日稱爲羅德西亞之地，是地在安哥拉與摩贊俾克之間北至於坦干伊喀湖(Lake Tanganyika)。

一九一四年時歐人在非洲之領土

吾人於十九世紀最後二十五年中所有瓜分非洲之舉既已習知其少數代表人物與事實，當可略論此種瓜分之果今將依次敍述英法意德葡西比等非洲帝國而自不列顛帝國起。

一英國在非洲之領土

當一九一四年時，全非洲三分之一及人口五千萬註一皆在大不列顛管轄之下此英國加入非洲領土爭奪之果也。此等領土之價値及其治理與性質當詳述於以下不列顛帝國一章中現僅論其位置疆域焉。

南非聯邦

在大陸之南端有繁盛之好望角納塔耳脫蘭斯法爾及鄂蘭吉河殖民地等四處均享有自治之權合(自一九一〇年以來)爲「南非聯邦」(Union of South Africa)，其面積倍於法國人口約有白人一百三十萬黑人四百七十萬。四邦中之脫蘭斯法爾與鄂蘭吉河殖民地二邦原爲波爾人所拓殖彼輩欲避免英人之統治乃由好望角北徙此地。當一八九九至一九〇二年中曾奮勇從事於獨立之戰後卒敗而併於不列顛帝國此吾人所已知者也。

貝專納

在南非聯邦之北有貝專納(半爲殖民地半爲保護地)爲一大高原有面積二十七萬五千英畝居民每人所佔之地平均在二方哩以上土人多於歐人在七十倍以上。更北踰三比西河流域則有羅

註一　此等數字包括埃及與英埃蘇丹。關於不列顛帝國，在以後第二十九章中有更詳之敍述。

羅德西亞

德西亞，北界比屬剛果與德屬東非，其領土等於不列顛羣島之三倍有半，約有墾荒之白人二萬六千，未開化之黑人多至六十倍。 英國因有上述各殖民地，及較小之巴蘇陀蘭(Basutoland)，斯威士蘭(Swaziland)二直轄殖民地，與尼亞薩蘭保護地(Nyasaland Protectorate)，故其領土之在南非者實綿延不斷，由好望角以至乎坦干伊喀湖焉。

埃及

非洲大塊土地之劃歸英國者，又有尼羅河流域。 英人既爲拿破崙不幸之埃及遠征軍所激（一七九八年），又於十九世紀後半期中，爲英國探險家考索世所未知之尼羅河上游者所動，於是乃注意是地。 但在埃及爲總督梅赫美特阿里（自一八一一至一八四八年爲埃及總督）及其子孫所統治，實幾已脫土耳其而獨立之時，英國已允法人得在埃及佔有優勢。 故彼工程偉大之蘇彝士運河（一八六九年），實非創自英國之資本家，乃成於法國之資本家。 英政治家如狄斯雷列者，曾以爲蘇彝士運河既支配由紅海往印度之全部海道，則爲印度主人翁之英國，須亦爲運河之主人翁，故當一八七五年彼擁有運河公司鉅額股份之總督窘而出售其股票之時，英政府即以金元二千萬左右購之。 後旋宣告將蘇彝士運河對各國開放（一八八八年）。 惟此時英國已能支配埃及，故航路實無異經由英國之領土。 蓋一八七七年，法英二國發現埃及國庫瀕於破產，乃在埃及立一『雙重監督』(Dual Control)以一法人督其政府之歲出而用一英人掌其歲入。時總督伊斯邁爾（Ismail）極力反對此種內政之干涉，英法外交家遂勸土皇實行其宗主權而廢黜伊斯邁爾（一八七九年）。伊斯邁爾之嗣子條菲克（Tewfik）乃屈服於雙重監督之下但未幾又有阿拉伯軍士受阿拉比（Arabi Pasha）之領導，起劇烈之排外運動而與外人以武裝干涉之口實。法國政府初未採何種行動英國則出師平亂（一八八二年）。自是而後英勢遂盛於埃及另以一英國財政『顧問』替代雙重監督，埃及之總督在理論上雖仍爲土皇之諸侯實則已成英國委員之傀儡矣。

英埃蘇丹

英人已奄有尼羅河下游兩岸與三角洲之埃及其沃野爲一萬二千方哩，其周圍之沙漠復有三十九萬方哩，顧猶以爲未足。埃及之南有更大之沙漠區域，亘其間者爲尼羅河流之腹地。更南當大河東西分流之處復有出產較豐之區，俱尚待征服。一八八二至一九〇〇之間自埃三角抵烏干達之地悉爲英埃聯軍所征服，受英埃之共同統治稱爲『英埃蘇丹』。惟在制服狂熱回教徒之阿拉伯人（由其僧侶領導）時流血甚多，在免除法國人競爭之時亦大費外交手腕蓋法國人亦垂涎於尼羅河上游之地也。

烏干達

尼羅河之主要水源爲維克多利亞湖。恰在該湖之北與英埃蘇丹之南，有黑種人之烏干達王國於一八九〇年割歸英人，數年後遂成不列顛之保護國。土王（『His Highness the Kabaka』）雖仍保其王位，而司法財政則受英督之支配。烏干達實爲北方之英埃蘇丹與東南之英屬東非間之連環。

英屬東非

英屬東非之保護地正當印度洋，其面積大於法國，自英國在東非之桑給巴爾與奔巴二島樹立保護權（一八九〇年），幷據有（一八一〇年）塞設勒拏島（Seychelles Islands）毛里西亞及洛得里格斯（Rodriguez）之後，其印度洋之衝要遂益形鞏固。

英屬索馬利蘭

非洲東隅在英屬尼羅河烏干達東非洲一帶之東者，大都爲獨立之基督教王國亞比西尼亞，與意大利之厄立特利亞與索馬利蘭二殖民地所據，但有一部分約與密蘇里（Missouri）相等之地亦爲英有，亞丹灣之南岸幾全屬之。

岡比亞

英國在西非洲之領土，則皆分離渙散。最北有英屬岡比亞，僅爲一立足之地，岡比亞河流經佛得角之南，即由此入於大西洋。

塞拉略拿

沿岸更下，則有褊小之塞拉略拿，半爲直轄殖民地，半爲保護地。

黃金海岸

在幾內亞灣北岸有較大之英屬殖民地二處，極西爲黃金海岸，包括海岸綫三百三十四哩，

尼哲利亞

極東爲尼哲利亞，乃一組織寬弛之保護地，有黑人約一千七百萬，其面積幾與華盛頓，俄勒岡，加利福尼

亞之總面積相等，自尼哲利亞南至英屬南非，除有爲德屬西南非洲包圍之倭耳斐斯灣沿岸數百方哩之地而外，沿岸全無英國之殖民地。

二、法國在非洲之領地

瓜分非洲獲利最大者固爲英國，然若僅就領土之廣袤而言，則法國在黑暗大陸之領域爲尤大，其面積實二十倍於母國。當十九世紀初年法人在塞拿格耳河口已得一根據地，對於馬達加斯加大島及毛里西亞小島已隱然有要求之權，且曾派不幸之遠征軍赴埃及。一八一〇年毛里西亞島卒讓歸英國，及十九世紀後，法人對於非洲始努力經營。

亞爾吉利亞

當路易腓立在位之時（一八三〇——一八四八），亞爾吉利亞卒由法國以力征服。法國之探險家探索西非洲之象牙（Ivory）海岸與幾內亞海岸（一八四三年）而有法國殖民地之設立。普法戰後乃大有發展，蓋共和黨之著名政治家欲從非洲謀所以補救其在歐洲之惡運，遂於一八八一年亞爾吉利亞以

突尼斯

東之突尼斯遂爲法軍所據。

法屬西非洲

在塞拿格耳區內又有遠征軍開赴內地，直抵替姆巴克士（一八九三年），圖爲法國求得塞拿格耳與尼哲爾二河之地。法國之領地遂由象牙海岸而北踰茂林以與尼哲爾河流域及法屬幾內亞同塞拿格耳等地相聯。介於英屬尼哲利亞與德屬多哥蘭間之達荷米復於一八九二年被其征服，於是法國屬地遂由尼哲爾直達於海。其在德屬喀麥隆與剛

法屬岡果

果河間之商業殖民地，初僅限於加彭海岸，後亦向內擴張，及一八九九年，法屬岡果已拓至沙立河(Shari River)與乍得湖。法屬岡果達荷米、象牙海岸、法屬幾內亞、塞拿格耳、亞爾吉利亞及突尼斯等地，悉爲法屬西非大帝國沿海伸出之肢部，其中心實爲炎熱之撒哈拉沙漠。由亞爾吉耳南行，經亞爾吉利亞之丘陵，橫貫撒哈拉沙漠，途中蘇丹之瓦代荒原森林，而至法屬岡果註一之熱帶茂林，蓋無處不爲法國之領土。

摩洛哥

最後尙有獨立之摩洛哥回教國，大半亦爲法蘭西大帝國所吞併，一九一二年其王卒受法國之保護，而允由法國之「駐將」統治其國。

法屬西非之特性

法國之統治岡果與西非洲，并無利於基督教之速佈，因法政府在國內既敵視教會，故在殖民地，對於傳教師亦不予援助，而反加以阻擾也。其治理亦未能立卽「開化」彼土，因象牙海岸之野番仍不時有食人之事。且此等領地更不能稱之爲「殖民地」，如在法屬幾內亞之歐人不過一千，強半皆官吏商人而非移殖之民也。氣候之可以吸引法國殖民者，惟北部之領土三處而已。亞爾吉利亞爲法國殖民地中最發達之地，居民之出自法族者近四十五萬，其爲西班牙人、意大

註一　此乃一九一一年以前之事。自一九一一年法屬岡果之大部分割與德國以後，法屬岡果下游與其內陸屬地遂不復相聯，此一可以注意之要點也。

利人，馬耳他人（Maltese）及猶太人之裔者，凡二十三萬，然士人（柏柏人與阿拉伯人）之數，仍幾六倍於殖民者。　但法國之統治確爲工商業之開發。　法屬西非包括（一）塞拿格耳，（二）上部塞拿格耳與尼哲爾，（三）幾內亞，（四）象牙海岸，（五）達荷米，（六）摩里得尼亞（Mauritania）等殖民地之對外貿易，在一八九五至一九〇四之十年內，增加一倍。　突尼斯之貿易在二十年之內幾增至三倍。　殖民地率運果實，棕櫚油，花生，橡皮，桃花心木等於法國（因與法國之貿易額最大，）而由法國商人購買棉製物，火酒及各種製造品。　法國資本家曾設立西非銀行，貸出巨額資本以建築鐵路，發展實業。　法國財閥所建之鐵路電線，凡數千哩，其利息均受政府之保證。　亞爾吉利亞與突尼斯最爲發達，摩洛哥次之，因諸處均有宜人之氣候及天然之富源也。　田間之麥浪，山旁之葡萄園，繁茂之橄欖林，使移民覩之如見故鄉，至於橘，叢石榴及無花果，則皆亞爾吉利亞之特產。　且亞爾吉利亞復有礦山九十餘處，年供特許公司以價値金元千萬之鐵，鋅，鉛，燐酸鹽諸物，此皆法國投機商人與實業家之利也。　至於法國一般民衆，則每年須納稅約四百萬金元以維持西非洲之駐軍，其費於亞爾吉利亞之戍兵及鐵路股東之利息者，爲數更大焉。

法國佔領屬地，更施行極端之非民主政治，突尼斯則受法國外部代表之專制，塞拿格耳，幾內亞，象牙海岸，達荷米，上塞拿格耳與尼哲爾等，均由非選任之法國副總督治理之，其上更設一總督。

亞爾吉利亞雖常派元老三人及代議士六人於法國議會，然僅有少數居民對於『代表』之選擇可參與意見，其代表移殖人民與土人之『議員團』（Delegations）雖得依法集會於阿爾及耳以討論地方事務，然鮮能支配彼強有勢力之總督，一若非洲土人不宜於享受民主政治者。顧法國之統治雖專橫而亦頗收安定之功。亞爾吉利亞之完全徵服，雖費時幾五十年（一八三〇——一八七一）瓦代一域亦流血甚多，一九一四年且時有壓制摩洛哥土人革命之戰爭，但法國人在各處終能樹其勢力以制止部落之爭，維持秩序，獎勵文治，殊有功焉。

法屬索馬利蘭

除上述西北非洲之廣大領地爾外，法國在東非洲亦有重要屬地。在亞丹灣頭控制紅海出路之法屬索馬利蘭（一八六四至一八八四年之所得），面積雖小，而在軍事上之價值則大。反之，為東非海岸二百六十哩之馬達加斯加島，則面積過於其價值。此島之長雖近一千哩，然僅有人口（一九一三年）三百二十五萬，其貿易額僅二千萬金元。法國人之正式佔領馬達加斯加，實在一八九四至一八九五年中，時法軍勝利，乃實行法國之保護權，隨即（一八九六年）以為正式之殖民地。

馬達加斯加

三、意大利在非洲之領土

厄立特利亞

意大利帝國主義之初起甚爲和緩，一八七○年意大利之商船公司在今日法屬索馬利蘭以北收買一紅海西南岸之亞沙白（Assab）港口。十二年後，意政府乃接管亞沙白以爲殖民地，遂以此爲中心而建樹現稱爲厄立特利亞之殖民地。厄立特利亞之低地爲良好之牧場，其北部之高原則甚肥沃，採珠業亦有利可獲。但意大利終不能因亞沙白而增加收入，反每年累及納稅之民數逾百萬。

意屬索馬利蘭

一八八九年，意大利又在亞比西尼亞以東與其東南沿岸更南之處設一殖民地，是爲意屬索馬利蘭，較意大利爲尤大。厄立特利亞與意屬索馬利蘭均向內地進展侵佔奉基督教而未開化之亞比西尼亞王國（卽愛西屋皮亞 Ethiopia）。意大利人且公然欲據有引人嚮往之亞比西尼亞高原，以其地雖盡在熱帶以內，然高甚故氣候尙和也。當一八八九與一八九六年之間，意大利甚至聲稱亞比西尼亞爲其保護國。但亞比西尼亞人不爲所屈，在其皇帝麥尼勒克（Menelek）領導之下，對意宣戰，大敗意軍於亞多瓦（一八九六年），意大利自是遂不復侵犯亞比西尼亞之獨立。一九○六年，意法英三國且共允尊重亞比西尼亞之自由焉。

利比亞

意大利對亞比西尼亞之計劃既失敗，乃轉圖非洲北岸之土耳其行省脫利波里。一九○一年，法國政府允不反對此種新圖，一九一一年，意軍遂侵脫利波里。經戰一年，土耳其迫而放棄該地與息里內易卡，此二省遂變爲意大利之利比亞殖民地。但土意戰爭結束之後，意大利仍須駐軍於利比亞，因內部之阿拉伯部族（上等騎兵勇敢之戰士及熱烈之回教徒）對意大利人時作游擊之戰也。利比亞駐軍之維持需費極多，相傳每日所費在二十萬金元左右。其得此新殖民地之總費旋逾二萬萬馬克，且欲使利比亞變爲有價值之領地，尚須費鉅款以改良港灣，修建船塢與鐵路焉。利比亞雖誠有數處肥沃有利，然內部則多爲不毛之地，僅偶有棕樹沃壤點綴其間，可便隊商之往來，絕不宜於殖民也。

四、德國在非洲之領地

多哥

英、法、意之實行帝國主義，皆在德國之先，荷、西、葡更無論矣。然德國盡力要求，終能於六年之內（一八八四——一八九〇）據有非洲之四大要區。其在非洲最小之殖民地多哥（Togo），亦大於美國之緬印省。多哥雖近於赤道，不能吸引德國之殖民者，然實利於幾內亞灣北岸之德國商業，每年輸出棕樹產物與棉花，所值常在九十萬金元以上。恰在幾內亞灣彎曲處之喀麥隆，

喀麥隆

乃一更要之殖民地，其邊疆漸向富於森林之山地擴張，終至乍得湖與沙立河。一九一一年，復將法屬剛果中十萬方哩之地併入喀麥隆，遂與德國以烏邦基（Ubangi）與剛果二河上之根據地。喀麥隆之主要出產亦爲棕櫚油，與多哥相同，但其熱帶森林之中，復產橡皮，並多象牙，德人且漸

事墾植，用黑人以種椰子，咖啡，橡樹，香料焉。

德屬西南非洲

更沿西岸而下，爲德屬西南非洲，乃一八八四年之所得者。一八九〇年，德國又新得一地帶，使德屬西南非洲與三比西河相接。德商遂因此而開發三比西河流域之貿易。德屬西南非洲初原一糜費之殖民地，德國每年所需之費至逾百萬。當一九〇三年至一九〇七年中，德國因平定土人革命，計耗款七千五百萬金元，死軍士與殖民者五千人。更令人氣餒者，即殖民地之南部因雨量缺乏，悉成沙漠，而此固德屬非洲在熱帶外者之唯一部分也。但及一九〇八年，因盧德利茲灣附近發現金剛石甚多，每年產額約達五百萬金元，於是德屬西南非洲之價値遂驟高。

德屬東非

德國四殖民地中之面積最大人口最庶者，爲德屬東非，其人口多於新英格蘭之人口百分之五十，其面積則八倍於紐約州。此德國殖民地介於英屬東非與葡屬東非之間，其天然境界東爲印度洋，西爲維克多利亞，坦干伊喀與尼亞薩（Nyasa）三大湖。德屬東非之取得，乃德國三少年之力，即在一八八四年與土酋締約之三人也。一八八五年，該地始受德政府之保護，繼復以百萬金元由桑給巴爾王購得沿海之地，其疆界則與英葡及剛果自由國協議定之。德人之在東非，亦與其在西南非洲同，曾遇劇烈之抵抗，恆採用殘酷之手段。總督竟有不惜慘殺婦女者，但此人後卒

德帝國主義在非洲之特狀

因濫用權威而獲罪。一九〇五年，情勢益急，土人以受迫在德國墾植區服役爲憾，大起革命，死者逾十萬，而後革命始平。德屬東非之黑人與阿拉伯人之此種態度，實堪注意，因該地實一熱帶屬地之代表區域，大抵不宜於殖民，非僱用或強制土人工作於橡樹林，咖啡場及香蕉林中，則不能開發也。

德國之統治非洲，約有四種狀況可以注意。（一）德國屬土均不適於殖民，因或則炎熱，如喀麥隆，或則乾燥，如德屬西南非洲也。（二）此等領土之價值大半在鑛產，橡皮，奇木，象牙，棕油等物，將來或更可盛產棉花，咖啡，椰樹，煙草，以及歐洲所亟需之他種熱帶物產。德政府抱此希望，乃立實驗場以培植此種物產，私人亦多有設大農場用黑人種之者。由此可知德人之必使黑人由怠惰之野人變爲勤勉服從之苦工矣。（三）政府爲絕對非民主之政制，此蓋亦少數白人在多數不滿意之黑人領土中施行統治之所難免者。各殖民地之最高權力，悉委諸不對民衆負責而對柏林殖民部負責之帝國總督，政府所注意者，首爲德國之帝國主義，次爲保護德國之商人與投資，至於土人之利益，則極不重視。（四）就教化土人而言，則政府在各殖民地中均故少數學校，如在多哥，則有公立學校二所，有學生三百一十二人。依此種速率以開化數百萬土人，未免過緩至於傳教師所爲則較此差强彼等曾在多哥設學校三百六十八所有學生一萬四千六百八當一九一三年全德屬非洲之黑種兒童曾受某種教育者約十有六萬。

葡萄牙比利時西班牙在非洲之領地

葡萄牙比利時及西班牙亦各有在非洲之領地。吾人對於比屬剛果與葡屬幾內亞殖民地，荷屬西非葡屬東非等均曾論及所未述者惟西班牙耳。一八八五年柏林會議之時西班牙宣告將波加多角（Cape Bojador）與布蘭科角間之一部分海岸爲其保護地後復推及波加多與摩洛哥間之海岸是卽構成今日里奧特奧洛與阿得剌（Adrar）屬土之地由加那列羣島之西班牙總督治理之。西班牙又求得幾內亞海岸之一部經長期之紛爭卒獲一小地帶里奧慕尼（Rio Muni）自一九一一年以後此地在陸地方面卽爲德屬喀麥隆之所包。西班牙在摩洛哥亦取得北部海岸及伊夫尼西岸一小區焉。

芬蘭尚存之獨立國

一、亞比西尼亞

二、里比利亞

非洲尚有兩獨立國未爲歐人所據。一爲古代之亞比西尼亞或愛西屋皮亞帝國自第四世紀以來卽奉基督教現各方均爲英法意之領土所包亞比西尼亞人在實業與財政上多依賴英法之資本家然其獨立則爲英法意三國協定之所許。又一獨立國爲里比利亞（Liberia）卽十九世紀中解放之黑奴移殖之地此輩多來自美國乃於一八四七年效法美國建一自由共和國。此特殊之黑人共和國（略與勿爾吉尼阿相等）約有五萬開化之黑人，奉基督教，操英語，另有二百萬未開化之黑人，期中尚有游行里比利亞中心之熱帶森林而裸體食人者。里比利亞人與鄰近之法英殖民地時起疆界之爭，一九一〇年，達夫特（Taft）總統乃提議由美國派官與英法德之官吏合作，以管理里比利亞之軍隊，并徵收關稅，解決界爭，監督財政，故里比利亞實半受外國之保護，惟尚未爲任何一國之屬地耳。

課外讀本

拉丁美洲：

1. W. R. Shepherd, *Latin America* (1914), in the "Home University Library," the best survey, clear and accurate.
2. *Cambridge Modern History*, Vol. XII (1910), ch. xxi.
3. F. García Calderón, *Latin America: its Rise and Progress*, Eng. trans. by

Bernard Miall (1913).

4. R. P. Porter, *The Ten Republics* (1911).

5. W. H. Koebel, *The South Americans* (1915).

6. rthur Ruhl, *The Other Americans: the Cities, the Countries, and especially the People of South America* (1908).

7. C. R. Enock, *The Republics of Central and South America, their Resources, Industries, Sociology and Future* (1913).

8. T. C. Dawson, *The South American Republics*, 2 vols. (1903-1904).

9. C. E. Akers, *A History of South America, 1854–1912*, 2d ed. (1912).

10 James (Viscount) Bryce, *South America: Observations and Impressions* (1912).

11 J. I. Rodriguez, *American Constitutions: a Compilation of the Political Constitutions of the Independent Nations of the New World. with short historica*

notes and various appendixes, 2 vols. (1906–1907).

12. Hiram Bingham, *The Monroe Doctrine: an Obsolete Shibboleth* (1913).

13. W. A. Hirst, *Argentina* (1910).

14. Paul Walle, *Bolivia*, Eng. trans. by Bernard Miall (1914).

15. Pierre Denis, *Brazil*. Eng. trans. by Bernard Miall (1911).

16. G. F. S. Elliot, *Chile* (1909).

17. P. J. Eder, *Colombia* (1913).

18. C. R. Enock, *Ecuador* (1914).

19. James Rodway, *Guiana, British Dutch, and French* (1912).

20. C. R. Enock, *Mexico* (1909).

21. C. R. Enock, *Peru*, 2d ed. (1910).

22. W. H. Koebel, *Uruguay* (1911).

23. L. V. Dalton, *Venezuela* (1912).

24. Forbes Lindsay, *Cuba and her People of To-day* (1911).

25. A. G. Robinson, *Cuba, Old and New* (1915).

26. Stephen Bonsal, *The American Mediterranean* (1912).

27. Alcée Fortier and J. R. Ficklen, *Central America and Mexico* (1907), being Vol. IX of *The History of North America*, ed. by G. C. Lee and F. N. Thorpe.

28. P. F. Martin, *Mexico of the Twentieth Century*, 2 vols. (1907).

29. Arthur Bullard, *Panama, the Canal, the Country, and the People*, new ed. (1914).

30. Richard Villafranca, *Costa Rica* (1895).

31. W. H. Koebel, *Argentina, Past and Present* (1910).

32. P. H. Goldsmith, *A Brief Bibliography of Books in English, Spanish, and Portuguese relating to the Republics commonly called Latin American, with*

comments (1915).

非洲之瓜分：

1. C. D. Hazen, *Europe since 1815* (1910), ch. XXIII.
2. J. H. Rose, *The Development of the European Nations, 1870–1900*, Vol. II (1905), ch. IV–VIII.
3. *Histoire générale*, Vol. XII, ch. XXVI, *Le partage de l'Afrique, 1870–1900*, by R. de Caix de St. Aymour.
4. Sir H. H. Johnston, *The Opening Up of Africa* (1911).
5. Sir Edward Hertslet, *The Map of Africa by Treaty*, 3d edition, completed to 1908, 3 vols. (1909).
6. Sir H. H. Johnston, *A History of the Colonization of Africa by Alien Races*, new rev. ed. (1913).
7. J. S. Keltie. *The Partition of Africa* (1895).

8. N. D. Harris, *Intervention and Colonization in Africa* (1914).

9. *Great Explorers of Africa*, 2 vols. (1894). An interesting compilation.

10. Thomas Hughes, *David Livingstone* (1889).

11. W. G. Blaikie, *Personal Life of David Livingstone* (1881).

12. David Livingstone, *Missionary Travels and Researches in South Africa*, 25th ed. (1860).

13. *Last Journals in Central Africa from 1865 to his death*, ed. by Horace Waller (1875).

14. Sir H. M. Stanley, *How I found Livingstone: Travels and Adventures in Central Africa* (1872).

15. *Through the Dark Continent, or the Sources of the Nile*, 2 vols. (1878).

16. *In Darkest Africa*, new ed. (1897).

17. *Congo and the Founding of its Free State*, 2 vols. (1885).

18. *The Autobiography of Henry M. Stanley*, ed. by Dorothy Stanley (1909).

19. Roy Devereux, *Aspects of Algeria: Historical, Political, Colonial* (1912).

20. Victor Piquet, *La colonisation française dans l'Afrique du nord: Algérie—Tunisie—Maroc* (1912).

21. Maurice Wahl, *L'Algérie*, 4th ed. (1903).

22. Ellis Ashmead-Bartlett, *The Passing of the Shereefian Empire* (1910).

23. André Tardieu, *Le mystère d'Agadir* (1912).

24. *Annuaire Colonial.*

25. P. E. Lewin, *The Germans and Africa, their Aims on the Dark Continent and How they Acquired their African Colonies* (1915).

關於法國帝國主義之其他著作，參看上文第二十三章所附書目：

關於英國在非洲之殖民地，參看次章及其所附書目：

第二十九章　不列顛帝國

最大之世界帝國

一九一四年時全球可居之地舉世所有之人屬於不列顛帝國者，約達四分之一，故欲結束以上各章所述之近代帝國主義最好莫如將此種殖民政策最偉大之產物及其複雜之政治與經濟問題，加以研究也。不列顛帝國較世界任何國家爲大，大於德意志帝國（包括殖民地）九倍，大於美國亦在三倍以上，如此廣袤實堪注意。與不列顛幾爲勁敵之俄羅斯帝國在一九一四年時，亦僅有其面積四分之三，人口十分之三耳。

以不列顛帝國之大與其母國之小相較，則更足令人注意。聯合王國在面積方面不過爲帝國中百分之一，其人口纔佔十分之一。大不列顛苟失其殖民地，則將爲一小國，尚不及得撒之半，其人口甫有美國之半，尚無德國四分之三也。今如除去美國，則操英語之人共計不逾六千萬，而操法語者亦達六千萬，操德語者有八千萬，操俄語者有九千萬焉。不列顛國民之較少足證明此龐大帝國之成，實非由於操英語者之照常增加。在全帝國之內，白種居民僅六千萬，其四分之三皆在不列顛羣島，而其餘一千五百萬白人中又須減去出自法蘭西人種之坎拿大人一百八十萬，出自其他各族之坎拿大人五十萬，及出自荷蘭與德意志人種之南非洲人七十萬。故在所有不列顛「殖民地」中真不列顛殖民者殆不逾一千二百萬。每一不列顛殖民者之中，實有微黑色之「土人」三十受不列顛之統治。帝國中計有「印度人」三萬一千五百萬，黑人四千萬，阿拉伯人與馬來人各六百萬，中國人與坡里內西亞人（Polynesians）各一百萬，紅種（坎拿大）印第安人十萬，實大過乎不列顛人之數額焉。

不列顛帝國爲一切人種之集合體，各種文化形態，自食人之俗以至於劍橋之風，皆有焉。此輩分居於氣候極不相同之地，信奉五種大宗教及無數之小宗教，佔據要地偏世界六大洲中之五焉。註一 此種帝國依其性質，自爲一最復雜而不諧和之組織，且構成此帝國之各部，乃或以征服，或以佔領，或以殖民而逐一增加，其復雜不調乃愈甚。「擴大的不列顛」（Greater Britain）之發展，除以臨機應變爲一種政策而外，別無一貫之策爲之指導。不列顛帝國實可謂成於無意之中，故其領地初無一定之標準形態，而爲式甚多，原無足怪。今略涉困難，勉强分之爲三大類，即（一）自治殖民地，（二）少有或絕無自治權之直轄殖民地，特許公司，及保護地，（三）印度

註一 即亞洲，非洲，澳大拉西亞，北美，歐洲，甚至在南美洲亦有幾內亞之小殖民地。

茲當一次述此三者。

第一節　自治殖民地

自治爲「白人」殖民地獨有之特權

在大不列顛領土中，自治殖民地約佔一半而有餘，但如謂不列顛殖民地之半數皆享有自治特權，則實大錯，以人口言，自治殖民地僅構成不列顛殖民帝國二十分之一，蓋自治乃大不列顛與殖民地中極少數人之一種特權，並非自由賜予一切人民之天然權利也。更令人難忘者，即此種享有特權之少數人概爲歐人之裔，故殖民地之自治者恰爲多數歐人所在之地，如坎拿大，紐紛蘭，澳大利亞，新西蘭及南非聯邦是也。此等殖民地中，除南非外，土人未有超過人口總數百分之五者，即南非亦有百萬人以上之白種居民。註一　在自治殖民地以外之一大不列顛領土中，白人僅數千而已。註二總之，『白人』殖民地幾俱享有自治，他殖民地則無一得之。　歐洲列強之有『白

註一　構成人口百分之二十以上。

註二　華爾克蘭羣島(Falkland Islands)及地中海之殖民地雖屬『白人』而無自治西印度羣島中亦頗多白種殖民者

舊制下之欽命總督與殖民地議會

坎拿大政府一七七四至一八三四年

人』殖民地者惟大不列顛，故殖民地之自治權亦惟不列顛帝國之內有之。註一

欲明瞭大不列顛之白人殖民地如何取得自治權，則對於舊殖民制度，不可不再作最後一次之敍述。 在美國革命之前，不列顛殖民地已演成一種混合政體，其中各殖民地之總督，悉由英王任命，爲其代表，而另有民選議會以擁護殖民地之地方利益。 又恒有一立法會議，爲各殖民地立法部之上院，通常多由總督指派管轄之。 殖民地議會與英之平民院相似，自始即支配政府之財政，常欲利用其財政權以要求制定法律與監督行政之權。 結果總督與議會乃時起爭執：美洲十三州殖民地竟背棄母國，其爭執之結果，乃爲各殖民地議會之完全勝利。 但在其他殖民地如坎拿大，則繼續爭執，直至十九世紀中期焉。

坎拿大並未因一七七四年之魁伯克法案（Quebec Act）而獲民選議會，所得者僅英王指派之一立法會議耳，其原因蓋以當時之坎拿大人多爲法國人，遂漫稱其不習於代議政治，且不忠於大不列顛也。 迨美國革命後，安剔盎阿除移入美國逃亡之王黨而外，復得多數蘇格蘭人與蘇愛混合人種徒入，於是辟德在一七九一年乃認爲必要通過一憲法案（Constitutional Act），俾

註一 丹麥之愛斯蘭殖民地除外。

純爲不列顛人種之上坎拿大（Upper Canada 或安剔蘊阿）與法國人佔最多數之下坎拿大（Lower Canada 或魁伯克）分離而在二省各設一民選議會。但關德之策並未成功，不惟坎拿大之法國人與不列顛人彼此不和，且二省皆發生舊有之爭執，卽主持政務之長官究應受總督支配，抑或由殖民地議會監督是也。註一 下坎拿大之議會以法人佔最多數，而總督乃英人，故對抗更劇，法國人或人民黨憤總督之橫行，而有一八三七年之革命。同時上坎拿大之改革黨亦幾訴諸武力。

一八三七年之坎拿大革命

亂事平定甚易，但坎拿大之痛苦卒因此令人注意，英政府乃派一高級委員往謀補救。膺此重任之達倫爵士（Lord Durham）旋卽認明有澈底改革之必要，始以急進手段實行獨裁，以鎮撫坎拿大。顧英國政府對其舉措不予贊助，並取消其放逐革命領袖之令，彼遂憤而辭職歸英，發表一長報告。

一八三九年之達倫報告

此報告在英國殖民史中甚爲著名，因其能明白宣揚大不列顛後日政策中之兩種基本原則也。第一，達倫主張對於殖民地之已有代議制度者，應予以責任政府，卽許其由對本地議會負責之內閣自理政務。達倫固知此計一行，則殖民地將脫去總督與母國之支配，惟少數事件如對外政策，則屬地政府始無權耳。但彼以爲殖民地苟享有自治，必更爲忠順而少抱怨

註一　在下坎拿大，議會之上院由總督指派，爾與彼共抗民選之下院。在上坎拿大，則上院同情於下院。

坎拿大及其他殖民地址獲得責任政府

母國之理，第二，達倫力主上下坎拿大之統一，庶可使法人之下坎拿大受英人上坎拿大之支配。彼更希望英屬北美洲或可終聯為一統一之殖民地焉。此二原則（責任的自治政府與殖民地之聯合）不獨終得勝利於坎拿大，且得行於遠隔之澳大利亞與南非洲焉。

依達倫爵士之建議，上下坎拿大遂立卽合併（一八四〇年）。七年後，其壻厄爾錦爵士(Lord Elgin)任坎拿大總督，乃實行其另一建議，卽總督應由議會之多數黨中選任內閣，遂因此承認責任政府之原則也。厄爾錦之予坎拿大以責任政府（此等於自治），實為要舉，因其恰在英國自由貿易黨取消穀物條例（一八四六年），而對於前次重商主義的商業與殖民理論大施打擊後之一年左右也。北美中之其他殖民地，紐布倫斯威克，諾法斯哥過亞，愛德華王子島等亦未幾而俱得監督其政府之自由。一八六〇年以前，紐芬蘭及澳大拉西亞之新南威爾士，維多利亞，塔斯馬尼亞，南澳大利亞，昆士蘭(Queensland)等殖民地，皆獲得責任政府。後好望角殖民地（一八七二年），西澳大利亞（一八九〇年），納塔耳（一八九三年），脫蘭斯法爾（一九〇六年）及鄂蘭吉河殖民地（一九〇七年），亦皆成自治殖民地，最後二地乃在波爾戰爭（一八九九——一九〇二）告終時依波爾人之投降條款而獲得自治者。

當一八四七至一九〇七年間，此種責任自治政府一推及於大不列顛之一切重要白人殖民地，於是殖民地乃有利用此種自由以課母國輸入品之稅者，如一八五九年坎拿大即有此舉，故彼悲觀之愛國者不免視此為一種勇而無謀之利他主義。但自由派之政治家已於一八四六至一八四九年之嚴重時期，使大不列顛採行自由貿易，當然視殖民地之自治為自由放任等原則之邏輯的結果，並預言自由之推行，適足增加帝國之偉大，促進帝國之繁榮。就事實而論，自治亦誠有此效，真能鼓勵白人殖民地之愛國心。蓋坎拿大與澳大拉西亞現已不復憤怨母國對其得放事務之干涉，皆熱心效忠於英王，且自覺其所費甚小而能共享世界上最大帝國之保護及其威勢，引以為幸之感，實前此所無者也。

一八六七年坎拿大自治殖民地成立

坎拿大為最初獲得責任政府之殖民地，復為另一重要運動之先驅，即自治殖民地之成立聯盟是也。一八六七年，前此分離之紐布倫斯威克及諾法斯哥遏亞二殖民地，與魁伯克及安剔廬阿合成聯盟，稱為「坎拿大自治殖民地」(Dominion of Canada)。此雖以一八六七年韋斯敏斯德(Westminster)之不列顛議會所通過之英屬北美案(British North America Act)而正式成立，但其計劃實創於坎拿大，而定於一八六四年之魁伯克會議。自治殖民地之政府大

坎拿大之發展

致摹仿英國政府，以總督代英王，以元老院（由總督任命，任期終身）代貴族院，而亦有一出自選舉之平民院，使內閣對之負責。此四省雖可各有其獨有之立法部，但一省權一問題並未發生於坎拿大。坎拿大制憲諸人因美國內戰之殷鑑不遠，故注意限制各省之權，俾聯邦政府之主權或可永不受侵。諾法斯哥湯亞固冀退出聯盟，但英國堅決不允，於是自治殖民地之統一得以維持。

保守黨領袖約翰麥克唐納爾（Sir John Macdonald）自一八六七至一八九一年（一八七三至一八七八之五年除外）身任總揆，坎拿大在該黨扶助之下得確立民軍，郵政，官制，銀行幣制之基，定保護關稅以扶植本邦之產業，並完成其西向太平洋之進展。其發達亦極速，初則自哈得孫灣公司（Hudson's Bay Company）收買安剔釐阿以西之廣大領土（一八六九年），而由此劃爲曼尼托巴（Manitoba）新省，繼則將英屬哥侖比亞（一八七一年）與愛得華王子島（一八七三年）倂歸聯邦，終竟以一八七九年之令，宣佈英屬北美之地（惟強硬之紐芬蘭至今仍自成一殖民地）概屬於聯邦。西坎拿大因礦產之富，平原之沃，移人者乃絡繹不絕，而尤以坎拿大太平洋鐵路築成之後（一八八六年）爲甚。西部經濟上非常之發展，終得政治上之承認，一九〇五年乃建亞白達（Alberta）與薩斯喀特徹溫（Saskatchewan）二平原新省焉。

聯合運動在坎拿大已有顯著之成功，而澳大利亞各殖民地則躊躇甚久，始決定成立同樣之聯合。

奧大拉西亞殖民地

十九世紀中澳大拉西亞除原來之新南威爾士殖民地外，已有自治殖民地六處。新南威爾士初建於一七八八年，原為放逐罪犯之地，註一後乃變成牧夫匠人礦工等自由繁榮之社會，而享有自治之權（一八五五年）。由新南威爾士分出之殖民地有二，北為昆士蘭（一八五九年），南為維多利亞（一八五一年）。此外復有獨立建創之南澳大利亞（一八三六年）與西澳大利亞（一八二九年）二殖民地，故該島大陸共有殖民地五處。第六殖民地為鄰近之塔斯馬尼亞島，即凡第門蘭（Van Diemen's Land），係一八二四年與新南威爾士分離者）。更遠之新西蘭羣島拓殖於十九世紀中，或可算為第七殖民地。此等南太平洋中之島嶼殖民地，因十九世紀初期牧羊業之輸入與十九世紀中期金礦之發現，乃一躍而躋於成熟。

一九〇〇年之澳大利亞聯邦案

澳大利亞各殖民地苟非因關稅問題分裂，則一八八五年必早已聯合，蓋維多利亞及其他之殖民地已行保護關稅，而新南威爾士則固守自由貿易也。又新進之殖民地對於其本地關稅所得之收入亦不願放棄。但聯合終利多而弊少（尤其為共同排擠華僑及維持英國在南太平洋

註一　一八四〇年以後已無罪犯運至新南威爾士者。

之優勢以抵制法德人註一之侵入）。 故經長期討論之後，殖民者卒同意於聯合之計劃，而於一九〇〇年由英國議會定爲澳大利亞聯邦案（Commonwealth of Australia Act）。 與澳大利亞相隔一千二百哩水路之新西蘭拒絕加入聯邦，猶紐紛蘭島之不欲與坎拿大合也。 其他六殖民地咸依與美國憲法最相似之憲法而變爲聯邦中之各邦。註二 聯邦之立法部如美國之國會，亦以一參議院與一衆議院組成之，前者之議席各邦相等（六席），後者之議席則依人口分配之。聯邦之高等法院（High Court）亦如美國之最高法院（Supreme Court），職在維護憲法。又澳大利亞人僅授聯邦政府以有限之權，亦 仿美國之聯邦組織，而非效坎拿大之一統政策也。但澳大利亞聯邦有二要點實爲英國式。 其最高長官爲一總督，在理論上由英王任命之，實則由聯合王國之國務院任命之。 其內閣亦係對議會負責，而非對總統負責。 更堪注意者，即澳大

註一 吾人當回憶德國彼時正在海洋洲採行野心勃勃之政策，已取得愷撒威廉蘭俾斯馬克羣島及馬沙爾羣島（一八八四——一八八五）。

註二 聯邦復援管北澳大利亞領土（Northern Territory of Australia，一九一一年）之徵服，及巴布亞（Papua）或英屬新幾內亞（一九〇五年）。

利亞與婦女以投票權，並規定憲法之修正須用復決權，其民主政治實較美國更爲進步也。

澳大利亞之各種問題

聯邦之歷史，不外在研究五種問題之解決方法。（一）國防問題，此黨於以後論之。（二）邦權問題最難解決，尤以關於聯邦與各邦之財政關係，工業立法及邦有鐵路諸事爲甚，此在各邦均不相同。（三）聯邦與各邦政府當上院反對下院之時，均感兩院制立法部之困難。（四）農村之開發實爲政府之要務。灌漑工程既興，內地鐵路亦建，並用種種方法獎勵農民，不獨冀其開墾荒地，且望造成一種農村人口，可與發展過度而紛擾甚多之城市相敵也。（五）最有趣者，爲澳大利亞對於救窮問題之努力。

澳大利亞之社會與勞工立法

工人對於「閉場」(closed shop)原則經過一次激烈無益之爭鬭以後（一八九〇年之大罷工），已深信須用票匭與工會始可達其經濟上之要求。各邦之勞工黨咸要求社會主義之立法。一八九〇與一九一〇年間，維多利亞通過種種法律，其中有一規定爲創設同業議會以決定工業勞工之工資與時間，昆士蘭與南澳大利亞亦皆效之，新南威爾士則採行一種與新西蘭大同小異之計劃。註一　聯邦政府亦繼各邦之後，於一九〇四年設一聯邦仲裁法院，以謀邦際工業紛爭之和平解決，一九〇八年復給年滿六十五之貧民或年滿六十

註一　即防止同盟罷工，規定最低工資，並決定工作時間之仲裁法院。

新西蘭

新西蘭之政治的與社會的民治主義

之殘疾以養老年金（每星期十先令）。澳大利亞人之建築鐵路與經營鐵路，自始即視爲社會主義的事業，此或爲其願意試行社會立法之一因也。曾爲蘇格蘭煤礦工人之安得露腓西(Andrew Fisher)於一九一〇年任聯邦總揆，組織工黨內閣，註一得勞工多數黨之擁護，使彼能勸民衆通過憲法修正案而與聯邦政府以將工黨社會主義政綱定爲法規之權則彼對於工業，必已採行更有效率之整理，他種產業，定已多爲政府所接收矣。

另一澳大拉西亞殖民地新西蘭則仍與聯邦分離，其本身亦可視爲一聯邦也。就地理而言，新西蘭爲一羣島（二大島及多數小島），以政治而論則新西蘭在一八七六年以前原爲六省各有一立法部。至一九〇七年時，新西蘭且稱爲一「自治殖民地」與坎拿大澳大利亞等聯邦并列。在十九世紀之最後二十五年中，新西蘭因對於政治的與經濟的民治主義均有急進之實驗，大引起全世界之注意。新西蘭之急進主義始於一八九〇年，時工會受當年大罷工之激而參與政治，其目的在用其有力之組織以爲擁護勞工與民治主義之政治機關。工會雖僅選出少數「勞工」代表出席議會，但其影響「自由」黨之力甚大，該黨因得工人之票，遂操政權，自一八九

註一　一九〇八年，彼已曾任期職六月。

一以至一九一二年。新西蘭在此種急進運動盛行之下，遂擴張選舉權及於成年婦女，因此乃亦爲提倡普遍選舉權之一國。又一憲法改革爲議會上院之民主化，此院議員原爲指派任期終身，現在先減其任期爲七年（一八九一年），後卒將上院改用選舉制，根據普遍民衆選舉權及比例代議制選出之。較此種民主改革尤足稱道者，爲其政府對於社會主義之經營，如鐵路國有，國營人壽保險，災害保險，火災保險及煤礦等，皆新西蘭對於國家社會主義之實驗也。其土地稅與殖民墊款法（Advance to Settlers Act）亦堪注意，前者累進，故稅多由大地主任之，後者則規定政府貸款於農民。又有工業和解與仲裁法（Industrial Conciliation and Arbitration Act，一八九五年），設法庭以解決工會與資本家之爭，對於年老之工人則給以年金（一八九八年），對於因災害受傷之工人則予以賠償（一九〇〇年）。

南非洲

澳大利亞聯邦成立後之九年，不列顛在南非洲之四殖民地亦相繼聯合。前章已述及南非洲拓殖最早之好望角殖民地被大不列顛從荷蘭奪得（一八〇六年），倔强之荷蘭農民因不列顛政府之厚於黑人而薄於彼等，乃『遷徙』至納塔耳，鄂蘭吉自由國與脫蘭斯法爾。一八七二年好望角殖民地已獲得責任政府時，正發現金剛石礦非常財富之後一年也。納塔耳於一八四

不列顛人與波爾人

三年爲大不列顛所併，十年之後復脫離好望角殖民地，一八九三年亦獲得自治權，及十九世紀末葉，不列顛人之移殖於納塔耳者數且過乎波爾人矣。 此時波爾人之鄂蘭吉自由國內所發現之慶伯利金剛石礦區雖爲大不列顛所併（一八七一年），而僅與鄂蘭吉自由國以九萬鎊之賠償，然該國註一之獨立自於一八五四年被承認以後，在其總統約翰布蘭德（John Brand）之治下，頗爲繁榮。 另一波爾人之共和國即『南非共和國』（South African Republic）則因其更『遷徙』之結果（一八四八——一八五二），而成爲脫蘭斯法爾國，其獨立則依所謂『散得河條約』（Sand River Convention，一八五二年）爲大不列顛所承認。 一八七七年，終爲不列顛之委員所併，但四年以後，脫蘭斯法爾之波爾人革命，而敗英軍於馬朱巴山（Majuba Hill，一八八一年），格蘭斯頓遂恢復其獨立。註二 乃脫蘭斯法爾之波爾人竟不幸誤認格蘭斯頓之仁慈讓步爲大不列顛之自承怯弱，自後對於不列顛人遂無敬畏之心，而懷蔑恨之念，甚至妄想恢

註一 建於一八三六年，一八四八年爲大不列顛所吞併，一八五四至一九〇〇年復獨立。

註二 脫蘭斯法爾依北勒陀利亞條約（Pretoria Convention，一八八一年）在不列顛之宗主權下享有自治，依一八八四年之倫敦條約（London Convention），則并宗主權似亦放弃矣。

復好望角殖民地而樹立在南非全部之優勢。於是成立『非人團』(Afrikander Bond)，以謀增進其利益。嗣後波爾人與大不列顛人之關係絕未改善，不列顛之追尋財實者因脫蘭斯法爾之蘭德(Rand)區內發現世界最富之金礦(一八八六年)，乃大批侵入脫蘭斯法爾，不列顛人更合併蘇路蘭(Zululand)及恰在德拉瓜灣(Delagoa Bay)以南之領土(此原屬於葡萄牙人)，以閉絕脫蘭斯法爾通海之路，哲麥孫(Dr. Jameson)復率不列顛之騎警冀冒險遠掠脫蘭斯法爾(一八九五年)。此所謂『哲麥孫侵掠』(Jameson Raid)者，慘遭失敗，徒引起波爾人之注意自衞。自一八九五至一八九九年，脫蘭斯法爾政府在剛毅老邁之荷蘭先進保羅克魯革(Paul Kruger)總統領導之下，遂益仇視不列顛人而居留脫蘭斯法爾境內之『外人』(Uitlanders)即不列顛礦工，則愈大聲疾呼以反抗波爾人之仇視的與寡頭的政府。波爾人之不與『外人』以公民權(住滿七年者除外)，實彼等含冤最大之一事也。

一八九九至一九〇二年之波爾戰爭

一八九九年，不列顛人與二波爾共和國之最後衝突終以南非戰爭(South African War，一八九九——一九〇二)之爆發開始。波爾人初取攻勢，侵納塔耳攻好望角殖民地之慶伯利金剛石礦區，但不列顛之援軍陸續開赴南非作戰之人後竟不下三十五萬，由羅伯芝(Lord Roberts，一八三二——一九一四）與啓拆涅（Lord Kitchener，一八五〇——一九一六）指揮之。波爾人之參戰者共計不逾四萬。共和國軍隊卒以衆寡不敵引退，而於一九〇〇年六月五日，以其首都比勒陀利亞降。但此後尚混戰兩載，始將波爾人非正式之來福鎗隊悉數破滅。一九〇二年五月成立和約，依其條款，大不列顛對於戰時所併之二波爾共和國（鄂蘭吉自由國與脫蘭斯法爾）允予以責任政府。一九〇六年實行於脫蘭斯法爾，一九〇七年實行於鄂蘭吉自由國。

一九〇九年南非聯邦之成立

南非聯盟之障礙現已除去。前此聯合計畫之所以失敗者，或因不列顛之不贊成，或由於波爾人之民族主義。今則不列顛既願意，波爾人之抵抗，亦已屈服，而欲成立劃一之關稅管理各邦之鐵路，採行有效之內政，尤非聯合不可。故討論關稅問題之殖民地會議，旋對於聯合計劃成立協定，而於一九〇九年九月得不列顛議會之批准。好望角殖民地，納塔耳，脫蘭斯法爾及鄂蘭吉自由國，各爲南非諸邦之一省，其聯邦之集權乃更過於坎拿大。在新聯邦中，關於語言與政治特權，波爾人皆與不列顛人享有同等權利，故聯邦議會及對之負責之內閣，旋受「南非黨」或波爾黨之支配。前此奮勇與大不列顛作戰之路易波達將軍（General Louis Botna）遂爲聯邦之

不列顛對於自治殖民地之少加管轄

第一任總揆，而不列顛黨或統一黨（Unionist）反自然降爲一少數黨矣。

顧南非聯邦仍爲波爾農人與不列顛實業家間之仇恨所擾，礦業發展之速，乃益有嚴重之問題待決。第一，生於不列顛之技術工人有暴戾之工團運動，政府對此須謀應付，在一九一三年之蘭德罷工以後，此種運動益劇，蓋是年政府軍曾槍斃罷工者於約罕涅斯堡（Johannesburg）之市也。第二，聯邦無時不畏土人之暴動，在此白人須時與好戰之土著部落爲敵，而黑人又幾四倍於白人之殖民地中，勞資間之衝突以及波爾人與不列顛人之分裂，實易引起土人之嚴重騷亂也。此外南非更有不滿意之亞洲勞工由印度輸入者逾二十萬人，遂令情形益紛焉。

吾人苟將紐芬蘭新西蘭等較小之自治殖民地與坎拿大澳大利亞南非等聯邦合計之，則大不列顛今已爲五『殖民國家』之主人翁，此五國遼闊之領土與非常之天然富源，對於未來之發展均大有希望。坎拿大與澳大利亞正速成真正之國家，各有其國旗國軍關稅政府，母國對此等强健子國之權威乃日體，自設責任政府以來，英王所命之總督，大率皆非有力之政治家，而爲顯崇公正之貴族，總督之在殖民地漸擁虛位，頗與英王之在聯合王國相同。在理論上，母國對於殖民地議會之法案固仍有否決之權，對於外交仍有支配之權，樞密院中之司法委員會（Judicial

Committee）仍有受理殖民地人民上訴之權，然實際上，大不列顛已不大干涉自治殖民地之立法自由，且常許其與外國商訂獨立之商約及他種條約，司法上訴之權亦大為坎拿大，澳大利亞及南非所減少。總之，大不列顛與其自治殖民地之政治關係，實已微乎其微矣。

帝國聯合之運動

十九世紀之末，帝國主義之精神復興，於是大不列顛乃有使『自治殖民地』與母國聯絡更切之運動。『帝國一統』為統一派政治家之戰號，彼輩冀鞏固帝國以抗強敵，意尤在德。此種呼聲既為彼經營屬地貿易之不列顛實業家所採納，復為母國與殖民地中忠心之不列顛人所響應。依張伯倫之指示，惟藉『帝國之聯合』（Imperial Federation），（即承認自治殖民地在一種聯邦帝國中與聯合王國為同等之國），始能得帝國之一統而實現帝國聯合之理想。約有三種主要之途徑，即帝國之特惠關稅，帝國會議，與帝國國防是也。

帝國之特惠關稅

帝國之特惠關稅，即聯合王國與自治殖民地均依相互之協定，確立一種保護關稅制度，對外國輸入品所課之稅，應較不列顛各地輸入品之稅為重。此種協定可免使不列顛之貿易落於外人之手，並可團結不列顛帝國為世界上最大之經濟單位。不列顛之工業製造品將可供給殖民地之需要，而除去德國之競爭。對於英國製造業極為重要之穀類食物原料等，亦可由大不列顛自有之殖民地源源流入。英格蘭將不愁其食物之供給，而各屬地亦可確定其農產品之消場。一八九七年，坎拿大施行此種好夢實現之初步，對於聯合王國輸入品之課稅允較本邦之『普通』關稅減少八分之一，後更增加此種特惠稅率至四分之一（一八九八年），甚至三分之一（一九〇〇年）。南非，澳大利亞，新西蘭亦皆起而效之。但聯合王國固守其自由貿易政策，斷然拒絕各自治殖民地之提議。倡帝國主義之要人張伯倫雖竭力論辯，終不能使英格蘭放弃自由貿易，即對其本黨亦難使之盡信。一九〇五年自由黨內閣之產生，實表示張伯倫在大不列顛內帝國特惠關稅運動之失敗焉。

帝國會議

帝國聯合之第二途徑帝國會議，則較有進步。關於帝國事務，已有要求聯合王國應令自治殖民地參與者。自治殖民地雖各有一『委員』在倫敦代表其利益，然終以與『同組織』之國交涉，而須由其殖民部（Colonial Office）爲恥，且以帝國國防與對外政策之定於聯合王國內閣，而不決於代表帝國之團體爲恨。各自治殖民地均不安於緘默。有帝國會議，以此種不平當至少可消獲救濟也。一八八七年，值維多利亞女王即位五十年之慶，各自治殖民地之代表適集倫敦，於是乃有第一次帝國會議之舉。一八九四年，復舉行同樣之會議於俄達瓦（Ottawa），一八九七，一九〇二，一九〇七，一九一一諸年屢會於倫敦。最堪注意者，爲一九〇七年之會，規定帝國會議每四年定期舉行一次，若有特殊事件，則補行會議。聯合王國在帝國會議中已不由殖民部長，而由內閣總理代表之，與諸自治殖民地之各由其總理代表正相同也。註一　帝國會議因無憲法上之權力，故頗似外交家之會商，而非帝國代表之集議，然此種定期之總理集會，終大利於調和大不列顛及其自治殖民地之利害關係也。至於更進一步之計劃，使自治殖民地派正式代表於特種『帝國議會』(Imperial Parliament)或加入聯合王國之國會，則尚難行，因無適當之代表基礎，能使自治殖民地與母國彼此滿意，且此種帝國議會之權力，復不易規定也。

帝國會議中要務之一，即帝國之國防。二十世紀之初，大不列顛頗爲海軍軍費所累，其因半由於外國海軍之速進，而須積極造船，半則由於戰艦所費之增高。註二　此實各自治殖民地分任帝國國防負擔以表忠悃，且明示其爲帝國內一真正分子之集會也。於是新西蘭乃對於不列顛之北海艦隊，贈助一新西蘭號(New Zealand)之戰鬪巡洋艦；南非則願年助小額之資金；澳大利

註一　其他之閣員亦許滋會。

註二　最早之無畏艦(Dreadnought)始建於一九〇六年，約費九百萬金元。

亞爲愛本邦愛帝國之心所激乃獨建一澳大利亞艦隊有一頭等之戰鬬巡洋艦及其他之小船；坎拿大則躊躇未定。當自由黨領袖法蘭西種之羅立亞（Sir Wilfrid Laurier）得勢時（一八九六——一九一一），坎拿大頗希自建海軍由本邦船廠造之用本邦之水手而受本邦政府之管轄。及一九一一年波爾丹（Sir Robert Borden）之保守黨內閣當權，則決定不另建艦隊而補助不列顛之海軍七百萬鎊以增設軍艦三艘後此計劃爲元老院否決，坎拿大遂竟毫無舉動。總之各自治殖民地對於帝國海防之負擔雖有所助，要不重要。其主要之困難似因大不列顛需要一集中之海軍以制德國而各自治殖民地則極願自建海軍以揚其本邦之豪氣，保其本邦之商業，並爲其本邦之造船者謀利也。

關於陸軍則異議較少。各自治殖民地皆無須督促，即能自建陸軍。當波爾戰中，坎拿大，澳大利亞，新西蘭均熱心出師爲大不列顛在南非作戰。此戰之後，各自治殖民地乃益定軍事訓練之制，故在國際大戰中，能予母國以更要之援助焉。

第二節 直轄殖民地

直轄殖民地與自治殖民地之別

不列顛屬地之第二類（直轄殖民地）與第一類顯不相同之點有三。一，在上述之各殖民地中，殖民地之民選議會實際已藉責任内閣而完全支配政府，直轄殖民地則或無代表議會，或雖有而無權。二，自治殖民地之居民大都於不列顛人之子孫或歐人之裔，在直轄殖民地，則適與相反，不列顛人較少。三，自治殖民地多在温帶，適於歐人農工業之發展，直轄殖民地則與此相反，多在熱帶之内，往往皆用作海軍根據地或煤棧之小島也。

英屬西印度群島

英屬直轄殖民地在西印度羣島者頗多，其中有仍保存舊式之殖民政府，其立法部之下院雖出於選舉而不能監督『行政會議』或國務院，如巴爾巴多斯與巴哈瑪斯其著者也。雅麥加與英屬宏都拉斯以前亦有同樣之代議團體，但先後於一八六六與一八七〇年廢去，而另建新式之直轄殖民地政府，設一『立法會議』，其委員全體或一部分由英王任命之。此種立法會議無論其或有殖民地之民選議員，如雅麥加聯合里瓦特羣島（Leeward Islands）及英屬幾亞内；抑或概由任命，如脫里尼達，英屬宏都拉斯及温德瓦特羣島（Windward Islands）中之各島，總之握有舉足輕重之權者，爲不列顛政府之官吏，而非本地之人民，則甚明也。此或因彼在西印度甘蔗場中受數千殷富白種地主之指揮而勞動之黑奴不適於自治，或因大不列顛對於西印度羣島

（作種植地與煤站均甚重要）重在保留直接之統治權，而不重在滿足島民之政治希望也。

非洲與亞洲內之英屬直轄殖民地

非洲內之直轄殖民地概爲黑人之居其中絕無享有代議政府者。在黃金海岸，尼哲利亞，岡比亞及塞拉略拿等極熱之西非洲殖民地中其立法會議概由任命；在南非洲之巴蘇陀蘭與斯威士蘭，則受不列顛委員之專制統治而無立法會議。在亞洲之直轄殖民地，通常有少數立法會議之代表：或從殖民地人民普遍選出，如在居民衆多之錫蘭島是；或由商會選出，如在香港或海峽殖民地是。

海軍根據地

直轄殖民地中又有多數小島，如毛里西亞島者，乃因其可用作煤棧或海軍根據地而异重要。註一 期中有五島位於溫帶，爲白人之居，直轄殖民地不在極熱區域亦非黑人所居者，惟此五島而已。此五島包括：（一）石岩堅塞直布羅陀及其附近城鎮，約有操西班牙語之居民二萬。（二）中部地中海之海軍根據地馬耳他，有操意大利方言之農民及市民二十萬人。（三）地中海之塞浦路斯島，註二 住有好爭之希臘人與土耳其人。（四）華爾克蘭羣島，（在南美洲之東南），上有蘇格蘭之殖民者，（五）伯爾慕達羣島爲一重要海軍根據地與一絕佳之避寒地，其居民有黑人一萬二千白人七千。此五種殖民地中之白種居民雖能自治，而無此特權。在直布羅陀，則總督即爲專制君主，在華爾克蘭羣島，則牽制總督者僅爲一任命之立法會議，在馬耳他，則立法會議僅有少數出自選舉（一八四九年以後），在塞浦路斯亦僅佔三分之二，在伯爾慕達羣，島其議會之下院固出自選舉，但上院則由於任命，其內閣亦受總督之指揮。

保護地及由特許公司這裏之領土，可視爲與直轄殖民地同類，此等土地，氣候恒屬熱帶，人民多非歐人，政治亦非代議制，皆與直轄殖民地同。在十九世紀之最後二十五年中，亦如十七世紀，然特許公司實殖民組織中之最流行者。但用此以謀新領土之取得則佳，對於舊領土之治理則不適宜，故特許殖民地遂多改爲直轄殖民地，當一九一四年時，不列顛殖民地之仍歸特許公司治理者，惟羅得西亞與北婆羅洲而已。羅得西亞爲脫蘭斯法爾以北未開發之大地，其中有良好之農場與有希望之金礦區，該地原由英屬南非公司組織人塞西爾羅得斯之力而爲大不列顛所得（一八八九年），故該公司之領地遂取名羅得西亞以紀念之。英屬北婆羅洲公司（North

註一　此等地域亦有爲非正式之直轄殖民地，而由海軍軍官治理之者，如亞森森（Ascension）是。

註二　以前爲土耳其所有，自一八七八至一九一四年，名義上仍爲土耳其帝國之一部，實則由大不列顛「占領」統治之，一九一四年始正式爲大不列顛所并。

Borneo Company）之歷史略早一八八二年已得特許北婆羅洲自宣布爲英屬保護地後（一八八八年），仍由該公司統治。羅得西亞與北婆羅洲之實際政治與直轄殖民地甚相類似，有局部選擧之立法會議有公司任命之總督以代替英王之總督。

保護地

保護地較之特許殖民地爲多凡英國感覺改用舊制較毁除陳法爲便於統治之時，則恒設爲保護地政權雖仍操於本地之君長但須用以謀英國之利且須依不列顚之全權常駐委員之命行之，因此十九世紀中歸英國『保護』之馬來聯邦（在亞洲東南部之馬來半島上）仍由其君長統治惟須從英國常駐官之『勸告』。在印度亦仍有同樣之保護地，將於下節說明之。其最大者則在非洲英屬東非（包括烏干達桑給巴爾，奔巴），尼亞薩蘭，索馬利蘭，貝專納以及尼哲利亞，岡比亞，塞拉略拿等廣大之『內陸區域』，皆保護地也。期中已有實際爲直轄殖民地者，餘則仍保存其舊有之政府，如桑給巴爾則保留其阿拉伯王，貝專納則存其土酋，布干達（Buganda 在烏干達）則留其國王加巴加殿下（His Highness the Kabaka）。此等熱帶之非洲保護地最不適於白人之居留，其所以重要者，多因其產橡皮，象牙，棕櫚油，丁香等物耳。

埃及

在大不列顚之非洲領土中，最重要者殆屬埃及，當一九一四年大不列顚與土耳其宣戰之時，始正式定爲不列顛之保護地。在以前三十餘年中，埃及在理論上雖仍爲土耳其帝國之藩屬，實已早受不列顛之保護。當十九世紀時，土耳其之埃及總督擁『喀立夫』（Khedive）之稱，實爲一獨立君主。此已見諸上章。後有一喀立夫不愼，致埃及破產，遂令法英之債主得藉口對於埃及之財政，樹立其所謂法英雙重監督者。後數年，英軍登陸，平定埃及之亂（一八八二年）。於是以一英國財政顧問之單獨監督代此雙重監督（一八八三年）。自一八八三至一九一四年，埃及遂實際爲英國之保護地矣。最初英政府在格蘭斯頓之領導下，頗視佔領埃及爲暫局，乃久而英政治家漸以據有埃及於不列顛帝國爲絕對之必要，因帝國之要道，通印度與澳大拉西亞之路，須經蘇彝士運河而通過埃及也。此河乃法國公司於一八五九至一八六九年所開者，但其股份之最大部分則已於一八七五年爲大不列顛所購。

埃及在有才略之英國財政顧問如克洛麥（Lord Cromer）與啓拆湼等努力治理之下，曾剔除種種積弊，創始種種善政，以利賤農，鞏固財政基礎，改良司法行政，與辦有利之灌溉工程，其最大者爲亞酸大堤（Assuan Dam一八九八——一九〇二）之建築。此外並設代表議會（一八八三年），一九一三年之議會除能否決新稅而外，並得立法之權。埃及人雖受此種開明寬厚之待遇，顧仍不滿意其知識階級尤其爲留學外國之青年，咸受民族愛國主義之刺激，亦與德意及土耳其人相同。一八八二年阿拉比之革命雖一敗塗地，然其『埃人治埃』之呼聲實永留回響。英國之統治雖或寬仁，但究爲外國之統治故不可忍。一九〇六年埃及之民族運動者受此種精神之激勵，乃在開羅上一要求自由之請願書於威爾士親王（Prince of Wales）。惟英國苟能在埃及維持充分之軍隊，則請願與宣傳俱無用也。

英國佔領埃及之結果，其一卽爲蘇丹之重被征服，此乃南部之廣區因受回教狂徒救世主之惑而革命自一八八五至一八九八年已脫埃及而獨立。一八九六與一八九八年之間蘇丹爲改編之埃及軍『總司令官』（Sirdar）赫伯特齊拆湼（Sir Herbert Kitchener）所克復。一八九九年大不列顛與埃及之聯合統治（Condominium）遂行於蘇丹。英埃蘇丹原非有價值之領土但據有之卽能支配尼羅河之上游，對於埃及之繁盛與安全殊爲要舉也。

第三節　印度帝國

印度之重要

不列顛一切領土中之最大者，尚待研究。印度之大本不及坎拿大之半，然仍應列爲第一者，因其人口四十倍於坎拿大，全不列顛殖民帝國人口五分之四均在此亞洲屬地之內，且印度與聯合王國之貿易額年逾五百兆金元，實遠在其他殖民地之上也。註一　聯合王國之領域甫及印度十五分之一，不列顛羣島僅有居民四千五百萬，而印度則有三萬一千五百萬，是聯合王國之男女老幼每人均可在印度有屬民七人也。　合南北美洲之人口，亦僅等於印度之半而已。

不列顛之少數冒險商人所以能征服此極大之帝國者，實有二因。　一爲大不列顛善用一種功勞的與進步的文明，此種文明除其他較不顯著之成分而外，包含致命之火器，驚人之機械與醫術等。　一爲印度之分裂。

印度在地理上之區分

印度在地理上自成爲界線分明之三區，即南印度之三角形的半島高原　恒稱爲提坎Deccan，提坎以北，恒河與印度河流域之廣區低地，與更北之喜馬拉雅山山地也。

人種

人種之分大致與地理相符，所謂特拉維底安人(Dravidians)者，居於提坎，身毒族(Hindus)則在低原地帶（『印度斯坦』Hindustan），外來回教徒之子孫（阿拉伯人，阿富汗人及波斯人）則居於北部山地，惟在多數地方亦有異種比鄰而居，互相敵視之事。　方言各殊，以數十種計。

註一　一九一三年，印度與聯合王國間之貿易總額（財實之運輸除外）達六萬五千萬金元，他一殖民地或別一國家購買英國商品，從未有如印度之多者。

宗教

且人種與地理之分裂，更因宗教之敵視而加劇。　全部人口中約有三分之二奉婆羅門教或印度正教，信其多神之論，敬神牛，尚巡禮，守婆羅門之僧侶政治及其嚴格之階級制度，此外尚有異教三派，即佛徒（一千零七十萬人 註一 多在緬甸）耆那（Jains 一百二十五萬人）與塞克（Sikhs 三百萬人在旁遮普省）也，三者皆自印度教分出，猶新教各派之出自羅馬教，惟其時則甚早耳。正教派與異教派之印度人及較未開化之邪教部族（一千萬人）均常與回教徒接觸，蓋回人之根據地雖為信地（Sind）旁遮普，邊境省（Frontier Province），喀什米爾（Kashmir）東孟加拉（East Bengal），阿薩密（Assam）諸省之北鄙，而其果敢有志之使徒則曾深入半島之各處也。

政治上之軋轢

印度之莫臥兒帝室即十六世紀中侵入回人之裔，其各省總督（nawab）亦同屬回教，提坎之莫臥兒總督即海得拉巴（Hyderadad）之君長，亦為回教君主。　但遠在十九世紀以前，莫臥兒之勢已衰，其治下之總督與君長已不復敬其權威，印度多數王子曩曾為其藩屬者，現皆成為獨立之小朝廷，號令中印度，身毒強國之馬剌塔（Mahratta）聯邦君長在十八世紀時，尤常蔑視侵凌莫臥兒之主權。　政治之分裂，如期印度遂致衰弱，而使英人可在其國內或施詭譎之陰謀，或用蠶

註一　據一九一一年之調查。

食之侵略以漸張其勢力焉。

東印度公司之功業

上卷曾追述英人初在印度設立商站之起原，其著者有在蘇拉特（一六一二年），麻打拉斯（一六四〇年），孟買（一六六二年），加爾各答（一六八六年）等處之各站，吾人亦曾略考英法間之劇烈衝突及七年戰爭（一七五六——一七六三）中法人之大敗。七年戰爭之後，英屬東印度公司既無法人之敵，乃得進行其繼續戰爭與征服之業。

創建帝國者克來武

才多志大之帝國創建者相繼而起，爲該公司逐漸創立此偉大之英屬印度帝國。克來武（一七五八至一七六〇年與一七六五至一七六七年均任孟加拉總督）者，情鬱神壯，且變無常，乃眞創此帝國者也。彼嘗在普拉塞伊大敗孟加拉總督所募之大軍（一七五七年），因以確立英國權威於恆河口之孟加拉省。

哈斯丁斯

當克來武之時，莫臥兒帝亦戰敗被擒，迫而以孟加拉，貝哈爾（Behar）及奧理薩（Orissa）諸省之收入讓諸公司（一七六五年）。哈斯丁斯（一七七四至一七八五年任總督）雖頗橫行，然顯爲繼克來武之能人，彼嘗與僱用法軍之馬剌塔人戰，並退黑得阿里之攻。黑得阿里者乃賣索爾好戰之回教君長，幾欲掃除英人在南印之根據地者也。

哥隆瓦利斯

後馳名美洲之哥隆瓦利斯（一七八六——一七九三）繼與賣索爾戰，彼時治該地者已爲黑得阿里之子邊浦（Tippoo）矣。

衞爾兹力

當一七九八至一八〇五年中，衞爾兹力（Wellesley）侯爵（惠靈吞公爵之兄）在印度大展其軍事天才，邊浦敗而死於其手（一七九九年），另由一冲齡之印度王子踐賣索爾之祚而作英人之傀儡。衞爾兹力繼復與提坎之回教總督海得拉巴之君長締結同盟，而將加拿遏克及佐耳（Tanjore 在與錫蘭相對之海岸）與恆河上游之洛喜爾坎德（Rohilkhand）及杜阿布（Doab）收歸英人治理。後又敗馬剌塔而合併奧理薩。惟公司之主持人對於此種大規模而且糜費之軍事活動極不以爲然，乃令以後之總督勿過事侵略。但哈斯丁斯（Hastings）侯爵（一八一三至一八二三年任總督）仍不能不採軍事政策以防衞公司之領土。彼曾與尼泊爾之勇敢廓爾喀（Gurkha）族戰而服之後（一八一七——一八一八），又破中印度之馬剌塔同盟而併其地之一部（孟買週圍），使喇其普他拿（Rajputana 恰在印度河之東）之印度王子稱臣。

哈斯丁斯侯爵

當哈斯丁斯回歐之時，印度自印度河以至恆河之全部，除西北部之信地與旁遮普外，雖尚未全由東印度公司治理，固已悉受其勢力之籠罩矣。一八四三年，信地亦被征服，旁遮普由印度教中之塞克教徒（Sikhs）奮勇防衞，血戰兩次，終敗於一八九四年，而爲大賀胥（Lord Dal-

大賀胥

housie）註一所併，故大賀胥實創建此大帝國之最後一人也。 旁遮普在英人治下極爲繁榮，塞克教徒遂變爲英國最忠順之軍士。

提坎與印度之低原地帶共構成一團結之帝國，但第三區之北鄙山地，關於防制北方之侵略，尤其爲抵御俄國，亦實不可少。 於是乃自緬甸奪取東北之阿薩密（一八二四年），繼而下緬甸（一八五二年），上緬甸（一八八六年）亦先後征服。 不丹與尼泊爾之山國則雖未正式吞併，要已變爲英屬印度之藩屬。 更北之西藏，名義上雖屬中國，然一九〇四年之約已予英人以種種特權，顯屬於英國勢力範圍之內矣。（譯者按：此處所述與實際情形不符，望讀者注意。） 西藏以西之喀什米爾省則已爲英國之保護地（一八四六年），一九〇一年復成立西北邊省（North West Frontier Province）。 阿富汗與英人決戰二次，註二後卒成爲英俄帝國間一從屬之緩衝國，外交方面受英人之指導保護，惟內政仍由其王獨立專制。 介於印度波斯間之俾路支斯坦則更顯受英人之支配，一八五四年其汗允與印度常『作從屬之合作』，且其國土之一部已正式

註一　一八四八至一八五六年任總督。

註二　第一次阿富汗戰爭自一八三八至一八四二年，第二次由一八七八至一八八〇年。

併於英屬印度（一八八七年），餘雖由土酋統治，但實受英國代表之支配。由是印度自緬甸以至於俾路支斯坦幾皆有連綿不絕之山壘作其屏障焉。

在英屬東印度公司支配下之印度政治

一七七三年之整理案

一七八四年之印度法案

英人既得一帝國於印度，自須爲之創一政府。英格蘭之在印度，初僅由一商業團體代表之，卽東印度公司是也。及十八世紀後半期，公司之當局自處漸若印度之總督，干涉政治，受土酋之重賄，勒豪貴之巨金，註一 組織軍隊，從事戰爭，以行使東方式之專制威權。於是不列顛國內之政治家乃大起抗議，要求將東印度公司之弊政加以改革整理。一七七三年之整理案（Regulating Act）在加爾各答設一四人參事會，由國會派人以監制公司代表之總督，免其專橫不道及輕率妄爲。顧此種計劃徒引起總督（哈斯丁斯）與參事會之爭執。於是一七八三年任總理之關德乃擬一更有效之辦法，卽一七八四年之著名印度法案（India Act）也。自後不惟印度總督與高級官吏均由本國國務院任命，且更設一部（State Department 或 Board of Control），以一閣員爲領袖，在倫敦監督印度之事務。直至一八五八年，印度皆在此種統治之下。由一設於倫敦之『印度部』（India Office）對於總督執行稍嚴之監督，免其流於專橫。當一七八四與

註一　克萊武卽因此致富。

一八五七年之印度兵變

一八五八年之間，復有開明之總督完成種種遠大之改革。 哥隆瓦利斯將土地稅率永定一適當之數目，使孟加拉之稅吏不得再事苛求。 哈斯丁斯侯爵始辦土民教育，并扶助本地初辦之新聞。 彭挺克（Lord William Bentinck，一八二八至一八三五年任總督）圖廢除『殉夫』之習，而被譽爲『以英國自由精神注入東方專制主義中』之改革者。註一 大賀胥則規定競試爲文官制之基，由政府補助學校，並設公共工程部以完成建築鐵路，開鑿運河之遠大計劃焉。

英人方歡欣慶賀其統治印度之仁慈開明，而特里附近忽起猛烈之革命，如燎原之火，蔓延於全恒河流域，竟危及英人在印度斯坦之基本勢力。 此次騷動約有原因數種。 英人之幹涉印度社會及其宗教習慣，已深招怨恨，且改革之合乎英人進步與正義之理想者，適爲東方人心理之所惡，加以被廢之土王與仍在特里臨朝之大莫卧兒帝復皆亟欲報復。 土人軍隊（東印度公司之英國兵不滿四萬人，其所僱之印度兵則逾二十五萬）則更以其宗教上之成見受侮而大怒。 印度兵本因迷信不願航海，但有時乃受迫渡海赴緬甸與中國作戰。 其時適新輸入一種塗油之彈，在應用之先須以口咬之，印度人以油膏含有牛脂，牛爲神物，則用之必爲瀆神。 回教徒以豕爲厭，

註一 此引自馬可來所作之頌詞，刻在加爾各答之彭挺克像上，實屬譽揚甚過。

則又以油膏爲猪脂恐嚼之受污，於是印度人與回教徒遂皆憤怒。

大兵變之始在一八五七年五月十日時米剌特（Meerut）有一本地之騎兵營不肯用塗油之彈，擅離兵房，奔往舊帝都特里願助莫臥兒帝推倒英人。此類兵變旋即偏見於恒河流域之諸省與中印度各地民衆亦多與印度兵合作，孔坡（Cawnpore）之歐洲僑民與英國軍士被屠殺者以數百計，勒克瑙（Lucknow）之英國戍軍亦爲亂民所圍，老耄之莫臥兒帝在特里大爲得意。英政府見情勢嚴重，急派援軍赴印，得忠順之塞克教徒與噶爾喀等軍團之助，乃進而克復全國，特里，孔坡，勒克瑙均被奪回。雖至一八五九年四月始將兵變完全肅清，然在一八五八年夏即已大致敉平，叛徒均受嚴刑，多有被大炮轟殺者，孱弱老邁之莫臥兒帝則流往仰光（Rangoon）。其諸子皆爲英官慘殺。時有一重要之英官謂『叛徒無一降者，因被捕後立即槍決或絞死也』。

一八五八年印度之由公司治理改爲直轄地

陳腐之東印度公司實因不幸之印度兵變而定其命運，該公司之存在歷二百五十七年，現已無用，其權力既多喪失，東方貿易之獨占權亦不復享有。註一　當一八五八年時，該公司之殘餘權

註一　一八一三年該公司已失其獨占之權，惟關於茶葉與對華貿易除外，即此等貿易獨占權之跡亦因一八三三年之特許案（Charter Act）而失去，

力乃亦為英政府所接收，印度改為直轄殖民地，東印度公司則停止存在，惟對其六百萬鎊之股本，每年得向政府領紅利百分之十又五，以分配於各股東而已。

印度之政治

一八五八年國會所制定之印度政府改良案（Better Government of India Act）委印度之最高政權於一閣員，即印度大臣，另由一在倫敦之參事會助之。自後操實際之管理權者，則為英國內閣任命之總督，彼在印度代表英王，而另有一行政會議（Executive Council）或內閣及一立法會議（Legislative Council）以為之助。中央政府設於加爾各答，註一 省政府則隸於中央政府各省有設省長與任命之議事會者，亦有僅設行政長官而無議事會者。此外復有六百餘之土人國家，佔印度面積五分之二，有全人口九分之二，俱由印度教與回教君長統治，受英國之保護監督，而不直接受其治理焉。

印度政治之不寧與一九〇九年之印度議事會案

此種制度繼續實行至半世紀之久，除一八七七年宣告以女王為印度女帝外，甚少變動。及十九世紀末葉印度發生民族運動，深得本國知識分子之同情，彼輩曾研究歐洲民族的民治主義之政治理想，乃為印度要求代議政治。英國謀和緩此種運動，遂用二印人於印度大臣之參事會

註一 迄一九一二年止是年政府運於古都特里，

中一印人於總督之行政會議中。印度參事會案（Indian Council Act 一九〇九年），實所以調和印度人要求代議政治之希望與英人統治之決心者也。總督之立法會議有議員六十八人，出自選舉者凡二十其五。印度時分為九大省，註一其六省之議事會非政府官吏之委員佔多數，或出於任命或來自選舉，皆代表本地人者；其餘三省則仍受英國行政長官之統治而無議事會。

印度議事會案雖有此等貌似寬大之讓步，然仍未滿印度民族運動者之意，彼等所以鳴不平者，一則因省議事會之權僅等於辯論會，一則因總督行政會議之多數仍為任命之議員與官吏，一則因回教徒自有其代表，故彼等謂印度僅有一虛偽之代議政治。政府欲抑制當地新聞紙之怨憤詆毀，乃於一九一〇年施嚴法以限制出版之自由，檢查郵件，并禁止騷動之集會。顧印度教徒與回教徒之懷不平者仍各自舉行其國民會議如故，並鼓吹憲法改革，英國官吏因騷動暗殺與陰

註一　印度因一九一二年之行政改革，現（一九一六年）分為十五省，即麻打拉斯，孟買，孟加拉，亞格拉與阿德聯合省(United Provinces of Agra and Oudh)，旁遮普，緬甸，柏哈與奧理薩 (Bihar and Orissa)，中部諸省與柏剌(Central Province and Berar)，阿薩密，西北邊省，亞日米爾麥瓦剌 (Ajmer-Merwara)，庫耳格 (Coorg)，俾路之斯坦，特里，安達曼與尼古巴羣島 (Andaman and Nicobar Islands)，前九省均有省議事會。

謀之流言，仍感不安。一九一一年，英王喬治五世在特里舉行皇帝卽位式，雖尚未發生不幸之變，然一年之後，總督竟幾不免於被刺焉。

印度對大不列顛之經濟利益

以上各段幾全未提及經濟的動機與經濟的發展，前者實所以鼓勵英人使愛護其印度帝國，後者則英國政績中最顯著之特色也。印度之巧匠雖仍製造歐人所需之華美織物，薄紗，披背，精鏈金屬或細雕象牙之奇異玩具，然此等美術作品及寶石香料黃金等物，均爲大宗農產所掩而失其重要。

農業的

在英人主辦之下，開鑿灌溉之大渠，故在雨量稀少或無定期之處，其肥土仍可照常利用，灌溉之田實佔耕地總面積六分之一。全國鐵路縱橫密佈（計共逾三萬三千哩），故內地各省之農產物亦易於售出，印度除其本國所消之蜀黍豆類甘蔗而外，又產大量之米，咖啡，茶葉，鴉片，棉花，黃麻等輸出外國。註一 旁遮普省成一主要產麥之地，一九一二年時，其每年輸出之額至逾四千萬金元。小麥以輸入聯合王國者爲最多，故印度實大不列顛食物的主要來源之一也。註二

註一 鴉片爲政府專賣品當一九一二至一九一三年中，印度國庫因此獲得净利四百五十萬磅。

註二 一九一二年，聯合王國由印度輸入小麥達一百二十五萬噸，多由任何他國輸入者，但一九一三年坎拿大與美國所輸入之小麥已超過印度。

就小麥之供給而論，已足爲大不列顛統治印度之充分理由（就英國多數政治家言），至他項經濟利益之足以證實此種結論，殆亦有同樣之重要。發達迅速之印度商業，自印度兵變以後，已增加四五倍，而此幾爲不列顛之所獨占。註一　聯合王國輸入印度之商品，幾十倍於其工業勁敵之德意志。註二　印度之海上運輸，有四分之三操於英國，從事此種貿易之商人與運輸業者，自然悉熱心贊助英國在印度之政治優勢，因其足以保障英國之商業優勢也。註三

又英國有某幾種產業實隨印度之市場爲轉移，棉鐵二業與之關係尤大，印度每年所購二萬萬金元註四之棉製品，及一萬二千五百萬金元之鋼鐵機器鐵路材料等，大半皆出自英國，故棉鐵

註一　一九一三年，輸入印度之私用商品來自聯合王國者佔百分之六十四。

註二　一九一〇年。

註三　印度對於英或並未採行特惠關稅，現亦無採行之必要，因保障英國之優勢者，有多數在印度之英官英商，且英國語言亦較其他外國語佔優勢，甚至更有政府之力也。

註四　此爲一九一三至一九一四年之數目。印度現在不如過去數世紀之出售棉貨於歐洲，爾反由英國輸入大宗棉織品者，殆半由英國對印度輸出面部課稅之政策所致。印度棉業之衰害及無數之手機織工，此固不待言也。

商業的

業巨商之關心於英屬印度，實無足怪。此外更有大小資本家貨投資於印度政府之公債票（英格蘭人約握有六萬萬金元），或投資於印度之鐵路（此代表資本十五萬萬金元以上，僅半爲政府所有），或投資於印度二百四十一所之棉廠，六十一所之麻廠，二十二所之釀酒廠中或投資於有希望之油田煤礦中（一九一三年之產額爲一千六百萬噸），此輩皆喜談英格蘭開化印度之使命。彼等熱心於利他主義，乃詳述英人對於印度之恩澤，如寡女自盡習（『殉夫』）之廢除，嬰兒虐殺之防制，法典之編纂，饑饉之救濟，衛生之改良，燥地之灌溉，優良道路與鐵路之建築，在大不列顛仁政（Pax Britannica）下部落爭訌之綏靖皆是也。甚至有自信英國爲一仁愛之教師，授文化於落後之印人，以備其依盎格魯撒克遜人之理想而從事於難能可貴之自治事業者。但若爲印度主持公論，則應知英國之急務，迄今固仍在促進其自己之經濟利益，而不在教化土人也。

當一九一二至一九一三年中，印度政府幾費六千萬金元以建築鐵路運河，對於軍備，亦幾費金元萬萬，而對於學校則所費纔約三千萬金元而已。此固無怪印度大帝國之總人口中，未受教育者佔百分之九十四以上也。

第四節　結論

英國創立帝國之成功

由以上關於印度之所述，吾人自可對於不列顛帝國主議之全部發生數種回想。第一，須承認除一七七六年之不幸事變而外，大不列顛之殖民帝國實大告成功，他殖民國家擁有適於歐人居留之土地，蓋未有若是其廣者，他帝國之屬地亦未有若是其居民衆多者。　自經濟觀點而言，不列顛帝國實歷史上一最大之結合體，全世界每年金礦出產之半，全世界羊毛三分之一，煤炭三分之一，棉花四分之一，小麥五分之一，生鐵六分之一，均在其管轄之內，其海軍與商船皆世界之最大，後者實倍於其最可畏之二大勁敵（德美二國）之總數焉。

英國業製造者之利

此種不列顛帝國之經濟優勢自然非全由於殖民地，但殖民地之貿易至少佔聯合王國對外貿易總額中百分之三十，殖民地購銷不列顛之輸出品亦過其總數三分之一。　不列顛之業製造者咸信殖民地之喪失卽爲殖民地大部分貿易之喪失，且冀新殖民地之取得，必可增加殖民地之貿易，故僉以爲龐大之帝國有關於彼輩之繁榮。　帝國主議者則更謂工業化之英格蘭其食物之由不列顛殖民地而來者約有四分之一，原料亦近三分之一。　故殖民地之於英格蘭殆如煤水車之于火車頭也。

英國資本家之利

利益之較不顯著而其重要相同者，厥爲不列顛銀行家與投資者所享之利。就某種意義而言，英屬印度帝國實如上之所述，乃一種偉大之企業，不列顛之資本家則其股東也。當十九世紀中，尤其在二十世紀，倫敦之銀行家實曾以無量數之資本投於英屬之殖民地。英國資本之投於外國者雖甚巨，但英屬殖民地終爲一更利投資之場，蓋不獨通常可得更多之報酬，且其利息可常受政府之保障也。至若對于各獨立國之貸款，如拉丁美洲者，則有時不易收息矣。不列顛所投於外國之資，其每年收入之總數雖僅能估其大概，然亦總在一千五百兆金元以上也。

不列顛帝國主義之『寄生蟲』

因此不列顛政府雖未取貢賦於帝國之領地，然聯合王國之國民則有由殖民地獲最大之利潤者。英國某著名之經濟學者嘗稱此等投資者爲「帝國主義之寄生蟲」。此外尙有他種階級，亦籍帝國主義以生存，若寄生蟲然。其最崇高榮顯着爲由倫敦派出之總督，委員，參議，小官等，舉凡曾受大學教育有修養才能者，悉可在此種帝國官僚政治中得優裕之薪金與榮顯之前程焉。陸海軍則除使人激昂慷慨外，更足予人以發展野心之同等機會。至於不列顛之專造軍需，軍服，軍艦，鎗彈，旌旗，及其他之帝國必需品者，亦均可視爲帝國主義之寄生蟲焉。

關於不列顛帝國主義中經濟動機之要，已言之甚詳，然此亦不應誇張太過，蓋普通英人殆不能得直接利益於帝國也。彼等常聞他人之說，遂懵然以爲全國之繁榮，端賴帝國，實則對于經濟學理初無澈底之了解，但覺無論如何有一世界上最大之帝國與日俱存，亦足以爲榮耳。

「海權」對大不列顛帝國之重要

不列顛帝國主義之另一方面，亦堪注意，即其依賴海權是也。但須一閱地圖，即可了然于不列顛帝國主義之賴乎海權矣。蓋帝國中最大之五邦，實分在五大陸之上，爲絕無人跡之海洋所隔。如在印度兵變或南非戰爭之時，大不列顛均須屢派軍隊，有海路以徵服叛亂之殖民地，或厭制強硬之仇敵。與不列顛帝國作戰之某強，苟能覆其海軍，則飢困英格蘭，以奪其勢分防弱之殖民地，自必甚易。不列顛政府見及於此，故注意使其海軍實力超過任何國家，且更爲其帝國謀得煤棧與海軍根據地，以聯絡其主意之領土，經紅海以達印度與澳大拉西亞之路，則有直布羅陀馬耳他，塞浦路斯，埃及，亞丹，索哥德拉（Sokotra）等地以護之。大不列顛在七大海中竟無一隅無其艦隊根據地也。

此種海軍之設備，糜費甚巨，但欲維持帝國，非此不可，否則帝國之組織，實不鞏固。帝國中之真能效忠者，惟「白人」自治殖民地，而此有即對于母國最爲獨立之殖民地也。在非洲與印度大不列顛雖已建築鐵道，通路，運河，堤防，但尚未使其治下之各色人種同化効忠於不列顛，英人苟因革命或外戰而逐出埃及或印度，則歷史家當可預言，不列顛統治諸國之跡，必較羅馬帝國治英之跡爲更易消滅也。

課外讀本

普通者：

1. J. H. Robinson and C. A. Beard, *The Development of Modern Europe*, Vol. II (1907), ch. XXVII.
2. C. D. Hazen, *Europe since 1815* (1910), ch. XXII.
3. Oscar Browning, *A History of the Modern World*, Vol. II (1912), Book IV.
4. A. L. Lowell, *The Government of England* Vol. II (new ed., 1912), ch.

LIV–LVIII.

5. W. H. Woodward, *A Short History of the Expansion of the British Empire, 1500–1911*, 3d ed. (1912).

6. E. G. Hawke, *The British Empire and its History* (1911).

7. H. E. Egerton, *A Short History of British Colonial Policy* (1897).

8. W. P. Greswell, *Growth and Administration of the British Colonies, 1837–1897* (1898).

9. W. J. Ashley (editor), *British Dominions: their Present Commercial and Industrial Condition* (1911).

10. A. F. Pollard (editor), *The British Empire: its Past, its Present, and its Future* (1909).

11. Sir Charles Lucas, *The British Empire* (1915).

12. C. P. Lucas, *A Historical Geography of the British Colonies*, comprehensive

and accurate, appearing first in 1888 and subsequently enlarged and revised by various authorities so as to comprise (1916) 6 volumes in 12—Vol. I, *The Mediterranean and Eastern Colonies*, Vol. II, *The West Indies*, Vol. III, *West Africa*, Vol. IV, *South Africa* (3 parts), Vol. V, *Canada and Newfoundland* (4 prats), Vol. VI, *Australasia* (2 parts).

13. A. J. Herbertson and O. J. R. Howarth (editors), *The Oxford Survey of the British Empire*, 6 vols. (1914).

14. A. W. Tilby, *The English People Overseas*, 6 vols. (1912–1914).

15 *British Empire Series*, 5 vols. (1899–1902).

16. *All Red Series*, 5 vols. (1909–1912).

殖民地政府與殖民地同盟：

1. Sir Henry Jenkyns, *British Rule and Jurisdiction beyond the Seas* (1902).

2. Bernard Holland, *Imperium et Libertas: a Study in History and Politics*

(1901).

3. E. J. Payne, *Colonies and Colonial Federation* (1905).

4. Sir Charles Dilke, *Problems of Greater Britain* (1890).

5. The same author, *The British Empire* (1899).

6. Alpheus Todd, *Parliamentary Government in the British Colonies*, 2d ed. (1894).

7. Richard Jebb, *Studies in Colonial Nationalism* (1905).

8. The same author, *The Imperial Conference*, 2 vols. (1911).

9. *The Britannic Question: a Survey of Alternatives* (1913).

10. J. W. Root, *Colonial Tariffs* (1906).

11. C. J. Fuchs, *The Trade Policy of Great Britain and her Colonies since 1860*, trans. from German by Constance Archibald (1905).

12. H. E. Egerton, *Federations and Unions within the British Empire* (1911).

13. C. E. A. Bedwell (editor), *The Legislation of the Empire: being a Survey of the Legislative Enactments of the British Dominions from 1898 to 1907*, 4 vols. (1909).

14. Sir Charles Bruce, *The Broad Stone of Empire: Problems of Crown Colony Administration*, 2 vols. (1910).

15. Sir C. P. Lucas, *Greater Rome and Greater Britain* (1912).

16. Essays of James (Viscount) Bryce, *The Ancient Roman Empire and the British Empire in India*, and *The Diffusion of Roman and English Law throughout the World*, originally published in his *Studies in History and Jurisprudence*, but now brought out in a separate little volume (1914).

關於坎拿大之專著：

1. A. G. Bradley, *Canada* (1912).

2. Agnes C. Laut, *The Canadian Commonwealth* (1915), in "Problems of the

Nations" Series.

3. W. L. Griffith, *The Dominion of Canada* (1911), in the "All Red" Series.

4. Sir J. G. Bourinot, *Canada under British Rule 1760–1900* (1900).

5. The same author. *Manual of the Constitutional History of Canada from the Earliest Period to 1901*, new ed. (1901).

6. C. G. D. Roberts, *History of Canada* (1897).

7. William Kingsford, *History of Canada*, 10 vols. (1887–1897).

8. H. E. Egerton and W. L. Grant, *Canadian Constitutional Development, shown by Selected Speeches and Despatches* (1907).

9. William Houston (editor), *Documents illustrative of the Canadian Constitution* (1891).

10. Frederick Bradshaw, *Self-Government in Canada and How it was Achieved. the Story of Lord Durham's Report* (1903).

11. S. J. Reid, *Life and Letters of the First Earl of Durham*, 2 vols. (1906), very laudatory, but informing.

12. *Lord Durham's Report on the Affairs of British North America*, ed. by Sir C. P. Lucas, 3 vols. (1912).

13. E. S. Montague and Bron Herbert, *Canada and the Empire, an Examination of Trade Preferences* (1904).

14. J. C. Hopkins (editor), *The Canadian Annual Review of Public Affairs* (1901 *sqq.*).

關於澳大拉西亞之專著：

1. G. W. Rusden, *History of Australia*, 3 vols. (1883).

2. The same author, *History of New Zealand*, 3 vols. (1883), standard works.

3. J. G. Grey, *Australasia Old and New* (1901).

4. B. R. Wise, *The Making of the Australian Commonwealth, 1889–1900: a Stage*

in the Growth of Empire (1913).

5. H. G. Turner, *The First Decade of the Australian Commonwealth: a Chronicle of Contemporary Politics, 1901-1910* (1911).

6. W. H. Moore, *Constitution of the Commonwealth of Australia* (1902).

7. A. I. Clark. *Studies in Australasian Constitutional Law*, 2d ed. (1905).

8. Frank Parsons, *The Story of New Zealand* (1904).

9. V. S. Clark, *The Labor Movement in Australasia: a Study in Social Democracy* (1906).

10. W. P. Reeves, *State Experiments in Australia and New Zealand*, 2 vols (1902).

11. H. D. Lloyd, *Newest England* (1900).

關於南非洲之專著：

1. E. R. Cana, *South Africa from the Great Trek to the Union* (1909).

2. G. E. Cory, *The Rise of South Africa: a History of the Origin of South African Colonization and of its Development Towards the East from Earliest Times to 1857*, a scholarly work projected in 4 vols. (1910 *sqq.*).

3. G. M. Theal, *South Africa* (1900) in "Story of the Nations" Series.

4. R. H. Brand, *The Union of South Africa* (1909).

5. W. B. Worsfold, *The Union of South Africa* (1912

6. James (Viscount) Bryce, *Impressions of South Africa* (1897).

7. Sir A. Conan Doyle, *The War in South Africa, its Cause and Conduct* (1902)

8. J. A. Hobson, *War in South Africa, its Causes and Effects* (1900).

9. L. S. Amery (editor), *The Times History of the War in South Africa, 1899–1902*, 7 vols. (1900–1909).

10. *Briton and Boer: Both Sides of the South African Question* (1900).

11. *The Memoirs of Paul Kruger, Four Times President of the South African Repu-*

blic. Told by Himself, ed. by A. Schowalter, and Eng. trans. by A. Teixeira de Mattos (1902).

12. *American Historical Review*, Vol. XII, pp. 299–321.

關於印度之專著

1. Sir T. W. Holderness, *Peoples and Problems of India* (1912).
2. Sir Henry J. S. Cotton, *New India* (1907).
3. Sir J. B. Fuller, *The Empire of India* (1913).
4. *Cambridge Modern History*, Vol. XII (1910), ch. XVI. a summary of political and military events since 1870 written by P. E. Roberts.
5. *Cambridge History of India*, Projected (1916) in 6 vols.
6. *The Imperial Gazetteer of India*, 3d ed., 26 vols. (1907–1909).
7. Ramsay Muir, *The Making of British India* (1915), covering the years 1775–1858.

8. D. C. Boulger, *India in the Nineteenth Century* (1901).

9. F. S. (Earl) Roberts, *Forty-one Years in India: from Subaltern to Commander-in-Chief*, 29th ed. (1898).

10. G. W. Forrest, *History of the Indian Mutiny, reviewed and illustrated from Original Documents*, 3 vols. (1904–1912).

11. McLeod Innes, *Sepoy Revolt, a Critical Narrative*, 2d ed. (1897).

12. Sir J. W. Kaye, *History of the Sepoy War, 1857–1858*, completed by G. B. Malleson, 3 vols. (1879-1880).

13. Sir John Strachey, *India: its Administration and Progress*, 3d ed. (1903).

14. Sir Courtney Ilbert, *The Government of India*, 3d ed. (1915).

15. Panchanandas Mukherji (editor), *Indian Constitutional Documents, 1773-1915* (1915).

16. R. C. Dutt. *Economic History of British India, 1757–1837* (1902).

17. Sir Theodore Morison, *The Economic Transition in India* (1911).

18. William Digby, *'Prosperous' British India: a Revelation from Official Records* (1901).

19. Lovat Fraser, *India under Curzon and After* (1911).

關於埃及之專著：

1. Earl of Cromer. *Modern Egypt*. 2 vols. (1908).

2. A. E. P. B. Weigall, *A History of Events in Egypt from 1798 to 1914* (1915).

3. Edward Dicey. *Story of the Khedivate* (1902).

4. The same author, *Egypt of the Future* (1906).

5. G. W. Steevens, *With Kitchener to Khartum*, 4th ed. (1898).

6. W. S. Blunt, *Secret History of the English Occupation of Egypt* (1907).

7. The same author, a severe critic of British rule, *Gordon at Khartoum* (1911).

關於馬來西亞之專著：

1. Sir F. A. Swettenham, *British Malaya: an Account of the Origin and Progress of British Influence in Malaya* (1907).

2. Arnold Wright and T. H. Reid, *The Malay Peninsula: a Record of British Progress in the Middle East* (1912).

第三十章　國際關係（一八七一——一九一四）與國際大戰之爆發

第一節　歐洲之協調

教會或帝國之不能保障和平

和平（國際的與永久的）爲十九世紀多數名政治家之理想，固無論其爲自由黨抑保守黨也。苟歐人悉爲羅馬教中之虔誠信徒，則在教皇指導之下或可實現此種理想，因羅馬教固恒宣傳『善人應享人間和平』之說，但十九世紀之教皇已因十六世紀教會之分裂，而不能維持普遍之和平，至于以前東方基督教徒之叛離，更無論矣。苟一切文明人悉隸於一惟一君主如羅馬皇帝者之治下，則眞正之『羅馬和平』或亦不難復興；但會爲含糊之要求欲在世界上占普遍之優越地位者，當推神聖羅馬帝國爲最後一國，即此帝國亦久見衰替而終亡於一八〇六年，於是欲藉一國際帝國以謀和平之望，遂復化爲烏有矣。

『歐洲之協調』——依各自主國家之合

羅馬教會與神聖羅馬帝國所未能之事，俄皇亞力山大一世及其同時之君乃欲藉十九世紀初期拿破侖傾覆時所成立之歐洲協定以完成之。此等協定，實構成一『歐洲之協調』（Concert

作以謀和平之企圖

『六強國』

歐洲協調之繼續消滅與其理想之永存

，of Europe）正式承認歐洲各國因宗教制度文化之相同而聯合一致，以誓保『公共之和平國際之安寧領土之完整及條約之切行』。『歐洲之協調』在理論上包括全歐所有之基督教國家，然實則爲五大强國（奧，俄，普，英，法）所操縱指揮。自一八一五至一八三〇年，歐洲協調之如何活動，如何因英國之退出及其自身之不能使國際和平條約神聖等原則與各自主國內部秩序安寧之維持互相調和，以致崩頹，均已具如前述矣。

歐洲協調所依據之正式協定，雖早已失效，而協調之理想，則從未蓋失。各國君民見歐洲戰爭之可能，尤其爲列強間戰爭之可能，莫不愈懷厭惡之心。當一八一五至一九一四之百年中，歐洲列強實僅發生四次之短期戰爭，即（一）英法二國對俄之戰（一八五四——一八五六）（二）法國對奧之戰（一八五九年），（三）普魯士對奧之戰（一八六六年），（四）普魯士對法之戰（一八七〇——一八七一年）是也。在一八六六與一八七〇年二次戰爭之後，德意志在列強協調

然承繼普魯士之會員資格，而新與之意大利則變爲第六強國。二十世紀之初，歐洲外之日美二國在世界政治上日見重要，於是多數作家遂亦予二國以第七第八強國之榮號，此二國因種種之故得參與歐洲六大強國之會議焉。

歐洲協調之功效

此時非正式之歐洲協調對於國際之團結與夫防止戰爭，減少痛苦，頗能致力收效。列強與土耳其之代表集會巴黎，以結束克里米之戰，曾爲保護戰時中立國之商業而簽定所謂巴黎宣言（一八五六年）者。此宣言後卒爲多數文明國之政府所採納，（註一）其原則爲『一停止并永廢捕掠敵人商船之舉。二、除戰時禁品外，中立國之國旗得庇護敵國之貨物。三、除戰時禁品外，中立國貨物之在敵旗下者免捕。四、欲以封鎖困人，須令生效，即須用充分軍力以真阻敵人海岸之進口處也』。

一八五六年之巴黎宣言

日內瓦條約與紅十字會

一八六四年，列強在瑞士之日內瓦簽定一約。依其條款，則在某幾種規定之下，不惟視戰場中之傷兵爲中立，即戰地病院中人員及其什物亦然，因此再不得拘前者爲戰時之俘，取後者作戰利之品。爲執行日內瓦條約起見，乃組織一萬國紅十字會（International Red Cross Society），設本部於日內瓦，立支部於歐洲各國，並採一國際旗幟，即用瑞士國旗而加以相反之色也。一八八二年，美國大抵因其著名慈善家克拉剌巴吞（Clara Barton）之熱心與努力，乃批准日內瓦

註一　凡與航海有關之各國除美國與西班牙外，咸同意於巴黎宣言，即西班牙亦於一九〇七年承認此種宣言，美國後亦默認大旨與此相同之一九〇七年的海牙條約。

條約。後士耳其與日本亦成立紅十字會支部，惟稍變其幟，使非基督教人民在宗教上有所顧慮者感覺滿意耳。

柏林會議（一八七八）與近東之協調

一八七八年，歐洲協調之原則更用以防制俄土戰爭之擴大，免使英國與奧匈捲入其中。於是乃有柏林會議，由列強與土耳其之外交家出席對各國利益之衝突，成立一種協定，對土耳其希臘及巴爾幹諸國之內政則共同監督之。自一八七八以至一九一四年，此種歐洲之協調對於近東問題之屢次事變，均能勉維表面上之和諧。一八八五年許奧匈制止保加利亞之侵略塞爾維亞，一八九七年列強止土耳其之侵希臘，同時俄，英法意諸國更共使克里脫自治而置之諸國共同保護之下。列強且屢採一致之行動，以抗議土皇之虐殺基督教徒，而強土皇行內政之改革，并從土皇索取債金，攫取經濟特權。一九一三年巴爾幹諸國之在倫敦草定對土條約與夫亞爾巴尼亞自主國之建立，皆得助於歐洲列強之協調者。

在非亞二洲內之協調

列強之協調，不獨行於歐洲之東南部而已也。在中非洲則有剛果自由國於十九世紀第八十幾年中成立於共同保障之下，在中國則一九〇〇年有俄，德，法，英，意之聯軍與日美軍隊合平拳匪之亂。後列強又在東亞與中亞協定其經濟利益之『範圍』焉。

此等在歐洲協調方面之國際和諧的實例，不過世人對於國際團結深切注意之一種標識耳。

風行一時的國際主義之產生

十九世紀以降，產業革命日進，相異之民族與絕殊之地域均因鐵路，汽船，電信及海底電線而接近，國際事業之數量及其重要性遂驟然增加。國外遊歷與國外貿易皆異常增多，科學與民衆教育俱顯形發達，幷不以一地一國爲限。衣食建築以至文學科學政治，各處均顯有採取劃一標準之趨勢。國際團體與會議亦層見迭出。合組萬國電信公會者凡三十國（一八七五年）。採取公用米突衡量制之協定者凡二十三國（一八七五年）。加入萬國郵政公會者共六十國，此聯盟成於一八七八年，其本部設於瑞士之伯爾尼。加入拉丁幣制聯會（一八六五年），爲拉丁歐洲諸國定一互用之貨幣者凡五國。批准一八八三年之伯爾尼協定（Bern Convention）以劃一專賣特許法之標準者凡二十國。簽訂一八八七年之伯爾尼協定，使版權法規實際一律者凡十二國。

全世界之勞工問題與勞工利益，其國際性質日見重要，此不獨因國際社會黨大會（International Congress of the Socialists）之故，實亦各種合作社與工會之國際組織使之然也。彼熱心於民治主張者，則組織國際議會同盟（International Parliamentary Union，一八八九年），鼓吹婦女參政及女權者，則舉行國際婦女大會。 宗教乃亦受此通行之激勵： 新教中之宗派不同者以百計意見各別者以千計咸集於世界大會之中，以成立和睦之協定，而各就其地方團體，分配異教之地域爲其布教之區。 一八八一年，羅馬教徒亦創聖餐年會（Eucharistic Congresses），集大多數之教士與非教士時赴巴黎，時赴倫敦，時赴耶路撒冷，時赴蒙特利亞。 甚至諸教世界會議（World's Parliament of Religions）亦在籌劃之中，且實曾集會 至謀學術之進步，固常有著名之物理學家，化學家，生物學家，歷史學家，經濟學家等舉行定期之世界會議。 各國大學之間且有『交換之教授』。 全世界方發展一種心靈興趣之共通性，此卽美國某著名學者所謂『國際精神』之產物也。

通行的和平主義之發生

在此等情狀之下，多數有思慮者之理想，自然不容許國際之戰爭。 一八一六年時，卽有一英國和平會之成立，一八二八年又有一美國和平會（由各地各邦和平會共組之全國同盟）之組織。 歐陸最初之和平會則於一八二八年創於日內瓦，其次則於一八四一年成於巴黎。 自是而後，尤其自一八七八年以後，和平會繼續增加，至一九一四年，爲數已約有一百六十，其支部與會員爲多。 當一八四三與一八八九年間，國際和平會議之集會原無定期，及一八八九年以後始每年

反軍國主義

集會一次，一八九一年并在伯爾尼創立永久之國際和平運動本部。全世界之善人君子如瑞典之諾貝爾（Alfred Nobel）（註一）美洲之蘇格蘭人卡內基（Andrew Carnegie），（註二）法國之龔斯當（Baron D'Estournelles de Constant），（註三）俄國之托爾斯泰（Count Leo Tolstoy）（註四）等咸不惜以文字金錢宣傳和平主義。于是主張和平者紛起斥戰爭爲野蠻之遺習，悖乎道德與基督教而有害于近代之文化及健全之經濟政治。自二十世紀之初期新起之和平主義者觀之，戰爭似已成過去之事：蓋各國之資本家均多國外之投資或貿易，故不能任政

註一　諾貝爾（一八三三——一八九六）爲一化學家兼工程師，因發明炸藥綫狀無烟火藥及其他强烈之炸藥而致巨富。彼遺命以大部分財產設五種獎金，數額均頗不小，每年給與不放國籍，前三種系給與優于科學者，第四種給與優于理想主義之文學者，第五種則給與對于國際和平主義卓著勛勞者。

註二　卡內基（一八三七——一九一九年）嘗慨然以其由鋼鐵業所積之財產資助和平團體，并建一和平殿（Temple of Peace）于海牙（Hague）及大亞美利加宮（Pan-American Palace）于華盛頓。

註三　生于一八無二年，爲法蘭西共和國之元老院議員，乃倡導和平之一著名政論家。

註四　著名小說家兼社會改良家（一八二八——一九一〇）。

府之促起戰爭。勞工階級之工作與工資，皆將因戰爭而受損甚大，且彼等多與國際社會主義有關。智識階級則極『開明』而富有國際精神，對於一切戰爭之理由與口實，自易辨其謬誤。基督教團體則自來即服膺世界和平之原則者也。

國際仲裁

爲歐洲協調之後盾，以力謀防止戰爭或減輕戰爭之恐怖者，即此輩主張和平者也。對各國以其爭執交付仲裁之新趨勢加以鼓勵與稱贊者，亦主張和平者也。英美二國屢表示願依仲裁以解決爭端，如亞拉巴麻之要求（一八七一——一八七二），白令海之紛爭（一八九二年），亞拉斯加之疆界（一九〇三年）等案均告成功，於是坎拿大之邊疆似已無建築要塞之必要，在此操英語之二大國間戰爭益不易發生矣。今姑將多數之國際仲裁案件約述一二，有教皇對於德西殖民地爭執之仲裁（一八八六年），有德英美關於薩摩亞(Samoa)爭執之和解（一八八九年），阿根廷與智利則將其久懸之界爭交英王仲裁，而於一九〇二年得其判決，法德二國復依仲裁以處決其一九〇九年在摩洛哥之危局。

反對軍備之增加

同時又因自一八六〇年以還，幾乎各國之陸海軍備皆有鉅額之增加，故主張和平者不得不急謀應付。大多數之主張國防軍備者因其本身亦受當時和平精神之影響，自然力言此種軍備純在自衛，以備萬一，實最足以保障永久之和平。但第一流之和平主義者，則預燭危機於陸海軍『準備』之中，卽彼未嘗專門鼓吹和平之人，對於此種『和平保障』政策所需之賦稅，亦怨其負擔日增。故和平主義政綱中之最顯著者，卽要求以國際協定限制軍備，并設一國際仲裁法院。此種政綱因南北美洲各共和國之相互關係日趨平和，似可實現，而尤以大亞美利加會議開始之後（一八八九年）爲易。但此政綱亦大得歐洲各政治家之贊助，蓋彼輩常須籌款以維持其本國在劇烈軍備競爭中之地位，殊感困難也。

一八九九年之第一次海牙和平會議

一八九八年八月，俄皇尼古拉二世效法俄皇亞力山大一世酷好和平之情緒，而發一著名之文牒致歐亞一切獨立自主國，并及美國與墨西哥，並以荷蘭女王威廉美那之同意，請諸國於次年派代表赴海牙，以謀增進國際之和平。一八九九年一月，俄政府確定會議之目的爲圖得一『諒解，在定期之中，不增加現有之海陸軍備，同時亦不增加有關軍事之預算，對於將來或可減少軍備及該項預算之方法，亦將加以初步之研考』。以第一次海牙會議（First Hague Conference）著稱之會，出席者有二十六國之代表（歐洲二十國，亞洲四國，美洲二國），會期自一八九九年五月十八日起，至七月二十九日止。會議之重要有兩方面。一，由此次會議，可知主張和平者之假定一切政府皆反對軍國主義實屬錯誤蓋國家與種族競爭之精神仍遠強於共同利益之自覺心也。會議雖欲成立一限制軍備之協定，然終為少數代表之堅決態度所阻，最著者為德國之代表。二會議成績亦有頗堪注意之結果，惟終居次要耳。會議設一正式法庭於海牙，國際紛爭可提交該庭裁之。會議將戰時法例編成有系統之法典，并推用一八六四年日內瓦條約之原則於海上之新戰。又參加此會之列強有（但非一切）簽定規約，允戰時不用毒氣毒彈或鎗彈之致傷甚慘（『膨脹彈』dumdum）者，彼等且允不從輕氣球施放砲彈炸藥。

一九〇七年之第二次海牙和平會議

一九〇七年，依美總統羅斯福（Roosevelt）之建議及俄皇尼古拉二世之正式邀請，復舉行第二次之和平會議於海牙。此次代表凡四十四國，內有美洲國家十九。關於議論紛歧之軍備限制問題，仍未能成立任何協定；但對於海陸戰法規多有合於人道之修正，設一國際捕獲法庭，採用條約規定在衝突開始之前須正式宣戰，並限制用軍力索取外債。最後會議又勸告列強召集第三次之和平會議。

和平理想

自彼抱樂觀之和平主義者觀之，一若真已創始一有組織之國際政府，設其議事廳於海牙，行其定期之會議，有其規則法典，并有其常設之仲裁法庭。且德意志帝國以及美國瑞士如皆能成爲聯邦，則全世界之國際聯邦何獨不能實現？兩次海牙會議確能激發輿論使其贊助解決國際問題之和平方法。仲裁法庭已正式成立，當一九〇一與一九一四年間，該庭和解爭論頗有數起，使在百年之前則且引起戰爭矣。

國際和平主義之障礙

然和平主義者未免過於樂觀。彼輩見人類正義與世界和平之燦爛曙光，而不知世間固多悲慘之障可以發爲可怖之長陰以蔽茲曙光也。大障有五，實使和平主義者之政綱不能完全實現。

一、强烈之民族主義與無可批評之愛國主義

一爲民族精神（卽語言習俗相同之人種在政治上應合爲一國之觀念）之繼續發達，此在十九世紀德意志意大利統一之時仍未停止，及二十世紀更藉文學與民衆學校之制而繼續影響及於法蘭西人，英吉利人，挪威人，希臘人，塞爾維亞人，波蘭人，愛爾蘭人，捷克人，以及其他多數之大小民族。民族主義所重者，爲某一民族之所獨有而非一切民族所同有者，故其性爲排他而非包涵。當民族主義具體表現於一國之時，常產生一種專橫之愛國主義，不惟不容許其國內權威之減少，且極忌外力之侵其主權。民族國家之本身蓋已成爲一種目的，古有『國王不能爲非』之諺，今則有一流行之信仰起而代之，卽『國家不能爲非』也。多數愛國者之侈談『權利』，『威嚴』，『光榮』，與決鬬者正同，此種用語與強制仲裁國際紛爭之原則決不相容，已無指出之必要矣。

二、嚴重領土問題之存

二，爲重大之領土問題，早卽存在，欲交付和平仲裁，殆爲難能。　如亞爾塞斯·洛萊因問題其一也。　此二省乃德國於一八七一年以武力奪自法國者，法人要求退回，而德人則決無此想。　復建一獨立自治之波蘭問題，又其一也。　此固爲波蘭愛國者之所渴望，但俄，德，奧之相互關係則必因此而發生極嚴重之結果。　類此者，復有瓜分土耳其帝國之問題，蓋列強之利害，由來卽懸殊甚著，而巴爾幹諸族之民族感情又不一致也。　最後則更有依某種民族基礎以處置奧匈雙重君主國內駁雜人口之問題。　總之，凡一土地問題之解決，對於大小各國，殆未有無存亡之關係者也

三、特殊階級之間武運動

三，自主各國之爭，既激於民族之情感，復重以境界之問題，乃更因利害有關之資本家與實業家之鼓吹而益尖銳化。　此輩或爲其國外之貿易與投資要求接受其本國政府之保護，或則貸款於其政府，或則如德國之克虜伯(Krupps)，英國之阿姆斯特郎(Armstrongs)，法國之司乃德(Schneiders)，美國之杜滂(Du Ponts)以造軍用品爲業。　欲使國家充分強盛，可以內外均受人敬畏者，乃此等有才有勢的國民之野心，所以謀滿足其個人之利益者也。

四、一八六二年以

和平運動之障除上述之外，尚有第四種，卽軍國主義之盛行是也。　普魯士常爲一尚武之邦，

後國防軍備之迅速增加

出類拔萃，一八六二年乃更受其王威廉第一與俾斯馬克之賜，而於陸軍方面採定一新步驟，將體格健全之男子概施以強制之軍役。普魯士之新軍實能於一八六六及一八七一年完成德意志之政治統一，此不惟使德人深信欲保其國家之統一端賴續行強制軍事訓練之原則，因而自一八七一以至一九一四年重累德意志帝國以有增無已之軍備負擔，且更使多數大國及許多次要國家亦發同樣之信心，為同樣之措施。效法德人此舉者一八六八年有奧匈，一八七二年有法國，一八七三年有日本，一八七四年有俄國，一八七五年則有意大利。德國所行於陸軍者，英國則行之於海軍。英國久握最強之海權，故不採行徵兵制，亦不維持大規模之常備軍，而建設一最大之艦隊，使其大於任何二國海軍之總額。他強在公海上亦漸仿英國之例，甚至美國亦參加競爭，當一九一四年時美國海軍已幾與德國相埒，而在法日之上。

『國防』

政治家與政論家僉謂新軍國主義在促進和平（『國防』），其實列強之外交家乃因此而愈益獰惡，以為其本國掠奪世界攫取大贓。此實培養民族主義之精神，鼓勵以造軍用品為專業者之活動，復產出大批之軍事專家（多為現任軍官與退職軍官）。此輩常指引鄰國之軍力以造成國內之惶恐，同時又作好戰之論調，談『下次大戰』，以激起國外之疑猜與敵視焉。

五、民族主義與軍國主義之「科學的」證辯

最後復有多數之哲學家，科學家，詩人，歷史家及社會學者爲民族主義與軍國主義作智能上之證辯。進化原科學上之假定，乃達爾文所提出，而赫胥黎，斯賓塞在德意志，意大利政治統一時所傳播者，今此輩乃漸取此假說，不惟用之於生物學方面，而且妄用之於社會學方面，竟謂斯賓塞「適者生存」之名言，最適用於民族之興起。此種假定合於科學之說，既經學者發揮在彼，「科學」正成流行偶像之時，自確爲愚昧無識與一知半解之羣衆所信，於是軍人乃急起而利用之。歐洲著名之軍國主義者既得新發現之哲學的權威，遂漸少談軍備之防禦性，而侈言「生存競爭」與戰爭之利益及其必要。英，法，意，俄甚至美國，俱有人宣傳戰爭之崇拜（即一種尚武之宗教，一九一二年乃有一德國退職之騎兵將官（註一）用此新哲學科學之眼光闡明軍國主義者對於戰爭之概念，謂「戰爭爲一切事物之祖」，且謂「古聖人早在達爾文之前，即已知此。生存競爭在自然生活中爲一切健全發展之基，所有生存之物咸自現其爲競爭勢力之果。故在人類生活中，競爭非純爲破壞之主義，實乃賦予生命之原則。……戰爭可予一種生物學上公平之裁判。

註一　伯本哈第（General Friedrich von Bernhardi 一八四九——一九三〇年），其德意志與下次大戰（Germany and the Next War）一書，雖不能代表德國一切階級之意見，然實大令外人注意，視爲鼓動德國黷武之軍人階級中一名人之作

……旣知戰爭以生物學之定律爲依據，則其結論自爲凡欲排除戰爭於國際關係以外之企圖，皆屬絕無足取。且戰爭不僅爲一種生物學上之定律，實更爲一種道德上之義務，因此乃文化中一必不可少之要素也」。故近代科學固能與世界以無數確實之福利，而對於和平主義則直接發生一第五種極中要害之障礙。卽知識階級關於戰爭是否爲生物界之必要，現亦聚訟紛紜，當其爭論之時，空前之眞正大戰已在準備中矣。歐洲之協調蓋正由實際而變爲理想，更由理想而變爲歷史上之陳跡焉。

一八七一至一九一四年外交演進之危及歐洲協調

一九一四年之國際大戰將歐洲協調之外表至少亦暫時破壞。欲了解大戰之直接原因，辨別列強在戰時之系統，幷評論關係存亡之問題，現須置和平主義與軍國主義之演進於不論，而依年順述一八七一至一九一四年歐洲列強間變化無常之外交歷史。約當此期之半，國際政治多以德國之霸權爲中心，在下半期中則有二種同盟相抗，以謀維持彼岌岌可危之「均勢」焉。

第二節 德國之霸權一八七一——一八九〇年

一八七〇年後英國

一八七〇至一八七一年之德法戰爭，實爲歐洲外交上一新時代之起點。英國未受戰爭之

仍握最大之海權

直接影響仍爲世界上主要之工商業與殖民國家其聲威及其海軍數額之超越，仍足以保其以前與西荷法人多次海戰所得之『海上主人翁』之尊號　但在歐洲大陸，則此次戰爭實有種種遠大之結果　法國地位降低，而德國則統一而地位提高德意志帝國自產生之時起即爲世界上最強之陸軍國家。

德國之變爲主要陸地國

俾斯馬克之外交政策一八七一至一八九〇年

在一八七一至一八九〇之二十年中爲歐洲主要之政治家兼外交家者，卽此時任德意志帝國首相兼外務大臣之俾斯馬克也。　其國際政策之大綱，實屬簡單，卽維持發展其本國之軍事優勢，保存一八六六年與一八七〇至一八七一年二次戰爭之所得，反對德國之更事拓地，反對德國之在歐洲東南部或歐洲以外推廣勢力，以免引起俄國之敵視，或激起英國殖民與海上之競爭，彼願維持和平，幷強令法國亦維持和平也。

陷法國於「孤立」之必要

法蘭西爲俾斯馬克所畏之唯一國家，自一八七〇至一八七一年禍事發生之後，法國民衆對德作戰復仇之情甚烈。　俾斯馬克驚見法人償付鉅額賠款之速，及其改革軍隊，新建要塞，採行強制兵役之熱心。　但俾斯馬克之所畏，不在法國之獨力攻德，因德國之人口日增，而法國之人口漸減也。　惟彼明知法國對於新德意志帝國作復仇戰爭之時，或將有其他列強予以有力之助。　法軍在一八七〇至一八七一年之戰雖乏適當之指揮與組織而仍能奮勇死戰，惟究屬獨力支持耳。他日法軍苟能得俄國與匈或意大利之軍事援助則第二次德法戰爭之果或當與第一次迥乎不同也。

昭法國於孤立之方法

故俾斯馬克乃從外交方面陷法國於孤立，奪其有力之同盟與國，以防制其復仇之戰。當其長任首相之時德國外交竟無往不利。一八七一至一八九〇年之國際情勢，尤爲有利於德，彼機警而無令德之俾斯馬克輒能充分利用之。

俾斯馬克之和奧匈

彼先對奧匈採極和協之度。一八六六年彼對黑普斯堡帝提和議條件之時，早已故示寬大。一八七一年以後，雙重君主國頗多內憂，而黑普斯堡族又欲在巴爾幹採行強硬政策，藉以補其在意大利與德意志之失，於是奧匈之統治階級乃愈益仰賴德國強大之軍力與俾斯馬克機巧之外交手腕。

意大利

俾斯馬克又有意大利新王國之友誼可持。蓋多數意人尚未忘法人在一八五九年戰役中之相棄，而一切意人俱知其國家在一八六六年所以能由奧大利奪取威尼西亞者，乃因與德同盟之故也。又意大利曾與教皇有劇烈之爭，而德國在十九世紀之第七十幾年中亦有文化鬬爭之事，顧此時法國正受教士黨之統治，其中乃多有謂干涉意大利以恢復教皇之政權爲法人之義務者。在此等情狀之下，意大利政府在外交上自然趨向助德而不助法案。

對於英國，俾斯馬克極願不稍觸犯。彼知德意志之一躍而爲強國，實招英國之忌，此可於英國之新聞及定期刊物中見之，彼乃謹愼從事，免觸英國之惡感。當一八七〇至一八七一年之戰，彼力主尊重比利時之中立，蓋此乃英國外務部所常重視者也。彼久不主張德國採行殖民政策，註一 因此乃英人常視爲其私有範圍者也。英國因近東問題及其在亞洲之帝國政策而時與俄爭，又因商業關係及其在非洲與印度支那之殖民發展，而常與法爭，此皆俾斯馬克所洞悉者。英國自由黨對於意大利甚爲注意，注意其自由黨之政治及其與羅馬教會之衝突，復注意其給與英國以貿易與投資之機會，此亦彼之所知。英國之教授多羡慕德意志民族，並頌揚「條頓人種」能產生近代歐洲之二大強邦（一爲歐陸主人翁之德國，一爲海上主人翁之英國），此又彼之所悉。英國外務部之傳習在其海上優勢不動搖之時，決不與歐陸諸國締結同盟，此復彼之所知也。根據此種知識，俾斯馬克自信德國實無須有英法同盟之懼。

註一 俾斯馬克雖常圖避免與英生爭，然在十九世紀第八十數年之中，卒徇德國帝國主義者之請，而保護爲德國取得之殖民地，事見前。

俄國則比較難靠。俄國之欲向西南擴張，適如法國之力謀向東北發展。現介於其間之德意志忽建爲一強盛之尙武國家，此對於法俄二國之政策實同爲一有效之限制。俾斯馬克深知德意志帝國創立後所造成之國際新勢實足使俄國爲法國天然之同盟以共謀弱德。但此明敏之德相終能利用時機以阻止俄法之同盟。就政治上言，專制之俄與保守之德其相同處實較與革命共和之法國爲多。俄皇亞力山大二世（一八五五——一八八一）所最畏者，爲虛無黨無政府黨與社會黨，而此輩皆得其學說於法國。且此以感情用事之俄皇對於俾斯馬克在一八六三年之請由普魯士助其平定波蘭之亂，及其在一八七一年默認俄國恢復戰鬪艦隊於黑海之高壓政策，實永感激弗忘。俄國蓋已覺欲實現其在巴爾幹之野心並制止英國之反對其在亞洲拓地，非有德國之助不可矣。

一八七二年之三帝同盟

俾斯馬克對於此等要素，均能詳愼考慮。一八七二年九月，帝威廉一世，皇帝兼國王佛蘭西士約瑟夫，俄皇亞力山大二世及其臣僚，會於柏林，此實足將德國奧匈俄國間之關係親密宣告全世。正式締盟之條款雖未成立，而此種所謂『三帝同盟』（Three Emperors' League）之會員在一八七二與一八七六年之間實迭次集會，屢示彼此以誠相見之意。一八七五年，德國參謀

柏林會議（一八七八）與俄德友誼之暫衰

部八員，尤其為毛奇（Moltke），見法國之軍備增加，懼而要求乘法國軍力未充之時，急對之作戰，但俾斯馬克笑而拒之。法國政論家與俄國某著名之外交家均力言俾斯馬克因受俄國威脅，所以不攻法國。但俾斯馬克則極力否認此事。無論如何，三帝國同盟之外表終未因『一八七五年之事件』而起波瀾也。

一八七七至一八七八年之俄土戰爭，實使俾斯馬克之外交感受更大之困難。俄國之勝，及其處置巴爾幹問題之頤指氣使，實引起奧匈與英國之疑懼，俾斯馬克乃在柏林會議（一八七八年）之中勉作『公正之經紀人』以分配土耳其之贓。彼減少俄國之所得，而以波斯尼亞及黑塞哥維納授之奧匈，俾俄國與奧匈在巴爾幹之均勢得以維持精當。彼雖因此而益固奧匈之交，然卒招俄國之恨，三帝同盟遂入危境矣。

一八七九年德國與奧匈之防禦同盟

俾斯馬克因欲使德國免因俄國之惡感而受不良之影響，乃於一八七九年十月與奧匈正式締結祕密之防禦同盟，依此約條款，締約國之一國或兩國如受俄國之攻，或受他國攻擊而有俄國之援助，則任何一國須以其全部軍力援助他國。註一

註一　此約結於一八七九年，及一八八八年始行發表。

意大利之敵視法國

後俾斯馬克恐俄國之脫離三帝同盟，乃更謀抵制，而轉其注意于意大利。意大利之自然傾向於德，固有如上述，但其對奧匈則向爲仇敵，當脫蘭德與脫裏斯德二處操意語之人，猶隸屬于黑善斯堡帝之時，當意大利與奧匈仍彼此爭雄于亞得裏亞海與亞爾巴尼亞之時，欲使意大利與中歐二帝國聯盟，殆爲不可能之事。但意大利政府懼其本國在國際上孤立之不利，且預防此外國爲教皇而橫加幹涉。一八八一年，意大利人因法國之占領突尼斯而驚念交集，蓋突尼斯乃古迦太基之地，適與西西裏相對，固愛國志士視爲意大利帝國主義最適當之根據地者也。

三國同盟之成立（一八八二）德國奧匈意大利

意大利在法意爭執之中，乃欣允俾斯馬克之最議，許禁反奧之宣傳，而于一八八二年五月，與德國及奧匈簽定秘密之盟約。該條約規定，如意大利或德國無故受法國之攻，則其餘二同盟國應對法作戰；三國中之任何一國或兩國如爲兩國或兩國以上之國家所擊，則三國概應參戰。三國同盟（Triple Alliance）初成于一八八二年，定期五年，復續訂于一八八七年，其中新增一款，即無論奧匈或意大利，非預徵同意，均不得拓地于巴爾幹半島，而是項同意又應基于相互賠償之原則。註一

註一　三國同盟後在一八九一，一九〇三，一九一二年均曾續訂，至少在形式上維持至于一九一五年五月，是時意大利始毀其對奧匈之約，而助法，俄，英諸國參加大戰。三國同盟之正確條款，在大戰告終之前，固未爲人所全知。

三國同盟之附和者——塞爾維亞（一八八一）羅馬尼亞（一八八三）

塞爾維亞與羅馬尼亞鑒俄國在一八七七至一八七八年俄土戰爭中之偏袒保加利亞，因俱與三國同盟接近，塞爾維亞於一八八一年與奧匈成立祕密之協定，羅馬尼亞則於一八八三年正式依附三國同盟。註一 三國同盟維持中歐東歐之和平，使法國不敢對德國興師復仇者，垂三十年，此乃俾斯馬克視為外交上之偉業者也。

三帝同盟之恢復一八八一——一八八七年

時德俄關係亦顯有進步。一八八一年，俄皇亞力山大二世為虛無黨所刺，極端反動之亞力山大三世即位，專制之俄與民治之法已無任何直接諒解之餘地，遂使俾斯馬克得於一八八一年六月恢復三帝同盟。此復興之同盟較以前更為具體，曾簽定一約，三帝國（德奧匈俄）互允於任何一國與第四國發生戰爭之時，守善意之中立。此約定期三年，於一八八四年續訂一次。

德俄重行保險約一八八七至一八九〇年

俄國與奧匈間之親密關係雖因一八八五至一八八六年巴爾幹之困難而生破裂，但俄皇並未立與法國接近，而於一八八七年六月與俾斯馬克成立一『重行保險』之密約，依此條約，俄德二

註一 一八八一年之奧塞條約規定塞爾維亞非與奧匈預先協議，不得與他國政府結任何有政治性質之約；一國如從事戰爭，則他國應維持友誼之中立。該條約迄一八九五年止繼續有效，惟曾有變更耳。羅馬尼亞與三國同盟之祕密協定，則直維持至一九一六年。

國互允於任何一國受第三國攻擊之時守善意之中立，時間復爲三年。當一八八七至一八八八年，布郎熱唆動法人對德起復仇戰爭之時，俄皇實凜然斥之。

俾斯馬克之成功

當一八七一與一八九〇年間，俾斯馬克之藉三帝同盟與三國同盟，復因英國之超然事外，以陷法國於外交上之孤立，而保德國在國際政治上之優勢，蓋有如此。

第三節　均勢主義一八九〇——一九一四年

自俾斯馬克退職之時起（一八九〇年），德國之國際地位遂變。繼任之帝國首相卡普利維不以三帝同盟之恢復及對俄續訂特種之再保險條約爲得策。彼恐德國行動之自由將大受其義務之限制，一方須顧及奧匈與意大利，而他方又須顧及俄國，且奧匈與俄國在巴爾幹之競爭日劇，尤令德國爲難。彼兼恐贊助俄國，將牽引德國與大不列顛起殖民之爭。

俄德友誼減少之因

時俄國政府亦不願繼續與德作友誼之協定。十九世紀之第九十幾年中，俄國歷史上顯著之事實，爲大斯拉夫主義之速興，其主要之代表人物受俄皇亞力山大三世與尼古拉二世之助，決爲「神聖之俄國」肅淸條頓之勢力。乃同時又有產業革命之進展。

俄法二國同盟之成立一八九一至一八九三年

俄國國民在公私生活上

三國同盟與二國同盟之均勢

現均開始向法國資本家借鉅款以築鐵路，設工廠，幷開採礦產。俄國對於法國民主政治之惡感漸爲財政之需要所制服，於是民治之法國遂漸與專制之俄國趨於同盟。一八九一年，有法艦一隊訪問喀瑯斯搭得（Cronstadt），俄皇令奏馬賽之歌，並肅立脫帽以聽之。同年，兩政府允在外交上合作。一八九三年十月，俄艦一隊答訪士倫（Toulon）。是年杪，簽定一秘密之軍事協定，依此條約，法國如受德國之擊，或意大利因德國之助而攻法，則俄國以其全部之軍力攻德，若俄受德攻，或奧匈因德之援而攻俄，則法人允爲之擊德。一八九三年十二月三十一日所簽定之俄法軍事協定，其期限原須與三國同盟之期相等，但此種限制於一八九九年取消，一九一二年，更以一秘密之海軍條約補充此俄法之二國同盟（Dual Alliance）。此種二國同盟之成立，曾於一八九五年爲法國總揆所道及，幷於一八九七年爲俄皇尼古拉二世所承認，但其正確條款，則直至一九一八年俄國帝政傾覆，同盟終止之時，始行宣露。在一八九三年後之數年中，俄國在二國同盟中實佔優勢，且俄國以俄皇之傾向和平，實曾對於法國加以一種有系統之拘束焉。

故當十九世紀之第九十幾年中，國際政治上已有一種均勢，代替前此德國之優勢與法國之孤立。自是而後，一方有德國，奧匈，意大利之三國同盟，而他方則有俄法之二國同盟，如此者歷時數載。

英國之超然（一八九○至一九○四年）

英國對于歐陸之國際政治雖常持超然之策，然其初所接近者，究爲三國同盟而非二國同盟。

英德間之合作（一八八九至一八九八年）

一八八九年英總揆隆裏斯布利對于俾斯馬克之提議德英二國應公開互助以防法國之攻，頗欲一試，徒以不便在平民院中辯論此事，始加以拒絕。一八九○年俾斯馬克失勢之後，英政府對于久懸之非洲屬地之爭，曾與德國以談判解決，而將黑裏哥蘭授之德國。德皇威廉第二嘗屢訪其外祖母維多利亞女王，而英之帝國主義者對于其在亞洲之排俄政策與在非洲之排法政策，亦力謀德國之助，張伯倫與塞西爾羅德斯其尤著者也。

英俄之爭

且俄國所以與法同盟者，其主要原因之一，即爲關于土耳其帝國波斯阿富汗及瓜分中國諸端，幾時與英爭，乃因此欲得法國之助也。一九○二年英國之所以與日本結防禦同盟者，亦在防俄之侵華，而不在制德之野心。註一

英法之爭

英法親近，似爲難能。蓋二國在工商業上由來爲敵，一八八○年後，更因第三次共和國之强取屬地而增加

註一　一九○二年之英日同盟，規定二國中之任何一國如從事防御戰爭，則其他一國當嚴守中立，如二國中之一國與兩國作戰，則他一國應起而相助。此同盟續訂欲一九○五年，期限十年，且修正條款，如二國中之一國僅受一國之攻，二國即均應作戰。

英德漸疏之因

二國間帝國主義之争，并引起在非洲與印度支那之嚴重領土問題，遲至一八九八年，英法關于在埃及蘇丹内勢力範圍之争，猶嵗起戰事也。註一

及十九世紀之第九十幾年中，英國漸覺其與德共事，并不比與法俄更爲順便。一八九五至一九〇五年，英國政府均受保守黨之支配，是黨由來即頌揚帝國主義及强大之海軍與强硬之外交政策。此輩英國之保守黨人與帝國主義者見德國工商業在十九世紀第九十嵗年中之特别發達而大恐，此種驚懼自不能因德國之忽變爲世界强國而遂稍減也。後德國因威廉第二之熱心贊助于十九世紀之末，始造大規模之海軍，英國如欲保其海上之優勢，不得不速增戰艦，大加經費，于是前此英德和諧之關系，遂變爲嫉妒互責與恐怖矣。當波爾戰争中（一八九九——一九〇二），德國統治階級對于波爾人幾公開表示其贊助于同情，尤令英人猛省。歐陸之政治家亦不乏主張德俄法大同盟（三國同盟與二國同盟之混合）以助波爾人而限制不列顛帝國之更行發展者。俄國實會爲此種目的作秘密之建議，但德國則非俟法國明確放弃其恢復亞爾撒斯·洛萊因之野心，不肯加以采納。乃英人聞及歐陸方面之種種協議，而竟不問是非，過以德國爲其

註一　即所謂華修打事件（Fashoda Incident）者，見前

最險之敵。

報復俾斯馬克之人德爾卡塞

此時忽有法國之名政治家兼外交家德爾卡塞（Théophile Delcassé，一八五二——一九二三）出現于國際政治之舞臺。當一八九八與一九〇七年之間，彼巧于利用變局主持新策，改變均勢幾完全陷德于孤立，一如前此俾斯馬克之施諸法國者。德爾卡塞真報復俾斯馬克之人也。

德爾卡塞對法國之外交功績

德爾卡塞自一八九三至一八九八年曾參預法國之殖民事務，自一八九八至一九〇五年，均任法國之外務大臣，當其從事殖民政務時彼能表現其爲一熱心而有才能之帝國主義者，及其主持外交則實一精明而有卓識之外交家。彼極贊助二國同盟，恒得俄皇之信任與敬重。惟恨德甚深，主張德國苟仍占據亞爾撒斯·洛萊因，則應排斥一切法德親善之提議。蓋恢復亞爾撒斯洛萊因乃其外交上之一種大目的也。彼深信欲實現此志則除俄國外，法國尚須得一强國之助，至少亦須得其友誼之中立。故彼雖忠于俄國同盟，而對于英國亦采和協立度。當英法關系困難華修達事件而瀕危之時，彼出任法國之外務大臣乃勇往直前急將法國在埃及蘇丹之一切要求讓之英國，以避免戰爭之危險。嗣後復又乘英德關系重益緊張，而于一九〇三年與英國進行

一九〇四年英法親善協商之成立

談判，以解決二國間一切殖民與商業之懸案。其建議深得英國政府之歡迎，而以英王愛德華七世爲尤甚；蓋英王愛慕巴黎，且亦爲法國人士之所喜也。結果二國於一九〇四年四月結約多種，以調處其在埃及，摩洛哥，紐紛蘭，暹羅，尼哲利亞與新赫布里（New Hebrides）等處之關係。不獨英國在埃及，法國在摩洛哥因此等條約而得各採自由之行動，即數百年來劇烈之殖民衝突，亦因此了結，且另闢途徑，使英法二國人民與政府得在一九〇四與一九一四年間發展其特殊之友誼關係焉（即所謂親善協商 Entente Cordiale）。

一九〇四至一九〇五年日俄戰爭之國際的影響

始於一九〇四年之英法協商（Entente），就字義嚴格論之，並非同盟，因未正式約定海陸軍之援助也。但一九〇四年之各種條約，實掃除二國間軋轢之原因，而令二國政府此後有採行一致外交政策之可能。協商與德爾卡塞之外交，似皆因一九〇四至一九〇五年之日俄戰爭而大受挫折，因交戰俄日一爲法國之同盟，一爲英國之同盟也。然戰爭結果，實有利於協商。蓋俄國之敗，使大多數英人對於此斯拉夫大國，已不如前此之懷懼，疑慮，而法人鞏固其對外同盟之忠實，亦因此加增。

三國協商之成立（一九〇七）——法俄英

故一九〇七年，當德爾卡塞已辭去法國外務大臣之後，英俄二國政府對於其在波斯，阿富汗，中國等處相爭未決之勢力範圍，謀成立相互之諒解，並簽定種種條約，實際將英法間之

日本之關意於三國協商

親善協商變爲俄法英之三國協商（Triple Entente），此實與德爾卡塞之政策甚相合也。日本亦與協商諸國善，此不僅因一九一一年英日續訂同盟之故，亦一九一〇年日俄關於滿洲之和諧協定所致也。

一九〇四年之法西協定

一九〇二年法意之和解

德爾卡塞之又一外交政策，亦應提及，即調和法國與西班牙意大利之國外利益也。一九〇四年彼與西班牙政府磋商法西二國在摩洛哥勢力範圍之劃分，並與意大利政府締結二種秘密之重要協定。第一種協定（一九〇〇年十二月之協定）承認法國在突尼斯之保護權，與在摩洛哥之權利，而意大利則在脫利波里與息里乃易卡有行動之自由。第二種協定（一九〇二年十一月之協定），規定意大利與法國不獨當受第三國直接或間接攻擊之時，彼此嚴守中立，即遇其他一國「因直接受激之故，爲防護其名譽或安全起見，不得不先行宣戰」之時亦然。一九〇二年之法意條約秘而不宣者直至一九一八年，但一九〇四年盧貝總統之訪意王於羅馬，實已對全世界宣告拉丁同種國間不復有公開之爭鬭矣。

德國與奧匈之孤立

德國之政論家，軍人，及其他愛國者，見其本國在國際上之日陷於孤立而大恐。意大利對德國與奧匈之友誼冷淡，殆已無疑，俄國則完全與法同盟，英國則與法俄爲親善協商之國，日本則與英國同盟，仍爲德國可靠之友邦與同盟者，惟一奧匈耳。

德國之政策與國際之危機一九〇五至一九一四年

自一九〇七至一九一四年，德國政府在此等情勢之下，力謀以外交策略破壞三國協商，間與匈之勢，而增其在歐洲東南部之聲威，聯土耳其帝國爲友邦同盟，幷用武力示威，力主德國與世界各強應有相等之權，以參與商業及外國之投資。顧德國之新策，未足以毀德爾卡塞之業，徒使三國協商與二條頓強國之關係時生危機耳（此等危機使歐洲協調之外表愈形動搖，使迫在眉睫之大戰愈形明顯）。摩洛哥問題與近東問題皆此等危機之更迭出現也。

摩洛哥問題

關於摩洛哥事件，德政府極不滿意，以爲德爾卡塞僅與法，西，意，英協商，便對彼萑苻不靖之地，擅爲政治與經濟之控制，而不一詢德國之意見。其實摩洛哥與法國在非洲之領土及西班牙在地中海之根據地相接，故自德爾卡塞觀之，摩洛哥境內秩序之維持，僅屬西班牙與法國之急務。顧摩洛哥大部分之外國貿易，雖操於英，法，西班牙之手，而德國資本家在回教王國領土之內，亦已取得種種之經濟特權，於是彼等乃求政府之助，以防制法國在摩洛哥之樹立政治保護權，蓋恐法國資本家或可因此取得經濟特權而排斥彼等也。

第一次之摩洛哥危機

一九〇五年三月三十一日，實促成第一次摩洛哥之危局（適爲俄人在奉天之戰大敗於日

局（一九〇五年）威廉第二之丹吉爾

[illegible]六[illegible]爾[illegible]斯

第二次之局（一九〇八年）之卡[illegible]布[illegible]件

一九〇九年之法德協定

第三次之摩洛哥危

人後之三星期），時德皇威廉第二在丹吉爾登陸作激昂之演說，揚言特訪一獨立君主之摩洛哥王，一切列強在其領內應保持同等地位，享有同等權利　此演說所暗射之法國，適値其同盟之俄國新敗，勢難抗拒德國之主張，乃對德讓步犧牲其有才略之外務大臣德爾卡塞，而允將全部之摩洛哥問題提交國際會議。　一九〇六年一月至四月集會於西班牙之亞爾吉西拉斯，成立一種妥協，以確定摩洛哥領土之完整與其土王之主權，而爲其內部之行政與財政擬定幾種改革。對於一切簽字國家之商人與投資者則保證「門戶開放」，幷由法國與西班牙人訓練指揮該地之警察。

摩洛哥之內亂及其排外排法之暴行，使法國政府於一九〇七年八月派水師赴卡薩布蘭卡(Casablanca)。　德國對於法軍之駐摩洛哥已屢有抗議，一九〇八年九月德國駐卡薩布蘭卡之領事欲保護法國軍中之外籍逃兵使不受捕，遂促起第二次嚴重之危局。一九〇九年將此危急問題提交海牙法庭，其事乃寢。　一九〇九年二月，法德結一特種協定，似可免除二強以後之誤會。蓋德國申明其在回教王國領內之利益僅「限於經濟方面」，法國允「保障經濟均等」，而德國則承認不妨礙法國在摩洛哥之政治利益也。

但德之愛國者對於一九〇九年之德法協定，深爲不滿，商訂此種協定之首相普羅卒被迫辭

局

一九一一年之亞加的爾危機

職其繼任之柏特曼和爾味則急於乘機毀約。一九一一年，法軍佔領摩洛哥首都費茲（Fez），實予德人以機會。七月，德政府派一軍艦赴摩洛哥之亞加的爾港陽爲保護德資本家之礦產，實則暗示苟情勢充分安定可使法軍退出費茲，則德艦亦卽撤退。全歐咸覺國際情勢之嚴重，德法二國更積極備戰。時俄國尚未完全恢復日俄戰前之原狀，不能予法國以大助，但英國外務大臣葛雷則宣言當助法國。德國政府實無意作戰，乃以締結第二次德法協定（一九一一年十一月）爲足。依此協定德國允不反對法國之樹立保護權於摩洛哥，法國則允維持摩洛哥之『門戶開放』，並割法屬剛果中之二區於德。法國在一九一二年雖能如是解決摩洛哥之政治問題，使其本國與西班牙均獲滿足，但法人對德人之恐懼仇恨則因一九一一年亞加的爾之險局而益深。蓋法人以爲彼等實因德人之『嚇詐』而失去法屬剛果之富饒部分也。同時法英二國之友誼亦因此益固。至於德人則咸以爲法英之聯合陰謀實損其在摩洛哥之正當利益而危及其爲世界強國之地位焉。

一九一一年德法的協

德法之惡

近東問題一八九八至一九一四年

較摩洛哥危局更足使和平派感覺不安者，厥爲先後同時之近東危局，其主要角色，乃俄國與奧匈而非法德。當摩洛哥之事變，俄國因軍力微弱，不能與其同盟之法國以有效之援助，今在近

條頓族在近東之政策

東危局之中，德國乃有經濟動力與強盛軍力以助奧匈。奧匈資本家與愛國者之贊助本國南向以謀政治與經濟之發展，經波斯尼亞與馬其頓而達愛琴海上之薩洛尼加，德國愛國者與資本家之欲使巴爾幹諸國及土耳其帝國『德意志化』，此自二十世紀之初均已顯著無疑。故德國與奧匈完全取一致之行動，以漸張其政治與經濟之力於歐洲之東南部。一八九八年，和漢佐倫族之羅馬尼亞王許由柏林維也納以抵君士坦丁堡之鐵路經過其境。一八九九年，德皇威廉第二親訪土皇。一九〇三年有一德國公司取得特權，可建一鐵路經小亞細亞，亞美尼亞與底格里斯河富拉底斯之沃野以抵巴格達與波斯灣之濱。奧匈勢力之及於塞爾維亞朝廷者，自柏林會議（一八七八年）以至一九〇三年國王亞力山大被刺之時，實至高無上。保加利亞之腓迪南王生於德國，故已久疏俄國而依賴奧匈。羅馬尼亞王乃德皇之親戚與其秘密之同盟，未來之希臘王君士坦丁之后則威廉第二之妹也。一言以蔽之，條頓二強實已開始防制俄國排土耳其人於歐洲之外而統治君士坦丁堡之野心，彼等扶持土耳其人，訓練其軍隊，開發其國土，并力謀減少俄英二國在歐洲東南部之勢力焉。

一九〇三年，德國與奧匈之巴爾幹政策忽受牽制。蓋塞爾維亞之親奧王朝因伯爾格來得

第一次近東之危局｜一九〇八年奧匈之吞并波斯尼亞黑塞哥維拿

一九〇九年俄國與賽爾維亞之屈服

第二次之近東危局｜一九一一至一九一二年意土之脫利波裏戰爭

之宮廷革命而傾覆繼位之彼得王乃力助塞爾維亞人之愛國宣傳，而誠心依賴俄國者也。註一

一九〇八年發生近東問題第一次嚴重之危局，影響及於三國同盟與三國協商之新均勢。是年奧匈乘土耳其內部之革命，正式吞併操塞爾維亞語之波斯尼亞，黑塞哥維拿二省，此實侵犯一八七八年柏林條約之規定，塞爾維亞人種之塞爾維亞與門的內哥羅二國因大為憤怒。俄國乃立助塞爾維亞諸國，以抗奧匈之侵。當俄國動員之際，德國則宣布（一九〇九年）其以全部軍力助奧匈之決心。時俄國方在日俄戰爭與國內革命之後，元氣尚未盡復，乃讓步而認可奧匈擅毀條約之高壓手段，甚且令塞爾維亞許以後禁止一切排奧之示威運動或宣傳。但俄國之大斯拉夫主義者決不忘其國家在一九〇八至一九〇九年所受於條頓民族之辱。俄政府受彼輩之影響，乃亦開始改編軍隊，建築軍用鐵路，力謀使俄國他日再不受此同樣之辱。

近東之第二次危局，繼因脫利波里之戰（Tripolitan War）而生，即一九一一至一九一二年意大利對土耳其之戰也。俄國對於此次衝突雖無直接關係，然研究國際政治者皆曉然明白，彼正欲扶植土耳其勢力之德國與奧匈，對於此次戰爭實同懷厭惡，全歐必有一日因此而產生嚴

註一　俄國之巴爾幹政策見前。此種政策與大斯拉夫主義之得勢有密切關係，大斯拉夫主義前已約略論及

由此而生之國際危局

軍之某，初非限於近東而已也。一，此戰實使意大利之帝國主義者增其慾望，益圖為其國家在亞爾巴尼亞，愛琴海及小亞細亞等處謀經濟政治之發展，而使意大利之近東政策與奧匈之圖適相衝突，意大利依附三國同盟之心遂因此減少。二，此戰實表示意大利與三國協商中之列強對於世界利害關係，不無共同性，此由以上所述而有以知其必然也。三，最要者即此次戰爭實開一九一二至一九一三年巴爾幹戰爭之先聲且頗為其因，國際巨禍之最足以危及歐洲均勢者，遂生於下次巴爾幹之戰矣。

第三次之近東危局—一九一二至一九一三年之巴爾幹戰爭

奧匈之排塞政策

在巴爾幹戰爭中，奧匈對於塞爾維亞民族之野心實採極頑強之態度，奧以德國為後盾乃以戰爭相悚而奪門的內哥羅之重鎮斯庫台里，並迫塞爾維亞退出彼奪自土耳其之亞得里亞海濱諸城。奧匈更得列強之許，建一由德國王子統治之亞爾巴尼亞自治邦，遂使塞爾維亞無法得一出海之口。奧匈所以放棄其立攻塞爾維亞之計者，只以意大利積極拒絕合作耳。

因國際時現危險而生之恐怖

一九一三年（即巴爾幹戰爭結束之年），乃見民族軍國主義之空前活躍。德國擬一軍備方案，將帝國之平時編制由六十五萬六千人增至八十七萬，並定一約近千兆馬克之鉅額軍費，因此令全歐震驚。註一 法國乃將常備軍役之期由二年增至三年，以報德之挑釁。德之識察於一

軍事準備年—一九一三年

九一三年六月三十日為帝國議會所採納，卽法國議會通過敵對議案之前三星期也。 法國之同盟俄國，德國之同盟奧匈，亦皆注意於軍事之『準備』。 一九一三年七月，俄國議會通過一新軍備預算案，幷將常備軍役之期由三年延至三年又三月。 一九一三年八月，法國總司令霞飛(General Joffre) 赴俄國，商議俄國軍隊之改編。 奧匈亦採行新策，將其平時編制由四十六萬三千八增至五十六萬，並出鉅款以備新式之大炮。 意大利亦施行種種之軍事改革，英國則大增其海軍經費。 卽荷蘭，比利時與巴爾幹，伊伯利安，斯坎的納維亞諸半島之小邦，亦皆受軍備狂熱之傳染。 此種軍事準備最不幸之特點，爲其所激起之恐怖與仇恨。 法國之所以採行三年兵役者，因其畏懼德軍及其在亞爾撒斯洛萊因邊塞之勁旅也。 小比利時之所以施行普及兵役並思於十三萬防軍之外另增十五萬野戰隊者，以德國之向比境新築鐵路實無顯明之經濟目的，意實在設遇法德交戰，而德國準備運師通過比境也。 德國亦因俄國之新鐵路計劃而驚恐，以其便於俄國之出師攻德也。 一九一四年春，德國與奧匈之報紙造作社論，評述一九一六或一九一七年卽將完成之俄國軍備，致造成一真正之惶恐。 另一方面，則彼得格勒亦有一著名之新聞紙於一

註一　德人時多因俄國大斯拉夫主義者之活動而大驚，事見前。

九一四年六月宣言『法俄二國皆不欲作戰，但俄國已有準備，望法國亦事準備焉』。

均勢之顚覆

當一八九〇與一九一四年間國際關係之趨勢已漸明示此二大團結（同盟諸國與協商諸國）間之均勢主義，不惟與德國所要求而且在一八七一與一八九〇年間大體實現之歐洲霸權，適相矛盾，卽與前此歐洲協調之理論及其運用亦不相合。因一九一四年時列強在外交上分爲互相敵視之二大集團，僅使歐洲各國之民族主義與帝國主義益趨強烈，令列強經濟殖民之爭均帶有報復色彩，並陷歐洲各國於險難之境，但有一非常事變發生，已足顚覆均勢而促成普遍之大戰矣。

第四節　大戰之爆發一九一四年

一九一四年六月二十八日大公爵腓迪南之被刺

刺殺案之[illegible]

一九一四年之初，徧歐洲已滿貯炸藥，而星星之火，促其爆發者，則大公爵腓迪南之被刺是也。公爵爲帝王佛蘭西士約瑟夫之姪，乃黑普斯堡帝位之承繼者，彼與其妃赴波斯尼亞首都塞拉熱窩作其初次之正式巡幸，乃於六月二十八日同爲波斯尼亞之塞爾維亞人所刺。此案在奧匈全德之內實引起異常之憤怒，蓋屬望於腓迪南者甚多也。彼之信仰虔誠，深受羅馬教徒之愛戴，其忠於聯德實預兆條頓二強將來之能保其國際上之團結其勇於愛國明於治事更足以保證老佛蘭西士約瑟夫逝世後雙重君主國之完整安定。且不特此也人多謂腓迪南贊助奧匈對於歐洲東南部斯拉夫人之特種政策即變雙重君主國爲一三重君主國（Triple Monarchy），而使波斯尼亞之塞爾維亞人克洛遏亞斯拉法尼亞之塞爾維亞克洛遏亞人，甚或連斯洛伐尼人合爲其中之一自治團體與奧大利匈牙利相若，據云此種計劃實由彼領導主持之。故愛國之塞爾維亞人與門的內哥羅人咸以爲奧匈敵視兩塞爾維亞獨立王國領土發展之態度，尤其爲一九〇八年以後之態度，乃由腓迪南之所鼓動也。

奧匈與塞爾維亞關系之緊張

塞爾維亞人之最惡腓迪南實無疑義。自一九〇八以至一九一四年，彼等在波斯尼亞及塞爾維亞與門的內哥羅組織秘密團體，從事宣傳，意欲使黑普斯堡帝國分裂，亦屬實事。註一 故當奧匈外務大臣柏耳喜托特（Count Berchtold）聲稱腓迪南之被刺已證實出自波斯尼亞之青年，受塞爾維亞革命秘密團體之鼓勵，且至少曾得塞爾維亞王國官吏二人之默許，德意志人與馬

註一 塞爾維亞人之反對雙重君主國事見前。德意志人與馬加人多謂塞爾維亞之宣傳受俄國大斯拉夫主義者之激勵指揮，且爲俄政府所默許。大斯拉夫主義見前。

加入對於塞爾維亞乃怒不可遏。佛蘭西士約瑟夫之政府在柏耳喜托特指導之下，鄭重聲言雙重君主國之生存端繫於杜絕塞爾維亞之陰謀，德國之刊物亦一致宣言奧匈之幸福即德國之幸福。乃俄國之報紙，則以同樣之表示一致宣言塞爾維亞之幸福即俄國之幸福。於是新危局（且為最嚴重之危局）遂起於巴爾幹矣

對塞爾維亞之不公—柏耳喜托特之罪

吾人現由一九一九年維也納所發表之文件，可知柏耳喜托特所加諸塞爾維亞之罪，實無證據。奧政府曾派人密查塞拉熱窩之暴行，彼報告柏耳喜托特謂「無關於塞爾維亞政府預知罪犯行動一事毫無證據，並無嫌疑」。乃彼竟秘此報告，不使佛蘭西士約瑟夫與德國知之，而決意懲治塞爾維亞，視此為千載一時之機。故彼對於此後之戰，實應負重大之責。

奧大利之受德慫恿—威廉第二之罪

柏耳喜托特已用帝佛蘭西士約瑟夫之名，秘向德皇求助，七月五日威廉第二秘密答復，令奧匈採自由行動，允予以軍事上之助，蓋彼以為俄國並未充分備戰，必不輕於用武也。德皇及其首相柏特曼和耳味或亦未欲作戰，但德國政府之以空言答復奧匈，實鑄成大錯。

一九一四年七月二十三日奧匈之致專

一九一四年七月二十三日奧匈致一最後通牒於塞爾維亞，出之以極為專斷之詞，有怒不可遏之慨，決意不顧國際慣例或憲政形式，以破毀一切之大塞爾維亞計劃。通牒中力言塞爾維亞

奧之最後通牒於塞爾維亞

不能抑制排奧之陰謀，實已違犯其一九〇九年與奧匈『維持和睦』之約定，致奧匈政府不得不放棄其仁慈容忍之度，以制止『永久危及本君主國安寧之陰謀』，而向塞爾維亞政府要求有效之保證。塞爾維亞須制止排奧之刊物與團體，罷免奧匈政府認爲參預排奧宣傳之官吏，禁止其教育上所用之排奧教本，『允奧匈政府代表在塞爾維亞內合謀壓制不利於本君主國領土完整之運動』，並須在四十八小時內表示無條件的接受奧匈政府以上之要求及他種條件，以保證塞爾維亞之善意行動。

奧匈不滿意于塞爾維亞之答復

自後事變甚速，俄，法，英諸國急向奧匈共同要求延長最後通牒之時限，以便可將全部問題交付國際談判，但爲奧匈所拒。七月二十五日塞爾維亞答復奧匈之最後通牒，謂條件苟不損其獨立自主之權，則可容納，並提議將一切爭點交付海牙法庭或列強解決之。詎奧匈謂此種回答爲推諉之遁詞，不能滿意，乃與塞爾維亞絕交而開始動員。塞爾維亞人遂由柏爾格來得遷都於尼西（Nish），亦開始動員。奧匈與塞爾維亞之戰，蓋確將爆發矣。

俄國之援助塞爾維亞

然迫在眉捷者，尚有一更大而可畏之戰。蓋俄國政府深信奧匈之對於塞爾維亞縱不欲削其領土，實謀損其主權，且以爲奧匈對塞爾維亞之戰，必可令條頓族在巴爾幹之勢力鞏固，而使俄國在歐洲東南部之勢力消除。另一方面，則有德國力言此種爭執僅與奧匈塞爾維亞有關，故始終反對俄英法意諸外交家欲將此爭提交國際會議或海牙法庭之企圖，且更守其對柏耳嘉托特之秘諾明白宣言謂俄國苟助塞爾維亞，則德國當以全部軍力援助奧匈。德國所以採此堅決態度者，其主因殆以爲俄國在一九一四年仍將不戰而屈，亦如其在一九〇九年及一九一二至一九一三年二次巴爾幹危局中之所爲也。且德國明知俄國之軍事改革尚未完竣，而協商諸國又皆各爲其內政之難關所累（俄國有彼得格勒嚴重猛烈之同盟罷工，法國則民衆反對新定之三年軍備法規，而巴黎又有於政治大有關係之刺案，英國則愛爾蘭有內亂之虞）。於是奧匈在此等情勢之下，遂對塞爾維亞正式宣戰矣（一九一四年七月二十八日）。

德國之援助奧國

大戰爆發時之不[illegible]與二國協商

顧此次條頓民族之外交，未免誤測俄國之情勢而過於自矜。俄國政府竟不受威嚇，而於奧匈對塞爾維亞宣戰之次日，開始作軍事動員。俄皇初原令俄軍動員限於奧境一帶，以答威廉第二來電之友誼，詎俄國高級軍官力主對德亦作充分之備，卒勸尼古拉二世於七月三十日下全軍動員之令，蓋軍國主義在俄國之躍躍欲試，亦正與其在德國同也。

一九一四年七月二十八日奧[illegible]之對敵

俄國之動員

一九一四年八月一日，德俄之戰爭爆發，各外交家欲使塞爾維亞問題和平解決之努力，遂忽

一九一四年八月一

日德俄之對抗

受酷烈之阻礙。德國曾致一十二小時之最後通牒於俄國，要求即刻完全取消動員令，俄國拒之。德遂宣戰。

一九一四年八月三日得法之對抗

德國知對俄之戰必牽及法國，因法國固俄國之同盟也。德國深悉法國民衆之情感，欲與俄合作，以保持國際之威信，并恢復亞爾撒斯　洛萊因。故在致最後通牒於俄國之同日，即要求法國在十八小時內表示其是否願守中立，且如守中立，是否願在戰期之內以都爾與維丹（Verdun）之邊境要塞交與德國，以作特殊之保證。八月一日，法國答以「當自酌利害」，遂開始動員。一九一四年八月三日，德國乃對法宣戰。

意大利羅馬尼亞之拒絕與其同盟國合作

故在奧匈對塞爾維亞宣戰一星期之內，四大強國均已陷於戰爭狀態之中（德國，奧匈與俄，法對抗）。意大利與羅馬尼亞則變方敷衍，宣佈中立，其理由則以此次戰爭在奧匈，德國方面並非防禦性質，而爲侵略性質，故彼等無援助其同盟之義務，於是意大利遂得顧全其一九〇二年對法之秘密協定，且未幾復依三國同盟之條款，向奧匈強求「賠償」，羅馬尼亞亦然。

英國之與協商國聯合

在他方面，則英國幾乎立即參戰。英人大致皆同情於法而不喜德國，英政府曾通知德國，謂雖無條約之義務必助法俄，然遇戰事發生，亦不能允守中立。八月二日，英政府且更進一步宣言不能容忍德國海軍之攻擊法國西部無備之海岸。至八月四日另一事變發生，遂令英國決定加入俄法方面作戰矣。

德國之侵犯比利時中立

八月二日（卽在德國對法正式宣戰之前二十四小時），德軍向法境調動，並不直攻其維丹，都爾，柏爾福等處鞏固之要塞，而乃向介於德國與法國北部防守不固之區域間的盧森堡，比利時二中立國前進。德法二國均曾簽定尊重此二『緩衝國』中立之約，法國已申明其誠心守約之意，但德軍則於八月二日竟不顧盧森堡大女公爵之抗議而佔據其地。

一九一四年八月四日德國與比利時之對抗

同日，德政府又遞一最後通牒於比利時，要求其在十二小時內允德軍通過其境以攻法，如能允諾，則當保證其獨立與完整，並付以賠款，苟加抵抗，則當視為敵國，而以『武力之解決』決定將來比利時對於德國之關係。比利時政府以此通牒大與國際法相違，遂絕對拒斥德國之要求，且立求英國之助以保其中立。

一九一四年八月四日英國與德國之對抗

比利時之中立素為英國外交政策之要點。英人前曾半因比利時之併入法國而與拿破崙第一作戰，後又反對拿破崙第三之圖侵此國，故今亦決不願見德之攻比，或比之併入於德意志帝國。於是當八月四日德軍越境侵比之訊達於倫敦之時，英國外務大臣葛雷急致最後通牒於德，要求夜半卽須得德國尊重比利時中立之保證。德國以軍事上之必要為理由，加以拒絕，其首相

一九一四年八月七日門的內哥羅與奧匈之對抗

一九一四年八月二十三日日本與德國之對抗

一九一四年土耳其與中歐二帝國之聯盟

一九一四年十月土耳其之參戰

柏特曼和爾味憤而失望，譽英國僅爲『片紙』(a scrap of paper) 作戰。 次日，英總理亞斯揆遂宣佈英國與德國已入於戰爭狀況之中。

八月七日，門的內哥羅小邦加入其同種之塞爾維亞國以攻奧匈。 後日本亦參戰，半爲履行其對英之條約義務，半在對德復仇，蓋日人對於其過去所受於德皇之蔑視，與一八九五年中日戰後德國之迫其退還旅順，均未忘也。 日本於是於八月十七日致一最後通牒於德，要求其立卽撤退在中國與日本海上之一切軍艦，並於九月十五日以前交出膠州灣之全部租借地，『以便最後還諸中國』。 德政府拒斥最後通牒之條件，日本卽宣戰（一九一四年八月二十三日）。

德國與奧匈得土耳其帝國之助，以抗此多數敵國之集團。 當大戰爆發之前，土耳其之愛國者多已信其本國領土之完整，實受協商列強之威嚇，而尤以俄國爲甚，蓋俄國佔領君士坦丁堡之志固無時或減也。 故一九一四年八月一日，德國與土耳其定一密約，土耳其允助德抗俄。 是日下午，德俄之戰卽發，奧匈乃亦密入此土德之盟。 土耳其在備戰之前，仍保其名義上之中立。 及一九一四年十月二十九日，乃以軍艦砲轟黑海上之俄港，俄土遂立卽宣戰，十一月五日，法英亦咸對土宣戰。

一九一四年參戰列强之陣容

當一九一四年之末，發生衝突之各國皆已正式宣戰，遂成德國，奧，匈，土耳其三國與俄，法，英，日，比利時，塞爾維亞，門的內哥羅諸國對峙之局。此外尚有數國如意大利，羅馬尼亞，保加利亞，希臘等則局部動員，表示何方能使其獲得最良最大之領土者，則願予以援助。卽中立各國如瑞士，荷蘭，及斯坎的納維亞諸王國亦咸採行必要之策，集中武裝之大軍以備不虞焉。

國際大戰

一九一四年時，歐洲及全世界之大部分顯已陷入一猛烈鎔爐之中。此次國際大戰後，將有一新歐洲或新世界出現於廢址之中，殆已無疑。蓋大戰既爲人類歷史上一時代之終點，則自必爲另一時代之起點也。

課外讀本

世界主義與和平主義：

1. J. B. Scott, *The Hague Peace Conferences of 1899 and 1907*, 2 vols. (1909).
2. W. I. Hull, *The Two Hague Conferences and their Contribution to International*

Law (1908).

3 J. B. Scott (editor), *The Proceedings of the Hague Peace Conferences*. 4 vols. (1920–1921).

4. A. P. Higgins, *The Hague Peace Conferences and Other International Conferences concerning the Laws and Usages of War* (1909).

5. *Cambridge Modern History*, Vol. XII (1910), ch. xxii. by Sir Frederick Pollock.

6. E. A. Walsh (editor), *History and Nature of International Relations* (1922).

7. N. M. Butler. *International Mind: an Argument for the Judicial Settlement of International Disputes* (1913).

8. E. B. Krehbiel. *Nationalism. War and Society* (1916).

9. R. N. A. Lane (pseud. Norman Angell), *The Great Illusion* (1914).

10. George Nasmyth, *Social Progress and the Darwinian Theory* (1916).

11. G. H. Perris, *A Short History of War and Peace* (1911).

12. H. N. Brailsford, *The War of Steel and Gold, a Study of the Armed Peace* 10th ed. (1918).

13. F. W. Hirst. *The Political Economy of War* (1915).

14. D. S. Jordan, *War and Waste: a Series of Discussions of War and War Accessories* (1913).

15. D. S. and H. E. Jordan, *War's Aftermath* (1914).

16. Charles Plater (editor), *A Primer of Peace and War: the Principles of International Morality* (1915).

17. Clara Barton, *The Red Cross: a History of this Remarkable International Movement in the Interest of Humanity* (1898).

18. P. H. Epler, *The Life of Clara Barton* (1915).

關於和平主義進一步之研究，參看美國國際調解協會（在紐約）及世界和平基金（在波斯頓）所出版之參種書籍。

軍國主義：

1. Homer Lea, *The Day of the Saxon* (1912).
2. J. A. Cramb, *Germany and England* (1914).
3. The same author, *The Origins and Destiny of Imperial Britain* (1915)
4. Friedrich von Bernhardi, *Germany and the Next War*, Eng. trans. by A. H. Powles (1912).
5. A. T. Mahan, *Armaments and Arbitration, or, The Place of Force in the International Relations of States* (1912).
6. J. H. Jones, *The Economics of War and Conquest* (1915).
7. G. G. Coulton, *The Main Illusions of Pacifism* (1916)
8. Karl Pearson, *National Life from the Standpoint of Science* (1901).

國際關係：1871—1914

1. *Die grosse Politik der europäischen Kabinette, 1871–1914*, ed. by J. Lepsius, A. Mendelsohn Bartholdy, and F. Thimme, 6 vols. to 1890 (1922).
2. Two French *Yellow Books* (1919).
3. A. F. Pribram (editor): *Secret Treaties of Austria-Hungary, 1879–1914*, Eng. ed. by A. C. Coolidge, 2 vols. (1920–1921).
4. Herman Bernstein (editor), *The Willy-Nicky Correspondence* (1918).
5. B. von Siebert, *Diplomatische Aktenstücke zur Geschichte der Ententepolitik der Vorkriegsjahre* (1921).
6. B. Schwertfeger, *Zur europäischen Politik, 1897–1914*, 5 vols. (1919).
7. Bismarck's *Gedanken und Erinnerungen*, Eng. trans. entitled *The Kaiser vs. Bismarck* (1921).
8. William II, *My Memoirs, 1878–1918* (1922).

9. G. L. von Caprivi, *Reden* (1894).

10. C. K. V. von Hohenlohe-Schillingsfürst, *Denkwürdigkeiten*, 2 vols. (1907).

11. B. von Bülow, *Imperial Germany*, Eng. trans. by M. A. Lewenz (1914).

12. Otto Hammann, *Der neue Kurs* (1918), *Zur Vorgeschichte des Weltkrieges* (1919).

13. *Um den Kaiser* (1919).

14. *Der missverstandene Bismarck* (1921).

15. Lady Gwendolen Cecil, *Life of Robert Marquis of Salisbury*, 2 vols. (1921).

16. Viscount Haldane, *Before the War* (1920).

17. Lord Fisher, *Memories and Records*, 2 vols. (1920).

18. W. S. Churchill, *The World Crisis* (1923).

19. H. H. Asquith, *The Genesis of the War* (1923).

20. Serge Witte, *Memoirs*, Eng. trans. by A. Yarmolinsky (1921).

21. A. P. Izvolski, *Memoirs*, Eng. trans. by C. L. Seeger (1920).

22. Roman (Baron) Rosen, *Forty Years of Diplomacy*. 2 vols. (1922).

23. Sir Thomas Barclay, *Thirty Years, Anglo-French Reminiscences, 1876–1906* (1914).

24. Charles de Freycinet, *Souvenirs, 1848–1878*, 8th ed. (1913).

25. Joseph Caillaux, *Agadir* (1919).

26. Raymond Poincaré, *The Origins of the War*. Eng. trans. (1922).

27. René Viviani, *As We See It*. Eng. trans. by T. R. Ybarra (1923).

28. Wilhelm (Baron) von Schoen, *The Memoirs of an Ambassador*. Eng. trans. by Constance Vesey (1922).

29. Prince Lichnowsky, *My Mission to London, 1912–1914* (1918).

30. *The Memoirs of Francesco Crispi*, Eng. trans., 3 vols. (1912–1914).

31. Giovanni Giolitti, *Memorie della mia vita*, 2 vol. (1922).

32. Djemal Pasha, *Memoirs of a Turkish Statesman, 1913–1919* (1922).

33. G. P. Gooch, *History of Modern Europe, 1878–1919* (1923).

34. Felix Rachfahl, *Deutschland und die Weltpolitik, 1871–1914*, of which Vol. I (1923) covers the era of Bismarck.

35. A. Debidour, *Histoire Diplomatique de l'Europe depuis le Congrès de Berlin*, 2 vols. (1916–1918).

36. H. Friedjung, *Das Zeitalter des Imperialismus. 1884–1914*. Vol. I (1919).

37. Karl Helfferich, *Der Weltkrieg*, Vol. I, *Vorgeschichte* (1919).

38. Charles Seymour. *The Diplomatic Background of the War* (1918).

39. Arthur Bullard, *The Diplomacy of the Great War* (1916).

40. Hans Plehn, *Bismarck's auswärtige Politik nach der Reichsgründung* (1920).

41. Count Ernst zu Reventlow, *Deutschlands auswärtige Politik, 1888–1914* (1916).

42. Johannes Haller. *Die Ära Bülow* (1922).

43. W. H. Dawson. *The German Empire. 1867–1914*, 2 vols. (1919).

44. J. V. Fuller. *Bismarck's Diplomacy at its Zenith.*

45. André Tardieu. *France and the Alliances.* Eng. trans. (1908).

46. E. Daudet. *Histoire diplomatique de l'alliance Franco-russe* (1920).

47. G. H. Stuart, *French Foreign Policy, 1898–1914* (1921).

48. G. M. Reynald, *La diplomatic française, l'œuvre de Delcassé* (1915).

49. Albert Billot, *La France et l'Italie, histoire des années troublées, 1881–1899,* 2 vols. (1905).

50. Pierre Albin, *La Paix armée: l'Allemagne et la France en Europe, 1885–1894* (1913).

51. Ernest Lémonon, *L'Europe et la politique britannique, 1882–1909* (1910).

52. J. A. Farrer. *England under Edward VII* (1922).

53. E. D. Morel. *Morocco in Diplomacy* (1912).

54. W. S. Blunt, *Secret History of the English Occupation of Egypt* (1907).

55. Sir Valentine Chirol, *The Middle Eastern Question* (1903).

56. E. G. Browne, *The Persian Revolution of 1905–1909* (1910).

57. Lovat Fraser, *India under Curzon and after* (1911).

58. Basil Williams. *Cecil Rhodes* (1921).

59. B. E. Schmitt, *England and Germany* (1916).

60. T. von Sosnoky, *Die Balkanpolitik Oesterreich-Ungarns seit 1866*. 2 vols. (1913–1914).

61. Jean Larmeroux, *La Politique extérieure de l'Autriche-Hongrie. 1875–1914*, 2 vols. (1918).

62. Ernst Molden, *Graf Aehrenthal: Sechs Jahre äussere Politik Oesterreich-Ungarns* (1923).

63. Alexander (Count) Hoyos. *Der deutsch-englische Gegensatz und sein Einfluss auf die Balkanpolitik Oesterreich-Ungarns* (1922).

64. R. W. Seton-Watson. *The Southern Slav Question* (1911) and *German, Slav and Magyar* (1916).

65. Alfred Fischel, *Der Panslavismus*.

66. G. N. Trubetskoi *Russland als Grossmacht* (1917).

67. E. M. Earle, *Turkey, the Great Powers and the Bagdad Railway* (1923).

68. H. N. Brailsford, *Macedonia* (1906).

69. H. A. Gibbons. *The New Map of Europe, 1911–1914* (1914).

大戰之爆發：

1. J. B. Scott (editor). *Diplomatic Documents relating to the Outbreak of the European War*. 2 vols. (1916).

2. Karl Kautsky (editor), *Die deutschen Dokumente zum Kriegsausbruch*. French

trans., 4 vols. (1922).

3. The final Austrian *Red Book*.

4. J. W. Headlam, *The History of Twelve Days* (1915).

5. *The German Chancellor and the Outbreak of War* (1917).

6. Sir Charles Oman, *The Outbreak of the War* (1919).

7. Gilbert Murray, *The Foreign Policy of Sir Edward Grey* (1915).

8. Earl Loreburn, *How the War Came* (1919).

9. Raymond Poincaré, *The Origins of the War*, Eng. trans. (1922).

10. Emilé Bourgeois and G. G. Pagès, *Les origines et les responsabilités de la grande guerre* (1921).

11. Alfred Pevet, *Les responsables de la guerre* (1921).

12. T. von Bethmann-Hollweg, *Reflections on the World War*, Eng. trans., Vol. I (1922).

13. *Kriegsreden*, edited by F. Thimme (1919).

14. G. von Jagow, *Ursachen und Ausbruch des Weltkrieges*, (1919).

15. Karl Helfferich, *Die Vorgeschichte des Weltkrieges* (1919).

16. Karl Kautsky, *Wie der Weltkrieg entstand* (1919). Eng. trans. entitled *The Guilt of William Hohenzollern* (1920).

17. Veit Valentin, *Deutschlands Aussenpolitik* (1921), ch. x.

18. Roderich Gooss, *Das Wiener Kabinett und die Entstehung des Weltkriege* (1919).

19. J. von Szilassy, *Der Untergang der Donau-Monarchie* (1921).

20. Heinrich Kanner, *Kaiserliche Katastrophenpolitik* (1922).

21. Julius Andrassy, *Diplomacy and the War*.

22. J. Goricar, *The Inside Story of Austro-German Intrigue* (1920).

23. Munroe Smith, *Militarism and Statecraft* (1918).

24. S. B. Fay, "New Light on the Origins of the War," *American Historical Review*, July and October, 1920, and January, 1921.

25. C. J. H. Hayes, *A Brief History of the Great War* (1920), ch. i.

第六編　暴烈與緊張之時局

吾人今日所處暴烈與緊張之時期，實自一九一四年國際大戰之爆發而肇端也。此最新時代，乃四百年來歐洲『進步』（實用之科學，各國之爭衡，各階級互競之野心，民治主義與民族主義之堅決的施行）之產物，有過去始有現在，此固事勢之自然，抑亦天道之難測者也。

此暴烈與緊張之時期，包括紀載上最大之戰爭，中歐最驚奇之政變，俄國最冒險之社會實驗，以及人類歷史上最重要最紛亂而又最爲遠大之和平解決，人類蓋從未遇繁雜困難之問題若今日歐洲（且爲全世界）之所遭者也。顧現代並非突如其來，乃出於過去，且更將製造新因，改變舊因而以遺諸來世。現在之種種問題，既可因本書以上各章所述四百年之事蹟而了解之，則吾人如能悉心研究此專述現代巨變與危機之五章，則於未來之問題，當易明也。

第二十一章　國際大戰一九一四——一九一八年

第一節　德國在陸上最初之勝利

德國之備戰

德國當大戰之初，原極有希望，備具熱忱，其軍隊之大，組織之善，武裝之良，均爲世界之最，且有一八六六與一八七〇至一八七一年二次戰爭中出奇制勝之經驗。其財富資源亦大，其人民復極愛國，歷年來要求變更帝國政治之各黨（社會黨，羅馬教黨，進步黨），現皆合助帝威廉第二及其羣臣，因彼輩深信祖國之保全，需要全國之統一與軍事之勝利也。德國內部雖稍有反對戰爭之事，然因出版檢查或監禁，旋歸平息。帝國議會則一致表決必要之款項，軍士則欣然入伍，踴躍赴敵。

德國之計劃

德國軍事當局知將同時西攻法國，東敵俄國，但自信以多年之準備，其軍隊調赴戰場，較之法軍俄軍，必更神速能戰，且俄國因幅員之廣，鐵路之少，其動員必尤爲遲難。故德軍謀趁法軍準備未完，英援未至之先，急以大軍破法，然後以戰勝之德國，因奧匈之合作，自能轉攻俄國而了此大戰於東方矣。

德軍攻法，速而且猛。德軍以奪取法德邊境自維丹至柏爾福一帶法人所築之堅固要塞爲遷延時日入法較易而速之途實在假道於比利時盧森堡二中立國。故德人於一九一四年八月初，即向彼處調動大軍，幷運輸大宗軍需。

德軍之取比利時與盧森堡

德軍過小盧森堡公國，未遇困難，但在比利時，則受擾頗多，不無遷延。比利時以中立受侵，憤起抗議，其小軍在其勇王亞白湯統率之下受麥舍（Cardinal Mercier）之鼓勵，竟能奮勇相抗。比軍自非德軍之敵，終以衆寡懸殊而漸敗。一九一四年八月七日列日失陷，二星期後，比利時之最大部皆被征服，德國於是乃準備直接攻法。惟比人之抵抗，亦有種種重要之結果。蓋法軍因此可以重布新防，而英人亦得運送其小『遠征隊』赴法也。惟德軍因受耽滯大怒，比人乃置一軍事長官於不魯捨勒，而視比利時爲被征服之一省，且焚燬多數公共建築物，而可貴之盧芳（Louvain）大學圖書館亦不免焉，即非武裝之民，亦備受苛征凌辱。比人自然極恨德軍，國王亞白湯遂以殘卒加入協約國之軍隊，繼續奮鬭。

德軍之侵入法國

德軍在打通經比路線後之二星期中，竟所向披靡，各軍咸經比利時與盧森堡以入法國。同時，復有軍隊由亞爾撒斯·洛萊因進攻法國邊境自柏爾福至維丹之要塞，德軍節節攻入法境，奪取里耳塞丹及理姆斯（Rheims）。其西線威脅亞明斯以及於巴黎附近其中鋒則渡瑪倫(Marne)河。法軍英軍節節敗退，一若聯軍即將截斷巴黎即當被圍者。法國政府乃急由巴黎遷往波爾多。

一九一四年九月瑪倫河之第一次決戰

法軍總司令霞飛乃於此時下令死守，結果遂有瑪倫河之決戰（一九一四年九月五日至十二日）。自巴黎至維丹，自維丹至柏爾福之全線，幾同時發生劇戰。法軍一隊急由巴黎出發稍得英國小『遠征隊』之助。在戰線東端之法軍卒能守各要塞以卻德軍。福煦(General Ferdinand Foch)之兵且在由巴黎至維丹陣線中最危急之處獲一大勝。德軍攻法軍鞏固之防線無功。法軍乃到處前進復渡瑪倫河，克復理姆斯而抵哀斯尼河以解東部邊塞之危。此第一次瑪倫河決戰之直接結果也參加斯役者凡二百餘萬人。

法蘭達之戰

德軍圍攻巴黎或維丹之企圖既敗，乃欲奪取在法國西北及比利時西南之法蘭達區，以斷絕英法間之交通。德軍陷安都沃爾普（一九一四年十月九日），復猛攻伊泊爾（Ypres），但卒被聯軍逐退。法國在英吉利海峽之諸港既遇救，乃竟於一九一四年十二月將政府由波爾多遷回巴黎。

西方之戰線一九一四至一九一五年

自德軍在瑪倫河與法蘭達受挫後，西方戰線由紐坡耳（Nieuport）與伊泊爾（在比利時西南部）南至哀斯尼河，復由該處東至維丹，南抵柏爾福（總距離約六百哩）。德軍在戰線後佔據比利時之大部份，與法國主要之工業及礦山區域，防守甚固。前方則有法國大軍及英國比利時之軍隊阻德軍之前進，亦防守甚固。德軍在比利時與法國北部固已佔領肥沃之地，但仍未能制服西線聯軍或消除法國之戰鬥力也。

德軍之防禦俄國一九一四年八月坦能堡之戰

是時，德人在東方又須與俄國作戰。德國因傾全力以攻比利時與法國，故僅留小軍以防東境。是軍過小，自不能制止俄國大軍之動員。顧數額雖不及俄軍，其紀律準備及交通工具則過之，卒能在興登堡（General Paul von Hindenburg）統率之下大敗俄軍於東普魯士之坦能堡（Tannenberg）（一九一四年八月二十六日至三十一日），德國之本土遂得免於外國之侵。

俄軍之侵加利西亞

奧匈未能如德國所豫期以助其攻俄。蓋奧匈之軍隊亦如其領土，乃由駁雜之分子組成（德意志人，馬加人，波蘭人，捷克人，斯洛伐克人，斯洛伐尼人，克洛遏亞人，羅馬尼亞人等，惟前二族完全忠順熱心，餘則皆為『從屬之民』，時有兵變私逃之事）。奧匈軍中之馬加人與德意志人雖奮勇作戰，但在數額與軍略上皆不及俄軍，故不惟其侵入俄屬波蘭之計劃失敗，反喪失東加利西亞之全部，連勒謨堡(Lemberg)在內(一九一四年九月三日)，被迫退至喀爾巴阡山脈。

奧匈軍隊既不能阻俄軍之侵入加利西亞，而對於南攻塞爾維亞亦無進展。一九一四年曾二次圖消除塞爾維亞之戰鬬力而皆無功，僅能自保南疆，絕塞爾維亞人之反攻而已。

東方之戰綫一九一四至一九一五年

時西線劇戰漸停，雙方均掘平行之壕以自守，德人知少數軍隊即足以保其在比法之所得，乃將大軍調往俄邊。有此新援，遂能堅守東普魯士，鞏固奧匈在喀爾巴阡山脈與西加利西亞之防線，並因奧匈之助，攻入俄屬波蘭之西部。一九一五年春東方戰線由東普魯士經俄屬波蘭之西部，踰加利西亞而至喀爾巴阡山脈(總距離約九百哩)，其防守之固與西線同。

新式戰爭

一、人數

大戰之歷時久而糜費大，且其性質與前此任何戰爭迥殊，現已彰著。十九世紀之戰爭，大都以練軍隊在疆場上之決戰為限，速戰決勝之後，幾莫不急訂和約。今當二十世紀之大戰，乃全國武裝，以前軍士之數以千計者，現則以百萬計矣。數多自不能集於一地以作戰，惟有利用長列之戰壕，於是西線則延至六百哩，東線則長至九百哩焉。

二、戰壕

大規模之壕戰為大戰之特色。凡參戰之軍各掘深二三呎之壕，成曲折之平行線，彼此以橫壕相聯，而與軍士休息及貯藏軍用品之地洞相通。在雙方戰壕之間爲『無人地帶』，輒築土邱，施鐵網以爲陣，步兵如欲奪敵方之戰壕，須先經此。

三、炮術及化學戰品

補助戰壕者，更有科學上最新發明之機械。馬軍爲用甚少，而砲術之進步則出乎意料之外。機關槍則爲用極多，且沿壕均置大砲以掃除『無人地帶』之障礙，破壞敵方之陣地，幷掩護步軍之襲擊。化學發明品與器械之用尤多，於是礮彈槍彈而外，又有爆裂之炸彈地雷，後且用毒瓦斯，其力更爲可怖。後聯軍復造『坦克車』，外被以鐵，駕以汽機，爬行如蟲，能踰小山小谷，吐出烟霧彈丸。

四、汽油機衆機坦克車

汽油機實爲大戰中必須之武器，不惟用之於坦克車，且用於無數之汽車，以供給前線軍隊之軍火食物，而運俘虜傷兵於後方。飛機亦用汽油以疾飛於戰壕之上，偵察敵軍之行動，抵禦敵方之飛機，並拋擲炸藥於敵軍戰壕後之險要。

五、財力之耗費

因此等作戰之新術，而最後之決勝，乃靡費極大。用砲火以毀戰壕，非費無量數之彈丸與炸彈不可。供給前方無數軍士以必需品，各參戰國非武裝之民，更非全體皆有持久共同之合作不可。財力之耗費既大，遂課重稅，舉鉅債。大戰縱不至促成歐洲文明之破壞，亦必致歐洲破產，此衆所共知者也。交戰國之政府，乃皆組織宣傳機關，既以影響中立國與敵國之輿論，而更以保持其本國人民之戰鬬精神焉。

一九一五年春聯軍之希望

當一九一五年春，德軍雖獲勝於比利時法國北部及俄屬波蘭之西部，而聯軍仍確有最後勝利之望。蓋聯軍方面之人口財富及天然富源均遠過乎中歐之德意志與奧匈二帝國也。此二帝國實已無異一廣大『被困之要塞』，俄軍能由東方逼之，塞爾維亞可由東南困之，法英比利時諸國之軍隊則能由西方攻之。聯軍深明此情，遂以其在瑪倫河法蘭達加利西亞等處之勝利爲此『要塞』終必崩潰之預兆，且深信其優勝之人數財源在長期爭鬬之中必能戰勝中歐二帝國，即無驚人之軍事勝利，亦可使之飢困疲憊也。

倫敦之盟與秘密條約

聯軍抱此樂觀，乃進而協議如何分配其最後勝利所必得之戰利品。當戰爭之初，英法俄三國曾以倫敦之盟（Pact of London）允團結一致，決不單獨媾和至戰勝爲止。及一九一五年春，諸國遂預計此尚未孵化之雛雞，依種種密約，允在未來和會之中由俄國據有君士坦丁堡及波蘭全部，法國恢復亞爾撒斯·洛萊因並支配萊因河畔之德國領土，英國則取德國殖民地之大部，

一九一五年五月意大利之加入聯軍

中立諸國之人亦多與聯軍同抱樂觀，而以多數意大利人爲尤甚。故當聯軍密約意大利加入聯盟而許以領土利益較其以守中立所能得於奧國者爲更大之時，意大利遂棄其與中歐二帝

條頓國之[illegible]

[illegible]之部[illegible]之形[illegible]

[illegible]之[illegible]

三、技術準備之優越

國之盟，而對奧匈宣戰（一九一五年五月二十三日），并與協約國定密約保證其侵非洲與土耳其帝國以爲酬償，且可更得特稜提諾（Trentino），脫裏斯德及亞得裏亞海東岸之最大部分，協約國亦明知意大利加入，則中歐『被困之要塞』又多一受攻之點，且聯軍方面共同之資源與力量亦可增加也。

當一九一五年春，聯軍未免過于樂觀而忽視中歐二帝國之優點數種。德國與奧匈已成一『被困之要塞』，此種事實雖有危險亦有優點。蓋此正足以表示中歐二帝國之軍隊可運行於內綫而不必活點於外綫，及因中歐優良之鐵路與新奇之壕戰性質，援軍乃得易於轉連可調換至前綫吃聚之處。之中歐二帝國之全部戰略均由德國參謀部決定指揮之，該部能協用所有條頓族與匈牙利軍隊之力，故能依次向各方先後施行有效之攻擊。關于此點，在『被困之要塞』之內部其情形與圍攻之軍廳命于四五極彼此分離嫉妒之參謀部（俄法英意塞爾維亞等）者，迥乎不同，蓋指揮統一之於條頓軍有利，正如指揮不統一之不利於其對方也。史有[illegible]，[illegible]人預知新戰爭之性質較敵方更爲明白，在大戰期中之第一年，其大炮炸彈彈藥汽車毒瓦斯等物之準備均遠勝于敵方，對于戰壕之建築與利用更并敵方之所能及。德人自以其本國既爲工業化之國家，有豐富之礦產，有大規模之工廠，有熟練之工匠，有馳名於世之化學製造品，必能將此初期所有之技術準備的優勢維持數年。且以匈牙利與普魯士均廣有麥田，其食料必可使『被困之要塞』中之鉅額戍軍能作長期之困守。

一九一五年春條頓集團之計劃

但德軍參謀部並不欲坐受『圍困』，當戰初三月中卽已出其國境，試用其內部之陣形，指揮之統一，與技術準備之優勝，以征服比利時、法國北部及俄屬波蘭之西部。一九一四年十月末，土耳其尊崇其對中歐二帝國之密約，而對聯軍作戰，蓋卽此最初成功之所致也。及一九一五年五月，聯軍圖取君士坦丁堡，并打通由地中海經二海峽以至俄國之水路，而皆失敗，自德軍參謀部觀之，此時蓋已合奧匈、土、德之主力軍，利用重砲，以初攻俄國，次攻塞爾維亞，而在東方作勝利之決戰。於是此『被困之要塞』必可解其一方之圍，塞爾維亞與俄國將不能不屈服，土耳其遂可與中歐二帝國接近，而戰爭當可決之於西線矣。

意大利之加入聯軍作戰，於德軍之計劃實影響不大。蓋奧軍因意奧疆界之地勢關係，據有高山險要，不費大力，卽足自守。意軍作戰雖勇，而進軍於多山之境，終極緩也。

一九一五年之對俄

故德國參謀部乃急行其攻俄之策。德軍多自法國撤退，惟留相當之軍隊守戰壕，以防英法

大戰

之攻，奧大利與奧牙利則減少其在意大利與塞爾維亞前線之軍隊至最少數，但期足資防守。中歐二帝國用此種移調之隊與大批預備軍，遂於一九一五年春夏二季迭次大敗俄國。二國之所以能制勝者，實得助於無窮之大砲軍火，優良之交通工具，有效之管理與守紀律之軍士，此皆曾受教育知其作戰之意義者也。

俄國之弱點

俄國之軍士多於中歐二帝國，但大多數皆未受教育之農民，不知戰爭之關係存亡。且俄國極缺乏軍需品，其工廠鐵路，遠不如德；自土耳其參戰以後，其來自英格蘭與法國之輸入品，復多斷絕。其專制政治實最不適於應付此種情勢。俄皇尼古拉二世人甚柔懦，易爲羣臣左右所欺，若輩多庸碌無能，且有極詭譎貪邪者。俄將中固不乏眞有才略之人，然皆爲此專制政治所造成之惡劣情形所掣肘，而無法救濟。

馬凱森與興登堡之深入

東方之戰爭甚烈，條頓人卒得勝利。先則有馬凱森（General von Mackensen）率奧匈德國之聯軍驅俄軍於喀爾巴阡山脈之外，敗之於三尼（San）之大戰中（一九一五年五月十五至十七日），迫其退出勒謨堡（六月二十二日），加利西亞之全部幾皆因馬凱森之衝進而爲奧大利所恢復。次則有興登堡率德國大軍敗俄軍於波蘭，八月陷瓦薩，九月陷維爾納，十月波蘭之全部同最大部分之立陶宛與庫爾蘭，悉爲中歐二帝國所得。

俄國之損壞

一九一五年俄國之所失不僅領土而已也，其軍士死者達五十萬，傷者與被虜者復各達百萬。敗退殘卒，氣皆沮喪，俄皇及其專制政府頓失信仰。顧慘敗之後仍不休戰，於是不二載而俄皇之被廢及大革命之開始，遂繼一九一五年之軍事敗北而起矣。

一九一五年保加利亞之加入中歐二帝國

德國參謀部既敗俄國，乃自由轉而注意於歐洲之東南部，其目的在殲滅塞爾維亞，中歐二帝國在此且新得保加利亞爲同盟國。保加利亞自一九一三年第二次巴爾幹戰爭以還，卽痛心於塞爾維亞之嫉妒，當其王腓迪南認爲安全之時，急與土耳其及中歐二帝國作有利之磋商，預備稱霸於巴爾幹。

一九一五年塞爾維亞之被征服

一九一五年十月，保加利亞軍遂自東方攻塞爾維亞，馬甕森所率之德奧軍隊，則從北方進擊，塞爾維亞雙方受敵，旋卽慘敗。協約國開駁雜之『遠征軍』在希臘境內之薩洛尼加登陸，然爲數太少，僅能防制希臘之加入德國而已。二閱月之內，塞爾維亞之全部幾皆爲中歐同盟所征服，門的內哥羅與亞爾巴尼亞二鄰國亦遭同樣之命運。結果當一九一六年之春，德國竟成巴爾幹半島之主人翁，土耳其與保加利亞爲其同盟，塞爾維亞，門的內哥羅，亞爾巴尼亞，則爲其被征服之行省，希臘與羅馬尼亞雖仍維持名義上之中立，但已自然處於條頓威勢之下。

當大戰最初之十八月中，歐陸方面顯著之軍事勝利，自屬德國，惟瑪倫之戰爲例外耳。德軍雖似操勝算，但西有聯軍之堅守，意大利復略作抵抗，且更有最可畏之英國海權焉。

第二節　英國海權之效用

英國爲德國最確實之勁敵，因其具有德國所缺之無上海權也，其海軍之強大二倍於德，且更善於利用之。

英國之未受侵

一、德國較弱之海軍爲英國優勢之海軍封鎖於本國之港內，致德國無法運軍往英，其飛機雖有時飛過北海，投炸彈於英國諸城中，其巡洋艦雖亦間有一隻突出英國之封鎖，而砲擊英國之沿海濱，但英國終賴其海權，未至如比利時、法國、波蘭、塞爾維亞受外軍侵犯之慘禍。

英之助法 一、人力

二、英人因其海軍之優，故能予法人與歐陸之其他同盟國以及時之援助。募義軍於大不列顛愛爾蘭以及不列顛帝國之全部（坎拿大、澳大利亞、新西蘭、南非、印度等處）安然運之法國，而使其與法比諸軍聯合。英國『遠征隊』之人數初雖甚少，後則漸增至一九一六年一月，英國議會實行徵兵，其數額乃至與法軍相等。

二、軍用品

且英格蘭因無德軍侵入之險，故能用其一切之天然富源與機械技術，以造聯軍所需之軍用品，而同時復可由英屬殖民地與美國運送食物用品。由是德軍最初在技術準備上所享有之優勢，至一九一六年乃爲聯軍所抵消。此外更須知英國時方爲最富之國，故能貸鉅款於法國及其他之協約國，在美國參戰以前，反條頓同盟之財政負擔，實大半由英國任之。

三、金錢

德國商業之破壞

英國海軍更斷絕德國大部分之國外貿易。地面蓋無處不有英國之軍艦，與法俄日意諸國之艦隊互相聯絡，密布如網，幾全毀德國之海洋貿易。德國商船雖亦有逃出或偶掠協約國之商船，或避匿於中立國之港內，尤以入美國諸港中者爲多，但少有能回至本國者。德國之海上貿易既壞，遂失其製造品之有利市場與其所急需之國外貨物。其工業因商業之驟衰而受損，其農業卒亦蒙不利之影響。英國之工商業則皆因此而繁盛，蓋英國海軍破壞德國經濟之穩定，即所以保障英格蘭經濟之安全也。英人在大戰中實一如其在拿破崙戰爭及以前在十八世紀戰爭時之所爲，一面出金錢與『遠征隊』，以繼續歐陸之戰，一方則在海外自行奪取殖民地，以擴張不列顛帝國焉。

德屬殖民地之徵服

一九一四年，英國因澳大利亞，新西蘭與日本之助，悉奪德國在太平洋之諸島，日軍則取德國在中國之膠州灣。英人復以法國殖民軍之助，於一九一四年在非洲征服多哥蘭，一九一六年征服喀麥隆。南非之英軍於一九一四年平定一部分波爾人之騷動後，於一九一五年侵德屬西南非洲，一九一八年全服德屬東非。

英軍之攻土耳其

一九一四年十月土耳其之與中歐二帝國聯合，實增加英國海權及其帝國主義活動之範圍。英國立使埃及脫離土耳其帝國，受英國之直接支配，為其保護國。同時復將其一八七八年所『佔據』之塞浦露斯正式吞併。英國又鼓動赫查茲（Hedjaz）即紅海以東之地，包括回教之聖地麥加與麥地那（Medina）二城）之阿拉伯人對土皇革命（註一），派『遠征隊』佔據波斯灣之灣頭，並與俄軍合力征服米索布達米亞及亞美尼亞。

一九一五年英軍在達達尼爾峽與加利波利之無功

英國又擬取君士坦丁堡，以與俄國之交通接近不斷，但成功甚少。英法強盛之聯合艦隊欲打通達達尼爾峽（一九一五年二月至三月）但終不能制服土耳其控制二峽之砲台，數艦轟沉，其計劃遂作罷。後英人又集合一大都來自殖民地之雜色軍隊，於達達尼爾峽附近加利波利半島（Gallipoli Peninsula）之端登陸。在一九一五年之春，此軍奮勇作戰，期以最大之損失犧

註一 赫查茲酋長於一九一六年六月宣佈獨立，一九一六年十一月稱王。

破土耳其之抵抗，然亦無效。但協約國終因英國海軍之力，得屯兵於加利波利以威赫土耳其，數月，并於一九一五年十一，占據希臘之隆洛尼加港以爲他日在巴爾幹活動之根據地焉。

英國海權間接之利

英國之海權直接間接皆爲大戰中最要之動力。彼對於聯軍士氣之維持及最後勝利之保證，其功實高於一切。彼予日本及意大利以充分之信心，使其與協約國共禍福，其功亦高于一切。使協約國人易於在中立各國，尤其在美國宣傳，而使中歐二帝國之國民難于宣傳，馴致全世輿論不問事情之真相，但據協約國之論辯而不信德人之陳述，又英國海權之力也。

德國抵制英國海權之困難

英國之海權自中歐二帝國與土耳其觀之，日益大而可畏。德艦偶亦攻擊英軍，然皆無功。德國之遠東艦隊曾敗英國之分艦隊於接近哥洛尼爾（Coronel）之智利海岸附近（一九一四年十一月一日），然終爲一更强之英國分艦隊殲滅于華爾克蘭群島之附近（一九一四年十二月八日）。後開入北海之德國戰鬥艦隊在茹德蘭之決戰中，頗予英國大艦隊（Grand Fleet）以巨創，然（一九一六年五月三十一日）終須駛回，避匿于本國之水面。德國之巡洋艦亦嘗潛渡北海，炮擊英國之沿海各城，要皆無功，而速退且喪失數艘之多。德國之掠擊艦會到處掠奪協約國之商業，然率不能久于活動，其結局非被擊毀，即受拘于中立之港中也。

潛水艇戰爭

德人至是已僅有一種武器，可以與英國海權相敵，卽潛水艇是也。是種小艇，能在水下駛行甚遠，常可避免敵方之軍艦。當大戰之初，德人不惟用以攻擊敵方之戰艦，且用以擊沉敵方之商船。德人甚信賴潛水艇，所造甚多，其活動範圍擴至不列顛羣島之週圍，甚至闖入地中海，一時德人頗欲恃以妨擾英國之運輸與商業，甚或使英國餓困焉。

德國潛水艇戰爭之最後成功，繫乎其對於開赴或來自英格蘭之商船之概行破壞。但中立諸國必對此抗議，其船舶苟被擊沉，其國民之在協約國船中者苟喪失性命，則其加入協約國或亦意中事。是潛水艇之濫用，於德人亦顯有危險，非徒對於英人爲然也。

露西坦尼亞之沈沒——美國之敵視德國

德國潛水艇擊沉英國大汽船露西坦尼亞（Lusitania）號（一九一五年五月七日）於愛爾蘭南部海岸之附近，其結果致死無武裝之人民約一千二百，內有美國人百餘，遂大引起美國對德之憤恨。美政府乃提出忿怒之抗議，德美間之以外交公文來往者經一年之久，其間復因新發生之潛水艇暴行與危機而時有間斷。及一九一六年五月德國允在未有相當之否定通知以前，不再不加警告而遽擊沉商船，且該船如不圖逃走或抵抗，則當對於乘客生命之安全爲謀相當之防備。

德國因恐美國之極積敵視，一時曾對於此或可抵制英國海權之唯一武器加以抑制，此時英國遂得維持其海上貿易并把持德國之殖民地焉。

第三節 戰爭之危機

一九一六年時德國之成功與希望

當大戰之最初二年中（一九一四年八月至一九一六年八月），有兩種顯然相反之事實即協約國在海上之優勢與條頓國在歐洲之獲勝是也。德國海上貿易與殖民地之喪失實屬顯之事，而德國所指揮之中歐帝國軍隊佔據比利時法國北部波蘭塞爾維亞門的內哥維及亞爾巴尼亞亦同樣明顯之事也。中歐二帝國因邀土耳其與保加利亞參戰，故其所支配之地實由北海與波羅的海以達於波斯灣，自維爾納以至於理姆斯，此乃拿破崙時代以後創立帝國之最大成功也。

德軍苟能於歐陸陣線一一大敗聯軍，則將使全歐慴服，大戰之性質當與拿破崙戰爭相同，變爲一陸上全能之陸軍國家與英國海權之決鬭矣。德國狃於戰初二年之迭勝，自信終可制服東西兩方戰線之一切抵抗，且以爲至最後與英國海權競爭之時，彼等尚有潛水艇之武器，爲拿破崙之所未有。

西方之戰綫一九一五至一九一六年

顧西方戰線之情形，并不大利於德。一九一五年，法軍與英軍雖因大砲軍火之缺乏，不能突破防禦鞏固之敵壕而逐退德軍，但德軍亦因有事於他處，不能在法境繼續進攻。

一九一六年德軍在維丹之受挫

當一九一六年初，俄國已為馬凱森與興登堡所敗，塞爾維亞亦被屈服，德國遂能將其在東方作戰之大軍進至西方，決以此種援軍猛攻法國，使陷於萬劫不復之境。弗列德利克威廉太子(Crown Prince Frederick William)乃集中重兵與充分之軍需，以對維丹之要塞施行總攻擊。但法軍現對於大砲與軍火亦有充分之準備，由伯丹(General Pétain)統率，憤作決戰。『勿任彼軍通過』，實為法國勇士維丹守軍之口號。自一九一六年二月至七月，德軍迭次奮勇猛攻。在城之北部與東部，遂得戰痕遍地之領土約一百三十方哩，中有破毀之砲台二處，及荒涼之廢村四十處，而所喪士卒至少已達三十萬，顧仍未達目的。維丹終在法軍之手，西方陣綫迄未破也。一九一六年伯丹在維丹之防禦戰與一九一四年霞飛在瑪倫河之防禦戰，同為大戰中關係成敗之巨鬬焉。

一九一六年索美河之戰

當德軍尚苦攻維丹之時，法英聯軍乃對於德軍在索美(Somme)河兩岸佩倫內(Péronne)

與巴坡謨（Bapaume）前線之戰壕採取攻勢。索美河之戰，至爲兇猛，除略有休息外，實由一九一六年七月起至十一月止，聯軍所得之直接利益，僅約一百二十方哩之地而已。但敵軍之陣線則因此凹入，德軍乃在後面數哩之處補掘新壕，而於一九一七年三月退守其處。是德國不惟未能制服法英之抵抗，而且稍失其在西線最初之新領土也。

一九一六年意大利與俄國之勝利

德軍在他處亦遭失敗。意軍與俄軍乘德國有事於維丹與索美河，乃同時對奧匈進攻。意軍進至伊孫左（Isonzo）河，而於一九一六年八月取哥里擦（Gorizia），俄軍亦同時恢復東加利西亞之一部分。此等之勝利固無關重要，但亦能振作聯軍之士氣，足以證明中歐二帝國之在大陸並非永不能敗者也。

一九一六年葡萄牙與羅馬尼亞之加入聯軍

一九一六年三月，葡萄牙被勸捕其港內之德國商船，而參加戰爭，爲協約國之一。羅馬尼亞現亦乘聯軍之陸戰勝利而加入戰團，由協約國祕許割與布柯維納，脫蘭斯法尼亞，巴納特及匈牙利平原至台斯（Theiss）河之地以爲酬。

一九一六年德軍之徵服羅馬尼亞

一九一六年八月羅馬尼亞之參戰，實非其時。蓋俄意之攻勢已懈，而德軍亦放棄其在維丹之勢力也。故條頓人大敗羅馬尼亞，其速幾與其對塞爾維亞同。當馬懇森率保加利亞軍自南進攻之時法爾墾亥因（General Falkenhayn）則統德奧軍自西北進逼，一九一六年十二月六日布捨勒斯忒失陷，是年之末羅馬尼亞之全境除東北一小部分外，悉爲中歐二帝國所得。

德國之支配東方

一九一七年初，大戰之危機已近。德國在東方迭獲大勝，俄國、塞爾維亞、羅馬尼亞相繼失敗，聯軍在達達尼爾峽與加利波利均無功，英國在米索布達米亞之遠征隊則被迫投降。德國在征服之領土內，到處徵發金錢軍士以作戰，一九一六年十一月，在波蘭設一從屬之政府，在其他各地則置軍事長官。土耳其，保加利亞，奧匈諸國之軍隊，亦如德國之軍隊（其計劃與準備）概屬於德國參謀部。一九一六年八月，興登堡爲其名義上之首領，盧登多夫（General Erich von Ludendorff）則爲其『軍需長』與實際之首領。中歐二帝國能注重指揮之統一與目的之單純，實協約國所仍未能者。

破壞英國海權之必要

德國雖已支配東方，但仍未獲大戰之勝利。其在西線與英法作戰之軍歷時兩載有半，尚未能眞有發展。意軍實入奧境，俄軍竟亦反攻。在海上則英國之海軍力量仍佔優勢，此時德軍最後勝利之主要希望，似在英國海權之破壞，事果成功，則德國或不難了結俄國而破意法，如其前此之滅比利時，塞爾維亞及羅馬尼亞然。

德國乃利用其潛水艇以破壞英國之海權，遂逐漸厲行潛水艇戰爭，於一九一七年一月之最末一日撤消其前此對於美國之諾言，宣稱嗣後對於接近不列顛群島法國意大利區域以內之一切海上交通，將『以種種武器加以阻止而不施警告』。此即表示德國之潛水艇在此特定區域之內，對於一切船舶無論其屬於交戰國或中立國，將立即擊沉，并不預防無辜乘客之損失也。

一九一七年二月德國復厲行無限制之潛水艇戰爭

德國在一九一七年一月三十一日發出之蠻橫宣言，激怒美人，以其侵犯美國所爭之一切海上自由權也。當德國政府賄買墨西哥與日本以攻美國之事傳出，美人益憤不可遏。一九一七年四月六日遂對德宣戰，十二月七日復對奧匈宣戰。美國之參戰對於聯軍無異天助，因其能以有用之金屬，富裕之食料，多數之船廠，強盛之艦隊，及無限之人力金錢，供聯軍之用也。其尤關重要者，則為其新生之熱忱及其理想。

一九一七年四月美國之加入聯軍

列強中之參加戰爭而不自求或希冀拓土之利者，惟美國耳。無論其他各國之動機如何，美國民衆參戰之目的，實在防護海上之自由，維持正義與國際法，消滅德國軍國主義之威嚇，並維護小國之權利。此等利他主義之目的雖未完全達到，且在一部分美國人心中此等目的確不免與較卑下之動機相混雜；但若不信美國大多數民衆之目的高尚與大公無私，為歷史上罕見之舉，則未免失于不公與錯誤矣。

一九一七年三月俄國之革命

幾當美國參戰之時，俄國發生民衆革命，推翻專制，廢黜尼古拉二世，建立共和政府，註一於是對中歐二帝國踴躍作戰之五大强國至一九一七年春遂悉行民主政治矣（俄，法，英，意，美）。此實足爲威爾遜總統（President Woodrow Wilson）所常用之口號增色，謂大戰所以『使全世界成爲民主政治之安樂地』。無論如何，此次大戰之性質甚或并其目標，似皆因俄國之革命與美國之參戰而變焉。

結果之難定

然當一九一七年時，戰爭之結果仍難決定，中歐二帝國仍固守歐陸之戰壕，毫不讓步，對協約國并厲行潛艇戰爭，協約國則力請美國在潛艇戰爭發生效力以前急行準備應援。此時協約國已稍復在近東所失之地。三月由印度運至米索布達米亞之英國新軍自土耳其人手中奪取重要之巴格達城，六月法英軍因軍艦之助，幹涉希臘內政，廢其親德之王君士坦丁，迫希臘人承認與協約國親善之汾尼最羅斯（Venizelos）政府，并在隆洛尼加援助英法之遠徵隊。但及四月法軍進攻在拿旺（Laon）前綫哀斯尼（Aisne）河沿岸之德軍陣綫失敗，損失甚重，乃以伯丹繼不

註一　俄國革命在第三十四章中有稍詳之叙述

幸之法軍總司令尼維耶（General Nivelle），而以福煦爲參謀長。協約國在西方之戰線，僅勉強支持而已。

教皇之呼喊和平

情勢如斯，教皇彼拿底克十五乃於一九一七年八月發表特種之和平請願。彼請交戰各國共謀一種基於『公理』而不基於強權之『正直永久之和平』，以終止可畏之衝突，力勸諸國除正義所需之外，放棄賠款與新領土，以後應以和平仲裁解決爭執，并保證海上之自由，縮減陸海之軍備。威爾遜總統乃以協約國之名義作復，謂彼雖同情於教皇正直和平之望，但因德國政府之性質與其態度，認媾和爲勢所難能，非仍繼續作戰不可。

戰爭之成敗關頭——德國樂觀之故

當一九一七年之後半年，有三種事實似足預兆中歐二帝國之最後勝利：一爲潛艇戰爭之進步，一爲所謂『失敗主義』之和平運動之進展，尤以在協約諸國內爲甚；一爲俄國之退出戰爭。大戰實已達於成敗之關頭矣。

一、潛艇戰爭之進步

德國以其全副精神勇氣行無限制之潛艇戰爭，自一九一七年一月至六月，其潛艇擊沉協約國之船舶幾達四百萬噸，在一九一七年之後半年中，苟能再倍此噸數，則德國必可餓困英格蘭而制止美軍之運至歐洲。美國在對德宣戰之後，急事準備，以便儘量援助協約國；藉課稅與『自由募債』以籌鉅款而預付其大部分於協約國，急造軍火，徵壯丁四百萬，加以訓練，授以軍裝，以便其在法國或公海上參戰。此外美國又由美國紅十字會支部基督教男女青年會（Young Men's and Young Women's Christian Associations），哥倫布武士團（Knights of Columbus），救世軍（Salvation Army）各種組織以擔任大規模之救濟事業，并以其海軍加入英國之艦隊，用其商船以運士卒與用品於歐洲。但凡此一切均需時日，計美國參戰之大效僅能見諸一年以後，是時德國之潛艇戰爭幾將使其效力全消矣。

二、『失敗主義』之進展

一九一四至一九一七年大戰之緊張既若此其甚，金錢與士卒之損失復若此其多，故一切交戰國之大多數民衆，自皆漸覺疲敝渴望和平。一九一七年五月，社會黨人曾提議以『不割地不賠款』爲基礎而謀普徧之和平。黑普斯堡族之查理於一九一六年末繼老耄之佛蘭西士約瑟夫爲奧大利帝兼匈牙利王，彼見其領內從屬國民（捷克人，斯洛伐尼人，克洛遏亞人，波蘭人等）日呈不安不忠之象，乃與法國政府密謀，意欲結束戰爭。在德國本部，有帝國議會中佔多數之諸黨（社會黨，羅馬教中央黨，進步黨），亦要求在普魯士與帝國內俱創行眞正之議會政治，並議訂『不割地不賠款』之和約。和平主義者或『失敗主義者』在俄，意，法三協約國之人數極多，在法國則有銀行家與政治家數人贊成以互相讓步爲基礎而早與德國媾和、前總揆加約（Joseph Caillaux）亦屬此派。因彼輩之鼓吹與密謀曾使法國軍中發生數次兵變。一九一七年四月，尼維耶進攻德軍之失敗由於「失敗主義」者不少，一九一七年此種運動在意大利尤甚竟致全軍喪氣。至於俄國「失敗主義」已獲勝矣。

三、俄國之進出

三載以來俄國所受之損失挫敗較任何國爲尤甚。俄人咸以其不幸歸咎於暴戾失策之專制政治故惡專制之政治而厭全部之戰爭。一九一七年三月尼古拉二世之推倒實爲德國主動人之陰謀和平與俄國社會黨之要求和平之信號。俄國共和政府之臨時元首克倫斯基（Alexander Kerensky）力請協約國同情於「不割地不賠款」之普遍和平而無效，欲恢復已經委弱之俄軍紀律亦無效、一九一七年七月復對東方戰線之奧德軍作孤注之進攻，更無效。俄軍變叛，攻勢崩潰，奧軍恢復加利西亞之全部德軍攻取利牙（九月三日）而深入愛沙尼亞，俄國大亂，一九一七年十一月克倫斯基遂爲布爾札維克社會黨（Bolshevist Socialist）之政變所推倒。

一九一八年三月之布勒斯特裏多佛斯

布爾札維克政府最初之要舉爲與中歐二帝國休戰，一九一八年三月經長時之爭論，實際殆受戰勝國之強制，始以布勒斯特里多佛斯克（Brest-Litovsk）條約正式媾和。該約之一方爲

克條約

俄國他方則爲德國奧匈保加利亞土耳其俄國放弃芬蘭，波蘭立陶宛，烏克蘭（Ukraine）比薩拉比亞，亞蘭德羣島及波羅的海方面之愛沙尼亞，里凡尼亞庫爾蘭（Courland）諸省，並割俄屬亞美尼亞於土耳其人。

一九一八年三月之布捨勒斯忒條約

羅馬尼亞因俄國之失敗與離弃而陷於孤立，遂覺有與中歐二帝國簽訂和約之必要。依此屈辱之布捨勒斯忒條約，羅馬尼亞允放弃全部多布魯查與喀爾巴阡山之通路，并增進德奧之經濟活動。中歐二帝國則尤將比薩拉比亞并入羅馬尼亞。

德國之支配東歐

俄國與羅馬尼亞既降，條頓族在東歐之權勢遂至高無上。分自俄國之諸省悉成中歐二帝國之屬地，因此二國在東方已無須維持鞏固之戰線，且得人力物力之助可與意軍及英法軍作最後之决戰。在此等情勢之下，『失敗主義』在奧匈與德國完全消失，條頓人民已忘其『不割地不賠款』之口號而助威廉第二及興登堡，盧登多夫，以期獲『勝利之和平』焉。

一九一七年十月意大利之敗於加波勒多

一九一七年十月，奧匈軍隊乘俄國之疲憊與協約國中『失敗主義』之進展，欲以非常之打擊使意大利退出戰爭，果大敗沮喪之意軍於加波勒多（Caporetto），並迫全體意軍急由奧大利境內退歸意大利，至於皮阿味河（Piave），蓋距威尼斯僅數哩矣。此次獲俘幾二十萬得炮將二千尊。但奧匈軍終在皮阿味河爲意軍所阻，蓋意軍現已改編，並有法英部隊爲之援也。故奧匈軍雖能震撼意大利，而仍未能使之傾覆。

德軍在西方戰綫之絕大努力

當一九一七至一九一八年之冬，盧登多夫作非常之準備，倘使德軍奮至大之力以猛攻法境之聯軍，集中大軍於西線，大批之鎗砲彈藥悉運其處，且裝置非常大砲（即所謂 Big Bertha）以備轟擊巴黎於六十哩之外。一切齊備，將以空前強悍之軍作連續之攻擊焉。

一九一八年三月至五月盧登多夫之衝進法國

一九一八年三月，德軍在索美河流域之聖魁廷（St. Quentin）附近猛擊英軍，開一通亞眠之路。四月復攻里耳西之英軍，得前進十五哩。五月又攻哀斯尼河沿岸之法軍，轉戰而前，踰越丘陵而抵瑪倫河岸之沙多退里（Château-Thierry），距巴黎約僅四十哩矣。德軍因此等『衝進』與猛攻，頗佔土地，幷獲戰利品甚多，幾恢復西方之戰線，與一九一四年瑪倫河戰爭將起之際相同。但其代價實大，不惟法英之財產人命毀滅甚多，卽德軍亦然。當德國軍火人力漸竭之時，協約國之抵制仍堅決如故也。

一九一八年六月奧軍之敗於皮阿味河

一九一八年六月，奧軍作殊死之鬬，期勝皮阿味河沿岸之意軍，分數處渡河，在一地曾進展五哩之遠，但終爲意軍集中逐退，受失甚重。此次奧軍在皮阿味河畔最後之敗，實表示潮流之變中歐二帝國之軍事勝利已止，而聯軍之勝利從此始矣。

第四節　聯軍之勝利

俄國雖崩頹，羅馬尼亞雖屈服，意軍雖迫而退守皮阿味河，法軍雖迫而退守瑪倫河，然中歐二帝國仍未勝此大戰　在意法方面及公海上，聯軍之抵抗益強，此德國潛艇戰爭失敗之所致也。

德國潛艇戰爭之失敗

當一九一七年之前半年，德國之潛水艇曾擊沉協約國船舶達四百萬噸，後因英美海軍之時加防潛艇之爲害遂日漸減少。在一九一七年之後半年，僅擊沉二百二十五萬噸，一九一八年之前半年僅擊沉二百萬噸而已。是時英美二國皆急事造船，當一九一八年時下水之商船實遠過於被毀之總噸數。

不列顛之獲救

因此英格蘭既未爲德國所餓困，其海洋交通亦未斷絕　英國得自由加緊其對德之經濟封鎖，並得與美國合作續運軍士軍需至法國及他處之戰地。

一九一七至一九一八年多數列強之加入聯軍方面

一九一七至一九一八年，有數國因潛艇戰爭與英美威勢之盛而加入聯軍。古巴與巴拿馬急隨美國之後，於一九一七年春參戰。後在同年，復有希臘，暹羅，里比利亞，中國，巴西等對德宣戰。

一九一八年，危地馬拉，哥斯達黎加，尼加拉瓜，海地，宏都拉斯等更繼之於後。當一九一八年時，聯盟以抗德國，奧匈，保加利亞，土耳其之中歐同盟者，總計幾佔世界自主國之半數，其中並有最富庶之國家焉。

美國運輸之成效

當一九一七至一九一八年中，除德國潛艇戰爭失敗之外，尚有二種大有利於協約國之進步。其一爲美國訓練軍隊，運過大西洋之迅速有效。當一九一八年七月時，美國已有數逾百萬之軍士在法境準備進攻德軍。

協約國戰時政府之堅固

另一種進步，則爲協約列強戰時政府之鞏固。當大戰之最初數年中，協約諸國之閣員多庸碌無能，其將領又未能合作，及一九一六年十二月，路易喬治任英國總揆，彼以保守黨，自由黨，獨立勞動黨之聯合政府與戰時內閣之助，始能以新精神與決心注入全國。一九一七年十一月克里孟梭任法國總揆，阿蘭多（Vittorio Orlando）任意大利總揆；二人皆有才略之行政家，熱心愛國，抑制「失敗主義」而奮力作戰。美國亦有傑出之總統威爾遜，誠意熱心以與阿蘭多，克里孟梭，路易喬治等合作，彼嘗用其動聽與高尚之言論，到處激發羣衆之理想，而謂大戰須爲一種終止戰爭之戰爭。

協約國軍事指揮之統一

一九一七年十一月成立聯軍最高軍事會議(Supreme Allied War Council)，以謀調和法，英，意，美之軍略。一九一八年三月在德軍最後『衝進』西方戰線之時，協約列強卒允以所有軍隊委託一人指揮，選負此責者為福煦，一短小斑白深眼之六十五歲法國老翁，當時第一流之將才也。隸福煦麾下者有伯丹所率之法軍，梅格（Field Marshal Haig）所率之英軍，爹亞士(General Diaz)所率之意軍及柏爾醒(General John J. Pershing)所率之美軍。協約國遂於大戰之第四年卒能完成其指揮之統一。

第二次瑪倫河之決戰一九一八年七月十五日至八月三日

一九一八年春，福煦以萬全之手腕任德軍在西線自疲於連續之『衝擊』，而不能得一大勝。當七月時，德軍欲在沙多退里與亞柏內(Epernay)間渡過瑪倫河，福煦乃令美國生力軍助法英之老兵作戰。第二次瑪倫河之役，實為二星期之殊死戰，結果聯軍獲勝，不惟遏止德軍之進逼，且由法美聯軍奪取沙多退里而逐敵軍於哀斯尼河以北。

一九一八年第二次瑪倫河之戰對於德軍之不幸，遠過於一九一四年第一次瑪倫河之役。在一九一四年，德軍有較良之大砲及充足之軍火，故能固守哀斯尼之高岡而佔據法比境內之要害，及在一九一八年，則已計窮力竭，既受非常之損失，又不復由俄國或任何他處運來援軍，其人數武裝，現均遠不如聯軍矣。

聯軍之克復法國北部

聯軍戰勝氣壯，逐德軍至哀斯尼，而猶不停止，到處猛攻德軍之陣綫。法英聯軍取聖塁廷，罔必勒、及裏耳，法美聯軍則擊退維丹以南聖密海爾（St. Mihiel）之德軍，而肅清穆斯河沿岸阿爾艮（Argonne）以北之地。一九一八年十一月初，德軍幾悉逐出法國之外，且喪失比利時之大部分焉。

聯軍之取叙利亞與米索布達米亞

聯軍之勝利不僅限于西綫而已也。阿楞比（General Allenby）所率之英國遠徵隊，已由埃及前進，并有阿拉伯軍自赫查茲加入，於一九一七年十二月敗土耳其人巴裏斯坦，奪取耶路撒冷。一九一八年，阿拉伯人與英軍繼續北進，取大馬士革與亞勒坡（Aleppo），而米索布達米亞之英軍亦泝底格裏斯河轉戰而前，由巴格達以至摩蘇爾（Mosul）。一九一八年十月全部米索布達米亞、阿拉伯、巴裏斯坦、叙裏亞等地已不復爲土耳其人所有，土耳其帝國當危急之秋，而頓失德援，遂顯然瓦解矣。

聯軍之取馬其頓

時駐隆洛尼加之法英聯軍新由佛蘭捨特斯伯勒（General Franchet d'Esperey）指揮，大得塞爾維亞人、希臘人、意大利人之助，乃于一九一八年九月進攻保加利亞軍。一九一八年之保軍，其實力還不如一九一五或一九一六年之時。前此之徵服塞爾維亞與羅馬尼亞，會獲條頓師團之助，現則已不復可得，其士氣亦因淹留於馬其頓境內而大減，竟至疲倦不安。因此隆洛尼加方面聯軍之繼續進攻，忽得重要之效果，二星期內馬其頓與塞爾維亞之保軍概被肅清，戰勝之聯軍遂可直達索斐亞矣。

奧匈之崩潰

奧匈亦於同時崩潰，奧匈國內之從屬民族久已表示攜貳之態度，軍中變叛時聞。現因中歐二帝國，尤其爲德國之軍力驟衰，捷克人，波蘭人，克路遏亞人，斯洛伐尼人等乃咸起革命，宣布獨立。佛蘭捨特斯柏勒所率戰勝之聯軍又從南方威脅匈牙利，羅馬尼亞人復毀其受辱之布捨勒斯忒條約，重行參戰，自東方侵入匈牙利，爹亞士所率之意軍則自皮阿味河驅逐奧軍，追奔逐北，直至一九一八年十一月初，佔據脫蘭德與忒裏斯德始止。

中歐二帝國之分崩

中歐二帝國之同盟支持四載，宛如石壁，現乃終歸崩潰，其軍隊戰敗氣沮，其將領咸失信仰，其君主與政治家則敬惶失措，其人民則高呼和平。最後加入同盟之保加利亞乃首先退出，於一九一八年九月三十日對聯軍作無條件之投降，一月以後土耳其與奧匈均起而效之。

結局

一九一八年十一月十一日德國與協約國簽訂休戰條約。協約國占領所以萊因河左岸之地，法國取亞爾撒斯·洛萊因，并治理緬仔，美人據哥伯蘭仔，英人則據哥洛尼。德國將其所有軍艦，潛艇，及大多數之汽機車，摩托車，鐵路客車等讓交協約國。條頓二強及其同盟國悉解武裝，德國，奧匈，保加利亞，土耳其蓋悉屈膝於戰勝之協約國矣。

課外讀本

普通者：

1. C. J. H. Hayes. *A Brief History of the Great War* (1920).
2. A. F. Pollard, *A Short History of the Great War* (1920).
3. John Buchan, *A History of the Great War*, 4 vols. (1922).
4. F. H. Simonds, *History of the World War*, 3 vols. (1917-1919).
5. Contemporaneous and fairly detailed accounts are in such famous national annuals as *The Annual Register* (British), *La vie politique dans les deux*

mondes (French), and *Europäischer Geschichtskalender* (German).

6. The *Encyclopædia Britannica*, vols. XXX–XXXII, constituting the "twelfth" edition (1922).

7. The *Chronology of the War*, 3 vols. (1914–1918).

8. *Current History*.

9. *The Times Documentary History of the War*, published by the *London Times*.

10. Louis Raemaeker, *Raemaeker's Cartoon History of the War*.

戰時外交：

除第三十章所附書目外，再參考：

1. G. L. Dickinson (editor), *Documents and Statements relating to Peace Proposals and War Aims* (1919).

2. F. S. Cocks, *The Secret Treaties and Understandings* (1918).

3. Émile Laloy, *Les documents secrets des archives du ministère des Affaires*

étrangères de Russie (1919).

4. Count Ottokar Czernin, *In the World War* (1919).

5. Georges de Manteyer (editor), *Austria's Peace Offer, 1916–1917*, Eng. trans. (1921).

6. Martin Spahn, *Die päpstliche Friedensvermittelung* (1919).

7. Mermeix (pseud. for Gabriel Terrail), *Les négociations secrètes et les quatre armistices* (1919).

8. P. E. Wright, *At the Supreme War Council* (1921).

法國與大戰：

1. Ernest Lavisse, *Histoire de France contemporaine depuis la révolution jusqu'à la paix de 1919*, Vol. IX (1922).

2. Léon van der Essen, *The Invasion and the War in Belgium* (1917).

3. Mermeix (pseud. for Gabriel Terrail), *Joffre: la première crise du commande-*

ment (1919).

4. *Nivelle et Painlevé: la deuxième crise du commandement* (1919).

5. *Le commandement unique*, 2 vols. (1920).

6. Raymond Recouly, *Foch, the Winner of the War*. Eng. trans. (1920).

7. J. de Pierrefeu, *Plutarque a menti* (1921).

8. Coleman Phillipson, *Alsace-Lorraine. Past, Present and Future* (1918).

英國與大戰：

1. J. E. Edmonds. *History of the Great War based on Official Documents*. Vol. I on "Military Operations" (1922).

2. Sir George Arthur, *Life of Lord Kitchener*, 3 vols. (1920).

3. *The Memoirs of Field Marshal Viscount French* (1914).

4. G. A. B. Dewar and J. H. Boraston, *Sir Douglas Haig's Command, 1915–1918*, 2 vols. (1922).

5. Sir William Robertson, *From Private to Field-Marshal* (1921).

6. Sir Frederick Maurice, *The Last Four Months* (1919).

7. *Intrigues of the War* (1922).

8. Edmund Dane, *British Campaigns in the Nearer East, 1914–1918*, 2 vols. (1922).

9. E. T. Raymond, *Mr. Lloyd George* (1922).

10. W. F. Roch. *Mr. Lloyd George and the War* (1920).

11. Sir Campbell Stuart, *Secrets of Crewe House* (1920).

中歐帝國與大戰：

1. H. von Kuhl, *Der deutsche Generalstab in Vorbereitung und Durchführung des Weltkrieges* (1920).

2. Erich von Falkenhayn, *The German General Staff and its Decisions, 1914–1916* (1920).

3. Paul von Hindenburg, *Out of my Life*, Eng. trans. by F. A. Holt (1920).

4. Erich von Ludendorff, *Ludendorff's Own Story, 1914–1918,* 2 vols. (1919).

5. T. von Bethmann-Hollweg, *Betrachtungen zum Weltkriege,* 2 vols. (1919–1921).

6. *Kriegsreden*, edited by F. Thimme (1919).

7. Karl von Hertling, *Ein Jahr in der Reichskanzlei* (1919).

8. Matthias Erzberger, *Erlebnisse im Weltkrieg* (1920).

9. Philipp Scheidemann, *Der Zusammenbruch* (1920).

10. E. R. Bevan, *German Social Democracy During the War* (1919).

11. Salomon Grumbach, *Das annexionistische Deutschland* (1917), abbreviated Eng. trans. (1917).

12. K. F. Nowak, *Der Weg zur Katastrophe*, revised by Conrad von Hötzendorff (1921).

13. Cramon (representative of the German General Staff in Austria), *Unser oesterreichisch-ungarischer Bundesgenosse* (1919).

14. Auffenberg, *Aus Oesterreich-Ungarns Teilnahme am Weltkriege* (1920).

俄國與大戰：

1. Basil Gourko, *War and Revolution in Russia, 1914–1917* (1918).
2. Maurice Paléologue, *La Russie des tsars pendant la grande guerre* (1921).
3. Sir A. Knox, *With the Russian Army* (1918).
4. A. Tyrkova-Williams, *From Liberty to Brest-Litovsk* (1919).

美國與大戰：

1. J. B. McMaster, *The United States in the World War*, 2 vols. (1918–1919).
2. J. S. Bassett, *Our War with Germany* (1919).
3. L. P. Ayres, *The War with Germany, a statistical summary*, 2d ed. (1920).
4. Benedict Crowell and R. F. Wilson, *How America Went to War, 1917–1920*

6 vols. (1921).

5. J. B. Scott, *A Survey of International Relations Between the United States and Germany 1914-1917* (1917).

6. B. J. Hendrick, *Life and Letters of Walter Hines Page*, 2 vols (1922).

7. J. W. Gerard, *My Four Years in Germany* (1917).

8. J. H. von Bernstorff, *My Three Years in America* (1920).

意大利與大戰：

1. Luigi Cadorna, *La Guerra alla fronte Italiana*, 2 vols. (1921).

2. G. M. Trevelyan, *Scenes from Italy's War* (1919).

大戰與近東：

1. Ferdinand Schevill, *The History of the Balkan Peninsula* (1922).

2. Noel Buxton and C. L. Leese, *Balkan Problems and European Peace* (1919).

3. Edmund Dane, *British Campaigns in the Nearer East, 1914–1918*, 2 vols. (1922).

4. W. H. Crawfurd Price, *Serbia's Part in the War* (1918).

5. R. G. D. Laffan, *The Guardians of the Gate* (1918).

6. R. W. Seton-Watson, *Roumania and the Great War* (1915).

7. Ajwara, *La guerre roumaine*.

8. Take Jonescu, *Souvenirs* (1919).

9. G. F. Abbott, *Greece and the Allies, 1914–1922* (1922).

10. Raymond Recouly, *M. Jonnart en Grèce et l'abdication de Constantin* (1918).

11. E. M. Earle, *Turkey, the Great Powers and the Bagdad Railway* (1923).

12. Liman von Sanders, *Fünf Jahre Turkei* (1919).

13. M. P. Price, *War and Revolution in Asiatic Turkey* (1918).

14. Henry Morgenthau, *Ambassador Morgenthau's Story* (1918).

15. W. S. Churchill, *The World Crisis, 1915* (1923).

16. H. W. Nevinson, *The Dardenelles Campaign* (1918).

17. Sir Ian Hamilton, *Gallipoli Diary*. 2 vols. (1920).

18. John Masefield, *Gallipoli* (1916).

19. Luigi Villari, *The Macedonian Campaign* (1922).

20. M. P. E. Sarrail, *Mon Commandement en Orient 1916–1918* (1920).

21. Mermeix (pseud. for Gabriel Terrail), *Sarrail et les armées d'Orient* (1920).

22. Sir Charles Townshend, *My Campaign in Mesopotamia* (1920).

23. Sir Charles E. Callwell, *Life of Sir Stanley Maude* (1920).

24. W. T. Massey, *How Jerusalem was Won* (1918).

25. *Allenby's Final Triumph* (1920).

26. Sir Valentine Chirol, *The Egyptian Problem* (1920), ch. vii.

27. W. T. Massey, *The Desert Campaigns* (1918).

海軍作戰：

1. Sir Julian Corbett, *Naval Operations*, 2 vols. (1920–1921).

2. Viscount Jellicoe, *The Grand Fleet 1914–1916* (1919).

3. W. S. Churchill, *The World Crisis*, 2 vols. (1923).

4. Alfred von Tirpitz, *My Memoirs*, 2 vols. (1919).

5. Reinhardt Scheer, *Germany's High Sea Fleet in the World War* (1920).

海外戰爭：

1. Jefferson Jones, *The Fall of Tsingtau* (1915).

4. J. H. V. Crowe, *General Smuts' Campaign in East Africa* (1918).

3. P. E. von Lettow-Vorbeck, *My Reminiscences of East Africa* (1920).

雜著：

1. C. R. Gibson, *War Inventions and How They Were Invented* (1917).

2. I. F. Marcosson, *The Business of War* (1918).

3. P. Azan, *The Warfare of Today* (1918).

4. W. J. Abbot, *Aircraft and Submarines* (1918).

5. G. Demartial, *La guerre de 1914: comment on mobilisa les consciences* (1920).

6. H. P. Davison, *The American Red Cross in the Great War* (1919).

7. Evangeline C. Booth and Grace L. Lutz, *The War Romance of the Salvation Army* (1919).

8. Michael Williams, *American Catholics in the War: the National Catholic War Council, 1917–1921* (1921).

9. Romain Rolland, *Above the Battle* (1916).

10. Henri Barbusse. *Under Fire* (1917).

11. Bruce Bairnsfather, ***Bullets and Billets*** (1917).

12. *Economic and Social History of the World War*, edited by J. T. Shotwell and published by the Carnegie Endowment for International Peace.

第三十二章　和議之準備與中歐之革命

第一節　和議之基礎

和議之重要

一九一四年七月二十八日因奧匈之攻塞爾維亞而開始，一九一八年十一月十一日因德國與聯軍之休戰條約而結束之國際大戰，其變動之劇在人類全部歷史上之同樣時期中實無先例，歐洲在政治經濟社會上皆經過根本變遷，全世界悉陷於紛亂之中。但在現有之紛亂中，終須有秩序出現，在新近之戰爭中，亦終須有和平出現，因和平與秩序乃人類社會之常態也。

全世界之政治家與民衆在一九一四至一九一八年間所遇者，爲處置歷史上最大戰爭之種種重大問題，一九一八年之所逢者，則爲關於議和之種種問題，其嚴重遠大實遠過於一八一四年集會維也納，一七一三年集會烏德勒支，或一六四八年集會委斯法里亞之外交家所應付者。彼等現在究願締結何種和約乎？此和約將接近永久和平之目標乎，抑僅爲更大而更不幸的戰爭之先聲乎？　未來人類之幸福與國際眞正之安寧，自繫乎一九一八至一九一九年決議之健全與否也。

健全和約成了之困難

通常生於戰爭之野心與熱情，並非健全的和平談判之適宜的背景與環境，結束戰爭之大多數條約，亦鮮能處決原有之爭端，反常造成新衝突之根源，此不幸已爲人類之經驗，而大戰之和議似亦幷非例外。　大戰已屬悲慘，但就某種意義而言，則結束大戰之條約尤爲悲慘，謂一九一八至一九二〇年之一般世界問題的解決，爲戰爭無益之最後明證，或更爲確論也。

協約國理想之參戰目的

協約國之從事大戰，實有種種原因。　諸國原以此爲嚴格之防禦戰爭，似眞以擁護權利正義自居，而抵制奧匈，土耳其，保加利亞，尤其在抵制德國。　因奧匈蔑視當時之民族情感，有意妨礙塞爾維亞人之民族統一，與其前此力阻意大利及德意志之民族統一相同，土耳其曾觸犯妨害近代之基督教文明，保加利亞則不忠於同種，並蔑視條約之義務，德國則前既以威脅之言論與軍備之炫耀恐嚇歐洲至二代之久，後更圖藉極端不法之手段及絕無忌憚之同盟，以強施其意志與文化於歐陸，甚至欲本軍事勝利以創建一世界組織，用代歷時已久之自由自主之國家制度也。　奧匈攻塞爾維亞以啓釁，德國復繼起攻擊俄法，且破壞其尊重比利時中立之誓約，於是英國遂參戰以爲比復仇矣。

協約國自利之主戰目的

簡言之，協約國政府之正式自辯如此，戰爭期中協約國大多數民衆之情感亦如此，大多數之意大利人，日本人，羅馬尼亞人，美國人及其他各民族所以熱心擁護協約國之主張者，亦由於此，民意所在，可據以爲最後和議之基者，亦即爲此。

顧協約國之政府雖力言其所以用武之故，在拯救歐洲傳統之文明，使不爲條頓族所毀，但在長期衝突之中，已漸用此武力以謀達其本國愛國者與帝國主義者所指示之特殊目的：法國則圖復一八七一年之損失，重取亞爾撒斯・洛蘭，因求得防制德國他日侵略之保證，恢復其在拿破崙時代或路易十四時代所掌之歐洲霸權，並乘便擴張其在海外有利之投資場。英國則思消滅德國可畏之海權，摧毀其工商業之勁敵，而鞏固其固有之帝國。意大利則欲從奧匈取得未恢復之意大利，並在亞得里亞海與東部地中海確得支配一切之地位。日本則圖擴張其在遠東之權勢，並爲中國樹立一種「門羅主義」。希臘則冀得南部亞爾巴尼亞及愛琴海之海岸與諸島。塞爾維亞，羅馬尼亞，波蘭及捷克斯洛伐克（Czechoslovakia）則謀得完全之獨立，民族之統一，幷各併其本族所居之土地。此等協約國之特殊而頗爲自利之目的愈著，則大戰所帶十字軍之性質愈少，其所含之敵對帝國主義衝突之性質愈多。當德國仍爲強盛之公敵時，其他之帝國主義倘能合以應之，德國既敗，則協約國之團結自亦隨之解體。「各自爲謀，魔鬼將乘最落伍者」之惡例，固仍在也。是時協約國之動機，蓋大都俱混有高尚之理想與潛伏之私利野心焉。

「秘密條約」

「秘密條約」實有助於協約國比較自利之動機。一九一五年春所締結之種種密約，前已提及，依此等條約，英法俄諸國允在未來之和議中，俄國可佔據君士坦丁堡及波蘭之全部，法國應恢復亞爾撒斯，洛萊因並支配德國土地達於萊因河，英國可取德屬殖民地之大部分。但此僅爲初期所定者，協約國後更有種種密約，以鞏固擴大其對中歐二帝國之聯盟，當其軍事窘迫之時，尤多此舉。意大利之於一九一五年參戰，羅馬尼亞之於一九一六年參戰，皆曾得領土擴張與帝國利益之美諾。一九一六年之種種密約，又將土耳其帝國預加瓜分，所許諸俄國者不惟君士坦丁堡，且有中部及北部之亞美尼亞及黑海以南最大部分之陸地。許之法國者則爲南部亞美尼亞，西里西亞（Cilicia）省及自推羅（Tyre）至亞力山大勒達（Alexandretta）之敍里亞沿岸之完全主權，此外復劃廣大之內地以爲其「勢力範圍」，亞勒坡，大馬士革及摩蘇爾皆屬之。對英國則許以低部米索布達米亞之完全統治權，及法國勢力範圍以南一切領土之保護權。一九一七年四月，更密許意大利以土耳其之阿那托力亞（Anatolia）之南半部，舉凡重要之亞達利亞（Adalia）可尼亞（Konia）與士麥拿（Smyrna）諸城盡屬之，但其後又秘允希臘可取士麥拿。更有他種秘約將德國在赤道以北之太平洋諸島讓與日本，中國雖亦加入協約國方面作戰，但仍許日本以侵害中國取得德國在華之膠州灣與重要之經濟特權。秘密條約雖不過允以甲派帝國主義者代替乙派，但終爲最後和議强有力之基礎也。

群衆之渴望一種新世界組織

協約國之外交家雖聽從熱心之愛國者或有利害關系之實業家而締結秘密條約，然各國內部之多數羣衆則渴望合理公平之和議，并欲得一新世界組織，使之基於民治民族主義，可用以減少未來戰爭之機。此等理想家因美國之參戰，尤其因威爾遜總統之言論而獲得勢力與鼓勵。

美國之地位

參戰列强之無領土野心，其加入動機可謂至公無私者，惟有美國。美國未嘗參與任何『密約』，在戰爭告終以前此等條約之存在，實尚有爲美國之所未知者。美國於參戰時并未與聯軍成立條件，亦若其未與德國要求條件也。

威爾遜之參戰目的（一九一七年四月）——民治主義與世界聯邦

其實當一九一七年四月二日，威爾遜總統勸美國議會對德宣戰之時，已說明『苟非由民主國家之聯合，則堅固和平之協調永難維持，在此種協調之內，未有專制政府能發其信心遵其盟約者。此種協調必須爲一榮譽之聯盟，一同意之合作……惟自由人民方能始終保持此意志與榮讐，以達共同之目的且先人類之公益而後狹隘之私利，……非使全世界能安然實行民主政治不可，和約須建立於依經試驗之政治自由的基礎以上。吾人絕無自利之目的，吾人無意侵略，無意拓地，吾人不爲自求賠款，對於未來自願之犧牲亦不要求物質之賠償，吾人只爲擁護正義之一分子。此等正義苟能藉各國之信義與自由而使之安全，則吾人便即滿足。……文明本身似在若存若亡之間。今使偉大和平之我國捲入戰爭，捲入此最兇猛最不幸之戰爭，誠屬可畏之事。然正義更重於和平，吾人當爲心所服膺者而戰，——即爲民治主義而戰，爲彼屈於威視而對於自己之政治未能參與者之正義而戰，爲小國之正義與自由而戰，爲自由人民合謀正義之普勝而戰，蓋此種優勝可使一切國家享有和平安全，并可使世界本身得永久之自由也……』。

威爾遜爲民衆理想之代表

此種高論不獨吐露美國人之理想，且實能發抒協約諸國甚至中歐二帝國中潛伏之理想，所以是後兩年，美國在全世界之輿論與協議中享有無比之威信與勢力。協約國之政治家遂益委托威爾遜總統以陳述其理由與要求，而威爾遜亦善於利用機會，既有體面又有效力。當一九一七年八月教皇彼拿底克十五懇求和平之時，協約國則讓威爾遜代答。此時總統曾指出德國現有政府之行動使任何談判均歸無效，並請德國民衆弃其『不負責任』之政府。同時又宣言美國之計劃不在參與壓制德國民衆之舉，彼否認『處罰之賠款，帝國之瓜分，自私排外之經濟聯盟的樹立』，而斥此等觀念爲『不當其日久爲害且更甚於無益』。

威爾遜總統之言論因一九一七年之俄國革命而愈增效力，蓋俄國專制政治之傾覆，似乎預告全世界民治主義與民族主義之勝利也。布爾札維克黨在俄國奪取政權之後，立即發表多種之『秘密條約』，其結果雖引起協約國外交家之憤怒，然大足以使協約國之情感贊成威爾遜依其已經宣布之普遍原則以改正戰爭之目的也。

威爾遜之和議綱領——一九一八年一月所宣布之『十四條』

一九一八年一月八日，威爾遜總統復對美國議會演說，發表協約國參戰之目的爲十四條。(一)公開成立公開之和約，以後再無秘密外交。(二)領水以外之海洋，除可依國際行動封禁外，無論平時戰時，航行均應絕對自由。(三)力去一切經濟的障礙。(四)充分保證各國軍備之縮減。(五)對於一切殖民地之要求，謀絕對公平之處理，與此事有關的人民之利益，亦須與權利正待決定之政府的正當要求受同等之重視。(六)俄境之兵應全撤，與俄國以自行發展之充分機會而由列强加以援助。(七)比利時境內之兵全撤，復其原狀，使其主權，不受任何限制。(八)解放法國之領土，復其受害各地之原狀，並矯正普魯士在一八七一年對於亞爾撒斯·洛萊因事件所鑄之錯。（九）依據可明白認出之民族界線改正意大利之國境。（十）予奧匈境內之各色人種以自由發展自治之機會。（十一）羅馬尼亞，塞爾維亞，門的內哥羅境內之兵應全撤，復其被佔之領土予塞爾維亞以出海之口，巴爾幹諸國之相互關系應依歷史上既定之屬轄的與民族的界線決定之而置諸國際保證之下。（十二）土耳其帝國內之土耳其區域，應享有穩定之主權，其非土耳其之各族當予以自治之發展，達達尼爾峽則應對於一切船舶，永遠開放。（十三）建設獨立之波蘭國凡顯屬波蘭人口所居之領土皆屬之，且與以出海之口。（十四）須以特種盟約組織各種聯合總會其目的在對於大小國家之政治獨立及領土完整，予以相互之保證。

此著名之『十四條』（Fourteen Points）旋被認爲協約國參戰目的之合宜歸條，與威爾遜之中歐帝國須行民主制之主張，同爲未來和議之基礎。

中歐之民主革命

一九一八年秋，當軍事趨勢正不利於中歐二帝國而利於協約國之時，革命適爆發於保加利亞，土耳其，及奧匈，最後且發於德國。中歐之革命，實民族主義與民治主義之革命也。

一九一八年十一月德國與協約國之休戰條件

最後之危機既至，德國政府乃求威爾遜總統正式聲明投降之條款。一九一八年十一月五日，威爾遜總統通知德軍，謂福煦已受有成立休戰之權，並謂協約國預備依『一九一八年一月總統對國會演說中』所定之條件，及『其以後各次演說中所述之議和原則』以媾和。惟第二條（海洋自由）與第十條（奧匈之地位）則均附有保留之處，並有一明白之諒解，即『德國因施行陸海空攻擊所損害之協約國中非武裝之人民及其財產應給賠償』。十一月十一日依此基礎成立休戰，德國方面非威廉第二之代表，而爲德意志民主共和國之代表。

吾人茲當敘述中歐在和約成立以前如何依據民族與民主基礎以改組之事。

第二節　東南歐洲之民族革命與奧匈之分裂

大戰中慘敗之國，皆發生政治革命，當一九一八年秋王冕之墜，殆同過熟之果。

保加利亞之革命

一九一八年十月，詭譎之保加利亞王腓迪南隨軍隊之潰敗，讓位於其幼子波利斯三世（Boris III），而穩居於匈牙利之園墅。保加利亞名義上雖仍爲君主國，實則政權已歸農黨與社會黨之集團，掌握其領袖爲斯端布林斯基（Stambulinsky），一激烈之愛國志士也。彼顯係代表國內傾向民主之農民，凡腓迪南政府中之官吏被視爲對於保加利亞之參戰負責最大者，彼皆捕而罰之。

斯端布林斯基

土耳其之革命

凱莫爾

在土耳其，則其皇帝謨罕默德五世已於一九一八年七月逝世，當聯軍於十月佔據敍里亞與米索布達米亞之時，嗣皇謨罕默德六世乃准恩維（Enver Pasha）及其他之青年土耳其黨辭職，蓋此輩因附和條頓族之主張，使本國瀕於滅亡也。一九一九年，傾向民主之愛國志士凱莫爾（Mustapha Kemal Pasha）樹義幟於阿那托力亞，以反對土皇數月來之畏怯與協約國之專橫，彼建新政府於昂哥拉（Angora），集大部分之土耳其人於其麾下，戰爭與外交并用，卒於一九二三年廢謨罕默德六世，而宣佈土耳其爲共和國。

奧匈之革命

在奧匈雙重君主國中，卽黑普斯堡族人種駁雜之領土中，革命之進行甚至更遠，其性質以民族革命爲主，而民主與共和革命次之。

奧匈之分裂爲歐戰時一件關係重大之事。遠在土耳其與保加利亞降服以先，遠在德國最後敗於西線之前，奧匈卽已遭遇不幸。其受損由於內部之弱點者多，而由於外國之軍威者少，此其與同盟國不同之處也。自一九一七年三月之俄國革命以後，在民治主義或民族自決之任何理論下，欲以少數之馬加人與德意志人統治多數之斯拉夫人，殆已毫無希望。

「從屬民族」之離貳

一切從屬民族（捷克人，斯洛伐克人，克洛遏邪人，斯洛伐尼人，波蘭人，小俄羅斯人（烏克蘭

一九一七年七月巨革斯拉夫之科佛宣言

人）及羅馬尼亞人等」，最初尙僅要求在奧匈內部享有自治之權，威爾遜總統在其著名之協約國參戰目的之規條中所以加入第十條者，卽係滿足彼等之要求。後閱時旣久，此等人種更要求與德意志人種之奧大利及匈牙利完全分離。各民族咸能團結一致，教士及大學教授常與實業家農民工匠等爭勝，以謀促進本族之利益。分離之宣傳或公開進行，或祕密活動，對於在位之黑普斯堡族之忠心已無形動搖，各城市如巴拉叩亞哥郎（Agram），勒巴赫克拉科及勒謨堡均發生示威運動與騷亂。奧匈軍中常生兵變，捷克人克洛遏亞人波蘭人之軍隊且多逃至聯軍方面，而爲聯軍在俄國或西線與意大利等處作戰。從屬各族之『民族會議』（National Councils）且成立於巴黎倫敦羅馬或華盛頓等處，此等『臨時政府』不惟在奧匈境內煽動反叛之勢焰，且力謀取得協約國之助力，以使奧匈分裂焉。

一九一七年七月奧匈國內從屬之南斯拉夫人（South Slavs）或巨哥斯拉夫人（Jugo-slavs，卽斯洛伐尼人克洛遏亞人塞爾維亞人）之傑出代表巴與塞爾維亞總揆尼科勒裴西齊（Nikola Pashitch）簽定正式之科佛宣言（Declaration of Corfu）允於大戰告終之時統一塞爾維亞與門的內哥羅境內之五百萬塞爾維亞人及奧匈境內之七百萬巨哥斯拉夫人爲一獨立之民族國家稱『塞爾維亞人克洛遏亞人斯洛伐尼人之王國』(Kingdom of the Serbs, Croats and Slovenes)而共戴塞爾維亞王彼得爲君，關於澈底之民主政治與充分之地方自治亦皆有憲法規定之。科佛宣言不惟預兆塞爾維亞之發展與民族統一，且實鼓勵奧大利境內同種之捷克人與匈牙利境內之斯洛伐克人使圖創立一統一獨立之捷克斯洛伐克，羅馬尼亞人及波蘭人之民族野心亦受其鼓勵焉。

一九一八年四月舉行於羅馬之『奧大利被壓迫民族大會』

一九一八年四月，『奧大利被壓迫民族大會』(Congress of Oppressed Austraian Nationalities)在意大利政府贊助之下集於羅馬，蒞會之捷克斯洛伐克人巨哥斯拉夫人羅馬尼亞人及波蘭人一致採定以下之決議。『(一)一切人種皆宣言其由自己決定國籍並謀民族統一及完全獨立之權。(二)一切人種咸知奧匈君主國爲德人霸權之工具，爲實現彼等自由發展與自治之根本障礙。(三)大會承認對於共同壓制者有作戰之必要』。

一九一八年秋，奧匈軍隊不可挽回之厄運，立促其國家之分裂在休戰協定成立之先已然。十月末維也納政府已停止職權，黑普斯堡帝國遂裂爲多數獨立國家矣。

一九一八年捷克斯

捷克斯洛伐克未幾卽出現於奧匈之廢址中。十月十八日，其獨立宣布於巴黎，後十日(捷

洛伐克之獨立與統一

一九一八年塞爾維亞人克洛遏亞人斯洛伐尼人創立統一之巨哥斯拉夫王國

克斯洛伐克之全國『獨立紀念日』），奧匈總督自巴拉叩出走，捷克斯洛伐克民族會議之地方首領克拉瑪澤（Karel Kramarcz）遂宣布黑普斯堡族之查理已非波希米亞，摩拉維亞，細勒西亞及斯洛伐克之國王，而宣告成立一自由統一之共和國。 十年末，捷克斯洛伐克之首領人物有二代表團（一出自巴拉叩，一出自巴黎）集會於瑞士之日內瓦，爲新共和國草定憲法，一部分系仿自美國憲法，並選波希米亞齒德俱尊之馬沙利克（Professor Thomas Masaryk）任臨時總統。 十一月，集會於巴拉叩之捷克斯洛伐克國民會議批準提議之憲法，馬沙利克當選爲總統。

巨哥斯拉夫（Jugoslavia）旋亦實現。 奧大利之斯洛伐尼人，克洛遏亞之克洛遏亞人及波斯尼亞，黑塞哥維納之塞爾維亞人，均已受設於亞哥郎之革命民族會議之統治。 十月二十九日，克洛遏亞議會廢黜黑普斯堡族之查理，並宣布『達爾馬提亞斯洛伐尼亞阜姆王國』（Kingdom of Dalmatia, Slovenia, Fiume）與奧匈分離，宣言中謂『克洛遏亞斯洛伐尼亞及塞爾維亞之人民不願與奧大利及匈牙利有何共同關系，而希望聯合自伊孫左至瓦答（Vardar）界限以內之一切巨哥斯拉夫人，以組成一獨立自主之自由國家』。 爲實現此種希望計，克洛遏亞議會與革命之民族會議及塞爾維亞政府等之代表，曾於十一月在瑞士之日內瓦成立一種臨時協定。

亞在克洛邊亞人斯洛伐尼人方面，雖與塞爾維亞人有文化與宗教上之差異，斯洛伐尼人且特愛共和而惡君政，然民族統一情感之强，卒使十一月二十四日亞哥郎之巨哥斯拉夫會議依前此之科佛宣言及新近成立於日內瓦之種種協定，宣布與塞爾維亞聯合並設立『塞爾維亞人克洛邊亞人斯洛伐尼人之統一王國』(Unitory Kingdom of Serbs, Croats, and Slovenes)。塞爾維亞之國王彼得變爲新王國（實際爲一更大之塞爾維亞）之君，而以亞力山大親王（Prince Alexander）爲攝政，以尼科勒裴西齊任總揆，立一規定議會政治與普遍選舉權之憲法。

門的內哥羅之消滅

惟門的內哥羅王尼古拉始終反對此種聯合，其蕞爾小邦旋即爲塞爾維亞軍所佔領，十二月，門的內哥羅議會廢其君，而以門的內哥羅合并於塞爾維亞人克洛邊亞人斯洛伐尼人之王國。

托蘭斯法尼亞布柯維納巴納特加利西亞等地之與奧匈分離

奧匈之分崩甚速，脫蘭斯法尼亞既脫離匈牙利，布柯維納亦脫離奧大利，二地皆有鼓吹民族主義者欲使之與羅馬尼亞聯合。特默斯發（Temesvar）之巴納特則脫離匈牙利，變爲羅馬尼亞與巨哥斯拉夫爭奪之目的物。久爲波蘭人與烏克蘭人衝突場所之加利西亞，現亦取消奧大利之統治。

匈牙利之革命——一

甚至匈牙利亦不欲再與德意志人種聯合，十月二十八日布達佩斯之示威運動，實肇建一迅

九一八年之與奧大利分離

速而幾未流血之革命卡羅黎（Count Michael Karolyi）及其獨立黨（Independence Party）得勢。十一月二日卡羅黎向匈牙利之民族會議聲稱皇帝兼國王查理已自願解除馬加人效忠之誓，二星期後，匈牙利正式宣佈為共和國，以卡羅黎任總裁，允行徹底之民主改革。此為奧大利與匈牙利妥協（Ausgleich）之告終，雙重君主國遂不復存在矣。

一九一八年維也納之革命

時維也納已成革命中心，其目的在團結奧大利本部與遏羅爾之條頓族人口為一『德意志人種之奧大利國』，而由一民族的兼民主的政府統治之。十月三十日此種運動因學生工人在議會前之示威而開始，時德意志民族會議之會長適宣佈新政府，羣衆乃大呼『不要黑普斯堡族』！有一著制服之武官請其同僚除去帝國之帽章，衆皆『熱心』去之，飄颺於議會前之帝國國旗亦被取下，於是德意志人種之奧大利亦廢弃黑普斯堡族矣。

黑普斯堡帝之被廢

大戰之起本與彼無關，情勢之變，尤非彼所能制，然奧帝查理終因此傾覆。其人少年溫和，宅心忠厚，顧其個人可敬之品性卒不能遏制絕大之自然力，以致喪失邦國，徒被人視為黑普斯堡族中最後之一帝而已。一九一八年十一月十一日查理發布其最後之詔令，謂『朕自卽位以來，卽努力不閒，圖脫吾民於此可怖之大戰。嘗思復興憲法上之權利，為民衆開一全國眞正改良之路，

澳大利共和

從未稍懈，朕愛民之心始終不渝，雅不欲以予一人之故而阻吾民之自由發展，故予對德意志人種之奧大利另成一國之決議，予以承認。現人民既已藉代表以處理政務，則朕以後對於國政當絕不過問』。十一月十二日維也納之國民會議，遂正式宣布德種之奧大利為共和國。次年二月，以成年男人普選權舉出之國民會議（Constituent Assembly）更為此新共和國採定一民主憲法。一九一九年三月，帝查理乃避居瑞士。

奧匈之分崩

一九一四年七月因當時位列大強之奧匈攻斯拉夫人種之塞爾維亞小邦而開戰端，及一九一八年秋，塞爾維亞因軍事之幸運與革命之勃興，復得自由，並大行報復。在以前之奧匈領內，現乃有捷克斯洛伐克，匈牙利及德種之奧大利三獨立共和國出現，其曩昔之大部領土則為波蘭，意大利，羅馬尼亞，塞爾維亞諸國所據有。凡以前黑普斯堡族領有之地，到處俱草定採行民主憲法焉。

第三節 德國之民主革命

一九一六年德國內

大戰又為德意志帝國開一民主革命之途。在戰初二年中，德軍在歐陸迭獲勝利，德人幾悉

部之民衆反抗

贊成其本國之政治制度與威廉第二及其首相柏特曼和爾味之政府，惟少數激烈之社會黨人，卽後日以斯巴達卡黨（Spartacans）著稱者，反對政府與戰爭，俱被禁錮。迨戰爭延長，德人多知其皇帝不得已而戰之宣言不盡可信，於是民衆之於政府反對日盛。

一九一七年反抗之日盛

一九一六年、社會民主黨（Social Democratic Party）頗多拋棄本黨主戰之領袖解德曼（Philipp Scheidemann）與愛柏蒂（Friedrich Ebert），而另組一獨立社會黨（Independent Socialist Party）以謀卽時和平與改革者著名之社會黨人如考茨基（Karl Kautsky）與伯倫斯太因（Eduard Bernstein）輩皆屬之。民衆對於柏特曼和爾味之反感因美國之參戰，尤其因一九一七年春俄國之民主革命而驟增。德國原有種種政團如羅馬教中央黨（Catholic Centrists），波蘭黨（Poles）激烈民主黨（Radical Democrats），卽進步黨 Progressives）等恆因其傳習與環境，亦如社會黨之敵視帝制，當專制之俄國與民治之法國共以武力反對德國完整之時，諸黨固仍擁護皇帝及其首相，但及俄國民主化，則此輩之助政府亦漸減矣。

一九一七年時，此等德國有力之政治評論家所受之影響，不惟爲直接減少『斯拉夫危險』之俄國革命，且有教皇之請求和平，有當時在奧匈內部醞釀之騷擾憂患，有威爾遜總統之請德國民衆反抗專制政治之辯詞，有一九一七年六月外國社會黨在斯德哥爾摩國際會議中對解德曼及德國其他社會黨領袖坦白之談話。柏特曼和爾味嘗取消抑制耶穌會士，及公衆集會禁用非德意志語之法律，欲藉以緩和中央黨及波蘭黨，但俱無效，蓋如此微利，不足以滿足德國自由黨人之眞正渴望也。

一九一七年七月柏特曼和爾味之退職

一九一七年七月，德國有一次嚴重之政治危機，爲愛芝寶（Matthias Erzberger）所促成，其人爲羅馬教中央黨之著名領袖，曾在一大膽之演說中以最坦白激烈之態度攻擊政府，批評戰爭行爲，尤斥潛艇之使用，要求內政外交之徹底改革，並依革命的俄國之方式（『不割地不賠款』）宣言贊助和平。未幾，中央黨社會黨中之兩派，激烈黨及少數之國民自由黨，即共組一反政府之聯合，彼輩佔帝國議會中議員總額之多數，相誓主持以民治精神修改普魯士憲法，使帝國採行議會政治，並贊成依愛芝寶所述之原則宣佈參戰之旨。一九一七年七月十四日，柏特曼和爾味辭帝國首相之職，五日後，帝國議會中之新多數黨聯合，遂採行所提之和平宣言。

顧帝國議會常徒託空言，當一九一七年之危機，既不知採用何種合法手段以執行其宣言，又無踰越憲法宣佈革命之勇氣。政黨集團之諸領袖，憚於其本身之大膽，不敢運用暴行，遂致優柔

赫遏林與德國政治改革之失敗一九一七至一九一八年

馬克西米連親王德意志帝國最後之首相—一九一八年

債事。皇帝初不以和平宣言爲意，竟不顧帝國議會，而毅然任一主持官僚政治論之保守分子米哈亞力斯（George Michaelis）繼柏特曼和爾味爲相。

米哈亞力斯知其保守主義及威廉第二之野心勢難與帝國議會中多數黨聯合之地位調和，乃於一九一七年十月辭帝國首相之職。其繼任者赫遏林（Count Herding）爲一巴華利亞人，乃羅馬教徒，力主作戰，以達勝利之結局，同時亦在普魯士與德意志採行無關重要之改革。俄國之崩潰，及布勒斯特里多佛斯克與布捨勒斯武之二約，均暫時於彼有利。一九一八年春，當盧登多夫在西線力取攻勢之時，帝國議會中之多數黨聯合竟已解體，大多數之德國民衆似已忘其和平宣言及民主改革矣。

但及一九一八年秋，因保加利亞之投降土耳其軍勢之顯趨微弱，奧匈之瀕於分裂，及德軍之被迫由法境繼續撤退，赫遏林乃繼米哈亞力斯與柏特曼和爾味而離去德國之政治舞台。九月末，彼辭帝國首相兼普魯士總揆之職，而由巴頓之馬克西米連親王（Prince Maximilian）繼之，其人乃對於政府最近之政策曾作自由批評者。彼對內表示民治態度，並求美國總統停戰。德軍之士氣遂因此後一月中之各次敗衄而消失殆盡矣。

德軍此種不幸之結局，不能保其領土或政制，蓋屬明顯之事。　德意志帝國前在一八六六至一八七〇之四年中實以鐵血創成，今在一九一四至一九一八之四年中，復由鐵血破壞。　其從屬之民族（波森西普魯士及上細勒西亞之波蘭人，休列斯維格之丹麥人，亞爾撒斯·洛萊因之法蘭西人等）咸要求脱其束縛，德人亦回憶前此創立民族統一之業，曾於一八四八年爲傾向民治之代表所弃，彼等自行退讓而接受俾斯馬克之軍國主義專制政治與帝國主義以爲之代，今社會黨羅馬教中央黨及激烈民主黨，乃復引國民回到一八四八年之革命時代。

一九一八年十一月之德國革命

將與聯軍休戰之時，德國始自知戰敗之奇耻大辱，於是民衆反對皇帝之呼聲大起，要其退位。威廉第二急去柏林往斯巴（Spa）之大本營（General Army Headquarters），乃此種呼聲隨之而至，斯巴達卡黨，少數社會黨（Minority Socialists）明倡革命與海軍叛變之訊相繼而來，南德諸邦至以獨立迫帝退位。　多數社會黨（Majority Socialists）領袖解德曼通電聲明對其黨徒之行動不再負責。　十一月八日，慕尼克（Munich）之社會黨在愛斯納（Kurt Eisner）領導之下，廢國王路易而將巴華利亞由君主國變爲一共和國，此足使帝威廉明知該黨之不容再有王政，首相馬克西米連親王乃迫而電告德皇，謂須即行退位。　威廉第二對此一切非武裝人民

威廉第二之出奔

之請求，或尚可置若罔聞，後參謀部之要人直告以軍心沸騰，行將叛變，彼等實不能擔保其身體之安全，威廉乃于一九一八年十一月九日急整行裝，率少數忠實之徒，蒙羞越境，逃奔荷蘭，僑居于亞麥倫根（Amerongen）之離宮。和漢佐倫族之德意志帝國歷史幾僅爲兩代之歷史，即威廉第一（一八七一——一八八八）之歷史與最後一威廉（一八八八——一九一八）之歷史也。在前者之治下帝國得養其勢力，在後者之治下遂一敗塗地，於此大足以見人類禍福之無常，亦云奇矣。

德國各小邦君主之退位

一九一八年十一月九日，即皇帝出奔之日，巴顛之馬克西米連親王乃以首相之識交社會黨人愛柏蒂，此實正式承認德國當時盛行之革命也。此種運動蔓延于萊因與委斯法裏亞之工業區域，如野火燎原，帝徽盡去，赤幟高懸。羅馬教中央黨及新教自由黨（Protestant Liberals）咸與社會黨合作。漢堡，不來梅，勒不士革，均加入革命。在少數地方，雖不免稍有爭鬥，然大體上革命之成功實絕少騷動與流血。十一月十日之星期日革命，爲時僅數小時，即完全獲勝于柏林矣。

皇帝兼普王之出奔與巴華利亞王之被逐後不久，瓦爾敦堡，隆克遜尼等國王，巴穎，阿爾丹堡，麥克蘭堡，撒克威馬等大公爵，布倫斯威克，安哈忒（Anhalt）等公爵，以及一切小邦君主即相率

黨爭—反動黨與共產黨

退位或被廢，十一月末德國各邦已悉行共和政體矣。

及愛柏蒂之勢力已固，德國似乎已全行共和政治，僑居亞麥倫根之威廉第二始於一九一八年十一月二十八日正式簽認對于普魯士王位與德意志帝位之放弃，亡命荷蘭之弗列德利克威廉太子亦于十二月一日明白放弃其一切繼承之權。是時，愛柏蒂政府乃下令由一切年滿二十之德國男女用秘密投票制選舉國民會議，以決定德國未來之政治制度。

德國久爲經濟匱乏所苦，且久因黨爭而分裂。一方有大多數之貴族黨（Junkers），大德意志黨，及頑固之軍國主義者，彼等以國難歸咎于激烈分子，恐其權利與特權爲革命所黜，乃主持贊助復辟之運動。他方則有『斯巴達卡』（Spartacus）之社會黨集團或『共產黨』，爲李普克尼希（Karl Liebknecht）與盧森堡（Rosa Luxemburg）所領導，此輩不欲使德國革命因民主共和之建立而遂中止，乃效俄國之布爾扎維克黨主張不應設國民會議，且政治團體與政府應同由無產階級（Proletariat）之一階級組織之，智識階級但應受雇服務，資本家與地主則應完全消滅。贊助共產黨者有少數社會黨中之多數人士，及俄國之布爾札維克黨，巴華利亞之社會黨總揆愛斯納亦頗助之，被輩主張『直接行動』，并激動同盟罷工與騷擾。協約諸國一時皆恐德國甚或中歐全部之繼俄議而行布爾札維克主義（Bolshevism）焉。

温和社會黨之得勢

但愛柏蒂與解德曼所領導之多數社會黨則愼行中道，一面抑制反動當一面則拒斥共產黨之行動。彼等決依和平手段建一民主共和國，爲其助者有新改名爲『基督教人民黨』（Christian People's Party）之羅馬教中央黨及現稱『民主人民黨』（Democratic People's Party）之進步黨，並有全德之大多數工會主義者。

騷亂之平定

一九一九年一月，當國民會議將行選舉之際，共產黨力謀奪取政權，造成恐怖政治。但騷亂卒爲愛柏蒂政府所斷然平定，亂黨被殺者凡數百人，李普克尼希與盧森堡同爲忠義之民衆所殺，一月十九日國民議會之選舉遂得安然完成。註一

一九一九年之威馬爾議會——德意志之爲共和國

一九一九年二月六日德國之國民會議集會於威馬爾（Weimar），期中有多數社會黨一百六十四人，中央黨九十一人，民主黨七十七人（政府黨之聯合計共三百三十二人），反對黨則僅有國家主義派（Nationalists）三十四人（以前之保守黨與反動之君政黨 Monarchists），少

註一　此後德國時有騷動發生，一九一九年二月二十一日愛斯納爲反動黨所刺，致在國內各地促成嚴重之騷動，但愛柏蒂政府仍能設法維持優勢，恢復秩序。

數社會黨及共產黨二十四人。此外尙有『獨立黨』（Independents）約七人，故此種歷史上之團體總共凡三百九十七人中有婦女二十八，此德國新民主時代一重要之標識也。

一九一九年二月十一日國民議會爲德意志『共和帝國』採定一種臨時憲法，並選愛柏蒂任臨時總統，同時解德曼則爲總揆組一代表社會黨中央黨民主黨之聯合內閣焉。

第四節 波蘭之復興

據吾人所知，繼一九一八年秋間中歐革命而發生之事變有：（一）和漢佐倫族之普魯士王兼德意志帝之出奔與德國之由君主國變爲民主共和國。（二）奧匈黑普斯堡族君主之被廢與奧匈之分爲捷克斯洛伐克，匈牙利及德意志人種之奧大利三民族共和國。（三）塞爾維亞與羅馬尼亞之發展統一。（四）保加利亞王之退位與農黨獨裁之出現。（五）土耳其政府之變動與土耳其人民治民族運動之勃興於阿那托力亞。此外之革命結果卽（六）波蘭獨立之恢復也。

波蘭人對於自由及民族統一之渴望

波蘭人久已熱心分發思恢復其往昔泱泱大國之自由統一。自一七九五年爲俄，普，奥分割以來，波蘭人對於自由，民治及其最後之獨立，卽深發信心。但彼等之問題因國土爲俄，奥，普三國所分，而特別困難。十九世紀初，拿破侖曾予以援助，將波蘭之一部建爲國家，稱曰瓦薩大公國，而自任其大公爵。後拿破侖情覆，此貌似獨立之外觀亦被破壞，在一八一五年之維也納會議中，波蘭復爲强鄰所分（普魯士取波森西普魯士，上細勒西亞，奧大利得加利西亞，俄國則得其餘地）。澳大利與普魯士雖皆因此獲得大批之波蘭臣民，然波蘭人之多數究歸俄國統治，當一八三〇年與一八六三年中，此等波蘭人曾先後對俄革命。惟兩次均敗，並受嚴懲。

大戰中波蘭人之慘狀

當一九一四年大戰爆發，德奧以武裝對俄之時，波蘭人則自覺處於慘狀之中，蓋不惟爲東線主要之戰場，且被迫在其共同壓制者對　之軍中以自相殘殺，或在中歐二帝國方面作戰，或則在俄方作戰也。

皮爾蘇斯基與波蘭人反俄之成功

波蘭諸領袖對於最能利其民族之策，初亦未能意見一致。如波蘭之著名音樂家與愛國志士帕得勒夫斯岐（Igdace Paderewski）則慫恿國人擁護協約國之主張，而波蘭之第一流軍人皮爾蘇斯基（Joseph Pilsudski）則以爲非消滅俄國，波蘭必難復合，於是乃組織一波蘭軍隊以供奧人之用。

波蘭之爲德奧屬邦

皮爾蘇斯基之策略卒告成功。一九一五年俄軍戰敗，逐出波蘭，一九一六年十一月五日，德

一九一六—一九一八年

奥二帝允建一『獨立』之波蘭王國，即『一有世襲君主與立憲政府之民族國家』，而與奥匈及德國保有『親密之關系』也。於是乃置攝政於瓦薩，且選舉參政院或上院，以爲未來之波蘭國會焉。

『與奥匈及德國保有親密關系之獨立波蘭王國』將不能成爲一包括全體波蘭人之民族國家，其事旋即明著。蓋普魯士之波蘭諸省仍屬諸普魯士，如故波蘭加利西亞在奥匈內部雖獲得充分之自治，而亦未與獨立之波蘭國聯合，德奥之慷慨僅表示於俄屬波蘭而已。但此究亦聊勝於無。波蘭人因德奥之軍威卒能於一九一八年三月定布勒斯特里多佛斯克條約而由俄國正式放弃其對於波蘭之一切權利與要求，自此以後，波人衹須與中歐二帝國從事清算矣。

一九一八年波瀾人與中歐二帝國之相抗

一九一八年之春夏，皮爾蘇斯基與帕得勒夫斯岐咸肆力排德，德人拘禁皮爾蘇斯基，無效。在普屬波森與奥屬加利西亞內波蘭人均起叛亂，其義勇軍之加入聯軍者日衆，波蘭最後解放之期，蓋已將至矣。

一九一八年獨立波蘭共和國之成立

在秋季中歐革命之中，解放遂得實現。當奥匈崩潰之時，加利西亞自然傾向波蘭，當德國投降之時，波森，西普魯士及上細勒西亞之波蘭人亦確然宣布合并於波蘭。皮爾蘇斯基出自德國冈闿於一九一八年十一月十四日在瓦薩接收德任攝政之辭職。一九一九年一月，彼與巴黎之波蘭民族委員會（Polish National Committee）成立協定，以帕得勒夫斯岐任總揆，彼則為新統一之波蘭共和國之臨時大總統矣。

一九一八年所成立之波蘭共和國，與其同等之捷克斯洛伐克，匈牙利，奧大利，德意志諸共和國，實皆民治民族革命之果；當大戰告終預謀和議之時，此種革命蓋徧於中歐焉。

課外讀本

和議之準備：

1. G. L. Dickinson (editor), *Documents and Statements relating to Peace Proposals and War Aims* (1919).
2. F. S. Cocks, *The Secret Treaties and Understandings* (1918).
3. J. B. Scott (editor), *President Wilson's Foreign Policy* (1918).

4. Mermeix (pseud. for Gabriel Terrail), *Les négociations secrètes et les quatre armistices* (1919).

5. German documents bearing on the negotiation of the armistice have been published by the German Foreign Office: *Materialen betreffend die Waffenstillstandsverhandlungen* (1920).

6. Walter Lippmann, *The Political Scene, an Essay on the Victory of 1918* (1919).

7. *Public Opinion* (1922).

8. Sir Campbell Stuart, *Secrets of Crewe-House* (1920).

9. E. A. Walsh (editor), *The History and Nature of International Relations* (1922).

並參看第三十三章所附書目。

奧匈之瓦解：

1. Count Ottokar Czernin, *In the World War* (1919).

2. J. von Szilassy, *Der Untergang der Donau-Monarchie* (1921).

3. K. F. Nowak, *Der Sturz der Mittelmächte* (1921).

4. Auffenberg, *Aus Oesterreichs Höhe und Niedergang* (1920).

5. Prince Ludwig Windischgrätz, *My Memoirs*, Eng. trans. (1921).

6. E. Benes, *Bohemia's Case for Independence* (1917).

7. Czechoslovak propaganda.

8. Count Louis Voinovitch, *Dalmatia and the Jugoslav Movement* (1920).

9. B. Vosnjak, *A Bulwark against Germang* (1917).

10. Ralph Butler, *The New Eastern Europe* (1919).

德國革命：

1. George Young, *The New Germany* (1920).

2. Heinrich Ströbel, *The German Revolution and After*, Eng. trans. by H. J.

Stenning (1923).

3. Eduard Bernstein, *Die deutsche Revolution* (1921).

4. William II, *My Memoirs, 1878–1918*, Eng. trans. (1922).

5. Gustav Noske. *Von Kiel bis Kapp* (1920).

6. E. R. Bevan, *German Social Democracy during the War* (1918).

7. Matthias Erzberger, *Erlebnisse im Weltkrieg* (1920).

8. Erich von Ludendorff, *Ludendorff's Own Story, August 1914–November 1918*, 2 vols. (1919).

9. The same author, *Entgegnung auf das amtliche Weissbuch: "Vorgeschichte des Waffenstillstandes,"* 3 vols. in one (1919).

波蘭之復國

1. W. Alison Phillips, *Poland* (1915).

2. E. H. Lewinski-Corwin, *A Political History of Poland* (1917).

3. Charles Phillips, *The New Poland* (1923).

第二十三章 巴黎和會

第一節 和會之性質與形勢

「十四條」與「秘密條約」

威爾遜「十四條」中所包含之理想的和議基礎，與見諸「秘密條約」及協約國帝國主義者競爭中之自利的和議基礎，其間相去甚遠。德國依據前者而簽訂一九一八年十一月十一日之休戰條約并解除武裝，但當時各協約國內之强烈情感與協約國諸外交家之莅巴黎媾和，則皆擁護後者。

戰敗國之痴望

中歐二帝國之革命，與德奧匈諸民主共和國之創立，在戰敗解兵之各國中，曾引起種種希望，以爲協約國在議和時必能特別寬大仁慈。但此望旋絶，蓋戰爭所遺之惡感太深也。

和議談判中戰爭心理之盛行

協約各國尤其爲法，英，意諸國，其羣衆心理已爲長期之戰爭宣傳，及死亡破壞等顯著之慘狀激刺，達於狂熱之度。法國農民對於受侵犯蹂躪各區中之財產損失，英國船業商人對於公海上之損失，莫不各有詳盡之記載，以備與其仇敵作最後之清算。協約國之民衆咸以德國爲戎首，應負戰爭損害之責，且未忘德國近於一九一八年三月對俄國與羅馬尼亞和約之苛刻，咸信如一九一八年夏德軍能在西方果如盧登多夫之預言而成功，則對於彼等必不表示體恤寬仁，今彼等之軍隊旣已獲勝，則何須對德國表示寬仁乎？ 德人雖有最後之改變，轉到和平主義與民治主義，但彼等並不爲其所動，以爲此乃矯飾作僞以便從協約國取得比較有利之條件耳。 多數人士且以協約國軍隊礙於休戰之約，未能在柏林結城下之盟，深爲失望。 德皇威廉第二雖已退位，而協約諸國確無有力之輿論足使政府改變其對德之態度。 德人儘可自由革命改建共和，然此與協約國殊少或絕無關係，協約國只圖改造世界地圖，依己利以定和議耳。 「戰利品屬於勝利者」，協約國固戰勝者也。

協約國之欲懲罰中歐二帝國

最近過去之慘狀，最近將來之恐懼，與夫報復之念，殆爲歐洲諸戰勝國中最流行之羣衆情感。法之克里孟梭，意之阿蘭多，得其國民之助，咸要求嚴懲中歐二帝國。 在英國，則路易喬治實以「縊殺德皇並令德國付最後之賠款」之政綱而獲大勝於一九一八年十二月之大選。

威爾遜之困難地位

美國之前總統羅斯福與達夫特（Taft）復幾於同時發表連合之申明，抨擊威爾遜總統，謂其十四條近於空泛，且謂其對德之休戰以前之談判，實使「本國人民深感不安，恐彼或因其談判遂使德國不受法庭之判決，而竟許以會議席上之媾和，」此後美國國會之選舉結果，共和黨在參衆兩院遂均佔多數。

一九一八至一九一九年之巴黎和會

威爾遜總統因選舉不利，在本國已頗失信仰，一九一八年十二月，彼更航赴歐洲，參與和議，此實自入於荊棘之叢也。

一九一九年一月十八日協約國會議之開始

非俟協約國同意於和約條款之定稿以後，不許敵國參與和會，且談判之舉行適在協約國仇德之中心巴黎，此皆事前預定者。因一八七一年之一月十八日，和漢佐倫族之普魯士王曾於對法戰勝之時，爲意氣揚揚之將領政客所簇擁，立於凡爾賽宮之鏡廳（Hall of Mirrors）宣佈其爲德意志皇帝，故現當四十八年之後，協約國之政治家與將領亦於對德大勝之後，集會巴黎，以推翻俾斯馬克與和漢佐倫族之事業，而特於一九一九年一月十八日在巴黎和會中舉行第一次會議。

和會之顯貴

此爲各協約國第一流人物之盛會。中有克里孟梭，法蘭西共和政治中一頒白靈敏之老戚人物，乃法國與協約國之『猛虎』也。有福煦大將，軍事編制家與勝利之組織者也。有威爾遜總統，乃大戰最後二年中之主角，因親赴歐洲而爲美國元首開一嶄新之例者。有路易喬治，乃『威爾士之小律士』，初爲英國中最可畏可恨之激烈的社會改革家，而後竟成英王喬治五世領內最顯著之愛國者。更有意大利之總揆阿蘭多爾，爲日本首相之西園寺，近代希臘之最大政治家汾尼最羅斯。復有英國外相巴爾佛（Arthur J. Balfour），乃會出席於一八七八年之柏林會議者。有波爾族之武人波達（General Botha）與斯瑪茲（General Smuts），乃彝會反英而今則爲英屬南非聯邦强有力之保護者。此外尚有澳大利亞新西蘭坎拿大及紐粉蘭之總揆，有印度與阿拉伯之君長，有新當選之巴西總統，有比利時巨哥斯拉夫羅馬尼亞波蘭捷克斯洛伐克之總理。又有孫泥諾（Baron Sidney Sonnino），乃自一九一四年以來即作意大利之外務大臣，爲主張意大利之帝國主義最力者。有藍辛（Robert Lansing），美之國務卿也。有豪斯（Colonel Edward House），威爾遜總統之知交與心腹顧問也。有懷特（Henry White）與白黎斯（General Bliss），乃各代表美國之外交與軍事傳習者。和會依原定計劃，包括三十二協約國之正式代表七十人，而隨此等名流以來者，尙有大批名不甚著而同爲有用之「專家」（教授與政論家，制圖師，財政家，秘書等），其對於和會之重要，正如兵卒之對于軍旅。環伺彼輩者，復有全世界各人種各宗教集團所派之『使節』無數，如俄羅斯人，朝鮮人，黑人，猶太人，愛爾蘭人，亞比西尼亞人等，皆冀邀恩遇，希獲自由者。

四巨頭

威爾遜之妥協——十四條之減少

和會日一九一九年一月十八日正式開幕以後集會甚少且僅爲虛文儀式。其實際工作，概委之于外交家與「專家」之特種委員會此乃于必要時選出以從事秘密工作，其報告已爲協約諸强之代表所贊成者，方得提交全體大會。故閱時數月重要之決定均操于「四巨頭」之手——克裏孟校，路易喬治，阿蘭多，威爾遜。

欲調和三十二國代表團不同之意見與政策，而使諸協約國政府態度一致，實非易事。威爾遜方決心組織「一永久有效之國際聯盟乃不得不屢次讓步，以便使其同僚贊助其計劃。彼在巴黎之地位最可悲者即彼爲保證其和平政綱之「第十四條」起見，競致將其他之十三條多得放弃或改謀妥協。例如第一條（公開成立之公開條約），在和會之空氣中，旋卽消滅。又如第二條（海洋自由），彼常言之于未赴歐洲之先，但談判時絕未提及（此爲對英國情感之讓步）對第五條則故作曲解，使德國大多數之殖民地在奇异之「委任統治」制下，歸于不列顛帝國，此亦對英國要求之讓步也。巴黎之英國代表欣然接受此等讓步後，遂對威爾遜表示忠誠，爾對國際聯盟表示熱心。威爾遜對于法國則決不惟應予以亞爾撒斯，洛萊因及在德國內之多種經濟特權，且須使其在純屬條頓族之隆爾（Saar）流域享特種之財政與政治權利十五年，并特別保證法，美英三國新成立之防御同盟——此種軍事同盟，至少在精神上與以前在國聯內部不許有聯盟之宣言相違。更有甚者，德國在廖洲灣與山東之權利及特權，乃竟不以還諸中國而反轉與日本，一九一七年日本與歐洲協約國所締結之密約，亦被認爲有效，因不如是，則日本將退出和會而破壞國際聯盟也。意大利則不惟大膽要求一九一五年密約所許之一切領土，且更欲損及巨哥斯拉夫，而得亞得裏亞海上之阜姆港。威爾遜總統對此較爲强硬，意大利代表會暫時退出和會後乃商議調和焉。

戰勝諸國之疆界紛争

除此等困難外，集會巴黎之外交家又須應付各小國間之疆界紛争。在已崩潰之俄羅斯，奥大利，土耳其諸帝國內各族雜居，欲爲波蘭，捷克斯洛伐克，羅馬尼亞，巨哥斯拉夫及希臘劃分疆界，以滿其國人之至而不觸其鄰邦之怒，幾爲勢所難能。又日本與澳大利亞及新西蘭之利益極相衝突，故欲成立太平洋中領土之決定，亦須極爲機警。此等問題遂使談判遷延，舉世皆自私自利，而猶終能成立一試行之協定，幾屬意外之事。有幾國之所以尚未公開作戰者，徒因歐洲之民衆疲乏，與協約列强代表之態度獨斷耳。然波蘭人與捷克斯洛伐克人，波蘭人與烏克蘭人，波蘭人與立陶宛人，羅馬尼亞人與馬加人，羅馬尼亞人與巨哥斯拉夫人，巨哥斯拉夫人與意大利人，巨哥

一九一九年五月德國之許入和會

德國與協約國之凡條約一九一九年六月二十八日

斯拉夫人與亞爾巴尼亞人（Albanians），希臘人與土耳其人，且猶起衝突焉。

協約國之外交家努力四月之後，對德和約之草案八萬言卒得五强會議（Council of Five）之同意，于五月六日爲和會之全體會議註一所結束，次日，以柏林共和政府之外交部長布羅多朗照（Count Brockdorff-Rantzau）爲領袖之德國全權代表團被允參與和會得聞條款。德人抗議，謂所提之約嚴酷難受，與彼等允許休戰解除武裝時所依據之『十四條』顯相牴牾，請徹底修正。顧協約國竟置若罔聞，全德示威抗議，協約國乃加以威脅，柏林之解德曼內閣辭職，躊躇數日，威馬爾之德國國民會議卒於一九一九年六月二十三日，卽最後之恩赦日，表決無條件的接受協約國之條款焉。

一九一九年六月二十八日，德國全權代表與聯合對德之三十一國全權代表註二在路易十

註一　一九一九年五月六日之全體會議系秘密舉行，條約之草案雖被接受，而細目則并未全知，時五强會議僅宣讀一萬字之提要，各小國對于條約之所知者對此而已。有數國如葡萄牙，法國，中國，意大利等之贊成草約，均附有『保留條件』。

註二　協約國之和會中共有三十二國之代表團，惟中國代表因和會對日本之特種讓步而拒絕簽字。斯瑪茲代表南非簽字之時，會以戰勝國對于戰敗國之度量狹小而坦率抗議。

四之莊嚴故宮內鏡廳中簽定凡爾賽條約其地即一八七一年和漢佐倫族之帝國主義的德意志帝國產生之處其時即一九一四年奧句大公爵腓迪南被刺之日國際大戰遂於其爆發之第五年紀念日作如是之正式結束和漢佐倫族之德意志帝國亦遂因此結束而正式告終。

『巴黎和約』之完成

威爾遜總統及多數之總揆與『專家』，當簽定對德條約之後即皆返國然大批之特種全權代表次年仍留巴黎以草定對其他敵國之和約并對于與各小協約國有關，特別與中歐東歐因戰爭及革命而產生之新興國有關之一般的決定完成種種細目。此等條約與協定概稱之爲『巴黎和約』。

第二節　關於政治與經濟之決定

巴黎和約實深變國際之關系，改造世界之政治地圖，創建國際聯盟，并產生種種復雜之新問題。吾人現當略述其顯著之規定，自凡爾賽條約始。

對德之凡爾賽條約（一九一九年六月

凡爾賽條約，於一九一九年六月二十八日簽定，於七月七日爲威馬爾之德國國民會議批準，德國在領土，經濟，軍事各方面之國際地位，咸因此大變依此約之條款，德國割亞爾撒斯·洛萊

二十八日）—歐洲領土之割讓

因與法，割歐本（Eupen）及馬耳美第（Malmédy）與比，割麥麥爾與立陶宛，註一 割波森及西普魯士二省之大部與波蘭。又上細勒西亞及東普魯士南部之人民，苟在國際護庇之下舉行民衆投票而表示原并入波蘭共和國，則德國允將二地亦割與波瀾。註二 爲使波蘭有一便利之通路以達波羅的海，德國允將但澤建爲一國際自由市。至于休列斯維格各區，苟得民衆投票 註三 之表決，德國亦默許將其割與丹麥。肥富之隆爾流域之經濟的開發權在十五年内由德國讓與法國，其政權則歸諸一國際委員會，在十五年之末，隆爾區域是否永歸國際統治，抑復歸德國，或完全割與法國，則允由民衆投票定之。

殖民地之割讓

德國除割其歐洲之領土而外，又盡弃其海外之殖民地與保護地。其在膠州灣之租借權及

註一 該約僅規定將麥麥爾讓交協約國，一九二三年，協約國始將其投與立陶宛。

註二 一九一九年東普魯士所舉行民衆投票最利于德，上細勒西亞則騷亂粉起波蘭人至欲以武力取之，一九二一年所舉行之民衆投票有數區内波蘭占多數，然大體仍屬利于德國，原國際聯盟兑於一九二二年任意使上細勒西亞爲波蘭與德國所共分。

註三 休列斯維格北部三分之一之地表決并入丹麥。

山東省內之他種特權與在赤道以北之太平洋群島概讓歸日本，隆摩亞之一部則歸諸新西蘭，其他之太平洋屬地在赤道以南者則概歸澳大利亞，德屬西南非洲則歸英屬南非聯邦，德屬東非則歸大不列顛，其西北一小部歸於比利時，喀麥隆與多哥蘭則爲英法二國所共分。然接受德國殖民地之列强大致均非絕對之主權者，乃國際聯盟之『受託者』對於所受之職允對國聯作定期之報告。此外德國在中國，暹羅，裏比利亞，摩洛哥，埃及，土耳其等處之特權，亦概行放棄。

政治的規定

政治方面德國承認比利時之完全獨立與充分主權，對于波蘭，捷克斯洛伐克及德種之奧大利亦然。德國又廢弃布勒斯特裏多佛斯克與布捨勒斯忒二約，並無條件的許可協約國得與俄國，土耳其，保加利亞，匈牙利，奧大利等自由交涉。

軍事的規定

軍事方面德國允減其軍額爲十萬，并連軍官在內，且廢除國內之徵兵制，盡毀其西境與萊因河東岸五十啓羅米突間之要塞，停止軍用材料之輸入輸出，并幾廢止軍備之制造。其海軍則減爲戰鬥艦六艘，輕便巡洋艦六艘，及魚雷艇十二支，潛水艇及陸海軍之飛機均不得有之。德國又允拆毀黑裏哥蘭之要塞，將基爾運河（Kiel Canal）對各國開放，不在波羅的海建築要塞，并放弃其所有之十四路海底電綫。德國更特允設一國際高等法庭，以訊其戎首廢帝『違反國際道

德」之罪，其他德人之會犯戰爭法規與習慣者，亦應聽審焉。註一

德國允以賠款及經濟的決定，補償一切非武裝人民之損失，先付五千兆金元，以後則依協約國之國際賠償委員會之決定盡力償付之。　德國對於船舶之損害，則允讓出其大多數之商船，並新造船舶，照噸數賠償，并允專用其經濟富源以復與被害之區，而以大宗煤炭交付法比與意大利。在比法所得之美術品，概行歸還，并交出價值相當之抄本與印刷品，以償其在盧芳所毀者。　賠償之正確數量，初原未定，一九二一年協約國始確定為五萬四千兆金元之敬人數額。　此種數額雖似甚大，然猶不能包括大戰期中德國武力對于協約國非武裝人民所加之一切損害，而德人與協約國之多數經濟學家，固已言其遠出乎德國之償付能力以外矣。　由凡爾賽條約而生之賠償問題，最為復雜，且最足以擾害此後世界之和平，當於後論。

註一　一九二〇年，英法意三國依此規定，要求荷蘭政府將威廉第二交出，俾以「道德犯」之最名就訊，如因侵犯比利時而破壞條約，許行殘忍之潛艇戰爭，與使用毒瓦斯皆是。　順威廉美那女王之左右，竟拒絕此請，其理由為現無具有法定裁判權之國際法庭，且荷蘭人民「對于託身于荷蘭之自由制度者，決不能負其信心」。　協約國因荷蘭政府允采必要之預防手段，使德之廢帝不至危害世界和平，遂亦將審判威廉第二之計作罷。

協約國之占據德土

在賠償未付，凡爾賽條約未全履行以前，協約國軍隊仍占據萊茵河左岸及哥洛尼，哥伯蘭仔，緬仔等處之橋頭堡壘，而由德國供其餉項，如德國能履行義務，則軍隊當於五年之末退出哥洛尼，十年之末退出哥伯蘭仔，十五年之末退出緬仔。

巴黎和約所加於德國之條件，實屬太酷。其在歐洲之版圖既行縮小，其殖民地復盡喪失，武裝解除，貧窮德國似將長任戰勝國之宰割矣。巴黎和約對於大戰中與德同盟諸國所加之懲罰，雖未至如此之甚，然亦僅差一間耳。

澳大利與協約國之聖澤門條約——一九一九年九月十日

依一九一九年九月十日在巴黎附近之聖澤門（St. Germain）簽字而於十月十七日由澳大利國民會議批準之條約，澳大利須承認匈牙利，捷克斯洛伐克，波蘭，巨哥斯拉夫（塞爾維亞人克洛遏亞人斯洛伐尼人之王國）之完全獨立，并割讓前此與本邦合成奧匈雙重君主國之諸地。奧大利因此遂降為一純粹德種之獨立小共和國，其面積人口尚不及葡萄牙，海口被奪，軍額限為三萬，且須依國際賠賞委員會之決定以付賠款焉。

保加利亞與協約國之紐呂條約——一九

保加利亞在一九一二至一九一三年巴爾幹戰爭中所據有之大部分領土，以及在大戰時所得之一切新領土，咸因一九一九年十一月二十七日簽字於巴黎附近紐呂（Neuilly）之條約而

一九年十一月二十七日

匈牙利與協約國之特喇農條越｜一九二〇年六月四日

喪失之多布魯查讓歸羅馬尼亞，馬其頓之大部分則歸巨哥斯拉夫，塔雷夕海岸則歸協約國轉授希臘，惟附一諒解，即保加利亞貨物之運過此地者得免除賦稅也。保加利亞更允付賠款近五百兆金元，並減其軍額為三萬三千。

協約國與匈牙利媾和之時，曾遭遇種種特殊困難。蓋一九一九年三月，布達佩斯之激烈社會黨革命推翻卡羅黎政府，而在俄國布爾札維克黨領袖之信徒貝拉昆（Bela Kun）之領導下建一共產主義之政府。貝拉昆與協約國交涉時，常採用最遷延煩惱之策略。迨一九一九年八月羅馬尼亞軍侵入其境，馬加人之勸王黨與守舊派復起反動之革命，推倒貝拉昆，以後和約談判始切實進行。匈牙利卒依一九二〇年六月四日所簽定之特喇農（Trianon）條約盡失其非馬加種之人民，與奧大利之盡失其非德意志種之人民正同。斯洛伐克人之諸省則歸捷克斯洛伐克，脫蘭斯法尼亞則歸羅馬尼亞，克洛遏亞則并入塞爾維亞人克洛遏亞人斯洛伐尼人之王國，巴納特（Banat）則為羅馬尼亞與巨哥斯拉夫所共分。匈牙利前為一有土地十二萬五千方哩，及人民二千二百萬之海濱帝國，今則縮為一僅有土地三萬五千八百方哩，人口百萬，小軍三萬五千之內陸的馬加族的民族國家矣。

與土耳其媾和之困離

一九二〇年八月十日之色佛爾條約

與土耳其帝國之媾和，乃之遷延更久。俄國現即共產，協約國之外交家遂不知如何處置君士坦丁堡，加以法英之于叙利亞，意希之於小亞細亞亞爾巴尼亞及愛琴海群島，又皆相爭不決，益令彼等感受困難。歐洲列强在近東之舊爭，反隨大戰之結束而增劇。協約國與土耳其政府經長期之談判與憤慨之爭論後，卒於一九二〇年八月十日在巴黎附近之色佛爾（Sèvres）簽定一約，同日英法意三國間與意希二國間亦得成立特種協定。依一九二〇年之協定，在紅海東之赫查茲阿拉伯國名義上得享自由，但實則受英人之支配。亞美尼亞則建爲一自由之基督教共和國，受國際之保障。巴裏斯坦，米索布達米亞，約但河（Jordan）彼岸之領土及叙裏亞皆與土耳英帝國分離，而變成委任統治地，前三處歸之英國，第四處則歸諸法國。西里西亞則認爲法國之「勢力範圍」，南阿那托力亞連亞達利亞港則認爲意大利之「勢力範圍」。士麥拿及小亞細亞沿岸附近之領土，連同塔雷夕亞，得裏亞堡，加利波利半島及晉不洛斯（Imbros）與特內多斯（Tenedos）二島，概由土耳其割與希臘。多德卡尼索群島（卽係愛琴海中之十二島，自一九一二年以還即爲意大利人所據），除羅得與加斯特洛利佐（Castellorizzo）二島外，亦讓與希臘。達達尼爾與博斯破魯斯二峽皆國際化。土耳其帝國之所保者，一褊小之土耳其民族國家，大都限於小亞西亞之內部，負債極巨，其賦稅，關稅，公債，貨幣與經濟特權等，皆受外國有組織之監督焉。

土耳其國家主義派之拒絕批准色佛爾條約

君士坦丁堡之土耳其帝政政府雖簽定色佛爾條約，但在昂哥拉由凱莫爾指揮之土耳其國民會議，則拒絕批准。凱莫爾乘協約國軍隊之有事他處，乃率其土耳其軍隊滅亞美尼亞共和國，而迫意人放棄南阿那托力亞，逼法人退出西里西亞。法意二政府既因震於土耳其軍勢之復興，復忌色佛爾條約之大利於英國及希臘，乃於一九二一年春分別與凱莫爾成立協定，允以某幾種之經濟特權作代價，而退還西里西亞及南阿那托力亞於土耳其，並允爲色佛爾條約之修正出力。同時俄國之布爾札維克政府亦與土耳其之國家主義派在莫斯科簽定條約，排棄色佛爾條約，否認俄國在土耳其帝國之野心，割喀斯與阿達罕於土耳其，並宣言『俄國與土耳其共同一致以與帝國主義奮鬬』。

一九二一至一九二二年之希土戰爭

時英國政府因土耳其之強而大受損失，乃熱心接受希臘總揆汾尼最羅斯之提議，希臘以壓制土耳其好戰之國家主義派自任，以大軍自士麥拿進攻凱莫爾，於是遂又有一希土戰爭爆發矣。希軍初本獲勝，及歷時漸久，土耳其人受法意軍械軍需之助，不惟能驅逐侵入之敵軍，且將希臘人遂出士麥拿，凱莫爾之軍隊遂乘勝佔據全小亞細亞，一九二二年十一月一日宣布廢黜謨罕默德六世，後四日入君士坦丁堡。

土耳其與協約國之洛桑條約一九二三年七月二十四日

凱莫爾與其土耳其之國家主義派既勝，遂毀色佛爾條約，而要求重新決定近東事件。經種種困難與愼密談判之後，卒於一九二三年七月二十四日定約於瑞士之洛桑。依此約條款，土耳其明白放棄赫查茲，巴里斯坦，約但河彼岸之領土及米索布達米亞與敍里亞，但保留阿那托力亞之全部及亞美尼亞，西里西亞，亞達利亞，士麥拿，君士坦丁堡，加利波利，亞得里亞堡及東塔雷夕。

土耳其之復興

土耳其允開放二峽，并毀去彼處礮臺。至於色佛爾條約所強加於土耳其內政之外國支配，則多免除矣。註一

巴黎和約之其他協定

一九一九至一九二〇年之巴黎和約不惟包括洛桑條約所修正之土耳其色佛爾條約，與何牙利之特喇農條約，保加利亞之紐呂條約，奧大利之聖澤門條約，德國之凡爾賽條約，並有協約國相互間及協約國與戰時中立國間之多種協定。

波蘭與捷克斯洛伐克

如一九一九年末波蘭則接受對於東加利西亞

註一 希臘人因洛桑條約而受損最大，不獨退士麥拿，加利波利及東塔雷夕於土耳其，且讓操希臘語之愛琴海諸島部以多德卡尼索羣島暫稱者於意大利。

斯匹次北爾根

捨爾得河之航行

盧森堡

羅馬尼亞

二十五年之委任統治權波蘭與捷克斯洛伐克之國界亦依民衆投票之結果而成立劃分之協定。同時北極之斯匹次北爾根（Spitzbergen）羣島前爲『無主之地』，今則委之挪威。比利時依一九二〇年與尼德蘭所結之特種條約得使捨爾得河之航行脫去荷蘭煩苛之限制。盧森堡則依後來之協定確定其政治之獨立，而允與比利時採一致之關稅幣制及鐵路。一九二〇年，羅馬尼亞亦由協約國正式認可其併呑比薩拉比亞。

意大利與巨哥斯拉夫關於阜姆之爭

一九二〇年之來拍

欲在亞得里亞海之東岸爲意大利與巨哥斯拉夫劃一界線，實特別困難。當阿蘭多內閣在羅馬繼續掌政之時，意大利不惟力請併呑亞得里亞海諸島及依一九一五與一九一七年密約所應得之達爾馬提亞一部，且要求重要之阜姆港（巨哥斯拉夫人與威爾遜總統咸力斥之）。一九一九年七月，意大利由比較妥協之尼過（Francesco Nitti）內閣掌政似有互相讓步之望，詎至九月，忽有一極端愛國之詩人兼軍事冒險家名丹嫩齊奧（Gabriele d'Annunzio）者竟擅自行動率一意大利遠征隊强佔阜姆。丹嫩齊奧自命爲二十世紀之加爾波的，其文辯且過之。彼在阜姆曾召集民衆投票並侵掠達爾馬提亞之薩拉（Zara）城，但意大利在一九一九年十一月之總選舉中大多數民衆實欲屏棄丹嫩齊奧而擁護和平之策。一九二〇年十一月，卒依意大

洛條約

利與巨哥斯拉夫之拉拍洛（Rapallo）條約相互讓步阜姆雖未受國際聯盟之統治，然與但澤同變爲一自由中立市，薩拉伊斯的里亞及達爾馬提亞沿海之地自伊斯的里亞而南直抵阜姆，概歸意大利，其餘達爾馬提亞之地則歸巨哥斯拉夫。

少數民族之保護

協約列強與新興各國（波蘭捷克斯洛伐克芬蘭等）以及因大戰結果而完成統一之小國（羅馬尼亞巨哥斯拉夫希臘等），均締結種種條約類皆關於疆界商務以及併吞區域內公債擔負之規定。又此等條約多含有條款以保證新興國中少數民族或教民之特權。例如在波蘭與羅馬尼亞，則認猶太人有特別保護之必要，在巨哥斯拉夫則爲羅馬教徒在捷克斯洛伐克則爲居於波希米亞之少數德意志人。註一

凡此一切條約，其措詞多與協約國與德種奧大利所締之約相同。「與國當使其政制合乎自由正義之原則，並承認保護少數民族之義務爲國際聯盟有權過問之國際事務。與國允保護國內一切居民之生命與自由，與以自由信仰之權，而無門第語言人種或宗教之歧視。與國國民

註一 依一九二一年之戶口調查，捷克斯洛伐克共有居民一千三百六十一萬人，其中德意志人約三百一十二萬三千人，馬加人近七十五萬人

無人種，語言，宗教之分，在法律上概爲平等。在公私方面，俱得自由利用任何語言，不受限制，對於不操德語之奧國國民，在法庭上亦予以用其語言之相當便利。在人種，宗教或語言上居少數之奧國國民與其他之奧國國民得受同樣之保護，此在學校與其他教育機關，以及在不操德語之奧國國民佔多數之各地尤然。學校得享有用其自己語言教訓兒童之便利，並得因此享受同等之公款補助。惟奧國政府並不因此等規定而遂不以德語爲必修科。此等規定由奧國併入其根本法中作爲一種人權法規，關於此類之規定，概受國際聯盟之保障」

當時東歐方面之領土決定

一九一九至一九二〇年之巴黎和約，係將大戰後關於西歐中歐東南歐洲及德屬殖民地之領土，政治，經濟各種決定合成一體。同時東歐方面，亦由俄國與自舊俄羅斯帝國廢址中出現之各新興獨立國（波蘭芬蘭愛沙尼亞拉特維亞 Latvia 立陶宛）成立協定，此種協定以及彼時俄國與其新聯盟各國之關係，當於以後俄國革命章中述之。

國際聯盟

執行巴黎和約之手段

威爾遜總統所愛護之計劃（國際聯盟規約），亦列入當時協約國與各敵國之條約中。彼與全世界之多數同志咸信國聯規約爲巴黎和會最偉大最慈善之事業，冀藉國聯以創一新世界組織，用以爲執行條約與改善條約之必要機關，并以之保證普遍和平之永存。

一九一九年法英美聯盟之失敗

一般人士尤其在法國，咸恐現在籌劃之國際聯盟力量微弱，不能防止德國他日之用兵復仇，以全毁巴黎和約。威爾遜與路易喬治欲使法國安心，乃於一九一九年與克里孟梭商訂一特種盟約，由英美對法允諾謂『如德國對法作挑釁之攻擊行爲』則二國當立卽應援。但美國不肯批准此約，遂使法國於一九二〇年與比利時，波蘭，商訂同樣性質之約。

一九二〇年比利時波蘭之與法聯盟

一九二〇年之『小協約國』

一九二〇年，捷克斯洛伐克，巨哥斯拉夫，羅馬尼亞三國因欲確實執行協約國與匈牙利，奧大利之和約，乃亦成立聯盟，卽所謂『小協約』(Little Entente)是也。小協約國與波比法之防禦同盟旋卽表現極親密之合作，此六國與意大利於其敵國幾盡去軍備之時，而猶留巨額之常備軍，故無論如何，此數年內巴黎和約之維持，由於國際聯盟和平之努力者少，而由於法國及其後進聯盟國軍事之威脅者多。

第三節 國際聯盟與勞工規約

一九一九年巴黎和會之要務，爲戰勝國對於德，奧，匈等戰敗國之提出和約，但和會又另有兩重要新奇之舉，欲藉以應付當世盛行之社會騷動與國際紛亂。一方面，有國聯規約爲一切主要和約中之一部，此大抵爲威爾遜總統草定，所以規定國際聯盟之組織者。他方面則有共同承認之特種勞工規約（Labor Convention），視各處之勞資關係爲國際事務。勞工規約與國聯規約非僅爲敵國而設，實亦顧及協約國本身與中立國也。

一九一九年之國際勞工規約

勞工規約規定設一永久之世界勞工組織，內有每年舉行之國際勞工會議（International Labor Conference）與一國際勞工事務局（International Labor Office）。前者由各國各派代表四人組成之，以二人代表政府，餘二人則一代表僱主，一代表勞工，其職責在研究勞工問題，並得提出明確之勞工立法以供參加各國之採納或否決。國際勞工事務局設於國聯所在之地，徵集分發關於勞工之普通新聞，爲勞工會議準備議案程序，並監督各國間特種勞工契約之執行。

勞工立法之原則

各國欲得公平合宜之勞工立法，有九種原則可特別認爲指南，因「工界工錢勞動者之物質精神及智能上之幸福在國際上實極關重要」也。除因氣候習慣及經濟發展之不同而有必須之例外而外，此九種原則爲（一）勞工不得視爲一種貨物或商品，（二）僱主與僱工均有結社之權（工會主義），（三）工資須能維持相當之生活程度，（四）工作每日八小時或每星期四十八小時，（五）每星期至少有二十四小時之休息，在可能範圍內應包括星期日，（六）廢除童，工機組兒童之教育與其身體之適當發育，（七）對於男女同等之工作應給同等之工資，（八）對於一切工人謀公平之經濟待遇，對於外人亦然，（九）檢查制度亦得適用於女工。國際勞工會議之第一次在一九一九年秋舉行於華盛頓，國際勞工事務局則設於瑞士之日內瓦。

一九一九年之國際聯盟規約

凡爾賽條約及對敵國所訂之一切其他條約，莫不首即載入國際連門規約。一九〇九至一九二〇年巴黎和約之全部，實與聯盟規約混合而成。

聯盟組織法

國際聯盟之成依其規約實包括一切協約國及多數中立國，惟（最初）德國，奧大利，匈牙利，保加利亞，土耳其，俄國，墨西哥，哥斯達黎加不在其內。任何國家自治殖民地或殖民地由大會（Assembly）三分之二表決即可加入，任何會員國如在二年前通告並已履行其國際義務，即可退出。規約設以下之聯盟機關。（一）常設秘書廳（Secretariat）其本部設於瑞士之日內瓦。（二）大會由聯盟各會員國之代表組成之，每一會員國有一表決權，其代表不得逾三人），每年集會於日內瓦。（三）行政院（Council）由協約五強（美英法意日）之代表同大會選出其他四會員國之代表組成之，其決議通常須經一致之表決。

防制或延緩國際戰

聯盟會員國在聯盟規約中約定彼此『尊重並維持領土之完整及現有之政治獨立，以抵制

爭之規定

外國之侵略」。會員國又允將爭執事件交付仲裁或調查，非俟判決三閱月後，彼此不得訴諸戰爭。判決可採司法判決或勸告形式，通常由一常設國際法庭（Permanent Court of International Justice)行之。會員國之不將案件交付此種法庭者，須受聯盟行政院或聯盟大會之管轄，前會判決應依一致之表決（爭議當事國不計），後會判決應得在行政院有代表之會員國之一致表決及其他會員國之多數表決（爭議當事國不計）。會員國不遵判決或不顧規約而訴諸戰爭者，他會員國當與之斷絕一切交通，遇此種事變發生，應由行政院考慮國聯當採何種陸海軍行動，以共同對付違約之國。設遇聯盟以外之任何強國對於聯盟內任何會員國作戰，或以戰爭相威嚇時，行政院亦應從速集會，以考慮應採之共同行動。

國際條約之監督

聯盟規約雖正式廢止聯盟會員國間與規約條款衝突之一切條約，但特申明，「國際協定若仲裁條約或地方的諒解如門羅主義，可以維持世界和平者，皆爲有效」。此外又規定在聯盟成立以後所結之約，概應送祕書廳公佈之，大會並得勸告會員國重行審議已不適用或危害和平之條約。

軍備之允行縮減

聯盟會員國約定維持和平，「須將國防軍備減至與國家安全相合之最低限度，且須以共同行動屬行國際義務』。至擬定一般的軍備縮減計劃之重要職務，則委諸聯盟行政院，此等計劃當於每十年内修訂一次，採行之後，則非得行政院同意不得變更。此外又委托行政院擬定計劃，以除私人製造軍用品所生之弊。

國際聯盟之特種職務

國際聯盟尚有幾種特殊職務。如薩爾領土，但澤自由市等國際區域之治理，如休列斯維格，東普魯士上細勒西亞等主權未定區域之舉行民衆投票，均受其監督。又如禁販婦孺的協定之執行，鴉片貿易之限制疾病之國際預防等事，亦受其監督。既有之國際事務局與委員會，如國際勞工總會（International Labor Organization），咸隸於聯盟其未來成立之國際機關亦然。又凡接受德國任何殖民地或土耳其任何領土之國，概爲國際聯盟之『委任統治國』，例須將其地方行政報告聯盟。

一九二〇年聯盟之開幕

協約諸國除一國外，以及大戰時中立之多數國家，均立即批準國際聯盟規約，一九二〇年一月聯盟行政院應美國總統之召第一次會於巴黎。其年九月，第一次大會集於日内瓦。聯盟竟成事實，戰勝諸國之未批準凡爾賽條約或加入國際聯盟者，惟美國耳。

美國參戰目的之矛盾

一九一七年四月，美國憤德國之殘酷潛艇戰爭而參加大戰，其理想之目的，在謀一基於正義公理之永久和平。美國人士之原來排德最力者，多主張美國但應出其人力財力以敗德國，然後仍採其傳統之孤立政策，不問歐洲政治。其他最重人道之美國人，則願合衆國應不獨利用其優越之地位以勝此戰爭，且應使未來之和議可保證民衆與民族之權利，而使全世界眞能『安然實行民治』。

美國民衆昧於參戰目的之復雜

大多數之美國人士，無論其贊助對德作戰之動機如何，對於大戰爭點之複雜，均茫然不知。當戰爭進行之中，彼等見協約國之以外交領導推授諸美國總統，多引此自豪，故對於威爾遜所述之理想參戰目的，及其國際聯盟之主張，尙未起嚴重堅決之抗議。及德國戰敗，協約國間發生種種之意見衝突，美國輿論遂爲之一變。彼輩見他國俱正各尋自私之的，只顧本國之利，不重公共之善，因謂美國亦應如此，於是理想主義遂成夢幻矣。

威爾遜總統之不顧共和多數黨

一九一八年十一月，美國國會改選，共和黨在參議院得佔多數（條約之批准須得參議院之同意）時共和黨中多數要人之贊成國際聯盟，其熱誠正亦不下於民主黨之總統，但總統之赴巴黎和會並未偕共和黨之代表以行。

威爾遜總統之和平政策爲美國黨爭之焦點

美國之對外政策現已變爲各黨政見之爭點，嗣後威爾遜總統遂大受國人之抨擊。其最初之受毀乃因對德之過於妥協，及和議條款宣露之後，國人復責其過於犧牲主義，以同意於報怨不公之約，致陷美國於歐洲之爭鬪仇怨之中

美國之反對國聯規約

後當威爾遜總統於一九一九年七月自巴黎歸國之時，美國參議院之共和多數黨，甚至其本黨中之一部分黨員，皆對之大肆反對。反對派中有特別排斥國聯規約者，以爲足以損害美國之主權，破壞美國國會之某幾種憲法權力，且重違華盛頓之訓，致使美國益陷於舊世界之外交網羅之中。亦有對於和約條款深爲失望者，理想家則以和約條款顯與「十四條」相反，愛國者則詆斥對於日本英國之讓步，德意志種之美國人則痛恨祖國之分裂，義大利種之美國人則以總統之待遇意大利爲不公，愛爾蘭種之國民則以爲各種條約，尤其爲國際聯盟，適足以扶持彼可恨之不列顛帝國。以上一切人士咸力勸美國對於「不正當」「不公平」之和約，勿予簽定。此外美國人中亦顯有惡總統對於參議院之倨傲者，亦有政客惟恐民主黨將因新世界組織之成立而增加其政治勢力者。

總統與參議院間之僵局——美國之未批准凡爾賽條約

威爾遜總圖與參議院多數黨之僵局，歷時蓋幾兩載參議院對於凡爾賽條約或國際聯盟規約苟非附有爲前者所決難承受之種種『保留條件』，始終拒絕批准。一九一九年九月，總統巡游全國，以求輿論界之抑制其反對黨乃在堪薩斯（Kansas）忽得半身不遂之疾，永不復愈，靜以待死。其尤覺不幸者，即其所拳拳不忘之巴黎和約終歸破壞。蓋僵持愈久，則參議院對於總統和平正綱之敵視亦愈深也。一九一九年十一月及一九二〇年三月，參議院曾依多數之表決，擬採定十四種過甚之保留條件，而批準凡爾賽條約，但忠於總統之少數黨則對此附有保留之批準，加以阻撓。一九二〇年五月，國會通過一共同之決議，取消對德與奧匈之宣戰，復爲威爾遜總統所否決。

結局——一九二〇年哈丁總統之當選

一九二〇年十一月，此種爭執因美國人民在總統選舉時之判定而卒獲解決，打破難關。時擁護威爾遜總統之民主黨候選人大遭失敗，共和黨之參議員哈丁（Warren Harding）遂當選繼威爾遜爲美國總統。一九二一年三月，新總統於就職之後，即對國會演說，宣言『我共和國將不參加以最高權統治世界之現有國際聯盟』。一九二一年七月二日，更批準國會正式終止美國與中歐二帝國間戰爭狀態之決議。就美國而言，凡爾賽條約，國際聯盟規約，以及保證法國防制德國他日進攻之特種條約，概歸無效。

一九二二年美國與德國之單獨議和

一九二二年美國與德國，奧大利，匈牙利分別締結和約，盡撤其在歐之軍。 美國政府對於國際聯盟或其代理機關，及國際賠償委員會等始終拒絕正式合作。 哈丁總統雖曾主張美國加入常設國際法庭，但及一九二三年八月哈丁總統逝世時，美國對此傾向國際行動之初步顧仍未採行也。

一九二一至一九二二年限制軍備之華盛頓會議海軍協定

美國之和議不惟包括一九二二年對德奧匈分別締結之約，即一九二一至一九二二年冬舉行於華盛頓之國際會議所產生之種種條約亦屬之。 此會議稱為軍備限制會議（Conference for the Limitation of Armaments）美，英，日，法，意諸國代表在會議中簽訂一海軍協定，限制其軍艦之數目， 確定各國海軍未來之實力為美五英五日三法一·七五意一·七五之比率。各國代表又排斥毒瓦斯之使用及無限制之潛艇戰爭，但未能同意於陸軍潛艇飛機等數額之限制。

一九二二年之華盛頓條約

此會又草定幾種關於遠東之約，中國，葡萄牙，比利時，尼德蘭咸有代表同五強磋商此事，因以上各國在亞洲或太平洋中均有特殊之利害關系也。 結果日本卒承認將膠州灣還於中國，並以山東之鐵路售與中國，自日本由德人手中奪取膠州灣而植其勢力於山東以來，不絕之劇烈爭執因此協定而至少得一暫時之解决。英國亦效日本承認退出威海衛，法國對於廣州灣之退出，亦表示願即開始談判。

關於中國者

參與華盛頓會議之列强咸正式承認尊重中國之獨立，維持中國之「門户開放」，易詞言之，即各國將不復在中國爭奪海港與「勢力範圍」，以及他種特權，而採定各國國民對於中國貿易，應有同等自由之原則。

太平洋中相互之保證

最後美英法日簽定一四國條約（Four-Power Treaty），允彼此互保其在太平洋之領土，並允如未來關於太平洋或遠東有任何嚴重爭執發生，應即舉行會議。此種四國條約蓋顯以代替英日同盟者。華盛頓會議之一切條約與協定，其目的皆圖以合作與親善代替列强間之競爭與敵視，並限制種種可能之戰因也。

課外讀本

巴黎和會

1. H. W. V. Temperley (editor), *History of the Peace Conference of Paris*, 5 vols (1920–1921), to be completed in 6 vols.

2. *Materialen betreffend die Friedensverhandlungen*, official German documents, 12 vols. (1919–1921).

3. E. H. House and Charles Seymour (editors), *What Really Happened at Paris* (1921).

4. C. H. Haskins and R. H. Lord, *Some Problems of the Peace Conference* (1920).

5. Margarete Rothbarth, *Die grossen Vier am Werk* (1921).

6. Ernest Lavisse, *Histoire de France contemporaine depuis la révolution jusqu'à la paix de 1919*, Vol. XII (1922).

7. André Tardieu, *La Paix*, Eng. trans. entitled *The Truth about the Treaty* (1921)

8. Gabriel Hanotaux, *Le Traité de Versailles du 28 juin 1919* (1919)

9. Louis Barthou, *Le traité de paix* (1919).

10. Mermeix (pseud. for Gabriel Terrail), *Le combat des trois: notes et documents sur la conférence de la paix* (1922).

11. Sir Maurice Hankey, *Diplomacy by Conference* (1920).

12. A. L. Kennedy, *Old Diplomacy and New, 1876–1922*, from Salisbury to Lloyd George (1922).

13. Journalistic impressions: E. J. Dillon, *The Inside Story of the Peace Conference* (1920); Sisley Huddleston, *Peace-making at Paris* (1919).

14. Vernon Bartlett, *Behind the Scenes at the Peace Conference* (1919).

15. C. T. Thompson, *The Peace Conference Day by Day* (1920).

關於威爾遜者：

1. Ray Stannard Baker, *Woodrow Wilson and World Settlement, written from*

his unpublished and personal material, 3 vols. (1922).

2. J. P. Tumulty, *Woodrow Wilson as I Know Him* (1921).
3. Robert Lansing, *The Peace Negotiations* (1921).
4. *The Big Four and Others of the Peace Conference* (1921).
5. W. E. Dodd, *Woodrow Wilson and his Work* (1921).
6. Charles Seymour, *Woodrow Wilson and the World War* (1921), Vol. XLVIII of "The Chronicles of America," ed. by Allen Johnson.

關於克里孟梭者：

1. H. M. Hyndman, *Clemenceau, the Man and his Time* (1919).

關於賠款及其他經濟規定者：

1. J. M. Keynes, *The Economic Consequences of the Peace* (1920),
2. B. M. Baruch, *The Making of the Reparation and Economic Sections of the Treaty* (1920).

3. R. G. Lévy, *La juste paix* (1920).

並參看第三十五章所附書目。

關於近東之解決者：

1. E. M. Earle, *Turkey, the Great Powers, and the Bagdad Railway* (1923).
2. Djemal Pasha, *Memories of a Turkish Statesman* (1922).
3. G. F. Abbott, *Greece and the Allies, 1914–1922* (1922).

國際聯合會：

1. The League of Nations publishes from its headquarters at Geneva, Switzerland, an *Official Journal* (since February, 1920), supplemented by a monthly *Bulletin of Statistics* and a convenient *Monthly Summary* (since April, 1921).
2. The authorized American agency for the publications of the League of Nations is The World Peace Foundation, Boston, Mass.

關於此問題之許多著作中，下列各書具有特殊價值：

1. S. P. Duggan (editor), *The League of Nations, the Principle and the Practice* (1919).

2. F. C. Hicks, *The New World Order, International Organization, International Law, International Coöperation* (1920).

3. H. M. Kallen, *The League of Nations Today and Tomorrow* (1919).

4. S. M. Lindsay (editor), *The League of Nations Covenant* (1919).

5. Sir Frederick Pollock, *The League of Nations*, 2d ed. (1922).

6. Arthur Sweetser, *The League of Nations at Work* (1920).

7. Irving Fisher, *League or War?* (1923).

8. Matthias Erzberger, *The League of Nations*, Eng. trans. by Bernard Miall (1919).

9. Veit Valentin, *Geschichte des Völkerbundgedankens in Deutschland* (1920).

美國單獨媾和：

1. *Hearings before the Committee on Foreign Relations, United States Senate* (1919)
2. D. J. Hill; *Present Problems in Foreign Policy*
3. R. L. Buell, *The Washington Conference* (1922).

第三十四章　俄國革命

第一節　專制政治之傾覆——三月（一九一七）革命

國際大戰不惟形成世界上之新政治地圖，及釀成中歐之民主與民族革命，且更大變俄國羅馬諾夫皇族之領土，此種變遷之社會的經濟的與民族的政治的性質俱極顯著，蓋俄國革命實大戰結果中之最重要者也。

大戰前俄皇之政策

吾人前已指出，自十九世紀以至一九一四年大戰之爆發，俄皇曾採行一種三重政策，即利用戰爭與征服以擴其帝國，使從屬各族『俄羅斯化』，並維持鞏固貴族社會與專制政治是也。吾人又曾指出，在一九一四年以前，已有五種人民對於俄皇政策漸肆反抗：（一）爲被征服各族與猶太人之反對『俄羅斯化』。（二）爲『知識分子』，即教授著述者等之主張個人自由與激烈之政治改革。（三）爲資本家及其他中產階級之冀得立憲政府與溫和之政治改革。（四）爲農民之要求多得土地。（五）爲城市工人之傾心於社會主義。最後吾人又曾指出，當俄皇尼古拉二世之政府因一九〇四至一九〇五年日俄戰爭失敗受窘之時，此五種分子卽曾從事於革命之鼓吹活動。

一九〇五至一九〇六年之俄國革命，時機尚未成熟。贊成變革之各種勢力乏幹練之領袖，對於任何建設綱要，不能合作，故外戰甫停，卽爲俄皇及其反動羽翼所平定。一九〇五至一九〇六年俄國革命運動唯一之永久紀念厥爲國會（Duma），乃一有名無實之議會，有限制嚴格之選舉，選出實受專制政治之支配者。

俄國之激烈政黨

但在一九一四年以前，國內外已產生三種激烈政黨，以代表反對專制之三種意見。一爲憲政民主黨（通常稱爲 (Cadet Party)，多由中產階級中之『知識分子』，專門家，實業家等組成，彼等主張英國式之民主政治，欲將最高權授諸眞正之民衆議會，而有一有效之憲法保障個人自由。二爲社會革命黨，實乃一農民黨，受中產階級激烈分子之領導，決取貴族之田，授之農民，任何政綱凡能保證此種根本社會改革者，彼輩均願予以贊助。三爲社會民主黨（或社會黨）包括大多數之城市工人，服膺『科學的』國際的社會主義始祖馬克斯之主義與教訓，主張沒收私有財產，而將工農業概歸工人經營管理之。一九一四年以前，俄國之馬克斯派社會主義者已因策略問題分爲兩派。孟札維克派（Mensheviki 或 Mensheviets）比較和緩，顧籍長期之演進與教育以待社會主義之最後勝利，目前則姑與社會革命黨甚至與憲政民主黨合作，以求俄國民主政治之實現。布爾扎維克派（Bolsheviki 或 Bolshevists）爲比較激烈之俄國社會黨，亟欲乘機實行無產階級專政，過必要時且不惜采用强力暴行，至于中產階級之政黨合作，則彼等極爲反對。

除布爾扎維克派外俄國各黨之贊成大戰

布爾札維克派會反對俄國之參加大戰，但一九一四年以後，其領袖一時皆被放逐，留在國內之黨員甚少，不能阻撓俄皇之政府與軍隊。除布爾札維克派外，俄國之人民最初咸以忠誠與熱忱贊助大戰。愛國者不分黨派，俱贊助大戰，因大戰似可使斯拉夫民族脫去條頓種之支配也。黨政民主黨，社會革命黨，及孟札維克黨之所以贊助大戰者，因大戰乃俄國與法英等民主國家攻擊非民主之中歐二帝國，似可誘導俄皇允行政治改革也。從屬各族如波蘭人，芬蘭人，猶太人，立陶宛人，勒遏人等之贊助大戰，乃冀大戰之可延緩其受「俄羅斯化」，並可承諾其民主權利與自決也。

尼古拉二世之頑梗

俄皇尼古拉二世（一八九四——一九一七）苟有先見之明，能滿足其臣民之望，或可得不

政府之腐敗與軍事之失利

朽之令名光榮。顧彼不幸而胸襟褊狹，執迷不悟，又爲反動之貴族教士官僚等所包圍，乃視民衆參戰之熱情爲其擴張國土，鞏固專制之良機。對于任何從屬民族，不予以實際之恩澤，對任何激烈黨之首領亦不加以詢謀，對於選舉權之擴張，內閣之對國會負責，以及其他之民主改革，皆始終拒斥。對於社會與經濟改革之要求，亦不加注意。

尼古拉二世之政府苟能勝任，其軍隊苟能獲勝，或亦不難使其政策成功。顧俄國之專制政府實以腐敗無能著名，對於調動大軍開赴前線，供給軍裝軍糧，而同時對於國內非武裝人民復須加以適當之注意，如此大事，實不足以當之。俄國式之專制政治已自行證明其絕不適于應付大戰之非常實驗。一九一五年俄軍之節節敗退，由于中歐二帝國之勇武與將略者少，而由於俄皇政府之腐敗與無能者多。

乃俄國之專制政治經過軍事之失敗，并未得到教訓，仍不許人對政治作誠懇之批評。終一九一六年，政府仍固守其詭秘，猜疑，壓制陰謀之傳習。領導俄皇內閣之貴族雖時有更動，而制度則仍不稍變。國會之抗議，置若罔聞。誇誕之教士名拉斯普丁(Rasputin)者，對於宮廷原具有極大之惡勢力。其被刺反使局勢更惡，因死拉斯普丁之影響於俄后之心，並由俄后而影響於俄群之心較之生拉斯善丁之力更大也。

民衆叛離之普遍一九一六至一九一七年

當一九一六至一九一七年之冬，民衆叛變偏于全國。愛國之將領與國會中之杰出議員，咸怨政府之阻擾戰事并暗示政府與敵國進行賣國之談判。從屬各族愈益騷然叛變。俄國之中產階級即多怨磅非難而鄉村復有農民之騷動，城市又有工人之罷工。加以冬季嚴寒，上層階級仍耽于宴樂多數值貧民則備受饑餓。

革命之促迫

一九一七年三月十一日，尼古拉二世之專制政府作最後一次之企圖，思厭制俄國之革命運動，下令遣散國會議員并令彼得格勒之工人不得罷工抗議，勸其復工。此等命令實促成俄國之革命。

一九一七年二月十五日尼古拉二世之

次日，鐵路工人移俄皇之專車於側線，以阻尼古拉二世及其可恃之軍開赴首都，時彼得格勒一部分之駐軍已從工人之主張成立『軍士工人』之『蘇維埃』(Soviet) 以執行地方政府之職權矣。當時國會議員仍能保其地位，議長乃急請俄皇任命一自由之新內閣。現俄皇讓步爲時已遲。三日內，彼得格勒之革命已獲勝利，各軍務省皆起響應，專制政治之崩潰實速且劇。彼柔弱善意之尼古拉二世此時之所能者，惟退位耳。乃於一九一七年三月十

退位

五日以溫雅之詞令深摯之情感宣告退位。顧猶妄想保存王朝，因禪位於其弟大公爵邁克爾（Grand Duke Michael）。但邁克爾不敢輕試此任，彼亦如革命黨人明知羅馬諾夫朝已全體下野，此朝三百年來所崇尚之專制政治及輔佐此朝之官僚政治，同已宣佈死刑矣。

一九一七年三月之臨時政府

依國會與彼得格勒蘇維埃之暫時協定，得立即成立一臨時政府，由喬治沃夫（Prince George Lvov）主持之，其人乃地方議會聯合會（Union of Zemstvos）之領袖，傾向自由之地主，憲政民主黨之黨員也。與喬治沃夫聯合者，有其本黨八人（任外交部長之名史學家米留科夫 Paul Milyukóv 亦屬之），另有比較保守之十月黨三人，及社會革命黨一人，即克倫斯基，彼得格勒蘇維埃之代表也。臨時政府中最初多爲中產階級與有身分之人，其所恃之民衆分子，則爲專業階級實業家與鄉紳。

臨時政府之自由與民治法令

臨時政府旋即宣布言論結社出版與信仰之自由，釋放政治犯數千，邀請因政治被放者歸國，恢復芬蘭自決之權，并允予波蘭以同樣之權，且宣布不久即當依普選制選出國民制憲會議（National Constituent Assembly），以決定俄國永久之民主政體。同時臨時政府又設法鼓勵民衆之愛國心，灌輸新精神以作大戰一九一七年三月俄國革命之第一階段遂如此完成，幾乎全未流血。專制政治傾覆，俄皇尼古拉二世受人監視，舊官僚有被禁錮者，餘則出亡於外。政權操於一平和之臨時政府，許國內以民主政治，民族權利，個人自由，並允在軍事上力謀與法，英，意，美諸同等之民主國合作，以抵制條頓族帝國主義之威赫。全國大悅。羅馬，巴黎，倫敦，紐約及舊金山(San Francisco)等處亦皆爲俄國革命舉行歡宴。俄國之舊宮廷則感覺絕望，維也納柏林一時頗感不快。

第二節　中產階級政府之失敗——十一月（一九一七）革命

俄羅斯帝國對於民主政治之無準備

欲俄國在一月之內，卽由專制政治變爲民主政治，實無異相信幻術。當一九一七年三月，俄羅斯爲一龐雜之帝國，其中之芬蘭人，波蘭人，勒邊人，愛沙尼亞人，立陶宛人，烏克蘭人，猶太人，喬治亞人(Georgians)等之民族希望，卽未構成分裂之勢，而確有礙於民主制度之順利運行。又俄國在政治與經濟上均爲歐洲做落伍之國，其人民異乎英法之人，對於大規模之民主政治皆無徹底之訓練或長期之經驗。俄國革命政府之主要基礎不在有知識之中產階級與繁榮之獨立農民所組成之選民，而在於多數無知職極貧困之農民及好騷優乏紀律之城市工人集團，此乃又與西歐之民主國家不同者。故在俄國而言民主政治，實屬不宜國情難於成功。

帝制之遺習

數十年來俄國大多數民衆以爲「政治」二字的抽象意義卽指俄皇之具體的政府而言，因俄國民衆對俄皇之專制政治與官僚政治迭起抗議與騷動，已養成自然厭惡一般政府之風尙，故對於未經試行之民主政治，亦無特別向慕之心。故當一九一七年三月革命發生，尼古拉二世之政府停止職權之時，惟外人及國會中之少數領袖與俄國之理想家，其心中方以爲俄國已成「民主」國家耳。實則俄國已淪於無政府狀況，極端之個人主義代專制主義而起，在個人解放狂喜之中，已不知復有集團自由之義務與責任。一般人惟熱心對舊制爲盲目之破壞，而不知謀眼光遠大之新建設，自由眞成爲放縱矣。

俄國民衆之用其新自由，實近兒戲。在大鄉區中，則抗納租金賦稅，在城市，則破壞機器，驅逐僱主監工，在軍中則士卒自擇長官，辯論戰略。警察既廢，軍隊亦迅歸瓦解。

臨時政府之非代議性質

喬治沃夫之臨時政府不幸而未能眞正代表俄國民衆。彼𨚫能代表國會，但國會因其以前屈從俄皇，現已大失信仰，且政府實爲一中產階級之政府，而俄國大多數之民衆，則並非中產階級，實乃農工，彼等咸苦於戰爭，希望和平，不知臨時政府何以必勉勵彼等繼續流血。彼等以爲由俄皇而起之戰爭，應由革命而終止。此外彼等復不滿足於民主政治與個人自由之空諾，而願革命更行徹底，以完成激進之社會與經濟變遷焉。

臨時政府衰弱之因

一九一七年三月至十一月俄國革命之歷史，實即勢力與政權漸由喬治沃夫之中產階級的臨時政府轉移於民衆之歷史。此種轉移之直接特殊原因，計有數種。

一、蘇維埃之勃興

當革命遍及全俄之時，各地之『工人軍士農民蘇維埃』紛紛出現（在各城與各省），咸以彼得格勒之蘇維埃爲模範。此種蘇維埃旋即成爲民衆運動與宣傳之中心，及表示民衆要求之公所。一九一七年四月舉行於莫斯科之第一次全俄蘇維埃大會（National Congress of Soviet），要求徹底之土地改革，工人之參預工業管理，軍隊之民主化，及戰爭之繼續須以『不併地不索償』爲條件。

二、軍紀之破壞

革命及於軍中，軍士乃亦組織蘇維埃以掌握軍權，其結果爲軍紀之迅速懈弛。士兵則擅離行伍，不請假而歸，不孚衆望之軍官則爲部下所黜，並有被置於死者。實際之戰爭已停，在多數地方，俄德之軍士且雜處若友。

三、德國和平宣傳之普及

黨俄軍幾率廢弛之時，德國間諜乃大肆活動，勸俄軍放弃戰爭。彼等悉投俄人之所好：對於頑固黨，則彼等爲反革命之使徒，蓋惟停戰，始能反革命成功也。對於極端之革命黨人，則彼等固深信惟有推倒繼續主戰之現有臨時政府，革命始可成功。對於從屬之各族，則彼爲其良友與有力之同盟。

四、布爾扎維克黨之運動

是時，出亡在外之革命黨人因尼古拉二世之顛覆及政治自由之賜予，咸歸國而大肆活動。最重要者，爲社會民主黨中布爾札維克派之領袖，彼等要求蘇維埃推翻喬治沃夫之臨時政府，實行社會黨專政並立與德國媾和。

五、從屬各族之分離運動

革命又激起俄帝國內部各族趨向獨立或自治之運動。波蘭人與芬蘭人決乘專制政治之破壞而與俄國完全分離。一九一七年四月，小俄羅斯人（或烏克蘭人）大會於基輔，爲烏克蘭要求完全自治。七月，愛沙尼亞人之國民會議集會於勒法爾（Reval），成立臨時政府。八月，庫爾蘭與里凡尼亞之勒遏人集會利牙，要求『在俄共和國內建一統一而政治自主之勒遏蘭（Lettland）或拉特維亞（Latvia）』。立陶宛人與高加索之喬治亞人亦皆有同樣之要求。

六、反動勢力

初期贊助革命之人，現頗有驚於蘇維埃之騷擾與軍紀之不振，德諜之活動，從屬各族之分離運動及布爾札維克黨之鼓吹，而深恐革命將危其身而覆其國者。因此十月黨與憲政民主黨之重要集團，乃與舊式之反動派合謀制止革命之進行。顧彼等人數甚少，不能支配全國或國內之大部，徒激起群衆之猜疑仇恨耳。對於臨時政府且發生一種意善而結果至爲不幸之影響焉。

黨政民主黨之失敗

臨時政府未能滿足民衆之望，或戰勝反對之勢。原來之喬治沃夫內閣多由憲政民主黨組成，對於社會革命黨與社會民主黨之經濟上的要求本少同情，宣告個人自由與國民會議之選舉以後，卽決意踴跟作戰而忽視俄國內部之改革。革命之外交部長米留科夫亦未脫專制時代傳統之外交政策，卽創立强固統一之俄國，固守密約，對君士坦丁堡與亞美尼亞懷有野心，而對羅馬尼亞與巴爾幹諸國采强硬之態度也。一九一七年五月，彼致一公文於協約諸國，宣言俄國決不與中歐二帝國單獨媾和，務依俄國之舊約，使戰爭達於勝利之結局。

一九一七年五月臨時政府之改組

一九一七年五月，全國之蘇維埃已甚流行而有勢力，有鄉區大都爲社會革命黨所操縱，城區則爲社會民主黨之孟札維克派所主持。各蘇維埃對於米留科夫之政策大譁，喬治沃夫亦覺非准外交部長及保守派之其他閣員數人辭職，而引用孟札維克派數人與社會革命黨數人於臨時政府不可。五月改組之臨時政府，顯爲一聯合政府，但如和油於水，不相融洽讓步，實以自斃耳。

克倫斯基及其政策

改組後臨時政府中最傑出之人物爲克倫斯基，一熱心之社會革命黨人也。彼初受農民及孟扎維克黨工人之助，力謀使戰爭得一迅速光榮之結局，并確欲對國人實行民主政治與社會改革。顧徒勞無功。彼時爲憲政民主黨，布爾扎維克派及德國間諜所撓，蓋憲政民主黨仍能牽制臨時政府之行動，布爾扎維克派則在各蘇維埃之勢力日盛，德諜更在軍中與全國煽動離叛也。彼不能說協約國使其拋弃密約或允以「不并地不索償」爲媾和之基，因此遂無法在俄國各處之蘇維埃中鼓其作戰之熱忱。俄軍之紀律亦未能恢復，一九一七年七月，彼親自指揮，圖「驅逐」入寇之條頓人，而卒敗潰。

克倫斯基之專政

一九一七年八月，喬治沃夫及其他之憲政民主黨人咸退出臨時政府，克倫斯基遂專政，惟爲時已遲。彼已自覺處於悲慘之境，威望驟落。反動派與憲政民主黨加以攻擊，謂其「激烈」而「不愛國」。布爾扎維克派亦從事抨擊，以彼爲「保守」而「黷武」。外國政府加以指謫本國軍隊又不聽命。彼戰即不能操勝，而又不願商訂不名譽之和約。在俄國與鄰國恢復和平以前，彼決不能安然從事於國內之社會改造，原改造社會乃各蘇維埃所要求最急者。是時，彼對其所許之國民會議，競緩其選舉。彼固公認爲贊成民主政治者，今處危急之境，乃以民主選舉之結果爲畏焉。

布爾扎維克黨之活動

在此等情勢之下，布爾扎維克黨乃肆力宣傳，且獲效果，而漸代孟扎維克黨以操縱市區之蘇維埃。　鄉區蘇維埃中之社會革命黨亦多弃其領袖克倫斯基爾擁護布爾扎維克黨之領袖。　後者現遂公開組織『紅軍』(red guards)，令其武裝預備以武力推翻臨時政府。　早在一九一七年七月，彼得格勒之布爾扎維克黨人即欲奪取大權。　克倫斯基雖定此亂，然已不敢解除工人之武裝，或懲活布爾扎維克黨之領袖。　三閱月後，是黨之勢更盛，時已操縱彼得格勒之蘇維埃，始在全俄蘇維埃大會之代表中，占大多數焉。

一九一七年之十一月革命

一九一七年十一月六日夜，即蘇維埃大會集會前之數小時，布扎維克黨乃作致命之攻擊。彼得格勒之主要政府機關均爲紅軍所據，地方衛兵有一部分與之聯合，其餘亦不採任何行動。十一月七日晨，臨時政府人員悉受拘捕，惟克倫斯基在逃。　布爾扎維克黨之政變於十一月十日得全俄蘇維埃大會之追認，俄國之殘軍咸默認之，全國之大部分皆順從新制。

克倫斯基之傾覆與布爾扎維克黨之勝利

俄國革命遂如是於一九一七年十一月進入第二階段。　反動派與中產階級之改革者或逃匿，或受拘，克倫斯基則出亡於外。　激烈社會黨人咸居要職，在各蘇維埃中并占多數，布爾扎維克黨遂獲勝矣。　當新政府始行遠大之經濟試驗時，舉凡個人自由民主政治戰爭進行等事概行置之背後。　俄國革命實同時含有政治與社會的性質。　一九一七年三月之事變實表示專制政治之傾覆，十一月之事變，則宣告俄國傳統社會之毀滅。

第三節　布爾札維克之俄國——無產階級之專政

布爾扎維克黨之領袖

布爾扎維克政府於一九一七年十一月就職，其領袖之門第與其幼時之教育原屬俄國貴族，但彼少即關心俄國之工人而爲馬克斯之熱心信徒。其家族原名爲瓦拉的米爾烏列諾夫(Vladimir Ulianov)，當其長期亡命瑞士之時（自一九〇〇年起幾直至一九一七年三月俄皇傾覆時止），始改用列寧（Nicholas Lenin）之筆名爲俄國工人所崇敬而爲上層階級所畏恨者，即此列寧也。

列寧

彼乃一頗有國際聲譽之著述家及一淵博之學者，爲人敏銳勇敢，極有才智。

托絡斯基

列寧所依爲左右手之托洛斯基（Leo Trotsky），乃猶太種，其門第原屬中產階級。彼爲一狂熱之社會主義者，曾因政治犯罪受禁下獄，被放於西伯利亞，由西伯利亞逃出後僑居維也納與巴黎數載。一九一六年復自法國被逐，乃於次年二月行抵紐約。一九一七年五月，設法歸俄，組織執行十一月政變之『紅軍』，現在列甯所主持之布爾扎維克政府中任『人民軍事委員』(People's Commissioner for Military Affairs)。

列甯與托洛斯基之直接目的有五：（一）與中歐二帝國媾和。（二）確立工人階級之專政。（三）完成激烈之經濟的與社會的變更。（四）壓制國內之反抗，排除外國之干涉。（五）使社會主義之革命由俄國推及全世。此五種目的雖同時進行但分別討論較為便利茲在本節當提及第一目的而詳述第二第三兩種目的，至第四第五兩種，則當於下節述之。

布爾札維克黨之目的

與中歐二帝國之媾和

與中歐二帝國媾和，並非布爾札維克黨之主要目的，此不過為一種手段使彼等能集中其力量精神以完成國內之社會革命，因慰民衆之望耳。一九一七年三月尼古拉二世之所以被廢，專制之所以告終，原以舊有專制政治之腐敗無能，不能戰勝中歐二帝國之故。一九一七年十一月繼任之臨時政府所以為布爾札維克黨所覆者，大抵亦因溫和革命黨（喬治沃夫，米留科夫，及克倫斯基）不能以有利之和約結束戰爭之故。三月與十一月俄國革命之背景均為俄國大多數民衆之厭戰。俄軍士氣自一九一五年之戰敗以來，即日形衰頹，在上述一九一七年紛亂之社會與政治狀況中，更完全消失。自布爾札維克黨領袖觀之，欲從現有之紛亂中恢復秩序，建樹社會主義之制度，則任何代價之和約皆屬必要。

一九一八年三月之

布爾札維克政府在奪取俄國之大權後，立即通知協約國，謂俄政府將不贊助其『帝國主義』

布勒斯特裏多佛斯克條約

之戰争，苟諸國不同意於公開宣言以『不并地不索款』爲參戰目的之基礎，則俄政府當即單獨媾和。協約國不復，一九一七年十二月，俄國遂與中歐二帝國簽定休戰條約。經數次有波折之會議以後，俄國卒不顧協約國之抗議，而與德國，奧匈，保加利亞，土耳其於一九一六年三月在布勒斯特里多佛斯克締結和約。

布勒斯特里多佛斯克條約之條款前已述及，其結果當於次節詳加討論。現僅指出俄帝國因放弃芬蘭，波蘭，愛沙尼亞，里凡尼亞，庫爾蘭，立陶宛，烏克蘭，比薩拉比亞及外高加索而喪失其人口四分之一，耕地四分之一，工業三分之一，煤鐵四分之三。俄國在歐洲之領土幾減至與彼得大帝以前時代相等。蓋已非一龐雜之帝國，而爲一民族國家，居民幾純爲俄羅斯人，所有煩擾之『從屬民族』問題，遂獲解絶矣。一九一八年三月，更由彼得格勒遷都於莫斯科。

無産階級之專政

在布勒斯特里多佛斯克條約之談判中，布爾札維克黨正忙於促進國内之社會革命，期亟欲終止外展，實此之故。至其完成社會革命之手段，則非民主政治，而爲『無産階級之專政』。

國民制憲會議之選舉與毀棄

在一九一七年十一月布爾札維克黨革命之後不久，全俄即根據平等直接普遍秘密選舉制選出久允召集之國民制憲會議，結果當選代表之多數均與社會革命黨一致，而不與社會黨之布爾札維克派同趣。此實表示布爾札維克黨僅能代表俄國民衆之少數（甚或爲至少數），遂使列甯與托洛斯基深信苟欲維持權勢，實行其社會與經濟正綱則惟有犧牲民主政治而已。

布爾札維克政府因此解散國民制憲會議，其理由則謂國民會議實一『反動』團體彼社會革命黨正『指揮中產階級以抗工人之革命』。不惟民主議會受制，即各地方蘇維埃之不聽命於布爾札維克黨者亦被解散，其領袖多受監禁或被放逐。工人階級專政（並非民主政治）實爲布爾札維克黨統治俄國之手段焉。

一九一八年七月之蘇維埃憲法

全俄蘇維埃大會於『清出』好鬭之反布爾札維克派之後，遂代國民制憲會議而爲最高之議事機關，而於一九一八年七月爲俄國製定憲法。此法允許信仰意見，出版集會之自由，爲『無產階級之專政』規定明確之組織，并宣布全國爲一『工兵農代表蘇維埃之聯邦社會主義共和國』（Federal Socialist Republic of Soviets of Workers', Soldier's, and Peasants' Delegates），中央地方之權概操之於此等蘇維埃。得參與蘇維埃之選舉者爲年滿十八而以『生產的勞動』謀生之男女國民此外則爲革命之軍士與船員，教士貴族及多數之中產階級，概無此權。最後之權則委諸全俄蘇維埃大會，由間接選舉制選出之，其組織法在能使城區蘇維埃

俄國之爲布爾扎維克黨少數人所支配

布爾扎維克黨之軍隊與司法

之代表超越鄉區蘇維埃之代表。　法律之制定與各部長官之選擇（稱爲『人民委員』（Peoples' Commissioners）概操於一中央執行委員會（Central Executive Committee），委員會約由二百人組成，由全俄蘇維埃大會選出且對大會負最後之責。

無產階級專政實即布爾札維克黨（現多稱爲共產黨）之專政。　此黨本身約有（一九二四年）依法登記之黨員六十萬人多爲極有組織訓練之城市工人。　此等工人雖僅佔俄國人口之一小部分，然多數城區蘇維埃皆受其操縱，因此依照一九一八年之憲法凡全俄蘇維埃大會中央執行委員會及人民委員會（Council of People's Commissioners）亦皆由彼等主持　公共政策則由布爾札維克黨之領袖（其首領爲列甯與托洛斯基）決定，得中央執行委員會中之忠實布爾札維克黨之多數贊助，而由人民委員會（其領袖爲列甯與托洛斯基）執行之。

一九一八年之憲法規定俄國國民概須強服軍役，但以武裝防護革命之特權歸諸勞工階級，乃漸由工人農民組成一出於布爾札維克政府而預備奉行其命之革命軍。　法院亦在布爾札維克黨主持之下創設，不僅在受理通常之民刑案件且實用作革命法院，以檢舉懲治反革命派及反布爾札維克者。　判決俄皇尼古拉二世之死刑，并於一九一八年七月十六日令革命軍士在業十忒麟堡（Ekaterinburg）執行俄皇及其家屬之死刑者，卽一地方蘇維埃充革命法院者之所爲也。布爾扎維克黨因得其法院軍隊之力，其專政之效乃益大。彼等僅與其同黨以出版結社之自由而籍殺戮監禁以威赫其發對黨。

社會革命

布爾扎維克政府之確立無產階級專政與退出大戰，其目的原在促進俄國社會與經濟之改變，此前已言之者。故社會主義之統治立卽採行多種重要步驟，以期速此目的。

趨向激烈之社會主義

一切特權概行廢除。一切國民概受强制勞動。地方官得在富人之星而任無相當住宅之國民據之。廢土地私有之權而不給償，一切地產宜爲國有農民得佔領使用其實行耕種之田。礦山森林鐵路概歸國有。在以前私有廠主之工廠不給償而交工人管理經營之。前帝俄及中產階級之政府所借公債概行取消。私有銀行概被籍沒。國外貿易悉歸國家經營。俄國之正統教會既喪其財產又失政府之助，遂降爲一種自由加入不享特權，自謀維持之團體。封閉私立學校，不令兒童受任何宗教教育而特別注意於全國公立學校制度之發展，公立學校概歸政府主持指導而以忠於布爾扎維克黨之主義灌輸其中。俄國布爾扎維克黨之專政，實將傳統之禮儀習慣，往昔之特權制度破壞無餘。蓋使貴族社會與帝制政治同歸於盡，使教會與政府咸生變動，復以社會主義代替個人主義之財產觀念也。

俄國舊有之國旗，則代以社會主義之紅旗，用爲徹底的社會革命之外部標識。並仆俄皇及前此專制時代諸名人之像，而以馬克斯及國際社會主義中其他偉人之像代之。西歐之曆法輸入俄國。莫斯科則定爲俄羅斯蘇維埃聯邦社會主義共和國之首都。

順利的社會改革之障礙

俄國布爾扎維克黨欲圖社會改革之成功，遇有三種大障礙：一爲下層階級之愚昧。二爲國內財產被專者與外國費本家之仇恨甚深，牢不可破。三爲改革之試行正當全世界因大戰結果而生動搖之時。俄國因大戰所受之損失實甚於任何他國，在布爾扎維克黨得勢以前其商工農業皆已陷於凌亂之中。一九一七年十一月後布爾扎維克黨之行動，復至少暫增糾紛。工人過愚，非有技術上之輔助，不能管理經營大規模之工業。政府瀕與破產，不能預付必要之資，以圖工商業之迅速發展。農民太無速度，不知努力以維持尋常之農業生產力。運輸制度（鐵道與海運）之破壞（此爲大戰之必然結果），不惟使農民失其必須之工具與供給，即食物亦無法運至工業城市。當布爾札維克黨專政之最初三年中，此等經濟上之困難復因內部之變亂與外國之幹涉而益甚。其結果則爲俄國農場與工廠生產之減少與商業之衰歇，而食物不足，職業缺乏，痛苦，饑荒疾疫復相繼而起。黨一九一八至一九二三之五年中俄國民衆之窮困以死者，蓋數以千計。

一九二三年布爾扎維克黨之社會的妥協

但布爾札維克政府亦逐漸改良現狀。俄國之一般民衆因國內騷亂之平定與外國干涉之失敗（其原委當即述之），益能團結以擁護新制，更知注意其領袖之建設的命令而布爾札維克黨之領袖亦甚願謀和解妥協。彼等改良運輸制度，教農民以較善之法，獎其努力，復以重金請中產階級之專家監督大規模工業之管理與經營，更許資本家經營較小之工廠。

一九二三年布爾札維克黨因民衆之援助與政府之權威，卒能將俄國之資本主義與社會主義明白調和。私有財產在理論上雖完全廢除，實則農民據有其自己之農場而工人則與中產階級之預付資本管理工業者共分工業上之利潤。此縱非純粹之馬克斯社會主義，然與俄皇治下及臨時政府時代之經濟與社會狀況則已根本不同矣。布爾札維克黨之無產階級專政，實已完成一激烈之變遷，無論其爲禍爲福，要爲一種偉大之試驗也。

第四節　布爾札維克之俄國與世界對抗

反對俄國之布爾扎維克主義者

俄人自始卽多反對布爾札維克黨之專政。愛國人士有對於背棄協約國，廢除祕密條約，放棄對於君士坦丁堡與波蘭之權利及單獨與中歐二帝國媾和、表示抗議者。社會革命黨與憲政民主黨中之特出領袖，甚至社會黨中孟札維克派之領袖，對於犧牲民主政治，個人自由及確立無產階級專政，亦有抗議者。地主，實業家，教士等，對於私產之沒收，特權之廢除，及布爾札維克政府涉及教育與宗教之激烈改革，更多肆力反抗焉。

國內之反對布爾札維克主義者多相率去國，居留於外，在外國組織指導反革命之宣傳。然亦有暫居俄國，而謀煽動民衆以叛布爾札維克黨者。

布爾扎維克黨之宣言

對於布爾札維克主義之反抗，更因布爾札維克黨本身宣傳之熱心而加劇，蓋此黨希望二十世紀之俄國革命將有普徧遠大之社會結果，與十八世紀法國大革命之影響政治相同也。彼等渴望資本主義之完全破壞，並不限於俄國，實將及於全世。於是此黨代表輒由社會主義勝利之中心莫斯科出赴外國以宣傳社會主義。彼等方言俄國實創一先例，以便一切國家效法。

外國之畏懼與幹涉

在一九一七年十一月政變後之數年中，外國咸恐隨大戰與巴黎和約而生之經濟困難及政治騷動，或遂引起德國與匈，保加利亞，甚至意，法，英，美諸國內之共產革命與社會革命。此正俄國布爾札維克黨之所信以爲必至者。在外國此種自然之畏懼，復因俄國反對布爾札維克黨之亡命者所述俄國盛行之紛亂與罪惡，而變成普遍流行之恐怖。在此等情勢之中，外國政府遂覺有干涉俄國之必要。其結果乃紛亂更甚合世界之力以反對布爾札維克主義焉。

一九一八年德國之幹涉

在布勒斯特里多佛斯克條約（一九一八年三月）談判期間以內及以後不久，德人均力謀干涉俄國內政其目的在固其軍事勢力，而阻布爾札維克主義之傳入中歐。德國曾要求布爾札維克政府正式允諾不在中歐二帝國內作過激之宣傳，復慫恿芬蘭，愛沙尼亞，拉特維亞，立陶宛，波蘭，烏克蘭等『被解放』之民族建立反布爾札維克之政府，離俄而依德，對於俄將之在國內促成內亂者則予以財政及軍事上之助。總之，當布爾札維克黨專政之第一年，德人實力使俄國繼續陷於騷亂之中。迨一九一八年十一月中歐二帝國武力崩潰之後，布爾札維克黨始脫德人干涉之險焉。

協約國之反對布爾札維克主義

但協約國旋肆干涉。協約國對於俄國之布爾札維克主義極不相容。蓋布爾札維克政府之退出大戰，發表密約，單獨媾和，取消外債，及宣傳世界社會革命種種行動，實激怒法，英，意，日，美諸國政府及其有勢力之國民也。加以亡命之俄人更謀得協約國之實力援助，以反對布爾札維克黨。

一九一八至一九一九年協約國之干涉俄國

協約國之干涉俄國，始於一九一八年三月，表面上乃對德之一種軍事策略。拒絕承認布勒斯特里多佛斯克條約之協約國，不惟不承認同意於該約之布爾扎維克政府，且決定對俄厲行經濟封鎖，免致輸俄之物落於德人之手。協約國爲此之故，曾鼓勵捷克斯洛伐克軍（該軍在大戰之初已脫去奧大利而加入俄軍）不顧布勒斯特里多佛斯克和約而樹立軍事基礎於窩瓦河，以公然反抗布爾扎維克政府。協約國之「遠征隊」亦爲此之故，而在北冰洋上俄國惟一之不凍港穆耳曼斯克（Murmansk）及西伯利亞東部之海參崴登陸。

一九一八至一九一九年俄國內部及布爾扎維克主義之變亂

捷克斯洛伐克人之耀武與協約國軍隊之由海參崴與穆耳曼斯克進逼，實促起俄國內部反布爾扎維克主義之變亂。協約國之干涉，最初本爲對德之一種軍事策略，乃未幾卽帶有以資本主義與帝國主義之勢力抵制布爾扎維克社會主義之勢力之性質。在一九一八年末與一九一九年中，列甯與托洛斯基政府一時似幾不能排除外國干涉而制止內部革命。俄國北部（包括亞爾干日爾）克里米及西伯利亞之最大部分，皆爲協約國所佔已解散之國民制憲議會之議員，復同社會革命黨，憲政民主黨黨徒，及少數反動派，建一反布爾扎維克之政府於鄂木斯克

(Omsk)，而自命爲克倫斯基臨時政府之合法繼承者。俄國之反動軍官如在南俄之德尼金(Denikin)，及胡蘭吉(Wrangel)，與在波羅的海區域之猷德尼赤(Yudenich)，又各集烏克蘭人，哥薩克人及投機份子於其麾下，藉協約國之助而對布爾札維克黨作戰。

俄國布爾札維克黨成功之原因

一、反革命法之不和

布爾札維克黨之所以能戰勝種種絕大障礙者，實有數因。一，俄國之反布爾札維克主義者意見不和，自生爭執。期中有爲社會革命黨或憲政民主黨者，彼等冀建一類似法英之永久立憲政府，有無激烈之社會改革，在所不計。有爲純粹反動派者，欲恢復專制主義及私產與特權之舊制。更有專圖私利及志在獨裁之野心家。在如此駁雜之分子間，自不能有諧和與誠意之合作。如鄂木斯克臨時政府之種種民治宣言未幾即因可爾察克(Kolchak)之崛起而歸於無效，成爲笑柄，彼竟逐溫和之革命黨人，而在西伯利亞建一反動之軍事獨裁制焉。

二、民衆對反動派之畏懼

二，布爾札維克黨指斥反布爾札維克勢力中最活動之領袖爲反動派，苟彼輩成功，則必毀革命時代之社會改革，而奪平民之土地及其在工業上應得之利，因此而能團結大部分之農工以爲之助。自此等工人與農民觀之，維護布爾札維克之俄國，實即保障辛苦得來之經濟權利。故無數農工踴躍從戎，竟使托洛斯基之革命軍大增，且堅忍作戰，以御外國之干涉與內部之反抗而漸獲勝利焉。

三、抵制外人幹涉之愛國情感

三，布爾札維克黨享有一種優勢，即此黨之作戰顯在愛護本國，抵制侵入之外軍，及金錢與軍需多仰給於帝國之國內反對黨。關於此點，二世世紀之俄國革命與十八世紀之法國革命正復相同。外人之欲干涉俄國內政，不惟足以使激烈之革命分子團結，且足以減少國內之反對勢力。前此多數之社會革命黨與憲政民主黨，甚至少數之帝制反動派，見內亂之足以危及俄國之獨立與其領土之完整，均放弃內戰焉。此等反布爾札維克黨中有因愛國更重於愛黨之故，而實際加入布爾札維克之隊伍，而與『紅』軍共同作戰者。

四、外國之幹涉

最後，外國政府無論如何痛恨布爾札維克主義，終覺在大戰結束之時，不能作大規模之軍事活動以對付大俄羅斯帝國內之多數居民。德國已無能爲力。法國政府所放之債與私人所投之資雖多陷於危境，然因忙於懲治德國，實不能以大軍向俄索債。英國亦因外有迫切之帝國主義得經營，內復須顧及强有力之工黨態度，而不敢輕動。日本則志在取得亞俄之種種特權，而不在解決歐俄之政體。美國自拋弃巴黎和約退出歐洲協商之後，更無意出師助協約國以攻遠隔之俄國。

協約國之撤軍與反布爾扎維克黨之失敗

卒之協約國之遠征隊於一九一九年秋退出北部俄國，復於一九二〇年春退出西伯利亞，惟海參巍仍在日人之手。俄國內部反布爾札維克黨之革命既失協約國實際之軍事援助遂或歸瓦解，或被屈服。猷德尼赤則被逐於波羅的海區域之外，擁護猷德尼赤之愛沙尼亞人卒於一九二〇年二月迫而與布爾札維克之俄國簽訂和約，德尼金亦遭同樣之命運，與其法軍及哥薩克軍同被逐於南部俄國之外，而避匿於君士坦丁堡。西伯利亞反布爾札維克黨之獨裁者可爾察克於一九一九年在歐俄東部數獲勝利之後，終爲勇敢之捷克斯洛伐克人所弃而迭受挫敗，爲布爾札維克黨所擒，於一九二〇年二月遇害。

一九二〇年波蘭幹涉之失敗

協約國對於未能直接完成之事業，仍欲間接成就之。法人力謀嗾俄邊各族，攻布爾札維克黨而推翻之。一九二〇年，鼓勵波蘭向東拓地之望而唆其對俄再戰，以復一七七二年時之俄波疆界。同時又資助俄國之反動將領名胡蘭吉者募集哥薩克軍，以重擾南俄。此外更誘反布爾札維克主義之烏克蘭人，以要求民族獨立之故興師而與胡蘭吉及波蘭人聯盟。

法波之努力初頗有成功之望，及一九二〇年七月，布爾札維克黨治下之俄國紅軍卒大敗波蘭人，逐北直至瓦薩城下，此時波蘭乃允休戰，而於一九二一年三月在利牙與俄國結和。時紅軍已於一九二〇年秋克復克里米，奪取塞巴斯拖堡，迫胡蘭吉奔往土耳其。紅軍更與傾向布爾札維克主義之烏克蘭人合力撲滅基弗之武裝抵抗，而推翻烏克蘭之獨立。

當一九二一年時，布爾札維克黨之威權在俄國幾已無敵。國內之反叛既平，國外之干涉亦敗。英國更於一九二一年終止其經濟封鎖，而允與俄國互市。

布爾扎維克主義在俄國以外之失敗

外國縱未能強以政治制度加諸俄國，而俄國之布爾札維克黨亦未能實現其傳布社會主義於全世界之目的。彼輩確能樹立優勢於烏克蘭，但在前俄帝國疆界之外，則惟一九一九年匈牙利貝拉昆之暫時專政，爲摹仿俄國革命而已。共產黨在多數國家中，固爲活動喧囂，然除意大利外，皆人數不多，危險亦小，且即在意大利，亦終受壓制，此當於以後述之。除俄國外社會改造乃導源於大戰與巴黎和約，並非由於布爾札維克黨之革命也。

一九二〇年芬蘭愛沙尼亞拉特維亞立陶宛之獨立

關於對外政策，則布爾札維克政府始終表示尊重民族自決之原則，而放棄前俄政府帝國主義之冒險事業。俄國雖因巴黎和約之結果，不必再尊崇布勒斯特里多佛斯克條約，對於邊境諸國雖獲戰勝，但對於以前隸屬俄國之各族，仍特承認其獨立之策。依一九二〇年所簽訂之各種條約，俄國承認芬蘭愛沙尼亞拉特維亞（包括里凡尼亞與庫爾蘭之勒邊人）及立陶宛之完全

一九二一年之俄波和約

獨立。又依利牙條約（一九二一年三月十八日），俄國承認波蘭之獨立，並允劃定俄波之疆界，從都納河起至羅馬尼亞邊境止即在協約國所定之地點以東約二十五哩，二國且互相保證不助攻擊他方之軍事行動，不干涉他方之內政。除波蘭與立陶宛爭界而外，東歐之地圖至是遂改造告竣。巴黎和約所結束之大戰的領土決定，可謂由一九二〇至一九二一年布爾扎維克黨之各種條約完成之也。一九二二年三月，俄國，波蘭，拉特維亞，愛沙尼亞，芬蘭舉行瓦薩之國際會議，彼此認可即成之約且允將未來之一切爭執交付仲裁。

俄帝國主義之告終

同時，布爾札維克政府又放棄俄帝國主義之野心及其在土耳其，波斯，阿富汗，中國等處之特權，并將前俄帝國所尚存之地着手改造，而概以自治之社會主義的共和國聯邦爲其基礎。烏克蘭，外高加索（Transcaucasia），白俄羅斯（White Russia），大俄羅斯（Great Russia）各於一九二三年正式被認爲共和國，各有其蘇維埃，而共同聯合于莫斯科蘇維埃聯邦大會（Federal Congress of Soviets）之下。

一九二三年俄國之成爲共和國聯邦

一九二二年之熱拿亞會議

一九二二年，協約國卒棄其厭惡俄國新制之心而請布爾扎維克黨參加熱拿亞之國際經濟會議。俄國雖接受邀請，但列寧與托洛斯基之政府不同意於協約國所提償還前俄債務及處置外人在俄財產之條件。而協約國亦不願認布爾札維克政府為俄國之合法政府，而以款貸之。惟俄國竟由混沌而產生秩序。全世界既不能征服布爾札維克之俄國，而布爾札維克之俄國亦不能戰勝全世界。俄國革命將獨行其政治與社會之大試驗。此在歷史上既為大戰最重要之結果，而在未來之若干年中，尤將為全世界所注意焉。

課外讀本

普通者：

1. M. J. Olgin, *The Soul of the Russian Revolution* (1917), valuable background.
2. S. A. (Baron) Korff, *Autocracy and Revolution in Russia* (1923).
3. M. P. Price, *My Reminiscences of the Russian Revolution* (1921).
4. E. A. Ross, *Russia in Upheaval* (1919).
5. *The Russian Bolshevist Revolution* (1921).

6 *The Russian Soviet Republic* (1923)

7. Arthur Bullard, *The Russian Pendulum: Autocracy, Democracy, Bolshevism* (1919).

8. P. N. Miliukóv, *Russia Today and Tomorrow* (1922).

9. Sir Paul Vinogradoff (editor), *The Reconstruction of Russia* (1919).

10. A. I. Denikin, *The Russian Turmoil: Memoirs Military, Social and Political* (1922).

11. Gregory Zilboorg, *The Passing of the Old Order in Europe* (1920).

12. E. J. Dillon, *The Eclipse of Russia* (1918).

13. J. W. Bienstock, *Histoire du mouvement révolutionnaire en Russie*, Vol. I (1920).

14. Axel von Freytagh-Loringhoven, *Geschichte der russischen Revolution*, Vol. I (1919).

帝俄皇祚之告終：

1. Sir J. H. Williams, *The Emperor Nicholas as I knew Him* (1920).
2. J. W. Bienstock, *Raspoutine, la fin d'un régime* (1917).
3. Meriel Buchanan, *Petrograd, the City of Trouble, 1914-1918* (1919).
4. Maurice Paléologue, *La Russie des tsars pendant la grande guerre* (1921).
5. D. R. Francis, *Russia from the American Embassy, April 1916-November 1918* (1921).
6. Robert Wilton, *The Last Days of the Romanovs from 15th March 1917* (1920).
7. Basil Gourko, *War and Revolution in Russia, 1914-1917* (1919).
8. Émile Laloy (editor), *Les documents secrets des archives du ministère des affaires étrangères de Russie* (1919).
9. Aimé Masson, *Histoire complète de la révolution russe, du 10 Mars au 17 November 1917* (1918).

布爾札維克主義之崛起與進程：

1. A. F. Kerensky, *The Prelude to Bolshevism: the Kornilov Rising* (1919).

2. P. N. Miliukóv, *The Second Russian Revolution* (1921).

3. Robert Wilton, *Russia's Agony* (1918).

4. A. Tyrkova-Williams, *From Liberty to Brest-Litovsk* (1919).

5. A. S. Rappoport, *Pioneers of the Russian Revolution* (1918).

6. Louise Bryant, *Mirrors of Moscow* (1923).

7. Leon Trotsky, *The History of the Russian Revolution to Brest-Litovsk* (1910).

8. Nicholas Lenin and Leon Trotsky, *The Proletarian Revolution in Russia*, ed. by L. C. Fraina (1918).

9. Morris Hillquit, *From Marx to Lenin* (1921).

10. John Spargo, *Bolshevism the Enemy of Political and Industrial Democracy* (1919).

11. Arthur Ransome, *Russia in 1919* (1919).

12. C. W. Ackerman, *Trailing the Bolsheviki, Twelve Thousand Miles with the Allies in Siberia* (1919).

13. M. P. Price, *War and Revolution in Asiatic Russia* (1918).

14. C. E. Bechhofer, *In Denikin's Russia and the Caucasus 1919-1920* (1921).

15. C. K. Cumming and W. W Pettit, *Russian-American Relations, March, 1917-March, 1920* (1920).

16. H. N. Brailsford, *The Russian Workers' Republic* (1921).

17. M. G. Hindus, *The Russian Peasant and the Revolution* (1920).

18. A. A. Heller, *The Industrial Revival in Soviet Russia* (1922).

19. Š. S. Maslov, *Russia after Four Years of Revolution*, Eng. trans. by A. G. Paschkoff (1923).

20. F. A. Mackenzie, *Russia before Dawn* (1923).

第三十五章 最近時代一九一四——一九二四年

第一節 經濟的與社會的困難

大戰之重大

在本章所述之時期中，國際大戰幾占其半。此戰規模之大，遠非人類歷史上其他任何戰爭所能及。出師參戰者有既建之國十六（德國，奧匈，俄，法，不列顛帝國，意大利，美國，日本，比利時，土耳其，塞爾維亞，門的內哥羅，保加利亞，羅馬尼亞，希臘，葡萄牙）及因戰新興之三國（波瀾，捷克斯洛伐克，赫查茲），計一方有十五國，一方有四國。此外宣戰而實未躑躅作戰者復有十一國（巴西，中國，哥斯達黎加，古巴，危地馬拉，海地，宏都拉斯，里比利亞，尼加拉瓜，巴拿馬，暹羅）。全球獨立國之守中立者惟十九國，此皆較小而無關情重者。一切國家無論其爲中立國或交戰國，蓋莫不深受大戰之影響。

人丁之損失

協約國之武裝作戰者幾四千萬人，中歐二帝國亦幾達二千萬，總數幾至六千萬，其中死者至少千萬，傷者蓋近二千萬。戰死之軍士皆人類中年最少力最強，血氣最盛，而希望最大者。此外

財力之損失

非武裝之人民婦孺死於饑餓疾疫及虐殺者，復達數百萬。戰爭期中或戰後不久，全世界之生殖率更顯形衰落。

大戰期中，流血成渠，用錢如水。各國均售戰時公債於民，以舉鉅債。公債之累債甚速，在中歐二帝國則於四年之內，增至四萬五千兆金元，在協約五大强國之中，亦同時增至九萬兆金元。協約國中以英國之債務增加最大，其三萬三千兆之總額中，付其同盟國者，約佔一萬兆。美國貸款於英法意及協約諸小國者，數逾萬兆。中歐二帝國所增之債務，內有巨款，乃付與保加利亞及土耳其者。

公債之增加雖多，尚不過爲大戰對於交戰國所費之一部分而已。款之得於直接與間接稅者更大（重額所得稅，戰時利潤稅，奢侈品稅等），輸財助戰之義務，未有能避之者。如法國，當一九一八年，非武裝國民每人納稅至三十八金元之多。除此種普遍之苛稅與鉅額之公債外，同時又有鉅額紙幣之發行與通貨之異常膨脹。故當一九一四至一九一八年，歐洲各交戰國銀行之金銀總數變動甚小，而此等總數對於債務之比率則由五四·三減至九·四，其結果則爲全世界生活費之非常增加。

同時全世界財富之生產力又復減少。蓋主要之工業與農業國家皆有數百萬人民捨其生產事業而或赴戰場或造軍械，歷時至逾四載。當此期中交戰之陸海軍隊又大肆破壞。依一九一八年十二月提交代議院之正式數目法國北部之損失，總計幾達一萬三千兆金元，公共工程屋宇，工業農業森林等皆在內。除法國之損失外如再加以比利時，波蘭，俄國，羅馬尼亞，塞爾維亞，意大利諸國之所失，以及世界船舶之損壞，則可以計算之金錢總數，當非人類所能想到。至世界各種紀念物如理姆斯大禮拜堂或盧芳圖畫館等之破壞，則更非金錢所能賠償者矣。

經濟與人力之損失，實使戰後數年大受響影，此與不定之政治狀況，俄國之社會革命，及因戰爭產生而難由巴黎和約所和緩之國際仇恨，同在歐洲史上之最近時代造成空前之經濟與社會的困難焉。

經濟之改造問題

一、紙幣

一切政府之平衡其預算案，咸遇絕大之困難。多數國家雖繼續加稅，然皆支出超過收入。俄，奧，德，波蘭及其他數國之政府，咸加印紙幣以支付賬項，并平衡其預算案，結果致貨幣幾一文不值，物價飛騰，平民之痛苦日增，而國家亦將破產矣。

二、俄國之孤立

常態之財富生產力及常態之國際貿易之雖於恢復，實使經濟改造問題益形復雜。布爾札維克之俄國已脫離世界而孤立，其內部之紛亂與其種種社會的試驗，既大足以妨礙其田場工廠等之生產事業，而協約國復對之厲行長期之經濟封鎖，使俄國又不得與其他各國以平等條件參與世界會議。

三、關稅

美國既與中歐二帝國單獨媾和，並拒絕加入國際聯盟，或踴躍參與巴黎和會所設之經濟委員會，乃進而對外國之輸入品課高率之保護關稅，並向協約國索債。加以由大戰而建造之新國，亦多自課關稅，此皆徒以滿足自私之地方利益，適足以阻礙國際貿易之復興，而妨害其他各國之製造業與採礦業者也。

使一般之經濟改造問題尤為複雜者，厥為德國『賠償』之困難。

四、德國之賠償

凡爾賽條約曾規定德國應以金錢賠償其軍隊對協約國之非武裝國民與其財產所加之損害，以及協約國軍士之年金。德國究應賠償多少及如何給付，此在一九一九年尚未確定，但當依國際賠償委員會之意見，以盡力照付耳。德國原提議立付大宗物品以為代，但協約國之資本家與工人則俱反對此種賠償，以為此將獎勵德國之工業，而束縛本國之工業。協約國間幾經爭論之後，始由賠償委員會於一九二一年決定德國須共付五萬四千兆金元以作『賠償』。但德政府則謂實已破產，不能付此鉅款。此後德國與協約國及協約國相互間均屢有談判爭論，法比力索全數，英意則似願和解。

德國之態度

德人則大詆其苦，謂其貨幣紊亂，工業既爲外國關稅所破壞，運輸業復因商船喪失而毀滅，其所省之錢已盡用以維持佔領萊因河上之協約國軍隊，尤其爲法國軍隊，此時實無法應賠償委員會之任何奢求。彼等謂協約國之繼續壓迫若不引起德國內部之社會革命，而使布爾札維克主義獲勝於歐洲，則將使德國破裂而成立反動之獨裁制。

法國之態度

法人對於德國及賠償問題之態度最不妥協，彼等不惟決意向戰敗之敵國多求賠償，以補其經濟之損失，且欲使德國在經濟與政治上均陷於萎弱，以免將來對法作有效之復仇戰爭。

法國之佔據魯爾

一九二三年，當德人未付賠償，美英二國無意懲德之時，法軍竟於委斯法里亞渡萊因河佔據魯爾（Ruhr）流域德國富饒之煤區，此實德國工業生活之神經中樞，法人蓋圖以此強德付償，以利法國也。一時排法之情感勃興於德，甚至在英美二國亦有表現，於是魯爾之德人得柏林共和政府之後援，乃採消極之抵制政策。自公平之人士觀之，法國之佔據魯爾，或當益使德國不能交付賠款，遂使歐洲之經濟改造因此延擱而遙遙無期矣。

英國之態度

英國尤爲流行之經濟紊亂所困。英國爲世界首出之工業國，其強盛之地位純繫乎其對外國與殖民地之貿易。英國明知苟他國不能產生貨物以供交易，則彼不能與他國貿易。且深知大戰以前，德俄實爲其良好之顧主，故在戰後數年之中，英國自然逐漸以恢復從前敵國之經濟爲策，雖與其晚近同盟諸國之利益相反，弗恤也。　於是英政府不顧法美二國之抗議，放鬆對俄之封鎖而與布爾札維克之俄國成立商約，復不顧法國之反對，力主減少德國之賠款，並表示不贊成魯爾之軍事佔領，更不顧美國之反對，力謀使協約國相互間之戰債概行取消。

一九二四年之經濟改造問題

凡爾賽條約簽定後五年，經濟改造問題幾乎無法解決。　美國則袖手旁觀，不負責任，如歐洲不能自行整頓，則美國亦拒絕考慮戰債之取消。　顧歐洲內部之秩序，實去常態益遠。　俄國則袖手旁觀，且已局部破壞。　英國爲二百萬工人失業之最嚴重的內政問題所苦，欲求德法之解決賠償問題而無效。　德國則徘徊於社會紛亂與資本家專政之間，冀英意或美終能爲己利而扶助德國，故對於法國之賠款，不能如數償付，或亦不願償付也。　法國則力求其條約上之權利及未來之充分保證，故對於德國之領土，工業，皆以武力據之。　一九二四年，法德之情感較之大戰將起之際，更形惡劣。　一九〇四年英法間之眞誠協商至一九二四年已變爲猜疑嫌惡。　意大利與歐洲較小之列強復效法法，德，英諸國以自由發揮其政治經濟之私利。

因國仇與黷武而益增紛優

一九二三年歐洲武裝之人，實較一九一三年時爲多，因政治經濟之紛亂而保留必要之巨額軍備，益使久遠之改造成一至爲複雜之問題。此爲大戰可悲之賜，不惟傳諸今日之歐洲，且將及於後代之全世。問題之解決，即此種遺賜之清算，目下固尚未之見也。

一九一四至一九二四年之社會趨勢

在人類歷史上之最近期內，某數國中由戰前之社會制度而演變出來之幾種趨勢，其力量與日俱增，而各種新起之趨勢又甫見端倪。共計現代之社會趨勢可分爲六種。

一、社會政策之增進

一爲國家社會主義及國家干涉勞動紛爭之舉顯形增加。此種趨勢始於十九世紀之後半期，而成於大戰時諸交戰國之內。運輸交通之組織，幾皆由政府接管經營，勞動時間均經規定，工資利潤亦多受釐定，且有全部工業概由公共機關扶助經營之者。此等企業在戰後數年中，雖多還諸私人，然並未全改，且各國均有多數國民主張政府職權之繼續擴張，如英國工黨即力主土地鐵路礦山之永歸國有者也。

二、資本家與工會主義者之勢力

二爲銀行財政家與勞工組織之勢力俱見增加。當大戰期中，除軍械製造者與食物商人之『獲利』以外，復有農民之特別繁榮與傭工工資之異常增加，而領取薪金之專門人員則因生活費之增高而受困。同時工會主義者既因其個人勞務之需要大增，復因其有完善之組織與集團之謀利，遂增加勢力。故大戰以後，雖一般的經濟紛亂，而勞工組織並未受損，資本家之勢力亦較

三、馬克斯社會主義之分裂

前更盛焉。

三爲馬克斯社會主義之雖分而復得勢。 社會主義者因一九一七年十一月布爾札維克之革命而得以統治俄國。 在一九一八年，德奧匈牙利之革命運動中，彼輩皆曾大肆活動。 在意法，英諸國彼輩確亦爲數甚衆。 但馬克斯社會主義卒因大戰而自行分裂。 一派由中歐西歐多數國家內之『正統派』多數黨代表之，彼等接受『改良派』(Reformist)之學說與策略甚多而知與中產階級之政府謀誠意之合作。 此派曾詆斥布爾札維克黨之『暴行』，并恢復第二國際(Second International)。 又一派由俄國之布爾札維克黨及其他各國之小數集團（『共產黨』）代表之，此派攻擊民主政治，重視無產階級之專政，排斥第二國際，而於一九一九年在莫斯科自行創立一種世界組織，稱爲共產國際或第三國際(Communist or Third International)。

此二種同時並存之社會主義均與傳統的馬克斯主義之學說相去甚遠：一則純採武力暴行，以至廢弃馬克斯之政治學說；一則完全妥協，致令馬克斯之經濟政綱永無實現之一日。 社會主義固可爲未來之目的，但若欲其實現，恐終須由中產階級之合作，或少數黨之專政，非舊式的空想的馬克斯派之單獨努力所能致也。

四、農民所以權之獲得

四爲農民土地所有權之增加，弄產物之需要因戰争而加多而戰後歐洲經濟之紊亂，其害及農業者又較於擾及製造業者爲小。在多數區域，例如中歐農民因貨幣之跌而能償清其土地之抵押，如在英格蘭則多數大地主常因税重而將其地產賤售之於小農。俄國之地主制，則毀於革命。在羅馬尼亞及戰後之多數新興國其大地產則依立法分裂，分與多數窮困之農民而給償於以前之地主。戰後五年之中歐洲之大部分似方經一趨向耕者有其田之社會變遷而新獲解放之農民因其合作組織與合作企業，對於歐洲社會之穩定與保守甚或對於全世界之經濟改造，亦似有重要之貢獻也。

五、基爾特社會主義

此外更有一種趨勢與農民所有權及合作的農業相合而與國家社會主義相反，今因缺乏更好之名詞，故暫稱爲基爾特社會主義。此名詞不惟表示新近在英國發表之明確政綱，欲復興中世紀之基爾特而使之適合於現代需要，且更表示種種策略，如所謂分利制，代管制（Shop Stewards）共管制等，工人可依此漸得實業管理權，然後取得所有權，遂因此獲得直接的產業的民治主義，而無需政府之介於其間，政府僅規定促進生產之程序，并保護公衆之利益而已。新近各產業化國家俱頗有進步，容納工人代表於各種工業管理局中，并以各種方法謀勞資雙方之分利爲。

多數人士咸公認基爾特社會主義之某種形式，即能解決增進工人階級狀況而不減少生産力之復雜而最重要之問題，又能消除國際社會主義及其危險之官僚政治與馬克斯社會主義及其有害之階級仇恨。工業上之基爾特社會主義及農業上小農場與合作生産之計劃，實可用爲現代顯著的社會變化之基礎。

社會的羅馬教主義

現在須知贊助此種演化之集團甚多，其中以社會的羅馬教黨（Social Catholics）在大戰之末最爲活動，德國之中央黨與奧國之基督教社會黨（Christian Socialist Party），波蘭之民主黨（Democratic Party），比利時之教士黨（Clerids），法國之民衆行動黨（Action Populaire）及意大利，捷克斯洛伐克，巨哥斯拉夫諸國內新組成之羅馬教人民黨（Catholic Popular Party），皆以此爲其社會政策之主旨，美國全國羅馬教徒公益會議（National Catholic Welfare Conference）亦贊同之。

六、經濟的個人主義之漸衰

無論對於基爾特社會主義或國家社會主義，對於資本主義或工會主義之感想如何，總之十九世紀經濟的個人主義之説，已因大戰及其余禍而浸微，則實無疑義。英國工黨在其著名之「改造政綱」中曾宣言：「吾人希望資本生産中之個人制……或已受一致命之打擊，表現此種制度之政治制度與理想亦必隨以俱去，我工黨無論在野，或應時執政，決不助其復興。吾英人苟欲免文明本身之衰敗則須保證現在所急於建造者，乃一新社會制度：不基於戰爭而基於博愛；——不基於生存競爭而基於一種計劃周密之合作，以謀生產分配有利全民；——不基於極端可能之財富不均，而基於一種有計劃的步驟以趨向人人物質環境之健全的平等；——不基於强制統治從屬之國民人種，殖民地階級或女性等，而在工業與政治上均基於同等之自由，基於意見之一致，並基於盡量共享爲民主政治所特有之經濟與政治權力」。

第二節　新時代之民族主義與帝國主義

民族主義之勝利

大戰與巴黎和約表示民族主義之幾乎到處勝利，此主義即語言與傳習相同之人種，應在自行組織之共同政體下營共同生活也。在四年戰爭之中，此種主義有迅速之進步。德人用以對俄，協約國則用以對中歐二帝國。新時代之預言家大都不似十八世紀之語言家，並不爲擁護空想之『大同主義』而詆誹民族主義。彼輩之贊揚民族主義，一則以其本身之合宜，一則視爲達於『國際主義』之起點。一九一九至一九二〇年在巴黎議和之人，亦未蹈一世紀前在維也納議和者之覆轍而對於羣衆要求民族自決之熱望完全不顧，反之，彼等咸尊崇民族主義，而將其載入歐洲公法之中。

歐洲以民族爲基礎之改造

大國之不以民族爲基礎而致分裂者凡有四國（奧匈，土耳其，俄，德），消滅者有一小國（門的內哥羅），從中新興之獨立民族國家共計七國（波蘭，捷克斯洛伐克，赫查茲，芬蘭，愛沙尼亞，拉特維亞，立陶宛）。意大利，巨哥斯拉夫（塞爾維亞），羅馬尼亞及希臘之民族統一，則因合併與團結而告完成。亞爾撒斯・洛萊因之歸法，休列斯維格操丹語部分之歸於丹麥，亦能救濟彼歷時甚久之民族的不平。德國既失去丹麥人，法蘭西人及波蘭人，遂第一次在歷史上變爲眞正之民族國家。同樣俄國亦變爲統一的大俄羅斯人之國家，而與烏克蘭人，白俄羅斯人，喬治亞人等民族國家合爲聯邦。匈牙利則變爲馬加人之民族國家。土耳其帝國則變爲回教土耳其人之民族國家，以小亞細亞而非以歐洲爲中心。奧大利亦變爲多瑙河上無關重要之純粹條頓人殖民地。協約國苟容許德意志種之奧大利正式與德聯合，則東歐與中歐之全部除瑞士外，概可依民族基礎而完全改造矣。

小數民族

各外交家之承認民族主義之新制，亦曾欲矯正其偏執之趨勢，而使新民族國家保證維持並

猶太人

尊重其領土內異種民族在宗教文化及經濟上之權利。因此猶太人尤多少受國際之保護。猶太人在布爾札維克之俄國佔有卓越之地位，復受英政府之鼓勵可歸巴里斯坦，而建一猶太民族的(Zionist)國家。註一其在歐洲各小國中之特權地位又受國際之保障，故猶太人實受大戰之利最多者。

歐洲以外之民族主義

民族主義既經歐陸完全承認并得保證，自不能不深有影響於全世。其在不列顛帝國則孳爭實際之獨立，不特在各自治殖民地而已也，即在愛爾蘭與印度埃及之從屬諸族間亦然。民族主義實激土耳其人使毀色佛爾之約而強改近東之決定，又盛行於中國，波斯，暹羅，而使基督教徒，

註一　此種鼓勵見於英政府在一九一七年十一月二日之鄭重宣言，即所謂巴爾佛宣言 (Balfour Declaration) 者中，謂「英王陛下之政府贊成爲猶太人在巴里斯坦建一民族國家，並願力謀此事之成。至於巴里斯坦現有非猶太種之居民，其社會及宗教權利，或猶太人在任何他國所享之權利與政治地位，均不因此而受損，則固屬明白之事也」。英籍猶太人撒母耳 (Sir Herbert Samuel) 在大戰告終時，曾任巴里斯坦之總督。依一九二二年之户口調查，巴里斯坦有居民騎士五萬七千一百八十二人，期中有猶太人八萬三千七百九十四，基督教徒七萬三千零二十四，回教徒五十九萬零八百九十。但回教徒與基督教徒均不喜猶太人之在巴里斯坦佔優勢。

回教徒，佛教徒莫不爲之激動。復擾及西伯利亞與高麗之日本人，即在加勒比與腓律賓之美國人，亦受相當煩擾。一九一八年，更使丹麥承認愛斯蘭之獨立自主，此後愛斯蘭之與丹麥聯合，遂僅供戴一君耳。

英國對於民族主義之讓步

大戰之末，英國知對於帝國中分離之民族精神以表示讓步爲有利，遂許印度及坎拿大澳大利亞，新西蘭南非等自治殖民地得爲國際聯盟之獨立會員。

一九二二年之埃及宣言

一九二二年二月二十八日，因埃及之民族革命，復因米爾納(Lord Milner)率領之特種委員會之建議，乃正式宣布終止其對於埃及之保護權，并撤退駐軍，但約定保留其在英埃蘇丹及蘇彛士運河之權利，並不容許外國之干涉埃及事務。

一九二〇年之印度政府案

一九二〇年十二月，英國曾制定一『印度政府』(Government of India)案，依照此案，英國擴充土民之地方政府權，設一立法會議（Legislative Assembly）與一參事會(Council of State)，多由土民組織之，以爲印度制法，但須經英國之批準，並須受多種權限之限制。印度人與埃及人對於英國之讓步皆未能完全滿足。一九二一年二月，印度議會正式開會於特里。一九二二年三月，佛阿(Sultan Fuad)爲『埃及王』，得外國之承認。

甘地之不合作運動

尤其在印度，排英之民族運動在甘地(Mohandas Gandhi)之領導下異常發達。甘地力勸其印度同志採和平手段，抵制英貨不與英吏合作而不採暴行。一九二二年，甘地及印度領袖多爲英人禁錮，『騷動』之集會解散，士民之出版物受嚴格之檢査，但民族運動仍繼續未息也。

愛爾蘭之新芬運動

民族運動雖失敗於遼闊駁雜之印度，而至少已收效於褊小純一之愛爾蘭。此功須大抵歸之新芬運動（Sinn Fein Movement）。在大戰前，即當二十世紀之初，愛爾蘭已有一羣學者與愛國志士開此種運動之端，其領袖爲格力菲德（Arthur Griffith），不久發雷剌（Eamon De Velera）即加入其中。『新芬』（Sinn Fein）一詞爲克勒特（Gaelic）語，乃『吾輩自身』之意，蓋此種運動注意在養成民族自立之性也。新芬運動之首領咸力晉愛爾蘭民衆對於更進一步之改革須專恃自己而不依賴不列顚之議會，彼等須復興其本族之語言習慣，在經濟上脫英格蘭而獨立，並效匈牙利人之獲得一八六七年之妥協（Ausgleich），而爲愛爾蘭將來之樹立自由共和闢一途逕。

一九一六年之都柏林革命

新芬運動初僅限於知識與經濟方面，及一九一四年，愛爾蘭民族黨（Irish Nationalist Party）允停止聯合王國之內訌，而將『自治』無限延擱，此種運動遂含有政治性質。愛爾蘭之急進分子有乘英國專力大戰之時，而於一九一六年在都柏林起義宣布愛爾蘭之獨立與共和者。此次革命之平定易而且速，但英政府對於「亂黨」處罰殘酷，并厲行軍法，遂令愛爾蘭民衆多信以和平立憲之手段永難達到自治，於是咸棄民族黨而加入新芬黨。一九一八年英國議會改選，當選之愛爾蘭代表屬於新芬黨者佔四分之三，彼等不出席於韋斯敏斯德而自行組織議會(Dail Eireann)於都柏林，選發需剌為議長以抗不列顛政府焉。

一九一八至一九二一年新芬黨與不列顛政府之衝突

此後愛爾蘭共和黨與不列顛政府及厄爾斯得統一黨(Ulster Unionists)雙方發生猛烈之衝突。因共和黨之軍隊不能備大砲坦克車及近代戰爭上其他必需之器械，故未起大規模之戰爭。但共和黨之來福鎗兵與不列顛或厄爾斯得軍隊，時有小戰，雙方均多有暗殺暴行及破壞財產之事，情形每況愈下者為時三載。

一九二〇年之自治案

一九二〇年，英總揆路易喬治在英議會倉卒通過一自治案(Home Rule Act)，欲以解決此問題，但效果甚微。厄爾斯得人雖認該案為滿意，而愛爾蘭共和黨則詆為對愛爾蘭之志願開頑笑，因該案規定在愛爾蘭分設兩政府，一治北部新教之六郡，一治南部羅馬教之二十六郡，而所授於二政府之權俱甚小也。後別無解決之法，路易喬治乃請共和黨派代表赴倫敦言和。

一九二一年愛爾蘭

愛爾蘭共和黨與不列顛政府談判之結果，為一九二一年十二月六日在倫敦之定約。此約

自由邦之樹立

規定設一「愛爾蘭自由邦」(Irish Free State)，所享自由與坎拿大同，即對於內政有完全支配之權，厄爾斯得之新教六郡則可依民衆投票之決定爲自由邦中之一部或則仍受一九二〇年之自治案所規定之分離政府統治。是約未幾即得不列顛政府之批准，但在愛爾蘭則受堅決之反對，不惟「北愛爾蘭政府」如是，即發雷刺與議會中大多數之少數黨亦然，蓋彼等極不願仍屬於不列顛帝國以內，或宣誓忠於英王也。一九二二年一月議會以相差極少之多數批准此倫敦條約，允發雷刺辭職，自行變爲愛爾蘭自由邦之臨時政府，而以贊成新協定之格力非德與叩林斯(Michael Collins)二人分任總統與總揆。

愛爾蘭自由邦於極困難之環境中開始其事業。厄爾斯得之新教六郡依最多數之表決，仍在自由邦以外。發雷刺及其共和黨同志之從事於不定之內戰，以威嚇南愛爾蘭者凡一年之久。格力非德爲新芬黨之開創者，實自由邦多才多智之首領，旋即逝世，叩林斯乃有號召能力之第一任總揆，卒爲共和黨之狂人所刺。但臨時政府因叩林斯之繼任人可斯格拉維(William Cosgrave)指導之得宜，確已漸有力量。不列顛之軍隊均撤出愛爾蘭。自由邦與北愛爾蘭政府卒成立協定。議會亦採行民主憲法，並爲不列顛議會所批准，一九二二年十二月，愛爾蘭自由邦遂

帝國主義與列強

永久確立。一九二二與一九二三年之議會選舉，均證明共和黨之失敗與自由邦之勝利。一九二三年九月，愛爾蘭自由邦並得列為國際聯盟中之獨立會員國矣。

民族主義確為新時代之特色，但吾人不可因其顯著普徧之效果，而遂昧於同時資本帝國主義之競爭的興味與熱忱也。民族主義為大戰期中及大戰以來各小國之目標，帝國主義之利益，則似為多數列強之孤注。

英國之所得

不列顛在海上與殖民工業各方面，均從大戰之中一躍而為全世界之第一流強國，既完全制服其最近之勁敵德國，與前數世紀之戰勝西班牙人，荷蘭人，法蘭西人正同，又以種種方式使其久已龐大之海上帝國取得前土耳其帝國中最有希望之數省——米索布達米亞（英人重名之為『伊拉克』(Iraq)註一，約但河彼岸之領土，巴里斯坦——及德國之大多數殖民地：東非洲（重名之為『坦干伊喀』Tanganyika）西南非洲，喀麥隆與多哥蘭之各一部，及赤道以南之太平洋羣島。英國現已能在其屬土之內完成好望角至開羅鐵路之建造，一九二三年，復使巴格達鐵路

註一　大不列顛監督土民投票表決以赫查茲王子為「伊拉克王」（一九二一年）。依一九二二年之約，此伊拉克之新王允對一切涉及國際與大不列顛財政利益之事，均接受英國欽差之勸告。

之多數股票轉入其本國財政家之手，於是英國遂能支配自開羅與君士坦丁堡以至蘭恭與新加坡之水陸貿易矣。亞非二洲最富之地，悉爲英有。因不列顛帝國已非一單一之國家，而爲母國與自治殖民地之一種聯盟，故此等利益誠亦有爲大不列顛與南非澳大利亞新西蘭等所共享者，但此仍足以大壯盎格魯撒克遜族在全世界之聲威，使及於全世，至於大不列顛內之資本家則更獲經濟實利焉。

法國之所得

法國從大戰中一躍而爲歐陸之第一流陸軍國家，其地位因德國之降低而增高。恐德國軍力之死灰復燃，乃據斯德拉斯堡與米仔，並無期的佔領萊茵河左岸以作保證。彼對於波蘭比利時，捷克斯洛伐克羅馬尼亞巨哥斯拉夫之軍事與經濟政策皆有絕大勢力，歐洲之大多數小國皆其羽翼。在歐洲以外，法國仍不失爲殖民的與帝國主義的強國，其重要僅次於大不列顛而已。法蘭西帝國新得敘里亞及喀麥隆多哥蘭各一部之『委任統治權』，其對於摩洛哥之保護權亦加固。法國之帝國主義者對於其政府佔據德國礦產之行動，莫不頌揚之，並欲支配洛萊因之富饒鐵礦與薩爾魯爾二河流域之豐富煤礦，以使法國爲一大工業國家，而爲德國過去的偉大之繼承者，並爲英美未來之競爭者。

意大利之所得

意大利不惟完成其民族統一，且在亞得里亞海與東地中海大肆帝國主義之活動。意大利既在特棱提諾擴張其國境致奧大利之德意志人隸屬於其境內者甚多，又侵害巨哥斯拉夫而發展其伊斯的里亞之境界。復支配亞爾巴尼亞，鞏固其在多德卡尼索群島之地位，使希臘不得在小亞細亞與塔雷夕實現其野心，更從土耳其取得在亞達利亞種種重要之經濟特權，并擴張其非洲利比亞與索馬利蘭之二殖民地。自一九二二年國家主義的法西斯蒂（Fascisti）政變之後，慕梭里尼（Mussolini）之意大利政府更力行帝國主義之政策：意大利不顧亞得里亞海上之阜姆港已依對巨哥斯拉夫之拉柏洛條約（一九二〇年）而建爲一自由市，竟再行要求，復因其使節之在希臘亞爾巴尼亞交界處遇害，遂暫據希臘之科佛島以爲賠償之保證，又力求對於摩洛哥內國際化之丹吉爾港之處置，須與法英有同等之發言權。苟法國欲在新時代中與德國之功業隆盛相爭，則意大利實已步武奧匈帝國主義之後塵矣。

日本之所得

日本則吞并前此德國在赤道以北之太平洋羣島，且至少暫時佔據俄國之海參巍港，雖因美國之壓迫而將膠州灣及在山東之經濟特權還於中國，并從東西伯利亞之大部撤其軍隊，但仍主張一種對於中國之門羅主義，而且維持有效，即他國不能增加其在遠東之權利，而日本則可爲全支那帝國之特殊保護者是也。

美國之所得

美國雖未獲直接之利，但就間接而言，其參加大戰，實已表示其成一强國，并爲一世界之强國矣。美國既因巴黎和約而得歐洲正式承認其門羅主義，及在華盛頓會議，復被認在太平洋與遠東可享有特殊利益，且有權與其他任何强國維持同等之海軍。又就間接上言，歐洲因大戰與巴黎和約而產生經濟紊亂，遂使紐約代倫敦而爲全世界之金融中心，美國之資本家乃得發展其工業，建造大商船，益求海外之貿易與投資焉。美國之收買丹屬西印度羣島（Danish West Indies）干涉墨西哥內政，在海地，聖多明谷，尼加拉瓜樹立保護權，註一 皆大戰期中之事也。其財閥在支斯得爾（Admiral Chester）之領導下，得土耳其之許諾，可建一通過小亞細亞與亞美尼亞之大鐵路，亦戰後數年內之事也。

列强國數之減少

吾人現須注意世界上之小獨立民族國家雖因大戰而加多，而帝國主義的大强國則反減少。

註一 丹屬西印度羣島（現稱爲勿爾吉羣島）係依一九一七年一月所批準之條約由美國以二千五百萬金元購自丹麥。海地及尼加拉瓜則各依一九一五年實已月及一九一六年四月之約歸美國保護。一九一六年十一月，美國設一軍政府於聖多明谷國時又干涉墨西哥之內政。

列强間新帝國主義之互争

一九一四年所公認之八大强國期中之奥匈已於一九一九年消滅，德俄二國至少亦暫居他國之下。俄國因接受布爾札維克主義在國際上已成敗類，德國則喪失其海軍，殖民地，商船，及重要之天然富源，已由世界上之第一流陸軍國家降而至於實際解除軍備，孱弱無力。德，俄，奥匈已離開帝國主義之途。其餘戰勝之五大强，則已各爲本國開辟帝國主義之康莊大道，具如前述矣。

帝國主義的大强國之減少，並不足以表示近代經濟的帝國主義之勢力或其危險性亦因之顯形減小也。當英法實業家之主要競争在於對德國之實業家，此時英法自能形成協商，其軍隊亦自能共對條頓軍作戰。迨此種特殊之危機既去，德國對於任何國家不復爲經濟上重要之競争者，帝國主義競争之方向遂變，於是友邦失和，而列强政府復成立新國際系統焉。凡爾賽締約甫及五年，而法英二國已不顧彼此間之協商，採大不相同之反對政策，以應付德俄，對於土耳其，摩洛哥，斜里亞以及軍備與經濟改造等事，皆起最不合理之争執，大抵皆經濟競争與帝國主義衝突之果也。意大利因與法國在地中海争霸，故對於俄德問題皆願助英以制法。但其對希臘人與巨哥斯拉夫人仍抱帝國主義之目的，並欲因此以得本國實業家與極端愛國者之歡心，遂不得不聯法以對英。至於日本人與美國人之互猜暗鬬，在新時代更未消滅也。

大戰並未消滅經濟的帝國主義或變更其性質，亦未除去其任何重大之流弊，加以民族主義方流行於大小各國之中，其勢洶湧較前更盛，此對於世界未來之和平，實伏絕大之危險。較大戰更大之國際帝國主義戰爭所以尚未爆發者，只緣財力枯竭耳，國際聯盟解決紛爭維持和平之效，實未易覩也。

世界和平之危險

國際聯盟一九二〇

國際聯盟成立於一九二〇年一月，其力量並不甚強。除一國外，一切協約國及大多數之中立國，初即加入聯盟，奧大利，保加利亞，芬蘭，盧森堡，哥斯達黎加，亞爾巴尼亞，於一九二〇年十二月被許爲會員國，愛沙尼亞，拉特維亞，立陶宛，於一九二一年加入，匈牙利於一九二二年加入，愛爾蘭與亞比西尼亞於一九二三年加入。一九二四年時，共計自主國六十有二，其屬於聯盟者已達五十四國。註一　德俄被排，美國則拒絕加入。抨擊聯盟者亦大有人在，或則力言聯盟規約適爲四大強（英法意日）侵害其餘會員國以自拓勢力之護身符，或則怨此等強國因謀達其自利之目的，遂致聯盟無力處置重大之國際紛爭。關係列強之政治與經濟問題，固多由列強直接談判，而不由聯盟討論處決，然吾人亦須知國際聯盟實爲發表並團結世界意見之一重要會所，且亦實

註一　仍在聯盟之外者有八自主國，即（一九二四年）：厄瓜多爾，埃及，德國，墨西哥，俄國，聖多明各，土耳其，漢國。

行大多數國際協定之一有用機關也。聯盟尚爲一種試驗，在未來重大之國際危機中，或竟破裂，或能戰勝一切障礙而防制國際大戰之爆發。此種試驗無論如何，總值得一試，蓋決不爲禍，而或能爲福也。

第三節 民治主義與共和政體之廣布

大戰之有利於全世界之共和政體，正與其有害於君主政體相若。一九一四年時，八大強國中之君主國家凡六，及一九一九年，仍爲君主國者惟三，此三國（英意日）皆因軍事勝利而崇敬其政制者也。

黑普斯堡羅馬諾夫和漢佐倫諸朝之告終

歐洲最著名之王朝（黑普斯堡，羅馬諾夫和漢佐倫）有三皆被推到不復在位，德國境內之舊小王族（威德斯巴赫族，威丁族格爾夫族等）亦悉被驅逐。俄，德，奧諸國皆以共和代替君政。

共和政體之佔優勢

在中歐東歐新創諸國之中，共和政體亦復盛行（波蘭、捷克斯洛伐克，芬蘭，愛沙尼亞，拉特維亞，立陶宛，亞爾巴尼亞），不惟南北美洲幾盡爲共和國，即在歐洲，現亦以共和國爲最多。至於亞洲則大中華帝國在名義上亦爲共和，一九二三年土耳其帝國亦變爲土耳其民族共和國神權專制之君主政治終已消滅，惟在日本尚存，乃至立憲自由之君主政治亦趨衰替。

君主之被廢與禪位

希臘語保加利亞之國王雖皆被迫出國，但二國之君政制度則雖多難而幸存。保加利亞王腓迪南於一九一八年禪位於其年幼之嗣子波利斯三世。希臘王君士坦丁因同情於德國，於一九一七年為協約國所放其幼子亞力山大繼位，迨一九二〇年亞力山大逝世，希臘人又歡迎故君返國，但因對土作戰之敗，致雅典亂起，君士坦丁乃於一九二二年復禪位於其長子喬治二世。註一在門的內哥羅則因典巨哥斯拉夫聯合而自處於塞爾維亞國王彼得之主權以下，其王尼古拉逐一九一八年正式被廢。註二 一九一八年，尼德蘭瑞典西班牙咸有反對王政之示威運動，惟未成功。葡萄牙雖有反對共和政府之王黨暴變，然平定甚易。

匈牙利之反動

惟匈亞利有由共和回到君政之趨勢。在此沮喪之國家中，民衆多反對激烈之社會黨，而選舉一國民議會，此會遂於一九二〇年宣布匈牙利為君主國，而選和耳提(Admiral Horthy)為攝政。亡命瑞士之皇帝兼國王黑普斯堡族之查理，會兩度入其故國，欲恢復其匈牙利之王位，其兩次受阻，並非由於和耳提與馬加人實協約國之敵視態度與捷克斯洛伐克羅馬尼亞巨哥斯拉

註一 一九二三年喬治二世卒在希臘被逐。

註二 在門的內哥羅因國王尼古拉之被廢，稍有反抗，及一九二一年尼古拉逝世，遂步安定。

夫諸國之軍事威嚇所致也。 一九二一年，協約國卒拘捕查理，視爲政治犯而流之於馬德伊拉羣島，彼旋即客死彼處，然馬加人仍多冀查理之幼子或黑普斯堡族中之他人可終爲匈牙利王以君臨彼等焉。

民主政治之廣布

當大戰與巴黎議和之時，不惟共和政治因侵害君政而到處得勢，且幾全世皆附和民主政治之原則。 在革命後之中歐二帝國與東歐新成立或新統一之諸國中——德國（一九一九年），奧大利（一九二　年），捷克斯洛伐克（一九二〇年），波蘭（一九二一年），巨哥斯拉夫（一九二一年），土耳其（一九二一年），愛沙尼亞（一九二一年），羅馬尼亞（一九二三年），拉特維亞（一九二二年），立陶宛（一九二二年）等——其國民會議咸制出完全之民主憲法。

德國一九一九年之憲法

一九一九年威馬爾議會所採定之德意志憲法，仍保留德意志帝國之聯邦組織，重行劃分聯邦政府與各邦政府之權。 憲法對於聯邦政府以立法權歸於民選之衆議院及各邦選出之聯邦參議院，行政權則委之任期七年之民選總統及對立法部負責之內閣總理與閣員。 德國國民年滿二十者，不分男女概有選舉權。 頒布一詳密之人權案，并規定創制復決罷官諸權，及比例代議制與職業代議制。 普魯士巴華利亞瓦爾敦堡及其他各邦之憲法俱有同樣同時之變更，皆具有德意志新共和國政制上之民主性質焉。

澳大利

一九二〇年之澳大利憲法亦設一聯邦共和國，由八邦（下奧大利，上奧大利，斯邊利亞，加林仔亞，隆而斯堡，邊洛爾，復拉耳堡 Vorarlberg，維也納）組成之。其上有一類似德國之立法部（一為國民議會 Nationalsrat，一為聯邦議會 Bundesrat）及一類似法國之行政部，行政部設一由立法部選舉任期四年之總統，及一對立法部負責之內閣。

捷克斯洛伐克與波蘭

一九二〇年之捷克斯洛伐克憲法與一九二一年之波蘭憲法，皆仿自法蘭西共和國之民主意法，各規定一兩院制之議會，即參議院（Senate）與代議院（Chamber of Deputies）是。但二國憲法較之法國憲法更合民治，因其參議院之權遠在代議院之下，而一切成年國民不分男女皆享有選舉權也。

羅馬尼亞與巨哥斯拉夫

羅馬尼亞與巨哥斯拉夫表面上雖保留君政，實則後者在一九二一年，前者在一九二三年均采定與意大利王國民主憲法甚相類似之憲法。二國憲法均保證個人自由，議會政治，內閣責任，且不顧地方之反對，皆確定國家性質為單一而非聯邦，并規定地方行政操於中央政府所任命之長官。二國憲法又不似意大利，而對於年滿二十之國民，概與以選舉權，巨哥斯拉夫且設立一院制之議會。須知脫蘭斯法尼亞與比薩拉比亞之多數人士，對於布加勒斯多之羅馬尼亞政府之中央集權制，羣起反對，而克洛遏亞人與斯洛伐尼人之大政黨則以巨哥斯拉夫之新憲違反塞爾維亞人克洛遏亞人斯洛伐尼人王國所據以創立之科佛宣言中地方自治之規約，故拒絕接受憲法或參與其實施。

波羅的海諸國

同時芬蘭，愛沙尼亞，拉特維亞，立陶宛諸國，亦咸採定共和民治之憲法。瑞典，丹麥，愛斯蘭諸邦名義上雖仍爲君主政治，然對於選舉權之行使，亦廢除一切財產資格之限制，並授婦女以選舉權。

一九一八年不列顛之改革案

大不列顛於一九一八年以一重要選舉改革（Electoral Reform）將一八三二年，一八六七年及一八八四至一八八五年之各次選舉改革統一而補充之，除去以前各案之變則而實行劃一。嗣後總選舉在各處係同日舉行，一人不能在二以上之選舉區投票。凡男人年滿二十而在選舉區內有住宅或營業所滿六個月者概有選舉權。婦女年滿二十九而領有或租有房屋滿六個月以上或其夫領有或租有房屋者亦有選舉權，年滿十八之參戰軍人亦有之。大學選舉區則實行比例代議制之原則。議席亦重行分配，使全國人口中每七萬人得派一代表於平民院。一

一九二〇年北愛爾

九二〇年之不列顛議會案（Act of British Parliament）中所規定之北愛爾蘭憲法，其民治性質合於不列顛一九一八年之改革案（Reform Act），而一九二三年所採定之愛爾蘭自由邦憲法則尤爲進步，是法予年滿二十之一切國民以選舉權，並規定試行比例代議制。

一九一八年十二日大不列顛在新民主制之下舉行第一次總選舉，其結果工黨之勢力雖幾增一倍，但路易喬治及其民族自由黨（National Liberals）與保守黨（統一黨）之聯合大獲勝利。此後數年中之世界騷動與大不列顛內部之嚴重社會問題，使工黨與亞斯揆之自由黨肆力攻擊總揆，而多數之保守黨人亦日漸疏遠。一九二二年，路易喬治失後者之擁護，迫而辭職。此二十世紀中英國最有趣最動人之政治家，曾完成一九〇六至一九一四年之各種社會立法，如一九〇九年之革命式的預算案及一九一一年之議會案，彼對於協約國在大戰時之獲勝，對於大不列顛在海上與海外領地之仍保優勢，其功較任何非武裝之他人皆大，今乃竟如此失勢矣。繼路易喬治任總揆之安得露波拿洛，在一九二二年之議會選舉中獲得保守多數黨。新總揆未幾因病去職，而另由保守黨人包爾溫（Stanley Baldwin）繼任，彼力主放弃自由貿易，採行保護關稅。在此後一九二三年之總選舉中，保守黨未佔絕對之多數，多數黨分爲强有力之工黨與復行

蘭之意法

一九二三年愛爾蘭自由邦之憲法

一九一八年之英國選舉

一九二二年路易喬治之失勢

聯合之自由黨。一九二四年包爾温辭職，遂由麥克唐納爾任總揆而成立工黨政府。

一九一九年法國之選舉改革

在法國辯論甚久之選舉改革案（Electoral Reform Bill）曾屢由代議院通過而屢爲元老院所阻，卒於一九一九年成爲法規。依該案條款，復以連名投票制代替分區投票制，并採行比例代議制之原則。一九一九年在新制下之第一次總選舉，證實社會黨與激烈黨之顯然失敗，與温和共和黨，進步黨自由行動黨之一致得勝。後三種集團共組一國民政團，於一九二〇年先後選德斯舍尼爾（Deschanel）與米勒蘭爲共和總統，於一九二二年推龐加爾爲總揆，其目的在使法國完全保持其在大戰中軍事勝利之結果，有時且欲維持現有之社會制度并改良國家與教會之關係焉。

國民政團

羅馬教徒之參與意大利政治

在意大利，一方面因教皇允許並獎勵意大利之羅馬教徒踴躍參預國家之政治生活，一方面因一九一九年之選舉法採行比例代議制與連名投票制，故民主政治已形鞏固。一九一九年，意大利之羅馬教徒組織人民黨（Popular Party），其社會民治之目的與法國羅馬教徒之自由行動黨相似，在是年之議會選舉中人民黨與社會黨得票甚多，在代議院（Chamber of Deputies）中佔代表之多數。在凡爾賽締約後三年之中，意大利內閣概爲自由黨人民黨及温和社會黨所聯合主持。

比利時與荷蘭之民主改革

一九一九年，比利時亦完成選舉改革，廢除復數投票制而採行一人一票制。比利時婦女於一九二二年獲得選舉權。一九一七年尼德蘭（荷蘭）之選舉改革亦樹立普遍之成年人選舉制及比例代議制。

婦女之政治的解放

總而言之一九一八至一九二二年之一切新憲法與選舉改革其中尤要者，率爲代議制之民主政治責任內閣，及個人自由之保證。在多數變更中以婦女選舉權爲最顯著，此乃民治學說之邏輯的應用，亦對於大戰中婦女之重要活動作一相當之承認也。在德，奧，捷克斯洛伐克，波蘭，匈牙利，巨哥斯拉夫，波羅的海諸國，比利時，尼德蘭，愛爾蘭自由邦，婦女均與男人以同樣之資格，享有充分之選舉權。大不列顛亦擴其選舉權及於大多數婦女。在美國，亦有規定普遍婦女選舉權之憲法修正案，爲國會所贊同各邦所批准而公布於一九二○年。

一般人對於民主政治之不高興

大戰之結果雖顯有利於共和主義與民主政治，但一般人對於循序漸進之人民政府，至少暫時已自然流露一種不高興的態度。吾人須回憶大部分人類之命運不繫於循序漸進之和平的進化，而繫於暴力（『走極端之暴力』，『無限制之暴力』）者已逾四載。人類既因大多數之事實與經驗，而知在一切最重大之國際問題中，暴力實爲正當之裁判者，故對於國內之爭，自然亦欲訴諸一種違法之强力解決也。

大戰之遺賜

吾人又須回憶，當大戰中各處之民主政制，皆有一大批「專家」爲之補充，有時「專家」簡直成爲民主政制之代替物，而此輩專家復依賴獨裁之「戰時內閣」。議會大半變爲「橡皮印章」，惟登記政府之決議而已。 個人自由既已減少，而憲法上結社、集會、出版等自由之保證復因正式之法規限制，尤常因違法妄動之愛國者之直接行動，致大受侵害。 在大戰之激昂與混亂中，多數分子之於少數分子常不能寬容，對於循序漸進之民主政治，尤不耐其遲鈍。

反動的獨裁制

政府之依賴暴力與獨裁，實爲大戰對於戰後一代中之遺賜。 吾人如牢記多數人種之民族野心未因巴黎和約而完全滿足，全世界之多數人士因俄國革命與布爾札維克黨之專政而或生希望或懷恐怖，則不難明白何以在戰後數年中民主政治之在各國往往因國家主義或軍國主義之政變而受阻矣。

一 德國之欲行政變

德國既有贊助社會黨專政之共產宣傳，而另一方面復有反動地主與軍人贊助復辟，及拋棄凡爾賽條約之運動，故憲政共和政府乃兩受其擾。 一九二〇年三月，德國皇黨曾欲施行政變，佔據柏林，逼走愛柏蒂總統但既不能得中央黨與民主黨之助，又不能戰勝社會黨與工會主義者之堅決反抗。此次企圖既敗，狂妄之反動黨乃有對於杰出之共和領袖從事於個人報復者。於是羅馬教中央黨之名代表愛芝竇於一九二一年八月被刺，民主黨之外交部長拉特諾（Walter Rathenau）亦於一九二二年六月被刺。

二、巴華利亞

是時德國之巴華利亞邦已在保守黨與反社會黨獨裁政府之下，該政府與柏林之中央政府常互軋不已。

三、意大利

意大利在國際衝突告終後之三年內，社會黨人與中產階級之愛國集團時起內訌，擾及國家。前者力謀促成一種與俄國布爾扎維克革命相類似之社會革命，後者則採法西斯蒂黨（Fascisti『實行派』之意）之名稱，欲以暴力維持現有之社會制度。法西斯蒂黨初但專謀破壞社會黨之集會，消滅社會黨之出版物，并威嚇工人。不久旋覺通常之民主政治如其本國之憲法議會與內閣所表現者，其應付國內問題實遇於緩和因循，而其外交態度復過於妥協，各種政治色彩之意大利人同具此種情感者乃日漸加多。

一九二二年之法西斯帝政變

一九二二年，法西斯蒂黨卒行政變，炫耀暴力以推翻合法之政府，並得國王陽瑪諾之默認，自建一獨裁內閣，而聽其著名領袖慕梭里尼之指揮，彼固一被開除之社會黨人也。慕梭里尼顯明之目的，在免除意大利之社會革命，『澄清』意大利之政治，並

謀意大利在亞得裏亞海與東部地中海之霸權

四、保加利亞

一九二三年，保加利亞有一軍人集團，痛心於國家之失敗屈辱，并效慕梭裏尼與意大利法西斯帝黨之前例，推翻保加利亞倡導和平之農民總揆斯端布林斯基而殺之，并在索斐亞樹立一國家主義的與軍事的獨裁制。

五、西班牙

後在同年中，西班牙亦有軍人集團厭馬德裏立憲政府之無聊政爭，復因徵西屬摩洛哥之部族敗績，怒而移其軍，以攻首都，得國王亞爾芬梭十三（Alphonso XIII）之裁可，設立新政府，而以利維拉（General Miguel Rivera）爲其總揆。

民主政治之理想與循序漸進之政府，陷與危境，非由于布爾扎維克黨之「無產階級專政」，而多由軍人與極端愛國者之中產階級專政，此在一九二四年時已甚顯著。此種危險究有多少僅因大戰及其餘禍而生，則非目下之所能知也。

第四節　科學宗教與教育

實驗科學之進步

大戰實能促進某幾種實驗科學之應用。因此不惟軍器如大砲，機關鎗，毒瓦斯，坦克軍，飛機，潛艇等有异常之進步，即各發明品與器械可應用於戰後和平時代之商業者，亦發展甚速。其中

飛機

如各種飛機之逐漸完成，致大戰終時旅客郵件均能由飛機定期運行於歐洲重要城市及美國各大城鎮之間，英美之飛機師且常乘易破壞而動力甚大之飛機以橫渡大西洋焉。

無綫電

又如無線電及水中探音機等亦有進步。

化學

英美二國受戰時環境之迫更改進其化學工業與染色工業，以與德國平等。

外科術與醫[illegible]學新心學理

軍醫因欲使傷兵恢復原狀，乃有種種奇异之發明。當大戰期中，外科進步之程度，在常時苦非多年不能達到。衛生學預防醫學，花柳病預防法與心理分析及精神錯亂之療治新法，均有長足之進步。心理實驗已發明而廣被應用，群衆心理學之用科學方法研究，亦與個人心理學同至於社會科學（政治學經濟學社會學歷史學等）亦復興趣大增。

愛因斯坦之相對論

在哲學與玄學方面，有著名德籍猶太數學家愛因斯坦（Einstein）所闡明之相對論，大引起注意與辯論。

進化論之廣被承認

地球悠久之説及人類今日之形體實爲一種逐漸自然進化之結果，此種普偏觀念類皆廣傳諸世，深信不疑。

宗教之進步

大戰未能產生宗教之『復興』，殊與若干人之預期相反，但其促進羅馬教徒新教徒猶太教徒，甚至回教徒之密切合作，則實較前爲甚。

戰時之工

美國基督教男女青年會（Young Men's and

作

Young Women's Christian Associations）哥侖布武士團（Knights of Columbus）猶太人公益會（Jewish Welfare Board）及救世軍（Salvation Army）等之共同努力，既足以激勵前線軍隊之士氣，又足以使國內之非武裝人民對於宗教組織更生興趣，對於宗教合作更有精神。在一切交戰國之中，牧師均有壯烈之績，萬國紅十字會之對於人類，尤曾盡高尚之勞。

回教

回教徒合作之情感與行動，在大戰時及戰後數年中，均顯形發達。土耳其帝國之瀕於消滅，實使印度，波斯，非洲等處之回教徒大恐，而土耳其國運之復興，復令全世界之回教徒爲之歡忻。

教主地位之變革

一九二三年土耳其人廢黜向爲土耳其帝國之政治元首兼回教之宗教元首（或嗣續者 Caliph）之皇帝，而宣布土耳其爲共和，同時更分政教之權，而另設一教主於君士坦丁堡，彼不屬於土耳其政府，而爲一切回教徒之首領。易詞言之，教主以後在回教世界中之地位，當與教皇在基督教世界之地位相類也。

新教

基督教新教各派之間亦有幾種趨於合作，甚至趨於正式聯合之重要運動。

各派之公信

各派間之畛域至少因基督教青年會（Young Men's Christian Association）而局部化除，該會創於十九世紀，在大戰期中及以後發展最速。約始於一八八〇年之救世軍，則爲同一作用之另一動力，此派特著重於宗教上之熱誠，貧民間之傳教及慈善事業，而不重視宗派之爭。此外又有各種之「教會聯盟」，大戰後，坎拿大且有幾種新教宗派實際聯合。教會中人對於各派最初在神學上之爭執，多不重視，於是各派之共同聯合運動遂更爲容易矣。

精神主義

新教徒中有因教義之衰微及神奇事蹟之被人疑問而發生反動者，乃愈信基督教之科學，或相信精神主義或通神術。在某幾國中，尤其在美國因達爾文主義及其他進化學說之盛行，致堅强之新教集團乃從新力排「科學」上之主張，而堅决申明其對「聖經靈感之基本信仰」。此等所謂「基本主義者」（Fundamentalists）在新教派別中爲數頗多，嘗與同教之「進步派」（Progressive）與「維新派」（Modernist）爭新教教會之管轄權，而以長老會，聖公會，禮會，監理會等爲尤甚。

「基本主義」

羅馬教—教皇彼拿底克十五在位時代一九一四—一九二二年

羅馬教當歷史上之最近時代，至少在外表上顯趨强盛。教皇彼拿底克十五（一九一四——一九二二）雖由協約國人詆爲親德，復由德人詆爲偏袒協約國，然其領導羅馬教會之成功甚大，故羅馬教會之地位在大戰告終之時實遠勝於其在大戰之始。羅馬教之誠信在德奧未受損，而奉該教之比利時亦終得維持，波蘭與愛爾蘭且獲再生。法國及葡萄牙均以與論之變更而與教廷復交，英國亦對教皇派常任使節，意大利政府雖能防止彼拿底克十五將羅馬問題提交巴黎和會，但其教會與國家之關係，則顯有進步，教廷且使和會鄭重保證赴外傳教之基督教會爲不可侵犯。羅馬教徒之熱心贊助新民族運動與擁護社會改革之政綱，對於其信仰之繼續維持，實非無補也。

教育

軍營中愈疆場上之經歷，對於各國無數青年之曾參加大戰而得生還者，自當有教育上之價值。此等青年前此多未曾離家遠行，但在戰時，則常常奔命得到無限極重要之感觸，此非從軍不能得者也。古代蠻族之遷移與中世紀之十字軍，久已視爲教育上最重要之遊歷，但十字軍與蠻族之轉徙，其所影響之人數與涉及之地域，均未可與大戰並論。

大戰期中之游歷

大戰期中，全國武裝，數百萬俄人逗留德境，數百萬奧人淹滯俄國，復有無數之德人英人遍歷法國。美國二百萬青年之遊歷歐洲，過於通濟隆（Cook）或其他商業公司所籌劃之任何教育遊歷多多矣。

軍校

教育之影響於國民理想之發展，與對於軍隊之效率，以在德國爲最著。大戰中各協約國政府均先後在前線軍隊中施行教育，以補國內民衆教育之不足。

一九一八年英國之

在英國路易喬治內閣中之教育部長斐雪（Herbert Fisher）曾提一激烈遠大之教育案

斐雪教育案

(Education Bill)於一九一八年成爲法規。該案將初等教育年齡提高至十四歲，規定強制入學須繼續至十八歲爲止，禁止十二歲以下之兒童受僱作工，限制十二歲至十四歲之兒童在星期日與開學期間作工時間爲二小時，確定學童之免費就醫，設立體育中心地假期學校及對身心不健全的兒童之特種學校，且免除公立初級學校之一切費用。

對於教育之信仰

其他各國亦多完成教育改革，因舉世現皆信民主政治將來之運用順利，民族主義之完全奏效，與推廣完成工業革命所需之後天的技術（卽使近代世界與中古或古代世界有別之一切要素俱於二十世紀之內完成之），均在教育之中也。在人類歷史上之最近時代，卽自一九一四至一九二四之十年中，吾人敢斷言欲脫去國際之騷動與國內之緊急，其唯一有效之法實在教育，實在一種以正當思想與正當行爲訓練後代合作與和平之教育也。

課外讀本

戰後歐洲之重造：

1. Isaiah Bowman, *The New World, Problems in Political Geography* (1921).
2. C. A. Beard, *Cross-Currents in Europe Today* (1923).
3. H. N. Brailsford, *After the Peace* (1920).
4. R. W. Seton-Watson, *Europe in the Melting Pot* (1919).
5. A. E. Zimmern, *Europe in Convalescence* (1922).
6. F. S. Nitti, *Peaceless Europe* (1922).
7. The same author, *The Decadence of Europe: the Paths of Reconstruction* (1923).
8. Joseph Caillaux, *Whither France? Whither Europe?* Eng. trans. (1923).
9. Ellis Ashmead-Bartlett, *The Tragedy of Central Europe* (1923).

新時代之社會趨勢：

1. Daniel Bloomfield (editor), *Modern Industrial Movements* (1919).
2. Walter Rathenau, *The New Society*, Eng. trans. by Arthur Windham (1921)

3. C. A. Beard, *Cross-Currents in Europe Today* (1923).

4. Ramsay Muir, *Liberalism and Industry* (1921)

5. P. U. Kellogg and A. H. Gleason, *British Labor and the War* (1919).

6. Daniel Bloomfield (editor), *Problems of Labor* (1920)

7. J. A. Ryan and Joseph Husslein (editors), *The Church and Labor* (1920).

8. P. T. Moon, *The Labor Problem and the Social Catholic Movement in France* (1921).

9. A. J. Penty, *Old Worlds for New* (1917).

10. S. G. Hobson, *National Guilds, an Inquiry into the Wage System and the Way Out* (1919).

11. G. D. H. Cole, *Social Theory* (1920).

政治之發展：

1. H. L. McBain and Lindsay Rogers, *The New Constitutions of Europe* (1922).

2. F. A. Cleveland and Joseph Schafer (editors), *Democracy in Reconstruction* (1923).

3. J. A. Ryan and M. F. X. Millar, *The State and the Church* (1922).

4. A. E. Zimmern, *Nationality and Government* (1918).

關於國際聯合會可參看上文第三十三章之書目。

教育：

1. E. H. Reisner, *Nationalism and Education since 1789* (1921).

2. John Dewey, *Democracy and Education* (1917).

3. Giovanni Gentile, *The Reform of Education* Eng. trans. by Dino Bigongiari (1922).

下列各書可爲聯繫時事與現代史之助

逐年研究歷史之刊物：

1. The *Political Science Quarterly* publishes as o supplement every September a *Record of Political Events*.

2. *New International Year Book*, ed. (since 1899) by F. M. Colby.

3. *The Annual Register*.

4. *Annuaire historique universel* (1818–1861), continued by *L'année politique*, pub. by André Lebon (1874–1905), and *La vie politique dans les deux mondes*, ed. by Achille Viallate (1906 *sqq*.).

5. *Europäischer Geschichtskalender*, ed. by H. K. L. Schulthess (1861–1884) and continued since 1885 by other editors.

6. *Das Staatsarchiv: Sammlung der offiziellen Aktenstücke zur Geschichte der Gegenwart* (1861 *sqq*.), ed. by Alfred Klauhold (1782–1890), now ed. by Gustav Roloff.

7. *Jahrbuch des öffentlichen Rechts der Gegenwart*, ed. by Georg Jellinek, Paul

Laband, and Robert Piloty (1907 *sqq.*)

可供特別參考之年刊：

1. *The Statesman's Year Book*, since 1864.

2. *Hazell's Annual*, since 1886.

3. Joseph Whitaker, *An Almanack*.

4. *Almanach de Gotha: annuaire généalogique, diplomatique, et statistique*, a famous work issued annually since 1818.

5. *The Year Book of Social Progress*, published in Lindon since 1912.

6. *Annuaire de la législation du travail*, an annual digest of social legislation in all countries, published by the Belgian Office of Lobor since 1897.

7. *The British and Foreign State Papers*, published regularly since 1812.

8. The Publications of the League of Nations, since 1920.

並參看上文第二十七章至第二十九章所附書目中之其他年鑑。

其他現有刊物：

1. The London *Times*.

2. From American newspapers is gathered the material which is summarized, arranged in alphabetical order, and published in the monthly and cumulative *Information*.

3. 美國刊物: *Foreign Affairs*, *New Republic*, *Independent*, *Survey*, *Current Events*, *America*, *Review of Reviews*, *North American*, *American Journal of International Law*, *Pan-American Magazine*.

4. 英國刊物: *London Times* (weekly), *Westminster Gazette* (weekly), *Spectator*, *Nation*, *Tablet*, *Fortnightly*, *Contemporary*, *Nineteenth Century*, *Westminster*, *Edinburgh Review*, *Quarterly Review*, *National Review*, *Near East*, *Far East*, *Russian Review*, *Dublin Review*, *Hibbert Journal*.

5 法國刊物: *Journal des débats* (weekly), *Revue politique et parlementaire*, *Le*

Correspondant, *Revue de Paris*, *Revue Bleu*.

6. 比國刊物: *Revue de droit internationel et de législation comparée*;

7. 意國刊物: *Rivista d'Italia*.

8. 德國刊物: *Das Echo*, *Frankfurter Zeitung* (weekly), *Preussische Jahrbücher*, *Zeitschrift für Völkerrecht und Bundesstaatsrecht*.

此外更可參看世界各國之議會報告。

附錄

十六世紀開始以來歐洲主要國家之統治者

教皇

亞力山大六世（波耳查 Rodrigo Borgia），1492—1503。

丕亞士三世（多德斯奇尼 Francesco Todeschini），1503。

茹留斯二世（洛維爾朱利奥 Giulio della Rovere），1503—1513。

立俄十世（米底奇佐華尼 Giovanni dé Medici），1513—1521。

亞德利安六世（波耶斯 Adrian Boyers），1522—1523。

克里曼七世（米底奇朱利奥 Giulio dé Medici），1523—1534。

保羅三世（法爾拿斯 Alessandro Farnese），1534—1549。

茹留斯三世（蒙特佐華尼 Giovanni del Monte），1550—1555。

馬塞盧二世（塞維尼 Marcello Cervini），1555。

保羅四世（加拉法 Giovanni Caraffa），1555—1559。

丕亞士四世（基安盎哲洛米底奇 Gian-Angelo Medici），1559—1565。

丕亞士五世（基斯列利 Michele Ghislieri），1566—1572。

格勒哥利十三（龐孔柏諾 Ugo Buoncompagno），1572—1585。

西克他斯五世（柏勒遏 Felix Peretti），1585—1590。

烏爾般七世（加斯達拿 Giambattista Castagna），1590。

格勒哥利十四（斯芬德拉多 Niccolò Sfondrato），1590—1591。

因諾森九世（華奇尼多 Gian-Antonio Fechinetto），1591。

克里曼八世（亞多布蘭底尼 Ippolito Aldobrandini），1592—1605。

立俄十一（米底奇亞勒山得羅 Alessandro dé Medici），1605。

保羅五世（波爾法塞 Camillo Borghese），1605—1621。

格勒哥利十五（盧多維西 Alessandro Ludovisi），1621—1623。

烏爾般八世（巴伯利尼 Maffeo Barberini），1623—1644。

因諾森十世（龐腓利 Giambattista Pamfili），1644—1655。

亞力山大七世（開奇 Fabio Chigi），1655—1667。

克里曼九世（洛斯庇格略西 Giulio Rospigliosi），1667—1669。

克里曼十世（亞爾帖利 Giambattista Altieri），1670—1676。

因諾森十一（俄特斯加奇 Benedetto Odescalchi），1676—1689。

亞力山大八世（俄多波尼 Pietro Ottoboni），1689—1691。

因諾森十二（丕拿特里 Antonio Pignatelli），1691—1700。

克里曼十一（亞爾巴諾 Gianfrancesco Albano），1700—1721。

因諾森十三（康退 Michelangelo Conti），1721—1724。

彼拿底克十三（阿西尼 Pietro Orsini），1724—1780。

克里曼十二（科西尼 Lorenzo Corsini），1730—1740。

彼拿底克十四（蘭伯濕尼 Prosper Lambertini），1740—1758。

克里曼十三（勒佐尼哥 Carlo Rezzonico），1758—1769。

克里曼十四（岡格拿里 Giovanni Ganganelli），1769—1774。

丕亞士六世（布拉斯奇 Giovan-Angelo Braschi），1775—1799。

丕亞士七世（奇拉蒙特 Gregorio Chiaramonte），1800—1823。

立俄十二（詹格安尼巴爾 Annibale della Genga），1823—1829。

丕亞士八世（加斯湯格里翁 Francesco X. Castiglione），1829—1830。

格勒哥利十六（加白拉利 Mauro Capellari），1831—1846。

丕亞士九世（馬斯達弗勒湯 Giovanni Mastai-Feretti），1846—1878。

立俄十三（伯西 Joachim Pecci），1878—1903。

丕亞士十世（薩爾多 Guiseppe Sarto），1903—1914

彼拿底克十五（徹撒佐哥摩 Giocomo della Chiesa），1914—1922。

丕亞士十一（拉湯 Achille Ratti），1922—。

亞爾巴尼亞

隸屬於土耳其時代，1479—1913。

王政時代維德威廉在位，1913—1914。

共和時代，1918—。

奧大利

馬克西米連一世，1493—1519。

查理一世（爲神聖羅馬皇帝時稱五世），1519—1520。

腓迪南一世，1520—1564。

馬克西米連二世，1564—1576。

洛多夫五世（爲神聖羅馬皇帝時稱二世 1576—1612。

馬提亞斯，1612—1619。

腓迪南二世，1619—1637。

腓迪南三世，1637—1657。

來泊爾一世，1658—1705。

約瑟夫一世，1705—1711。

查理二世（爲神聖羅馬皇帝時稱六世，爲匈牙利王時稱三世），1711—1740

馬利亞德勒沙，1740—1780。

約瑟夫二世，1780—1790。

來泊爾二世 1790—1792。

佛蘭西士一世（爲神聖羅馬皇帝時稱二世），1792—1835。

腓迪南一世（爲匈牙利王時稱四世），1835—1848。

佛蘭西士約瑟夫，1848—1916。

查理一世（爲匈牙利王時稱四世），1916—1918。

共和時代，1918—。

比利時

隸屬於西班牙王國時代，1516—1713。

隸屬於奧大利帝國時代，1713—1797。

隸屬於法國時代，1797—1815。

隸屬於尼德蘭（荷蘭）時代，1815—1830。

來泊爾一世 1831—1865

來泊爾二世，1865—1909。

阿爾倍遏，四909。

波希米亞

見捷克斯洛伐克。

保加利亞

隸屬於土耳其時代，1393—1878。

亞力山大稱君主時代，1879—1886。

腓迪南一世稱君主時代，1887—1908。

腓迪南一世稱王時代，1908—1918。

波利斯三世，1918—。

庫爾蘭

見拉特維亞。

克洛邁亞

隸屬於匈牙利時代，1102—1918。

隸屬於巨哥斯拉夫時代，1918—。

捷克斯洛伐克

拉狄斯洛斯二世，1471—1516。

路易，1516—1526。

隸屬於奧匈時代，1918。

共和時代，1918—。

丹麥

約翰，1481—1513。

克利士先二世，1513—1523。

弗列德利克一世，1523—1533。

克利士先三世，1533—1559。

弗列德利克二世，1559—1588。

克利士先四世，1588—1648。

弗列德利克三世，1648—1670。

克利士先五世，1670—1699。

弗列德利克四世，1699—1730。

克利士先六世，1730—1746。

弗列德利克五世，1746—1766。

克利士先七世，1766—1808。

弗列德利克六世，1808—1839。

克利士先八世，1839—1848。

弗列德利克七世，1848—1863。

克利士先九世，1863—1906。

弗列德利克八世，1906—1912。

克利士先十世，1912—。

荷屬尼德蘭

見尼德蘭。

英格蘭

見大不列顛。

愛沙尼亞

隸屬於條頓武士之地產時代，1346—1561。

隸屬於瑞典王國時代，1561—1721。

隸屬於俄羅斯帝國時代，1721—1917。

共和時代，1918—。

芬蘭

隸屬於瑞典王國時代，1290—1809。

隸屬於俄羅斯帝國時代，1809—1917。

共和時代，1918—

法蘭西

路易十一，1461—1483。

查理八世，1483—1498。

路易十二 1498—1515。

佛蘭西士一世，1515—1547。

亨利二世，1547—1559。

佛蘭西士二世，1559—1560。

查理九世，1560—1574。

亨利三世，1574—1589。

亨利四世，1589—1610。

路易十三，1610—1643。

路易十四，1643—1715。

路易十五，1715—1774。

路易十六，1774—1792。

第一次共和，1792—1804。

皇帝拿破崙第一，1804—1814。

路易十八，1814—1824。

查理十世，1824—1830。

路易腓立，1830—1848。

第二次共和，1848—1852。

皇帝拿破崙第三，1852—1870。

第三次共和，1870—。

總統：

諦愛爾，1871—1873。

麥馬幹，1873—1879。

格勒維，1879—1887。

薩底加諾，1887—1894。

加西米伯利耶（Casimir-Périer），1894—1895。

福耳（Félix Faure），1895—1899。

盧貝，1899—1906。

法雷耳（Armand Fallières），1906—1913。

龐加爾，1913—1920。

德斯舍尼爾，1920—1921。

米勒蘭，1921—1924。

杜麥爾（Gaston Doumergue），1924—。

德意志

隸屬於神聖羅馬帝國時代，至 1806 年止。

隸屬於德意志同盟時代，1815—1866。

威廉一世，1871—1888（1861—1888 任普魯士王）。

弗列德利克三世，1888。

威廉二世，1888—1918。

共和時代，1918—。

愛柏諾總統，1919—。

德意志帝國首相，1871—1918

俾斯馬克，1871—1890。

卡普利維，1890—1894。

和恩羅厄，1894—1900。

苦羅，1900—1909。

柏德曼和爾味，1909—1917。

米哈亞力斯，1917。

赫湯林，1917—1918。

巴顛之馬克西米連親王，1918。

大不列顛

英格蘭君主，1485—1707：

亨利七世，1485—1509。

亨利八世，1509—1547。

愛德華六世，1547—1553。

馬利一世，1553—1558。

伊利沙白，1558—1603。

詹姆士一世（任蘇格蘭王稱六世），1603—1625。

查理一世，1625—1649。

共和時代，1649—1660（克林威爾）。

查理二世，1660—1685。

詹姆士二世（任蘇格蘭王稱七世），1685—1688。

威廉三世與馬利二世，1689—1694。

威廉三世，1694—1702，

安拿，1702—1714（1707 年後爲大不列顛女王）。

蘇格蘭君主，1488—1707：

詹姆士四世，1488—1513。

詹姆士五世，1513—1542。

馬利，1542—1567。

詹姆士六世，1567—1625（任英格蘭王稱一世，1603—1625）。

（世系與在英格蘭同，1603—1707）。

大不列顛之君主，1707—1801：

安拿，1707—1714。

喬治一世，1714—1727。

喬治二世，1727—1760。

喬治三世 1760—1820（1800 年後任大不列顛兼愛爾蘭王）。

大不列顛與愛爾蘭聯合王國之君主，1801—：

喬治三世，1801—1820。

喬治四世，1820—1830。

威廉四世，1830—1837。

維多利亞，1837—1901。

愛德華七世，1901—1910。

喬治五世，1910—。

1868 年以來大不列顛之總揆：

格蘭斯頓，1868—1874。

狄斯雷列，1874—1880。

格蘭斯頓　1800—1885。

薩里斯布利，1885—1886。

格蘭斯頓，1886。

薩里斯布利，1886—1892。

格蘭斯頓，1892—1894。

洛兹柏立（Earl of Rosebery），1894—1895。

薩里斯布利，1895—1902。

巴爾佛，1902—1905。

坎柏爾巴拿曼，1905—1908。

亞斯揆，1908—1916。

路易喬治，1916—1922。

安得露波拿洛，1922—1923。

包爾温，1923—1924。

麥克唐納爾，1924—。

希臘

隸屬於土耳其時代，1456—1829。

共和時代，1829—1832。

俄多一世，1832—1862。

喬治一世，1863—1913。

君士坦丁一世，1913—1917。

亞力山大一世，1917—1920。

君士坦丁一世，1920—1922。

喬治二世，1922—1924。

共和時代，1924。

荷蘭

見尼德蘭。

神聖羅馬帝國

馬克西米連一世，1493—1519。

查理五世，1519—1558。

腓迪南一世，1558—1564。

馬克西米連二世，1564—1576。

洛多夫二世，1576—1612。

馬提亞斯，1612—1619。

腓迪南二世，1619—1637。

腓迪南三世，1637—1657。

來泊爾一世，1658—1705。

約瑟夫一世，1705—1711。

查理六世，1711—1740。

查理七世，1742—1745。

佛蘭西士一世，1745—1765。

約瑟夫二世，1765—1790。

來泊爾二世，1790—1792。

佛蘭西士二世，1792—1806（1804 年後任奧大利帝稱佛蘭西士一世）。

匈牙利

拉狄斯洛斯二世，1490—1516。

路易二世，1516—1526。

隸屬於奧大利帝國時代，1526—1918。

共和時代，1918—1920。

王政時代，1920—。

和耳提攝政時代，1920—。

愛爾蘭

爲不列顛帝國自治殖民地時代，1922—。

意大利

薩的尼亞王。

維多亞馬特斯二世（Victor Amadeus II），1720—1730。

查理陽瑪諾三世，1730—1773。

維多亞馬特斯三世，1773—1796。

查理陽瑪諾四世，1796—1802。

維多陽瑪諾一世，1802—1821。

菲利克思，1821—1831。

阿爾倍遏，1831—1849。

維多陽瑪諾二世，1849—1878（1861年以後任意大利王）。

意大利王。

維多陽瑪諾二世，1861—1878。

漢白遏，1878—1900。

維多陽瑪諾三世，1900—。

巨哥斯拉夫（塞爾維亞人克洛遏亞人斯洛伐尼人之國）

彼得一世，1918—1921（1903—1918 任塞爾維亞國王）。

亞力山大一世，1921—。

拉特維亞

隸屬於條頓武士之地產時代，1237—1549。

隸屬於波蘭王國時代，1549—1629。

隸屬於瑞典王國時代，1629—1721。

隸屬於俄羅斯帝國時代，1721—1917。

共和時代，1918—。

勒遏蘭

見拉特維亞。

立陶宛

隸屬於波蘭王國時代，1501—1793。
隸屬於俄羅斯帝國時代，1793—1917。
共和時代，1918—。

里凡尼亞
見拉特維亞。

門的內哥羅
達尼洛（Danilo）稱君主兼主教 1696—1735。
薩華（Sava）與華西利奇（Vasilije）1735—1782。
彼得一世，1782—1830。
彼得二世，1830—1851。
達尼洛一世稱君主，1851—1860。
尼古拉一世 1860—1910 稱君主；1910—1918 稱王。
隸屬於巨哥斯拉夫時代，1918—。

尼德蘭

隸屬於西班牙王國時代，1516—1581。

威廉默侯稱執政，1581—1584。

莫利塞，1584—1625。

弗列德利克亨利，1625—1647。

威廉二世，1647—1650。

維特約翰（John De Witt），稱議長，1650—1672。

威廉三世稱執政 1672—1702（1689—1702 任英格蘭兼蘇格蘭王）。

威廉四世，1711—1747 任名譽執政；1747—1751 任世襲執政。

威廉五世，1751—1795。

共和時代，1795—1806。

路易波拿巴德稱王，1806—1810。

隸屬於法國時代，1810—1813。

威廉一世，稱王，1813—1840。

威廉二世，1840—1849。

威廉三世，1849—1890。

威廉美那，1890—。

挪威

隸屬於丹麥王國時代，1397—1814。

隸屬於瑞典王國時代，1814—1905。

和昆七世，1905—。

波蘭

約翰一世阿爾倍邊，1492—1501。

亞力山大一世，1501—1506。

西祺門一世（Sigismund I）1506—1548。

西祺門二世，1548—1572。

華洛亞之亨利，1573—1574（法蘭西王亨利三世）。
巴多利（Stephen Báthory），1575—1586。
西祺門三世華薩（Sigismund III Vasa），1587—1632。
拉狄斯洛斯四世 1632—1648。
約翰二世加西米（John II Casimir），1648—1668。
威斯尼阿衞奇（Michael Wisniowiecki），1669—1673。
約翰三世索別斯岐（John III Sobieski），1674—1696。
奧革斯都二世，1697—1704。
勒仔冲斯奇，1704—1709。
奧革斯都二世，1709—1733。
勒仔冲斯奇，1733—1734。
奧革斯都三世，1734—1763。
斯特尼老斯二世，1764—1795。

俄普奧三國瓜分時代，1795—1918。

共和時代，1918—。

葡萄牙

陽瑪諾（馬諾爾）一世，1495—1521。

約翰三世，1521—1557。

塞巴斯先（Sebastian），1557—1578。

亨利，1578—1580。

隸屬於西班牙王國時代，1580—1640。

約翰四世，1640—1656。

亞爾芬梭六世（Alfonso VI），1656—1667。

辟得洛二世 1667—1706。

約翰五世，1706—1750。

約瑟夫，1750—1777。

馬利亞一世與辟得洛三世，1777—1786。

馬利亞一世，1786—1816。

約翰六世，1816—1826。

辟得洛四世，1826。

馬利亞二世，1826—1828。

密格耳（Miguel），1828—1834。

馬利亞二世，1834—1853。

辟得洛五世，1853—1861。

路易一世，1861—1889。

查理一世，1889—1908。

馬諾爾二世，1908—1910。

共和時代，1910—。

普魯士

白蘭登堡選侯。

若亞啓姆一世，1499—1535。

若亞啓姆二世，1535—1571。

約翰喬治，1571—1598。

若亞啓姆弗列德利克，1598—1608。

約翰西棋門，1608—1619。

喬治威廉，1619—1640。

弗列德利克威廉，1640—1688。

弗列德利克三世，1688—1701（1701—1713稱普魯士王弗列德利克一世）。

普魯士王

弗列德利克一世，1701—1713。

弗列德利克威廉一世，1713—1740。

弗列德利克二世，1740—1786。

弗列德利克威廉二世，1786—1797。

弗列德利克威廉三世，1797—1840。

弗列德利克威廉四世，1840—1861。

威廉一世，1861—1888。

弗列德利克三世，1888。

威廉二世，1888—1918。

共和時代，1918。

羅馬尼亞

隸屬於土耳其時代，1500—1856。

亞力山大約翰科撒，稱君主，1861—1866。

查理一世，稱君主，1866—1881。

查理一世，稱王，1881—1914。

腓迪南一世，1914—。

俄羅斯

伊桓三世，1462—1505。

巴西爾四世（Basil IV）1505—1533。

伊桓四世，1533—1584。

體阿多爾，1584—1598。

哥都諾維，1598—1605。

羅馬諾夫，1613—1645。

亞拉克修斯，1645—1676。

體阿多爾三世，1676—1682。

伊桓五世與彼得一世，1682—1689。

彼得一世，1689—1725。

加察林一世，1725—1727。

彼得二世，1727—1730。

安拿，1730—1740。
伊框六世，1740—1741。
伊利沙白，1741—1762。
彼得三世，1762。
加察林二世，1762—1796。
保羅，1796—1801。
亞力山大一世，1801—1825。
尼古拉一世，1825—1855。
亞力山大二世，1855—1881。
亞力山大三世，1881—1894。
尼古拉二世，1894—1917。
共和時代，1917—。

蘇格蘭

見大不列顛。

塞爾維亞

隸屬於土耳其時代，1459—1830。

卡拉喬治稱君主，1804—1813。

米洛錫 1817—1839。

米蘭，1839。

密克爾，1839—1842。

亞力山大，1842—1858。

米洛錫，1858—1860。

密克爾，1860—1868。

米蘭，1868—1882 稱君主；1882—1889 稱王。

亞力山大，1889—1903。

彼得，1903—1921。

隸屬於巨哥斯拉夫時代，1918—。

斯拉法尼亞

見克洛遏亞。

斯洛伐克

見捷克斯洛伐克。

斯洛伐尼亞（卡尼阿拉等）

隸屬於奧大利帝國時代，1300—1809。

隸屬於法蘭西帝國時代，1809—1813。

隸屬於奧大利帝國時代，1813—1918。

隸屬於巨哥斯拉夫時代，1918—。

西班牙

腓迪南與伊沙白拉，1479—1504。

腓迪南與腓立一世，1504—1506。

腓迪南與查理一世，1506—1516。

查理一世（爲神聖羅馬皇帝稱五世），1516—1556。

腓立二世，1556—1598。

腓立三世，1598—1621。

腓立四世，1621—1665。

查理二世，1665—1700。

腓立五世，1700—1746。

腓迪南六世，1746—1759。

查理三世，1759—1788。

查理四世，1788—1808。

約瑟夫波拿巴德，1808—1813。

腓迪南七世，1813—1833。

伊沙白拉二世，1833—1868。

薩瓦之亞馬底阿，1870—1873。

共和時代，1873—1875。

亞爾芬梭十二，1875—1885。

亞爾芬梭十三，1886—　。

瑞典

隸屬於丹麥王國時代，1397—1523。

格斯他夫一世華薩，1523—1560。

厄利克十四（Eric XIV），1560—1568。

約翰三世，1568—1592。

西祺門，1592—1604。

查理九世，1604—1611。

格斯他夫二世亞多華斯，1611—1632。

克利士湯拿（Christina），1632—1654。

查理十世，1654—1660。

查理十一，1660—1697。

查理十二，1697—1718。

愛略諾拉，1718—1720。

弗列德利克一世，1720—1751

亞多華斯弗列德利克，1751—1771。

格斯他夫三世，1771—1792。

格斯他夫四世，1792—1809。

查理十三，1809—1818。

查理十四，1818—1844。

鄂斯加一世，1844—1859。

查理十五，1859—1872。

鄂斯加二世，1872—1907。

格斯他夫五世，1907—。

七 耳其

謨罕默德二世，1451—1481。

伯耶玆德二世（Bayezid II），1418—1512。

塞利姆一世（Selim I），1512—1520。

蘇勒曼二世，1520—1566。

塞利姆二世，1566—1574。

穆拉特三世（Murad III），1574—1595。

謨罕默德三世，1595—1603。

亞默德一世（Ahmed I），1603—1617。

馬斯達法一世（Mustapha I），1617—1618。

俄多曼二世，1618—1523。

穆拉特四世，1623—1640。

伊布拉興姆，1640—1648。

謨罕默德四世，1648—1687。

蘇勒曼三世，1687—1691。

亞默德二世，1691—1695。

馬斯達法二世，1695—1703。

亞默德三世，1703—1730。

馬穆德一世，1730—1754。

俄多曼三世，1754—1757。

馬斯達法三世，1757—1773。

阿卜都哈米德一世，1773—1789。

塞利姆三世，1789—1807。

馬斯達法四世，1807—1808。

馬穆德二世，1808—1839。

阿卜都麥幾德（Abdul Medjid），1839—1861。

阿卜都亞西士（Abdul Aziz），1861—1876。

穆拉特五世，1876。

阿卜都哈米德二世，1876—1909。

謨罕默德五世，1909—1918。

謨罕默德六世，1918—1922。

共和時代，1923—。

中西名詞對照表

（已見于上卷者不再列入）

三畫

大斯特芬　Stephon the Great
大曼　Damaun
大賀胥　Lord Dalhousie
小闢德　Young Pitt
小俄羅斯人　Ruthenians
凡鄰門蘭　Van Diemen's Land
三尼　San
三比西　Zambesi
三比西阿　Zambesia
士麥拿　Smyrna
土耳他克　Turtukai
土倫基亞　Thuringia
土倫　Toulon

四畫

厄爾斯得　Ulster
厄熱尼　Eugénie
厄斯特哈兹　Major Esterhazy
厄立特利亞　Eritrea
厄瓜多爾　Ecuador
厄斯美剌達斯　Esmeraldas
厄爾錦　Lord Elgin
厄洛　Ulises Heureaux
瓦特　Watt
瓦德堡　Wartburg
瓦波耳　Sir Spencer Walpole
瓦爾　Vaal
瓦答　Vardar
瓦拉的米爾烏列諾夫　Vladimir Ulianov
瓦拉斯　Alfred Russel Wallace
瓦爾德克　Waldeck
瓦拉西亞人　Wallachs
瓦代　Wadai
什瓦站堡　Prince Felix Schwarzenberg
什峨喀遏　Schwechat
什瓦仔堡孫德斯好散　Schwarzburg-Sondershausen
什瓦仔堡盧多爾斯他特　Schwarzburg-Rudolstadt
丹吉爾　Tangier
丹嫩齊奧　Gabriele d'Annunzio
包爾溫　Stanley Baldwin
比亞利址　Biarritz
比康斐爾　Beaconsfield
比薩拉比亞　Bessarabia
比勒陀利亞　Pretoria
巴贊　Bazaine
巴枯寧　Bakunin
巴門　Barmen
巴敦　Baltoun
巴爾特戚克　Baltchik
巴爾喀什湖　Lake Balkash

巴勒加紮爾 Bahrel Ghazal
巴蘇陀爾 Basutoland
巴坡讀 Lapaume
巴爾佛 Arthur J. Balfour
巴納特 Banat
巴利阿斯 Rufino Barrios
巴瑪斯頓 Palmerston
巴士特 Louis Pasteur
巴斯 Passy
巴布亞 Papua
孔坡 Cawnpore
孔布 Émile Combes
支斯得爾 Admiral Chester
夫拉興 Flushing
介斯特 Jules Guesde
戈登 Major Charles George Gordon
毛奇 Hellmuth von Moltke
內布拉斯加 Nebraska

五畫

布拉克斯頓 Blackstone
布威爾里頓 Bulwer-Lytton
布爾敦 Matthew Boulton
布里斯它爾 Bristol
布魯克場 Brook Farm
布柯維納 Bukowina
布來屯 Brighton
布里西亞 Brescia
布倫 Boulogne
布隆 Brünn
布洛葉 Broglie
布郎熱 Boulanger
布拉加 Theophilo Braga
布納宿米 Bunar Hissar
布西門人 Bushman
布干達 Buganda
布羅多朗脫 Count Brockdorff Rantzau
布勒斯特里多佛斯克 Brest-Litovsk
布朗可 Antonio Guzman Blanco
布蘭科角 Cape Blanco
卡特賴特 Cartwright
卡汾雅克 Cavaignac
卡尼鄂拉 Carniola
卡斯多扎 Custozza
卡普里拉 Caprera
卡孫 Sir Edward Carson
卡斯退拉 Emilio Castelar
卡諾發斯 Canovas del Castillo
卡普利維 Caprivi
卡尼阿拉 Carniola
卡尼亞 Canea
卡爾息狄栖 Chalcidice
卡曼西爾瓦 Carmen Sylva
卡斯特洛 Cipriano Castro
卡蘭撒 Venustiano Carranza
卡內基 Andrew Carnegie
卡薩布蘭卡 Casablanca
卡斯忒岡多爾法 Castel Gandolfo
卡洛斯 Don Carlos
卡爾山得 Karl Sand
卡拉喬治 Karageorge
卡發達 Kavada
卡發拉 Kavala

卡羅黎 Connt Michael Karolyi
加彭 Gabun
加本 Gapón
加里西亞 Galicia
加洛林 Caroline
加爾斯巴德 Carlsbad
加富爾 Cavour
加約 Caillaux
加那列 Canary
加波勒多 Caporetto
加斯推洛利佐 Castellorizzo
加都欣 Carthusian
加維聶克 Godefroi Cavaignac
加爾波的 Garibaldi
加厄大 Gaeta
加斯太因 Gastein
加里波利半島 Gallipoli Peninsula
可林斯 Michael Collins
外高加索 Transcaucasia
乍得湖 Lake Chad
可普透 Copt
可斯格拉維 William Cosgrave
可徹布 Kotzebue
可特加拿 Kotchana
可斯坦的爾 Kostendil
可尼亞 Konia
可爾察克 General Kolchak
尼塞洛德 Nesselrode
尼菱 Nimes
尼采 Nietzsche
尼加拉瓜 Nicaragua
尼哲爾 Niger
尼哲利亞 Nigeria
尼亞薩蘭 Nyasaland
尼西 Nish
尼維耶 General Nivelle
尼科勒襲西齊 Nikola Pashitch
尼遏 Francesco Nitti
尼華達 Nevada
尼亞薩 Nyasa
史坦利 Henry Morton Stanley
皮盧 Pelew
皮阿未 Piave
皮爾蘇斯基 Joseph Pilsudski
司特老司 David Friedrich Strauss
司乃得 Schneiders
司徒嘉德 Stuttgart
本湼特 James Gordon Bennett
本哈第 General Friedrich von Bernhardi
巨哥斯拉夫 Jugoslavia
印度斯坦 Hindustan
印第安納 Indiana
立溫斯敦 David Livingstone
丕克夸特 Colonel Picquart
北勒斯勞 Breslau
白里安 Aristide Briand
白黎斯 General Bliss
合斯 Theiss
以得加阿蘭坡 Edgar Allan Poe
甘地 Mohandas Gandhi
古爾特人 Kurds
古爾斯坦 Kurdistan

六畫

多爾巴 Dorpat
多布脅查 Dobrudja
多德卡尼索羣島 Dodecanesos
多哥蘭 Togoland
多哥 Togo
列斯堡 Lesbos
列寧 Nicholas Lenin
伊呑 Eton
伊丕拉斯 Epirus
伊布拉興姆 Ibrahim
伊斯的里亞 Istria
伊桓亞生 Ivan Asên II
伊斯遏白 Istib
伊夫尼 Ifni
伊斯邁爾 Ismail
伊孫左 Isonzo
伊拉克 Iraq
伊泊爾 Ypres
米池 Meath
米勒蘭 Millerand
米爾納 Lord Miluer
米哈亞力斯 George Michaelis
米剌特 Meerut
米底亞 Midia
米洛錫 Milosh Obrenovich
米留科夫教授 Professor Milyukóv
那馬瓜 Namaqualand
那哈提加爾 Dr. Nachtigal
樸次茅斯 Portsmouth
色佛爾 Sèvres
西里西亞 Cilicia
西門 Simeon
西門波里瓦爾 Simon Bolivar
托爾斯泰 Count Leo Talstoy
托洛斯基 Leo Trotsky
托斯克 Tosc
因卡斯 Incas
吉佐 Guizot
危地馬拉 Guatemala
朱里亞納公主 Princess Juliana
考茨基 Karl Kautsky

七畫

阿瑟 James Usher
阿利維耶 Ollivier
阿斯尼 Orsini
阿爾卑斯敦 Orbiston
阿克來 Arkwright
阿士力 Lord Ashley
阿札南 Antoine Frédéric Ozanam
阿伽西 Jean Louis Rodolphe Agassiz
阿奎那 Thomas Aquinas
阿利亞加 Dr. Manoel Arriaga
阿卜都哈米德 Abdul Hamid
阿達罕 Ardaham
阿布特卡德 Abd-el-kadel
阿斯卡巴德 Askabad
阿拉海 Aral Sea
阿拉比 Arabi
阿得剌 Adrar
阿薩密 Assam

阿姆斯特郎 Armstrong
阿爾艮 Argonne
阿楞比 General Allenby
阿那托力亞 Anatolia
阿馬德密撒 Sultan Ahmad Mirza
阿謨 Ham
阿布勒諾威職 Milan Obrenovich
阿蘭多 Vittorio Orlando
阿文 Robert Owen
克盧玆 Andres Santa Cruz
克綸普登 Crompton
克雷耳 Clare
克里孟梭 Clémenceau
克利斯皮 Francesco Crispi
克立斯坦尼亞 Christiania
克利夫蘭 Cleveland
克雷吞部爾衛 Clayton-Bulwer
克洛麥 Lord Cromer
克拉剌巴吞 Clara Barton
克利斯湯拿 Donna Christina
克爾可夫 Kharkov
克勒姆斯 Kremsier
克利希格拉仔 Königgrätz
克脊泡特金 Prince Kropotkin
克盧伯 Krupp
克倫斯基 Alexander Kerensky
克拉馬澤 Karel Kramarcz
安古勒姆 Angoulême
安哥拿 Ancona
安得蘆波拿洛 Mr. Andrew Bonar Law
安哥拉 Angola
安哈爾逷 Anhalt
安的發里 Antivari
安第斯 Andes
安得露腓西 Andrew Fisher
安達曼與尼古巴羣島 Andaman and Nicobar Islands
安哈忒 Anhalt
安布立亞 Umbria
伯勒斯福爵士 Lord Beresford
伯來脫 Tohn Bright
伯拿德逷 Count Vincent Benedetti
伯爾發斯特 Belfast
伯倫斯太因 Edward Bernstein
伯西 Gioacchino Pecci
伯里克利斯 Pericles
伯丹 General Pétain
伯倫內 Péronne
沙托布里翁 Chateaubriand
沙龍 Châlons
沙多退里 Château-Thierry
沙甫慈白利 Shaftesbury
沙立河 Shari River
門羅 James Monroe
門得爾 Gregor Mendel
君士坦斯 Constance
坎特布里 Canterbury
坎柏爾巴拿曼 Sir Henry Campbell-Bannerman
狄斯雷列 Disraeli
狄摩西尼 Demosthenes
陂理 Commodore Perry
佐盧 Tchorln

佐拉 Zola
杜先 Stephen Dushan
杜阿布 Doab
杜滂 Dupont
杜平根 Tübingen
杜班盧普 Dupanloup
呂勒部加斯 Lule Burgas
沃爾夫 Lucien Wolf
里普 Lippe
里瓦特與溫德瓦特 Leeward and Windward
里比利亞 Liberia
里奧特奧洛 Rio de Oro
里奧慕尼 Rio Muni
好望角殖民地 Cape Colony
佛蘭捨特斯佩勒 General Franchet d'Esperey
佛阿 Sultan Fuad
佛利阿角 Cape Frio
佛蘭西士約瑟夫 Francis Joseph
佛蘭哥 João Franco
低歐 Diu
狄尼最羅斯 Eleutherios Venizelos
希臘 Hellas
亨利喬治 Henry George
歧布爾 John Keble
歧耳克歧利舍 Kirk-Kilisse
利比亞 Libya
利馬之聖羅斯 Saint Rose of Lima
利物浦 Liverpool
利維拉 General Miguel Rivera
貝專納 Bechuanaland
貝哈爾 Behar
貝拉昆 Belakun
李普克尼希 Wilhelm Liebknecht
李嘉圖 David Ricardo
身毒族 Hindus

八畫

波森 Posen
波倫那 Bologna
波昂 Bonn
波印 Boyne
波利維亞 Bolivia
波爾丹 Sir Robert Borden
波利斯 Boris
波達 General Botha
波加多角 Cape Bojador
波哈拿 Hortense Beauharnais
波利惹克太子 Prince de Polignac
波白多諾斯慈夫 Pobêdonostsex
波腓利諾多亞士 Porfirio Diaz
波寧氏 Poynings
波爾人 Boer
郎卡郡 Lancashire
柏爾興 General John J. Pershing
坡里內西亞 Polynesia
祖魯蘭 Zululand
拉馬丁 Alphonse de Lamartine
拉非特 Laffitte
拉密亞 Lamia
拉梅內 Robert de Lamennais

拉薩爾 Ferdinand Lassalle
拉德倫 Ladrone
拉特蘭 Lateran
拉特維亞 Latvia
拉德 Ned Ludd
拉塞爾 Lord John Russell
拉多威茲 Radowitz
拉柏洛 Rapallo
拉斯普丁 Rasputin
拉特諾 Walter Rathenau
拉巴拉他聯合省 United Provinces of the Rio de La Plata
萊伊爾 Sir Charles Lyell
剌勒罕 Ralahine
剌得次歧 Radetzky
叔斯特 Morgan W. Shuster
帖撒列 Thessaly
迭更斯 Dickens
金斯黎 Charles Kingsley
底拉維 Drave
易卜生 Ibsen
易普西蘭蒂 Prince Alexander Ypsilanti
易北菲爾特 Elberfeldt
和恩羅厄 Hohenlohe
哈孔 Haakon
和耳提 Admiral Horthy
帕涅爾 Charles Stewart Parnell
帕特摩斯 Patmos
帕得勒夫斯歧 Ignace Paderewski
坦能堡 Tannberg
坦佐耳 Tanjore
坦干伊喀 Tanganyika
坦干伊喀湖 Lake Tanganyika
服羅 Volo
尙白 Chambord
尙堡里普 Schaumburg-Lippe
佩勺托 Peixoto
岡波士 Marshal Campos
岡果 Congo
的摩爾 Timor
昔加拉第 Cyclades
迦太基 Carthage
東羅美利亞 Eastern Rumelia
耶姆斯 Ems
耶拿 Jena
奔巴 Pemba
昂哥拉 Angora
法列爾 Francisco Ferrer
法爾根亥因 General Falkenhayn
非羅羣島 Faroe Islands
非里 Jules Ferry
芬蘭人 Finns
阜姆 Fiume
虎克 Sir Joseph Dalton Hooker
孟特 Admiral Montt
昆士蘭 Queensland

九畫

亞斯杜列斯 Asturias
亞得里亞堡 Adrianople
亞爾達 Arta
亞伯達 Alberta
亞爾馬 Armagh

亞馬孫 Amazon
亞謨斯 Mr. Arqnith
亞丹 Adam
亞多瓦 Adowa
亞比西尼亞 Abyssinia
亞馬底阿 Amadeo
亞爾巴尼亞 Albania
亞多爾法斯 Adolphus
亞達拿 Adana
亞爾吉耳 Algiers
亞述拉達 Ashurada
亞塞爾拜然 Azerbaijan
亞拉斯加 Alaska
亞利加 Arica
亞速爾 Azores
亞爾吉西拉斯 Algeciras
亞加的爾 Agadir
亞沙白 Assab
亞白達 Alberta
亞絛森 Ascension
亞格拉 Agra
亞日米爾麥瓦剌 Ajmer-Merwara
亞勒坡 Aleppo
亞力山大勒達 Alexandretta
亞達利亞 Adalia
亞哥耶 Agram
亞麥倫根 Amerongen
亞里蘇那 Arizona
亞柏內 Épernay
亞丹沙托里斯基親王 Prince Adam Czartoryski
約翰卡撒 Alexander John Cuza
約翰開 John Kay
約瑟巴瑪塞達 José Balmaceda
約翰布藍德 John Brand
約罕尼斯堡 Johannesburg
約但河 Jordan
約翰麥克唐納爾 Sir John Macdonald
馬利亞 Maria
馬爾撒斯 Malthus
馬加族 Magyars
馬徹斯 Marchus
馬卡羅克 J. R. M'Culloch
馬克斯 Karl Marx
馬利亞克利斯湯拿 Maria Christina
馬諾爾 Manoel
馬沙爾羣島 Marshall Islands
馬利亞納 Marianne
馬利耶斯德勒特 Marie Edelaide
馬穆德 Mahmud
馬利察 Maritza
馬得洛 Francisco Madero
馬德伊拉羣島 Madeira Islands
馬耳他人 Maltese
馬朱巴山 Majuba
馬剌塔 Mahratta
馬懇森 General von Mackensen
馬沙利克 Professor Thomas Masaryk
馬耳美第 Malmédy
馬薩瓦 Massawa
英埃蘇丹 Anglo-Egyptian Sudan
英諾森 Innocent

洪保德 Baron von Humboldt
拜倫 Lord Byron
柏爾福 Belfort
柏特曼和爾味 Bethmann Hollweg
柏柏人 Berbers
柏哈與奥理騷 Bihar and Orissa
柏拉 Berar
柏耳喜札特 Count Berchtold
科科維慈夫 Kokovtsev
科柏特 William Cobbett
科撒 Cuza
科佛 Corfu
柬埔寨 Cambodia
哈羅 Harrow
哈格理佛士 Hargreaves
哈斯基遜 William Huskisson
哈爾代 Mr. Keir Hardie
哈姆族 Hamites
哈斯丁斯 Hastings
哈丁 Warren Harding
哈斯基孫 William Huskisson
音斯蒲路克 Innsbruck
音不洛斯 Imbros
哀斯尼 Aisne
美因 Main
修達 Ceuta
若累斯 Jean Jaurès
夏威夷羣島 Hawaiian Islands
胡生 Hussein ben Ali
胡阿勒斯 Benito Juarez
胡蘭吉 General Wrangel
洛桑 Lausanne
洛芝得爾 Rochdale
洛斯 Reuss
洛克斐勒 Rockefellers
洛得里格斯 Rodriguez
洛喜爾坎德 Rohilkhand
俄古斯丹堡 Augustenburg
俄多親王 Prince Otto
俄勒岡 Oregon
俄達瓦 Ottawa
珀勒摩 Palermo
保羅克魯革 Paul Kruger
保羅芬遜特 St. Vincent de Paul
信地 Sind
突尼斯 Tunis
委拉 Vera

十畫

哥倫比亞 Colombia
哥布登 Richard Cobden
哥斯達黎加 Costa Rica
哥羅拉多 Colorado
哥洛尼爾 Coronel
哥爾基 Maxim Gorky
哥勒密孔 Goremykin
哥里察 Gorizia
哥維諾 Kovno
哥薩森 Khorasan
哥德文 William Godwin
哥白遏 William Cobbett
格勒哥利 Gregory
格拉維洛 Gravelotte
格蘭斯頓 Gladstone
格雷 Asa Gray

格丁根 Göttingen
格勒維 Jules Grévy
格盧克斯堡 Glücksburg
格力菲德 Arthur Griffith
格爾夫 Guelf
格格 Gheg
索非里諾 Solferino
索馬利蘭 Somaliland
索別斯岐 John Sobieski
索斐亞 Sofia
索發拉 Sofala
索姆 Somme
索哥德拉 Sokotra
威爾滿 Vermont
威堡 Viborg
威伯福士 William Wilberforce
威廉美那 Wilhelmina
威廉卡栗 William Carey
威廉華克爾 William Walker
威爾遜 President Woodrow Wilson
威馬爾 Weimar
條菲克 Tewfik
庫頁島 Sakhalin
庫拉薩俄 Curaçao
庫爾蘭 Courland
庫耳格 Coorg
庫佐維拉克人 Kutzo-Vlachs
庫什克 Kushk
爹亞士 General Diaz
高加索 Caucasus
高加西亞 Caucasia
息里內島卡 Cyrenaica
息馬林根 Sigmaringen
都拉索 Durazzo
埃及蘇丹 Egyptian Sudan
桑給巴爾 Zanzibar
倍伯兒 August Bebel
倍諾斯愛勒 Buenos Aires
華修達 Fashoda
孫泥諾 Baron Sidney Sonnino
剛必太 Léon Gambetta
韋斯敏斯德 Westminster
海諾 Haynau
海涅 Heine
海得拉巴 Hyderabad
海德公園 Hyde Park
海牙 Hague
海格 Field Marshal Haig
烏拉乖 Uruguay
烏爾斯頓克拉夫特 Mary Wollstonecraft
烏斯庫白 Uskub
烏干達 Uganda
烏邦基 Ubangi
烏台 Utah
烏克蘭 Ukraine
特內多斯 Tenedos
特拉維底安人 Dravidians
特洛白 Troppau
特剌農 Trianon
特默斯發 Temesvar
特稜提諾 Trentino
恩格斯 Friedrich Engels
恩維爾 Major Enver Bey
恩維 Enver Pasha

敖得薩 Odessa
哲麥孫 Dr. Jameson
耆那教派 Jains
倫敦德黎 Londonderry
倫巴德威尼西亞 Lombardo-Venetia
納法里諾 Navarino
納塔耳 Natal
紐呂 Neuilly
紐可曼 Thomas Newcomen
紐哈謨尼 New Harmony
紐曼 John Henry Newman
紐亞克 Newark
拿旺 Laon
拿梭 Nassau
拿西 Signor Nasi
旁遮普 Punjab
旁吉德 Panjdeh
峯多謨 Vendôme

十一畫

脫勒維提克 Richard Trevithick
脫蘭斯法爾 Transvaal
脫里斯德 Triest
脫勒波夫 General Trepoff
脫利波里 Tripoli
達赫的 Tahiti
達夫華爾 Taff Vale
達林敦 Darlington
達爾文 Charles Darwin
達西亞 Dacia
達荷米 Dahomey
達倫 Lord Durham
達克納 Tacna
達夫特 Taft
麥爾夫 Merv
麥尼勒克 Menelek
麥舍 Cardinal Mercier
麥克蘭堡斯特勒里仔 Mecklenburg-Strelitz
麥馬韓 Marshal MacMahon
麥斯德爾之約瑟 Joseph de Maistre
麥地那 Medina
麥克蘭堡許威林 Mecklenburg-Schwerin
麥克唐納爾 Mr. Ramsay Macdonald
鄂康尼 Daniel O'Connell
鄂康諾 Feargus O'Connor
鄂斯加 Oscar
鄂木斯克 Omsk
鄂斯曼 Osman Pasha
密卡爾斯庇蘭斯基伯爵 Count Mikhail Speranski
密格爾 Don Miguel
密蘇里 Missouri
隆氏 R. C. Long
勒巴赫 Laibach
勒斯特郡 Leicestershire
勒德律羅蘭 Ledru-Rollin
勒格灣 Leghorn
勒逖人 Letts
勒謨諾斯 Lemnos
勒克瑙 Lucknow
勒遏蘭 Lettland

勒謨堡 Lemberg
勒德蒙 John Redmond
勒尼 Rennes
勒法爾 Reval
喇其普他拿 Rajputana
倭耳斐斯灣 Walfisch Bay
梅赫美特阿里 Mehemet Ali
雪萊 Shelley
雪維克遏 Shevket Pasha
第厄普 Dieppe
遏特里 Tytherly
遏浦 Tippoo
得爾卡舍 Théophile Delcassé
得普勒遏斯 Agostino Depretis
基西尼夫 Kishinev
基發 Khiva
屠格涅夫 Ivan Turgeniev
啓密爾 Kiamil Pasha
理姆斯 Rheims
推羅 Tyre
俾斯馬克 Bismarck
俾路芝斯坦 Baluchistan
俾斯馬克羣島 Bismarck Archipelago
康寧 George Canning
麻向 Captain Marchand
張伯倫 Joseph Chamberlain
開奧斯 Chios
曼氏 Count de Mun
曼尼托巴 Manitoba

十二畫

斯密菲特 Smithfield
斯托克波爾 Stockport
斯蒂芬孫 Stephenson
斯擔克敦 Stockton
斯洛伐克人 Slovaks
斯洛伐尼人 Slovenes
斯賓塞 Spencer
斯尼德 Carl Snider
斯托利平 Peter Stolýpin
斯登波洛夫 Stefan Stambolov
斯庫台里 Scutari
斯特魯馬 Struma
斯特魯密察 Strumitza
斯波拉諦 Sporades
斯威士蘭 Swaziland
斯端布林斯基 Stambulinsky
斯巴達卡 Spartacus
斯巴達卡黨 Spartacans
斯巴 Spa
斯瑪茲 General Smuts
斯匹次北爾根 Spitzbergen
喀什米爾 Kashmir
喀萊爾 Carlyle
喀爾巴阡山脈 Carpathians
喀琅斯塔得 Cronstadt
喀拉喬治 Karageorge
喀麥隆 Kamerun
喀斯 Kars
喀土穆 Khartum
菲特曼 Walt Whitman
菲利克思 Charles Felix
菲列波波利 Philippopolis
捷克斯洛伐克 Czechoslovakia
溫底什格雷茲 Prince Windisch-

grätz
溫德和爾斯通 Windhorst
發雷刺 Eamon De Valera
喬治亞 Georgia
喬治沃夫 Prince George Lvov
巽多同盟 Sonderbund
巽多堡 Sonderburg
黑塞加塞爾 Hesse-Cassel
黑格爾 Georg Wilhelm Friedrich Hegel
黑里哥蘭 Heligoland
黑塞哥維納 Herzegovina
提波 Theebaw
提弗利司 Tiflis
勞恩堡 Lauenburg
普拉塞 Francis Place
普倫比耶 Plombières
普列夫 Plehve
普列維納 Plevna
普列斯提拿 Pristina
普列斯蘭 Prisrend
塔剌帕卡 Tarapacá
塔索斯 Thasos
塔斯馬尼亞 Tasmania
偉偉安尼 Viviani
畢羅 Bülow
蒙提和 Montijo
凱莫爾 Mustapha Kemal Pasha
彭挺克 Lord William Bentinck
復拉耳堡 Vorarlberg
腓律賓 Philippines
腓律賓土人 Filipinos
費茲 Fez
裴雪 Herbert Fisher
堪薩斯 Kansas
萊因普魯士 Rhenish Prussia
替爾匹次 Admiral von Tirpitz
替姆巴克土 Timbuctu

十三畫

塞過尼 Cetigne
塞加西亞 Circassia
塞西爾羅德斯 Cecil Rhodes
塞爾維亞克洛遏亞人 Serbo-Croats
塞佛斯他波爾 Sevastopol
塞丹 Sedan
塞拉諾 Marshal Serrano
塞拉熱窩 Sarajevo
塞爾哲 Grand-Duke Serge
塞巴斯拖堡 Sebastopol
塞設勒羣島 Seycheles Islands
聖澤門 St. Germain
聖西門 Saint-Simon
聖安多尼 Saint-Antoine
聖拿澤爾 St. Nazaire
聖克羅亞 St. Croix
聖湯姆士 St. Thomas
聖斯脫法諾 San Stefano
聖巴特里克 St. Patrick
聖逢尼非斯 St. Boniface
聖墨多底亞士 St. Methodius
聖佛蘭西士紮維尼 St. Francis Xavier
聖多明谷 Santo Domingo
聖大馬利亞 Santa Maria
聖魁廷 St. Quentin

聖密海爾 St. Mihiel
路易卜蘭 Louis Blanc
路易拿破崙 Louis Napoleon Bonaparte
路易波達 General Louis Botha
瑪志尼 Mazzini
瑪莫拉 La Marmora
瑪詹他 Magenta
瑪拉特斯他 Enrico Malatesta
瑪斯德佛列題 Giovanni Maria Mastai-Ferreti
瑪倫 Marne
新拉拏爾克 New Lanark
新喀利多尼亞 New Caledonia
新几內亞 New Guinea
新西蘭 New Zealand
新赫布里 New Hebrides
新芬 Sinn Fein
蒙他拿 Mentana
蒙馬特耳 Montmartre
溥西 Edward Pusey
舜浩孫 Schönhausen
愛默生 Emerson
愛丁堡 Edinburgh
愛諾斯 Enos
愛西屋皮亞 Ethiopia
愛柏蒂 Friedrich Ebert
愛芝寶 Matthias Erzberger
愛斯納 Kurt Eisner
愛因斯坦 Einstein
業卡式林堡 Ekaterinburg
業拉契赤 Count Joseph Jellachich von Buzim
雅尼那 Janina
愷撒威廉 Kaiser Wilhelm
愷撒威廉蘭 Kaiser Wilhelms Land
雷南 Ernest Renan
解德曼 Philipp Scheidemann
葛雷 Earl Grey, Sir Edward Grey
廓爾喀 Gurkha
微耳和 Rudolf Virchow
福爾敦 Fulton
福利耶 Fourier
福煦 General Ferdinand Foch
睦斯達法 Mustafa Pasha
窩瓦河 Volga

十四畫

奧理薩 Orissa
奧爾登陸克 Alton Locke
奧斯曼 Baron Haussmann
奧基 Ouchy
豪斯 Colonel Edward House
猷德尼赤 General Yudenich
赫胥黎 Huxley
赫星法斯 Helsingfors
赫拉特 Herat
赫伯特啓拆湼 Sir Herbert Kitchener
赫查茲 Hedjaz
赫德林 Count Hertling
赫黎斯 Townsend Harris
維丹 Verdun
維洛拿 Verona

維爾納 Vilna
維拉佛蘭克 Villafranca
維多利亞女王 Queen Victoria
維拉 Francisco Villa
維克多利亞湖 Lake Victoria Nyanza
維特 Serge de Witte
維德 Wied
辟德洛 Dom Pedro
察塔爾查 Tchataldja
察赤爾 Winston Churchill
蒲伊孫 Ferdinand Buisson
蒲魯東 Proudhon
漢波特 Alexander von Humboldt, Baron von Humboldt
漢白過 Humbert
興登堡 General Paul von Hindenburg
對阿克 Francis Deák
黎衞 Rivet

十五畫

德拿特 Ternate
德尼巴本 Denys Papin
德爾比 Lord Derby
德剌斯克律茲 Delescluze
德雷福 Alfred Dreyfus
德律蒙 Edouard Drumont
德甫爾島 Devil's Island
德斯舍尼爾 Paul Deschanel
德拉格 Queen Draga
德爾卡塞 Théophile Delcassé
德尼金 General Denikin
德拉瓜灣 Delagoa Bay
塔巴牙台山 Tarbagatai Mountains
摩那斯提 Monastir
摩德拿 Modena
摩列諾 Garcia Moreno
摩西 Moses
摩贊俾克 Mozambique
摩里得尼亞 Mauritania
摩蘇爾 Mosul
慶伯利 Kimberley
嘿龐塞福特 Hay Pauncefote
模利塞 J. F. D. Maurice
樊特比爾 Cornelius Vanderbilt
賴喜斯塔特 Reichstadt
魯爾 Ruhr
墨西拿 Messina
墨斯他 Mesta
輝特尼 Whitney
慕尼 Muni
慕尼克 Munich
慕梭里尼 Mussolini
邁克爾 Grand Duke Michael
撒母耳 Sir Herbert Samuel

十六畫

諾貝爾 Alfred Nobel
諾福克 Norfolk
諾維巴撒 Novi-Bazar
盧貝 Loubet
盧伊茲 Luiz
盧杰 Karl Lueger
盧德利茲 Lüderitz

盧芳　Louvain
盧登多夫　General Erich von Ludendorff
盧森堡　Rosa Luxemburg
盧恩　Albrecht von Roon
盧昂　Rouen
歐几里特　Euclid
歐本　Eupen
霍屯督族　Hottentots
衛塔　Victoriano Huerta
衛爾兹力　Wellesley
澤協尼伊　István Széchenyi
噶蘇士　Louis Rossuth
諦愛爾　Thiers

十七畫

薩拉　Zara
薩爾　Saar
薩拉哥沙　Saragossa
薩維里　Captain James Savery
薩布登　Sabden
薩多瓦　Sadowa
薩托　Giuseppe Sarto
薩里斯布利　Salisbury
薩底加諾　Sadi Carnot
薩格斯他　Sagasta
薩摩亞　Samoa
薩摩亞羣島　Samoan Islands
薩爾斯堡　Salzburg
薩洛尼加　Salonica
薩拉多夫　Saratov
薩維　Save
薩剌克斯　Sarakhs
薩爾瓦多爾　Salvador
薩斯喀特徹溫　Saskatchewan
澳大拉西亞　Australasia
關島　Guam
霞飛　General Joffre
蕭克利　Shukri Pasha
穆斯　Meuse
穆耳曼斯克　Murmansk

十八畫

邊沁　Jeremy Bentham
謨罕默德阿里密撒　Shah Mohammed Ali Mirza
聶坡耳　Nieuport
舊金山　San Francisco

十九畫

龐德恩　Pontheon
龐加賚　Poincaré
龐特爾　Panther
羅斯福　Roosevelt
羅佩玆　Francisco Lopez
羅立亞　Sir Wilfrid Laurier
羅美利亞　Rumelia
羅馬尼亞人　Rumans
羅馬納　Romagna
羅塞耳　Lord John Russell (Earl Russell)
羅得西亞　Rhodesia
羅伯芝　Lord Roberts
藍辛　Robert Lansing
懷特　Henry White

敬啟

「民國專題史」叢書，乃民國時期出版的著名學者、專家在某一專題領域的學術成果。所收圖書絶大部分著作權已進入公有領域，但仍有極少圖書著作權還在保護期内，需按相關要求支付著作權人或繼承人報酬。因未能全部聯系到相關著作權人，請見到此説明者及時與河南人民出版社聯系。

聯系人　楊光
聯系電話　0371-65788063
2016年3月28日